Bilanzanalyse international

Karl Born

Bilanzanalyse international

Deutsche und ausländische Jahresabschlüsse lesen und beurteilen

2., aktualisierte und überarbeitete Auflage

2001
Schäffer-Poeschel Verlag Stuttgart

Die Deutsche Bibliothek – CIP-Einheitsaufnahme

Born, Karl
Bilanzanalyse international : deutsche und ausländische Jahresabschlüsse lesen und beurteilen / Karl Born. - 2., vollst. überarb. und aktualisierte Aufl.. - Stuttgart : Schäffer-Poeschel, 2001
ISBN 3-7910-1536-2

ISBN 3–7910–1536–2

www.schaeffer-poeschel.de
info@schaeffer-poeschel.de
Satz: Dörr + Schiller GmbH, Stuttgart
Druck: Franz Spiegel Buch GmbH, Ulm
Printed in Germany

Schäffer-Poeschel Verlag Stuttgart
Februar / 2001

Ein Tochterunternehmen der Verlagsgruppe Handelsblatt GmbH

Vorwort zur 2. Auflage

Der große Erfolg der 1. Auflage, das Fehlen eines vergleichbaren Buches im deutschsprachigen Raum, das Chaos im deutschen Bilanzwesen und die Vorschriften des KonTraG sind die Gründe, eine 2., aktualisierte und verbesserte Auflage von »Bilanzanalyse international« herauszubringen.

Die 1. Auflage dieses Buches erschien bereits Anfang 1994. Bis zu diesem Zeitpunkt spielte das Thema Internationale Rechnungslegung in Deutschland in der Praxis und in der Literatur kaum eine Rolle. Die Analyse von nach internationalen bzw. ausländischen Grundsätzen erstellten Jahresabschlüssen wurde in der deutschen Literatur gar nicht behandelt, und für die Analyse von deutschen Jahresabschlüssen wurde bis dahin durchweg nur ein reiner Kennzahlenvergleich vorgeschlagen.

Was das Thema Internationale Rechnungslegung angeht, so hat sich in Deutschland inzwischen vieles geändert, da

- 11 große deutsche Unternehmen ihre Aktien an der New Yorker Börse (NYSE) eingeführt haben und deshalb Überleitungen der Rechnungslegung vom HGB auf US-GAAP machen oder nur nach US-GAAP bilanzieren,
- viele deutsche Unternehmen freiwillig nach IAS statt nach dem HGB bilanzieren und
- die über 300 am Neuen Markt der Frankfurter Börse notierten Unternehmen nach IAS oder US-GAAP bilanzieren müssen.

Was das Thema Bilanzanalyse angeht, und zwar die Analyse von nach unterschiedlichen Grundsätzen (HGB, IAS, US-GAAP) erstellten deutschen Jahresabschlüssen sowie die Analyse von ausländischen Jahresabschlüssen, hat sich in der deutschen Literatur über Bilanzanalyse praktisch nichts getan. Wie wichtig das Thema allerdings ist, kann man daran erkennen, daß die Daimler Benz AG im Jahre 1993, d.h. im Jahr der Börseneinführung in New York, aufgrund bilanzpolitischer Möglichkeiten nach dem HGB einen Gewinn von 615 Mio. DM und nach US-GAAP einen Verlust von 1.839 Mio. DM auswies. Bei der Analyse von nach unterschiedlichen Grundsätzen erstellten Jahresabschlüssen desselben Unternehmens, die auf einem reinen Kennzahlenvergleich beruht, muß man zwangsläufig zu ganz verschiedenen Ergebnissen kommen. Da es das Ziel einer Bilanzanalyse sein sollte, Hilfe für Entscheidungen zu geben, wäre mindestens eine der Analysen – in diesem Falle die Analyse des Jahresabschlusses nach dem HGB – falsch und könnte zu einer Fehlentscheidung führen. Der oben geschilderte Skandal, d.h. der Ausweis von 615 Mio. DM Gewinn im Jahresabschluß nach HGB statt eines tatsächlich entstandenen Verlustes von 1.839 Mio. DM sowie die in den Vorjahren vorgenommenen Bilanzfrisuren (siehe Statt eines Vorwortes zur 1. Auflage) der Daimler Benz AG, beweist allen Bilanzlesern die Notwendigkeit einer fundierten und qualitativ hochwertigen Bilanzanalyse, die auf einer mehr oder weniger umfangreichen Unternehmensanalyse und nicht nur auf einem reinen Kennzahlenvergleich beruhen sollte. Dieses Buch soll dabei eine wertvolle Hilfe sein.

Des weiteren soll das Buch bei der Anwendung des am 1. Mai 1998 in Kraft getretenen Gesetzes zur Kontrolle und Transparenz im Unternehmensbereich (KonTraG) helfen. Wirtschaftsprüfer werden in Zukunft ihren im KonTraG enthaltenen Pflichten nur nachkommen können, wenn sie u.a. eine fundierte und qualitativ hochwertige und nicht nur auf Kennzahlenvergleichen beruhende Bilanzanalyse vornehmen. Der Aufsichtsrat hat in Zukunft aufgrund des durch das KonTraG geänderten § 171 AktG sowohl den Jahresabschluß und den Lagebericht als auch den Konzernabschluß und den Konzernlagebericht zu prüfen, und der Abschlußprüfer hat an den Verhandlungen des Aufsichtsrates oder eines Ausschusses über diese Vorlage teilzunehmen und über die wesentlichen Ergebnisse seiner Prüfung zu berichten. In Zukunft dürfte deshalb kein Aufsichtsrat mehr bei einer »Schieflage« des Unternehmens sagen können, er sei ahnungslos gewesen, und es habe keinen Anlaß zu weiteren Nachforschungen gegeben. Der Holzmann-Skandal im November 1999 zeigt den Bedarf an fundierten und qualitativ hochwertigen Bilanzanalysen.

Leverkusen, im Oktober 2000 Karl Born

Statt eines Vorwortes zur 1. Auflage

Im Jahre 1929 schrieb Friedrich Leitner in der achten und neunten, neu bearbeiteten Auflage seines Buches »Bilanztechnik und Bilanzkritik«, Berlin und Leipzig, auf Seite 241:

> Die Bilanz ist ein Geschäftsbericht in Zahlen, ein Bericht, der mit Willen und Wissen des Berichterstatters gefärbt, geschönt, frisiert sein kann, wichtige wirtschaftliche Verhältnisse verdecken, verheimlichen, verschleiern, die Vermögensverhältnisse falsch darstellen kann oder fälscht.

Das Buch erschien, zwei Jahre bevor die Pflichtprüfungen der Jahresabschlüsse für Aktiengesellschaften, Kreditinstitute und Versicherungen eingeführt und die ersten Wirtschaftsprüfer bestellt wurden.

Ob das Zitat von Leitner heute noch zutrifft, möge der Leser nach der folgenden Lektüre und aufgrund seiner persönlichen Erfahrungen selbst entscheiden.

Im Geschäftsbericht für das Geschäftsjahr 1989 von Daimler-Benz steht auf Seite 74 im Anhang des Konzernabschlusses 1989:

> Bilanzierung und Bewertung
> Mit der Umstrukturierung zu einem weltweit tätigen integrierten Technologiekonzern hat Daimler-Benz im Hinblick auf die sich daraus ergebenden Anforderungen die Bilanzierung stärker an der nationalen und internationalen Praxis ausgerichtet. Als Automobilunternehmen wurde eine konservative Bilanzierungs- und Bewertungspolitik betrieben, die jedoch dazu geführt hat, daß der neu strukturierte Daimler-Benz-Konzern im internationalen Vergleich nicht mehr zutreffend zu beurteilen war. Daher haben wir im einzelnen folgende Bewertungsänderungen vorgenommen:
> ...
>
> – Erzeugnisse
> Die Bewertung der Erzeugnisse erfolgt zu den nach deutschen steuerrechtlichen Vorschriften aktivierungspflichtigen Herstellungskosten. Bisher wurden innerhalb der Herstellungskosten nur die Einzelkosten aktiviert. Aus der Bewertungsänderung ergibt sich ein Ertrag in der Größenordnung von rd. 1,3 Mrd. DM, der den GuV-Posten »Bestandserhöhung und andere aktivierte Eigenleistungen« entsprechend erhöht hat.
>
> – Pensionsrückstellungen
> Die Rückstellungen für Pensionen und ähnliche Verpflichtungen werden gemäß der steuerlichen Regelung des § 6a EStG versicherungsmathematisch nach dem Teilwertverfahren und mit einem Rechnungszinsfuß von 6% ermittelt. Bisher wurde ein Zinsfuß von 3,5% angewandt. Insbesondere durch den Ansatz des höheren Zinsfußes entsteht ein Auflösungsertrag von rd. 4,9 Mrd. DM, der in dem GuV-Posten »Sonstige betriebliche Erträge« enthalten ist. Darüber hinaus verringert sich der Altersversorgungsaufwand durch diese Maßnahmen um rd. 0,3 Mrd. DM. Im Einzelabschluß der Daimler-Benz AG werden die Pensionsrückstellungen mit dem Zinssatz von 3,5% ermittelt.
> ...

Man hat diese Umstellung nur im Konzernabschluß vorgenommen. Im Einzelabschluß hat man von einer Bewertungskorrektur abgesehen und sich nicht an den »steuerrechtlichen Vorschriften ausgerichtet«, obwohl der Einzelabschluß und nicht der Konzernabschluß maßgeblich für die Steuerbilanz ist. Man gibt somit im Einzelabschluß der Daimler-

Benz AG und im Abschluß der Mercedes-Benz AG dem Bilanzleser nicht die Möglichkeit, »eine zutreffende Einschätzung der Ertrags- und Finanzkraft«, wie es auf Seite 17 des Geschäftsberichts heißt, vorzunehmen.

Eine solche Verdummung des Bilanzlesers, insbesondere des Aktionärs, d.h. im Konzernabschluß einen hohen Gewinn und im Einzelabschluß einen niedrigen Gewinn, der Basis für die Ausschüttung ist, zu zeigen, ist nach deutschem Bilanzrecht legal. In den USA wäre eine solche wenig glaubwürdige Informationspolitik allerdings nicht möglich, da dort für den Einzel- und Konzernabschluß dieselben Bilanzierungs- und Bewertungsprinzipien gelten und somit in beiden Abschlüssen derselbe Gewinn ausgewiesen wird.

Heinz Blüthmann schrieb zu diesem Fall am 17. 8. 1990 in »Die Zeit«:

> Der riesenhafte Profit stammt nicht aus besonders gut gehenden Geschäften mit den Mercedes-Automobilen. Die liefen sogar schlechter. Auch die neuen Töchter AEG und Deutsche Aerospace mit MBB, Dornier und MTU haben keine Supergewinne abgeliefert. Der gewaltige Jahresüberschuß ist auf dem Schreibtisch des Finanzvorstands produziert worden. Gerhard Liener zog nämlich kurzerhand 6,5 Milliarden Mark stiller Reserven aus diversen Schubladen – Gewinne, die er sowie sein Vorgänger und jetziger Konzernchef Edzard Reuter in früheren Jahren geräuschlos hatten verschwinden lassen, bevor die Aktionäre sie zu Gesicht bekommen konnten.
>
> …
>
> Lieners feinsinnige Bemerkungen dazu sollen eine Einsicht vernebeln, die jeden Aktionär auf die Palme bringen müßte: Mindestens in Höhe der nun aufgelösten stillen Reserven von 6,5 Milliarden Mark, das ist damit bewiesen, waren die Jahresabschlüsse von Daimler-Benz vor 1989 irreführend, man könnte auch sagen falsch. Damals wußten es nur das Management des Unternehmens, die Aufsichtsräte und die Wirtschaftsprüfer. Heute kann es jeder nachlesen.

Zwei Jahre vorher klang es von Daimler-Benz-Finanzvorstand Gerhard Liener noch ganz anders. Er wurde von Manfred Gburek in der Wirtschaftswoche Nr. 30 von Juli 1988, Seite 30–38, in dem Artikel »Reigen der Rechner« unter dem Stichwort »Manövriermasse« noch mit folgenden Worten zitiert:

> So hätten wir die Pensionsrückstellungen – und zwar nur im Konzernabschluß – anstatt mit 3,5 auch einheitlich mit sechs Prozent ermitteln können. Allein dadurch wären unsere Gewinnrücklagen um gut vier Milliarden Mark höher. Und anstelle der Verrechnung des aktiven Unterschiedsbetrags in einem Schritt hätten wir diesen auch zum Beispiel über fünf Jahre planmäßig zu Lasten späterer Jahre abschreiben können. Dies hätte ebenfalls eine Erhöhung der Rücklagen um rund eine Milliarden Mark zur Folge gehabt. Unsere Eigenkapitalquote wäre dann nicht von 26 auf 21 Prozent zurückgegangen, sondern vielmehr auf etwa 32 Prozent der Bilanzsumme gestiegen.
>
> Der Wegfall des Maßgeblichkeitsprinzips zum Aufpolieren der Bilanz zu nutzen war für uns jedoch kein gangbarer Weg. Denn seit jeher gilt bei uns der Grundsatz, erkennbare künftige Belastungen sofort zu buchen.

Der Vorsitzende des Vorstands der Daimler-Benz AG sagte zu diesem Thema 1988 noch folgendes (zitiert aus dem Artikel: Küting, Karlheinz: Abschied von der bloßen Kennzahlen-Arithmetik, in: Blick durch die Wirtschaft vom 24. 4. 1991):

> Bilanzierung, auch Konzernbilanzierung, sollte stets zugleich eine betriebswirtschaftliche Basis haben. Diese kann für den Einzel- und Konzernabschluß m. E. aber nicht unterschiedlich sein; denn beide dokumentieren und informieren. Nur die Ausschüttungsbemessung gilt nicht für den Konzernabschluß. Neben der Einbuße an betriebswirtschaftlicher Glaubwürdigkeit muß noch gesehen werden, daß im Zweifel Begehrlichkeiten geweckt werden können, die den Unternehmensbestand gefährden. Dies alles sollte eher dazu neigen lassen, von der Abkopplung nur mäßigen Gebrauch zu machen.

Wie man sieht, hat auch Herr Reuter seine Ansicht über die betriebswirtschaftliche Basis der Bilanzierung und ihre Glaubwürdigkeit innerhalb von 2 Jahren erheblich geändert.

Für einen Bilanzleser ist auch erstaunlich, was Hans Georg Bruns von der Daimler-Benz AG im Jahre 1989 ganz naiv sagte, wenn man für die bisherige Verschleierungspolitik kein Verständnis hatte:

> …, wobei ein sich Armrechnen, das eigentlich Ertragsstärke zeigen sollte, von einer Vielzahl von Bilanzempfängern nicht verstanden wird. Gerade Ende des Jahres und Anfang dieses Jahres haben wir erfahren, daß in der internationalen Investment Community in der Tat auf Unverständnis stößt, warum wir uns ärmer rechnen, als wir sind. (zitiert aus Küting, s. o.)

1992 hat die Daimler-Benz AG nunmehr auch die Bilanzierung im Einzelabschluß und im Einzelabschluß der Mercedes-Benz AG geändert. Karlheinz Küting schrieb dazu in »Blick durch die Wirtschaft« vom 23. 4. 1993 unter dem Titel »Bilanzierung nach den Vorschriften von Wall Street«:

> Einen neuen Akzent setzt nunmehr die teilweise in den Einzelabschlüssen des Daimler-Konzerns im Jahre 1992 gewählte Bilanzpolitik, die in einem Geschäftsjahr angewandt wurde, in der es in der Automobil-Industrie nicht gerade eine Hochkonjunktur zu vermelden gilt. 1992 hat die Umbewertung von Pensionsrückstellungen und Vorräten bei der Daimler-Benz AG zu einem außerordentlichen Ertrag in Höhe von rund 4,5 Milliarden DM geführt, und weitere Anpassungen an die amerikanische Rechnungslegung werden im Jahre 1993 voraussichtlich das Eigenkapital um weitere 4 Milliarden DM steigen lassen. Geplant ist, daß 1993 »Rückstellungen wie solche für Garantien und Großreparaturen auf das steuerlich anerkannte Maß zurückgeschnitten und der Rest in Eigenkapital umgewandelt wird. Darüber hinaus sollen bei Akquisitionen erworbene Firmenwerte (Goodwill) wie derjenige bei Messerschmidt-Bölkow-Blohm nicht mehr mit dem Eigenkapital direkt verrechnet werden, sondern über mehrere Jahre abgeschrieben werden.«
> Mit diesen im Jahr 1992 vorgenommenen und für das Jahr 1993 noch zu erwartenden Änderungen nimmt die Daimler-Gruppe zum vierten Mal grundlegende Änderungen der angewendeten Bilanzierungs- und Bewertungsmethoden innerhalb weniger Jahre vor – dies trotz eines bestehenden Stetigkeitsgebots, das »nur in begründeten Ausnahmefällen« (Paragraph 252 Absatz 2 HGB) durchbrochen werden darf. Interessant wäre zu wissen, mit welchen Argumenten die Daimler-Gruppe die mehrmalige Durchbrechung des Stetigkeitsgrundsatzes gerechtfertigt hat. Immerhin haben die Testate der Wirtschaftsprüfer offen nach außen dokumentiert, daß die jeweiligen Jahresabschlüsse mit den geltenden GoB in Einklang standen und damit deutsches Bilanzrecht nicht verletzt wurde. Letztlich bedeutet dies, daß innerhalb weniger Jahre drei »begründete Ausnahmefälle« vorgelegen haben müssen. Der vierte Ausnahmefall wird bereits im Jahresabschluß von 1992 angekündigt.

Am 28. 7. 1993 konnte man schließlich in der Zeitung lesen, daß die Daimler-Benz AG als erstes deutsches Unternehmen ihre Aktien an der New Yorker Börse einführen wird. Bis zur Aufnahme des Handels in New York will Daimler-Benz eine »Überleitung seiner Rechnungslegung auf amerikanische Usancen durchführen«.

Einen weiteren Fall »kreativer Bilanzierungskunst« kommentiert Blüthmann in »Die Zeit« vom 17. 8. 1990 wie folgt:

> Shell und Esso
> Beide Öltöchter hatten von ihren Muttergesellschaften offenbar Order, einen Verlust in zweistelliger Millionenhöhe auszuweisen. Sie schafften das, indem sie einen identischen Vorgang höchst unterschiedlich bewerteten. Wegen der Höhe nach noch unbekannter Rückzahlungsverpflichtungen ihrer gemeinsamen Tochter BEB – Esso und Shell halten jeweils fünfzig Prozent daran – bildeten beide in ihrer Bilanz eine Rückstellung. Aufgrund übereinstimmender Infor-

mationen von BEB kam Esso zum Ergebnis, daß dafür 350 Millionen Mark erforderlich seien. Shell dagegen bilanziert die gleiche Verbindlichkeit mit 900 Millionen Mark.

Aber auch bei ausländischen Gesellschaften gibt es Überraschungen.
Zum Beispiel:

Großbritannien
In Großbritannien werden teilweise selbst geschaffene Markennamen aktiviert. Eine planmäßige Abschreibung erfolgt nicht. Wertberichtigungen erfolgen nach Belieben des Managements und werden als außerordentliche Posten betrachtet. Jahresabschlüsse von Markenartikelunternehmen sind somit nicht mehr vergleichbar. Die Firma Grand Metropolitan wies z. B. zum 30. 9. 1990 bei einem Eigenkapital von 3,427 Mio. £ aktivierte Markennamen in Höhe von 2.317 Mio. £ aus.

USA
In den USA ist aufgrund eines Statements des Financial Accounting Standards Board (FASB) für die nach dem 15. 12. 1992 beginnenden Geschäftsjahre eine Rückstellung für die Krankheitskosten der Rentner zu bilden. Diese Rückstellung kann sofort gebildet werden, oder ihre Bildung kann über 20 Jahre verteilt werden. Die Verpflichtung für Krankheitskosten der Rentner ist nicht neu entstanden, sondern sie besteht schon seit langem. Die Krankheitskosten der Rentner wurden bisher zu Lasten des laufenden Ergebnisses bezahlt. Aufgrund obigen Statements hat General Motors Co z. B. 1992 eine Rückstellung in Höhe von 20,8 Milliarden US$ gebildet.

Ziel der Darstellung obiger Beispiele war es, zu zeigen

welche Ausmaße bilanzpolitische Möglichkeiten haben können und

daß die Analyse von Jahresabschlüssen eine gewisse Kenntnis der Rechnungslegungsgrundsätze und des Bilanzrechts erfordert, und eine Bilanzanalyse, die nur auf der Ermittlung von Kennzahlen beruht, wenig aussagefähig ist und zu falschen Schlüssen führen kann.

Im Jahre 1991 schreibt Carl Zimmerer, seit 1959 geschäftsführender Gesellschafter der Interfinanz GmbH in Düsseldorf, eine Gesellschaft, die sich mit dem Kauf und Verkauf von Unternehmen beschäftigt, in der 7., neubearbeiteten Auflage seines Buches »Industriebilanzen lesen und beurteilen«, Landsberg/Lech, auf Seite 9:

> Unser Bilanzwesen gerät immer mehr in Unordnung. Die Bilanzdelikte häufen sich. Nicht nur hier, sondern auch im Ausland. Bisweilen hat man den Eindruck, als ob die Bilanziers bei den Friseuren in die Lehre gegangen sind: Da wird eine Locke abgeschnitten, dort ein falsches Haarteil aufgesetzt, hier wird gefärbt, da rasiert. Geschriebenes Bilanzrecht und Bilanzwahrheit fallen immer stärker auseinander.

Die Worte klingen fast ähnlich wie das Zitat von Leitner aus dem Jahre 1929.

Abschließend soll dem Leser noch ein Zitat aus dem bereits erwähnten Artikel »Reigen der Rechner« der Wirtschaftswoche Nr. 30 vom Juli 1988 zur Kenntnis gebracht werden:

> Carl Zimmerer, der um entlarvenden Spott nicht gerade verlegene Düsseldorfer Unternehmensmakler (Interfinanz) und intime Kenner von Rechnungslegungstricks, weiß denn auch zum Thema Bilanzschleier zu berichten: ›Ich habe noch nie einen Vorstand getroffen, der an einer Entschleierung interessiert war, und noch nie einen Steuerberater oder Wirtschaftsprüfer, der ihm nicht dabei geholfen hätte, die echten Sachverhalte zu verdunkeln.‹

Falls der Leser jetzt etwas verwirrt ist, und glaubt, kein Urteil über das Zitat von Leitner abgeben zu können, sollte er mindestens noch den Abschnitt A dieses Buches lesen.

Einleitung

Der Verfasser hat sich viele Jahre aus unterschiedlichen Gründen mit Bilanzanalysen befaßt. Dieses Buch ist aus Ärger darüber entstanden, daß er im deutschen Sprachraum kein Buch über Bilanzanalyse gefunden hat, das ihm eine große Hilfe in der Praxis gewesen wäre.

Er fand im wesentlichen Publikationen, die

- nur eine Einführung in die Bilanzanalyse darstellten oder in denen Bilanzanalyse nur ein Teilgebiet des Themas Jahresabschluß darstellte,
- sich nur mit Bilanzen befaßten, die nach den Bestimmungen des HGB für Kapitalgesellschaften oder nach dem Aktiengesetz von 1965 erstellt wurden,
- sehr allgemein gehalten waren und die üblichen oder weniger üblichen Kennzahlen erläuterten, aber kaum etwas darüber aussagten, daß die Kennzahlen wegen verschiedener Bewertungsmöglichkeiten auf verfälschten Basisdaten beruhen können und somit keine große Hilfe sind, wirtschaftliche Entscheidungen vorzubereiten oder zu treffen,
- im wesentlichen aus mit Hilfe der EDV ausgedruckten Zahlenfriedhöfen bestanden, deren Aussagewert offen blieb,
- Bilanzanalyse nur unter Kreditwürdigkeitsgesichtspunkten betrachteten und teilweise Erläuterungen von EDV-Programmen für maschinelle Bilanzanalysen enthielten oder
- wissenschaftliche Abhandlungen über Diskriminanzanalyse waren und Selbstverständliches und Altbekanntes in ausführlicher Form darstellten.

Er fand kaum Publikationen, die

- den Inhalt und die verschiedenen Bewertungsmöglichkeiten der einzelnen Posten des Jahresabschlusses erläuterten und die daraus folgenden Konsequenzen für die Bilanzanalyse zeigten,
- sich ausführlich mit stark durch das Steuerrecht geprägten Bilanzen von Einzelkaufleuten, Personengesellschaften und Gesellschaften mit beschränkter Haftung befaßten,
- Hinweise zu weiteren Recherchen im Hinblick auf eine Unternehmensanalyse gaben,
- klar auf die beschränkten Möglichkeiten und die Grenzen der Bilanzanalyse und der Kennzahlen hinwiesen,
- auf die Problematik der Inflation und somit der Scheingewinne eingingen,
- die Analyse von Konzernabschlüssen – die zur Beurteilung der wirtschaftlichen Lage aussagefähiger als Einzelabschlüsse sind – zum Inhalt hatten,
- Informationen über Bilanzen von Unternehmen aus den neuen Bundesländern (D-Markeröffnungsbilanz und Folgebilanzen) gaben,
- ausländische Abschlüsse beschrieben und
- sich mit Bilanzanalyse nicht nur aus der Sicht von Kreditgebern, sondern auch aus anderer Warte (z.B. potentielle Käufer von Unternehmen, Finanzanalysten, Aufsichtsorgane von Unternehmen) befaßten.

Der Verfasser hat seinen langjährigen Ärger im Laufe der Zeit produktiv in dieses Buch umgesetzt.

Möge es allen Lesern zum Nutzen gereichen.

Das Buch ist geschrieben für alle, die in irgendeiner Form Bilanzen analysieren wollen oder müssen.

Obwohl das Buch viele Einzelheiten darstellt, verschafft es einen schnellen Durchblick für das Wesentliche. Es verlangt von dem Leser wirtschaftlichen Sachverstand, aber keine speziellen Buchhaltungs- und Bilanzkenntnisse.

Es wendet sich sowohl an »Bilanzsachverständige«, die sich umfassend mit Bilanzanalyse befassen wollen, als auch an in leitender Stellung in der Wirtschaft tätige Personen und andere Interessierte, die sich gezielt über einzelne Themen der Bilanzanalyse informieren wollen oder müssen.

Für Leser, die glauben, nicht die notwendigen Vorkenntnisse zum Verständnis dieses Buches zu besitzen, enthält der Anhang A in kompakter Form eine ausführliche und verständliche »Einführung in die Bilanzierung und die doppelte Buchführung«.

Herrn Dipl.-Kfm. Thomas Schmitz, meiner Frau Ingrid und meinem Sohn Dipl.-Kfm. Matthias Born danke ich für die kritische Durchsicht der 2. Auflage. Hervorheben möchte ich auch die angenehme Zusammenarbeit mit Frau Claudia Dreiseitel und Herrn Volker Dabelstein vom Schäffer-Poeschel Verlag.

Über Anregungen und Verbesserungsvorschläge aus dem Leserkreis würde sich der Verfasser freuen.

Inhaltsübersicht

Teil 1 Allgemeines und gesetzliche Vorschriften 1

A. Jahresabschluß und Bilanzanalyse 3
- I. Allgemeines 3
- II. Begriffsbestimmung, Zweck und Ziel der Bilanzanalyse 4
- III. Informationsmaterial 5
- IV. Aussagegrenzen des Jahresabschlusses 10
- V. Analyseinstrumente 11
- VI. Bilanzpolitik und Notwendigkeit der Bilanzanalyse 14
- VII. Profil der Bilanzpolitik 27
- VIII. Bilanzanalyse und Gesetz zur Kontrolle und Transparenz im Unternehmensbereich (KonTraG) 34

B. An einer Bilanzanalyse interessierte Gruppen 39

C. Gesetzliche Vorschriften für die Bilanzierung 43
- I. Allgemeines 43
- II. Gliederungsvorschriften des HGB 45
- III. Bewertungsvorschriften des HGB 49
- IV. Gesetzliche Vorschriften über den Anhang 53
- V. Lagebericht 78
- VI. Konzernabschluß gemäß HGB 79
- VII. Aufstellung, Prüfung und Offenlegung der Jahresabschlüsse 95
- VIII. Jahresabschlüsse aus den neuen Bundesländern 97
- IX. Ausländische Jahresabschlüsse und deutsche Jahresabschlüsse nach IAS und US-GAAP 107

D. Kurzer Überblick über die Schritte und Methoden der Bilanzanalyse 157

Teil 2 Inhalt und Bewertung der einzelnen Posten des Jahresabschlusses und die Konsequenzen für die Bilanzanalyse 159

E. Analyse der einzelnen Posten des Jahresabschlusses 161
- I. Analyse der Aktivseite der Bilanz 161
- II. Analyse der Passivseite der Bilanz 185
- III. Analyse der Gewinn- und Verlustrechnung 213
- IV. Analyse des Anhangs 249

F. Analyse von Konzernabschlüssen 251
- I. Allgemeines 251
- II. Ergänzungsfunktion des Einzelabschlusses 252
- III. Besonderheiten bei der Analyse von Konzernabschlüssen 253
- IV. Eigenständige Konzernbilanzpolitik 254

V. Konsolidierungskreis 255
VI. Größenabhängige Befreiungen 256
VII. Konsolidierung 257
VIII. Vergleich Konzernergebnis mit der Summe der Einzelergebnisse 266
IX. Währungsumrechnung, Umrechnungsdifferenzen 268

Teil 3 Aufbereitung, Analyse und Beurteilung des Jahresabschlusses 281

G. Aufbereitung der Bilanzen und der Gewinn- und Verlustrechnungen 283
I. Allgemeines 283
II. Erläuterungen zu dem Modell der aufbereiteten Bilanz 286
III. Modell einer aufbereiteten Bilanz 287
IV. Erläuterungen zu den Modellen der aufbereiteten Gewinn- und Verlustrechnungen 294
V. Modell einer aufbereiteten Gewinn- und Verlustrechnung nach dem Umsatzkostenverfahren 296
VI. Modell einer aufbereiteten Gewinn- und Verlustrechnung nach dem Gesamtkostenverfahren 302
VII. Gliederungskennzahlen bei den einzelnen Posten des Jahresabschlusses 307
VIII. Indexreihen 307
IX. Konsolidierungskreis 308
X. Besonderheiten bei der Analyse von Personengesellschaften und Einzelunternehmen 309

H. Analyse von Kapitalflußrechnungen 311
I. Allgemeines 311
II. Modell einer Kapitalflußrechnung 314

I. Der Cash-flow (Umsatzüberschuß) und seine Bedeutung als Ertrags- und Liquiditätsindikator 321
I. Beschreibung 321
II. Art der Berechnung 322
III. Überleitung vom Brutto-Cash-flow über den verfügbaren Cash-flow auf die Veränderung des Finanzmittelfonds 325
IV. Konsequenzen für die Bilanzanalyse 326

J. Analyse des Vermögens 329
I. Vermögensstruktur 329
II. Vermögensumschlag 336

K. Analyse des Kapitals 343
I. Allgemeines 343
II. Messung des Leverage-Effekts durch den Leverage-Faktor 344
III. Leverage-Risiko (Zinsdeckung) 345
IV. Kapitalstruktur- oder Finanzierungsanalyse 347

L. Liquiditätsanalyse ... 351
I. Allgemeines ... 351
II. Langfristige Fristenkongruenz ... 351
III. Kurzfristige Fristenkongruenz ... 353
IV. Dynamischer Verschuldungsgrad (Tilgungsdauer) ... 359

M. Analyse des Erfolges ... 361
I. Allgemeines ... 361
II. Analyse der Aufwands- und Ertragsstruktur bei einer Gewinn- und Verlustrechnung nach dem Umsatzkostenverfahren ... 365
III. Analyse der Aufwands- und Ertragsstruktur bei einer Gewinn- und Verlustrechnung nach dem Gesamtkostenverfahren ... 375
IV. Bereinigung der Gewinn- und Verlustrechnungen ... 376
V. Ergebnis je Aktie nach DVFA/SG ... 401
VI. Wertschöpfung ... 408

N. Rentabilitätsanalyse und Kennzahlensystem Return on Investment ... 413
I. Allgemeines ... 413
II. Eigenkapitalrentabilität ... 414
III. Gesamtkapitalrentabilität ... 416
IV. Rentabilität des Eigenkapitals und der verzinslichen Schulden ... 417
V. Rentabilität des betriebsnotwendigen Vermögens ... 417
VI. Umsatzrentabilität oder Umsatzrendite ... 418
VII. Kennzahlensystem Return on Investment ... 419
VIII. Eigenkapitalwachstum durch Selbstfinanzierung ... 421

O. Rendite und Börsenbewertung ... 423
I. Allgemeines ... 423
II. Gewinn je Aktie ... 423
III. Kurs/Gewinn-Verhältnis (KGV) ... 424
IV. Dividendenrendite ... 425
V. Bilanzkurs und Börsenkurs ... 425
VI. Ausschüttungsquote ... 426

P. Zukünftige Entwicklung des Unternehmens ... 427
I. Wachstum ... 427
II. Restrukturierungen ... 430
III. Früherkennung negativer Unternehmensentwicklungen mit Hilfe der multivariaten Diskriminanzanalyse ... 431
IV. Früherkennung negativer Unternehmensentwicklungen durch eine Ratingagentur ... 436
V. Beurteilung des Fortbestandes und der Risiken der künftigen Entwicklung des Unternehmens nach dem KonTraG ... 445
VI. Darstellung der zusätzlichen Angaben und Informationen ... 446

Q. Analyse der Unternehmenswertsteigerung (Shareholder Value) ... 447
I. Mängel der Rentabilitätsanalyse auf Basis der herkömmlichen Rentabilitätskennzahlen ... 447

II. Shareholder Value-Konzept ... 448
III. Messung des Shareholder Value ... 449
IV. Balanced Scorecard ... 454
V. Erkenntnisse für die Bilanzanalyse ... 456

R. Kennzahlenaufstellungen und elektronische Datenverarbeitung ... 457
I. Allgemeines ... 457
II. Kennzahlenanalyse ... 457
III. Kennzahlenaufstellungen ... 458
IV. Bei der Bonitätsanalyse deutscher Kreditinstitute verwendete Kennzahlen ... 477
V. Sonstige weniger nützliche und unnütze Kennzahlen und deren Aussagewert ... 483
VI. Sonstige weniger nützliche oder unnütze Verfahren der Bilanzanalyse und deren Aussagewert ... 485

S. Beurteilung der Vermögens-, Finanz- und Ertragslage ... 487

Anhang

Anhang A Einführung in die Bilanzierung und die doppelte Buchführung ... 491
I. Bilanzierung ... 491
II. Doppelte Buchführung ... 492
III. Geschichte der doppelten Buchführung ... 497
IV. Bewertung ... 497
V. Grundsätze ordnungsmäßiger Buchführung (GoB) ... 499
VI. Zielsetzung und Adressatenkreis der Bilanzen, insbesondere der Handelsbilanz und der Steuerbilanz ... 502
VII. Bilanztheorien oder Bilanzauffassungen ... 504

Anhang B Rechnungslegungsgrundsätze verschiedener Länder ... 509

Abkürzungsverzeichnis ... 595
Literaturverzeichnis ... 597
Namensverzeichnis ... 623
Stichwortverzeichnis ... 625

Inhaltsverzeichnis

Vorwort zur 2. Auflage V
Statt eines Vorwortes zur 1. Auflage VII
Einleitung XI
Inhaltsübersicht XIII
Inhaltsverzeichnis XVII

Teil 1 Allgemeines und gesetzliche Vorschriften 1

A. Jahresabschluß und Bilanzanalyse 3
I. Allgemeines 3
II. Begriffsbestimmung, Zweck und Ziel der Bilanzanalyse 4
III. Informationsmaterial 5
1. Jahresabschlüsse 5
2. Zusätzliche Informationen 6
IV. Aussagegrenzen des Jahresabschlusses 10
V. Analyseinstrumente 11
VI. Bilanzpolitik und Notwendigkeit der Bilanzanalyse 14
1. Begriff und Ziel der Bilanzpolitik 14
2. Grundsätze ordnungsmäßiger Buchführung (GoB) sowie Generalnorm 16
a) Grundsätze ordnungsmäßiger Buchführung (GoB) 16
b) Generalnorm der 4. EG-Richtlinie 17
c) Generalnorm für Kapitalgesellschaften laut Bilanzrichtlinien-Gesetz vom 19. 12. 1985 17
d) Auslegung der Generalnorm in Deutschland, Versäumnisse und Folgen 18
3. Einschränkung der Aussagefähigkeit des Jahresabschlusses aus verschiedenen Gründen 19
a) Nicht eindeutige Rechnungslegungsvorschriften 19
b) Bilanzierungs- und Bewertungswahlrechte, Bilanzierungshilfen 19
c) Steuerrechtliche Vorschriften 21
d) Vorsichtsprinzip 22
e) Notwendige Schätzungen 22
f) Geldentwertung 23
g) Verquickung mit der Privatsphäre 23
4. Ermessensspielräume 23
5. Sachverhaltsgestaltung 24
6. Bilanzfälschungen und Grenzen einer legalen Bilanzpolitik 24
7. Nicht bilanzierungspflichtige Tatbestände 25
8. Jahresabschluß und Bestätigungsvermerk des Wirtschaftsprüfers 25
9. Ergebnis nach DVFA bzw. DVFA/SG 27
VII. Profil der Bilanzpolitik 27
VIII. Bilanzanalyse und Gesetz zur Kontrolle und Transparenz im Unternehmensbereich (KonTraG) 34

B. An einer Bilanzanalyse interessierte Gruppen 39

C. Gesetzliche Vorschriften für die Bilanzierung 43
I. Allgemeines 43
II. Gliederungsvorschriften des HGB 45
III. Bewertungsvorschriften des HGB 49
IV. Gesetzliche Vorschriften über den Anhang 53
V. Lagebericht 78
VI. Konzernabschluß gemäß HGB 79
1. Wirtschaftliche Einheit und Stetigkeit der Konsolidierungsmethoden und -maßnahmen 80
2. Einheitliche Bewertung 80
3. Gesetzliche Vorschriften über den Anhang 82
4. Konzernlagebericht 94
VII. Aufstellung, Prüfung und Offenlegung der Jahresabschlüsse 95
1. Aufstellung 95
2. Prüfungspflicht 95
3. Offenlegung 95
4. Straf- und Bußgeldvorschriften, Zwangs- und Ordnungsgeld 96
5. Publizierte Jahresabschlüsse und Datenbanken 97
VIII. Jahresabschlüsse aus den neuen Bundesländern 97
1. Rechtsgrundlagen 97
2. Die Generalnorm für die Aufstellung der D-Markeröffnungsbilanz 97
3. Gliederungsvorschriften 98
4. Bewertung 99
5. Neuordnung der Kapitalausstattung 99
6. Sonderverlustkonto aus Rückstellungsbildung gem. § 17 Abs. 4 DMBilG 104
7. Sonderrücklagen 105
8. Bilanzpolitik bei der D-Markeröffnungsbilanz 105
9. Steuerliche Eröffnungsbilanz und Folgewirkungen 106
10. Berichtigung von Wertansätzen 106
11. Geschäftsjahr 106
12. Steuerliche Vergünstigungen 106
13. Konzerneröffnungsbilanz 107
IX. Ausländische Jahresabschlüsse und deutsche Jahresabschlüsse nach IAS und US-GAAP 107
1. Allgemeines 107
2. Vorschriften und Rechnungslegungsgrundsätze verschiedener Länder 108
a) US-GAAP und IAS im Vergleich mit den deutschen Grundsätzen ordnungsmäßiger Buchführung 108
aa) US-GAAP 108
ab) Rechnungslegung nach International Accounting Standards (IAS) 122
ac) Vergleich der wesentlichen Unterschiede der Rechnungslegung nach IAS, US-GAAP und HGB 125
ad) Von deutschen Gesellschaften veröffentlichte Überleitungen des Ergebnisses und des Eigenkapitals von HGB-Abschlüssen auf US-GAAP-Abschlüsse 145

Überleitungen vom HGB auf US-GAAP 146
Auswirkungen der Umstellung auf IAS 150
b) 4. und 7. gesellschaftsrechtliche EG-Richtlinie 151
c) Besonderheiten von Jahresabschlüssen aus Hochinflationsländern 152
d) Zusammenstellung der Rechnungslegungsgrundsätze verschiedener Länder 155

D. Kurzer Überblick über die Schritte und Methoden der Bilanzanalyse 157

Teil 2 Inhalt und Bewertung der einzelnen Posten des Jahresabschlusses und die Konsequenzen für die Bilanzanalyse 159

E. Analyse der einzelnen Posten des Jahresabschlusses 161
I. Analyse der Aktivseite der Bilanz 161
1. Sonderposten: Ausstehende Einlagen auf das gezeichnete Kapital; davon eingefordert 161
2. Sonderposten: Aufwendungen für die Ingangsetzung und Erweiterung des Geschäftsbetriebs 162
3. Sonderposten: Aufwendungen für die Währungsumstellung auf den Euro 163
4. Anlagevermögen 163
a) Immaterielle Vermögensgegenstände 164
Konzessionen, gewerbliche Schutzrechte und ähnliche Rechte und Werte sowie Lizenzen an solchen Rechten und Werten 165
Geschäfts- oder Firmenwert 165
Geleistete Anzahlungen 166
b) Sachanlagen 166
c) Finanzanlagen 169
Anteile an verbundenen Unternehmen 169
Ausleihungen an verbundene Unternehmen 170
Beteiligungen 171
Ausleihungen an Unternehmen, mit denen ein Beteiligungsverhältnis besteht 171
Wertpapiere des Anlagevermögens 171
Sonstige Ausleihungen 171
5. Umlaufvermögen 171
a) Vorräte 171
b) Forderungen und sonstige Vermögensgegenstände 177
Forderungen aus Lieferungen und Leistungen 178
Forderungen gegen verbundene Unternehmen 179
Forderungen gegen Unternehmen, mit denen ein Beteiligungsverhältnis besteht 180
Sonstige Vermögensgegenstände 180
c) Wertpapiere 181
d) Kassenbestand, Bundesbankguthaben, Guthaben bei Kreditinstituten und Schecks 182
6. Rechnungsabgrenzungsposten 182

II. Analyse der Passivseite der Bilanz 185
1. Eigenkapital 185
2. Sonderposten: Sonderposten mit Rücklageanteil (§ 247 Abs. 3 HGB) 191
3. Sonderposten: Andere Sonderposten 193
4. Rückstellungen 193
Rückstellungen für Pensionen und ähnliche Verpflichtungen 194
Steuerrückstellungen 199
Sonstige Rückstellungen 201
5. Verbindlichkeiten 206
Anleihen, davon konvertibel 207
Verbindlichkeiten gegenüber Kreditinstituten 207
Erhaltene Anzahlungen auf Bestellungen 207
Verbindlichkeiten aus Lieferungen und Leistungen 207
Verbindlichkeiten aus der Annahme gezogener Wechsel und der Ausstellung eigener Wechsel 208
Verbindlichkeiten gegenüber verbundenen Unternehmen 208
Verbindlichkeiten gegenüber Unternehmen, mit denen ein Beteiligungsverhältnis besteht 208
Sonstige Verbindlichkeiten, davon aus Steuern, davon im Rahmen der sozialen Sicherheit 208
6. Rechnungsabgrenzungsposten 209
7. Haftungsverhältnisse (Eventualverbindlichkeiten) 210
8. Sonstige finanzielle Verpflichtungen 211
III. Analyse der Gewinn- und Verlustrechnung 213
1. Gesamtkostenverfahren und Umsatzkostenverfahren 213
2. Vergleich Gesamtkostenverfahren mit Umsatzkostenverfahren 213
3. Gesamtkostenverfahren 216
a) (1) Umsatzerlöse 216
b) (2) Erhöhung oder Verminderung des Bestands an fertigen und unfertigen Erzeugnissen 217
c) (3) Andere aktivierte Eigenleistungen 218
d) (4) Sonstige betriebliche Erträge 219
e) (5) Materialaufwand 220
f) (6) Personalaufwand 221
g) (7) Abschreibungen 222
(a) Abschreibungen auf immaterielle Vermögensgegenstände des Anlagevermögens und Sachanlagen sowie auf aktivierte Aufwendungen für die Ingangsetzung und Erweiterung des Geschäftsbetriebs 222
(b) Abschreibungen auf Vermögensgegenstände des Umlaufvermögens, soweit diese die in der Kapitalgesellschaft üblichen Abschreibungen überschreiten 225
h) (8) Sonstige betriebliche Aufwendungen 226
i) (9) Erträge aus Beteiligungen, davon aus verbundenen Unternehmen 229
j) Erträge aus Gewinngemeinschaften, Gewinnabführungs- und Teilgewinnabführungsverträgen 230

k) (10) Erträge aus anderen Wertpapieren und Ausleihungen des Finanzanlagevermögens, davon aus verbundenen Unternehmen ...230
l) (11) Sonstige Zinsen und ähnliche Erträge, davon aus verbundenen Unternehmen ...231
m) (12) Abschreibungen auf Finanzanlagen und auf Wertpapiere des Umlaufvermögens ...231
n) (13) Zinsen und ähnliche Aufwendungen, davon an verbundene Unternehmen ...232
o) (14) Ergebnis der gewöhnlichen Geschäftstätigkeit ...233
p) (15) Außerordentliche Erträge ...233
q) (16) Außerordentliche Aufwendungen ...233
r) (17) Außerordentliches Ergebnis (= Saldo aus Posten Nr. 15 und 16) ...234
s) (18) Steuern vom Einkommen und vom Ertrag ...235
t) (19) Sonstige Steuern ...241
u) Erträge aus Verlustübernahme ...242
v) Aufgrund einer Gewinngemeinschaft, eines Gewinnabführungs- oder eines Teilgewinnabführungsvertrages abgeführte Gewinne ...242
4. Umsatzkostenverfahren ...243
a) (1) Umsatzerlöse ...243
b) (2) Herstellungskosten der zur Erzielung der Umsatzerlöse erbrachten Leistungen ...243
c) (3) Bruttoergebnis vom Umsatz ...247
d) (4) Vertriebskosten ...247
e) (5) Allgemeine Verwaltungskosten ...247
f) (6) Sonstige betriebliche Erträge ...247
g) (7) Sonstige betriebliche Aufwendungen ...248
h) (8–19) Die übrigen Posten des Umsatzkostenverfahrens ...248
IV. Analyse des Anhangs ...249

F. Analyse von Konzernabschlüssen ...251
I. Allgemeines ...251
II. Ergänzungsfunktion des Einzelabschlusses ...252
III. Besonderheiten bei der Analyse von Konzernabschlüssen ...253
IV. Eigenständige Konzernbilanzpolitik ...254
V. Konsolidierungskreis ...255
VI. Größenabhängige Befreiungen ...256
VII. Konsolidierung ...257
1. Kapitalkonsolidierung ...257
a) Erstkonsolidierung ...258
b) Folgekonsolidierung ...258
2. Schuldenkonsolidierung ...260
3. Aufwands- und Ertragskonsolidierung und Zwischenergebniseliminierung ...260
4. Anteilmäßige Konsolidierung – Quotenkonsolidierung ...261
5. Equity-Methode für assoziierte Unternehmen ...261
6. Interessenzusammenführungsmethode (Pooling of interests-Methode) ...264
7. Latente Steuern ...264
8. Informationsinhalt des Konzernabschlusses gegenüber dem Einzelabschluß ...266

VIII. Vergleich Konzernergebnis mit der Summe der Einzelergebnisse ... 266
IX. Währungsumrechnung, Umrechnungsdifferenzen ... 268
1. Allgemeines ... 268
2. Methoden der Währungsumrechnung ... 268
3. Entstehung von Währungsumrechnungsdifferenzen ... 271
4. Behandlung der Währungsumrechnungsdifferenzen ... 272
5. Auswirkungen der Inflation, insbesondere der Hochinflation, auf den Ausweis der Ertragslage ... 273
6. In der Praxis in Deutschland angewandte Methoden der Währungsumrechnung und die Behandlung von Währungsumrechnungsdifferenzen ... 274

Teil 3 Aufbereitung, Analyse und Beurteilung des Jahresabschlusses ... 281

G. Aufbereitung der Bilanzen und der Gewinn- und Verlustrechnungen ... 283
I. Allgemeines ... 283
1. Deutsche und andere nicht nach IAS und US-GAAP erstellte Bilanzen und Gewinn- und Verlustrechnungen ... 283
2. Nach IAS und US-GAAP erstellte Bilanzen und Gewinn- und Verlustrechnungen bzw. auf IAS und US-GAAP übergeleitete Bilanzen und Gewinn- und Verlustrechnungen ... 285
II. Erläuterungen zu dem Modell der aufbereiteten Bilanz ... 286
III. Modell einer aufbereiteten Bilanz ... 287
IV. Erläuterungen zu den Modellen der aufbereiteten Gewinn- und Verlustrechnungen ... 294
V. Modell einer aufbereiteten Gewinn- und Verlustrechnung nach dem Umsatzkostenverfahren ... 296
VI. Modell einer aufbereiteten Gewinn- und Verlustrechnung nach dem Gesamtkostenverfahren ... 302
VII. Gliederungskennzahlen bei den einzelnen Posten des Jahresabschlusses ... 307
VIII. Indexreihen ... 307
IX. Konsolidierungskreis ... 308
X. Besonderheiten bei der Analyse von Personengesellschaften und Einzelunternehmen ... 309

H. Analyse von Kapitalflußrechnungen ... 311
I. Allgemeines ... 311
II. Modell einer Kapitalflußrechnung ... 314

I. Der Cash-flow (Umsatzüberschuß) und seine Bedeutung als Ertrags- und Liquiditätsindikator ... 321
I. Beschreibung ... 321
II. Art der Berechnung ... 322
III. Überleitung vom Brutto-Cash-flow über den verfügbaren Cash-flow auf die Veränderung des Finanzmittelfonds ... 325

IV. Konsequenzen für die Bilanzanalyse ... 326
1. Ertragsanalyse ... 326
2. Liquiditätsanalyse ... 327
3. Zusammenfassung ... 327

J. Analyse des Vermögens ... 329
I. Vermögensstruktur ... 329
1. Sachanlagenintensität ... 329
2. Finanzanlagenintensität ... 331
3. Intensität des Umlaufvermögens ... 331
4. Abschreibungsgrad ... 332
5. Altersstruktur bzw. technischer Stand der Sachanlagen ... 333
6. Abschreibungsquote ... 333
7. Analyse der Angemessenheit der Abschreibungen auf Sachanlagen ... 333
II. Vermögensumschlag ... 336
1. Umsatzrelationen ... 336
2. Umschlagskoeffizienten (Umschlagshäufigkeit und Umschlagsdauer) ... 338
a) Allgemeines ... 338
b) Vorräte ... 339
c) Forderungen aus Lieferungen und Leistungen ... 341
d) Verbindlichkeiten aus Lieferungen und Leistungen ... 341
e) Bedeutung der Umschlagshäufigkeit und der Umschlagsdauer ... 342

K. Analyse des Kapitals ... 343
I. Allgemeines ... 343
II. Messung des Leverage-Effekts durch den Leverage-Faktor ... 344
III. Leverage-Risiko (Zinsdeckung) ... 345
IV. Kapitalstruktur- oder Finanzierungsanalyse ... 347

L. Liquiditätsanalyse ... 351
I. Allgemeines ... 351
II. Langfristige Fristenkongruenz ... 351
1. Allgemeines ... 351
2. Deckungsgrade ... 352
a) Deckungsgrad I ... 352
b) Deckungsgrad II ... 352
c) Deckungsgrad III ... 352
III. Kurzfristige Fristenkongruenz ... 353
1. Allgemeines ... 353
2. Liquiditätsgrade ... 353
a) Liquidität 1. Grades ... 354
b) Liquidität 2. Grades ... 355
c) Liquidität 3. Grades ... 355
3. Working capital und current ratio ... 357
4. Verhältnis kurzfristig realisierbares Vermögen zu Aufwendungen ... 358
5. Potentielle Liquidität ... 358
6. Cash-burn rate ... 359

IV. **Dynamischer Verschuldungsgrad (Tilgungsdauer)** ... 359
Innenfinanzierung ... 360

M. **Analyse des Erfolges** ... 361
I. **Allgemeines** ... 361
1. Bedeutung der Gewinn- und Verlustrechnung ... 363
2. Verzerrte Darstellung der Ertragslage und fehlende Informationen ... 363
3. Auswertung des Anhangs, des Lageberichts und zusätzlicher freiwilliger Angaben ... 364
II. **Analyse der Aufwands- und Ertragsstruktur bei einer Gewinn- und Verlustrechnung nach dem Umsatzkostenverfahren** ... 365
1. Allgemeines ... 365
2. Die einzelnen Posten der Gewinn- und Verlustrechnung nach dem Umsatzkostenverfahren ... 366
III. **Analyse der Aufwands- und Ertragsstruktur bei einer Gewinn- und Verlustrechnung nach dem Gesamtkostenverfahren** ... 375
IV. **Bereinigung der Gewinn- und Verlustrechnungen** ... 376
V. **Ergebnis je Aktie nach DVFA/SG** ... 401
Mängel des Ergebnisses nach DVFA/SG ... 407
VI. **Wertschöpfung** ... 408
Allgemeines ... 408
Wertschöpfungsrechnung beim Gesamtkostenverfahren ... 409
Wertschöpfungsrechnung beim Umsatzkostenverfahren ... 410
Konsequenzen für die Bilanzanalyse ... 411
Kennzahlen ... 411

N. **Rentabilitätsanalyse und Kennzahlensystem Return on Investment** ... 413
I. **Allgemeines** ... 413
II. **Eigenkapitalrentabilität** ... 414
III. **Gesamtkapitalrentabilität** ... 416
IV. **Rentabilität des Eigenkapitals und der verzinslichen Schulden** ... 417
V. **Rentabilität des betriebsnotwendigen Vermögens** ... 417
VI. **Umsatzrentabilität oder Umsatzrendite** ... 418
VII. **Kennzahlensystem Return on Investment** ... 419
1. Allgemeines ... 419
2. Analyse der Eigenkapitalrentabilität ... 420
VIII. **Eigenkapitalwachstum durch Selbstfinanzierung** ... 421

O. **Rendite und Börsenbewertung** ... 423
I. **Allgemeines** ... 423
II. **Gewinn je Aktie** ... 423
III. **Kurs/Gewinn-Verhältnis (KGV)** ... 424
IV. **Dividendenrendite** ... 425
V. **Bilanzkurs und Börsenkurs** ... 425
VI. **Ausschüttungsquote** ... 426

P. **Zukünftige Entwicklung des Unternehmens** ... 427
I. **Wachstum** ... 427

1. Verhältnis Sachanlagenzugänge zu Abschreibungen ... 427
2. Forschungs- und Entwicklungskosten und andere Kosten mit Investitionscharakter ... 428
3. Geschäftsentwicklung im Verhältnis zur Branche ... 429
II. Restrukturierungen ... 430
III. Früherkennung negativer Unternehmensentwicklungen mit Hilfe der multivariaten Diskriminanzanalyse ... 431
1. Allgemeines ... 431
2. Beschreibung der multivariaten Diskriminanzanalyse ... 431
3. Kritische Würdigung der Bilanzanalyse mit Hilfe der multivariaten Diskriminanzanalyse ... 433
4. Anwendung in der Praxis ... 435
IV. Früherkennung negativer Unternehmensentwicklungen durch eine Ratingagentur ... 436
1. Allgemeines ... 436
2. Rating durch eine Ratingagentur ... 436
a) Die Ratingagenturen ... 437
b) Funktion und Ziele des Rating ... 438
c) Ablauf eines Ratingverfahrens ... 438
d) Ergebnis eines Rating ... 439
e) Kritik ... 443
3. Wesentliche Unterschiede eines Rating durch eine Ratingagentur gegenüber einer Bilanzanalyse im Rahmen einer Kreditwürdigkeitsprüfung durch ein Kreditinstitut ... 444
V. Beurteilung des Fortbestandes und der Risiken der künftigen Entwicklung des Unternehmens nach dem KonTraG ... 445
VI. Darstellung der zusätzlichen Angaben und Informationen ... 446

Q. Analyse der Unternehmenswertsteigerung (Shareholder Value) ... 447
I. Mängel der Rentabilitätsanalyse auf Basis der herkömmlichen Rentabilitätskennzahlen ... 447
II. Shareholder Value-Konzept ... 448
III. Messung des Shareholder Value ... 449
1. Discounted Cash-flow – DCF ... 449
2. Cash Flow Return on Investment – CFRoI ... 450
3. Economic Value Added – EVA ... 450
4. Beurteilung und Vergleich der verschiedenen Methoden der Messung des Shareholder Value ... 452
IV. Balanced Scorecard ... 454
V. Erkenntnisse für die Bilanzanalyse ... 456

R. Kennzahlenaufstellungen und elektronische Datenverarbeitung ... 457
I. Allgemeines ... 457
II. Kennzahlenanalyse ... 457
III. Kennzahlenaufstellungen ... 458
1. Allgemeine Informationen über das Unternehmen und die Branche ... 459

2. Aufbereitete und mit Gliederungszahlen versehene Bilanzen und Gewinn- und Verlustrechnungen sowie Indexreihen einschließlich eines Profils der Bilanzpolitik und dessen Interpretation 459
3. Mit Gliederungskennzahlen versehene Kapitalflußrechnungen 459
4. Bereinigte Gewinn- und Verlustrechnungen und Ergebnisse nach DVFA/SG 459
5. Informationen nach Geschäftsfeldern 460
6. Informationen nach Regionen 466
7. Zusammengefaßte kurzfristige Liquiditätsanalyse 472
8. Zusammengefaßte langfristige Liquiditätsanalyse sowie Vermögens- und Kapitalanalyse 473
9. Zusammenfassung von Erfolgskennzahlen 474
10. Zusammenfassung von Rentabilitäts(Return on Investment)-Kennzahlen 475
11. Rendite-Kennzahlen und Börsenbewertung 477

IV. Bei der Bonitätsanalyse deutscher Kreditinstitute verwendete Kennzahlen 477

V. Sonstige weniger nützliche und unnütze Kennzahlen und deren Aussagewert 483

Einwände 485

VI. Sonstige weniger nützliche oder unnütze Verfahren der Bilanzanalyse und deren Aussagewert 485
1. RSW-Verfahren 485
2. Capitalyse-Verfahren 486
3. Kritik 486

S. Beurteilung der Vermögens-, Finanz- und Ertragslage 477

Anhang 489

Anhang A Einführung in die Bilanzierung und die doppelte Buchführung 491

I. Bilanzierung 491
II. Doppelte Buchführung 492
III. Geschichte der doppelten Buchführung 497
IV. Bewertung 497
V. Grundsätze ordnungsmäßiger Buchführung (GoB) 499
   1. Allgemeines und Geschichte der GoB 499
   2. Systematisierung der GoB 500
   3. Im HGB kodifizierte GoB 501
VI. Zielsetzung und Adressatenkreis der Bilanzen, insbesondere der Handelsbilanz und der Steuerbilanz 502
VII. Bilanztheorien oder Bilanzauffassungen 504
   1. Vorbemerkungen 504
   2. Allgemeines 504
   3. Dynamische Bilanztheorie 505
   4. Statische Bilanztheorie 505
   5. Organische Bilanztheorie 506
   6. Bedeutung für die Praxis 506

Anhang B Rechnungslegungsgrundsätze verschiedener Länder 509
International Accounting Standards (IAS) 509
4. und 7. EG-Richtlinie 515
Australien 519
Belgien 524
Dänemark 529
Deutschland 533
Frankreich 538
Großbritannien 544
Italien 550
Japan 554
Kanada 559
Niederlande 564
Österreich 569
Schweden 574
Schweiz 578
Spanien 582
USA 587

Abkürzungsverzeichnis 595
Literaturverzeichnis 597
Namensverzeichnis 623
Stichwortverzeichnis 625

Teil 1

Allgemeines und gesetzliche Vorschriften

A. Jahresabschluß und Bilanzanalyse

I. Allgemeines

Im Jahresabschluß sind die finanziellen Auswirkungen des Lebens eines Unternehmens während eines Geschäftsjahres verdichtet dargestellt.

Aus diesem Grunde eignen sich Jahresabschlüsse und darauf beruhende Bilanzanalysen gut dazu, schnell erste Vorstellungen für finanzielle Entscheidungen (z.B. Gewährung von Krediten, Kauf oder Verkauf von Unternehmen, Unternehmensanteilen oder Aktien), durch eine Kreditwürdigkeitsprüfung, durch Ermittlung eines überschlägigen Unternehmenswertes oder durch eine Aktienanalyse zu erhalten. Bilanzanalysen können darüber hinaus Gesellschaftern und dem Aufsichtsrat helfen, das Management zu beurteilen, sowie Hinweise für Maßnahmen zur Verbesserung der wirtschaftlichen Lage des Unternehmens geben. Nicht nur Entscheidungsträgern, sondern auch jedem Interessierten bieten Bilanzanalysen einen besseren Einblick in die wirtschaftlichen Verhältnisse von Unternehmen. Für eine fundierte und qualitativ hochwertige Bilanzanalyse sind jedoch weitere Informationen erforderlich. Nach Auswertung aller übrigen Informationen und Daten über das Unternehmen und seine Umwelt kann das endgültige Urteil über das Unternehmen jedoch mehr oder weniger von dem ersten Urteil abweichen. Das gilt ganz besonders bei der Ermittlung von Unternehmenswerten und Aktienanalysen, da sie durch die erwarteten ausschüttungsfähigen Ergebnisse bestimmt werden, die von den vergangenen Ergebnissen abweichen können.

Um eine Unternehmensbeurteilung aus finanzieller Sicht, d.h. um Aussagen über die Ertragskraft und die statische und dynamische Liquidität eines Unternehmens machen zu können, sind die Jahresabschlüsse und die Zwischenabschlüsse zu analysieren. Hierfür hat sich der Begriff Bilanzanalyse eingebürgert.

Richtiger müßte es heißen Jahresabschlußanalyse, Abschlußanalyse oder Analyse der finanziellen Berichterstattung. Es müßte nicht zuletzt deshalb Analyse der finanziellen Berichterstattung heißen, weil der Erfolg heutiger Unternehmen immer weniger von den in der Bilanz ausgewiesenen materiellen Vermögensgegenständen, sondern immer stärker von immateriellen Werten abhängt, die in einer »nackten« Bilanz nicht erscheinen. Außerdem kann man aus den Ergebnissen der Vergangenheit immer weniger die wahrscheinlichen zukünftigen Ergebnisse eines Unternehmens entnehmen, vielmehr sagen die Informationen über die Unternehmensstrategie, die Reaktionsfähigkeit eines Unternehmens auf Veränderungen im Markt und die Chancen und Risiken eines Unternehmens, neben den vorhandenen und entstehenden immateriellen Werten im weitesten Sinne des Wortes, immer mehr etwas über die wahrscheinlichen zukünftigen Erfolge eines Unternehmens aus. Dadurch gewinnt die finanzielle Unternehmensberichterstattung in Form zusätzlicher Angaben und Informationen im Jahresabschluß und im Geschäftsbericht gegenüber der Bilanz und der Gewinn- und Verlustrechnung eine immer größere Bedeutung.

Nur eine fundierte und qualitativ hochwertige Bilanzanalyse erlaubt es, im Zusammenhang mit den in Abschnitt A III 2 genannten Informationen und Daten und den daraus gezogenen Schlüssen vorhandene Planungen auf Plausibilität zu prüfen bzw. glaubwürdige Planungen aufzustellen und somit die Kreditwürdigkeit eines Unternehmens oder einen Unternehmenswert zu ermitteln.

Da das Risiko bei haftendem Kapital wesentlich höher ist als bei einem gewährten Kredit, sind auch an die Qualität einer Bilanzanalyse im Hinblick auf eine Unternehmensbewertung oder eine Aktienanalyse wesentlich höhere Ansprüche zu stellen als bei einer im Rahmen einer Kreditwürdigkeitsprüfung vorgenommenen Bilanzanalyse.

Dieses Werk wendet sich in besonderem Maße an den Personenkreis, der die höchsten Ansprüche an eine Bilanzanalyse stellt, nämlich potentielle Erwerber von Unternehmen, Finanzanalysten, Gesellschafter sowie Aufsichtsräte.

Aufsichtsräte können aus diesem Buch entnehmen, welche Ansprüche sie in Zukunft aufgrund des am 1. Mai 1998 in Kraft getretenen Gesetzes zur Kontrolle und Transparenz im Unternehmensbereich (KonTraG) an eine von einem Wirtschaftsprüfer vorgenommene Bilanzanalyse stellen sollten. Die bisher von den deutschen Wirtschaftsprüfern in ihren Prüfungsberichten gemachten sogenannten Bilanzanalysen hatten meistens keinen großen Aussagewert, da sie in der Regel nur die in dem Jahresabschluß enthaltenen Posten in anderer Form zusammenstellten, den Zahlen des Vorjahres gegenüberstellten und evtl. Prozentzahlen zur Bilanzstruktur ermittelten. Fundierte Bilanzanalysen und zusätzliche, für eine Bilanzanalyse wichtige Informationen wurden nicht geboten.

Dieses Buch beschäftigt sich mit der Analyse von Jahresabschlüssen von Industrie-, Handels- und Dienstleistungsunternehmen. Nicht behandelt werden die Besonderheiten von Banken und Versicherungen.

II. Begriffsbestimmung, Zweck und Ziel der Bilanzanalyse

Bilanzanalyse ist die Darstellung und Beurteilung der gegenwärtigen und vergangenen Vermögens-, Finanz- und Ertragslage eines Unternehmens durch

- die Auswertung der in den Jahresabschlüssen enthaltenen und anderer zur Verfügung stehenden Informationen und Daten,
- die Aufbereitung und Bereinigung der Jahresabschlüsse und
- die Bildung von Kennzahlen.

Zweck einer Bilanzanalyse ist es zu erkennen, welche aus den Jahresabschlüssen ersichtlichen Faktoren die wirtschaftliche Entwicklung des Unternehmens beeinflußten.

Ziel einer Bilanzanalyse ist es, Aussagen über die mögliche oder wahrscheinliche zukünftige finanzielle Entwicklung des Unternehmens zu machen, um dadurch Hilfen für Kredit-, Investitions-, Personal- und Rationalisierungsentscheidungen zu geben.

Aussagen über die zukünftige finanzielle Entwicklung eines Unternehmens beinhalten

- die Beurteilung der Finanzkraft, d.h. der statischen und dynamischen Liquidität, und
- die Beurteilung der Ertragskraft, d.h. der Fähigkeit, in Zukunft Erträge erzielen zu können.

Sie ermöglichen die Feststellung, ob das Unternehmen Ertrags- und Wachstumschancen durch Investitionen oder andere Vorleistungen (z.B. Forschung, Einführungsphase von Produkten) tatsächlich nutzen und ggf. kritische Situationen überwinden kann.

Außer bei einer Bilanzanalyse zum Zwecke der Kreditvergabe hat die Beurteilung der Finanzkraft nur eine Hilfsfunktion für die Beurteilung der Ertragskraft. Anders ausgedrückt: Wer Erfolg hat, hat auch Kredit.

Um das obengenannte Ziel einer Bilanzanalyse mit einem möglichst hohen Qualitätsanspruch zu erreichen, sollte der Bilanzanalytiker zunächst ein Zwischenziel ansteuern.

Zwischenziel einer Bilanzanalyse sollte es sein, mit Hilfe der im Laufe einer Bilanzanalyse aufkommenden Fragen zu versuchen, gezielter weitere Informationen zu erhalten. Hierbei ist daran zu denken, daß nur kleine Anzeichen einer Veränderung, insbesondere einer Verschlechterung der Finanz- und Ertragslage, gewichtige Ursachen haben können, weil es dem Bilanzersteller gelungen ist, durch bilanzpolitische Maßnahmen die veränderte Finanz- und Ertragslage in hohem Maße zu vertuschen.

Endziel einer Bilanzanalyse ist es, aufgrund der Beurteilung der Finanz- und Ertragskraft Konsequenzen zu ziehen, d.h. wirksame Entscheidungen besser treffen zu können, um z.B.

- Krediturteile für kurz- oder langfristige, gesicherte oder ungesicherte Kredite abzugeben,
- Entscheidungen über den Kauf oder Verkauf von Unternehmen, Unternehmensanteilen oder Aktien vorzubereiten,
- das Management zu beurteilen und über seine Entlastung und Weiteranstellung zu entscheiden oder
- interne Maßnahmen zur Verbesserung der wirtschaftlichen Lage des Unternehmens zu ergreifen.

Mit Hilfe einer Bilanzanalyse lassen sich niemals die langfristigen Ursachen des Unternehmenserfolges (z.B. Technologie, Produkte, Markt, Management) ermitteln. Somit kann es auch niemals Ziel einer Bilanzanalyse sein, Trendextrapolationen zu erstellen. Insbesondere für eine früher oder später einsetzende Trendwende enthalten Jahresabschlüsse keine Hinweise.

III. Informationsmaterial

1. Jahresabschlüsse

Die wesentliche Informationsquelle ist bei Kapitalgesellschaften der aus Bilanz, Gewinn- und Verlustrechnung, Kapitalflußrechnung (vorgeschrieben ab 1999 nur für börsennotierte Unternehmen) und Anhang bestehende Jahresabschluß sowie der Lagebericht.

Für Einzelunternehmen und Personengesellschaften sind kein Anhang und Lagebericht im Handelsgesetzbuch (HGB) vorgeschrieben.

Die Qualität dieser Informationen ist eingeschränkt, wenn die Jahresabschlüsse nicht durch einen Wirtschaftsprüfer geprüft und testiert wurden.

Von vielen Kapitalgesellschaften wird weiterhin ein Geschäftsbericht herausgegeben, in dem der Jahresabschluß, der Lagebericht, darüber hinausgehende freiwillige Angaben der Gesellschaft sowie ein Bericht des Vorstands und ein Bericht des Aufsichtsrats enthalten sind.

Insbesondere bei börsennotierten Gesellschaften enthalten die Geschäftsberichte oft weit über die gesetzlichen Vorschriften hinausgehende freiwillige Informationen.

Erhöht wird der Informationswert der Jahresabschlüsse, wenn dem Bilanzanalytiker die Erläuterungsberichte des Wirtschaftsprüfers zur Verfügung gestellt werden, insbesondere wenn die darin enthaltenen Informationen über das gesetzliche Mindestmaß hinausgehen.

Nach IAS und US-GAAP erstellte Jahresabschlüsse enthalten darüber hinaus noch Zusatzinformationen (notes) und eine Eigenkapitalveränderungsrechnung mit Angabe des ergebnisneutralen Erfolges (comprehensive income) sowie eine Kapitalflußrechnung und eine Segmentberichterstattung (für deutsche börsennotierte Unternehmen sind erst ab 1999 eine Kapitalflußrechnung und eine Segmentberichterstattung vorgeschrieben, deren Einzelheiten im Gesetz jedoch nicht geregelt sind; bisher war für Kapitalgesellschaften nur eine Aufgliederung der Umsatzerlöse vorgeschrieben). In den USA börsennotierte Unternehmen müssen außerdem noch umfangreiche Angaben in den Forms (z. B. Form 10-K und Form 20-F) machen.

Bei einem einzelnen Jahresabschluß gibt es wenig zu analysieren, da er für sich selbst spricht. Bei einem einzelnen Jahresabschluß können es allenfalls die sehr aus dem üblichen Rahmen fallende Höhe eines Einzelpostens des Jahresabschlusses, eine sehr aus dem üblichen Rahmen fallende Zusammensetzung der Aktiva und Passiva und/oder einzelne Kennzahlen sein, deren Aussagekraft jedoch durch die Bilanzpolitik des Bilanzerstellers oder durch Zufall (z. B. Zahlungseingänge von Großkunden kurz vor Ende des Geschäftsjahres) erheblich eingeschränkt sein kann. Es werden deshalb mehrere Jahresabschlüsse benötigt.

Da man durch den Vergleich mit anderen Unternehmen derselben Branche, insbesondere mit dem Branchenführer und dem Branchendurchschnitt, einen zusätzlichen Beurteilungsmaßstab erhält und dadurch der Informationswert der Bilanzanalyse gesteigert wird, sollten möglichst auch Jahresabschlüsse ähnlicher Unternehmen und Brancheninformationen beschafft werden. Ein Vergleich der Entwicklung des zu analysierenden Unternehmens mit der Entwicklung von ähnlichen Unternehmen oder der Branche können nämlich wertvolle Informationen geben (z. B. Wachstum, Cash-flow, Rentabilität, Steuerquote).

2. Zusätzliche Informationen

Um bei einer Bilanzanalyse die Finanz- und Ertragskraft eines Unternehmens als Basis für finanziell wirksame Entscheidungen besser einschätzen zu können, sollten über die erläuterten Jahresabschlüsse hinaus zusätzliche Informationen über das Unternehmen vorliegen.

Nachstehend wird in Stichworten das Minimum von Informationen über das Unternehmen und seine Umwelt, das für eine fundierte und qualitativ hochwertige Bilanzanalyse benötigt wird, aufgeführt:

- Geschichtliche Entwicklung des Unternehmens (Gründung, Änderung des Namens und der Rechtsform, Wechsel der Anteilseigner, neue Produkte, wesentliche Forschungsergebnisse, Stillegungen, Errichtung neuer Werke oder Niederlassungen),
- Angaben über die Gesellschafter und das Management, insbesondere über die geschäftsführenden Gesellschafter (Alter, Betriebszugehörigkeit, Qualifikation, Vertrauenswürdigkeit, Lebensstil, Zusammenarbeit, Nachfolger, Unternehmenspolitik), sowie über die Fähigkeit des Managements, negative Geschäftsentwicklungen und Krisensituationen zu meistern,

- Umfang und Aussagefähigkeit des innerbetrieblichen Informationswesens,
- wichtige zur Beurteilung der Geschäftstätigkeit notwendige Informationen des innerbetrieblichen Informationswesens (z. B. kurzfristige Erfolgsrechnungen nach Geschäftsfeldern und Regionen, Deckungsbeitragsrechnungen),
- Beschreibung der Informationstechnologie, notwendige und geplante Änderungen,
- eventuell vorliegende Berichte von Unternehmensberatern,
- Unternehmensplanung,
- Umsatz- und Ertragserwartungen aufgrund der geplanten Investitionen und Akquisitionen,
- notwendige Ersatz-, Rationalisierungs- und Erweiterungsinvestitionen sowie Investitionen für den Umweltschutz und Investitionen im Verwaltungs- und Sozialbereich,
- Betriebsstätten (Anzahl, Standort, Betriebszweck), Produktionsanteil der einzelnen Regionen,
- Kapazitätsauslastung und Stand der Technik der Produktionsanlagen,
- Entwicklung des Auftragsbestandes,
- Beschreibung des Verkaufssortiments mit Angaben über dessen zukünftige Wettbewerbsfähigkeit und den bisherigen und erwarteten Produktlebenszyklus,
- möglicher Einfluß des E-Commerce auf die Zukunft des Unternehmens; eigene E-Commerce-Aktivitäten,
- Forschungs- und Entwicklungstätigkeit, Produkte in der Forschungs- und Entwicklungs-Pipeline, auslaufender Patentschutz,
- Beschreibung der Kundenstruktur und der Großkunden, Umsatz/Absatz nach Regionen, Angabe der Exportquote des Mutterunternehmens (Exportanteil der wichtigsten Länder),
- Wettbewerbsverhältnisse, Marktanteile, regulatorisches Umfeld,
- Branchenentwicklung,
- Betriebsvergleiche und Branchenkennzahlen,
- Informationen über die Rohstoff- und Energieversorgung mit Informationen über die Abhängigkeit von einzelnen Lieferanten,
- Personalstandsentwicklung, Personalplanung,
- Einzelheiten zu den Leasingverträgen (Laufzeiten, Leasingraten, Optionsrechte),
- Verkehrswerte der Immobilien,
- Auswirkungen von getroffenen oder geplanten wichtigen Unternehmensentscheidungen,
- wirtschaftliche Lage der Beteiligungen,
- behördliche Auflagen, Umweltaltlasten, Haftungsrisiken,
- wichtige Verträge, Rechtsstreitigkeiten.

Ferner sollte ein zeitnaher Zwischenabschluß vorliegen mit Angaben über Bilanzierungs- und Bewertungsmethoden und die Art der Ermittlung des Materialaufwands (körperliche oder permanente Inventur, Erfahrungssatz Materialaufwandsquote oder Wareneinkauf).

Weitere zusätzliche Informationen kann man durch ein Bilanzgespräch, d. h. ein Gespräch mit dem im Unternehmen für die Abschlußerstellung Verantwortlichen und dem Abschlußprüfer oder ggf. dem Steuerberater, erhalten.

Ziel eines solchen Bilanzgespräches sollte es sein, neben Informationen über das Unternehmen und seine Umwelt (siehe oben), soweit sie noch nicht vorliegen, Informationen über die Bilanzpolitik, d. h. über

- die angewendeten Bilanzierungs- und Bewertungsmethoden,
- die ausgenutzten, insbesondere die in der Vergangenheit unterschiedlich ausgenutzten Ermessensspielräume (Berechnung der Abschreibungen, Änderung der Nutzungsdauer, Zuschreibungen, Wertberichtigungen, Entwicklung der einzelnen Rückstellungen,

Rechnungszinsfuß Pensionsrückstellungen, Bemessung der Herstellungskosten, Berücksichtigung der Leerkosten bei den Herstellungskosten, Abgrenzung Reparaturaufwendungen zu aktivierten Eigenleistungen, Bewertung und eventuell nachträgliche Aktivierung von aktivierten Eigenleistungen),
- in Anspruch genommene Wahlrechte und Bilanzierungshilfen,
- die Einhaltung des Grundsatzes der Bewertungsstetigkeit,
- aus bilanzpolitischen Gründen vorgenommene Sachverhaltsgestaltungen (siehe Abschnitt A VI 5) und über nicht bilanzierungspflichtige Tatbestände (siehe Abschnitt A VI 8),

zu erhalten, soweit diese Informationen nicht oder nur ungenau aus den vorgelegten Jahresabschlüssen hervorgehen. Den ausgenutzten Ermessensspielräumen sollte besonderes Augenmerk gewidmet werden, da sie für Außenstehende nicht oder sehr schwer erkennbar sind, aber bedeutende bilanzpolitische Möglichkeiten bieten.

Des weiteren dient das Bilanzgespräch dazu,

- Antworten auf die während der bisherigen Analyse der Jahresabschlüsse aufgekommenen Fragen zu erhalten,
- einen evtl. vom Abschlußprüfer an die Unternehmensleitung adressierten Management Letter, der nicht im Prüfungsbericht enthaltene Feststellungen und Verbesserungsvorschläge beinhaltet, zu verlangen und zu besprechen,
- Informationen über die Abweichungen der Handels- von der Steuerbilanz sowie über das Ergebnis der letzten steuerlichen Außenprüfung zu erhalten,
- die Zusammensetzung der sonstigen betrieblichen Aufwendungen und der sonstigen betrieblichen Erträge zu diskutieren. Hier ist besonders darauf zu achten, aus welchem Grund Rückstellungen oder Wertberichtigungen aufgelöst oder herabgesetzt wurden (Risiko tatsächlich weggefallen oder Risiko grundsätzlich noch vorhanden, aber nach Ansicht der Unternehmensleitung vermindert) und inwieweit andere außerordentliche oder periodenfremde Posten darin enthalten sind. Ferner sollten eventuelle Sale and lease back-Geschäfte genau analysiert werden (Vertragspartner, Konditionen, Auswirkungen auf die Zukunft),
- die Gründe für die Abweichung des Istergebnisses vom Planergebnis zu diskutieren,
- kürzlich erfolgte oder bevorstehende Veränderungen in der Unternehmensleitung und ihre Auswirkungen auf die Unternehmensstrategie zu erfahren,
- bilanzpolitische Maßnahmen aufgrund einer Veränderung in der Unternehmensleitung zu diskutieren (ausscheidende Manager stellen gern das letzte Geschäftsjahr sehr günstig dar, neue Manager stellen gern das erste Geschäftsjahr sehr schlecht dar, um der alten Unternehmensleitung das schlechte Ergebnis anzulasten und selbst in Zukunft möglichst hohe Ergebnissteigerungen vorweisen zu können),
- bevorstehende Veränderungen in der Zusammensetzung der Anteilseigner zu erfahren und Informationen über beabsichtigte Beteiligungen o. ä. zu erhalten,
- die Geschäftsentwicklung in der jüngsten Zeit und der nächsten Zukunft und erkennbare Veränderungen in der Branche (z. B. E-Commerce, neue Produkte, Wettbewerbsverhältnisse) sowie den Vergleich mit der Unternehmensplanung zu diskutieren,
- zu klären, ob in absehbarer Zeit möglicherweise Betriebsstillegungen erforderlich werden, und dadurch die Bewertung unter Annahme der Fortführung der Unternehmenstätigkeit in Frage zu stellen ist,
- zusätzliche Angaben und Informationen (notes), wie sie bei einer Bilanzierung nach IAS oder US-GAAP vorgeschrieben und für eine Überleitung auf einen aufbereiteten Jahresabschluß auf Basis IAS bzw. US-GAAP sowie dessen Beurteilung von Bedeutung

sind, zu erhalten (Hinweise dazu können aus dem Buch: Born, Karl: Rechnungslegung international. 2. Aufl., Stuttgart 1999, entnommen werden),

- das Honorar des Wirtschaftsprüfers für die Prüfungstätigkeit und das Honorar für eventuelle Beratungstätigkeit zu erfragen (um zu klären, inwieweit der Wirtschaftsprüfer wegen einer lukrativen Beratungstätigkeit möglicherweise geneigt ist, bei der Prüfung ein Auge zuzudrücken),
- den Beginn der erstmaligen Tätigkeit des Wirtschaftsprüfers bzw. seines Prüfungsleiters und seiner Assistenten in dem Unternehmen festzustellen (um zu klären, inwieweit ein Freundschaftsverhältnis bestehen oder Betriebsblindheit oder Nachlässigkeit vorliegen können),
- bei Gesellschaften mit beschränkter Haftung die Bezüge der Gesellschafter-Geschäftsführer in Erfahrung zu bringen,
- bei Personengesellschaften und Einzelunternehmen sich zusätzliche Angaben, wie sie im Anhang von Kapitalgesellschaften zu machen sind, zu beschaffen, sofern sie materiell von Bedeutung sind, sowie andere notwendige Informationen zu erfragen (siehe Abschnitt G X).

Zu den zusätzlichen Informationen gehört auch eine Betriebsbesichtigung.

Ein Vergleich zwischen den vom Unternehmen und den aus dritter Quelle erhaltenen Informationen sowie das Hinterfragen von Tatbeständen, die dem Bilanzanalytiker bereits bekannt sind, lassen Schlüsse auf die Zuverlässigkeit der Informationen und auf die Bilanzpolitik des Unternehmens zu.

Hinweise für eine weitere Informationssammlung, insbesondere bei einer Unternehmensbewertung, enthalten die vom Autor verfaßte und im gleichen Verlag erschienene Arbeitsmappe »Unternehmensanalyse und Unternehmensbewertung – Fragebogen zur Sammlung von Informationen und Daten bei einer Unternehmensanalyse im Hinblick auf eine Unternehmensbewertung« und das Buch »Unternehmensanalyse und Unternehmensbewertung«.

Sofern von dem Unternehmen außer den Jahresabschlüssen keine weiteren Informationen zur Verfügung gestellt werden, können Informationen aus dem Internet, Berichte aus Lokal-, Wirtschafts- und Branchenzeitungen und -zeitschriften, Hauptversammlungsansprachen, Emissionsprospekte, Zwischenberichte, Aktionärsbriefe, Werkszeitungen und ähnliche allgemein zugängliche Informationen für die Bilanzanalyse von Wert sein.

Das Kapitalaufnahmeerleichterungsgesetz (KapAEG), das Gesetz zur Kontrolle und Transparenz im Unternehmensbereich (KonTraG) und die immer stärkere Ausrichtung der Unternehmen auf den Shareholder Value dürften dazu beitragen, daß in Zukunft deutsche Unternehmen immer mehr Informationen als die im HGB vorgeschriebenen Mindestinformationen zur Verfügung stellen. Außerdem dürften

- die geringe Rentabilität der Kreditinstitute im Firmenkundengeschäft aufgrund von Zahlungsausfällen,
- eine zunehmende Kapitalmarktfinanzierung und
- die gegenwärtig diskutierte Reform des Basler Abkommens zur Eigenkapitalunterlegung von Krediten und die daraus folgende zunehmende Bedeutung des Rating für mittelständische Unternehmen

die Informationsbereitschaft der Unternehmen erhöhen.

IV. Aussagegrenzen des Jahresabschlusses

Der Aussagewert von Jahresabschlüssen und somit auch von Bilanzanalysen wird durch folgende Tatbestände eingeschränkt:

- Die in den Jahresabschlüssen enthaltenen Informationen sind vergangenheitsbezogen und oft nicht mehr aktuell.
- Ausreichende unterjährige Informationen sind oft nicht vorhanden.
- Bei den Jahresabschlüssen handelt es sich um Nominalwertrechnungen. Zusätzliche Angaben über reale Werte (z. B. Abschreibungen auf Basis von Wiederbeschaffungswerten) fehlen.
- Die Informationen sind zu global, d. h. Jahresabschlüsse enthalten keine Mengen- und Preisangaben, keine Informationen über schwebende Geschäfte (z. B. Auftragsbestand), bedingte Verpflichtungen (z. B. Pensionsgeschäfte) und selbstgeschaffene oder verbrauchte immaterielle Vermögensgegenstände und in der Regel keine Angaben über die Kapazitätsauslastung. Ebenso fehlen Angaben über Kreditmöglichkeiten (Kreditlinien) und Informationen über finanzielle Auswirkungen von Umweltproblemen.
- Jahresabschlüsse zeigen nur Ergebnisse, geben aber keine oder kaum Informationen über ihre Ursachen (z. B. Forschungsergebnisse, Know-how, Produktionsverfahren, Verkaufssortiment, Marktanteile, Organisation, Personal, Management, Kooperationen/Allianzen).
- Die Angaben im Jahresabschluß können durch bilanzpolitische Maßnahmen und in vielen Ländern, insbesondere in Deutschland, durch steuerrechtliche Vorschriften beeinflußt sein.

Die Bedeutung der in der Bilanz dargestellten physischen, d. h. materiellen Werte gegenüber den nicht direkt aus dem Jahresabschluß ersichtlichen immateriellen Werten nimmt immer mehr ab. Dadurch und durch den schnellen technologischen Wandel und die damit einhergehende schnelle Veränderung der Wettbewerbsverhältnisse, die die Finanz- und Ertragslage eines Unternehmens kurzfristig beeinträchtigen können, gewinnen die zusätzlichen Angaben und Informationen im Jahresabschluß und die sonstige Unternehmensberichterstattung gegenüber der Bilanz und der Gewinn- und Verlustrechnung eine größere Bedeutung.

Jahresabschlüsse nach dem HGB enthalten wesentlich weniger zusätzliche Angaben und Informationen als Jahresabschlüsse nach IAS und US-GAAP.

Neben den obigen generellen Aussagegrenzen ist der Aussagewert besonders deutscher Jahresabschlüsse durch unzureichende Erläuterungen stark eingeschränkt, z. B.

- wenig Informationen über die Ausübung von Wahlrechten und ihre Auswirkung auf die Darstellung der Vermögens-, Finanz- und Ertragslage,
- unzureichende Erläuterungen bei Änderung von Bilanzierungs- und Bewertungsmethoden (kein vergleichbarer Abschluß) und mögliche stille Änderung von Bewertungsmethoden (z. B. andere Abschreibungssätze für neu angeschaffte Vermögensgegenstände),
- keine Darstellung und Erläuterung der Entwicklung von Rückstellungen,
- keine Angaben über Höhe der Fremdwährungsforderungen und -verbindlichkeiten, der Währungsumrechnungsgewinne oder -verluste und der derivativen Finanzinstrumente,
- keine oder eingeschränkte Informationen über »Finanzierung außerhalb der Bilanz« (Leasing, Factoring, Forfaitierung),
- keine oder unzureichende Angaben zu aperiodischen und einmaligen Aufwendungen und Erträgen,

- die wenig transparenten Sammelposten sonstige betriebliche Aufwendungen und sonstige betriebliche Erträge werden nicht erläutert,
- keine Angaben über die kurzfristig stark beeinflußbaren Aufwendungen (Instandhaltungs- und Reparaturaufwendungen, Forschungs- und Entwicklungsaufwendungen, Werbeaufwendungen und Aufwendungen für Personalaus- und -weiterbildung),
- Kapitalflußrechnung und Segmentberichterstattung sind bei nicht börsennotierten deutschen Gesellschaften kein Bestandteil des Jahresabschlusses,
- keine Angaben zur Fristigkeit von Gesellschafterdarlehen, bei Nichtkapitalgesellschaften keine Angaben über Entnahmeregelungen, Steuerzahlungen, sonstiges Vermögen und sonstige Verpflichtungen (z. B. Fremdfinanzierung des Eigenkapitals),
- unzureichende Angaben zu den latenten Steuern, keine Information oder Überleitung zur Steuerbilanz und keine Angaben über die steuerliche Gliederung des Eigenkapitals bei Kapitalgesellschaften,
- Prognoseangaben im Lagebericht sind in der Regel wenig aussagefähig.

Die Aussagegrenzen des Jahresabschlusses legen es deshalb nahe, Bilanzanalyse möglichst als Bestandteil einer Unternehmensanalyse durchzuführen oder verfügbare zusätzliche Informationen mit einzubeziehen, um dadurch alle vorhandenen Informationen optimal auszuwerten (siehe auch Abschnitt A III 2).

V. Analyseinstrumente

Die Instrumente für eine Bilanzanalyse könnte man wie folgt aufgliedern:

1. Analyse der einzelnen Posten der Jahresabschlüsse und Analyse der Bilanzpolitik.
2. Vergleich der Bilanzen und Gewinn- und Verlustrechnungen im
   a) Zeitvergleich
   b) Betriebsvergleich und/oder Branchenvergleich
   c) Normenvergleich (z. B. »goldene Bankregel« oder »goldene Bilanzregel«, Diskriminanzanalyse, Vereinbarungen bei Kreditverträgen, Plan-Zahlen) verbunden mit einer Kombination obiger Vergleiche.

   Der Vergleich der Bilanzen und Gewinn- und Verlustrechnungen erfolgt mittels der nachstehend erwähnten Verhältniskennzahlen. Durch den Vergleich der Verhältniskennzahlen lassen sich Entwicklungen besser erkennen, die Anlaß zu Fragen geben können. Kennzahlen sollten somit nicht nur das Ergebnis einer Bilanzanalyse sein, sondern eine Analyse der Verhältniskennzahlen sollte auch der Ausgangspunkt für weitere Recherchen sein.
3. Bildung von Verhältniskennzahlen
   a) Gliederungskennzahlen
   Bei Gliederungskennzahlen wird eine Teilmenge zu einer Gesamtmenge in Beziehung gesetzt. Die Gesamtmenge wird meistens gleich 100 gesetzt, so daß die Gliederungskennzahl den prozentualen Anteil der Teilmenge an der Gesamtmenge angibt. Zum Beispiel:

- Sachanlagen in % der Bilanzsumme
- Eigenkapital in % des Gesamtkapitals.

Gliederungskennzahlen machen Strukturverhältnisse besser als absolute Zahlen durchschaubar.

Gliederungskennzahlen geben bei einer Bilanzanalyse schnell einen ersten Einblick in ein Unternehmen und eine Branche und eignen sich gut für Betriebsvergleiche.

b) Indexreihen

Bei Indexreihen werden zwei gleichartige Größen zu unterschiedlichen Zeitpunkten ins Verhältnis gesetzt. Eine Indexzahl gibt an, um wieviel Prozent sich ein bestimmter Vergleichswert gegenüber dem Wert des Basisjahres, der gleich 100 gesetzt wird, verändert hat. Zum Beispiel:

- Verhältnis des Eigenkapitals verschiedener Jahre zum Eigenkapital des Basisjahres.

Indexreihen finden bei Zeitvergleichen Verwendung.

c) Beziehungskennzahlen

Bei Beziehungskennzahlen werden zwei wesensverschiedene, jedoch betriebswirtschaftlich miteinander in Verbindung stehende Größen zueinander in Beziehung gesetzt. Zum Beispiel:

- Verhältnis Anlagevermögen zu Eigenkapital,
- Verhältnis Forderungen zu Umsatzerlöse.

Beziehungskennzahlen, die Zusammenhänge und Entwicklungen deutlich machen können, haben daher einen größeren Erkenntniswert als Gliederungskennzahlen, die nur Strukturen zeigen.

4. Zusätzliche Kennzahlen und Analysen

a) durch andere Art der Zusammenstellung der Zahlen der Bilanz, der Gewinn- und Verlustrechnung und evtl. zusätzlicher Zahlen, nämlich
- Cash-flow,
- Kapitalflußrechnung,
- Break-even-Punkt,
- Wertschöpfung;

b) durch Einbeziehen zusätzlicher nicht unmittelbar aus dem Jahresabschluß hervorgehender Daten und Informationen (z.B. Arbeitsstunden, Verkaufsfläche, Absatzmengen, Auslastung der Sitzplätze, Betten o.ä.), z.B.
- branchenspezifische Kennzahlen,
- Vergleich mit Marktdaten,
- Kurs/Gewinn-Verhältnis (price-earnings ratio);

c) aufgrund von Schätzungen oder durch die Änderung einzelner Posten des Jahresabschlusses mit Hilfe vorliegender Informationen, z.B.
- Schätzung Steuerbilanzgewinn,
- bereinigtes Ergebnis,
- Ergebnis nach DVFA/SG.

Zu dem unter 3. und 4. genannten Analyseinstrument Kennzahlen ist folgendes zu sagen:

> Durch Kennzahlen lassen sich quantifizierbare betriebswirtschaftliche Sachverhalte in einer Zahl darstellen, wobei manchmal allerdings durch diese Vereinfachung der komplexen Realität nicht genügend Rechnung getragen wird (z.B. bei einigen Beziehungskennzahlen).

Eine einzelne Kennzahl gibt keine Antwort auf die Angemessenheit und die Ursache der Kennzahl. Nur der Vergleich mit anderen Kennzahlen und die Zerlegung der Kennzahlen mittels weiterer Kennzahlen in ihre Einflußfaktoren sowie der Zeit- und/oder Betriebsvergleich ermöglichen Aussagen über Angemessenheit und Ursachen der Kennzahlenhöhe und Kennzahlenveränderung.

Durch die Zerlegung von Kennzahlen entstehen Kennzahlensysteme, bei denen die einzelnen Kennzahlen und die ihnen zugrundeliegenden absoluten Zahlen untereinander in einem sachlogischen Beziehungszusammenhang stehen. Das heißt bei Kennzahlensystemen wird versucht, ausgehend von einer Spitzenkennzahl, die ursächlichen Zusammenhänge und ihre Wirkungen stufenweise durch rechnerische Zerlegung zu zeigen.

Bei der Analyse von Kennzahlensystemen lassen sich auch zufällige Werte besser erklären. Bilanzpolitische Maßnahmen, die der Bilanzersteller getroffen hat, weil er glaubt, daß der Bilanzanalytiker auf gewisse Kennzahlen besonderen Wert legt, verlieren bei der Analyse von Kennzahlensystemen oder einer Reihe von Kennzahlen an Bedeutung.

Als Beispiel für ein Kennzahlensystem wird auf den Return on Investment im Abschnitt N hingewiesen. Es handelt sich hierbei um das von E. I. Du Pont de Nemours and Company, Wilmington, Delaware, bereits 1919 verwendete System of Financial Control. Spitzenkennzahl ist hier die Gesamtkapitalrentabilität.

Ein weiteres Kennzahlensystem ist das vom Zentralverband Elektrotechnik- und Elektronikindustrie e. V. herausgegebene »ZVEI-Kennzahlensystem«, das umfangreicher und tiefer gegliedert ist – es umfaßt 88 empfohlene Kennzahlen und zur mathematischen Verknüpfung weitere 122 Hilfsgrößen, die ebenfalls als Kennzahlen aufgebaut sind – und zur innerbetrieblichen Steuerung von Unternehmen sowie für Betriebsvergleiche gedacht ist. Spitzenkennzahl bei der Strukturanalyse des ZVEI-Kennzahlensystems ist die Eigenkapitalrentabilität. Daneben beinhaltet das ZVEI-Kennzahlensystem noch eine Wachstumsanalyse.

Ein Kennzahlensystem mit zwei Spitzenkennzahlen ist das Rentabilitäts-Liquiditäts-Kennzahlensystem (RL-Kennzahlensystem), das von Reichmann und Lachnit zur Steuerung von Unternehmen entwickelt wurde (Reichmann, Thomas/Lachnit, Laurenz: Planung, Steuerung und Kontrolle mit Hilfe von Kennzahlen. In: ZfbF, 28. Jg. [1976], S. 705–723). Es enthält sowohl einen Rentabilitätsteil als auch einen Liquiditätsteil und somit zwei Spitzenkennzahlen, die nicht miteinander verbunden sind. Die Spitzenkennzahl des Rentabilitätsteils ist das ordentliche Ergebnis und die Spitzenkennzahl des Liquiditätsteils sind die liquiden Mittel.

Die vorgestellten Kennzahlensysteme entstanden, wie bereits gesagt, als innerbetriebliche Steuerungsinstrumente und nicht als Instrumente der Bilanzanalyse. Während der innerbetriebliche Analytiker (z. B. Controller) das zu analysierende Unternehmen genau kennt und ihm alle Informationen vorliegen, kennt der externe Bilanzanalytiker das Unternehmen kaum und ihm liegen die zur Erstellung eines Kennzahlensystems notwendigen Informationen nicht in der gleichen Form vor. Er kann sich erst durch die Analyse der vorliegenden Informationen ein Bild über das Unternehmen verschaffen und muß versuchen, sich aufgrund der durch die Auswertung der vorhandenen Informationen ergebenden Fragen weitere Informationen zu beschaffen. Diese notwendige andere Vorgehensweise läßt den Einsatz von Kennzahlensystemen bei der externen Bilanzanalyse nur bedingt zu.

Ziel eines Kennzahlensystems oder von zerlegten Kennzahlen sollte es sein, daß die daraus gewonnene Gesamtaussage mehr bietet als die Summe der Einzelaussagen. Es versteht sich, daß tunlichst nur solche Kennzahlen bei einer Bilanzanalyse benutzt werden sollten, denen eine Aussagefähigkeit beigemessen wird.

Aussagefähig sind Kennzahlen dann, wenn sie

- die Ursachen-/Wirkungszusammenhänge der Vergangenheit erhellen,
- die Abschätzung von Maßnahmen, Einflußfaktoren oder Entwicklungen in der Vergangenheit und Zukunft erleichtern,
- die Beurteilung von anderen Informationen (z. B. Erläuterung der Unternehmensleitung zur Geschäftsentwicklung) ermöglichen sowie
- Hinweise für gezielte Fragen an die Unternehmensleitung geben.

Wenig aussagefähig sind dagegen Kennzahlen, die kurzfristig beeinflußbare Größen (z. B. flüssige Mittel) enthalten.

Entsprechend dem Zweck und Ziel der Bilanzanalyse lassen sich die Kennzahlen in folgende Gruppen zusammenfassen:

- Analyse der kurzfristigen Liquidität einschl. Vermögensumschlag (Umschlagskoeffizienten),
- Analyse der langfristigen Liquidität einschl. Vermögens- und Kapitalstruktur,
- Analyse des Erfolges und der Rentabilität (Return on Investment),
- Analyse der Rendite und Börsenbewertung.

VI. Bilanzpolitik und Notwendigkeit der Bilanzanalyse

1. Begriff und Ziel der Bilanzpolitik

Bilanzpolitik – manchmal auch Bilanzlifting genannt – bedeutet, durch gesetzlich zulässige Maßnahmen bei der Aufstellung des Jahresabschlusses zu versuchen, das Urteil des Bilanzlesers im Sinne des Bilanzerstellers zu beeinflussen. Man kann es auch härter wie folgt ausdrücken: Bilanzpolitik bedeutet, legal die Unwahrheit zu sagen.

Ziel der Bilanzpolitik ist es, daß

- die tatsächliche wirtschaftliche Lage auch durch einen Experten nicht oder zumindest nicht in vollem Umfang erkannt wird (Ergebnisbeeinflussung insbesondere durch Ergebnisglättung) und
- die steuerliche Belastung möglichst gering gehalten wird (Steueraufwandminimierung).

Bei eigentümerkontrollierten Unternehmen dürfte die Steueraufwandminimierung gegenüber der Ergebnisglättung größere Bedeutung haben als bei durch Manager geführten Unternehmen. Falls das Management jedoch in hohem Maße eine ergebnisabhängige Vergütung und/oder Aktien, Aktienoptionen (stock options) erhält, kann man davon ausgehen, daß das Management weniger Interesse an einer Ergebnisglättung hat, als vielmehr versucht, alle bilanzpolitischen Möglichkeiten auszunutzen, um möglichst gute Ergebnisse ausweisen zu können.

Dies bedeutet, daß das Management

- in guten Jahren das Ergebnis eher schlechter darstellt, um Ausschüttungen und steuerliche Belastung möglichst gering zu halten und stille Reserven für schlechte Zeiten anzusammeln, und
- in schlechten Jahren das Ergebnis eher besser darstellt, d.h. stille Reserven ohne Kommentar auflöst, um die Kritik am Management möglichst gering zu halten, eine möglichst hohe ertragsabhängige Vergütung und/oder Aktien, Aktienoptionen (stock options) zu bekommen, keinen Bonitätsverlust bei den Kreditgebern zu erleiden und steuerliche Nachteile (z.B. Verfall der Anrechenbarkeit des steuerrechtlichen Verlustvortrages) zu vermeiden.

Ein Grund für eine Ergebnisglättung könnte auch ein Abweichen des Istergebnisses von den veröffentlichten Ergebniserwartungen sein.

Daraus ergibt sich der bekannte Satz:

Gute Bilanzen sind oft besser und schlechte Bilanzen sind oft schlechter als sie scheinen.

Diese Vermutung darf jedoch nicht zum Vorurteil werden, sondern nur als Hinweis dienen, in eine gewisse Richtung verstärkt zu recherchieren.

Es gibt noch andere Gründe für Bilanzpolitik, z.B. wenn Manager

- im ersten Jahr der Übernahme der Unternehmensleitung ein »Großreinemachen« veranstalten und ein möglichst schlechtes Ergebnis ausweisen, um stille Reserven für die von ihnen in Zukunft zu verantwortenden Ergebnisse zu schaffen,
- Restrukturierungskosten zu hoch ansetzen, um stille Reserven für die Zukunft zu schaffen,
- bei Unternehmensübernahmen einen Teil des Kaufpreises nicht aktivieren, sondern ihn als Forschungs- und Entwicklungskosten ausweisen und mit dem Ergebnis des laufenden Geschäftsjahres verrechnen, um in Zukunft die Abschreibung auf den Geschäfts- oder Firmenwert (Goodwill) reduzieren zu können.

Bilanzpolitik ist aus der Sicht des Bilanzlesers Bilanzkosmetik oder Ergebnisverschleierung.

Durch Bilanzanalyse sollte versucht werden, die Bilanzpolitik des Bilanzerstellers weitgehend zu enttarnen.

Bilanzpolitik wird begrenzt durch die sogenannte Zweischneidigkeit der Bilanz. Zweischneidigkeit der Bilanz bedeutet: das Legen von stillen Reserven (Ergebnisverminderung) in dem einen Jahr hat zwangsläufig eine Ergebnisverlagerung ins nächste Jahr (durch Legen und Auflösen von stillen Reserven beim Umlaufvermögen) oder in die folgenden Jahre (durch Legen und Auflösen von stillen Reserven beim Anlagevermögen) zur Folge. Weniger zweischneidig sind dagegen die Rückstellungen, da ihre Auflösung stärker in dem Belieben des Bilanzerstellers liegt.

Nicht zuletzt aus diesem Grunde ist es angebracht, bei einer Bilanzanalyse möglichst viele Jahre zu vergleichen.

Wie die Ausführungen in den folgenden Abschnitten sowie das Beispiel Daimler Benz AG (siehe Vorwort zur 2. Auflage und »Statt eines Vorwortes zur 1. Auflage«) zeigen, lassen die Rechnungslegungsvorschriften insbesondere in Deutschland Bilanzpolitik in erheblichem Maße zu. In Deutschland nimmt Bilanzpolitik manchmal sogar Formen an, die man als nicht strafbare Wirtschaftskriminalität bezeichnen könnte.

2. Grundsätze ordnungsmäßiger Buchführung (GoB) sowie Generalnorm

a) Grundsätze ordnungsmäßiger Buchführung (GoB)

Jahresabschlüsse sind in Deutschland gemäß § 243 HGB unter Beachtung der Grundsätze ordnungsmäßiger Buchführung (GoB) zu erstellen, die aber nirgendwo zusammengefaßt definiert sind. Sie sind ein unbestimmter Rechtsbegriff.

Nach dem Wirtschaftsprüfer-Handbuch 1996, Band I, S. 151 können als Entscheidungshilfen für die GoB in Betracht kommen:

- Gesetz und die zugrunde liegenden EG-Richtlinien,
- Rechtsprechung des BGH (Rechnungslegung), des EuGH, des BFH, der Spruchstelle (§ 324 HGB),
- die Fachgutachten und Stellungnahmen des IDW,
- gutachtliche Stellungnahmen des DIHT und der Industrie- und Handelskammern,
- die gesicherten Erkenntnisse der Betriebswirtschaftslehre,
- die Fachliteratur sowie
- die Bilanzierungspraxis ordentlicher Kaufleute.

Auch die internationalen Rechnungslegungsgrundsätze (International Accounting Standards – IAS) des IASC können Anhaltspunkte bieten; sie sind zwar größtenteils auf anglo-amerikanische Rechtsnormen zugeschnitten, gewinnen aber insb. für die Konzernrechnungslegung großer deutscher Unternehmen zunehmend an Bedeutung.

Das heißt im Klartext: Das Gemenge der Erkenntnisse aus

- Handels- und Steuergesetzen,
- zum Teil Jahrzehnte alten Urteilen von Finanzgerichten, die unter steuerlichen Gesichtspunkten urteilen,
- Fachgutachten und Stellungnahmen des IDW, die teilweise verschiedene Bilanzierungsmöglichkeiten zulassen,
- nicht definierten Stellungnahmen des DIHT und der Industrie- und Handelskammern,
- nicht genau definierten gesicherten Erkenntnissen der Betriebswirtschaftslehre,
- der Fachliteratur, die nicht selten unterschiedliche Meinungen vertritt,
- der Bilanzierungspraxis von Kaufleuten, die zwar ordentlich sein mögen, die aber keinen Grund haben, ihre Geschäftslage zu offenbaren,

bildet die Grundsätze ordnungsmäßiger Buchführung.

Es mag zumindest fragwürdig sein, ob aus diesem Gemenge von Erkenntnissen, die sich teilweise widersprechen und die der Bilanzersteller selbst deuten kann, Jahresabschlüsse entstehen können, aus denen sich ein Bilanzleser, der in wirtschaftlichen Angelegenheiten erfahren ist, in angemessener Zeit ein eindeutig klares und richtiges Bild über die wirtschaftliche Lage eines Unternehmens verschaffen kann.

b) Generalnorm der 4. EG-Richtlinie

In Art. 2 Abs. 3, 4 und 5 der 4. gesellschaftsrechtlichen EG-Richtlinie vom 25. 7. 1978, deren Umsetzung in Deutschland durch das Bilanzrichtlinien-Gesetz vom 19. 12. 1985 erfolgte (weitere Einzelheiten siehe Abschnitt C I), heißt es:

> (3) Der Jahresabschluß hat ein den tatsächlichen Verhältnissen entsprechendes Bild der Vermögens-, Finanz- und Ertragslage der Gesellschaft zu vermitteln.
>
> (4) Reicht die Anwendung dieser Richtlinie nicht aus, um ein den tatsächlichen Verhältnissen entsprechendes Bild im Sinne des Absatzes 3 zu vermitteln, so sind zusätzliche Angaben zu machen.
>
> (5) Ist in Ausnahmefällen die Anwendung einer Vorschrift dieser Richtlinie mit der in Absatz 3 vorgesehenen Verpflichtung unvereinbar, so muß von der betreffenden Vorschrift abgewichen werden, um sicherzustellen, daß ein den tatsächlichen Verhältnissen entsprechendes Bild im Sinne des Absatzes 3 vermittelt wird. Die Abweichung ist im Anhang anzugeben und hinreichend zu begründen, ihr Einfluß auf die Vermögens-, Finanz- und Ertragslage ist darzulegen. Die Mitgliedstaaten können die Ausnahmefälle bezeichnen und die entsprechende Ausnahmeregelung festlegen.

Außerdem ist die Generalnorm in der Präambel der 4. EG-Richtlinie mit folgendem Text enthalten:

> Der Jahresabschluß muß ein den tatsächlichen Verhältnissen entsprechendes Bild der Vermögens-, Finanz- und Ertragslage der Gesellschaft vermitteln.

Neben der Wiederholung der Generalnorm in der 4. EG-Richtlinie kann man auch aus der Entwicklungsgeschichte der Richtlinie auf die herausragende Bedeutung der Generalnorm schließen.

Sinn dieser Generalnorm ist, daß der Bilanzleser eine richtige Darstellung des Gesamtbildes erhält. Der Bilanzersteller sollte sich nicht hinter einzelnen Bilanzierungsvorschriften, -wahlrechten oder Ermessensspielräumen verstecken können.

c) Generalnorm für Kapitalgesellschaften laut Bilanzrichtlinien-Gesetz vom 19. 12. 1985

Wie aus dem nachstehend aufgeführten § 264 Abs. 2 des HGB zu entnehmen ist, wurde in Deutschland anders als in den anderen Mitgliedstaaten der Art. 2 Abs. 3 mit dem Zusatz *»unter Beachtung der Grundsätze ordnungsmäßiger Buchführung«* versehen und Art. 2 Abs. 5 der 4. EG-Richtlinie überhaupt nicht in nationales Recht transformiert:

> Der Jahresabschluß der Kapitalgesellschaft hat unter Beachtung der Grundsätze ordnungsmäßiger Buchführung ein den tatsächlichen Verhältnissen entsprechendes Bild der Vermögens-, Finanz- und Ertragslage der Kapitalgesellschaft zu vermitteln. Führen besondere Umstände dazu, daß der Jahresabschluß ein den tatsächlichen Verhältnissen entsprechendes Bild im Sinne des Satzes 1 nicht vermittelt, so sind im Anhang zusätzliche Angaben zu machen.

Der Zusatz »unter Beachtung der Grundsätze ordnungsmäßiger Buchführung« geschah nicht zuletzt auf Betreiben der Wirtschaftsprüferkammer (WPK) und des Instituts der Wirtschaftsprüfer (IDW) (siehe Gemeinsame Stellungnahme der WPK und des IDW zum Vorentwurf eines Bilanzrichtlinien-Gesetzes, in WPg 1980, S. 501–504).

Die Verknüpfung der Generalnorm mit den Grundsätzen ordnungsmäßiger Buchführung und die Nichtumsetzung des Art. 2 Abs. 5 der 4. EG-Richtlinie in deutsches Recht haben die Generalnorm in Deutschland erheblich verwässert. Der oben zitierte § 264 Abs. 2 des HGB bedeutet nämlich, daß – falls wegen der Grundsätze ordnungsmäßiger Buchführung der Jahresabschluß kein den tatsächlichen Verhältnissen entsprechendes Bild der Vermögens-, Finanz- und Ertragslage der Kapitalgesellschaft vermittelt – die Abweichungen nur im Anhang anzugeben sind, nicht aber der Jahresabschluß entsprechend zu korrigieren ist.

d) Auslegung der Generalnorm in Deutschland, Versäumnisse und Folgen

Im Wirtschaftsprüfer-Handbuch 1996, Band I, S. 300 findet man zu § 264 Abs. 2 folgende Kommentierung:

> Die auf Art. 2 Abs. 3 und 4 der 4. EG-Richtlinie zurückgehende Fassung der Generalnorm bringt, wie in der Regierungs-Begründung betont ist (vgl. BT Drs. 10/317, S. 76), ›trotz der anspruchsvolleren Formulierung‹ für die Praxis keine grundsätzlichen Änderungen. Inhalt und Umfang des Jahresabschlusses sind in erster Linie aus den Einzelvorschriften herzuleiten (Ebd.; im gleichen Sinne hatten sich bereits Rat und Kommission bei Verabschiedung der 4. EG-Richtlinie in einer Protokoll-Erklärung zu Art. 2 Abs. 4 geäußert). Die Generalnorm ist nur heranzuziehen, wenn Zweifel bei Auslegung und Anwendung entstehen oder Lücken zu schließen sind. Aus der Generalnorm können auch nicht ganz allgemein zusätzliche Anforderungen (z. B. bei Schätzungen oder der Ausübung von Wahlrechten) abgeleitet werden. (Ebenso ADS, § 264 HGB Tz. 106 f.; aA HdR, § 264 HGB Rn. 36)

Die deutsche Literatur über Bilanzen ist sehr bilanzersteller- und nicht bilanzleserfreundlich. Sie beschäftigt sich zu sehr mit Bilanzpolitik, d. h. welche Möglichkeiten es für den Bilanzersteller gibt, sich nach seinen Wünschen darzustellen, sowie damit, wie man den ersten Satz der unter Abschnitt A VI 1c zitierten Generalnorm des deutschen Bilanzrechts deuten kann, damit dem Leser möglichst nicht einfach und klar die Vermögens-, Finanz- und Ertragslage dargestellt wird.

Leider ist es durch eine nur eingeschränkte Umsetzung der EG-Richtlinien in deutsches Recht versäumt worden, der *»true and fair view«* in Deutschland zum Durchbruch zu verhelfen. Somit kann das Ergebnis weiterhin bei formaler Einhaltung der Vorschriften in erheblichem Umfang verzerrt werden, und Unternehmen können den Jahresabschluß in einem gewissen Rahmen zu einer wunschgemäßen Selbstdarstellung nutzen.

Die Leser von deutschen Bilanzen genießen nicht den Schutz einer Gewerkschaft und haben auch keine Lobby. Wollen sie Erkenntnisse aus Jahresabschlüssen ziehen, dann müssen sie die unnötigerweise mühsam gemachte Arbeit der Bilanzanalyse auf sich nehmen und bei den bilanzierenden Unternehmen nach weiteren Informationen bohren.

Die logisch kaum erklärbare und nicht betriebswirtschaftlichen Erfordernissen entsprechende Rechnungslegung nach den sogenannten deutschen Grundsätzen ordnungsmäßiger Buchführung (GoB) ist auch der Grund, warum im Ausland die Rechnungslegung deutscher Unternehmen auf totales Unverständnis stößt und viele international tätige deutsche Unternehmen bereits vor der Verabschiedung des Kapitalaufnahmeerleichterungsgesetzes (KapAEG) im Jahre 1998 neben einer Rechnungslegung nach dem HGB auch eine Rechnungslegung nach IAS oder US-GAAP praktizierten.

3. Einschränkung der Aussagefähigkeit des Jahresabschlusses aus verschiedenen Gründen

Die gemäß obiger Kommentierung (Wirtschaftsprüfer-Handbuch 1996, Band I, S. 300) schon nicht »anspruchsvoll« ausgelegte Generalnorm wird aus einer Reihe von Gründen, die im folgenden aufgeführt sind, noch zusätzlich eingeschränkt:

a) Nicht eindeutige Rechnungslegungsvorschriften

Die deutschen Rechnungslegungsvorschriften sind nicht eindeutig. Der Inhalt mancher Posten des Jahresabschlusses und manche Begriffe werden unterschiedlich ausgelegt und nicht genügend erläutert.

Hierzu gehören:

- sonstige betriebliche Aufwendungen,
- sonstige betriebliche Erträge,
- außerordentliche Aufwendungen,
- außerordentliche Erträge,
- Identität des Herstellungskostenbegriffs in Bilanz und Gewinn- und Verlustrechnung.

An dieser Stelle ist auch zu erwähnen, daß periodenfremde Posten nur im Anhang zu erläutern sind, soweit sie für die Beurteilung der Ertragslage nicht von untergeordneter Bedeutung sind.

Der Bilanzanalytiker darf auch seltene Auslegungsmöglichkeiten nicht ausschließen. Er muß berücksichtigen, was sein könnte, und nicht, was herrschende Meinung ist und somit sein sollte.

b) Bilanzierungs- und Bewertungswahlrechte, Bilanzierungshilfen

In den deutschen Bewertungsvorschriften sind auch Bilanzierungs- und Bewertungswahlrechte sowie Bilanzierungshilfen (Ansatz grundsätzlich nicht bilanzierungsfähiger Posten) enthalten. Ihre verwirrende Vielfalt wird im folgenden aufgeführt:

Bilanzierungswahlrechte (Ansatzwahlrechte)

Aktivierungswahlrechte

- Aufwendungen für die Ingangsetzung und Erweiterung des Geschäftsbetriebs (§ 269 HGB)*),
- Aufwendungen für die Währungsumstellung auf den Euro (Art. 44 Abs. 1 EGHGB)*),
- entgeltlich erworbener Geschäfts- oder Firmenwert (§ 255 Abs. 4 Satz 1 HGB),
- Geschäfts- oder Firmenwert aus der Konsolidierung (§ 309 Abs. 1 Satz 3 HGB),
- Unterschied (Disagio) zwischen Ausgabe- und höherem Rückzahlungsbetrag einer Verbindlichkeit (§ 250 Abs. 3 HGB),
- aktive Abgrenzung von gezahlten Zöllen und Verbrauchsteuern (statt Ausweis unter Vorräten) und von Umsatzsteuer auf erhaltene Anzahlungen (§ 250 Abs. 1 Satz 2 HGB),

- aktive Abgrenzung latenter Steuern (§ 274 Abs. 2 HGB)*).

*) Bilanzierungshilfen

Passivierungswahlrechte
- Bildung von Sonderposten mit Rücklageanteil (§ 247 Abs. 3 HGB),
- Bildung von Rückstellungen für vor dem 1. 1. 1987 entstandene unmittelbare Pensionsverpflichtungen (laufende Pensionen und Anwartschaften) einschließlich der Erhöhungen auf diese Altzusagen (Art. 28 Abs. 1 Satz 1 EGHGB),
- Bildung von Rückstellungen für alle mittelbaren Pensionsverpflichtungen, z. B. Zusagen von Pensions- und Unterstützungskassen (Art. 28 Abs. 1 Satz 2 EGHGB),
- Bildung von Rückstellungen für unterlassene Aufwendungen für Instandhaltung, die im folgenden Geschäftsjahr innerhalb von 4–12 Monaten nachgeholt werden (§ 249 Abs. 1 Satz 3 HGB),
- Bildung von Aufwandsrückstellungen, z. B. für Großreparaturen (§ 249 Abs. 2 HGB).

Bewertungswahlrechte bei Kapitalgesellschaften und Nicht-Kapitalgesellschaften

- Ansatz von Gemeinkosten, Abschreibungen, Verwaltungskosten und ggf. Fremdkapitalzinsen bei der Ermittlung der Herstellungskosten (§ 255 Abs. 2 und 3 HGB),
- Sammelbewertung mittels Festwert, Durchschnittsbewertung und Verbrauchsfolgeverfahren (§§ 240 Abs. 3 und 4, 256 HGB),
- Abschreibung Geschäfts- oder Firmenwert aus der Konsolidierung (§ 309 Abs. 1 Satz 1 und 2 HGB),
- Abschreibung entgeltlich erworbener Geschäfts- oder Firmenwert (§ 255 Abs. 4 Satz 2 und 3 HGB),
- Bestimmung der Abschreibungsmethode zur Ermittlung planmäßiger Abschreibungen, z. B. linear oder degressiv (§ 253 Abs. 2 Satz 2 HGB), Sofort-Abschreibung geringwertiger Wirtschaftsgüter (§ 6 Abs. 2 EStG), Vereinfachungsregelung für Beginn der Abschreibungen auf Sachanlagen (R 44 Abs. 2 EStR),
- außerplanmäßige Abschreibungen auf Finanzanlagen bei voraussichtlich vorübergehender Wertminderung (§ 253 Abs. 2 Satz 3 i. V. m. § 279 Abs. 1 Satz 2 HGB),
- außerplanmäßige Abschreibungen auf Vermögensgegenstände des Umlaufvermögens, falls nach vernünftiger kaufmännischer Beurteilung in der nächsten Zukunft der Wertansatz aufgrund von Wertschwankungen geändert werden muß (§ 253 Abs. 3 Satz 3 HGB),
- außerplanmäßige Abschreibungen auf das Anlage- oder Umlaufvermögen aufgrund steuerrechtlicher Vorschriften (§ 254 HGB),
- Bestimmung des versicherungsmathematischen Verfahrens zur Bewertung der Rückstellungen für Pensionen und des Kapitalisierungszinsfußes (§ 253 Abs. 1 Satz 2 HGB),
- Investitionszuschüsse werden sofort vereinnahmt oder bei den Anschaffungs- oder Herstellungskosten gekürzt (R 34 EStR),
- Übertragung stiller Reserven auf neu angeschaffte oder hergestellte Anlagen (§ 6b EStG).

Bewertungswahlrechte bei Nicht-Kapitalgesellschaften

- außerplanmäßige Abschreibungen auf Sachanlagen bei voraussichtlich vorübergehender Wertminderung (§ 253 Abs. 2 Satz 3 HGB),
- außerplanmäßige Abschreibungen im Rahmen vernünftiger kaufmännischer Beurteilung, d. h. das Legen stiller Reserven im Anlage- und Umlaufvermögen (§ 253 Abs. 4 HGB),

– Beibehaltungswahlrecht bei Fortfall des Grundes für eine niedrigere Bewertung (§ 253 Abs. 5 HGB).

Auf sämtliche Stichworte wird bei der Analyse der einzelnen Posten des Jahresabschlusses noch eingegangen.

Im Steuerrecht sind diese Wahlrechte teilweise eingeschränkt. Deshalb können Steuerbilanzen aussagefähiger sein.

Die Bilanzierungswahlrechte (Ansatzwahlrechte) und die Bewertungswahlrechte können im Konzernabschluß neu ausgeübt werden.

Daneben wirken sich noch Wahlrechte für die Benennung, den Darstellungsort (Anhang, Bilanz oder Gewinn- und Verlustrechnung) und das Darstellungsschema von Jahresabschlußinformationen sowie die Wahlrechte beim Konzernabschluß nachteilig aus.

Was **Wahlrechte** bei der Bilanzierung tatsächlich sind, geht aus folgendem Zitat deutlich hervor.

> Wer Rechnungslegung im Interesse der Empfänger der Rechnungslegung wünscht, muß logisch haltbare Messungen verlangen. Wer Rechnungslegung im Interesse der rechenschaftspflichtigen Unternehmen begrenzen will, muß den Mut haben zu verordnen, daß über vieles nicht zu berichten ist. Dem Gesetzgeber fehlt dieser Mut. Deshalb verordnet er einerseits eine detaillierte Rechnungslegung und gewährt andererseits Wahlrechte, mit denen die Rechnungslegenden selbst entscheiden können, wie weit sie sich der Rechenschaft entziehen wollen. Die Folge davon ist ein Bilanzrecht, das in Teilen zum öffentlich-rechtlich sanktionierten Schwindel mit Eichstempeln wird (Schneider, Dieter: »Wozu eine Reform des Jahresabschlusses?«, in: Baetge, Jörg (Hrsg.): Der Jahresabschluß im Widerstreit der Interessen. Düsseldorf 1983, S. 152).

c) Steuerrechtliche Vorschriften

> Steuerrechtliche Vorschriften, insbesondere wenn sie aus wirtschaftspolitischen Gründen erlassen wurden (z. B. Sonderabschreibungen, steuerbegünstigte Rücklagen), haben auch in der Handelsbilanz entsprechende Auswirkungen und verfälschen die richtige Darstellung der wirtschaftlichen Lage (Umkehrung des Maßgeblichkeitsprinzips). Schließlich beeinträchtigen die Ergebnisse der steuerlichen Außenprüfung (Zuschreibungen, Steuernachzahlungen) die richtige Darstellung der Vermögens- und Ertragslage im Jahresabschluß.

Nach § 285 Nr. 5 HGB sind zwar im Anhang Angaben über das Ausmaß des Einflusses der steuerlich bedingten Maßnahmen zu machen, was aber nach Ansicht der meisten Kommentatoren nur eine Umschreibung der Größenordnung, nicht aber die Angabe von Beträgen bedeutet.

d) Vorsichtsprinzip

Die Grundsätze ordnungsmäßiger Buchführung (siehe auch Anhang A, Abschnitt V) werden vom Vorsichtsprinzip (die Vermögenslage darf auf keinen Fall zu günstig dargestellt werden) beherrscht, das seinerseits wieder

- das Realisationsprinzip (Erfolg ist erst bei der Realisation und nicht bei der Verursachung zu erfassen), zu dem das Anschaffungs- und Herstellungsprinzip gehört,
- sowie das Imparitätsprinzip (Ausweis nicht realisierter Verluste, kein Ausweis nicht realisierter Gewinne), zu dem das Niederstwertprinzip (bei der Bewertung von Aktiva ist von mehreren in Frage kommenden Werten der niedrigste anzusetzen) gehört,

umfaßt.

Das Vorsichtsprinzip ist auf einen am Gläubigerschutz orientierten Jahresabschluß zurückzuführen. Gläubigerschutz läßt sich aber nicht durch eine zusätzliche Verfälschung der Informationen des Jahresabschlusses – neben der Verfälschung durch Bilanzierung nach Steuergesetzen und durch die Bilanzierungs- und Bewertungswahlrechte im HGB – durchsetzen, sondern durch Vorschriften zur Begrenzung der Ausschüttung auf tatsächlich realisierte Gewinne. Gläubigerschutz besteht auch nicht darin, daß Bilanzersteller weitgehend nach eigenem Belieben unterschiedlich vorsichtig rechnen, was in der Praxis in kritischen Situationen wenig vorsichtig bedeutet, sondern Gläubigerschutz sollte bedeuten, daß der Gläubiger weiß, wie gerechnet wird.

Das in der deutschen Bilanzliteratur so hochgepriesene Vorsichtsprinzip ist weniger ein Gläubigerschutz als eher ein Managerschutz, denn durch die Möglichkeit, in kritischen Situationen etwas weniger vorsichtig zu bilanzieren, kann die Unternehmensleitung dem Aufsichtsrat und den Anteilseignern die schlechte Lage verbergen, mit der Folge, daß notwendige Restrukturierungen nicht rechtzeitig vorgenommen werden und das Insolvenzrisiko sogar steigt.

Bemerkenswert sind dem Verfasser in diesem Zusammenhang die folgenden Äußerungen von Herbert Biener, seinerzeit Ministerialrat im Bundesministerium der Justiz, in seinem Aufsatz: Die negativen Aspekte der Harmonisierung. In: Rechnungslegung und Prüfung – Perspektiven für die neunziger Jahre, hrg. von Jörg Baetge. Düsseldorf 1993, S. 183:

> Ohne den Gesetzgeber und die damit verbundenen steuerlichen Vorteile wäre das Vorsichtsprinzip in dieser Form in Deutschland nicht durchgesetzt worden. Auch wäre es kaum möglich gewesen, dem Gläubigerschutz einen derartigen Vorrang einzuräumen, daß mit dem Imparitätsprinzip auch betriebswirtschaftlich überzeugende Grundsätze der Ergebnisermittlung durchbrochen werden.
>
> ...
>
> In anglo-amerikanischen Systemen werden die Ergebnisse, unter betriebswirtschaftlichen Gesichtspunkten gesehen, vermutlich richtiger ermittelt.

e) Notwendige Schätzungen

Der Jahresabschluß beinhaltet die Summe der Geschäftsvorfälle eines Jahres sowie die Abgrenzung der zum Jahresabschlußtermin noch nicht abgeschlossenen Geschäftsvorfälle. Eine solche Abgrenzung erfordert Schätzungen. Zum Beispiel:

- die wahrscheinliche Nutzungsdauer der Anlagegegenstände,
- die Angemessenheit der Rückstellungen für ungewisse Verbindlichkeiten und drohende Verluste aus schwebenden Geschäften sowie Rückstellungen für Gewährleistungen,
- die Höhe der voraussichtlichen Forderungsausfälle,

- die künftigen Verkaufspreise für eine verlustfreie Bewertung der Vorräte.

Erwähnt sei in diesem Zusammenhang auch die Problematik des Gewinnausweises bei langfristiger Auftragsfertigung.

f) Geldentwertung

Durch die laufende Geldentwertung wird die Aussagefähigkeit des Jahresabschlusses verzerrt (z. B. Abschreibungen werden auf Anschaffungswerte vorgenommen und nicht auf Basis der Wiederbeschaffungswerte des Geschäftsjahres).

g) Verquickung mit der Privatsphäre

Bei Einzelunternehmen und Personengesellschaften beeinträchtigt die starke Verquickung der geschäftlichen Tätigkeit mit der Privatsphäre die Aussagefähigkeit des Jahresabschlusses.

Hierzu gehören:

- das Privatvermögen, falls vorhanden, haftet für die geschäftlichen Schulden (Erhöhung der Kreditwürdigkeit, evtl. Verringerung der Kreditkosten),
- die persönliche Leistung des Unternehmers und evtl. seiner Familienangehörigen ist schwer zu beurteilen (Frage der Angemessenheit des Unternehmerlohnes),
- geschäftlicher Aufwand und Lebenshaltungskosten sind nicht klar genug getrennt,
- private Schulden, z. B. aus Steuerzahlungen für andere Einkünfte, aus Erbschaft oder Ehescheidung, können das Eigenkapital in naher Zukunft stark mindern. (Bei einer Bilanzanalyse im Hinblick auf eine Unternehmensbewertung kann dieses Problem ausgeklammert werden.)

4. Ermessensspielräume

Es versteht sich, daß nicht nur die Bilanzierungs- und Bewertungswahlrechte, sondern auch die steuerlichen Vorschriften, die verschiedenen Bewertungsprinzipien und die notwendigen Schätzungen sowie die Gestaltung des Anhangs einen großen Ermessensspielraum bieten.

Das bewußte Ausnutzen dieses Ermessensspielraums, das einerseits den Bilanzleser zu Fehlschlüssen verleiten soll, das aber andererseits nicht gesetzeswidrig ist, bedeutet Bilanzpolitik. Erst eine übertriebene Ausnutzung dieses Ermessensspielraums, wobei die Grenze objektiv nicht eindeutig festlegbar ist, würde Bilanzierungswillkür bedeuten. Davon zu unterscheiden sind die Bilanzverschleierung (unklare Angaben) und die Bilanzfälschung (unwahre Angaben), die strafbar sind.

Satz 2 des Bestätigungsvermerks wird daher keine neue Feststellung getroffen, sondern eine bereits in Satz 1 mit enthaltene Aussage wiederholt und besonders hervorgehoben.«

Im Wirtschaftsprüfer-Handbuch 1996, Band I, S. 1153–1156, wird über mehrere Seiten gesagt und mit Literaturhinweisen belegt, welche geringe Bedeutung der Bestätigungsvermerk des Wirtschaftsprüfers im Hinblick auf die Generalnorm für den Bilanzleser hat.

Durch das Gesetz zur Kontrolle und Transparenz im Unternehmensbereich (KonTraG) vom 27. April 1998 wurde in das HGB § 322 Abs. 2 noch folgender Satz 2 eingefügt: *»Auf Risiken, die den Fortbestand des Unternehmens gefährden, ist* (im Bestätigungsvermerk) *gesondert einzugehen.«* Durch das KonTraG wurde auch § 322 Abs. 3 in das HGB aufgenommen, der wie folgt lautet: *»Im Bestätigungsvermerk ist auch darauf einzugehen, ob der Lagebericht und der Konzernlagebericht insgesamt nach der Beurteilung des Abschlußprüfers eine zutreffende Vorstellung von der Lage des Unternehmens oder des Konzerns vermittelt. Dabei ist auch darauf einzugehen, ob die Risiken der künftigen Entwicklung zutreffend dargestellt sind.«* **Diese Vorschriften des KonTraG erweitern zwar die Pflichten des Prüfers, schließen aber weiterhin die oben erwähnte mögliche starke Inanspruchnahme des Ermessensspielraumes, die den Bilanzleser zu Fehlschlüssen verleiten soll, nicht aus.**

Auch nach Verabschiedung des KonTraG heißt es im Bestätigungsvermerk *»vermittelt der Jahresabschluß unter Beachtung der Grundsätze ordnungsmäßiger Buchführung ein den tatsächlichen Verhältnissen entsprechendes Bild der Vermögens-, Finanz- und Ertragslage der Gesellschaft.«*

In Deutschland können somit weiterhin Jahresabschlüsse im Rahmen der hier üblichen sehr weiten Ermessensspielräume erstellt werden, und solche Jahresabschlüsse erhalten weiterhin den uneingeschränkten Bestätigungsvermerk eines Wirtschaftsprüfers. Durch den Zusatz *»unter Beachtung der Grundsätze ordnungsmäßiger Buchführung«* wird dem Bilanzleser von deutschen Jahresabschlüssen weiterhin eine gewisse Wahrhaftigkeit vorgetäuscht, in Wirklichkeit kann dieser Zusatz Willkür bei der Rechenschaftslegung und eine Ausrede für schlechte Leistungen des Wirtschaftsprüfers bedeuten.

Auch bei einer Bilanzierung nach IAS oder US-GAAP statt nach dem HGB sollte man gegenüber von deutschen Wirtschaftsprüfern testierten Jahresabschlüssen deutscher Unternehmen, die nicht an einer amerikanischen Börse notiert werden und somit nicht den Vorschriften der amerikanischen Börsenaufsichtsbehörde (Securities and Exchange Commission – SEC) unterliegen, mißtrauisch sein, da in Deutschland keine mit der SEC vergleichbare Institution existiert und die Tätigkeit der deutschen Wirtschaftsprüfer nicht überwacht wird.

Somit bedeutet auch der neue Wortlaut *»den tatsächlichen Verhältnissen entsprechendes Bild der Vermögens-, Finanz- und Ertragslage«* keine *»fair presentation«* (ein den tatsächlichen Verhältnissen entsprechendes Bild) wie in den IAS, keine *»fair presentation«* wie in den USA und keine *»true and fair view«* wie in Großbritannien.

Für eine von einem Wirtschaftsprüfer lediglich nur erstellte (d.h. nicht geprüfte) oder laut Prüfungsbescheinigung nur in eingeschränktem Umfang geprüfte oder mit eingeschränktem Bestätigungsvermerk versehene Bilanz gilt obige Aussage über eine mögliche starke Inanspruchnahme des Ermessensspielraumes um so mehr.

9. Ergebnis nach DVFA bzw. DVFA/SG

Wie wenig ein von einem Wirtschaftsprüfer testierter deutscher Jahresabschluß über die Ertragslage aussagt, ergibt sich daraus, daß die Deutsche Vereinigung für Finanzanalyse und Anlageberatung e. V. (DVFA) sich genötigt sah, ein Arbeitsschema zur Ermittlung des »Ergebnisses nach DVFA« zu entwickeln (Deutsche Vereinigung für Finanzanalyse und Anlageberatung e. V.: Beiträge zur Wertpapieranalyse. Heft 24/II, Arbeitsschema und Erläuterungen zur Ermittlung des Ergebnisses nach DVFA, fünfte aktualisierte Fassung, Darmstadt 1988).

Im Jahre 1990 wurde von der Kommission für Methodik der Finanzanalyse der Deutschen Vereinigung für Finanzanalyse und Anlageberatung e. V. (DVFA) und dem Arbeitskreis »Externe Unternehmensrechnung« der Schmalenbach-Gesellschaft – Deutsche Gesellschaft für Betriebswirtschaft (SG) eine gemeinsame Empfehlung »Ergebnis nach DVFA/SG« herausgegeben. 1999 wurde diese gemeinsame Empfehlung in einer dritten grundlegend überarbeiteten Auflage veröffentlicht.

Dieses »Ergebnis nach DVFA/SG« wird ermittelt, indem der handelsrechtliche Gewinn um sogenannten Sondereinflüsse, wie es die DVFA/SG zurückhaltend ausdrückt, bereinigt wird.

Viele börsennotierte Gesellschaften geben ein »Ergebnis nach DVFA/SG« bekannt. Es werden aber in aller Regel weder die Art und Höhe der einzelnen Sondereinflüsse mitgeteilt noch ist das »Ergebnis nach DVFA/SG« von einem Wirtschaftsprüfer testiert worden.

So begrüßenswert solche Zusatzinformationen einerseits sind, so bedauerlich ist es andererseits, daß weder der Bilanzleser die wichtigste Information des Jahresabschlusses, nämlich das den tatsächlichen Verhältnissen entsprechende Bild der Ertragslage, d. h. das »Ergebnis nach DVFA/SG« im Jahresabschluß, nachvollziehen kann noch diese Information durch einen Wirtschaftsprüfer testiert wird.

Die als notwendig angesehene Existenz des »Ergebnis nach DVFA/SG« ist die Bankrotterklärung der oben zitierten Generalnorm des § 264 Abs. 2 HGB und des uneingeschränkten Bestätigungsvermerkes der Wirtschaftsprüfer gemäß § 322 Abs. 1 HGB. Diese Bankrotterklärung wird noch untermauert durch eine weitere deutsche Spezialität, nämlich die in Abschnitt E III 3s beschriebene Schätzung des Steuerbilanzgewinns.

Weitere Einzelheiten zum »Ergebnis nach DVFA/SG« enthält Abschnitt M V.

VII. Profil der Bilanzpolitik

Um sich trotz der im obigen Abschnitt A VI gezeigten verwirrenden Vielfalt der in einem nach dem HGB aufgestellten Jahresabschluß möglicherweise enthaltenen bilanzpolitischen Maßnahmen schnell einen Überblick über die Bilanzpolitik des zu analysierenden Unternehmens zu verschaffen, ist es zweckmäßig, ein Profil der Bilanzpolitik des zu analysierenden Unternehmens zu erstellen. Hierbei sind neben der Bilanz und der Gewinn- und Verlustrechnung insbesondere der Anhang (siehe Abschnitt C IV) und – sofern vorhanden – der Erläuterungsbericht des Wirtschaftsprüfers zu durchleuchten.

Grundsätzlich ist festzustellen, daß bei fehlender Trennung von Handels- und Steuerbilanz die bilanzpolitischen Möglichkeiten eingeschränkt sind. Steuerbilanzen sind in Deutschland zwar ebenso wie Handelsbilanzen durch steuerrechtliche Vorschriften verzerrt, können aber weniger als Handelsbilanzen durch exzessive Ausnutzung des Ermessensspielraums frisiert werden.

Zur Feststellung des Profils der Bilanzpolitik aus der Bilanz, der Gewinn- und Verlustrechnung, dem Anhang und dem Erläuterungsbericht des Wirtschaftsprüfers kann nachstehende Tabelle hilfreich sein. Es sollte für sämtliche analysierten Jahresabschlüsse sowohl für den Einzelabschluß als auch den Konzernabschluß eine Wertung erfolgen, um dadurch die Abweichungen zwischen dem Einzelabschluß und dem Konzernabschluß und insbesondere die Veränderungen des Profils der Bilanzpolitik der einzelnen Geschäftsjahre deutlich herausstellen zu können. **Die Veränderung der Bilanzpolitik ist eine wichtige Quelle bei der Bilanzanalyse.**

Bei der Analyse des Profils der Bilanzpolitik ist folgendes zu beachten:

- eine einzelne Veränderung muß nicht viel aussagen, jedoch mehrere in eine Richtung gehende vermutete oder tatsächliche bilanzpolitische Maßnahmen sind kritisch zu untersuchen,
- oft sind die Ergebnisse weniger durch die extern eindeutig erkennbaren Änderungen der Bilanzpolitik (z.B. Ausnutzung von Aktivierungswahlrechten) beeinflußt worden als vielmehr durch weniger eindeutig erkennbare bilanzpolitische Maßnahmen, wie z.B. unterschiedliche Ausnutzung des Ermessensspielraums,
- die Ermessensspielräume und Wahlrechte bei der Bewertung der Vorräte und Rückstellungen sind die bedeutendsten Maßnahmen, die Ergebnisse zu beeinflussen,
- die von dem Bilanzersteller vermutlich ausgenutzten Ermessensspielräume können in jedem Jahr unterschiedlich und in anderer Richtung genutzt werden,
- Bewertungsmaßnahmen, die jetzt oder in späteren Jahren negative steuerliche Folgen haben oder haben können (Zuschreibungen, vorzeitige Auflösung von Sonderposten mit Rücklageanteil, sale and lease back), sind besonders kritisch zu betrachten.

Grundsätzlich dürfte unterstellt werden, daß die Vermögens-, Finanz- und insbesondere die Ertragslage von Unternehmen, deren Profil der Bilanzpolitik eher positiv ist, eher besser als ausgewiesen ist, während sie bei Unternehmen mit einem eher negativen Profil der Bilanzpolitik eher schlechter als ausgewiesen ist.

Die im Einzelfall tatsächlich erkennbaren oder wegen fehlender quantitativer Angaben nur grob schätzbaren Beträge sollten bei einer späteren Bereinigung der Gewinn- und Verlustrechnungen (siehe Abschnitt M IV) berücksichtigt werden. Inwieweit betragsmäßige Angabepflichten für den Anhang gegeben sind, kann deshalb zusätzlich aus Abschnitt M I 3 entnommen werden.

Zur Analyse des Profils der Bilanzpolitik gehört auch eine Bemerkung über den Umfang (nur Mindestinformationen oder zusätzlich brauchbare freiwillige Informationen) und die Art der verbalen Berichterstattung des analysierten Unternehmens im Laufe des Analysezeitraums.

Profil der Bilanzpolitik

Sachverhalt	Wertung		
	eher negativ (= ergebnis-verbessernd)	eher normal (= Steuer-bilanz)	eher positiv (= ergebnis-vermindernd)
Inanspruchnahme von Aktivierungswahlrechten			
Aufwendungen für die Ingangsetzung und Erweiterung des Geschäftsbetriebs	x		
derivativer Geschäfts- oder Firmenwert		x	
Disagio	x	x	
planmäßige Abschreibung des aktivierten Geschäfts- oder Firmenwerts länger als 4 Jahre	x	x	
branchenunübliche lange Nutzungsdauer der Sachanlagen	x		
überwiegend lineare Abschreibungen	x	x	
überwiegend degressive Abschreibungen		x	x
volle Ausnutzung steuerrechtlicher Sonderabschreibungen		x	
mehrjährige Abschreibung geringwertiger Wirtschaftsgüter	x		
bei beweglichen Wirtschaftsgütern Geltendmachung von 100 bzw. 50% der möglichen Abschreibungen bei Anschaffung im 1. bzw. 2. Halbjahr (Vereinfachungsregelung gem. R 44 Abs. 2 EStR)		x	
Investitionszuschüsse/Investitionszulagen werden sofort vereinnahmt	x		
Investitionszuschüsse werden von den Anschaffungs- und Herstellungskosten gekürzt		x	
Investitionszuschüsse/Investitionszulagen werden passiviert und über die Nutzungsdauer verteilt		x	
vorgenommene Zuschreibungen	x		
Verzicht auf Zuschreibungen aus steuerrechtlichen Gründen			x
außerplanmäßige Abschreibung auf Vermögensgegenstände des Anlagevermögens bei voraussichtlich nur vorübergehender Wertminderung			x

▶

Sachverhalt	Wertung		
	eher negativ (= ergebnisverbessernd)	eher normal (= Steuerbilanz)	eher positiv (= ergebnisvermindernd)
Umgliederung von Wertpapieren des Umlaufvermögens in das Anlagevermögen (zur Vermeidung außerplanmäßiger Abschreibungen)	x		
Rückstellungen für mittelbare Pensionszusagen			x
Bewertung der Roh-, Hilfs- und Betriebsstoffe sowie Waren (bei steigenden Preisen)			
nach der Durchschnittsmethode		x	
nach der Lifo-Methode			x
nach der Fifo-Methode	x		
Aktivierung von Großreparaturen statt Verrechnung als Instandhaltungs- und Reparaturaufwendungen	x	x	
Aktivierung von Entwicklungskosten bei Tochterunternehmen	x		
Anwendung der percentage-of-completion method bei langfristigen Fertigungsaufträgen	x	x	
Anwendung der completed-contract method bei langfristigen Fertigungsaufträgen (aufgrund des Vorsichtsprinzips in Deutschland die Regel)		x	x
Bemessung der Herstellungskosten (bei Bestandserhöhungen)			
zu Einzelkosten			x
zu steuerlichem Mindestansatz		x	
zu handels- und steuerlicher Wertobergrenze (einschließlich anteilige Verwaltungskosten, anteilige Kosten für soziale Einrichtungen und zurechenbare Fremdkapitalzinsen)	x		
Bemessung der Herstellungskosten (bei Bestandsminderungen)			
zu Einzelkosten	x		
zu steuerlichem Mindestansatz		x	
zu handels- und steuerlicher Wertobergrenze (einschließlich anteilige Verwaltungskosten, anteilige Kosten für soziale Einrichtungen und Fremdkapitalzinsen)			x

►

Sachverhalt	Wertung		
	eher negativ (= ergebnis-verbessernd)	eher normal (= Steuer-bilanz)	eher positiv (= ergebnis-vermindernd)
Bemessung der Herstellungskosten von selbsterstellten Anlagen			
zu Einzelkosten			x
zu steuerlichem Mindestansatz		x	
zu handels- und steuerlicher Wertobergrenze (einschließlich anteilige Verwaltungskosten, anteilige Kosten für soziale Einrichtungen und zurechenbare Fremdkapitalzinsen)	x		
steuerlich nicht anerkannte Vorwegnahme zukünftiger Wertschwankungen (z. B. Reichweitenabschläge bei Vorräten, Einzel- und Pauschalwertberichtigungen auf Forderungen)			x
Einstellung in Sonderposten mit Rücklageanteil			x
keine Inanspruchnahme von Sonderposten mit Rücklageanteil	x		
vorzeitige Auflösung von Sonderposten mit Rücklageanteil	x		
Übertragung steuerfreier Rücklagen			x
Geltendmachung Importwarenabschlag (ab 1. 1. 1999 abgeschafft)			x
Pensionsrückstellungen nicht voll dotiert (Altzusagen)	x		
Pensionsrückstellungen höher als gemäß § 6a EStG dotiert (z. B. niedrigerer Rechnungszinsfuß als 6 %)			x
Notwendigkeit der Rückstellungen für passive latente Steuern	x		
Bildung von Aufwandsrückstellungen			x
Herabsetzung des Pauschalsatzes für Gewährleistungs- und Kulanzrückstellungen	x		
vom Geschäftsumfang abweichende überproportionale Zunahme der anderen Rückstellungen			x
vom Geschäftsumfang abweichende unterproportionale Zunahme der anderen Rückstellungen	x		

►

Sachverhalt	Wertung		
	eher negativ (= ergebnis-verbessernd)	eher normal (= Steuer-bilanz)	eher positiv (= ergebnis-vermindernd)
Übergang zu unvorsichtigeren Bewertungsmethoden Aufgabe der Lifo-Bewertung (bei Preissteigerungen) Wechsel von Einzelkosten- zu Voll-kostenbewertung Wechsel von degressiver auf lineare Abschreibung	x		
Übergang zu vorsichtigeren Bewertungs-methoden Übergang zu Lifo-Bewertung (bei Preissteigerungen) Wechsel von Vollkosten- zu Einzel-kostenbewertung Wechsel von linearer auf degressive Abschreibung			x
Abschreibungen, die nur steuerrechtlich begründet sind (§ 254 HGB)		x	x
Ansteigen der sonstigen betrieblichen Erträge und der außerordentlichen Erträge, insbesondere bei sinkendem ordentlichem Betriebserfolg	x		
Verkauf von Sachanlagen mit Buch-gewinn und anschließendes Leasing der Sachanlagen (sale and lease back)	x		
andere Sachverhaltsgestaltung (je nach Fall)	x		x
Umfang und Art der verbalen Bericht-erstattung			
nur Mindestanforderungen	x		
zusätzlich brauchbare freiwillige Informationen			x
widersprüchliche Informationen im Bilanzgespräch	x		

Anzeichen für eine Änderung des Profils der Bilanzpolitik kann eine Änderung des Verhältnisses der sonstigen Aufwendungen zu den sonstigen Erträgen im Laufe der Jahre sein. Eine Erhöhung der sonstigen Erträge im Verhältnis zu den sonstigen Aufwendungen kann auf die Auflösung von stillen Reserven (z. B. Auflösung von Rückstellungen) hindeuten.

Das Profil der Bilanzpolitik sollte um die nachstehenden zusätzlichen Informationen zum Konzernabschluß ergänzt werden (Zutreffendes ankreuzen x):

1. Konzerneinheitliche Bilanzierung und Bewertung

Abweichungen von den auf den Jahresabschluß des Mutterunternehmens angewandten Bewertungsmethoden (§ 308 Abs. 1 Satz 3 HGB) __

Abweichungen vom Abschlußstichtag des Mutterunternehmens (§ 299 HGB) __

Abweichungen von der konzerneinheitlichen Bewertung in Ausnahmefällen (§ 308 Abs. 2 Satz 3 und 4 HGB) __

2. Konsolidierungsmethoden

2.1 Kapitalkonsolidierung

Buchwertmethode __

Neubewertungsmethode __

Erläuterung zum Unterschiedsbetrag (§ 301 Abs. 3 HGB) ....

Geschäfts- oder Firmenwert oder passiver Unterschiedsbetrag
Abschreibung ________%
sofortige Verrechnung mit den Rücklagen __
Verrechnung mit den Rücklagen über mehrere Jahre __

Konzerninterne Zwischenergebnisse eliminiert __

Konzerninterne Zwischenergebnisse nicht eliminiert __

Erläuterungen ....

2.2 Equity-Konsolidierung

Buchwertmethode __

Kapitalanteilsmethode __

Geschäfts- oder Firmenwert __

Passiver Unterschiedsbetrag __

Geschäfts- oder Firmenwert oder passiver Unterschiedsbetrag
Abschreibung ________%
Verrechnung mit den Rücklagen __
Angaben über Auflösung passiver Unterschiedsbetrag ....

Keine Anpassung an konzerneinheitliche Bewertung (§ 312 Abs. 5 HGB) __

Konzerninterne Zwischenergebnisse eliminiert __

Konzerninterne Zwischenergebnisse nicht eliminiert __

Erläuterungen ....

3. Währungsumrechnung

Angewandte Methode der Währungsumrechnung ....

Umrechnungskurs

	Bilanzstichtagskurs	Jahresdurchschnittskurs	historische Kurse
Sachanlagen	__	__	__
Finanzanlagen (ohne Ausleihungen)	__	__	__
Vorräte	__	__	__
Forderungen	__	__	__
Eigenkapital	__	__	__
Abschreibungen	__	__	__
übrige G.u.V.-Posten	__	__	__
Jahresergebnis	__	__	__

Abweichende Behandlung bei Abschlüssen aus Hochinflationsländern ....

Behandlung der Währungsumrechnungsdifferenzen
- sonstige betriebliche Aufwendungen und Erträge (erfolgswirksam) __
- Verrechnung mit den Rücklagen (erfolgsneutral) __
- unterschiedlich ....

VIII. Bilanzanalyse und Gesetz zur Kontrolle und Transparenz im Unternehmensbereich (KonTraG)

Aufgrund des am 1. Mai 1998 in Kraft getretenen KonTraG ergeben sich für Vorstände von Aktiengesellschaften, Vorstände/Geschäftsführer von mittelgroßen und großen Kapitalgesellschaften, Aufsichtsräte bzw. Wirtschaftsprüfer folgende neue Pflichten und wesentliche Änderungen:

> Der Vorstand hat geeignete Maßnahmen zu treffen, insbesondere ein **Überwachungssystem einzurichten, damit den Fortbestand der Gesellschaft gefährdende Entwicklungen früh erkannt werden.** (§ 91 Abs. 2 AktG)
>
> Im Lagebericht sind zumindest der Geschäftsverlauf und die Lage der Kapitalgesellschaft so darzustellen, **daß ein den tatsächlichen Verhältnissen entsprechendes Bild vermittelt wird; dabei ist auch auf die Risiken der künftigen Entwicklung einzugehen.** (§ 289 Abs. 1 HGB)
>
> Im Konzernlagebericht sind zumindest der Geschäftsverlauf und die Lage des Konzerns so darzustellen, **daß ein den tatsächlichen Verhältnissen entsprechendes Bild vermittelt wird; dabei ist auch auf die Risiken der künftigen Entwicklung einzugehen.** (§ 315 Abs. 1 HGB)
>
> **Der Lagebericht und der Konzernlagebericht sind darauf zu prüfen,** ob der Lagebericht mit dem Jahresabschluß und der Konzernlagebericht mit dem Konzernabschluß sowie mit den bei der Prüfung gewonnenen Erkenntnissen des Abschlußprüfers in Einklang stehen und **ob der Lagebericht insgesamt eine zutreffende Vorstellung von der Lage des Unternehmens und der**

Konzernlagebericht insgesamt eine zutreffende Vorstellung von der Lage des Konzerns vermittelt. Dabei ist auch zu prüfen, ob die Risiken der künftigen Entwicklung zutreffend dargestellt sind. (§ 317 Abs. 2 HGB)

Bei einer Aktiengesellschaft, die Aktien mit amtlicher Notierung ausgegeben hat, ist außerdem im Rahmen der Prüfung zu beurteilen, ob der Vorstand die ihm nach § 91 Abs. 2 des Aktiengesetzes obliegenden Maßnahmen in einer geeigneten Form getroffen hat und ob das danach einzurichtende Überwachungssystem seine Aufgaben erfüllen kann. (§ 317 Abs. 4 HGB)

Prüfungsbericht. (1) **Der Abschlußprüfer hat über Art und Umfang sowie über das Ergebnis der Prüfung schriftlich und mit der gebotenen Klarheit zu berichten. In dem Bericht ist vorweg zu der Beurteilung der Lage des Unternehmens oder Konzerns durch die gesetzlichen Vertreter Stellung zu nehmen, wobei insbesondere auf die Beurteilung des Fortbestandes und der künftigen Entwicklung des Unternehmens** unter Berücksichtigung des Lageberichts und bei der Prüfung des Konzernabschlusses von Mutterunternehmen auch des Konzerns unter Berücksichtigung des Konzernlageberichts **einzugehen ist,** soweit die geprüften Unterlagen und der Lagebericht oder der Konzernlagebericht eine solche Beurteilung erlauben. Außerdem ist darzustellen, ob bei Durchführung der Prüfung Unrichtigkeiten oder Verstöße gegen gesetzliche Vorschriften sowie Tatsachen festgestellt worden sind, die den Bestand des geprüften Unternehmens oder des Konzerns gefährden oder seine Entwicklung wesentlich beeinträchtigen können oder die schwerwiegende Verstöße der gesetzlichen Vertreter oder von Arbeitnehmern gegen Gesetz, Gesellschaftsvertrag oder die Satzung darstellen.

(2) Im Hauptteil des Prüfungsberichts ist darzustellen, ob die Buchführung und die weiteren geprüften Unterlagen, der Jahresabschluß, der Lagebericht, der Konzernabschluß und der Konzernlagebericht den gesetzlichen Vorschriften und den ergänzenden Bestimmungen des Gesellschaftsvertrags oder der Satzung entsprechen und ob die gesetzlichen Vertreter die verlangten Aufklärungen und Nachweise erbracht haben. Es ist auch darauf einzugehen, ob der Abschluß insgesamt unter Beachtung der Grundsätze ordnungsmäßiger Buchführung ein den tatsächlichen Verhältnissen entsprechendes Bild der Vermögens-, Finanz- und Ertragslage der Kapitalgesellschaft vermittelt. **Die Posten des Jahres- und des Konzernabschlusses sind aufzugliedern und ausreichend zu erläutern, soweit dadurch die Darstellung der Vermögens-, Finanz- und Ertragslage wesentlich verbessert wird und diese Angaben im Anhang nicht enthalten sind.**

(3) In einem besonderen Abschnitt des Prüfungsberichts sind Gegenstand, Art und Umfang der Prüfung zu erläutern.

(4) Ist im Rahmen der Prüfung eine Beurteilung nach § 317 Abs. 4 abgegeben worden, so ist deren Ergebnis in einem besonderen Teil des Prüfungsberichts darzustellen. Es ist darauf einzugehen, ob Maßnahmen erforderlich sind, um das interne Überwachungssystem zu verbessern.

(5) Der Abschlußprüfer hat den Bericht zu unterzeichnen und den gesetzlichen Vertretern vorzulegen. Hat der Aufsichtsrat den Auftrag erteilt, so ist der Bericht ihm vorzulegen; dem Vorstand ist vor Zuleitung Gelegenheit zur Stellungnahme zu geben. (§ 321 HGB)

Bestätigungsvermerk. (1) Der Abschlußprüfer hat das Ergebnis der Prüfung in einem Bestätigungsvermerk zum Jahresabschluß und zum Konzernabschluß zusammenzufassen. Der Bestätigungsvermerk hat neben einer Beschreibung von Gegenstand, Art und Umfang der Prüfung auch eine Beurteilung des Prüfungsergebnisses zu enthalten. (Anmerkung des Verfassers: Die Übereinstimmung mit den gesetzlichen Vorschriften soll zur Vermeidung von Mißverständnissen nicht mehr bestätigt werden, wie es in § 322 Abs. 1 alte Fassung vorgesehen war.) Sind vom Abschlußprüfer keine Einwendungen zu erheben, so hat er in seinem Bestätigungsvermerk zu erklären, daß die von ihm nach § 317 durchgeführte Prüfung zu keinen Einwendungen geführt hat und daß der von den gesetzlichen Vertretern der Gesellschaft aufgestellte Jahres- oder Konzernabschluß aufgrund der bei der Prüfung gewonnenen Erkenntnisse des Abschlußprüfers nach seiner Beurteilung unter Beachtung der Grundsätze ordnungsmäßiger Buchführung ein den tatsächlichen Verhältnissen entsprechendes Bild der Vermögens-, Finanz- und Ertragslage des Unternehmens oder des Konzerns vermittelt.

(2) Die Beurteilung des Prüfungsergebnisses soll allgemeinverständlich und problemorientiert unter Berücksichtigung des Umstandes erfolgen, daß die gesetzlichen Vertreter den Abschluß zu verantworten haben. **Auf Risiken, die den Fortbestand des Unternehmens gefährden, ist gesondert einzugehen.**

(3) **Im Bestätigungsvermerk ist auch darauf einzugehen, ob der Lagebericht und der Konzernlagebericht insgesamt nach der Beurteilung des Abschlußprüfers eine zutreffende Vorstellung von der Lage des Unternehmens oder des Konzerns vermittelt. Dabei ist auch darauf einzugehen, ob die Risiken der künftigen Entwicklung zutreffend dargestellt sind.**

(4) Sind Einwendungen zu erheben, so hat der Abschlußprüfer seine Erklärung nach Absatz 1 Satz 3 einzuschränken oder zu versagen. Die Versagung ist in den Vermerk, der nicht mehr als Bestätigungsvermerk zu bezeichnen ist, aufzunehmen. Die Einschränkung und die Versagung sind zu begründen. Einschränkungen sind so darzustellen, daß deren Tragweite erkennbar wird.

(5) Der Abschlußprüfer hat den Bestätigungsvermerk oder den Vermerk über seine Versagung unter Angabe von Ort und Tag zu unterzeichnen. Der Bestätigungsvermerk oder der Vermerk über seine Versagung ist auch in den Prüfungsbericht aufzunehmen. (§ 322 HGB)

Die in den vorhergehenden Abschnitten A VI und A VII gemachten Ausführungen zeigen, daß Jahresabschlüsse nach dem HGB betriebswirtschaftlichen Erfordernissen nicht genügen und in der Regel nicht transparent sind, denn das HGB läßt u. a. zu, stille Reserven still aufzulösen, was bei einer transparenten Rechnungslegung als die größte Todsünde gilt. Um die im Gesetz zur Kontrolle und Transparenz im Unternehmensbereich von den einzelnen Gruppen (Vorstände, Geschäftsführer, Aufsichtsräte, Wirtschaftsprüfer) vorgeschriebenen Pflichten ordnungsgemäß erfüllen zu können, d. h. Hinweise auf die Risiken der künftigen Entwicklung zu geben, ist eine transparente Darstellung der Vergangenheit absolute Voraussetzung, denn wer die Vergangenheit nur ungenügend kennt, kann keine Aussage über die Zukunft machen. Da die Rechnungslegung nach dem HGB nicht transparent ist, sie betriebswirtschaftlichen Erfordernissen nicht genügt und nur unzureichende Informationen zur Entscheidungsfindung liefert, müßten die Unternehmen wesentlich mehr Informationen zur Verfügung stellen, als durch das HGB gefordert werden. Würde das nicht geschehen, kämen die jeweiligen Vorstände, Geschäftsführer, Aufsichtsräte und Wirtschaftsprüfer den im KonTraG enthaltenen Pflichten nicht nach.

Diese Mehrinformationen sind in einer Rechnungslegung nach IAS und US-GAAP enthalten. Die Rechnungslegung nach IAS und US-GAAP ist – anders als die Rechnungslegung nach dem HGB – sehr transparent, betriebswirtschaftlich sinnvoll und liefert informativere Daten. Deshalb wird eine Rechnungslegung nach IAS und US-GAAP in zunehmendem Maße von großen Konzernen nicht nur bei der externen, sondern auch bei der internen Rechnungslegung angewendet. Ziel der Rechnungslegung nach IAS und US-GAAP ist es, Informationen für wirtschaftliche Entscheidungen zu liefern. Dieses Ziel kennt die Rechnungslegung nach dem HGB nicht. Die Anwendung der IAS vermittelt eine fair presentation. Wirtschaftsprüfer, die einen nach US-GAAP erstellten Jahresabschluß testieren, müssen die fair presentation im Testat bestätigen. Jahresabschlüsse, die nach dem HGB unter Beachtung der sogenannten deutschen Grundsätze ordnungsmäßiger Buchführung erstellt werden, vermitteln kein klares und richtiges Bild (fair presentation) von der wirtschaftlichen Lage eines Unternehmens, sondern können die wirtschaftliche Lage verzerrt darstellen.

Diese oben erwähnten notwendigen Mehrinformationen sollten aus einer Überleitung – notfalls mit Hilfe verläßlicher Schätzungen – auf einen IAS- bzw. US-GAAP-Abschluß bestehen. (Hinweise dazu siehe Born, Karl: Rechnungslegung international. Konzernabschlüsse nach IAS, US-GAAP, HGB und EG-Richtlinien. Stuttgart 1999.) Eine solche Überleitung kann dem Wirtschaftsprüfer und den Aufsichtsräten helfen, ihren Pflichten nachzukommen. Mit einer Kennzahlenanalyse – in welcher Form sie auch durchgeführt sein mag –, der lediglich ein HGB-Jahresabschluß zugrunde liegt, erfüllen Wirtschaftsprüfer und Aufsichtsräte ihre aufgrund des KonTraG zu erfüllenden Pflichten nicht. Mit einer Kennzahlenanalyse von nach dem HGB erstellten Jahresabschlüssen lassen sich die Risiken der künftigen Entwicklung nur ungenügend erkennen, kaum analysieren und schon gar nicht bewerten. Nur durch zusätzliche Informationen über die Vergangenheit – wie sie in einer Rechnungslegung nach IAS und US-GAAP enthalten sind –, die eine Analyse des Erfolges und der Finanzlage ermöglichen, lassen sich Risiken der künftigen Entwicklung erkennen, analysieren und bewerten.

Darüber hinaus müßten dem Abschlußprüfer, damit er seine im KonTraG auferlegten Pflichten voll erfüllen kann, außer einem transparenten Jahresabschluß noch zusätzliche Informationen (siehe Abschnitt A IV) vorliegen. Hierzu gehören insbesondere die Unternehmensplanung, sowohl mit einer wahrscheinlichen als auch einer pessimistischen Version, und die Abweichungen der vergangenen Istergebnisse von den Planergebnissen.

B. An einer Bilanzanalyse interessierte Gruppen

Die an einer Bilanzanalyse interessierten Personenkreise lassen sich aufgrund ihrer Informationsansprüche und Informationsmöglichkeiten grob in folgende Gruppen einteilen:

- Kreditgeber,
- die Öffentlichkeit, d.h. Wirtschaftsjournalisten, Aktionäre, Arbeitnehmer, Betriebsräte, Gewerkschaften, Lieferanten, Kunden, Wettbewerber, Marktforscher,
- Unternehmensleitung, Gesellschafter, Überwachungsorgane (Aufsichtsrat, Beirat, Konzernleitung), Controller,
- potentielle Erwerber eines Unternehmens oder von Unternehmensanteilen, Mergers & Akquisitions-Berater, Finanzanalysten,
- Wirtschaftsprüfer, vereidigte Buchprüfer, Steuerberater, Unternehmensberater, Steuerbehörden.

Kreditgeber

Die erste Gruppe, die Kreditgeber, interessiert sich in erster Linie für die finanzielle Stabilität des Unternehmens, d.h. ob der Kreditnehmer in der Lage sein wird, den vereinbarten Zins- und Tilgungsverpflichtungen pünktlich nachzukommen, und ob die Ansprüche bei Zahlungsrückständen oder Zahlungsunfähigkeit aus der Vermögensmasse befriedigt werden können.

Hieraus folgt, daß der Geber eines kurzfristigen Kredites in erster Linie an der Vermögens- und Finanzlage, dem Umsatz, dem Cash-flow und der aktuellen Ertragslage interessiert ist. Die Geber von langfristigen Krediten benötigen zusätzlich Informationen über die wahrscheinliche langfristige Finanz- und Ertragslage.

Für eine Kreditwürdigkeitsprüfung kann eine übliche Bilanzanalyse, nämlich die Erstellung eines Zeitvergleiches und evtl. eines Betriebsvergleiches sowie die Ermittlung von Kennzahlen, wertvolle Informationen liefern. Banken und andere Großkreditgeber könnten gegebenenfalls noch zusätzliche Informationen verlangen. Ratingagenturen (z.B. Moody's Investors Service und Standard & Poor's), die Bonitätsbeurteilungen für Kreditgeber vornehmen, haben besonders hohe Anforderungen an die Informationen.

Die Ansprüche an eine Bilanzanalyse für eine Kreditwürdigkeitsprüfung sind im Grunde genommen relativ bescheiden, da nur die Sicherheit des Kredites und weniger das Unternehmen und der Risikoträger Eigenkapital zu beurteilen sind. Je nach der im Verhältnis zum Eigenkapital relativen Höhe des Kredites, der Laufzeit, dem Verwendungszweck und den gewährten Sicherheiten sind jedoch unterschiedliche Anforderungen an die Bilanzanalyse zu stellen.

Öffentlichkeit, d.h. Wirtschaftsjournalisten, Aktionäre, Arbeitnehmer, Betriebsräte, Gewerkschaften, Lieferanten, Kunden, Wettbewerber, Marktforscher

Hierbei handelt es sich um eine sehr heterogene Gruppe, die noch mehrmals unterteilt werden könnte. Gemeinsam ist ihr aber, daß sie auf die Informationen angewiesen ist, die ihr das Unternehmen aufgrund gesetzlicher Vorschriften oder freiwillig gewährt.

Für die meisten dürfte das genügen, weil es für eine übliche Bilanzanalyse ausreicht. Sie sind nur an sicheren Informationen über die vergangene und gegenwärtige Finanz- und Ertragslage, allgemeinen Informationen über die Geschäftslage sowie gesicherten Informationen über die Zukunft (z.B. wesentliche Investitionen, Betriebsstillegungen) interessiert, da alle anderen Aussagen über die Zukunft (Schätzungen, Prognosen) für sie als Außenstehende zu spekulativ sind.

Da bei einem Teil dieser Gruppe das eigene wirtschaftliche Wohlergehen sehr eng mit dem Schicksal des Unternehmens verbunden ist, können Wünsche nach weiteren Informationen entstehen. Inwieweit sie zu erhalten sind, dürfte nicht zuletzt davon abhängen, ob die Interessierten die vorhandenen Informationen durch eine Bilanzanalyse auszunutzen verstehen und ob sie, darauf aufbauend, gezielte sachkundige Fragen stellen können.

Unternehmensleitung, Gesellschafter, Überwachungsorgane (Aufsichtsrat, Beirat, Konzernleitung), Controller

Der dritten Gruppe stehen über den Jahresabschluß hinaus mehr oder weniger sämtliche und somit bessere Informationen über das Unternehmen zur Verfügung. Es erübrigt sich in diesem Falle, Worte über den Wert einer Bilanzanalyse zu verlieren.

Für die Unternehmensleitung dürfte es jedoch von Interesse sein zu wissen, welche Schlüsse die Empfänger der Jahresabschlüsse aufgrund einer Bilanzanalyse wahrscheinlich ziehen.

Von den Gesellschaftern und den Überwachungsorganen werden die vorhin erwähnten umfangreichen Informationsmöglichkeiten oft ungenügend genutzt. Sie begnügen sich oft nur mit dem Jahresabschluß, der mit der Bestätigung des Abschlußprüfers versehen ist, daß er Gesetz und Satzung entspricht sowie evtl. einigen dürftigen Kommentaren. Zur Wahrung ihrer Rechte und Ausübung ihrer Funktionen haben die Gesellschafter und die Überwachungsorgane aber ein ähnliches Informationsbedürfnis wie die vierte Gruppe, und eine Bilanzanalyse hat deshalb für sie eine ähnliche Bedeutung wie für die vierte Gruppe.

Die aufgrund des KonTraG im Aktiengesetz (§ 170 Abs. 3 Satz 2, § 171 Abs. 1 Satz 1 und 2) eingeführten neuen Rechte und Pflichten des Aufsichtsrates dürfte dieser nur wahrnehmen können, wenn ihm der Abschlußprüfer eine fundierte und qualitativ hochwertige Bilanzanalyse unter Einbeziehung aller verfügbaren zusätzlichen Informationen über das Unternehmen und seine Umwelt vorlegt. In diesem Zusammenhang sind auch die bisherigen und insbesondere die neuen in § 90 AktG aufgeführten Berichtspflichten des Vorstandes an den Aufsichtsrat über die beabsichtigte Geschäftspolitik und andere grundsätzliche Fragen der Unternehmensplanung (insbesondere die Finanz-, Investitions- und Personalplanung) zu sehen.

Potentielle Erwerber eines Unternehmens oder von Unternehmensanteilen, Mergers & Akquisitions-Berater, Finanzanalysten

Bei der vierten Gruppe, die in diesem Buch besonders angesprochen wird und aus potentiellen Erwerbern eines Unternehmens oder von Unternehmensanteilen, Mergers & Akquisitions-Beratern sowie Finanzanalysten besteht, ist alles anders. Sie interessiert in erster Linie die zu erwartenden Erfolge, d.h. die Ertragskraft eines Unternehmens, wobei die finanzielle Stabilität eine notwendige Voraussetzung dafür ist. Bilanzanalyse ist hier Teil einer Unternehmensanalyse und dient der Unternehmensbewertung.

Das Informationsbedürfnis dieser Gruppe ist ähnlich groß wie das der Unternehmensleitung, und wie man es bei den Gesellschaftern und den Überwachungsorganen erwarten dürfte. Die zur Verfügung stehenden Informationen sind zu Beginn manchmal nicht umfangreicher als bei der Gruppe, die die wenigsten Unterlagen erhält, nämlich der zweiten Gruppe.

Potentielle Erwerber von Unternehmen oder von Unternehmensanteilen, Mergers & Akquisitions-Berater und Finanzanalysten sind an Informationen interessiert, die helfen, Aussagen über die zukünftigen ausschüttungsfähigen Gewinne zu machen. Wie sollen darüber Schätzungen angestellt werden, wenn aus den Jahresabschlüssen der Vergangenheit in Anbetracht der oben aufgeführten bilanzpolitischen Maßnahmen noch nicht einmal Auskunft über den betriebswirtschaftlichen Gewinn zu erhalten ist? Eine Bilanzanalyse muß deshalb in diesem Falle anders aussehen als üblicherweise. Sie darf nicht nur eine Zusammenstellung oder Verdichtung der im Jahresabschluß enthaltenen Zahlen, versehen mit Prozentsätzen, sein, sondern soll bereinigte Gewinne der Vergangenheit zeigen, Informationen geben, die dem Jahresabschluß nicht direkt entnommen werden können, und ggf. Vermutungen aussprechen und Fragen aufwerfen, um dadurch möglichst weitere Informationen zu dem Jahresabschluß und über das Unternehmen zu erhalten. Der Informationswert einer solchen Bilanzanalyse sollte somit in allen Punkten immer über den von der Gruppe eins und zwei benötigten oder erwarteten Bilanzanalysen liegen.

Letztlich ist eine solche Bilanzanalyse ein wesentliches Hilfsmittel, um die von dem zu analysierenden Unternehmen erstellten Planergebnisrechnungen auf ihre Plausibilität zu prüfen oder um selbst – zusammen mit anderen Informationen über das Unternehmen – Planungsrechnungen erstellen zu können.

Wirtschaftsprüfer, vereidigte Buchprüfer, Steuerberater, Unternehmensberater, Steuerbehörden

Die fünfte Gruppe kann Bilanzanalysen zu Plausibilitätsprüfungen nutzen und dadurch Prüfungshinweise erhalten, oder sie kann Bilanzanalysen als Grundlage für eine Beratung und damit verbundene weitere Recherchen verwenden.

Wirtschaftsprüfer und vereidigte Buchprüfer müssen eine Bilanzanalyse vornehmen, um ihren Pflichten aufgrund des Gesetzes zur Kontrolle und Transparenz im Unternehmensbereich (KonTraG) nachzukommen. Nach § 321 Abs. 2 Satz 3 des aufgrund des KonTraG geänderten HGB hat der Abschlußprüfer *»die Posten des Jahres- und des Konzernabschlusses aufzugliedern und ausreichend zu erläutern, soweit dadurch die Darstellung der Vermögens-, Finanz- und Ertragslage wesentlich verbessert wird und diese Angaben im Anhang nicht enthalten sind«*. Nach § 321 Abs. 1 des aufgrund des KonTraG geänderten HGB hat der Abschlußprüfer *»über Art und Umfang sowie über das Ergebnis der Prüfung schriftlich und mit der gebotenen Klarheit zu berichten. In dem Bericht ist vorweg zu der Beurteilung der Lage des Unternehmens oder Konzerns durch die gesetzlichen Vertreter Stellung zu nehmen, wobei insbesondere auf die Beurteilung des Fortbestandes und der künftigen Entwicklung des Unternehmens unter Berücksichtigung des Lageberichts… einzugehen ist…«* Nach § 317 Abs. 2 des geänderten HGB hat der Abschlußprüfer den Lagebericht/Konzernlagebericht *»darauf zu prüfen,… ob er insgesamt eine zutreffende Vorstellung von der Lage des Unternehmens… Konzerns vermittelt. Dabei ist auch zu prüfen, ob die Risiken der künftigen Entwicklung zutreffend dargestellt sind«*. **Wirtschaftsprüfer und vereidigte Buchprüfer können diese neue Aufgabe nur erfüllen, indem sie eine fundierte und qualitativ hochwertige Bilanzanalyse unter Einbeziehung aller verfügbaren zusätzlichen Informationen über das Unternehmen und seine Umwelt erstellen.**

C. Gesetzliche Vorschriften für die Bilanzierung

I. Allgemeines

Eine fundierte und qualitativ hochwertige Bilanzanalyse läßt sich nur durchführen, wenn man die Möglichkeiten und Grenzen kennt, Bilanzpolitik zu betreiben. Diese Möglichkeiten wurden in den Abschnitten A VI und A VII geschildert. Die Grenzen werden durch die zu beachtenden gesetzlichen Bilanzierungsvorschriften und die darin enthaltenen Bilanzierungs- und Bewertungswahlrechte sowie durch eine nicht mehr vertretbare Ausnutzung von Ermessensspielräumen gezogen.

In Deutschland ist für die Jahresabschlüsse der nach dem 31. 12. 1986 beginnenden Geschäftsjahre das Bilanzrichtlinien-Gesetz vom 19. 12. 1985 anzuwenden, wobei die darin enthaltenen Vorschriften über den Konzernabschluß erst für die nach dem 31. 12. 1989 beginnenden Geschäftsjahre anzuwenden sind. Bei dem Bilanzrichtlinien-Gesetz handelt es sich um die Umsetzung der 4. gesellschaftsrechtlichen EG-Richtlinie (Einzelabschluß) vom 25. 7. 1978 sowie der 7. EG-Richtlinie (Konzernabschluß) vom 13. 6. 1983 und der 8. EG-Richtlinie (Prüferqualifikation) vom 10. 4. 1984 in deutsches Recht.

Die Umsetzung der EG-Richtlinien geschah dergestalt, daß durch die Ausnutzung der nationalen Wahlrechte die vor der Umsetzung der EG-Richtlinien bestehende Rechtslage wenig geändert wurde. Gleichzeitig wurde der Grundsatz der Maßgeblichkeit der Handels- für die Steuerbilanz beibehalten, und es wurde bei der Umsetzung angestrebt, daß sich keine Änderung der Steuerbelastung für die Unternehmen ergibt.

Die Umsetzung erfolgte schwerpunktmäßig in dem neu eingefügten Dritten Buch »Handelsbücher« des HGB (§§ 238–339) aufgrund des Bilanzrichtlinien-Gesetzes. Das Dritte Buch enthält im 1. Abschnitt (§§ 242–256) Vorschriften über den Jahresabschluß für alle Kaufleute, im 2. Abschnitt (§§ 264–335) ergänzende Vorschriften für Kapitalgesellschaften und im 3. Abschnitt (§§ 336–339) ergänzende Vorschriften für eingetragene Genossenschaften.

Aufgrund der 4. und 7. EG-Richtlinie wurden in den anderen EG-Staaten entsprechende Gesetze verabschiedet. Da die 4. und 7. EG-Richtlinie viele Wahlrechte sowohl für die nationalen Gesetzgeber als auch für die Unternehmen enthielt, konnte eine Harmonisierung der Rechnungslegung nur teilweise erreicht werden.

Kennzeichnend für das Bilanzrichtlinien-Gesetz ist, daß es neben Vorschriften für alle Kaufleute ergänzende Vorschriften für alle Kapitalgesellschaften (AG, KGaA, GmbH) enthält, wobei die Vorschriften für kleine, mittelgroße und große Kapitalgesellschaften unterschiedlich sind.

Aufgrund des Kapitalaufnahmeerleichterungsgesetzes (KapAEG) vom 20. April 1998 wurde § 292a in das HGB aufgenommen. Er wurde durch das nachstehend erwähnte KapCoRiLiG geändert. § 292a HGB ermöglicht einem Mutterunternehmen, das einen organisierten Markt im Sinne des § 2 Abs. 5 des Wertpapierhandelsgesetzes durch von ihm oder einem seiner Tochterunternehmen ausgegebene Wertpapiere im Sinne des § 2 Abs. 1 Satz 1 des Wertpapierhandelsgesetzes in Anspruch nimmt, eine Befreiung von der

Aufstellungspflicht nach dem HGB, wenn es einen Konzernabschluß nach IAS oder US-GAAP erstellt. § 292a lautet wie folgt:

§ 292a. Befreiung von der Aufstellungspflicht. (1) Ein Mutterunternehmen, das einen organisierten Markt im Sinne des § 2 Abs. 5 des Wertpapierhandelsgesetzes durch von ihm oder einem seiner Tochterunternehmen ausgegebene Wertpapiere im Sinne des § 2 Abs. 1 Satz 1 des Wertpapierhandelsgesetzes in Anspruch nimmt, braucht einen Konzernabschluß und einen Konzernlagebericht nach den Vorschriften dieses Unterabschnitts nicht aufzustellen, wenn es einen den Anforderungen des Absatzes 2 entsprechenden Konzernabschluß und Konzernlagebericht aufstellt und ihn in deutscher Sprache und Euro nach den §§ 325, 328 offenlegt. Satz 1 gilt auch, wenn die Zulassung zum Handel an einem organisierten Markt beantragt worden ist. Bei der Offenlegung der befreienden Unterlagen ist ausdrücklich darauf hinzuweisen, daß es sich um einen nicht nach deutschem Recht aufgestellten Konzernabschluß und Konzernlagebericht handelt.

(2) Der Konzernabschluß und der Konzernlagebericht haben befreiende Wirkung, wenn

1. das Mutterunternehmen und seine Tochterunternehmen in den befreienden Konzernabschluß unbeschadet der §§ 295, 296 einbezogen worden sind,
2. der Konzernabschluß und der Konzernlagebericht
   a) nach international anerkannten Rechnungslegungsgrundsätzen aufgestellt worden sind,
   b) im Einklang mit der Richtlinie 83/349/EWG und gegebenenfalls den für Kreditinstitute und Versicherungsunternehmen in § 291 Abs. 2 Satz 2 bezeichneten Richtlinien stehen,
3. die Aussagekraft der danach aufgestellten Unterlagen der Aussagekraft eines nach den Vorschriften dieses Unterabschnitts aufgestellten Konzernabschlusses und Konzernlageberichts gleichwertig ist,
4. der Anhang oder die Erläuterungen zum Konzernabschluß die folgenden Angaben enthält:
   a) die Bezeichnung der angewandten Rechnungslegungsgrundsätze,
   b) eine Erläuterung der vom deutschen Recht abweichenden Bilanzierungs-, Bewertungs- und Konsolidierungsmethoden, und
5. die befreienden Unterlagen von dem nach § 318 bestellten Abschlußprüfer geprüft worden sind und von dem Abschlußprüfer außerdem bestätigt worden ist, daß die Bedingungen für die Befreiung erfüllt sind.

(3) Das Bundesministerium der Justiz kann im Einvernehmen mit dem Bundesministerium der Finanzen und dem Bundesministerium für Wirtschaft durch Rechtsverordnung bestimmen, welche Voraussetzungen Konzernabschlüsse und Konzernlageberichte von Mutterunternehmen im einzelnen erfüllen müssen, um nach Absatz 2 Nr. 3 gleichwertig zu sein. Dies kann auch in der Weise geschehen, daß Rechnungslegungsgrundsätze bezeichnet werden, bei deren Anwendung die Gleichwertigkeit gegeben ist.

§ 292a tritt am 31.12.2004 außer Kraft (Art. 5 KapAEG) und ist somit nur eine Übergangslösung. Bis zum 31.12.2004 sollen die deutschen Konzernrechnungslegungsvorschriften an internationale Rechnungslegungstandards angepaßt werden.

Am 9.3.2000 ist das Kapitalgesellschaften- und Co.-Richtlinie-Gesetz (KapCoRiLiG) in Kraft getreten. Danach sind die im HGB enthaltenen Vorschriften für Kapitalgesellschaften durch Einfügung eines § 264a HGB für nach dem 31. 12. 1999 endende Geschäftsjahre auch auf GmbH & Co. KGs anzuwenden. Art. 48 EGHGB enthält Übergangsvorschriften zum KapCoRiLiG.

Damit der Leser beim Durcharbeiten des Buches keine Zeit mit dem Nachschlagen von zitierten Gesetzestexten verliert, wurden die Gesetzestexte in anderer Schriftgröße in die einzelnen Abschnitte aufgenommen. Es wurde beim Verfassen des Buches auch darauf geachtet, daß für den eiligen Leser der Inhalt auch ohne oder nur durch diagonales Lesen des Gesetzestextes verständlich ist.

II. Gliederungsvorschriften des HGB

Einzelkaufleuten und Personengesellschaften ist keine bestimmte Gliederung des Jahresabschlusses vorgeschrieben. Für sie gilt:

§ 247. Inhalt der Bilanz. (1) In der Bilanz sind das Anlage- und das Umlaufvermögen, das Eigenkapital, die Schulden sowie die Rechnungsabgrenzungsposten gesondert auszuweisen und hinreichend aufzugliedern.

(2) Beim Anlagevermögen sind nur die Gegenstände auszuweisen, die bestimmt sind, dauernd dem Geschäftsbetrieb zu dienen.

(3) Passivposten, die für Zwecke der Steuern vom Einkommen und vom Ertrag zulässig sind, dürfen in der Bilanz gebildet werden. Sie sind als Sonderposten mit Rücklageanteil auszuweisen und nach Maßgabe des Steuerrechts aufzulösen. Einer Rückstellung bedarf es insoweit nicht.

Für die Gliederung der Bilanz und der Gewinn- und Verlustrechnung des Einzelabschlusses von großen und mittelgroßen Kapitalgesellschaften gelten folgende Vorschriften:

§ 266. Gliederung der Bilanz. (1) Die Bilanz ist in Kontoform aufzustellen. Dabei haben große und mittelgroße Kapitalgesellschaften (§ 267 Abs. 3, 2) auf der Aktivseite die in Absatz 2 und auf der Passivseite die in Absatz 3 bezeichneten Posten gesondert und in der vorgeschriebenen Reihenfolge auszuweisen. Kleine Kapitalgesellschaften (§ 267 Abs. 1) brauchen nur eine verkürzte Bilanz aufzustellen, in die nur die in den Absätzen 2 und 3 mit Buchstaben und römischen Zahlen bezeichneten Posten gesondert und in der vorgeschriebenen Reihenfolge aufgenommen werden.

(2) Aktivseite

A. Anlagevermögen:
- I. Immaterielle Vermögensgegenstände:
  1. Konzessionen, gewerbliche Schutzrechte und ähnliche Rechte und Werte sowie Lizenzen an solchen Rechten und Werten;
  2. Geschäfts- oder Firmenwert;
  3. geleistete Anzahlungen;
- II. Sachanlagen:
  1. Grundstücke, grundstücksgleiche Rechte und Bauten einschließlich der Bauten auf fremden Grundstücken;
  2. technische Anlagen und Maschinen;
  3. andere Anlagen, Betriebs- und Geschäftsausstattung;
  4. geleistete Anzahlungen und Anlagen im Bau;
- III. Finanzanlagen:
  1. Anteile an verbundenen Unternehmen;
  2. Ausleihungen an verbundene Unternehmen;
  3. Beteiligungen;
  4. Ausleihungen an Unternehmen, mit denen ein Beteiligungsverhältnis besteht;
  5. Wertpapiere des Anlagevermögens;
  6. sonstige Ausleihungen.

B. Umlaufvermögen:
- I. Vorräte:
  1. Roh-, Hilfs- und Betriebsstoffe;
  2. unfertige Erzeugnisse, unfertige Leistungen;

3. fertige Erzeugnisse und Waren;
4. geleistete Anzahlungen;

II. Forderungen und sonstige Vermögensgegenstände:
1. Forderungen aus Lieferungen und Leistungen;
2. Forderungen gegen verbundene Unternehmen;
3. Forderungen gegen Unternehmen, mit denen ein Beteiligungsverhältnis besteht;
4. sonstige Vermögensgegenstände;

III. Wertpapiere:
1. Anteile an verbundenen Unternehmen;
2. eigene Anteile;
3. sonstige Wertpapiere;

IV. Kassenbestand, Bundesbankguthaben, Guthaben bei Kreditinstituten und Schecks.

C. Rechnungsabgrenzungsposten.

(3) Passivseite

A. Eigenkapital:

I. Gezeichnetes Kapital;

II. Kapitalrücklage;

III. Gewinnrücklagen:
1. gesetzliche Rücklage;
2. Rücklage für eigene Anteile;
3. satzungsmäßige Rücklagen;
4. andere Gewinnrücklagen;

IV. Gewinnvortrag/Verlustvortrag;

V. Jahresüberschuß/Jahresfehlbetrag.

B. Rückstellungen:
1. Rückstellungen für Pensionen und ähnliche Verpflichtungen;
2. Steuerrückstellungen;
3. sonstige Rückstellungen.

C. Verbindlichkeiten:
1. Anleihen,
   davon konvertibel;
2. Verbindlichkeiten gegenüber Kreditinstituten;
3. erhaltene Anzahlungen auf Bestellungen;
4. Verbindlichkeiten aus Lieferungen und Leistungen;
5. Verbindlichkeiten aus der Annahme gezogener Wechsel und der Ausstellung eigener Wechsel;
6. Verbindlichkeiten gegenüber verbundenen Unternehmen;
7. Verbindlichkeiten gegenüber Unternehmen, mit denen ein Beteiligungsverhältnis besteht;
8. sonstige Verbindlichkeiten,
   davon aus Steuern,
   davon im Rahmen der sozialen Sicherheit.

D. Rechnungsabgrenzungsposten.

§ 275. Gliederung der Gewinn- und Verlustrechnung. (1) Die Gewinn- und Verlustrechnung ist in Staffelform nach dem Gesamtkostenverfahren oder dem Umsatzkostenverfahren aufzustellen. Dabei sind die in Absatz 2 und 3 bezeichneten Posten in der angegebenen Reihenfolge gesondert auszuweisen.

(2) Bei Anwendung des Gesamtkostenverfahrens sind auszuweisen:

1. Umsatzerlöse
2. Erhöhung oder Verminderung des Bestands an fertigen und unfertigen Erzeugnissen
3. andere aktivierte Eigenleistungen
4. sonstige betriebliche Erträge
5. Materialaufwand:
   a) Aufwendungen für Roh-, Hilfs- und Betriebsstoffe und für bezogene Waren
   b) Aufwendungen für bezogene Leistungen
6. Personalaufwand:
   a) Löhne und Gehälter
   b) soziale Abgaben und Aufwendungen für Altersversorgung und für Unterstützung, davon für Altersversorgung
7. Abschreibungen:
   a) auf immaterielle Vermögensgegenstände des Anlagevermögens und Sachanlagen sowie auf aktivierte Aufwendungen für die Ingangsetzung und Erweiterung des Geschäftsbetriebs
   b) auf Vermögensgegenstände des Umlaufvermögens, soweit diese die in der Kapitalgesellschaft üblichen Abschreibungen überschreiten
8. sonstige betriebliche Aufwendungen
9. Erträge aus Beteiligungen,
   davon aus verbundenen Unternehmen
10. Erträge aus anderen Wertpapieren und Ausleihungen des Finanzanlagevermögens,
    davon aus verbundenen Unternehmen
11. sonstige Zinsen und ähnliche Erträge,
    davon aus verbundenen Unternehmen
12. Abschreibungen auf Finanzanlagen und auf Wertpapiere des Umlaufvermögens
13. Zinsen und ähnliche Aufwendungen,
    davon an verbundene Unternehmen
14. Ergebnis der gewöhnlichen Geschäftstätigkeit
15. außerordentliche Erträge
16. außerordentliche Aufwendungen
17. außerordentliches Ergebnis
18. Steuern vom Einkommen und vom Ertrag
19. sonstige Steuern
20. Jahresüberschuß/Jahresfehlbetrag.

(3) Bei Anwendung des Umsatzkostenverfahrens sind auszuweisen:

1. Umsatzerlöse
2. Herstellungskosten der zur Erzielung der Umsatzerlöse erbrachten Leistungen
3. Bruttoergebnis vom Umsatz
4. Vertriebskosten
5. allgemeine Verwaltungskosten
6. sonstige betriebliche Erträge
7. sonstige betriebliche Aufwendungen
8. Erträge aus Beteiligungen,
   davon aus verbundenen Unternehmen
9. Erträge aus anderen Wertpapieren und Ausleihungen des Finanzanlagevermögens
   davon aus verbundenen Unternehmen

10. sonstige Zinsen und ähnliche Erträge,
    davon aus verbundenen Unternehmen
11. Abschreibungen auf Finanzanlagen und auf Wertpapiere des Umlaufvermögens
12. Zinsen und ähnliche Aufwendungen,
    davon an verbundene Unternehmen
13. Ergebnis der gewöhnlichen Geschäftstätigkeit
14. außerordentliche Erträge
15. außerordentliche Aufwendungen
16. außerordentliches Ergebnis
17. Steuern vom Einkommen und vom Ertrag
18. sonstige Steuern
19. Jahresüberschuß/Jahresfehlbetrag.

(4) Veränderungen der Kapital- und Gewinnrücklagen dürfen in der Gewinn- und Verlustrechnung erst nach dem Posten »Jahresüberschuß/Jahresfehlbetrag« ausgewiesen werden.

§ 276. Größenabhängige Erleichterungen. Kleine und mittelgroße Kapitalgesellschaften (§ 267 Abs. 1, 2) dürfen die Posten § 275 Abs. 2 Nr. 1 bis 5 oder Abs. 3 Nr. 1 bis 3 und 6 zu einem Posten unter der Bezeichnung »Rohergebnis« zusammenfassen.

§ 267 HGB enthält nach der Änderung aufgrund des KapCoRiLiG folgende Einteilung nach Größenklassen (gültig für Kapitalgesellschaften für nach dem 31. 12. 1998 beginnende Geschäftsjahre):

	Kleine Kapitalgesellschaft	**Mittelgroße Kapitalgesellschaft**	**Große Kapitalgesellschaft**
Bilanzsumme	bis 6,72 Mio. DM	bis 26,89 Mio. DM	über 26,89 Mio. DM
Umsatzerlöse	bis 13,44 Mio. DM	bis 53,78 Mio. DM	über 53,78 Mio. DM
Arbeitnehmer	∅ bis 50	∅ bis 250	∅ über 250

Kleine bzw. mittelgroße Kapitalgesellschaften sind solche, die mindestens an zwei aufeinanderfolgenden Stichtagen zwei der drei genannten Merkmale nicht überschreiten.

Die größenabhängigen Erleichterungen gemäß § 276 HGB lassen kaum noch eine Bilanzanalyse zu.

III. Bewertungsvorschriften des HGB

Für die Bewertung enthält § 252 folgende allgemeine Bewertungsgrundsätze:

(1) Bei der Bewertung der im Jahresabschluß ausgewiesenen Vermögensgegenstände und Schulden gilt insbesondere folgendes:
1. Die Wertansätze in der Eröffnungsbilanz des Geschäftsjahrs müssen mit denen der Schlußbilanz des vorhergehenden Geschäftsjahrs übereinstimmen.
2. Bei der Bewertung ist von der Fortführung der Unternehmenstätigkeit auszugehen, sofern dem nicht tatsächliche oder rechtliche Gegebenheiten entgegenstehen.
3. Die Vermögensgegenstände und Schulden sind zum Abschlußstichtag einzeln zu bewerten.
4. Es ist vorsichtig zu bewerten, namentlich sind alle vorhersehbaren Risiken und Verluste, die bis zum Abschlußstichtag entstanden sind, zu berücksichtigen, selbst wenn diese erst zwischen dem Abschlußstichtag und dem Tag der Aufstellung des Jahresabschlusses bekanntgeworden sind; Gewinne sind nur zu berücksichtigen, wenn sie am Abschlußstichtag realisiert sind.
5. Aufwendungen und Erträge des Geschäftsjahrs sind unabhängig von den Zeitpunkten der entsprechenden Zahlungen im Jahresabschluß zu berücksichtigen.
6. Die auf den vorhergehenden Jahresabschluß angewandten Bewertungsmethoden sollen beibehalten werden.

(2) Von den Grundsätzen des Absatzes 1 darf nur in begründeten Ausnahmefällen abgewichen werden.

Diese allgemeinen Bewertungsgrundsätze des Bilanzrichtlinien-Gesetzes sagen wenig aus. Viel wichtiger jedoch sind die einzelnen Ansatz- und Bewertungsvorschriften. Auf sie wird bei den einzelnen Posten eingegangen. Auf die darin liegenden Bewertungsmöglichkeiten und die daraus resultierende Ergebnisbeeinflussung wird bei den einzelnen Posten des Jahresabschlusses hingewiesen.

In den §§ 253–256 sind weitere Einzelheiten der Bewertung, in den §§ 246–251 Ansatzvorschriften und in den §§ 279–283 Bewertungsvorschriften für Kapitalgesellschaften geregelt.

Die für eine Bilanzanalyse besonders wichtigen gesetzlichen Vorschriften über Abschreibungen und Wertaufholung (Zuschreibung) werden nachstehend in einer Tabelle, sortiert nach Bilanzposten, aufgeführt und anschließend zitiert:

Gesetzliche Vorschriften über Abschreibungen und Wertaufholung (Zuschreibung) sortiert nach Bilanzposten

<table>
<tr><th></th><th>Kapitalgesellschaften</th><th>Nicht-Kapitalgesellschaften</th></tr>
<tr><td colspan="3">Sachanlagen</td></tr>
<tr><td>planmäßige Abschreibungen</td><td colspan="2">Abschreibungspflicht
§ 253 Abs. 2 Satz 1 und 2</td></tr>
<tr><td>außerplanmäßige Abschreibungen wegen dauernder Wertminderung</td><td colspan="2">Abschreibungspflicht
§ 253 Abs. 2 Satz 3
(gesonderter Ausweis oder Anhanginformation gemäß § 277 Abs. 3 Satz 1 und Wertaufholungsgebot gemäß § 280 bei Kapitalgesellschaften)</td></tr>
<tr><td>außerplanmäßige Abschreibungen wegen vorübergehender Wertminderung</td><td></td><td>Abschreibungswahlrecht
§ 253 Abs. 2 Satz 3
(gesonderter Ausweis oder Anfangsinformation gemäß § 277 Abs. 3 Satz 1 und Wertaufholungsgebot gemäß § 280 bei Kapitalgesellschaften)</td></tr>
<tr><td colspan="3">Finanzanlagen</td></tr>
<tr><td>außerplanmäßige Abschreibungen wegen vorübergehender Wertminderung</td><td colspan="2">Abschreibungswahlrecht
§ 253 Abs. 2 Satz 3 i. V. m. § 279 Abs. 1 Satz 2
(gesonderter Ausweis oder Anhanginformation gemäß § 277 Abs. 3 Satz 1 und Wertaufholungsgebot gemäß § 280)</td></tr>
<tr><td colspan="3">Umlaufvermögen</td></tr>
<tr><td>Börsen- oder Marktpreis niedrigerer beizulegender Wert</td><td colspan="2">Abschreibungspflicht
§ 253 Abs. 3 Satz 1 und 2</td></tr>
<tr><td>Vorwegnahme zukünftiger Wertschwankungen</td><td colspan="2">Abschreibungswahlrecht
§ 253 Abs. 3 Satz 3
(gesonderter Ausweis oder Anhanginformation gemäß § 277 Abs. 3 Satz 1 und Wertaufholungsgebot gemäß § 280 bei Kapitalgesellschaften)</td></tr>
</table>

►

	Kapitalgesellschaften	Nicht-Kapitalgesellschaften
Anlage- und Umlaufvermögen	Abschreibungswahlrecht	
Abschreibungen auf den steuerlich zulässigen niedrigeren Wert	§ 254 i. V. m. § 279 Abs. 2 (umgekehrte Maßgeblichkeit) (gesonderter Ausweis oder Anhanginformation gemäß § 281 Abs. 2 Satz 1 und § 285 Nr. 5) (Einstellung in Sonderposten mit Rücklageanteil und gesonderter Ausweis oder Anhanginformation gemäß § 281 Abs. 1)	§ 254
Bildung und Auflösung stiller Reserven	§ 279 Abs. 1 Satz 1: »§ 253 Abs. 4 ist nicht anzuwenden«	Möglichkeit § 253 Abs. 4
Wertaufholung (Zuschreibung) bei Wegfall früherer Wertminderung	Wertaufholungsgebot § 280	Wertaufholungswahlrecht § 253 Abs. 5, § 254 Satz 2
Rückzahlungsdisagio für Verbindlichkeiten		
planmäßige Abschreibungen	Abschreibungspflicht § 250 Abs. 3 Satz 2	
Geschäfts- oder Firmenwert		
planmäßige Abschreibungen	Abschreibungspflicht § 255 Abs. 4 Satz 2 und 3 § 7 Abs. 1 Satz 3 EStG	
Aufwendungen für die Ingangsetzung und Erweiterung des Geschäftsbetriebs		
planmäßige Abschreibungen	§ 282	–

Der Gesetzestext der in obiger Tabelle zitierten Vorschriften lautet wie folgt:

Handelsgesetzbuch

§ 250. Rechnungsabgrenzungsposten. (3) Ist der Rückzahlungsbetrag einer Verbindlichkeit höher als der Ausgabebetrag, so darf der Unterschiedsbetrag in den Rechnungsabgrenzungsposten auf der Aktivseite aufgenommen werden. Der Unterschiedsbetrag ist durch planmäßige jährliche Abschreibungen zu tilgen, die auf die gesamte Laufzeit der Verbindlichkeit verteilt werden können.

§ 253. Wertansätze der Vermögensgegenstände und Schulden. (1) Vermögensgegenstände sind höchstens mit den Anschaffungs- oder Herstellungskosten, vermindert um Abschreibungen nach den Absätzen 2 und 3 anzusetzen. Verbindlichkeiten sind zu ihrem Rückzahlungsbetrag, Rentenverpflichtungen, für die eine Gegenleistung nicht mehr zu erwarten ist, zu ihrem Barwert und Rückstellungen nur in Höhe des Betrags anzusetzen, der nach vernünftiger kaufmännischer Beurteilung notwendig ist; Rückstellungen dürfen nur abgezinst werden, soweit die ihnen zugrundeliegenden Verbindlichkeiten einen Zinsanteil enthalten.

(2) Bei Vermögensgegenständen des Anlagevermögens, deren Nutzung zeitlich begrenzt ist, sind die Anschaffungs- oder Herstellungskosten um planmäßige Abschreibungen zu vermindern. Der Plan muß die Anschaffungs- oder Herstellungskosten auf die Geschäftsjahre verteilen, in denen der Vermögensgegenstand voraussichtlich genutzt werden kann. Ohne Rücksicht darauf, ob ihre Nutzung zeitlich begrenzt ist, können bei Vermögensgegenständen des Anlagevermögens außerplanmäßige Abschreibungen vorgenommen werden, um die Vermögensgegenstände mit dem niedrigeren Wert anzusetzen, der ihnen am Abschlußstichtag beizulegen ist; sie sind vorzunehmen bei einer voraussichtlich dauernden Wertminderung.

(3) Bei Vermögensgegenständen des Umlaufvermögens sind Abschreibungen vorzunehmen, um diese mit einem niedrigeren Wert anzusetzen, der sich aus einem Börsen- oder Marktpreis am Abschlußstichtag ergibt. Ist ein Börsen- oder Marktpreis nicht festzustellen und übersteigen die Anschaffungs- oder Herstellungskosten den Wert, der den Vermögensgegenständen am Abschlußstichtag beizulegen ist, so ist auf diesen Wert abzuschreiben. Außerdem dürfen Abschreibungen vorgenommen werden, soweit diese nach vernünftiger kaufmännischer Beurteilung notwendig sind, um zu verhindern, daß in der nächsten Zukunft der Wertansatz dieser Vermögensgegenstände aufgrund von Wertschwankungen geändert werden muß.

(4) Abschreibungen sind außerdem im Rahmen vernünftiger kaufmännischer Beurteilung zulässig.

(5) Ein niedrigerer Wertansatz nach Absatz 2 Satz 3, Absatz 3 oder 4 darf beibehalten werden, auch wenn die Gründe dafür nicht mehr bestehen.

§ 254. Steuerrechtliche Abschreibungen. Abschreibungen können auch vorgenommen werden, um Vermögensgegenstände des Anlage- oder Umlaufvermögens mit dem niedrigeren Wert anzusetzen, der auf einer nur steuerrechtlich zulässigen Abschreibung beruht. § 253 Abs. 5 ist entsprechend anzuwenden.

§ 255. Anschaffungs- und Herstellungskosten. (4) Als Geschäfts- oder Firmenwert darf der Unterschiedsbetrag angesetzt werden, um den die für die Übernahme eines Unternehmens bewirkte Gegenleistung den Wert der einzelnen Vermögensgegenstände des Unternehmens abzüglich der Schulden im Zeitpunkt der Übernahme übersteigt. Der Betrag ist in jedem folgenden Geschäftsjahr zu mindestens einem Viertel durch Abschreibungen zu tilgen. Die Abschreibung des Geschäfts- oder Firmenwerts kann aber auch planmäßig auf die Geschäftsjahre verteilt werden, in denen er voraussichtlich genutzt wird.

§ 279. Nichtanwendung von Vorschriften. Abschreibungen. (1) § 253 Abs. 4 ist nicht anzuwenden. § 253 Abs. 2 Satz 3 darf, wenn es sich nicht um eine voraussichtlich dauernde Wertminderung handelt, nur auf Vermögensgegenstände, die Finanzanlagen sind, angewendet werden.

(2) Abschreibungen nach § 254 dürfen nur insoweit vorgenommen werden, als das Steuerrecht ihre Anerkennung bei der steuerrechtlichen Gewinnermittlung davon abhängig macht, daß sie sich aus der Bilanz ergeben.

§ 280. Wertaufholungsgebot. (1) Wird bei einem Vermögensgegenstand eine Abschreibung nach § 253 Abs. 2 Satz 3 oder Abs. 3 oder § 254 Satz 1 vorgenommen und stellt sich in einem späteren Geschäftsjahr heraus, daß die Gründe dafür nicht mehr bestehen, so ist der Betrag dieser

Abschreibung im Umfang der Werterhöhung unter Berücksichtigung der Abschreibungen, die inzwischen vorzunehmen gewesen wären, zuzuschreiben. § 253 Abs. 5, § 254 Satz 2 sind insoweit nicht anzuwenden.

(2) Von der Zuschreibung nach Absatz 1 kann abgesehen werden, wenn der niedrigere Wertansatz bei der steuerrechtlichen Gewinnermittlung beibehalten werden kann und wenn Voraussetzung für die Beibehaltung ist, daß der niedrigere Wertansatz auch in der Bilanz beibehalten wird.

(3) Im Anhang ist der Betrag der im Geschäftsjahr aus steuerrechtlichen Gründen unterlassenen Zuschreibungen anzugeben und hinreichend zu begründen.

§ 281. Berücksichtigung steuerrechtlicher Vorschriften. (1) Die nach § 254 zulässigen Abschreibungen dürfen auch in der Weise vorgenommen werden, daß der Unterschiedsbetrag zwischen der nach § 253 in Verbindung mit § 279 und der nach § 254 zulässigen Bewertung in den Sonderposten mit Rücklageanteil eingestellt wird. In der Bilanz oder im Anhang sind die Vorschriften anzugeben, nach denen die Wertberichtigung gebildet worden ist. Unbeschadet steuerrechtlicher Vorschriften über die Auflösung ist die Wertberichtigung insoweit aufzulösen, als die Vermögensgegenstände, für die sie gebildet worden ist, aus dem Vermögen ausscheiden oder die steuerrechtliche Wertberichtigung durch handelsrechtliche Abschreibungen ersetzt wird.

§ 282. Abschreibung der Aufwendungen für die Ingangsetzung und Erweiterung des Geschäftsbetriebs. Für die Ingangsetzung und Erweiterung des Geschäftsbetriebs ausgewiesene Beträge sind in jedem folgenden Geschäftsjahr zumindestens einem Viertel durch Abschreibungen zu tilgen.

Einkommensteuergesetz

§ 7. Abs. 1 Satz 3. Absetzung für Abnutzung oder Substanzverringerung. Als betriebsgewöhnliche Nutzungsdauer des Geschäfts- oder Firmenwerts eines Gewerbebetriebs oder eines Betriebs der Land- und Forstwirtschaft gilt ein Zeitraum von 15 Jahren.

IV. Gesetzliche Vorschriften über den Anhang

Der Jahresabschluß einer Kapitalgesellschaft besteht gemäß § 264 Abs. 1 HGB aus der Bilanz, der Gewinn- und Verlustrechnung, der Kapitalflußrechnung (nur bei börsennotierten Unternehmen) und dem Anhang. Sie bilden eine Einheit. Der Anhang ist somit gleichwertiger Bestandteil des Jahresabschlusses und der Bestätigungsvermerk des Wirtschaftsprüfers gilt somit auch für den Anhang. Zusätzlich ist ein Lagebericht aufzustellen.

Der Anhang hat in erster Linie eine Erläuterungs- oder Interpretations- und eine Ergänzungs- oder Zusatzinformationsfunktion.

Die Erläuterungs- oder Interpretationsfunktion besteht in der Angabe von Bilanzierungs- und Bewertungsmethoden und in der Angabe und Begründung von Methodenänderungen.

Unter der Ergänzungs- oder Zusatzinformationsfunktion sind die im Anhang zu machenden Informationen zu verstehen, die sich nicht auf bilanzierungspflichtige Sachverhalte beziehen (z. B. sonstige finanzielle Verpflichtungen).

Darüber hinaus kommt dem Anhang noch eine Entlastungsfunktion zu, da gewisse Informationen gemäß HGB wahlweise in der Bilanz bzw. Gewinn- und Verlustrechnung oder im Anhang gemacht werden können.

Im Verhältnis zu den in einem IAS- oder US-GAAP enthaltenen zusätzlichen detaillierten Informationen sind die im Anhang eines nach dem HGB erstellten Abschlusses gegebenen Informationen allerdings nur sehr allgemein gehalten und inhaltlich sehr dürftig.

Eine Gliederungsvorschrift besteht für den Anhang nicht. Dies verlangt eine sorgfältige Durchsicht der Angaben im Anhang, da manchmal die Gefahr besteht, daß der Bilanzleser durch Formulierungskünste des Bilanzerstellers wichtige Informationen nicht klar erkennt.

Die gesetzlichen Regelungen über den Anhang sind in verschiedenen Vorschriften enthalten. Um einen schnellen Überblick zu erhalten, welche Informationen der Bilanzanalytiker im Anhang erwarten kann, wird nachstehend eine Zusammenstellung sämtlicher Vorschriften hinsichtlich des Anhangs des Einzelabschlusses gebracht.

Die Vorschriften wurden wie folgt sortiert:

- Bilanzierungs- und Bewertungsmethoden sowie allgemeine Grundsätze,
- Erläuterungen zur Bilanz,
- Erläuterungen zur Gewinn- und Verlustrechnung,
- sonstige Angaben.

In den Vorschriften sind auch spezielle rechtsformabhängige Vorschriften enthalten.

In zwei weiteren Spalten wurden Hinweise gegeben, ob

- Angaben wahlweise im Anhang oder in der Bilanz bzw. in der Gewinn- und Verlustrechnung möglich sind,
- Vorschriften auch für den Konzernabschluß Geltung haben (= K),
- größenabhängige Erleichterungen gemäß § 288 HGB
  für kleine (= *)
  und für mittelgroße (= **)
  Kapitalgesellschaften bestehen.

Zum besseren Verständnis notwendige weitere Vorschriften wurden darüber hinaus in Klammern hinzugefügt.

Die speziellen gesetzlichen Vorschriften über den Anhang des Konzernabschlusses sind in Abschnitt C VI 3 aufgeführt.

Gesetzliche Vorschriften über den Anhang

Bilanzierungs- und Bewertungsmethoden sowie allgemeine Grundsätze

Text Soweit Gesetzestexte zum besseren Verständnis notwendig sind und über die angegebenen Vorschriften hinausgehen, sind sie in Klammern hinzugefügt.	**Vorschrift** HGB (sofern nicht anders angegeben) AktG gilt nur für AG und KGaA GmbHG gilt nur für GmbH	**Angabe wahlweise in**	**K** * **
In den Anhang sind diejenigen Angaben aufzunehmen, die zu den einzelnen Posten der Bilanz oder der Gewinn- und Verlustrechnung vorgeschrieben oder die im Anhang zu machen sind, weil sie in Ausübung eines Wahlrechts nicht in die Gewinn- und Verlustrechnung aufgenommen wurden.	§ 284 Abs. 1	–	
Im Anhang müssen			
– die auf die Posten der Bilanz und der Gewinn- und Verlustrechnung angewandten Bilanzierungs- und Bewertungsmethoden angegeben werden;	§ 284 Abs. 2 Nr. 1	–	
– die Grundlagen für die Umrechnung in Euro angegeben werden, soweit der Jahresabschluß Posten enthält, denen Beträge zugrunde liegen, die auf fremde Währung lauten oder ursprünglich auf fremde Währung lauteten;	§ 284 Abs. 2 Nr. 2	–	
– Abweichungen von Bilanzierungs- und Bewertungsmethoden angegeben und begründet werden; deren Einfluß auf die Vermögens-, Finanz- und Ertragslage ist gesondert darzustellen;	§ 284 Abs. 2 Nr. 3	–	
– Angaben über die Einbeziehung von Zinsen für Fremdkapital in die Herstellungskosten gemacht werden;	§ 284 Abs. 2 Nr. 5	–	
– zusätzliche Angaben gemacht werden: Bei Inanspruchnahme der Regelungen des § 292 a HGB (internationaler Konzernabschluß) sind im Anhang die vom deutschen Recht abweichenden bzw. abweichend angewandten Bilanzierungs-, Bewertungs- und Konsolidierungsmethoden zu erläutern.	§ 292 a Abs. 2 Nr. 4 § 291 Abs. 2 Nr. 3	–	

Text	Vorschrift	Angabe wahlweise in	K * **
(§ 264 Abs. 2 Satz 1: Der Jahresabschluß der Kapitalgesellschaft hat unter Beachtung der Grundsätze ordnungsmäßiger Buchführung ein den tatsächlichen Verhältnissen entsprechendes Bild der Vermögens-, Finanz- und Ertragslage der Kapitalgesellschaft zu vermitteln.)			
Führen besondere Umstände dazu, daß der Jahresabschluß ein den tatsächlichen Verhältnissen entsprechendes Bild im Sinne des Satzes 1 nicht vermittelt, so sind im Anhang zusätzliche Angaben zu machen.	§ 264 Abs. 2 Satz 2	–	
(§ 265 Abs. 1 Satz 1: Die Form der Darstellung, insbesondere die Gliederung der aufeinanderfolgenden Bilanzen und Gewinn- und Verlustrechnungen, ist beizubehalten, soweit nicht in Ausnahmefällen wegen besonderer Umstände Abweichungen erforderlich sind.) Die Abweichungen sind im Anhang anzugeben und zu begründen.	§ 265 Abs. 1 Satz 2	–	K
(§ 265 Abs. 2 Satz 1: In der Bilanz sowie in der Gewinn- und Verlustrechnung ist zu jedem Posten der entsprechende Betrag des vorhergehenden Geschäftsjahrs anzugeben.) Sind die Beträge nicht vergleichbar, so ist dies im Anhang anzugeben und zu erläutern.	§ 265 Abs. 2 Satz 2	–	K
Wird der Vorjahresbetrag angepaßt, so ist auch dies im Anhang anzugeben und zu erläutern.	§ 265 Abs. 2 Satz 3	–	K
(§ 265 Abs. 4 Satz 1: Sind mehrere Geschäftszweige vorhanden und bedingt dies die Gliederung des Jahresabschlusses nach verschiedenen Gliederungsvorschriften, so ist der Jahresabschluß nach der für einen Geschäftszweig vorgeschriebenen Gliederung aufzustellen und nach der für die anderen Geschäftszweige vorgeschriebenen Gliederung zu ergänzen.) Die Ergänzung ist im Anhang anzugeben und zu begründen.	§ 265 Abs. 4 Satz 2	–	K

Text	Vorschrift	Angabe wahlweise in	K * **
(§ 265 Abs. 7 Satz 1: Die mit arabischen Zahlen versehenen Posten der Bilanz und der Gewinn- und Verlustrechnung können, wenn nicht besondere Formblätter vorgeschrieben sind, zusammengefaßt ausgewiesen werden, wenn – sie einen Betrag enthalten, der für die Vermittlung eines den tatsächlichen Verhältnissen entsprechenden Bildes im Sinne des § 264 Abs. 2 nicht erheblich ist, oder) – dadurch die Klarheit der Darstellung vergrößert wird; in diesem Falle müssen die zusammengefaßten Posten jedoch im Anhang gesondert ausgewiesen werden.	§ 265 Abs. 7 Nr. 2	–	K

Erläuterungen zur Bilanz

Text	Vorschrift	Angabe wahlweise in	K * **
Allgemeine Angaben			
Fällt ein Vermögensgegenstand oder eine Schuld unter mehrere Posten der Bilanz, so ist die Mitzugehörigkeit zu anderen Posten bei dem Posten, unter dem der Ausweis erfolgt ist, zu vermerken oder im Anhang anzugeben, wenn dies zur Aufstellung eines klaren und übersichtlichen Jahresabschlusses erforderlich ist.	§ 265 Abs. 3 Satz 1	Bilanz	K
Ingangsetzung und Erweiterung des Geschäftsbetriebs sowie Anlagevermögen			
Die Aufwendungen für die Ingangsetzung des Geschäftsbetriebs und dessen Erweiterung dürfen, soweit sie nicht bilanzierungsfähig sind, als Bilanzierungshilfe aktiviert werden; der Posten ist in der Bilanz unter der Bezeichnung »Aufwendungen für die Ingangsetzung und Erweiterung des Geschäftsbetriebs« vor dem Anlagevermögen auszuweisen und im Anhang zu erläutern.	§ 269 Satz 1	–	K
In der Bilanz oder im Anhang ist die Entwicklung der einzelnen Posten des Anlagevermögens und des Postens »Aufwendungen für die Ingangsetzung und Erweiterung des Geschäftsbetriebs« darzustellen. (§ 268 Abs. 2 Satz 2: Dabei sind, ausgehend von den gesamten Anschaffungs- und Herstellungskosten, die Zugänge, Abgänge, Umbuchungen und Zuschreibungen des Geschäftsjahrs sowie die Abschreibungen in ihrer gesamten Höhe gesondert aufzuführen.)	§ 268 Abs. 2 Satz 1	Bilanz	K
Die Abschreibungen des Geschäftsjahrs sind entweder in der Bilanz bei dem betreffenden Posten zu vermerken oder im Anhang in einer der Gliederung des Anlagevermögens entsprechenden Aufgliederung anzugeben.	§ 268 Abs. 2 Satz 3	Bilanz	K
Im Anhang ist der Betrag der im Geschäftsjahr aus steuerrechtlichen Gründen unterlassenen Zuschreibungen anzugeben und hinreichend zu begründen.	§ 280 Abs. 3	–	K

Text	Vorschrift	Angabe wahlweise in	K * **
Sind bei der erstmaligen Anwendung des § 268 Abs. 2 des Handelsgesetzbuchs über die Darstellung der Entwicklung des Anlagevermögens die Anschaffungs- oder Herstellungskosten eines Vermögensgegenstandes des Anlagevermögens nicht ohne unverhältnismäßige Kosten oder Verzögerungen feststellbar, so dürfen die Buchwerte dieser Vermögensgegenstände aus dem Jahresabschluß des vorhergehenden Geschäftsjahres als ursprüngliche Anschaffungs- oder Herstellungskosten übernommen und fortgeführt werden. Satz 1 darf entsprechend auf die Darstellung des Postens »Aufwendungen für die Ingangsetzung und Erweiterung des Geschäftsbetriebs« angewendet werden. Kapitalgesellschaften müssen die Anwendung der Sätze 1 und 2 im Anhang angeben.	Art. 24 Abs. 6 EGHGB	–	K
Sonstige Ausleihungen			
Für die Mitglieder des Geschäftsführungsorgans, eines Aufsichtsrats, eines Beirats oder einer ähnlichen Einrichtung jeweils für jede Personengruppe c) die gewährten Vorschüsse und Kredite unter Angabe der Zinssätze, der wesentlichen Bedingungen und der gegebenenfalls im Geschäftsjahr zurückgezahlten Beträge (sowie die zugunsten dieser Personen eingegangenen Haftungsverhältnisse).	§ 285 Nr. 9c	–	
Umlaufvermögen			
Im Anhang ist der Betrag der im Geschäftsjahr aus steuerrechtlichen Gründen unterlassenen Zuschreibungen anzugeben und hinreichend zu begründen.	§ 280 Abs. 3	–	K
Vorräte			
Im Anhang müssen bei 4. Anwendung einer Bewertungsmethode nach § 240 Abs. 4, § 256 Satz 1 die Unterschiedsbeträge pauschal für die jeweilige Gruppe ausgewiesen werden, wenn die Bewer-	§ 284 Abs. 2 Nr. 4		

Text	Vorschrift	Angabe wahlweise in	K * **
tung im Vergleich zu einer Bewertung auf der Grundlage des letzten vor dem Abschlußstichtag bekannten Börsenkurses oder Marktpreises einen erheblichen Unterschied aufweist. (§ 240 Abs. 4: Gleichartige Vermögensgegenstände des Vorratsvermögens sowie andere gleichartige oder annähernd gleichwertige bewegliche Vermögensgegenstände und Schulden können jeweils zu einer Gruppe zusammengefaßt und mit dem gewogenen Durchschnittswert angesetzt werden. § 256 Satz 1: Soweit es den Grundsätzen ordnungsmäßiger Buchführung entspricht, kann für den Wertansatz gleichartiger Vermögensgegenstände des Vorratsvermögens unterstellt werden, daß die zuerst oder daß die zuletzt angeschafften oder hergestellten Vermögensgegenstände zuerst oder in einer sonstigen bestimmten Folge verbraucht oder veräußert worden sind.)			
Forderungen und sonstige Vermögensgegenstände			
Werden unter dem Posten »sonstige Vermögensgegenstände« Beträge für Vermögensgegenstände ausgewiesen, die erst nach dem Abschlußstichtag rechtlich entstehen, so müssen Beträge, die einen größeren Umfang haben, im Anhang erläutert werden.	§ 268 Abs. 4 Satz 2	–	K
Wertpapiere			
Den Bestand und den Zugang an Aktien, die ein Aktionär für Rechnung der Gesellschaft oder eines abhängigen oder eines im Mehrheitsbesitz der Gesellschaft stehenden Unternehmens oder ein abhängiges oder im Mehrheitsbesitz der Gesellschaft stehendes Unternehmen als Gründer oder Zeichner oder in Ausübung eines bei einer bedingten Kapitalerhöhung eingeräumten Umtausch- oder Bezugsrechts übernommen hat; sind sol-	§ 160 Abs. 1 Nr. 1 AktG	–	K

Text	Vorschrift	Angabe wahlweise in	K * **
che Aktien im Geschäftsjahr verwertet worden, so ist auch über die Verwertung unter Angabe des Erlöses und die Verwendung des Erlöses zu berichten; (siehe auch unter Eigenkapital)			
Den Bestand an eigenen Aktien der Gesellschaft, die sie, ein abhängiges oder im Mehrheitsbesitz der Gesellschaft stehendes Unternehmen oder ein anderer für Rechnung der Gesellschaft oder eines abhängigen oder eines im Mehrheitsbesitz der Gesellschaft stehenden Unternehmens erworben oder als Pfand genommen hat; dabei sind die Zahl und der auf sie entfallende Betrag des Grundkapitals dieser Aktien sowie deren Anteil am Grundkapital, für erworbene Aktien ferner der Zeitpunkt des Erwerbs und die Gründe für den Erwerb anzugeben. Sind solche Aktien im Geschäftsjahr erworben oder veräußert worden, so ist auch über den Erwerb oder die Veräußerung unter Angabe der Zahl dieser Aktien, des auf sie entfallenden Betrags des Grundkapitals, des Anteils am Grundkapital und des Erwerbs- oder Veräußerungspreises, sowie über die Verwendung des Erlöses zu berichten. (siehe auch unter Eigenkapital)	§ 160 Abs. 1 Nr. 2 AktG	–	K
Rechnungsabgrenzungsposten			
Ein nach § 250 Abs. 3 in den Rechnungsabgrenzungsposten auf der Aktivseite aufgenommener Unterschiedsbetrag ist in der Bilanz gesondert auszuweisen oder im Anhang anzugeben. (§ 250 Abs. 3: Ist der Rückzahlungsbetrag einer Verbindlichkeit höher als der Ausgabebetrag, so darf der Unterschiedsbetrag in den Rechnungsabgrenzungsposten auf der Aktivseite aufgenommen werden. Der Unterschiedsbetrag ist durch planmäßige jährliche Abschreibungen zu tilgen, die auf die gesamte Laufzeit der Verbindlichkeit verteilt werden können.)	§ 268 Abs. 6	Bilanz	K

Text	Vorschrift	Angabe wahlweise in	K * **
(§ 274 Abs. 2 Satz 1: Ist der dem Geschäftsjahr und früheren Geschäftsjahren zuzurechnende Steueraufwand zu hoch, weil der nach den steuerrechtlichen Vorschriften zu versteuernde Gewinn höher als das handelsrechtliche Ergebnis ist, und gleicht sich der zu hohe Steueraufwand des Geschäftsjahrs und früherer Geschäftsjahre in späteren Geschäftsjahren voraussichtlich aus, so darf in Höhe der voraussichtlichen Steuerentlastung nachfolgender Geschäftsjahre ein Abgrenzungsposten als Bilanzierungshilfe auf der Aktivseite der Bilanz gebildet werden.) Dieser Posten ist unter entsprechender Bezeichnung gesondert auszuweisen und im Anhang zu erläutern. (§ 274 Abs. 2 Satz 3 und 4: Wird ein solcher Posten ausgewiesen, so dürfen Gewinne nur ausgeschüttet werden, wenn die nach der Ausschüttung verbleibenden jederzeit auflösbaren Gewinnrücklagen zuzüglich eines Gewinnvortrags und abzüglich eines Verlustvortrags dem angesetzten Betrag mindestens entsprechen. Der Betrag ist aufzulösen, sobald die Steuerentlastung eintritt oder mit ihr voraussichtlich nicht mehr zu rechnen ist.)	§ 274 Abs. 2 Satz 2	–	K
Eigenkapital			
Den Bestand und den Zugang an Aktien, die ein Aktionär für Rechnung der Gesellschaft oder eines abhängigen oder eines im Mehrheitsbesitz der Gesellschaft stehenden Unternehmens oder ein abhängiges oder im Mehrheitsbesitz der Gesellschaft stehendes Unternehmen als Gründer oder Zeichner oder in Ausübung eines bei einer bedingten Kapitalerhöhung eingeräumten Umtausch- oder Bezugsrechts übernommen hat; sind solche Aktien im Geschäftsjahr verwertet worden, so ist auch über die Verwertung unter Angabe des Erlöses und die Verwendung des Erlöses zu berichten. (siehe auch unter Wertpapiere)	§ 160 Abs. 1 Nr. 1 AktG	–	K

Text	Vorschrift	Angabe wahlweise in	K * **
Den Bestand an eigenen Aktien der Gesellschaft, die sie, ein abhängiges oder im Mehrheitsbesitz der Gesellschaft stehendes Unternehmen oder ein anderer für Rechnung der Gesellschaft oder eines abhängigen oder eines im Mehrheitsbesitz der Gesellschaft stehenden Unternehmens erworben oder als Pfand genommen hat; dabei sind die Zahl dieser Aktien und der auf sie entfallende Betrag des Grundkapitals sowie deren Anteil am Grundkapital, für erworbene Aktien ferner der Zeitpunkt des Erwerbs und die Gründe für den Erwerb anzugeben. Sind solche Aktien im Geschäftsjahr erworben oder veräußert worden, so ist auch über den Erwerb oder die Veräußerung unter Angabe der Zahl dieser Aktien, des auf sie entfallenden Betrags des Grundkapitals, des Anteils am Grundkapital und des Erwerbs- oder Veräußerungspreises, sowie über die Verwendung des Erlöses zu berichten. (siehe auch unter Wertpapiere)	§ 160 Abs. 1 Nr. 2 AktG	–	K
Die Zahl und bei Nennbetragsaktien den Nennbetrag der Aktien jeder Gattung, sofern sich diese Angaben nicht aus der Bilanz ergeben; davon sind Aktien, die bei einer bedingten Kapitalerhöhung oder einem genehmigten Kapital im Geschäftsjahr gezeichnet wurden, jeweils gesondert anzugeben.	§ 160 Abs. 1 Nr. 3 AktG	Bilanz	K
Das genehmigte Kapital;	§ 160 Abs. 1 Nr. 4 AktG	–	K
Zu dem Posten »Kapitalrücklage« sind in der Bilanz oder im Anhang gesondert anzugeben – der Betrag, der während des Geschäftsjahres eingestellt wurde; der Betrag, der für das Geschäftsjahr entnommen wird.	§ 152 Abs. 2 AktG	Bilanz	K
Zu den einzelnen Posten der Gewinnrücklagen sind in der Bilanz oder im Anhang jeweils gesondert anzugeben – die Beträge, die die Hauptversammlung aus dem Bilanzgewinn des Vorjahres eingestellt hat;	§ 152 Abs. 3 AktG	Bilanz	K

Text	Vorschrift	Angabe wahlweise in	K * **
– die Beträge, die aus dem Jahresüberschuß des Geschäftsjahrs eingestellt werden; – die Beträge, die für das Geschäftsjahr entnommen werden.			
Unbeschadet der Absätze 1 und 2 können Vorstand und Aufsichtsrat den Eigenkapitalanteil von Wertaufholungen bei Vermögensgegenständen des Anlage- und Umlaufvermögens und von bei der steuerrechtlichen Gewinnermittlung gebildeten Passivposten, die nicht im Sonderposten mit Rücklageanteil ausgewiesen werden dürfen, in andere Gewinnrücklagen einstellen. Der Betrag dieser Rücklagen ist entweder in der Bilanz gesondert auszuweisen oder im Anhang anzugeben.	§ 58 Abs. 2a AktG	Bilanz	
Unbeschadet der Absätze 1 und 2 und abweichender Gewinnverteilungsabreden nach Abs. 3 Satz 2 können die Geschäftsführer mit Zustimmung des Aufsichtsrats oder der Gesellschafter den Eigenkapitalanteil von Wertaufholungen bei Vermögensgegenständen des Anlage- und Umlaufvermögens und von bei der steuerrechtlichen Gewinnermittlung gebildeten Passivposten, die nicht im Sonderposten mit Rücklageanteil ausgewiesen werden dürfen, in andere Gewinnrücklagen einstellen. Der Betrag dieser Rücklagen ist entweder in der Bilanz gesondert auszuweisen oder im Anhang anzugeben.	§ 29 Abs. 4 GmbHG	Bilanz	K
Ausleihungen, Forderungen und Verbindlichkeiten gegenüber Gesellschaftern sind in der Regel als solche jeweils gesondert auszuweisen oder im Anhang anzugeben; werden sie unter anderen Posten ausgewiesen, so muß diese Eigenschaft vermerkt werden.	§ 42 Abs. 3 GmbHG	Bilanz	K
Das Bestehen einer wechselseitigen Beteiligung unter Angabe des Unternehmens.	§ 160 Abs. 1 Nr. 7 AktG	–	K
Das Bestehen einer Beteiligung an der Gesellschaft, die ihr nach § 20 Abs. 1 oder 4 mitgeteilt worden ist; dabei ist	§ 160 Abs. 1 Nr. 8 AktG	–	K

Text	Vorschrift	Angabe wahlweise in	K * **
anzugeben, wem die Beteiligung gehört und ob sie den vierten Teil aller Aktien der Gesellschaft übersteigt oder eine Mehrheitsbeteiligung (§ 16 Abs. 1) ist.			
Bilanzgewinn/Bilanzverlust			
Die Bilanz darf auch unter Berücksichtigung der vollständigen oder teilweisen Verwendung des Jahresergebnisses aufgestellt werden. Wird die Bilanz unter Berücksichtigung der teilweisen Verwendung des Jahresergebnisses aufgestellt, so tritt an die Stelle der Posten »Jahresüberschuß/Jahresfehlbetrag« und »Gewinnvortrag/Verlustvortrag« der Posten »Bilanzgewinn/Bilanzverlust«; ein vorhandener Gewinn- oder Verlustvortrag ist in den Posten »Bilanzgewinn/Bilanzverlust« einzubeziehen und in der Bilanz oder im Anhang gesondert anzugeben.	§ 268 Abs. 1	Bilanz	K
Sonderposten mit Rücklageanteil			
(§ 273 Satz 1: Der Sonderposten mit Rücklageanteil (§ 247 Abs. 3) darf nur insoweit gebildet werden, als das Steuerrecht die Anerkennung des Wertansatzes bei der steuerrechtlichen Gewinnermittlung davon abhängig macht, daß der Sonderposten in der Bilanz gebildet wird.) Er ist auf der Passivseite vor den Rückstellungen auszuweisen; die Vorschriften, nach denen er gebildet worden ist, sind in der Bilanz oder im Anhang anzugeben.	§ 273 Satz 2	Bilanz	K
(§ 281 Abs. 1, Satz 1: Die nach § 254 zulässigen Abschreibungen dürfen auch in der Weise vorgenommen werden, daß der Unterschiedsbetrag zwischen der nach § 253 in Verbindung mit § 279 und der nach § 254 zulässigen Bewertung in den Sonderposten mit Rücklageanteil eingestellt wird.) In der Bilanz oder im Anhang sind die Vorschriften anzugeben, nach denen die Wertberichtigung gebildet worden ist. (§ 281 Abs. 1 Satz 3: Unbeschadet steuerrechtlicher Vorschriften über die Auflösung ist die	§ 281 Abs. 1 Satz 2	Bilanz	K

Text	Vorschrift	Angabe wahlweise in	K * **
Wertberichtigung insoweit aufzulösen, als die Vermögensgegenstände, für die sie gebildet worden ist, aus dem Vermögen ausscheiden oder die steuerrechtliche Wertberichtigung durch handelsrechtliche Abschreibungen ersetzt wird.) (§ 254: Abschreibungen können auch vorgenommen werden, um Vermögensgegenstände des Anlage- oder Umlaufvermögens mit dem niedrigeren Wert anzusetzen, der auf einer nur steuerrechtlich zulässigen Abschreibung beruht. § 253 Abs. 5 ist entsprechend anzuwenden.)			
Erträge aus der Auflösung des Sonderpostens mit Rücklageanteil sind in dem Posten »sonstige betriebliche Erträge«, Einstellungen in den Sonderposten mit Rücklageanteil sind in dem Posten »sonstige betriebliche Aufwendungen« der Gewinn- und Verlustrechnung gesondert auszuweisen oder im Anhang anzugeben. (siehe auch unter sonstige betriebliche Erträge/sonstige betriebliche Aufwendungen)	§ 281 Abs. 2 Satz 2	GuV	K
Rückstellungen für Pensionen und ähnliche Verpflichtungen (Art. 28 Abs. 1 EGHGB: Für eine laufende Pension oder eine Anwartschaft auf eine Pension auf Grund einer unmittelbaren Zusage braucht eine Rückstellung nach § 249 Abs. 1 Satz 1 des Handelsgesetzbuchs nicht gebildet zu werden, wenn der Pensionsberechtigte seinen Rechtsanspruch vor dem 1. Januar 1987 erworben hat oder sich ein vor diesem Zeitpunkt erworbener Rechtsanspruch nach dem 31. Dezember 1986 erhöht. Für eine mittelbare Verpflichtung aus einer Zusage für eine laufende Pension oder eine Anwartschaft auf eine Pension sowie für eine ähnliche unmittelbare oder mittelbare Verpflichtung braucht eine Rückstellung in keinem Fall gebildet zu werden.)			

Text	Vorschrift	Angabe wahlweise in	K * **
Bei Anwendung des Absatzes 1 müssen Kapitalgesellschaften die in der Bilanz nicht ausgewiesenen Rückstellungen für laufende Pensionen, Anwartschaften auf Pensionen und ähnliche Verpflichtungen jeweils im Anhang und im Konzernanhang in einem Betrag angeben.	Art. 28 Abs. 2 EGHGB	–	K
Übrige Rückstellungen			
Ist der dem Geschäftsjahr und früheren Geschäftsjahren zuzurechnende Steueraufwand zu niedrig, weil der nach den steuerrechtlichen Vorschriften zu versteuernde Gewinn niedriger als das handelsrechtliche Ergebnis ist, und gleicht sich der zu niedrige Steueraufwand des Geschäftsjahrs und früherer Geschäftsjahre in späteren Geschäftsjahren voraussichtlich aus, so ist in Höhe der voraussichtlichen Steuerbelastung nachfolgender Geschäftsjahre eine Rückstellung nach § 249 Abs. 1 Satz 1 zu bilden und in der Bilanz oder im Anhang gesondert anzugeben. Die Rückstellung ist aufzulösen, sobald die höhere Steuerbelastung eintritt oder mit ihr voraussichtlich nicht mehr zu rechnen ist.	§ 274 Abs. 1	Bilanz	K
Rückstellungen, die in der Bilanz unter dem Posten »sonstige Rückstellungen« nicht gesondert ausgewiesen werden, sind zu erläutern, wenn sie einen nicht unerheblichen Umfang haben.	§ 285 Nr. 12	Bilanz	*
Verbindlichkeiten *Allgemeines*			
Ferner sind im Anhang anzugeben: 1. zu den in der Bilanz ausgewiesenen Verbindlichkeiten			
a) der Gesamtbetrag der Verbindlichkeiten mit einer Restlaufzeit von mehr als fünf Jahren,	§ 285 Nr. 1 a	–	
b) der Gesamtbetrag der Verbindlichkeiten, die durch Pfandrechte oder ähnliche Rechte gesichert sind, unter Angabe von Art und Form der Sicherheiten;	§ 285 Nr. 1 b	–	

Text	Vorschrift	Angabe wahlweise in	K * **
2. die Aufgliederung der in Nummer 1 verlangten Angaben für jeden Posten der Verbindlichkeiten nach dem vorgeschriebenen Gliederungsschema, sofern sich diese Angaben nicht aus der Bilanz ergeben.	§ 285 Nr. 2	–	*
Genußrechte, Rechte aus Besserungsscheinen und ähnliche Rechte unter Angabe der Art und Zahl der jeweiligen Rechte sowie der im Geschäftsjahr neu entstandenen Rechte.	§ 160 Abs. 1 Nr. 6 AktG		K
Wandelschuldverschreibungen			
Die Zahl der Bezugsrechte gemäß § 192 Abs. 2 Nr. 3, der Wandelschuldverschreibungen und vergleichbaren Wertpapiere unter Angabe der Rechte, die sie verbriefen.	§ 160 Abs. 1 Nr. 5 AktG	–	K
Sonstige Verbindlichkeiten			
Sind unter dem Posten »Verbindlichkeiten« Beträge für Verbindlichkeiten ausgewiesen, die erst nach dem Abschlußstichtag rechtlich entstehen, so müssen Beträge, die einen größeren Umfang haben, im Anhang erläutert werden.	§ 268 Abs. 5 Satz 3	–	K
Haftungsverhältnisse und sonstige finanzielle Verpflichtungen			
Die in § 251 bezeichneten Haftungsverhältnisse sind jeweils gesondert unter der Bilanz oder im Anhang unter Angabe der gewährten Pfandrechte und sonstigen Sicherheiten anzugeben; bestehen solche Verpflichtungen gegenüber verbundenen Unternehmen, so sind sie gesondert anzugeben. (§ 251: Unter der Bilanz sind, sofern sie nicht auf der Passivseite auszuweisen sind, Verbindlichkeiten aus der Begebung und Übertragung von Wechseln, aus Bürgschaften, Wechsel- und Scheckbürgschaften und aus Gewährleistungsverträgen sowie Haftungsverhältnisse aus der Bestellung von Sicherheiten für fremde Verbindlichkeiten	§ 268 Abs. 7	Bilanz	K

Text	Vorschrift	Angabe wahlweise in	K * **
zu vermerken; sie dürfen in einem Betrag angegeben werden. Haftungsverhältnisse sind auch anzugeben, wenn ihnen gleichwertige Rückgriffsforderungen gegenüberstehen.)			
Der Gesamtbetrag der sonstigen finanziellen Verpflichtungen, die nicht in der Bilanz erscheinen und auch nicht nach § 251 anzugeben sind, sofern diese Angabe für die Beurteilung der Finanzlage von Bedeutung ist; davon sind Verpflichtungen gegenüber verbundenen Unternehmen gesondert anzugeben.	§ 285 Nr. 3	–	*

Erläuterungen zur Gewinn- und Verlustrechnung

Text	Vorschrift	Angabe wahlweise in	K * **
Allgemeine Angaben			
Bei Anwendung des Umsatzkostenverfahrens (§ 275 Abs. 3) a) der Materialaufwand des Geschäftsjahres, gegliedert nach § 275 Abs. 2 Nr. 5,	§ 285 Nr. 8 a	–	*
b) der Personalaufwand des Geschäftsjahres, gegliedert nach § 275 Abs. 2 Nr. 6.	§ 285 Nr. 8 b	–	
Umsatzerlöse			
Die Aufgliederung der Umsatzerlöse nach Tätigkeitsbereichen sowie nach geographisch bestimmten Märkten, soweit sich, unter Berücksichtigung der Organisation des Verkaufs von für die gewöhnliche Geschäftstätigkeit der Kapitalgesellschaft typischen Erzeugnissen und der für die gewöhnliche Geschäftstätigkeit der Kapitalgesellschaft typischen Dienstleistungen, die Tätigkeitsbereiche und geographisch bestimmten Märkte untereinander erheblich unterscheiden.	§ 285 Nr. 4	–	**
Die Aufgliederung der Umsatzerlöse nach § 285 Nr. 4 kann unterbleiben, soweit die Aufgliederung nach vernünftiger kaufmännischer Beurteilung geeignet ist, der Kapitalgesellschaft oder einem Unternehmen, von dem die Kapitalgesellschaft mindestens den fünften Teil der Anteile besitzt, einen erheblichen Nachteil zuzufügen.	§ 286 Abs. 2	–	
Sonstige betriebliche Erträge/ sonstige betriebliche Aufwendungen			
Erträge aus der Auflösung des Sonderpostens mit Rücklageanteil sind in dem Posten »sonstige betriebliche Erträge«, Einstellungen in den Sonderposten mit Rücklageanteil sind in dem Posten »sonstige betriebliche Aufwendungen« der Gewinn- und Verlustrechnung gesondert auszuweisen oder im Anhang anzugeben. (siehe auch unter Eigenkapital)	§ 281 Abs. 2 Satz 2	GuV	K

Text	Vorschrift	Angabe wahlweise in	K * **
Außerordentliche Erträge/ Außerordentliche Aufwendungen			
(§ 277 Abs. 4 Satz 1: Unter den Posten »außerordentliche Erträge« und »außerordentliche Aufwendungen« sind Erträge und Aufwendungen auszuweisen, die außerhalb der gewöhnlichen Geschäftstätigkeit der Kapitalgesellschaft anfallen.) Die Posten sind hinsichtlich ihres Betrages und ihrer Art im Anhang zu erläutern, soweit die ausgewiesenen Beträge für die Beurteilung der Ertragslage nicht von untergeordneter Bedeutung sind. Satz 2 gilt auch für Erträge und Aufwendungen, die einem anderen Geschäftsjahr zuzurechnen sind.	§ 277 Abs. 4 Satz 2 und 3	–	K
Steuern vom Einkommen und vom Ertrag			
In welchem Umfang die Steuern vom Einkommen und vom Ertrag das Ergebnis der gewöhnlichen Geschäftstätigkeit und das außerordentliche Ergebnis belasten.	§ 285 Nr. 6	–	
Abschreibungen			
(siehe unter Ingangsetzung und Erweiterung des Geschäftsbetriebs sowie Anlagevermögen)	§ 268 Abs. 2 Satz 3	Bilanz	K
Im Anhang ist der Betrag der im Geschäftsjahr allein nach steuerrechtlichen Vorschriften vorgenommenen Abschreibungen, getrennt nach Anlage- und Umlaufvermögen, anzugeben, soweit er sich nicht aus der Bilanz oder der Gewinn- und Verlustrechnung ergibt, und hinreichend zu begründen.	§ 281 Abs. 2 Satz 1	Bilanz GuV	
Bei Anwendung des § 255 Abs. 4 Satz 3 die Gründe für die planmäßige Abschreibung des Geschäfts- oder Firmenwerts.	§ 285 Nr. 13	–	
(§ 255 Abs. 4: Als Geschäfts- oder Firmenwert darf der Unterschiedsbetrag angesetzt werden, um den die für die Übernahme eines Unternehmens bewirkte Gegenleistung den Wert der ein-			

Text	Vorschrift	Angabe wahlweise in	K * **
zelnen Vermögensgegenstände des Unternehmens abzüglich der Schulden im Zeitpunkt der Übernahme übersteigt. Der Betrag ist in jedem folgenden Geschäftsjahr zu mindestens einem Viertel durch Abschreibungen zu tilgen. Die Abschreibung des Geschäfts- oder Firmenwerts kann aber auch planmäßig auf die Geschäftsjahre verteilt werden, in denen er voraussichtlich genutzt wird.)			
Das Ausmaß, in dem das Jahresergebnis dadurch beeinflußt wurde, daß bei Vermögensgegenständen im Geschäftsjahr oder in früheren Geschäftsjahren Abschreibungen nach §§ 254, 280 Abs. 2 auf Grund steuerrechtlicher Vorschriften vorgenommen oder beibehalten wurden oder ein Sonderposten nach § 273 gebildet wurde; ferner das Ausmaß erheblicher künftiger Belastungen, die sich aus einer solchen Bewertung ergeben. (§ 254: Abschreibungen können auch vorgenommen werden, um Vermögensgegenstände des Anlage- oder Umlaufvermögens mit dem niedrigeren Wert anzusetzen, der auf einer nur steuerrechtlich zulässigen Abschreibung beruht. § 253 Abs. 5 ist entsprechend anzuwenden.) (§ 280: (1) Wird bei einem Vermögensgegenstand eine Abschreibung nach § 253 Abs. 2 Satz 3 oder Abs. 3 oder § 254 Satz 1 vorgenommen und stellt sich in einem späteren Geschäftsjahr heraus, daß die Gründe dafür nicht mehr bestehen, so ist der Betrag dieser Abschreibung im Umfang der Werterhöhung unter Berücksichtigung der Abschreibungen, die inzwischen vorzunehmen gewesen wären, zuzuschreiben. § 253 Abs. 5, § 254 Satz 2 sind insoweit nicht anzuwenden. (2) Von der Zuschreibung nach Absatz 1 kann abgesehen werden, wenn der niedrigere Wertansatz bei der steuer-	§ 285 Nr. 5	–	*

Text	Vorschrift	Angabe wahlweise in	K * **
rechtlichen Gewinnermittlung beibehalten werden kann und wenn Voraussetzung für die Beibehaltung ist, daß der niedrigere Wertansatz auch in der Bilanz beibehalten wird. (3) Im Anhang ist der Betrag der im Geschäftsjahr aus steuerrechtlichen Gründen unterlassenen Zuschreibungen anzugeben und hinreichend zu begründen.)			
Außerplanmäßige Abschreibungen nach § 253 Abs. 2 Satz 3 sowie Abschreibungen nach § 253 Abs. 3 Satz 3 sind jeweils gesondert auszuweisen oder im Anhang anzugeben. (§ 253 Abs. 2 Satz 3: Ohne Rücksicht darauf, ob ihre Nutzung zeitlich begrenzt ist, können bei Vermögensgegenständen des Anlagevermögens außerplanmäßige Abschreibungen vorgenommen werden, um die Vermögensgegenstände mit dem niedrigeren Wert anzusetzen, der ihnen am Abschlußstichtag beizulegen ist; sie sind vorzunehmen bei einer voraussichtlich dauernden Wertminderung.) (§ 253 Abs. 3 Satz 3: Außerdem dürfen Abschreibungen vorgenommen werden, soweit diese nach vernünftiger kaufmännischer Beurteilung notwendig sind, um zu verhindern, daß in der nächsten Zukunft der Wertansatz dieser Vermögensgegenstände auf Grund von Wertschwankungen geändert werden muß.) *Ergänzende Angaben* (§ 158 Abs. 1 Satz 1 AktG: Die Gewinn- und Verlustrechnung ist nach dem Posten »Jahresüberschuß/Jahresfehlbetrag« in Fortführung der Numerierung um die folgenden Posten zu ergänzen: 1. Gewinnvortrag/Verlustvortrag aus dem Vorjahr 2. Entnahmen aus der Kapitalrücklage 3. Entnahmen aus Gewinrücklagen a) aus der gesetzlichen Rücklage b) aus der Rücklage für eigene Aktien	§ 277 Abs. 3 Satz 1	GuV	K

Text	Vorschrift	Angabe wahlweise in	K * **
c) aus satzungsmäßigen Rücklagen d) aus anderen Gewinnrücklagen 4. Einstellungen in Gewinnrücklagen a) in die gesetzliche Rücklage b) in die Rücklage für eigene Aktien c) in satzungsmäßige Rücklagen d) in andere Gewinnrücklagen 5. Bilanzgewinn/Bilanzverlust).			
Die Angaben nach Satz 1 können auch im Anhang gemacht werden.	§ 158 Abs. 1 Satz 2 AktG	GuV	K
(§ 240 Satz 1 und 2 AktG: Der aus der Kapitalherabsetzung gewonnene Betrag ist in der Gewinn- und Verlustrechnung als »Ertrag aus der Kapitalherabsetzung« gesondert, und zwar hinter dem Posten »Entnahmen aus Gewinnrücklagen«, auszuweisen. Eine Einstellung in die Kapitalrücklage nach § 229 Abs. 1 und § 232 ist als »Einstellung in die Kapitalrücklage nach den Vorschriften über die vereinfachte Kapitalherabsetzung« gesondert auszuweisen.) Im Anhang ist zu erläutern, ob und in welcher Höhe die aus der Kapitalherabsetzung und aus der Auflösung von Gewinnrücklagen gewonnenen Beträge 1. zum Ausgleich von Wertminderung 2. zur Deckung von sonstigen Verlusten oder 3. zur Einstellung in die Kapitalrücklage verwandt werden.	§ 240 Satz 3 AktG	–	K
(§ 261 Abs. 1 Satz 1 und 2 AktG: Haben die Sonderprüfer in ihrer abschließenden Feststellung erklärt, daß Posten unterbewertet sind, und ist gegen diese Feststellung nicht innerhalb der in § 260 Abs. 1 bestimmten Frist der Antrag auf gerichtliche Entscheidung gestellt worden, so sind die Posten in dem ersten Jahresabschluß, der nach Ablauf dieser Frist aufgestellt wird, mit den von den Sonderprüfern festgestellten Werten oder Beträgen anzusetzen. Dies gilt nicht, soweit auf Grund veränderter Verhältnisse, namentlich bei Gegenständen, die der Abnutzung unterliegen, auf Grund der Abnutzung, nach §§ 253 bis 256 des Handelsgesetzbuchs in Ver-			

Text	Vorschrift	Angabe wahlweise in	K * **
bindung mit §§ 279 bis 283 des Handelsgesetzbuchs oder nach den Grundsätzen ordnungsmäßiger Buchführung für Aktivposten ein niedrigerer Wert oder für Passivposten ein höherer Betrag anzusetzen ist.) In diesem Fall sind im Anhang die Gründe anzugeben und in einer Sonderrechnung die Entwicklung des von den Sonderprüfern festgestellten Wertes oder Betrags auf den nach Satz 2 angesetzten Wert oder Betrag darzustellen. Sind die Gegenstände nicht mehr vorhanden, so ist darüber und über die Verwendung des Ertrags aus dem Abgang der Gegenstände im Anhang zu berichten. (§ 261 Abs. 1 Satz 5 und 6: Bei den einzelnen Posten der Jahresbilanz sind die Unterschiedsbeträge zu vermerken, um die auf Grund von Satz 1 und 2 Aktivposten zu einem höheren Wert oder Passivposten mit einem niedrigeren Betrag angesetzt worden sind. Die Summe der Unterschiedsbeträge ist auf der Passivseite der Bilanz und in der Gewinn- und Verlustrechnung als »Ertrag auf Grund höherer Bewertung gemäß dem Ergebnis der Sonderprüfung« gesondert auszuweisen.)	§ 261 Abs. 1 Satz 3 und 4 AktG	–	K

Sonstige Angaben

Text	Vorschrift	Angabe wahlweise in	K * **
Die durchschnittliche Zahl der während des Geschäftsjahrs beschäftigten Arbeitnehmer getrennt nach Gruppen.	§ 285 Nr. 7	–	*
Für die Mitglieder des Geschäftsführungsorgans, eines Aufsichtsrats, eines Beirats oder einer ähnlichen Einrichtung jeweils für jede Personengruppe			
a) die für die Tätigkeit im Geschäftsjahr gewährten Gesamtbezüge (Gehälter, Gewinnbeteiligungen, Bezugsrechte, Aufwandsentschädigungen, Versicherungsentgelte, Provisionen und Nebenleistungen jeder Art). In die Gesamtbezüge sind auch Bezüge einzurechnen, die nicht ausgezahlt, sondern in Ansprüche anderer Art umgewandelt oder zur Erhöhung anderer Ansprüche verwendet werden. Außer den Bezügen für das Geschäftsjahr sind die weiteren Bezüge anzugeben, die im Geschäftsjahr gewährt, bisher aber in keinem Jahresabschluß angegeben worden sind;	§ 285 Nr. 9 a	–	*
b) die Gesamtbezüge (Abfindungen, Ruhegehälter, Hinterbliebenenbezüge und Leistungen verwandter Art) der früheren Mitglieder der bezeichneten Organe und ihrer Hinterbliebenen. Buchstabe a Satz 2 und 3 ist entsprechend anzuwenden. Ferner ist der Betrag der für diese Personengruppe gebildeten Rückstellungen für laufende Pensionen und Anwartschaften auf Pensionen und der Betrag der für diese Verpflichtungen nicht gebildeten Rückstellungen anzugeben.	§ 285 Nr. 9 b	–	*
c) (siehe unter sonstige Ausleihungen und Haftungsverhältnisse)	(§ 285 Nr. 9 c)	–	
Alle Mitglieder des Geschäftsführungsorgans und eines Aufsichtsrats, auch wenn sie im Geschäftsjahr oder später ausgeschieden sind, mit dem Familiennamen und mindestens einem ausgeschriebenen Vornamen, einschließlich des ausgeübten Berufs und bei börsen-	§ 285 Nr. 10	–	

Text	Vorschrift	Angabe wahlweise in	K * **
notierten Gesellschaften auch der Mitgliedschaft in Aufsichtsräten und anderen Kontrollgremien im Sinne des § 125 Abs. 1 Satz 3 des Aktiengesetzes. Der Vorsitzende eines Aufsichtsrats, seine Stellvertreter und ein etwaiger Vorsitzender des Geschäftsführungsorgans sind als solche zu bezeichnen.			
Name und Sitz anderer Unternehmen, von denen die Kapitalgesellschaft oder eine für Rechnung der Kapitalgesellschaft handelnde Person mindestens den fünften Teil der Anteile besitzt; außerdem sind die Höhe des Anteils am Kapital, das Eigenkapital und das Ergebnis des letzten Geschäftsjahrs dieser Unternehmen anzugeben, für das ein Jahresabschluß vorliegt; auf die Berechnung der Anteile ist § 16 Abs. 2 und 4 des Aktiengesetzes entsprechend anzuwenden; ferner sind von börsennotierten Kapitalgesellschaften zusätzlich alle Beteiligungen an großen Kapitalgesellschaften anzugeben, die fünf vom Hundert der Stimmrechte überschreiten.	§ 285 Nr. 11	–	
Die in § 285 Nr. 11 und 11 a verlangten Angaben dürfen statt im Anhang auch in einer Aufstellung des Anteilsbesitzes gesondert gemacht werden. Die Aufstellung ist Bestandteil des Anhangs. Auf die besondere Aufstellung nach Satz 1 und den Ort ihrer Hinterlegung ist im Anhang hinzuweisen. (§ 286 Abs. 3 Satz 1 und 2: Die Angaben nach § 285 Nr. 11 und 11 a können unterbleiben, soweit sie 1. für die Darstellung der Vermögens-, Finanz- und Ertragslage der Kapitalgesellschaft nach § 264 Abs. 2 von untergeordneter Bedeutung sind oder 2. nach vernünftiger kaufmännischer Beurteilung geeignet sind, der Kapitalgesellschaft oder dem anderen Unternehmen einen erheblichen Nachteil zuzufügen. Die Angabe des Eigenkapitals und des Jahresergebnisses kann unterbleiben,	§ 287	–	

Text	Vorschrift	Angabe wahlweise in	K * **
wenn das Unternehmen, über das zu berichten ist, seinen Jahresabschluß nicht offenzulegen hat und die berichtende Kapitalgesellschaft weniger als die Hälfte der Anteile besitzt.) Die Anwendung der Ausnahmeregelung nach Satz 1 Nr. 2 ist im Anhang anzugeben.	§ 286 Abs. 3 Satz 3	–	
Name und Sitz des Mutterunternehmens der Kapitalgesellschaft, das den Konzernabschluß für den größten Kreis von Unternehmen aufstellt, und ihres Mutterunternehmens, das den Konzernabschluß für den kleinsten Kreis von Unternehmen aufstellt, sowie im Falle der Offenlegung der von diesen Mutterunternehmen aufgestellten Konzernabschlüsse der Ort, wo diese erhältlich sind.	§ 285 Nr. 14	–	
Die Berichterstattung hat insoweit zu unterbleiben, als es für das Wohl der Bundesrepublik Deutschland oder eines ihrer Länder erforderlich ist. (Auf die Anwendung dieser Vorschrift braucht nicht hingewiesen zu werden.)	§ 286 Abs. 1 und § 160 Abs. 1 Nr. 8 AktG	–	

V. Lagebericht

§ 289 Abs. 1 HGB sagt zu dem Lagebericht folgendes:

> (1) Im Lagebericht sind zumindest der Geschäftsverlauf und die Lage der Kapitalgesellschaft so darzustellen, daß ein den tatsächlichen Verhältnissen entsprechendes Bild vermittelt wird; **dabei ist auch auf die Risiken der zukünftigen Entwicklung einzugehen.**
>
> (2) Der Lagebericht soll auch eingehen auf:
> 1. Vorgänge von besonderer Bedeutung, die nach dem Schluß des Geschäftsjahrs eingetreten sind;
> 2. die voraussichtliche Entwicklung der Kapitalgesellschaft;
> 3. den Bereich Forschung und Entwicklung;
> 4. bestehende Zweigniederlassungen der Gesellschaft.

Kapitalgesellschaften (§ 264 Abs. 1 HGB) und Genossenschaften (§ 336 Abs. 1 HGB) sind verpflichtet, einen Lagebericht aufzustellen.

Der Lagebericht ist kein Teil des Jahresabschlusses. Er soll Informationen enthalten, die nicht unmittelbar den Jahresabschluß betreffen, sondern der Gesamtbeurteilung der gegenwärtigen und zukünftigen wirtschaftlichen Lage des Unternehmens dienen. Der Lagebericht hat somit eine zusätzliche Informationsfunktion.

Die genannten Vorschriften zur Aufstellung und zum Inhalt des Lageberichts sind sehr allgemein gehalten und bieten somit einen weiten Interpretationsspielraum.

Der Lagebericht – soweit es sich nicht um den Lagebericht einer kleinen Kapitalgesellschaft handelt – ist prüfungspflichtig.

Zu der Prüfung des Lageberichtes sagt der aufgrund des KonTraG geänderte § 317 Abs. 2 HGB folgendes:

> Der Lagebericht und der Konzernlagebericht sind darauf zu prüfen, ob der Lagebericht mit dem Jahresabschluß und der Konzernlagebericht mit dem Konzernabschluß sowie mit den bei der Prüfung gewonnenen Erkenntnissen des Abschlußprüfers in Einklang stehen und ob der Lagebericht insgesamt eine zutreffende Vorstellung von der Lage des Unternehmens und der Konzernlagebericht insgesamt eine zutreffende Vorstellung von der Lage des Konzerns vermittelt. **Dabei ist auch zu prüfen, ob die Risiken der künftigen Entwicklung zutreffend dargestellt sind.**

Die beiden fett gedruckten Gesetzestexte wurden aufgrund des am 1. 8. 1998 in Kraft getretenen KonTraG neu in das HGB aufgenommen.

Bezüglich des Prüfungsberichtes (§ 321 Abs. 1 HGB) und des Bestätigungsvermerkes (§ 322 Abs. 3 HGB) wird auf Absatz A VIII verwiesen.

Der Bilanzanalytiker wird bei der Durchsicht des Lageberichtes in vielen Fällen zwischen den Zeilen lesen müssen. Die durch das KonTraG eingefügten Gesetzestexte könnten jedoch in Zukunft die Analyse des Lageberichts aufschlußreicher machen.

VI. Konzernabschluß gemäß HGB

Gemäß dem Bilanzrichtlinien-Gesetz sind in Deutschland für nach dem 31. 12. 1989 beginnende Geschäftsjahre von Kapitalgesellschaften Konzernabschlüsse zu erstellen, die gemäß § 294 Abs. 1 HGB auch die ausländischen Tochtergesellschaften enthalten müssen. Die Vorschriften über den Konzernabschluß in dem Bilanzrichtlinien-Gesetz ergaben sich aus der Pflicht, aufgrund der 7. EG-Richtlinie über den konsolidierten Abschluß (Konzernrichtlinie) ein solches Gesetz zu erlassen.

Noch weniger als beim Einzelabschluß konnte beim Konzernabschluß wegen der vielen Wahlrechte, die die 7. EG-Richtlinie sowohl für den nationalen Gesetzgeber als auch für die Unternehmen enthielt, eine Harmonisierung der Konzernrechnungslegung in der Europäischen Gemeinschaft erreicht werden. Besonders gravierend ist hierbei, daß sich diese Wahlrechte auch auf Konsolidierungstechniken beziehen und daß die Währungsumrechnung ausländischer Abschlüsse überhaupt nicht geregelt wurde.

1. Wirtschaftliche Einheit und Stetigkeit der Konsolidierungsmethoden und -maßnahmen

Während das AktG 1965 wichtige Anforderungen an einen Konzernabschluß nicht erfüllte (einheitliche Bewertung, Vollständigkeit), hat sich das durch das Bilanzrichtlinien-Gesetz geändert. Zum Inhalt des Konzernabschlusses heißt es in § 297 HGB:

> (1) Der Konzernabschluß besteht aus der Konzernbilanz, der Konzern-Gewinn- und Verlustrechnung und dem Konzernanhang, die eine Einheit bilden. Die gesetzlichen Vertreter eines börsennotierten Mutterunternehmens haben den Konzernanhang um eine Kapitalflußrechnung und eine Segmentberichterstattung zu erweitern.
>
> (2) Der Konzernabschluß ist klar und übersichtlich aufzustellen. Er hat unter Beachtung der Grundsätze ordnungsmäßiger Buchführung ein den tatsächlichen Verhältnissen entsprechendes Bild der Vermögens-, Finanz- und Ertragslage des Konzerns zu vermitteln. Führen besondere Umstände dazu, daß der Konzernabschluß ein den tatsächlichen Verhältnissen entsprechendes Bild im Sinne des Satzes 2 nicht vermittelt, so sind im Konzernanhang zusätzliche Angaben zu machen.
>
> (3) Im Konzernabschluß ist die Vermögens-, Finanz- und Ertragslage der einbezogenen Unternehmen so darzustellen, als ob diese Unternehmen insgesamt ein einziges Unternehmen wären. Die auf den vorhergehenden Konzernabschluß angewandten Konsolidierungsmethoden sollen beibehalten werden. Abweichungen von Satz 2 sind in Ausnahmefällen zulässig. Sie sind im Konzernanhang anzugeben und zu begründen. Ihr Einfluß auf die Vermögens-, Finanz- und Ertragslage des Konzerns ist anzugeben.

Gemäß dem Wortlaut des Gesetzes wären somit grundsätzlich die Ansprüche, die ein Bilanzleser an einen Konzernabschluß stellt, erfüllt. Auf Mängel und Ausnahmen (Übergangsvorschriften, Wahlrechte, Quotenkonsolidierung, Währungsumrechnung) wird bei den einzelnen Abschnitten noch eingegangen.

2. Einheitliche Bewertung

Zur einheitlichen Bewertung im Konzernabschluß sagt § 308 HGB folgendes:

> (1) Die in den Konzernabschluß nach § 300 Abs. 2 übernommenen Vermögensgegenstände und Schulden der in den Konzernabschluß einbezogenen Unternehmen sind nach den auf den Jahresabschluß des Mutterunternehmens anwendbaren Bewertungsmethoden einheitlich zu bewerten. Nach dem Recht des Mutterunternehmens zulässige Bewertungswahlrechte können im Konzernabschluß unabhängig von ihrer Ausübung in den Jahresabschlüssen der in den Konzernabschluß einbezogenen Unternehmen ausgeübt werden. Abweichungen von den auf den Jahresabschluß des Mutterunternehmens angewandten Bewertungsmethoden sind im Konzernanhang anzugeben und zu begründen.
>
> (2) Sind in den Konzernabschluß aufzunehmende Vermögensgegenstände oder Schulden des Mutterunternehmens oder der Tochterunternehmen in den Jahresabschlüssen dieser Unternehmen nach Methoden bewertet worden, die sich von denen unterscheiden, die auf den Konzernabschluß anzuwenden sind oder die von den gesetzlichen Vertretern des Mutterunternehmens in Ausübung von Bewertungswahlrechten auf den Konzernabschluß angewendet werden, so sind die abweichend bewerteten Vermögensgegenstände oder Schulden nach den auf den Konzernabschluß angewandten Bewertungsmethoden neu zu bewerten und mit den neuen Wertansätzen in den

Konzernabschluß zu übernehmen. Wertansätze, die auf der Anwendung von für Kreditinstitute oder Versicherungsunternehmen wegen der Besonderheiten des Geschäftszweigs geltenden Vorschriften beruhen, dürfen beibehalten werden; auf die Anwendung dieser Ausnahme ist im Konzernanhang hinzuweisen. Eine einheitliche Bewertung nach Satz 1 braucht nicht vorgenommen zu werden, wenn ihre Auswirkungen für die Vermittlung eines den tatsächlichen Verhältnissen entsprechenden Bildes der Vermögens-, Finanz- und Ertragslage des Konzerns nur von untergeordneter Bedeutung sind. Darüber hinaus sind Abweichungen in Ausnahmefällen zulässig; sie sind im Konzernanhang anzugeben und zu begründen.

(3) Wurden in den Konzernabschluß zu übernehmende Vermögensgegenstände oder Schulden im Jahresabschluß eines in den Konzernabschluß einbezogenen Unternehmens mit einem nur nach Steuerrecht zulässigen Wert angesetzt, weil dieser Wertansatz sonst nicht bei der steuerrechtlichen Gewinnermittlung berücksichtigt werden würde, oder ist aus diesem Grunde auf der Passivseite ein Sonderposten gebildet worden, so dürfen diese Wertansätze unverändert in den Konzernabschluß übernommen werden.

Der Betrag der im Geschäftsjahr nach Satz 1 in den Jahresabschlüssen vorgenommenen Abschreibungen, Wertberichtigungen und Einstellungen in Sonderposten sowie der Betrag der unterlassenen Zuschreibungen sind im Konzernanhang anzugeben; die Maßnahmen sind zu begründen.

Die Bewertung in den Einzelbilanzen ist somit *nicht* maßgebend für die Konzernbilanz. Alle Vermögensgegenstände, Schulden und Rechnungsabgrenzungsposten können im Rahmen der gesetzlichen Möglichkeiten neu bewertet werden, ebenfalls leben Bilanzierungswahlrechte (Ansatzwahlrechte) wieder auf.

Der Bewertung im Konzernabschluß sind nicht die tatsächlich angewandten, sondern die *anwendbaren* Bewertungsmethoden des Mutterunternehmens, und zwar einheitlich, zugrunde zu legen.

Bei den Bilanzierungswahlrechten (Ansatzwahlrechten) besteht – anders als bei den Bewertungswahlrechten – kein direkter gesetzlicher Zwang für die einheitliche Ausübung und Stetigkeit. Im Gesetz (§ 313 Abs. 1 HGB) steht lediglich, daß Abweichungen von Bilanzierungsmethoden im Konzernanhang angegeben und begründet werden müssen und deren Einfluß auf die Vermögens-, Finanz- und Ertragslage gesondert darzustellen ist.

Die Neubewertung in der Konzernbilanz ermöglicht somit eine eigenständige Konzernbilanzpolitik und erlaubt den einzelnen Tochterunternehmen eine unterschiedliche Bilanzpolitik. Bilanzierungs- und Bewertungswahlrechte der einzelnen Unternehmen des Konzerns können somit unterschiedlich ausgeübt werden und müssen nicht mit den einheitlichen Bewertungsmethoden der Konzernbilanz übereinstimmen. Der Konzernabschluß kann sich somit auch vollkommen von den steuerlichen Wertansätzen in den Einzelabschlüssen lösen. So kann es sein, daß im Einzelabschluß, z. B. wegen des in Deutschland bestehenden Maßgeblichkeitsprinzips der Handelsbilanz für die Steuerbilanz, ein möglichst ungünstiges Ergebnis ausgewiesen wird, im Konzernabschluß die Bewertung aber so erfolgt, daß ein möglichst günstiges Ergebnis gezeigt werden kann.

Wegen der möglichen Neubewertung kann die Summe der in den Einzelabschlüssen genannten Beträge der einzelnen Posten der Bilanz und der Gewinn- und Verlustrechnung deshalb erheblich von den entsprechenden Posten des Konzernabschlusses abweichen.

Somit kann man aus zusätzlich vorliegenden Einzelabschlüssen kaum Folgerungen auf den Anteil der einzelnen Posten, einschließlich des Jahresergebnisses, im Konzernabschluß ziehen.

Soweit keine zahlenmäßigen Informationen über die bilanzpolitischen Maßnahmen vorliegen, können die im Anhang gemachten Angaben sowie evtl. der Erläuterungsbericht des Wirtschaftsprüfers zumindest tendenzielle Aussagen über die Bilanzpolitik ermöglichen, die man wie beim Einzelabschluß (siehe Abschnitt A VII) zu einem Profil der Bilanzpolitik zusammenfassen kann.

3. Gesetzliche Vorschriften über den Anhang

Die speziellen gesetzlichen Vorschriften über den Anhang des Konzernabschlusses sind im Gesetz in vielen Paragraphen verstreut dargestellt. Deshalb werden sie nachstehend des besseren Verständnisses wegen vollständig aufgeführt und mit Überschriften versehen. Außerdem erfolgte ein Vermerk, falls die Angaben wahlweise in der Bilanz oder in der Gewinn- und Verlustrechnung gemacht werden können.

Soweit die Vorschriften über den Anhang des Einzelabschlusses auch für den Konzernabschluß anzuwenden sind (§ 298 Abs. 1 HGB), sind sie im Abschnitt C IV aufgeführt und besonders vermerkt.

Spezielle gesetzliche Vorschriften über den Anhang des Konzernabschlusses

Angabe wahlweise in

Konsolidierungs- und Assoziierungskreis

Wesentliche Änderung des Konsolidierungskreises

§ 294. Einzubeziehende Unternehmen. Vorlage- und Auskunftspflichten. (1) In den Konzernabschluß sind das Mutterunternehmen und alle Tochterunternehmen ohne Rücksicht auf den Sitz der Tochterunternehmen einzubeziehen, sofern die Einbeziehung nicht nach den §§ 295, 296 unterbleibt.

(2) Hat sich die Zusammensetzung der in den Konzerabschluß einbezogenen Unternehmen im Laufe des Geschäftsjahrs wesentlich geändert, so sind in den Konzernabschluß Angaben aufzunehmen, die es ermöglichen, die aufeinanderfolgenden Konzernabschlüsse sinnvoll zu vergleichen. Dieser Verpflichtung kann auch dadurch entsprochen werden, daß die entsprechenden Beträge des vorhergehenden Konzernabschlusses an die Änderung angepaßt werden.

(3) Die Tochterunternehmen habe dem Mutterunternehmen ihre Jahresabschlüsse, Lageberichte, Konzernabschlüsse, Konzernlageberichte und, wenn eine Prüfung des Jahresabschlusses oder des Konzernabschlusses stattgefunden hat, die Prüfungsberichte sowie, wenn ein Zwischenabschluß aufzustellen ist, einen auf den Stichtag des Konzernabschlusses aufgestellten Abschluß unverzüglich einzureichen. Das Mutterunternehmen kann von jedem Tochterunternehmen alle Aufklärungen und Nachweise verlangen, welche die Aufstellung des Konzernabschlusses und des Konzernlageberichts erfordert.

Angabe der nicht im Konzernabschluß vollkonsolidierten Unternehmen wegen Verbots der Einbeziehung mit Begründung der Nichteinbeziehung

§ 295. Verbot der Einbeziehung. (1) Ein Tochterunternehmen darf in den Konzernabschluß nicht einbezogen werden, wenn sich seine Tätigkeit von der Tätigkeit der anderen einbezogenen Unternehmen derart unterscheidet, daß die Einbeziehung in den Konzernabschluß mit der Verpflichtung, ein den tatsächlichen Verhältnissen entsprechendes Bild des Vermögens-, Finanz- und Ertragslage des Konzerns zu vermitteln, unvereinbar ist; § 311 über die Einbeziehung von assoziierten Unternehmen bleibt unberührt.

(2) Absatz 1 ist nicht allein deshalb anzuwenden, weil die in den Konzernabschluß einbezogenen Unternehmen teils Industrie-, teils Handels- und teils Dienstleistungsunternehmen sind oder weil diese Unternehmen unterschiedliche Erzeugnisse herstellen, mit unterschiedlichen Erzeugnissen Handel treiben oder Dienstleistungen unterschiedlicher Art erbringen.

(3) Die Anwendung des Absatzes 1 ist im Konzernanhang anzugeben und zu begründen. Wird der Jahresabschluß oder der Konzernabschluß eines nach Absatz 1 nicht einbezogenen Unternehmens im Geltungsbereich dieses Gesetzes nicht offengelegt, so ist er gemeinsam mit dem Konzernabschluß zum Handelsregister einzureichen.

Angabe der nicht im Konzernabschluß vollkonsolidierten Unternehmen wegen Verzichts auf die Einbeziehung mit Begründung der Nichteinbeziehung

§ 296. Verzicht auf die Einbeziehung. (1) Ein Tochterunternehmen braucht in den Konzernabschluß nicht einbezogen zu werden, wenn

Angabe wahlweise in

1. erhebliche und andauernde Beschränkungen die Ausübung der Rechte des Mutterunternehmens in bezug auf das Vermögen oder die Geschäftsführung dieses Unternehmens nachhaltig beeinträchtigen,
2. die für die Aufstellung des Konzernabschlusses erforderlichen Angaben nicht ohne unverhältnismäßig hohe Kosten oder Verzögerungen zu erhalten sind oder
3. die Anteile des Tochterunternehmens ausschließlich zum Zwecke ihrer Weiterveräußerung gehalten werden.

(2) Ein Tochterunternehmen braucht in den Konzernabschluß nicht einbezogen zu werden, wenn es für die Verpflichtung, ein den tatsächlichen Verhältnissen entsprechendes Bild der Vermögens-, Finanz- und Ertragslage des Konzerns zu vermitteln, von untergeordneter Bedeutung ist. Entsprechen mehrere Tochterunternehmen der Voraussetzung des Satzes 1, so sind diese Unternehmen in den Konzernabschluß einzubeziehen, wenn sie zusammen nicht von untergeordneter Bedeutung sind.

(3) Die Anwendung der Absätze 1 und 2 ist im Konzernanhang zu begründen.

Angabe der angewandten Bilanzierungs- und Bewertungsmethoden
Angabe der angewandten Methoden der Währungsumrechnung
Angabe und Begründung bei Abweichung von den Bilanzierungs-, Bewertungs- und Konsolidierungsmethoden

§ 313. Erläuterung der Konzernbilanz und der Konzern-Gewinn- und Verlustrechnung. Angaben zum Beteiligungsbesitz. (1) In den Konzernanhang sind diejenigen Angaben aufzunehmen, die zu einzelnen Posten der Konzernbilanz und der Konzern-Gewinn- und Verlustrechnung vorgeschrieben oder die im Konzernanhang zu machen sind, weil sie in Ausübung eines Wahlrechts nicht in die Konzernbilanz oder in die Konzern-Gewinn- und Verlustrechnung aufgenommen wurden. Im Konzernanhang müssen

1. die auf die Posten der Konzernbilanz und der Konzern-Gewinn- und Verlustrechnung angewandten Bilanzierungs- und Bewertungsmethoden angegeben werden;
2. die Grundlagen für die Umrechnung in Euro angegeben werden, sofern der Konzernabschluß Posten enthält, denen Beträge zugrunde liegen, die auf fremde Währung lauten oder ursprünglich auf fremde Währung lauteten;
3. Abweichungen von Bilanzierungs-, Bewertungs- und Konsolidierungsmethoden angegeben und begründet werden; deren Einfluß auf die Vermögens-, Finanz- und Ertragslage des Konzerns ist gesondert darzustellen.

Angabe der vollkonsolidierten Unternehmen, ggf. mit Angabe des für die quotale Einbeziehung verpflichtenden Sachverhalts mit Name, Sitz und Kapitalanteil
Angabe der nicht in dem Konzernabschluß vollkonsolidierten Unternehmen mit Name, Sitz und Kapitalanteil
Angabe der equitykonsolidierten Unternehmen mit Name, Sitz und Kapitalanteil
Angabe der nicht im Konzernabschluß equitykonsolidierten assoziierten Unternehmen mit Name, Sitz und Kapitalanteil
Angabe der quotenkonsolidierten Gemeinschaftsunternehmen und des Tatbestands für die Anwendung dieser Vorschrift mit Name, Sitz und Kapitalanteil
Andere Beteiligungen mit einem Anteilsbesitz von mindestens 20 % mit Name, Sitz, Kapitalanteil, Höhe des Eigenkapitals und des Ergebnisses des letzten Geschäftsjahres, falls nicht von untergeordneter Bedeutung. Falls Beteiligung nicht publizitätspflichtig und Kapitalanteil unter 50 % liegt, keine Angabe von Eigenkapital und Ergebnis

Angabe wahlweise in

(2) Im Konzernanhang sind außerdem anzugeben:

1. Name und Sitz der in den Konzernabschluß einbezogenen Unternehmen, der Anteil am Kapital der Tochterunternehmen, der dem Mutterunternehmen und den in den Konzernabschluß einbezogenen Tochterunternehmen gehört oder von einer für Rechnung dieser Unternehmen handelnden Person gehalten wird, sowie der zur Einbeziehung in den Konzernabschluß verpflichtende Sachverhalt, sofern die Einbeziehung nicht auf einer der Kapitalbeteiligung entsprechenden Mehrheit der Stimmrechte beruht. Diese Angaben sind auch für Tochterunternehmen zu machen, die nach den §§ 295, 296 nicht einbezogen werden sind;
2. Name und Sitz der assoziierten Unternehmen, der Anteil am Kapital der assoziierten Unternehmen, der dem Mutterunternehmen und den in den Konzernabschluß einbezogenen Tochterunternehmen gehört oder von einer für Rechnung dieser Unternehmen handelnden Person gehalten wird. Die Anwendung des § 311 Abs. 2 ist jeweils anzugeben und zu begründen;
3. Name und Sitz der Unternehmen, die nach § 310 nur anteilmäßig in den Konzernabschluß einbezogen worden sind, der Tatbestand, aus dem sich die Anwendung dieser Vorschrift ergibt, sowie der Anteil am Kapital dieser Unternehmen, der dem Mutterunternehmen und den in den Konzernabschluß einbezogenen Tochterunternehmen gehört oder von einer für Rechnung dieser Unternehmen handelnden Person gehalten wird;
4. Name und Sitz anderer als der unter den Nummern 1 bis 3 bezeichneten Unternehmen, bei denen das Mutterunternehmen, ein Tochterunternehmen oder eine für Rechnung eines dieser Unternehmen handelnde Person mindestens den fünften Teil der Anteile besitzt, unter Angabe des Anteils am Kapital sowie der Höhe des Eigenkapitals und des Ergebnisses des letzten Geschäftsjahrs, für das ein Abschluß aufgestellt worden ist. Ferner sind anzugeben alle Beteiligungen an großen Kapitalgesellschaften, die andere als die in Nummer 1 bis 3 bezeichneten Unternehmen sind, wenn sie von einem börsennotierten Mutterunternehmen, einem börsennotierten Tochterunternehmen oder einer für Rechnung eines dieser Unternehmen handelnden Person gehalten werden und fünf vom Hundert der Stimmrechte überschreiten. Diese Angaben brauchen nicht gemacht zu werden, wenn sie für die Vermittlung eines den tatsächlichen Verhältnissen entsprechenden Bildes der Vermögens-, Finanz- und Ertragslage des Konzerns von untergeordneter Bedeutung sind. Das Eigenkapital und das Ergebnis brauchen nicht angegeben zu werden, wenn das in Anteilsbesitz stehende Unternehmen seinen Jahresabschluß nicht offenzulegen hat und das Mutterunternehmen, das Tochterunternehmen oder die Person weniger als die Hälfte der Anteile an diesem Unternehmen besitzt.

Angabe der Schutzklauselanwendung für die Unterlassung der Angaben zum Beteiligungsbesitz

(3) Die in Absatz 2 verlangten Angaben brauchen insoweit nicht gemacht zu werden, als nach vernünftiger kaufmännischer Beurteilung damit gerechnet werden muß, daß durch die Angaben dem Mutterunternehmen, einem Tochterunternehmen oder einem anderen in Absatz 2 bezeichneten Unternehmen erhebliche Nachteile entstehen können. Die Anwendung der Ausnahmeregelung ist im Konzernanhang anzugeben.

Hinweis auf eine gesonderte Aufstellung des Anteilsbesitzes (Beteiligungsliste) und den Ort der Hinterlegung

(4) Die in Absatz 2 verlangten Angaben dürfen statt im Anhang auch in einer Aufstellung des Anteilsbesitzes gesondert gemacht werden. Die Aufstellung ist

Angabe wahlweise in

Bestandteil des Anhangs. Auf die besondere Aufstellung des Anteilsbesitzes und den Ort ihrer Hinterlegung ist im Anhang hinzuweisen.

Bilanzierungs- und Bewertungsmethoden

Zusätzliche Angaben, falls der Konzernabschluß nicht ein den tatsächlichen Verhältnissen entsprechendes Bild der Konzernlage vermittelt

§ 297. Inhalt. (1) Der Konzernabschluß besteht aus der Konzernbilanz, der Konzern-Gewinn- und Verlustrechnung und dem Konzernanhang, die eine Einheit bilden. Die gesetzlichen Vertreter eines börsennotierten Mutterunternehmens haben den Konzernanhang um eine Kapitalflußrechnung und eine Segmentberichterstattung zu erweitern.

(2) Der Konzernabschluß ist klar und übersichtlich aufzustellen. Er hat unter Beachtung der Grundsätze ordnungsmäßiger Buchführung ein den tatsächlichen Verhältnissen entsprechendes Bild der Vermögens-, Finanz- und Ertragslage des Konzerns zu vermitteln. Führen besondere Umstände dazu, daß der Konzernabschluß ein den tatsächlichen Verhältnissen entsprechendes Bild im Sinne des Satzes 2 nicht vermittelt, so sind im Konzernanhang zusätzliche Angaben zu machen.

Angabe und Begründung bei Abweichungen von den beim Mutterunternehmen angewandten Bewertungsmethoden

§ 308. Einheitliche Bewertung. (1) Die in den Konzernabschluß nach § 300 Abs. 2 übernommenen Vermögensgegenstände und Schulden der in den Konzernabschluß einbezogenen Unternehmen sind nach den auf den Jahresabschluß des Mutterunternehmens anwendbaren Bewertungsmethoden einheitlich zu bewerten. Nach dem Recht des Mutterunternehmens zulässige Bewertungswahlrechte können im Konzernabschluß unabhängig von ihrer Ausübung in den Jahresabschlüssen der in den Konzernabschluß einbezogenen Unternehmen ausgeübt werden. Abweichungen von den auf den Jahresabschluß des Mutterunternehmens angewandten Bewertungsmethoden sind im Konzernanhang anzugeben und zu begründen.

Hinweis auf Beibehaltung von Wertansätzen bei Kreditinstituten oder Versicherungsunternehmen
Angabe und Begründung von nicht einheitlicher Bewertung in Ausnahmefällen

(2) Sind in den Konzernabschluß aufzunehmende Vermögensgegenstände oder Schulden des Mutterunternehmens oder der Tochterunternehmen in den Jahresabschlüssen dieser Unternehmen nach Methoden bewertet worden, die sich von denen unterscheiden, die auf den Konzernabschluß anzuwenden sind oder die von den gesetzlichen Vertretern des Mutterunternehmens in Ausübung von Bewertungswahlrechten auf den Konzernabschluß angewendet werden, so sind die abweichend bewerteten Vermögensgegenstände oder Schulden nach den auf den Konzernabschluß angewandten Bewertungsmethoden neu zu bewerten und mit den neuen Wertansätzen in den Konzernabschluß zu übernehmen. Wertansätze, die auf der Anwendung von für Kreditinstitute oder Versicherungsunternehmen wegen der Besonderheiten des Geschäftszweigs geltenden Vorschriften beruhen, dürfen beibehalten werden; auf die Anwendung dieser Ausnahme ist im Konzernanhang hinzuweisen. Eine einheitliche Bewertung nach Satz 1 braucht nicht vorgenommen

Angabe wahlweise in

zu werden, wenn ihre Auswirkungen für die Vermittlung eines den tatsächlichen Verhältnissen entsprechenden Bildes der Vermögens-, Finanz- und Ertragslage des Konzerns nur von untergeordneter Bedeutung sind. Darüber hinaus sind Abweichungen in Ausnahmefällen zulässig; sie sind im Konzernanhang anzugeben und zu begründen.

Angabe und Begründung der aus steuerlichen Gründen vorgenommenen Abschreibungen, Wertberichtigungen, Einstellungen in Sonderposten und unterlassenen Zuschreibungen

(3) Wurden in den Konzernabschluß zu übernehmende Vermögensgegenstände oder Schulden im Jahresabschluß eines in den Konzernabschluß einbezogenen Unternehmens mit einem nur nach Steuerrecht zulässigen Wert angesetzt, weil dieser Wertansatz sonst nicht bei der steuerrechtlichen Gewinnermittlung berücksichtigt werden würde, oder ist aus diesem Grunde auf der Passivseite ein Sonderposten gebildet worden, so dürfen diese Wertansätze unverändert in den Konzernabschluß übernommen werden. Der Betrag der im Geschäftsjahr nach Satz 1 in den Jahresabschlüssen vorgenommenen Abschreibungen, Wertberichtigungen und Einstellungen in Sonderposten sowie der Betrag der unterlassenen Zuschreibungen sind im Konzernanhang anzugeben; die Maßnahmen sind zu begründen.

Konsolidierungsgrundsätze

Angabe und Begründung der Abweichung von vorjährigen Konsolidierungsmethoden und die Angabe ihres Einflusses auf die Konzernlage

§ 297. (3) Im Konzernabschluß ist die Vermögens-, Finanz- und Ertragslage der einbezogenen Unternehmen so darzustellen, als ob diese Unternehmen insgesamt ein einziges Unternehmen wären. Die auf den vorhergehenden Konzernabschluß angewandten Konsolidierungsmethoden sollen beibehalten werden. Abweichungen von Satz 2 sind in Ausnahmefällen zulässig. Sie sind im Konzernanhang anzugeben und zu begründen. Ihr Einfluß auf die Vermögens-, Finanz- und Ertragslage des Konzerns ist anzugeben.

Angabe und Begründung der Abweichung vom Stichtag des Mutterunternehmens

§ 299. Stichtag für die Aufstellung. (1) Der Konzernabschluß ist auf den Stichtag des Jahresabschlusses des Mutterunternehmens oder auf den hiervon abweichenden Stichtag der Jahresabschlüsse der bedeutendsten oder der Mehrzahl der in den Konzernabschluß einbezogenen Unternehmen aufzustellen; die Abweichung vom Abschlußstichtag des Mutterunternehmens ist im Konzernanhang anzugeben und zu begründen.

(2) Die Jahresabschlüsse der in den Konzernabschluß einbezogenen Unternehmen sollen auf den Stichtag des Konzernabschlusses aufgestellt werden. Liegt der Abschlußstichtag eines Unternehmens um mehr als drei Monate vor dem Stichtag des Konzernabschlusses, so ist dieses Unternehmen auf Grund eines auf den Stichtag und den Zeitraum des Konzernabschlusses aufgestellten Zwischenabschlusses in den Konzernabschluß einzubeziehen.

Angabe wahlweise in

Angabe von Vorgängen von besonderer Bedeutung bei abweichendem Stichtag Einzelabschluß

(3) Wird bei abweichenden Abschlußstichtagen ein Unternehmen nicht auf der Grundlage eines auf den Stichtag und den Zeitraum des Konzernabschlusses aufgestellten Zwischenabschlusses in den Konzernabschluß einbezogen, so sind Vorgänge von besonderer Bedeutung für die Vermögens-, Finanz- und Ertragslage eines in den Konzernabschluß einbezogenen Unternehmens, die zwischen dem Abschlußstichtag dieses Unternehmens und dem Abschlußstichtag des Konzernabschlusses eingetreten sind, in der Konzernbilanz und der Konzern-Gewinn- und Verlustrechnung zu berücksichtigen oder im Konzernanhang anzugeben. Bilanz GuV

Angabe der Konsolidierungsmethode (Buchwert- oder Neubewertungsmethode)

§ 301. Kapitalkonsolidierung. (1) Der Wertansatz der dem Mutterunternehmen gehörenden Anteile an einem in den Konzernabschluß einbezogenen Tochterunternehmen wird mit dem auf diese Anteile entfallenden Betrag des Eigenkapitals des Tochterunternehmens verrechnet. Das Eigenkapital ist anzusetzen

1. entweder mit dem Betrag, der dem Buchwert der in den Konzernabschluß aufzunehmenden Vermögensgegenstände, Schulden, Rechnungsabgrenzungsposten, Bilanzierungshilfen und Sonderposten, gegebenenfalls nach Anpassung der Wertansätze nach § 308 Abs. 2, entspricht, oder
2. mit dem Betrag, der dem Wert der in den Konzernabschluß aufzunehmenden Vermögensgegenstände, Schulden, Rechnungsabgrenzungsposten, Bilanzierungshilfen und Sonderposten entspricht, der diesen an dem für die Verrechnung nach Absatz 2 gewählten Zeitpunkt beizulegen ist.

Bei Ansatz mit dem Buchwert nach Satz 2 Nr. 1 ist ein sich ergebender Unterschiedsbetrag den Wertansätzen von in der Konzernbilanz anzusetzenden Vermögensgegenständen und Schulden des jeweiligen Tochterunternehmens insoweit zuzuschreiben oder mit diesen zu verrechnen, als deren Wert höher oder niedriger ist als der bisherige Wertansatz. Bei Ansatz mit den Werten nach Satz 2 Nr. 2 darf das anteilige Eigenkapital nicht mit einem Betrag angesetzt werden, der die Anschaffungskosten des Mutterunternehmens für die Anteile an dem einbezogenen Tochterunternehmen überschreiten. Die angewandte Methode ist im Konzernanhang anzugeben.

Angabe des erstmaligen Zeitpunkts der Kapitalkonsolidierung

(2) Die Verrechnung nach Absatz 1 wird auf der Grundlage der Wertansätze zum Zeitpunkt des Erwerbs der Anteile oder der erstmaligen Einbeziehung des Tochterunternehmens in den Konzernabschluß oder, beim Erwerb der Anteile zu verschiedenen Zeitpunkten, zu dem Zeitpunkt, zu dem das Unternehmen Tochterunternehmen geworden ist, durchgeführt. Der gewählte Zeitpunkt ist im Konzernanhang anzugeben.

Erläuterung des Unterschiedsbetrages und der wesentlichen Änderungen gegenüber dem Vorjahr
Angabe der verrechneten Unterschiedsbeträge der Aktivseite mit der Passivseite

(3) Ein bei der Verrechnung nach Absatz 1 Satz 2 Nr. 2 entstehender oder ein nach Zuschreibung oder Verrechnung nach Absatz 1 Satz 3 verbleibender Unterschiedsbetrag ist in der Konzernbilanz, wenn er auf der Aktivseite entsteht, als

Angabe wahlweise in

Geschäfts- oder Firmenwert und, wenn er auf der Passivseite entsteht, als Unterschiedsbetrag aus der Kapitalkonsolidierung auszuweisen. Der Posten und wesentliche Änderungen gegenüber dem Vorjahr sind im Anhang zu erläutern. Werden Unterschiedsbeträge der Aktivseite mit solchen der Passivseite verrechnet, so sind die verrechneten Beträge im Anhang anzugeben.

(4) Absatz 1 ist nicht auf Anteile an dem Mutterunternehmen anzuwenden, die dem Mutterunternehmen oder einem in den Konzernabschluß einbezogenen Tochterunternehmen gehören. Solche Anteile sind in der Konzernbilanz als eigene Anteile im Umlaufvermögen gesondert auszuweisen.

Angabe der angewandten Methode, die sich daraus ergebenden Rücklagenveränderungen und Name und Sitz des Unternehmens

§ 302. Kapitalkonsolidierung bei Interessenzusammenführung. (1) Ein Mutterunternehmen darf die in § 301 Abs. 1 vorgeschriebene Verrechnung der Anteile unter den folgenden Voraussetzungen auf das gezeichnete Kapital des Tochterunternehmens beschränken:

1. die zu verrechnenden Anteile betragen mindestens neunzig vom Hundert des Nennbetrags oder, falls ein Nennbetrag nicht vorhanden ist, des rechnerischen Wertes der Anteile des Tochterunternehmens, die nicht eigene Anteile sind,
2. die Anteile sind auf Grund einer Vereinbarung erworben worden, die die Ausgabe von Anteilen eines in den Konzernabschluß einbezogenen Unternehmens vorsieht, und
3. eine in der Vereinbarung vorgesehene Barzahlung übersteigt nicht zehn vom Hundert des Nennbetrags oder, falls ein Nennbetrag nicht vorhanden ist, des rechnerischen Wertes der ausgegebenen Anteile.

(2) Ein sich nach Absatz 1 ergebender Unterschiedsbetrag ist, wenn er auf der Aktivseite entsteht, mit den Rücklagen zu verrechnen oder, wenn er auf der Passivseite entsteht, den Rücklagen hinzuzurechnen.

(3) Die Anwendung der Methode nach Absatz 1 und die sich daraus ergebenden Veränderungen der Rücklagen sowie Name und Sitz des Unternehmens sind im Konzernanhang anzugeben.

Nicht vorgenommene Ausschaltung von Zwischenergebnissen und Erläuterung bei wesentlichem Einfluß auf Konzernlage

§ 304. Behandlung der Zwischenergebnisse. (1) In den Konzernabschluß zu übernehmende Vermögensgegenstände, die ganz oder teilweise auf Lieferungen oder Leistungen zwischen in den Konzernabschluß einbezogenen Unternehmen beruhen, sind in der Konzernbilanz mit einem Betrag anzusetzen, zu dem sie in der auf den Stichtag des Konzernabschlusses aufgestellten Jahresbilanz dieses Unternehmens angesetzt werden könnten, wenn die in den Konzernabschluß einbezogenen Unternehmen auch rechtlich ein einziges Unternehmen bilden würden.

(2) Absatz 1 braucht nicht angewendet zu werden, wenn die Lieferung oder Leistung zu üblichen Marktbedingungen vorgenommen worden ist und die Ermittlung des nach Absatz 1 vorgeschriebenen Wertansatzes einen unverhältnismäßig hohen Aufwand erfordern würde. Die Anwendung des Satzes 1 ist im Konzernanhang anzugeben und, wenn der Einfluß auf die Vermögens-, Finanz- und Ertragslage des Konzerns wesentlich ist, zu erläutern.

Angabe wahlweise in

(3) Absatz 1 braucht außerdem nicht angewendet zu werden, wenn die Behandlung der Zwischenergebnisse nach Absatz 1 für die Vermittlung eines den tatsächlichen Verhältnissen entsprechenden Bildes der Vermögens-, Finanz- und Ertragslage des Konzerns nur von untergeordneter Bedeutung ist.

Bei Equity-Bilanzierung
- *nach der Buchwertmethode*
  Angabe des Unterschiedsbetrages zwischen Buchwert und anteiligem Eigenkapital bei erstmaliger Anwendung
- *nach der Neubewertungsmethode*
  Angabe des Unterschiedsbetrages zwischen anteiligem Eigenkapital und Buchwert bei erstmaliger Anwendung

Angabe der Konsolidierungsmethode (Buchwert- oder Neubewertungsmethode).

§ 312. Wertansatz der Beteiligung und Behandlung des Unterschiedsbetrags.
(1) Eine Beteiligung an einem assoziierten Unternehmen ist in der Konzernbilanz
1. entweder mit dem Buchwert oder
2. mit dem Betrag, der dem anteiligen Eigenkapital des assoziierten Unternehmens entspricht,

anzusetzen. Bei Ansatz mit dem Buchwert nach Satz 1 Nr. 1 ist der Unterschiedsbetrag zwischen diesem Wert und dem anteiligen Eigenkapital des assoziierten Unternehmens bei erstmaliger Anwendung in der Konzernbilanz zu vermerken oder im Konzernanhang anzugeben. Bei Ansatz mit dem anteiligen Eigenkapital nach Satz 1 Nr. 2 ist das Eigenkapital mit dem Betrag anzusetzen, der sich ergibt, wenn die Vermögensgegenstände, Schulden, Rechnungsabgrenzungsposten, Bilanzierungshilfen und Sonderposten des assoziierten Unternehmens mit dem Wert angesetzt werden, der ihnen an dem nach Absatz 3 gewählten Zeitpunkt beizulegen ist, jedoch darf dieser Betrag die Anschaffungskosten für die Anteile an dem assoziierten Unternehmen nicht überschreiten; der Unterschiedsbetrag zwischen diesem Wertansatz und dem Buchwert der Beteiligung ist bei erstmaliger Anwendung in der Konzernbilanz gesondert auszuweisen oder im Konzernanhang anzugeben. Die angewandte Methode ist im Konzernanhang anzugeben.

Bilanz

Bilanz

(2) Der Unterschiedsbetrag nach Absatz 1 Satz 2 ist den Wertansätzen von Vermögensgegenständen und Schulden des assoziierten Unternehmens insoweit zuzuordnen, als deren Wert höher oder niedriger ist als der bisherige Wertansatz. Der nach Satz 1 zugeordnete oder der sich nach Absatz 1 Satz 1 Nr. 2 ergebende Betrag ist entsprechend der Behandlung der Wertansätze dieser Vermögensgegenstände und Schulden im Jahresabschluß des assoziierten Unternehmens im Konzernabschluß fortzuführen, abzuschreiben oder aufzulösen. Auf einen nach Zuordnung nach Satz 1 verbleibenden Unterschiedsbetrag und einen Unterschiedsbetrag nach Absatz 1 Satz 3 zweiter Halbsatz ist § 309 entsprechend anzuwenden.

Angabe des Zeitpunkts für Wertansatz der Beteiligung und für Unterschiedsbeträge

(3) Der Wertansatz der Beteiligung und die Unterschiedsbeträge werden auf der Grundlage der Wertansätze zum Zeitpunkt des Erwerbs der Anteile oder der erstmaligen Einbeziehung des assoziierten Unternehmens in den Konzernabschluß oder beim Erwerb der Anteile zu verschiedenen Zeitpunkten zu dem Zeitpunkt, zu dem das Unternehmen assoziiertes Unternehmen geworden ist, ermittelt. Der gewählte Zeitpunkt ist im Konzernanhang anzugeben.

Angabe wahlweise in

(4) Der nach Absatz 1 ermittelte Wertansatz einer Beteiligung ist in den Folgejahren um den Betrag der Eigenkapitalveränderungen, die den dem Mutterunternehmen gehörenden Anteilen am Kapital des assoziierten Unternehmens entsprechen, zu erhöhen oder zu vermindern; auf die Beteiligung entfallende Gewinnausschüttungen sind abzusetzen. In der Konzern-Gewinn- und Verlustrechnung ist das auf assoziierte Beteiligungen entfallende Ergebnis unter einem gesonderten Posten auszuweisen.

Angabe nicht vorgenommener Neubewertung bei abweichenden Bewertungsmethoden
nicht vorgenommene Ausschaltung von Zwischenergebnissen und Erläuterung bei wesentlichem Einfluß auf Konzernlage

(5) Wendet das assoziierte Unternehmen in seinem Jahresabschluß vom Konzernabschluß abweichende Bewertungsmethoden an, so können abweichend bewertete Vermögensgegenstände oder Schulden für die Zwecke der Absätze 1 bis 4 nach den auf den Konzernabschluß angewandten Bewertungsmethoden bewertet werden. Wird die Bewertung nicht angepaßt, so ist dies im Konzernanhang anzugeben. § 304 über die Behandlung der Zwischenergebnisse ist entsprechend anzuwenden, soweit die für die Beurteilung maßgeblichen Sachverhalte bekannt oder zugänglich sind. Die Zwischenergebnisse dürfen auch anteilig entsprechend den dem Mutterunternehmen gehörenden Anteilen am Kapital des assoziierten Unternehmens weggelassen werden.

(6) Es ist jeweils der letzte Jahresabschluß des assoziierten Unternehmens zugrunde zu legen. Stellt das assoziierte Unternehmen einen Konzernabschluß auf, so ist von diesem und nicht vom Jahresabschluß des assoziierten Unternehmens auszugehen.

Erläuterungen zur Konzernbilanz

Gesonderte Angabe aktiver oder passiver latenter Steuern

§ 306. Steuerabgrenzung. Ist das im Konzernabschluß ausgewiesene Jahresergebnis auf Grund von Maßnahmen, die nach den Vorschriften dieses Titels durchgeführt worden sind, niedriger oder höher als die Summe der Einzelergebnisse der in den Konzernabschluß einbezogenen Unternehmen, so ist der sich für das Geschäftsjahr und frühere Geschäftsjahre ergebende Steueraufwand, wenn er im Verhältnis zum Jahresergebnis zu hoch ist, durch Bildung eines Abgrenzungspostens auf der Aktivseite oder, wenn er im Verhältnis zum Jahresergebnis zu niedrig ist, durch Bildung einer Rückstellung nach § 249 Abs. 1 Satz 1 anzupassen, soweit sich der zu hohe oder der zu niedrige Steueraufwand in späteren Geschäftsjahren voraussichtlich ausgleicht. Der Posten ist in der Konzernbilanz oder im Konzernanhang gesondert anzugeben. Er darf mit den Posten nach § 274 zusammengefaßt werden. Bilanz

Gesamtbetrag der Verbindlichkeiten mit einer Restlaufzeit von mehr als 5 Jahren
Gesamtbetrag der Verbindlichkeiten, die durch Pfandrechte oder ähnliche Rechte gesichert sind mit Art und Form der Sicherheiten

§ 314. Sonstige Pflichtangaben. (1) Im Konzernanhang sind ferner anzugeben:
1. der Gesamtbetrag der in der Konzernbilanz ausgewiesenen Verbindlichkeiten

Angabe wahlweise in

mit einer Restlaufzeit von mehr als fünf Jahren sowie der Gesamtbetrag der in der Konzernbilanz ausgewiesenen Verbindlichkeiten, die von in den Konzernabschluß einbezogenen Unternehmen durch Pfandrechte oder ähnliche Rechte gesichert sind, unter Angabe von Art und Form der Sicherheiten;

Gesamtbetrag der sonstigen finanziellen Verpflichtungen, sofern bedeutsam, gesonderte Angabe der finanziellen Verpflichtungen und der Haftungsverhältnisse gegenüber nicht konsolidierten Konzernunternehmen

2. der Gesamtbetrag der sonstigen finanziellen Verpflichtungen, die nicht in der Konzernbilanz erscheinen oder nicht nach § 298 Abs. 1 in Verbindung mit § 251 anzugeben sind, sofern diese Angabe für die Beurteilung der Finanzlage des Konzerns von Bedeutung ist; davon und von den Haftungsverhältnissen nach § 251 sind Verpflichtungen gegenüber Tochterunternehmen, die nicht in den Konzernabschluß einbezogen werden, jeweils gesondert anzugeben;

Zahl, Nennbetrag und Anteil am Kapital des Mutterunternehmens

7. der Bestand an Anteilen an dem Mutterunternehmen, die das Mutterunternehmen oder ein Tochterunternehmen oder ein anderer für Rechnung eines in den Konzernabschluß einbezogenen Unternehmens erworben oder als Pfand genommen hat; dabei sind die Zahl und der Nennbetrag oder rechnerische Wert dieser Anteile sowie deren Anteil am Kapital anzugeben.

Erläuterungen zur Konzern-Gewinn- und Verlustrechnung

Aufgliederung der Umsatzerlöse nach Tätigkeitsbereichen und Märkten

3. die Aufgliederung der Umsatzerlöse nach Tätigkeitsbereichen sowie nach geographisch bestimmten Märkten, soweit sich, unter Berücksichtigung der Organisation des Verkaufs von für die gewöhnliche Geschäftstätigkeit des Konzerns typischen Erzeugnissen und der für die gewöhnliche Geschäftstätigkeit des Konzerns typischen Dienstleistungen, die Tätigkeitsbereiche und geographisch bestimmten Märkte untereinander erheblich unterscheiden;

Angabe der durchschnittlichen Zahl der Arbeitnehmer nach Gruppen (quotenkonsolidierte Gemeinschaftsunternehmen gesondert) und Angabe des Personalaufwands beim Umsatzkostenverfahren

4. die durchschnittliche Zahl der Arbeitnehmer der in den Konzernabschluß einbezogenen Unternehmen während des Geschäftsjahrs, getrennt nach Gruppen, sowie der in dem Geschäftsjahr verursachte Personalaufwand, sofern er nicht gesondert in der Konzern-Gewinn- und Verlustrechnung ausgewiesen ist; die durchschnittliche Zahl der Arbeitnehmer von nach § 310 nur anteilmäßig einbezogenen Unternehmen ist gesondert anzugeben; GuV

Ausmaß der Beeinflussung des Jahresergebnisses aus der Inanspruchnahme steuerlicher Vergünstigungen im Geschäftsjahr oder in früheren Jahren und das Ausmaß erheblicher künftiger Steuerbelastungen daraus

5. das Ausmaß, in dem das Jahresergebnis des Konzerns dadurch beeinflußt wurde, daß bei Vermögensgegenständen im Geschäftsjahr oder in früheren Geschäfts-

Angabe wahlweise in

jahren Abschreibungen nach den §§ 254, 280 Abs. 2 oder in entsprechender Anwendung auf Grund steuerrechtlicher Vorschriften vorgenommen oder beibehalten wurden oder ein Sonderposten nach § 273 oder in entsprechender Anwendung gebildet wurde; ferner das Ausmaß erheblicher künftiger Belastungen, die sich für den Konzern aus einer solchen Bewertung ergeben;

Sonstige Angaben

Angabe der durchschnittlichen Zahl der Arbeitnehmer nach Gruppen (quotenkonsolidierte Gemeinschaftsunternehmen gesondert) und Angabe des Personalaufwands beim Umsatzkostenverfahren

4. die durchschnittliche Zahl der Arbeitnehmer der in den Konzernabschluß einbezogenen Unternehmen während des Geschäftsjahrs, getrennt nach Gruppen, sowie der in dem Geschäftsjahr verursachte Personalaufwand, sofern er nicht gesondert in der Konzern-Gewinn- und Verlustrechnung ausgewiesen ist; die durchschnittliche Zahl der Arbeitnehmer von nach § 310 nur anteilmäßig einbezogenen Unternehmen ist gesondert anzugeben; GuV

Ausmaß der Beeinflussung des Jahresergebnisses aus der Inanspruchnahme steuerlicher Vergünstigungen im Geschäftsjahr oder in früheren Jahren und das Ausmaß erheblicher künftiger Steuerbelastungen daraus

5. das Ausmaß, in dem das Jahresergebnis des Konzerns dadurch beeinflußt wurde, daß bei Vermögensgegenständen im Geschäftsjahr oder in früheren Geschäftsjahren Abschreibungen nach den §§ 254, 280 Abs. 2 oder in entsprechender Anwendung auf Grund steuerrechtlicher Vorschriften vorgenommen oder beibehalten wurden oder ein Sonderposten nach § 273 oder in entsprechender Anwendung gebildet wurde; ferner das Ausmaß erheblicher künftiger Belastungen, die sich für den Konzern aus einer solchen Bewertung ergeben.

Angabe der Schutzklauselanwendung für eine fehlende Aufgliederung der Umsatzerlöse

(2) Die Umsatzerlöse brauchen nicht nach Absatz 1 Nr. 3 aufgegliedert zu werden, soweit nach vernünftiger kaufmännischer Beurteilung damit gerechnet werden muß, daß durch die Aufgliederung einem in den Konzernabschluß einbezogenen Unternehmen erhebliche Nachteile entstehen. Die Anwendung der Ausnahme ist im Konzernanhang anzugeben.

Angabe der Bezüge, Pensionsrückstellungen und Kredite an Organmitglieder und frühere Organmitglieder und Zahl, Nennbetrag und Anteil am Kapital des Mutterunternehmens

6. für die Mitglieder des Geschäftsführungsorgans, eines Aufsichtsrats, eines Beirats oder einer ähnlichen Einrichtung des Mutterunternehmens, jeweils für jede Personengruppe:
   a) die für die Wahrnehmung ihrer Aufgaben im Mutterunternehmen und den Tochterunternehmen im Geschäftsjahr gewährten Gesamtbezüge (Gehälter, Gewinnbeteiligungen, Bezugsrechte, Aufwandsentschädigungen, Versicherungsentgelte, Provisionen und Nebenleistungen jeder Art). In die Gesamtbezüge sind auch Bezüge einzurechnen, die nicht ausgezahlt, sondern in Ansprüche anderer

Angabe wahlweise in

Art umgewandelt oder zur Erhöhung anderer Ansprüche verwendet werden. Außer den Bezügen für das Geschäftsjahr sind die weiteren Bezüge anzugeben, die im Geschäftsjahr gewährt, bisher aber in keinem Konzernabschluß angegeben worden sind;
b) die für die Wahrnehmung ihrer Aufgaben im Mutterunternehmen und den Tochterunternehmen gewährten Gesamtbezüge (Abfindungen, Ruhegehälter, Hinterbliebenenbezüge und Leistungen verwandter Art) der früheren Mitglieder der bezeichneten Organe und ihrer Hinterbliebenen; Buchstabe a Satz 2 und 3 ist entsprechend anzuwenden. Ferner ist der Betrag der für diese Personengruppe gebildeten Rückstellungen für laufende Pensionen und Anwartschaften auf Pensionen und der Betrag der für diese Verpflichtungen nicht gebildeten Rückstellungen anzugeben;
c) die vom Mutterunternehmen und den Tochterunternehmen gewährten Vorschüsse und Kredite unter Angabe der Zinssätze, der wesentlichen Bedingungen und der gegebenenfalls im Geschäftsjahr zurückgezahlten Beträge sowie die zugunsten dieser Personengruppen eingegangenen Haftungsverhältnisse.

Gemeinsame Vorschriften für Einzelabschluß und Konzernabschluß

Vorschriften über den Anhang des Einzelabschlusses, die auch für den Konzernabschluß gelten (siehe Abschnitt C V)

§ 298. Anzuwendende Vorschriften. Erleichterungen. (1) Auf den Konzernabschluß sind, soweit seine Eigenart keine Abweichung bedingt oder in den folgenden Vorschriften nichts anderes bestimmt ist, die §§ 244 bis 256, §§ 265, 266, 268 bis 275, §§ 277 bis 283 über den Jahresabschluß und die für die Rechtsform und den Geschäftszweig der in den Konzernabschluß einbezogenen Unternehmen mit Sitz im Geltungsbereich dieses Gesetzes geltenden Vorschriften, soweit sie für große Kapitalgesellschaften gelten, entsprechend anzuwenden.

Zusammenfassung des Anhangs des Einzelabschlusses mit dem des Konzernabschlusses

(3) Der Konzernanhang und der Anhang des Jahresabschlusses des Mutterunternehmens dürfen zusammengefaßt werden. In diesem Falle müssen der Konzernabschluß und der Jahresabschluß des Mutterunternehmens gemeinsam offengelegt werden. Bei Anwendung des Satzes 1 dürfen auch die Prüfungsberichte und die Bestätigungsvermerke jeweils zusammengefaßt werden.

4. Konzernlagebericht

Gemäß § 290 Abs. 1 HGB ist ein Konzernlagebericht aufzustellen. Die Mindestanforderung an den Konzernlagebericht regelt § 315 HGB, der unter Berücksichtigung seiner Geltung für den Konzern wörtlich mit § 289 HGB übereinstimmt. § 315 Abs. 3 HGB enthält zusätzlich nur eine Regelung über die Möglichkeit der Zusammenfassung des Konzernlageberichts mit dem Lagebericht des Mutterunternehmens.

Die unter Abschnitt C V gemachten Ausführungen gelten sinngemäß auch für den Konzernlagebericht.

VII. Aufstellung, Prüfung und Offenlegung der Jahresabschlüsse

1. Aufstellung

Jeder Kaufmann ist verpflichtet, einen Jahresabschluß aufzustellen (§ 242 HGB). Der Jahresabschluß ist innerhalb der einem ordnungsmäßigen Geschäftsgang entsprechenden Zeit aufzustellen (§ 243 Abs. 3 HGB). Kapitalgesellschaften haben den Jahresabschluß innerhalb von drei Monaten (kleine Kapitalgesellschaften spätestens innerhalb von sechs Monaten) aufzustellen (§ 264 Abs. 1 HGB).

Der Jahresabschluß ist durch die dazu berufenen Organe – bei der GmbH durch die Gesellschafter (§ 42a GmbHG), bei der AG durch Vorstand und Aufsichtsrat, ausnahmsweise Hauptversammlung (§§ 172, 173 AktG) – festzustellen, d.h. zu billigen oder zu genehmigen. Durch die Feststellung wird der Jahresabschluß rechtsverbindlich. Prüfungspflichtige Jahresabschlüsse können erst nach erfolgter Prüfung festgestellt werden.

Konzernabschlüsse werden nicht festgestellt, sondern nur vorgelegt.

2. Prüfungspflicht

Der Jahresabschluß und der Lagebericht der großen und mittelgroßen Kapitalgesellschaften und der Konzernabschluß und der Konzernlagebericht sind durch einen Abschlußprüfer zu prüfen (§ 316 HGB).

Gegenstand der Prüfungspflicht ist die Buchführung und ob Jahresabschluß und Lagebericht im Hinblick auf Gesetz, Gesellschaftsvertrag und Satzung ordnungsgemäß erstellt wurden (§ 317 HGB).

Der Prüfungsbericht schließt mit einem Bestätigungsvermerk (Testat) des Abschlußprüfers ab (siehe § 322 HGB und Abschnitt A VIII). § 322 HGB wurde durch das KonTraG abgeändert. Im alten § 322 war der Bestätigungsvermerk genau formuliert (sogenanntes Formeltestat).

Die Pflichtprüfungen haben durch einen Wirtschaftsprüfer zu erfolgen. Mittelgroße Gesellschaften können auch durch einen vereidigten Buchprüfer geprüft werden.

3. Offenlegung

Kapitalgesellschaften unterliegen der Publizitätspflicht (§ 325 HGB). Große Kapitalgesellschaften sind verpflichtet, spätestens zwölf Monate nach dem Abschlußstichtag

- den Jahresabschluß und den Konzernabschluß mit dem Bestätigungsvermerk des Wirtschaftsprüfers oder dem Vermerk über die Versagung des Bestätigungsvermerks,
- den Lagebericht,
- den Bericht des Aufsichtsrats und
- den Vorschlag für die Verwendung des Ergebnisses und den Beschluß über seine Verwendung

im Bundesanzeiger bekanntzumachen und anschließend diese Unterlagen und die Bekanntmachung im Bundesanzeiger beim Handelsregister einzureichen. Dem Handelsregister ist zusätzlich noch die Aufstellung über den Anteilsbesitz einzureichen.

Mittelgroße Kapitalgesellschaften müssen den Jahresabschluß und den Lagebericht nur beim Handelsregister einreichen und einen entsprechenden Hinweis im Bundesanzeiger veröffentlichen. Der Jahresabschluß kann in verkürzter Form publiziert werden (Zusammenfassung von Posten der Bilanz gem. § 327 Nr. 1 HGB, Zusammenfassung der Posten 1–5 beim Gesamtkostenverfahren bzw. 1–3 und 6 beim Umsatzkostenverfahren zu einem Posten »Rohergebnis« gemäß § 276 HGB, Anhang in verkürzter Form gemäß § 327 Nr. 2 HGB).

Für kleine Kapitalgesellschaften gelten noch weitere Erleichterungen (Bilanz und Anhang in stark verkürzter Form und keine Veröffentlichung der Gewinn- und Verlustrechnung und des Lageberichts gemäß § 326 HGB).

Der Jahresabschluß und der Lagebericht von Nicht-Kapitalgesellschaften, die die im § 1 Abs. 1 des Publizitätsgesetzes (PublG) festgelegten Größenmerkmale überschreiten, sind ebenfalls publizitätspflichtig.

4. Straf- und Bußgeldvorschriften, Zwangs- und Ordnungsgeld

In den §§ 331–335b des HGB sind die Folgen von Rechtsverstößen gegen die Rechnungslegungsvorschriften geregelt.

Mit einer Freiheitsstrafe bis zu drei Jahren oder mit Geldstrafe werden die unrichtige Wiedergabe oder Verschleierung der Verhältnisse der Kapitalgesellschaft in der Eröffnungsbilanz, im Jahresabschluß, im Lagebericht oder im Zwischenabschluß und unrichtige Angaben gegenüber dem Abschlußprüfer durch ein Mitglied des vertretungsberechtigten Organs oder des Aufsichtsrats einer Kapitalgesellschaft bestraft (§ 331 HGB). Die Verletzung der Berichts- und Geheimhaltungspflicht durch den Abschlußprüfer (§§ 332–333 HGB) ist ebenfalls ein Straftatbestand.

Sonstige Verstöße gegen Vorschriften über Form, Inhalt, Bewertung, Gliederungs- und Informationspflichten im Einzel- und Konzernabschluß und -lagebericht und gegen Offenlegungs- und Veröffentlichungsvorschriften gelten lediglich als Ordnungswidrigkeit und können nur mit einer Geldbuße bis zu DM 50.000 geahndet werden (§ 334 HGB).

Mitglieder des vertretungsberechtigten Organs einer Kapitalgesellschaft, die die gesetzlichen Pflichten zur Aufstellung und Prüfung des Jahresabschlusses bzw. Offenlegung des Jahresabschlusses nicht befolgen, können durch das Registergericht auf Antrag einer beliebigen Person durch Festsetzung eines Zwangsgeldes bis zu Euro 5.000 (§ 335 HGB) bzw. eines Ordnungsgeldes bis zu Euro 25.000 (§ 335a HGB) zur Pflichterfüllung angehalten werden. Das Ordnungsgeldverfahren kann bei Nichterfüllung der Offenlegungspflicht wiederholt werden. (Vor Inkrafttreten des KapCoRiLiG durften nur ein Gesellschafter, ein Gläubiger oder der Betriebsrat einen solchen Antrag stellen. Das Zwangsgeld betrug bei allen Pflichtverletzungen bis zu DM 10.000.) Von Amts wegen kann somit die tatsächliche Befolgung der Offenlegungspflichten nicht erzwungen werden.

Aufgrund des durch das KapCoRiLiG in das HGB eingefügten § 335b gelten die obigen Vorschriften auch für GmbH & Co. KGs.

5. Publizierte Jahresabschlüsse und Datenbanken

Die Pflicht zur Offenlegung der Jahresabschlüsse aller Kapitalgesellschaften gibt im Prinzip die Möglichkeit, bei der Analyse eines Jahresabschlusses einen Branchenvergleich vorzunehmen.

Die in obigem Abschnitt erwähnten, in der Vergangenheit geltenden unzureichenden Sanktionsmöglichkeiten bei der Verletzung der Offenlegungspflicht (nur auf Antrag Androhung oder Festsetzung eines Zwangsgeldes bis zu DM 10.000 durch das Registergericht, jedoch keine Erzwingung der Offenlegungspflicht) haben dazu geführt, daß in Deutschland nur etwa 10 % der publizitätspflichtigen Abschlüsse veröffentlicht wurden. Die Offenlegungspflicht wurde hauptsächlich von kleineren Gesellschaften nicht befolgt. Bei mittelgroßen und großen Kapitalgesellschaften wurden Publizitätsraten zwischen 25 % und 35 % festgestellt (siehe Küting/Mohren S. 2, Paschen, Iris S. 49, Baetge/Apelt S. 402, Biener, Herbert S. 176 und die dort angegebene Literatur). Branchenvergleiche werden somit in Deutschland nicht nur durch die Vielzahl der Wahlrechte, sondern auch durch die geringe Zahl der publizierten Jahresabschlüsse stark beeinträchtigt.

Trotzdem sollte man die bestehenden Möglichkeiten nutzen. Es gibt nämlich in Deutschland mehrere Datenbanken, die Jahresabschlüsse gespeichert haben. Ihre Qualität ist allerdings sehr unterschiedlich. Die meisten Informationen enthält die Datenbank von Hoppenstedt.

VIII. Jahresabschlüsse aus den neuen Bundesländern

1. Rechtsgrundlagen

Aus der Anlage zum 1. Staatsvertrag zwischen der Deutschen Demokratischen Republik und der Bundesrepublik Deutschland vom 18. Mai 1990 ergab sich für die DDR die Verpflichtung zur Übernahme von Vorschriften des 1. und 3. Buches des HGB, des AktG und des GmbHG.

Im 2. Staatsvertrag vom 31. August 1990 ist das Gesetz über die Eröffnungsbilanz in Deutscher Mark und die Kapitalneufestsetzung (D-Markbilanzgesetz – DMBilG) enthalten.

Das D-Markbilanzgesetz wurde durch das Gesetz vom 22. März 1991 zur Beseitigung von Hemmnissen bei der Privatisierung von Unternehmen und zur Förderung von Investitionen geändert.

Die Vorschriften des D-Markbilanzgesetzes sind auch noch in den auf die D-Markeröffnungsbilanz folgenden Jahresabschlüssen von Bedeutung.

2. Die Generalnorm für die Aufstellung der D-Markeröffnungsbilanz

Das D-Markbilanzgesetz enthält in § 4 Abs. 2 folgende Generalnorm:

> Die Eröffnungsbilanz und der Anhang haben unter Beachtung der Grundsätze ordnungsmäßiger Buchführung ein den tatsächlichen Verhältnissen entsprechendes Bild der Vermögenslage im Sinne des § 264 Abs. 2 Satz 1 des Handelsgesetzbuchs zu vermitteln. Führen besondere Umstände

dazu, daß die Eröffnungsbilanz ein den tatsächlichen Verhältnissen entsprechendes Bild nicht vermittelt, so sind im Anhang zusätzliche Angaben zu machen, sofern ein solcher aufzustellen ist.

Die Generalnorm für das DMBilG entspricht der Generalnorm des § 264 Abs. 2 HGB. Da es sich um eine Eröffnungsbilanz handelt, entfällt die Darstellung der Finanz- und Ertragslage.

Nach § 19 Abs. 2 DMBilG waren im Anhang die getroffenen oder geplanten Umstrukturierungsmaßnahmen und die voraussichtlichen Kosten der Umstrukturierung anzugeben.

Ferner waren anzugeben:

- alle gesetzlichen oder vertraglichen Einschränkungen sowie die Sachverhalte, aus denen sich zukünftige finanzielle Verpflichtungen ergeben können, die Grundstücke und Gebäude betreffen (§ 19 Abs. 3),
- der Zustand und die zukünftigen Einsatzmöglichkeiten des beweglichen Sachanlagevermögens und der voraussichtliche Investitionsbedarf in den nächsten vier Jahren, soweit er voraussehbar ist (§ 19 Abs. 4),
- Ansprüche früherer Eigentümer (§ 19 Abs. 5).

3. Gliederungsvorschriften

In der Gliederung der D-Markeröffnungsbilanz konnten folgende zusätzliche Posten gegenüber dem allgemeinen Gliederungsschema nach § 266 Abs. 2 und 3 HGB vorkommen:

Aktiva
- Nicht entgeltlich erworbene immaterielle Vermögensgegenstände gem. § 31 Abs. 1 Ziff. 1 des D-Markbilanzgesetzes
- Zuschüsse, Beihilfen und andere Vermögensvorteile, die ohne Rückzahlungsverpflichtung von Dritten für Investitionen gewährt werden, gem. § 31 Abs. 1 Ziff. 3 des D-Markbilanzgesetzes
- Forderungen gegen verbundene Unternehmen aus Ausgleichsverbindlichkeiten gemäß § 25 des D-Markbilanzgesetzes
- Ausgleichsforderungen gem. § 24 des D-Markbilanzgesetzes
- Kapitalentwertungskonto gem. § 26 Abs. 3 und § 28 des D-Markbilanzgesetzes
- Beteiligungsentwertungskonto gem. § 24 des D-Markbilanzgesetzes
- Sonderverlustkonto aus Rückstellungsbildung gemäß § 17 Abs. 4 des D-Markbilanzgesetzes

Passiva
- Vorläufige Gewinnrücklage gem. § 31 Abs. 1 des D-Markbilanzgesetzes
- Sonderrücklage gem. § 17 Abs. 4, § 24 Abs. 5 und § 27 Abs. 2 Satz 3 des D-Markbilanzgesetzes
- Nachrangiges Kapital gem. § 16 Abs. 3 des D-Markbilanzgesetzes
- Verbindlichkeiten gegenüber verbundenen Unternehmen aus Ausgleichsforderungen gemäß § 24 des D-Markbilanzgesetzes
- Ausgleichsverbindlichkeiten gem. § 25 des D-Markbilanzgesetzes

Auf die einzelnen Posten wird weiter unten noch eingegangen.

4. Bewertung

Neben den Vorschriften für die Neubewertung der Vermögensgegenstände und Schulden und die damit verbundenen Besonderheiten wird im § 5 Abs. 1 DMBilG auf die Bewertungsvorschriften des HGB, soweit sie für alle Kaufleute gelten, hingewiesen.

In der D-Markeröffnungsbilanz übernahmen die Wiederbeschaffungs- oder Wiederherstellungskosten ersatzweise die Funktion der Anschaffungs- oder Herstellungskosten und bildeten den Ausgangspunkt für die Neubewertung der Vermögensgegenstände.

Nach § 6 Abs. 2 Halbsatz 2 DMBilG brauchen die Unternehmen die erstmalige Abweichung bei den Ansatz- und Bewertungswahlrechten in einem Folgeabschluß nicht zu begründen.

Zu der Bewertung einzelner Bilanzposten ist folgendes zu vermerken:

Grund und Boden war gem. § 9 Abs. 1 DMBilG mit seinem Verkehrswert anzusetzen.

Da sich bei Aufstellung der D-Markeröffnungsbilanz in den neuen Bundesländern noch kein Grundstücksmarkt herausgebildet hatte, konnte bei der Wertfindung die Preisentwicklung im gesamten Währungsgebiet der DM berücksichtigt werden, oder es konnte hilfsweise auf die vom Ministerium für Wirtschaft der DDR empfohlenen Richtwerte zurückgegriffen werden.

Das abnutzbare Sachanlagevermögen war gem. § 10 DMBilG mit den Wiederherstellungskosten oder mit den Wiederbeschaffungskosten unter Berücksichtigung des Wertabschlags für zwischenzeitliche Nutzung, höchstens jedoch mit dem Zeitwert, anzusetzen.

Die Vorräte waren ebenfalls mit den Wiederherstellungskosten bzw. Wiederbeschaffungskosten, höchstens jedoch mit dem Zeitwert, zu bewerten (§ 12 DMBilG). Eine retrograde Bewertung war bei den fertigen Erzeugnissen und bei den unfertigen Erzeugnissen und Leistungen unter bestimmten Voraussetzungen möglich.

Beteiligungen an Unternehmen waren nach der Equity-Methode in Form der Kapitalanteilsmethode zu bewerten.

Konsequenzen für die Bilanzanalyse

Eine möglichst hohe Bewertung der Aktiva und eine möglichst niedrige Bewertung der Passiva bei der D-Markeröffnungsbilanz verbesserten die zukünftige Liquiditätslage durch Zahlung geringerer Ertragsteuern und ermöglichten den Ausweis einer hohen Eigenkapitalquote. Eine solche Bilanzpolitik führte gleichzeitig durch höhere Abschreibungen und andere Aufwendungen zu einem schlechteren Ausweis der künftigen Ertragslage.

5. Neuordnung der Kapitalausstattung

Das DMBilG enthält in den §§ 24–31 Vorschriften über die Neuordnung der Kapitalausstattung.

a) Ausgleichsforderungen und Ausgleichsverbindlichkeiten

Bisher volkseigenen Unternehmen (ausgenommen Geldinstitute, Außenhandelsbetriebe oder Versicherungsunternehmen), die überschuldet waren und deshalb einen nicht durch Eigenkapital gedeckten Fehlbetrag ausweisen mußten, wurde gemäß § 24 DMBilG in einer ersten Stufe ermöglicht, zur Beseitigung dieses Fehlbetrags bzw. ihrer Überschuldung eine verzinsliche Ausgleichsforderung in die D-Markeröffnungsbilanz einzustellen. Beim Mutterunternehmen waren entsprechende Verbindlichkeiten aus Ausgleichsforderungen auszuweisen.

Nicht sanierungsfähigen Unternehmen durfte keine Ausgleichsforderung zugestanden werden.

Sofern die Ausgleichsforderung durch den Anteilseigner nicht schriftlich innerhalb von drei Monaten nach Einreichung der festgestellten Eröffnungsbilanz wegen Sanierungsunfähigkeit abgelehnt wurde, entstand ein Zahlungsanspruch. Regelungen zu den Modalitäten und Fristen zur Tilgung des Ausgleichsanspruchs enthielt das Gesetz nicht.

Falls das Eigenkapital höher war als das Sachanlagevermögen ohne Grund und Boden, wurden bisher volkseigene Unternehmen gemäß § 25 DMBilG mit einer Ausgleichsverbindlichkeit in Höhe des Unterschieds belastet.

Um zu verhindern, daß (überschuldete) Unternehmen durch bilanzpolitische Maßnahmen die Ausgleichsforderungen bzw. die Ausgleichsverbindlichkeiten beeinflußten, hatte die Treuhandanstalt eine »Richtlinie für die Ausübung von Ansatz- und Bewertungswahlrechten bei der Aufstellung der DM-Eröffnungsbilanz und Anforderungen an den Prüfungsbericht« erlassen.

Bezüglich der Forderungen und Verbindlichkeiten gegenüber verbundenen Unternehmen aus Ausgleichsverbindlichkeiten und Ausgleichsforderungen gab es folgende Regelungen:

Forderungen gegen verbundene Unternehmen aus Ausgleichsverbindlichkeiten waren gemäß § 25 Abs. 4 des DMBilG in die Bilanz einzustellen.

Mutterunternehmen stellten für Verbindlichkeiten gegenüber verbundenen Unternehmen aus Ausgleichsforderungen gemäß § 24 Abs. 5 des DMBilG in Höhe ihrer Verbindlichkeit aus dieser Ausgleichsforderung auf der Aktivseite ihrer Eröffnungsbilanz ein Beteiligungsentwertungskonto ein, soweit ein nicht durch Eigenkapital gedeckter Fehlbetrag auszuweisen war (siehe auch unter Abschnitt C VIII 5d).

b) *Ausstehende Einlage*

In einer zweiten Stufe hatten bisher volkseigene Unternehmen gemäß § 26 Abs. 3 DMBilG das für ihre Rechtsform gesetzlich vorgeschriebene Mindestkapital durch Ausweis einer Ausstehenden Einlage auf der Aktivseite zu bilden.

Diese Ausstehende Einlage galt als eingefordert.

c) *Vorläufige Gewinnrücklage*

In einer dritten Stufe gab § 31 DMBilG sowohl den privaten als auch den volkseigenen Unternehmen die Möglichkeit, durch Aktivierung folgender an sich nicht bilanzierungsfähiger Vermögensgegenstände eine vorläufige Gewinnrücklage auszuweisen:

1. Nicht entgeltlich erworbene immaterielle Vermögensgegenstände des Anlagevermögens, einschließlich eines Geschäfts- oder Firmenwertes
2. Aufwendungen für die Ingangsetzung und Erweiterung des Geschäftsbetriebs, soweit sie in der Zeit vom 1. März bis 30. Juni 1990 angefallen und geeignet waren, die Wettbewerbsfähigkeit des Unternehmens herzustellen
3. Zuschüsse, Beihilfen und andere Vermögensvorteile, die ohne Rückzahlungsverpflichtung von Dritten für Investitionen gewährt wurden

Die Aktivierung dieser an sich nicht bilanzierungsfähigen Vermögensgegenstände konnte gemäß § 50 Abs. 2 nicht in der steuerlichen Eröffnungsbilanz vorgenommen werden.

Die gesetzlichen Vorschriften über die vorläufige Gewinnrücklage lauteten gemäß § 31 des DMBilG wie folgt:

(1) Unternehmen dürfen, wenn sie nicht Geldinstitute oder Außenhandelsbetriebe sind, folgende Maßnahmen treffen, um eine Gewinnrücklage bilden zu können:
1. Die nicht entgeltlich erworbenen immateriellen Vermögensgegenstände des Anlagevermögens dürfen mit dem Betrag angesetzt werden, den ein Erwerber des Unternehmens bei dessen Fortführung im Rahmen des Gesamtkaufpreises für diese Vermögensgegenstände ansetzen würde. Ein Geschäfts- oder Firmenwert darf berücksichtigt werden.
2. Die Aufwendungen für die Ingangsetzung und Erweiterung des Geschäftsbetriebs nach § 269 Satz 1 des Handelsgesetzbuchs dürfen aktiviert werden. Dazu gehören alle Maßnahmen, die nach dem 1. März 1990 ergriffen wurden und geeignet sind, die Wettbewerbsfähigkeit des Unternehmens herzustellen.
3. Zuschüsse, Beihilfen und andere Vermögensvorteile, die ohne Rückzahlungsverpflichtung von Dritten für Investitionen gewährt werden, dürfen aktiviert werden, sofern der Auftrag für die Investition bis zum Ablauf der Aufstellungsfrist für die Eröffnungsbilanz verbindlich erteilt worden ist.
In Höhe der nach Satz 1 Nr. 1 bis 3 aktivierten Beträge ist auf der Passivseite eine Gewinnrücklage zu bilden, die bis zur Tilgung der aktivierten Beträge als vorläufige zu bezeichnen ist.

(2) Der nach Absatz 1 Nr. 1 angesetzte Betrag ist planmäßig innerhalb der Zeit abzuschreiben, die der durchschnittlichen Restnutzungsdauer der nach § 7 neu bewerteten entgeltlich erworbenen immateriellen Vermögensgegenstände des Unternehmens entspricht. Fehlen Vergleichszahlen oder sind die Verhältnisse nicht vergleichbar, so ist der Betrag in jedem folgenden Geschäftsjahr zu mindestens einem Viertel durch Abschreibungen zu tilgen.

(3) Für die Ingangsetzung und Erweiterung des Geschäftsbetriebs nach Absatz 1 Nr. 2 ausgewiesene Beträge sind in jedem folgenden Geschäftsjahr zu mindestens einem Viertel durch Abschreibung zu tilgen.

(4) Die nach Absatz 1 Nr. 3 aktivierten Beträge sind in den Folgejahren erfolgsneutral umzubuchen, sobald deren Bilanzierungsfähigkeit eingetreten ist. Entfällt der Anspruch nach Absatz 1 Nr. 3 nachträglich, so ist der hierfür angesetzte Betrag unmittelbar mit den Rücklagen zu verrechnen.

(5) Von Absatz 1 Nr. 1 und 2 darf nur insoweit Gebrauch gemacht werden, als nach vernünftiger kaufmännischer Beurteilung angenommen werden kann, daß das Unternehmen in der Lage sein wird, die sich hieraus ergebenden Aufwendungen und eine Gewinnausschüttung in Höhe der Zinserträge aus einer Ausgleichsforderung nach § 24 aus den laufenden Erträgen ohne Beeinträchtigung des in der Eröffnungsbilanz ausgewiesenen Eigenkapitals zu decken.

(6) Werden Beträge nach Absatz 1 Nr. 1 oder 2 aktiviert, so dürfen bis zu deren Tilgung durch Abschreibung Gewinne nur ausgeschüttet werden, wenn die nach der Ausschüttung verbleibenden jederzeit auflösbaren Gewinnrücklagen zuzüglich eines Gewinnvortrags und abzüglich eines Verlustvortrags dem angesetzten Betrag mindestens entsprechen. Entstehende Verluste sind in Höhe der Abschreibungen nach Absatz 2 und 3 mit der Gewinnrücklage zu verrechnen. § 36 bleibt unberührt.

(7) Beträge nach Absatz 1 sind bei der Berechnung von Ausgleichsforderungen und Ausgleichsverbindlichkeiten nach den §§ 24, 25, der Ausstehenden Einlage nach § 26 Abs. 3 und des Kapitalentwertungskontos nach § 26 Abs. 4, § 28 Abs. 1 nicht zu berücksichtigen.

(8) Nach Absatz 1 aktivierte Beträge und die in Höhe dieser Beträge gebildete Gewinnrücklage sind gesondert unter entsprechender Bezeichnung auszuweisen und im Anhang zu erläutern.

Konsequenzen für die Bilanzanalyse

Eine solche vorläufige Gewinnrücklage erhöhte optisch das Eigenkapital. Ob die dadurch angestrebten erhöhten Kreditmöglichkeiten realisierbar waren, darf bezweifelt werden.

Durch die Bilanzierung dieser an sich nicht bilanzierungsfähigen Vermögensgegenstände deutete das Unternehmen an, daß es in absehbarer Zukunft Gewinne in Höhe dieser vorläufigen Gewinnrücklage erwartete, die es aufgrund der gesetzlich vorgeschriebenen Ausschüttungssperre nicht ausschütten kann.

d) Das Beteiligungsentwertungskonto gem. § 24 Abs. 5 DMBilG

Das DMBilG sah bezüglich der Bilanzierung von Beteiligungen und der Ausgleichsforderung von Tochterunternehmen in den §§ 11 Abs. 1 und 24 Abs. 5 folgende Regelungen vor:

§ 11. (1) Beteiligungen an einem anderen Unternehmen nach § 1 sind in der Eröffnungsbilanz mit dem Betrag anzusetzen, der dem ausgewiesenen anteiligen Eigenkapital (§ 26 Abs. 1) in der Eröffnungsbilanz dieses Unternehmens entspricht. Steht dem anderen Unternehmen eine Ausgleichsforderung oder eine Forderung auf Einzahlung von Eigenkapital gegen das beteiligte Unternehmen zu, so sind diese unter den Verbindlichkeiten gegenüber verbundenen Unternehmen gesondert auszuweisen. Andere Beteiligungen sind mit ihrem Verkehrswert anzusetzen. Satz 3 darf auch auf Beteiligungen nach Satz 1 angewandt werden.

§ 24. (5) Mutterunternehmen, die Schuldner einer Ausgleichsforderung nach Absatz 1 sind, stellen in Höhe ihrer Verbindlichkeit aus dieser Ausgleichsforderung auf der Aktivseite ihrer Eröffnungsbilanz ein Beteiligungsentwertungskonto ein, soweit nicht ein nicht durch Eigenkapital gedeckter Fehlbetrag auszuweisen ist. Der aktivierte Betrag ist in den Folgejahren jeweils in Höhe der Tilgung der Ausgleichsforderung abzuschreiben. In Höhe des Beteiligungsentwertungskontos ist innerhalb der Gewinnrücklagen eine Sonderrücklage zu bilden, die nur zum Ausgleich von Verlusten verwendet werden darf. Der aktivierte Betrag ist nicht geeignet, Ausstehende Einlagen zur Bildung des gezeichneten Kapitals oder das Kapitalentwertungskonto nach § 26 Abs. 4, § 28 Abs. 1 zu ersetzen.

Die Abschreibungen in Höhe der Tilgung des Beteiligungsentwertungskontos sind als neutraler Aufwand zu betrachten.

e) Das Kapitalentwertungskonto gem. § 26 Abs. 4 und § 28 DMBilG

Die Vorschriften des § 26 Abs. 4 über das Kapitalentwertungskonto betrafen nur bisher volkseigene Unternehmen, die nach der Verordnung zur Umwandlung von volkseigenen Kombinaten, Betrieben und Einrichtungen in Kapitalgesellschaften (UmwVO) vom 1. März 1990 bereits vor dem Bilanzstichtag in eine private Rechtsform umgewandelt wurden. Sie hatten das Wahlrecht, den Fehlbetrag zwischen dem gezeichneten Kapital und dem bilanziellen Kapital statt durch eine Ausstehende Einlage durch ein Kapitalentwertungskonto auszugleichen.

Die gesetzlichen Vorschriften lauten:

§ 26. (4) Hat der Anteilseigner nach Überführung des Unternehmens in eine private Rechtsform seine Einlage bis zum 30. Juni 1990 geleistet, so kann in den Fällen des Absatzes 3 ein Fehlbetrag dadurch ausgeglichen werden, daß auf der Aktivseite der Eröffnungsbilanz an Stelle der Ausstehenden Einlage in entsprechender Anwendung des § 28 Abs. 1 und 2 unter den dortigen Voraussetzungen ein Kapitalentwertungskonto ausgewiesen wird. § 30 ist anzuwenden.

§ 28. (1) An Stelle einer endgültigen Neufestsetzung nach § 27 kann von Unternehmen, die nicht Geldinstitute oder Außenhandelsbetriebe sind, die Neufestsetzung vorläufig in der Weise durchgeführt werden, daß das in der Schlußbilanz in Mark der Deutschen Demokratischen Republik ausgewiesene gezeichnete Kapital (Grundkapital, Stammkapital, Einlagen, Genußrechtskapital, Geschäftsguthaben) mit dem gleichen Betrag in Deutscher Mark in die Eröffnungsbilanz übernommen und der Unterschied, um den der Betrag des gezeichneten Kapitals das bei der Aufstellung der Eröffnungsbilanz ermittelte Eigenkapital übersteigt, als Kapitalentwertungskonto auf der Aktivseite der Eröffnungsbilanz eingestellt wird.

(2) Der Betrag, der als Kapitalentwertungskonto ausgewiesen wird, darf nicht höher sein als neun Zehntel des gezeichneten Kapitals. Eine Kapitalrücklage darf nicht beibehalten werden. Eine Gewinnrücklage darf beibehalten werden, soweit diese nach § 31 gebildet worden ist und nach vernünftiger kaufmännischer Beurteilung erwartet werden kann, daß das Unternehmen das Kapitalentwertungskonto aus künftigen Jahresüberschüssen tilgen kann. Das Unternehmen ist verpflichtet, das Kapitalentwertungskonto innerhalb von fünf Geschäftsjahren nach dem Stichtag der Eröffnungsbilanz auszugleichen. Zur Tilgung sind Werterhöhungen aufgrund der Berichtigung von Wertansätzen nach § 36 sowie die Jahresüberschüsse zu verwenden. Eine anderweitige Verwendung ist unzulässig, solange das Kapitalentwertungkonto besteht.

Die Vorschriften des § 28 betrafen private Unternehmen, die das gezeichnete Eigenkapital in der D-Markeröffnungsbilanz in gleicher Höhe wie in der Schlußbilanz in Mark der DDR festsetzten. Der sich bei dieser vorläufigen Kapitalfestsetzung aufgrund der Umbewertung der Vermögensgegenstände und Schulden ergebende Fehlbetrag wurde durch die Bildung eines Kapitalentwertungskontos ausgeglichen.

Das Kapitalentwertungskonto war steuerneutral innerhalb von 5 Geschäftsjahren nach der D-Markeröffnungsbilanz durch Jahresüberschüsse oder aus nachträglichen Werterhöhungen auszugleichen. Falls das erste Geschäftsjahr nach § 58 Abs. 1 des DMBilG auf 18 Monate festgesetzt wurde, wäre das der 31. 12. 1995.

f) Nachrangiges Kapital gem. § 16 Abs. 3 DMBilG

Verbindlichkeiten, die nur aus zukünftigen Jahresüberschüssen zu tilgen sind und deren Gläubiger im Falle der Auflösung, Zahlungsunfähigkeit oder Überschuldung des Unternehmens hinter allen Gläubigern zurücktreten, waren nicht in die Eröffnungsbilanz aufzunehmen, sondern im Anhang unter den sonstigen finanziellen Verpflichtungen anzugeben.

Falls das Unternehmen mit dem Gläubiger vereinbart hatte, daß eine solche Verbindlichkeit wie eine Einlage behandelt werden sollte, so hatte diese Verbindlichkeit Eigenkapitalcharakter und war als nachrangiges Kapital auszuweisen.

6. Sonderverlustkonto aus Rückstellungsbildung gem. § 17 Abs. 4 DMBilG

Bei dem Sonderverlustkonto handelte es sich um eine steuerliche Bilanzierungshilfe in Höhe der erstmals gebildeten Rückstellungen gemäß § 249 Abs. 1 Satz 1 HGB.

§ 17 Abs. 4 DMBilG lautet:

> Werden Rückstellungen wegen der erstmaligen Anwendung des § 249 Abs. 1 Satz 1 des Handelsgesetzbuchs in der Eröffnungsbilanz gebildet, so ist in Höhe des Betrags dieser Rückstellungen, soweit er nicht durch eine Ausgleichsforderung nach § 24 Abs. 1 Satz 1 oder § 40 ausgeglichen wird oder soweit nicht ein nicht durch Eigenkapital gedeckter Fehlbetrag auszuweisen ist, auf der Aktivseite ein Sonderverlustkonto aus Rückstellungsbildung gesondert auszuweisen. Der aktivierte Betrag ist in den Folgejahren jeweils in Höhe der Aufwendungen abzuschreiben, die zur Erfüllung der zurückgestellten Verpflichtungen entstehen. In Höhe des Sonderverlustkontos ist innerhalb der Gewinnrücklagen eine Sonderrücklage zu bilden, die nur zum Ausgleich von Verlusten verwendet werden darf. Der aktivierte Betrag ist nicht geeignet, Ausstehende Einlagen zur Bildung des gezeichneten Kapitals oder das Kapitalentwertungskonto nach § 26 Abs. 4, § 28 Abs. 1 zu ersetzen.

Das Sonderverlustkonto war als aktivischer Gegenposten für solche Rückstellungen zu bilden, die nach § 249 Abs. 1 Satz 1 HGB erstmalig passiviert werden mußten, nämlich

- Rückstellungen für ungewisse Verbindlichkeiten und
- Rückstellungen für drohende Verluste aus schwebenden Geschäften.

Für

- Rückstellungen für unterlassene Aufwendungen für Instandhaltung und Abraumbeseitigung,
- Rückstellungen für Gewährleistungen, die ohne rechtliche Verpflichtung erbracht werden, und
- Aufwandsrückstellungen

war der Ansatz eines Sonderverlustkontos nicht zulässig. In der Handelsbilanz konnten zwar solche Rückstellungen angesetzt werden, in der steuerlichen Eröffnungsbilanz war ihr Ansatz jedoch ausgeschlossen, da dadurch die spätere steuerliche Abzugsfähigkeit unmöglich gemacht worden wäre.

Gemäß § 17 Abs. 4 Satz 1 DMBilG waren durch die Bildung des Sonderverlustkontos weder die Ausgleichsforderungen zu mindern noch durfte das Sonderverlustkonto nach § 25 Abs. 1 Satz 4 bei der Berechnung der Ausgleichsverbindlichkeit berücksichtigt werden. Das Sonderverlustkonto konnte auch nicht die Ausstehende Einlage zur Bildung des gezeichneten Kapitals oder das Kapitalabwertungskonto nach § 26 Abs. 4 oder § 28 Abs. 1 ersetzen, d.h. das Sonderverlustkonto bzw. die Sonderrücklage durfte nicht in das Eigenkapital einbezogen werden, das zur Bildung des gezeichneten Kapitals zur Verfügung stand.

Konsequenzen für die Bilanzanalyse

Das Sonderverlustkonto

- neutralisierte die nach § 249 Abs. 1 Satz 1 HGB neu gebildeten Rückstellungen und
- ermöglichte in den Folgeperioden handels- und steuerrechtlich die erfolgswirksame Verrechnung der zukünftigen Ausgaben.

Der aktivierte Betrag auf dem Sonderverlustkonto ist in den Folgejahren in Höhe der Inanspruchnahme der entsprechenden Rückstellungen aufwandswirksam aufzulösen. Dadurch wird die Ertragslage so dargestellt, als wären in der Eröffnungsbilanz keine Rückstellungen gebildet worden. Die Abschreibungen des Sonderverlustkontos sind als neutraler Aufwand zu betrachten.

Das Sonderverlustkonto ist in Höhe des Steuersatzes für die Gewerbeertragsteuer und für die Körperschaftsteuer für einbehaltene Gewinne als eine in Zukunft realisierbare Steuerersparnis zu betrachten.

Die in Höhe des Sonderverlustkontos zu bildende Sonderrücklage ermöglichte den Ausweis von Eigenkapital, ohne daß entsprechende Vermögenswerte vorhanden waren. In Höhe der Abschreibung des Sonderverlustkontos wird in den Folgebilanzen aus der Sonderrücklage echtes Eigenkapital.

7. Sonderrücklagen

In Höhe des Sonderverlustkontos (§ 17 Abs. 4 Satz 3 DMBilG), in Höhe des Beteiligungsentwertungskontos (§ 24 Abs. 5 Satz 3 DMBilG) und für aktivierte Rückgabeansprüche (§ 7 Abs. 6 Satz 2 DMBilG) war eine Sonderrücklage zu bilden.

Außerdem konnte bei der Neufestsetzung der Kapitalverhältnisse privater Unternehmen bei Gesellschaften mit beschränkter Haftung eine Sonderrücklage entstehen.

Die Sonderrücklagen dürfen nur zum Ausgleich von Verlusten verwendet werden. Zur Verrechnung mit Aufwendungen oder zur Auflösung des Sonderverlustkontos dürfen sie Sonderrücklagen nicht genutzt werden.

8. Bilanzpolitik bei der D-Markeröffnungsbilanz

Da von der Bewertung in der D-Markeröffnungsbilanz die Festsetzung der Ausgleichsforderungen oder Ausgleichsverbindlichkeiten abhing, war es naheliegend, daß die Bilanzersteller durch die Ausnutzung von Ansatz- und Bewertungswahlrechten sowie Ermessensspielräumen in der D-Markeröffnungsbilanz Bilanzpolitik betrieben.

Eingeschränkt wurde die Möglichkeit, Bilanzpolitik zu betreiben, durch § 24 Abs. 2 Satz 1 DMBilG, der wie folgt lautet:

> Die Ausgleichsforderung mindert sich in Höhe des Betrags, um den der Fehlbetrag durch Ausnutzung von Bewertungswahlrechten ausgeglichen werden kann.

Von der Treuhandanstalt wurden die Wahlrechte durch die »Richtlinie für die Ausübung von Ansatz- und Bewertungswahlrechten bei der Aufstellung der DM-Eröffnungsbilanz und Anforderungen an den Prüfungsbericht« erheblich eingeschränkt.

9. Steuerliche Eröffnungsbilanz und Folgewirkungen

Nach § 50 DMBilG hatte die steuerliche Eröffnungsbilanz, abgesehen von gewissen in § 50 Abs. 2 aufgeführten Abweichungen, der handelsrechtlichen Eröffnungsbilanz zum 1. Juli 1990 zu entsprechen.

Eine zur Vermeidung einer Ausgleichsverbindlichkeit durchgeführte möglichst niedrige Bewertung des Vermögens und möglichst hohe Bewertung der Schulden hatte somit nachteilige Folgen in Form hoher Ertragsteuerzahlungen in der Zukunft.

Bilanzpolitisch interessant wäre es somit gewesen, in der Handelsbilanz solche Posten zur Eigenkapitalminderung anzusetzen, die in der Steuerbilanz nicht anerkannt wurden (z. B. Aufwandsrückstellungen).

10. Berichtigung von Wertansätzen

Die durch eine spätere Berichtigung von Wertansätzen gemäß § 36 DMBilG entstandenen Gewinne oder Verluste waren im jeweiligen Folgeabschluß (bis 1994) ergebnisneutral zu behandeln.

Gemäß § 50 Abs. 3 DMBilG war die Berichtigung von Wertansätzen nach § 36 DMBilG auch für die steuerliche Gewinnermittlung maßgebend, d. h. es ergaben sich dadurch keine steuerlichen Mehr- oder Minderbelastungen.

11. Geschäftsjahr

Das erste Geschäftsjahr konnte nach § 58 Abs. 1 DMBilG auf 18 Monate festgesetzt werden. Unabhängig davon mußten aber alle Kapitalgesellschaften eine Handels- und Steuerbilanz mit Gewinn- und Verlustrechnung für den 31. 12. 1990 erstellen. Der handelsrechtliche Jahresabschluß brauchte jedoch nicht geprüft und veröffentlicht zu werden. Auch war kein Anhang aufzustellen.

12. Steuerliche Vergünstigungen

Betriebe in den neuen Bundesländern konnten in den ersten Jahren erhebliche steuerliche und andere Vergünstigungen, z. B. in Form von Investitionszulagen, Investitionszuschüssen und Sonderabschreibungen, erhalten.

Die Vergünstigungen beeinträchtigen die Darstellung der Vermögens-, Finanz- und Ertragslage in den Jahresabschlüssen.

Bei einer Bilanzanalyse ist es deshalb angebracht, sich nach den in Anspruch genommenen Vergünstigungen zu erkundigen.

Die Vorschriften über die Sonderabschreibungen werden nachfolgend kurz dargestellt.

Auf bis zum 31. 12. 1996 angeschaffte/hergestellte bewegliche Wirtschaftsgüter des Anlagevermögens sowie auf die Anschaffungs-/Herstellungskosten bzw. Modernisierungs- und andere nachträgliche Herstellungsarbeiten des unbeweglichen abnutzbaren Betriebsvermögens können Sonderabschreibungen bis zu 50 % der um eventuelle Investitionszuschüsse geminderten Anschaffungs-/Herstellungskosten vorgenommen werden.

Für in den Jahren 1997 und 1998 angeschaffte/hergestellte Wirtschaftsgüter belaufen sich die Sonderabschreibungen auf 40 %. Begünstigt sind auch die Anzahlungen auf Anschaffungskosten und entstandene Teilherstellungskosten. Die Sonderabschreibungen sind neben der linearen Regelabschreibung im Jahr der Anschaffung/Herstellung und in den folgenden vier Jahren zulässig.

Zum Fördergebiet zählt nicht nur Berlin (Ost), sondern das gesamte Land Berlin.

Für Investitionen in den Jahren 1997 und 1998 gelten gewisse Einschränkungen für Berlin (West).

Investitionszulage und Investitionszuschuß können kumulativ neben den Sonderabschreibungen in Anspruch genommen werden.

13. Konzerneröffnungsbilanz

Das D-Markbilanzgesetz verlangte neben der Aufstellung von D-Markeröffnungsbilanzen die Aufstellung von Konzerneröffnungsbilanzen (Gesamteröffnungsbilanzen) durch die Mutterunternehmen. Diese Pflicht galt auch für Einzelkaufleute und Personenunternehmen.

Für die Aufstellung der Konzerneröffnungsbilanz gab es eine Reihe von Sonder-, d. h. Erleichterungsregelungen.

Aufgrund der Sonderregelungen stellten die Kozerneröffnungsbilanzen eher eine Art Bestandsaufnahme des Vermögens, insbesondere des bisher volkseigenen Vermögens, in der ehemaligen DDR dar, als daß sie der Darstellung der Vermögenslage von Konzernen dienten.

Für die Folge-Konzernabschlüsse waren nicht das DMBilG, sondern die Vorschriften des HGB bezüglich der Konzernabschlüsse anzuwenden. Es wird deshalb auf eine weitere Besprechung der Konzerneröffnungsbilanz verzichtet.

IX. Ausländische Jahresabschlüsse und deutsche Jahresabschlüsse nach IAS und US-GAAP

1. Allgemeines

Die zunehmend internationale Verflechtung der Wirtschaft und der Unternehmen macht es immer öfter notwendig, ausländische Jahresabschlüsse und deutsche Jahresabschlüsse nach IAS und US-GAAP zu analysieren.

Um Jahresabschlüsse qualifiziert analysieren zu können, muß man Kenntnisse über angewendete gesetzliche Vorschriften, Rechnungslegungs- und Bilanzierungsgrundsätze haben. Die Vielzahl der Länder und der Umfang der jeweiligen Rechnungslegungsgrundsätze lassen jedoch keine ausführliche Beschreibung der Vorschriften für die Bilanzierung und der Rechnungslegungsgrundsätze, wie sie für die deutschen Jahresabschlüsse in diesem Buch enthalten ist, zu.

In Abschnitt 2 aa werden die US-amerikanischen »Generally Accepted Accounting Principles« (GAAP) erläutert und den deutschen Grundsätzen ordnungsmäßiger Buchführung (GoB) gegenübergestellt. Während die Rechnungslegung nach den deutschen Grundsätzen ordnungsmäßiger Buchführung (GoB) wegen unzureichender Regelungen große Gestaltungsspielräume zuläßt, von formaljuristischen Aspekten beherrscht wird und betriebswirtschaftliche Erfordernisse nur ungenügend berücksichtigt, dominiert bei den US-GAAP die wirtschaftliche Betrachtungsweise, und es gibt detaillierte Regelungen.

Abschnitt 2 ab enthält Informationen über die Rechnungslegung nach International Accounting Standards (IAS).

Abschnitt 2 ac zeigt einen Vergleich der wesentlichen Unterschiede der Rechnungslegung nach IAS, US-GAAP und HGB.

Schließlich werden in Abschnitt 2 ad von deutschen Gesellschaften veröffentlichte Überleitungen des Eigenkapitals und des Jahresüberschusses von HGB-Abschlüssen auf US-GAAP-Abschlüsse dargestellt. Sie zeigen die möglichen Auswirkungen der Anwendung verschiedener Rechnungslegungsgrundsätze und können, wie die Gegenüberstellung in Abschnitt C IX 2aa und der Vergleich in Abschnitt C IX 2ac zeigen, eine Hilfe bei der Bereinigung von nach deutschen Grundsätzen ordnungsmäßiger Buchführung erstellten Jahresabschlüssen sein.

Abschnitt 2b behandelt die 4. und 7. gesellschaftsrechtliche EG-Richtlinie.

In Abschnitt 2c werden Besonderheiten von Jahresabschlüssen aus Hochinflationsländern gezeigt.

In Abschnitt 2d werden Sachverhalte und Bilanzierungsprobleme aufgezählt, die in einzelnen Ländern unterschiedlich gehandhabt werden und die die Darstellung der Finanz- und Ertragslage sehr beeinflussen können.

In Anhang B werden die Rechnungslegungsgrundsätze von 15 verschiedenen Ländern sowie die in den IAS und EG-Richtlinien enthaltenen Rechnungslegungsgrundsätze für diese Sachverhalte und Bilanzierungsprobleme wiedergegeben.

2. Vorschriften und Rechnungslegungsgrundsätze verschiedener Länder

a) US-GAAP und IAS im Vergleich mit den deutschen Grundsätzen ordnungsmäßiger Buchführung

aa) US-GAAP

In den USA wurden die Rechnungslegungsgrundsätze »Generally Accepted Accounting Principles« (GAAP) von dem American Institute of Certified Public Accountants (AICPA), und zwar von 1939 bis 1958 von dem Committee on Accounting Procedure (CAP) des AICPA und danach bis 1973 von dem Accounting Principles Board (APB) des AICPA, entwickelt. Da dem APB mangelnde Unabhängigkeit vorgeworfen wurde und er wegen seiner Arbeitsweise und seiner Ergebnisse zunehmend Kritik ausgesetzt war, wurde die Aufgabe ab 1973 auf die unabhängige Stiftung »Financial Accounting Standards Board« (FASB) übertragen. Der FASB besteht aus sieben hauptberuflichen Mitgliedern, die nicht alle geprüfte Wirtschaftsprüfer sein müssen. Sie werden jeweils für die Dauer von 5 Jahren ernannt.

Vom CAP wurden Accounting Research Bulletins (ARB) und vom APB Opinions veröffentlicht. Der FASB gibt Statements of Financial Accounting Standards (SFAS) und Interpretations (verbindliche Erläuterungen von SFAS, ARB und APB Opinions) heraus. Sie zusammen bilden – soweit die Accounting Research Bulletins (ARB) und die APB Opinions nicht durch FASB Statements ersetzt wurden – die schriftlich fixierten Rechnungslegungsgrundsätze und Verfahrensnormen (Generally Accepted Accounting Principles der Kategorie A).

Außer diesen GAAP der Kategorie A sind noch andere Vorschriften (GAAP der Kategorie B, C und D) zu beachten, wenn ein Fall nicht in den GAAP der Kategorie A geregelt ist. Von den GAAP der Kategorie B, C und D kann nicht ohne Begründung abgewichen werden. Für die Rangfolge der einzelnen GAAP-Quellen hat sich die Bezeichnung »the house of GAAP« eingebürgert.

Daneben nimmt die 1934 gegründete unabhängige Börsenbehörde »Securities and Exchange Commission« (SEC) noch durch die SEC-Regulation S-X, die Form und Inhalt des Jahresabschlusses vorschreibt, und andere Verordnungen und Stellungnahmen Einfluß auf die GAAP.

Die Entwicklung der Rechnungslegungsgrundsätze wurde von der SEC an das AICPA und den FASB delegiert, wobei die SEC diese Rechte nie aufgegeben hat.

Anders als die Grundsätze ordnungsmäßiger Buchführung in Deutschland, die zu einem großen Teil auf dem HGB und Urteilen der Finanzgerichte und des Bundesfinanzhofs basieren, sind die GAAP nicht in Gesetzen und Urteilen kodifiziert. Die Anwendung der GAAP ist praktisch jedoch zwingend, da bei ihrer Nichtbeachtung die Wirtschaftsprüfer ihr Testat verweigern müssen.

Oberster Grundsatz in den USA ist die Darstellung der tatsächlichen wirtschaftlichen Verhältnisse eines Unternehmens durch eine periodengerechte Erfolgsermittlung (accrual principle), d. h. es gilt der Grundsatz der »fair presentation«. Jahresabschlüsse haben in den USA – was nach Ansicht des Verfassers eigentlich selbstverständlich sein sollte – in erster Linie den gegenwärtigen und potentiellen Anteilseignern und Kreditgebern zu dienen – wobei besonders an die auf dem öffentlichen Kapitalmarkt auftretenden Kapitalgeber gedacht wurde –, damit sie für Investitionsentscheidungen relevante und zuverlässige Informationen (relevance, reliability) erhalten.

In Deutschland wird dagegen die Bilanzierung von dem Vorsichtsprinzip beherrscht (siehe Abschnitt A VI 3d und Anhang A Abschnitt V 2). Obwohl es im Bilanzrichtlinien-Gesetz (§ 264 Abs. 2 HGB) in der Generalnorm heißt »*... ein den tatsächlichen Verhältnissen entsprechendes Bild der Vermögens-, Finanz- und Ertragslage der Kapitalgesellschaften vermitteln...*« und der Bestätigungsvermerk des Wirtschaftsprüfers (§ 322 Abs. 1 HGB) diesen Satz ebenfalls enthält, hat diese Generalnorm in Deutschland nicht den gleichen Stellenwert wie in den USA die »fair presentation«.

Ein weiterer wesentlicher Unterschied zwischen der US-amerikanischen und der deutschen Rechnungslegung ist der Grundsatz der Wesentlichkeit (materiality) in den USA. Nach diesem Grundsatz sind bei unwesentlichen Tatbeständen Abweichungen von den GAAP zulässig und brauchen nicht erläutert werden, sofern der Grundsatz der »fair presentation« nicht verletzt wird. Der Grundsatz der Wesentlichkeit – sofern er nicht durch zu großzügige Schätzungen mißbraucht wird – beeinträchtigt den Informationsgehalt der

Jahresabschlüsse nicht. Er kann sogar durch den Wegfall langatmiger Erläuterungen unwesentlicher Einzelheiten verbessert werden, wobei gleichzeitig die Abschlußerstellung erleichtert wird.

Die Bewertungsstetigkeit (consistency) und somit die Vergleichbarkeit von Jahresabschlüssen wird in den USA stärker betont und z.B. dergestalt angewendet, daß ggf. Angaben über die Höhe des Ergebnisses in den Vorjahren gemacht werden, das sich bei Anwendung der neuen Bewertungsmethode in früheren Geschäftsjahren ergeben hätte. Die US-amerikanische Handhabung der Bewertungsstetigkeit und Vergleichbarkeit erleichtert somit die Bilanzanalyse.

Vorstehend erläuterte Grundsätze haben zur Folge, daß in den USA die wirtschaftliche Betrachtungsweise (substance over form) stärker betont wird, d.h. nicht die rechtliche Gestaltung eines Sachverhaltes, sondern dessen wirtschaftliche Ausgestaltung und Wirkung sind für die Erfassung im Jahresabschluß von Bedeutung. In Deutschland wird die wirtschaftliche Betrachtungsweise stark von formaljuristischen Aspekten überschattet, was zu einer wenig pragmatischen Anwendung von Rechnungslegungsgrundsätzen führen kann.

Da die US-GAAP betriebswirtschaftlichen Erfordernissen genügen und es keine expliziten Wahlrechte, sondern nur in gewissem Umfang Ermessensspielräume gibt, deren Ausnutzung in der Regel zu erläutern ist, ist die Bildung von stillen Reserven nur in wesentlich geringerem Maße möglich.

Der handelsrechtliche Abschluß nach US-GAAP beeinflußt nicht die Steuerbilanz, d.h. das Maßgeblichkeitsprinzip ist unbekannt. Es gibt somit auch keine Übernahme der steuerrechtlichen Vorschriften in die Handelsbilanz (umgekehrte Maßgeblichkeit).

In den USA gibt es für den Jahresabschluß keine Gliederungsvorschriften mit Ausnahme für diejenigen Gesellschaften, deren Aktien und Anleihen an der Börse gehandelt werden. Sie haben Geschäftsberichte einschließlich Jahresabschlüsse in Form und Inhalt nach den von der SEC erlassenen Richtlinien aufzustellen, wobei inländische Gesellschaften das Formblatt 10-K und ausländische Gesellschaften das Formblatt 20-F zu benutzen haben. Die Formblätter sind spätestens 90 Tage nach dem Ende des Geschäftsjahres einzureichen und auf Verlangen jedem Aktionär auszuhändigen.

Die anderen Gesellschaften halten sich weitgehend an die Gliederungsprinzipien der SEC.

Die amerikanische Bilanz ist konsequent nach der Liquidität, d.h. der tatsächlichen Fälligkeit, gegliedert. Sie beginnt mit den kurzfristigen Posten, während in der deutschen Bilanz am Anfang die langfristigen Posten stehen.

Die an die SEC einzureichenden Jahresabschlüsse haben folgende Bestandteile:

- Konsolidierte Gewinn- und Verlustrechnung mit Entwicklung Gewinnrücklagen,
- Konsolidierte Bilanz,
- Konsolidierte Kapitalflußrechnung,
- Entwicklung des konsolidierten Eigenkapitals,
- Zusatzinformationen (notes to the financial statements).

Die Geschäftsberichte »Form 10-K« an die SEC beinhalten u.a.

- Beschreibung der Geschäftstätigkeit,
- Informationen (Umsätze, Betriebsergebnisse und weitere Informationen) nach Geschäftsfeldern und Regionen,
- Beschreibung des Standortes und der wichtigen Betriebsstätten,

- wesentliche Rechtsstreitigkeiten,
- Beziehungen zu nahestehenden Unternehmen und Personen,
- Jahresabschluß (wie oben) mit Bestätigungsvermerk des Wirtschaftsprüfers,
- Vergleich der Gewinn- und Verlustrechnungen der letzten 3 Jahre mit Angabe des Gewinns je Aktie,
- Erläuterungen der Geschäftsleitung zu den Gewinn- und Verlustrechnungen der letzten 3 Jahre,
- Änderung der Bilanzierungs- und Bewertungsmethoden,
- Erläuterung zu den einzelnen Posten des Jahresabschlusses,
- Höchst- und Tiefstkurse der Aktien und die gezahlte Dividende je Quartal während der letzten zwei Jahre,
- Diskussion und Analyse der Finanz- und Ertragslage durch das Management,
- Informationen bezüglich Marktrisiken bei den Finanzinstrumenten,
- Informationen über Vorstandsmitglieder und deren Vergütungen.

Alle Gesellschaften, die einen Form 10-K-Bericht an die SEC einreichen müssen, sind innerhalb von 45 Tagen auch zur vierteljährlichen Berichterstattung (Form 10-Q) verpflichtet. Der Form 10-Q-Bericht enthält im wesentlichen einen verkürzten Zwischenabschluß.

Nachstehend werden in einer Übersicht wesentliche Punkte der US-amerikanischen GAAP den deutschen Vorschriften und Grundsätzen ordnungsmäßiger Buchführung – soweit sie voneinander abweichen – gegenübergestellt:

Rechtliche Grundlagen

USA

Keine gesetzlich kodifizierten Bilanzierungs- und Bewertungsvorschriften

Aus der Praxis abgeleitete ausführliche Statements of Financial Accounting Standards (SFAS) sowie Interpretations (verbindliche Erläuterungen zu Einzelproblemen) der im Jahre 1973 gegründeten unabhängigen Stiftung Financial Accounting Standards Board (FASB)

Von dem American Institute of Certified Public Accountants (AICPA), und zwar durch das Committee on Accounting Procedure (CAP) bis 1958 erlassene Accounting Research Bulletins (ARB) und durch den Accounting Principles Board (APB) bis 1973 erlassene ausführliche Opinions, soweit diese Bulletins und Opinions noch gültig sind

Neben den oben aufgeführten generally accepted accounting principles, die man als Kategorie A eines »house of GAAP« bezeichnet, beinhalten die GAAP die folgenden in hierarchischer Reihenfolge aufgeführten generally accepted accounting principles der Kategorien B–D, von denen nicht ohne berechtigten Grund abgewichen werden kann:

Kategorie B
FASB Technical Bulletins (Empfehlungen)
AICPA Industry Audit and Accounting Guides (Anleitungsbücher zur Bilanzierung und Prüfung in bestimmten Branchen)
AICPA Statements of Position (Stellungnahmen zu Einzelfragen)

Kategorie C
Practice Bulletins (herausgegeben vom Accounting Standards Executive Committee (AcSEC) der Accounting Standards Division des AICPA
EITF consensuses (Protokolle der FASB Emerging Issues Task Force über aktuelle Fragen)

Kategorie D
AICPA Accounting Interpretations (zeitnahe Richtlinien für eilige Bilanzierungsprobleme)
»FASB« Implementation guides (sogenannte »Qs and As«)
Allgemein anerkannte Rechnungslegungspraxis

Falls ein Geschäftsvorfall nicht in den GAAP der Kategorien A–D geregelt ist, darf der Abschlußprüfer auf die sonstige Bilanzierungsliteratur, z. B. die theo-

Deutschland

Kurze gesetzliche Vorschriften, insbesondere des HGB sowie des Aktiengesetzes und des Steuerrechts

Urteile des Bundesfinanzhofs und der Finanzgerichte

Fachgutachten und Stellungnahmen des Instituts der Wirtschaftsprüfer

Kommentare zu obigen Vorschriften und Urteilen

Empfehlungen (Standards) des 1998 gegründeten Deutschen RechnungslegungsStandards Committee e. V. (DRSC)

retische Grundlagen behandelnden FASB Statements of Financial Accounting Concepts (SFAC), APB Statements, AICPA Issues Papers (Diskussion aktueller Fragen), International Accounting Standards des IASC, Verlautbarungen anderer Berufsvereinigungen, AICPA Technical Practice Aids und wissenschaftliche Literatur zurückgreifen	
Zusätzlich für Gesellschaften, deren Aktien oder Anleihen an der Börse gehandelt werden: SEC-Regulation S–X, die Form und Inhalt des Jahresabschlusses vorschreibt, sowie andere Verordnungen und Stellungnahmen	
Allgemeine Rechnungslegungsgrundsätze	
Kapitalmarktorientierter Jahresabschluß	Am Gläubigerschutz orientierter Jahresabschluß mit Betonung des Vorsichtsprinzips In der praxisfernen deutschen Literatur wird das Vorsichtsprinzip weiterhin stark betont. In der Praxis dagegen wird es allerdings sehr willkürlich angewendet, so daß ein zu hoher Ergebnisausweis möglich ist. In der Vergangenheit war das Vorsichtsprinzip dem Management sehr willkommen, da durch vorsichtige Bewertung in der Handels- und Steuerbilanz (Einzelabschluß) der Steueraufwand minimiert, die Dividenden- und Lohn- und Gehaltsforderungen gedämpft und stille Reserven für schlechte Geschäftsjahre geschaffen werden konnten. Aufgrund der zunehmenden Verbreitung des Shareholder Value-Gedankens und der steigenden ergebnisabhängigen Vergütung des Managements hat das Vorsichtsprinzip, insbesondere beim Konzernabschluß, die Bedeutung von früher verloren
Jahresabschlüsse sollen in erster Linie den gegenwärtigen und potentiellen Anteilseignern und den Kreditgebern als Information und Grundlage für Entscheidungen dienen	Jahresabschlüsse werden sehr durch die Ermittlung des ausschüttungsfähigen Gewinns dominiert (Gewinnverwendungsbefugnis liegt in Deutschland teilweise bei der Hauptversammlung, in den USA dagegen allein beim Board of Directors) und sind Grundlage der steuerlichen Gewinnermittlung, so daß ihre Informationsfunktion beeinträchtigt wird
Fair presentation (tatsächliche wirtschaftliche Verhältnisse eines Unternehmens); die fair presentation ist vom Wirtschaftsprüfer zu testieren	Jahresabschlüsse sind unter Beachtung der Grundsätze ordnungsmäßiger Buchführung zu erstellen. Diese Grundsätze der Rechnungslegung sind in den Fällen zu beachten, in denen keine konkreten Vorschriften bestehen oder sich Auslegungsprobleme bei gesetzlichen Vorschriften ergeben

Strenge periodengerechte Erfolgsermittlung durch zeitliche Abgrenzung, d.h. Ergebnis ergibt sich aus Aufwendungen und Erträgen und nicht aus Einzahlungen und Auszahlungen (accrual principle), und sachliche Abgrenzung (leistungsentsprechende Gegenüberstellung von Aufwendungen und Erträgen), d.h. Ausgaben sind der Periode zuzuordnen, in der die entsprechenden Produkte und Leistungen verkauft werden (matching principle)	Periodengerechte Erfolgsermittlung und sachliche Abgrenzung teilweise eingeschränkt durch stärkere Betonung des Vorsichtsprinzips
Vorsichts-, Realisations- und Imparitätsprinzip haben wegen der stärkeren Betonung der periodengerechten Gewinnermittlung in den USA keine so große Bedeutung wie in Deutschland	
Wesentlichkeit (materiality) stärker betont	
Wirtschaftliche Betrachtungsweise (substance over form) stärker betont	Wirtschaftliche Betrachtungsweise durch formaljuristische Aspekte überschattet
Bewertungsstetigkeit (consistency) restriktiver geregelt	
Änderungen von Bilanzierungs- und Bewertungsmethoden sind in den Notes zu begründen, und die betragsmäßigen Auswirkungen nach Ertragsteuern für das laufende Jahr und das vergangene Jahr sind anzugeben	Änderungen von Bilanzierungs- und Bewertungsmethoden und der Gliederung sind im Anhang anzugeben und zu begründen
Keine expliziten Wahlrechte, deshalb geringe Bedeutung stiller Reserven; stille Auflösung von stillen Reserven nicht möglich	
Keine Maßgeblichkeit der Handelsbilanz für die Steuerbilanz (Ausnahme umgekehrte Maßgeblichkeit bei Lifo)	Maßgeblichkeitsprinzip der Handelsbilanz für die Steuerbilanz und umgekehrte Maßgeblichkeit aufgrund steuerrechtlicher Vorschriften
Aufgliederung der Umsatzerlöse, des Betriebsergebnisses und weitere Informationen nach Tätigkeitsbereichen und geographisch bestimmten Märkten	Aufgliederung der Umsatzerlöse nach Tätigkeitsbereichen und geographisch bestimmten Märkten. Für börsennotierte Unternehmen ist aufgrund des KonTraG vom 30. 4. 1998 eine Segmentberichterstattung vorgeschrieben. Einzelheiten enthält das Gesetz nicht

Bestandteile des Jahresabschlusses

Gewinn- und Verlustrechnung nach dem Umsatzkostenverfahren mit Entwicklung Gewinnrücklagen	Gewinn- und Verlustrechnung nach dem Gesamtkosten- oder dem Umsatzkostenverfahren
Bilanz	Bilanz

Kapitalflußrechnung	Für börsennotierte Unternehmen ist aufgrund des KonTraG vom 30. 4. 1998 eine Kapitalflußrechnung vorgeschrieben. Einzelheiten enthält das Gesetz nicht
Notes (Zusatzinformationen)	Anhang (Ergänzung und Richtigstellung des Jahresabschlusses)

Bilanz

Entgeltlich erworbene immaterielle Vermögensgegenstände

Aktivierungsgebot	Aktivierungsgebot
Planmäßige Abschreibung über höchstens 40 Jahre; ggf. ist die Restnutzungsdauer kürzer anzusetzen	Planmäßige Abschreibung mit vorsichtiger Schätzung der Nutzungsdauer, außerplanmäßige Abschreibungen sind möglich

Selbstgeschaffene immaterielle Vermögensgegenstände

Aktivierungsfähig (z. B. Kosten zur Erlangung und Sicherung der selbstgeschaffenen immateriellen Vermögensgegenstände), sofern strenge Voraussetzungen erfüllt sind	Aktivierungsverbot

Sachanlagen

Anschaffungs- oder Herstellungskosten abzüglich planmäßiger Abschreibungen	Anschaffungs- oder Herstellungskosten abzüglich planmäßiger und ggf. außerplanmäßiger Abschreibungen
	In der Regel werden steuerrechtliche Abschreibungstabellen angewendet Zusätzliche steuerrechtliche Abschreibungen sind möglich
Außerplanmäßige Abschreibung, wenn der Netto-Cash-flow eines Vermögensgegenstandes seinen Buchwert unterschreitet; SFAS 121 gibt Anhaltspunkte, wann eine Wertminderung vorliegt	
Fremdkapitalzinsen sind aktivierungspflichtig	Für Fremdkapitalzinsen Aktivierungswahlrecht (steuerrechtliche Voraussetzung: Herstellungsdauer länger als 1 Jahr)
Nicht betriebsnotwendiges Vermögen ist separat auszuweisen	

Finanzanlagen

Anschaffungskosten abzüglich ggf. nur eingeschränkt möglicher und getrennt auszuweisender außerplanmäßiger Abschreibungen	Anschaffungskosten (Abschreibungspflicht bei dauernder Wertminderung und Abschreibungswahlrecht bei vorübergehender Wertminderung)

Beteiligungen mit wesentlichem Einfluß sind im Einzelabschluß mittels der Equity-Methode auszuweisen. Eine Beteiligung von mehr als 20% gilt als wesentlicher Einfluß, sofern keine Beweise für das Gegenteil vorliegen	Bewertung von Beteiligungen nach der Equity-Methode nur im Konzernabschluß möglich
Vorräte	
Anschaffungs- oder Herstellungskosten, d.h. Vollkosten einschließlich aller Produktionsgemeinkosten ohne Verwaltungsgemeinkosten und Leerkosten	Anschaffungs- oder Herstellungskosten einschließlich anteiliger Verwaltungskosten, Ansatz nur zu Einzelkosten möglich
Lifo zulässig, falls Lifo-Reserve gezeigt wird	Lifo zulässig
Langfristige Fertigungsaufträge	
Periodengerechte Gewinnrealisierung nach Leistungsfortschritt, wenn Kosten den anteiligen Leistungen zurechenbar sind; sonst Gewinnrealisierung bei Fertigstellung	Gewinnrealisierung bei Teilabrechnung
Forderungen aus Lieferungen und Leistungen	
Fremdwährungsforderungen zum Bilanzstichtagskurs. Üblich sind Pauschalwertberichtigungen nach der percentage-of-credit-sale method	Fremdwährungsforderungen zum Kurs der Buchung, falls Bilanzstichtagskurs nicht niedriger ist; neben Einzelwertberichtigungen sind zusätzlich pauschale Wertberichtigungen üblich
Wertpapiere des Umlaufvermögens	
Trading securities and available for sale securities sind mit dem beizulegenden Zeitwert (fair value) zu bewerten	Anschaffungskosten, soweit kein niedrigerer Börsen- oder Marktpreis für die Werte vorliegt Eine niedrigere Bewertung zur Berücksichtigung künftiger Wertschwankungen ist zulässig
Pensionsrückstellungen	
Laufend Zahlungen an rechtlich selbständige Pensionsfonds (deshalb nicht vergleichbar)	Pensionsrückstellungen werden üblicherweise aufgrund steuerrechtlicher Vorschriften ermittelt (§ 6a EStG)
Unterdeckung des Pensionsfonds und unerfüllte Beitragsverpflichtungen werden als sonstige Verbindlichkeiten ausgewiesen	Keine Rückstellungspflicht für Zusagen vor dem 1. 1. 1987, jedoch Angabe im Anhang
In SFAS 87 (Employers' Accounting for Pensions) ist die versicherungsmathematische Berechnung des periodengerechten Nettoversorgungsaufwandes (net periodic pension cost) von leistungsorientierten Versorgungsplänen (defined benefit pension plan), die nach dem Anwartschaftsbarwertverfahren (projected unit credit method) erfolgen, geregelt. Der Nettoversor-	Bei der Berechnung der Aufwendungen für Altersversorgung in deutschen Jahresabschlüssen nach § 6a EStG bestehen gegenüber der Berechnung in den USA folgende wesentliche Unterschiede: – Zukünftige Lohn und Gehaltssteigerungen werden nicht berücksichtigt

gungsaufwand ist der jährliche Sollaufwand eines Unternehmens für seine Pensionsverpflichtungen entweder durch Zuweisung an einen ausgegliederten Pensionsfonds oder durch Zuführungen zu einer Pensionsrückstellung

- Zukünftige Rentensteigerungen werden nicht berücksichtigt
- Zuführung erfolgt ab dem 30. Lebensjahr und nicht bei Zusage
- Es werden keine Fluktuationsannahmen gemacht
- Der Zinssatz ist festgelegt

Der periodengerechte Nettoversorgungsaufwand setzt sich aus folgenden Komponenten zusammen:

service cost (Unterschied des Barwertes der voraussichtlich erdienten Pensionsansprüche bei Eintritt des Versorgungsfalles [projected benefit obligation – PBO] am Anfang und Ende des Geschäftsjahres), d. h. die Erhöhung der Ansprüche auf Grund der im Geschäftsjahr geleisteten Arbeit

interest cost (Zinsen auf die projected benefit obligation zum Beginn des Geschäftsjahres)

actual return on plan assets (erwartete Erträge des ausgesonderten Vermögens zur Deckung der Versorgungsverpflichtungen)

amortization of unrecognized prior service cost (evtl. planmäßig zu verteilende Aufwendungen für Zusageerhöhungen, die nicht im Jahr der Zusage voll berücksichtigt werden müssen und somit auf die zukünftige Dienstzeit verteilt werden dürfen)

gain or loss (planmäßiger Verteilungsbetrag von versicherungsmathematischen Gewinnen oder Verlusten)

amortization of the unrecognized net obligation or unrecognized net asset (planmäßiger Verteilungsbetrag des sich bei der erstmaligen Anwendung von SFAS 87 ergebenden Unterschiedsbetrages zwischen der projected benefit obligation und den plan assets). Der Betrag ist auf die zukünftige Dienstzeit zu verteilen

Bei beitragsorientierten Versorgungsplänen entspricht der Nettoversorgungsaufwand dem Beitrag

Es sind umfangreiche Angaben zu machen

Rückstellungen für Krankheitskosten der Rentner

Rentner sind krankenversichert (deshalb nicht vergleichbar)

Nach SFAS 106 (Employers' Accounting for Postretirement Benefits Other than Pensions) ist für die nach dem 15. 12. 1992 beginnenden Geschäftsjahre eine Rückstellung für postretirment benefits other than pensions, das sind im wesentlichen die Krankheitskosten der Rentner, zu bilden. Für Unternehmen außerhalb der USA begann die Frist 2 Jahre später.

Die Rückstellung konnte sofort gebildet werden oder ihre Bildung über die nächsten 20 Jahre verteilt werden. Vor 1993 wurden diese Verpflichtungen erst bei Anfall erfaßt (pay-as-you-go). Die Rückstellung wird ähnlich wie die Pensionsverpflichtungen ermittelt und beinhaltet auch die vermutete Steigerung der Kosten im Gesundheitswesen. Es bestehen ähnliche Angabepflichten im Geschäftsbericht wie bei den Pensionsverpflichtungen	

Sonstige Rückstellungen

Die Verpflichtung muß wahrscheinlich sein und vernünftig geschätzt werden können; falls es eine Bewertungsbandbreite gibt, und alle Schätzungen als gleichwertig zu erachten sind, ist der Mindestbetrag zu passivieren und zu erläutern	Der Eintritt der Verpflichtung muß möglich sein
Nicht unwahrscheinliche erwartete verlustbringende Ereignisse sind in den Notes zu erläutern	Aufwandsrückstellungen sind erlaubt Der Ermessensspielraum bei den sonstigen Rückstellungen ist sehr groß

Verbindlichkeiten

Fremdwährungsverbindlichkeiten zum Bilanzstichtagskurs	Fremdwährungsverbindlichkeiten zum Kurs der Buchung, falls Bilanzstichtagskurs nicht höher ist
Langfristige Verbindlichkeiten sind mit dem Barwert anzusetzen	Langfristige Verbindlichkeiten sind mit den Rückzahlungsbetrag anzusetzen

Latente Steuern

Bilanzierungspflicht Sehr detaillierte Einzelheiten sind in SFAS 109 geregelt Nach SFAS 109 ist die liability method (zukünftig geltender Steuersatz ist maßgeblich) anzuwenden; keine Diskontierung von latenten Steuern; die latenten Steuern sind zu erläutern	Für aktive latente Steuern Aktivierungswahlrecht (Ausschüttungssperre) Für durch Konsolidierungsmaßnahmen entstandene aktive latente Steuern Aktivierungspflicht Kein Ansatz aktiver latenter Steuern für steuerlichen Verlustvortrag (Saldierung mit passiven latenten Steuern möglich) Für passive latente Steuern Passivierungspflicht Einzelheiten der Berechnung nicht geregelt

Leasing

Finanzierungsleasing entsprechend wirtschaftlicher Betrachtungsweise bilanzierungspflichtig	Beim Leasingnehmer aktivierungs- und passivierungspflichtig, wenn der Eigentumsübergang von vornherein nach Ablauf der

Bilanzierungspflichtig beim Leasingnehmer, wenn eine der folgenden Voraussetzungen erfüllt ist: Eigentumsübertragung auf den Leasingnehmer am Ende der Leasingperiode Leasingvertrag enthält eine für den Leasingnehmer günstige Kaufoption Leasingvertrag erstreckt sich über mindestens 75% der Lebensdauer des Leasingobjektes Bei Vertragsabschluß beträgt der Barwert der Leasingzahlungen mindestens 90% des Marktwertes des Leasingobjektes	Mietzeit automatisch und völlig bedingungsfrei vereinbart ist oder wenn das Leasingobjekt dem Leasingnehmer steuerlich zugerechnet wird Leasingverträge sind in der Regel so gestaltet, daß handels- und steuerrechtlich keine Aktivierung und Passivierung beim Leasingnehmer zu erfolgen hat
Einzelheiten in SFAS 13 geregelt	
Erläuterungen in der Bilanz und den Notes	Angabe im Anhang in dem Gesamtbetrag der sonstigen finanziellen Verpflichtungen, sofern diese Angabe für die Beurteilung der Finanzlage von Bedeutung ist (Begriff und Berechnungsweise der sonstigen finanziellen Verpflichtungen sind nicht definiert)
Bei einem Sale and lease back-Geschäft ist die Realisierung eines Veräußerungsgewinnes zum Verkaufszeitpunkt nicht möglich	Bei einem Sale and lease back-Geschäft ist die Realisierung eines Veräußerungsgewinnes zum Verkaufszeitpunkt möglich

Gewinn- und Verlustrechnung

Zuwendungen der öffentlichen Hand

Investitionszuschüsse sollen über die Nutzungsdauer der Vermögensgegenstände verteilt werden. Übrige Zuschüsse sollen im Jahr der entsprechenden Ausgaben in der Gewinn- und Verlustrechnung erfaßt werden	Steuerfreie Investitionszulagen werden in der Regel sofort erfolgswirksam gebucht, steuerpflichtige Investitionszuschüsse werden in der Regel mit den Anschaffungs- und Herstellungskosten saldiert

Gewinne oder Verluste aus dem Verkauf oder der Aufgabe von Geschäftsbereichen

Gewinne oder erwartete Verluste aus dem Verkauf oder der Aufgabe von Geschäftsbereichen, deren Aktivitäten, Vermögenswerte und Ergebnisse eindeutig abgrenzbar sind, müssen gesondert nach Abzug der Ertragsteuern ausgewiesen werden In den zum Vergleich dargestellten früheren Jahresabschlüssen sind die Ergebnisse des aufzugebenden oder zu verkaufenden Geschäftsbereiches ebenfalls getrennt anzugeben Umfangreiche Angabepflichten	Es gibt keine speziellen Vorschriften

Außerordentliche Aufwendungen und Erträge

Außerordentliche Aufwendungen und Erträge (extraordinary items) werden saldiert mit der darauf ent-	Außerordentliche Aufwendungen und Erträge werden getrennt ohne die darauf entfal-

fallenden Ertragssteuerentlastung oder -belastung in einem Posten ausgewiesen und in den Notes erläutert	lende Ertragsteuerentlastung oder -belastung ausgewiesen
Als außerordentlich werden Ereignisse bezeichnet, die gleichzeitig ungewöhnlich sind und selten vorkommen, d.h. die keine Beziehung zu der normalen Geschäftstätigkeit haben und in absehbarer Zeit nicht mehr zu erwarten sind (Beispiele: Folgen von Erdbeben, Enteignungen, neue Gesetze, die die Tätigkeit des Unternehmens betreffen und mit deren Einführung nicht zu rechnen war)	Nach § 272 Abs. 4 Satz 1 HGB umfassen sie Aufwendungen und Erträge, die außerhalb der gewöhnlichen Geschäftstätigkeit der Gesellschaft anfallen, wobei offengelassen wird, wann Erträge und Aufwendungen als außerhalb der gewöhnlichen Geschäftstätigkeit angefallen anzusehen sind
Aufwendungen und Erträge, die entweder ungewöhnlich oder selten sind, sind ohne die darauf entfallenden Ertragsteuern getrennt auszuweisen oder in den Notes anzugeben	Der Begriff »außerordentlich« wird in Deutschland nicht einheitlich und großzügiger als in den USA ausgelegt
	Außerordentliche Aufwendungen und Erträge sind hinsichtlich ihres Betrages und ihrer Art im Anhang zu erläutern, soweit die ausgewiesenen Beträge für die Beurteilung der Ertragslage nicht von untergeordneter Bedeutung sind; im Anhang ist ferner anzugeben, in welchem Umfang die Steuern vom Einkommen und vom Ertrag das Ergebnis der gewöhnlichen Geschäftstätigkeit und das außerordentliche Ergebnis belastet haben, wobei die Angaben verbal erfolgen können

Angabepflichten (notes)/Anhang

Zusätzliche Angaben zur Ergänzung und Erläuterung der übrigen Teile des Jahresabschlusses sowie zusätzliche Informationen	Zusätzliche Angaben, die der Ergänzung und Richtigstellung der Bilanz und Gewinn- und Verlustrechnung dienen

Konzernabschluß

Geschäfts- oder Firmenwert

Aktivierungspflicht für Geschäfts- oder Firmenwert	Aktivierungswahlrecht bei Geschäfts- oder Firmenwert
Abschreibungspflicht über höchstens 40 Jahre	Abschreibung beginnend spätestens in dem auf die Aktivierung folgenden Geschäftsjahr mit mindestens je einem Viertel jährlich oder planmäßige Verteilung auf die Geschäftsjahre, in denen der Geschäfts- oder Firmenwert voraussichtlich genutzt wird (steuerlich 15 Jahre)
Bei einem Unternehmenskauf werden einzeln bewertbare immaterielle Vermögensgegenstände gesondert bewertet	
Bei negativem Unterschiedsbetrag sind Wertberichtigungen auf das Sachanlagevermögen bis auf 0 vorzunehmen, ein evtl. verbleibender negativer Unterschiedsbetrag ist über höchstens 40 Jahre abzuschreiben	Ein negativer Unterschiedsbetrag ist gesondert auszuweisen und darf nur unter gewissen Bedingungen ergebniswirksam aufgelöst werden

Konsolidierungskreis

Ein Nichteinbezug in den Konzernabschluß wegen stark abweichender Tätigkeit ist nicht zulässig	Tochterunternehmen mit stark abweichender Tätigkeit dürfen nicht einbezogen werden
Einbeziehungsverbot für Tochterunternehmen, bei denen beabsichtigt ist, sie weiterzuveräußern oder bei denen eine starke Behinderung der Rechte des Mutterunternehmens vorliegt	Einbeziehungswahlrecht für Tochterunternehmen, bei denen eine erhebliche und andauernde Beschränkung der Rechte des Mutterunternehmens vorliegt, bei denen unverhältnismäßig hohe Kosten oder Verzögerungen der Informationsbeschaffung anfallen, die ausschließlich zum Zwecke der Weiterveräußerung gehalten werden oder die von untergeordneter Bedeutung sind

Währungsumrechnung

Funktionsspezifische Umrechnung (Konzept der funktionalen Währung)	Keine Währungsumrechnungsmethode vorgeschrieben; erläuterungspflichtig

Sonstige Bemerkungen

Kapitalgesellschaften, die Tochterunternehmen besitzen, brauchen in der Regel keinen Einzelabschluß zu veröffentlichen	Ansatz- und Bewertungswahlrechte dürfen im Konzernabschluß neu ausgeübt werden
Einzelabschluß des Mutterunternehmens und Konzernabschluß weisen denselben Gewinn und dieselben Gewinnrücklagen aus, da im Einzelabschluß Beteiligungen nach der Equity-Methode bewertet werden und beim Konzernabschluß keine Neuausübung von Ansatz- und Bewertungswahlrechten möglich ist; dadurch kann der Konzernabschluß auch zur Ermittlung des ausschüttbaren Gewinns dienen	

Zwischenberichterstattung

Börsennotierte Unternehmen haben innerhalb von 45 Tagen Quartalsabschlüsse (Form 10-Q) an die SEC einzureichen Der Quartalsabschluß umfaßt Bilanz, Gewinn- und Verlustrechnung, Kapitalflußrechnung und Notes	Im geregelten Handel an der Börse notierte Unternehmen haben innerhalb von zwei Monaten einen Halbjahresbericht mit ausgewählten Unternehmensdaten, jedoch ohne einen vollständigen Abschluß zu veröffentlichen
Materielle Einzelheiten sind sowohl für die aufgrund der SEC-Vorschriften als auch für die freiwillig erstellten Quartalabschlüsse geregelt	Materielle Einzelheiten sind nicht geregelt

Auswirkungen der US-amerikanischen und deutschen Rechnungslegungsvorschriften auf die Rechnungslegungspraxis der beiden Länder

USA	**Deutschland**
	Gewinnbringende Unternehmen
Realistischere Werte als in Deutschland, d. h. auf der Aktivseite wahrscheinlich höhere Werte, auf der Passivseite wahrscheinlich niedrigere Rückstellungen	Bei Einzelabschluß Ansatz der steuerlich und handelsrechtlich möglichst niedrigen Werte auf der Aktivseite und der höchstmöglichen Rückstellungen auf der Passivseite Steuerbilanz wird zur Handelsbilanz (umgekehrte Maßgeblichkeit), um steuerliche Vorteile zu erhalten
	Verlustbringende Unternehmen
wie oben	Ansatz möglichst hoher Werte auf der Aktivseite und möglichst niedriger Rückstellungen auf der Passivseite
	Alle Gesellschaften
Gewinn- und Verlustrechnungen sind besser vergleichbar, da es nur das Umsatzkostenverfahren und keine expliziten Ansatz- und Bewertungswahlrechte gibt	Durch mögliche Bildung von stillen Reserven bei gewinnbringenden Gesellschaften und mögliche stille Auflösung von stillen Reserven bei verlustbringenden Gesellschaften sind die echten Ergebnisse ohne zusätzliche Informationen nicht genau feststellbar

ab) Rechnungslegung nach International Accounting Standards (IAS)

Am 29. Juni 1973 wurde das International Accounting Standards Committee (IASC) von sich mit der Rechnungslegung befassenden Berufsverbänden aus Australien, Deutschland, Frankreich, Großbritannien und Irland, Japan, Kanada, Mexiko, den Niederlanden und den USA gegründet.

Anfang 2000 gehörten dem IASC 143 Mitglieder – darunter aus Deutschland das IDW und die WPK – aus 104 Ländern an. Sitz des IASC ist London EC4A 2DY, 166 Fleet Street.

Die in der Satzung festgelegten Ziele des IASC sind:

- die Formulierung und Veröffentlichung von Rechnungslegungsgrundsätzen (accounting standards) im Interesse der Öffentlichkeit, die bei der Aufstellung und Darstellung der Abschlüsse anzuwenden sind, und die Förderung deren weltweiter Akzeptanz und Einhaltung sowie
- allgemein das Bemühen um die Verbesserung und Harmonisierung der Vorschriften, Rechnungslegungsgrundsätze und Verfahren in Verbindung mit der Aufstellung und Darstellung von Abschlüssen.

Die vom IASC erarbeiteten International Accounting Standards (IAS) werden vom Board des IASC mit mindestens Dreiviertelmehrheit verabschiedet. Der Board besteht aus Mitgliedern aus 13 Ländern (zur Zeit: Australien, Deutschland, Frankreich, Großbritannien, Indien, Japan, Kanada, Malaysia, Mexiko, die Niederlande, Nordic Federation of Public Accountants, Südafrika, USA). Der Board kooptierte das International Council of Investment Associations (ICIA), die International Association of Financial Executives Institutes (IAFEI) und die Federation of Swiss Industrial Holding Companies als stimmberechtigte Mitglieder in den Board. Als Beobachter nehmen an den Board-Sitzungen ein Vertreter der EU-Kommission, des Financial Accounting Standards Board (FASB) der USA, der International Organization of Securities Commissions (IOSCO) und des Chinese Institute of Certified Public Accountants teil.

Die Vorarbeiten für die IAS werden von Steering Committees (Arbeitsgruppen) in einem längeren Prozeß geleistet. Die Diskussionsentwürfe (Exposure Drafts) des IASC werden veröffentlicht und jeder an dem Thema Interessierte kann dazu Stellung nehmen.

Der Board hält regelmäßig Sitzungen mit der Consultative Group (Beratungsgremium) ab. Der Consultative Group gehörten Anfang 2000 an:

Basel Committee on Banking Supervision
Europäische Kommission
Fédération Bancaire de l'Union Européenne
Fédération Internationale des Bourses de Valeurs (FIBV)
Financial Accounting Standards Board (FASB)
International Actuarial Association (IAA)
International Association for Accounting Education and Research (IAAER)
International Association of Insurance Supervisors (IAIS)
International Banking Associations
International Bar Association (IBA)
International Chamber of Commerce (ICC)
International Confederation of Free Trade Unions (ICFTU) und World Confederation of Labour
International Finance Corporation (IFC)
International Organization of Securities Commissions (IOSCO)
International Valuation Standards Committee (IVSC)
The World Bank
Organisation for Economic Co-operation and Development (OECD)*
United Nations Division on Transnational Corporations and Investment (UNCTAD)*

* (Beobachter)

Im Mai 2000 wurde eine Neuorganisation des IASC beschlossen.

Bis Oktober 2000 hat der Board des IASC die folgenden heute noch gültigen International Accounting Standards (IAS) verabschiedet:

IAS 1 Darstellung des Abschlusses
IAS 2 Vorräte
IAS 3 (ersetzt durch IAS 27 und IAS 28)
IAS 4 Abschreibungen
IAS 5 (ersetzt durch IAS 1)
IAS 6 (ersetzt durch IAS 15)
IAS 7 Kapitalflußrechnungen
IAS 8 Periodenergebnis, grundlegende Fehler und Änderungen der Bilanzierungs- und Bewertungsmethoden
IAS 9 (ersetzt durch IAS 38)
IAS 10 Ereignisse nach dem Bilanzstichtag
IAS 11 Fertigungsaufträge
IAS 12 Ertragsteuern
IAS 13 (ersetzt durch IAS 1)
IAS 14 Segmentberichterstattung
IAS 15 Informationen über die Auswirkungen von Preisänderungen
IAS 16 Sachanlagen
IAS 17 Leasingverhältnisse
IAS 18 Erträge
IAS 19 Leistungen an Arbeitnehmer
IAS 20 Bilanzierung und Darstellung von Zuwendungen der öffentlichen Hand
IAS 21 Auswirkungen von Wechselkursänderungen
IAS 22 Unternehmenszusammenschlüsse
IAS 23 Fremdkapitalkosten
IAS 24 Angaben über Beziehungen zu nahestehenden Unternehmen und Personen
IAS 25 Bilanzierung von Finanzinvestitionen (wird ersetzt durch IAS 40)
IAS 26 Bilanzierung und Berichterstattung von Altersversorgungsplänen
IAS 27 Konzernabschlüsse und Bilanzierung von Anteilen an Tochterunternehmen
IAS 28 Bilanzierung von Anteilen an assoziierten Unternehmen
IAS 29 Rechnungslegung in Hochinflationsländern
IAS 30 Angaben im Abschluß von Kreditinstituten und ähnlichen Institutionen
IAS 31 Rechnungslegung über Anteile an Joint Ventures
IAS 32 Finanzinstrumente: Angaben und Darstellung
IAS 33 Ergebnis je Aktie
IAS 34 Zwischenberichterstattung
IAS 35 Einstellung von Bereichen
IAS 36 Wertminderung von Vermögenswerten
IAS 37 Rückstellungen, Eventualschulden und Eventualforderungen
IAS 38 Immaterielle Vermögenswerte
IAS 39 Finanzinstrumente: Ansatz und Bewertung (gültig ab 1. 1. 2001)
IAS 40 Finanzinvestitionen (gültig ab 1. 1. 2001)

Außerdem wurden

ein Vorwort zu den International Accounting Standards und das Rahmenkonzept für die Aufstellung und Darstellung von Abschlüssen

der Exposure Draft (Diskussionsentwurf) E 65 Landwirtschaft
sowie mehrere Diskussionspapiere

veröffentlicht.

Seit 1997 wurden vom Standing Interpretations Committee (SIC) des IASC 24 Interpretations und 3 Entwürfe zu Interpretations herausgegeben. Diese Interpretations sind Stellungnahmen zu Problemen, die in Ermangelung einer Verlautbarung wahrscheinlich zu einer unterschiedlichen oder nicht akzeptablen Behandlung führen können.

Jahresabschlüsse dürfen gemäß IAS 1 Presentation of Financial Statements nur dann den Vermerk tragen, daß sie gemäß den International Accounting Standards erstellt wurden, wenn sämtliche IAS und Interpretations des IASC berücksichtigt wurden.

Im Februar 2000 veröffentlichte die SEC ein Diskussionspapier (Concept Release), in dem sie trotz einiger Vorbehalte eine mögliche Akzeptanz der IAS für eine Notierung ausländischer Unternehmen an amerikanischen Börsen erkennen ließ. Im Mai 2000 empfahl das Präsidium der internationalen Vereinigung der Börsenaufsichtsbehörden (IOSCO), die IAS weltweit als Rechnungslegungsstandards für grenzüberschreitende Notierungen zu akzeptieren. Im Juni 2000 schlug die Europäische Kommission vor, daß alle börsennotierten Unternehmen in der Europäischen Union spätestens ab 2005 ihre Konzernabschlüsse nach IAS-Regeln aufstellen und die Mitgliedstaaten ein Wahlrecht erhalten, IAS auch für nicht börsennotierte Unternehmen und Einzelabschlüsse zuzulassen. Der Vorschlag der Europäischen Kommission könnte dazu führen, daß europäische Unternehmen, die bereits nach US-GAAP bilanzieren, in Zukunft nach IAS bilanzieren müssen oder daß sich diese beiden Rechnungslegungssysteme einander angleichen. Die Verlautbarungen der SEC, der IOSCO und der Europäischen Kommission geben Anlaß, nachstehend auch einen Vergleich der wesentlichen Unterschiede der Rechnungslegung nach IAS, US-GAAP und HGB zu zeigen.

ac) Vergleich der wesentlichen Unterschiede der Rechnungslegung nach IAS, US-GAAP und HGB

Im folgenden werden die wesentlichen Unterschiede der Rechnungslegung nach IAS, US-GAAP und HGB zusammengefaßt dargestellt. Im Gegensatz zu diesem Vergleich, der mehr grundsätzlicher Art ist, war es das Ziel der in Abschnitt C IX 2aa gezeigten Gegenüberstellung der US-GAAP und der deutschen Vorschriften und Grundsätze ordnungsmäßiger Buchführung, den Leser auf die bei einer Bilanzanalyse wichtigen Punkte – soweit sie voneinander abweichen – aufmerksam zu machen.

Obwohl die IAS und US-GAAP nicht identisch sind – wie der Vergleich zeigt – , ist ihnen gemeinsam, daß sie im Gegensatz zu den im HGB erwähnten Grundsätzen ordnungsmäßiger Buchführung

- eine hohe bzw. sehr hohe Regelungsdichte aufweisen,
- materiell bedeutende Angabepflichten haben und zusätzliche Informationen vermitteln,
- nur geringe oder keine Wahlrechte und nur geringe Gestaltungsmöglichkeiten bieten,
- keinen steuerlichen Einflüssen unterliegen,
- vom Grundsatz der periodengerechten Erfolgsermittlung beherrscht werden,
- die Bewertungsstetigkeit und somit die Vergleichbarkeit stärker betonen,
- die wirtschaftliche Betrachtungsweise als Grundsatz haben,
- das stille Auflösen von stillen Reserven unmöglich machen,

- betriebswirtschaftlich sinnvoller sind und somit ein den tatsächlichen wirtschaftlichen Verhältnissen entsprechendes Bild vermitteln (fair presentation).

Dadurch wird das Analysieren eines IAS- oder US-GAAP-Abschlusses einfacher und die Analyse wesentlich aussagefähiger.

Sachverhalt bzw. Bilanzierungsproblem	**IAS**	**US-GAAP**	**HGB**
Die in kursiv gemachten Angaben sind keine Unterschiede, sondern Kommentare hinsichtlich des Arbeitsaufwandes und der Bedeutung der zu gebenden Informationen.			
1. Allgemeine Informationen			
Rechnungslegungsvorschriften	Vom IASC, einer unabhängigen privatrechtlichen Organisation, entwickelte Rechnungslegungsgrundsätze Im Mai 2000 hat die IOSCO empfohlen, die IAS zu akzeptieren.	Die mit Unterstützung der SEC erlassenen detaillierten Statements des FASB und andere Verlautbarungen haben gesetzesähnlichen Charakter.	Wenige allgemeine Vorschriften im HGB und Hinweise im HGB auf nicht definierte Grundsätze ordnungsmäßiger Buchführung
	Die Rechnungslegungsvorschriften sind rechtsform- und größenunabhängig.	US-GAAP gelten für der staatlichen Börsenaufsicht unterliegende Unternehmen. Sie können freiwillig von anderen Unternehmen angewendet werden. Wirtschaftsprüfer dürfen nur Jahresabschlüsse nach US-GAAP testieren.	Es gibt rechtsform- und größenabhängige Vorschriften.
	Materiell bedeutende Angabepflichten (notes) sowie zusätzliche Informationen wie Kapitalflußrechnung und Segmentberichterstattung	Materiell bedeutende Angabepflichten (notes) sowie zusätzliche Informationen wie Kapitalflußrechnung und Segmentberichterstattung	Geringe Angabepflichten im Anhang. Ab 1999 ist für börsennotierte Unternehmen Pflicht, eine Kapitalflußrechnung und eine Segmentberichterstattung zu veröffentlichen. Einzelheiten sind nicht im Gesetz geregelt.
Wahlrechte	Geringe Wahlrechte; man unterscheidet in einigen Fällen zwischen Benchmark-Methode und alternativ zulässiger Methode.	Keine expliziten Wahlrechte	Viele Wahlrechte und großer Gestaltungsspielraum

Sachverhalt bzw. Bilanzierungsproblem	IAS	US-GAAP	HGB
Steuerliche Einflüsse	Keine steuerlichen Einflüsse	Keine steuerlichen Einflüsse (Ausnahme Lifo)	Maßgeblichkeit der Handelsbilanz für die Steuerbilanz und umgekehrte Maßgeblichkeit
	Wegen der strengen Trennung von Handels- und Steuerbilanz haben die latenten Steuern eine große Bedeutung.	*Wegen der strengen Trennung von Handels- und Steuerbilanz haben die latenten Steuern eine große Bedeutung.*	
Aussagefähigkeit des Jahresabschlusses	Die IAS haben eine hohe Regelungsdichte, sind sehr übersichtlich aufgebaut und bieten wenig Gestaltungsmöglichkeiten. Soweit mögliche Ermessensspielräume zu stark genutzt werden, sind sie für die Abschlußleser aufgrund umfangreicher Angabepflichten meistens durchschaubar.	Die US-GAAP haben eine sehr hohe Regelungsdichte, sind sehr komplex und bieten praktisch keine Gestaltungsmöglichkeiten. Soweit mögliche Ermessensspielräume zu stark genutzt werden, sind sie für die Abschlußleser aufgrund umfangreicher Angabepflichten meistens durchschaubar.	Die wenigen Vorschriften des HGB und die nicht definierten Grundsätze ordnungsmäßiger Buchführung bieten viele Gestaltungsmöglichkeiten, die auch durch die wenig aussagefähigen Anhangdaten für den Abschlußleser schwer durchschaubar bleiben.
	Die IAS sind betriebswirtschaftlich sinnvoll und somit auch für das interne Rechnungswesen geeignet.	Die US-GAAP sind betriebswirtschaftlich sinnvoll und somit auch für das interne Rechnungswesen geeignet.	Da die Rechnungslegung nach dem HGB aufgrund des Maßgeblichkeitsprinzips und der umgekehrten Maßgeblichkeit stark durch steuerliche Vorschriften und Urteile des Bundesfinanzhofes geprägt ist, ist sie betriebswirtschaftlich nicht sinnvoll und für das interne Rechnungswesen ohne Änderungen nicht brauchbar.
2. Ziele der Rechnungslegung			
	Vermittlung von Informationen für wirtschaftliche Entscheidungen	Vermittlung von Informationen für wirtschaftliche Entscheidungen	Keine expliziten Ziele

Sachverhalt bzw. Bilanzierungsproblem	IAS	US-GAAP	HGB
3. Grundsätze der Rechnungslegung			
Annahme der Fortführung der Unternehmenstätigkeit	Ja	Ja	Ja Die Anwendung des Vorsichtsprinzips als übergeordnetes Prinzip kann der Annahme der Fortführung der Unternehmenstätigkeit widersprechen.
Dominierende Rechnungslegungsgrundsätze (periodengerechte Erfolgsermittlung bei IAS und US-GAAP bzw. Vorsichtsprinzip beim HGB)	Es gilt der Grundsatz der periodengerechten Erfolgsermittlung; Vorsicht bedeutet lediglich ein gewisses Maß an Sorgfalt bei der für Schätzungen erforderlichen Ermessensausübung.	Es gilt der Grundsatz der periodengerechten Erfolgsermittlung. Das Vorsichtsprinzip ist nur bei der Beurteilung unsicherer und zweifelhafter zukünftiger Ereignisse anzuwenden.	Das Vorsichtsprinzip bei Ansatz der Vermögensgegenstände und Verbindlichkeiten/ Rückstellungen (nicht bei der Erfolgsermittlung!) wird als übergeordnetes Prinzip aufgefaßt; dadurch werden das Realisationsprinzip und das Imparitätsprinzip sehr weit ausgelegt; durch Überbetonung des Vorsichtsprinzips und lasche Handhabung des Stetigkeitsgebotes ist die periodengerechte Erfolgsermittlung sehr beeinträchtigt. Aufgrund des dominierenden Vorsichtsprinzips sowie der vielen Wahlrechte und großen Gestaltungsspielräume können in erheblichem Maße stille Reserven gebildet und stille Reserven still aufgelöst werden. Das Vorsichtsprinzip wird sehr willkürlich angewandt, so daß in der Praxis auch ein zu hoher Ergebnisausweis möglich ist.

Sachverhalt bzw. Bilanzierungsproblem	IAS	US-GAAP	HGB
Bewertungsstetigkeit	Änderung der Bilanzierungs- und Bewertungsmethoden darf nur vorgenommen werden aufgrund einer Satzung oder von Vorschriften einer normsetzenden Institution oder wenn Änderung zu einer aussagefähigeren Darstellung führt.	Änderung der Bilanzierungs- und Bewertungsmethoden muß begründet werden (z. B. neuer Standard).	Bewertungsmethoden sollen beibehalten werden; in der Praxis gibt es viele Ausnahmen. Kein Stetigkeitsgebot bei den Bilanzierungsmethoden
	Bei einer Änderung sind vergleichbare Vorjahreszahlen zu zeigen.	Die Änderung ist je nach Art der Änderung im laufenden Geschäftsjahr gesondert auszuweisen, oder die Vorjahresabschlüsse sind zu ändern.	Bei Änderungen der Bilanzierungs- und Bewertungsmethoden erfolgt meistens nur eine verbale Berichterstattung.
Wirtschaftliche Betrachtungsweise	Geschäftsvorfälle und Ereignisse sind nach ihrem tatsächlichen wirtschaftlichen Gehalt und nicht nach der rechtlichen Gestaltung zu bilanzieren und darzustellen.	Der Grundsatz der wirtschaftlichen Betrachtungsweise ergibt sich aus den Grundsätzen der Verläßlichkeit und der glaubwürdigen Darstellung.	Dieser Grundatz ist im HGB nicht kodifiziert und wird auch in wichtigen Fällen nicht angewandt (Leasing, Sale and lease back).
Wesentlichkeit	Der Grundsatz der Wesentlichkeit ist zu berücksichtigen.	Der Grundsatz der Wesentlichkeit ist zu berücksichtigen.	Der Grundsatz der Wesentlichkeit ist nicht im HGB kodifiziert. Er ist in einigen Vorschriften enthalten.
Sonstige Grundsätze der Rechnungslegung	Verständlichkeit, Relevanz, Verläßlichkeit (glaubwürdige Darstellung, Neutralität, Vollständigkeit) und Vergleichbarkeit	Verständlichkeit, Relevanz (Voraussagetauglichkeit, Erwartungsüberprüfung, Zeitnähe), Verläßlichkeit (Nachprüfbarkeit, Neutralität, glaubwürdige Darstellung) und Vergleichbarkeit	Klarheit, Übersichtlichkeit und Vollständigkeit
			Die Grundsätze der IAS und US-GAAP sind ausführlicher. Selbst die wenigen Grundsätze im HGB werden nur eingeschränkt praktiziert.

Sachverhalt bzw. Bilanzierungsproblem	IAS	US-GAAP	HGB
Ansatzvorschriften	Der Begriff asset (Vermögenswert), der sich am künftigen wirtschaftlichen Nutzen orientiert, geht über den Begriff Vermögensgegenstand hinaus, der Begriff liability wird enger als Verbindlichkeit und Rückstellung gesehen.	Der Begriff asset (Vermögenswert), der sich am künftigen wirtschaftlichen nutzen orientiert, geht über den Begriff Vermögensgegenstand hinaus, der Begriff liability wird enger als Verbindlichkeit und Rückstellung gesehen.	Die Begriffe Vermögensgegenstände und Schulden (Verbindlichkeiten und Rückstellungen) sind im HGB nicht definiert. Wegen der fehlenden Definition des Begriffes Vermögensgegenstand im Sinne von asset kennt man den Begriff Bilanzierungshilfe.
Anschaffungs- oder Herstellungskosten	Keine Wahlrechte bei den Herstellungskosten	Keine Wahlrechte bei den Herstellungskosten	Das HGB kennt bei den Herstellungskosten Pflicht- und Wahlbestandteile.
	Neben den Anschaffungs- oder Herstellungskosten sind in gewissen Fällen andere Bewertungsansätze möglich (Neubewertung, fair value).	Andere Wertkonzeptionen sind möglich (fair value).	Anschaffungs- und Herstellungskosten sind Bewertungsobergrenze.
Generalnorm und fair presentation	Es wird davon ausgegangen, daß die angemessene Anwendung der IAS eine fair presentation, d.h. ein den tatsächlichen Verhältnissen entsprechendes Bild, vermittelt.	Der Grundsatz der fair presentation, d.h. angemessene Darstellung der wirtschaftlichen Verhältnisse, ist eine Art Generalnorm, da der Wirtschaftsprüfer in seinem Testat die fair presentation bestätigen muß.	Nach § 264 Abs. 2 HGB hat der Jahresabschluß unter Beachtung der Grundsätze ordnungsmäßiger Buchführung ein den tatsächlichen Verhältnissen entsprechendes Bild der Vermögens-, Finanz- und Ertragslage zu vermitteln. Durch den nicht in der 4. EG-Richtlinie enthaltenen Zusatz »unter Beachtung der Grundsätze ordnungsmäßiger Buchführung«, der auch im Testat des Wirtschaftsprüfers steht, vermittelt ein nach dem HGB aufgestellter Jahresabschluß in der Regel kein den tatsächlichen Verhältnissen entsprechendes Bild, d.h. eine fair presentation. Daran

Sachverhalt bzw. Bilanzierungsproblem	IAS	US-GAAP	HGB
			ändert auch eine Richtigstellung im Anhang nichts.
4. Bestandteile und Gliederung des Jahresabschlusses			
Bestandteile	Bilanz, Gewinn- und Verlustrechnung, Kapitalflußrechnung, Eigenkapitalveränderungsrechnung, die entweder sämtliche Veränderungen des Eigenkapitals oder Veränderungen des Eigenkapitals, die nicht durch Kapitaltransaktionen mit Eigentümern und Ausschüttungen an Eigentümer entstehen, darstellt, Angabe der Bilanzierungs- und Bewertungsmethoden und erläuternde Zusatzinformationen (explanatory notes)	Bilanz, Gewinn- und Verlustrechnung mit Eigenkapitalveränderungsrechnung, Kapitalflußrechnung, Zusatzinformationen (notes); im Jahresabschluß ist das comprehensive income in net income und other components of comprehensive income (z. B. Währungsumrechnungsdifferenzen, Gewinne und Verluste aus der Neubewertung von Finanzinstrumenten) aufzugliedern.	Bilanz, Gewinn- und Verlustrechnung, Anhang (Ergänzung und Richtigstellung des Jahresabschlusses) Ab 1999 haben börsennotierte Gesellschaften eine Kapitalflußrechnung zu erstellen.
Gliederung	Mindestgliederung vorgeschrieben	Genaue Gliederungsvorschriften gibt es nur für börsennotierte Gesellschaften. Von den anderen Gesellschaften werden diese Gliederungsvorschriften weitgehend befolgt.	Detailliertes Gliederungsschema für Kapitalgesellschaften
5. Posten der Bilanz und Gewinn- und Verlustrechnung			
Immaterielle Vermögensgegenstände			
– erworbene	Aktivierungsgebot	Aktivierungsgebot	Aktivierungsgebot
– selbstgeschaffene	Aktivierungsgebot (z. B. Entwicklungskosten), sofern gewisse Voraussetzungen erfüllt sind.	Aktivierungsfähig (z. B. Kosten zur Erlangung und Sicherung der selbstgeschaffenen immateriellen Vermögensgegenstände), sofern strenge Voraussetzungen erfüllt sind.	Aktivierungsverbot

Sachverhalt bzw. Bilanzierungsproblem	IAS	US-GAAP	HGB
	Abschreibung über die voraussichtliche wirtschaftliche Nutzung, höchstens 20 Jahre	Abschreibung über die voraussichtliche wirtschaftliche Nutzung, höchstens 40 Jahre	Abschreibung über die voraussichtliche wirtschaftliche Nutzung
Sachanlagen	Anschaffungs- oder Herstellungskosten Neubewertung möglich (bei der alternativ zulässigen Methode)	Anschaffungs- oder Herstellungskosten	Anschaffungs- oder Herstellungskosten
	Abschreibung entsprechend der erwarteten wirtschaftlichen Nutzung; Abschreibungsdauer und Abschreibungsmethode sind regelmäßig zu überprüfen und ggf. anzupassen.	Abschreibung über die voraussichtliche wirtschaftliche Nutzung	In der Regel werden steuerrechtliche Abschreibungstabellen angewendet. Zusätzliche steuerrechtliche Abschreibungen möglich
	Außerplanmäßige Abschreibungen auf den recoverable amount, d. h. den Wert, der durch die künftige Nutzung eines Gegenstandes einschl. des Restwertes amortisiert werden kann	Außerplanmäßige Abschreibungen, wenn der Netto Cash-flow eines Vermögensgegenstandes seinen Buchwert unterschreitet	Außerplanmäßige Abschreibungen auf den niedrigeren beizulegenden Wert sind vorzunehmen. Die Ermittlung des niedrigeren beizulegenden Wertes ist im HGB nicht geregelt; in der Regel orientiert man sich am Wiederbeschaffungswert.
	Wertaufholungsgebot	Wertaufholungsverbot	Wertaufholungswahlrecht aus steuerlichen Gründen
Finanzanlagen/Wertpapiere des Umlaufvermögens	Zu Handelszwecken gehaltene Vermögenswerte (trading securities) und jederzeit veräußerbare Vermögenswerte (available for sale securities) sind bei der Folgebewertung mit dem beizulegenden Zeitwert (fair value) zu bewerten.	Zu Handelszwecken gehaltene Vermögenswerte (trading securities) und jederzeit veräußerbare Vermögenswerte (available for sale securities) sind bei der Folgebewertung mit dem beizulegenden Zeitwert (fair value) zu bewerten.	Bei Finanzanlagen Abschreibungspflicht bei dauernder Wertminderung und Abschreibungswahlrecht bei vorübergehender Wertminderung. Bei Wertpapieren des Umlaufvermögens Abschreibungspflicht bei Wertminderung und Abschreibungswahlrecht auf den niedrigeren Zukunftswert

Sachverhalt bzw. Bilanzierungsproblem	IAS	US-GAAP	HGB
	Bis zur Endfälligkeit gehaltene Finanzinvestitionen (held-to-maturity investments) sind mit den fortgeführten Anschaffungskosten zu bewerten.	Bis zur Endfälligkeit gehaltene Finanzinvestitionen (held-to-maturity investments) sind mit den fortgeführten Anschaffungskosten zu bewerten.	
	Wertaufholungsgebot	Wertaufholungsverbot	
	Gewinne oder Verluste aus der Neubewertung von jederzeit veräußerbaren Vermögenswerten können im Eigenkapital erfaßt werden.	Unrealisierte Gewinne und Verluste bei den jederzeit veräußerbaren Vermögenswerten sind in einem gesonderten Eigenkapitalposten zu erfassen.	
	(gültig ab 1. 1. 2001)	(gültig ab 1. 7. 2001, 1. 10. 2001, 1. 1. 2002, je nach Ende des Geschäftsjahres)	
Vorräte	Vollkostenbewertung	Vollkostenbewertung	Teilkostenbewertung möglich
	Nicht unmittelbar fertigungsbezogene Kosten der allgemeinen Verwaltung dürfen nicht aktiviert werden.	Nicht unmittelbar fertigungsbezogene Kosten der allgemeinen Verwaltung dürfen nicht aktiviert werden.	Nicht unmittelbar fertigungsbezogene Kosten der allgemeinen Verwaltung dürfen aktiviert werden.
	Die Bestimmung des Niederstwertes richtet sich nach dem Absatzmarkt.	Die Bestimmung des Niederstwertes richtet sich nach den Wiederbeschaffungskosten und orientiert sich zusätzlich an einem modifizierten Verkaufspreis.	Die Bestimmung des Niederstwertes ist nicht eindeutig geregelt.
			Abschreibungen auf den niedrigeren Zukunftswert sind möglich.
			Abschreibungen aufgrund steuerrechtlicher Vorschriften sind möglich.
		In besonderen Fällen dürfen Vorräte über die Anschaffungskosten bewertet werden (z. B. Edelmetalle).	

Sachverhalt bzw. Bilanzierungsproblem	IAS	US-GAAP	HGB
Langfristige Fertigungsaufträge	Bei Vorliegen der Voraussetzungen ist die Percentage-of-Completion-Methode (Umsätze und die dazugehörigen Aufwendungen sind entsprechend dem Grad der Fertigstellung zum Abschlußstichtag erfolgswirksam zu erfassen) anzuwenden. Bei Unmöglichkeit verläßlicher Ergebnisschätzungen dürfen Umsatzerlöse bis zur Höhe der angefallenen oder wahrscheinlich absehbaren Kosten erfolgswirksam erfaßt werden. Die Completed-Contract-Methode (Ausweis des Umsatzes erst, wenn Auftrag abgeschlossen ist, vorher Ausweis der Herstellungskosten unter den unfertigen Erzeugnissen) wird in den IAS nicht explizit erwähnt.	Bei Vorliegen der Voraussetzungen ist die Percentage-of-Completion-Methode anzuwenden. Gegebenenfalls ist auch die Completed-Contract-Methode zulässig.	Im HGB sind keine Vorschriften über die langfristige Auftragsfertigung enthalten. Wegen des Realisationsprinzips ist die Zulässigkeit der Percentage-of-Completion-Methode fraglich.
Forderungen	Es gibt keine spezielle Regelung für Wertberichtigungen; aufgrund der Ansatzvorschriften im Framework sind angemessene Wertberichtigungen vorzunehmen.	Üblich sind Pauschalwertberichtigungen nach der percentage-of-credit-sale method.	Pauschalwertberichtigungen ohne konkrete Berechnungsmethode sind üblich.
	Fremdwährungsumrechnung zum Stichtagskurs	Fremdwährungsumrechnung zum Stichtagskurs	Fremdwährungsumrechnung zum Kurs der Erstverbuchung oder zum niedrigeren Stichtagskurs
Eigenkapital	Für eigene Aktien sind Angaben beim Eigenkapital zu machen.	Eigene Aktien sind offen vom Eigenkapital abzusetzen.	Eigene Aktien sind unter den Wertpapieren gesondert auszuweisen.

Sachverhalt bzw. Bilanzierungsproblem	IAS	US-GAAP	HGB
	Vorzugsaktien sind, soweit sie Verbindlichkeiten darstellen, als Fremdkapital auszuweisen.	Vorzugsaktien mit Kündigungsrecht sind nicht als Eigenkapital, sondern gesondert auszuweisen.	Keine speziellen Vorschriften über Vorzugsaktien
Sonderposten mit Rücklageanteil	Die in einer deutschen Bilanz im Sonderposten mit Rücklageanteil enthaltene Steuerbelastung ist unter den latenten Steuern auszuweisen, da die IAS das Maßgeblichkeitsprinzip und die umgekehrte Maßgeblichkeit nicht kennen.	Die in einer deutschen Bilanz im Sonderposten mit Rücklageanteil enthaltene Steuerbelastung ist unter den latenten Steuern auszuweisen, da die US-GAAP das Maßgeblichkeitsprinzip und die umgekehrte Maßgeblichkeit nicht kennen.	Dieser Posten kann sich nur aufgrund des Maßgeblichkeitsprinzips bzw. der umgekehrten Maßgeblichkeit ergeben.
Rückstellungen für Pensionen	Passivierungspflicht	Passivierungspflicht	Passivierungspflicht für Neuzusagen ab 1. 1. 1987
	Anwartschaftsbarwertverfahren (projected unit credit method) unter Berücksichtigung künftiger Lohn- und Gehaltssteigerungen und der stichtagsbezogenen Zinsen für Industrieanleihen	Anwartschaftsbarwertverfahren (projected unit credit method) unter Berücksichtigung künftiger Lohn- und Gehaltssteigerungen und der stichtagsbezogenen Kapitalmarktzinsen	In der Regel wird das Teilwertverfahren nach § 6a EStG benutzt. Zukünftige Lohn- und Gehaltssteigerungen sind dabei nicht zu berücksichtigen. In § 6a EStG ist ein Kapitalisierungszinsfuß von 6% vorgesehen. Die Anwendung eines Kapitalisierungszinsfußes von 3–6% ist handelsrechtlich möglich.
			Die Pensionsverpflichtungen sind nach § 6a EStG meistens zu niedrig bewertet.
	Erfolgsrechnung steht im Vordergrund.	*Erfolgsrechnung steht im Vordergrund.*	*Bilanzausweis steht im Vordergrund.*
	Weitgehend glatter Aufwandsverlauf in den einzelnen Geschäftsjahren	*Weitgehend glatter Aufwandsverlauf in den einzelnen Geschäftsjahren*	*Sprunghafte Veränderungen im Bilanzausweis möglich*

Sachverhalt bzw. Bilanzierungsproblem	IAS	US-GAAP	HGB
Rückstellungen	Rückstellungen dürfen nur für Verpflichtungen gegenüber Dritten gebildet werden. Es werden hohe Anforderungen an die Wahrscheinlichkeit des relevanten Ereignisses und an die Bestimmbarkeit des Rückstellungsbetrages gestellt, d.h. er muß vernünftig schätzbar sein. Es ist der Betrag mit der höchsten Eintrittswahrscheinlichkeit anzusetzen.	Rückstellungen dürfen nur für Verpflichtungen gegenüber Dritten gebildet werden. Die Verpflichtungen müssen wahrscheinlich sein und vernünftig geschätzt werden können. Im Zweifel ist nur der Mindestbetrag anzusetzen. Falls keine Schätzung möglich ist, sind Angaben in den Notes zu machen.	Rückstellungen sind für ungewisse und drohende Verluste aus schwebenden Geschäften zu bilden. Sie können gebildet werden, wenn der Eintritt einer Verbindlichkeit möglich ist. Der Ermessensspielraum ist sehr groß.
	Aufwandsrückstellungen sind nicht zulässig.	Aufwandsrückstellungen sind nicht zulässig.	Aufwandsrückstellungen können gebildet werden.
Verbindlichkeiten	Fremdwährungsumrechnung zum Stichtagskurs	Fremdwährungsumrechnung zum Stichtagskurs	Fremdwährungsumrechnung zum Kurs der Erstverbuchung oder zum höheren Stichtagskurs
	Es gibt keine ausdrückliche Regelung für die Bewertung von langfristigen Verbindlichkeiten. Es sind Angaben über die Zinssätze u.a. zu machen.	Bei langfristigen Verbindlichkeiten ist bei einem vom Marktzins abweichenden vereinbarten Zinssatz der Nominalbetrag auf den Barwert zu korrigieren.	Langfristige Verbindlichkeiten werden in der Regel mit dem Rückzahlungsbetrag angesetzt.
Latente Steuern	Aktivierungspflicht für aktive latente Steuern, wenn mit ihrer Realisierung vernünftigerweise gerechnet werden kann.	Aktivierungspflicht für aktive latente Steuern; ggf. Bildung einer Wertberichtigung, wenn es wahrscheinlich ist, daß der Betrag nicht realisiert werden kann.	Aktivierungswahlrecht für aktive latente Steuern (Ausschüttungssperre), jedoch Aktivierungspflicht für durch Konsolidierungsmaßnahmen verursachte aktive Steuern
	Aktivierungspflicht für aktive latente Steuern aus steuerlichem Verlustvortrag; evtl. ist ein Sicherheitsabschlag vorzunehmen.	Aktivierungspflicht für aktive latente Steuern aus steuerlichem Verlustvortrag; evtl. ist ein Sicherheitsabschlag vorzunehmen.	Kein Ansatz aktiver latenter Steuern für steuerlichen Verlustvortrag (Saldierung mit passiven latenten Steuern möglich)

Sachverhalt bzw. Bilanzierungsproblem	IAS	US-GAAP	HGB
			Aktive und passive latente Steuern können saldiert werden.
	Latente Steuern sind auf temporary differences, das sind Unterschiede zwischen dem handelsrechtlichen und steuerlichen Bilanzansatz von Vermögenswerten und Schulden, die sich später umkehren, zu berechnen (liability method).	Latente Steuern sind auf temporary differences, das sind Unterschiede zwischen dem handelsrechtlichen und steuerlichen Bilanzansatz von Vermögenswerten und Schulden, die sich später umkehren, zu berechnen (liability method).	Latente Steuern sind auf timing differences, das sind Unterschiede zwischen dem handelsrechtlichen und dem steuerlichen Gewinn, die sich in späteren Perioden umkehren, zu berechnen (deferred method).
	Quasipermanente Differenzen werden wie temporäre Differenzen behandelt.	Quasipermanente Differenzen werden wie temporäre Differenzen behandelt.	Quasipermanente Differenzen werden wie permanente Differenzen behandelt.
	Alle timing differences sind immer auch temporary differences, aber nicht umkehrt.	Alle timing differences sind immer auch temporary differences, aber nicht umgekehrt.	
	Die Umstellung auf IAS kann einen hohen Arbeitsaufwand bedeuten, da alle Bilanzposten sämtlicher Konzernunternehmen hinsichtlich latenter Steuern zu untersuchen sind (Unterschied zwischen Bilanzierung nach IAS des Mutterunternehmens und Steuerbilanzen der Tochterunternehmen).	*Die Umstellung auf US-GAAP kann einen hohen Arbeitsaufwand bedeuten, da alle Bilanzposten sämtlicher Konzernunternehmen hinsichtlich latenter Steuern zu untersuchen sind (Unterschied zwischen Bilanzierung nach US-GAAP des Mutterunternehmens und Steuerbilanzen der Tochterunternehmen).*	
Leasing	Bei Finanzierungsleasing ist der Leasinggegenstand dem Leasingnehmer und bei Mietleasing dem Leasinggeber zuzurechnen.	Bei Finanzierungsleasing ist der Leasinggegenstand dem Leasingnehmer und bei Mietleasing dem Leasinggeber zuzurechnen.	Im HGB sind keine Vorschriften über Leasing enthalten. Vertragsgestaltung und handelsrechtliche Bilanzierung erfolgen in der Regel nach den Leasingerlassen der Finanzverwaltung. Danach kommt es selten zu

Sachverhalt bzw. Bilanzierungsproblem	IAS	US-GAAP	HGB
			einer Zurechnung des Leasinggegenstandes zum Leasingnehmer.
	Bei einem Sale and lease back-Geschäft ist die Realisierung eines Veräußerungsgewinnes zum Verkaufszeitpunkt nicht möglich.	Bei einem Sale and lease back-Geschäft ist die Realisierung eines Veräußerungsgewinnes zum Verkaufszeitpunkt nicht möglich.	Bei einem Sale and lease back-Geschäft ist die Realisierung eines Veräußerungsgewinnes zum Verkaufszeitpunkt möglich.
Derivative Finanzinstrumente	Umfangreiche Angabepflichten	Umfangreiche Angabepflichten	Keine speziellen Angabepflichten
Gewinn- und Verlustrechnung	Umsatzkostenverfahren oder Gesamtkostenverfahren	Umsatzkostenverfahren	Umsatzkostenverfahren oder Gesamtkostenverfahren
Forschungs- und Entwicklungskosten	Entwicklungskosten sind zu aktivieren, wenn gewisse Voraussetzungen erfüllt sind.	Forschungs- und Entwicklungskosten dürfen nicht aktiviert werden (Ausnahme Computer Software).	Forschungs- und Entwicklungskosten dürfen nicht aktiviert werden.
Gewinne oder Verluste aus dem Verkauf oder der Aufgabe von Geschäftsbereichen	Es sind umfangreiche Angaben zu machen.	Es sind umfangreiche Angaben zu machen.	Im HGB sind keine speziellen Angaben vorgesehen.
Fremdkapitalkosten	Fremdkapitalkosten sind sofort als Aufwand zu erfassen, unabhängig davon, wofür das Fremdkapital verwendet worden ist (Benchmark-Methode).	Fremdkapitalkosten sind bei den Anschaffungs- oder Herstellungskosten von Vermögenswerten, die bis zu ihrer beabsichtigten Nutzung oder zum Verkauf einen langen Zeitraum benötigen, zu aktivieren; es gibt detaillierte Vorschriften.	Fremdkapitalkosten dürfen als Herstellungskosten angesetzt werden; es gibt keine detaillierten Vorschriften zur Ermittlung der Fremdkapitalkosten.
6. Konzernabschluß			
Konsolidierungspflicht	ja	ja	Für Kapitalgesellschaften
		Der Konzernabschluß ist ein erweiterter Abschluß des Mutterunternehmens und ersetzt den Einzelabschluß.	Größenabhängige Befreiungen

Sachverhalt bzw. Bilanzierungsproblem	**IAS**	**US-GAAP**	**HGB**
Konsolidierungskreis	Alle Tochterunternehmen, auf die das Mutterunternehmen einen beherrschenden Einfluß (control) ausübt, d. h. mehr als die Hälfte der Stimmrechte besitzt; der beherrschende Einfluß ist auch gegeben, wenn andere in IAS 27 spezifizierte Kriterien vorliegen.	Alle Tochterunternehmen, auf die das Mutterunternehmen einen beherrschenden Einfluß (control) ausübt, d. h. mehr als die Hälfte der Stimmrechte besitzt; der beherrschende Einfluß kann auch von anderen Kriterien abgeleitet werden.	Alle Tochterunternehmen, die unter einheitlicher Leitung stehen oder auf die ein beherrschender Einfluß (control) ausgeübt werden kann.
	Die Kriterien für die grundsätzlich in den Konsolidierungskreis einzubeziehenden Unternehmen sind nicht voll identisch, praktisch bestehen keine Unterschiede.		
	Einbeziehungsverbot, wenn die Anteile ausschließlich zum Zwekke der kurzfristigen Weiterveräußerung gehalten werden oder das Tochterunternehmen unter schwerwiegenden langfristigen Beschränkungen arbeitet, die seine Möglichkeit zu Zahlungen an das Mutterunternehmen entscheidend beeinflussen	Einbeziehungsverbot, wenn die Möglichkeit des beherrschenden Einflusses vorübergehend oder wahrscheinlich vorübergehend nicht gegeben ist (z. B. beabsichtigte Weiterveräußerung oder starke Behinderung bei der Ausübung der Vermögensrechte bei ausländischen Tochterunternehmen) oder wenn aufgrund anderer Umstände ein beherrschender Einfluß trotz Besitzes der Mehrheit der Stimmrechte nicht vorliegt (Unternehmen, die sich in einem Sanierungs- oder Konkursverfahren befinden)	Einbeziehungsverbot für Tochterunternehmen mit stark abweichender Tätigkeit
			Einbeziehungswahlrecht bei Weiterveräußerungsabsicht, bei dauernder Beschränkung der Rechte des Mutterunternehmens und für Tochterunternehmen, wenn die erforderlichen Angaben

Sachverhalt bzw. Bilanzierungsproblem	**IAS**	**US-GAAP**	**HGB**
			nicht ohne verhältnismäßig hohe Kosten oder Verzögerungen zu erhalten sind
			Befreiung für Tochterunternehmen von untergeordneter Bedeutung
	Da es kein Einbeziehungsverbot für Tochterunternehmen mit stark abweichender Tätigkeit und keine Befreiung für Tochterunternehmen von untergeordneter Bedeutung gibt, kann aus diesem Grunde die Erstellung eines Konzernabschlusses nach IAS oder US-GAAP gegenüber einem Konzernabschluß nach dem HGB zusätzlich einen erheblichen Arbeitsaufwand bedeuten.		
Vollkonsolidierung	In der Regel Erwerbsmethode (Benchmark-Methode; anteilige Neubewertungsmethode, die der deutschen Buchwertmethode ähnlich ist)	In der Regel Erwerbsmethode (anteilige Neubewertungsmethode, die der deutschen Buchwertmethode ähnlich ist)	Grundsätzlich Erwerbsmethode (Buchwert- oder Neubewertungsmethode)
	Wertverhältnisse zum Zeitpunkt des Erwerbs	Wertverhältnisse zum Zeitpunkt des Erwerbs	Wertverhältnisse zum Zeitpunkt des Erwerbs oder zum Stichtag der erstmaligen Einbeziehung des Tochterunternehmens in den Konzernabschluß
	Die Berücksichtigung der Wertverhältnisse zum Zeitpunkt des Erwerbs bedeutet zusätzlichen Arbeitsaufwand bei der Beschaffung der Daten.		
	Bei Erfüllung gewisser restriktiver Voraussetzungen Pflicht zur Anwendung der Interessenzusammenführungsmethode	Bei Erfüllung gewisser restriktiver Voraussetzungen Pflicht zur Anwendung der Interessenzusammenführungsmethode	Bei Erfüllung gewisser wenig restriktiver Voraussetzungen Wahlrecht zur Anwendung der Interessenzusammenführungsmethode
	Der Geschäfts- oder Firmenwert ist zu aktivieren.	Der Geschäfts- oder Firmenwert ist zu aktivieren.	Der Geschäfts- oder Firmenwert darf aktiviert oder offen mit den Rücklagen verrechnet werden.

Sachverhalt bzw. Bilanzierungsproblem	IAS	US-GAAP	HGB
	Der Geschäfts- oder Firmenwert ist in der Regel über höchstens 20 Jahre abzuschreiben. Der Abschreibungszeitraum und die Abschreibungsmethode sind am Ende eines jeden Geschäftsjahres zu überprüfen.	Der Geschäfts- oder Firmenwert ist über höchstens 40 Jahre abzuschreiben (Sonderregelung der SEC für gewisse Branchen). In den folgenden Jahren ist zu prüfen, ob eine Wertberichtigung oder Änderung der geschätzten Nutzungsdauer vorzunehmen ist.	Ein aktivierter Geschäfts- oder Firmenwert ist entweder in vier Jahren oder planmäßig über eine längere Nutzungsdauer abzuschreiben.
Negativer Unterschiedsbetrag	Er ist als Abzugsposten von dem positiven Geschäfts- oder Firmenwert auszuweisen. Soweit er erwartete künftige Verluste und Aufwendungen betrifft, ist er dann als Ertrag anzusetzen, wenn die künftigen Verluste und Aufwendungen anfallen. Soweit er nicht künftige Verluste und Aufwendungen betrifft, ist der Betrag, der nicht die beizulegenden Zeitwerte der nicht monetären erworbenen Vermögenswerte überschreitet, als Ertrag über die durchschnittliche Nutzungsdauer der abschreibungsfähigen nicht monetären Vermögenswerte anzusetzen. Ein übersteigender Betrag ist sofort erfolgswirksam zu erfassen.	Proportionale Reduzierung des Anlagevermögens ohne marktgängige Wertpapiere; ein evtl. verbleibender Restbetrag ist über höchstens 40 Jahre abzuschreiben.	Passivierungspflicht und Auflösung nur unter bestimmten Voraussetzungen (erwartete ungünstige Entwicklung der Ertragslage tritt ein oder Feststellung eines realisierten Gewinnes) Verrechnung mit einem Geschäfts- oder Firmenwert aus der Konsolidierung eines anderen Unternehmens ist ebenfalls zulässig.
Gemeinschaftsunternehmen	Anteilmäßige Konsolidierung (Benchmark-Methode)	Equity-Methode In gewissen Branchen (insbesondere Öl- und Gasindustrie) anteilmäßige Konsolidierung	Wahlrecht zwischen anteilmäßiger Konsolidierung und Equity-Methode

Sachverhalt bzw. Bilanzierungsproblem	IAS	US-GAAP	HGB
Assoziierte Unternehmen (Beteiligungen)	Equity-Methode (Equity-Methode ist nicht zulässig für Tochterunternehmen, die nicht in die Vollkonsolidierung einbezogen werden dürfen.)	Equity-Methode (Equity-Methode ist nicht zulässig für Tochterunternehmen, die nicht in die Vollkonsolidierung einbezogen werden dürfen.)	Equity-Methode (Equity-Methode ist auch zulässig für Tochterunternehmen, die nicht in die Vollkonsolidierung einbezogen werden dürfen oder nicht einbezogen werden.)
Währungsumrechnung ausländischer Jahresabschlüsse	Funktionsspezifische Umrechnung (Konzept der funktionalen Währung)	Funktionsspezifische Umrechnung (Konzept der funktionalen Währung)	Keine Vorschriften
7. Zusätzliche Angaben und Informationen			
Anhang bzw. Angabepflichten	Die Angabepflichten bzw. notes dienen der Ergänzung und Erläuterung der übrigen Teile des Jahresabschlusses. Darüber hinaus enthalten sie zusätzliche Informationen. Die Angabepflichten bzw. notes sind sehr umfangreich.	Die Angabepflichten bzw. notes dienen der Ergänzung und Erläuterung der übrigen Teile des Jahresabschlusses. Darüber hinaus enthalten sie zusätzliche Informationen. Die Angabepflichten bzw. notes sind sehr umfangreich.	Der Anhang (nur bei Kapitalgesellschaften) enthält zusätzliche Angaben, die der Ergänzung und Richtigstellung der Bilanz und Gewinn- und Verlustrechnung dienen.
Kaptialflußrechnung	Eine Kapitalflußrechnung ist Pflicht; die Posten sind vorgegeben. Die Zahlungsströme sind nach Cashflows aus laufender Geschäftstätigkeit, Investitionstätigkeit und Finanzierungstätigkeit zu klassifizieren. *Praktische Schwierigkeiten im Rahmen der Erstellung können bei der Änderung des Konsolidierungskreises, der Währungsumrechnung und dem Leasing entstehen.*	Eine Kapitalflußrechnung ist Pflicht; die Posten sind vorgegeben. Die Zahlungsströme sind nach Cashflows aus laufender Geschäftstätigkeit, Investitionstätigkeit und Finanzierungstätigkeit zu klassifizieren. *Praktische Schwierigkeiten im Rahmen der Erstellung können bei der Änderung des Konsolidierungskreises, der Währungsumrechnung und dem Leasing entstehen.*	Eine Kapitalflußrechnung ist gesetzlich nicht vorgesehen. Ab 1999 ist eine Kapitalflußrechnung für börsennotierte Unternehmen Pflicht; die Posten der Kapitalflußrechnung sind nicht vorgegeben.

Sachverhalt bzw. Bilanzierungsproblem	IAS	US-GAAP	HGB
Lagebericht	Nicht vorgeschrieben; der materielle Gehalt der Angabepflichten (notes) geht über die sehr allgemein gehaltenen Vorschriften zur Aufstellung und zum Inhalt des nach dem HGB zu erstellenden Lageberichtes hinaus.	Nicht vorgesehen; der materielle Gehalt der in den Angabepflichten (notes) und den Management's Discussion and Analysis of Financial Condition and Results of Operation (MD&A) des Geschäftsberichtes enthaltenen Informationen geht über die sehr allgemein gehaltenen Vorschriften zur Aufstellung und zum Inhalt des nach dem HGB zu erstellenden Lageberichtes hinaus.	Bei Kapitalgesellschaften vorgeschrieben, Informationsgehalt in der Regel sehr gering
Beziehungen zu nahestehenden Unternehmen und Personen (related parties)	Angaben zu allen Transaktionen sowie Informationen, die notwendig sind, um die Auswirkungen dieser Transaktionen auf den Jahresabschluß zu verstehen	Angaben zu allen Transaktionen sowie Informationen, die notwendig sind, um die Auswirkungen dieser Transaktionen auf den Jahresabschluß zu verstehen	Nur geringe Vermerkpflichten bei bestimmten Posten der Bilanz, der Gewinn- und Verlustrechnung, den Haftungsverhältnissen und sonstigen finanziellen Verpflichtungen
Angaben nach Geschäftsfeldern und Regionen (Segmentberichterstattung)	Pflicht für Unternehmen, deren Eigen- oder Fremdkapitaltitel öffentlich gehandelt werden	Pflicht für börsennotierte Unternehmen	Bei Kapitalgesellschaften wird nur eine Aufgliederung der Umsatzerlöse verlangt. Ab 1999 ist eine Segmentberichterstattung für börsennotierte Unternehmen Pflicht; Einzelheiten sind nicht geregelt.
	Grundlage der Segmentberichterstattung ist die interne Berichterstattung an die Unternehmensleitung. *Die Segmentberichterstattung gibt sehr detaillierte Einblicke in das Unternehmen.*	Grundlage der Segmentberichterstattung ist die interne Berichterstattung an die Unternehmensleitung. *Die Segmentberichterstattung gibt sehr detaillierte Einblicke in das Unternehmen.*	

Sachverhalt bzw. Bilanzierungsproblem	IAS	US-GAAP	HGB
Ergebnis je Aktie	Das Ergebnis je Aktie und das verwässerte Ergebnis je Aktie sowie die Art der Berechnung sind anzugeben.	Das Ergebnis je Aktie und das verwässerte Ergebnis je Aktie sowie die Art der Berechnung sind anzugeben.	Die Angabe eines Ergebnisses je Aktie ist im HGB nicht vorgesehen.
			Es ist teilweise üblich, ein Ergebnis nach DVFA/SG anzugeben. Das Ergebnis nach DVFA/SG ist aus dem Jahresabschluß nicht nachvollziehbar und wird nicht vom Wirtschaftsprüfer testiert.
Zwischenberichte	Sofern Zwischenberichte veröffentlicht werden, ist IAS 34 zu beachten. Danach hat ein Zwischenbericht einen verkürzten Abschluß sowie ausgewählte erläuternde Angaben zu enthalten. Es sind die gleichen Bilanzierungs- und Bewertungsmethoden wie im letzten Jahresabschluß anzuwenden oder, falls diese Methoden geändert worden sind, eine Beschreibung der Art und Auswirkung der Änderungen zu machen. IAS 34 schreibt nicht vor, welche Unternehmen wie häufig und innerhalb welchen Zeitraumes Zwischenberichte zu veröffentlichen haben. Es wird auf Regierungen, Börsenaufsichtsbehörden, Börsen und Berufsverbände, die sich mit Rechnungslegung befassen, verwiesen.	Sofern Zwischenberichte veröffentlicht werden, ist APB Opinion 48 zu beachten. Danach sind mindestens der Umsatz, die abgegrenzten Ertragsteuern, das Ergebnis nach Ertragsteuern, das Ergebnis je Aktie und das verwässerte Ergebnis je Aktie anzugeben. Außerdem ist eine Reihe zusätzlicher Angaben zu machen. Jeder Zwischenbericht ist als Teil der Jahresberichterstattung zu verstehen. Eine Pflicht zur Erstellung und Offenlegung von Zwischenberichten besteht nur aufgrund von SEC-Vorschriften (Form 10-Q).	Das HGB enthält keine Vorschriften. Im amtlichen Handel börsennotierte Unternehmen haben gemäß § 44 b Abs. 1 des Börsenzulassungsgesetzes vom 16. 12. 1985 ausgewählte Unternehmensdaten zu veröffentlichen (keinen Abschluß). Börsen können (z. B. von Unternehmen im Neuen Markt) zusätzliche Informationen verlangen.

ad) Von deutschen Gesellschaften veröffentlichte Überleitungen des Ergebnisses und des Eigenkapitals von HGB-Abschlüssen auf US-GAAP-Abschlüsse

An einer US-Börse notierte ausländische Gesellschaften haben entweder nach US-GAAP zu bilanzieren oder eine Überleitung des Ergebnisses und des Eigenkapitals auf US-GAAP vorzunehmen.

Nachstehend werden von deutschen Unternehmen in den ersten Jahren nach der Börseneinführung in den USA veröffentlichte Überleitungen gezeigt. Nähere Erläuterungen zu den Überleitungen sind in den Geschäftsberichten bzw. Annual Reports on Form 20-F enthalten, die bei den Investor Relations Abteilungen der Unternehmen erhältlich sind. Diese Überleitungen machen die möglichen Unterschiede zwischen einer betriebswirtschaftlichen Erfordernissen gerecht werdenden Bilanzierung nach US-GAAP und einer möglichen Willkürbilanzierung nach dem HGB deutlich. Die in den Geschäftsberichten bzw. Annual Reports on Form 20-F gegebenen Erläuterungen zu den Überleitungen bieten wertvolle Anregungen für zu erstellende Überleitungen.

Nach den Überleitungen auf US-GAAP werden zusätzlich von einigen deutschen Unternehmen veröffentlichte Auswirkungen der Umstellung auf IAS gezeigt. Da diese Unternehmen nicht an einer US-Börse notieren und somit nicht der Aufsicht der SEC unterliegen, ist nicht auszuschließen, daß bei den gezeigten Auswirkungen der Umstellungen auf IAS nicht alle IAS korrekt beachtet wurden. Diese Vermutung legt insbesondere der Vergleich der Umstellung von HGB auf IAS/HGB mit der von IAS/HGB auf US-GAAP bei Hoechst nahe.

Überleitungen vom HGB auf US-GAAP

VEBA AG

	1999 € millions	1998 DM millions	1997 DM millions	1996 DM millions
Reconciliation of net income to U. S. GAAP				
Net income as reported in the consolidated income statements under German GAAP	2,902	2,254	3,019	2,634
Minority interests	(234)	86	(209)	(176)
Net income as reported in the consolidated income statements under German GAAP after minority interests	2,668	2,340	2,810	2,458
Adjustments required to conform with U. S. GAAP				
Mergers	323	–	–	–
Capitalization of interest	(51)	(95)	(100)	(121)
Securities and other investments	–	–	–	–
Equity valuation/negative goodwill	69	19	74	38
Provisions for pensions and similar liabilities	30	41	186	–
Deferred taxes	(226)	30	(133)	99
Other	76	22	1	11
Minority interests	102	(61)	39	(22)
Net income in accordance with U. S. GAAP	2,991	2,296	2,877	2,463

Reconciliation of stockholders' equity to U. S. GAAP

	1999	1998	1997	1996
Stockholders' equity as reported in the consolidated balance sheets under German GAAP	17,372	26,342	25,320	23,041
Minority interests	(2,990)	(3,327)	(3,165)	(3,551)
Stockholders' equity as reported in the consolidated balance sheets under German GAAP after minority interests	14,382	23,015	22,155	19,490
Adjustments required to conform with U. S. GAAP				
Mergers	1,372	–	–	–
Capitalization of interst	156	356	420	520
Securities and other investments	596	4,202	3,311	1,979
Equity valuation/negative goodwill	124	105	561	465
Provisions for pensions and similar liabilities	79	38	61	–
Deferred taxes	(544)	(535)	(70)	(171)
Other	405	69	(10)	(14)
Minority interests	(905)	(203)	(77)	(257)
Stockholders' equity in accordance with U. S. GAAP	15,665	27,047	26,351	22,012

Daimler Benz AG

	1995 DM millions	1994 DM millions	1993 DM millions
Reconciliation of net income to U. S. GAAP			
Net (loss) income as reported in the consolidated income statements under German GAAP	(5,734)	895	615
Add: Changes in appropriated retained earnings – provisions, reserves and valuation differences	(640)	409	(4,262)
	(6,374)	1,304	(3,647)
Other adjustments required to conform with U. S. GAAP:			
Long-term contracts	(9)	53	78
Goodwill and business acquisitions	(2,241)	(350)	(287)
Business dispositions and deconsolidation	369	(652)	–
Pensions and other postretirement benefits	(219)	(432)	(624)
Foreign currency translation	52	(22)	(40)
Financial instruments	49	633	(225)
Securities	238	(388)	–
Other	(215)	232	279
Deferred taxes	2,621	496	2,627
Net (loss) income in accordance with U. S. GAAP before cumulative effect of a change in accounting principles	(5,729)	874	(1,839)
Cumulative effect of change in accounting for certain investments in debt and equity securities as of January 1, 1994, net of tax of DM 235	–	178	–
Net (loss) income in accordance with U. S. GAAP	(5,729)	1,052	(1,839)

Reconciliation of stockholders' equity to U. S. GAAP

	1995 DM millions	1994 DM millions	1993 DM millions
Stockholders' equity as reported in the consolidated balance sheets under German GAAP	13,842	20,251	18,145
Add: Appropriated retained earnings – provisions, reserves and valuation differences	5,604	6,205	5,770
	19,446	26,456	23,915
Other adjustments required to conform with U. S. GAAP:			
Long-term contracts	253	262	207
Goodwill and business acquisitions	(559)	1,978	2,284
Business dispositions and deconsolidation	(283)	(652)	–
Pensions and other postretirement benefits	(2,469)	(2,250)	(1,821)
Foreign currency translation	115	63	85
Financial instruments	1,058	1,013	381
Securities	525	27	–
Other	(1,073)	(336)	(1,259)
Deferred taxes	5,847	2,874	2,489
Stockholders' equity in accordance with U. S. GAAP	22,860	29,435	26,281

Hoechst AG

Reconciliation of net income to U. S. GAAP	1998 DM millions	1997 DM millions	1996 DM millions	1995 DM millions
Net income under IAS	1,895	1,343	2,114	1,709
U. S. GAAP adjustments:				
Business Combinations: Goodwill	–83	–249	(400)	(501)
Business Combinations: Research-in-process	174	–287	(416)	(1,411)
Tangible fixed assets	–187	20	(3)	3
Inventories	53	–17	50	(4)
Equity accounting: Investments	–88	–416	(3)	46
Pension provisions	58	–12	176	(35)
Restructuring provisions	–28	–188	(94)	120
Adoption of IAS	–	–	(233)	88
Other	12	–5	(103)	(69)
Deferred taxation	–	–	–	80
Tax effect of U. S. GAAP adjustments	57	189	(5)	(56)
Minority interests	–3	–1	241	(27)
Net income/(loss) under U. S. GAAP	1,860	377	1,324	(57)

Reconciliation of stockholders' equity to U. S. GAAP

Stockholders' equity as reported in the consolidated balance sheets under IAS	19,179	19,109	18,082	15,503
Less: minority interests	2,580	3,097	3,574	3,058
Equity of Hoechst AG stockholders	16,599	16,012	14,508	12,445
U. S. GAAP adjustments:				
Business Combinations: Goodwill	1,654	2,113	2,119	2,376
Business Combinations: Research-in-process	–2,218	–2,449	(1,943)	(1,411)
Tangible fixed assets	367	554	534	538
Inventories	–2	–70	(44)	(86)
Equity accounting: Investments	–311	–222	194	199
Available-for-sale investments	155	174	36	11
Pension provisions	–97	172	125	(77)
Restructuring provisions	–	28	216	306
Other	136	38	42	145
Deferred taxation	–	–	–	233
Tax effect of U. S. GAAP adjustments	–121	–317	(424)	(400)
Minority interests	–26	–4	(272)	(278)
Stockholders' equity under U. S. GAAP	16,136	16,029	15,091	14,001

SAP AG

Reconciliation of net income from German GAAP to U. S. GAAP	1998 DM (000)	1997 DM (000)	1996 DM (000)
Net income as reported in the consolidated financial statements under German GAAP	1,052,348	925,354	567,536
Minority interests	(3,023)	(2,371)	(1,317)
Net income as reported in the consolidated financial statements under German GAAP after minority interests	1,049,325	922,983	566,219
Revenue recognition	(49,393)	(77,491)	(166,937)
Pension provisions	(5,363)	1,901	13,484
Business combinations (goodwill & in-process R&D)	(2,148)	(10,568)	(2,423)
Income taxes	12,623	(2,296)	(22,193)
SAR program	15,641	–	–
Other	(11,052)	10,122	4,502
Tax effect of U. S. GAAP adjustments	20,966	28,796	59,234
Minority interests	14	127	265
Net income in accordance with U. S. GAAP	1,030,613	873,574	452,151

Reconciliation of shareholders' equity from German GAAP to U. S. GAAP

Shareholders' equity as reported in the consolidated balance sheets under German GAAP	3,756,391	3,062,372	2,211,312
Less: minority interest	(14,147)	(14,552)	(4,242)
Equity of SAP AG shareholders	3,742,244	3,047,820	2,207,070
Revenue recognition	(445,222)	(395,829)	(318,338)
Pension provisions	–	5,363	3,462
Business combinations (goodwill & in-process R&D)	(5,436)	(3,288)	7,280
SAR programm	15,641	–	–
Unrealized gains on available-for-sale marketable securities	68,041	5,472	607
Other	18,927	37,461	19,524
Tax effect of U. S. GAAP adjustments	162,026	141,060	112,264
Shareholders' equity under U. S. GAAP	3,556,221	2,838,059	2,031,869

Auswirkungen der Umstellung auf IAS

Bayer AG

	1994 Mio. DM
Unterschied zwischen steuerlichen und linearen Abschreibungen auf Neuzugänge	236
Änderung der Erzeugnisbewertung	179
Auflösung der steuerlichen Sonderposten	55
Änderung der Währungsumrechnung	63
Neubewertung der Pensionsverpflichtungen	–696
Neubewertung der pensionsähnlichen Verpflichtungen	160
Latente Steuern	33
	30

Dyckerhoff AG

	1995 TDM
Firmenwerte aus Erstkonsolidierung	23.358
Neubewertung des Sachanlagevermögens	572.776
Auflösung Sonderposten	24.061
Neubewertung Rückstellungen	–47.932
Latente Steuern	–268.046
Außerordentliches Ergebnis aus der Umstellung auf die Bilanzierung nach IAS	304.217

Heidelberger Zement AG

	1994 Mio. DM
Neubewertung des Sachanlagevermögens	889,6
Durchschnittsmethode bei Vorräten	15,5
Geänderte Pensionsbewertung	–93,2
Auflösung Sonderposten	12,7
Zusätzliche Rückstellungen für Umweltvorsorge	–8,0
Sonstige Änderungen	0,5
Latente Steuern	–246,6
Erhöhung Eigenkapital	570,5
hiervon Anteile Fremder	–57,9
Erhöhung der Gewinnrücklagen	512,6

Hoechst AG

	1995 Mio. DM
Bewertung von Vorräten und von Verlustkontrakten zum niedrigeren realisierbaren Wert	250
Ansatz linearer Abschreibungen bei Sachanlagenzugängen 1995 sowie Abschreibungen auf immaterielle Vermögensgegenstände	200
Einheitlicher Ansatz der kurzfristigen Fremdwährungsforderungen und -verbindlichkeiten zum Bilanzstichtagskurs	80
Entfall der Rückstellungen für Instandhaltungen	40
Ansatz der Pensionsverpflichtungen im Ausland nach IAS 19	–320
Ertrag im Berichtsjahr	250

Merck KGaA

	1995 Mio. DM
Verrechnung von Firmenwerten	–1313,2
Sachanlagen und Immaterielle Vermögensgegenstände	430,3
Pensionsrückstellungen	–97,7
Jubiläumsrückstellungen	–11,1
Umstellung der Währungsumrechnung	–53,9
Sonstiges	–13,1
Veränderung im Eigenkapitalausweis	–1058,7

b) 4. und 7. gesellschaftsrechtliche EG-Richtlinie

Am 25. Juli 1978 wurde vom Rat der Europäischen Gemeinschaft die 4. EG-Richtlinie über den Jahresabschluß von Gesellschaften bestimmter Rechtsformen und am 10. Juni 1983 die 7. EG-Richtlinie über den konsolidierten Abschluß verabschiedet. Dadurch sollten die einzelstaatlichen Vorschriften über Form und Inhalt des Jahresabschlusses und des Lageberichtes von Kapitalgesellschaften sowie über Offenlegung und Prüfung dieser Rechenwerke koordiniert werden.

Ziel der Richtlinien war von vornherein keine Rechtsvereinheitlichung, sondern nur eine Angleichung der nationalen Rechtsvorschriften. Das hatte zur Folge, daß in der 4. EG-Richtlinie

- ca. 40 nationale Wahlrechte (zum Teil zeitlich begrenzt) und
- ca. 35 Unternehmenswahlrechte (Bilanzierungs- und Bewertungswahlrechte der Unternehmen innerhalb eines Landes)

und in der 7. EG-Richtlinie weitere nationale Wahlrechte und Unternehmenswahlrechte enthalten sind. Teilweise wurden sogar Wahlrechte eingeräumt, wo vorher keine bestanden haben. Dadurch wurden internationale und zusätzlich sogar nationale vergleichende Analysen noch mehr eingeschränkt.

Außerdem wurden einige wesentliche Punkte wie Währungsumrechnung, Leasing, langfristige Fertigungsaufträge, Ermittlung der latenten Steuern und Subventionen nicht geregelt, was zu unterschiedlichen oder gar keinen Rechnungslegungsvorschriften in den einzelnen Ländern führte.

Die Aussagefähigkeit über den materiellen Inhalt und die Vergleichbarkeit der Jahresabschlüsse werden durch die Wahlrechte und die obengenannten nicht geregelten wesentlichen Punkte nicht nur innerhalb der EG, sondern auch innerhalb eines Landes erheblich beeinträchtigt. Die gesetzlich vorgeschriebenen Informationen im Anhang können diesen Mangel nur teilweise mildern.

Hinzu kommt, daß außer in Großbritannien, Irland und den Niederlanden die Handelsbilanzen weiterhin mehr oder weniger durch unterschiedliche steuerrechtliche Vorschriften beeinflußt werden.

Das in der Präambel der 4. EG-Richtlinie gesetzte Ziel

> Die verschiedenen Bewertungsmethoden müssen, soweit erforderlich, vereinheitlicht werden, um die Vergleichbarkeit und die Gleichwertigkeit der in den Jahresabschlüssen gemachten Angaben zu gewährleisten

ist somit keineswegs erreicht worden.

Der Verdienst der 4. EG-Richtlinie besteht deshalb weniger darin, einen Beitrag zur Vereinheitlichung des europäischen Bilanzrechts geleistet zu haben, als darin, bewußt gemacht zu haben, wie weit das Bilanzrecht der einzelnen EG-Länder inhaltlich noch auseinanderliegt.

Durch eine gewisse Vereinheitlichung der äußeren Form der Jahresabschlüsse der einzelnen EG-Länder ohne einheitliche Bewertungsmethoden wird dem Bilanzleser nur eine Harmonisierung vorgetäuscht.

c) Besonderheiten von Jahresabschlüssen aus Hochinflationsländern

Allgemeines

Bei Inflation sind die Geldeinheiten verschiedener Perioden nicht vergleichbar. Vergleichbare Geldeinheiten sind aber die Voraussetzung für eine aussagefähige Rechnungslegung. Aus diesem Grunde ergibt sich durch eine streng formelle Beachtung des Anschaffungswertprinzips in einem Inflationsland, d.h. in einem Land, in dem die Geldeinheiten im Zeitablauf ihren Wert verändern, eine falsche Darstellung der Vermögens-, Finanz- und Ertragslage.

Steigende Preise führen dazu, daß in der Gewinn- und Verlustrechnung den Erlösen Aufwendungen gegenübergestellt werden, die mit Geldeinheiten höherer Kaufkraft aus der Vergangenheit bezahlt werden. In besonderem Maße trifft das für die Abschreibungen zu, bei denen es sich um die Verteilung des Anschaffungswertes der Sachanlagen auf die Nutzungsdauer handelt. Bei den Abschreibungen werden somit Kosten verrechnet, deren Kaufkraft den Geldeinheiten am Anschaffungstag, der im Durchschnitt mehrere Jahre zurückliegt, entspricht. Im Prinzip ähnlich ist es mit den Gestehungskosten der verkauften Erzeugnisse, nur mit dem Unterschied, daß in der Regel ein Unterschied von Wochen oder Monaten – statt von Jahren – zwischen den Anschaffungs- oder Herstellungskosten und den Erlösen liegt.

Da in die Gewinn- und Verlustrechnung nicht die Wiederbeschaffungskosten, sondern nur die Anschaffungskosten eingehen, werden in der Gewinn- und Verlustrechnung zu hohe Ergebnisse, d.h. Scheingewinne, ausgewiesen.

In Ländern mit geringer Inflation, wie z.B. Deutschland, wird diesen Scheingewinnen wenig Beachtung geschenkt. In der Praxis muß man und kann man in der Regel einigermaßen damit leben.

In Hochinflationsländern würde aber eine fehlende Berücksichtigung der Wiederbeschaffungskosten zum Ausweis erheblich überhöhter Gewinne, die zudem noch besteuert werden müßten, führen. Die Vollausschüttung solcher Scheingewinne würde für die Unternehmen erhebliche Substanzverluste bedeuten.

Um einen möglichst richtigen Ergebnisausweis zu erhalten, werden in den Hochinflationsländern die Aufwendungen in der Regel inflationiert.

Trotzdem ist es möglich, daß Ergebnisrechnungen aus Hochinflationsländern über mehrere Jahre positive Ergebnisse nach Steuern aufweisen und gleichzeitig das investierte Eigenkapital in Hartwährung laufend abnimmt.

Reale und substantielle Kapitalerhaltung

Bei der Inflationierung unterscheidet man zwei Verfahren, nämlich

- die Inflationierung zum Zwecke der realen Kapitalerhaltung und
- die Inflationierung zum Zwecke der substantiellen Kapitalerhaltung (Substanzerhaltung).

Bei der realen Kapitalerhaltung wird das Sachanlagevermögen bzw. die Aufwendungen, die nicht gleichzeitig Ausgaben sind, mit einem Lebenshaltungskosten- oder ähnlichem Index aufgewertet, was zu einem geldwerten neutralen Jahresabschluß führen und der Erhaltung des Kapitals in Geldwerteinheiten konstanter Kaufkraft dienen soll. Reale Kapitalerhaltung bedeutet Kapitalerhaltung aus der Sicht des Investors, d.h. Erhaltung des Kaufkraftvolumens des investierten Kapitals.

Bei der substantiellen Kapitalerhaltung (Substanzerhaltung) wird das Sachanlagevermögen bzw. die Aufwendungen um den jeweiligen Unterschied zwischen den Anschaffungs- und Wiederbeschaffungskosten erhöht, um somit den Erlösen in der Gewinn- und Verlustrechnung die Kosten der zur Wiederbeschaffung der gleichen Vermögensgegenstände notwendigen Aufwendungen gegenüberstellen zu können, was zur Erhaltung des in den Unternehmen eingesetzten Vermögens dienen soll. Substantielle Kapitalerhaltung bedeutet Substanzerhaltung aus der Sicht des Unternehmens, d.h. Erhaltung der mit dem Kapital finanzierten Vermögensgegenstände.

Einzelheiten

Bezüglich der Inflationsrechnungslegung wurden in vielen Ländern, insbesondere in Lateinamerika, Gesetze erlassen, die laufend verändert wurden.

Ziel der Rechnungslegung in den Hochinflationsländern ist es oder sollte es sein, ein möglichst richtiges Ergebnis in konstanter Kaufkraft ausweisen zu können.

Die Technik der Aufwertung der einzelnen Aktiva und des Eigenkapitals, d.h. welche Konten im Rahmen der Aufwertung angesprochen wurden, ist in den einzelnen Ländern unterschiedlich.

Die Zuverlässigkeit der Ergebnisse von inflationsbereinigten Jahresabschlüssen hängt entscheidend von der Angemessenheit der Aufwertung ab. Da der zugrunde zu legende Preisindex bzw. der Index für Staatsanleihen staatlich vorgeschrieben ist, und aus politischen und steuerlichen Gründen vom Staat nur eine möglichst niedrige Inflation anerkannt wird, sind die Aufwertungen oft unzureichend, so daß weiterhin Scheingewinne ausgewiesen werden können.

Durch Aufwertungen korrigierte Jahresabschlüsse aus Hochinflationsländern sind sinnvoll nicht in Hartwährung umrechenbar, da

- die Umsatzerlöse zu hoch,
- die Aufwendungen teilweise zu niedrig,
- Zinsaufwendungen und -erträge inflatorisch aufgebläht

ausgewiesen werden. Außerdem ist der Aufwertungssaldo meistens nicht nachvollziehbar und wird oft mit dem Zinssaldo zusammen ausgewiesen.

Zur innerbetrieblichen Analyse und zur externen Bilanzanalyse oder zur Konsolidierung in einem Hartwährungsland eignen sich diese inflationsbereinigten Jahresabschlüsse aus Hochinflationsländern schlecht oder gar nicht. Sie können jedoch für Bilanzanalysen in dem jeweiligen Hochinflationsland sowie für Kontrollrechnungen bei einem Hartwährungsabschluß dienlich sein.

Hartwährungsabschluß

Durch die Aufwertung verschiedener Posten ist zwar – sofern der zugrunde gelegte Index korrekt ist und die Wiederbeschaffungspreise nicht manipuliert sind – auf relativ einfache Art und Weise ein Ergebnis in Landeswährung in konstanter Kaufkraft ermittelbar. Wegen der aber weiterhin verzerrten Darstellung von Aufwendungen und Erträgen eignet sich ein solcher Abschluß, wie bereits oben gesagt, weder zur externen Bilanzanalyse in einem Hartwährungsland noch zur innerbetrieblichen Analyse. Solche Analysen sind nur möglich, wenn sämtliche in die Bilanz und die Gewinn- und Verlustrechnung eingehenden Geschäftsvorfälle zeitnah, d.h. möglichst sofort, im einzelnen bei der Buchung in Hartwährung umgerechnet und die um die inflatorischen Zinsanteile aufgeblähten Posten entsprechend korrigiert werden. Eine nachträgliche Erstellung von Hartwährungsabschlüssen aus Weichwährungsabschlüssen ist immer mit sehr groben Schätzungen behaftet und oft gar nicht möglich.

Um eine solche Analyse aussagefähiger zu machen und nicht zusätzlich noch mit den im Laufe der Jahre erheblich schwankenden Kursen zwischen US$ und DM zu belasten, die nicht auf Änderungen der Kaufkraftparität beruhen, sondern mehr politische oder wirtschaftspolitische Gründe haben, ist es sinnvoll, den Hartwährungsabschluß in der Leitwährung des Landes (das ist in Lateinamerika in der Regel der US$) zu erstellen und ggf. anschließend in DM umzurechnen.

Die Ermittlung des Ergebnisses bereitet bei einem Hartwährungsabschluß am wenigsten Schwierigkeiten, da es sich nicht nur als Saldo der einzelnen teilweise mit Schätzungen behafteten Posten der Gewinn- und Verlustrechnung ergibt, sondern eindeutiger noch aus dem Unterschied des in Hartwährung umgerechneten Eigenkapitals am Ende und Anfang der Periode unter Berücksichtigung der Eigenkapitalveränderungen (eingezahlte Kapitalerhöhungen, Gewinnausschüttungen).

Bei einem Hartwährungsabschluß sind die einzelnen Posten der Gewinn- und Verlustrechnung nicht mit dem Kurs zum Tage des Kaufs, sondern zum Tage der Zahlung, des Verbrauchs oder des Verschleißes und die Posten der Bilanz zum Stichtagskurs umzurechnen.

Dies geschieht dadurch, daß die in den Erlösen und Kosten enthaltenen Zinsanteile heraus- oder hinzuzurechnen sind, was zu folgenden wesentlichen Umrechnungsregeln führt:

- Die Umsatzerlöse sind mit dem Kurs zum geschätzten Zahlungszeitpunkt und nicht mit dem Kurs der Rechnungserstellung umzurechnen. Bei der Anwendung von Durchschnittskursen sollten möglichst kurze Perioden für die Ermittlung der Durchschnittskurse gewählt werden (am besten tägliche Kurse). Ferner ist darauf zu achten, daß der Umsatz nicht gleichmäßig verläuft, sondern unmittelbar vor Preiserhöhungen ansteigt. Dieses Problem könnte mit täglich gewichteten Kursen gelöst werden.
- Die Bezüge von Roh-, Hilfs- und Betriebsstoffen und Waren sind mit dem Kurs zum Zahlungszeitpunkt und nicht mit dem Kurs zum Waren- oder Rechnungseingang umzurechnen.
- Die Herstellungskosten der verkauften Erzeugnisse und Waren sind mit dem Kurs des Verkaufstages oder Zahlungstages des Kunden umzurechnen.
- Die Zinsaufwendungen und -erträge für Kredite in Weichwährung sind wegen der Berücksichtigung von Wiederbeschaffungskosten um den in ihnen enthaltenen Inflationsanteil (Inflationserwartung) zu ermäßigen.
- Abschreibungen auf Sachanlagen sind auf Basis der historischen Anschaffungskosten in Hartwährung zu ermitteln.

Weitere Ausführungen hierzu siehe unter Abschnitt F IX 5 Auswirkungen der Inflation, insbesondere der Hochinflation auf den Ausweis der Ertragslage.

d) Zusammenstellung der Rechnungslegungsgrundsätze verschiedener Länder

Die Analyse ausländischer Jahresabschlüsse setzt Mindestkenntnisse der Rechnungslegungsgrundsätze des jeweiligen Landes voraus. Dabei kommt es weniger auf die Kenntnis der im Gesetz enthaltenen allgemeinen Rechnungslegungsgrundsätze an, die in den meisten Ländern mehr oder weniger ähnlich sind, oft aber sehr unterschiedlich praktiziert oder sogar mißachtet werden, als vielmehr darauf an, zu wissen, wie bestimmte Sachverhalte bzw. Bilanzierungsprobleme in der Praxis behandelt werden. Zu diesen Sachverhalten bzw. Bilanzierungsproblemen, deren unterschiedliche Behandlung große Auswirkungen auf die Darstellung der Finanz- und Ertragslage haben kann, gehören:

- Bilanzierung selbstgeschaffener immaterieller Vermögensgegenstände,
- Einfluß des Steuerrechts auf die Höhe der Abschreibungen,
- Ermittlung und Ausweis der außerplanmäßigen Abschreibungen; Wertaufholung,
- strenge Anwendung des Anschaffungskostenwertprinzips oder mögliche Neubewertung,
- Voll- oder Teilkostenbewertung der Vorräte,
- Zulässigkeit von Lifo,
- Gewinnrealisierung bei langfristiger Auftragsfertigung,
- Art der Ermittlung der Pensionsrückstellungen; Einfluß des Steuerrechts auf die Pensionsrückstellungen; Ausweis nicht bilanzierter Pensionsverpflichtungen,
- Grundsätze der Ermittlung der sonstigen Rückstellungen und dabei zugelassener Ermessensspielraum; Möglichkeit oder Pflicht von Aufwandsrückstellungen und Rückstellungen für Restrukturierung,
- Ermittlung der latenten Steuern, inbesondere der aktiven latenten Steuern,
- Bilanzierung der geleasten Vermögensgegenstände,
- Realisierung von Veräußerungsgewinnen bei Sale and lease back,
- Bilanzierung von Zuwendungen der öffentlichen Hand,
- Bilanzierung von Forschungs- und Entwicklungskosten,
- Ausweis der Gewinne oder Verluste aus dem Verkauf oder der Aufgabe von Geschäftsbereichen,
- Ausweis der außergewöhnlichen Aufwendungen und Erträge,
- Behandlung des Geschäfts- oder Firmenwertes und eines eventuellen negativen Unterschiedsbetrages beim Konzernabschluß,
- Bilanzierung von Gemeinschaftsunternehmen,
- Währungsumrechnung beim Konzernabschluß,
- Angaben über Änderung der Bilanzierungs- und Bewertungsmethoden,
- Angaben nach Geschäftsfeldern und Regionen,
- Umfang der Zusatzinformationen (notes) bzw. Anhangangaben einschließlich Kapitalflußrechnung.

Im Anhang B wird zusammengefaßt dargestellt, wie in 15 verschiedenen Ländern sowie in den IAS und den EG-Richtlinien diese Sachverhalte bzw. Bilanzierungsprobleme behandelt werden. Diese Darstellung soll es dem Bilanzanalytiker erleichtern, gezielter nach weiteren Informationen zu recherchieren und die Finanzkraft und Ertragskraft von ausländischen Unternehmen besser zu beurteilen. (Wie die Zusammenstellung zeigt, weichen die Rechnungslegungsgrundsätze in den meisten Ländern von denen in Deutschland, Österreich und der Schweiz ab und werden in der Regel auch strenger gehandhabt.)

D. Kurzer Überblick über die Schritte und Methoden der Bilanzanalyse

Bei den folgenden Ausführungen wird unterstellt, daß die zu analysierenden Jahresabschlüsse von einem Wirtschaftsprüfer testiert wurden. Sollte dies nicht der Fall sein, können die Jahresabschlüsse zunächst nur mit diesem Vorbehalt analysiert werden. Finanziellen Entscheidungen größeren Umfangs sollten auf jeden Fall geprüfte und testierte Jahresabschlüsse zugrunde liegen.

Unterstellt wird nicht, daß immer nur Jahresabschlüsse in der seit Inkrafttreten des Bilanzrichtlinien-Gesetzes für große und mittelgroße Kapitalgesellschaften vorgeschriebenen Gliederung vorliegen, da auch Jahresabschlüsse deutscher Unternehmen, die sich nicht an diese Gliederungsvorschriften halten (z. B. Jahresabschlüsse nach IAS oder US-GAAP oder Steuerbilanzen), und ausländische Jahresabschlüsse zu analysieren sind. Es wird aber davon ausgegangen, daß zu Beginn und/oder im Verlaufe der Analyse in unterschiedlichem Umfang zusätzlich Informationen zur Verfügung stehen.

Eine Bilanzanalyse könnte in folgender Reihenfolge vorgenommen werden:

- Sammlung, Durchsicht und Zusammenstellung von allgemeinen Informationen über das Unternehmen und die Branche,
- Verschaffen eines groben Überblicks über Struktur und Größenordnung der einzelnen Posten der Bilanzen und Gewinn- und Verlustrechnungen,
- Studium des Anhangs, des Lageberichts, des Geschäftsberichts, des Prüfungsberichts und evtl. weiterer vorhandener Informationen und Zusammenstellung dieser Informationen im Hinblick auf das Erstellen eines Profils der Bilanzpolitik und der Bereinigung der Gewinn- und Verlustrechnungen,
- Erstellen eines Profils der Bilanzpolitik und dessen Interpretation,
- Aufbereitung und Gegenüberstellung der Bilanzen und der Gewinn- und Verlustrechnungen mit Gliederungskennzahlen (%-Anteil an Bilanzsumme und %-Anteil an Gesamtleistung bzw. Umsatz),
- Zusammenstellung der Daten der Jahresabschlüsse in anderer Form (z. B. Kapitalflußrechnung, Wertschöpfung),
- Erstellen einer Indexreihe der wichtigsten Posten der Bilanz und Gewinn- und Verlustrechnung (Zeitvergleich),
- Zusammenstellung der Informationen über die Aufteilung der Außenumsätze und des Betriebsergebnisses nach Geschäftsfeldern und Regionen,
- Gegenüberstellung sonstiger Informationen (z. B. Produktions- und Absatzmengen, Auslastung), soweit sie nicht in den aufbereiteten Bilanzen und Gewinn- und Verlustrechnungen Eingang fanden,
- Analyse der einzelnen Posten der Jahresabschlüsse,
- Feststellung der Einflüsse aus Unternehmensverflechtungen und aus der Geldentwertung,
- Schätzung des Steuerbilanzgewinns,
- Ermittlung von Kennzahlen und Erstellen von Tabellen über die Liquidität und die Rentabilität des Unternehmens durch Vergleich von Zahlen des gleichen Abschlusses, zwischen denen ein sinnvoller wirtschaftlicher Zusammenhang besteht, z. B. Umsatz zu Kundenforderungen (Beziehungskennzahlen),

- nach Möglichkeit Vergleich dieser Kennzahlen mit denen gleichartiger Unternehmen (Betriebsvergleich), evtl. mit Vergleich zusätzlicher branchenspezifischer Kennzahlen,
- Zusammenstellung von Rendite-Kennzahlen,
- Notieren der Fragen und Vermutungen aufgrund der vorhandenen Informationen, der Schätzung des Steuerbilanzgewinns und der ermittelten Gliederungskennzahlen, Beziehungskennzahlen, Indexreihen und des Betriebsvergleiches,
- Klärung der Fragen und Vermutungen durch Anforderung entsprechender Informationen; evtl. Bilanzgespräch,
- Bereinigung der gegenübergestellten Gewinn- und Verlustrechnungen bzw. Ergebnisrechnungen und evtl. der Bilanz aufgrund der vorhandenen Informationen,
- ggf. schriftliche Interpretation der Informationen und Rechenergebnisse entsprechend dem Zweck und Ziel der jeweiligen Bilanzanalyse.

Werden wesentliche Fragen oder Vermutungen nicht oder nicht zufriedenstellend beantwortet oder aus dem Wege geräumt, so ist auch dieser Tatbestand ein wichtiges Ergebnis einer Bilanz- bzw. Unternehmensanalyse.

Vorstehender Ablauf einer Bilanzanalyse beinhaltet die Ausnutzung aller Möglichkeiten einer dokumentierten und oft für Dritte erstellten Bilanzanalyse.

Natürlich lassen sich Erkenntnisse aus einer Bilanzanalyse mit einem wesentlich geringeren Arbeitsaufwand und Dokumentationsumfang erzielen.

Zum Beispiel könnte eine Bilanzanalyse nur wenige handschriftlich notierte oder sogar nur überschlägig ermittelte Kennzahlen, die insbesondere vermutete Schwachstellen betreffen, enthalten. Eine solche Bilanzanalyse setzt jedoch in der Regel gewisse Kenntnisse des Unternehmens und/oder der Branche voraus.

Zwischen diesen beiden Extremen, nämlich einer sehr umfangreichen und dokumentierten Bilanzanalyse und nur weniger evtl. sogar nur überschlägig ermittelter Kennzahlen für den Eigengebrauch, liegt eine breite Palette von Möglichkeiten der Bilanzanalyse, die sich, abhängig von ihrem jeweiligen Zweck und Ziel, durch unterschiedliche Schwerpunkte, Intensität und Umfang unterscheiden.

Teil 2

Inhalt und Bewertung der einzelnen Posten des Jahresabschlusses und die Konsequenzen für die Bilanzanalyse

E. Analyse der einzelnen Posten des Jahresabschlusses

Die folgenden Ausführungen beziehen sich auf Jahresabschlüsse nach dem HGB. Als Überschriften wurden deshalb die Bezeichnungen der einzelnen Posten des HGB gewählt. Ausführungen zum Inhalt und zur Bewertung der einzelnen Posten von Jahresabschlüssen nach IAS und US-GAAP erübrigen sich, da Jahresabschlüsse nach IAS und US-GAAP im Gegensatz zum Jahresabschluß nach dem HGB sehr transparent und betriebswirtschaftlich sinnvoll sind, informativere Daten liefern und wenig Bilanzpolitik ermöglichen. Es wird auf den Abschnitt C IX verwiesen. Detaillierte Informationen zum Inhalt und zur Bewertung der einzelnen Posten von Jahresabschlüssen nach IAS und US-GAAP können dem Buch: Born, Karl: Rechnungslegung international – Konzernabschlüsse nach IAS, US-GAAP, HGB und EG-Richtlinien. 2. Aufl., Stuttgart 1999 entnommen werden.

I. Analyse der Aktivseite der Bilanz

1. Sonderposten: Ausstehende Einlagen auf das gezeichnete Kapital; davon eingefordert

Inhalt

Die ausstehenden Einlagen auf das gezeichnete Kapital können entweder auf der Aktivseite vor dem Anlagevermögen oder – falls sie noch nicht eingefordert sind – auf der Passivseite offen von dem Eigenkapital abgesetzt ausgewiesen werden (§ 272 Abs. 1 HGB).

Beim Ausweis der ausstehenden Einlagen auf der Aktivseite sind eingeforderte Einlagen gesondert zu vermerken.

Falls die ausstehenden Einlagen auf das gezeichnete Kapital passivisch ausgewiesen werden, sind evtl. eingeforderte Einlagen nicht unter diesem Posten, sondern unter den Forderungen gesondert auszuweisen.

Bewertung

Sowohl die nicht eingeforderten als auch die eingeforderten ausstehenden Einlagen sind rechtlich Forderungen der Gesellschaft an die Gesellschafter. Deshalb sind sie entsprechend der Zahlungsfähigkeit der Gesellschafter zu bilanzieren. Somit können Wertberichtigungen auf diesen Posten möglich sein, die jedoch aktivisch abgesetzt sein sollten.

Konsequenzen für die Bilanzanalyse

Da wirtschaftlich gesehen die nicht eingeforderten als auch die eingeforderten ausstehenden Einlagen einen Korrekturposten zum gezeichneten Kapital darstellen, sind bei einer Bilanzanalyse die auf der Aktivseite ausgewiesenen ausstehenden Einlagen mit dem Eigenkapital zu saldieren.

Sollten die eingeforderten ausstehenden Einlagen zwischen dem Bilanzstichtag und dem Zeitpunkt der Bilanzanalyse eingezahlt worden sein, könnten die eingeforderten Einlagen auch als sonstiges Umlaufvermögen in der aufbereiteten Bilanz ausgewiesen werden.

Vergleichbar sollten auch die nach § 42 Abs. 3 GmbHG gesondert auszuweisenden oder im Anhang anzugebenden Ausleihungen und Forderungen an Gesellschafter behandelt werden.

2. Sonderposten: Aufwendungen für die Ingangsetzung und Erweiterung des Geschäftsbetriebs

Inhalt

§ 269 Satz 1 HGB ermöglicht Kapitalgesellschaften, als »Bilanzierungshilfe« die Aufwendungen für die Ingangsetzung und Erweiterung des Geschäftsbetriebs gesondert vor dem Anlagevermögen zu aktivieren, sofern diese Aufwendungen nicht immaterielle Vermögensgegenstände, Sachanlagen oder Rechnungsabgrenzungsposten darstellen. Es handelt sich um ein Aktivierungswahlrecht.

Der Posten ist im Anhang zu erläutern und seine Entwicklung im Anlagenspiegel darzustellen. Gewinnausschüttungen sind während seines Bestehens nur unter bestimmten Voraussetzungen möglich (§ 269 Satz 2 HGB). Kleine Kapitalgesellschaften sind gemäß § 274a Nr. 5 HGB von der Pflicht zur Erläuterung im Anhang befreit.

Aufwendungen für die Ingangsetzung und Erweiterung des Geschäftsbetriebs begründen zukünftige Ertragserwartungen.

Kosten der Ingangsetzung können z. B. Kosten für Marktstudien, für Beschaffung von Arbeitskräften, für Einführungswerbung oder für Probeläufe von Produktionsanlagen sein. Kosten der Erweiterung können Kosten für eine erhebliche Erweiterung oder für die Errichtung einer neuen Produktionsstätte oder der Aufnahme eines neuen Geschäftszweiges sein.

Aufwendungen für die Gründung des Unternehmens oder für die Beschaffung von Eigenkapital gehören nicht hierzu. Für sie besteht ein Aktivierungsverbot (§ 248 Abs. 1 HGB).

Bewertung und Abschreibung

Der aktivierte Betrag ist in den ersten 4 Jahren nach der Aktivierung vollständig abzuschreiben, und zwar mit mindestens 25 % des ursprünglich aktivierten Betrages (§ 282 HGB).

Konsequenzen für die Bilanzanalyse

Es handelt sich bei diesem Posten um aktivierte Aufwendungen. Unter bilanzpolitischen Gesichtspunkten bringt er auch dem Bilanzierenden wenig, da er offen ausgewiesen und im Anhang erläutert werden muß und somit bei dem Bilanzleser zu Fragen führt.

Da es sich bei diesem Posten nicht um einen echten Vermögensgegenstand, sondern um aktivierte Aufwendungen bzw. um eine »Bilanzierungshilfe« handelt, für die ein Aktivierungswahlrecht besteht, sollte bei einer Bilanzanalyse dieser lediglich aus bilanzpolitischen Gründen gebildete Posten von dem Eigenkapital abgesetzt werden. Die darauf entfallende passive latente Steuerabgrenzung, die gemäß Bilanzrichtlinien-Gesetz wegen der zeitlichen Ergebnisverschiebung zwischen Handels- und Steuerbilanz vorhanden sein sollte, wäre dann ebenfalls bei der Bilanzanalyse nicht zu berücksichtigen.

(Anmerkung: Nach US-GAAP und IAS besteht für Aufwendungen für die Ingangsetzung und Erweiterung des Geschäftsbetriebs ein Aktivierungsverbot.)

3. Sonderposten: Aufwendungen für die Währungsumstellung auf den Euro

Gemäß Art. 44 Abs. 1 EGHGB dürfen Aufwendungen für die Währungsumstellung auf den Euro als Bilanzierungshilfe aktiviert werden, soweit es sich um selbstgeschaffene immaterielle Vermögensgegenstände des Anlagevermögens handelt. Dieser Posten ist in jedem folgenden Geschäftsjahr zu mindestens einem Viertel durch Abschreibung zu tilgen. Der Posten ist im Anhang zu erläutern. Gewinnausschüttungen sind während seines Bestehens nur unter bestimmten Voraussetzungen möglich.

Bemerkenswert ist, daß diese Aufwendungen steuerlich nicht aktivierungsfähig sind. Es handelt sich um die einzige Ausnahme vom zwingenden Bilanzierungsverbot für selbstgeschaffene immaterielle Vermögensgegenstände.

4. Anlagevermögen

Bewertung und Abschreibung
Vermögensgegenstände des Anlagevermögens sind höchstens mit den Anschaffungs- und Herstellungskosten anzusetzen, wobei bei den Vermögensgegenständen des Anlagevermögens, deren Nutzung zeitlich begrenzt ist, die Anschaffungs- und Herstellungskosten um planmäßige Abschreibungen zu vermindern sind.

Bei Kapitalgesellschaften sind neben den planmäßigen Abschreibungen folgende außerplanmäßige Abschreibungen zulässig:

- Außerplanmäßige Abschreibungen sind bei dauernder Wertminderung vorzunehmen (§ 253 Abs. 2 Satz 3 HGB).
- Außerplanmäßige Abschreibungen können bei vorübergehender Wertminderung von Gegenständen des Finanzanlagevermögens vorgenommen werden (§ 279 Abs. 1 Satz 2 HGB).

Außerplanmäßige Abschreibungen sind gesondert auszuweisen oder im Anhang anzugeben (§ 277 Abs. 3 Satz 1 HGB).

Falls die Gründe für die außerplanmäßigen Abschreibungen nicht mehr bestehen, ist eine Zuschreibung vorzunehmen (Wertaufholungsgebot gemäß § 280 Abs. 1 HGB). Die Zuschreibung kann unterbleiben, wenn der niedrigere Wertansatz bei der steuerrechtlichen Gewinnermittlung beibehalten werden kann (§ 280 Abs. 2 HGB). Durch Einführung der steuerlichen Zuschreibungspflicht im Jahre 1999 ist der § 280 Abs. 2 HGB allerdings für Kapitalgesellschaften, GmbH & Co. KGs und Unternehmen, die dem Publizitätsgesetz unterliegen, bedeutungslos geworden.

Außerplanmäßige Abschreibungen können vorgenommen werden, um Vermögensgegenstände des Anlage- oder Umlaufvermögen mit dem niedrigeren Wert anzusetzen, der auf einer nur steuerrechtlichen zulässigen Abschreibung beruht (§ 254 HGB), falls das Steuerrecht ihre Anerkennung bei der steuerrechtlichen Gewinnermittlung davon abhängig macht, daß sie sich aus der Bilanz ergeben (§ 279 Abs. 2 HGB).

Es handelt sich hierbei um ein Abschreibungswahlrecht bei umgekehrter Maßgeblichkeit, d.h. der Wertansatz in der Steuerbilanz wird für die Handelsbilanz maßgeblich und nicht wie normalerweise der Wertansatz in der Handelsbilanz für die Steuerbilanz.

Außerplanmäßige allein nach steuerrechtlichen Vorschriften vorgenommene Abschreibungen sind in der Bilanz, der Gewinn- und Verlustrechnung oder im Anhang getrennt nach Anlage- und Umlaufvermögen anzugeben und hinreichend zu begründen (§ 281 Abs. 2 Satz 1 HGB).

Bei Nicht-Kapitalgesellschaften sind darüber hinaus noch folgende außerplanmäßige Abschreibungen zulässig:

- Außerplanmäßige Abschreibungen bei vorübergehender Wertminderung sind nicht auf das Finanzanlagevermögen beschränkt (§ 253 Abs. 2 Satz 3 i.V.m. § 279 Abs. 1 Satz 2 HGB).
- Außerplanmäßige Abschreibungen sind auch im Rahmen vernünftiger kaufmännischer Beurteilung zulässig (§ 253 Abs. 4 HGB). Diese Definition ist sehr unklar und läßt deshalb die Bildung von Willkürreserven möglich erscheinen.
- Falls die Gründe für die außerplanmäßige Abschreibung nicht mehr bestehen, kann der niedrigere Wertansatz beibehalten werden (Beibehaltungswahlrecht gemäß § 253 Abs. 5).

Die Entwicklung der einzelnen Posten des Anlagevermögens ist in der Bilanz oder im Anhang an einem Anlagenspiegel – auch Anlagengitter genannt – darzustellen (§ 268 Abs. 2 HGB). Dabei hat der Ausweis brutto zu erfolgen, d.h. die ursprünglichen Anschaffungs- und Herstellungskosten, die Zugänge sowie die Abgänge des Geschäftsjahres und die kumulierten Abschreibungen sind zu zeigen. Kleine Kapitalgesellschaften sind gemäß § 274a Nr. 1 HGB von der Pflicht der Aufstellung eines Anlagenspiegels befreit.

a) Immaterielle Vermögensgegenstände

Inhalt
Immaterielle Vermögensgegenstände stellen Rechte oder nur Hoffnungen auf zukünftige Gewinne dar.

Bewertung
Für entgeltlich erworbene immaterielle Vermögensgegenstände besteht nach § 246 Abs. 2 HGB für alle Kaufleute eine Aktivierungspflicht.

Für unentgeltlich erworbene und selbstgeschaffene immaterielle Vermögensgegenstände besteht sowohl in der Handels- (§ 248 Abs. 2 HGB) als auch in der Steuerbilanz (§ 5 Abs. 2 EStG) ein Aktivierungsverbot, da sie durch den Bilanzierenden überschätzt werden können und ihre Dauerhaftigkeit besonders zweifelhaft ist. Werden jedoch solche Vermögensgegenstände (z.B. EDV-Programme) zum Zwecke der Veräußerung entwickelt, so können sie zu Herstellungskosten als Vorratsvermögen ausgewiesen werden.

Konsequenzen für die Bilanzanalyse

Da immaterielle Vermögensgegenstände Rechte oder nur Hoffnungen auf zukünftige Gewinne darstellen, sollten die Werthaltigkeit, die geschätzte Nutzungsdauer, eventuelle Änderungen des Abschreibungszeitraumes und die angewandte Abschreibungsmethode der einzelnen Komponenten dieses Postens genau unter die Lupe genommen werden. Dies gilt insbesondere dann, wenn dieser Posten ein wesentlicher Teil der Bilanzsumme ist. Junge Unternehmen, wie Neue Markt-Unternehmen, sollten in diesem Punkt besonders intensiv analysiert werden.

Konzessionen, gewerbliche Schutzrechte und ähnliche Rechte und Werte sowie Lizenzen an solchen Rechten und Werten

Inhalt
Hierunter können fallen: Konzessionen, Schürfrechte, Patente, Lizenzen, Marken-, Verlags- und Urheberrechte, Geschmacks- und Gebrauchsmuster, Warenzeichen, Zuteilungsquoten, Nutzungsrechte, Optionsrechte zum Erwerb von Aktien oder Beteiligungen, nicht geschützte Erfindungen, Rezepte, Geheimverfahren, Kundenkarteien, Know-how, EDV-Software.

Abschreibung und Zuschreibung
Bei diesem Posten sind planmäßige Abschreibungen vorzunehmen. Gegebenenfalls können auch außerplanmäßige Abschreibungen vorgenommen werden. Zuschreibungen sind vorzunehmen, falls die Gründe für die außerplanmäßigen Abschreibungen nicht mehr bestehen.

Konsequenzen für die Bilanzanalyse

Da sich solche Werte schnell verflüchtigen können und sich ihre Nutzungsdauer sehr schwer schätzen läßt, bieten sie bilanzpolitischen Spielraum. Für eine Ergebnisanalyse ist es deshalb sinnvoll, über einen längeren Zeitraum zu untersuchen, welchen Grad der Vorsicht das bilanzierende Unternehmen bei der Bewertung dieses Postens walten ließ, und wie die einzelnen Jahresergebnisse dadurch beeinflußt wurden.

Geschäfts- oder Firmenwert

Inhalt
Für den derivativen Geschäfts- oder Firmenwert, auch Goodwill genannt, d.h. den Unterschied zwischen der Übernahmegegenleistung und dem Reinvermögen zum Zeitwert bei der Übernahme eines Unternehmens im ganzen oder eines mit einer gewissen Selbständigkeit ausgestatteten Teilbetriebs, besteht handelsrechtlich ein Aktivierungswahlrecht (§ 255 Abs. 4 HGB), steuerlich dagegen eine Aktivierungspflicht (§ 5 Abs. 2 EStG).

Beim Konzernabschluß entsteht bei der Kapitalkonsolidierung nach der Erwerbsmethode in der Regel auch ein Geschäfts- oder Firmenwert (siehe Abschnitt F I). Er ist genau wie der Geschäfts- oder Firmenwert beim Einzelabschluß zu behandeln (Aktivierungswahlrecht und ggf. jährliche Abschreibung zu einem Viertel oder über die voraussichtliche Nutzungsdauer). In der Praxis besteht aber darüber hinaus die Unsitte, daß der Geschäfts- oder Firmenwert über mehrere Jahre mit den Rücklagen verrechnet wird.

Zu bemerken ist hier, daß bei Anwendung der Buchwertmethode im Rahmen der Equity-Methode der Geschäfts- oder Firmenwert – außer bei der Erstkonsolidierung – nicht gesondert ausgewiesen oder angegeben wird, da er im Beteiligungsbuchwert enthalten ist.

Abschreibung
Handelsrechtlich ist der Geschäfts- oder Firmenwert ab dem folgenden Geschäftsjahr zu mindestens einem Viertel abzuschreiben. Die Abschreibung kann auch auf die voraussichtliche Nutzung verteilt werden, wobei die Gründe dafür im Anhang anzugeben sind. Dadurch ist es möglich, die Abschreibungen an die steuerrechtlich vorgeschriebene Nutzungsdauer von 15 Jahren anzupassen.

Konsequenzen für die Bilanzanalyse

Das Aktivierungswahlrecht sowie die verschiedenen Abschreibungsmöglichkeiten bieten bilanzpolitische Gestaltungsmöglichkeiten und sind bei einer Ergebnisanalyse zu berücksichtigen.

Bei einer Bilanzanalyse im Hinblick auf eine Kreditwürdigkeitsprüfung sollte ein ausgewiesener Geschäfts- oder Firmenwert vom Eigenkapital abgesetzt werden, wobei der Einfluß auf die latenten Steuern zu berücksichtigen ist.

Geleistete Anzahlungen

Geleistete Anzahlungen auf immaterielle Vermögensgegenstände sind getrennt von den Anzahlungen auf Sachanlagen auszuweisen. Da eine Gegenleistung noch nicht erbracht wurde und somit eine Nutzung noch nicht erfolgen konnte, ist in der Regel bei einer Bilanzanalyse keine Korrektur erforderlich.

b) Sachanlagen

Inhalt
Die Sachanlagen sind nach § 266 Abs. 2 HGB in der Bilanz in folgende Gruppen aufzuteilen:

1. Grundstücke, grundstücksgleiche Rechte und Bauten einschließlich der Bauten auf fremden Grundstücken;
2. technische Anlagen und Maschinen;
3. andere Anlagen, Betriebs- und Geschäftsausstattung;
4. geleistete Anzahlungen und Anlagen im Bau.

Wie ersichtlich sind Grundstücke und Bauten nicht getrennt auszuweisen, was für eine Bilanzanalyse jedoch interessant wäre.

Ausweis der geringwertigen Wirtschaftsgüter
Da das Gesetz kein genaues Gliederungsschema für den Anlagenspiegel enthält, ist nicht eindeutig geklärt, wie im Jahr der Anschaffung sofort abgeschriebene geringwertige Wirtschaftsgüter auszuweisen sind.

Möglich wäre:

- kein Ausweis im Anlagenspiegel,
- gesonderter Posten im Anlagenspiegel,

- Ausweis als Zugang und als Abgang, jedoch nicht unter den Abschreibungen,
- Ausweis als Abgang im Jahr nach der Anschaffung oder später.

Angaben über die Art des Ausweises sind nicht immer zu erwarten.

Höhe der Abschreibungen im Anlagenspiegel und in der Gewinn- und Verlustrechnung
Ebenfalls ist es möglich, daß die Abschreibungen auf Anlagegüter, die im Laufe des Jahres abgegangen sind, nicht in den im Anlagenspiegel ausgewiesenen Abschreibungen enthalten sind.

Konsequenzen für die Bilanzanalyse

Die Bemessung der Abschreibungen wird nicht nur durch die notwendige Schätzung der Nutzungsdauer beim Erwerb der Sachanlagegüter, sondern auch durch Wahlrechte bei den Abschreibungsmethoden und durch steuerliche Wahlrechte auf Sonderabschreibungen beeinflußt.

Zweck einer Analyse des Sachanlagevermögens im Rahmen der Bilanzanalyse ist es nicht, den Tageswert des Sachanlagevermögens festzustellen, sondern

- einen globalen Überblick über den Umfang des Sachanlagevermögens zu erhalten und
- die Höhe der Abschreibungen in den einzelnen Jahren zu beurteilen.

Um dieses Ziel möglichst vollkommen zu erreichen, ist die Kenntnis der Anschaffungs- und Buchwerte – aufgeteilt nach Anschaffungsjahren und Anlagegruppen, möglichst auch nach Unternehmensbereichen – der zu Beginn des Analysezeitraumes vorhandenen Anlagegüter und der Abschreibungsmethoden und -sätze erforderlich.

Folgende Korrekturen können notwendig werden:

- Stille Reserven, die beim Abgang von Anlagegütern aufgedeckt und auf neu angeschaffte oder hergestellte Sachanlagen übertragen wurden, sind im Jahr des Abgangs als Ertrag zu zeigen.
- Der Abschreibungsbeginn ist evtl. neu festzusetzen, falls Anschaffungs- oder Fertigstellungsdatum erheblich vom Nutzungsbeginn abweichen.
- Die Abschreibungen sind aufgrund der heutigen Kenntnis der technischen und wirtschaftlichen Nutzungsdauer neu zu verteilen. Das bedeutet, daß Sonderabschreibungen aufgrund steuerrechtlicher Vorschriften, ein niedrigerer Wertansatz wegen unzureichender planmäßiger Abschreibungen, eine Vollabschreibung geringwertiger Wirtschaftsgüter und in der Regel auch degressive Abschreibungen rückgängig zu machen und die tatsächlichen Anschaffungs- und Herstellungskosten linear zu verteilen sind.
- Falls Abschreibungen nach Maßgabe der Inanspruchnahme oder Absetzungen für Substanzverringerung (z.B. bei Bergbauunternehmen) durchgeführt wurden oder notwendig waren, aber unterlassen wurden, ist zu untersuchen, ob dem tatsächlichen Werteverzehr in den einzelnen Jahren Rechnung getragen wurde.

Ein Vergleich mit den branchenüblichen Abschreibungen ist anzustreben.

Bei der Analyse des Sachanlagevermögens können noch folgende Fragen hinsichtlich der Bewertung von Bedeutung sein und evtl. zu Korrekturen führen:

- Wie wurden die aktivierten Eigenleistungen bewertet, d.h. welche Kosten wurden in die Herstellungskosten einbezogen (z.B. Wahlrecht für Fremdkapitalzinsen bei langfristiger Fertigung gem. § 255 Abs. 2 HGB, Unterbeschäftigung und nicht aktivierungspflichtige Gemeinkosten bei Werkstätten, überhöhte Planungskosten, Abbruchkosten)?

- Wie erfolgte die Abgrenzung zwischen Reparaturen, die als Aufwand gebucht wurden, einerseits, und Großreparaturen durch Fremdfirmen und Eigenleistungen, die aktiviert wurden, andererseits?

Das Anschaffungs- und Herstellungskostenprinzip hat zur Folge, daß Käufe von gleichen Anlagegegenständen zu unterschiedlichen Zeitpunkten, zu denen die Währung eine unterschiedliche Kaufkraft hatte, addiert werden.

Beispiel: Die Endsummen von zwei Grundstückskäufen werden in der Bilanz addiert, auch wenn das eine Grundstück vor 35 Jahren DM 1 pro qm und ein gleichwertiges Grundstück im letzten Geschäftsjahr DM 100 pro qm kostete.

Um die Vermögensstruktur und die Höhe der Abschreibungen zu beurteilen, sind auch die nicht aktivierten geleasten und langfristig gemieteten Vermögensgegenstände an den einzelnen Stichtagen sowie die Leasingraten zu berücksichtigen. Dies gilt besonders dann, wenn im Laufe des analysierten Zeitraums ein Wechsel in der Finanzierungsweise der Investitionen stattfand.

Aus dem vorher Gesagten kann gefolgert werden, daß Kennzahlen, die das in der Bilanz ausgewiesene Sachanlagevermögen einbeziehen, oft wenig Aussagekraft haben. Eine Ausnahme davon bildet die Ermittlung der Altersstruktur und der Abschreibungsquote.

Will man außer der Korrektur der Bemessung der Abschreibungen auf Basis der Anschaffungs- und Herstellungskosten noch eine Korrektur wegen Preissteigerungen vornehmen, d.h. Abschreibungen auf Basis Wiederbeschaffungswerte berechnen, wären die Anschaffungs- und Herstellungskosten mit dem entsprechenden Index (siehe Statistisches Jahrbuch) hochzurechnen und anschließend die Abschreibungen neu zu berechnen (siehe Abschnitt M IV Scheingewinne aufgrund von Preisänderungen insbesondere beim abschreibungsfähigen Sachanlagevermögen).

In der Vergangenheit waren in den lateinamerikanischen Ländern und zum Teil auch in den romanischen Ländern Europas solche Aufwertungen des Sachanlagevermögens gesetzlich erlaubt oder vorgeschrieben. Die Vorschriften waren in den einzelnen Ländern sehr unterschiedlich.

Da in fast allen diesen Ländern die Abschreibungen auf die aufgewerteten Wirtschaftsgüter steuerrechtlich anerkannt werden, besteht die Gefahr von Überbewertungen, weil

- der gesetzlich vorgeschriebene oder mögliche Index nicht auf die Wirtschaftsgüter des Unternehmens zutraf,
- vorhandene, aber wirtschaftlich oder technisch veraltete Wirtschaftsgüter aufgewertet wurden und
- in manchen Ländern die Nutzungsdauer der Wirtschaftsgüter neu festgelegt werden darf, was bilanzpolitisch mißbraucht werden konnte.

c) Finanzanlagen

Inhalt
Gemäß § 266 Abs. 2 HGB sind die Finanzanlagen wie folgt zu untergliedern:

1. Anteile an verbundenen Unternehmen;
2. Ausleihungen an verbundene Unternehmen;
3. Beteiligungen;
4. Ausleihungen an Unternehmen, mit denen ein Beteiligungsverhältnis besteht;
5. Wertpapiere des Anlagevermögens;
6. sonstige Ausleihungen.

Als Beteiligungen sind Anteile von mindestens 20% an einer Kapitalgesellschaft anzusehen. Genossenschaftsanteile werden nicht als Beteiligung, sondern als sonstige Vermögensgegenstände betrachtet. Als verbundene Unternehmen werden nach § 271 Abs. 2 HGB Unternehmen betrachtet, die als Mutter- oder Tochterunternehmen in den Konzernabschluß nach den Vorschriften über die Vollkonsolidierung (§ 290 HGB) einzubeziehen sind. (Der Begriff verbundene Unternehmen ist in § 15 AktG etwas weiter gefaßt.)

Der Ausweis von Ausleihungen unter den Finanzanlagen ist nicht von einer Mindestlaufzeit abhängig, so daß nur das Kriterium »dauernd dem Geschäftsbetrieb zu dienen bestimmt« gilt.

Anteile an verbundenen Unternehmen

Bewertung
Anteile an verbundenen Unternehmen, d.h. Tochterunternehmen, die im Konzernabschluß voll zu konsolidieren sind (§ 271 Abs. 2, § 290 HGB), werden wie Beteiligungen (Anteile an Unternehmen, die bestimmt sind, dem eigenen Geschäftsbetrieb durch Herstellung einer dauernden Verbindung zu dienen, was in der Regel ab einer Beteiligungshöhe von 20% zu vermuten ist) in der Bilanz zu Anschaffungskosten bewertet. Bei einer voraussichtlich dauernden Wertminderung sind Abschreibungen vorzunehmen. Steuerrechtlich sind Abschreibungen stark eingeschränkt.

Nicht ausgeschüttete Gewinne von verbundenen Unternehmen und Beteiligungen führen zu keiner Erhöhung der Bewertung in der Einzelbilanz.

Konsequenzen für die Bilanzanalyse

In der Praxis wird mit diesem Posten viel Bilanzpolitik betrieben. Es gibt Unternehmen, die in guten Jahren ihre ausländischen Tochterunternehmen recht großzügig abschreiben, aber auch Unternehmen, die trotz jahrelanger Zuschüsse ihre Tochterunternehmen wegen falscher Hoffnungen nicht oder nicht genügend abschreiben. Im Grunde genommen müßten bei solchen Unternehmen die zukünftigen Zuschüsse passiviert werden, d.h. diese Tochterunternehmen müßten evtl. negativ bewertet werden. Bei Konzernbilanzen ist eine solche Bilanzpolitik nicht möglich, da die Abschreibungen bei der Konsolidierung eliminiert werden.

Die Gefahr einer Überbewertung von Tochterunternehmen besteht oft, da

- das Management nicht zugeben will, daß das erworbene Tochterunternehmen eine Fehlinvestition war,

- ein Außenstehender die voraussichtlich dauernde Wertminderung nur schwierig nachweisen kann,
- eine solche Abschreibung steuerrechtlich stark eingeschränkt ist.

Eine Analyse dieses Postens erfordert somit eine Bilanzanalyse jedes einzelnen Tochterunternehmens oder das Vorliegen einer Konzernbilanz, in der alle wesentlichen in- und ausländischen Tochterunternehmen konsolidiert sind. Sollten die konsolidierten Gesellschaften nicht alle zum gleichen Zeitpunkt ihren Jahresabschluß aufstellen, ist auf mögliche Ergebnisverschiebungen zu achten.

Sollten in einem Konzernabschluß unter diesem Posten bedeutende Beträge stehen, so deutet das auf die Nichtkonsolidierung wesentlicher Konzernaktivitäten hin.

Bei Konzernbilanzen ist ein Blick darauf zu werfen, inwieweit Vermögen ausgewiesen wird in Ländern, bei denen der Kapital- und Dividendentransfer eingeschränkt ist, und inwieweit bei einer Ausschüttung von Gewinnen an das Mutterunternehmen noch Ertragsteuern anfallen.

Hinzuweisen ist noch darauf, daß viele ausländische, insbesondere amerikanische Unternehmen ihre Tochterunternehmen im Einzelabschluß nach der sogenannten Equity-Methode bilanzieren. Bilanzierung nach der Equity-Methode bedeutet Bilanzierung zu Anschaffungskosten zuzüglich anteilige nicht ausgeschüttete Gewinne und abzüglich anteiliger Verluste seit dem Anschaffungsdatum. Die Bilanzierung der Tochterunternehmen nach der Equity-Methode ist somit aussagefähiger als die auf Basis von Anschaffungskosten, wenngleich das Schwinden der zukünftigen Ertragskraft auch hier nicht berücksichtigt wird.

Falls aus irgendwelchen Gründen keine konsolidierte Weltbilanz vorliegt, sollte der Bilanzanalytiker notfalls selbst – so gut wie möglich – eine Konsolidierung oder Bilanzierung nach der Equity-Methode vornehmen, um die Vermögens-, Finanz- und Ertragslage des Unternehmens einschließlich Tochterunternehmen besser erkennen zu können.

Sofern die entsprechenden Einzelabschlüsse nicht oder nur teilweise vorliegen, können Informationen, wie

- Name,
- Sitz,
- Anteil am Kapital,
- Höhe des Eigenkapitals,
- Ergebnis des letzten Geschäftsjahrs, für das ein Jahresabschluß vorliegt,

die in der Aufstellung des Anteilsbesitzes (§ 285 Nr. 11 HGB) im Anhang zu veröffentlichen sind, für die Bilanzanalyse von Nutzen sein. Nach § 287 HGB kann eine solche Beteiligungsliste auch gesondert aufgestellt und beim Handelsregister hinterlegt werden. Auf den Ort der Hinterlegung ist im Anhang hinzuweisen.

Ausleihungen an verbundene Unternehmen

Bei diesem Posten liegt kein großer bilanzpolitischer Spielraum vor. **Hier ist von Interesse zu wissen, aus welchem Grunde solche Kredite gewährt wurden, ob Problemkredite darin enthalten sind, z.B. umgeschuldete Forderungen aus Lieferungen und Leistungen, wie die Ausleihungen verzinst werden und wann sie fällig sind.**

Sollten in einem Konzernabschluß unter diesem Posten bedeutende Beträge stehen, so deutet das auf die Nichtkonsolidierung wesentlicher Konzernaktivitäten hin.

Beteiligungen

Für Beteiligungen, soweit sie keine verbundenen Unternehmen sind, gilt ebenfalls das unter Anteile an verbundenen Unternehmen Gesagte.

Im Konzernabschluß sind in diesem Posten die nicht konsolidierten und die nach der Equity-Methode konsolidierten Beteiligungen an assoziierten Unternehmen enthalten. Einzelheiten sollten aus der Beteiligungsliste hervorgehen.

Ausleihungen an Unternehmen, mit denen ein Beteiligungsverhältnis besteht

Hier gilt das unter Ausleihungen an verbundene Unternehmen Gesagte.

Wertpapiere des Anlagevermögens

Für Wertpapiere des Anlagevermögens gilt das unter Beteiligungen Gesagte. **Besonders zu achten ist hier auf Wertpapiere, die kürzlich vom Umlaufvermögen ins Anlagevermögen umgebucht worden sind. Da bei den im Anlagevermögen ausgewiesenen Wertpapieren nur das »gemilderte Niederstwertprinzip« gilt, können dadurch Abschreibungen, die beim Ausweis im Umlaufvermögen wegen des »strengen Niederstwertprinzips« notwendig wären, zumindest für eine gewisse Zeit vermieden werden.**

Sonstige Ausleihungen

Hier gilt ebenfalls das im ersten Absatz unter Ausleihungen an verbundene Unternehmen Gesagte.

Unter diesen Posten fallen auch Ausleihungen von Gesellschaften mit beschränkter Haftung an Gesellschafter. Sie sind gesondert auszuweisen (§ 42 Abs. 3 GmbHG).

5. Umlaufvermögen

a) Vorräte

Inhalt

Gemäß § 266 Abs. 2 HGB sollen die Vorräte in der Bilanz wie folgt unterteilt ausgewiesen werden:

1. Roh-, Hilfs- und Betriebsstoffe;
2. unfertige Erzeugnisse, unfertige Leistungen;
3. fertige Erzeugnisse und Waren;
4. geleistete Anzahlungen.

Gemäß § 268 Abs. 5 Satz 2 HGB ist es möglich, erhaltene Anzahlungen auf Bestellungen von dem Posten Vorräte offen abzusetzen oder unter den Verbindlichkeiten auszuweisen. Nach IAS und US-GAAP dürfen erhaltene Anzahlungen auf Bestellungen nicht aktivisch abgesetzt werden. Eine Ausnahme bilden bei den IAS die Anzahlungen auf langfristige Fertigungsaufträge.

Soweit unter den Vorräten langfristige Fertigungsaufträge enthalten sind, sollte in Erfahrung gebracht werden, wie sie kalkuliert sind (percentage of completion-method oder completed contract-method).

In der Konzernbilanz brauchen die Vorräte nicht unterteilt ausgewiesen zu werden, wenn deren Aufgliederung wegen besonderer Umstände mit einem unverhältnismäßigen Aufwand verbunden wäre (§ 298 Abs. 2 HGB).

Bewertung und Bewertungsspielräume
Vorräte werden zu den Anschaffungs- oder Herstellungskosten bewertet, sofern nicht nach dem Niederstwertprinzip eine niedrigere Bewertung notwendig (§ 253 Abs. 3 Satz 1 HGB) oder zulässig (§ 253 Abs. 3 Satz 3 und 253 Abs. 4 HGB) ist.

§ 255 Abs. 1 und 2 HGB sagt zu den Anschaffungs- und Herstellungskosten folgendes:

(1) Anschaffungskosten sind die Aufwendungen, die geleistet werden, um einen Vermögensgegenstand zu erwerben und ihn in einen betriebsbereiten Zustand zu versetzen, soweit sie dem Vermögensgegenstand einzeln zugeordnet werden können. Zu den Anschaffungskosten gehören auch die Nebenkosten sowie die nachträglichen Anschaffungskosten. Anschaffungspreisminderungen sind abzusetzen.

(2) Herstellungskosten sind die Aufwendungen, die durch den Verbrauch von Gütern und die Inanspruchnahme von Diensten für die Herstellung eines Vermögensgegenstands, seine Erweiterung oder für eine über seinen ursprünglichen Zustand hinausgehende wesentliche Verbesserung entstehen. Dazu gehören die Materialkosten, die Fertigungskosten und die Sonderkosten der Fertigung. Bei der Berechnung der Herstellungskosten dürfen auch angemessene Teile der notwendigen Materialgemeinkosten, der notwendigen Fertigungsgemeinkosten und des Wertverzehrs des Anlagevermögens, soweit er durch die Fertigung veranlaßt ist, eingerechnet werden. Kosten der allgemeinen Verwaltung sowie Aufwendungen für soziale Einrichtungen des Betriebs, für freiwillige soziale Leistungen und für betriebliche Altersversorgung brauchen nicht eingerechnet zu werden. Aufwendungen im Sinne der Sätze 3 und 4 dürfen nur insoweit berücksichtigt werden, als sie auf den Zeitraum der Herstellung entfallen. Vertriebskosten dürfen nicht in die Herstellungskosten einbezogen werden.

Tabellarisch zusammengefaßt beinhalten die Herstellungskosten folgende Positionen:

Materialeinzelkosten Fertigungseinzelkosten Sonderkosten der Fertigung	Pflichtbestandteile
Materialgemeinkosten Fertigungsgemeinkosten Wertverzehr des Anlagevermögens, soweit er durch die Fertigung veranlaßt ist Kosten der allgemeinen Verwaltung Aufwendungen für soziale Einrichtungen des Betriebs Aufwendungen für freiwillige soziale Leistungen Aufwendungen für betriebliche Altersversorgung	Wahlbestandteile
Fremdkapitalzinsen	unter bestimmten Voraussetzungen aktivierungsfähig (§ 255 Abs. 3 HGB)

Wertuntergrenze sind eindeutig die Einzelkosten.

Da die Gemeinkosten oft einen erheblichen, wenn nicht sogar den größten Teil der Herstellungskosten darstellen, sind der Bewertungsspielraum und somit die bilanzpolitischen Möglichkeiten wegen der vielen im Gesetz angeführten Wahlbestandteile sehr groß.

Die steuerrechtlichen Herstellungskosten bieten einen geringen Bewertungsspielraum. Nach R 33 der Einkommensteuer-Richtlinien sind Material- und Fertigungsgemeinkosten sowie der Wertverzehr von Anlagevermögen, soweit er durch die Herstellung des Wirtschaftsgutes veranlaßt wird, zu aktivieren. Wahlrechte bestehen nur für die allgemeinen Verwaltungskosten und die aufgeführten sozialen Aufwendungen sowie für die Fremdkapitalzinsen.

Somit ist es für eine Bilanzanalyse von erheblicher Aussagekraft, inwieweit die Herstellungskosten den steuerrechtlichen Vorschriften entsprechen und inwieweit von den steuerrechtlichen Aktivierungswahlrechten für die Verwaltungskosten und die aufgeführten sozialen Aufwendungen Gebrauch gemacht wurde.

Ein weiterer bilanzpolitischer Spielraum besteht bei der Festsetzung der Normalbeschäftigung. Davon hängt es ab, inwieweit bei einer Unterbeschäftigung Gemeinkosten in den Herstellungskosten der Vorräte zu berücksichtigen sind (Leerkosten).

Das HGB (§ 240 Abs. 3) läßt in besonderen Fällen auch eine Festbewertung sowie (§ 256) allgemein die sog. Verbrauchsfolge-Verfahren als Bewertungsvereinfachungsverfahren zu.

In diesem Zusammenhang wird noch auf einige Positionen bei den Vorräten hingewiesen, bei denen der Bewertungsspielraum leicht zur Bewertungswillkür werden kann und für deren Beurteilung Kenntnisse der Branche gehören, z. B.

- Modeartikel,
- Ersatzteile, Reparaturmaterialien, Muster,
- selbst entwickelte und hergestellte Maschinen, insbesondere Prototypen,
- Waren verschiedener Qualität, die zu einem einheitlichen Preis eingekauft, aber zu unterschiedlichen Preisen verkauft werden (z. B. Holz).

Verschiedene Verbrauchsfolge-Verfahren

Der Einfluß der verschiedenen Verbrauchsfolge-Verfahren auf die Bewertung der Vorräte, die Höhe des Bruttoergebnisses vom Umsatz und somit des Ergebnisses sowie auf wichtige Kennzahlen wird anhand eines Beispieles nachstehend dargestellt. Es werden das Fifo-Verfahren (first in – first out), das Lifo-Verfahren (last in – first out) und die Durchschnittsmethode erläutert. Weitere in der Literatur erwähnte Verbrauchsfolge-Modelle werden nicht in das Beispiel einbezogen, da sie in der Praxis kaum Bedeutung haben.

Bei der Fifo-Methode wird unterstellt, daß die zuerst angeschafften Waren auch zuerst verkauft werden. Das entspricht in den meisten Fällen guter kaufmännischer Praxis.

Bei der Lifo-Methode nimmt man an, daß die zuletzt angeschafften Waren zuerst verkauft werden. In der Praxis wird das in der Regel nur bei Schüttgütern in Frage kommen. Grund für die Anwendung der Lifo-Methode ist aber nicht, die tatsächliche Verbrauchsfolge zu zeigen, sondern das Bestreben, den Umsatzerlösen die letzten Anschaffungs- und Herstellungskosten gegenüberzustellen, die den Wiederbeschaffungskosten am nächsten kommen, um dadurch bei steigenden Preisen möglichst geringe Scheingewinne zeigen und versteuern zu müssen, was gleichzeitig einer wirklichkeitsnäheren Darstellung der Ertragskraft des Unternehmens entspricht.

Bei der Fifo-Methode ist die Bewertung der Vorräte in der Bilanz relativ am richtigsten, da sie die letzten Anschaffungs- und Herstellungskosten berücksichtigt.

Bei der Lifo-Methode dagegen ist die Ergebnisrechnung relativ am richtigsten, da die verrechneten Kosten dem Wiederbeschaffungswert am nächsten kommen. Dies gilt jedoch nur dann, wenn keine Bestandsminderungen erfolgen, d. h. keine Lifo-Reserven aus den Vorjahren aufgelöst werden. Bestandsminderungen bei Lifo-Bewertung haben somit eine Auflösung von stillen Reserven zur Folge und bedeuten eine außerordentliche Verbesserung des Jahresergebnisses. Falls sich die Vorräte bei Lifo-Bewertung gemindert haben, ist eine entsprechende Rückfrage angebracht.

Bei steigenden Preisen wird bei der Bewertung mit der Fifo-Methode ein relativ hohes Ergebnis gezeigt und bei der Bewertung mit der Lifo-Methode werden stille Reserven gelegt.

Bei der Durchschnittsmethode werden die Preisschwankungen über einen längeren Zeitraum geglättet. Wird die verkaufte Ware mit den Durchschnittskosten des gesamten Jahres einschließlich des Anfangsbestandes bewertet, spricht man von gewogenem Durchschnitt, werden die Verkäufe aber laufend mit den Anschaffungs- und Herstellungskosten bis zum Tage des Verkaufs bewertet, so spricht man von gleitendem Durchschnitt. Bei der gewogenen Durchschnittsmethode werden dadurch die Preisschwankungen stärker und bei der gleitenden Durchschnittsmethode weniger stark geglättet.

Da die Durchschnittsmethode alle Werte glättet, sind weder die Bestandsbewertung noch die Ergebnisrechnung richtig. Andererseits läßt sich bei der gewogenen Durchschnittsmethode der Lagerumschlag richtig ermitteln, da Abgänge und Schlußbestand mit den gleichen Werten pro Einheit angesetzt werden.

Beispiel:

		Fifo DM	Lifo DM	gewogener Durchschnitt DM
Anfangsbestand	50 kg × 10 DM	500	500	500
Einkauf	100 kg × 11 DM	1.100	1.100	1.100
Einkauf	100 kg × 12 DM	1.200	1.200	1.200
Einkauf	50 kg × 16 DM	800	800	800
	300 kg × 12 DM	3.600	3.600	3.600
./. Abgang	200 kg	2.200	2.550	2.400
Endbestand	100 kg	1.400	1.050	1.200
Verkaufserlöse	60 kg × 13,20 DM	792	792	792
	90 kg × 14,40 DM	1.296	1.296	1.296
	50 kg × 19,20 DM	960	960	960
	200 kg	3.048	3.048	3.048
(Kalkulation: 20% Aufschlag auf den unterstellten Wiederbeschaffungspreis)				
./. Wareneinsatz		2.200	2.550	2.400
Rohertrag		848	498	648
Rohertrag in % des Umsatzes (kalkuliert wurden 20% im Aufschlag, d.h. 16,7%)		27,8 %	16,3 %	21,3 %
Lagerumschlag		2.200 / 1.400 = 1,6	2.550 / 1.050 = 2,4	2.400 / 1.200 = 2,0

Von vorgenannten Kennzahlen ist nur eine richtig, nämlich der Lagerumschlag beim gewogenen Durchschnitt (Grund: Abgänge und Endbestand wurden mit dem gleichen Preis bewertet).

Annähernd richtig ist das Bruttoergebnis vom Umsatz bei der Lifo-Methode (Grund: Da die Bestände bei steigenden Preisen erhöht wurden, ist der ausgewiesene Rohertrag leicht geringer als der auf den unterstellten Wiederbeschaffungspreis kalkulierte). Anzumerken bleibt, daß bei Anwendung der Lifo-Methode und sinkenden Preisen eine Wertberichtigung wegen des Niederstwertprinzips erforderlich ist.

Beim Abbau der Vorräte würde der bei der Lifo-Methode ausgewiesene Rohertrag über dem kalkulierten liegen. Würde der Endbestand im Werte von 1.050 DM in der nächsten

Periode verkauft, ergäbe sich bei gleicher Kalkulation ein Rohertrag von 870 DM bezogen auf 1.920 DM = 45 %! Dieser hohe Rohertrag ergibt sich durch den vollkommenen Abbau der Lifo-Reserve.

Falls die Bewertung unter den Anschaffungs- oder Herstellungskosten, z. B. mit dem niedrigeren Börsen- oder Marktpreis, vorgenommen werden müßte, handelt es sich bei einer solchen Bewertungskorrektur um außerordentliche Kosten, da eine solche Bewertungskorrektur in der Gewinn- und Verlustrechnung bzw. Ergebnisrechnung den Materialaufwand bzw. die Gestehungskosten der verkauften Erzeugnisse erhöht, dieser Korrektur aber keine Umsatzerlöse gegenüberstehen. Andererseits profitiert das Ergebnis des nächsten Jahres von entsprechenden Bewertungskorrekturen im Vorjahr. Eine Bewertung zum niedrigeren Börsen- oder Marktpreis würde somit zusätzlich die in dem Beispiel erwähnten Kennzahlen verfälschen.

Konsequenzen für die Bilanzanalyse

Änderungen der Bewertungsmethoden – was nach dem Stetigkeitsprinzip des § 252 Abs. 1 Satz 6 HGB nur eingeschränkt möglich ist – wirken sich besonders gravierend im prozentualen Anteil des Bruttoergebnisses an der Gesamtleistung oder den Umsatzerlösen, einer der wichtigsten Kennzahlen der Bilanzanalyse, aus.

Wegen der Bedeutung für die Ergebnisanalyse ist es wichtig, möglichst umfangreiche Informationen über die Vorratsbewertung für den gesamten analysierten Zeitraum zu erhalten.

Zu diesen Informationen zählen:

- In welchem Umfang wurden Gemeinkosten in die Herstellungskosten einbezogen?
- Wurden Leerkosten bei niedriger Beschäftigung aktiviert?
- Wurden die Vorräte einzeln oder nach der Durchschnittsmethode bewertet, oder wurde eine bestimmte Verbrauchsfolge (Lifo, Fifo) unterstellt? Wurde für Teile von Roh-, Hilfs- und Betriebsstoffen eine Festbewertung vorgenommen?
- Aus welchem Grunde und in welcher Höhe wurde eine niedrigere Bewertung als zu Anschaffungs- oder Herstellungskosten gewählt?
- Inwieweit wurden die Bewertungsmethoden während des analysierten Zeitraums verändert?

Die beiden ersten Fragen erlangen bei größeren Unterschieden der mengenmäßigen Bestände an den einzelnen Bilanzstichtagen erhöhte Bedeutung, weil bei großzügiger Verrechnung von Gemeinkosten und Leerkosten in die Herstellungskosten das Verhältnis der in den Vorräten zu den Bilanzstichtagen insgesamt verrechneten Gemeinkosten zu den aufgewendeten Gemeinkosten im Laufe der Geschäftsjahre wesentlich voneinander abweicht. Das hat zur Folge, daß eine Umsatzveränderung gegenüber dem Vorjahr nur relativ geringe Auswirkungen auf das Ergebnis hat.

Um diese Störung auszuschalten, müßte man bei den Beständen am jeweiligen Jahresende den Unterschied zwischen der Summe der auf der Basis der geplanten Auslastung zu verrechnenden Gemeinkosten ohne Leerkosten (d. h. zu Standardkosten) pro Einheit und der Summe der tatsächlich verrechneten Gemeinkosten pro Einheit korrigieren bzw. die Vorräte jeweils ohne Gemeinkosten bewerten.

Während bei den anderen Bilanzposten in vielen Fällen die Bilanzierungs- und Bewertungswahlrechte offen oder halboffen (d. h. es werden allgemeine Informationen ohne Wertangabe gegeben) erkennbar sind, erfolgen die Ergebnisverzerrungen aufgrund der vorgeschriebenen oder möglichen Bewertungsmethoden und der ausgenutzten Bewertungsspielräume bei den Vorräten verdeckt.

Zur Aussagefähigkeit der Kennzahlen läßt sich somit folgendes sagen:

Falls

- die Preisveränderungen, was in der Praxis bisher meistens Preissteigerungen bedeutete, gering und über einen längeren Zeitraum gleichmäßig sind,
- die Bevorratungsdauer sich nicht wesentlich verändert und die Wettbewerber von den Preisveränderungen in gleicher Weise betroffen werden,

werden alle Kennzahlen, in die Werte von Vorräten, die auf Basis der Fifo-Methode oder der Durchschnittsmethode eingeflossen sind, geringfügig und in gleicher Richtung falsch ermittelt. Dies würde bei einem Zeit- oder Betriebsvergleich nicht wesentlich stören.

Bei

- erstmalig sich verändernden Preisen,
- stärker oder schwächer als vorher sich verändernden Preisen,
- einer Umkehr der Preisveränderungstendenzen,
- einer Änderung der Bewertungsmethode,
- einem Steigen oder Fallen der Umsätze bei gleich hohen Vorräten

werden Kennzahlen, in die Werte von Vorräten, die auf der Basis der Fifo-Methode oder Durchschnittsmethode errechnet werden – sowie bei der Lifo-Methode, falls die Preisveränderungen stark und die Lagerdauer lang ist oder sich die Höhe der Bevorratung verändert – in bedenklichem Umfang falsch ermittelt. Das kann zu trügerischen Schlüssen verleiten.

Um aussagefähige Kennzahlen zu erhalten, müßten bei der Berechnung der Kennzahlen die Vorräte zu Wiederbeschaffungskosten bewertet werden.

Neben der Umsatzentwicklung zeigt die Kennzahl »prozentualer Anteil des Bruttoergebnisses am Umsatz (Marge)« – sofern die Herstellungskosten nicht durch außerordentliche Ereignisse beeinflußt werden –, wie die von den Unternehmen verkauften Erzeugnisse und Handelswaren auf dem Markt akzeptiert werden.

Die Entwicklung der Lagerumschlagszahlen läßt Schlüsse zu, wie das Management auf Veränderungen am Markt reagiert hat.

Die beiden letzten Kennzahlen sind es deshalb wert, die Vorräte in den einzelnen Jahren möglichst genau zu analysieren, um keine falschen Schlüsse zu ziehen.

Falls langfristige Fertigungsaufträge in den Vorräten enthalten sind, sollten Angaben über die Höhe der Betriebsergebnisse in den letzten Jahren erbeten werden, sofern die langfristigen Fertigungsaufträge nicht nach der international üblichen Percentage of Completion-Methode, sondern nach der in Deutschland üblichen Completed Contract-Methode, die sehr schwankende betriebswirtschaftlich nicht korrekte Ergebnisse zur Folge haben kann, bewertet worden sind. Falls solche Angaben nicht erhältlich sind, muß man versuchen, aus der Kapitalflußrechnung Erkenntnisse über die Höhe der den einzelnen Geschäftsjahren zuzurechnenden Erfolge zu ziehen.

Zusammenfassend ist zu sagen, daß für eine eingehende Bilanzanalyse detaillierte Kenntnisse über die Bewertung der Vorräte in den einzelnen Jahren notwendig sind.

Ohne eine evtl. notwendige Korrektur oder zumindest vergleichbar gemachte Wertansätze werden sehr wichtige Kennzahlen (z.B. prozentualer Anteil des Bruttoergebnisses am Umsatz, Umschlagshäufigkeit der Vorräte) zwar rechnerisch richtig, aber tatsächlich falsch ermittelt.

Insbesondere bei kleinen Unternehmen sollte man sich bei einer Bilanzanalyse an das folgende Gerücht erinnern, das zuweilen kolportiert wird: Ein Steuerberater sagt zu dem Unternehmer: »Sagen Sie mir das gewünschte Jahresergebnis, dann sage ich Ihnen die Höhe der Inventur.« Deshalb ist darauf zu achten, was der Abschlußprüfer bei einem testierten Jahresabschluß über seine Teilnahme an der Inventur sagt.

b) Forderungen und sonstige Vermögensgegenstände

Inhalt

§ 266 Abs. 2 und § 268 Abs. 4 HGB sieht folgende Unterteilung dieses Postens vor:

1. Forderungen aus Lieferungen und Leistungen;
   – davon mit einer Restlaufzeit von mehr als einem Jahr;
2. Forderungen gegen verbundene Unternehmen;
   – davon mit einer Restlaufzeit von mehr als einem Jahr;
3. Forderungen gegen Unternehmen, mit denen ein Beteiligungsverhältnis besteht;
   – davon mit einer Restlaufzeit von mehr als einem Jahr;
4. sonstige Vermögensgegenstände;
   – davon mit einer Restlaufzeit von mehr als einem Jahr.

Wechselforderungen, soweit es sich um Handelswechsel handelt, sind unter den Forderungen – in der Regel unter den Forderungen aus Lieferungen und Leistungen – auszuweisen. Finanzwechsel wären ggf. unter den Wertpapieren zu zeigen.

Es ist zwar der Betrag der Forderungen mit einer Restlaufzeit von mehr als einem Jahr bei jedem gesondert ausgewiesenen Posten zu vermerken, es ist aber nicht auszuschließen, daß Forderungen mit einer Restlaufzeit von weniger als einem Jahr prolongiert werden müssen.

Forderungen aus Lieferungen und Leistungen gegen verbundene Unternehmen oder gegen Unternehmen, mit denen ein Beteiligungsverhältnis besteht, können unter Forderungen aus Lieferungen und Leistungen oder unter Forderungen gegen verbundene Unternehmen bzw. gegen Unternehmen, mit denen ein Beteiligungsverhältnis besteht, ausgewiesen werden. Gemäß § 265 Abs. 3 HGB ist wegen der Mitzugehörigkeit zu anderen Posten ein Vermerk in der Bilanz oder im Anhang zu erwarten.

Konsequenzen für die Bilanzanalyse

Für die Bilanzanalyse sind die Forderungen aus Lieferungen und Leistungen gegen verbundene Unternehmen und gegen Unternehmen, mit denen ein Beteiligungsverhältnis besteht, am besten den Forderungen aus Lieferungen und Leistungen zuzuschlagen, um die gesamten Forderungen aus Lieferungen und Leistungen den gesamten Umsatzerlösen gegenüberstellen zu können. Außerdem sollten zusätzlich – sofern möglich – die Forderungen aus Lieferungen und Leistungen gegen verbundene Unternehmen und gegen Unternehmen, mit denen ein Beteiligungsverhältnis besteht, den entsprechenden Umsatzerlösen und die übrigen Forderungen aus Lieferungen und Leistungen den entsprechenden Umsatzerlösen gegenübergestellt werden, um feststellen zu können, ob unterschiedliche Zahlungsziele gewährt werden.

Forderungen aus Lieferungen und Leistungen

Inhalt

Dieser Posten beinhaltet auch die Besitzwechsel. Zwar ist bei Besitzwechseln grundsätzlich eher mit einer pünktlichen Zahlung am Verfalltag zu rechnen, jedoch zur Vermeidung eines Wechselprotestes und den daraus entstehenden nachteiligen Folgen für die Geschäftsbeziehungen wird ein Lieferant in der Regel bei der Prolongation eines Wechsels behilflich sein müssen, was für ihn einen entsprechenden Liquiditätsbedarf bedeutet. Es mag sogar sein, daß mit dem Kunden Zahlung gegen Wechsel mit der ausdrücklichen Zusage vereinbart worden ist, am Verfalltag die Wechsel ganz oder teilweise zu prolongieren bzw. neue Wechsel auszustellen.

Bewertung

Bei einer von einem Wirtschaftsprüfer testierten Bilanz kann unterstellt werden, daß dieser Posten – anders als in der Regel bei dem Sachanlagevermögen und oft bei den Vorräten – weitgehend dem Tageswert entspricht. Trotzdem ist eine eingehende Analyse der Forderungen aus Lieferungen und Leistungen im Hinblick auf eine Unternehmensanalyse sehr wichtig.

Konsequenzen für die Bilanzanalyse

Bei der Analyse der Forderungen aus Lieferungen und Leistungen und ihrem Vergleich mit den Umsatzerlösen sind, neben den in diesem Posten enthaltenen Besitzwechseln, zusätzlich

- die Indossamentverbindlichkeiten (Verbindlichkeiten aus weitergegebenen Wechseln und evtl. von den Banken noch nicht gutgeschriebene Schecks der Kunden) und
- die Forderungen aus Lieferungen und Leistungen, die in den Forderungen gegen verbundene Unternehmen und gegen Unternehmen, mit denen ein Beteiligungsverhältnis besteht, enthalten sind,

zu berücksichtigen. Unter Umständen sind gegebene Bürgschaften an Kunden in die Betrachtung miteinzubeziehen.

Die Summe der Forderungen aus Lieferungen und Leistungen ist in der Regel gekürzt um

- Pauschalwertberichtigungen auf Forderungen und
- spezielle Wertberichtigungen.

Die Wertberichtigungen lassen einen gewissen bilanzpolitischen Spielraum zu. Sie werden in der Regel nicht offen ausgewiesen. Für die Bilanzanalyse wäre es von Nutzen, sie in Erfahrung zu bringen.

Der Vergleich der Forderungen aus Lieferungen und Leistungen mit der Höhe der Wertberichtigungen sowie der Vergleich der Höhe und Veränderung der Wertberichtigungen mit den tatsächlichen Forderungsverlusten – sofern sie als solche auch gezeigt werden – über mehrere Jahre lassen gewisse Schlüsse auf die Bilanzpolitik des Unternehmens zu. Unter Umständen kann sogar eine Korrektur früherer Jahresergebnisse erforderlich sein.

Falls keine weiteren Einzelheiten bekannt sind, bleibt als Hinweis auf die Bonität der Forderungen nur der Langzeitvergleich der Forderungen aus Lieferungen und Leistungen unter Einbeziehung der Besitzwechsel und der Indossamentverbindlichkeiten mit den Umsatzerlösen, da dieser Vergleich eindeutig ist, sofern keine Forderungen verkauft worden sind (Factoring) oder hohe (unechte?) Umsätze zum Jahresende getätigt wurden, weil dem Kunden erhöhte Rabatte oder Boni, längere Zahlungsziele oder besondere Rückgaberechte gewährt wurden.

Globale Aussagen über die Bonität der Forderungen aus Lieferungen und Leistungen lassen sich neben den obengenannten Informationen über die subjektiv bemessenen Wertberichtigungen und die Forderungsausfälle in der Vergangenheit evtl. noch aus dem Vergleich zwischen den branchenüblichen Zahlungsgewohnheiten und den der Kunden des zu analysierenden Unternehmens machen.

Um ein fundiertes Urteil über die Bonität der Forderungen aus Lieferungen und Leistungen abgeben zu können, benötigt man Informationen über den Altersaufbau der Forderungen sowie über die mit den verschiedenen Kundengruppen vereinbarten Zahlungsbedingungen. Zusätzliche Informationen über die Zusammensetzung der Forderungen nach Kundengruppen, In- und Ausland sowie Angaben über Großkunden und Lieferungen an die öffentliche Hand, an Kreditinstitute abgetretene Forderungen und ggf. über Art und Umfang des Factoring sind hierbei von Nutzen.

Forderungen gegen verbundene Unternehmen

Inhalt

Wie bereits in Abschnitt E I 4c Finanzanlagen angeführt, ist hier der gegenüber dem AktG engere Begriff verbundene Unternehmen anzuwenden.

Konsequenzen für die Bilanzanalyse

Bei einer Bilanzanalyse ist es von Interesse, wie sich dieser Posten aufteilt, insbesondere in

- Forderungen aus Lieferungen,
- Forderungen aus Leistungen,
- Forderungen aus Finanztransaktionen und
- Forderungen aus Beteiligungserträgen.

Des weiteren sollten die Konditionen (Preise, Laufzeit, Verzinsung) festgestellt und mit den marktüblichen Konditionen verglichen werden. Außerdem sollte geprüft werden, ob die wirtschaftliche Lage der verbundenen Unternehmen die Realisierung der Forderungen gegen verbundene Unternehmen innerhalb der vereinbarten Laufzeit zuläßt.

Falls die Konditionen marktüblich sind, dieser Posten in der Vergangenheit keinen großen Schwankungen unterworfen war und in der letzten Bilanz keine wesentliche

Höhe erreicht hat, empfiehlt es sich der Einfachheit halber, bei der Bilanzanalyse diesen Posten entsprechend seiner Entstehungsursache auf die übrigen Posten zu verteilen.

Bei einer Bilanzanalyse im Hinblick auf eine Unternehmensbewertung verlangt dieser Posten besondere Aufmerksamkeit.

Sollten in einem Konzernabschluß unter diesem Posten bedeutende Beträge stehen, deutet das auf die Nichtkonsolidierung wesentlicher Konzernaktivitäten hin.

Forderungen gegen Unternehmen, mit denen ein Beteiligungsverhältnis besteht

Hier gilt – mit Ausnahme des letzten Absatzes – das unter Forderungen gegen verbundene Unternehmen Gesagte.

Sonstige Vermögensgegenstände

Inhalt

Hierunter sind alle Forderungen und Vermögensgegenstände zu finden, die nicht an anderer Stelle auszuweisen sind. Hierzu können im wesentlichen gehören:

- Darlehen, soweit sie nicht unter den Ausleihungen auszuweisen sind. Das bedeutet, daß unter diesem Posten mittelfristige Darlehen enthalten sein können,
- Forderungen an Belegschaftsangehörige, soweit es sich nicht um Ausleihungen handelt, einschließlich der Forderungen an die Mitglieder des Geschäftsführungsorgans, eines Aufsichtsrates, eines Beirates oder einer ähnlichen Einrichtung gemäß § 285 Nr. 9c HGB,
- Kostenvorschüsse (keine Anzahlungen auf Anlagevermögen und Vorräte),
- Steuererstattungsansprüche,
- Schadenersatzansprüche,
- Forderungen aus Lizenzvergabe,
- Kautionen,
- Forderungen aus Bürgschaftsübernahme,
- Genossenschaftsanteile,
- antizipative Rechnungsabgrenzungsposten (d.h. Erträge des abgeschlossenen Geschäftsjahres, die erst später zu Einnahmen führen, wie z.B. Mieterträge, Zinserträge). Soweit sie einen größeren Umfang haben, müssen sie gemäß § 268 Abs. 4 Satz 2 HGB im Anhang erläutert sein.

Konsequenzen für die Bilanzanalyse

Sofern der Posten nicht ausgesprochen gering ist, insbesondere wenn er in der Vergangenheit größeren Schwankungen unterworfen war, sollte versucht werden, Art, Umfang und Frist der hierin enthaltenen Aktiva festzustellen.

Sollten unter diesem oder einem anderen Posten der Bilanz Forderungen an Gesellschafter (persönlich haftende Gesellschafter, Kommanditisten oder GmbH-Gesellschafter) ausgewiesen werden, sollte ihre Werthaltigkeit sehr kritisch geprüft werden. In der Regel sind sie mit dem Eigenkapital zu verrechnen.

c) Wertpapiere

Inhalt
Folgende Unterteilung ist lt. § 266 Abs. 2 HGB vorgesehen:

1. Anteile an verbundenen Unternehmen;
2. eigene Anteile;
3. sonstige Wertpapiere.

In dem Posten sonstige Wertpapiere können auch evtl. vorhandene Finanzierungswechsel enthalten sein.

Der Erwerb eigener Anteile war bisher in Deutschland gemäß AktG nur in eingeschränktem Maße möglich. Im Insolvenzfalle sind eigene Anteile wertlos. In Höhe des Kaufpreises für die eigenen Anteile ist ein Betrag in eine Rücklage für eigene Anteile einzustellen, d. h. diese Rücklage hat die Funktion einer Ausschüttungssperre.

Aufgrund des Gesetzes zur Kontrolle und Transparenz im Unternehmensbereich (KonTraG) vom 27. April 1998 wurden dem § 272 Abs. 1 HGB folgende Sätze angefügt: *»Der Nennbetrag oder, falls ein solcher nicht vorhanden ist, der rechnerische Wert von nach § 71 Abs. 1 Nr. 6 oder 8 des Aktiengesetzes zur Einziehung erworbenen Aktien ist in der Vorspalte offen von dem Posten ›Gezeichnetes Kapital‹ als Kapitalrückzahlung abzusetzen. Ist der Erwerb der Aktien nicht zur Einziehung erfolgt, ist Satz 4 auch anzuwenden, soweit in dem Beschluß über den Rückkauf die spätere Veräußerung von einem Beschluß der Hauptversammlung in entsprechender Anwendung des § 182 Abs. 1 Satz 1 des Aktiengesetzes abhängig gemacht worden ist. Wird der Nennbetrag oder der rechnerische Wert von Aktien nach Satz 4 abgesetzt, ist der Unterschiedsbetrag dieser Aktien zwischen ihrem Nennbetrag oder dem rechnerischen Wert und ihrem Kaufpreis mit den anderen Gewinnrücklagen (§ 266 Abs. 3 A.III.4.) zu verrechnen; weitergehende Anschaffungskosten sind als Aufwand des Geschäftsjahres zu berücksichtigen.«* Die Vorschriften des KonTraG betreffen nicht den Ausweis eigener Anteile unter den Aktiva.

Konsequenzen für die Bilanzanalyse

Die unter diesem Posten ausgewiesenen Wertpapiere sollten keine Daueranlage darstellen. Deshalb kommt dieser Posten normalerweise den flüssigen Mitteln sehr nahe.

Sollte es sich bei den Anteilen an verbundenen Unternehmen um einen wesentlichen Posten handeln und/oder an seiner Realisierbarkeit Zweifel bestehen, so sollte er bei der Aufbereitung der Bilanz unter den sonstigen Vermögensgegenständen ausgewiesen werden.

Die eigenen Anteile sind als echte Vermögenswerte zu betrachten, sofern gewiß ist, daß sie in absehbarer Zeit realisiert werden können. Das ist z. B. bei der Ausgabe von Belegschaftsaktien oder der Abfindung von Aktionären bei einem Unternehmenszusammenschluß der Fall. Sollten Zweifel an der Realisierbarkeit der eigenen Anteile bestehen, sollten sie mit dem Eigenkapital saldiert werden.

d) Kassenbestand, Bundesbankguthaben, Guthaben bei Kreditinstituten und Schecks

Flüssige Mittel bereiten kaum ernsthafte Bewertungs- und Analyseprobleme.

Bei angespannter Liquiditätslage ist es interessant zu wissen, ob sämtliche flüssige Mittel sofort und voll verfügbar sind, ob Guthaben gesperrt oder verpfändet sind oder ob z. B. mit den Banken vereinbart worden ist, gewisse Mindestguthaben zu unterhalten. Die Nichtbeachtung einer solchen Vereinbarung, die nicht aus der Bilanz ersichtlich ist, könnte Kreditkündigungen und somit ernsthafte Liquiditätsprobleme zur Folge haben.

Bei konsolidierten Bilanzen, die ausländische Gesellschaften umfassen, könnte es evtl. von Bedeutung sein, ob dieser Posten im wesentlichen Umfang Guthaben in ausländischer Währung umfaßt, die nicht uneingeschränkt transferierbar sind.

Sollten flüssige Mittel nicht sofort und voll verfügbar sein, sind sie bei einer Bilanzanalyse als sonstige Forderungen u. ä. zu betrachten.

6. Rechnungsabgrenzungsposten

Inhalt

Als aktivische Rechnungsabgrenzungsposten (transitorische Posten) sind Ausgaben vor dem Bilanzstichtag auszuweisen, soweit sie Aufwand für eine bestimmte Zeit nach diesem Tag darstellen, wie z. B. Vorauszahlungen von Mieten, Pacht, Versicherungsprämien, Beiträgen, Honoraren, Zinsen. Sofern diese Posten nicht unwesentlich sind, besteht hierfür Aktivierungspflicht. Antizipative Rechnungsabgrenzungsposten (Erträge vor dem Bilanzstichtag, Einnahmen nach dem Bilanzstichtag) werden als sonstige Vermögensgegenstände ausgewiesen.

Zölle und Verbrauchsteuern, Umsatzsteuer auf Anzahlungen

Gemäß § 250 Abs. 1 Satz 2 HGB dürfen unter den aktivischen Rechnungsabgrenzungsposten auch

- als Aufwand berücksichtigte Zölle und Verbrauchsteuern, soweit sie auf am Abschlußstichtag auszuweisende Vermögensgegenstände des Vorratsvermögens entfallen,
- als Aufwand berücksichtigte Umsatzsteuer auf am Abschlußstichtag auszuweisende oder von den Vorräten offen abgesetzte Anzahlungen

ausgewiesen werden.

Das Aktivierungswahlrecht für Zölle und Verbrauchsteuern ist – wie es der nicht eindeutige Gesetzestext vermuten läßt – kein Wahlrecht für die Bestimmung der Anschaffungs- und Herstellungskosten, sondern bietet lediglich die Möglichkeit, Zölle und Verbrauchsteuern auf am Abschlußstichtag auszuweisende Vermögensgegenstände des Vorratsvermögens unter den Vorräten oder unter den Rechnungsabgrenzungsposten ausweisen zu können. Durch diese Vorschrift erfolgt eine Anpassung an das Steuerrecht (§ 5 Abs. 5 EStG), jedoch mit dem Unterschied, daß steuerrechtlich eine Aktivierungspflicht als Rechnungsabgrenzungsposten besteht.

Der Ausweis der als Aufwand berücksichtigten Umsatzsteuer auf am Abschlußstichtag auszuweisende oder von den Vorräten offen abgesetzte Anzahlungen unter den Rechnungsabgrenzungsposten heißt lediglich, Umsatzsteuer auf erhaltene Anzahlungen erfolgsneutral buchen zu können. Gemäß Steuerrecht (§ 5 Abs. 5 EStG) ist dieser Posten als Rechnungsabgrenzungsposten anzusetzen.

Disagio
Ein Aktivierungswahlrecht unter den Rechnungsabgrenzungsposten besteht gemäß § 250 Abs. 3 HGB für den Unterschiedsbetrag (Disagio) zwischen einem höheren Rückzahlungsbetrag einer Verbindlichkeit und dem Ausgabebetrag. Das Disagio ist durch planmäßige jährliche Abschreibungen, die auf die gesamte Laufzeit der Verbindlichkeit verteilt werden können, zu tilgen. Es ist mit einem »davon«-Vermerk gesondert auszuweisen oder im Anhang anzugeben.

Steuerrechtlich ist aufgrund H 37 Abs. 3 EStR ein Disagio zu aktivieren und auf die Laufzeit des Darlehens zu verteilen.

Latente Steuern
Ein von dem Handelsbilanzgewinn abweichender Steuerbilanzgewinn führt zu einem Ertragsteueraufwand, der dem ausgewiesenen handelsrechtlichen Ergebnis vor Steuern nicht entspricht. Sofern sich die unterschiedliche Bilanzierung in Handels- und Steuerbilanz in den folgenden Jahren voraussichtlich wieder ausgleicht, d. h., daß es sich um zeitlich begrenzte Differenzen handelt, sollte bei wirtschaftlicher Betrachtungsweise im handelsrechtlichen Jahresabschluß derjenige Betrag als Steueraufwand ausgewiesen werden, der dem handelsrechtlichen Gewinn zuzüglich den steuerlich nicht oder nur beschränkt abzugsfähigen Aufwendungen (d. h. zeitlich unbegrenzte Differenzen) entspricht.

Bei dem Unterschied zwischen dem tatsächlichen für eine Periode zu zahlenden und dem bei wirtschaftlicher Betrachtungsweise zu berücksichtigenden fiktiven Steueraufwand handelt es sich um latente Steuern.

Gemäß § 274 Abs. 2 HGB besteht bei Kapitalgesellschaften für aktive latente Steuern ein Aktivierungswahlrecht. (Latente Steuern aufgrund zeitgleich begrenzter Differenzen, die bei der Erstellung des Konzernabschlusses entstehen, sind nach § 306 HGB dagegen aktivierungspflichtig. Praktisch dürfte es sich hierbei meistens um Steuervorauszahlungen des Konzerns auf noch nicht realisierte Zwischengewinne handeln.)

§ 274 Abs. 2 des HGB sagt zu den aktiven latenten Steuern folgendes:

> Ist der dem Geschäftsjahr und früheren Geschäftsjahren zuzurechnende Steueraufwand zu hoch, weil der nach den steuerrechtlichen Vorschriften zu versteuernde Gewinn höher als das handelsrechtliche Ergebnis ist, und gleicht sich der zu hohe Steueraufwand des Geschäftsjahrs und früherer Geschäftsjahre in späteren Geschäftsjahren voraussichtlich aus, so darf in Höhe der voraussichtlichen Steuerentlastung nachfolgender Geschäftsjahre ein Abgrenzungsposten als Bilanzierungshilfe auf der Aktivseite der Bilanz gebildet werden. Dieser Posten ist unter entsprechender Bezeichnung gesondert auszuweisen und im Anhang zu erläutern. Wird ein solcher Posten ausgewiesen, so dürfen Gewinne nur ausgeschüttet werden, wenn die nach der Ausschüttung verbleibenden jederzeit auflösbaren Gewinnrücklagen zuzüglich eines Gewinnvortrags und abzüglich eines Verlustvortrags dem angesetzten Betrag mindestens entsprechen. Der Betrag ist aufzulösen, sobald die Steuerentlastung eintritt oder mit ihr voraussichtlich nicht mehr zu rechnen ist.

Latente Steuern sind demnach gesondert auszuweisen und im Anhang zu erläutern. Im Gesetz wird jedoch nicht gesagt, unter welchem Posten die aktiven latenten Steuern auszuweisen sind.

Aus folgenden Gründen kann das Steuerbilanzergebnis höher als das Handelsbilanzergebnis sein (Anlässe für aktive Steuerabgrenzung):

- Nichtaktivierung oder kürzere Abschreibung eines Geschäfts- oder Firmenwerts,
- Nichtaktivierung eines Dividendenanspruchs bei Vorliegen eines Beherrschungsverhältnisses,
- sofortige Verrechnung eines Disagios als Aufwand,
- unterschiedliche Abschreibungssätze und -verfahren,
- Ansatz von nur handelsrechtlich anerkannten Abschreibungen (Abschreibungen im Rahmen vernünftiger kaufmännischer Beurteilung nach § 253 Abs. 4 HGB),
- vorsichtigere Bewertung von Finanzanlagen,
- niedrigerer Ansatz der Herstellungskosten (Teilkosten),
- Vorwegnahme künftiger Wertschwankungen bei Gegenständen des Umlaufvermögens (Reichweitenabschläge bei Vorräten, Einzel- und Pauschalwertberichtigungen auf Forderungen),
- höhere Bewertung der Pensionsrückstellungen, Rückstellungen für mittelbare Pensionszusagen (Unterstützungskassen),
- höhere Bewertung der sonstigen Rückstellungen (z. B. Gewährleistungs- und Kulanzrückstellungen, Rückstellungen für Instandhaltung nach dem dritten bis zum zwölften Monat eines folgenden Geschäftsjahres, Aufwandsrückstellungen, Rückstellungen für Ausgleichsansprüche von Handelsvertretern, Rückstellungen für Betriebsprüfungsrisiken),
- Ansatz von nicht mehr in der Steuerbilanz anerkannten Drohverlustrückstellungen,
- Ansatz von Rückstellungen und Verbindlichkeiten mit dem Rückstellungsbetrag anstatt mit dem abgezinsten Betrag.

Weitere Bemerkungen zu den latenten Steuern siehe unter E II 4 Steuerrückstellungen.

Bezüglich aktiver latenter Steuern im Konzernabschluß wird auf Abschnitt F VII 7 verwiesen.

Durch zeitlich unbegrenzte Differenzen (z. B. steuerlich nicht oder nur beschränkt abzugsfähige Aufwendungen, steuerfreie Erträge) entstehen keine latenten Steuern.

Konsequenzen für die Bilanzanalyse

Bei der Aufbereitung einer Bilanz kann man sämtliche aktiven Rechnungsabgrenzungsposten mit den sonstigen Forderungen und den sonstigen Vermögensgegenständen zusammenfassen oder einzelne Posten wie das Disagio und die aktiven latenten Steuern davon ausnehmen und sie mit dem Eigenkapital saldieren. Eine solche Saldierung ist dann angebracht, wenn die Belastung der zukünftigen Geschäftsjahre durch die Abschreibung des Disagios und die Zinszahlungen höher ist als der jetzige Marktzins, oder wenn Zweifel daran bestehen, ob es sich bei den aktiven latenten Steuern um zeitlich begrenzte Differenzen handelt bzw. ob in Zukunft ausreichend Gewinne entstehen. Eine solche Vorgehensweise bietet sich auch unter dem Gesichtspunkt der besseren Vergleichbarkeit mit anderen Unternehmen an. Bei einer Ertragsanalyse im Zeitvergleich sollten beide Posten nicht mit dem Eigenkapital verrechnet werden.

Aktive latente Steuern dürften in einem Einzelabschluß nach dem HGB nicht auftauchen, da es ein Widersinn ist, einerseits in der Handelsbilanz gegenüber der Steuerbilanz ein möglichst niedriges Ergebnis zu zeigen und andererseits den Handelsbilanzgewinn durch die Ausübung des Aktivierungswahlrechts für die aktiven latenten Steuern zu erhöhen.

II. Analyse der Passivseite der Bilanz

1. Eigenkapital

Inhalt

Nach § 266 Abs. 3 HGB ist das Eigenkapital bei Kapitalgesellschaften wie folgt auszuweisen:

I. Gezeichnetes Kapital;
II. Kapitalrücklage;
III. Gewinnrücklagen:
 1. gesetzliche Rücklage;
 2. Rücklage für eigene Anteile;
 3. satzungsmäßige Rücklagen;
 4. andere Gewinnrücklagen;
IV. Gewinnvortrag/Verlustvortrag;
V. Jahresüberschuß/Jahresfehlbetrag.

Von dem Posten »Gezeichnetes Kapital« ist ggf. der Nennbetrag bzw. der rechnerische Wert der zur Einziehung erworbenen Aktien abzusetzen (§ 272 Abs. 1 Satz 4 HGB).

Unter das Eigenkapital fallen auch die folgenden Sonderposten:

- Kapitaleinlagen der persönlich haftenden Gesellschafter bei einer KGaA (§ 286 Abs. 2 Satz 1 AktG),
- Genußrechtskapital,
 (sofern Eigenkapitalcharakter, d.h. wenn das überlassene Kapital nachrangig und längerfristig, die Vergütung erfolgsabhängig und die Teilnahme am Verlust bis zur vollen Höhe vereinbart wird; Angaben im Anhang nach § 160 Abs. 1 Nr. 6 AktG),
- Kapital stiller Gesellschafter,
 (sofern Eigenkapitalcharakter, d.h. wenn die Vereinbarungen mit den stillen Gesellschaftern den unter Genußrechtskapital genannten Kriterien entsprechen),
- feste Kapitalkonten bei Komplementären,
 (sofern künftige Verluste mit diesen Konten zu verrechnen sind, diese Konten im Falle einer Insolvenz der Gesellschaft nicht als Insolvenzforderungen geltend gemacht werden können bzw. bei einer Liquidation der Gesellschaft erst nach Befriedigung alle Gesellschaftsgläubiger auszugleichen sind).

Dem auf der Passivseite ausgewiesenen Eigenkapital stehen ggf. auf der Aktivseite die ausstehenden Einlagen auf das gezeichnete Kapital, mit separater Angabe der eingeforderten Einlagen, gegenüber.

Die nicht eingeforderten ausstehenden Einlagen können, anstatt sie auf der Aktivseite offen zu zeigen, von dem Posten »Gezeichnetes Kapital« abgesetzt werden.

Zum Eigenkapital rechnet ggf. auch ein passiver Unterschiedsbetrag aus der Kapitalkonsolidierung.

Der Jahresabschluß einer Kapitalgesellschaft kann wahlweise vor Verwendung des Jahresüberschusses oder unter Berücksichtigung der vollständigen bzw. teilweisen Verwendung des Jahresergebnisses aufgestellt werden.

Wird die Bilanz vor Ergebnisverwendung aufgestellt, werden der gesamte Jahresüberschuß bzw. Jahresfehlbetrag und der Gewinn- bzw. Verlustvortrag aus dem Vorjahr als eigener Bilanzposten unter dem Eigenkapital ausgewiesen.

Erfolgt die Aufstellung der Bilanz unter Berücksichtigung der vollständigen oder teilweisen Verwendung des Jahresüberschusses, so erscheint der Posten Bilanzgewinn/Bilanzverlust anstatt der Posten Jahresüberschuß/Jahresfehlbetrag und Gewinnvortrag/Verlustvortrag. Ein in dem Bilanzgewinn/Bilanzverlust enthaltener Gewinn- oder Verlustvortrag ist in der Bilanz oder im Anhang gesondert anzugeben.

Zusätzlich zu den obigen Posten gibt es noch die an anderer Stelle ausgewiesenen Sonderposten mit Rücklageanteil. Hierbei handelt es sich um unversteuertes Eigenkapital.

Die Aufteilung des Eigenkapitals auf die einzelnen Posten – abgesehen von dem getrennten Ausweis des auszuschüttenden Gewinnes, der als Fremdkapital anzusehen ist – bringt für eine Bilanzanalyse, wenn sie in erster Linie als Ertragsanalyse verstanden wird, keinen Informationsgewinn. Diese Aufteilung sagt lediglich etwas über die unterschiedlichen rechtlichen Möglichkeiten aus, das Eigenkapital an die Eigentümer auszuschütten.

Wirtschaftlich gesehen ist das Eigenkapital nur eine Position, nämlich der Unterschied zwischen dem in der Bilanz ausgewiesenen Vermögen und den Schulden. Als Differenzposition kann somit das ausgewiesene Eigenkapital nicht selbständig bewertet werden, aber sämtliche Bewertungsmaßnahmen in den anderen Posten der Bilanz haben Auswirkungen auf die Höhe des ausgewiesenen Eigenkapitals.

Für den Ausweis des Eigenkapitals bei Personengesellschaften gibt es im HGB keine spezifischen Vorschriften.

Stille Reserven

Da die Grundsätze ordnungsmäßiger Buchführung von dem Vorsichtsprinzip beherrscht werden, werden bei ordnungsmäßiger Bilanzierung – sofern die Pensionsrückstellungen und eventuelle Abfindungsverpflichtungen an das Personal vollständig erfaßt sind – das Vermögen tendenziell eher zu niedrig und die Schulden eher zu hoch ausgewiesen, was einen zu niedrigen Ausweis des Eigenkapitals, d.h. die Bildung stiller Reserven, zur Folge hat. Stille Reserven sind aber nicht vollständig als Eigenkapital zu betrachten, da bei einer Realisierung der stillen Reserven durch Verkauf von Vermögensgegenständen über deren Buchwert noch Steuern anfallen oder bei einer Realisierung durch Nutzung der Vermögensgegenstände die steuerlich anerkannten Abschreibungen in Zukunft wegen der Abschreibung vom Buchwert geringer sind als bei einer Abschreibung vom Verkaufserlös bzw. vom Wiederbeschaffungswert. Um diese latenten Steuern – die nicht mit den latenten Steuern aus einer vorübergehenden Abweichung zwischen Handelsbilanz und Steuerbilanz zu verwechseln sind – sind die stillen Reserven zu kürzen.

Stille Reserven lassen sich unterteilen in

- Zwangsreserven (sie entstehen durch Wert- und Preissteigerungen, insbesondere beim Anlagevermögen, sowie durch das Aktivierungsverbot von selbstgeschaffenen immateriellen Vermögensgegenständen),
- Ermessensreserven (sie entstehen durch Ausnutzung der handelsrechtlich zulässigen Bewertungsspielräume) und
- Willkürreserven (sie entstehen durch Unterschreiten des Niederstwertes und sind bei deutschen Kapitalgesellschaften verboten).

Die genaue Abgrenzung zwischen Ermessens- und Willkürreserven ist in der Praxis nicht immer exakt möglich.

Für eine Bilanzanalyse im Hinblick auf eine Unternehmensbewertung ist die Kenntnis der stillen Reserven – sofern es sich nicht um ausgesprochene Willkürreserven handelt – weniger wichtig, als es auf den ersten Blick erscheint (Ausnahme: stille Reserven im nicht betriebsnotwendigen Vermögen). Bei den Zwangs- und Ermessensreserven im betriebsnotwendigen Vermögen handelt es sich um fiktive Werte, die nicht realisiert werden können. Eine durch sale and lease back zwar mögliche Realisierung würde in Zukunft allerdings zu höheren Aufwendungen führen.

Wegen fehlender Kenntnis der stillen Reserven läßt sich die Rentabilität in der Vergangenheit nicht richtig ermitteln, da man nicht feststellen kann, ob die unterbewerteten Vermögenswerte einen angemessenen Ertrag erwirtschaftet haben.

Darüber hinaus ist die Ermittlung von stillen Reserven in vielen Fällen sehr schwierig und sogar fast unmöglich (z. B. bei großen selbsterstellten Anlagen, bei Beteiligungen und bei immateriellen Werten). Zumindest ist bei der Ermittlung ein erheblicher Ermessensspielraum vorhanden.

Stille Reserven kann man als Verlustdeckungspotential oder auch – soweit man sie in schlechten Geschäftsjahren still auflösen kann – Verlustverschleierungspotential bezeichnen. Durch die stille Auflösung von stillen Reserven können Unternehmenskrisen über einen längeren Zeitraum verschleiert werden.

Deshalb ist es wesentlich wichtiger, keine Mühen zu scheuen, möglichst genaue Kenntnisse über die Bildung und Auflösung der stillen Reserven in den einzelnen Jahren statt über ihre tatsächliche Höhe zu erhalten. Hierzu gehört auch die Feststellung des Unterschiedes zwischen den tatsächlichen Abschreibungen und den entsprechend der Wertminderung auf Basis von Wiederbeschaffungspreisen zu ermittelnden betriebswirtschaftlich notwendigen Abschreibungen sowie die dadurch bedingten Auswirkungen auf die Kosten des Finanzbedarfs.

Nur durch die Kenntnis der offen oder verdeckt gebildeten oder aufgelösten stillen Reserven in den einzelnen Jahren lassen sich möglichst echte betriebswirtschaftliche Ergebnisse für die einzelnen Geschäftsjahre der Vergangenheit ermitteln, die eine wesentliche Voraussetzung für die Beurteilung oder Erstellung einer Ergebnisplanung sind.

Für eine Bilanzanalyse im Hinblick auf eine Kreditwürdigkeitsprüfung ist allerdings die Kenntnis der Höhe der stillen Reserven von wesentlicher Bedeutung, da hier die stillen Reserven keine fiktive Größe sind, sondern man bei Zahlungsschwierigkeiten ihre Realisierungsmöglichkeit unterstellt.

Da eine solche Realisierung meistens nur bei wirtschaftlicher Notlage des Unternehmens erfolgt, die auf nachhaltige Verluste zurückzuführen ist, fällt dann ganz oder teilweise die auf den stillen Reserven lastende latente Steuerschuld weg, so daß sich die Bedeutung der stillen Reserven in diesem Falle wesentlich erhöht.

Ebenfalls zu korrigieren wäre das Eigenkapital noch um den Eigenkapitalanteil der Sonderposten mit Rücklageanteil (siehe nächsten Abschnitt) sowie evtl. wegen der am Schluß dieses Abschnitts besprochenen Zusammensetzung des verwendbaren Eigenkapitals gemäß § 30 des deutschen Körperschaftsteuergesetzes.

Aktienoptionen

Bei der Analyse des Eigenkapitals ist auch festzustellen, welche Aktienoptionen (stock options) dem Vorstand und den leitenden Mitarbeitern gewährt und wie und wann die Vorteile aus den Aktienoptionen in der Rechnungslegung des Unternehmens berücksichtigt wurden.

Konsequenzen für die Bilanzanalyse

Da, wirtschaftlich gesehen, die nicht eingeforderten ausstehenden Einlagen einen Korrekturposten zum »Gezeichneten Kapital« darstellen, sollte bei einer Bilanzanalyse das Eigenkapital mit den auf der Aktivseite ausgewiesenen ausstehenden Einlagen, zumindest soweit sie nicht eingefordert wurden, saldiert werden. Es wäre allerdings festzustellen, ob dem Unternehmen durch dieses zusätzliche Haftungskapital günstigere Kreditkonditionen eingeräumt wurden. Die saldierten ausstehenden Einlagen erhöhen – ähnlich wie das übrige Vermögen bei Einzelunternehmen und Personengesellschaften – das Haftungskapital. Bei einer Bilanzanalyse zum Zwecke einer Kreditwürdigkeitsanalyse spielt dieses Haftungskapital eine wesentliche Rolle.

Eigene Aktien sind ebenfalls mit dem Eigenkapital zu saldieren, sofern sie nicht zur unmittelbaren Veräußerung bestimmt sind, z. B. zur Ausgabe von Belegschaftsaktien, Abfindung außenstehender Aktionäre oder Durchführung einer Eingliederung, und somit echte Vermögenswerte darstellen.

Einlagen stiller Gesellschafter mit Verlustbeteiligung (atypische stille Gesellschafter), die nicht kurzfristig rückzahlbar sind oder kurzfristig gekündigt werden können, und Genußscheinkapital, soweit es haftendes Eigenkapital darstellt, sind bei einer Bilanzanalyse als Teil des Eigenkapitals zu betrachten.

Aktivische und passivische Privatkonten von persönlich haftenden Gesellschaftern bei einer OHG und KG sind bei einer Bilanzanalyse unter der Position sonstiges haftendes Eigenkapital hinzuzufügen oder abzuziehen.

Bei der Analyse von Konzernabschlüssen sollte die Entwicklung der Rücklagen im Konzernabschluß mit der Entwicklung der Rücklagen im Einzelabschluß des Mutterunternehmens verglichen werden. Aus dem Vergleich kann man Rückschlüsse auf die Ausschüttungspolitik bei den Tochterunternehmen ziehen.

Besonderheiten bei einer Bilanzanalyse im Hinblick auf eine Unternehmensbewertung

Bei einer Bilanzanalyse im Hinblick auf eine Unternehmensbewertung ist festzustellen – zumindest wenn nicht alle Anteilsrechte den Besitzer wechseln sollen –, ob alle Anteilseigner die gleichen Rechte haben. Bei Aktiengesellschaften kann es z. B. Stammaktien und Vorzugsaktien geben. Vorzugsaktien räumen Aktionären besondere Ansprüche auf Dividende und/oder den Liquiditätserlös ein und haben häufig kein Stimmrecht. Dadurch besteht eine gewisse Ähnlichkeit mit einem Gläubigerpapier. Für Vorzugsaktien gibt es eine Vielzahl von Gestaltungsmöglichkeiten, insbesondere hinsichtlich der Dividende. Auch kann unter bestimmten Umständen ein Umwandlungsrecht in Stammaktien vorgesehen sein. Der eigentliche Risikoträger sind somit die Stammaktien.

Bei der Bewertung des Unternehmens ist es deshalb zweckmäßig, zunächst den Wert der Vorzugsaktien zu ermitteln, und zwar entsprechend den im Einzelall speziellen Rechten der Vorzugsaktien (Ähnlichkeit mit festverzinslichen Papieren) und den auf sie entfallenden Ertragsaussichten.

Verwässert werden kann der Wert der Eigenkapitalrechte der jetzigen Anteilseigner noch von Rechten Dritter. Hier kämen Aktienbezugsrechte aus Wandelschuldverschreibungen, Optionsschuldverschreibungen, Aktienbezugsrechte des Managements, Gewinnschuldverschreibungen und Genußscheine in Frage. Bei der Bewertung des Unternehmens müßte in einem solchen Falle ein »Bezugsrechtsabschlag« für die Rechte Dritter von dem Wert des Eigenkapitals des Unternehmens abgesetzt werden.

Der deutsche handelsrechtliche Jahresabschluß gibt keine Auskunft über die unterschiedlichen Qualitäten der einzelnen Teile des handelsrechtlichen Eigenkapitals im Hinblick auf seine steuerliche Gliederung gemäß § 30 des deutschen Körperschaftsteuergesetzes (KStG).

Es ist deshalb auch nicht bekannt, in welchem Umfang das Eigenkapital für den Fall der Ausschüttung stille Reserven oder eine Steuerrückstellung enthält. Nähere Erläuterungen hierzu werden in dem folgenden Abschnitt gegeben.

Steuerliche Gliederung des Eigenkapitals gemäß § 30 des deutschen Körperschaftsteuergesetzes und ihre Auswirkungen auf die Bilanzanalyse

In § 29 Abs. 2 KStG wird der das Nennkapital übersteigende Teil des Eigenkapitals als für Ausschüttungen verwendbares Eigenkapital bezeichnet. Es wird nach § 30 KStG je nach seiner Steuerbelastung wie folgt untergliedert:

EK_{45}

- Einkommensteile, die der Körperschaftsteuer ungemildert unterlegen haben. Hierzu gehören in der Regel alle Einkünfte einer steuerpflichtigen Körperschaft. Eine Ausnahme bilden die steuerfreien Erträge und die Einkommensteile, die mit 30% zu versteuern sind.

EK_{30}

- Einkommensteile, die einer ermäßigten Körperschaftsteuer unterlegen haben. Hierzu gehören alle Teile des Einkommens, die einer Tarifbelastung von mehr als 0% und weniger als 45% unterliegen.

Soweit die ermäßigte körperschaftsteuerliche Tarifbelastung nicht 30% beträgt, ist in der Regel eine rechnerische Aufteilung (§ 32 KStG) des entsprechenden Einkommensteils in EK_0 bzw. EK_{30} und EK_{45} erforderlich.

EK_0

- Vermögensmehrungen, die der Körperschaftsteuer nicht unterliegen oder die das Eigenkapital der Kapitalgesellschaft in Wirtschaftsjahren vor dem Systemwechsel 1977 erhöht haben.

Hierzu gehören

- ausländische Einkünfte, die aufgrund eines Doppelbesteuerungsabkommens oder durch die rechnerische Aufteilung (§ 32 KStG) steuerfrei sind (EK_{01}),
- sonstige Vermögensmehrungen, die der Körperschaftsteuer nicht unterliegen, wie Investitionszulagen, steuerfreie Wertpapierzinsen, Sanierungsgewinne (EK_{02}),
- vor dem Systemwechsel 1977 entstandenes Eigenkapital wie gesetzliche und freie Rücklagen sowie Gewinnvortrag (EK_{03}),
- Einlagen der Anteilseigner nach dem Systemwechsel 1977 (EK_{04}).

Bei Ausschüttungen sind die einzelnen Eigenkapitalkategorien in der Reihenfolge der obigen Aufstellung (d.h. zunächst EK_{45}, am Schluß EK_{04}) zu verwenden.

Die nächste Aufstellung zeigt, welche Ausschüttungsbeträge (Bardividende) sich ergeben, je nachdem welcher Eigenkapitalkategorie die Ausschüttungen entnommen werden können:

Eigenkapitalkategorie	handelsrechtliches Eigenkapital	Bardividende	Brutto-einnahmen
EK_{45}	100	127,27	181,82
EK_{30}	100	100,00	142,86
EK_{02}, EK_{03}	100	70,00	100,00
EK_{01}	100	100,00	100,00

Bei der Ermittlung der Ausschüttungsbeträge (Bardividende) aus den verschiedenen Eigenkapitalkategorien wurde der auf die Körperschaftsteuer erhobene Solidaritätszuschlag von z. Zt. 5,5 % nicht berücksichtigt.

Werden in Zukunft Ausschüttungen aus dem EK_{45} vorgenommen, führt dies praktisch zu einer Realisierung von stillen Reserven im Eigenkapital, da die bereits durchgeführte Tarifbelastung von 45 % auf den für Ausschüttungen geltenden Steuersatz von z.Z. noch 30 % herabgeschleust wird.

Es kommt zu einer zusätzlichen körperschaftsteuerlichen Belastung und somit einer Verminderung des ausgewiesenen handelsrechtlichen Eigenkapitals, wenn Ausschüttungen aus Teilen des EK_{02}, EK_{03} oder dem negativen EK_{45} (entstanden aus steuerlich nicht abzugsfähigen Aufwendungen und der Vermögensteuer in Verlustjahren) vorgenommen werden. Als Außenstehender kann man das nicht erkennen.

Es ergibt sich hieraus, daß Gesellschaften trotz gleichen handelsrechtlichen Eigenkapitals und unter sonst gleichen Umständen wegen unterschiedlicher Zusammensetzung der steuerlichen Eigenkapitalkategorien nicht gleichwertig sind. Zukünftige Gewinnausschüttungen können nämlich, je nach Zusammensetzung des verwendbaren Eigenkapitals, zu Steuererstattungen führen (Verwendung von EK_{45}), steuerlich neutral sein (Verwendung von EK_{30}) oder zu Steuernachzahlungen führen (Verwendung von EK_{02}, EK_{03} oder von negativem EK_{45}).

Einen Rückschluß aus den Bezeichnungen in der Handelsbilanz für die einzelnen Eigenkapitalteile auf die Zugehörigkeit zu den einzelnen Eigenkapitalkategorien in der Steuerbilanz zu ziehen, ist kaum möglich, da ausländische Einkünfte, steuerliche Begünstigungen und die steuerliche Zuordnung der nicht abzugsfähigen Aufwendungen nach § 31 KStG (z.B. Spenden an politische Parteien, 20 % der Bewirtungsaufwendungen, Geldbußen, Geschenke über DM 75 an Nicht-Arbeitnehmer, 50 % der Vergütungen an Mitglieder des Aufsichtsrates) bei der Zuordnung eine Rolle spielen.

Bedeutung hat die Unkenntnis oder Kenntnis über die Höhe der Aufteilung des verwendbaren Eigenkapitals somit dann, wenn vorübergehend oder nachhaltig das handelsrechtliche Ergebnis voll ausgeschüttet werden soll, die Zuführungen zum EK_{45} aber niedriger sind oder kein EK_{45} aus früheren Jahren vorhanden ist, sowie bei Unternehmenskäufen.

Ein solcher Unterschied zwischen ausgeschüttetem handelsrechtlichem Ergebnis und Zuführung zum bzw. Bestand an EK_{45} kann insbesondere dann entstehen, wenn

- im handelsrechtlichen Ergebnis steuerfreie ausländische Einkünfte enthalten sind (bei einer Ausschüttung gegenüber einer Thesaurierung ginge die ursprüngliche Steuerfreiheit in Deutschland verloren),
- steuerlich nicht abzugsfähige Aufwendungen vorliegen und/oder
- die Abschreibungen in der Steuerbilanz von nur in der Steuerbilanz vorgenommenen Zuschreibungen aufgrund einer steuerlichen Außenprüfung die handelsrechtlichen Abschreibungen übersteigen.

Falls die vorstehenden Positionen im Verhältnis zu den erwarteten Ergebnissen wesentlich sind, ist eine genaue Kenntnis der Zusammensetzung des verwendbaren Eigenkapitals anzustreben.

2. Sonderposten: Sonderposten mit Rücklageanteil (§ 247 Abs. 3 HGB)

Hierbei handelt es sich um Posten, die nach handelsrechtlichen Vorschriften eigentlich nicht zulässig sind. Sie entstehen aus Billigkeitsüberlegungen (Übertragung von aufgedeckten stillen Reserven) oder weil der Staat durch steuerliche Vorschriften Wirtschaftspolitik betreibt.

Unter diesem Posten dürfen ausgewiesen werden:

- die aus steuerlichen Gründen gebildeten Rücklagen, sogenannte »steuerfreie Rücklagen« (§ 273 HGB), die in Wirklichkeit unversteuerte Rücklagen sind,
- steuerrechtliche Abschreibungen, die über die handelsrechtlichen hinausgehen (§ 281 Abs. 1 in Verbindung mit § 254 HGB).

Kapitalgesellschaften dürfen Sonderposten mit Rücklageanteil nur insoweit bilden, als die steuerliche Anerkennung dieser Rücklagen von ihrer Bildung in der Handelsbilanz abhängig ist (Grundsatz der umgekehrten Maßgeblichkeit).

Die Sonderposten mit Rücklageanteil sind unversteuertes Eigenkapital.

In der Konzernbilanz besteht für die oben genannten »steuerfreien Rücklagen« und die steuerlichen Abschreibungen wegen des nicht bestehenden Maßgeblichkeitsprinzips ein Ausweiswahlrecht. Sie können als Sonderposten mit Rücklageanteil oder es können deren Eigenkapitalanteil unter den Gewinnrücklagen und deren Steueranteil unter den Rückstellungen für latente Steuern ausgewiesen werden.

Einstellungen in den Sonderposten mit Rücklageanteil sind in der Gewinn- und Verlustrechnung in dem Posten »sonstige betriebliche Aufwendungen« und Erträge aus der Auflösung des Sonderpostens mit Rücklageanteil sind in dem Posten »sonstige betriebliche Erträge« gesondert auszuweisen oder im Anhang anzugeben.

Die wesentlichen aus steuerrechtlichen Gründen gebildeten Rücklagen (»steuerfreie Rücklagen«) sind in folgender Tabelle dargestellt:

Wesentliche aus steuerrechtlichen Gründen gebildete Rücklagen (»steuerfreie Rücklagen«)	
	späteste Auflösung
Reinvestitionsrücklage gem. § 6b EStG Übertragung von Veräußerungsgewinnen bestimmter Wirtschaftsgüter des Anlagevermögens	durch Übertragung auf bestimmte Anlagegüter oder nach 4 (Regelfall) oder 6 Jahren (neue Gebäude)
Ersatzbeschaffungsrücklage gem. R 35 EStR Übertragung von stillen Reserven von Wirtschaftsgütern, die infolge höherer Gewalt oder durch behördlichen Eingriff gegen Entschädigung aus dem Betriebsvermögen ausgeschieden sind, auf Ersatzwirtschaftsgüter	durch Übertragung auf ein Ersatzwirtschaftsgut oder nach 1 (bewegliche Wirtschaftsgüter) oder 2 Jahren (Grundstücke und Gebäude)
Zuschußrücklage gem. R 34 EStR Zuschüsse aus öffentlichen oder privaten Mitteln zur Anschaffung oder Herstellung von Anlagegütern	durch Übertragung im Folgejahr

Ein weiterer Sonderposten mit Rücklageanteil sind die Ansparabschreibungen zur Förderung kleiner und mittlerer Betriebe gemäß § 7g EStG.

In der Vergangenheit gab es weitere Anwendungsfälle für Sonderposten mit Rücklageanteil, die inzwischen jedoch ausgelaufen sind.

Im § 281 Abs. 1 HGB ist festgelegt, daß der Unterschiedsbetrag zwischen der handelsrechtlichen und einer niedrigeren steuerrechtlichen Bewertung ebenfalls in den Sonderposten mit Rücklageanteil eingestellt werden kann. Weiterhin ist auch der direkte Abzug bei den entsprechenden Aktivposten gestattet.

Eine Aufgliederung der Sonderposten mit Rücklageanteil ist gesetzlich nicht vorgeschrieben.

Konsequenzen für die Bilanzanalyse

Bei einer Bilanzanalyse ist weniger der rechtliche Grund dieser Rücklagen als der spätest mögliche Zeitpunkt der Auflösung interessant. Die Auflösung kann – wie auf der oben gezeigten Tabelle angegeben – durch Erhöhung des Jahresergebnisses oder durch Übertragung auf andere Vermögensgegenstände erfolgen.

Bei der Auflösung durch Erhöhung des Jahresergebnisses werden die in diesem Posten enthaltenen Steuern fällig, sofern in dem Jahr ein positives steuerliches Einkommen vorhanden ist. Als wahrscheinliche steuerliche Belastung sollte man bei Kapitalgesellschaften den Barwert der Gewerbeertragsteuer und der Körperschaftsteuer für einbehaltene Gewinne ansetzen, da aus Liquiditätsgründen die Gewinne aus der Auflösung von steuerfreien Rücklagen kaum ausgeschüttet werden dürften. Sofern der Posten nicht wesentlich ist, wird man ihn der Einfachheit halber zur Hälfte als Eigenkapital und zur Hälfte als mittelfristiges Fremdkapital ansehen.

Bei Einzelkaufleuten und Personengesellschaften unterliegt das Unternehmen zwar nicht der Steuerpflicht, aber es ist in Zukunft ein entsprechender Eigenkapitalentzug durch die Anteilseigner zu erwarten, damit sie ihrer Steuerpflicht nachkommen können.

Bei der Auflösung durch Übertragung auf andere Vermögensgegenstände entsteht im Jahr der Auflösung keine Steuerpflicht, so daß sich das Eigenkapital um die Hälfte des Sonderpostens mit Rücklageanteil erhöhen würde, sofern vorher bei der Bilanzanalyse der Sonderposten mit Rücklageanteil ebenfalls zur Hälfte als Fremdkapital betrachtet worden wäre. Bei dieser Handhabung in der Bilanzanalyse würde somit eine Eigenkapitalveränderung gezeigt, obwohl sich wirtschaftlich praktisch nichts verändert hätte. Bei Übertragung auf abnutzbare Anlagegegenstände vermindern sich jedoch in den Folgejahren die Abschreibungsbeträge, wodurch sich dann das steuerliche Ergebnis erhöht. Bei der Übertragung auf nicht abnutzbare Güter ergibt sich eine Auswirkung auf das steuerliche Ergebnis erst im Jahr des Abgangs des reinvestierten Wirtschaftsguts.

Falls ein Unternehmen die Übertragungsmöglichkeiten der stillen Reserven bei der Reinvestitionsrücklage und der Ersatzbeschaffungsrücklage nicht genutzt hat oder nicht zu nutzen beabsichtigt, sondern diese Rücklagen gewinnerhöhend auflöst, werden Möglichkeiten der Steuerersparnis nicht genutzt. Die Gründe können fehlende bzw. nicht wahrgenommene Investitionsmöglichkeiten oder Bilanzoptik sein.

3. Sonderposten: Andere Sonderposten

In diesem Posten können nicht sofort vereinnahmte Investitionszuschüsse und Investitionszulagen enthalten sein.

Während steuerpflichtige Investitionszuschüsse je zur Hälfte als sonstiges Eigenkapital und als mittelfristiges Fremdkapital anzusehen sind, können steuerfreie Investitionszulagen voll als sonstiges Eigenkapital betrachtet werden.

4. Rückstellungen

Inhalt

§ 266 Abs. 3 HGB untergliedert die Rückstellungen wie folgt:

1. Rückstellungen für Pensionen und ähnliche Verpflichtungen;
2. Steuerrückstellungen;
3. sonstige Rückstellungen.

Rückstellungen sind Verbindlichkeiten und Risiken, die am Bilanzstichtag dem Grunde nach bekannt sind, aber deren Höhe und Fälligkeit sich noch nicht genau ermitteln lassen. Sie dienen außerdem der Erfassung von Aufwendungen und Verlusten, die dem laufenden oder einem früheren Geschäftsjahr zuzurechnen sind, deren Gründe, aber nicht deren Höhe bekannt sind.

Bei den Verbindlichkeiten und Risiken braucht lediglich die Wahrscheinlichkeit für eine spätere Inanspruchnahme gegeben zu sein, eine rechtsverbindliche Verpflichtung muß nicht bestehen.

Bilanzpolitik

Naturgemäß bietet dieser Bilanzposten dem bilanzierenden Unternehmen einen erheblichen Ermessensspielraum. Da außer dem bilanzierenden Unternehmen keiner das Unternehmen, seine Geschäftsbeziehungen und seine Umwelt besser kennt, kann es somit relativ freizügig feststellen,

- ob Gründe für eine Rückstellungsbildung vorliegen,
- welche Rückstellungshöhe angemessen ist oder
- ob eine Rückstellung aufgelöst werden kann.

Für bilanzierende Unternehmen ist es deshalb interessant, gerade mit diesem Posten Bilanzpolitik zu betreiben, da sich hier – nicht wie bei anderen Posten, wo Angaben über eine Änderung von Bilanzierungs- und Bewertungsmethoden vorgeschrieben sind – erläuternde Angaben im Jahresabschluß weitgehend vermeiden lassen.

Konsequenzen für die Bilanzanalyse

Eine Analyse dieses Postens ist somit für einen Außenstehenden, selbst wenn er zusätzliche Informationen erhält, allenfalls nur im Langzeitvergleich möglich. Wichtig ist dabei weniger die jeweilige absolute Höhe der Rückstellungen als die Höhe der Zuführungen, Auflösungen, Inanspruchnahme und evtl. nachträglich festgestellter Unterdeckungen sowie die Entwicklung des Verhältnisses der Höhe der Rückstellungen zu dem Geschäftsumfang. Aber selbst wenn sich die Rückstellungen im Verhältnis zum Geschäftsumfang nicht verändert haben, kann erheblich Bilanzpolitik betrieben worden sein. Es ist z.B. möglich, daß Rückstellungen, die stille Reserven waren, aufgelöst wurden, gleichzeitig aber in ähnlicher Größenordnung Rückstellungen für sehr wahrscheinlich eintretende Verpflichtungen gebildet wurden.

Da ein wesentlicher Grund für bilanzpolitische Maßnahmen die Absicht des bilanzierenden Unternehmens ist, schlechte Jahresergebnisse möglichst nicht so schlecht und gute Jahresergebnisse nicht so gut zu zeigen, ist es ratsam, in Kenntnis dieser Erfahrung weitere Informationen zu sammeln und auszuwerten.

Rückstellungen für Pensionen und ähnliche Verpflichtungen

Inhalt

Dieser Posten sollte die nach versicherungsmathematischen Grundsätzen bestehenden Verpflichtungen des Unternehmens für laufende Pensionen und Pensionsanwartschaften oder ähnliche Verpflichtungen (d.h. Vorruhestand und vorzeitige Pensionierungen) enthalten. Die versicherungsmathematischen Grundsätze, die die Zinswirkung und die biologischen Wahrscheinlichkeiten berücksichtigen, werden in der Praxis stark durch im § 6a EStG enthaltene steuerliche Vorschriften (z.B. vorgeschriebener Rechnungszinsfuß) beeinflußt. Die Formulierung »sollte… enthalten« wurde gewählt, da

- in Deutschland bis zum 31. 12. 1986, d.h. vor der Anwendung des Bilanzrichtlinien-Gesetzes, keine gesetzliche Passivierungspflicht für Pensionsrückstellungen bestand, obwohl bereits mit dem Gesetz zur Verbesserung der betrieblichen Altersversorgung (BetrAVG) vom 19. Dezember 1974 die Stellung der Arbeitnehmer erheblich gestärkt

wurde durch die Unverfallbarkeit der Pensionszusagen (Voraussetzung: mindestens 35. Lebensjahr sowie seit 10 Jahren Versorgungszusage oder 12 Jahre Betriebszugehörigkeit und seit 3 Jahren Versorgungszusage) und durch die Regelungen zur Anpassung laufender Renten,
- ab 1. 1. 1987 eine Passivierungspflicht nur für Neuzusagen (nicht für Erhöhung von Altzusagen und nicht für untergedeckte Unterstützungskassen) eingeführt wurde (Art. 28 Abs. 1 EGHGB),
- in anderen Ländern steuerliche Pensionsrückstellungen nicht oder zumindest nicht in dem Umfang anerkannt werden und folglich auch kaum in der Handelsbilanz gezeigt werden, sofern solche Verpflichtungen bestehen sollten,
- in vielen Ländern gesetzliche Verpflichtungen zur Zahlung von Entlassungsentschädigungen bestehen, die der Alterssicherung dienen sollen, aber meistens wegen fehlender steuerlicher Anerkennung nicht bilanziert werden.

Außerdem ist anzumerken, daß Unterdeckungen von Pensions- und Unterstützungskassen üblicherweise bei dem Trägerunternehmen nicht passiviert werden, obwohl es sich den Zahlungsverpflichtungen nicht entziehen kann. Die Zuwendungen an Unterstützungskassen hängen in den meisten Fällen vom Ergebnis des Trägerunternehmens ab. Unterstützungskassen unterliegen nicht der Versicherungsaufsicht. Nach Art. 28 Abs. 2 EGHGB ist jedoch ein Fehlbetrag zusammen mit den nicht in der Bilanz ausgewiesenen Rückstellungen für Pensionsverpflichtungen im Anhang in einem Betrag anzugeben.

Schließlich sind in diesem Zusammenhang die hohen Eventualverpflichtungen gegenüber dem Personal, die sich aufgrund des Kündigungsschutzes ergeben, zu erwähnen. Für sie werden keine Rückstellungen gebildet, obwohl solche Aufwendungen, sollten sie notwendig werden, der Vergangenheit zuzurechnen sind. Falls jedoch eine Umstrukturierung oder Teilstillegung eines Unternehmens möglich oder sogar wahrscheinlich ist und hierfür ein Sozialplan aufzustellen ist, wird die wirtschaftliche Lage des Unternehmens zumindestens in Höhe des noch abzuschließenden und noch nicht passivierten Sozialplans zu günstig dargestellt. Um sich eine ausreichende Vorstellung über die Höhe des Sozialplans machen zu können, sind Anzahl, Verdienst, Alter und Dienstzeit der davon betroffenen Personen zu ermitteln. Ähnliches gilt auch für tarifvertragliche Vereinbarungen zugunsten älterer Arbeitnehmer (z. B. Verdienstausgleich bei Umsetzung auf Arbeitsplätze mit geringerem Lohnniveau, Anspruch auf bestimmten Vomhundertsatz des letzten durchschnittlichen Stundenverdienstes).

Wirtschaftlicher Inhalt der Rückstellungen und der Zuführung zu den Rückstellungen für Pensionen und ähnliche Verpflichtungen

Wirtschaftlich gesehen sind Rückstellungen für Pensionen und ähnliche Verpflichtungen nicht ausgezahlte Lohn- und Gehaltsaufwendungen der Vergangenheit. Sie sind somit eindeutig Fremdkapital. Jedoch sind sie eine besondere Art von Fremdkapital, da sie dem Unternehmen

- zum überwiegenden Teil über Jahrzehnte ohne Hergabe von Sicherheiten, lediglich gegen eine Bürgschaftsgebühr in Form des Beitrages zum Pensionssicherungsverein,
- ohne besondere Informations- oder Mitspracherechte und
- steuerlich begünstigt (keine Hinzurechnung von Dauerschuldzinsen bei der Gewerbeertragsteuer)

zur Verfügung stehen. Liquiditätsmäßig ähneln sie allerdings – schrumpfende Unternehmen ausgenommen – dem Eigenkapital.

Ähnlich wie eine Versicherungsgesellschaft die Prämieneinzahlungen bei einer Lebensversicherung verzinslich anlegt, unterstellt die versicherungsmathematische Berechnung der Pensionsrückstellungen, daß dem Unternehmen die Pensionsrückstellungen als Kapitalfonds verzinslich zur Verfügung stehen. Die Verzinsung wird durch die Abzinsung auf den jeweiligen Barwert berücksichtigt, das bedeutet, daß ein wesentlicher Teil der Zuführungen zu den Rückstellungen für Pensionen wirtschaftlich gesehen keine Aufwendungen für Altersversorgung, sondern einen fiktiven Zinsaufwand für die »zinslos« zur Verfügung stehenden Pensionsrückstellungen darstellt.

Gesetzliche Vorschriften
Pensionsrückstellungen werden nach versicherungsmathematischen Grundsätzen berechnet. Da es keine speziellen handelsrechtlichen Vorschriften gibt, orientiert man sich, wie bereits erwähnt, in der Praxis meistens an den Vorschriften des § 6a EStG. Diese Orientierung am Steuerrecht und die Maßgeblichkeit der Handels- für die Steuerbilanz schließen aber nicht aus, daß den steuerrechtlichen Pensionsrückstellungen höhere Beträge als den handelsrechtlichen Pensionsrückstellungen zugeführt werden, solange dadurch der in der Steuerbilanz ausgewiesene Rückstellungsbestand nicht den in der Handelsbilanz ausgewiesenen übersteigt.

Die Vorschriften des § 6a EStG lassen Gestaltungsmöglichkeiten nur in einem beschränkten Umfang zu und schreiben gewisse Annahmen vor, die nicht voll der wirtschaftlichen Realität entsprechen.

Da es bei einer Bilanzanalyse zweckmäßig ist, eine Beurteilung der Höhe der Pensionsrückstellungen zusammen mit ihren Veränderungen im Langzeitvergleich vorzunehmen, wird nachstehend eine kurze Übersicht über gesetzliche Vorschriften für die Pensionsrückstellungen gegeben.

Teilwert
Am 19. 12. 1974 ist das Gesetz zur Verbesserung der betrieblichen Altersversorgung (BetrAVG) verkündet worden. Durch dieses Gesetz wurde das bis dahin übliche Gegenwartsverfahren durch das Teilwertverfahren ersetzt.

Der Teilwert einer Pensionsverpflichtung, der nach diesem Gesetz höchstens angesetzt werden kann, ist nach § 6a Abs. 3 EStG gleich dem nach versicherungsmathematischen Methoden ermittelten Barwert der künftigen Pensionsleistungen abzüglich des Barwertes der während der restlichen Dienstzeit noch zu erbringenden fiktiven Jahresbeträge, berechnet mit dem Alter bei Diensteintritt, frühestens mit dem Alter von 30 Jahren. Dieser Wert entspricht dem Betrag, den man beim Ausscheiden eines Begünstigten etwa zu zahlen hätte.

Vorgeschriebene Annahmen und ihre bilanzanalytische Bedeutung
Bei der Berechnung der Rückstellungen für Pensionen sind folgende Annahmen besonders bedeutend, nämlich

1. die Abzinsung der Pensionsverpflichtungen für nach dem 31. 12. 1981 endende Wirtschaftsjahre gemäß § 6a Abs. 3 EStG mit 6 %, vorher 5,5 % (als Untergrenze ist in der Handelsbilanz ein Zinssatz von 3 % vorgeschrieben),

2. das Verbot der Rückstellungsbildung für die alle 3 Jahre gesetzlich vorgeschriebene Prüfung der Anpassung der laufenden Leistungen der betrieblichen Altersversorgung durch den Arbeitgeber,
3. die Nichtberücksichtigung wahrscheinlicher zukünftiger Lohn- und Gehaltssteigerungen,
4. die Nichtberücksichtigung von Rückstellungen für Pensionsberechtigte unter 30 Jahren,
5. keine Berücksichtigung der Fluktuation für die Zeit vor der Unverfallbarkeit der Anwartschaft, d.h. vor 10 Dienstjahren.

Aufgrund des vorgeschriebenen Rechnungszinsfußes von 6 % dürften die Pensionsrückstellungen in der Regel zu hoch und nur bei einem extrem niedrigen Kapitalmarktzins zu niedrig ausgewiesen werden.

Durch die unter 2.–4. aufgezählten Annahmen werden die Pensionsrückstellungen erheblich zu niedrig bemessen.

Die unter 5. erwähnte fehlende Berücksichtigung der Fluktuation für die Zeit vor der Unverfallbarkeit der Anwartschaften, die die Nichtberücksichtigung von Rückstellungen für Pensionsberechtigte unter 30 Jahren ausgleichen soll, führt zu einem etwas zu hohen Ausweis der Pensionsverpflichtungen.

Weitere notwendige Annahmen und ihre Gestaltungsmöglichkeiten

Bei einem versicherungsmathematischen Gutachten sind weitere zum Teil wesentliche Annahmen zu machen, die gewisse Gestaltungsmöglichkeiten zulassen:

– Beginn der Altersrente
  Nach R 41 Abs. 12 EStR besteht bei der Berechnung der einzelnen Pensionsrückstellungen das Wahlrecht, die vertragliche Altersgrenze oder den Zeitpunkt der frühestmöglichen Inanspruchnahme der vorzeitigen Altersrente aus der gesetzlichen Rentenversicherung zugrunde zu legen.
– Lebenswahrscheinlichkeit
  Gemäß BMF-Schreiben vom 31. 12. 1998 – IVC2 – S2176 – 25/98 sind für die Bewertung von Pensionsrückstellungen in der Steuerbilanz für das Wirtschaftsjahr, das nach dem 31. 12. 1998 endet, erstmals die Richttafeln 1998 von Prof. Klaus Heubeck anzuwenden. Vorher galten die Richttafeln von 1982 von Heubeck. Die neuen Richttafeln dürften zu einer Erhöhung der Teilwerte um 5–10 % führen. Diese Anpassung kann steuerlich auf das Übergangsjahr und die zwei folgenden Jahre gleichmäßig verteilt werden.
  Falls andere bestandsspezifische Unterlagen (z.B. von großen Konzernen oder von bestimmten Branchen) für die Lebenswahrscheinlichkeit vorliegen, können auch diese verwendet oder die Sterbetafeln von Heubeck durch Zu- oder Abschläge modifiziert werden.
– Invaliditätswahrscheinlichkeit
  Da neben allgemeinen Tafeln noch zusätzlich unterschiedliche Invaliditätsbegriffe und unternehmensbezogene Wahrscheinlichkeiten Berücksichtigung finden können, liegt hier in manchen Fällen eine gewisse Gestaltungsmöglichkeit vor.
– Verheiratungsgwahrscheinlichkeit und Altersunterschied des Ehegatten
  Für die Verpflichtung zur Zahlung von Witwenrente kann sowohl die Individualmethode als auch zur Vereinfachung die Kollektivmethode angewandt werden. Bei großen Personalbeständen vereinfacht die Kollektivmethode erheblich die Berechnung. Bei kleineren Personenbeständen können jedoch nicht unwesentliche Unterschiede zur Individualmethode entstehen.

- Waisenrenten
  Hier sind ebenfalls Rückstellungen nach der Kollektivmethode oder der Durchschnittsmethode üblich. Möglich ist auch ein pauschaler Zuschlag zu der Witwenrente. Da der Aufwand für Waisenrenten in der Regel nur einen relativ geringen Anteil an den gesamten Versorgungsverpflichtungen hat, kann die Wahl der Berechnungsmethode die Höhe der Rückstellung nur unwesentlich beeinflussen.
- Vorruhestandsleistungen
  Es kann davon ausgegangen werden, daß nicht alle Arbeitnehmer von der Vorruhestandsregelung Gebrauch machen werden. Für die Bemessung der Rückstellung ist deshalb die Wahrscheinlichkeit der voraussichtlichen Inanspruchnahme der Vorruhestandsleistungen zu berücksichtigen. Möglich ist auch eine Rückstellungsbildung erst bei Vorliegen der verbindlichen Erklärung des Arbeitnehmers über die Inanspruchnahme.
- Berücksichtigung der Sozialversicherungsrenten
  Oft sind Betriebsrenten an die Sozialversicherungsrenten gekoppelt, was für ein Unternehmen wegen sich ändernder Sozialgesetzgebung sehr risikoreich sein kann.
  Je nach Bestandszusammensetzung können die individuelle Berechnung oder ein zulässiges Näherungsverfahren zu sehr unterschiedlichen Werten führen.
- Berücksichtigung von Wartezeiten
  Bei Rentenformeln, die Grund- und Steigerungsbeträge vorsehen, bedeutet die zulässige Aufteilung des Grundbetrages in fiktive gleichmäßige Steigerungen eine Vereinfachung, ergibt aber auch einen niedrigeren Wert als der Ansatz des korrekten Anspruchsverlaufs.

Nachholverbot

Steuerlich ist vorgeschrieben, daß sich die Rückstellungen höchstens um den Unterschied der Teilwerte am Ende des letzten und des laufenden Geschäftsjahres erhöhen *dürfen*. Dadurch wird ausgeschlossen, in der Vergangenheit unterlassene Zuführungen zu den Rückstellungen mit steuerlicher Wirkung nachzuholen. Handelsrechtlich besteht jedoch kein Nachholverbot. Bei vorzeitigem Ausscheiden des Pensionsberechtigten mit unverfallbarem Pensionsanspruch und bei Eintritt des Versorgungsfalls dürfen die fehlenden Pensionsrückstellungen jedoch in einem Jahr oder auf drei Jahre verteilt nachgeholt werden.

Auflösung

Ab dem vertraglich vorgesehenen Eintritt des Versorgungsfalls sind die Pensionsrückstellungen laufend versicherungsmathematisch (in Höhe des Unterschiedes zwischen dem Barwert der Pensionsverpflichtung am Ende und am Anfang des Jahres) aufzulösen.

Gemäß § 249 Abs. 3 Satz 2 HGB dürfen Rückstellungen nur aufgelöst werden, soweit der Grund hierfür entfallen ist.

Vergleich der Bewertung nach HGB/EStG mit einer Bewertung nach IAS und US-GAAP

In den letzten Jahren haben mehrere deutsche Konzerne ihre Rechnungslegung auf IAS und US-GAAP umgestellt. Aus der Höhe des Anpassungsbedarfs der Pensionsrückstellungen bei der Umstellung der Bilanzierung nach dem HGB auf eine Bilanzierung nach IAS oder US-GAAP, die nicht steuerlichen Vorschriften, sondern betriebswirtschaftlichen Erfordernissen entspricht, lassen sich Schlüsse auf die Angemessenheit der Höhe der Pensionsrückstellungen nach dem HGB bzw. EStG ziehen. In der Mehrheit der Fälle war eine Erhöhung der Pensionsrückstellungen von knapp 10–20 % notwendig. In keinem Falle ergab sich ein Anpassungsbedarf nach unten.

Der Anpassungsbedarf ist nicht auf die andere Methode, sondern auf andere Annahmen zurückzuführen. Das bei IAS/US-GAAP anzuwendende Anwartschaftsbarwertverfahren (projected unit credit method), das zu der Gruppe der Ansammlungsverfahren gehört, führt – bei gleichen Annahmen im Verhältnis zu dem bei einer Bilanzierung nach dem HGB/EStG angewendeten Teilwertverfahren, das zu der Gruppe der Gleichverteilungsverfahren gehört – vor dem Pensionierungszeitpunkt zu einer etwas niedrigeren Pensionsrückstellung. Durch realistischere Annahmen, insbesondere durch Berücksichtigung der erwarteten Lohn- und Gehaltssteigerungen, ergeben sich jedoch höhere Rückstellungen.

Konsequenzen für die Bilanzanalyse

In Deutschland sind Fehlbeträge bei den Pensionsrückstellungen und Deckungslücken bei Unterstützungskassen im Anhang anzugeben. Sie sollten bei der Ermittlung der Eigenkapitalquote abgezogen werden.

Der angegebene Zinssatz von 6% ist der steuerrechtliche Mindestzinssatz, der handelsrechtlich unter-, aber nicht überschritten werden darf. Eine eventuelle Änderung des in der Handelsbilanz angesetzten Zinssatzes ist im Anhang zu erläutern. Eine solche Zinssatzänderung muß entsprechende Ergebnisbereinigungen zur Folge haben.

Die Veränderung der Pensionsrückstellungen spielt bei der Analyse der Kapitalflußrechnung und des Cash-flows eine wichtige Rolle. Deshalb sollte eine Erhöhung der Pensionsrückstellungen, die nicht durch Zuführung aus dem Ertrag gebildet wurde (Erweiterung des Konsolidierungskreises), bei der Analyse der Kapitalflußrechnung und des Cash-flows tunlichst eliminiert werden.

Bei US-GAAP-Jahresabschlüssen sollte untersucht werden, inwieweit Pensionszusagen gegeben worden sind, bei denen ein relativ großer Anteil der Pensionszusagen erst am Ende der Dienstzeit erworben wird, um dadurch in den ersten Jahren die Aufwendungen für Altersversorgung und die Zuführung zu dem Pensionsfonds möglichst gering zu halten.

Steuerrückstellungen

Inhalt

Nach § 266 HGB sind Steuerrückstellungen in einem getrennten Posten auszuweisen.

Gesondert auszuweisen sind bei Kapitalgesellschaften auch die passiven latenten Steuern. Die passiven latenten Steuern sind in § 274 Abs. 1 HGB wie folgt definiert:

> Ist der dem Geschäftsjahr und früheren Geschäftsjahren zuzurechnende Steueraufwand zu niedrig, weil der nach den steuerrechtlichen Vorschriften zu versteuernde Gewinn niedriger als das handelsrechtliche Ergebnis ist, und gleicht sich der zu niedrige Steueraufwand des Geschäftsjahrs und früherer Geschäftsjahre in späteren Geschäftsjahren voraussichtlich aus, so ist in Höhe der voraussichtlichen Steuerbelastung nachfolgender Geschäftsjahre eine Rückstellung nach § 249 Abs. 1 Satz 1 zu bilden und in der Bilanz oder im Anhang gesondert anzugeben. Die Rückstellung ist aufzulösen, sobald die höhere Steuerbelastung eintritt oder mit ihr voraussichtlich nicht mehr zu rechnen ist.

Aus folgenden Gründen kann das Steuerbilanzergebnis niedriger als das Handelsbilanzergebnis sein (Anlässe für passive latente Steuern):

- Aktivierung von Aufwendungen für die Ingangsetzung und Erweiterung des Geschäftsbetriebs in der Handelsbilanz und Verrechnung als Aufwand in der Steuerbilanz,
- Aktivierung von Kosten der Währungsumstellung auf den Euro in der Handelsbilanz und Verrechnung als Aufwand in der Steuerbilanz,
- steuerlich zwingende Abschreibungen, die handelsrechtlich nicht vorgenommen werden, weil sie dort nicht geboten sind und bei denen die nach § 279 Abs. 2 HGB geforderte umgekehrte Maßgeblichkeit nicht vorliegt (Beispiel: steuerlich zwingend vorgeschriebene jährliche Abschreibungen von 4 % für Wirtschaftsgebäude),
- Einbeziehung von Fremdkapitalzinsen in die Herstellungskosten in der Handelsbilanz,
- Bewertung der Vorräte nach der Fifo-Methode (bei steigenden Preisen) in der Handelsbilanz und nach der Durchschnittsmethode in der Steuerbilanz,
- steuerliche Zurechnung von Verlusten aus der Beteiligung an einer Personengesellschaft, die in der Handelsbilanz nicht als Abschreibungen auf Beteiligungen berücksichtigt wurden, und deshalb zu erwartende höhere Ertragsteuerbelastung aufgrund von Gewinnen, für die in der handelsrechtlichen Ergebnisrechnung keine Erträge aus Beteiligungen entstehen werden.

Eine Saldierung mit den aktiven latenten Steuern, für die ein Aktivierungswahlrecht besteht, ist möglich, aber nicht zwingend.

Durch die Abgrenzung von aktiven und passiven latenten Steuern erfolgt eine korrekte Periodenabgrenzung des Steueraufwandes entsprechend dem handelsrechtlichen Ergebnis vor Steuern.

Neben den latenten Steuern könnten in den Steuerrückstellungen noch erwartete Nachzahlungen für das abgelaufene Geschäftsjahr und erwartete Nachzahlungen aufgrund einer Betriebsprüfung enthalten sein.

Beim Konzernabschluß sind zusätzlich latente Steuern gemäß § 306 HGB auszuweisen (siehe Abschnitt F VII 7).

Begrenzte Aussagefähigkeit

Bilanzanalytisch gesehen besagt der Ausweis von latenten Steuern, daß Handelsbilanz und Steuerbilanz zeitlich begrenzt voneinander abweichen. Wegen der Maßgeblichkeit der Handelsbilanz für die Steuerbilanz handelt es sich bei solchen Abweichungen um besondere Fälle. Sofern nicht bekannt ist, bei welchen Posten und möglichst aus welchem Grunde vorübergehend eine unterschiedliche Bewertung erfolgt, und man somit auch nicht weiß, ob der Handelsbilanzgewinn oder der Steuerbilanzgewinn eher dem tatsächlichen Ergebnis entspricht, lassen sich daraus kaum Schlüsse für eine Erfolgsanalyse ziehen.

Eingeschränkt wird die Aussagekraft noch durch die verschiedenen Möglichkeiten des Ausweises der latenten Steuern, nämlich

- Einzelbetrachtung mit unsaldiertem Ausweis aktiver und passiver latenter Steuern,
- Gesamtbetrachtung mit saldiertem Ausweis einer aktiven oder einer passiven Steuerposition,
- Gesamtbetrachtung mit saldiertem Ausweis gegebenenfalls einer passiven, nicht aber einer aktiven latenten Steuerposition.

Weiter eingeschränkt wird die Aussagefähigkeit dieses Postens, wenn der angewendete Steuersatz nicht angegeben wurde. Er ist unter Berücksichtigung des künftigen Ausschüttungsverhaltens und der Eigenkapitalzusammensetzung festzulegen.

Konsequenzen für die Bilanzanalyse

Fundierte Rückschlüsse auf den wirklichen Erfolg des Unternehmens lassen sich somit kaum durch den Ausweis von latenten Steuern, wohl aber durch Informationen über Art, Gründe und Höhe des Unterschieds zwischen Handels- und Steuerbilanz ziehen.

Die Notwendigkeit, eine Rückstellung für passive latente Steuern bilden zu müssen, deutet darauf hin, daß man sich vorher möglicherweise »zu reich gerechnet« hat.

Sonstige Rückstellungen

Inhalt

Nachstehend werden der im § 249 Abs. 1 und 2 HGB enthaltene Rückstellungskatalog und die Passivierungsgrundsätze aufgeführt:

Rückstellungen	
für ungewisse Verbindlichkeiten (§ 249 Abs. 1 Satz 1)	Pflicht
für drohende Verluste aus schwebenden Geschäften (§ 249 Abs. 1 Satz 1)	Pflicht
für im Geschäftsjahr unterlassene Aufwendungen für Instandhaltung, die im folgenden Geschäftsjahr innerhalb von drei Monaten nachgeholt werden (§ 249 Abs. 1 Satz 2 Nr. 1)	Pflicht
für im Geschäftsjahr unterlassene Aufwendungen für Abraumbeseitigung, die im folgenden Geschäftsjahr nachgeholt werden (§ 249 Abs. 1 Satz 2 Nr. 1)	Pflicht
für Gewährleistungen, die ohne rechtliche Verpflichtung erbracht werden (§ 249 Abs. 1 Satz 2 Nr. 2)	Pflicht
für im Geschäftsjahr unterlassene Aufwendungen für Instandhaltung, die nach Ablauf der Frist von drei Monaten, aber noch innerhalb des Geschäftsjahres nachgeholt werden (§ 249 Abs. 1 Satz 3)	Wahlrecht
für ihrer Eigenart nach genau umschriebene, dem Geschäftsjahr oder einem früheren Geschäftsjahr zuzuordnende Aufwendungen, die am Abschlußstichtag wahrscheinlich oder sicher, aber hinsichtlich ihrer Höhe oder des Zeitpunkts ihres Eintritts unbestimmt sind (§ 249 Abs. 2)	Wahlrecht

Nach § 249 Abs. 3 HGB dürfen Rückstellungen für andere als die im vorstehenden Rückstellungskatalog bezeichneten Zwecke nicht gebildet werden. Sie dürfen nur aufgelöst werden, soweit der Grund hierfür entfallen ist.

Im einzelnen könnten Rückstellungen aus folgenden Gründen gebildet werden:

Verpflichtungen gegenüber Geschäftspartnern
- ausstehende Rechnungen,
- Boni,
- Gewährleistungsverpflichtungen (Garantieleistungen),
- Gewährleistungen ohne rechtliche Verpflichtung (Kulanzleistungen),

- Produkthaftpflicht,
- noch auszuführende Restarbeiten von bereits abgerechneten langfristigen Fertigungsaufträgen,
- Verpflichtungen für noch zu erbringende Leistungen (z. B. Wartung, Gutscheine, Rabattmarken),
- Lieferungen mit Rückgaberecht,
- Pensionsgeschäfte,
- Rücknahmepflicht von Verpackungen,
- drohende Konventionalstrafen,
- Verluste aus Lieferverpflichtungen,
- Verluste aus Abnahmeverpflichtungen,
- Verluste aus Dauerschuldverhältnissen (z. B. Miet-, Pacht-, Leasing- und Darlehensverträge),
- Ausgleichsansprüche der Handelsvertreter,
- Bürgschaften,
- bestellte Sicherheiten zugunsten Dritter,
- Patronatserklärungen,
- Rangrücktrittserklärungen,
- Termingeschäfte,
- Optionsgeschäfte und andere derivative Finanzinstrumente,
- Wechselobligo,
- Rücknahmeverpflichtungen aus Factoring,
- Jahresabschluß- und Prüfungskosten,

Verpflichtungen aus dem Personalbereich
- Berufsgenossenschaftsbeiträge,
- Entlassungsentschädigungen,
- Sozialplan,
- Gratifikationen,
- Sonderzahlungen,
- Tantiemen,
- Aktienoptionen (stock options),
- Urlaubsansprüche,
- Verpflichtungen aus Verdienstabsicherungsklauseln,
- Arbeitnehmer- und Firmenjubiläen,
- Gesundheitsrisiken der Arbeitnehmer,
- Vorruhestand (sofern nicht unter Pensionsrückstellungen ausgewiesen),
- sonstige mögliche Verpflichtungen aus dem Personalbereich (z. B. Aufstockungsbeträge Altersteilzeit, Gleitzeitüberhänge, Mutterschutz),

Verpflichtungen gesellschaftsrechtlicher Art
- Dividendengarantien an Minderheitsaktionäre und Rückstand kumulative Vorzugsdividenden,
- Verlustabdeckung bei Ergebnisabführungsverträgen mit Tochtergesellschaften,
- Nachschußzahlungen, Zubußen o. ä.,

Öffentlich-rechtliche und ähnliche Verpflichtungen
- Betriebsprüfungsrisiko,
- Bußgelder, Strafen, Gebühren und Beiträge,
- Rückzahlungsverpflichtungen von Zuschüssen,

Sonstige Verpflichtungen
- Patent- und Warenzeichenverletzungen,
- sonstige laufende und erwartete Rechtsstreitigkeiten (Schadenersatzansprüche, Prozeßkosten),
- Abbruchverpflichtungen,
- Bergschäden,
- Heimfall,
- Kosten für Rekultivierung,
- Kosten für Dekontamination,
- Umwelt-Altlasten,
- Verpflichtungen zur Wiederherstellung des ursprünglichen Zustandes gepachteter Anlagen,
- Entsorgung von Sondermüll und bestrahlten Kernelementen, Stillegung von Kernkraftwerken,

Aufwandsabgrenzungen
- unterlassene Aufwendungen für Instandhaltung und Abraumbeseitigung,
- künftige Großreparaturen.

Ein gesonderter Ausweis der einzelnen Rückstellungen ist nicht vorgeschrieben. Somit müssen die Rückstellungen, für die eine Passivierungspflicht besteht, und die Rückstellungen, für die ein Passivierungswahlrecht besteht, nicht getrennt ausgewiesen werden. Auch müssen die Rückstellungen, für die eine rechtliche oder faktische Zahlungsverpflichtung besteht, und die Rückstellungen, für die keine rechtliche oder faktische Zahlungsverpflichtung (sogenannte Aufwandsrückstellungen) besteht, nicht getrennt ausgewiesen werden. (Zu den Aufwandsrückstellungen zählen die in § 249 Abs. 1 Satz 2 Nr. 1, Abs. 1 Satz 3 und Abs. 2 aufgeführten Rückstellungsgründe). Nur bei einem nicht unerheblichen Umfang sind die Rückstellungen beim Einzelabschluß im Anhang zu erläutern (§ 285 Nr. 12 HGB), nicht jedoch beim Konzernabschluß.

Auch die Zuführungen und die Auflösungen sind nicht zu zeigen. Die Zuführungen sind Bestandteil der jeweiligen Kostenart, und die Auflösungen sind in der Regel Bestandteil der sonstigen betrieblichen Erträge.

Da kein getrennter Ausweis der einzelnen Rückstellungsarten und keine Angabe über die Zuführungen und Auflösungen vorgeschrieben sind, eignen sich die sonstigen Rückstellungen ideal für Bilanzpolitik.

Aufgrund des im Rahmen des Steuerentlastungsgesetzes 1999/2000/2002 geänderten § 6 Abs. 1 Nr. 3a EStG besteht ab dem Veranlagungszeitraum 1999 steuerrechtlich die Verpflichtung, Rückstellungen, deren Laufzeit mehr als 12 Monate beträgt, mit einem Zinssatz von 5,5 % abzuzinsen. Bisher war es handelsrechtlich und steuerrechtlich üblich, Rückstellungen nicht abzuzinsen. Ein Anpassungsbedarf aufgrund von Kürzungen einzelner Rückstellungen kann mit 9/10 in eine den steuerlichen Gewinn mindernde Rückstellung eingestellt werden, die in den nachfolgenden Wirtschaftsjahren mit mindestens 1/9 gewinnerhöhend aufzulösen ist.

- Kosten für Dekontamination,
- Umwelt-Altlasten,
- Verpflichtungen zur Wiederherstellung des ursprünglichen Zustandes gepachteter Anlagen,
- künftige Großreparaturen,

bei der Bilanzanalyse evtl. als mittelfristig angesehen werden.

5. Verbindlichkeiten

Inhalt
Gemäß § 266 Abs. 3 HGB sind die Verbindlichkeiten wie folgt aufzuteilen:

1. Anleihen,
   davon konvertibel;
2. Verbindlichkeiten gegenüber Kreditinstituten;
3. erhaltene Anzahlungen auf Bestellungen;
4. Verbindlichkeiten aus Lieferungen und Leistungen;
5. Verbindlichkeiten aus der Annahme gezogener Wechsel und der Ausstellung eigener Wechsel;
6. Verbindlichkeiten gegenüber verbundenen Unternehmen;
7. Verbindlichkeiten gegenüber Unternehmen, mit denen ein Beteiligungsverhältnis besteht;
8. sonstige Verbindlichkeiten;
   davon aus Steuern,
   davon im Rahmen der sozialen Sicherheit.

Verbindlichkeiten mit einer Restlaufzeit bis zu einem Jahr sind bei jedem Posten gesondert zu vermerken (§ 268 Abs. 5 Satz 1 HGB).

Zusätzlich sind im Anhang anzugeben, sofern nicht aus der Bilanz ersichtlich:

- Beträge für Verbindlichkeiten, die erst nach dem Abschlußstichtag rechtlich entstanden sind, sofern sie einen größeren Umfang haben (§ 268 Abs. 5 Satz 3 HGB),
- Verbindlichkeiten mit einer Restlaufzeit von mehr als 5 Jahren, außer bei kleinen Kapitalgesellschaften, für jeden Posten gesondert (§ 285 Nr. 1 a und Nr. 2 HGB), bei Konzernabschlüssen jedoch nur insgesamt (§ 314 Abs. 1 Nr. 1 HGB),
- Verbindlichkeiten, die durch Pfandrechte oder ähnliche Rechte gesichert sind, außer bei kleinen Kapitalgesellschaften, unter Angabe von Art und Form der Sicherheiten für jeden Posten gesondert (§ 285 Nr. 1 b und Nr. 2 HGB), bei Konzernabschlüssen jedoch nur insgesamt (§ 314 Abs. 1 Nr. 1 HGB).

Verbindlichkeiten aus Lieferungen und Leistungen gegenüber verbundenen Unternehmen oder gegenüber Unternehmen, mit denen ein Beteiligungsverhältnis besteht, können unter Verbindlichkeiten aus Lieferungen und Leistungen oder unter Verbindlichkeiten gegenüber verbundenen Unternehmen bzw. gegenüber Unternehmen, mit denen ein Beteiligungsverhältnis besteht, ausgewiesen werden. Gemäß § 265 Abs. 3 HGB ist wegen der Mitzugehörigkeit zu anderen Posten ein Vermerk in der Bilanz oder im Anhang zu erwarten.

Anleihen, davon konvertibel

Die genauen Konditionen von Anleihen zu erhalten, dürfte kaum Probleme verursachen. Bei der Ergebnisanalyse ist zu berücksichtigen,

- ob ein eventuelles Disagio aktiviert worden ist,
- ob ein wesentlicher Unterschied zwischen den Zinsen der Anleihe und dem aktuellen Zinsniveau für Neuemissionen besteht,
- welcher Zinsaufwand für die Refinanzierung anfällt, wenn die Anleihe oder Teile davon demnächst fällig werden.

Verbindlichkeiten gegenüber Kreditinstituten

Verbindlichkeiten gegenüber Kreditinstituten, auch wenn sie kurzfristig aufgenommen werden, sind bei guter Ertragslage wirtschaftlich als mittel- oder langfristig zu betrachten, da sie immer wieder verlängert werden. Falls sich die Ertragslage des Unternehmens verschlechtern sollte und das Kreditinstitut keine Sicherheiten hat, aber auch bei Änderungen der Verhältnisse am Kreditmarkt, muß jedoch mit Kreditkürzungen gerechnet werden. Solche revolvierenden ungesicherten kurzfristigen Verbindlichkeiten gegenüber Kreditinstituten, insbesondere wenn für sie im Bedarfsfalle keine das Kreditinstitut zufriedenstellenden Sicherheiten gegeben werden können und die Kredite für die Aufrechterhaltung des Geschäftsbetriebes unbedingt notwendig sind, können unter Umständen die Existenz eines Unternehmens in Frage stellen.

Erhaltene Anzahlungen auf Bestellungen

Bei den erhaltenen Anzahlungen auf Bestellungen handelt es sich in der Regel um Zahlungen für noch nicht abgerechnete Leistungen. Sofern dieser Posten von Bedeutung ist, sollte versucht werden, nähere Einzelheiten über die Abrechnungsweise zu erhalten. Aus einer wesentlichen Veränderung dieses Postens könnte auf eine Veränderung der Auftragslage geschlossen werden.

Gemäß § 268 Abs. 5 Satz 2 HGB ist es möglich, erhaltene Anzahlungen auf Bestellungen unter den Verbindlichkeiten auszuweisen oder von dem Posten Vorräte offen abzusetzen.

Verbindlichkeiten aus Lieferungen und Leistungen

Verbindlichkeiten aus Lieferungen und Leistungen sind, sofern keine Skontomöglichkeiten ausgenutzt werden, der bequemste, jedoch auch der teuerste Kredit. Der Beurteilungsmaßstab über ihre angemessene Höhe ist das Verhältnis der Verbindlichkeiten aus Lieferungen und Leistungen zu den bezogenen Rohstoffen und Waren (jeweils beide Werte mit oder ohne Mehrwertsteuer), d.h. das durchschnittlich in Anspruch genommene Zahlungsziel in Tagen. Dabei sind auch die branchenüblichen Zahlungsziele mit und ohne Skonto zu berücksichtigen. Zahlungsziele, die über 30–60 Tage hinausgehen, können, insbesondere wenn sie sich im Laufe der Jahre verlängern, Strukturschwächen der Branche, fehlende anderweitige Kreditmöglichkeiten des Unternehmens, Abhängigkeit von einzelnen größeren Lieferanten, Nichtausnutzen von günstigen Skontobedingungen oder sogar Finanzierung von Anlagegegenständen durch Lieferantenkredit bedeuten.

7. Haftungsverhältnisse (Eventualverbindlichkeiten)

Unter Haftungsverhältnissen, die unter der Bilanz auszuweisen sind, führt § 251 Satz 1 HGB auf:

Verbindlichkeiten
- aus der Begebung und Übertragung von Wechseln,
- aus Bürgschaften, Wechsel- und Scheckbürgschaften,
- aus Gewährleistungsverträgen sowie

Haftungsverhältnisse aus der Bestellung von Sicherheiten für fremde Verbindlichkeiten.

Diese Haftungsverhältnisse werden auch Eventualverbindlichkeiten genannt.

Ein zusammengefaßter Ausweis, wie er für Nicht-Kapitalgesellschaften möglich ist, hat kaum einen Aussagewert.

Ein getrennter Ausweis der in § 251 HGB aufgeführten Haftungsverhältnisse sagt zunächst ebenfalls wenig aus, da sich die Wahrscheinlichkeit einer Inanspruchnahme nicht abschätzen läßt.

Das Bestehen solcher Posten, sofern sie nicht unbedeutend sind, und ihre Höhe im Verhältnis zu anderen Posten können jedoch gewisse Aufschlüsse über das Unternehmen geben.

Die Verbindlichkeiten aus der Begebung und Übertragung von Wechseln sind im Zusammenhang mit den Forderungen aus Lieferungen und Leistungen sowie den Besitzwechseln zu sehen. Diese drei Posten zusammen – sofern in den Verbindlichkeiten aus der Begebung und Übertragung von Wechseln nur Wechsel für Lieferungen und Leistungen enthalten sind – ins Verhältnis gesetzt zu den Umsatzerlösen einschließlich Mehrwertsteuer ergeben das tatsächlich von den Kunden in Anspruch genommene Zahlungsziel.

Die übrigen drei Arten von Eventualverbindlichkeiten zeigen, welche zusätzlichen Risiken über den normalen Geschäftsbetrieb hinaus das Unternehmen eingehen mußte. Jedes Unternehmen versucht solche zusätzlichen Risiken tunlichst zu vermeiden; wenn sie aber nicht vermieden werden können, deuten sie – mit Ausnahme branchenüblicher Gewährleistungsverbindlichkeiten – auf gewisse Schwächen der Geschäftspartner oder der Branche hin.

Zusätzlich sind

- im Einzelabschluß gemäß § 285 Nr. 9c HGB die zugunsten der Mitglieder des Geschäftsführungsorgans, eines Aufsichtsrats, eines Beirats oder einer ähnlichen Einrichtung, jeweils für jede Personengruppe getrennt, eingegangenen Haftungsverhältnisse und
- im Konzernabschluß gemäß § 314 Abs. 1 Nr. 6c HGB die zugunsten der Mitglieder des Geschäftsführungsorgans, eines Aufsichtsrats, eines Beirats oder einer ähnlichen Einrichtung des Mutterunternehmens, jeweils für jede Personengruppe getrennt, vom Mutterunternehmen und den Tochterunternehmen eingegangenen Haftungsverhältnisse

anzugeben.

In der Konzernbilanz sind außerdem die gegenüber nicht konsolidierten Tochterunternehmen eingegangenen Haftungsverhältnisse gesondert anzugeben (§ 314 Abs. 1 Nr. 2).

8. Sonstige finanzielle Verpflichtungen

Allgemeines und Zusammensetzung
Neben den bilanzierten Verbindlichkeiten und den Eventualverbindlichkeiten sind gemäß § 285 Nr. 3 HGB bei den großen und mittelgroßen Kapitalgesellschaften noch die sonstigen finanziellen Verpflichtungen in einem Gesamtbetrag anzugeben, sofern diese Angabe für die Beurteilung der Finanzlage von Bedeutung ist.

Verpflichtungen gegenüber verbundenen Unternehmen sind gesondert anzugeben.

Die Angabe des Gesamtbetrages ohne nähere Bezeichnung der betreffenden Verpflichtungen und ohne Fälligkeitsangaben ist wenig aussagefähig. Zudem ist nicht definiert, was unter sonstigen finanziellen Verpflichtungen zu verstehen ist und wie sie zu ermitteln sind (Zeitraum, mögliche Abzinsung).

Unter die sonstigen finanziellen Verpflichtungen dürften aber fallen:

- mehrjährige Verpflichtungen aus Miet-, Pacht- und Leasingverträgen,
- Verpflichtungen aus begonnenen Investitionsvorhaben (Bestellobligo),
- Verpflichtungen aus künftigen Großreparaturen,
- Verpflichtungen aus notwendig werdenden Umweltschutzmaßnahmen,
- langfristige Abnahmeverträge,
- Warentermingeschäfte,
- Rücknahmeverpflichtungen bei Pensionsgeschäften,
- Einzahlungsverpflichtungen bei Beteiligungsgesellschaften,
- Verlustübernahmeverpflichtungen.

Sicher ist nicht, ob Patronatserklärungen in der Praxis als angabepflichtig betrachtet werden. Jedoch wäre ihre Kenntnis wichtig, da es sich um Quasibürgschaften handelt.

Eine Aufschlüsselung des Gesamtbetrags ist anzustreben, insbesondere wenn er sich wesentlich verändert hat. Eine wesentliche Erhöhung könnte z. B. auf den Verkauf von Anlagen und anschließendes Leasing (sale and lease back) oder generell auf ein verstärktes Leasing zurückzuführen sein.

Leasingverträge
Wesentliche zusätzliche Erkenntnisse über die Finanz-, aber auch die Ertragslage brächten Einzelheiten über die Verpflichtungen aus Leasingverträgen.

Nach Art der eingegangenen Verpflichtungen unterscheidet man grundsätzlich zwei Arten von Leasing, und zwar

- Mietleasing und
- Finanzierungsleasing.

Mietleasingverträge werden, gemessen an der betriebsgewöhnlichen Nutzungsdauer, für einen kurzen Zeitraum abgeschlossen und sind bei Einhaltung gewisser Fristen kündbar. Sie sind mit Mietverträgen vergleichbar.

Beim Mietleasing trägt der Leasingnehmer somit nicht das Investitionsrisiko. Deshalb interessieren diese Verträge weniger bei der Analyse der Verbindlichkeiten eines Unternehmens als bei der Analyse der Verträge, insbesondere der Mietverträge, sowie bei der Analyse der Aufwendungen für Miete, Pacht und Leasing.

Kennzeichnend für das Finanzierungsleasing ist die Vereinbarung einer festen Grundmietzeit, während der von keiner Seite der Vertrag gekündigt werden kann. Die Grundmietzeit bewegt sich meistens zwischen 50–75 % der betriebsgewöhnlichen Nutzungsdauer. Finazierungsleasing gibt es für Immobilien und Mobilien. Spezielle nach dem Wunsch des Leasingnehmers erstellte Anlagen können ebenfalls durch Finanzierungsleasing finanziert werden. Es kommt sogar vor, daß bereits seit Jahren im Eigentum eines Unternehmens befindliche Immobilien und Mobilien an eine Leasinggesellschaft verkauft werden und anschließend geleast werden (sale and lease back).

Das Wesentliche beim Finanzierungsleasing ist, daß der Leasingnehmer das Investitionsrisiko trägt. Das Finanzierungsleasing kommt somit wirtschaftlich einem Ratenkauf sehr nahe.

Konsequenzen für die Bilanzanalyse

Leasing ermöglicht eine höhere Fremdfinanzierung als Kreditkauf und zeigt diese Fremdfinanzierung nicht auf der Passivseite einer nach dem HGB erstellten Bilanz. Weil Finanzierungsleasingverträge anstatt Kaufverträge oft wegen der Bilanzkosmetik abgeschlossen werden, ist es notwendig, Finanzierungsleasingverträge, d.h. Leasingverträge, bei denen das Investitionsrisiko weitgehend beim Leasingnehmer liegt, bei der Analyse der Bilanz des Leasingnehmers als Kaufverträge zu betrachten, auch wenn sie nicht als Käufe bilanziert wurden. Den ausgewiesenen Verbindlichkeiten ist somit der Barwert aller zukünftigen Leasingzahlungen zuzurechnen. Die Behandlung in der Steuerbilanz spielt hierbei keine Rolle.

Durch Leasing, insbesondere durch Finanzierungsleasing, wird die tatsächliche Vermögens- und Kapitalstruktur einer nach dem HGB erstellten Bilanz verschleiert, und die Angaben über die Höhe der Investitionen sind unvollständig. Darüber hinaus beeinflußt es auch die Aussagefähigkeit der Ergebnisrechnung im Vergleich mit anderen Unternehmen und teilweise im Zeitvergleich. Ganz besonders gravierend ist das bei Sale and lease back-Verträgen, wenn das Anlagegut (z.B. größere Immobilien) bereits seit einigen Jahren in dem Unternehmen aktiviert war und über dem Buchwert verkauft wurde. Im Jahre des Verkaufs wird dann ein Gewinn aus Anlageabgängen gezeigt, der steuerpflichtig ist, und in den Folgejahren wird die Ergebnisrechnung mit entsprechend hohen Leasingraten belastet. Diese sind wesentlich höher als die in der Vergangenheit angefallenen Abschreibungen und Zinsen, da sie auf Basis des von der Leasinggesellschaft gezahlten Kaufpreises und nicht auf Basis des bisherigen Buchwertes ermittelt werden.

Leasingraten sind in der Regel über die ganze Laufzeit gleich hoch. Bei einem Kauf fallen aber am Anfang höhere Zinsen an und evtl. sogar höhere Abschreibungen in der Form von degressiven oder Sonderabschreibungen. Somit ist bei Einführung des Finanzierungsleasing für Anlagegüter mit im Verhältnis zur betriebsgewöhnlichen Nutzungsdauer langer Grundmietzeit die Ergebnisrechnung eines solchen Unternehmens geringer mit Aufwendungen belastet als die Ergebnisrechnungen von Unternehmen, die ihre Anlagegegenstände kaufen. Auf lange Sicht gesehen ist der Unterschied, sofern es nicht zu Investitionsschüben kommt, unbedeutend.

III. Analyse der Gewinn- und Verlustrechnung

1. Gesamtkostenverfahren und Umsatzkostenverfahren

Gemäß § 275 HGB ist die Gewinn- und Verlustrechnung entweder nach dem Gesamtkostenverfahren oder dem Umsatzkostenverfahren aufzustellen.

Das Gesamtkostenverfahren und das Umsatzkostenverfahren können durch einen Externen nicht von einem Verfahren auf das andere Verfahren übergeleitet werden, da wesentliche Informationen fehlen.

Ein Beispiel für eine Überleitung des Gesamtkostenverfahrens auf das Umsatzkostenverfahren wird am Schluß des Abschnitts E III 2 gezeigt. Die in der Spalte Überleitung enthaltenen und aus der Kostenrechnung zu entnehmenden Beträge sind einem Externen nicht bekannt.

Durch die Wahlmöglichkeit zwischen Gesamtkosten- und Umsatzkostenverfahren werden Vergleiche von Gewinn- und Verlustrechnungen zwischen verschiedenen Unternehmen der gleichen Branche in vielen Punkten erschwert.

Die vorstehenden Aussagen treffen insbesondere für durch Computer erstellte maschinelle Ergebnisvergleiche zu. Bei einer wesentlich anspruchsvolleren auf zusätzlicher Denkarbeit beruhenden »handgemachten« Bilanzanalyse läßt sich in vielen Fällen durch Ausnutzen anderer vorhandener Informationen oder durch Beschaffen zusätzlicher Informationen die fehlende Vergleichbarkeit, wenn auch teilweise »mit Krücken«, mildern.

Um trotz dieser widrigen Umstände zu Aussagen über das zu analysierende Unternehmen durch Vergleich unterschiedlich aufgebauter Gewinn- und Verlustrechnungen bei einer »handgemachten« Bilanzanalyse zu kommen,

- wird der Inhalt der einzelnen Posten bei beiden Verfahren näher erläutert,
- wird auf die bilanzpolitischen Spielräume hingewiesen, die die Vergleichbarkeit mehrerer Jahre oder mit anderen Unternehmen beeinträchtigen, sofern keine Zusatzinformationen zu erhalten sind,
- erfolgen am Schluß Ausführungen über die Vergleichbarkeit von einzelnen oder mehreren zusammengefaßten Posten des Gesamtkostenverfahrens mit dem Umsatzkostenverfahren.

2. Vergleich Gesamtkostenverfahren mit Umsatzkostenverfahren

Der wesentliche Unterschied zwischen Gesamtkostenverfahren und Umsatzkostenverfahren kann wie folgt beschrieben werden:

Das Gesamtkostenverfahren zeigt die Gesamtleistung eines Geschäftsjahres und stellt sie den Aufwendungen eines Geschäftsjahres, aufgeteilt nach den wichtigsten Aufwandsarten, gegenüber. Die Gesamtleistung setzt sich in der Regel im wesentlichen aus den Umsatzerlösen zusammen.

Darüber hinaus sind noch die Erhöhung oder Verminderung des Bestandes an fertigen und unfertigen Erzeugnissen und die anderen aktivierten Eigenleistungen Bestandteil der Gesamtleistung eines Geschäftsjahres.

Das Umsatzkostenverfahren zeigt die Umsatzerlöse eines Geschäftsjahres und stellt sie den Aufwendungen, aufgeteilt nach den wichtigsten Funktionsbereichen, in denen die

Aufwendungen entstanden sind, die zur Erzielung der Umsatzerlöse notwendig waren, gegenüber. Es spielt dabei keine Rolle, in welchem Geschäftsjahr die Aufwendungen entstanden sind. Aufwendungen zur Erhöhung des Bestandes und für aktivierte Eigenleistungen können somit nicht gezeigt werden, und Bestandsminderungen werden mit den Aufwendungen des Geschäftsjahres saldiert. Bilanzpolitische Maßnahmen bei den Vorräten sind somit bei dem Umsatzkostenverfahren schwierig erkennbar, da keine Bestandsveränderung, keine Gesamtleistung und keine Herstellungskosten des Geschäftsjahres, sondern nur die Herstellungskosten des Umsatzes gezeigt werden. (Sofern die fertigen und unfertigen Erzeugnisse in der Bilanz zu Vollkosten und getrennt von den Waren gezeigt werden, können die Bestandsveränderungen zumindest aus der Bilanz ermittelt werden. Die anderen aktivierten Eigenleistungen sind in den meisten Fällen relativ unwesentlich.)

Zusammengefaßt kann gesagt werden: Das Gesamtkostenverfahren zeigt die gesamten Aufwendungen eines Geschäftsjahres und die mit ihnen erbrachten Leistungen, das Umsatzkostenverfahren dagegen zeigt die am Markt erzielten Erlöse eines Geschäftsjahres und die dafür notwendigen Aufwendungen. Das Gesamtkostenverfahren ist somit produktionsorientiert und das Umsatzkostenverfahren absatzorientiert.

Neben den unmittelbar aus der obigen Beschreibung hervorgehenden Informationsvorteilen und -nachteilen der beiden Verfahren gibt es noch folgende Vor- und Nachteile:

Die ausgewiesenen Aufwandsarten bei dem Gesamtkostenverfahren sind ziemlich eindeutig abgrenzbar. Die Abgrenzung der Funktionsbereiche beim Umsatzkostenverfahren bietet dagegen einen Ermessensspielraum.

Bei Unternehmen, die nur eine oder mehrere ähnliche Produktgruppen erzeugen, bietet das Umsatzkostenverfahren einen gewissen Einblick in die Kalkulationsstruktur. Bei einem Unternehmen, das sehr unterschiedliche Produktgruppen herstellt, sagt die Aufteilung der Kosten nach Funktionsbereichen, insbesondere wenn die Veränderung der Umsatzanteile der einzelnen Funktionsbereiche nicht bekannt ist, relativ wenig aus.

Beim Umsatzkostenverfahren sind gemäß § 285 Nr. 8 HGB zusätzliche Angaben über Materialaufwand und Personalaufwand im Anhang zu machen. Beim Konzernabschluß ist gemäß § 314 Abs. 1 Nr. 4 nur der Personalaufwand anzugeben. Darüber hinaus können die nicht in der Gewinn- und Verlustrechnung gezeigten Abschreibungen aus dem Anlagenspiegel entnommen werden. Da es sich bei diesen Angaben um die im laufenden Geschäftsjahr angefallenen Aufwendungen, und nicht um die zur Erzielung der Umsatzerlöse des Geschäftsjahres angefallenen Aufwendungen handelt, können diese Angaben informativ sein, sofern die Bestände der unfertigen und fertigen Erzeugnisse zu Vollkosten aktiviert werden und die Höhe der aktivierten Eigenleistungen bekannt, ihre Höhe gering oder in den einzelnen Geschäftsjahren zumindest nicht sehr unterschiedlich ist.

Beim Gesamtkostenverfahren werden die Bestandserhöhung von fertigen und unfertigen Erzeugnissen und andere aktivierte Eigenleistungen als Leistung gezeigt. Es handelt sich aber hierbei um nicht am Markt abgesetzte Leistungen. Zweck und Ziel eines Unternehmens ist es aber, für seine Leistungen am Markt Erlöse und dadurch Gewinne zu erzielen.

Falls man beim Gesamtkostenverfahren die Aufwendungen mit den Leistungen vergleichen will, ist zu bedenken, daß den Aufwendungen Leistungen, die sowohl zu Verkaufspreisen (Umsatzerlöse) als auch zu nicht genau definierten Herstellungskosten (Bestandsveränderungen und andere aktivierte Eigenleistungen) bewertet wurden, gegenübergestellt sind. Dies beeinträchtigt eine Ergebnisanalyse sehr, wenn die nicht am Markt abgegebenen Leistungen relativ hoch und/oder in den einzelnen Jahren sehr unterschiedlich sind.

Für Unternehmen mit langfristiger Fertigung (Großanlagenbau) eignet sich dagegen das Gesamtkostenverfahren besser. Würden bei einem solchen Unternehmen in einer Periode keine Leistungen abgerechnet, erschienen in der Gewinn- und Verlustrechnung keine Umsatzerlöse und keine Kosten für die erstellten Leistungen. Die Leistungen erschienen allerdings in der Bilanz als unfertige Leistungen.

Gesamtkostenverfahren und Umsatzkostenverfahren führen immer zu dem gleichen Jahresüberschuß oder Jahresfehlbetrag.

Grundsätzlich ist eine Gewinn- und Verlustrechnung nach dem Umsatzkostenverfahren aussagefähiger. Der beste Beweis ist darin zu sehen, daß interne Ergebnisrechnungen immer nur nach den Umsatzkostenverfahren erstellt werden, obwohl dies aufwendiger ist.

Die Nachteile des Umsatzkostenverfahrens gemäß § 275 Abs. 3 HGB liegen grundsätzlich nicht in dem Verfahren, sondern in den Ausweis- und Bewertungsmöglichkeiten aufgrund gesetzlicher Vorschriften, die beim Umsatzkostenverfahren für einen Bilanzanalytiker schwieriger erkennbar sind. Hierzu zählen:

- der Ausweis der Bestandsveränderungen der fertigen und unfertigen Erzeugnisse und der aktivierten Eigenleistungen in der Gesamtkostenrechnung gibt eher Hinweise auf die Bewertung der unfertigen und fertigen Erzeugnisse und der aktivierten Eigenleistungen. Er läßt somit leichter Rückschlüsse auf die mögliche Beeinflussung der Ergebnisse durch diese beiden Posten zu;
- der nicht genau definierte Inhalt der sonstigen betrieblichen Aufwendungen beim Umsatzkostenverfahren. Darin können z. B. nicht aktivierte Wahlbestandteile der Herstellungskosten auf Bestandserhöhungen der Vorräte und der aktivierten Eigenleistungen enthalten sein;
- die nicht klare Aufteilung der einzelnen Kostenarten auf die Funktionsbereiche beim Umsatzkostenverfahren. Zum Beispiel können Forschungs- und Entwicklungskosten Bestandteil der Herstellungskosten oder der sonstigen betrieblichen Aufwendungen sein oder können freiwillig gesondert ausgewiesen werden.

Ein Informationsvorteil des Umsatzkostenverfahrens, der bilanzanalytisch von großer Bedeutung ist, nämlich der getrennte Ausweis der Forschungs- und Entwicklungskosten, ist gesetzlich nicht vorgeschrieben.

Beispiel für eine Überleitung des Gesamtkostenverfahrens auf das Umsatzkostenverfahren:

Gesamtkostenverfahren		Überleitung				Umsatzkostenverfahren	
Umsatzerlöse	1.000					Umsatzerlöse	1.000
Bestandserhöhung Erzeugnisse	30						
aktivierte Eigenleistungen	20						
Gesamtleistung	1.050	Kostenstellenrechnung					
		Produktion	Vertrieb	Verwaltung	sonst. betriebl. Aufwand		
Materialaufwand	450	430	10	10	–		
Personalaufwand	250	150	60	40	–		
Abschreibungen	100	80	10	10	–		
sonstiger betrieblicher Aufwand	150	70	30	30	20		
betrieblicher Aufwand	950	730	110	90	20		
		./. 30 Bestandserhöhung Erzeugnisse					
		./. 20 aktivierte Eigenleistungen					
		680				Herstellungskosten	680
							320
						Vertriebskosten	110
						Verwaltungskosten	90
						sonstiger betriebl. Aufwand	20
Betriebsergebnis	100					Betriebsergebnis	100

3. Gesamtkostenverfahren

(Um die Verweise im Text zu erleichtern, wurde bei den einzelnen Posten zusätzlich die Numerierung des HGB angegeben.)

a) (1) Umsatzerlöse

Inhalt

§ 277 Abs. 1 HGB definiert die Umsatzerlöse wie folgt:

> Als Umsatzerlöse sind die Erlöse aus dem Verkauf und der Vermietung oder Verpachtung von für die gewöhnliche Geschäftstätigkeit der Kapitalgesellschaft typischen Erzeugnissen und Waren sowie aus von für die gewöhnliche Geschäftstätigkeit der Kapitalgesellschaft typischen Dienstleistungen nach Abzug von Erlösschmälerungen und der Umsatzsteuer auszuweisen.

Patent- und Lizenzeinnahmen gehören zu den Umsatzerlösen, wenn dem Patent- oder Lizenznehmer ermöglicht wird, die von dem Unternehmen selbst vertriebenen Erzeugnisse ebenfalls anzubieten, da in diesen Fällen die Patent- und Lizenzeinnahmen an die Stelle von eigenen Umsatzerlösen treten.

In den Umsatzerlösen können auch Verbrauchsteuern wie Biersteuer, Branntweinsteuer, Kaffeesteuer, Mineralölsteuer, Salzsteuer, Schaumweinsteuer, Tabaksteuer, Teesteuer und Zuckersteuer enthalten sein.

Bewertung
Bewertungsfragen spielen – mit Ausnahme bei langfristigen Fertigungsaufträgen – in der Regel keine Rolle. Allenfalls könnte es Abgrenzungsfragen zu den Erlösschmälerungen und den sonstigen Erträgen geben. Sie beeinflussen aber nicht das Jahresergebnis.

Konsequenzen für die Bilanzanalyse

Die Umsatzerlöse gehören zu den wichtigsten Informationen bei der Bilanzanalyse. Diese Zahl ist im Prinzip wenig manipulierbar.

In besonders gelagerten Fällen ist es aber nicht auszuschließen, daß aus bilanzpolitischen Gründen die Auslieferung von Waren, die Fertigstellung oder Teilabrechnung von Aufträgen bewußt kurz vor oder nach dem Bilanzstichtag erfolgt.

Andere Manipulationen, sofern sie nicht in betrügerischer Absicht geschehen, sind kaum möglich. Denkbar wären größere Verkäufe zum Jahresende mit Rückgaberecht, mit besonders hohen Rabatten oder langfristigen Zahlungszielen, Verkäufe an verbundene Unternehmen zu nicht marktgerechten Bedingungen, Berechnung von noch nicht vollständig erbrachten Leistungen.

b) (2) Erhöhung oder Verminderung des Bestands an fertigen und unfertigen Erzeugnissen

Inhalt
§ 277 Abs. 2 HGB definiert diesen Posten wie folgt:

> Als Bestandsveränderungen sind sowohl Änderungen der Menge als auch solche des Wertes zu berücksichtigen; Abschreibungen jedoch nur, soweit diese die in der Kapitalgesellschaft sonst üblichen Abschreibungen nicht überschreiten.

Im Prinzip (Ausnahme siehe weiter unten unter Abschnitt Bewertung) handelt es sich hierbei um den Unterschied zwischen den am Ende und am Anfang des Geschäftsjahres in der Bilanz enthaltenen unfertigen und fertigen Erzeugnissen. Gegebenenfalls enthält dieser Posten auch selbsterzeugte Roh-, Hilfs- und Betriebsstoffe. Die Bestandsveränderungen der Handelswaren gehören nicht in diesen Posten, sondern unter die Aufwendungen für Roh-, Hilfs- und Betriebsstoffe und für bezogene Waren.

Bestandserhöhungen sind in Wirklichkeit keine Erträge, sondern eine Korrektur der Aufwendungen, um dadurch den Erträgen – wie beim Umsatzkostenverfahren – die Aufwendungen für die verkauften Erzeugnisse gegenüberstellen zu können. Bei Bestandsminderungen handelt es sich um eine Erhöhung des Aufwandes. Dadurch werden die Aufwendungen insgesamt im Verhältnis zum Umsatz richtig ausgewiesen. Der jeweilige Korrekturposten ist allerdings zu klein, falls die Bestände nicht mit Vollkosten aktiviert werden. Eine solche ungenügende Korrektur träfe ggf. auch beim Umsatzkostenverfahren zu, ohne daß dieser Posten gesondert ausgewiesen wird.

Sofern keine selbsterzeugten Roh-, Hilfs- und Betriebsstoffe in den Bestandsveränderungen enthalten sind, kann man die Bestandsveränderungen von unfertigen Erzeugnissen/Leistungen und fertigen Erzeugnissen getrennt ermitteln, indem man den Unterschied zwischen dem Bestand an unfertigen Erzeugnissen/Leistungen der Bilanz des Geschäftsjahres und der des Vorjahres von diesem Posten der Gewinn- und Verlustrechnung abzieht.

Nach Abzug des Unterschiedes des Bestandes an unfertigen Erzeugnissen/Leistungen ergibt sich der Unterschied des Bestandes an fertigen Erzeugnissen

Da gemäß den Gliederungsvorschriften in der Bilanz die fertigen Erzeugnisse zusammen mit den Waren ausgewiesen werden, lassen sich die Bestandsveränderungen der fertigen und unfertigen Erzeugnisse nicht durch Bilanzvergleich feststellen, sofern über die gesetzlichen Vorschriften hinaus die Waren nicht getrennt ausgewiesen werden. Ein solcher Vergleich wäre bei der Analyse der Gewinn- und Verlustrechnung nach dem Umsatzkostenverfahren und, wie spätere Ausführungen zeigen, bei der Analyse der möglichen unterschiedlichen Festsetzung der Herstellungskosten in der Bilanz und in der Gewinn- und Verlustrechnung wichtig.

Bewertung

Abschreibungen, soweit diese die in der Kapitalgesellschaft sonst üblichen Abschreibungen überschreiten (§ 277 Abs. 2 HGB), sind nicht unter Bestandsveränderungen, sondern unter dem Posten Nr. 7b (Abschreibungen auf Vermögensgegenstände des Umlaufvermögens, soweit diese die in der Kapitalgesellschaft üblichen Abschreibungen überschreiten) auszuweisen. Hier liegen Interpretationsmöglichkeiten. Als üblich dürften auf jeden Fall Abschreibungen nach dem Niederstwertprinzip gelten. Abschreibungen zur Berücksichtigung künftiger Wertschwankungen (§ 253 Abs. 2 Satz 3 HGB) und steuerrechtliche Abschreibungen (§ 254 HGB) können, wenn sie häufig oder regelmäßig vorkommen, zu den üblichen Abschreibungen gehören. Abschreibungen aufgrund geänderter Bewertungsmethoden und aufgrund von Sanierungsmaßnahmen sind auf jeden Fall außerplanmäßige Abschreibungen.

Falls Abschreibungen auf Vorräte nach § 277 Abs. 2 HGB ausgewiesen werden, weicht die in der Gewinn- und Verlustrechnung ausgewiesene Bestandsveränderung von der Veränderung der Bestände in der Bilanz ab.

Konsequenzen für die Bilanzanalyse

Bestandserhöhungen, die über dem Umsatzzuwachs liegen, können bei Unternehmen ohne langfristige Fertigung (z. B. Großanlagenbau) auf Absatzschwierigkeiten hindeuten.

Diese Vermutung würde erhärtet, wenn gleichzeitig die Umsatzerlöse stagnierten und/oder die Umschlagshäufigkeit der Forderungen zurückginge. Bestandsminderungen könnten dagegen auf eine gegenüber dem Vorjahr höhere Nachfrage und/oder bessere Auslastung der Produktionskapazitäten hinweisen.

Sofern die Bestände nicht mit Vollkosten bewertet werden, haben Bestandsminderungen die Auflösung von stillen Reserven und Bestandserhöhungen die Bildung von stillen Reserven zur Folge. Bei Absatzschwierigkeiten gilt das letztere jedoch mit großen Einschränkungen.

c) (3) Andere aktivierte Eigenleistungen

Inhalt

Es handelt sich um selbsterstellte Anlagen und aktivierte Großreparaturen sowie um aktivierte Aufwendungen für die Ingangsetzung und Erweiterung des Geschäftsbetriebs (§ 269 HGB). Dieser Posten ist der Ausgleichsposten für die Aufwendungen, die beim Gesamtkostenverfahren unter verschiedenen Posten der Gewinn- und Verlustrechnung ausgewiesen sind.

Fremdlieferungen und Fremdleistungen sollten nicht in diesem Posten enthalten sein, da sie direkt auf den Anlagekonten erfaßt werden sollten. Bei einer Erfassung unter den aktivierten Eigenleistungen würde zwar das Jahresergebnis nicht verändert, aber die Gewinn- und Verlustrechnung würde unnötigerweise aufgebläht.

Bewertung

Bei der Bewertung dieses Postens ist ein Ermessens- und Bewertungsspielraum (z.B. Aktivierung als Anlagevermögen oder Buchung als Reparaturen und anderen Aufwand, Höhe der Gemeinkosten) vorhanden, der das Jahresergebnis beeinflussen kann.

d) (4) Sonstige betriebliche Erträge

Inhalt

Hierzu zählen alle übrigen Erträge, die nicht unter den bisher besprochenen Posten, unter den Posten 9, 10 und 11 (Erträge, die Bestandteil des Finanzergebnisses sind) und den außerordentlichen Erträgen auszuweisen sind.

Hierzu können gehören:

- Erlöse aus Vermietung und Verpachtung, soweit sie nicht als Umsatzerlöse betrachtet werden, d.h. nicht betriebstypisch sind,
- Erlöse aus Sozialeinrichtungen des Unternehmens,
- Erträge aus der Veräußerung von Patenten, der Vergabe von Lizenzen und des Verkaufs von Know-how, soweit sie nicht als Umsatzerlöse betrachtet werden, d.h. nicht betriebstypisch sind,
- Erträge aus den Verwaltungskostenumlagen an Tochtergesellschaften (Unterposten oder »davon«-Vermerk) und Weiterbelastung von Steuern an Organgesellschaften,
- realisierte Kursgewinne,
- Schadensersatzleistungen und Versicherungsentschädigungen (nicht für verkaufte Erzeugnisse),
- Zuschüsse der öffentlichen Hand (ohne Investitionszuschüsse; sie sollten am Anlagezugang gekürzt sein),
- Investitionszulagen,
- Erträge aus der Heraufsetzung von Festwerten des Sachanlagevermögens,
- Erträge aus dem Verkauf von Wertpapieren des Umlaufvermögens oder von Bezugsrechten hierauf,
- Schuldnachlässe,
- Zahlungseingänge auf in früheren Jahren ausgebuchte Forderungen,
- Gutschriften und Kostenerstattungen für frühere Jahre,
- Erträge aus dem Abgang von Gegenständen des Anlagevermögens (einschließlich Veräußerungsgewinne bei Sale and lease back-Geschäften) und aus Zuschreibungen zu Gegenständen des Anlagevermögens,
- Erträge aus der Auflösung von Wertberichtigungen auf Forderungen,
- Erträge von nicht mehr benötigten Rückstellungen sowie Ausgleichsposten bei der Inanspruchnahme von solchen Rückstellungen, die über sonstige betriebliche Aufwendungen gebildet worden sind, für die jetzt aber die Primäraufwendungen (z.B. Roh-, Hilfs- und Betriebsstoffe, Löhne und Gehälter) auszuweisen sind.

Nach herrschender Meinung sollten Steuererstattungen für Vorjahre mit dem Posten 18. Steuern vom Einkommen und vom Ertrag verrechnet werden. Ein Ausweis unter den sonstigen betrieblichen Erträgen ist aber nicht auszuschließen.

Bei den letzten 5 Posten handelt es sich immer um periodenfremde Erträge.

Mit Ausnahme der ersten 5 Posten sind die übrigen Posten in den meisten Fällen ebenfalls periodenfremde Erträge.

Die sonstigen betrieblichen Erträge brauchen grundsätzlich nicht erläutert zu werden.

Ferner sind in diesem Posten Erträge aus der Auflösung von Sonderposten mit Rücklageanteil enthalten. Hierüber ist aber entweder ein »davon«-Vermerk zu machen, oder sie sind im Anhang anzugeben.

In Konzern-Gewinn- und Verlustrechnungen sind in die sonstigen betrieblichen Erträge Währungsumrechnungsdifferenzen aufzunehmen. Bilanzielle Währungsumrechnungsdifferenzen können auch direkt mit dem Eigenkapital ergebnisneutral verrechnet werden.

In diesem Posten können in Konzern-Gewinn- und Verlustrechnungen Erträge aus der Auflösung eines negativen Unterschiedsbetrages (Badwill) enthalten sein.

Konsequenzen für die Bilanzanalyse

Es sollte tunlichst versucht werden, sich für die sonstigen betrieblichen Erträge, insbesondere die periodenfremden Erträge, zusätzliche Informationen zu beschaffen, um sie bei der Aufbereitung der Gewinn- und Verlustrechnung entsprechend berücksichtigen zu können.

Falls dieser Posten relativ hoch ist oder stark ansteigt und man keine Informationen dazu erhältlich sind, mag man das als ein Warnsignal betrachten, da es sich dann wahrscheinlich zu einem großen Teil um außerordentliche Erträge handelt.

e) (5) Materialaufwand

Inhalt

a) Aufwendungen für Roh-, Hilfs- und Betriebsstoffe und für bezogene Waren

b) Aufwendungen für bezogene Leistungen.

Es ist umstritten, ob in diesen Posten nur der auf den Fertigungsbereich oder auch der auf den Verwaltungs- und Vertriebsbereich entfallende Materialaufwand einzubeziehen ist. Ebenfalls umstritten ist, ob Fremdreparaturen als Aufwendungen für bezogene Leistungen oder als sonstige betriebliche Aufwendungen auszuweisen sind. Dadurch ergeben sich zu dem Posten »sonstige betriebliche Aufwendungen« Abgrenzungsschwierigkeiten.

Unter 5b fallen auch die Aufwendungen für bezogene Energien.

Konsequenzen für die Bilanzanalyse

Dieser Posten bietet wenig bilanzpolitischen Spielraum. Zu erwähnen wäre allenfalls, daß in diesem Posten Aufwendungen für Festwertposten enthalten sein können, denen noch keine Erhöhung eines Festwertpostens (§ 240 Abs. 3 HGB) gegenübersteht. Zu achten wäre auf Bezüge von verbundenen Unternehmen zu nicht marktgerechten Bedingungen.

f) (6) Personalaufwand

Inhalt

a) Löhne und Gehälter
b) soziale Abgaben und Aufwendungen für Altersversorgung und für Unterstützung, davon für Altersversorgung.

Aus- und Fortbildungskosten, Zuschüsse zu Kantinen, Erholungs- und Sportanlagen sind nicht Personalaufwand, sondern sonstige betriebliche Aufwendungen. Löhne und Gehälter für Arbeitskräfte fremder Firmen sollten unter Nr. 5 b oder Nr. 8 ausgewiesen sein.

Bezüglich Leistungen aufgrund eines Sozialplanes sowie Abfindungen gibt es verschiedene Literaturmeinungen. Nach ADS (§ 275 HGB Tz. 109) gehören Abfindungszahlungen zu den Personalaufwendungen. Förschle BeBiKo (§ 275 HGB Tz 131) zieht den Ausweis von Abfindungen, die nicht den Charakter einer Nachzahlung für geleistete Dienste haben oder durch die ein Arbeitnehmer zum Ausscheiden veranlaßt werden soll, d.h. Abfindungen und Leistungen aufgrund eines Sozialplanes, unter Nr. 8 vor. Für erhebliche Beträge (z.B. Stillegung von Teilbetrieben) sollte nach Förschle ein Ausweis unter den außerordentlichen Aufwendungen in Betracht kommen.

Konsequenzen für die Bilanzanalyse

Um die Nachhaltigkeit des Ergebnisses besser beurteilen zu können, wäre es sehr wichtig zu wissen, in welcher Höhe und aus welchem Grunde Abfindungen und Leistungen aufgrund eines Sozialplanes unter diesem Posten, unter den sonstigen betrieblichen Aufwendungen oder den außerordentlichen Aufwendungen enthalten sind.

Die jeweiligen Erhöhungen der Pensionsrückstellungen in Höhe des Bestandes am Jahresanfang x Rechnungszinsfuß (Zinsanteil des Zuführungsbetrages zu den Pensionsrückstellungen) sind im Grunde genommen keine Aufwendungen für Altersversorgung, sondern stellen einen Zinsaufwand für die »zinslos« zur Verfügung stehenden Pensionsrückstellungen dar. Besonders im Hinblick auf die Vergleichbarkeit mit ausländischen Unternehmen (z.B. in den USA), die ihre Pensionsverpflichtungen in einen Pensionsfonds einzahlen, wäre es angebracht, bei einer Bilanzanalyse diesen Teil der Aufwendungen unter Zinsen und ähnlichen Aufwendungen zu zeigen. Neuerdings weist ein Teil deutscher Unternehmen in seinen Abschlüssen den Zinsanteil der Zuführungsbeträge zu den Pensionsrückstellungen unter Zinsen und ähnlichen Aufwendungen aus.

Sofern bei einer GmbH Gehälter von Gesellschafter-Geschäftsführern hierin enthalten sind, sollten sie in Erfahrung gebracht werden.

Bezüglich bilanzpolitischer Möglichkeiten bei den Aufwendungen für Altersversorgung und Unterstützung wird auf den Abschnitt E II 4 Rückstellungen für Pensionen und ähnliche Verpflichtungen verwiesen.

Falls bei einem Unternehmen in den einzelnen Geschäftsjahren der Anteil des Industrieumsatzes und des Handelsumsatzes sehr unterschiedlich ist, kann es angebracht sein, den Materialaufwand und den Personalaufwand zusammengefaßt zu vergleichen.

g) (7) Abschreibungen

Begriff
Beim abnutzbaren Anlagevermögen sind planmäßige Abschreibungen die Verteilung der Anschaffungs- oder Herstellungskosten auf die voraussichtliche betriebliche Nutzungsdauer der Anlagegegenstände. Durch die planmäßige Abschreibung werden Ausgaben eines Geschäftsjahres als Aufwand auf eine Vielzahl von Geschäftsjahren verteilt und beeinflussen somit die zukünftigen Jahresergebnisse.

Außer diesen planmäßigen Abschreibungen werden außerplanmäßige Abschreibungen vorgenommen, wenn abnutzbarem oder nicht abnutzbarem Sachanlagevermögen, Finanzanlagevermögen oder Umlaufvermögen am Abschlußtag oder in nächster Zukunft ein niedrigerer Wert beizumessen ist.

Inhalt
Abschreibungen
(a) auf immaterielle Vermögensgegenstände des Anlagevermögens und Sachanlagen sowie auf aktivierte Aufwendungen für die Ingangsetzung und Erweiterung des Geschäftsbetriebs
(b) auf Vermögensgegenstände des Umlaufvermögens, soweit diese die in der Kapitalgesellschaft üblichen Abschreibungen überschreiten.

Bewertung
Obwohl es eine Vielzahl von handelsrechtlichen und steuerrechtlichen Vorschriften gibt, ist es offensichtlich, daß ein Ermessensspielraum übrigbleibt, der bilanzpolitisch genutzt werden kann. In vielen Fällen kann die Nutzung des bilanzpolitischen Spielraums bei den Abschreibungen das Jahresergebnis mehr oder weniger verfälschen.

Konsequenzen für die Bilanzanalyse

Wegen dieses Ermessensspielraums und der handels- und steuerrechtlichen Vorschriften, die Abschreibungen zulassen, die nicht dem tatsächlichen Werteverzehr entsprechen, spielen die Abschreibungen bei der Ergebnisanalyse eine sehr wichtige Rolle.

Deshalb wird in der Praxis oft als eine Art Notlösung neben dem Jahresergebnis eine weitere Kennzahl, nämlich der Cash-flow, verwandt. Er setzt sich in der Regel aus dem Jahresergebnis und den Abschreibungen zusammen. Einzelheiten hierzu und Kritik an dieser Kennzahl siehe unter Abschnitt I Der Cash-flow (Umsatzüberschuß) und seine Bedeutung als Ertrags- und Liquiditätsfaktor.

Die im Anhang gemachten Angaben hinsichtlich der Bewertungsmethoden der einzelnen Vermögensgegenstände und somit der Abschreibungen sind meistens zu allgemein. Wegen der großen Bedeutung der Abschreibungen für die Bilanzanalyse sollte man sich um Einzelheiten bemühen.

Bei den planmäßigen Abschreibungen geben

- die Abschreibungsmethoden und -sätze für die verschiedenen Posten des Sachanlagevermögens bzw. für die wesentlichen Anlagegegenstände,
- ein eventueller Wechsel der Abschreibungsmethoden und -sätze und
- der Vergleich mit den steuerlichen Höchstsätzen sowie
- die Behandlung der geringwertigen Wirtschaftsgüter

Aufschluß über die Abschreibungspolitik.

Bei den außerplanmäßigen Abschreibungen können die Begründung für diese Abschreibungen und der Zeitpunkt der Abschreibungen (z. B. Abschreibungen bei gutem Jahresergebnis, frühzeitige oder späte Vornahme der außerplanmäßigen Abschreibungen) Aufschluß über die Bilanzpolitik und die wirtschaftliche Lage eines Teils oder des ganzen Unternehmens geben. Ausführliche Informationen hierüber sind anzustreben. Es ist hier wichtig zu wissen, ob einmalige Gründe (z. B. Brandkatastrophe) oder nachhaltige Gründe (z. B. überholte Technologie, Absatzschwierigkeiten) für die Sonderabschreibung vorlagen. Mindestens ebenso wichtig ist aber, insbesondere bei schlechtem Geschäftsgang, zu recherchieren, ob alle möglichen und besonders ob alle notwendigen außerplanmäßigen Abschreibungen durchgeführt wurden.

Wenn die Abschreibungen einen wesentlichen Aufwandsposten darstellen und/oder in den einzelnen Jahren stark variieren, sollte die Ergebnisanalyse einen möglichst langen Zeitraum umfassen. Dies ist notwendig, weil ansonsten die Auswirkungen von degressiven Abschreibungen, steuerlichen Sonderabschreibungen und außerplanmäßigen Abschreibungen nicht eindeutig beurteilt werden können und ihre Korrektur, d. h. angemessene Verteilung auf andere Geschäftsjahre, nicht möglich ist (siehe Abschnitt J I 7). Auch die Auswirkungen von Investitionsschüben auf die Abschreibungen, Zinsen und Reparaturen und somit die Jahresergebnisse lassen sich durch einen Langzeitvergleich am ehesten beurteilen.

(a) Abschreibungen auf immaterielle Vermögensgegenstände des Anlagevermögens und Sachanlagen sowie auf aktivierte Aufwendungen für die Ingangsetzung und Erweiterung des Geschäftsbetriebs

Inhalt

Die Vorschriften des HGB über die Abschreibungen und die Wertaufholung (Zuschreibung) beim Wegfall früherer Wertminderungen sind im Abschnitt C III zitiert und in einer Tabelle nach Bilanzposten sortiert aufgeführt.

Die Abschreibungen sind entsprechend der Gliederung des Anlagevermögens aufzugliedern (§ 268 Abs. 2 HGB). Außerplanmäßige Abschreibungen sind gesondert anzugeben (§ 277 Abs. 3 HGB).

Abschreibungen aufgrund steuerrechtlicher Vorschriften (§ 281 HGB) – soweit sie in den Sonderposten mit Rücklageanteil eingestellt werden – sind nicht unter Nr. 7 a Abschreibungen, sondern unter Nr. 8 sonstige betriebliche Aufwendungen auszuweisen. Der Betrag der Abschreibungen aufgrund steuerrechtlicher Vorschriften ist im Anhang getrennt nach Anlage- und Umlaufvermögen anzugeben, soweit er sich nicht aus der Bilanz oder der Gewinn- und Verlustrechnung ergibt, und hinreichend zu begründen (§ 281 Abs. 2 Satz 1 HGB).

Konsequenzen für die Bilanzanalyse

Hinweise auf die Angemessenheit der Höhe der planmäßigen Abschreibungen könnten die Verluste und Gewinne aus Anlageabgängen geben, die allerdings nach den Vorschriften des HGB nicht separat ausgewiesen werden müssen.

Ein langfristiger Vergleich der Abschreibungen auf Sachanlagen mit der Gesamtleistung oder den Umsatzerlösen kann wertvolle Hinweise auf die Ergebnislage des analysierten Unternehmens geben.

Sofern sich die Gesamtleistung/Umsatzerlöse einigermaßen gleichmäßig entwickeln und die Investitionen nicht in großen Schüben erfolgen, müßte der Prozentsatz der Abschreibungen je Anlagegruppe an der Gesamtleistung/Umsatzerlöse, d.h. die Abschreibungsaufwandsquote, einigermaßen gleich sein.

Ist das nicht der Fall, so kann es folgende wesentliche Gründe geben:

- Die Abschreibungsmethoden (degressiv/linear, Sonderabschreibungen) und/oder -sätze wurden geändert.
- Sachanlagen wurden in hohem Maße gegen Ende des 1. Halbjahres und gegen Ende des Jahres angeschafft oder hergestellt, und es wurde dabei von der steuerlichen Möglichkeit Gebrauch gemacht, die halbe oder volle Jahresabschreibung in Anspruch zu nehmen.
- Die Höhe des Aufwandes für sofort abgeschriebene geringwertige Wirtschaftsgüter war in den einzelnen Jahren unterschiedlich.
- Neue Maschinen wurden nach der Inbetriebnahme nur relativ gering ausgelastet.
- Es wird mit weitgehend abgeschriebenen Sachanlagen gearbeitet. (Das läßt sich durch einen Langzeitvergleich der Investitionen mit den Abschreibungen feststellen. Um den gleichen Leistungsstand zu erhalten, müssen im Langzeitvergleich die Investitionen den Abschreibungen zuzüglich der halben Preissteigerungsrate der reinvestierten Sachanlagen entsprechen. Technische Fortschritte bei den neuen Investitionen und eine allgemeine höhere Mechanisierung sind hierbei noch nicht berücksichtigt.)

In solchen Fällen kann es angebracht sein, eine gewisse Normalisierung der Abschreibungen vorzunehmen, um sich den echten Jahresergebnissen zu nähern.

Bei einer Analyse der steuerrechtlichen Abschreibungen nach § 254 HGB, die gemäß § 281 Abs. 2 Satz 1 HGB im Anhang anzugeben sind, ist zu berücksichtigen, daß die sich daraus ergebenden künftigen handelsrechtlichen Minderabschreibungen – sofern die Abschreibungen nicht durch die »Einstellung in den Sonderposten mit Rücklageanteil« erfolgen – nicht aus den Jahresabschlüssen hervorgehen.

Die Abschreibungsaufwandsquote ist auch für Betriebsvergleiche geeignet und läßt Rückschlüsse auf die Angemessenheit der Abschreibungen des zu analysierenden Unternehmens zu. Im Rahmen von Betriebsvergleichen empfiehlt es sich außerdem, die Investitionen mit den Abschreibungen und gleichzeitig die Investitionen (Maschinen mindestens 6–10 Jahre, Betriebs- und Geschäftsausstattung mindestens 5 Jahre) mit den Restbuchwerten über einen längeren Zeitraum zu vergleichen.

Eine eingehende Analyse der Abschreibungen durch obige Vergleiche kann Hinweise auf den zukünftigen Investitionsbedarf und somit den zukünftigen Abschreibungs- und Zinsaufwand geben.

Falls Anlagegegenstände in der Vergangenheit in unterschiedlichem Umfang gemietet, gepachtet oder geleast worden sind, ist natürlich der Abschreibungsanteil in der Miete, Pacht oder Leasingrate in den Vergleich miteinzubeziehen.

Da nach § 268 Abs. 2 HGB die gesamten Anschaffungs- und Herstellungskosten der am Beginn des Geschäftsjahres vorhandenen Vermögensgegenstände des Anlagevermögens (mögliche Ausnahme s. Art. 24 Abs. 6 EGHGB), auch wenn sie bereits voll abgeschrieben sind, zu veröffentlichen sind, läßt sich aus dem publizierten Abschluß der durchschnittlich angewandte Abschreibungssatz der einzelnen Anlagegruppen feststellen. Dies ist für einen Betriebsvergleich sehr interessant.

(b) Abschreibungen auf Vermögensgegenstände des Umlaufvermögens, soweit diese die in der Kapitalgesellschaft üblichen Abschreibungen überschreiten

Inhalt

Welche Abschreibungen als unüblich zu betrachten sind, wurde vom Gesetzgeber nicht definiert. Die Kommentierungen hierzu sind uneinheitlich.

In diesem Posten könnten

- die mit einem Übergang auf geänderte Bewertungsmethoden zusammenhängenden Abschreibungen, sofern sie wesentlich sind,
- andere wegen ihrer Einmaligkeit und ihrer Höhe aus dem üblichen Rahmen fallende Abschreibungen (z. B. Sanierungsmaßnahmen, Betriebsstillegungen, Katastrophen),
- die erstmalige Vornahme eines Importwarenabschlags nach § 80 EStDV (letztmalige Anwendung am 31. 12. 1998 möglich),
- erhebliche Abwertungen auf uneinbringliche Forderungen,
- größere Fremdwährungsverluste,
- unregelmäßig auftretende wesentliche Niederstwertabschreibungen,

enthalten sein.

Der Posten sollte auf jeden Fall die Abschreibungen nach

- § 253 Abs. 3 Satz 3 HGB (außerplanmäßige Abschreibungen für künftige Wertschwankungen) und
- § 254 HGB (Abschreibungen auf den steuerlich zulässigen niedrigeren Wert)

beinhalten, sofern sie nicht häufig oder regelmäßig anfallen. Diese Abschreibungen sind zusätzlich entweder durch einen »davon«-Vermerk oder im Anhang zu erläutern.

Die üblichen Abschreibungen sind in den Posten Nr. 2 (Abschreibungen auf unfertige und fertige Erzeugnisse), Nr. 5 a (Abschreibungen auf Roh-, Hilfs- und Betriebsstoffe, bezogene Waren) und Nr. 8 (Abschreibungen auf Forderungen und sonstige Vermögensgegenstände) enthalten.

Abschreibungen auf Wertpapiere des Umlaufvermögens sollten nicht unter diesem Posten, sondern nach überwiegender Meinung unter dem Posten Nr. 12 ausgewiesen sein.

Anzumerken bleibt, daß es in der Gewinn- und Verlustrechnung nach dem Umsatzkostenverfahren einen dem Posten Nr. 7 b entsprechenden Posten nicht gibt.

Konsequenzen für die Bilanzanalyse

Wird unter diesem Posten ein Betrag ausgewiesen, ist es für die Beurteilung der nachhaltigen Ertragslage wichtig zu wissen, aus welchen Gründen sich das Unternehmen veranlaßt sah, solche Abschreibungen vorzunehmen.

Waren es mehr bilanzpolitische Gründe, so ist dieser Posten in der Bilanzanalyse auf jeden Fall zu korrigieren. War es unbedingt notwendig, solche Abschreibungen vorzunehmen, so ist zu fragen, inwieweit diese Notwendigkeit bereits in den Vorjahren bestanden hat und welche Abschreibungen in Zukunft wahrscheinlich anfallen werden. Je nach Lage der Dinge ist eine Korrektur vorzunehmen oder nicht.

h) (8) Sonstige betriebliche Aufwendungen

Inhalt

Dieser Posten enthält alle übrigen Aufwendungen, die nicht in einen anderen im Gliederungsschema angegebenen Aufwandsposten einzubeziehen sind.

Zu den sonstigen betrieblichen Aufwendungen zählen im wesentlichen:

- Abfindungen und Leistungen aufgrund eines Sozialplanes (siehe Anmerkungen unter Nr. 6 Personalaufwand),
- Abschreibungen auf Forderungen und sonstige Vermögensgegenstände, soweit sie bei der Gesellschaft üblich sind,
- Aufsichtsratsvergütungen,
- Aufwendungen im Zusammenhang mit derivativen Finanzinstrumenten,
- Aus- und Fortbildungskosten,
- Ausgangsfrachten,
- Bücher, Zeitungen, Zeitschriften, Druckkosten,
- Bürgschaftsengelte,
- Büromaterial,
- Emissionskosten,
- Gebühren, Beiträge und Spenden,
- Instandhaltung und Fremdreparaturen (bei materialintensiven Fremdreparaturen Ausweis unter Nr. 5b möglich),
- Konventionalstrafen,
- Kosten der Hauptversammlung bzw. Gesellschafterversammlung,
- Kosten des Zahlungsverkehrs,
- Lagerhaltungskosten,
- Lizenzgebühren,
- Mieten und Pachten, Leasingraten, Erbbauzinsen,
- Post-, Telefon- und Telefaxkosten,
- Prüfungs-, Rechts- und Beratungskosten,
- Reisekosten und Bewirtungsspesen,
- Rückstellungen für Wechsel- und Scheckobligo,
- Softwarekosten (soweit nicht zu aktivieren),
- Spenden,
- Verkaufsprovisionen,
- Verluste aus dem Abgang von Gegenständen des Anlage- und des Umlaufvermögens (soweit nicht unter Nr. 16 ausgewiesen),
- Verluste aus Schadensfällen,
- Versicherungsprämien,
- Währungskursverluste,
- Werbeaufwendungen,
- Zuführung zu sogenannten Aufwandsrückstellungen (z. B. Großreparaturen),
- Zuführung zu solchen Rückstellungen, bei deren Bildung noch nicht feststeht, welche Aufwandsarten die Rückstellung endgültig betrifft (z. B. Garantierückstellungen),
- Zugänge zu Anlagen, für die in der Bilanz ein Festwert angesetzt ist (auch unter Nr. 5 a möglich),
- Zuschüsse zu Kantinen, Erholungs- und Sportanlagen.

Die sonstigen betrieblichen Aufwendungen brauchen grundsätzlich nicht erläutert zu werden.

In diesem Posten sind auch die Einstellungen in den Sonderposten mit Rücklageanteil enthalten. Sie sind entweder durch einen »davon«-Vermerk gesondert auszuweisen oder im Anhang anzugeben.

In Konzern-Gewinn- und Verlustrechnungen sind in diesen Posten Währungsumrechnungsdifferenzen aufzunehmen. Bilanzielle Währungsumrechnungsdifferenzen können auch direkt mit dem Eigenkapital ergebnisneutral verrechnet werden.

Es sei noch darauf hingewiesen, daß in diesem Posten Aufwendungen enthalten sein können, mit deren Anfall man zumindest nicht regelmäßig zu rechnen hat, die aber trotzdem keine außerordentlichen Aufwendungen im Sinne des Postens Nr. 16 sind. Zu diesen Aufwendungen können Verluste aus Schadensfällen zählen.

Die obige Aufstellung ist umfangreich, aber nicht erschöpfend. Sie enthält nur die bei den meisten Unternehmen üblichen Aufwendungen.

Bewertung

Der größte Teil der Aufwendungen ist unmittelbar mit Ausgaben verbunden und für den laufenden Betrieb unerläßlich. Mit ihnen kann hinsichtlich der Bewertung kaum Bilanzpolitik betrieben werden. Die wesentliche Ausnahme davon bilden die Zuführungen zu den Garantie- und Aufwandsrückstellungen.

Konsequenzen für die Bilanzanalyse

Zu den unmittelbar mit Ausgaben verbundenen und für den laufenden Betrieb unerläßlichen Aufwendungen gehören auch die Mieten, Pachten und Leasingraten. Hier wäre Bilanzpolitik möglich (z. B. sale and lease back). Diese Aufwendungen stehen an Stelle von Abschreibungen und Zinsen. Sofern in letzter Zeit notwendige Investitionen durch Miete, Pacht oder Leasing ersetzt wurden bzw. umgekehrt, sind diese Aufwendungen im Zusammenhang mit den Zinsen und Abschreibungen zu analysieren.

Neben den Mieten, Pachten und Leasingraten gibt es noch eine Reihe von anderen Aufwendungen, bei denen Bilanzpolitik nicht auszuschließen ist.

Hierzu zählen:

- Aufwendungen, die teilweise steuerbar sind, d. h. die man eine gewisse Zeit aufschieben oder vorziehen kann, nämlich
  - Werbeaufwendungen,
  - Kosten, die als Forschungs- und Entwicklungskosten anzusehen sind (ihr Anteil dürfte bei den sonstigen betrieblichen Aufwendungen gering sein),
  - Fremdreparaturen,
  - Aus- und Fortbildungskosten,
  - Beratungskosten,
- Aufwendungen, die mit Bewertungsmaßnahmen verbunden sind oder Korrekturen früherer Bewertungen darstellen, nämlich
  - Abschreibungen auf Forderungen und sonstige Vermögensgegenstände,
  - Verluste aus dem Abgang von Gegenständen des Anlage- und Umlaufvermögens,
  - Zugänge zu Anlagen, für die in der Bilanz ein Festwert angesetzt ist,
  - Rückstellungen für Wechsel- und Scheckobligo,

- durch bilanzpolitische Maßnahmen bei den Beteiligungen die Ausschüttungen über dem wirtschaftlichen Ergebnis des Geschäftsjahres der Beteiligungen liegen können (geschieht häufig bei sich verschlechternder Geschäftslage des Mutterunternehmens),
- die gegenseitigen Lieferungen und Leistungen innerhalb des Konzerns über oder unter den Marktpreisen abgerechnet sein können.

Um eine Aussage über den Erfolg der Beteiligungen machen zu können, müßten nicht nur deren Jahresabschlüsse im einzelnen analysiert werden, sondern es müßte auch untersucht werden, ob die Preisgestaltung bei sämtlichen Transaktionen angemessen war. Neben den gegenseitigen Lieferungen innerhalb des Konzerns kann es sich noch um die Übernahme von Anlagevermögen, immateriellen Vermögensgegenständen und Forderungen, um Dienstleistungen, Umlagen von Kosten der Zentralverwaltung oder anderer Abteilungen und die Gewährung von Krediten handeln.

Da auf Grund des Bilanzrichtlinien-Gesetzes Kapitalgesellschaften für die nach dem 31. 12. 1989 beginnenden Geschäftsjahre Konzernabschlüsse erstellen müssen, in die auch die ausländischen Tochterunternehmen einzubeziehen sind, hat sich das Problem der Analyse des Beteiligungsergebnisses wesentlich reduziert.

j) Erträge aus Gewinngemeinschaften, Gewinnabführungs- und Teilgewinnabführungsverträgen

Inhalt

Gemäß § 277 Abs. 3 Satz 2 HGB sind die erhaltenen Gewinne aufgrund einer Gewinngemeinschaft, eines Gewinnabführungs- oder eines Teilgewinnabführungsvertrags gesondert unter entsprechender Bezeichnung auszuweisen.

Im gesetzlichen Gliederungsschema ist dieser Posten nicht aufgeführt.

Bei den Erträgen aus Gewinngemeinschaften, Gewinnabführungs- und Teilgewinnabführungsverträgen sind die vertraglich vereinbarten Ausgleichszahlungen an außenstehende Gesellschafter (Dividendengarantien) bereits abgesetzt.

Konsequenzen für die Bilanzanalyse

Es wird auf die Ausführungen am Schluß des Abschnitts E III i (9) Erträge aus Beteiligungen hinsichtlich möglicher bilanzpolitischer Maßnahmen und der Preisgestaltung beim Lieferungs- und Leistungsverkehr mit diesen Gesellschaften verwiesen.

k) (10) Erträge aus anderen Wertpapieren und Ausleihungen des Finanzanlagevermögens, davon aus verbundenen Unternehmen

Dieser Posten beinhaltet die Erträge aus Ausleihungen an verbundene Unternehmen, Ausleihungen an Unternehmen, mit denen ein Beteiligungsverhältnis besteht, aus Wertpapieren des Anlagevermögens (vor Abzug der Kapitalertragsteuer und der anrechenbaren Körperschaftsteuer) und aus sonstigen Ausleihungen (§ 266 Abs. 2A III Nr. 2, 4, 5 und 6 HGB). Außerdem können hierin Erträge aus der periodisch erfolgenden Aufzinsung abgezinster langfristiger Ausleihungen enthalten sein.

l) (11) Sonstige Zinsen und ähnliche Erträge, davon aus verbundenen Unternehmen

Inhalt

In diesem Posten sind nur solche Zinsen enthalten, die nicht Erträge aus Finanzanlagen sind. Darunter fallen Zinsen aus Guthaben bei Kreditinstituten, Zinsen aus im Umlaufvermögen ausgewiesenen Darlehensforderungen, Zinsen aus sonstigen Forderungen, Wechseldiskonterträge, Zinsen und Dividenden auf Wertpapiere des Umlaufvermögens (vor Abzug der Kapitalertragsteuer und der anrechenbaren Körperschaftsteuer), Aufzinsungsbeträge für unverzinsliche und niedrig verzinsliche Forderungen des Umlaufvermögens.

Als ähnliche Erträge sind Agio- und Disagio-Erträge, Teilzahlungszuschläge, Kreditprovisionen und Provisionen für Kreditgarantien anzusehen.

Lieferantenskonti sind hierin nicht enthalten. Sie mindern die Anschaffungskosten der bezogenen Anlagegegenstände, Waren, Roh-, Hilfs- und Betriebsstoffe. Trotzdem kann es in manchen Fällen, z. B. bei Kreditverhandlungen mit Banken, interessant sein zu wissen, welche Skontoerträge ein Unternehmen erzielt, um feststellen zu können, ob das Unternehmen alle Skontomöglichkeiten ausnutzt.

Konsequenzen für die Bilanzanalyse

Falls das analysierte Unternehmen Kunden Skonto bei sofortiger Zahlung gewährt, der nicht in Anspruch genommen wird, bei Umsätzen mit langfristigem Ziel oder auf Teilzahlung nicht die marktüblichen Zinsen berechnet oder den Kunden Waren in Kommission gibt, dann sind wirtschaftlich gesehen in den Umsatzerlösen Zinserträge enthalten, die aber nicht gesondert ausgewiesen werden. Bei einer Analyse der Zinserträge und der Umsatzerlöse darf dies nicht übersehen werden.

m) (12) Abschreibungen auf Finanzanlagen und auf Wertpapiere des Umlaufvermögens

Inhalt

In diesem Posten sind sämtliche Abschreibungen auf die unter den Finanzanlagen und den Wertpapieren des Umlaufvermögens ausgewiesenen Posten enthalten. Die auf die verschiedenen Posten entfallenden Abschreibungen können aus der Bilanz oder dem Anhang (Anlagenspiegel) entnommen werden (§ 268 Abs. 2 Satz 3 HGB).

Außerplanmäßige Abschreibungen nach § 253 Abs. 2 Satz 3 und Abschreibungen auf den nahen Zukunftswert nach § 253 Abs. 3 Satz 3 HGB werden aufgrund § 277 Abs. 3 Satz 1 HGB entweder als Unterposten oder mit »davon«-Vermerk gesondert ausgewiesen oder im Anhang angegeben, und zwar getrennt nach Abschreibungen auf Posten des Anlagevermögens und Wertpapiere des Umlaufvermögens.

Steuerrechtliche Abschreibungen (§ 254 HGB) sind, soweit sie sich nicht aus der Bilanz oder Gewinn- und Verlustrechnung ergeben, gemäß § 281 Abs. 2 Satz 1 HGB im Anhang getrennt nach Anlage- und Umlaufvermögen anzugeben und hinreichend zu begründen.

Konsequenzen für die Bilanzanalyse

Die ersten Ursachen einer Wertminderung können oft in vergangenen Jahren liegen. Andererseits ist es auch möglich, daß in guten Geschäftsjahren ohne triftigen Grund Abschreibungen verrechnet und dadurch stille Reserven gelegt werden. Dieser Posten bietet somit einen großen handelsbilanzpolitischen Spielraum. Beim Konzernabschluß vermindert sich jedoch die Bedeutung dieses Postens erheblich.

Aufwendungen aus Verlustübernahme

Gemäß § 277 Abs. 3 Satz 2 HGB sind Aufwendungen aus Verlustübernahme gesondert auszuweisen.

Im gesetzlichen Gliederungsschema ist dieser Posten nicht aufgeführt.

Der Posten umfaßt nur die tatsächlich zu übernehmenden Verluste. Eine notwendige Rückstellung wegen drohender Verluste wird unter den sonstigen betrieblichen Aufwendungen ausgewiesen. Sie ist im Folgejahr bei der tatsächlichen Verlustübernahme über die sonstigen betrieblichen Erträge aufzulösen.

Neben den Verlustübernahmen sind auch geleistete Ausgleichszahlungen (Dividendengarantie) an Minderheitsgesellschafter, soweit sie die Erträge aus Gewinnabführungsverträgen übersteigen, in diesem Posten enthalten.

In der Konzern-Gewinn- und Verlustrechnung kommen hierzu noch die Aufwendungen aus Verlustübernahme von assoziierten Unternehmen (§ 312 Abs. 4 HGB) im Rahmen der Equity-Bewertung (Eigenkapitalveränderungen), d.h. die Übernahme negativer Ergebnisanteile, die gesondert – sofern sie nicht mit den Erträgen aus assoziierten Unternehmen saldiert sind – auszuweisen sind.

n) (13) Zinsen und ähnliche Aufwendungen, davon an verbundene Unternehmen

Inhalt

Hierin wird der gesamte Zinsaufwand ausgewiesen einschließlich Wechseldiskontaufwendungen, Bereitstellungs- und Überziehungsprovisionen, Bürgschaftsprovisionen, Frachtstundungsgebühren, Vergütungen für Genußrechtskapital mit Fremdkapitalcharakter sowie Abschreibungen auf ein aktiviertes Disagio.

Grundsätzlich gehören auch der in den Leasingraten enthaltene Zinsanteil zu den Zinsen und ähnliche Aufwendungen. In der Praxis werden aber in der Regel die gesamten Leasingraten unter den sonstigen betrieblichen Aufwendungen ausgewiesen.

Kundenskonti sind hierin nicht enthalten. Sie mindern die Umsatzerlöse.

Konsequenzen für die Bilanzanalyse

Falls die Rechnungen der Lieferanten nicht sofort mit Skonto bezahlt werden, von den Lieferanten langfristige Ziele ohne Berechnung marktüblicher Zinsen gewährt werden oder von den Lieferanten Ware in Kommission gegeben wird, dann fallen wirtschaftlich gesehen bei dem analysierten Unternehmen Zinsaufwendungen an, die beim Gesamtkostenverfahren als Aufwendungen für Roh-, Hilfs- und Betriebsstoffe und bezogene Waren bzw. beim Umsatzkostenverfahren als Herstellungskosten ausgewiesen werden. Dies darf bei einer Analyse der Zinsaufwendungen einerseits und der Roh-, Hilfs- und Betriebsstoffe und bezogene Waren bzw. der Herstellungskosten andererseits nicht übersehen werden.

Ein nennenswerter unsichtbarer Zinsaufwand ist in der Regel anzunehmen, wenn sich durch den Vergleich der Verbindlichkeiten aus Lieferungen und Leistungen mit den Aufwendungen für Roh-, Hilfs- und Betriebsstoffen und für bezogene Waren bzw. beim Umsatzkostenverfahren mit dem im Anhang angegebenen Materialaufwand eine durchschnittliche Inanspruchnahme eines Zahlungsziels von mehr als 20–30 Tagen gemäß folgender Formel ermitteln läßt:

$$\frac{\text{Verbindlichkeiten aus Lieferungen und Leistungen}}{\text{Materialeinkauf einschl. Mehrwertsteuer : 365}} = \text{Zielinanspruchnahme in Tagen}$$

Eine Finanzierung durch Kommissionsware der Lieferanten läßt sich dadurch nicht feststellen, weil sie nicht mit einer langen Zielgewährung der berechneten Ware verbunden ist.

Bei einer Bilanzanalyse wäre dieser Posten noch um die Zinsaufwendungen für die »zinslos« zur Verfügung stehenden Pensionsrückstellungen zu korrigieren.

o) (14) Ergebnis der gewöhnlichen Geschäftstätigkeit

Der Posten stellt eine Zwischensumme dar. Er beinhaltet das Jahresergebnis mit Ausnahme der außerordentlichen Erträge, der außerordentlichen Aufwendungen, der Steuern vom Einkommen und vom Ertrag und der sonstigen Steuern.

Dieser Posten hat aber eine eingeschränkte Aussagekraft, da in den Posten Nr. 1–13 Aufwendungen und Erträge mit einem gewissen außerordentlichen Charakter enthalten sind, wie z. B. Erträge aus Beteiligungen, Abschreibungen auf Finanzanlagen und auf Wertpapiere des Umlaufvermögens, Erträge aus der Auflösung von Sonderposten mit Rücklageanteil, Einstellungen in den Sonderposten mit Rücklageanteil, Erträge und Verluste aus dem Abgang von Gegenständen des Anlagevermögens, Erträge aus dem Verkauf von Wertpapieren des Umlaufvermögens oder von Bezugsrechten hierauf, Investitionszulagen, Steuererstattungen für Vorjahre. Andererseits ist der Posten nicht um die sonstigen Steuern, die Kostencharakter haben, gekürzt.

p) (15) Außerordentliche Erträge

q) (16) Außerordentliche Aufwendungen

r) (17) Außerordentliches Ergebnis (= Saldo aus Posten Nr. 15 und 16)

Inhalt

§ 277 Abs. 4 HGB sagt folgendes zu den außerordentlichen Erträgen und den außerordentlichen Aufwendungen:

> Unter den Posten ›außerordentliche Erträge‹ und ›außerordentliche Aufwendungen‹ sind Erträge und Aufwendungen auszuweisen, die außerhalb der gewöhnlichen Geschäftstätigkeit der Kapitalgesellschaft anfallen. Die Posten sind hinsichtlich ihres Betrags und ihrer Art im Anhang zu erläutern, soweit die ausgewiesenen Beträge für die Beurteilung der Ertragslage nicht von untergeordneter Bedeutung sind. Satz 2 gilt auch für Erträge und Aufwendungen, die einem anderen Geschäftsjahr zuzurechnen sind.

Nähere Angaben, was man unter Erträgen und Aufwendungen, die außerhalb der gewöhnlichen Geschäftstätigkeit anfallen, zu verstehen hat, gehen aus dem Gesetz nicht hervor.

Art. 29 der 4. EG-Richtlinie verlangte den gesonderten Ausweis der außerhalb der »normalen Geschäftstätigkeit« angefallenen Erträge und Aufwendungen.

Das Ergebnis der »gewöhnlichen Geschäftstätigkeit« (HGB) und der »normalen Geschäftstätigkeit« (4. EG-Richtlinie) dürfte auf jeden Fall weiter auszulegen sein als der betriebswirtschaftliche Begriff »Betriebsergebnis«. Das bedeutet, daß die außerordentlichen Erträge und die außerordentlichen Aufwendungen gemäß HGB enger auszulegen sind, als es früher in der deutschen betriebswirtschaftlichen Literatur und in der Rechnungslegung geschehen ist.

Periodenfremde Erträge und Aufwendungen, die nicht zugleich auch außerordentliche Posten sind, gelten nicht als außerordentliche Posten. Sie werden unter den jeweils in Betracht kommenden Aufwendungen und Ertragsarten ausgewiesen (z. B. Korrekturen von zu niedrig erfaßten Aufwendungen des Vorjahres) oder unter den sonstigen betrieblichen Erträgen oder sonstigen betrieblichen Aufwendungen (z. B. Erträge aus der Auflösung von Wertberichtigungen auf Forderungen, Zahlungseingänge auf in früheren Jahren ausgebuchte Forderungen, Erträge aus der Auflösung von Rückstellungen, Erträge und Verluste aus dem Abgang von Gegenständen des Anlagevermögens). Ebenfalls werden Erträge aus der Auflösung von Sonderposten mit Rücklageanteil und die Einstellungen in den Sonderposten mit Rücklageanteil nicht hier, sondern unter den sonstigen betrieblichen Erträgen und den sonstigen betrieblichen Aufwendungen ausgewiesen.

Kurz beschrieben wären als außerordentliche Erträge und Aufwendungen somit Erträge und Aufwendungen anzusehen, die bei dem bilanzierenden Unternehmen auf einen Vorgang außerhalb der gewöhnlichen Geschäftstätigkeit zurückzuführen sind, d. h. die als außergewöhnlich, ungewöhnlich, nicht als häufig vorkommend bezeichnet werden können und gleichzeitig von einiger materieller Bedeutung sind.

Demnach dürften folgende Beispiele unstrittig als außerordentlich bezeichnet werden: Enteignungen, Gewinne oder Verluste aus wesentlichen Anlageverkäufen (z. B. infolge Stillegung von Betrieben, Veräußerung von Betrieben und bedeutenden Beteiligungen), Abfindungen bei der Stillegung von Betrieben, Verluste aus ungewöhnlichen nicht versicherten Schadensfällen.

Ob z. B. Abfindungen bei Rationalisierungen, Gewinne oder Verluste bei Veräußerung von bedeutendem Grundbesitz, Sanierungsgewinne und -verluste und öffentliche Zuschüsse als außergewöhnlich zu bezeichnen sind, könnte von den bilanzierenden Unternehmen entsprechend ihrem bilanzpolitischen Konzept unterschiedlich ausgelegt werden. Diese bilanzpolitischen Möglichkeiten erschweren eine Bilanzanalyse.

Dieser Nachteil wird jedoch gemildert durch die Vorschrift im § 277 Abs. 4 Satz 2 HGB:

Die Posten sind hinsichtlich ihres Betrags und ihrer Art im Anhang zu erläutern, soweit die ausgewiesenen Beträge für die Beurteilung der Ertragslage nicht von untergeordneter Bedeutung sind.

Konsequenzen für die Bilanzanalyse

So wichtig bei einer Bilanzanalyse eine Bereinigung des Jahresergebnisses um außerordentliche Posten ist, und so schwierig eine solche Bereinigung durch eine mögliche unterschiedliche Interpretation des Begriffes der außerordentlichen Erträge und außerordentlichen Aufwendungen ist, so wenig dürfen andererseits bei einer Bilanzanalyse außerordentliche Posten nur einfach mechanisch abgesetzt, zugezählt oder sogar saldiert werden.

Hinter solchen außerordentlichen Posten – dies gilt nicht nur für die offen ausgewiesenen außerordentlichen Posten, sondern auch für die durch zusätzliche Informationen (z. B. Entwicklung des Anlagevermögens, der Rückstellungen und der Wertberichtigungen) ermittelten außerordentlichen Posten – kann sich nämlich mehr verbergen, als es vielleicht zunächst den Anschein hat. Zum Beispiel:

- Hinter (Teil-)Betriebsstillegungen oder Verkäufen von Beteiligungen können sich Schwächen des Managements (unzureichende oder gar keine Geschäftspolitik), des Unternehmens oder der ganzen Branche verbergen. Auch ist es möglich, daß außerordentliche Aufwendungen vor Betriebsstillegungen oder Verkäufen von Beteiligungen aus bilanzpolitischen oder anderen Gründen längere Zeit verschleppt wurden, was die Verluste noch mehr in die Höhe trieb.
- Anlageverkäufe, die wesentliche Buchgewinne bringen, erfolgen entweder in einem schlechten Geschäftsjahr oder werden durch gleichzeitiges Legen von stillen Reserven neutralisiert.

Es ist bis zum Beweis des Gegenteils nicht abwegig zu unterstellen, daß Unternehmen den Begriff außerordentliche Erträge sehr eng auslegen, den Begriff außerordentliche Aufwendungen dagegen relativ weit interpretieren.

Die außerordentlichen Posten sollten deshalb Anlaß geben, sich eingehende Informationen über die ihnen zugrundeliegenden Vorgänge zu beschaffen. Denn sie sind nicht nur wegen der Bereinigung der Ergebnisse von Bedeutung, sondern können auch mit dazu beitragen, zusätzliche Erkenntnisse über das Unternehmen zu erlangen, und dadurch eine Hilfe bei der Erstellung oder Prüfung von Plan-Ergebnisrechnungen sein.

s) (18) Steuern vom Einkommen und vom Ertrag

Inhalt

Hierunter fallen

- Körperschaftsteuer (einschließlich Anrechnungsbeträge und Kapitalertragsteuer für erhaltene Gewinnausschüttungen) sowie darauf entfallender Solidaritätszuschlag,
- Gewerbeertragsteuer,
- im Ausland gezahlte Steuern, die den in Deutschland erhobenen Steuern vom Einkommen und vom Ertrag entsprechen,

– die Veränderung des Saldos aus aktiven und passiven latenten Steuern (nur bei Kapitalgesellschaften vorgeschrieben).

Über die Berechnungsbasis der Steuern vom Einkommen und vom Ertrag sagt § 278 HGB folgendes:

> Die Steuern vom Einkommen und vom Ertrag sind auf der Grundlage des Beschlusses über die Verwendung des Ergebnisses zu berechnen; liegt ein solcher Beschluß im Zeitpunkt der Feststellung des Jahresabschlusses nicht vor, so ist vom Vorschlag über die Verwendung des Ergebnisses auszugehen. Weicht der Beschluß über die Verwendung des Ergebnisses vom Vorschlag ab, so braucht der Jahresabschluß nicht geändert zu werden.

Unter diesem Posten sind neben den Zahlungen und Rückstellungen für das laufende Geschäftsjahr auch Steuernachforderungen für frühere Geschäftsjahre, für die keine Rückstellungen gebildet worden waren, und Steuererstattungen auszuweisen.

Bei Organschaftsverhältnissen werden die weiterbelasteten Steuern

– entweder bei der Obergesellschaft als sonstige Erträge und bei der Untergesellschaft als sonstige Aufwendungen ausgewiesen,
– oder bei der Obergesellschaft in einem Unterposten abgesetzt und bei der Untergesellschaft in einem besonderen Unterposten angegeben.

Kapitalgesellschaften haben im Anhang des Einzelabschlusses anzugeben, in welchem Umfang die Steuern vom Einkommen und vom Ertrag das Ergebnis der gewöhnlichen Geschäftstätigkeit (Nr. 14) und das außerordentliche Ergebnis (Nr. 17) belasten (§ 285 Nr. 6 HGB). Für den Konzernabschluß gibt es keine entsprechende Vorschrift.

Geschätzter Steuerbilanzgewinn

In der Handelsbilanz kann die Bewertung durch eine exzessive Auslegung des Vorsichtsprinzips teilweise anders vorgenommen worden sein als in der Steuerbilanz (z. B. niedrigeres Anlagevermögen, höhere Rückstellungen, niedrigere Herstellungskosten bei den Vorräten), was zur Bildung von stillen Reserven führt. Auch läßt das Handelsrecht gewisse Wahlrechte und Bilanzierungshilfen zu (siehe folgende Tabelle):

Wahlrechte und Bilanzierungshilfen in der Handelsbilanz im Vergleich zur Steuerbilanz

	Handelsbilanz	Steuerbilanz
Aufwendungen für die Ingangsetzung und Erweiterung des Geschäftsbetriebs bei Kapitalgesellschaften (Bilanzierungshilfe)	Aktivierungs-wahlrecht	Aktivierungs-verbot
entgeltlich erworbener Geschäfts- oder Firmenwert	"	Aktivierungs-pflicht
Disagio bei Verbindlichkeiten	"	"
Abgrenzung der aktiven latenten Steuern (Bilanzierungshilfe)	"	Aktivierungs-verbot
Pensionsrückstellungen für Zusagen vor dem 1. 1. 1987 und Erhöhungen nach dem 31. 12. 1986 auf solche Zusagen	Passivierungs-wahlrecht	Passivierungs-wahlrecht (mit Maßgeblich-keitsgrundsatz Handelsbilanz)
Pensionsrückstellungen für ähnliche unmittelbare oder mittelbare Verpflichtungen (z. B. unterlassene Zuweisungen an Unterstützungskassen)	"	Passivierungs-verbot
Rückstellungen für unterlassene Aufwendungen für Instandhaltung bei Nachholung zwischen 4 und 12 Monaten nach Geschäftsjahresende	"	"
Rückstellungen für zukünftige Aufwendungen (z. B. Großreparaturen)	"	"

Eine stille Auflösung solcher stillen Reserven, die es im Steuerrecht nicht gibt, ist ebenfalls nicht ausgeschlossen.

Die bei Kapitalgesellschaften ausgewiesenen Steuern vom Einkommen und vom Ertrag können unter Umständen eine Möglichkeit bieten, bilanzpolitische Maßnahmen zu erkennen.

Die bilanzpolitischen Möglichkeiten sind bei Nicht-Kapitalgesellschaften größer als bei Kapitalgesellschaften.

Wegen der Möglichkeit der Bildung und Auflösung von stillen Reserven im handelsrechtlichen Jahresabschluß ist das steuerrechtliche Ergebnis aussagefähiger als das handelsrechtliche. Für den Konzernabschluß gilt dies nur, sofern ein steuerliches Organschaftsverhältnis mit den inländischen Tochterunternehmen besteht, keine anderen Bewertungsmethoden angewendet und keine oder nur wenige und unbedeutende ausländische Beteiligungen konsolidiert wurden.

Da viele Bewertungsvorschriften des Steuerrechts wirtschaftspolitische Gründe haben (z. B. Sonderabschreibungen), muß es sich bei dem steuerrechtlichen Gewinn keinesfalls um den echten Gewinn handeln. Es ist aber auf jeden Fall ein durch bilanzpolitische Maßnahmen weniger manipulierter Gewinn.

Es liegt deshalb nahe zu versuchen, aus den ausgewiesenen Steuern vom Einkommen und vom Ertrag den steuerrechtlichen Gewinn zu ermitteln.

Hier gibt es allerdings einige Unbekannte und Hindernisse:

- Der steuerliche Eigenkapitalanteil gemäß § 30 KStG ist aus dem Jahresabschluß nicht zu entnehmen. Hier wird man in der Regel EK_{45} unterstellen, sofern man keine anderen Hinweise hat (z. B. hohe Erträge aus dem Ausland).
- Der Umfang der nicht abzugsfähigen Aufwendungen (z. B. nicht abzugsfähige Spenden, Umsatzsteuer auf den Eigenverbrauch, 50% der Aufsichtsratsbezüge) gemäß § 4 Abs. 4 EStG, § 10 KStG ist allenfalls teilweise (Aufsichtsratsbezüge) bekannt. Die übrigen nicht abzugsfähigen Aufwendungen dürften in den meisten Fällen im Verhältnis zum Gewinn niedrig sein. Man wird sie aufgrund der vorhandenen Informationen mit einer mehr oder minder kleinen Pauschale ansetzen.
- Die Hinzu- und Abrechnungen bei der Gewerbeertragsteuer sind nicht bekannt. Von Bedeutung sind hier meistens die Zinsen für Dauerschulden. Man wird sie aus den Angaben in den Jahres- und Zwischenabschlüssen schätzen müssen.
- Die Nachzahlungen aufgrund steuerlicher Außenprüfungen verfälschen den Steueraufwand der einzelnen Perioden. Der Steueraufwand ist dadurch in den meisten Jahren etwas zu gering und wird einmalig, etwa 2–7 Jahre später, durch die Steuernachzahlung zu hoch ausgewiesen. Vermuten kann man solche Steuernachzahlungen in den Jahren, in denen der Prozentanteil der Steuern vom Einkommen und vom Ertrag am Jahresüberschuß und an den Umsatzerlösen einmalig steigt. Diese Veränderung des Prozentanteils kann natürlich auch andere Gründe haben (z. B. relativ niedrige Ausschüttung, höhere nichtabzugsfähige Aufwendungen, geringere Ausschüttungen von ausländischen Tochterunternehmen).

Falls die Berechnung der Steuern vom Einkommen und vom Ertrag nicht erhältlich ist und auch keine Informationen im Anhang über wesentliche Steuernachzahlungen enthalten sind, sollte man auf jeden Fall nach der Höhe der Steuernachzahlung und dem Zeitraum, für den die Nachzahlung geleistet wurde, fragen.

Korrigiert man die Steuern vom Einkommen und vom Ertrag um diesen Betrag, kommt die Gewinnschätzung aus den Steuern der Wirklichkeit wesentlich näher.

In dem Posten Steuern vom Einkommen und vom Ertrag sind nicht nur die gezahlten Steuern, sondern bei Kapitalgesellschaften auch die Veränderung des Saldos aus aktiven und passiven latenten Steuern enthalten. Ihre Höhe kann aus dem Vergleich der Bilanzen entwickelt werden. Weil es sich bei den latenten Steuern nicht um einen effektiv gezahlten Steueraufwand oder eine Steuerrückzahlung handelt, sind die Aufwendungen für Steuern vom Einkommen und vom Ertrag um die Veränderung der latenten Steuern zu korrigieren, bevor man versucht, den Steuerbilanzgewinn aus den Steuern vom Einkommen und vom Ertrag zu berechnen.

Da man nicht den echten Gewinn ermitteln kann, sondern nur einen Gewinn, bei dem bilanzpolitische Maßnahmen weitgehend neutralisiert wurden, sind solche Schätzungen nur sinnvoll, wenn sie für eine Reihe von Jahren erstellt werden. Sie zeigen in vielen Fällen die Entwicklung der Ertragskraft besser als der handelsrechtliche Gewinn.

Ergeben sich dabei in einem oder einigen Jahren auffallende Abweichungen zwischen Handels- und geschätztem Steuerbilanzgewinn, sollte man versuchen,

- in einer Art Gegenprobe festzustellen, ob die vermuteten bilanzpolitischen Maßnahmen durch in diesen Jahren auffallende Abweichungen der Abschreibungen, der Wertberichtigungen, der Bildung und Auflösung von Rückstellungen und der Anteile der Herstellungskosten/Materialaufwand am Umsatz gegenüber den übrigen Jahren erhärtet werden können, und
- gezielt weitere Informationen zu erlangen.

Unter Berücksichtigung der weiter oben gemachten Einschränkungen, insbesondere unter der Annahme, daß das verwendbare Eigenkapital vorwiegend aus EK_{45} besteht, ließe sich der Steuerbilanzgewinn (SteuBiG) aus den Steuern vom Einkommen und vom Ertrag durch nachstehend dargestellte Berechnungsmethode ermitteln, wobei vorher die Steuern vom Einkommen und vom Ertrag um die Steuern auf die nicht abzugsfähigen Aufwendungen sowie um die Gewerbeertragsteuer auf die Hinzurechnungen ./. Kürzungen und um den Freibetrag bei der Gewerbeertragsteuer zu korrigieren sind:

Die Gewerbeertragsteuer beträgt bei einer Steuermeßzahl von 5 % und dem hier angenommenen Hebesatz von 400 % sowie unter Berücksichtigung der Abzugsfähigkeit bei sich selbst ohne Hinzurechnungen und Kürzungen 20 % × 100/120 = 16,667 % des SteuBiG.

Die Körperschaftsteuer beläuft sich auf 0,45 (SteuBiG ./. 0,16667 SteuBiG) = 37,500 % des SteuBiG ./. (45–30)/(100–30) (= 15/70) Dividende.

Gewerbeertragsteuer und Körperschaftsteuer zusammen belaufen sich auf 0,16667 + 0,37500 SteuBiG ./. 15/70 Dividende, was 0,54167 SteuBiG ./. 0,21429 Dividende entspricht.

Der Steuerbilanzgewinn beträgt somit

100 : 0,54167 = 1,8461 Steuern vom Einkommen und Ertrag
+ 0,3956 (= 1,8461 × 0,21429) Dividende

Der allgemeine Körperschaftsteuersatz beträgt ab dem Veranlagungszeitraum 1999 40 %.

Die Körperschaftsteuer ist in den Jahren 1995 bis 1997 um den Solidaritätszuschlag von 7,5 % und ab 1998 um den Solidaritätszuschlag von 5,5 % zu erhöhen.

An den drei folgenden Beispielen sei die Berechnungsmethode näher erläutert:

Im Beispiel 1 wurde in der Handelsbilanz genau so bewertet wie in der Steuerbilanz, und es gab keine sonstigen Abweichungen (z. B. steuerlich nicht abzugsfähige Aufwendungen, Hinzurechnungen und Kürzungen beim Gewerbeertrag). Folglich entspricht der Gewinn vor Steuern laut Handelsbilanz genau dem Gewinn laut Steuerbilanz, ermittelt aus den Steuern vom Einkommen und vom Ertrag.

Im Beispiel 2 wurde in der Handelsbilanz ein um 100 niedrigerer Gewinn als in der Steuerbilanz ausgewiesen, da vorsichtiger bewertet wurde. Die Ermittlung des Steuerbilanzgewinns aus den Steuern vom Einkommen und vom Ertrag ergibt auch einen um 100 höheren Gewinn als in der Handelsbilanz.

Im Beispiel 3 wurde in der Handelsbilanz ebenfalls um 100 vorsichtiger bewertet, aber es wurde auch von dem Aktivierungswahlrecht für die latenten Steuern Gebrauch gemacht. Wird diese Veränderung des Saldos aus aktiven und passiven latenten Steuern bei der Ermittlung des Steuerbilanzgewinns aus den Steuern vom Einkommen und vom Ertrag berücksichtigt, zeigt sich auch hier der um 100 höhere Gewinn als in der Handelsbilanz.

	Beispiel 1 Mio. DM	Beispiel 2 Mio. DM	Beispiel 3 Mio. DM
Annahmen:			
Jahresergebnis laut Gewinn und Verlustrechnung	576	476	530
Steuern vom Einkommen und vom Ertrag	679	679	625
Gewinn vor Steuern	1.255	1.155	1.155
Dividende	122	122	122
nicht abzugsfähige Aufwendungen	65	65	65
Hinzurechnungen ./. Kürzungen Gewerbeertrag	120	120	120
Freibetrag Gewerbeertragsteuer	•	•	•
Korrekturrechnung:			
Gewinn vor Steuern laut Handelsbilanz	1.255	1.155	1.155
./. angenommene Steuern auf nicht abzugsfähige Aufwendungen 65 × (0,3750 + 0,1667)	35	35	35
./. angenommene Gewerbeertragsteuer auf Hinzurechnungen (120 × 0,1667)	20	20	20
Gewinn vor Steuern laut Handelsbilanz nach Korrekturen	1.200	1.100	1.100
Ermittlung Steuern vom Ertrag nach Korrekturen:			
Steuern vom Einkommen und vom Ertrag	679	679	625
./. Steuern auf nicht abzugsfähige Aufwendungen	35	35	35
./. Gewerbeertragsteuer auf Hinzurechnungen	20	20	20
Steuern vom Einkommen und vom Ertrag nach Korrekturen	624	624	570
Veränderung des Saldos aus aktiven und passiven latenten Steuern	0	0	54
Steuern vom Einkommen und vom Ertrag nach Korrekturen und ohne Veränderung von aktiven und passiven latenten Steuern	624	624	624

Ermittlung Steuerbilanzgewinn:

Beispiel 1: 624 × 1,8461 + 122 × 0,3956

1.152 + 48 = 1.200

Unterschied zwischen Gewinn vor Steuern Handelsbilanz nach Korrekturen und Steuerbilanzgewinn = gebildete stille Reserve 0

Beispiel 2: 624 × 1,8461 + 122 × 0,3956

1.152 + 48 = 1.200

Unterschied zwischen Gewinn vor Steuern Handelsbilanz nach Korrekturen und Steuerbilanzgewinn = gebildete stille Reserve 100

Beispiel 3: 624 × 1,8461 + 122 × 0,3956

1.152 + 48 = 1.200

Unterschied zwischen Gewinn vor Steuern Handelsbilanz nach Korrekturen und Steuerbilanzgewinn = gebildete stille Reserve 100

Sind in den Gewinnen steuerfreie oder steuerbegünstigte Gewinne (z. B. Erträge aus ausländischen Beteiligungen) enthalten, so beeinträchtigt dies die Ermittlung des Steuerbilanzgewinns aus den Steuern vom Einkommen und vom Ertrag, oder macht die Ermittlung des Steuerbilanzgewinns bei einem hohen Anteil solcher steuerfreien oder steuerbegünstigten Gewinne sogar unmöglich. Da diese Gewinne mit weniger als 50% oder gar nicht besteuert werden, wird in solchen Fällen der Steuerbilanzgewinn tendenziell zu niedrig ermittelt.

Bei einem Steuerbilanzverlust im betreffenden Geschäftsjahr oder einem genutzten Steuerbilanzverlust aus den vorangegangenen Geschäftsjahren ist eine Ermittlung des Steuerbilanzergebnisses praktisch nicht möglich.

Konsequenzen für die Bilanzanalyse

Es sei darauf hingewiesen, daß man sich durch Unterschiede zwischen Handelsbilanzgewinn und geschätztem Steuerbilanzgewinn wegen der notwendigen Annahmen bei der Schätzung der Steuerbilanzgewinne keinesfalls zu leichtfertigen Ergebniskorrekturen verleiten lassen sollte. Diese Unterschiede sollten aber auf jeden Fall Anlaß sein, darauf zu drängen, ausführliche Informationen bezüglich der Steuerbilanzen zu erhalten.

t) (19) Sonstige Steuern

Inhalt

Hierunter fallen

- Steuern vom Vermögen (Vermögensteuer, Gewerbekapitalsteuer, Grundsteuer),
- Verkehrsteuern (Ausfuhrzölle, Gesellschaftsteuer),

- Verbrauchsteuern (Biersteuer, Branntweinsteuer, Kaffeesteuer, Mineralölsteuer, Schaumweinsteuer, Tabaksteuer),
- sonstige Steuern (Getränkesteuer, Hundesteuer, Jagdsteuer, Kraftfahrzeugsteuer),
- die Umsatzsteuer auf Eigenverbrauch.

Steuern, die als Anschaffungskosten betrachtet werden (z. B. Eingangszölle, Grunderwerbsteuer), sollten in diesem Posten nicht enthalten sein.

Branchentypische Verbrauchsteuern, wie z. B. die Mineralölsteuer, werden, soweit sie keine Herstellungskosten sind, von manchen Unternehmen offen von den Umsatzerlösen abgesetzt.

Konsequenzen für die Bilanzanalyse

Bilanzanalytisch gesehen hat dieser Posten keine besondere Bedeutung, da kaum Bilanzpolitik mit ihm gemacht werden kann und er im wesentlichen vom Gesetz oder von Beschlüssen von Kommunen beeinflußt wird.

Abgesehen von Nachzahlungen aufgrund einer steuerlichen Außenprüfung sowie von Gesetzesänderungen (z. B. Abschaffung der Vermögensteuer und der Gewerbekapitalsteuer) oder Beschlüssen von Kommunen sollte man annehmen, daß sich dieser Posten weitgehend proportional zum Umsatz entwickelt.

Sofern die Höhe der branchentypischen Verbrauchsteuern (z. B. Mineralölsteuer, Tabaksteuer) eines Unternehmens bekannt ist, kann man auf den mengenmäßigen Absatz schließen. Falls man die Höhe der branchentypischen Verbrauchsteuern kennt, sollte man auch den Umsatz abzüglich Verbrauchsteuern mit den Kosten, insbesondere mit den Aufwendungen für Roh-, Hilfs- und Betriebsstoffe und für bezogene Waren bzw. mit den Herstellungskosten, vergleichen. Ein Vergleich des nicht um die Verbrauchsteuer aufgeblähten Umsatzes mit den Kosten ergibt einen besseren Einblick in die Erlöse und in die Kostenstruktur.

u) Erträge aus Verlustübernahme

Gemäß § 277 Abs. 3 Satz 2 HGB sind Erträge aus Verlustübernahme gesondert auszuweisen.

Im gesetzlichen Gliederungsschema ist dieser Posten nicht aufgeführt.

Bilanzanalytisch ist dieser Posten dem Jahresfehlbetrag gleichzusetzen.

v) Aufgrund einer Gewinngemeinschaft, eines Gewinnabführungs- oder eines Teilgewinnabführungsvertrages abgeführte Gewinne

Gemäß § 277 Abs. 3 Satz 2 HGB sind abgeführte Gewinne aufgrund einer Gewinngemeinschaft, eines Gewinnabführungs- oder eines Teilgewinnabführungsvertrages gesondert auszuweisen.

Im gesetzlichen Gliederungsschema ist dieser Posten nicht aufgeführt.

Bilanzpolitisch ist dieser Posten dem Jahresüberschuß gleichzusetzen.

4. Umsatzkostenverfahren

(Um die Verweise im Text zu erleichtern, wurde bei den einzelnen Posten zusätzlich die Numerierung des HGB angegeben.)

Beim Umsatzkostenverfahren werden die einzelnen Kostenarten nach Funktionsbereichen aufgeteilt.

Folgende Aufteilung wird vom Gesetz gefordert:

- Herstellungskosten der zur Erzielung der Umsatzerlöse erbrachten Leistungen,
- Vertriebskosten,
- allgemeine Verwaltungskosten,
- sonstige betriebliche Aufwendungen.

Eine weitergehende Aufteilung ist möglich, z. B. Forschungs- und Entwicklungskosten.

Eine Aufteilung nach Kostenarten innerhalb der Funktionsbereiche ist nicht vorgeschrieben.

Im Anhang sind allerdings der zur Erzielung der Gesamtleistung benötigte Material- und Personalaufwand (Konzernabschluß: nur Personalaufwand), jedoch nicht aufgeteilt nach Funktionsbereichen, Bestandsveränderungen und sonstigen aktivierten Eigenleistungen, anzugeben. Außerdem enthält der Anlagenspiegel Informationen über die Abschreibungen.

Diese zusätzlichen Informationen über die Höhe des Material- und Personalaufwandes und der Abschreibungen können beim Langzeitvergleich mit Gewinn- und Verlustrechnungen nach dem Gesamtkostenverfahren dienlich sein, da sie mit den dort enthaltenen Kostenarten vergleichbar sind.

Eine zusätzliche Aufgliederung nach den wesentlichen Kostenarten innerhalb der Funktionsbereiche, zumal wenn sie Rückschlüsse auf fixe und variable Kosten zulassen, wäre jedoch sehr wünschenswert. Dies gilt besonders dann, wenn der Begriff der Herstellungskosten in der Bilanz (Bewertung Vorräte und aktivierte Eigenleistungen) von dem in der Gewinn- und Verlustrechnung abweicht.

Für die Aufteilung der Kosten auf die Funktionsbereiche gibt es, wie die folgenden Ausführungen zeigen, gewisse Interpretationsmöglichkeiten. Sie stellen allerdings die Aussagekraft des Umsatzkostenverfahrens grundsätzlich nicht in Frage. Bei Betriebsvergleichen muß man sich allerdings dieser Interpretationsmöglichkeiten bewußt bleiben.

a) (1) Umsatzerlöse

Dieser Posten ist mit dem Posten Umsatzerlöse des Gesamtkostenverfahrens identisch.

b) (2) Herstellungskosten der zur Erzielung der Umsatzerlöse erbrachten Leistungen

Inhalt

In § 255 Abs. 2 des HGB sind die Herstellungskosten definiert. Sie setzen sich aus den

Materialeinzelkosten Fertigungseinzelkosten Sonderkosten der Fertigung	} Pflichtbestandteile

Materialgemeinkosten Fertigungsgemeinkosten Wertverzehr des Anlagevermögens, soweit er durch die Fertigung veranlaßt ist Kosten der allgemeinen Verwaltung Aufwendungen für soziale Einrichtungen des Betriebs Aufwendungen für freiwillige soziale Leistungen Aufwendungen für betriebliche Altersversorgung	Wahlbestandteile
Fremdkapitalzinsen	unter bestimmten Voraussetzungen aktivierungsfähig (§ 255 Abs. 3 HGB)

zusammen.

Steuerrechtlich sind die Materialgemeinkosten, die Fertigungsgemeinkosten und der Wertverzehr des Anlagevermögens, soweit er durch die Fertigung veranlaßt wird, ebenfalls Pflichtbestandteile.

Sondereinzelkosten des Vertriebs dürfen nicht in die Bewertung einbezogen werden. Besonders für Unternehmen des Großanlagebaus hat diese Vorschrift Bedeutung.

Mögliche unterschiedliche Begriffe der Herstellungskosten in Bilanz und Gewinn- und Verlustrechnung

Sofern Vorräte in der Bilanz nicht zu Vollkosten (Pflichtbestandteile und Wahlbestandteile) bewertet werden, weicht der Begriff Herstellungskosten in der Bilanz von dem in der Gewinn- und Verlustrechnung ab.

Da es acht Wahlbestandteile gibt und sie ihrerseits voll oder teilweise in die Bewertung der Vorräte einfließen können, kann es praktisch eine unendliche Vielzahl von Bewertungsmöglichkeiten sowie Abweichungsmöglichkeiten zwischen den Herstellungskosten in der Bilanz und in der Gewinn- und Verlustrechnung geben.

Ausgeschlossen ist es aber nicht, daß bei einer Teilkostenbewertung in der Bilanz in der Gewinn- und Verlustrechnung der gleiche Begriff der Herstellungskosten wie in der Bilanz verwendet wird. Das hätte zur Folge, daß der Unterschied zwischen den Teilkosten und den Vollkosten in Nr. 5 allgemeine Verwaltungskosten, Nr. 12 Zinsen und ähnliche Aufwendungen und möglicherweise teilweise in Nr. 7 sonstige betriebliche Aufwendungen ausgewiesen würde. Eine Auswirkung auf das Periodenergebnis haben die unterschiedlichen Definitionen der Herstellungskosten nicht.

Konsequenzen für die Bilanzanalyse

Falls man die Zusammensetzung der Herstellungskosten in der Bilanz und der Gewinn- und Verlustrechnung nicht kennt, kann dies zur falschen Ermittlung einer sehr wichtigen Kennzahl, nämlich der Höhe der durchschnittlichen Bevorratung, führen.

Noch gravierender wird dies, wenn die Menge der Bestände an den verschiedenen Bilanzstichtagen unterschiedlich hoch ist, was in geringem Umfang immer der Fall sein dürfte. Dann könnte z. B. ein in der üblichen einfachen Form ermittelter Vergleich der Herstellungskosten der Periode (zu Vollkosten) mit den Beständen (zu Teilkosten) im Falle eines Umsatzrückganges bei einer tatsächlichen Verlängerung der Bevorratungsdauer eine Verkürzung der Bevorratungsdauer anzeigen.

Beispiele für die falsche Ermittlung der Lagerumschlagsdauer bei Bewertung des Bestandes zu Teilkosten (ohne Berücksichtigung von Mengenveränderungen an verschiedenen Bilanzstichtagen):

Annahmen:	
Herstellungskosten der zur Erzielung der Umsatzerlöse erbrachten Leistungen	DM 200 (Vollkosten)
Herstellungskosten der zur Erzielung der Umsatzerlöse erbrachten Leistungen	DM 100 (Teilkosten)
Bestand	DM 100 (Vollkosten)
Bestand	DM 50 (Teilkosten)

Wären die Bestände in der Bilanz zu Teilkosten bewertet und vergliche man sie mit den in der Gewinn- und Verlustrechnung ausgewiesenen Herstellungskosten der zur Erzielung der Umsatzerlöse erbrachten Leistungen (Vollkosten), so errechnete sich ein Lagerumschlag von 200/50 = 4× pro Jahr, d. h. eine durchschnittliche Lagerdauer von 90 Tagen, obwohl sich das Lager nur 200/100 = 2× pro Jahr umgeschlagen hat, was eine durchschnittliche Lagerdauer von 180 Tagen bedeutet.

Verringerte sich der Umsatz um die Hälfte, ohne daß sich die Bestände mengenmäßig veränderten, ergäbe sich bei einem Vergleich der Herstellungskosten der zur Erzielung des Umsatzes erbrachten Leistungen (zu Vollkosten) mit den Beständen (zu Teilkosten) eine Umschlagsdauer von 150/50 = 3×, was eine Erhöhung der durchschnittlichen Lagerdauer auf 120 Tage bedeuten würde; tatsächlich aber hat sich – sofern die Wahlbestandteile alle fix sind – die Umschlagsdauer von 2× auf 1× verringert und die durchschnittliche Lagerdauer auf 360 Tage erhöht.

Würde sich der Umsatz verdoppeln, ohne daß sich die Bestände mengenmäßig veränderten, ergäbe sich bei einem Vergleich der Herstellungskosten der zur Erzielung der Umsatzerlöse erbrachten Leistungen (Vollkosten) und der Bestände (Teilkosten) ein Lagerumschlag von 300/50 = 6× (durchschnittliche Lagerdauer 60 Tage), die tatsächliche Umschlagsdauer dürfte aber zwischen 300/50 = 6× (durchschnittliche Lagerdauer 60 Tage) und 400/100 = 4× (durchschnittliche Lagerdauer 90 Tage) liegen, da anzunehmen ist, daß bei einer derartigen Umsatzzunahme mit einer Erhöhung der fixen Kosten zu rechnen ist.

Diese Beispiele mögen zeigen, daß bei einer Bilanzanalyse die Kenntnis der Zusammensetzung der Herstellungskosten der in der Bilanz ausgewiesenen Vorräte und die Zusammensetzung der Herstellungskosten der zur Erzielung der Umsatzerlöse erbrachten Leistungen zumindest in groben Zügen unerläßlich ist.

(In den obigen Beispielen wurde der Einfachheit und der Deutlichkeit wegen unterstellt, daß die Anwendung der gleitenden Durchschnittsmethode und der Bewertung zu Marktpreisen aufgrund des Niederstwertprinzips keinen Einfluß auf die Ermittlung der Kennzahlen hat, was aber oft nicht den tatsächlichen Verhältnissen entsprechen dürfte.)

Es sollte noch darauf hingewiesen werden, daß es selbst bei einer Bewertung der Vorräte zu Vollkosten Unterschiede zwischen den Herstellungskosten für die Bewertung der Vorräte und den Herstellungskosten der zur Erzielung der Umsatzerlöse erbrachten Leistungen geben kann, wie nachstehende Ausführungen zeigen:

- Die Herstellungskosten der zur Erzielung der Umsatzerlöse erbrachten Leistungen könnten z.B. auch die Forschungs- und Entwicklungskosten enthalten, sofern sie von dem Unternehmen nicht unter den sonstigen betrieblichen Aufwendungen oder freiwillig gesondert ausgewiesen werden. In die Bewertung der Vorräte dürfen die Forschungs- und Entwicklungskosten jedoch nicht einbezogen werden, sofern sie nicht von Dritten belastet werden oder auftragsgebunden sind.
- Das gleiche gilt auch für andere Kosten, die in den Herstellungskosten der zur Erzielung der Umsatzerlöse erbrachten Leistungen enthalten sind, wie z.B. Abschreibungen auf nicht voll genutzte Anlagen, nicht angemessene Gemeinkosten, Kosten der Gewährleistung. Da sie weder Vertriebskosten noch allgemeine Verwaltungskosten sind und aufgrund der Entstehungsgeschichte des Bilanzrichtlinien-Gesetzes nicht als sonstige betriebliche Aufwendungen (siehe dort) gelten, fallen sie unter die Herstellungskosten der zur Erzielung der Umsatzerlöse erbrachten Leistungen, obwohl sie bei der Bewertung der Vorräte nicht Bestandteil der Herstellungskosten sind. Auszuschließen ist es aber trotzdem nicht, daß sie auch unter den sonstigen betrieblichen Aufwendungen ausgewiesen werden.
- Nach § 255 Abs. 2 HGB sind Kosten der allgemeinen Verwaltung ein Wahlbestandteil der Herstellungskosten bei der Bilanzierung der Vorräte. Im Gliederungsschema der Gewinn- und Verlustrechnung ist aber ein eigener Posten für die allgemeinen Verwaltungskosten vorgesehen. In der Praxis wird es wahrscheinlich so sein, daß ein Teil der Unternehmen die im Rahmen der Herstellungskosten aktivierbaren Verwaltungskosten in den Herstellungskosten der zur Erzielung der Umsatzerlöse erbrachten Leistungen ausweist, und ein anderer Teil der Unternehmen diese Kosten unter den Kosten der allgemeinen Verwaltung zeigt. Wegen der geringen Höhe dieser Kosten dürfte dieser mögliche unterschiedliche Ausweis in der Gewinn- und Verlustrechnung bilanzanalytisch kaum zu Problemen führen.
- § 255 HGB schließt auch die Einbeziehung von Zinsen und sonstigen Steuern – Kosten, für die es eigene Posten in der Gewinn- und Verlustrechnung gibt – bei der Bewertung der Vorräte nicht aus. Sofern Zinsen und sonstige Steuern in die Bewertung der Vorräte einbezogen und die entsprechenden Aufwendungen unter den Zinsen und sonstigen Steuern ausgewiesen werden, würden die Begriffe Herstellungskosten in der Bilanz und in der Gewinn- und Verlustrechnung unterschiedlich sein. Würden diese Kostenarten jedoch in die Herstellungskosten der zur Erzielung der Umsatzerlöse erbrachten Leistungen einbezogen, wären die Zinsen und sonstigen Steuern nicht vollständig ausgewiesen. Beide Verfahren könnten in der Praxis möglich sein.

Werden die Vorräte nicht mit den vollen Herstellungskosten bewertet, können die Unterschiede zu den Vollkosten bei Bestandserhöhungen entweder in den Herstellungskosten der zur Erzielung der Umsatzerlöse erbrachten Leistungen oder in den sonstigen betrieblichen Aufwendungen enthalten sein.

Falls Bestandsminderungen von nicht mit Vollkosten bewerteten Erzeugnissen eintreten, können die nicht in die Bewertung einbezogenen Herstellungskosten im Jahre des Verkaufs nicht in die Herstellungskosten der zur Erzielung der Umsatzerlöse erbrachten Leistungen einbezogen werden, wenn sie bereits in einem Vorjahr unter diesem Posten ausgewiesen wurden.

Die unterschiedliche Bewertung in der Bilanz und der Gewinn- und Verlustrechnung hat somit bei Bestandserhöhung eine Verminderung des Bruttoergebnisses vom Umsatz und des Ergebnisses aus gewöhnlicher Geschäftstätigkeit zur Folge. (Das Bruttoergebnis vom Umsatz vermindert sich allerdings nur, falls der Unterschied zu den Vollkosten in den Herstellungskosten ausgewiesen wird.) Bei Bestandsminderung ergibt sich eine Erhöhung des Bruttoergebnisses vom Umsatz und des Ergebnisses aus gewöhnlicher Geschäftstätigkeit.

c) (3) Bruttoergebnis vom Umsatz

Es handelt sich hierbei um den Saldo aus den Posten Nr. 1 und Nr. 2.

Konsequenzen für die Bilanzanalyse

Die Aussagefähigkeit dieses Postens hängt entscheidend von der Kenntnis der Zusammensetzung der Herstellungskosten ab. Falls der Begriff der Herstellungskosten in der Bilanz von dem in der Gewinn- und Verlustrechnung abweicht, wird das Bruttoergebnis bei einer Bestandserhöhung zu niedrig und bei einer Bestandsminderung zu hoch ausgewiesen.

d) (4) Vertriebskosten

Zu den Vertriebskosten zählen die Kosten, die dem Absatz der Erzeugnisse und Waren dienen oder dienen können.

Hierzu gehören im wesentlichen sämtliche Aufwendungen der Vertriebs-, Marketing- und Werbeabteilung, Kosten der Verkaufsförderung, des Vertreternetzes, der Verkaufsläger sowie Verpackungs- und Transportkosten. Auszuschließen ist nicht, daß einige Unternehmen auch Kosten der Gewährleistung hierin einschließen.

e) (5) Allgemeine Verwaltungskosten

Zu den allgemeinen Verwaltungskosten zählen die Verwaltungskosten, die anderen Funktionsbereichen (Herstellung, Vertrieb, evtl. Forschung und Entwicklung) nicht zugerechnet worden sind. Hierbei handelt es sich im wesentlichen um die Kosten der Geschäftsführung, des Rechnungswesens, der Finanzabteilung, der Datenverarbeitung, der Personalabteilung und der Stabsabteilungen. Spenden dürften in der Regel ebenfalls als allgemeine Verwaltungskosten angesehen werden.

f) (6) Sonstige betriebliche Erträge

Der Posten stimmt im Prinzip mit den sonstigen betrieblichen Erträgen des Gesamtkostenverfahrens überein.

Beim Umsatzkostenverfahren könnte noch der Gegenposten für die in den Herstellungskosten der Bestandserhöhung der Vorräte und der aktivierten Eigenleistungen enthaltenen sonstigen Steuern und Zinsen hinzukommen.

g) (7) Sonstige betriebliche Aufwendungen

Wie beim Gesamtkostenverfahren enthält dieser Posten alle übrigen Aufwendungen, die nicht in andere Posten der Gewinn- und Verlustrechnung einzubeziehen sind.

Die sonstigen betrieblichen Aufwendungen des Gesamtkostenverfahrens sind aber nicht identisch mit den sonstigen betrieblichen Aufwendungen des Umsatzkostenverfahrens.

Da beim Umsatzkostenverfahren die Kosten nach Funktionsbereichen aufgeteilt werden, dürfte es eigentlich keine sonstigen betrieblichen Aufwendungen in der Gewinn- und Verlustrechnung geben. In Art. 25 der 4. EG-Richtlinie war dieser Posten auch nicht vorgesehen.

Unter diesem Posten könnten erscheinen:

- nicht aktivierte Wahlbestandteile der Herstellungskosten auf Bestandserhöhungen der Vorräte und auf aktivierte Eigenleistungen,
- Aufwendungen für die unter den sonstigen betrieblichen Erträgen erfaßten Erträge (z. B. Aufwendungen für vermietete Anlagen und Wohnungen, Aufwendungen für Sozialeinrichtungen),
- Forschungs- und Entwicklungskosten,
- Einstellungen in den Sonderposten mit Rücklageanteil (mit »davon«-Vermerk oder Angabe im Anhang).

Auszuschließen ist nicht, daß Unternehmen weitere Kosten, die aufgrund ihrer Kostenstellenrechnung keinem der ausgewiesenen Funktionsbereiche zugeordnet werden können und auch nicht unter den sehr engen Begriff der außerordentlichen Aufwendungen fallen, unter diesem Posten ausweisen.

Hierzu könnten gehören:

- Abschreibungen, die keinem der ausgewiesenen Funktionsbereiche zugeordnet werden können,
- Abfindungen,
- Spenden,
- Währungskursverluste,
- andere periodenfremde Aufwendungen,
- Verluste aus dem Abgang von Gegenständen des Anlagevermögens,
- Abschreibungen und Bildung von Wertberichtigungen auf Forderungen,
- Aufwendungen wegen unzureichend gebildeter Rückstellungen.

Da der Inhalt dieses Postens nicht genau definiert ist und er Aufwendungen mit außergewöhnlichem Charakter enthalten kann, sollte eine Aufschlüsselung seines Inhalts angestrebt werden.

h) (8–19) Die übrigen Posten des Umsatzkostenverfahrens

Sie stimmen im Prinzip mit den entsprechenden Aufwands- und Ertragsposten des Gesamtkostenverfahrens überein.

Abweichungen könnten sich bei den Abschreibungen auf Finanzanlagen und auf Wertpapiere des Umlaufvermögens ergeben, wenn unübliche Abschreibungen auf Wertpapiere des Umlaufvermögens in der Gewinn- und Verlustrechnung nach dem Gesamtkostenverfahren unter Nr. 7b ausgewiesen würden (siehe Abschnitt E III 3g).

Die Numerierung der Posten stimmt nicht überein. Die Numerierung des Umsatzkostenverfahrens lautet jeweils um eine Zahl niedriger.

IV. Analyse des Anhangs

Der Anhang enthält Angaben, die der Ergänzung und Richtigstellung der Bilanz und der Gewinn- und Verlustrechnung dienen. Nach einer kurzen Durchsicht der Bilanz und der Gewinn- und Verlustrechnung empfiehlt es sich deshalb, die Informationen aus dem Anhang zusammenzustellen, um sie mit den Angaben im Lagebericht, den Erläuterungen im Bericht des Wirtschaftsprüfers und weiteren zusätzlichen Informationen zu einem Profil der Bilanzpolitik (siehe Abschnitt A VII) zu verarbeiten. Das Profil der Bilanzpolitik ist bei der Analyse der einzelnen Posten des Jahresabschlusses, der Bereinigung der vergangenen Ergebnisse, der Beurteilung der Vermögens-, Finanz- und Ertragslage und evtl. bei einer Planung zu berücksichtigen.

Zur Analyse des Anhangs gehört auch die Beurteilung der nicht abgesicherten Währungsrisiken und der eingesetzten derivaten Finanzinstrumente, soweit Angaben darüber im Anhang enthalten sind.

F. Analyse von Konzernabschlüssen

I. Allgemeines

Der Jahresabschluß (Einzelabschluß) eines Mutterunternehmens gibt keine Auskunft über die Vermögens-, Finanz- und Ertragslage der Tochterunternehmen, obwohl das Mutterunternehmen zusammen mit den Tochterunternehmen eine wirtschaftliche Einheit bildet. Die Bilanz des Mutterunternehmens enthält lediglich den Anschaffungswert der Tochterunternehmen abzüglich eventueller Abschreibungen, und die Gewinn- und Verlustrechnung zeigt nur die im jeweiligen Geschäftsjahr erhaltenen Gewinnausschüttungen der Tochterunternehmen.

Dies ist um so unbefriedigender, je größer der Geschäftsumfang der Tochterunternehmen im Verhältnis zu dem des Mutterunternehmens ist, oder wenn es sich bei dem Mutterunternehmen sogar um eine Holdinggesellschaft handelt, d. h., daß es außer der Verwaltung der Beteiligungen überhaupt keine Geschäftstätigkeit hat.

In einem Konzernabschluß wird dagegen das Mutterunternehmen zusammen mit den Tochterunternehmen als eine wirtschaftliche Einheit betrachtet, d. h. die Tochterunternehmen werden beim Abschluß im Prinzip wie Betriebsstätten behandelt.

In Konzernabschlüssen werden bei einer Vollkonsolidierung sämtliche Posten der Jahresabschlüsse der Tochterunternehmen mit den entsprechenden Posten des Mutterunternehmens zusammengefaßt und die Posten, die aus dem Geschäftsverkehr zwischen den einzelnen Konzernunternehmen entstanden sind, ausgeschaltet. Sofern Tochterunternehmen dem Mutterunternehmen nicht zu 100 % gehören, wird unter dem Eigenkapital ein Posten »Anteile anderer Gesellschafter« und in der Gewinn- und Verlustrechnung ein Posten »anderen Gesellschaftern zustehender Gewinn/Verlust« ausgewiesen.

Eine eingehende Analyse der Vermögens-, Finanz- und Ertragslage eines Konzerns ist somit ohne einen Konzernabschluß kaum möglich. In angelsächsischen Ländern basiert eine Bilanzanalyse in der Regel sogar nur auf dem Konzernabschluß und nicht auf dem Einzelabschluß. Es muß jedoch hinzugefügt werden, daß in diesen Ländern der Konzernabschluß wesentlich informativer als der Konzernabschluß nach dem HGB ist.

Vollkonsolidierung

Die oben beschriebene Art der Konsolidierung, d. h. die durch eine Kapital-, Schulden- und Aufwands- und Ertragskonsolidierung vorgenommene Ausschaltung sämtlicher zwischen den einzelnen Konzernunternehmen enthaltenen Posten, nennt man Vollkonsolidierung. Bei der Vollkonsolidierung sind die Aktiva und Passiva neu zu bewerten, und es entsteht in der Regel ein aktivischer Unterschiedsbetrag, d. h. ein Geschäfts- oder Firmenwert, auch Goodwill genannt.

In einem Konzernabschluß sind jedoch nicht alle Tochterunternehmen voll konsolidiert.

Anteilmäßige Konsolidierung – Quotenkonsolidierung

Gemeinschaftsunternehmen (Joint Ventures) dürfen nur quotal in den Konzernabschluß einbezogen werden. Sie können auch nach der nachstehend angegebenen Equity-Methode bilanziert werden.

Equity-Methode für assoziierte Unternehmen

Für assoziierte Unternehmen – das sind in der Regel Unternehmen, an denen der Konzern mit mindestens 20 % und höchstens mit 50 % beteiligt ist und auf deren Geschäftspolitik er einen maßgebenden Einfluß ausübt – eignet sich die Vollkonsolidierung nicht. Sie sind nach der Equity-Methode zu konsolidieren. Bei der Equity-Methode wird ähnlich wie bei der Kapitalkonsolidierung der vollkonsolidierten Tochterunternehmen der Unterschiedsbetrag zwischen dem Beteiligungsbuchwert und dem anteiligen Eigenkapital des assoziierten Unternehmens ermittelt, jedoch in einer Nebenrechnung auf die anteiligen stillen Reserven (evtl. auch stillen Lasten) und den Goodwill (evtl. auch Badwill) verteilt.

Bei der Equity-Methode erscheinen in der Konzernbilanz und in der Konzern-Gewinn- und Verlustrechnung nicht anteilig die einzelnen Posten der assoziierten Tochterunternehmen, sondern in der Bilanz der Posten »Beteiligungen an assoziierten Unternehmen« und in der Gewinn- und Verlustrechnung der Posten »Ergebnis aus assoziierten Unternehmen«. Die Equity-Methode wird deshalb auch »one-line consolidation« genannt.

Interessenzusammenführungsmethode

Falls ein Unternehmen nicht durch Kauf, sondern durch Tausch gegen neu ausgegebene Anteile eines in den Konzernabschluß einbezogenen Unternehmens Mitglied in dem Konzern wurde, wird es nach der Interessenzusammenführungsmethode in den Konzernabschluß einbezogen. Bei der Interessenzusammenführungsmethode ist keine Bewertung zu Tageswerten vorzunehmen, sondern es sind die Buchwerte weiterzuführen.

Nicht konsolidierte Unternehmen

In einem Konzernabschluß können aus besonderen Gründen (siehe Abschnitt F V) auch nicht konsolidierte Unternehmen, bewertet zu Anschaffungskosten abzüglich eventueller Abschreibungen, enthalten sein.

II. Ergänzungsfunktion des Einzelabschlusses

Für die Bilanzanalyse ist somit der Konzernabschluß wichtiger als der Einzelabschluß. Der Einzelabschluß gibt nur Auskunft über die Vermögens-, Finanz- und Ertragslage eines Teils des Konzerns, nämlich des Mutterunternehmens, das meistens die bedeutendste Gesellschaft des Konzerns ist.

Der Einzelabschluß hat somit eine Ergänzungsfunktion zum Konzernabschluß. In Deutschland ist nur aus dem Einzelabschluß ersichtlich, welcher versteuerte Gewinn tatsächlich ausschüttungsfähig ist. Der zusätzlich analysierte Einzelabschluß des Mutterunternehmens (und evtl. wichtiger Tochterunternehmen) kann Hinweise auf eine unterschiedliche Liquidität und Finanzierung des Mutterunternehmens und aller oder einzelner Tochterunternehmen geben.

In den USA weisen der Einzelabschluß und der Konzernabschluß denselben Gewinn und dieselbe Gewinnrücklage aus, da im Einzelabschluß Beteiligungen nach der Equity-Methode bewertet werden und beim Konzernabschluß keine Neuausübung von Ansatz- und Bewertungswahlrechten möglich ist.

In den USA ist es deshalb üblich, nur den geprüften Konzernabschluß, der auch Basis für die Gewinnverteilung ist, zu veröffentlichen. In Deutschland geschieht dies teilweise auch, obwohl der Einzelabschluß und nicht der Konzernabschluß durch den Aufsichtsrat oder die Gesellschafter festzustellen ist und der Einzelabschluß rechtlich als Grundlage der Gewinnverteilung dient.

III. Besonderheiten bei der Analyse von Konzernabschlüssen

Grundsätzlich sollte es, abgesehen von

- den Anteilen anderer Gesellschafter,
- den anderen Gesellschaftern zustehenden Ergebnissen,
- den nicht liquiditätswirksamen Ergebnissen aus assoziierten Unternehmen,
- den zugeschriebenen stillen Reserven auf die einzelnen Bilanzposten bei der erstmaligen Konsolidierung von Tochterunternehmen,
- der Abschreibung bzw. Verrechnung mit den Rücklagen des Unterschiedsbetrages aus der Kapitalkonsolidierung,

keine Besonderheiten oder zusätzlichen Schwierigkeiten bei der Analyse von Konzernabschlüssen geben.

Dies ist jedoch nicht der Fall. Insbesondere durch

- die gewählte Methode der Erstkonsolidierung,
- Wahlrechte,
- fehlende Vorschriften über die Währungsumrechnung sowie
- Nichteinbeziehung von Tochterunternehmen aufgrund gesetzlicher Vorschriften

wird die Analyse von Konzernabschlüssen zusätzlich erschwert.

Vergessen werden darf bei der Analyse eines Konzernabschlusses auch nicht, daß es sich um die Analyse einer wirtschaftlichen und nicht einer rechtlichen Einheit handelt.

Aus diesem Grunde

- ist in Deutschland nur der Jahresüberschuß gemäß Einzelabschluß und nicht gemäß Konzernabschluß ausschüttungsfähig,
- ist in Deutschland das Konzernergebnis nicht Grundlage der Besteuerung,
- können auf die von den ausländischen Tochterunternehmen an das Mutterunternehmen noch nicht ausgeschütteten Gewinne noch Ertragsteuern anfallen,
- kann der Ort der Cash-flow-Entstehung und des Cash-flow-Bedarfs bei international tätigen Gesellschaften voneinander abweichen, und der Transfer von erwirtschaftetem Cash-flow innerhalb des Konzerns kann durch Steuer- und Devisengesetze beeinträchtigt sein,
- haftet nicht das Vermögen des Konzerns, sondern das des jeweiligen Einzelunternehmens.

Das hat z.B. zur Folge, daß die Gläubiger bei Krediten an eine Konzerntochter in erster Linie deren Abschluß analysieren.

Der Konzernabschluß ist bei einer Kreditgewährung an eine Konzerntochter zusätzlich von Bedeutung, weil

- aus ihm die Eigenmittel und die Ertragslage der gesamten Unternehmensgruppe ersichtlich sind und
- die Ergebnisse der einzelnen Konzerngesellschaften von der Konzernmutter durch Preise und Konditionen bei den Lieferungen, Leistungen und Krediten zwischen den einzelnen Konzerngesellschaften beeinflußt werden können.

IV. Eigenständige Konzernbilanzpolitik

Im Konzernabschluß

- sind die Vermögensgegenstände und Schulden der in den Konzernabschluß einbezogenen Unternehmen nach den auf den Jahresabschluß des Mutterunternehmens anwendbaren Bewertungsmethoden einheitlich zu bewerten (§ 308 Abs. 1 Satz 1 HGB) und
- können die nach dem Recht des Mutterunternehmens zulässigen Bilanzierungswahlrechte (Ansatzwahlrechte) unabhängig von ihrer Ausübung in den Einzelabschlüssen der einbezogenen Unternehmen neu ausgeübt werden (§ 300 Abs. 2 Satz 2 HGB).

Dies bedeutet, daß derselbe Sachverhalt im Einzel- und Konzernabschluß unterschiedlich dargestellt werden kann, jedoch sind Abweichungen von den beim Jahresabschluß des Mutterunternehmens angewandten Bewertungsmethoden im Konzernanhang anzugeben und zu begründen (§ 308 Abs. 1 Satz 3 HGB).

Die neue Ausübung der Bewertungswahlrechte und der Bilanzierungswahlrechte (Ansatzwahlrechte) wird in der Regel in sogenannten Handelsbilanzen II in einer Nebenrechnung dargestellt.

Eine solche Neubewertung kann somit zur Folge haben, daß das Konzernergebnis erheblich von der Summe der Einzelergebnisse abweicht, z. B. durch

- Inanspruchnahme der steuerrechtlichen Sonderabschreibungen im Einzelabschluß, jedoch nicht Konzernabschluß,
- Ansatz der Herstellungskosten zu Einzelkosten in einem Abschluß und zu Einzel- und Gemeinkosten in dem anderen Abschluß,
- Ansatz degressiver Abschreibungen im Einzelabschluß und linearer Abschreibungen im Konzernabschluß,
- Anwendung unterschiedlicher Zinssätze bei den Pensionsrückstellungen,
- Vornahme von Wertaufholungen im Konzernabschluß und aus steuerlichen Gründen Beibehaltung der niedrigeren Werte im Einzelabschluß,
- Auflösung von bei Nicht-Kapitalgesellschaften gebildeten stillen Reserven aufgrund von Abschreibungen im Rahmen vernünftiger kaufmännischer Beurteilung (§ 253 Abs. 4 HGB), die im Konzernabschluß aufgelöst werden müssen (§ 298 Abs. 1, § 279 Abs. 1 Satz 1 HGB),
- Bewertung des Anlage- und Vorratsvermögens zu Wiederbeschaffungswerten in ausländischen Einzelabschlüssen und zu Anschaffungswerten im Konzernabschluß.

Neben unterschiedlicher Ausübung der Bewertungswahlrechte, für die einige Beispiele aufgeführt wurden, kann das Konzernergebnis von der Summe der Einzelergebnisse noch durch die Neuausübung der vielen Bilanzierungswahlrechte (Ansatzwahlrechte) abweichen (siehe Abschnitt A VI 3 b).

Für die Anpassung der in den Einzelabschlüssen der Tochterunternehmen angewandten Bewertungsmethoden an die des Mutterunternehmens besteht keine Berichtspflicht.

Das bedeutet, daß eine deutsche Konzernleitung eine eigenständige Konzernbilanzpolitik betreiben kann. Somit spielen die beim Einzelabschluß angestellten ausschüttungsbezogenen und steuerlichen Überlegungen beim Konzernabschluß keine Rolle.

Durch die von den steuerlichen Überlegungen beim Einzelabschluß losgelöste, mögliche eigenständige Konzernbilanzpolitik und die unterschiedlichen Steuersätze in den einzelnen Ländern ist beim Konzernabschluß kaum ein Rückschluß von den ausgewiesenen Steuern vom Einkommen und vom Ertrag auf den tatsächlichen Erfolg möglich.

V. Konsolidierungskreis

In den Konzernabschluß müssen gemäß § 294 Abs. 1 HGB alle Tochterunternehmen, die unter der einheitlichen Leitung einer Kapitalgesellschaft mit Sitz im Inland (§ 290 Abs. 1 HGB) stehen, einbezogen werden.

Hierzu gibt es Ausnahmen, und zwar in

- § 295 HGB: Verbot der Einbeziehung von Tochterunternehmen, deren Einbeziehung ein nicht den tatsächlichen Verhältnissen entsprechendes Bild der Vermögens-, Finanz- und Ertragslage des Konzerns vermitteln würde;
- § 296 HGB: Verzicht auf die Einbeziehung von Tochterunternehmen,
  - bei denen die Ausübung der Rechte des Mutterunternehmens beeinträchtigt ist,
  - bei denen erforderliche Angaben äußerst schwierig zu erhalten sind,
  - die nur zum Zwecke der Weiterveräußerung gehalten werden,
  - die nur von geringer Bedeutung sind.

Arbeitsgemeinschaften werden in der Praxis oft nicht konsolidiert. Sofern Forderungen und Verbindlichkeiten gegenüber Arbeitsgemeinschaften bekannt sind, sollten sie in der Bilanzanalyse unter Forderungen bzw. Verbindlichkeiten gegenüber Unternehmen, mit denen ein Beteiligungsverhältnis besteht, gezeigt werden.

Somit besteht nach dem HGB für

- Unternehmen, die nicht unter einheitlicher Leitung stehen, obwohl sie den gleichen Eigentümern gehören (»Parallelgesellschaften«),
- Mutterunternehmen mit Sitz im Ausland,
- Unternehmen in den Händen eines Einzelkaufmanns oder von Personengesellschaften

keine Pflicht zur Aufstellung eines Konzernabschlusses.

Eine Pflicht zur Einbeziehung in den Konzernabschluß entfällt für Tochterunternehmen, wenn dem Mutterunternehmen trotz entsprechender Kapitalbeteiligung nicht die Mehrheit der Stimmrechte zusteht. Umgekehrt besteht die Pflicht zur Einbeziehung in den Konzernabschluß, wenn dem Mutterunternehmen bei dem Tochterunternehmen

- bei einer Minderheitsbeteiligung die Mehrheit der Stimmrechte der Gesellschaft zusteht,
- das Recht zusteht, die Mehrheit der Verwaltungs-, Leitungs- oder Aufsichtsorganmitglieder zu bestellen oder abzuberufen und es gleichzeitig Gesellschafter ist oder
- das Recht zusteht, einen beherrschenden Einfluß vertraglich oder satzungsmäßig auszuüben.

Konsequenzen für die Bilanzanalyse

Durch die Nichteinbeziehung von Tochterunternehmen in den Konzernabschluß ist es möglich, daß die Darstellung der Vermögens-, Finanz- und Ertragslage eines Konzerns beeinträchtigt wird. Der Bilanzanalytiker sollte deshalb bei einer Konzernbilanzanalyse versuchen, sich ein Bild über die Größenordnung der nicht einbezogenen Gesellschaften, insbesondere über ihren Buchwert, das Reinvermögen, die Verbindlichkeiten und die Ergebnisse zu verschaffen, um festzustellen, ob durch die Nichteinbeziehung von Tochterunternehmen in die Konsolidierung die Darstellung der Vermögens-, Finanz- und Ertragslage des Konzerns wesentlich beeinflußt wird. Sofern nicht einbezogene Tochterunternehmen wirtschaftlich von Bedeutung sind, sollten auch die Gründe für die Nichteinbeziehung kritisch betrachtet werden. Möglich wäre z.B., daß Tochterunternehmen mit hohen Verlusten über mehrere Jahre nicht in den Konzernabschluß einbezogen wurden, weil ihre Veräußerung beabsichtigt ist.

Die Darstellung der Finanzlage kann auch beeinträchtigt werden, wenn für Tochterunternehmen, deren Abschlußstichtag weniger als drei Monate von dem Stichtag des Konzernabschlusses abweicht, kein Zwischenabschluß aufgestellt wird (§ 299 HGB).

VI. Größenabhängige Befreiungen

Ein Mutterunternehmen (AG, KGaA oder GmbH) ist von der Pflicht zur Aufstellung eines Konzernabschlusses befreit, wenn an zwei aufeinanderfolgenden Stichtagen zwei der drei folgenden Größenmerkmale nicht überschritten werden (§ 293 Abs. 1 HGB):

	Gesamtsummen der Einzelabschlüsse der einzubeziehenden Konzernunternehmen	oder	fiktiver Konzernabschluß
	Mio. DM		Mio. DM
Bilanzsumme(n)	32.270		26.890
Umsatzerlöse	64.540		53.780
	Anzahl		Anzahl
Arbeitnehmer	250		250

Die obigen Größenmerkmale gelten ab dem Geschäftsjahr 2000 (Herabsetzung der Größenmerkmale auf etwa die Hälfte durch das KapCoRiLiG).

Sofern gemäß Publizitätsgesetz von Nicht-Kapitalgesellschaften ein Konzernabschluß zu erstellen ist, müssen zwei der drei folgenden Größenmerkmale an drei aufeinanderfolgenden Stichtagen überschritten werden (§ 11 Abs. 1 Nr. 3 PublG), wobei sie allerdings nur für das Inland gelten:

	Mio. DM
Bilanzsumme	125
Umsatzerlöse	250

	Anzahl
Arbeitnehmer	5.000

Die Aussagekraft eines nach dem Publizitätsgesetz erstellten Konzernabschlusses ist jedoch wegen der Möglichkeiten des § 253 Abs. 4 HGB (Abschreibungen im Rahmen vernünftiger kaufmännischer Beurteilung) und des § 5 Abs. 5 PublG (Veröffentlichung nur von Teilen der Gewinn- und Verlustrechnung ohne das Jahresergebnis) beschränkt. Außerdem ist für diese Jahresabschlüsse auch nicht das Gliederungsschema des § 266 HGB verbindlich.

Für Mutterunternehmen in der Rechtsform einer Personengesellschaft oder eines Einzelkaufmanns, die sich ausschließlich auf die Vermögensverwaltung beschränken, besteht keine Verpflichtung zur Aufstellung eines Konzernabschlusses (§ 11 Abs. 5 Satz 2 PublG). Ein Konzernabschluß ist erst auf der nächsten Stufe aufzustellen. Es handelt sich dann nur um einen Teilkonzernabschluß. Bei einem Teilkonzernabschluß läßt sich jedoch nicht feststellen, ob das in dem Teilkonzernabschluß ausgewiesene Eigenkapital in der Obergesellschaft durch Eigenkapital oder Fremdkapital finanziert wird.

VII. Konsolidierung

Bei einer Vollkonsolidierung sind durch die Kapitalkonsolidierung, die Schuldenkonsolidierung und durch die Aufwands- und Ertragskonsolidierung und die damit verbundene Zwischenergebniseliminierung alle innerkonzernlichen Beziehungen auszuschalten.

1. Kapitalkonsolidierung

Bei der im Rahmen einer Vollkonsolidierung vorzunehmenden Kapitalkonsolidierung werden die Beteiligungsbuchwerte in dem Mutterunternehmen gegen das anteilige Eigenkapital der einzelnen Tochterunternehmen ausgetauscht.

Hierbei ergeben sich so gut wie immer Unterschiedsbeträge.

Ein aktivischer Unterschiedsbetrag ergibt sich durch unterbewertete Aktiva bzw. überbewertete Passiva (stille Reserven) bei den Tochterunternehmen und/oder, was in den meisten Fällen zutrifft, durch Ertragserwartungen, die über der Normalverzinsung der materiellen Substanz der Tochterunternehmen liegen (Geschäfts- oder Firmenwert).

Ein passivischer Unterschiedsbetrag deutet auf verborgene Risiken (unzureichende Rückstellungen), Verlusterwartungen (Badwill), Gewinnthesaurierungen in der Zeit zwischen Kauf und Erstkonsolidierung oder auf Abschreibungen auf den Beteiligungsbuchwert vor der Erstkonsolidierung hin. Möglich ist aber auch ein sehr günstiger Unternehmenskauf.

Ein passivischer Unterschiedsbetrag darf ergebniswirksam aufgelöst werden, soweit oben erwähnte verborgene Risiken oder Verlusterwartungen Wirklichkeit werden.

a) Erstkonsolidierung

Bei der erstmaligen Konsolidierung (Erstkonsolidierung) werden die Vermögensgegenstände und Schulden nicht mit den Buchwerten der Tochterunternehmen, sondern mit den Tageswerten – wobei die Obergrenze der Anschaffungswert der Beteiligung ist – übertragen.

Sollte der Unterschiedsbetrag höher sein als der Unterschied zwischen den Buchwerten und den Tageswerten, so ist für die Differenz ein Geschäfts- oder Firmenwert in die Konzernbilanz einzustellen.

Sollte der Unterschiedsbetrag niedriger sein, so ist er auf der Passivseite der Konzernbilanz einzustellen. Über den Ausweis des Postens im einzelnen sagt das Gesetz nichts aus.

Nach § 301 Abs. 1 Nr. 1 und 2 HGB sind zwei Methoden der Kapitalkonsolidierung zulässig, nämlich die Buchwertmethode und die Neubewertungsmethode.

Der Unterschied zwischen den beiden Methoden liegt darin, daß

- bei der Buchwertmethode der Unterschied zwischen dem Beteiligungsbuchwert des Mutterunternehmens und den Vermögenswerten abzüglich Schulden des Tochterunternehmens anteilig in Höhe des Beteiligungsanteils auf die einzelnen Posten der Bilanz und evtl. auf einen zu bildenden Geschäfts- oder Firmenwert zugeordnet wird und
- bei der Neubewertungsmethode der Unterschied unabhängig von der Höhe der Beteiligung voll auf die einzelnen Posten der Bilanz und evtl. auf einen zu bildenden Geschäfts- oder Firmenwert zugeordnet wird.

Bei hundertprozentigen Tochterunternehmen führen beide Methoden zum gleichen Ergebnis.

Für die Durchführung der Erstkonsolidierung besteht ein Wahlrecht zwischen dem Erwerbszeitpunkt und dem Zeitpunkt der erstmaligen Einbeziehung in den Konzernabschluß.

Konsequenzen für die Bilanzanalyse

Bei der Neubewertungsmethode werden gegenüber der Buchwertmethode auch die stillen Reserven für die Fremdanteile aufgelöst. Sie führt somit zu einem höheren Ausweis des Eigenkapitals anderer Gesellschafter und in den folgenden Geschäftsjahren zu zusätzlichen Abschreibungen auf den Anteil der Fremdanteile an den stillen Reserven.

Falls die stillen Reserven höher sind als der Unterschiedsbetrag, hat der Bilanzierende einen großen Ermessensspielraum bei der Zuordnung der stillen Reserven zu den einzelnen Posten der Bilanz. Dadurch wird die Höhe der Abschreibungen und die zukünftige Ergebnisanalyse beeinflußt, da die Abschreibungen auf den Geschäfts- oder Firmenwert bei der Ergebnisanalyse in der Regel dem Ergebnis hinzugerechnet werden.

Der entstehende Geschäfts- oder Firmenwert ist gemäß § 309 HGB Abs. 1 Satz 1 und 2 entweder in 4 Jahren oder planmäßig über eine längere Nutzungsdauer abzuschreiben. Auch ist gemäß § 309 Abs. 1 eine sofortige offene Verrechnung mit den Rücklagen möglich. Eine offene Verrechnung mit den Rücklagen im Laufe der Jahre ist ebenfalls nicht auszuschließen.

Eine Aktivierung des Geschäfts- oder Firmenwertes führt somit vorübergehend zu einer höheren Eigenkapitalquote. Die Abschreibungen bedeuten in den Folgejahren eine entsprechende – jedoch durch Externe erkennbare – höhere Belastung des Ergebnisses. Bei einer Verrechnung mit den Rücklagen in den Folgejahren wird diese Belastung des Ergebnisses vermieden.

Um bei einer Bilanzanalyse zu aussagefähigen und vergleichbaren Ergebnissen zu kommen, muß eine Bereinigung erfolgen, d.h.

- der Geschäfts- oder Firmenwert aus der Kapitalkonsolidierung ist mit dem Konzern-Eigenkapital zu saldieren, und
- die Abschreibungen auf den Geschäfts- oder Firmenwert sind in den Folgejahren dem Konzern-Ergebnis hinzuzufügen.

Der Ermessensspielraum für die Zuordnung des bei der Konsolidierung entstehenden Unterschiedsbetrages auf die einzelnen Posten der Bilanz und des entstehenden Geschäfts- oder Firmenwert setzt der Bereinigung des Konzernabschlusses Grenzen. Besonders ist bei der Bereinigung darauf zu achten, ob bei der Erstkonsolidierung eine mögliche hohe Zuordnung von stillen Reserven auf das nicht abnutzbare und langsam abnutzbare Sachanlagevermögen (Grundstücke und Gebäude) vorgenommen wurde. Durch eine solche Zuordnung erhöht sich nämlich das Eigenkapital, und langfristig wird das Ergebnis nicht oder nur gering durch Abschreibungen belastet.

Falls die Summe der Vermögensposten abzüglich Schulden eines Tochterunternehmens höher ist als der Beteiligungsbuchwert, sollte bei einer Bilanzanalyse dieser passivische Ausgleichsposten – sofern keine eindeutigen anderen Erkenntnisse vorliegen (Gewinnthesaurierungen zwischen Kauf und Erstkonsolidierung oder nachweisbarer sehr günstiger Unternehmenskauf) – als Rückstellung betrachtet werden.

b) Folgekonsolidierung

Bei den Konsolidierungen in den folgenden Jahren (Folgekonsolidierung) werden die aufgelösten stillen Reserven und der Geschäfts- oder Firmenwert erfolgswirksam.

Konsequenzen für die Bilanzanalyse

Die höheren Abschreibungen auf das abnutzbare Anlagevermögen führen in den Folgejahren zu entsprechend geringeren Gewinnen und zu einer Verringerung des Eigenkapitals, jedoch zu keiner Veränderung des Cash-flows. Das gleiche gilt für die Abschreibungen auf den Geschäfts- oder Firmenwert.

Bei dem nicht abnutzbaren Anlagevermögen ergeben sich erst Auswirkungen auf die Finanz- und Ertragslage bei dem Abgang dieser Vermögenswerte, während sich eine eventuelle Zuschreibung bei den Vorräten im Folgejahr voll auf das Ergebnis auswirkt.

2. Schuldenkonsolidierung

Bei der Schuldenkonsolidierung im Rahmen einer Vollkonsolidierung sind Forderungen und Schulden zwischen den in den Konzernabschluß einbezogenen Unternehmen wegzulassen. Die Forderungen und Schulden sollten sich in der Regel ausgleichen. Ausnahmen können durch unterschiedliche Währungskurse, Wertberichtigungen auf Forderungen gegenüber Konzernunternehmen, Rückstellungen für ungewisse Verbindlichkeiten gegenüber Konzernunternehmen, unterschiedliche Behandlung eines Disagio und evtl. durch zeitliche Buchungsunterschiede entstehen.

Konsequenzen für die Bilanzanalyse

Die Schuldenkonsolidierung bietet keine bilanzpolitischen Möglichkeiten.

3. Aufwands- und Ertragskonsolidierung und Zwischenergebniseliminierung

In der Konzern-Gewinn- und Verlustrechnung sind bei der Vollkonsolidierung die Umsatzerlöse an Konzernunternehmen mit den auf sie entfallenden Aufwendungen der empfangenden Konzernunternehmen zu verrechnen bzw. in Bestandsveränderungen oder aktivierte Eigenleistungen umzugliedern. Angefallene Zwischenergebnisse, d.h. Erfolge aus Lieferungen und Leistungen, sind dabei gemäß § 304 Abs. 1 HGB zu eliminieren. Mögliche Ausnahmen davon sind in § 304 Abs. 2 (Lieferung oder Leistung zu üblichen Marktbedingungen und Ermittlung der Zwischenergebnisse erfordert unverhältnismäßig hohen Aufwand) und in § 304 Abs. 3 (Zwischenergebnisse sind für die Vermittlung eines den tatsächlichen Verhältnissen entsprechenden Bildes der Vermögens-, Finanz- und Ertragslage des Konzerns nur von untergeordneter Bedeutung) geregelt.

Andere Erträge, wie z. B. Konzernumlagen, weiterbelastete Kosten sowie Ergebnisübernahmen innerhalb des Konsolidierungskreises, sind ebenfalls zu verrechnen.

Konsequenzen für die Bilanzanalyse

Bei der Zwischenergebniseliminierung sind die Anschaffungskosten in der Einzelbilanz gegen die Konzern-Anschaffungs-/Herstellungskosten auszutauschen.

Bei Lieferungen von Anlagegegenständen kann es dabei zu Abschreibungskorrekturen in den Folgejahren kommen.

Die Zwischenergebniseliminierung kann bei der Erstanwendung erhebliche Auswirkungen auf das Konzernergebnis haben. Gemäß Art. 27 Abschnitt 4 EGHGB darf der Unterschiedsbetrag aus der Zwischenergebniseliminierung in die Gewinnrücklagen eingestellt oder mit diesen offen verrechnet werden.

In den folgenden Jahren sind die Auswirkungen in der Regel wesentlich geringer, da nur die Veränderung der Zwischenergebnisse in der Konzern-Gewinn- und Verlustrechnung erfolgswirksam wird. Diese Veränderung setzt sich aus den im laufenden Jahr zu eliminierenden Zwischenergebnissen abzüglich der im Vorjahr eliminierten und im laufenden Jahr realisierten Zwischenergebnisse zusammen.

Zwischenergebnisse von nicht konsolidierten verbundenen Unternehmen und Zwischenergebnisse von im Konzern hergestellten aber über Dritte bezogenen Erzeugnissen werden nicht eliminiert.

4. Anteilmäßige Konsolidierung – Quotenkonsolidierung

Gemeinschaftsunternehmen (Joint Ventures) dürfen nur quotal in den Konzernabschluß einbezogen werden. Eine Einbeziehung nach der weiter unten behandelten Equity-Methode ist ebenfalls möglich.

Konsequenzen für die Bilanzanalyse

Durch die quotale Einbeziehung in den Konzernabschluß fällt kein Ausgleichsposten für Anteile in Fremdbesitz an.

Das Wahlrecht bezüglich der Art der Konsolidierung von Gemeinschaftsunternehmen bietet die Möglichkeit, die Darstellung der Vermögens-, Finanz- und Ertragslage eines Konzerns zu beeinflussen. Dieses Wahlrecht kann die Vergleichbarkeit von Abschlüssen verschiedener Unternehmen erschweren.

Da bei der Quotenkonsolidierung die anteiligen Vermögens- und Schuldenposten sowie die Gewinn- und Verlust-Posten ausgewiesen werden und bei der im nächsten Abschnitt erläuterten Equity-Methode keine einzelnen Vermögens- und Schuldenposten bzw. Gewinn- und Verlust-Posten in die Konzernbilanz bzw. in die Konzern-Gewinn- und Verlustrechnung eingehen, führt die Quotenkonsolidierung zu einer richtigeren Darstellung der Kapitalstruktur und folglich zu einer niedrigeren Eigenkapitalquote sowie zu einem niedrigeren aber richtigeren Ergebnisanteil am Umsatz im Konzernabschluß als die Equity-Methode. Die absolute Höhe des Eigenkapitals und des Ergebnisses ist jedoch bei beiden Methoden gleich.

Der Informationsgehalt des Konzernabschlusses bei einer Quotenkonsolidierung ist somit höher als bei der Equity-Methode.

Auf in der Literatur geäußerte Bedenken gegenüber der Quotenkonsolidierung (Verstoß gegen Einheitstheorie) braucht hier nicht eingegangen zu werden.

In den USA ist die Quotenkonsolidierung bisher nicht üblich.

5. Equity-Methode für assoziierte Unternehmen

Bei der Equity-Methode erfolgt die Darstellung der Beteiligungen zum fortgeschriebenen anteiligen Eigenkapital.

Zu der Bilanzierung von assoziierten Unternehmen – das sind in der Regel Unternehmen, an denen der Konzern mit mindestens 20 % und höchstens mit 50 % beteiligt ist und auf deren Geschäfts- und Finanzpolitik er einen maßgeblichen Einfluß ausübt – im Konzernabschluß sagt § 311 HGB folgendes:

Wird von einem in den Konzernabschluß einbezogenen Unternehmen ein maßgeblicher Einfluß auf die Geschäfts- und Finanzpolitik eines nicht einbezogenen Unternehmens, an dem das Unternehmen nach § 271 Abs. 1 beteiligt ist, ausgeübt (assoziiertes Unternehmen), so ist diese Beteiligung in der Konzernbilanz unter einem besonderen Posten mit entsprechender Bezeichnung auszuweisen. Ein maßgeblicher Einfluß wird vermutet, wenn ein Unternehmen bei einem anderen Unternehmen mindestens den fünften Teil der Stimmrechte der Gesellschafter innehat.

Auf eine Beteiligung an einem assoziierten Unternehmen brauchen Absatz 1 und § 312 nicht angewendet zu werden, wenn die Beteiligung für die Vermittlung eines den tatsächlichen Verhältnissen entsprechenden Bildes der Vermögens-, Finanz- und Ertragslage des Konzerns von untergeordneter Bedeutung ist.

Allgemeines

Bei der erstmaligen Anwendung der Equity-Methode wird ähnlich wie bei der Kapitalkonsolidierung der Unterschiedsbetrag zwischen Beteiligungsbuchwert und anteiligem Eigenkapital ermittelt. Dies kann wie bei der Kapitalkonsolidierung nach zwei verschiedenen Verfahren, nämlich nach der Buchwertmethode (§ 312 Abs. 1 Nr. 1 HGB) oder der Neubewertungsmethode, die hier Kapitalanteilsmethode (§ 312 Abs. 1 Nr. 2 HGB) genannt wird, erfolgen.

Während bei der Buchwertmethode der Beteiligungsbuchwert unverändert bleibt und der aktive Unterschiedsbetrag, der stille Reserven und/oder einen Geschäfts- oder Firmenwert darstellt, in einer Nebenrechnung zu ermitteln ist und bei der Erstkonsolidierung entweder in der Konzernbilanz als »davon«-Vermerk beim Beteiligungsbuchwert oder im Konzernanhang anzugeben ist, ist bei der Kapitalanteilsmethode der Geschäfts- oder Firmenwert aus der Equity-Bewertung als gesonderter Posten in die Konzernbilanz einzustellen. Bei beiden Verfahren sind in den Folgejahren die stillen Reserven und der Geschäfts- oder Firmenwert zu Lasten der Konzern-Gewinn- und Verlustrechnung abzuschreiben. Der Geschäfts- oder Firmenwert kann auch offen mit den Rücklagen verrechnet werden.

Nach vollständiger Abschreibung des Unterschiedsbetrages führen Buchwert- und Kapitalanteilsmethode zur gleichen Darstellungsweise, d.h. zum Ausweis des anteiligen Eigenkapitals des assoziierten Unternehmens (= Bewertung zum Bilanzkurs).

Buchwert- und Kapitalanteilsmethode können gleichzeitig angewendet werden.

Beide Methoden unterscheiden sich formal und in ihrem Aussagewert, jedoch nicht im Ergebnis.

In den Folgejahren wird entsprechend der Entwicklung des anteiligen Eigenkapitals an dem assoziierten Unternehmen der Wertansatz der Beteiligung fortgeschrieben, d.h. anteilige Jahresüberschüsse werden im Entstehungsjahr zeitgleich als Beteiligungserträge übernommen und dem Beteiligungsbuchwert zugeschrieben, bzw. anteilige Jahresfehlbeträge haben entsprechende Abschreibungen zur Folge und Dividendenzahlungen führen zu einer erfolgsneutralen Verminderung des Wertes der Beteiligung.

Eine Bildung von stillen Reserven bei assoziierten Unternehmen durch Gewinnthesaurierung ist somit nicht möglich.

Als weitere Information muß mindestens die in § 285 Nr. 11 HGB geforderte Beteiligungsliste des Mutterunternehmens und die in § 313 Abs. 2 Nr. 4 HGB erwähnte Beteiligungsliste des Konzerns vorliegen. Für die hierin aufzuführenden Beteiligungen ist anzugeben:

Beteiligungsliste des Mutterunternehmens und des Konzerns
- Name,
- Sitz,
- Anteil am Kapital.

Beteiligungsliste des Mutterunternehmens
- Höhe des Eigenkapitals,
- Ergebnis des letzten Geschäftsjahres, für das ein Abschluß vorliegt.

Sofern die Beteiligungslisten nicht im Anhang veröffentlicht, sondern gesondert nach § 313 Abs. 4 HGB beim Handelsregister hinterlegt sind, empfiehlt es sich, sie anzufordern.

Neben den Informationen über den Konsolidierungskreis liefern die Beteiligungslisten Informationen über die Ergebnisquellen im Konzern und über die Entwicklung der Ergebnisse aufgrund der Veränderung des Konsolidierungskreises. Darüber hinaus kann die Kenntnis der Ergebnisse der nicht in den Konzernabschluß einbezogenen Unternehmen zusätzliche Hinweise auf die Ertragslage des Konzerns geben.

Konsequenzen für die Bilanzanalyse sowie Vergleich Quotenkonsolidierung mit Equity-Methode

Die Einbeziehung von Beteiligungsunternehmen nach der Methode der Quotenkonsolidierung oder der Equity-Methode in den Konzernabschluß führt zu dem gleichen Konzernergebnis. Zu berücksichtigen ist dabei jedoch, daß der Konzernmutter die einbehaltenen Gewinne der Beteiligungen nicht zur Verfügung stehen.

Bei der Equity-Bewertung ist die Kapitalanteilsmethode aussagefähiger als die Buchwertmethode, weil bei der Buchwertmethode der Unterschiedsbetrag nur bei der erstmaligen Konsolidierung, und zwar ohne Aufteilung auf stille Reserven und Geschäfts- oder Firmenwert, in der Konzernbilanz zu vermerken oder im Konzernanhang anzugeben ist. Bei der Buchwertmethode werden somit der Geschäfts- oder Firmenwert und die Abschreibungen darauf nicht gesondert gezeigt. Die Abschreibungen auf die anteiligen stillen Reserven und den Geschäfts- oder Firmenwert sind bei der Buchwertmethode im Beteiligungsergebnis aus assoziierten Unternehmen enthalten. Der nicht getrennte Ausweis des Geschäfts- oder Firmenwertes und der darauf entfallenden Abschreibungen beeinträchtigen die Aufbereitung und Analyse des Konzernabschlusses.

Die Quotenkonsolidierung ist grundsätzlich informativer als die Equity-Methode. Neben der tatsächlichen Höhe der Vermögensgegenstände und Schulden fließen bei der Quotenkonsolidierung auch die Informationen über die Finanzanlagen, die Restlaufzeit der Forderungen und Verbindlichkeiten, Haftungsverhältnisse, sonstige finanzielle Verpflichtungen, Cash-flow (Abschreibungen, Rückstellungsveränderungen) in den Konzernabschluß ein.

Für die Beurteilung der Ertragslage hat die Equity-Methode gegenüber der Quotenkonsolidierung folgende Nachteile:

- Ausweis einer zu hohen (bei Erträgen aus assoziierten Unternehmen) oder zu niedrigen (bei Aufwendungen aus assoziierten Unternehmen) Umsatzrentabilität wegen saldierter und somit nicht ausgewiesener Erträge und Aufwendungen,
- beeinträchtigte Aufwandsstrukturanalyse,
- fehlende Informationen über sonstige betriebliche Erträge, außerordentliche Erträge und außerordentliche Aufwendungen,
- fehlende Angaben über Bewertungs- und Bilanzierungsmethoden,
- evtl. keine einheitliche Bewertung (§ 312 Abs. 5 Satz 1 und 2 HGB),
- evtl. keine Zwischenergebniseliminierung (§ 312 Abs. 5 Satz 3 und 4 HGB),

– keine Aufdeckung von (in der Regel unbedeutenden ergebnisverbessernden) Aufrechnungsdifferenzen aus der Schuldenkonsolidierung.

6. Interessenzusammenführungsmethode (Pooling of interests-Methode)

Falls ein Tochterunternehmen nicht durch Kauf, sondern durch Tausch gegen neu ausgegebene Anteile eines in den Konzernabschluß einbezogenen Unternehmens Mitglied in dem Konzern wurde, braucht die Konsolidierung dieses Unternehmens nicht nach der in § 301 HGB geschilderten Methode (Purchase-Methode), sondern kann nach der Interessenzusammenführungsmethode (Pooling of interests-Methode) vorgenommen werden. Hierbei darf Barzahlung für bis zu 10% des Nennwertes der ausgegebenen Anteile geleistet werden, und die Beteiligung an dem Tochterunternehmen muß mindestens 90% an diesen Kapitalanteilen betragen.

Diese Art der Konsolidierung beruht auf dem Gedanken, daß der Beteiligungserwerb nicht durch Kauf, sondern durch einen Austausch von Anteilsrechten stattfand, da die früheren Eigentümer des Tochterunternehmens ihre Rechte an dem Tochterunternehmen zwar abgegeben, aber dafür Anteile an einem anderen Konzernunternehmen erhalten haben und somit im Rahmen des Konzerns zusammen mit anderen Konzern-Anteilseignern weiterhin Anteilseigner ihrer früheren Vermögensposition sind. Seitens des Konzerns ist somit kein Kauf zu unterstellen. Es wurden nur die Vermögen sowie früher getrennte Anteilseignergruppen zusammengeführt. Deshalb sind die Buchwerte der übernommenen Gesellschaft weiterzuführen, und es ist keine Bewertung zu Tageswerten vorzunehmen.

Ein sich ergebender aktivischer Unterschiedsbetrag ist mit den Rücklagen zu verrechnen und ein passivischer ist den Rücklagen hinzuzurechnen (§ 302 Abs. 2 HGB). Er ist somit nicht wie bei der Purchase-Methode auf die Vermögens- und Schuldenposten zu verteilen. Ein Goodwill oder Badwill kann somit bei der Interessenzusammenführungsmethode nicht entstehen.

Konsequenzen für die Bilanzanalyse

Da bei der Interessenzusammenführungsmethode keine Aufwertung des Sachanlagevermögens vorgenommen wird und kein Geschäfts- oder Firmenwert entstehen kann, sind die Ergebnisse in den auf die Erstkonsolidierung folgenden Jahren bei einer Konsolidierung nach der Interessenzusammenführungsmethode höher als bei der Purchase-Methode, da die Abschreibungen auf die Aufwertungen des Anlagevermögens und auf den Geschäfts- oder Firmenwert entfallen.

7. Latente Steuern

Ziel der Abgrenzung latenter Steuern in der Handelsbilanz ist es, den ausgewiesenen Steueraufwand in einen ursächlichen Zusammenhang mit dem handelsrechtlichen Jahresergebnis vor Steuern zu bringen. Bei dem Konzernabschluß sollten deshalb die ausgewiesenen Ertragsteuern so bemessen werden, als wäre das Konzernergebnis steuerpflichtig, obwohl nach deutschem Recht nicht der Konzern, sondern die einzelnen zu konsolidierenden Unternehmen steuerpflichtig sind und sich durch die Konsolidierung nicht der Steueraufwand, sondern nur der Konzerngewinn ändert.

Wie beim Einzelabschluß können auch beim Konzernabschluß latente Steuern nur aufgrund von zeitlich begrenzten Ergebnisunterschieden entstehen.

Gemäß § 306 HGB besteht für die durch Konsolidierungsmaßnahmen verursachten latenten Steuern eine Ansatzpflicht, wobei dieser Posten mit den in den Einzelabschlüssen berücksichtigten latenten Steuern nach § 274 HGB zusammengefaßt werden kann.

Latente Steuern in der Konzernbilanz können aus drei verschiedenen Gründen entstehen:

1. Saldo latenter Steuern aus Einzelabschlüssen aufgrund der Abweichung zwischen Steuerbilanz und Handelsbilanz (Handelsbilanz I) gemäß § 274 HGB.
2. Bewertungsanpassung wegen des Abweichens der handelsrechtlichen Einzelabschlüsse (Handelsbilanz I) von den konzerneinheitlichen Einzelabschlüssen (Handelsbilanz II). Dieser Posten wird in der Literatur überwiegend dem § 274 HGB zugerechnet.
3. Abweichungen zwischen der Summe der Einzelabschlüsse (Handelsbilanz II) und dem Konzernabschluß aufgrund von Konsolidierungsmaßnahmen (erfolgswirksame Schuldenkonsolidierung, Zwischenergebniseliminierung, auf konzerninterne Gewinnausschüttungen entstehende Nachsteuern) gemäß § 306 HGB.

Während gemäß § 306 HGB für die aktiven und passiven latenten Steuern, die saldiert werden können, in der Konzernbilanz eine Ansatzpflicht besteht, gilt für die gemäß § 274 HGB aufgeführten latenten Steuern, soweit es sich um aktive latente Steuern handelt, ein Aktivierungswahlrecht. Dieses Aktivierungswahlrecht kann unabhängig von der Handhabung im Einzelabschluß im Konzernabschluß neu ausgeübt werden.

Im Gesetz ist nicht geregelt, wie die Höhe der latenten Steuern zu ermitteln ist. Folgende Fragen sind offen:

- Welcher Körperschaftsteuersatz ist anzuwenden (Tarifbelastung, Ausschüttungsbelastung, Mischsatz)?
- Sind die gegenwärtigen oder zukünftigen Steuersätze zugrunde zu legen?
- Welcher Steuersatz ist bei internationalen Konzernen der fiktiven Besteuerung des Konzerns zugrunde zu legen?
- Ist eine Abzinsung der latenten Steuern zulässig?

Die Bilanzierenden haben sich zwar an dem Ziel des Konzernabschlusses, nämlich ein den tatsächlichen Verhältnissen entsprechendes Bild der Vermögens-, Finanz- und Ertragslage des Konzerns zu vermitteln, zu orientieren, ein nicht unerheblicher Ermessensspielraum bleibt trotzdem bestehen.

Bei der erstmaligen Anwendung des § 306 HGB dürfen die Erhöhungen und Verminderungen des Konzernergebnisses aus der Steuerabgrenzung sowie aus der Schulden- und Zwischenergebniskonsolidierung und der einheitlichen Bewertung gemäß Art. 27 Abs. 4 EGHGB erfolgsneutral behandelt werden, wobei die Erhöhung in die Gewinnrücklagen eingestellt und die Verminderung offen mit den Gewinnrücklagen verrechnet werden können.

Konsequenzen für die Bilanzanalyse

Aktive latente Steuern lassen grundsätzlich auf eine vorsichtige Bewertung schließen, während passive latente Steuern das Gegenteil vermuten lassen.

Die Höhe der ausgewiesenen latenten Steuern im Zeitverlauf kann bei einer Konzernbilanz wegen der ungeklärten Frage, wie die latenten Steuern zu ermitteln sind, nur als ein pauschaler Indikator für die Bilanzpolitik angesehen werden.

Der Ausweis von aktiven latenten Steuern würde bei einer Konzernbilanz auf eine vorsichtige Bilanzierung hindeuten. Bei einer Einzelbilanz trifft dies jedoch wegen des Ansatzwahlrechtes der aktiven latenten Steuern nicht zu, da ein solcher Ausweis das Gegenteil einer vorsichtigen Bilanzpolitik wäre.

8. Informationsinhalt des Konzernabschlusses gegenüber dem Einzelabschluß

Abgesehen von den typischen Besonderheiten des Konzernabschlusses gegenüber dem Einzelabschluß können beim Konzernabschluß

- die Vorräte in einer Sammelposition zusammengefaßt sein (§ 298 Abs. 2 HGB) und
- bei der Anwendung des Umsatzkostenverfahrens Angaben über die Höhe des Materialaufwandes im Anhang unterbleiben.

Das Fehlen der letzteren Information bedeutet für den Bilanzanalytiker, daß auch ein grober Vergleich mit Gewinn- und Verlustrechnungen nach dem Gesamtkostenverfahren nicht möglich ist und verschiedene Kennzahlen nicht ermittelt werden können (Materialaufwandsquote, Lieferantenziel, Lagerdauer).

Auch ist beim Konzernabschluß kein gesonderter Ausweis der Ausleihungen, Forderungen und Verbindlichkeiten gegenüber assoziierten Unternehmen vorgeschrieben.

VIII. Vergleich Konzernergebnis mit der Summe der Einzelergebnisse

Für eine eingehende Analyse eines Konzerns ist es angebracht, das Konzernergebnis mit dem Ergebnis des Mutterunternehmens und der Summe der Einzelergebnisse zu vergleichen, um dadurch eine Ergebnisquellenanalyse nach Gesellschaften vornehmen zu können. Bei einem diversifizierten Konzern kann es darüber hinaus angebracht sein, Abschlüsse der Teilkonzerne bzw. einzelner Gesellschaften zu analysieren, um einen Branchenvergleich durchführen zu können.

Ideal wäre es, wenn die Abschlußformblätter der einzelnen Tochterunternehmen, Gemeinschaftsunternehmen und assoziierten Unternehmen sowie die Überleitung des Jahresergebnisses des Einzelabschlusses auf das Jahresergebnis des Konzernabschlusses zur Verfügung ständen. Dies dürfte nur selten der Fall sein.

Der Unterschied zwischen dem Konzernergebnis und der Summe der Einzelergebnisse kann erheblich sein. Um einen annähernden Vergleich vornehmen zu können und dadurch eine zusätzliche Aussage über die Zusammensetzung des Konzernergebnisses zu erhalten, wird nachstehend aufgeführt, aus welchen Gründen die Summe der Einzelergebnisse nicht mit dem Konzernergebnis übereinstimmen kann. Die tatsächliche Höhe der einzelnen den Unterschied begründenden Posten kann in den meisten Fällen nur geschätzt oder vermutet werden.

Der Unterschied zwischen dem Konzernergebnis und der Summe der Einzelergebnisse kann im wesentlichen aus folgenden Gründen entstehen:

- Abweichen der Bewertungsmethode einzelner Gesellschaften bzw. Teilkonzerne von der Bewertungsmethode in der Konzernbilanz. Für das Abweichen von Bewertungsmethoden zwischen dem Einzelabschluß des Mutterunternehmens und dem Konzernabschluß muß es verbale Informationen im Anhang des Jahresabschlusses geben (§ 308 Abs. 1 HGB).
- Zwischenergebniseliminierung bei konzerninternen Umsätzen
  - Vermutungen über die Höhe der Zwischenergebniseliminierung können aufgrund der Veränderung der Bestandsveränderungen der empfangenden Konzerngesellschaften angestellt werden (bei erstmaliger Konsolidierung ist dieser Posten besonders hoch und hängt von der absoluten Höhe der Vorräte ab),
  - darüber hinaus können von Konzerngesellschaften gelieferte selbsterstellte Anlagen und getätigte aktivierte Großreparaturen eine Rolle spielen,
- Ergebnisübernahme aus Equity-Bewertung (abzüglich eventueller Dividendenzahlungen)
  - gesonderter Ausweis in der Konzern-Gewinn- und Verlustrechnung gemäß § 312 Abs. 4 Satz 2 HGB,
- Ergebniseffekte aus der Folgekonsolidierung (höhere Abschreibungen, Abschreibung auf den Geschäfts- oder Firmenwert),
- Phasenverschiebung bei Gewinnausschüttungen,
- latente Steuern aus Konsolidierungsvorgängen,
- andere Abschlußtermine,
- anderen Gesellschaftern zustehendes Ergebnis.

Darüber hinaus können Ergebnisauswirkungen aus der Währungsumrechnung, die unter den sonstigen betrieblichen Aufwendungen bzw. Erträgen erfaßt sind, den Vergleich beeinflussen.

Im Rahmen der gegebenen Möglichkeiten ist es empfehlenswert, einen Vergleich auf der Basis der Betriebsergebnisse vorzunehmen. Hierdurch werden die Ergebnisverzerrungen durch die gezahlten und die latenten Steuern sowie die Phasenverschiebungen bei Gewinnausschüttungen eliminiert. Das Konzernergebnis ist bei diesem Vergleich um die Abschreibungen auf den Geschäfts- oder Firmenwert aus der Kapitalkonsolidierung zu bereinigen.

Bei Jahresabschlüssen nach IAS und US-GAAP und bei Jahresabschlüssen nach dem HGB von börsennotierten deutschen Unternehmen erübrigen sich in der Regel solche Vergleiche sowie die Analyse einzelner Teilkonzerne und Gesellschaften, da diese Jahresabschlüsse eine Segmentberichterstattung beinhalten.

IX. Währungsumrechnung, Umrechnungsdifferenzen

1. Allgemeines

Es gibt in Deutschland keine gesetzlichen Vorschriften über die Umrechnung von Jahresabschlüssen in den Konzernabschluß. Auch in der 7. EG-Richtlinie (Konzernrichtlinie) waren keine Vorschläge enthalten. Gemäß § 313 Abs. 1 Satz 2 Nr. 2 HGB müssen im Anhang lediglich die Grundlagen für die Umrechnung in DM bzw. Euro angegeben werden. In der Praxis werden verschiedene Methoden der Währungsumrechnung angewendet. Sie werden im folgenden Abschnitt erläutert.

In Deutschland hat der Hauptfachausschuß (HFA) des Instituts der Wirtschaftsprüfer (IDW) am 22. 10. 1986 einen »Geänderten Entwurf einer Verlautbarung zur Währungsumrechnung im Jahres- und Konzernabschluß« veröffentlicht. Erst am 6./7. Mai 1998 hat der HFA den »Entwurf einer Stellungnahme: Zur Währungsumrechnung im Konzernabschluß« verabschiedet.

Während der HFA in seinem »Geänderten Entwurf einer Verlautbarung zur Währungsumrechnung im Jahres- und Konzernabschluß« von 1986 sowohl die Stichtagsmethode, Fristigkeitsmethode, Geld-Sachwert-Methode als auch die Zeitbezugsmethode für zulässig hielt und die funktionsspezifische Umrechnung nicht erwähnte, lehnt er sich im »Entwurf einer Stellungnahme: Zur Währungsumrechnung im Konzernabschluß« von 1998 an US-GAAP und IAS an, die die funktionsspezifische Umrechnung vorschreiben.

In den USA ist die Umrechnung der Abschlüsse von Auslandsgesellschaften im Konzernabschluß durch den Financial Accounting Standards Board (FASB) im Dezember 1981 mit dem Statement of Financial Accounting Standards (SFAS) 52 Foreign Currency Translation geregelt worden. Diesem Statement gingen anderslautende Statements in den 60er und 70er Jahren voraus. SFAS 52 schreibt die funktionsspezifische Umrechnung vor.

Das International Accounting Standards Committee (IASC) hat im Jahre 1983 mit dem International Accounting Standard 21 Accounting for the Effects of Changes in Foreign Exchange Rates die Währungsumrechnung geregelt. Er schreibt ebenfalls die funktionsspezifische Umrechnung vor.

Da Konzernabschlüsse nicht unerheblich von der angewandten Methode der Währungsumrechnung und der Behandlung der Umrechnungsdifferenzen beeinflußt werden und es keine Vorschriften über die anzuwendende Methode gibt, werden nachstehend die verschiedenen bekannten Methoden der Währungsumrechnung in der Reihenfolge ihrer Entstehung in ihren wesentlichen Grundzügen vorgestellt.

2. Methoden der Währungsumrechnung

Bei der folgenden Darstellung der bekannten Methoden der Währungsumrechnung wird auch auf die Entwicklung und Anwendung der einzelnen Methoden in den USA eingegangen.

a) *Stichtagskursmethode (current rate method),* d.h. die einheitliche Umrechnung aller Bilanzposten zum Wechselkurs am Bilanzstichtag (Tageskurs)
Die Posten der Gewinn- und Verlustrechnung werden hierbei entweder ebenfalls zum Kurs am Bilanzstichtag (reine Stichtagskursmethode) oder zum Kurs zum Zeitpunkt der

Geschäftsvorfälle (modifizierte Stichtagskursmethode), d.h. in der Praxis zu Jahres-, Quartals- oder Monatsdurchschnittskursen, umgerechnet.

Von amerikanischen Berufsorganisationen ist die Stichtagskursmethode als einzige Umrechnungsmethode nicht empfohlen worden.

Die Anwendung der Stichtagskursmethode kann bei sehr unterschiedlicher Entwicklung der Wechselkurse zu nicht aussagefähigen Wertansätzen im Konzernabschluß führen.

b) *Fristigkeitsmethode (current-non current method),* d.h. die differenzierte Umrechnung aller Bilanzposten nach der Dauer ihres Verbleibs

Langfristig gebundene Posten, nämlich Anlagevermögen, langfristige Forderungen und langfristige Verbindlichkeiten und das bilanzielle Eigenkapital, werden mit den Kursen der Anschaffung und Entstehung (historischer Kurs) und kurzfristig gebundene Posten, nämlich Vorräte, flüssige Mittel, kurzfristige Forderungen und Verbindlichkeiten, werden zum Wechselkurs am Bilanzstichtag (Tageskurs) umgerechnet. Für Aufwendungen (mit Ausnahme der Abschreibungen = historischer Kurs) und Erträge ist der Durchschnittskurs des Monats, in dem sie entstanden sind, anzuwenden.

In den USA wurde diese Methode bereits im Jahr 1931 vom American Institute of Accountants (AIA) vorgeschlagen und vom American Institute of Certified Public Accountants (AICPA) im Accounting Research Bulletin 43 im Jahre 1953 empfohlen. Bis 1965 war es die einzig zulässige Methode der Währungsumrechnung in den USA. Mit der Aufhebung der Goldstandards und der Einführung freier Wechselkurse begann in den USA die Abkehr von der Fristigkeitsmethode. Seit 1975 ist sie dort nicht mehr erlaubt.

c) *Nominal-Sachwert-Methode (monetary-non monetary method),* d.h. die differenzierte Umrechnung der Bilanzposten nach dem Geld- oder Sachwertcharakter der Abschlußposten

Die monetären Werte (flüssige Mittel, Forderungen, Verbindlichkeiten) werden mit dem Wechselkurs am Bilanzstichtag (Tageskurs) und die nicht monetären Werte (Anlagevermögen, Vorräte, bilanzielles Eigenkapital) werden mit historischen Kursen umgerechnet. Von der Fristigkeitsmethode unterscheidet sich die Nominal-Sachwert-Methode durch die Umrechnung der Vorräte mit historischen Kursen (Fristigkeitsmethode: Stichtagskurs) und die Umrechnung der langfristigen Verbindlichkeiten mit dem Stichtagskurs (Fristigkeitsmethode: historischer Kurs).

In den USA wurde diese Methode von der National Association of Accountants (NAA) in der Schrift »Management Accounting Problems in Foreign Operations, Research Report No. 36, 1960, 2nd printing 1971« empfohlen. Das AICPA hat in einem 1971 vorgeschlagenen Richtlinienentwurf zum Problem der Währungsumrechnung sowohl die current-non current method als auch die monetary-non monetary method als mögliche Umrechnungsverfahren genannt.

d) *Zeitbezugsmethode (temporal principle method),* d.h. die differenzierte Umrechnung aller Bilanzposten mit der Fiktion, als bilanziere das ausländische Tochterunternehmen von vornherein in der Währung der Muttergesellschaft

Bei der Zeitbezugsmethode werden die Geschäftsvorfälle ausländischer Tochterunternehmen im Konzernabschluß wie Fremdwährungsgeschäftsvorfälle des Mutterunternehmens behandelt.

Anlagevermögen und Vorräte, soweit sie mit Anschaffungs- oder Herstellungskosten bewertet werden, das Eigenkapital und die Abschreibungen werden mit historischen Kursen umgerechnet, Anlagevermögen und Vorräte, soweit sie nicht zu Anschaffungs- oder Herstellungskosten (z.B. niedrigerer Marktpreis) bewertet wurden, flüssige Mittel, Forderungen und Verbindlichkeiten werden mit dem Wechselkurs am Bilanzstichtag (Tageskurs) umgerechnet.

Die Fiktion, das ausländische Tochterunternehmen bilanziere von vornherein in der Währung des Mutterunternehmens, hat zur Folge, daß in der Konzernbilanz von den DM-Anschaffungskosten (Anschaffungskosten in Fremdwährung × historischer Kurs) und den DM-Wiederbeschaffungskosten (Zeitwert in Fremdwährung × Stichtagskurs) der niedrigere Wert anzusetzen ist (Niederstwerttest).
Bei Bewertung sämtlicher Sachwerte mit den Anschaffungs- oder Herstellungskosten entspricht die Zeitbezugsmethode der Nominal-Sachwert-Methode. Unterschiede ergeben sich, wenn Sachwerte mit Zeitwerten angesetzt werden.
In den USA hat der Financial Accounting Standards Board (FASB) 1975 die Zeitbezugsmethode (temporal principle method) mit seinem Statement of Financial Accounting Standards (SFAS) 8 für Geschäftsjahre beginnend ab 1. 1. 1976 für verbindlich erklärt. SFAS 8 ist von der Praxis heftig kritisiert worden. Durch die Bilanzierung nach der Zeitbezugsmethode wurden nämlich wegen des in der zweiten Hälfte der siebziger Jahre laufend fallenden Kurses des US-Dollars gegenüber wichtigen europäischen Währungen und dem Yen die ausgewiesenen Ergebnisse in den Konzernabschlüssen von US-Gesellschaften erheblich geschmälert, was dem Bemühen amerikanischer Unternehmen, möglichst günstige Ergebnisse auszuweisen, entgegentrat. Gleichzeitig kam es wegen der floatenden Währungen zu starken Schwankungen in den veröffentlichten Quartalsergebnissen.

e) *Funktionsspezifische Umrechnung (functional currency approach),* d.h. Kombination von Stichtagskurs- und Zeitbezugsmethode in Abhängigkeit von der Intensität der Geschäftsbeziehungen zwischen Mutterunternehmen und Tochterunternehmen
Falls die Geschäftsbeziehungen zwischen dem Mutterunternehmen und einem ausländischen Tochterunternehmen nicht intensiv sind, ist die Stichtagskursmethode, und bei intensiven Geschäftsbeziehungen ist die Zeitbezugsmethode anzuwenden. Im ersten Fall unterstellt man praktisch ein auf Gewinnerzielung ausgerichtetes eigenständiges Unternehmen und im zweiten Fall eine unselbständige ausländische Betriebsstätte.
Bei relativ selbständig von dem Mutterunternehmen operierenden und weitgehend in die Wirtschaftsordnung des Gastlandes integrierten Tochterunternehmen (z.B. Produktionsgesellschaften) ist die Währung des Sitzlandes des Tochterunternehmens als funktionale Währung anzusehen und bei weitgehend in den Konzern integrierten Tochterunternehmen (z.B. Vertriebsgesellschaften) ist die Währung des Sitzlandes des Mutterunternehmens als funktionale Währung anzusehen. Funktionale Währung kann auch die Währung eines Drittlandes sein.
Bei relativ selbständig von dem Mutterunternehmen operierenden Tochterunternehmen ist es das Ziel der Umrechnung, Ergebnisse und Jahresabschlußstrukturen in der Fremdwährung, d.h. der funktionalen Währung, nicht durch den Umrechnungsvorgang zu verzerren, sondern lediglich in die Währung des Mutterunternehmens zu transferieren, d.h. nach der Stichtagsmethode in den Konzernabschluß einzubeziehen. Bei weitgehend in den Konzern integrierten Tochterunternehmen ist der Jahresabschluß des Tochterunternehmens in die »funktionale Währung«, d.h. in die Währung des Mutterunternehmens, umzubewerten, wobei das gleiche Ergebnis erzielt werden soll, wie es sich ergeben hätte, wenn die Bücher des Unternehmens von vornherein in der funktionalen Währung geführt worden wären. Die Umbewertung geschieht dabei praktisch nach der Zeitbezugsmethode.
Die funktionsspezifische Umrechnung bezieht die Wechselkursumrechnung auf die Investition in dem ausländischen Unternehmen insgesamt und nicht wie die Zeitbezugsmethode auf die einzelnen Aktiva und Passiva. Wechselkurskorrekturen – sofern sie nicht aus dem laufenden Geschäft entstehen – gehen nicht in die Gewinn- und Verlustrechnung ein,

sondern werden bis zum Verkauf oder bis zur Liquidation des ausländischen Tochterunternehmens als separater Posten unter dem Eigenkapital ausgewiesen.
In den USA hat der FASB im Dezember 1981 mit knapper Mehrheit (4:3) SFAS 52 verabschiedet, in dem die funktionsspezifische Umrechnung für Geschäftsjahre beginnend ab 15. 12. 1982 für verbindlich erklärt wurde. Falls bei der »funktionalen Währung« die kumulative Inflation 100% oder mehr in drei Jahren beträgt, ist nach SFAS 52 jedoch die Währung des Mutterunternehmens dem Jahresabschluß zugrunde zu legen.
Das IASC schreibt für Geschäftsjahre beginnend ab 1. Januar 1985 ebenfalls die funktionsspezifische Umrechnung vor.

3. Entstehung von Währungsumrechnungsdifferenzen

Durch die Anwendung von unterschiedlichen Umrechnungskursen ergeben sich zwangsläufig sowohl in der Bilanz als auch in der Gewinn- und Verlustrechnung Währungsumrechnungsdifferenzen.

Die Währungsumrechnungsdifferenzen in der Bilanz entstehen dadurch, daß Anlagevermögen und Eigenkapital bzw. Umlaufvermögen und Fremdkapital nicht gleich sind oder anders ausgedrückt, daß das Umlaufvermögen teilweise durch Eigenkapital oder das Anlagevermögen teilweise durch Fremdkapital finanziert wird.

Währungsumrechnungsdifferenzen in der Bilanz können folgende Gründe haben:

- bei konstanten Kursen hat sich die Relation zwischen den mit historischen Kursen umgerechneten Posten (Anlagevermögen, Eigenkapital) und den mit Stichtagskursen umgerechneten Posten (Umlaufvermögen, Fremdkapital) geändert,
- der Umrechnungskurs zum Bilanzstichtag hat sich gegenüber dem Vorjahr verändert.

Die Währungsumrechnungsdifferenzen in der Gewinn- und Verlustrechnung ergeben sich dadurch, daß einzelne Posten (z.B. Abschreibungen) mit unterschiedlichen Kursen umgerechnet werden und das Jahresergebnis nicht als Restgröße betrachtet, sondern zum Stichtagskurs in DM umgerechnet wird.

Eine Differenz zwischen dem umgerechneten Ergebnis in der Bilanz und dem in der Gewinn- und Verlustrechnung entsteht dann, wenn das Ergebnis in der Gewinn- und Verlustrechnung mit dem Stichtagskurs umgerechnet wird und in der Bilanz nicht alle Posten (Anlagevermögen, Eigenkapital) mit dem Stichtagskurs umgerechnet werden.

Wirtschaftlich betrachtet haben alle Währungsumrechnungsdifferenzen Eigenkapitalcharakter.

Während Währungsumrechnungsdifferenzen in der Gewinn- und Verlustrechnung immer erfolgswirksam zu verrechnen sind, werden bilanzielle Währungsumrechnungsdifferenzen in den Jahresabschlüssen zum Teil erfolgswirksam und zum Teil erfolgsunwirksam verrechnet, d.h.

- Währungsumrechnungsdifferenzen während des Geschäftsjahres werden entweder gesondert oder in den sonstigen betrieblichen Aufwendungen und Erträgen ausgewiesen (erfolgswirksam) oder
- Währungsumrechnungsdifferenzen werden unter Umgehung der Gewinn- und Verlustrechnung als Sonderposten des Eigenkapitals gezeigt und direkt mit dem Eigenkapital verrechnet (erfolgsunwirksam), wobei sie zum Teil getrennt oder zusammen mit anderen Rücklagen in einer Summe ausgewiesen werden.

Auch eine imparitätische Behandlung ist möglich (Umrechnungsverluste Gewinn- und Verlustrechnung, Umrechnungsgewinne Einstellung in eine Rückstellung für künftige Umrechnungsverluste).

Nach SFAS 52 und IAS 21 sind die bilanziellen Währungsumrechnungsdifferenzen (bei den wirtschaftlich selbständigen ausländischen Tochterunternehmen) erfolgsneutral in einem Sonderposten des Eigenkapitals auszuweisen.

4. Behandlung der Währungsumrechnungsdifferenzen

Bei allen Methoden der Währungsumrechnung – mit Ausnahme der Stichtagsmethode, die bei weitgehend in einen Konzern integrierten Tochterunternehmen am wenigsten richtig ist – entstehen somit formal Währungsumrechnungsdifferenzen. Ihre Entstehung aufgrund der Konsolidierungstechnik wurde weiter oben erläutert.

Durch die Währungsumrechnung mit verschiedenen Kursen wird praktisch so getan, als ob Geschäftsvorfälle, die sowohl Bestandskonten als auch Konten der Gewinn- und Verlustrechnung ansprechen, im Soll und im Haben mit unterschiedlichen Beträgen gebucht worden wären. Bekanntlich ist das in der Buchhaltung unmöglich.

Diese bei einer Währungsumrechnung mit verschiedenen Kursen entstandenen Differenzen müssen deshalb so gut es geht bei der Bilanzanalyse korrigiert werden.

Bei der Analyse eines Konzernabschlusses ist es deshalb weniger wichtig zu wissen, aus welchen konsolidierungstechnischen Gründen Währungsumrechnungsdifferenzen entstanden sind, sondern welchen Gewinn- und Verlustposten sie zuzurechnen sind.

Konsequenzen für die Bilanzanalyse

Die Auswirkungen der Währungsumrechnung auf den Konzernabschluß hängen nicht nur von der gewählten Umrechnungsmethode, sondern auch von der Kursentwicklung (Fallen oder Steigen der fremden Währungen) und der Finanzierungsstruktur der ausländischen Tochterunternehmen ab.

In Abschnitt F I Allgemeines wurde gesagt, daß man bei einem Konzernabschluß das Mutterunternehmen zusammen mit den Tochterunternehmen als eine wirtschaftliche Einheit betrachtet, d.h. die Tochterunternehmen werden wie Betriebsstätten behandelt.

Wollte man in letzter Konsequenz nach obigem theoretisch richtigen Prinzip eine Konsolidierung durchführen, d.h. die einzelnen Tochterunternehmen wie Betriebsstätten behandeln, würde das eine zusätzliche parallele Erfassung sämtlicher Geschäftsvorfälle sowie die Fortführung der Werte der Vermögensgegenstände und Schulden in der Währung des Mutterunternehmens erfordern, was in den meisten Fällen nicht praktikabel sein dürfte.

Bei einer Konsolidierung der aufgrund einer solchen Parallelbuchhaltung in der Währung des Mutterunternehmens aufgestellten Jahresabschlüsse können keine Währungsumrechnungsdifferenzen entstehen. Es kann nur Kursdifferenzen aus der Geschäftstätigkeit geben, wie sie bei jedem Unternehmen, das Geschäfte in fremder Währung tätigt, anfallen.

Folglich sollte man auch bei einer Aufbereitung des Konzernabschlusses sämtliche Währungsumrechnungsdifferenzen – gleich nach welcher Methode sie umgerechnet oder wie sie ausgewiesen werden – den Posten des Jahresabschlusses zurechnen, bei denen sie bei einer theoretisch richtigen Konsolidierung ausgewiesen worden wären.

Währungsumrechnungsdifferenzen betreffen immer Aufwendungen und Erträge und führen dadurch zu einer Veränderung des Eigenkapitals. Da das Eigenkapital nur durch Einlagen, Ausschüttungen und das Jahresergebnis verändert werden kann, müßten bei einer Bilanzanalyse alle direkt mit dem Eigenkapital verrechneten Währungsumrechnungsdifferenzen in eine aufbereitete Konzern-Gewinn- und Verlustrechnung übertragen werden und möglichst zusammen mit den in der Gewinn- und Verlustrechnung ausgewiesenen Währungsumrechnungsdifferenzen den Aufwendungen und Erträgen zugerechnet werden, bei denen sie bei einer Betriebsstättenkonsolidierung ausgewiesen worden wären. Falls für eine solche teilweise oder vollständige Zurechnung nur ungenügende Informationen vorliegen – was die Regel sein dürfte –, sollten sämtliche nicht zurechenbaren Währungsumrechnungsdifferenzen bei der Aufbereitung des Konzern-Jahresabschlusses als ein besonderer Posten bei den außerordentlichen Aufwendungen und Erträgen betrachtet werden.

Eine erfolgsunwirksame (erfolgsneutrale) Verrechnung der bilanziellen Währungsumrechnungsdifferenzen unter Umgehung der Gewinn- und Verlustrechnung sollte es bei einer Bilanzanalyse nicht geben, da

- dann das Ergebnis laut Bilanz mit dem der Gewinn- und Verlustrechnung nicht mehr übereinstimmt und
- Aufwendungen und Erträge unvollständig erfaßt sind.

Die Wechselkurskorrektur bei der funktionsspezifischen Umrechnung sollte bei einer Bilanzanalyse als separater Posten in der bereinigten Gewinn- und Verlustrechnung gezeigt werden.

5. Auswirkungen der Inflation, insbesondere der Hochinflation, auf den Ausweis der Ertragslage

Viele Währungen hatten bisher eine höhere Inflationsrate als die Deutsche Mark, und dementsprechend war in diesen Ländern das Zinsniveau in der Regel höher als in Deutschland. Insbesondere bei Hochinflationsländern kann dies trotz einer »Betriebsstättenkonsolidierung« zu Verzerrungen in der konsolidierten Gewinn- und Verlustrechnung führen, die im wesentlichen folgende Gründe haben:

- die Umsatzerlöse in Landeswährung, umgerechnet in DM, sind überhöht, da die Verkaufspreise die erwarteten Wertverluste der Forderungen bis zum Zahlungstag enthalten,
- die in DM umgerechneten Herstellungskosten sind zu niedrig, da die Vorräte nicht zu den Wiederbeschaffungskosten des Verkaufstages umgerechnet wurden,
- die in DM umgerechneten Zinsen für Kredite in Landeswährung enthalten den Wertverfall der Schulden und sind deshalb überhöht.

Dadurch ergeben sich scheinbar hohe Betriebsergebnisse und hohe negative Finanzergebnisse.

Um aussagefähigere Konzern-Gewinn- und Verlustrechnungen zu erhalten, die die tatsächlichen wirtschaftlichen Verhältnisse widerspiegeln, müßten deshalb

- die Umsatzerlöse mit den niedrigeren Kursen des Zahlungstages bzw. ersatzweise mit den Kursen zum Fakturierungstag abzüglich der kalkulierten oder tatsächlichen Kursverluste auf Forderungen umgerechnet werden
  (dadurch kein Ausweis von überhöhten Umsatzerlösen und wesentlich reduzierter Ausweis von Kursverlusten auf Forderungen),
- die Herstellungskosten mit den Wiederbeschaffungskosten in Landeswährung des Verkaufstages umgerechnet bzw. mit den Herstellungskosten in DM unter Berücksichtigung von Kursänderungen bei den Verbindlichkeiten angesetzt werden
  (dadurch kein Ausweis von zu niedrigen Gestehungskosten und kein Ausweis von Kursverlusten oder überhöhten Zinsen für das zur Finanzierung der Vorräte benötigte Fremdkapital),
- der in dem Zinsaufwand enthaltene Inflationsausgleich (Nominalzins ./. Realzins) für den Wertverfall der Schulden in Landeswährung mit den Kursgewinnen aus Verbindlichkeiten kompensiert werden
  (dadurch keine Aufblähung des Zinsaufwandes und reduzierter Ausweis von Kursgewinnen auf Verbindlichkeiten).

Bei dem zuvor Gesagten wurde unterstellt, daß das Anlagevermögen mit dem Kurs im Jahr des Zugangs umgerechnet wurde und deshalb keine Korrektur notwendig ist, sowie daß die im Landesabschluß enthaltenen inflationsbedingten Aufwertungen des Anlagevermögens und des Eigenkapitals keinen Eingang in den Konzernabschluß fanden.

Auch wenn sich die Inflation und der Außenwert der Währung des Hochinflationslandes nicht vollkommen parallel entwickeln – was unterstellt wurde –, können durch diese Art der Umrechnung wesentliche Verzerrungen aufgrund der Inflation aus dem Abschluß herausgefiltert werden.

Welche Korrekturen man bei der Aufbereitung des Konzernabschlusses ggf. global vornehmen kann und sollte, hängt von den im Einzelfall konkret zur Verfügung stehenden Informationen und von der relativen Bedeutung der Auswirkungen der Inflation, insbesondere der Hochinflation, auf die Ertragslage des Konzerns insgesamt ab.

Weitere Ausführungen hierzu siehe unter Abschnitt C IX 2c Hartwährungsabschluß.

6. In der Praxis in Deutschland angewandte Methoden der Währungsumrechnung und die Behandlung von Währungsumrechnungsdifferenzen

Um dem Leser einen Überblick über die verwirrende Vielfalt der in der Praxis angewandten Methoden der Währungsumrechnung, der Ermittlung der verwendeten Kurse und der Behandlung von Währungsumrechnungsdifferenzen zu geben, werden nachstehend Auszüge (ohne Beispiele) aus dem Kapitel »Grundlagen der Währungsumrechnung« des Buches »C&L Deutsche Revision (Hrsg.): Konzernabschlüsse 95, Ausweis – Gestaltung – Berichterstattung; Ergebnisse einer Untersuchung von 100 großen Konzernen.« Düsseldorf 1997, wiedergegeben:

1. Angewandte Methode der Währungsumrechnung

a) Grundform

...

292 Insgesamt haben von den 100 (1989: 95) Konzernen 87 (1989: 67) Konzerne Angaben zur Währungsumrechnung gemacht. In 14 (1989: 6) Fällen war dabei die angewandte Methode explizit im Konzernanhang genannt, in 73 (1989: 61) Fällen konnte die Methode nur aus den Angaben, welche Posten mit welchem Kurs umgerechnet wurden, abgeleitet werden.

293 13 (1989: 28) Konzerne machten keine Angaben zur Währungsumrechnung. Dabei handelte es sich in 8 (1989: 12) Fällen um reine Inlandskonzerne (keine ausländischen Tochterunternehmen vorhanden). In einem Fall (1989: 2) unterblieb die Einbeziehung ausländischer Tochtergesellschaften wegen untergeordneter Bedeutung gem. § 296 Abs. 2 HGB. In 3 Fällen (1989: 1) war nicht erkennbar, ob vorhandene ausländische Tochterunternehmen nicht einbezogen wurden oder die Pflichtangabe der Währungsumrechnungsmethode unterblieben ist. Ein Konzern (1989: 0) machte nur unvollständige Angaben zur Umrechnung. Im Jahre 1989 waren darüber hinaus 13 Fälle zu verzeichnen, in denen ausländische Tochterunternehmen unter Inanspruchnahme von Art. 23 Abs. 2 EGHGB noch nicht in den Konzernabschluß einbezogen waren.

294 Von den 87 (1989: 67) Konzernen, die Angaben zur Währungsumrechnung gemacht haben, wählten 65 (1989: 47) Konzerne die Stichtagskursmethode. Diese wurde in 17 (1989: 21) Fällen in reiner Form und in 48 (1989: 26) Fällen mit den oben beschriebenen Modifikationen angewendet:
... (Beispiele)

295 8 Konzerne (1989: 0) gaben an, das Konzept der funktionalen Währung zur Umrechnung von in Fremdwährung aufgestellten Abschlüssen einbezogener Tochterunternehmen angewandt zu haben. In 5 Fällen kam dabei nur die modifizierte Stichtagskursmethode zum Einsatz, da alle oder »nahezu sämtliche« Tochterunternehmen als wirtschaftlich selbständig qualifiziert wurden. In 3 Fällen wurden die modifizierte Stichtagskursmethode und die Zeitbezugsmethode in Abhängigkeit von der wirtschaftlichen Integration der Tochterunternehmen parallel angewandt.
... (Beispiele)

296 Von den 8 Konzernen machten 3 Konzerne nähere Angaben zur Abgrenzung der funktionalen Währung (vgl. die Beispiele BASF AG und Bayer AG).

297 In einem Fall (1989: 0) war aus den Angaben zur Währungsumrechnung zu erkennen, daß die Fristigkeitsmethode zur Anwendung kam.

298 In 13 (1989: 18) Fällen war eine weitergehende Kursdifferenzierung zu verzeichnen, ohne daß eine spezielle Umrechnungsmethode genannt wurde; im Jahre 1989 wurde in zusätzlichen 2 Fällen die Zeitbezugsmethode der Umrechnung explizit zugrunde gelegt. Eine eindeutige Zuordnung war in den genannten Fällen nicht möglich. Soweit die Angaben auf die Anwendung der Zeitbezugsmethode hindeuteten, wurde die Abgrenzung zur Nominal-Sachwert-Methode, insbesondere wegen des fehlenden Hinweises auf den Niederstwerttest, nicht deutlich. Für 1995 waren folgende Differenzierungen festzustellen:

aa) Umrechnung der Bilanzposten

- Anlagevermögen oder Teile des Anlagevermögens mit historischen Kursen, restliche Bilanzposten mit Stichtagskursen (5 Fälle)
- Anlagevermögen oder Teile des Anlagevermögens sowie Eigenkapital oder gezeichnetes Kapital und Rücklagen mit historischen Kursen, restliche Bilanzposten mit Stichtagskurs (7 Fälle)
- Umlaufvermögen, Verbindlichkeiten und Rückstellungen mit Stichtagskurs, restliche Bilanzposten mit historischen Kursen (1 Fall)

bb) Umrechnung der GuV-Posten

- Abschreibungen mit historischen Kursen, restliche Aufwendungen und Erträge mit Periodendurchschnittskursen sowie teilweise Jahresergebnis mit Stichtagskurs (6 Fälle)
- Abschreibungen sowie Buchgewinne und -verluste aus Anlageabgängen mit historischen Kursen, restliche Aufwendungen und Erträge mit Periodendurchschnittskurs bzw. Jahresergebnis mit Stichtagskurs (2 Fälle)
- Abschreibungen und Zuschreibungen auf das Anlagevermögen mit historischen Kursen, restliche Aufwendungen und Erträge mit Periodendurchschnittskurs, Jahresergebnis mit Stichtagskurs (2 Fälle)
- Abschreibungen mit historischen Kursen, Jahresergebnis und Ertragsteuern mit Stichtagskurs, restliche Aufwendungen und Erträge mit Periodendurchschnittskurs (1 Fall)
- Aufwendungen und Erträge mit Periodendurchschnittskurs, Jahresergebnis mit Stichtagskurs (1 Fall)
- In einem Fall wurden keine Angaben zur Umrechnung der GuV-Posten gemacht

… (Beispiele)

b) Besonderheiten bei der Umrechnung hochinflationärer Währungen

299 Bei der Einbeziehung von Tochterunternehmen aus Hochinflationsländern kann sich das Problem ergeben, daß die im Konzernabschluß angewandte, grundsätzlich zulässige Währungsumrechnungsmethode die Wertverhältnisse dieser Tochterunternehmen nicht adäquat abbildet und zu einer mit der Generalnorm des § 297 Abs. 2 HGB nicht zu vereinbarenden Wertverzerrung führt. Die bewertungsmäßigen Auswirkungen der Inflation in Verbindung mit der Währungsumrechnung betreffen vor allem das nichtmonetäre Vermögen und das Eigenkapital, bei dem etwa die Anwendung der Stichtagskursmethode zu einer starken Unterbewertung führen würde. Zur Vermeidung dieser Nachteile kann deshalb neben der grundsätzlichen Anwendung der Stichtagskursmethode speziell für die Umrechnung in hochinflationärer Währung aufgestellter Jahresabschlüsse die Zeitbezugsmethode angewandt werden, bei der das nichtmonetäre Vermögen und das Eigenkapital mit historischen Kursen umgerechnet wird. Daneben ist es zulässig, die betreffenden Jahresabschlüsse zu Stichtagskursen umzurechnen, wenn sie unter Berücksichtigung einer (indexorientierten) Inflationsbereinigung (restate-translate method) erstellt worden sind.

301 Im Rahmen der Auswertung wurde diesbezüglich untersucht, ob in den Konzernabschlüssen Angaben enthalten sind, die auf Besonderheiten bei der Umrechnung von Jahresabschlüssen in hochinflationärer Währung hindeuten. Entsprechende Angaben fanden sich in 20 (1989: 16) Konzernabschlüssen. Die dabei gefundenen Differenzierungen für 1995 lassen sich in folgende Kategorien einteilen:

- Inflationsbereinigung und Umrechnung mit Stichtagskurs (7 Fälle)
- Umrechnung mit differenzierten, zum Teil historischen Kursen bzw. Führung (eines Teils) der Posten in Hartwährungen (7 Fälle)
- Umrechnung gemäß der Zeitbezugsmethode bei Abschlüssen in hochinflationärer Währung (3 Fälle)
- Inflationsbereinigung und Umrechnung mit differenzierten Kursen (1 Fall)
- Umrechnung gemäß der reinen statt der modifizierten Stichtagskursmethode (1 Fall)
- Umrechnung einiger Abschlüsse mit differenzierten Kursen, Mehrwährungsbuchhaltung für andere Tochterunternehmen (1 Fall)

… (Beispiele)

c) Hinweise auf abweichende Umrechnungsmethoden bei einzelnen Tochterunternehmen

301 Abgesehen von der Umrechnung von Abschlüssen in hochinflationärer Währung ergeben sich bei 3 (1989: kA) Konzernen Hinweise auf abweichende Umrechnungsmethoden in Einzelfällen. Als Begründung für die Abweichung von der grundsätzlich angewandten Umrechnungsmethode wurden in einem Fall »stark schwankende Wechselkurse« und in

einem anderen Fall »die geringe Bedeutung... der ausländischen Vertriebsgesellschaften« angegeben.
... (Beispiele)

2. Erläuterungen zur Ermittlung der verwendeten Kurse

302 Zu den im Konzernanhang anzugebenden Grundlagen der Währungsumrechnung (§ 313 Abs. 1 Nr. 2 HGB) gehören nach der in der Kommentarliteratur vertretenen Auffassung nicht nur Angaben zur angewandten Umrechnungsmethode, sondern auch Angaben zur Ermittlung der im Rahmen dieser Methode verwendeten Umrechnungskurse. Dabei ist insbesondere die Ermittlung von Durchschnittskursen betroffen, die sich auf verschiedene Referenzzeiträume beziehen oder gewichtet bzw. ungewichtet verwendet werden können.

303 Nach den Ergebnissen der Auswertung haben 78 (1989: 57) Konzerne die Art der Ermittlung der verwendeten Umrechnungskurse angegeben. Ein Bild vom Spektrum der Angaben vermitteln die zu Tz. 294ff. wiedergegebenen Beispiele.

3. Abweichungen von der im Vorjahreskonzernabschluß angewandten Umrechnungsmethode

304 Nach § 298 Abs. 1 i.V.m. § 252 Abs. 1 Nr. 6 HGB gilt auch für die Währungsumrechnung im Konzernabschluß das Prinzip der Methodenstetigkeit, von dem nur in begründeten Ausnahmefällen abgewichen werden darf. Dem entspricht die Verpflichtung zur Berichterstattung im Konzernanhang, wenn von der auf den Vorjahreskonzernabschluß angewandten Bewertungsmethode abgewichen wird (§ 313 Abs. 1 Nr. 3 HGB). Die Berichterstattungspflicht umfaßt dabei die Angabe und Begründung der Abweichung sowie die Darstellung des Einflusses auf die Vermögens-, Finanz- und Ertragslage.

305 Die Auswertung ergab, daß in 3 (1989: 0) Fällen Abweichungen von der im Vorjahr angewandten Methode erfolgt waren.
... (Beispiele)

306 Ein Unternehmen gab an, die funktionale Währung für ein Tochterunternehmen umgestellt zu haben. Da insoweit weiterhin das Konzept der funktionalen Währung zur Anwendung kam, handelt es sich hier jedoch nicht um eine Änderung der Umrechnungsmethode.
... (Beispiele)

4. Behandlung von Umrechnungsdifferenzen

307 Bei der Umrechnung von in Fremdwährung erstellten Jahresabschlüssen ausländischer Tochterunternehmen in Deutsche Mark können sich umrechnungsbedingte Differenzen grundsätzlich aus zwei verschiedenen Gründen ergeben: Zum einen resultieren solche Differenzen aus dem Vermögensvergleich in der Bilanz, wenn die auf das Anfangs- und auf das Endvermögen angewandten (Stichtags-)Kurse voneinander abweichen. Zum anderen ergeben sich Differenzen, wenn in der Bilanz und/oder in der GuV (postenbezogen) differenzierte Kurse (historische Kurse, Tageskurse oder Durchschnittskurse) angewandt werden.

308 Hinsichtlich der Behandlung dieser umrechnungsbedingten Differenzen kommen verschiedene Verfahren in Betracht, die sich insbesondere in bezug auf die Erfolgswirksamkeit und -unwirksamkeit unterscheiden. Wegen des damit verbundenen Spielraums bei der Darstellung der Vermögens- und Ertragslage des Konzerns ist nach herrschender Meinung im Rahmen der Berichterstattung zu den Grundlagen der Währungsumrechnung (§ 313 Abs. 1 Nr. 2 HGB) auch über die Behandlung von Umrechnungsdifferenzen zu berichten.

309 Bei der Auswertung der Berichterstattung zur Behandlung von Umrechnungsdifferenzen wurde nach der jeweils angewandten Umrechnungsmethode unterschieden, um dem Zusammenhang zwischen Umrechnungsmethode, Art der entstehenden Umrechnungsdifferenz und Behandlung dieser Differenz Rechnung zu tragen.

a) Reine Stichtagskursmethode

...

311 Nach dem Ergebnis der Auswertung haben von den 17 (1989: 21) Konzernen, die die reine Stichtagskursmethode angewandt haben, 4 (1989: 6) Konzerne keine Angaben zur Behandlung von Umrechnungsdifferenzen gemacht. 13 (1989: 11) Konzerne haben Umrechnungsdifferenzen angabegemäß erfolgsneutral behandelt, wobei in 10 (1989: 7) Fällen angegeben wurde, daß die Unterschiedsbeträge unter den Gewinnrücklagen ausgewiesen oder mit diesen verrechnet worden seien; ein betragsmäßiger Ausweis bei den Gewinnrücklagen fand sich in 2 Fällen. Ein Konzern wählte den Ausweis des Unterschiedsbetrags aus der Währungsumrechnung im Rahmen des Unterschiedsbetrags aus der Kapitalkonsolidierung.
... (Beispiele)

312 Im Jahr 1989 haben 3 Konzerne die Umrechnungsdifferenzen erfolgswirksam und 1 Konzern teilweise erfolgsneutral und teilweise erfolgswirksam behandelt; derartige Behandlungsweisen waren für 1995 nicht festzustellen.

b) Modifizierte Stichtagskursmethode

...

314 Von den 48 (1989: 26) Konzernen, die die modifizierte Stichtagskursmethode angewandt haben, machte ein (1989: 0) Konzern keine Angaben zur Behandlung von Umrechnungsdifferenzen. 16 (1989: 4) Konzerne wählten eine erfolgsneutrale Behandlung der Umrechnungsdifferenzen. In 3 (1989: 2) dieser Fälle lagen offensichtlich nur bilanzielle Differenzen vor. 12 (1989: 2) Konzerne wählten eine Verrechnung mit bzw. einen gesonderten Ausweis bei den Gewinnrücklagen, davon in 5 Fällen mit Betragsausweis. 3 (1989: 1) Konzerne zeigten in der Bilanz einen speziellen Posten zum Ausweis der Umrechnungsdifferenz.
... (Beispiele)

315 11 (1989: 12) Konzerne behandelten Umrechnungsdifferenzen angabegemäß erfolgswirksam. In 8 (1989: 6) Fällen ließ sich aufgrund der Angaben (Ausweis der Umrechnungsdifferenzen unter den sonstigen betrieblichen Erträgen oder Aufwendungen) auf eine GuV-bezogene Differenz und in 1 Fall (1989: 3) auf eine bilanzielle und GuV-bezogene Differenz schließen. Bei 3 (1989: 3) Konzernen war eine entsprechende Zuordnung wegen fehlender Angaben nicht möglich. Ein betragsmäßiger Ausweis des Differenzbetrags fand sich nicht.
... (Beispiele)

316 20 (1989: 10) Konzerne wiesen in ihren Erläuterungen zur Währungsumrechnung ausdrücklich auf eine differenzierte Behandlung der Umrechnungsdifferenzen hin: Bilanzielle Differenzen wurden erfolgsneutral, GuV-bezogene Differenzen dagegen erfolgswirksam behandelt. Dies ergab sich zum Teil aus der Verwendung der entsprechenden Termini, zum Teil aus den Angaben zum Ausweis der Differenzen unter den Gewinnrücklagen bzw. den sonstigen betrieblichen Aufwendungen und Erträgen. In 7 (1989: 4) Fällen wurde unter den Gewinnrücklagen der auf die Währungsumrechnung entfallende Betrag angegeben. In einem Fall wurde der erfolgsneutral verrechnete Betrag bei den Erläuterungen zur Währungsumrechnung genannt. Die erfolgswirksam behandelten Beträge wurden von 3 Konzernen unter den Erläuterungen zu den sonstigen betrieblichen Aufwendungen und den sonstigen betrieblichen Erträgen ausgewiesen, in einem Fall erfolgte die Betragsangabe bei den Erläuterungen zur Währungsumrechnung; in den verbleibenden Fällen wurden die Beträge nicht gesondert ausgewiesen (1989: nicht ausgewertet).
... (Beispiele)

c) Konzept der funktionalen Währung

318 Die Mehrzahl der Konzerne wandte das Konzept der funktionalen Währung im Rahmen eines dualen Abschlusses, der angabegemäß neben den HGB-Vorschriften auch den Regelungen der IAS folgt, an. IAS 21 schreibt vor, daß Umrechnungsdifferenzen aus der Anwendung der modifizierten Stichtagskursmethode erfolgsneutral und Unterschiedsbeträge aus der Anwendung der Zeitbezugsmethode grundsätzlich erfolgswirksam zu behandeln sind.

319 Die Auswertung der 8 Konzernabschlüsse, in denen zur Währungsumrechnung das Konzept der funktionalen Währung angewandt wurde (1989 nicht zu verzeichnen), ergab folgendes Bild.

320 Von den 5 Konzernen, bei denen lediglich die Stichtagskursmethode zur Anwendung kam, machte ein Konzern keine Angaben zur Behandlung der Umrechnungsdifferenzen. Die verbleibenden 4 Konzerne wählten die erfolgsneutrale Behandlung des Unterschiedsbetrags aus der Währungsumrechnung. In 3 Fällen erfolgte dabei eine offene Verrechnung mit den Gewinnrücklagen (davon in einem Fall mit Gewinnrücklagen und Anteilen in Fremdbesitz) und in einem Fall wurde ein Sonderposten aus der Währungsumrechnung im Eigenkapital ausgewiesen.
... (Beispiele)
...

d) Umrechnung mit sonstigen differenzierten Kursen

322 Bei der Anwendung von Methoden mit umfangreicherer Kursdifferenzierung dominieren die Umrechnungsdifferenzen aus der Verwendung unterschiedlicher Kurse innerhalb der Bilanz und/oder GuV gegenüber Differenzen aus der Anwendung unterschiedlicher Kurse im Zeitvergleich.

323 Ein (1989: 0) Konzern, der die Fristigkeitsmethode anwandte, machte keine Angaben zur Behandlung von Umrechnungsdifferenzen.

324 Von den 13 (1989: 20) Konzernen, die der Währungsumrechnung differenzierte Kurse zugrunde legten, ohne daß dabei auf die Anwendung einer bestimmten Umrechnungsmethode geschlossen werden konnte, hat mit 8 (1989: 12) Konzernen der überwiegende Teil bilanzielle Differenzen erfolgsneutral mit den Gewinnrücklagen verrechnet oder in diese eingestellt und Unterschiedsbeträge aus der GuV erfolgswirksam in den sonstigen betrieblichen Aufwendungen bzw. Erträgen berücksichtigt. Betragsangaben bezüglich der erfolgsneutral behandelten Differenzen fanden sich in 3 (1989: 3) Fällen, bezüglich der erfolgswirksam behandelten Unterschiedsbeträge in einem (1989: 1) Fall.
... (Beispiele)

325 Bei 2 (1989: 2) Konzernen deuteten die Angaben auf eine imparitätische Behandlung hin. Dabei werden positive Umrechnungsdifferenzen über eine Rückstellung neutralisiert, während negative Unterschiedsbeträge erfolgswirksam werden, soweit keine Rückstellungen aus der Währungsumrechnung mehr bestehen (vgl. hierzu das Beispiel Volkswagen AG zu T. 298).

326 Ein Konzern (1989: 4) berichtete, Umrechnungsdifferenzen erfolgswirksam behandelt zu haben (Bosch-Siemens Hausgeräte GmbH) und ein (1989: 1) Konzern verwies auf die erfolgsneutrale Behandlung (vgl. das Beispiel Metallgesellschaft AG zu Tz. 298).

327 In einem (1989: 1) Fall wurden keine Angaben zur Behandlung von Differenzbeträgen aus der Währungsumrechnung gemacht.

Teil 3

Aufbereitung, Analyse und Beurteilung des Jahresabschlusses

G. Aufbereitung der Bilanzen und der Gewinn- und Verlustrechnungen

I. Allgemeines

1. Deutsche und andere nicht nach IAS und US-GAAP erstellte Bilanzen und Gewinn- und Verlustrechnungen

Bilanzen und Gewinn- und Verlustrechnungen, insbesondere deutsche Bilanzen und Gewinn- und Verlustrechnungen, genügen formal und teilweise inhaltlich nicht den Erfordernissen einer Bilanzanalyse, da die Rechnungslegung nach den sogenannten deutschen Grundsätzen ordnungsmäßiger Buchführung logisch kaum erklärbar ist und nicht betriebswirtschaftlichen Erfordernissen entspricht.

Um die in den Jahresabschlüssen enthaltenen Daten sowie evtl. zusätzliche Informationen sinnvoll, z. B. durch Kennzahlenbildung, nutzen zu können, muß das vorhandene Zahlenmaterial aufbereitet werden. Aufbereitete Jahresabschlüsse werden in der deutschen Literatur Strukturbilanzen und Struktur-Gewinn- und Verlustrechnungen bzw. Strukturerfolgsrechnungen genannt.

Unter Aufbereitung eines Jahresabschlusses versteht man die Umgruppierung, Zusammenfassung, Aufspaltung, Ergänzung, Bereinigung und Umbewertung der Daten der Bilanz und der Gewinn- und Verlustrechnung. Bei der Aufbereitung eines Jahresabschlusses sind auch die Informationen aus dem Anhang (z. B. unterlassene Pensionsrückstellungen) und evtl. weitere Informationen zu berücksichtigen.

Aufbereitete Jahresabschlüsse sind überschaubarer als Originalabschlüsse, da sie

- sämtliche notwendigen Informationen in übersichtlicher Form enthalten,
- somit schneller zu einem besseren Durchblick verhelfen und
- Zeit- und Betriebsvergleiche erheblich erleichtern.

Die Art der Aufbereitung eines Jahresabschlusses hängt

- zum einen davon ab, ob das Ziel mehr eine Analyse der Vermögens- und Finanzlage oder mehr eine Analyse der Ertragslage ist, und
- zum anderen davon ab, ob Jahresabschlüsse nach einem einheitlichen Schema möglichst ohne allzu große Aufwendungen vergleichbar gemacht, oder ob bei der Analyse individuelle, zum Teil nicht vollkommen gesicherte Erkenntnisse berücksichtigt werden sollen.

Bei einer Bilanzanalyse aus der Sicht eines Kreditgebers wird in der Praxis stark die Analyse der Vermögens- und Finanzlage auf Basis nach einem einheitlichen Schema vergleichbar gemachter Jahresabschlüsse betont. Dabei begnügt man sich mit bis zu drei Jahresabschlüssen. Die anderen an einer Bilanzanalyse interessierten Gruppen, insbesondere potentielle Erwerber eines Unternehmens, sollten auf eine individuelle Analyse der Ertragslage der letzten 5–8 Jahre Wert legen.

Eine solche individuelle Analyse der Ertragslage, für die Informationen notwendig sind, die nicht unmittelbar aus dem Jahresabschluß hervorgehen und die eine weitere Bereinigung und Umbewertung von Posten der Gewinn- und Verlustrechnung zur Folge haben können, ist erst später nach Vornahme weiterer Analyseschritte und dem eventuellen Vorliegen von zusätzlichen Informationen möglich (siehe Abschnitt M IV).

Durch die Analyse mehrerer Jahresabschlüsse lassen sich

- die Einflüsse von Bewertungsmaßnahmen, insbesondere von Abschreibungen und Bildung und Auflösung von Rückstellungen, auf die Ertragslage leichter neutralisieren,
- außerordentliche Aufwendungen und Erträge besser zuordnen,
- Konjunktureinflüsse zeigen,
- Unternehmen mit langfristiger Fertigung besser analysieren und
- Entwicklungstendenzen möglicherweise erkennen.

Bei der ersten Aufbereitung eines Jahresabschlusses liegen in den meisten Fällen kaum zusätzliche verwertbare Informationen vor, so daß diese fast nur auf den Pflichtangaben im Jahresabschluß beruht.

Bei der Aufbereitung der Jahresabschlüsse sollten grundsätzlich die Bilanzen und die Gewinn- und Verlustrechnungen dergestalt bereinigt werden, daß die aufbereiteten Bilanzen die gleichen Ergebnisse zeigen wie die entsprechenden Gewinn- und Verlustrechnungen. Andererseits ist aber zu bedenken, daß die Bilanzen der Analyse der Vermögens- und Finanzlage und die Gewinn- und Verlustrechnungen der Analyse der Ertragslage dienen und somit zweckentsprechend unterschiedliche Ergebnisse zeigen könnten.

Um eine Bilanzanalyse erstellen zu können, sollten die bei der Aufbereitung der Bilanzen durchgeführten Umbewertungen nicht saldiert in den Gewinn- und Verlustrechnungen vorgenommen, sondern im einzelnen gezeigt werden.

In dem vorliegenden Vorschlag einer Bereinigung der Gewinn- und Verlustrechnungen wurde deshalb der Jahresüberschuß/Jahresfehlbetrag nicht verändert, sondern die in den Bilanzen vorgenommenen Eigenkapitaländerungen wurden unterhalb der bereinigten Gewinn- und Verlustrechnungen im einzelnen aufgeführt und unter Hinzufügung des Jahresüberschusses/Jahresfehlbetrages als Veränderung des bereinigten Eigenkapitals gezeigt.

Diese Form der Darstellung erleichtert eine Bilanzanalyse, da sie

- die ursprünglichen Gewinn- und Verlustrechnungen,
- die durch die Ausübung von Wahlrechten im einzelnen vorgenommenen bilanzpolitischen Maßnahmen,
- die Summe der Veränderung der Ergebnisse aufgrund in der Bilanz vorgenommener Eigenkapitaländerungen und
- die Veränderung des bereinigten Eigenkapitals

zeigt. Auf eine Korrektur

- der außerplanmäßigen Abschreibungen und
- der steuerlichen Sonderabschreibungen

wurde sowohl in den Bilanzen als auch in den Gewinn- und Verlustrechnungen verzichtet, da

- sie nicht immer aus dem Jahresabschluß klar erkennbar sind,
- die sich daraus in späteren Jahren ergebenden Minderabschreibungen nicht bekannt sind und
- die steuerlichen Folgen ggf. berücksichtigt werden müßten.

Diese Abschreibungen sollten jedoch rein nachrichtlich unter den aufbereiteten Gewinn- und Verlustrechnungen angegeben werden.

2. Nach IAS und US-GAAP erstellte Bilanzen und Gewinn- und Verlustrechnungen bzw. auf IAS und US-GAAP übergeleitete Bilanzen und Gewinn- und Verlustrechnungen

Für nach IAS und US-GAAP erstellte Bilanzen und Gewinn- und Verlustrechnungen gibt es die Notwendigkeit zur Aufbereitung der Bilanzen und Gewinn- und Verlustrechnungen nur marginal, da es das Ziel dieser Jahresabschlüsse ist, entscheidungsrelevante Informationen zu liefern, die dem Leser helfen sollen abzuschätzen, ob, wann und mit welcher Wahrscheinlichkeit ein Unternehmen in der Lage ist, Zahlungsmittel und Zahlungsmitteläquivalente zu erwirtschaften. Jahresabschlüsse nach IAS und US-GAAP enthalten im Gegensatz zu Jahresabschlüssen nach dem HGB grundsätzlich keine Erfolgsverzerrungen.

Nichts liegt somit näher, als nach den sogenannten deutschen Grundsätzen erstellte Jahresabschlüsse derart aufzubereiten, indem man die einzelnen Posten des HGB-Jahresabschlusses auf IAS oder US-GAAP überleitet. Dies dürfte zur Zeit noch in vielen Fällen an fehlenden Informationen scheitern. Da in Deutschland die Publizitätswilligkeit der Unternehmen aufgrund des Druckes des Kapitalmarktes und der Kreditinstitute, der Vorschriften des KonTraG und des Wunsches vieler Unternehmen, sich in der Öffentlichkeit, insbesondere bei ihren Kunden, besser präsentieren zu können, immer mehr zunehmen wird, dürfte in Zukunft eine Überleitung nach IAS oder US-GAAP – sei es auf Basis effektiver oder geschätzter Zahlen – in zunehmendem Maße möglich sein.

Wegen fehlender Informationen wird man in der Praxis statt Zahlen oft nur Fragezeichen in das Modell eintragen können. Aber gerade diese Fragezeichen sind das Zwischenziel einer Bilanzanalyse und können helfen, gezielter nach weiteren Informationen zu verlangen (siehe auch Abschnitt A II Begriffsbestimmung, Zweck und Ziel der Bilanzanalyse).

Da Jahresabschlüsse nach IAS und US-GAAP das gleiche Ziel haben, spielt es im Prinzip keine Rolle, ob die zu analysierenden Jahresabschlüsse auf IAS oder US-GAAP übergeleitet werden. Man sollte die Entscheidung davon abhängig machen, nach welchen Rechnungslegungsgrundsätzen vergleichbare Unternehmen der gleichen Branche bilanzieren, um einen Branchenvergleich vornehmen zu können.

Eine solche Überleitung eines Jahresabschlusses ist immer dann notwendig, wenn ein Betriebsvergleich und/oder ein Branchenvergleich vorgenommen wird, und die Jahresabschlüsse der Unternehmen nach unterschiedlichen Rechnungslegungsgrundsätzen (HGB, IAS, US-GAAP oder anderen ausländischen Rechnungslegungsgrundsätzen) erstellt worden sind. Die Kennzahlen von nach unterschiedlichen Rechnungslegungsgrundsätzen erstellten Jahresabschlüssen sind nicht vergleichbar, und somit hat ein darauf aufbauender Kennzahlenvergleich auch keine Aussagekraft.

Ein nur grob übergeleiteter und aufbereiteter Jahresabschluß, der auf vorhandenen sonstigen Informationen, auf in der ersten Phase der Bilanzanalyse gewonnenen Erkenntnissen, auf einem Bilanzgespräch und auf Schätzungen beruht, ist auf jeden Fall aussagefähiger als ein reiner HGB-Jahresabschluß.

Hinweise für eine Überleitung der einzelnen Posten eines HGB-Abschlusses auf IAS oder US-GAAP können dem Buch Born, Karl: Rechnungslegung international. 2. Aufl., Stuttgart 1999, entnommen werden.

II. Erläuterungen zu dem Modell der aufbereiteten Bilanz

Das nachfolgende Modell der aufbereiteten Bilanz ist im Prinzip selbstredend. Dennoch werden einige Erläuterungen gegeben.

Die aus dem Anhang des Jahresabschlusses ersichtlichen unterlassenen nicht bilanzierungspflichtigen Pensionsrückstellungen und die Unterdeckung von Pensions- und Unterstützungskassen werden nicht vom Eigenkapital gekürzt, sondern ohne Abzug des Ertragsteueranteils separat gezeigt, obwohl sie vom Eigenkapital abzuziehen sind. Eine richtige Vorgehensweise hätte wegen der sehr langfristigen Auswirkungen den Zusammenhang von der Bilanz mit der Gewinn- und Verlustrechnung vollkommen zerbrochen. Aus dem gleichen Grunde werden die aus dem Anhang ersichtlichen, aktivisch abgesetzten steuerlichen Sonderabschreibungen und die unterlassenen Zuschreibungen nicht korrigiert.

Dem bereinigten Eigenkapital wären im Prinzip

- die gesamten oder Teile der Aufwandsrückstellungen,
- evtl. ein weiterer Teil der sonstigen Rückstellungen sowie
- die Unterbewertung der Vorräte (Lifo-Reserve, Nichtaktivierung von Wahlbestandteilen)

hinzuzurechnen. Entsprechende Angaben sind allerdings im Anhang nicht vorgeschrieben.

Diese Korrekturen sind in einer separat ermittelten korrigierten Eigenkapitalquote enthalten.

Im Modell wird die Bereinigung des Eigenkapitals sehr rigide unter Gläubigerschutzgesichtspunkten vorgenommen. Darüber hinaus sind die auf diese Art und Weise bereinigten Bilanzen besser mit Bilanzen vergleichbar, in denen die im HGB gegebenen Aktivierungswahlrechte nicht genutzt wurden. Denkbar ist auch eine weniger rigide Bereinigung, die zum Teil dazu noch eine bessere Übereinstimmung mit den Zielen der Ergebnisbereinigung ermöglicht (z.B. keine Bereinigung des Disagios, da es sich um eine Kostenabgrenzung handelt).

Soweit bei der Besprechung der einzelnen Bilanzposten unterschiedliche Möglichkeiten der Bereinigung angesprochen werden, sind die einzelnen Posten in dem nachstehenden Modell einer aufbereiteten Bilanz mit einer Klammer versehen.

Ein »Nicht durch Eigenkapital gedeckter Fehlbetrag« (Unterbilanz) sollte in der aufbereiteten Bilanz nicht auf der Aktivseite, sondern unter Gewinn/Verlust als Minus-Posten auf der Passivseite gezeigt werden.

III. Modell einer aufbereiteten Bilanz

Bilanzen
zum 31. 12. der Jahre .... bis ....

	(insgesamt 3–8 Jahre)		....	
Aktiva	TDM	%	TDM	%
immaterielle Vermögensgegenstände (bereinigt)[1]				
Sachanlagen				
Finanzanlagen				
Anlagevermögen				
Roh-, Hilfs- und Betriebsstoffe				
unfertige Erzeugnisse, unfertige Leistungen				
fertige Erzeugnisse und Waren				
geleistete Anzahlungen	....	....	....	....
(./. erhaltene Anzahlungen auf Bestellungen)				
Vorräte				
Forderungen aus Lieferungen und Leistungen [2]				
sonstige Forderungen, sonstige Vermögensgegenstände und Rechnungsabgrenzungsposten (ohne Disagio und latente Steuern) [3]				
Wertpapiere (ohne eigene Anteile und evtl. ohne Anteile an verbundenen Unternehmen)				
flüssige Mittel				
Umlaufvermögen				
Summe Aktiva		100,0		100,0

Höhe der beim Anlage- und Umlaufvermögen aktivisch abgesetzten steuerlichen Sonderabschreibungen
aus steuerrechtlichen Gründen unterlassene Zuschreibungen
Wert der geleasten und nicht bilanzierten Sachanlagen
Unterbewertung Vorräte wegen Bewertung zu Einzelkosten
Lifo-Reserve
verkaufte und bevorschußte Forderungen aus Lieferungen und Leistungen

1) davon aktivierte Entwicklungskosten
2) davon mit einer Restlaufzeit von mehr als einem Jahr
3) davon mit einer Restlaufzeit von mehr als einem Jahr

Passiva	(insgesamt 3–8 Jahre) .... TDM	%	.... TDM	%
gezeichnetes Kapital				
./. Rückkauf eigener Aktien (KonTraG)				
Kapitalrücklagen				
Gewinnrücklagen				
Gewinnvortrag / ./. Verlustvortrag				
Jahresüberschuß / ./. Jahresfehlbetrag				
sonstiges haftendes Eigenkapital				
sonstiges Eigenkapital				
passiver Unterschiedsbetrag aus der Kapitalkonsolidierung mit Eigenkapitalcharakter	....	....	....	....
Eigenkapital laut Bilanz				
./. nicht eingeforderte ausstehende Einlagen				
(./. eingeforderte ausstehende Einlagen)	....	....	....	....
eingezahltes Eigenkapital				
./. vorgeschlagener oder beschlossener Ausschüttungsbetrag				
(./. eigene Anteile)				
./. Forderungen an Gesellschafter (ohne Forderungen aus Lieferungen und Leistungen mit üblichem Zahlungsziel)				
./. Aufwendungen für die Ingangsetzung und Erweiterung des Geschäftsbetriebs				
(./. Geschäfts- oder Firmenwert)				
(./. aktive latente Steuern)				
(./. aktiviertes Disagio)				
+ Eigenkapitalanteil des Sonderpostens mit Rücklageanteil				
./. Kapitalentwertungskonto gemäß § 26 Abs. 4 und § 28 DMBilG				
./. Beteiligungsentwertungskonto gemäß § 24 Abs. 5 DMBilG				
./. Sonderverlustkonto gemäß § 17 Abs. 4 DMBilG				
./.	....	....	....	....
bereinigtes Eigenkapital	____	____	____	____
Anteile anderer Gesellschafter [1]	____	____	____	____

1) davon zur Ausschüttung vorgesehen

	(insgesamt 3–8 Jahre)		....	
	TDM	%	TDM	%
Rückstellungen für Pensionen und ähnliche Verpflichtungen				
Anleihen [1]				
Verbindlichkeiten gegenüber Kreditinstituten mit einer Restlaufzeit von mehr als 5 Jahren (falls bei Konzernbilanz bekannt)				
sonstiges langfristiges Fremdkapital [2]				
langfristiges Fremdkapital				
Fremdkapitalanteil des Sonderpostens mit Rücklageanteil				
Steuerrückstellungen				
Anleihen [1]				
Verbindlichkeiten gegenüber Kreditinstituten mit einer Restlaufzeit von mehr als 1 Jahr und weniger als 5 Jahren (falls bekannt)				
sonstiges mittelfristiges Fremdkapital [3]				
passiver Unterschiedsbetrag aus der Kapitalkonsolidierung mit Fremdkapitalcharakter				
mittelfristiges Fremdkapital				
sonstige Rückstellungen				
vorgeschlagener oder beschlossener Ausschüttungsbetrag				
Anleihen [1]				
Verbindlichkeiten gegenüber Kreditinstituten				
Verbindlichkeiten aus Lieferungen und Leistungen				
Verbindlichkeiten aus der Annahme gezogener Wechsel und der Ausstellung eigener Wechsel				
sonstige kurzfristige Verbindlichkeiten einschließlich Rechnungsabgrenzungsposten [4]				
kurzfristiges Fremdkapital				
Fremdkapital				
Summe Passiva		100,0		100,0
unterlassene nicht bilanzierungspflichtige Pensionsrückstellungen und Unterdeckungen von Pensions- und Unterstützungskassen oder andere Verpflichtungen gegenüber dem Personal				

1) davon konvertible Anleihen (aufgeteilt nach Fälligkeit)
2) Aufteilung sonstiges langfristiges Fremdkapital
3) Aufteilung sonstiges mittelfristiges Fremdkapital
4) Aufteilung kurzfristige Verbindlichkeiten

Ermittlung korrigierte Eigenkapitalquote

		TDM	%	TDM	%
	Eigenkapital/Eigenkapitalquote laut aufbereiteter Bilanz				
+	aktivisch abgesetzte steuerliche Sonderabschreibungen		–		–
+	aus steuerlichen Gründen unterlassene Zuschreibungen		–		–
+	Unterbewertung Vorräte wegen Bewertung zu Einzelkosten		–		–
+	Lifo-Reserve		–		–
+	Rückstellungen, soweit sie stille Reserven beinhalten		–		–
			–		–
./.	unterlassene Pensionsrückstellungen u. ä.		–		–
./.	....		–		–
			–		–
+/./.	Korrektur latente Steuern		–		–
	korrigiertes Eigenkapital		–		–
	geleaste und nicht bilanzierte Sachanlagen		–		–
	verkaufte und bevorschußte Forderungen aus Lieferungen und Leistungen		–		–
	korrigierte Eigenkapitalquote	–		–	

Erläuterungen zur Bilanz:

Aufteilung und Entwicklung Sachanlagen sowie Aufwendungen durch Sachanlagen

		(insgesamt 3–8 Jahre)		....	
		TDM	%	TDM	%
Grundstücke, grundstücksgleiche Rechte und Bauten einschließlich der Bauten auf fremden Grundstücken (falls bekannt, Buchwert der Grundstücke, weiter unten getrennt zeigen)	Anschaffungswert		100,0		100,0
	./. Abschreibungen des Geschäftsj.				
	./. kumulierte Abschreibungen [1)]				
	Buchwert				

		(insgesamt 3–8 Jahre) .... TDM	%	.... TDM	%
technische Anlagen und Maschinen	Anschaffungswert		100,0		100,0
	./. Abschreibungen des Geschäftsj.				
	./. kumulierte Abschreibungen[1)]				
	Buchwert				
andere Anlagen, Betriebs- und Geschäftsausstattung	Anschaffungswert		100,0		100,0
	./. Abschreibungen des Geschäftsj.				
	./. kumulierte Abschreibungen[1)]				
	Buchwert				
Summe abschreibungsfähige Sachanlagen	Anschaffungswert		100,0		100,0
	./. Abschreibungen des Geschäftsj.				
	./. kumulierte Abschreibungen[1)]				
	Buchwert				
Grundstücke (falls bekannt, Buchwert der Grundstücke getrennt zeigen)	Buchwert				
geleistete Anzahlungen und Anlagen im Bau	Buchwert				
Summe Sachanlagen	Buchwert				
Zugänge Sachanlagen [2) 4)]					
./. Abgänge Sachanlagen [3) 5)] (Restbuchwert)					
Nettoinvestitionen in Sachanlagen					

1) kumulierte Abschreibungen ggf. mit Zuschreibungen saldieren
2) davon aus Veränderung Konsolidierungskreis
3) davon aus Veränderung Konsolidierungskreis
4) davon aus Veränderung Währumgsumrechnung
5) davon aus Veränderung Währungsumrechnung

Instandhaltungs- und Reparaturaufwendungen im Verhältnis zu den Sachanlagen (ohne Grundstücke und Anlagen im Bau und Anzahlungen auf Anlagen) [1)]	%	%

Altersstruktur der abnutzbaren Sachanlagen:

$\frac{\text{Sachanlagenzugänge der letzten .. Jahre}}{\text{Sachanlagen zu Anschaffungswerten}}$	%

1) Anschaffungswert oder Wiederbeschaffungswert, falls bekannt

Entwicklung Finanzanlagen

	(insgesamt 3–8 Jahre) .... TDM	.... TDM
Buchwert 1.1.		
Zugänge		
Abgänge		
Zuschreibungen		
Abschreibungen		
Zugänge im Konsolidierungskreis		
Abgänge im Konsolidierungskreis		
Buchwert 31. 12.		

Beteiligungsliste als Anlage beifügen

Art und Fälligkeit der mittel- und langfristigen Forderungen (falls wesentlich), mit Angabe des Zinssatzes (fix/variabel) und der Währung

Art und Fälligkeit der mittel- und langfristigen Verbindlichkeiten (falls wesentlich), mit Angabe des Zinssatzes (fix/variabel) und der Währung

Aufteilung sonstige Rückstellungen 1)

	(insgesamt 3–8 Jahre)		....	
	TDM	% 2)	TDM	% 2)
Rückstellungen für unterlassene Aufwendungen für Instandhaltung				
Rückstellungen für unterlassene Aufwendungen für Abraumbeseitigung				
Rückstellungen für Gewährleistungen ohne rechtliche Verpflichtung				
sonstige Aufwandsrückstellungen				
übrige Rückstellungen (evtl. aufteilen)				
davon evtl. mittelfristig				

1) nach § 285 Nr. 12 HGB Erläuterung nur Pflicht, falls sie einen nicht unerheblichen Umfang haben
2) in Prozent der Bilanzsumme

Erläuterungen über Grund, Art der Berechnung, Zuführung, Inanspruchnahme und Auflösung der Rückstellungen

Haftungsverhältnisse Art/Pfandrecht und sonstige Sicherheiten/ Grund/Begünstigter	(insgesamt 3–8 Jahre) .... TDM	.... TDM
davon verbundene Unternehmen		

Sonstige finanzielle Verpflichtungen Art/Fälligkeit		
davon verbundene Unternehmen		
davon gegenüber nicht konsolidierten Tochter-unternehmen		

Nicht passivierte Risiken

Kredite an Mitglieder des Vorstands, Geschäftsführung u. ä.		

Aufteilung von Posten und Beträgen, die verbundene Unternehmen oder Unternehmen, mit denen ein Beteiligungsverhältnis besteht, betreffen

	(insgesamt 3–8 Jahre) .... TDM	.... TDM
Finanzanlagen		
Anteile an verbundenen Unternehmen		
Ausleihungen an verbundene Unternehmen		
Beteiligungen		
Beteiligungen an assoziierten Unternehmen (bei Konzernabschluß)		
Ausleihungen an Unternehmen, mit denen ein Beteiligungsverhältnis besteht		
sonstige Forderungen [1) 2)]		
Forderungen gegen verbundene Unternehmen		
Forderungen gegen Unternehmen, mit denen ein Beteiligungsverhältnis besteht		
Wertpapiere		
Anteile an verbundenen Unternehmen		

	(insgesamt 3–8 Jahre) .... TDM	.... TDM
sonstige kurzfristige Verbindlichkeiten [3) 4) 5)]		
Verbindlichkeiten gegenüber verbundenen Unternehmen		
Verbindlichkeiten gegenüber Unternehmen, mit denen ein Beteiligungsverhältnis besteht		
Verbindlichkeiten gegenüber Gesellschaftern		

1) davon aus Lieferungen und Leistungen
2) davon mit einer Restlaufzeit von mehr als einem Jahr
3) davon aus Lieferungen und Leistungen
4) davon mit einer Restlaufzeit von 1–5 Jahren
5) davon mit einer Restlaufzeit von mehr als 5 Jahren

Haftungsverhältnisse		
Haftungsverhältnisse gegenüber verbundenen Unternehmen (bei Einzelabschluß)		
Haftungsverhältnisse gegenüber nicht konsolidierten Unternehmen (bei Konzernabschluß)		
Haftungsverhältnisse gegenüber Gesellschaftern		
Haftungsverhältnisse gegenüber Mitgliedern des Vorstands, Geschäftsführung u. ä.		

IV. Erläuterungen zu den Modellen der aufbereiteten Gewinn- und Verlustrechnungen

In der Literatur wird empfohlen, bei der externen Bilanzanalyse das Ergebnis wie folgt aufzuspalten:

- Betriebsergebnis
- Zinsergebnis } = Finanzergebnis
- Beteiligungsergebnis } = Finanzergebnis
- außerordentliches Ergebnis

Zum Teil wird zusätzlich ein Bewertungsergebnis als weitere Erfolgsquelle bei der Erfolgsspaltung genannt.

Kriterien bei der Erfolgsspaltung sind die Betriebsbezogenheit (betrieblich oder betriebsfremd), die Regelmäßigkeit (ordentlich oder außerordentlich) und möglichst auch die Periodenbezogenheit (periodenbezogen oder periodenfremd) der Erfolge. Aus dem Jahresabschluß sind allerdings periodenfremde Erfolge nur ersichtlich, wenn sie gleichzeitig außerordentlich sind. Da der Begriff außerordentliche Aufwendungen und Erträge sehr eng und teilweise unterschiedlich ausgelegt wird, sollte bei einer Bilanzanalyse möglichst auch festgestellt werden, welcher Teil der betrieblichen Aufwendungen und Erträge als außergewöhnlich angesehen werden kann, d.h. nicht regelmäßig anfällt. Dies kann bei der Schätzung der Ertragskraft des Unternehmens hilfreich sein.

Eine weitere Erfolgsspaltung nach Geschäftsbereichen/Produktgruppen, Deckungsbeiträgen und Regionen/Kundengruppen ist je nach den Angaben im Anhang und zusätzlichen Informationen bei einer externen Bilanzanalyse nur bedingt möglich und ist zum Teil Bestandteil der vorgeschlagenen Aufbereitung der Gewinn- und Verlustrechnung und der Analyse der Berichterstattung nach Geschäftsfeldern und Regionen (Segmentberichterstattung).

Obwohl ein HGB-Jahresabschluß keine Informationen über Verluste oder Gewinne aus der Änderung der Bilanzierungs- und Bewertungsmethoden enthält (außer Zuschreibungen auf das Anlagevermögen), wurde das Bewertungsergebnis in die beiden Modelle der aufbereiteten Gewinn- und Verlustrechnungen aufgenommen. Grund hierfür war, daß IAS- und US-GAAP-Abschlüsse entsprechende Informationen enthalten und Verluste oder Gewinne aus der Änderung der Bilanzierungs- und Bewertungsmethoden aufgrund zunehmender Informationen oder mündlicher Erläuterungen in HGB-Abschlüssen vielleicht geschätzt werden können. Von besonderem Interesse sind hierbei die Auflösungen von Rückstellungen. Im übrigen wird auf Abschnitt M IV Bereinigung der Gewinn- und Verlustrechnungen verwiesen, die zum Zwecke hat, sämtliche betriebsfremden und außerordentlichen Aufwendungen und Erträge einschließlich des Bewertungsergebnisses möglichst auf die Jahre zu verteilen, denen sie zuzurechnen sind, um ein bereinigtes Jahresergebnis für die einzelnen Jahre ermitteln zu können.

Währungsumrechnungsdifferenzen aus der Konsolidierung sollten – sofern Informationen darüber vorhanden sind und die Währung des Mutterunternehmens die funktionsspezifische Währung ist – möglichst nicht getrennt ausgewiesen werden, sondern den Aufwendungen und Erträgen zugerechnet werden, bei denen sie bei einer Betriebsstättenkonsolidierung ausgewiesen worden wären.

Eine Zusammenfassung des Zinsergebnisses mit dem Beteiligungsergebnis – manchmal einschließlich Abschreibungen auf das Finanzergebnis – zu einem Finanzergebnis, wie es öfters vorgeschlagen wird, erfolgt hier nicht. Es wird für sehr wichtig gehalten, das Zinsergebnis nicht mit dem Beteiligungsergebnis zu einem Finanzergebnis zu saldieren, da die im Zinsergebnis enthaltenen Zinsaufwendungen sowohl zur Finanzierung der Betriebstätigkeit des Unternehmens als auch der Beteiligungen notwendig sind und das Zinsergebnis zusammen mit dem Jahresergebnis das Kapitalergebnis ergibt. Diesem Kapitalergebnis wären noch der Zinsbestandteil der Zuführung zu Pensionsrückstellungen hinzuzufügen, sofern das analysierte Unternehmen in seinem Jahresabschluß den Zinsbestandteil der Zuführung zu Pensionsrückstellungen nicht im Zinsergebnis ausgewiesen hat (siehe Abschnitt E II 4 Wirtschaftlicher Inhalt der Rückstellungen und der Zuführung zu den Rückstellungen für Pensionen und ähnliche Verpflichtungen und Abschnitt E III 3f (6) Personalaufwand). Durch die getrennte Darstellung des Zinsergebnisses und die Berücksichtigung des Zinsbestandteils der Zuführung zu den Pensionsrückstellungen können im Zeit- und Betriebsvergleich den unterschiedlichen Verschuldungsgraden die entsprechenden Zinsaufwendungen gegenübergestellt werden.

Der Posten 7b Abschreibungen auf Vermögensgegenstände des Umlaufvermögens, soweit diese die in der Kapitalgesellschaft üblichen Abschreibungen überschreiten wurde beim Gesamtkostenverfahren wegen der Vergleichbarkeit mit dem Umsatzkostenverfahren nicht als außerordentlicher Aufwand betrachtet, da anzunehmen ist, daß dieser Posten beim Umsatzkostenverfahren in einem Posten vor dem Betriebsergebnis enthalten sein dürfte. Um die vorhandenen Informationen nutzen zu können, wurde er als »davon«-Posten gezeigt.

Bei den Abschreibungen auf den Geschäfts- oder Firmenwert handelt es sich um die Verteilung von vorausbezahlten Übergewinnen (Unterschied zwischen dem höheren Kaufpreis bzw. Ertragswert und dem Substanzwert). Sie sind vor dem Jahresüberschuß in einer separaten Zeile darzustellen.

Die Ausführungen in diesem und im vorigen Abschnitt G II zeigen, daß der Erkenntniswert auch eines bereinigten HGB-Abschlusses gegenüber einem IAS- und US-GAAP-Abschluß relativ gering ist, sofern keine Informationen erhältlich sind, wie sie bei einem IAS- und US-GAAP-Abschluß vorliegen.

V. Modell einer aufbereiteten Gewinn- und Verlustrechnung nach dem Umsatzkostenverfahren

Gewinn- und Verlustrechnungen nach dem Umsatzkostenverfahren für die Jahre .... bis ....

(insgesamt 3–8 Jahre)

	....		....	
	TDM	%	TDM	%
Umsatzerlöse		100,0		100,0
Herstellungskosten				
Bruttoergebnis vom Umsatz				
Vertriebskosten				
allgemeine Verwaltungskosten				
sonstige Steuern				
sonstige betriebliche Aufwendungen (nicht außergewöhnlich und ohne Einstellung in Sonderposten mit Rücklageanteil)				
sonstige betriebliche Erträge (soweit sie in ähnlicher Größenordnung regelmäßig anfallen)				
Betriebsergebnis				
sonstige betriebliche Aufwendungen (außergewöhnlich)				
Abschreibungen auf Finanzanlagen und auf Wertpapiere des Umlaufvermögens				
Einstellung in Sonderposten mit Rücklageanteil				
außerordentliche Aufwendungen				
Währungsumrechnungsdifferenzen (bei Konzernabschluß)				
betriebsfremde und außerordentliche Aufwendungen				

	(insgesamt 3–8 Jahre) .... TDM	%	.... TDM	%
sonstige betriebliche Erträge (nicht regelmäßig anfallend)				
Erträge aus der Auflösung von Sonderposten mit Rücklageanteil				
außerordentliche Erträge				
Währungsumrechnungsdifferenzen (bei Konzernabschluß)	____	____	____	____
betriebsfremde und außerordentliche Erträge				
Verluste aus der Änderung der Bilanzierungs- und Bewertungsmethoden				
Gewinne aus der Änderung der Bilanzierungs- und Bewertungsmethoden	____	____	____	____
Bewertungsergebnis				
Erträge aus Beteiligungen				
Ergebnisse aus assoziierten Unternehmen (bei Konzernabschluß)				
Erträge aus anderen Wertpapieren und Ausleihungen des Finanzanlagevermögens				
Erträge aus Gewinngemeinschaften, Gewinnabführungs- und Teilgewinnabführungsverträgen				
Aufwendungen aus Verlustübernahme	____	____	____	____
Beteiligungsergebnis				
Ergebnis vor Zinsen und Ertragsteuern	____	____	____	____
Zinsen und ähnliche Aufwendungen				
sonstige Zinsen und ähnliche Erträge	____	____	____	____
Zinsergebnis				
Ergebnis vor Ertragsteuern	____	____	____	____
Steuern vom Einkommen und Ertrag				
Abschreibungen auf den Geschäfts- oder Firmenwert				
Jahresüberschuß/Jahresfehlbetrag	____	____	____	____
anderen Gesellschaftern zustehender Gewinn/Verlust				
Konzernergebnis	====	====	====	====

	(insgesamt 3–8 Jahre)		....	
	TDM	%	TDM	%
Ergebnis vor Abschreibungen, Zinsen und Ertragsteuern				
Zuführung zu den Pensionsrückstellungen				
im Ergebnis unter dem Posten .... (in der Regel sonstige Aufwendungen) verrechnete Abschreibungen des Beteiligungsentwertungskontos und des Sonderverlustkontos				
mit den Rücklagen verrechnete Währungsumrechnungsdifferenzen				

Veränderung der Ergebnisse aufgrund in der Bilanz vorgenommener Eigenkapitaländerungen sowie Veränderung bereinigtes Eigenkapital

	(insgesamt 3–8 Jahre) ….		….	
	TDM	%	TDM	%
./. Zugang Aufwendungen für die Ingangsetzung und Erweiterung des Geschäftsbetriebs				
./. Zugang Geschäfts- oder Firmenwert				
./. Zugang aktive latente Steuern				
./. Zugang aktiviertes Disagio				
./. Eigenkapitalanteil der aufgelösten Sonderposten mit Rücklageanteil				
+ Zugang passive latente Steuern wegen Bereinigung Eigenkapital	____		____	
Verminderung Eigenkapital	____		____	
+ Abschreibungen Aufwendungen für die Ingangsetzung und Erweiterung des Geschäftsbetriebs				
+ Abschreibungen Geschäfts- oder Firmenwert				
+ Abgang aktive latente Steuern				
+ Abschreibung Disagio				
+ Eigenkapitalanteil der gebildeten Sonderposten mit Rücklageanteil				
+ Verminderung Kapitalentwertungskonto				
+ Verminderung Beteiligungsentwertungskonto				
+ Verminderung Sonderverlustkonto				
./. Abgang passive latente Steuern wegen Bereinigung Eigenkapital	____		____	
Erhöhung Eigenkapital	____		____	
Veränderung der Ergebnisse aufgrund in der Bilanz vorgenommener Eigenkapitaländerungen				
Jahresüberschuß/Jahresfehlbetrag	____		____	
Veränderung bereinigtes Eigenkapital (ohne Kapitalerhöhung oder -herabsetzung und Gewinnausschüttung)	____		____	
Kapitalerhöhung/-herabsetzung Gewinnausschüttung	____		____	
Veränderung bereinigtes Eigenkapital	====		====	

Nicht aus der Gewinn- und Verlustrechnung ersichtliche Posten

	(insgesamt 3–8 Jahre)		....	
	TDM	%	TDM	%
außerplanmäßige Abschreibungen				
steuerliche Sonderabschreibungen				
Veränderung unterlassene nicht bilanzierungspflichtige Pensionsrückstellungen und Unterdeckungen von Pensions- und Unterstützungskassen				
Zinsbestandteil der Zuführung zu Pensionsrückstellungen				
Mieten, Pachten und Leasingaufwand				

Kurzfristig stark beeinflußbare Kosten

	TDM	%	TDM	%
Forschungs- und Entwicklungskosten				
Instandhaltungs- und Reparaturkosten				
Werbekosten				

Aufteilung Materialaufwand

	TDM	%	TDM	%
Aufwendungen für Roh-, Hilfs- und Betriebsstoffe und für bezogene Waren				
Aufwendungen für bezogene Leistungen				
Materialaufwand				

Aufteilung Personalaufwand

	TDM	%	TDM	%
Löhne und Gehälter				
soziale Abgaben und Aufwendungen für Altersversorgung und für Unterstützung				
davon für Altersversorgung	( )		( )	
Personalaufwand				

Arbeitnehmer

Personalaufwand in TDM je Arbeitnehmer

Aufteilung Arbeitnehmer nach Gruppen

im Personalaufwand enthaltene Bezüge des Vorstands, der Geschäftsführung u. ä.

Bezüge früherer Mitglieder des Vorstands, der Geschäftsführung und ihrer Hinterbliebenen

Aufteilung Erträge und Aufwendungen verbundene Unternehmen

	(insgesamt 3–8 Jahre)	....
	TDM	TDM
Erträge aus Beteiligungen		
Erträge aus anderen Wertpapieren und Ausleihungen des Finanzanlagevermögens		
sonstige Zinsen und ähnliche Erträge	____	____
Zinsen und ähnliche Aufwendungen	____	____
	====	====

Aufteilung sonstige betriebliche Aufwendungen

	TDM	%	TDM	%
	____	____	____	____
	====	====	====	====

davon nicht außergewöhnlich
davon außergewöhnlich
davon Einstellung in Sonderposten mit Rücklageanteil
davon Währungsumrechnungsdifferenzen (Konzernabschluß)

Aufteilung sonstige betriebliche Erträge

	TDM	TDM
	____	____
	====	====

davon in ähnlicher Größenordnung wahrscheinlich regelmäßig anfallend
davon nicht regelmäßig anfallend
davon Währungsumrechnungsdifferenzen (Konzernabschluß)

Anmerkungen zur Gewinn- und Verlustrechnung, insbesondere Angaben zu den sonstigen betrieblichen Aufwendungen (außergewöhnlich) und den sonstigen betrieblichen Erträgen (nicht regelmäßig anfallend)

Zusätzliche Informationen aus dem Lagebericht und einem eventuellen Geschäftsbericht

VI. Modell einer aufbereiteten Gewinn- und Verlustrechnung nach dem Gesamtkostenverfahren

Gewinn- und Verlustrechnungen nach dem Gesamtkostenverfahren für die Jahre .... bis ....

(insgesamt 3–8 Jahre)

	....		....	
	TDM	%	TDM	%
Umsatzerlöse				
Erhöhung oder Verminderung des Bestandes an fertigen und unfertigen Erzeugnissen				
andere aktivierte Eigenleistungen				
Gesamtleistung		100,0		100,0
Materialaufwand				
Personalaufwand				
Abschreibungen				
(davon unübliche Abschreibungen auf Umlaufvermögen lt. Pos. 7b)	( )		( )	
sonstige betriebliche Aufwendungen (ohne Einstellung in Sonderposten mit Rücklageanteil)				
sonstige Steuern				
sonstige betriebliche Erträge (soweit sie in ähnlicher Größenordnung regelmäßig anfallen				
Betriebsergebnis				
Abschreibungen auf Finanzanlagen und auf Wertpapiere des Umlaufvermögens				
Einstellung in Sonderposten mit Rücklageanteil				
außerordentliche Aufwendungen				
Währungsumrechnungsdifferenzen (bei Konzernabschluß)				
betriebsfremde und außerordentliche Aufwendungen				
sonstige betriebliche Erträge (nicht regelmäßig anfallend)				
Erträge aus der Auflösung von Sonderposten mit Rücklageanteil				
außerordentliche Erträge				
Währungsumrechnungsdifferenzen (bei Konzernabschluß)				
betriebsfremde und außerordentliche Erträge				

	(insgesamt 3–8 Jahre)		....	
	TDM	%	TDM	%
Verluste aus der Änderung der Bilanzierungs- und Bewertungsmethoden				
Gewinne aus der Änderung der Bilanzierungs- und Bewertungsmethoden				
Bewertungsergebnis				
Erträge aus Beteiligungen				
Erträge aus assoziierten Unternehmen (bei Konzernabschluß)				
Erträge aus anderen Wertpapieren und Ausleihungen des Finanzanlagevermögens				
Erträge aus Gewinngemeinschaften, Gewinnabführungs- und Teilgewinnabführungsverträgen				
Aufwendungen aus Verlustübernahme				
Beteiligungsergebnis				
Ergebnis vor Zinsen und Ertragsteuern				
Zinsen und ähnliche Aufwendungen				
sonstige Zinsen und ähnliche Erträge				
Zinsergebnis				
Ergebnis vor Ertragsteuern				
Steuern vom Einkommen und Ertrag				
Abschreibungen auf den Geschäfts- oder Firmenwert				
Jahresüberschuß/Jahresfehlbetrag				
anderen Gesellschaftern zustehender Gewinn/Verlust				
Konzernergebnis				
Ergebnis vor Abschreibungen, Zinsen und Ertragsteuern				
Zuführung zu den Pensionsrückstellungen				
im Ergebnis unter dem Posten .... (in der Regel sonstige Aufwendungen) verrechnete Abschreibungen des Beteiligungsentwertungskontos und des Sonderverlustkontos				
mit den Rücklagen verrechnete Währungsumrechnungsdifferenzen				

Veränderung der Ergebnisse aufgrund in der Bilanz vorgenommener Eigenkapitaländerungen sowie Veränderung bereinigtes Eigenkapital

	(insgesamt 3–8 Jahre)		....	
	TDM	%	TDM	%
./. Zugang Aufwendungen für die Ingangsetzung und Erweiterung des Geschäftsbetriebs				
./. Zugang Geschäfts- oder Firmenwert				
./. Zugang aktive latente Steuern				
./. Zugang aktiviertes Disagio				
./. Eigenkapitalanteil der aufgelösten Sonderposten mit Rücklageanteil				
+ Zugang passive latente Steuern wegen Bereinigung Eigenkapital				
Verminderung Eigenkapital				
+ Abschreibungen Aufwendungen für die Ingangsetzung und Erweiterung des Geschäftsbetriebs				
+ Abschreibungen Geschäfts- oder Firmenwert				
+ Abgang aktive latente Steuern				
+ Abschreibung Disagio				
+ Eigenkapitalanteil der gebildeten Sonderposten mit Rücklageanteil				
+ Verminderung Kapitalentwertungskonto				
+ Verminderung Beteiligungsentwertungskonto				
+ Verminderung Sonderverlustkonto				
./. Abgang passive latente Steuern wegen Bereinigung Eigenkapital				
Erhöhung Eigenkapital				
Veränderung der Ergebnisse aufgrund in der Bilanz vorgenommener Eigenkapitaländerungen				
Jahresüberschuß/Jahresfehlbetrag				
Veränderung bereinigtes Eigenkapital (ohne Kapitalerhöhung oder -herabsetzung und Gewinnausschüttung)				
Kapitalerhöhung/-herabsetzung Gewinnausschüttung				
Veränderung bereinigtes Eigenkapital				

Nicht aus der Gewinn- und Verlustrechnung ersichtliche Posten

	(insgesamt 3–8 Jahre)		....	
	TDM	%	TDM	%
außerplanmäßige Abschreibungen				
steuerliche Sonderabschreibungen				
Veränderung unterlassene nicht bilanzierungspflichtige Pensionsrückstellungen und Unterdeckungen von Pensions- und Unterstützungskassen				
Zinsbestandteil der Zuführung zu den Pensionsrückstellungen				
Mieten, Pachten und Leasingaufwand				

Kurzfristig beeinflußbare Kosten

	TDM	%	TDM	%
Forschungs- und Entwicklungskosten				
Instandhaltungs- und Reparaturkosten				
Werbekosten				

Aufteilung Materialaufwand

	TDM	%	TDM	%
Aufwendungen für Roh-, Hilfs- und Betriebsstoffe und für bezogene Waren				
Aufwendungen für bezogene Leistungen				
Materialaufwand				

Aufteilung Personalaufwand

	TDM	%	TDM	%
Löhne und Gehälter				
soziale Abgaben und Aufwendungen für Altersversorgung und für Unterstützung				
davon für Altersversorgung	( )		( )	
Personalaufwand				

Arbeitnehmer

Personalaufwand in TDM je Arbeitnehmer

Aufteilung Arbeitnehmer nach Gruppen

im Personalaufwand enthaltene Bezüge des Vorstands, der Geschäftsführung u. ä.

Bezüge früherer Mitglieder des Vorstands, der Geschäftsführung und ihrer Hinterbliebenen

Aufteilung Erträge und Aufwendungen verbundene Unternehmen

	(insgesamt 3–8 Jahre)	....
	TDM	TDM
Erträge aus Beteiligungen		
Erträge aus anderen Wertpapieren und Ausleihungen des Finanzanlagevermögens		
sonstige Zinsen und ähnliche Erträge		
Zinsen und ähnliche Aufwendungen		

Aufteilung sonstige betriebliche Aufwendungen

	TDM	%	TDM	%

davon nicht außergewöhnlich
davon außergewöhnlich
davon Einstellung in Sonderposten mit Rücklageanteil
davon Währungsumrechnungsdifferenzen (Konzernabschluß)

Aufteilung sonstige betriebliche Erträge

	TDM	TDM

davon in ähnlicher Größenordnung wahrscheinlich regelmäßig anfallend
davon nicht regelmäßig anfallend
davon Währungsumrechnungsdifferenzen (Konzernabschluß)

Anmerkungen zur Gewinn- und Verlustrechnung, insbesondere Angaben zu den sonstigen betrieblichen Aufwendungen (außergewöhnlich) und den sonstigen betrieblichen Erträgen (nicht regelmäßig anfallend)

Zusätzliche Informationen aus dem Lagebericht und einem eventuellen Geschäftsbericht

VII. Gliederungskennzahlen bei den einzelnen Posten des Jahresabschlusses

Zu den absoluten Zahlen der einzelnen Posten der aufbereiteten Bilanz und Gewinn- und Verlustrechnung werden zusätzlich noch die Gliederungskennzahlen, d.h. die Relation zu der jeweiligen Bilanzsumme und dem Umsatz bzw. der Gesamtleistung der einzelnen Geschäftsjahre, angegeben. Die Gliederungskennzahlen zeigen die relative Bedeutung der einzelnen Posten und erleichtern Betriebsvergleiche.

VIII. Indexreihen

Den Zeitvergleich der einzelnen Posten aus mehreren Jahren kann sich der Bilanzanalytiker durch die Erstellung von Indexreihen erleichtern.

Das Basisjahr der Indexreihe, bei dem alle zu vergleichenden Posten mit 100 angesetzt werden, sollte möglichst ein »Normaljahr« sein. Das kann bedeuten, daß es unter Umständen sinnvoll ist, nicht das erste Vergleichsjahr als Basisjahr zu nehmen.

In den folgenden Jahren zeigen die Indexreihen der einzelnen Posten jeweils die prozentuale Steigerung gegenüber dem Basisjahr an.

Folgende Posten bieten sich für eine Indexreihe an:

	....	....	....	....	....
Sachanlagen (Buchwert)	100				
Finanzanlagen	100				
Vorräte	100				
Forderungen aus Lieferungen und Leistungen	100				
sonstige Forderungen	100				
Forderungen gegen verbundene Unternehmen und Beteiligungen	100				
Umlaufvermögen	100				
Eigenkapital	100				
Rückstellungen für Pensionen und ähnliche Verpflichtungen	100				
langfristiges Fremdkapital	100				
mittelfristiges Fremdkapital	100				
sonstige Rückstellungen	100				
kurzfristiges Fremdkapital	100				
Verbindlichkeiten gegenüber verbundenen Unternehmen und Beteiligungen	100				
Fremdkapital	100				
Umsatzerlöse	100				
Herstellungskosten	100				
Forschungskosten und Entwicklungskosten	100				
Vertriebskosten	100				
allgemeine Verwaltungskosten	100				

Materialaufwand	100
Personalaufwand	100
Abschreibungen	100
Betriebsergebnis	100
Zinsen und ähnliche Aufwendungen	100
Ergebnis vor Ertragsteuern	100
Jahresüberschuß	100
Personalaufwand je Beschäftigten	100
Inflation	100
Preisindex der Branche	100
Umsatzwachstum der Branche	100
Umsatzwachstum des Branchenführers	100

IX. Konsolidierungskreis

Zur Aufbereitung eines Jahresabschlusses sollten auch die in der folgenden Tabelle zusammengestellten Informationen über den Konsolidierungskreis gehören:

	(insgesamt 3–8 Jahre) .... Anzahl	.... Anzahl
vollkonsolidierte Unternehmen		
Zugang		
Abgang		
quotalkonsolidierte Gemeinschaftsunternehmen		
equitykonsolidierte assoziierte Unternehmen		
nicht vollkonsolidierte Tochterunternehmen		
Grund: andere Tätigkeit		
beschränkte Rechte		
fehlende Angaben		
Weiterveräußerung		
unbedeutend		
nicht equitykonsolidierte assoziierte Unternehmen		
Grund:		
Erläuterungen zu Veränderungen im Konsolidierungskreis		
bei wesentlichen Veränderungen im Konsolidierungskreis Angaben zum Ermöglichen eines Zeitvergleichs aufeinanderfolgender Konzernabschlüsse (§ 294 Abs. 2 HGB)		

X. Besonderheiten bei der Analyse von Personengesellschaften und Einzelunternehmen

Bei der Aufbereitung und Analyse der Jahresabschlüsse von Personengesellschaften und Einzelunternehmen sind folgende Besonderheiten zu beachten:

	Konsequenzen für die Bilanzanalyse
Vollhaftung der Eigentümer (außer Kommanditisten)	positiven oder evtl. negativen Wert der Vollhaftung feststellen (sonstiges Vermögen oder sonstige Verpflichtungen) steuerrechtliche Ergänzungsbilanz einsehen und evtl. konsolidieren
Forderungen an persönlich haftende Gesellschafter	vom Eigenkapital abziehen
Unternehmerlohn	Wert der Unternehmerleistung schätzen
Ertragsteuern	echte Einkommen- und Kirchensteuerbelastung oder fiktive Ertragsteuerbelastung berechnen (zukünftige Steuerbelastung aus der Auflösung von Sonderposten mit Rücklageanteil beachten) Steuerverbindlichkeiten und Steuererstattungsansprüche feststellen
Privatentnahmen	Angemessenheit beurteilen
Gliederungsfreiheit beim Jahresabschluß	falls Gliederungsfreiheit ausgenutzt, wegen fehlender Informationen und mangelnder Vergleichbarkeit auf Gliederung wie bei großen Kapitalgesellschaften drängen
fehlender Anhang	Folgende Informationen erbitten: Bilanzierungs- und Bewertungsmethoden, insbesondere Nutzungsdauer, Abschreibungsmethoden, Abschreibung geringwertiger Wirtschaftsgüter, Zuschüsse Anlagenspiegel mit Bruttoausweis Wechsel der Bewertungsmethoden unterlassene Pensionsrückstellungen gegebene Sicherheiten sonstige finanzielle Verpflichtungen steuerrechtliche Einflüsse auf das Ergebnis Verflechtungen mit den Gesellschaftern nahestehenden Unternehmen und Personen

Da bei Personengesellschaften und Einzelunternehmen kein Unternehmerlohn verrechnet wird und die Ergebnisse nicht um die Einkommen- und Kirchensteuer gekürzt sind, muß eine entsprechende Korrektur auch bei der Ermittlung des Cash-flows (Abschnitt I) und des dynamischen Verschuldungsgrades erfolgen (Abschnitt L IV).

H. Analyse von Kapitalflußrechnungen

I. Allgemeines

Zweck einer Kapitalflußrechnung ist es, aussagefähige Informationen über

- die selbst erwirtschafteten Mittel (Brutto-Cash-flow aus laufender Geschäftstätigkeit),
- langfristige Investitions- und Finanzierungsvorgänge und
- die Ursachen der Veränderung der Liquidität

zusammenzustellen. Die Kapitalflußrechnung kann man auch als eine Analyse der Liquiditätsentwicklung bezeichnen.

Ziel einer Kapitalflußrechnung ist es,

- notwendige oder geplante Investitionen,
- die Aufnahme und die Tilgung von Krediten,
- geplante Umsätze und Ergebnisse sowie
- vorgesehene oder erwartete Dividendenausschüttungen

auf ihre Machbarkeit hin zu durchleuchten.

Aus Kapitalflußrechnungen geht hervor,

- was mit den selbst erwirtschafteten Mitteln (Brutto-Cash-flow aus laufender Geschäftstätigkeit) geschehen ist,
- wie die Mittel aus der Erhöhung von Eigenkapital sowie mittel- und langfristigem Fremdkapital verwendet wurden,
- wie Investitionen, Tilgung von Krediten und Dividendenzahlungen finanziert wurden und
- woher die Zunahme des Finanzmittelfonds (flüssige Mittel einschließlich leicht veräußerbarer Wertpapiere) und der übrigen Posten des Netto-Umlaufvermögens stammt oder wozu ihre Abnahme verwendet wurde.

Worüber Finanzpläne für die Zukunft Auskunft geben sollen, das sollten Kapitalflußrechnungen für die Vergangenheit aussagen.

Die Kapitalflußrechnung kann Hinweise auf Krisensymptome geben. Da sie in wesentlich geringerem Maße bewertungsabhängig als die Gewinn- und Verlustrechnung ist, kann sie durch bilanzpolitische Maßnahmen weniger verfälscht werden. Ein langfristiger Vergleich zwischen dem Cash-flow und dem Jahreserfolg kann Hinweise auf bilanzpolitische Maßnahmen geben. Durch seine weitgehende Bewertungsunabhängigkeit ist der Cash-flow auch gut für einen Betriebsvergleich geeignet.

Kapitalflußrechnungen zeigen die einzelnen Ursachen (laufende Geschäftstätigkeit, Finanzierungstätigkeit und Investitionstätigkeit) der Veränderungen von Fonds (Finanzmittel-Bestände) an und somit auch die Ursachen für die Veränderung der in Abschnitt L III besprochenen Liquiditätskennzahlen. Als einen Fonds kann man die flüssigen Mittel mit oder ohne leicht veräußerbare Wertpapiere (Finanzmittelfonds), das monetäre Umlaufvermögen oder das Netto-Umlaufvermögen betrachten. Aufgrund der Vorschriften in den US-GAAP und den IAS wird in der Praxis in der Regel nur noch der Finanzmittelfonds benutzt.

Da Kapitalflußrechnungen die Veränderungen von Fonds erklären, werden sie auch Fondsrechnungen genannt. Manchmal werden auch die Begriffe Finanzbewegungsrechnung, Finanzflußrechnung oder Finanzierungsrechnung benutzt.

Im Gegensatz zu anderen großen Industrieländern (USA, Großbritannien, Japan, Kanada, Spanien) war die Kapitalflußrechnung in Deutschland bis zum Inkrafttreten des Gesetzes zur Kontrolle und Transparenz im Unternehmensbereich (KonTraG) kein gesetzlich vorgeschriebener Bestandteil des Jahresabschlusses.

Zum Teil wurden auch bisher schon von den an der Börse notierten Gesellschaften dem Jahresabschluß Kapitalflußrechnungen beigefügt. Diese hatten jedoch einen unterschiedlichen Aussagewert und sollten ggf. um vorhandene Informationen ergänzt werden.

Soweit den Jahresabschlüssen keine Kapitalflußrechnungen beigefügt wurden, ist man gezwungen, sich aus den übrigen Informationen des Jahresabschlusses selbst eine Kapitalflußrechnung zu entwickeln. Da Jahresabschlüssen nur Bestandsveränderungen (Ausnahme Anlagenspiegel) und Aufwendungen und Erträge und keine unmittelbaren Zahlungsströme zu entnehmen sind, ist die externe Erstellung einer Kapitalflußrechnung aus dem Jahresabschluß nur annähernd möglich.

Es ist aber nicht ausgeschlossen, daß im Anhang des Jahresabschlusses und im Geschäftsbericht neben einem Anlagenspiegel und evtl. einer Entwicklung der Rückstellungen zusätzlich weitere Informationen (z. B. Angaben über Kreditaufnahmen und -tilgungen, Preise für gekaufte oder verkaufte Unternehmen und Geschäftseinheiten, Entwicklung des Bestandes an Wertpapieren, Höhe der Gewinne und Verluste aus Anlageabgängen sowie Erläuterungen zur Währungsumrechnung) gegeben werden, die die Aussagefähigkeit einer extern erstellten Kapitalflußrechnung verbessern können. Eine extern »richtige« Erstellung der Kapitalflußrechnung wird in der Regel an unzureichenden und fehlenden Angaben über Konsolidierungskreisänderungen und Wechselkursänderungen scheitern. Aber auch eine extern »nicht vollständig richtig« erstellte Kapitalflußrechnung kann immer noch ein wertvolles Analyseinstrument sein.

Falls gewisse Informationen nicht erhältlich sind, muß die Kapitalflußrechnung ggf. in entsprechend gekürzter Form erstellt werden, d. h. gewisse Posten müssen saldiert werden. Das kann die Aussagefähigkeit der Kapitalflußrechnung mehr oder weniger beeinträchtigen.

Soweit nicht alle Informationen vorliegen, ist zu überlegen, welche Bedeutung diese fehlenden Informationen evtl. für die Beurteilung der Liquidität haben können.

Aufgrund des Gesetzes zur Kontrolle und Transparenz im Unternehmensbereich (KonTraG), das am 1. Mai 1998 in Kraft getreten ist, wurde in den § 297 Abs. 1 HGB folgender Satz 2 aufgenommen: *»Die gesetzlichen Vertreter eines börsennotierten Mutterunternehmens haben den Konzernanhang um eine Kapitalflußrechnung und eine Segmentberichterstattung zu erweitern.«* Einzelheiten über die Gestaltung der Kapitalflußrechnung enthält das Gesetz nicht.

Am 29. 10. 1999 hat das Deutsche Rechnungslegungs Standards Committee (DRSC) durch seinen Standardisierungsrat den Deutschen Rechnungslegungsstandard (DRS) 2 »Kapitalflußrechnung« verabschiedet. Hierin sind die Regeln enthalten, nach denen börsennotierte Mutterunternehmen gem. § 297 HGB Kapitalflußrechnungen aufzustellen haben.

DRS 2 ist mit dem im Jahre 1992 überarbeiteten IAS 7 und dem im Jahre 1987 erschienenen SFAS 95 kompatibel, d. h. DRS 2 entspricht sowohl den Anforderungen von IAS 7 als auch von SFAS 95. Materiell unterscheiden sich IAS 7, SFAS 95 und DRS 2 nur unwesentlich.

Im einzelnen gibt es folgende Unterschiede:

IAS 7	SFAS 95	DRS 2
	Zusammensetzung Finanzmittelfonds	
Zahlungsmittel und Zahlungsmitteläquivalente; Kontokorrentkredite können davon abgesetzt werden	Zahlungsmittel und Zahlungsmitteläquivalente	wie IAS 7 oder SFAS 95
	gezahlte Ertragsteuern	
laufende Geschäftstätigkeit, soweit nicht Finanzierungs- und Investitionstätigkeit zuordenbar	laufende Geschäftstätigkeit	grundsätzlich laufende Geschäftstätigkeit, sofern sie nicht eindeutig der Investitions- oder Finanzierungstätigkeit zugeordnet werden müssen
	erhaltene Zinsen und Dividenden	
laufende Geschäftstätigkeit oder Finanzierungstätigkeit	laufende Geschäftstätigkeit	laufende Geschäftstätigkeit oder Finanzierungstätigkeit, falls sachlich begründet
	gezahlte Zinsen	
laufende Geschäftstätigkeit oder Finanzierungstätigkeit	laufende Geschäftstätigkeit	laufende Geschäftstätigkeit oder Finanzierungstätigkeit, falls sachlich begründet
	gezahlte Dividende	
Finanzierungstätigkeit oder laufende Geschäftstätigkeit	Finanzierungstätigkeit	Finanzierungstätigkeit
	außerordentliche Posten	
laufende Geschäftstätigkeit, Investitions- oder Finanzierungstätigkeit, d.h. zu der Tätigkeit, zu der sie zuordenbar sind	keine Zuordnung vorgeschrieben	in der Regel laufende Geschäftstätigkeit

Die gemeinsam vom Hauptfachausschuß (HFA) des Instituts der Wirtschaftsprüfer (IDW) und vom Arbeitskreis »Finanzierungsrechnung« der Schmalenbach-Gesellschaft (SG) verfaßte Stellungnahme »Die Kapitalflußrechnung als Ergänzung des Jahres- und Konzernabschlusses« (HFA 1/1995) kann aufgrund der Verabschiedung von DRS 2 als überholt angesehen werden.

II. Modell einer Kapitalflußrechnung

Für die externe Bilanzanalyse wird folgendes Modell einer Kapitalflußrechnung vorgeschlagen. Eine solche Kapitalflußrechnung kann auf Basis von IAS 7, SFAS 95 und DRS 2 und zusätzlichen Informationen aus anderen Teilen des Jahresabschlusses erstellt werden und beruht auf der indirekten Methode, da die für die direkte Methode notwendigen Informationen den Jahresabschlüssen in der Regel nicht entnommen werden können.

1. Cash-flow aus der laufenden Geschäftstätigkeit

Umsatzerlöse		
+	sonstige betriebliche Erträge	
./.	Herstellungskosten/Wareneinsatz	
./.	übrige Kosten	________
Betriebsergebnis		
(+	in Leasingraten enthaltener Finanzierungsaufwand)	(................)
(=	Betriebsergebnis vor Abzug in Leasingraten enthaltenem Finanzierungsaufwand)	(................)
+	Zinserträge	
./.	Zinsaufwendungen	
(./.	in Leasingraten enthaltener Finanzierungsaufwand)	(................)
+	Beteiligungsergebnis	
+	*außerordentliche Erträge ./. außerordentliche Aufwendungen (jeweils vor Ertragsteuern)*	
./.	Ertragsteuern	________
Jahresüberschuß/Jahresfehlbetrag		
	(davon Ergebnisanteil von Minderheitsgesellschaftern)	*(................)*
+	Abschreibungen auf Gegenstände des Anlagevermögens	
	(+ Abschreibungsaufwand aus Finanzierungsleasing)	(................)
./.	Zuschreibungen auf Gegenstände des Anlagevermögens	
+	Wertberichtigungen auf Umlaufvermögen	
+	Zunahme / ./. Abnahme passive latente Steuern	
./.	Abnahme / + Zunahme aktive latente Steuern	
./.	Gewinne / + Verluste aus Equity-Bewertung	
+	Zunahme / ./. Abnahme Pensionsrückstellungen	
+	Zunahme / ./. Abnahme Steuerrückstellungen	
+	Zunahme / ./. Abnahme sonstige Rückstellungen	
+/./.	sonstige zahlungsunwirksame Aufwendungen/Erträge (z. B. Erhöhung/Verminderung Sonderposten mit Rücklageanteil, soweit er den Jahresüberschuß/Jahresfehlbetrag beeinflußt hat; Abschreibung auf aktiviertes Disagio)	
./.	Gewinne / + Verluste aus dem Abgang von Gegenständen des Anlagevermögens	________
Brutto-Cash-flow aus laufender Geschäftstätigkeit		
./.	Zunahme / + Abnahme Forderungen aus Lieferungen und Leistungen	
./.	Zunahme / + Abnahme Vorräte	
+	Zunahme / ./. Abnahme Verbindlichkeiten aus Lieferungen und Leistungen	
./.	Zunahme/ + Abnahme andere Aktiva, die nicht der Investitions- oder Finanzierungstätigkeit zuzuordnen sind	

+	Zunahme /./. Abnahme andere Passiva, die nicht der Investitions- oder Finanzierungstätigkeit zuzuordnen sind	________
		========
	(davon außerordentliches Ergebnis nach Ertragsteuern)	(................)
2. Cash-flow aus der Investitionstätigkeit		
./.	Zugang von Sachanlagen	
(./.	Zugang von Sachanlagen durch Finanzierungsleasing)	(................)
./.	Zugang von immateriellen Vermögensgegenständen	
./.	Erwerb von Finanzanlagevermögen	
./.	Erwerb von konsolidierten Tochterunternehmen abzüglich darin enthaltener Nettozahlungsmittel	
./.+	sonstige Investitionstätigkeit, z. B. langfristige Absatzfinanzierung	
./.	Erwerb von Wertpapieren und sonstiger kurzfristiger Finanzanlagen	
+	Erlöse aus dem Abgang von Sachanlagen	
+	Erlöse aus dem Abgang von immateriellen Vermögensgegenständen	
+	Erlöse aus dem Abgang von Finanzanlagevermögen	
+	Erlöse aus dem Abgang von konsolidierten Tochterunternehmen, abzüglich darin enthaltener Nettozahlungsmittel	
+	Erlöse aus dem Abgang von Wertpapieren und sonstigen kurzfristigen Finanzanlagen	________
		________
	Zur Schuldentilgung und Ausschüttung verfügbarer Cash-flow, d. h. sogenannter free cash flow (Summe 1 und 2)	========
(./.	*davon Ergebnisanteil von Minderheitsgesellschaftern)*	( )
(+	*darin enthaltene außerordentliche Aufwendungen nach Ertragsteuern)*	( )
(./.	*darin enthaltene außerordentliche Erträge nach Ertragsteuern)*	( )
(=	korrigierter free cash flow)	( )
3. Cash-flow aus der Finanzierungstätigkeit		
+	Einzahlungen aus Kapitalerhöhung Mutterunternehmen	
+	Kapitaleinzahlungen in Tochterunternehmen durch Konzernfremde (Minderheitsgesellschafter)	
+	Aufnahme von Anleihen und (Finanz-)Krediten	
(+	Zunahme der Verpflichtungen aus Finanzierungsleasing)	(................)
./.	Tilgung von Anleihen und (Finanz-)Krediten	
(./.	Abnahme der Verpflichtungen aus Finanzierungsleasing)	(................)
./.	gezahlte Dividenden des Mutterunternehmens	
./.	gezahlte Dividenden von Tochterunternehmen an Konzernfremde (Minderheitsgesellschafter)	
./.	Erwerb eigener Anteile/Eigenkapitalrückzahlungen	
./.	Auszahlungen an Konzernfremde (Minderheitsgesellschafter) mit Ausnahme von Dividenden	________
		________
Veränderung Zahlungsmittel durch laufende Geschäftstätigkeit, Finanzierungstätigkeit und Investitionstätigkeit (Summe aus 1, 2 und 3)		========

Veränderung Zahlungsmittel durch laufende Geschäftstätigkeit, Finanzierungstätigkeit und Investitionstätigkeit (Summe aus 1, 2 und 3)

+/./.	Veränderung Finanzmittelfonds durch Wechselkursänderungen	
+/./.	Veränderung Finanzmittelfonds durch Konsolidierungskreisänderungen	
+	Finanzmittelfonds am Anfang der Periode	________
=	Finanzmittelfonds am Ende der Periode*	
+	andere Zahlungsmitteläquivalente	________
=	Zahlungsmittel und Zahlungsmitteläquivalente in der Bilanz	========
	davon von quotal einbezogenen Unternehmen	....
	davon Finanzmittelfonds, die Verfügungsbeschränkungen unterliegen	....

* Zusammensetzung des Finanzmittelfonds

Angaben über unbare Transaktionen (Umfinanzierungen), die nicht in der Kapitalflußrechnung enthalten sind, z. B.

- Umtausch von Wandelschuldverschreibungen in Aktien,
- Verwandlung von kurzfristigem Fremdkapital in langfristiges Fremdkapital,
- Erwerb eines Unternehmens gegen Ausgabe eigener Aktien.

Angaben über den Erwerb und Verkauf von Tochterunternehmen oder sonstigen Geschäftseinheiten, nämlich

- Gesamtkaufpreis bzw. Gesamtverkaufserlös,
- Teil des Kauf- oder Verkaufspreises, der durch Zahlungsmittel und Zahlungsmitteläquivalente beglichen wurde,
- der mit den Tochterunternehmen oder mit den sonstigen Geschäftseinheiten erworbene oder verkaufte Bestand an Zahlungsmitteln und Zahlungsmitteläquivalenten,
- der mit den Tochterunternehmen oder den sonstigen Geschäftseinheiten erworbene oder verkaufte Bestand an sonstigen Vermögenswerten und Schulden, aufgeteilt nach Hauptposten.

(Diese Angaben sind in SFAS 95 nicht vorgeschrieben.)

Um die in einer Kapitalflußrechnung gezeigten Vorgänge, die langfristigen Charakter haben (Investitionstätigkeit, Finanzierungstätigkeit), besser beurteilen zu können, ist es empfehlenswert, neben der Kapitalflußrechnung des Vorjahres auch eine Kapitalflußrechnung der letzten Jahre zusammengefaßt darzustellen. Dies erleichtert eine Prognose des künftigen Cash-flows aus der laufenden Geschäftstätigkeit.

Erläuterungen zu einzelnen Posten des Modells einer Kapitalflußrechnung

Um eine Überleitung von der Gewinn- und Verlustrechnung auf die Kapitalflußrechnung vornehmen zu können, beginnt die Kapitalflußrechnung mit dem Jahresüberschuß/Jahresfehlbetrag. Zur besseren Analyse der Kapitalflußrechnung werden der Jahresüberschuß/Jahresfehlbetrag etwas zerlegt. Gesondert werden auch die Veränderungen der latenten Steuern und der Gewinne/Verluste aus der Equity-Bewertung dargestellt, da diese Posten bei einer Kapitalflußrechnung Korrekturen des Jahresüberschusses/Jahresfehlbetrages sind.

In deutschen Jahresabschlüssen werden beim Finanzierungsleasing in der Regel die Vermögenswerte und Schulden nicht bilanziert, und die Leasingraten nicht auf die darin enthaltenen Abschreibungen und Zinsen aufgeteilt. Dies schränkt die Aussagefähigkeit einer Kapitalflußrechnung ein. Deshalb wurden diese Posten in dem Modell der Kapitalflußrechnung in Klammern eingefügt, um die Kapitalflußrechnung ggf. – evtl. mit Hilfe von Schätzungen – erweitern zu können.

Da Rückstellungen in deutschen Jahresabschlüssen nach dem HGB einen wesentlich größeren Umfang als in ausländischen Jahresabschlüssen haben, in Deutschland mit Rückstellungen in hohem Maße Bilanzpolitik betrieben wird, es in Deutschland Rückstellungsarten (z. B. Pensionsrückstellungen) gibt, die im Ausland unbekannt sind, und die einzelnen Rückstellungen zu sehr unterschiedlichen Zeiten zur Zahlung fällig werden, wurden die Rückstellungen unterteilt dargestellt. Darüber hinaus empfiehlt sich in besonderen Fällen (z. B. Rückstellungen für Restrukturierungen und Rückstellungen für Verluste aus der Aufgabe von Geschäftsbereichen) noch eine weitere Aufteilung.

Falls eine Entwicklung der Rückstellungen vorliegt, könnte statt der saldierten Zunahme oder Abnahme die Zuführung und die Inanspruchnahme der Rückstellungen gezeigt werden. Die außerordentlichen Erträge sind in diesem Falle um die Erträge aus der Auflösung von Rückstellungen zu kürzen.

Eine getrennte Angabe der Einzahlungen und Auszahlungen an Minderheitsgesellschafter ist in DRS 2 als Sollvorschrift und in IAS 7 und SFAS 95 nicht enthalten.

Um den wahrscheinlich nachhaltigen free cash flow leichter ermitteln zu können, wurde zusätzlich in Klammern ein korrigierter free cash flow dargestellt.

In der Literatur unterscheidet man bei der Darstellung des Cash-flows aus der laufenden Geschäftstätigkeit die direkte Methode und die indirekte Methode. Bei der direkten Methode werden die Einzahlungen und Auszahlungen brutto gezeigt, und bei der indirekten Methode wird das Periodenergebnis um die zahlungsunwirksamen Aufwendungen und Erträge, um die Bestandsveränderungen bei Posten des Nettoumlaufvermögens (ohne Finanzmittelfonds) und um die Aufwendungen und Erträge, die mit der Investitions- und Finanzierungstätigkeit zusammenhängen, berichtigt.

IAS 7 und SFAS 95 empfehlen zwar die direkte Methode, da sie aussagefähiger ist. In der Praxis wird aber überwiegend die indirekte Methode angewendet, da sie weniger aufwendig ist.

Bewegungsbilanz

In Deutschland wird eine Kapitalflußrechnung erst seit einigen Jahren von einer Reihe von börsennotierten Unternehmen veröffentlicht. Bekannt war bisher hier mehr die Bewegungsbilanz. In ihr werden nur die Unterschiede der Bilanzposten zweier aufeinanderfolgender Geschäftsjahre gezeigt. Bei der Bewegungsbilanz werden die Aktivmehrungen und Passivminderungen als Mittelverwendung und die Passivmehrungen und Aktivminderungen als Mittelherkunft bezeichnet. In erweiterten Bewegungsbilanzen erfolgte teilweise auch der gesonderte Ausweis der Ausschüttungen als Mittelverwendung und der gesonderte Ausweis der Zugänge, Abgänge und Abschreibungen beim Anlagevermögen. Die Bewegungsbilanz erfolgt nicht in Form einer Fondsrechnung und gibt somit keine unmittelbare Auskunft über die Entwicklung der Liquidität.

Da sämtliche Informationen einer Bewegungsbilanz immer Bestandteil einer Kapitalflußrechnung sind und selbst eine eingeschränkte Kapitalflußrechnung immer noch mindestens so viel Informationen enthält wie eine Bewegungsbilanz, wird auf sie nicht näher eingegangen.

Konsequenzen für die Bilanzanalyse

Eine Kapitalflußrechnung zeigt sehr deutlich den Unterschied zwischen Ergebnis, Umsatzüberschuß (Cash-flow) und der Zunahme oder sogar der Abnahme der Liquidität.

Besonders deutlich wird dies bei

- stark wachsenden Unternehmen sowohl bei guter als auch schlechter Ertragslage,
- schrumpfenden Unternehmen,
- Investitionsschüben und
- Konzernjahresabschlüssen, in denen Erträge aus Equity-Bewertungen enthalten sind, aber Equity-Erträge keinen Zufluß an flüssigen Mitteln darstellen.

Da die Kapitalflußrechnung bei einer Bilanzanalyse im Prinzip nur Informationen des Jahresabschlusses verarbeitet, ist sie auch mit den wiederholt besprochenen Mängeln der Analyse des Jahresabschlusses behaftet (Bewertungsfragen, insbesondere bei Erzeugnissen und Rückstellungen, Leasing). Allerdings wirken sich diese Mängel bei der Analyse einer Kapitalflußrechnung nicht so gravierend wie bei der Analyse einer Gewinn- und Verlustrechnung aus.

Falls in einem Geschäftsjahr Unternehmenskäufe und -verkäufe getätigt wurden, stimmen die Unterschiede der einzelnen Posten der Bilanz nicht mit der Zunahme und Abnahme der einzelnen im Cash-flow aus der laufenden Geschäftstätigkeit aufgeführten Posten der Bilanz überein. Das ist darauf zurückzuführen, daß beim Cash-flow aus der laufenden Geschäftstätigkeit die Zunahme und Abnahme der einzelnen Posten der Bilanz indirekt ausgehend vom Ergebnis ermittelt werden. Die fehlende Übereinstimmung beinhaltet die Zunahme oder Abnahme der einzelnen Posten aufgrund von Unternehmenskäufen oder -verkäufen. Diese für die Bilanzanalyse interessante Information ist in US-Kapitalflußrechnungen, die gemäß SFAS 95 erstellt wurden – im Gegensatz zu nach IAS 7 und DRS 2 erstellten Kapitalflußrechnungen –, nicht direkt enthalten, sondern kann nur, wie oben gezeigt, indirekt ermittelt werden.

Die Kapitalflußrechnung bietet durch einen Vergleich der Kapitalflußrechnungen der letzten Jahre und/oder durch eine Zusammenfassung der Kapitalflußrechnungen von mehreren Jahren in einer kurzen und übersichtlichen Darstellung aussagefähige Informationen über

- die in den einzelnen Jahren selbst erwirtschafteten Mittel (Cash-flow aus der laufenden Geschäftstätigkeit),
- die zur Schuldentilgung und Ausschüttung verfügbaren Mittel (free cash flow),
- langfristige Investitions- und Finanzierungsvorgänge und
- die Ursachen der Veränderung der Liquidität in den untersuchten Zeiträumen.

Um eine Kapitalflußrechnung besser analysieren, d.h. schneller einen Zeit- und Betriebsvergleich vornehmen zu können, kann es angebracht sein, die einzelnen Posten der Kapitalflußrechnung mit Verhältniskennzahlen zu versehen. Hierbei ergibt die Summe der Mittelherkünfte (+ Posten) einerseits und die Summe der Mittelverwendungen (./. Posten) +/./. die Veränderung der Zahlungsmittel andererseits jeweils 100 %.

Die Kapitalflußrechnungen von ausländischen Jahresabschlüssen, bei denen die Kapitalflußrechnung Pflichtbestandteil des Jahresabschlusses ist, bieten oft Informationen (z.B. über die Bewegung des Anlagevermögens), die in den übrigen Bestandteilen des Jahresabschlusses nicht enthalten sind.

I. Der Cash-flow (Umsatzüberschuß) und seine Bedeutung als Ertrags- und Liquiditätsindikator

I. Beschreibung

Unter Cash-flow versteht man in der Regel das Ergebnis einer Periode zuzüglich der Aufwendungen, die nicht gleichzeitig Ausgaben sind, und abzüglich der Erträge, die nicht gleichzeitig Einnahmen sind.

Zu den Aufwendungen, die nicht gleichzeitig Ausgaben (= nicht finanzwirksame Aufwendungen) sind, zählen Abschreibungen und die Bildung von Wertberichtigungen, Rückstellungen und Sonderposten mit Rücklageanteil.

In der Praxis werden bei der Ermittlung des Cash-flows die Bildung von Wertberichtigungen in der Regel nicht als nicht finanzwirksame Aufwendungen behandelt, da sie meistens unbekannt sind und es sich – sofern nicht willkürliche Bewertungsmaßnahmen vorliegen – um Korrekturbuchungen oder vorweggenommene Erfolgsminderungen handelt, die in derselben Periode oder kurzfristig zu Einnahmekorrekturen oder -minderungen führen.

Zu den Erträgen, die nicht gleichzeitig Einnahmen (= nicht finanzwirksame Erträge) sind, zählen die Auflösung von Wertberichtigungen, Rückstellungen und Sonderposten mit Rücklageanteil sowie Zuschreibungen.

Aufwendungen, die nicht gleichzeitig Ausgaben sind, sind bewertungsabhängig und somit in gewissem Maße manipulierbar. Dies kann mitunter zu einer erheblichen Verfälschung der Ergebnisse führen.

Um solchen bilanzpolitischen Maßnahmen möglichst wenig auf den Leim zu gehen, haben Finanzanalysten versucht, durch Analyse des Cash-flows mehr Klarheit über die Ertragslage eines Unternehmens zu erhalten, da der Cash-flow sich aus tatsächlichen Güterbewegungen und Zahlungen ergibt und nur relativ wenig durch Bewertungsmaßnahmen verfälscht sein kann.

Für die Beurteilung der Ertragskraft eines Unternehmens ist nur das Ergebnis maßgebend. Der Cash-flow ersetzt somit nicht die Aussagefähigkeit des Ergebnisses, sondern er dient dazu, Hinweise für eine mögliche notwendige Korrektur der Ergebnisse im Zeit- und Unternehmensvergleich zu geben. Für einen Unternehmensvergleich eignet sich der Cash-flow jedoch nur dann, wenn er auf einheitliche Art und Weise ermittelt wird. Außerdem ist zu berücksichtigen, daß durch Inanspruchnahme von Leasing, Miete und Betriebsaufspaltung in Besitz- und Betriebsgesellschaften Abschreibungen teilweise oder ganz entfallen. Diese sind dann indirekt in den sonstigen betrieblichen Aufwendungen enthalten. Das erschwert den zwischenbetrieblichen Vergleich und kann den Zeitvergleich beeinträchtigen.

Der Ausdruck Cash-flow ist in der englischen Sprache unpräzise. Es handelt sich nämlich weder um einen »flow«, sondern um eine Veränderung eines Bestandes, noch muß es sich nur um »cash« handeln, sondern es können noch andere Teile des Umlaufvermögens darin einbezogen werden.

Sieht man von den Schwierigkeiten bei der richtigen Ermittlung im Rahmen der Bilanzanalyse ab, könnte man den Cash-flow am ehesten als Umsatzüberschuß, d.h. den Saldo zwischen sämtlichen operativen Einzahlungen und Auszahlungen, bezeichnen.

Der unpräzise Ausdruck Cash-flow wird zuweilen gern benutzt, um ihn als den für die Eigentümer zur Verfügung stehenden Umsatzüberschuß zu interpretieren und somit die Ertragskraft des Unternehmens zu beschönigen. Der Cash-flow steht jedoch keinesfalls dem Eigentümer voll zur Verfügung, da es sich bei dem Cash-flow – um bei der unpräzisen Ausdrucksweise zu bleiben – nur um den Brutto-Cash-flow bzw. um einen »Cash inflow« handelt, und er den obligatorischen und notwendigen »Cash outflow«, wie notwendige Ausgaben für Ersatzinvestitionen, Schuldentilgungen und evtl. Vorzugsdividenden sowie die schon bei einem nominellen Wachstum notwendigen Mittel für höhere Wiederbeschaffungspreise von Ersatzinvestitionen und die Erhöhung des Umlaufvermögens, nicht berücksichtigt. Selbst bei guter Ertragslage kann somit der »outflow« den »inflow« vollkommen aufzehren. Am ehesten gibt der Cash-flow Hinweise auf die Ertragslage von Unternehmen, deren Investitionen in den einzelnen Jahren in sehr ungleichmäßiger Höhe erfolgen. Im Zeitvergleich kann er bei allen Unternehmen evtl. ein Krisensignalwert sein.

II. Art der Berechnung

Bis heute hat man sich in der Literatur noch nicht auf eine einheitliche Begriffsbestimmung und somit auch auf keine einheitliche Ermittlung einigen können.

In der Praxis wird daher der Cash-flow je nach den Informationsmöglichkeiten und dem Zweck der Cash-flow-Berechnung sehr unterschiedlich ermittelt.

Am meisten üblich ist folgende Cash-flow-Ermittlung:

Jahresüberschuß/Jahresfehlbetrag
+ Abschreibungen (./. Zuschreibungen zugunsten des Ergebnisses)*

Dieser Begriff des Cash-flows wird gern bei einer überschlägigen Finanzanalyse benutzt. Bei Konzernabschlüssen ist er ggf. noch um die Verluste oder Gewinne aus der Equity-Bewertung zu korrigieren.

Da die Anwendung verschiedener zugelassener Abschreibungsmethoden (linear oder degressiv), Sonderabschreibungen und eine unterschiedliche Schätzung der Nutzungsdauer bei zwei sonst gleichen Unternehmen unterschiedliche Ergebnisse ergeben, glaubt man auf diese einfache Art und Weise, d. h. durch Hinzurechnen der Abschreibungen zum Jahresüberschuß, bilanzpolitische Maßnahmen bei der Bemessung der Abschreibungen ausschalten zu können.

Zu vermerken hierzu ist, daß sich selbst bei dieser vereinfachten Cash-flow-Berechnung beim Umsatzkostenverfahren Ermittlungsschwierigkeiten ergeben, da die beim Gesamtkostenverfahren ausgewiesenen »Abschreibungen auf Vermögensgegenstände des Umlaufvermögens, soweit diese die in der Gesellschaft üblichen Abschreibungen übersteigen«, an keiner Stelle im Jahresabschluß auszuweisen sind.

Da es sich bei den Sonderposten mit Rücklageanteil entweder um sog. »steuerfreie« Rücklagen oder seit dem Inkrafttreten des Bilanzrichtlinien-Gesetzes um unechte Wertberichtigungen (steuerliche Mehrabschreibungen gem. § 281 HGB, die als sonstige be-

* Die Zuschreibungen wurden in Klammern eingesetzt, da sie selten anfallen und in der Praxis meistens vergessen werden.

triebliche Aufwendungen und nicht als Abschreibungen ausgewiesen werden) handeln kann, sind die

– Einstellungen und die Auflösung (nur Eigenkapitalanteil) der Sonderposten mit Rücklageanteil

beim Cash-flow zu berücksichtigen.

Eine Variante der Cash-flow-Ermittlung ist, obigen Cash-flow um die

– Erhöhung (./. Verminderung) der langfristigen Rückstellungen

zu verändern.

So grundsätzlich richtig diese Variante ist, so fragwürdig ist ihre Ermittlung. Richtig ist diese Hinzurechnung, da gerade bei den Rückstellungen in hohem Maße Bilanzpolitik betrieben wird. Fragwürdig ist die Ermittlung der langfristigen Rückstellungen aber, da erläuternde Angaben über Zusammensetzung und Entwicklung der Rückstellungen im Jahresabschluß weitgehend fehlen, sich Rückstellungen finanzwirksam durch Ausgaben oder finanzunwirksam durch Auflösung vermindern können und Rückstellungen und Verbindlichkeiten zuweilen unterschiedlich abgegrenzt werden, und es somit ausführlicher zusätzlicher Auskünfte bedarf, um eine angemessene Schätzung der Erhöhung bzw. Verminderung der eventuellen langfristigen Rückstellungen vornehmen zu können, die bei der Cash-flow-Ermittlung ggf. anzusetzen wären. Aus diesem Grunde werden meistens nur die Rückstellungen für Pensionen und ähnliche Verpflichtungen als langfristige Rückstellungen betrachtet.

Eine Erhöhung oder Verminderung der langfristigen Rückstellungen durch eine Veränderung des Konsolidierungskreises ist kein Bestandteil des Cash-flows und sollte deshalb – sofern der Betrag bekannt ist – ausgeklammert werden.

Eine weitere Variante der Cash-flow-Ermittlung in der Praxis ist,

– die außerordentlichen Aufwendungen – evtl. erweitert um den außergewöhnlichen Teil oder sämtliche sonstigen betrieblichen Aufwendungen – hinzuzurechnen sowie
– die außerordentlichen Erträge – evtl. erweitert um die sonstigen betrieblichen Erträge, soweit sie nicht in ähnlicher Größenordnung regelmäßig anfallen – abzuziehen,
– die Ertragsteuern, soweit sie nicht auf das ordentliche Ergebnis entfallen (gemäß § 285 Nr. 6 HGB Berichterstattung im Anhang), hinzuzufügen.

Unterstellt man, daß die außerordentlichen Aufwendungen und Erträge zahlungswirksam waren, sind sie als ein Bestandteil des Cash-flows in der Vergangenheit anzusehen und nicht hinzuzurechnen und abzuziehen. Betrachtet man den Cash-flow als einen Indikator für die nachhaltige Finanz- und Ertragskraft eines Unternehmens, so sind die außerordentlichen Aufwendungen und Erträge wie oben geschehen zu eliminieren.

Das Ergebnis dieser Rechnung ist praktisch ein auf indirekte Art ermitteltes Betriebsergebnis vor Abschreibungen, Zuführung zu den Pensionsrückstellungen und nach Ertragsteuern. Zu dem gleichen Ergebnis käme man im Prinzip auch durch folgende direkte Rechnung:

	Umsatz
./.	Kosten (ohne Abschreibungen und Zuführung zu den Pensionsrückstellungen)
=	Betriebsergebnis vor Abschreibungen, Zuführung zu den Pensionsrückstellungen und nach Ertragsteuern

Die Ertragsteuern sind kein Bestandteil des Cash-flows. Durch Hinzufügen der Ertragsteuern wird der Cash-flow aber erst in den meisten Fällen für einen Unternehmens- und Zeitvergleich brauchbar, da er dann nicht mehr durch die Ausschüttungspolitik beeinflußt wird und Kapital- und Personengesellschaften vergleichbar werden.

Vergleiche auf Basis des Brutto-Cash-flows einschließlich Ertragsteuern können oft, insbesondere bei Investitionen in ungleichmäßiger Höhe, aussagefähiger sein als Vergleiche der Jahresüberschüsse und der Betriebsergebnisse. Es empfiehlt sich deshalb, bei der Erfolgsanalyse nicht nur das Verhältnis Gewinn zu Umsatz, sondern auch die Kennzahl

$$\frac{\text{Betriebsergebnis vor Abschreibungen und} \atop \text{Zuführung zu den Pensionsrückstellungen und Ertragsteuern}}{\text{Umsatz}}$$

zu vergleichen.

Will man auch die Auswirkungen einer unterschiedlichen Kapitalstruktur beim Vergleich der Kennzahl ausschließen, muß man folgende Kennzahl wählen:

$$\frac{\text{Betriebsergebnis vor Abschreibungen, Zinsen,} \atop \text{Zuführung zu den Pensionsrückstellungen und Ertragsteuern}}{\text{Umsatz}}$$

Diese Kennzahl hat zwar mit einem Cash-flow nicht mehr viel gemein, sie entspricht aber sehr dem ursprünglichen Gedanken, mit Hilfe des Cash-flows mehr Klarheit über die Ertragslage eines Unternehmens zu erhalten.

In angelsächsischen Ländern, in denen man keine Pensionsrückstellungen kennt, ist der Zähler dieser Kennzahl unter der Bezeichnung EBITDA (earnings before interest, taxes, depreciation and amortization) bekannt.

Die Veränderung des Netto-Umlaufvermögens wird bei den verschiedenen in der Praxis üblichen Arten der Ermittlung des Cash-flows nicht berücksichtigt, obwohl sie die Liquidität beeinflußt.

Für eine prospektive Liquiditätsanalyse wäre der Cash-flow bestehend aus Betriebsergebnis vor Abschreibungen, Zuführung zu den Pensionsrückstellungen und Ertragsteuern noch um

- die Zunahme der Vorräte und Forderungen aus Lieferungen und Leistungen zu reduzieren, und
- die Zunahme der Verbindlichkeiten aus Lieferungen und Leistungen und erhaltenen Anzahlungen auf Bestellungen zu erhöhen.

Der so ermittelte Betrag abzüglich der Ertragsteuern stünde für nicht selbsterstellte Investitionen, Kredittilgungen und Ausschüttungen zur Verfügung.

Letztlich bleibt festzustellen, daß es keine Art der Cash-flow-Ermittlung gibt, bei der alle Ergebnisbeeinflussungsmöglichkeiten ausgeschaltet werden können. Das trifft insbesondere für die Ergebnisbeeinflussung durch Vorratsbewertung zu.

III. Überleitung vom Brutto-Cash-flow über den verfügbaren Cash-flow auf die Veränderung des Finanzmittelfonds

Der Zusammenhang zwischen dem Ergebnis, den verschiedenen Ermittlungsarten des Brutto-Cash-flows, dem für Investitionen, Kredittilungen und Ausschüttungen verfügbaren Cash-flow und der Veränderung des Finanzmittelfonds wird in nachstehender Aufstellung in Form einer Überleitung deutlich gemacht:

Betriebsergebnis
+ Zinsergebnis
+ Beteiligungsergebnis
./. außerordentliche Aufwendungen
+ außerordentliche Erträge (ggf. ohne Erträge aus der Auflösung der Rückstellungen)
./. Ertragsteuern
= *Jahresüberschuß/Jahresfehlbetrag*

+ Abschreibungen (./. Zuschreibungen zugunsten des Ergebnisses)
+ Wertberichtigungen
+/./. Veränderung latente Steuern
+/./. Verlust/Gewinn aus Equity-Bewertung
+/./. Erhöhung/Verminderung des Sonderpostens mit Rücklageanteil, soweit er den Jahresüberschuß/Jahresfehlbetrag beeinflußt hat
= *Brutto-Cash-flow aus laufender Geschäftstätigkeit*

+/./. Zunahme/Abnahme langfristiger Rückstellungen (ohne Veränderung Konsolidierungskreis)
= *Brutto-Cash-flow aus laufender Geschäftstätigkeit (Betriebsergebnis vor Abschreibungen, Zuführung zu den langfristigen Rückstellungen und nach Ertragsteuern)*

./.+ Zunahme/Abnahme Forderungen aus Lieferungen und Leistungen
./.+ Zunahme/Abnahme Vorräte (+ Erhöhung/./. Verminderung auf erhaltene Anzahlungen auf Bestellungen)
+/./. Zunahme/Abnahme Verbindlichkeiten aus Lieferungen und Leistungen
./.+ Zunahme/Abnahme sonstiges Netto-Umlaufvermögens (ohne Finanzmittelfonds)
= *Verfügbarer Cash-flow (auch operativer Cash-flow genannt)*

./. Investitionen (Immaterielle Vermögensgegenstände, Sachanlagen, Finanzanlagen)
+ Desinvestitionen
= *Zur Schuldentilgung und Ausschüttung verfügbarer Cash-flow (auch oft free cash flow genannt)*

./. Kredittilgungen
+ Kreditaufnahmen
= *Zur Ausschüttung verfügbarer Cash-flow*

./. Ausschüttungen
+ Bareinlagen
= *Veränderung Finanzmittelfonds*

Um die einzelnen Cash-flow-Beträge für Vergleichszwecke brauchbarer zu machen, müßten sie ggf. um das darin enthaltene außerordentliche Ergebnis nach Ertragsteuern korrigiert werden.

Es sei darauf hingewiesen, daß der oben zitierte Begriff »free cash flow« (zur Schuldentilgung und Ausschüttung verfügbarer Cash-flow) manchmal auch etwas anders definiert wird. Für die Analyse hat der zur Schuldentilgung und Ausschüttung verfügbare Cash-flow die größte Bedeutung.

Bei der Überleitung wurden die Positionen einer Kapitalflußrechnung in anderer Form dargestellt.

IV. Konsequenzen für die Bilanzanalyse

1. Ertragsanalyse

Der Cash-flow kann, unabhängig davon wie er gerechnet worden ist, nur ein Ertragsindikator auf den ersten Blick und evtl. ein Krisensignalwert sein.

Gründe hierfür sind, daß

- man im Rahmen einer Bilanzanalyse den Cash-flow nicht vollkommen richtig ermitteln kann (z. B. wegen Problemen durch Leasing, Abgrenzung Verbindlichkeiten zu Rückstellungen),
- ein richtiger Cash-flow kein richtiges Ergebnis darstellt oder ersetzt, sondern nur einen Hinweis auf ein bilanzpolitisch beeinflußtes Ergebnis geben kann und
- selbst bei einem richtigen Cash-flow durch unterschiedliche Anlagenintensität und/ oder Strukturveränderungen der Vergleich beeinträchtigt wird und somit nur eine bedingte Aussagefähigkeit hat.

Bei sehr unterschiedlicher Höhe der Investitionen in abschreibungsfähige Sachanlagen in den einzelnen Geschäftsjahren und zwangsläufig unterschiedlicher Höhe der Abschreibungen, bei Änderung von Pensionsregelungen sowie bei Mißachtung der Bewertungsstetigkeit, kann der Cash-flow jedoch ein relativ guter Ertragsindikator sein.

Als Krisensignalwert kann der Cash-flow bei Zeitvergleichen sowohl in absoluter Höhe als auch im Vergleich zum durchschnittlichen Vermögen genutzt werden. Hierbei bietet sich ein Vergleich des Brutto-Cash-flows aus der laufenden Geschäftstätigkeit und ein Vergleich des Brutto-Cash-flows aus der laufenden Geschäftstätigkeit + Zunahme / ./. Abnahme der langfristigen Rückstellungen an. Wegen der in Abschnitt I II Art der Berechnung genannten Schwierigkeiten bei der Ermittlung der langfristigen Rückstellungen wird man als langfristige Rückstellungen oft nur die Rückstellungen für Pensionen und ähnliche Verpflichtungen betrachten können.

2. Liquiditätsanalyse

Auch für die Liquiditätsanalyse ist der Cash-flow nur bedingt brauchbar, da

- man im Rahmen einer Bilanzanalyse den Cash-flow nicht vollkommen richtig ermitteln kann,
- es sich um einen Brutto-Cash-flow bzw. um einen »Cash inflow« handelt, der nichts über die daraus zu deckenden notwendigen Ausgaben (»Cash outflow«) aussagt,
- Zufallsschwankungen die Veränderung der Höhe der Kundenforderungen, der Vorräte und der Lieferantenverbindlichkeiten beeinflußt haben können und
- sich in den Ertragsteuern aperiodische Einflüsse (z. B. steuerliche Außenprüfung) niedergeschlagen haben können. Dies ist allerdings in einem gewissen Rahmen korrigierbar durch die Annahme einer durchschnittlichen Steuerbelastung statt einer effektiven Steuerbelastung in den einzelnen Jahren.

Relativ gut brauchbar ist der Cash-flow jedoch zur Berechnung des dynamischen Verschuldungsgrades (siehe Abschnitt L IV). Außerdem dient der Cash-flow – nach Abzug der ausgeschütteten Gewinne – zur Messung der Innenfinanzierung (siehe Abschnitt L IV).

3. Zusammenfassung

Der Cash-flow ist in seinem ursprünglich dargestellten Sinne, nämlich ein um die finanzunwirksamen Aufwendungen und Erträge bereinigter Jahresüberschuß, aus deutschen Jahresabschlüssen, sofern sie keine Kapitalflußrechnung enthalten, ohne zusätzliche Informationen nicht genau zu ermitteln.

Der Cash-flow ist eher für einen Zeitvergleich und weniger für einen Betriebsvergleich – allenfalls für Unternehmen ähnlicher Struktur – geeignet.

Der Cash-flow, wie er in der Praxis meistens errechnet wird, ist ein Ertragsindikator auf den ersten Blick und evtl. ein Krisensignalwert. Dies sollte ggf. Anlaß sein, weitere Recherchen anzustellen und die Ergebnisse der einzelnen Jahre konkret zu bereinigen.

Für die Liquiditätsanalyse bringt der Cash-flow somit – mit Ausnahme des dynamischen Verschuldungsgrades – keine Erkenntnisse, die nicht auf andere Art und Weise aussagefähiger ermittelt werden können. Aussagefähiger für eine Liquiditätsanalyse als der Cash-flow ist die im vorigen Abschnitt besprochene Kapitalflußrechnung, da in sie noch andere Daten über Investitionen und Finanzierung eingehen.

J. Analyse des Vermögens

Ziel der Analyse des Vermögens ist es, Informationen über die Verwendung der dem Unternehmen zur Verfügung stehenden Mittel, insbesondere über die Art und Dauer der Vermögensbindung, zu geben.

Die Art und Dauer der Vermögensbindung ist für den Kapitalbedarf und somit die finanzielle Stabilität von wesentlicher Bedeutung.

I. Vermögensstruktur

Aus der Aktivseite der aufbereiteten Bilanzen gehen verschiedene Kennzahlen zur Vermögensstruktur hervor.

1. Sachanlagenintensität

Die relativ stärkste Aussagekraft hat die Kennzahl

$$\frac{\text{Sachanlagen (Buchwert)}}{\text{Bilanzsumme}} \times 100 = \text{Sachanlagen in \% der Bilanzsumme}$$

Diese Kennzahl drückt die Sachanlagenintensität aus.

Aus diversen Gründen, die im Abschnitt A VI Bilanzpolitik und Notwendigkeit der Bilanzanalyse im einzelnen beschrieben sind (Bilanzierungs- und Bewertungswahlrechte, Schätzung der Nutzungsdauer der Anlagegüter, Anschaffungs- und Herstellungskostenprinzip, steuerrechtliche Vorschriften, Geldentwertung, Ermessensspielräume), kann der in der Bilanz ausgewiesene Wert der Sachanlagen, insbesondere bei älteren Anlagen, erheblich von dem tatsächlichen Wert nach unten abweichen (stille Reserven). Dadurch ist auch die Bilanzsumme zu gering.

Auf den ersten Blick beeinträchtigt dies die Aussagekraft dieser Kennzahl erheblich.

Dies ist aber nicht so tragisch, denn diese Kennzahl hat keinen besonders hohen Aussagewert, sondern sie soll nur einen ersten Eindruck über die Vermögensstruktur gewähren und kann dabei gleichzeitig ein vager Hinweis auf die in diesem Abschnitt weiter unten beschriebenen sehr unterschiedlichen Tatbestände sein.

Auch ist der Nachteil, daß in den Sachanlagen stille Reserven enthalten sind, bei einem Vergleich der Vermögensstruktur des Unternehmens über mehrere Jahre mit der Vermögensstruktur ähnlicher Unternehmen der Branche oder mit der des Branchendurchschnitts nicht so gravierend, da alle Vergleichszahlen mehr oder weniger hohe stille Reserven enthalten.

Wesentlich mehr sagt der spätere Vergleich der Vermögensstruktur mit der Kapitalstruktur aus. Hier ist der Einfluß der stillen Reserven in den Sachanlagen auf die Aussagefähigkeit der meisten Kennzahlen unbedeutender, weil sie sich in gleicher Höhe sowohl beim

Anlagevermögen als auch beim Eigenkapital auswirken, oder er ist teilweise gar nicht gegeben, weil nur das Umlaufvermögen oder Teile davon mit dem Fremdkapital verglichen werden.

Zu der Aussagekraft dieser Kennzahl ist im einzelnen zu bemerken:

Ein relativ niedriger Anteil des Wertes der Sachanlagen an der Bilanzsumme kann im Vergleich zu Bilanzen anderer Geschäftsjahre bzw. Bilanzen ähnlicher Unternehmen ein Indikator für folgende sehr unterschiedliche Tatbestände sein, nämlich

- großzügige Abschreibungspolitik,
- relativ alte Sachanlagen,
- verstärktes Anlagenleasing,
- Betriebsaufspaltung in Besitz- und Betriebsgesellschaft,
- Bilanzstichtag innerhalb der Saison, deshalb hohe Vorräte und Forderungen,
- relativ niedrige Umschlagshäufigkeit der Forderungen und Vorräte oder hohe flüssige Mittel,
- wesentliche Erhöhung des Preisindexes der Vorräte (betrifft nicht Branchenvergleich),
- geringe Fertigungstiefe und geringer Automatisierungsgrad,
- hohe Kapazitätsauslastung, Mehrschichtbetrieb.

Inwieweit die beiden ersten Punkte, nämlich großzügige Abschreibungspolitik und relativ alte Sachanlagen, zutreffen oder auszuschließen sind, kann durch die spätere Analyse der Abschreibungsquote und des Verhältnisses der Zugänge der Sachanlagen zu dem Bestand der Sachanlagen (jeweils je Gruppe) etwas näher festgestellt werden.

Um trotz veränderter Leasinggewohnheiten die Aussagefähigkeit der Kennzahl zu erhalten, ist es empfehlenswert – sofern der Wert der geleasten Gegenstände bekannt ist –, sowohl die Sachanlagen als auch die Bilanzsumme um den Wert der geleasten Gegenstände zu erhöhen. Falls nämlich ein wesentlicher Teil der Sachanlagen geleast statt gekauft wurde, ist dadurch die Aussagefähigkeit der Kennzahl Sachanlagenintensität – besonders wenn sich der Umfang des Leasing im Laufe der Jahre verändert hat – erheblich beeinträchtigt.

Ob es sich um ein Unternehmen mit einem Saisongeschäft handelt und ob der Bilanzstichtag innerhalb oder außerhalb der Saison liegt, sollte bei einer Bilanzanalyse bekannt sein bzw. läßt sich durch entsprechende Kennzahlen aus den Zwischenabschlüssen ermitteln.

Welchen Einfluß evtl. die Höhe der Vorräte, Forderungen und flüssigen Mittel auf die Kennzahl hat, wird später durch die Kennzahlen zur Ermittlung der Umschlagshäufigkeit noch festgestellt.

Eine wesentliche Erhöhung des Preisindexes der Vorräte sollte ebenfalls bei einer Bilanzanalyse bekannt sein.

Eine hohe Fertigungstiefe und ein hoher Automatisierungsgrad sind in aller Regel nur durch hohe Investitionen erzielbar. Deshalb dürfte ein relativ niedriger Anteil des Sachanlagevermögens an der Bilanzsumme eine hohe Fertigungstiefe und einen hohen Automatisierungsgrad ausschließen.

Falls noch ein Erklärungsbedarf über den unterschiedlichen Anteil des Wertes der Sachanlagen an der Bilanzsumme zu verschiedenen Bilanzstichtagen übrig bleiben sollte, wäre er mit einer unterschiedlichen Kapazitätsauslastung zu erklären. Eine hohe bzw. eine niedrige Kapazitätsauslastung müßte mit einem niedrigen bzw. hohen Anteil der Abschreibungen an den Umsatzerlösen korrelieren. Wegen der Bedeutung der Kapazitätsauslastung für die Ergebnislage in der Vergangenheit und in der Zukunft lohnt es sich, dieser evtl. offenen Frage so intensiv wie möglich nachzugehen.

Abschließend sei vermerkt, daß es keine Regel über die Angemessenheit des Anteils der Sachanlagen an der Bilanzsumme gibt und hierzu auch keine Notwendigkeit besteht. Zwar ist aus Risikogründen eine hohe Liquidität, wozu ein geringes Sachanlagevermögen beiträgt, sehr erstrebenswert, andererseits muß aber der Tatsache Rechnung getragen werden, daß eine hohe Leistungsfähigkeit und somit hohe Rentabilität eines Unternehmens – natürlich je nach Branche unterschiedlich – in der Regel nur durch ein hohes Sachanlagevermögen zu erzielen ist.

In die Sachanlagenintensität wurden der Definition entsprechend nicht die immateriellen Vermögensgegenstände einbezogen. Das hätte die Aussagekraft dieser Kennzahl gemindert. Die Berechnung der Intensität der immateriellen Vermögensgegenstände besitzt keinen Erkenntniswert, da bei der Bilanzanalyse in erster Linie die Art, die Bindungsdauer und die Finanzierung der immateriellen Vermögensgegenstände von Interesse sind.

2. Finanzanlagenintensität

Die Kennzahl

$$\frac{\text{Finanzanlagen}}{\text{Bilanzsumme}} \times 100 = \text{Finanzanlagen in \% der Bilanzsumme}$$

läßt keine Schlüsse zu. Hier ist nur die absolute Zahl und die dahinter stehende Investition interessant. Es wird auf die nach § 285 Nr. 11 und § 313 Nr. 4 HGB im Anhang zu veröffentlichende Beteiligungsliste verwiesen.

3. Intensität des Umlaufvermögens

Eine Analyse der Kennzahl

$$\frac{\text{Umlaufvermögen (einschl. Rechnungsabgrenzungsposten)}}{\text{Bilanzsumme}} \times 100 = \begin{array}{l}\text{Umlaufvermögen in \%}\\ \text{der Bilanzsumme}\end{array}$$

bringt keine Erkenntnisse.

Die Höhe dieser Kennzahl ist auch von der Bewertungsproblematik der Kennzahl Sachanlagen zu Bilanzsumme und der oft nicht unmittelbar durch die Unternehmenstätigkeit beeinflußten Kennzahl Finanzanlagen zu Bilanzsumme und der Höhe der immateriellen Vermögensgegenstände abhängig und dadurch wenig aussagefähig.

Interessant könnte die Analyse des Verhältnisses der einzelnen Posten des Umlaufvermögens zu der Bilanzsumme sein. Eine nähere Analyse dieser Kennzahlen ist aber nicht notwendig, weil die später beschriebenen Vermögensumschlagskoeffizienten und Liquiditätskennzahlen eine wesentlich höhere Aussagekraft haben.

Eine Ausnahme davon bildet die Kennzahl

$$\frac{\text{sonstige Forderungen u. ä.}}{\text{Bilanzsumme}} \times 100 = \text{sonstige Forderungen u. ä. in \% der Bilanzsumme}$$

Sie sollte immer möglichst niedrig sein und wenig schwanken. Ist das nicht der Fall, müßte versucht werden, dazu Einzelheiten zu erfahren. Hierin können Posten, die u. U.

auf Schwierigkeiten im laufenden Geschäft hinweisen (z.B. Kostenvorschüsse, Kautionen, Forderungen aus Bürgschaftsübernahmen), und/oder Posten, die nur mittelfristig und u.U. nur schwierig zu realisieren sind, und/oder Posten, mit denen Bilanzpolitik (z.B. aktive Rechnungsabgrenzung) betrieben werden kann, enthalten sein.

Einzelheiten sollten auch zu den Forderungen gegen verbundene Unternehmen und Forderungen gegen Unternehmen, mit denen ein Beteiligungsverhältnis besteht, in Erfahrung gebracht werden. Obwohl diese Posten im Umlaufvermögen ausgewiesen werden, könnte es sich um langfristige Problemkredite handeln (siehe auch Abschnitt E I 5b).

4. Abschreibungsgrad

Der durch das Bilanzrichtlinien-Gesetz eingeführte Bruttoausweis der Sachanlagen, d.h. der Ausweis der Anschaffungswerte, der kumulierten Abschreibungen und der Buchwerte der Sachanlagen, ermöglicht die Ermittlung des Abschreibungsgrades der Sachanlagen durch folgende Formel:

$$\frac{\text{kumulierte Abschreibungen der Sachanlagen}}{\text{Sachanlagen zu Anschaffungs- und Herstellungskosten}} \times 100 = \begin{array}{l}\text{aufgelaufene Abschreibungen in \%}\\ \text{der Anschaffungs- und Herstellungskosten}\end{array}$$

Diese Kennzahl gibt aber nur sehr bedingt einen Hinweis auf die Altersstruktur und den Abnutzungsgrad der Sachanlagen und somit auf den Reinvestitionsbedarf. Bei einer hohen Kennzahl könnte man sowohl auf ein hohes Alter und eine hohe Abnutzung der Sachanlagen als auch auf eine großzügige Abschreibungspolitik des Unternehmens schließen. Klarheit könnten etwa Angaben im Anhang über Nutzungsdauer und Abschreibungsmethoden sowie Angaben zu steuerlichen und außerplanmäßigen Abschreibungen in Verbindung mit obiger Kennzahl verschaffen.

Ein hoher Abschreibungsgrad – bei unbedeutenden Sachanlagezugängen – deutet auf eine Gewinnabschöpfungsstrategie und möglicherweise auf das Ende eines Produktlebenszyklusses hin.

Um eine deutlichere Aussage machen zu können, müßte die Angemessenheit der Abschreibungen für einen möglichst langen Zeitraum in der Vergangenheit untersucht werden, wie es im folgenden Abschnitt vorgeschlagen wird.

Zu vermerken ist hier noch, daß bei der erstmaligen Anwendung des § 268 Abs. 2 HGB (Bruttoausweis des Anlagevermögens) gemäß Art. 24 Abs. 6 EGHGB die Vermögensgegenstände mit den Buchwerten des vorhergehenden Geschäftsjahres in den Anlagenspiegel übernommen und fortgeführt werden durften, sofern die tatsächlichen Anschaffungs- und Herstellungskosten nicht ohne unverhältnismäßige Kosten oder Verzögerungen festzustellen waren. Durch die Anwendung dieser Vereinfachungsregel, die im Anhang anzugeben ist, wird die Ermittlung des Abschreibungsgrades für die vergangenen Jahre erschwert. Außerdem sei darauf hingewiesen, daß Sonderabschreibungen in den Sonderposten mit Rücklageanteil eingestellt werden können. Letztlich kann diese Kennzahl noch durch Sachanlagenleasing zusätzlich verfälscht werden.

5. Altersstruktur bzw. technischer Stand der Sachanlagen

$$\frac{\text{Zugänge der letzten .. Jahre}}{\text{Anlagenbestand brutto}} = \text{Altersstruktur bzw. technischer Stand der Sachanlagen}$$

Die Ermittlung obiger Kennzahl ist nur sinnvoll für die Gruppen der Sachanlagen, die nur abnutzbare Sachanlagen, d.h. technische Anlagen und Maschinen sowie andere Anlagen, Betriebs- und Geschäftsausstattung, enthalten.

Die Auswertung dieser und der vorigen Kennzahl in Verbindung mit den Angaben im Anhang kann Hinweise auf den wahrscheinlichen Reinvestitionsbedarf geben.

Wenn man nur die Zugänge ./. Abgänge des letzten Jahres in den Zähler einsetzt, wird diese Kennzahl auch Investitionsquote genannt.

6. Abschreibungsquote

Einen Hinweis auf die Angemessenheit der Abschreibungen und die Bildung und den Bestand eventueller stiller Reserven ergibt die Ermittlung der durchschnittlichen Abschreibungsquote je Anlagengruppe in der Vergangenheit durch die Kennzahl

$$\frac{\text{Abschreibungen des Geschäftsjahres je Anlagengruppe}}{\text{durchschnittlicher Bestand je Anlagengruppe zu Anschaffungs- und Herstellungskosten}} = \text{Abschreibungsquote}$$

Eine steigende Abschreibungsquote deutet – sofern kein Grund für die Vornahme außerordentlicher Abschreibungen bestand – auf die Bildung stiller Reserven hin.

7. Analyse der Angemessenheit der Abschreibungen auf Sachanlagen

Wie man Abschreibungsgrad, Altersstruktur bzw. den technischen Stand der Sachanlagen sowie insbesondere die Angemessenheit der Abschreibungen für die einzelnen Jahre in der Vergangenheit einigermaßen schätzen und beurteilen kann, geht aus dem folgenden Beispiel hervor:

Annahmen:

	TDM
Anfangsbestand 31. 12. 1989	1.200
Anlagenzugänge von 1990 bis 1999	6.280
	7.480
Anlagenabgänge zu Buchwerten [1)]	280
Abschreibungen von 1990 bis 1999	5.565
Buchwert 31. 12. 1999	1.635

1) Bei den Abgängen wurde im vorliegenden Fall generell unterstellt, daß sie durchschnittlich nach der Hälfte der Abschreibungsdauer, d.h. zum halben Anschaffungswert, abgingen, und diese Abgänge zu einer Korrektur der ursprünglich geplanten Abschreibungen in den nächsten 4 Jahren führten. In der Praxis müßten ggf. aufgrund der Zahlen des Anlagenspiegels (Höhe Abgänge der Anschaffungskosten und der kumulierten Abschreibungen) individuellere Annahmen über die Höhe der ursprünglich geplanten Abschreibungen gemacht werden.

Es wurden bewegliche Anlagegüter unterstellt und von einem Zugang je zur Hälfte im 1. und 2. Halbjahr ausgegangen und deshalb für die Jahre des Zugangs ¾ der Jahresabschreibung angenommen (R 44 Abs. 2 EStR).

Die Analyse der Angemessenheit der Abschreibungen auf Sachanlagen (getrennt nach Anlagengruppen durchzuführen)

Zugänge ./. Abgänge		12,5 % durchschnittliche lineare Abschreibungen auf Zugänge (durch Iteration ermittelt)* ./. Abgänge bzw. Abschreibungskorrekturen auf Abgänge)										
		1990	1991	1992	1993	1994	1995	1996	1997	1998	1999	Summe
	TDM	TDM	TDM	TDM	TDM	TDM	TDM	TDM	TDM	TDM	TDM	TDM
Zugänge 1990	800	75	100	100	100	100	100	100	100	25	–	800
Abgänge bzw. Abschreibungskorrekturen auf Abgänge 1990	20	./. –	5	5	5	5	–	–	–	–	–	20
Zugänge 1991	1.280	–	120	160	160	160	160	160	160	160	40	1.280
Abgänge bzw. Abschreibungskorrekturen auf Abgänge 1991	40	./. –	–	10	10	10	10	–	–	–	–	40
Zugänge 1992	960			90	120	120	120	120	120	120	120	930
Abgänge bzw. Abschreibungskorrekturen auf Abgänge 1992	40	./. –	–	–	10	10	10	10	–	–	–	40
Zugänge 1993	800	–	–	–	75	100	100	100	100	100	100	675
Abgänge bzw. Abschreibungskorrekturen auf Abgänge 1993	40	./. –	–	–	–	10	10	10	10	–	–	40
Zugänge 1994	200	–	–	–	–	19	25	25	25	25	25	144
Abgänge bzw. Abschreibungskorrekturen auf Abgänge 1994	20	./. –	–	–	–	–	5	5	5	5	–	20
Zugänge 1995	400	–	–	–	–	–	38	50	50	50	50	238
Abgänge bzw. Abschreibungskorrekturen auf Abgänge 1995	20	./. –	–	–	–	–	–	5	5	5	5	20
Zugänge 1996	480	–	–	–	–	–	–	45	60	60	60	225
Abgänge bzw. Abschreibungskorrekturen auf Abgänge 1996	20	./. –	–	–	–	–	–	–	5	5	5	15
Zugänge 1997	320	–	–	–	–	–	–	–	30	40	40	110
Abgänge bzw. Abschreibungskorrekturen auf Abgänge 1997	20	./. –	–	–	–	–	–	–	–	5	5	10
Zugänge 1998	640	–	–	–	–	–	–	–	–	60	80	140
Abgänge bzw. Abschreibungskorrekturen auf Abgänge 1998	40	./. –	–	–	–	–	–	–	–	–	10	10
Zugänge 1999	400	–	–	–	–	–	–	–	–	–	38	38
Abgänge bzw. Abschreibungskorrekturen auf Abgänge 1999	20	./. –	–	–	–	–	–	–	–	–	–	–
Summe Zugänge 1990–1999	6.280	75	220	350	455	499	543	600	645	640	553	4.580
Summe Abgänge bzw. Abschreibungskorrekturen auf Abgänge 1990–1999	280	./. –	5	15	25	35	35	30	25	20	25	215
	6.000	75	215	335	430	464	508	570	620	620	528	4.365

	TDM	1990 TDM	1991 TDM	1992 TDM	1993 TDM	1994 TDM	1995 TDM	1996 TDM	1997 TDM	1998 TDM	1999 TDM	Summe TDM
Bestand 31. 12. 1989 (Buchwert) bzw. Abschreibung auf Basis 31. 12. 1989	1.200	290	250	210	170	130	90	50	10	–	–	1.200
Summe 12,5 % durchschnittliche lineare Abschreibungen		365	465	545	600	594	598	620	630	620	528	5.565
Bestand 31. 12. 1989 + Zugänge ./. Abgänge	7.200											
./. tatsächliche Abschreibungen	5.565	420	580	720	805	480	460	510	530	560	500	5.565
Bestand 31. 12. 1999 (Buchwert)	1.635											
Unterschied tatsächliche Abschreibungen zu geschätzten durchschnittlichen linearen Abschreibungen		./. 55	./. 115	./. 175	./. 205	+ 114	+ 138	+ 110	+ 100	+ 60	+ 28	–

*(Die durch Iteration geschätzten linearen Abschreibungen von 12,5 % ergaben sich dadurch, daß für den gesamten Zeitraum kein Unterschied unterstellt wird. Sollte man diesen durchschnittlichen Abschreibungssatz nicht als angemessen betrachten, müßte man die Zugänge mit dem als angemessen betrachteten Abschreibungssatz abschreiben.)

In der obigen Tabelle werden für einen längeren Zeitraum (mindestens für die durchschnittliche Nutzungsdauer der Anlagengruppe) die durch Iteration ermittelten linearen Abschreibungen auf den Anfangsbestand und auf Anlagenzugänge unter Berücksichtigung der Abgänge den tatsächlichen Abschreibungen gegenübergestellt, woraus sich in den einzelnen Jahren ein Unterschied ergeben kann. Ein Plus-Betrag würde bedeuten, daß die hier als angemessen betrachteten linearen Abschreibungen in diesen Jahren höher lagen als die tatsächlichen Abschreibungen, und ein Minus-Betrag würde bedeuten, daß die hier als angemessen betrachteten linearen Abschreibungen in diesen Jahren niedriger lagen als die tatsächlichen Abschreibungen.

Mit dieser Rechenmethode lassen sich neben der Schätzung der Altersstruktur und somit des technischen Standes der Sachanlagen insbesondere der Einfluß von degressiven und Sonderabschreibungen auf die Ergebnisse der einzelnen Geschäftsjahre herausstellen sowie die Angemessenheit der durchschnittlich angewendeten, im Jahresabschluß aber nicht angegebenen Abschreibungssätze besser beurteilen.

Ergebnis der Analyse

Im vorliegenden Beispiel zeigt sich, daß das Unternehmen in den Jahren 1990 bis 1993 offenbar mehr als 12,5 % und in den Jahren 1994 bis 1999 offenbar weniger als 12,5 % jährlich linear abgeschrieben hat. Diese Unterschiede oder Teile davon können – je nachdem für wie angemessen man diesen durchschnittlichen Abschreibungssatz hält und welche sonstigen Informationen noch vorliegen – bei der Bereinigung der Gewinn- und Verlustrechnung berücksichtigt werden (siehe Abschnitt M IV 2.2.3–2.2.7).

Mit Hilfe der obenstehenden Tabelle ließe sich auch ohne Kenntnis eines Bruttoausweises der Sachanlagen der unter Abschnitt J I 4 erläuterte Abschreibungsgrad einigermaßen zuverlässig wie folgt ermitteln:

	TDM
Anlagenzugänge 1992–1999	4.200
./. Anlagenabgänge zu Anschaffungskosten (= Abgänge 1996–1999 zu Buchwerten × 2)	200
Sachanlagen zu Anschaffungs- und Herstellungskosten	4.000
./. Buchwert 31. 12. 1999	1.635
kumulierte Abschreibungen	2.365

$$\frac{\text{kumulierte Abschreibungen der Sachanlagen}}{\text{Sachanlagen zu Anschaffungs- und Herstellungskosten}} = \frac{2.365}{4.000} \times 100 = 59{,}1\,\%\ \text{Abschreibungsgrad}$$

Der hohe Abschreibungsgrad erklärt sich durch relativ geringe Anlagenzugänge in den letzten Jahren im Verhältnis zu den Jahren 1990–1993. Er kann ein Hinweis auf einen größeren Reinvestitionsbedarf in nächster Zukunft sein.

Welche Bedeutung eine Analyse der Angemessenheit der Abschreibungen auf Sachanlagen in der Praxis haben kann, zeigt folgende Pressenotiz (»Frankfurter Allgemeine« vom 3. 9. 1992) über die Lufthansa: *»Wie weiter berichtet wird, sollen zur Aufbesserung der Bilanz die Flugzeuge künftig in zwölf statt bisher in zehn Jahren abgeschrieben werden. Die Gesellschaft begründet dies mit der kräftigen Flottenerweiterung der vergangenen Jahre. Die Verlängerung des Abschreibungszeitraums soll das Ergebnis in diesem Jahr um etwa 350 Millionen DM entlasten.«* Gemäß dieser Pressenotiz will die Lufthansa außerdem Immobilien verkaufen und zurückmieten.

Der Lufthansa ging es durch diese Tricks um keine Deutsche Mark besser. Möglicherweise zahlte sie deshalb sogar höhere Steuern.

II. Vermögensumschlag

Die Kennzahlen des Vermögensumschlags, die in Umsatzrelationen und Umschlagskoeffizienten (Umschlagshäufigkeit und Umschlagsdauer) unterteilt werden, zeigen, wie hoch der Bedarf an Vermögenswerten im Verhältnis zu den Aktivitäten (z. B. Umsatz, Herstellungskosten) des Unternehmens ist. Diese Kennzahlen messen nicht die Liquidität und den Erfolg eines Unternehmens, sie haben aber einen bedeutenden Einfluß auf die Liquidität und den Erfolg eines Unternehmens.

1. Umsatzrelationen

Als Umsatzrelationen werden in der Literatur das Verhältnis einzelner Posten des Vermögens oder des gesamten Vermögens zu den Umsatzerlösen bezeichnet.

Bezüglich des Umschlags des gesamten Vermögens wird auf Abschnitt N VII Kennzahlensystem Return on Investment verwiesen.

Einzig die Relation

$$\frac{\text{Sachanlagen (Buchwert)}}{\text{Umsatzerlöse}}$$

hat einen gewissen Aussagewert.

Diese Kennzahl besagt, daß mit x DM Sachanlagen 1 DM Jahresumsatz erzielt wurde.

Eine Erhöhung dieser Kennzahl deutet auf eine schlechtere Kapazitätsauslastung hin, da entweder bei gleichem Wert der Sachanlagen die Umsatzerlöse gefallen sind oder die gleichen Umsatzerlöse mit einem höheren Wert der Sachanlagen erzielt wurden. Analog läßt ein Rückgang der Kennzahl eine bessere Kapazitätsauslastung vermuten. Eine Änderung der Kennzahl kann auch auf eine Veränderung der Höhe des Anlagenleasings zurückzuführen sein.

Eine hohe Kennzahl deutet bei einem Betriebsvergleich auf Überkapazitäten oder nicht betriebsnotwendiges Anlagevermögen hin.

Bei der Analyse dieser Kennzahl muß man sich bewußt sein, daß Investitionen meistens nicht umsatzbegleitend, sondern in Investitionsschüben vorgenommen werden.

Für die Aussagekraft dieser Relation gelten weitgehend die gleichen Einschränkungen, die weiter oben zur Kennzahl »Sachanlagen in % der Bilanzsumme« gemacht wurden mit der Ausnahme, daß die Kennzahl »Sachanlagen (Buchwert) : Umsatzerlöse« weder durch die Wahl des Bilanzstichtages (bei Saison-Unternehmen) noch durch die Höhe bzw. Umschlagshäufigkeit der Vorräte, Forderungen und flüssigen Mittel beeinflußt werden kann.

Um diesen Einschränkungen zu begegnen, kann es angebracht sein, diese Kennzahl nicht nur auf Basis des Buchwertes der Sachanlagen, sondern parallel dazu auch auf Basis der Anschaffungs- und Herstellungskosten zu ermitteln. Diese zweite Berechnung könnte möglicherweise Hinweise dafür erbringen, inwieweit bei einem Zeitvergleich die Kennzahl durch die Bewertung der Sachanlagen verfälscht ist.

Diese Kennzahl wird in der Literatur teilweise auch mit dem Kehrwert dargestellt, d.h. die Sachanlagen werden im Nenner und die Umsatzerlöse im Zähler eingesetzt.

Die übrigen Bestandteile des Vermögens zu den Umsatzerlösen in Beziehung zu bringen hat wenig Sinn, da

- das Finanzanlagevermögen meistens keine Beziehung zu den Umsatzerlösen hat und
- sich die Analyse des Verhältnisses der einzelnen Posten des Umlaufvermögens zu den Umsatzerlösen erübrigt, weil die unter J I 3 erwähnte Intensität des Umlaufvermögens, die im nächsten Abschnitt beschriebene Umschlagshäufigkeit und Umschlagsdauer der Vorräte und Forderungen aus Lieferungen und Leistungen und die Liquiditätskennzahlen eine wesentlich höhere Aussagekraft haben. Der Unterschied zwischen der Umsatzrelation einerseits und der Umschlagshäufigkeit und Umschlagsdauer andererseits liegt lediglich darin, daß die Umschlagshäufigkeit der Kehrwert der Umsatzrelation ist und bei der Umschlagsdauer nicht der Jahresumsatz, sondern der durchschnittliche Tagesumsatz in die Kennzahl eingeht.

2. Umschlagskoeffizienten (Umschlagshäufigkeit und Umschlagsdauer)

a) Allgemeines

Die Umschlagshäufigkeit zeigt an, wie oft der jeweilige Vermögensposten in einem Jahr umgeschlagen wird. Die Umschlagsdauer, der Kehrwert der Umschlagshäufigkeit, gibt Auskunft darüber, in welcher Zeit der Vermögensposten einmal umgeschlagen wurde.

Die Umschlagshäufigkeit des Sachanlagevermögens errechnet sich wie folgt:

$$\frac{\text{Abschreibungen des Geschäftsjahres} \\ \text{+ Abgänge (Restbuchwert)}}{\text{durchschnittlicher Bestand des Sachanlagevermögens} \\ \text{zu Anschaffungs- und Herstellungskosten}} = \text{Umschlagshäufigkeit des Sachanlagevermögens}$$

Wegen der im Abschnitt J I 1 Sachanlagenintensität genannten Gründe (Bewertungsprobleme) macht es wenig Sinn, die Umschlagshäufigkeit des Sachanlagevermögens näher zu analysieren. Im übrigen unterscheidet sich die Kennzahl »Umschlagshäufigkeit des Sachanlagevermögens« von der unter J I 6 beschriebenen wichtigen Kennzahl »Abschreibungsquote« lediglich dadurch, daß sie im Zähler noch um den Posten »+ Abgänge« erweitert wird.

Aus den gleichen Gründen, die weiter oben am Schluß des Abschnittes J II 1 Umsatzrelationen beschrieben sind, macht es nicht viel Sinn, die Umschlagshäufigkeit des Finanzanlagevermögens, der sonstigen Forderungen und der flüssigen Mittel zu analysieren. Folglich gilt dies auch für das gesamte Vermögen. Interessant wären diese Kennzahlen nur als Hilfsgrößen bei einer Zerlegung eines Kennzahlensystems (z.B. Return on Investment) in seine verschiedenen Faktoren.

Eine große Aussagekraft haben folgende Kennzahlen:

1. $$\frac{\text{Herstellungskosten der zur Erzielung der Umsatzerlöse erbrachten Leistungen bzw. Materialaufwand}}{\text{Vorräte zu Herstellungskosten am Ende des Geschäftsjahres}} = \text{Umschlagshäufigkeit der Vorräte}$$

   bzw. der Kehrwert dazu, ausgedrückt in Tagen,

   $$\frac{\text{Vorräte zu Herstellungskosten am Ende des Geschäftsjahres}}{\text{Herstellungskosten der zur Erzielung der Umsatzerlöse erbrachten Leistungen bzw. Materialaufwand : 365}} = \text{Lagerdauer in Tagen}$$

2. $$\frac{\text{Umsatzerlöse einschl. Mehrwertsteuer}}{\text{Bestand an Forderungen aus Lieferungen und Leistungen einschl. Besitzwechsel und Indossamentverbindlichkeiten aus weitergegebenen Wechseln am Ende des Geschäftsjahres}} = \text{Umschlagshäufigkeit der Forderungen}$$

   bzw. der Kehrwert dazu, ausgedrückt in Tagen,

$$\frac{\text{Bestand an Forderungen aus Lieferungen und Leistungen einschl. Besitzwechsel und Indossamentverbindlichkeiten aus weitergegebenen Wechseln am Ende des Geschäftsjahres}}{\text{Umsatzerlöse einschl. Mehrwertsteuer : 365}} = \text{in Anspruch genommenes Zahlungsziel der Kunden in Tagen (Außenstandsdauer)}$$

3. $$\frac{\text{Verbindlichkeiten aus Lieferungen und Leistungen einschl. Schuldwechsel am Ende des Geschäftsjahres}}{\text{Materialeinkauf einschl. Mehrwertsteuer : 365}} = \text{in Anspruch genommenes Zahlungsziel bei Lieferanten in Tagen}$$

Die Verbindlichkeiten aus Lieferungen und Leistungen sind zwar kein Bestandteil des Vermögens. Die Kennzahl »in Anspruch genommenes Zahlungsziel bei Lieferanten in Tagen« wurde aber bewußt hier vorgestellt, da sie in engem Zusammenhang mit der Umschlagsdauer der Vorräte und Forderungen gesehen werden muß.

Unterschiedliche Bewertungsmethoden bzw. bilanzpolitische Maßnahmen haben einen großen Einfluß auf diese Kennzahlen. Dies trifft insbesondere für die Bewertung der Vorräte und die Herstellungskosten zu. In diesem Zusammenhang wird deshalb auf den Abschnitt E I 5a Vorräte verwiesen.

Da für eine kurzfristige Liquiditätsanalyse weniger eine durchschnittliche Lagerdauer bzw. ein durchschnittlich in Anspruch genommenes Zahlungsziel, sondern mehr die Lagerdauer und das in Anspruch genommene Zahlungsziel zum Ende des Geschäftsjahres von Interesse sind, sollten die Bestände zum Jahresende und nicht die durchschnittlichen Bestände (z. B. Jahresanfangsbestand + Jahresendbestand : 2 bzw. 4 Quartalsanfangsbestände + Jahresendbestand : 5) in die Formel eingesetzt werden. Die Berücksichtigung der Bestände zum Ende des Geschäftsjahres statt des durchschnittlichen Bestandes zeigt deutlicher die Veränderungen der Lagerdauer und des durchschnittlich in Anspruch genommenen Zahlungsziels. Da jedoch nur eine Stichtagszahl in diese Berechnung eingeht, kann sie durch Zufälligkeiten oder bewußte Steuerung der Bestände beeinflußt werden.

Um differenzierte Erkenntnisse zu gewinnen, ist es erwägenswert, die Umschlagshäufigkeit auf Basis der durchschnittlichen Bestände und des Jahresumsatzes bzw. der Herstellungskosten des Jahres und die Umschlagsdauer auf Basis der Endbestände und der Umsatzerlöse bzw. Herstellungskosten des letzten Quartals oder des letzten Halbjahres zu ermitteln.

Um den Einfluß des gesamten Umlaufvermögens auf die Liquidität und den Erfolg des Unternehmens besser beurteilen zu können, sollten auch die Umschlagshäufigkeit des übrigen Umlaufvermögens (ohne flüssige Mittel), die Umschlagshäufigkeit des Umlaufvermögens insgesamt und die Umschlagsdauer des Nettoumlaufvermögens ermittelt werden.

Die Veränderung der Umschlagskoeffizienten der einzelnen Teile des Nettoumlaufvermögens kann wichtige Hinweise auf die voraussichtliche Entwicklung der Liquidität und des Erfolgs des analysierten Unternehmens geben.

b) Vorräte

Eine niedrige Umschlagshäufigkeit bei den Vorräten bzw. eine hohe Lagerdauer können auf Absatzschwierigkeiten und/oder auf schwer verkäufliche Waren oder

Erzeugnisse zurückzuführen sein. Auch eine schlechte Lagerwirtschaft und/oder eine bewußt hohe Bevorratung wegen erwarteter Beschaffungsschwierigkeiten oder Preiserhöhungen wären möglich.

Eine hohe Umschlagshäufigkeit bei den Vorräten kann auf Finanzierungsschwierigkeiten, die anhand anderer Kennzahlen erkennbar sind, zurückzuführen sein. Dies würde bedeuten, daß das Unternehmen nicht alle Geschäftsmöglichkeiten nutzen kann.

Geänderte Rahmenbedingungen (z.B. Just-in-time-Fertigung) können ebenfalls Gründe für eine gestiegene oder verminderte Vorratshaltung sein.

Bei Industrieunternehmen ist es möglich festzustellen, inwieweit die Veränderung der Umschlagshäufigkeit bzw. der Lagerdauer auf eine Veränderung der Absatzlage oder der Einkaufsgewohnheiten zurückzuführen ist, indem man die Umschlagshäufigkeit bzw. die Lagerdauer für die fertigen und unfertigen Erzeugnisse, unfertige Leistungen und Waren einerseits und die Roh-, Hilfs- und Betriebsstoffe einschließlich der geleisteten Anzahlungen andererseits getrennt feststellt.

Ermittlung der Umschlagshäufigkeit und Lagerdauer beim Gesamtkostenverfahren

Leider kann man aus einer Gewinn- und Verlustrechnung nach dem Gesamtkostenverfahren nicht die Herstellungskosten der zur Erzielung der Umsatzerlöse erbrachten Leistungen entnehmen. Die Kennzahlen Umschlagshäufigkeit und Lagerdauer sind aber im langfristigen Vergleich eines Unternehmens und im Betriebsvergleich so wichtig, daß man bei einer nach dem Gesamtkostenverfahren vorliegenden Gewinn- und Verlustrechnung nach einem Näherungswert suchen sollte.

Die Herstellungskosten der zur Erzielung der Umsatzerlöse erbrachten Leistungen dürften sich bei Industrieunternehmen in der Regel im wesentlichen aus folgenden im Gesamtkostenverfahren ausgewiesenen Posten zusammensetzen:

- fast die gesamten Aufwendungen für Roh-, Hilfs- und Betriebsstoffe sowie für bezogene Waren (Materialkosten),
- der größte Teil der Abschreibungen,
- ein wesentlicher Teil der Löhne und Gehälter, der sozialen Abgaben und der Aufwendungen für Altersversorgung und Unterstützung,
- ein kleiner Teil der sonstigen betrieblichen Aufwendungen und
- ein unbedeutender Teil der sonstigen Steuern.

Um trotz des Fehlens der »Herstellungskosten der zur Erzielung der Umsatzerlöse erbrachten Leistungen« die Umschlagshäufigkeit der Vorräte bzw. die Lagerdauer in Tagen bei Industrieunternehmen ermitteln zu können, empfiehlt es sich, bei Vorliegen von Gewinn- und Verlustrechnungen nach dem Gesamtkostenverfahren aufgrund der Kenntnis der Kostenstruktur der Branche und des Anteils der Beschäftigten in den einzelnen Unternehmensbereichen die »Herstellungskosten der zur Erzielung der Umsatzerlöse erbrachten Leistungen« zu schätzen.

Hinweise auf die Kostenstruktur der Branche können auch Jahresabschlüsse von Wettbewerbern vor und nach der Umstellung vom Gesamtkostenverfahren auf das Umsatzkostenverfahren geben.

Da aus den Jahresabschlüssen nach dem Umsatzkostenverfahren obengenannte Kostenarten (Materialkosten, Personalkosten, Abschreibungen) ebenfalls hervorgehen, ist es beim Umsatzkostenverfahren auf Basis der auf obige Art und Weise geschätzten »Herstellungskosten der zur Erzielung der Umsätze erbrachten Leistungen« auch möglich, für Vergleiche mit dem Gesamtkostenverfahren die oben beschriebenen Kennzahlen mehr schlecht als recht zu ermitteln.

c) Forderungen aus Lieferungen und Leistungen

Neben einem Zeitvergleich und einem Branchenvergleich sollte auch ein Vergleich des in Anspruch genommenen Zahlungsziels mit den in der Branche üblichen Zahlungsbedingungen vorgenommen werden. Evtl. bietet sich zusätzlich eine Analyse nach verschiedenen Kundengruppen (Geschäftsfelder, Großkunden, öffentliche Hand, Export) an. Auf jeden Fall sollte das Zahlungsziel an verbundene Unternehmen und Beteiligungen getrennt ermittelt werden.

Bei Unternehmen mit Saisongeschäft sollten den Forderungen aus Lieferungen und Leistungen die entsprechenden Umsatzerlöse (einschließlich Mehrwertsteuer), d. h. die Umsatzerlöse des letzten Quartals oder Halbjahres, gegenübergestellt werden.

Bei der Analyse ist zu bedenken, daß die Umsatzerlöse sämtliche Umsätze, d. h. einschließlich der Barumsätze und der vor Fälligkeit mit Skonto bezahlten Umsätze, enthalten. Eine entsprechende Aufteilung der Umsätze wäre erstrebenswert, dürfte aber kaum erhältlich sein.

Zu beachten ist bei der Analyse, daß bei echtem Factoring und Forfaitierung die verkauften Forderungen nicht mehr in der Bilanz erscheinen. Bei der Ermittlung der Kennzahlen müssen deshalb die Umsatzerlöse ebenfalls entsprechend gekürzt werden.

Eine geringe Umschlagshäufigkeit bei den Forderungen aus Lieferungen und Leistungen bzw. ein in Anspruch genommenes langes Zahlungsziel der Kunden können auf eine schwache Marktposition des Unternehmens, auf Zahlungsschwierigkeiten bei Kunden oder auf die Fakturierung von noch nicht realisierten Verkäufen zurückzuführen sein. Auch Organisationsmängel (späte Fakturierung, schlechtes Mahnwesen) oder eine Zunahme der Exporttätigkeit mit längeren Zahlungszielen wären möglich.

Letztlich sollte nicht vergessen werden, daß eine Veränderung der Kennzahlen bei den Vorräten und Forderungen auch aus einer Veränderung des Produkt-Mix und des Kunden-Mix herrühren kann.

d) Verbindlichkeiten aus Lieferungen und Leistungen

Ein Zeit- und Betriebsvergleich mit der Kennzahl »in Anspruch genommenes Zahlungsziel« macht Aussagen über die Zahlungsmoral des Unternehmens. Da der Lieferantenkredit in der Regel der teuerste Kredit ist, läßt eine wesentliche Erhöhung dieser Kennzahl akute Liquiditätsprobleme vermuten.

Die Höhe des Materialeinkaufs, die zur Ermittlung dieser Kennzahl notwendig ist, kann nicht unmittelbar aus dem Jahresabschluß entnommen werden.

Beim Gesamtkostenverfahren kann der Materialeinkauf annähernd wie folgt ermittelt werden:

  Aufwendungen für Roh-, Hilfs- und Betriebsstoffe und bezogene Waren
+ Zunahme (./. Abnahme) des Bestandes an Roh-, Hilfs- und Betriebsstoffen
+ Mehrwertsteuer

Zusätzlich wäre dieser Betrag noch um die Erhöhung oder Verminderung des Bestandes an bezogenen Waren zu korrigieren, der aus dem Jahresabschluß aber nicht zu entnehmen ist. Bei einem geringen oder nur wenig sich verändernden Umsatz mit Handelswaren dürfte dieser Fehler die Aussagekraft der Kennzahl kaum beeinträchtigen.

Hinzuzurechnen wären im Zähler ggf. noch Verbindlichkeiten aus Lieferungen und Leistungen, soweit sie unter den Verbindlichkeiten gegenüber verbundenen Unternehmen und gegenüber Unternehmen, mit denen ein Beteiligungsverhältnis besteht, ausgewiesen sind.

Beim Umsatzkostenverfahren kann der Materialeinkauf in ähnlicher Weise aufgrund des im Anhang ausgewiesenen Materialaufwands (nur bei Einzelabschluß vorgeschrieben), der Veränderung des Bestandes an Roh-, Hilfs- und Betriebsstoffen und der Hinzurechnung der Mehrwertsteuer errechnet werden.

Einen kleinen Schönheitsfehler hat die Kennzahl, da Lieferantenkredite nicht nur für den Materialaufwand, sondern auch für einen Teil der sonstigen betrieblichen Aufwendungen und die Investitionen in Anspruch genommen werden. Da es nicht auf die absolut richtige Kennzahl, sondern auf den Zeit- und Betriebsvergleich ankommt, kann dieser Schönheitsfehler in Kauf genommen werden.

Wie weiter oben festgestellt, kann es aus mehreren Gründen Schwierigkeiten geben, die Höhe des Materialeinkaufes festzustellen. Um diesen Schwierigkeiten zu entgehen und trotzdem eine brauchbare Kennzahl über den in Anspruch genommenen Lieferantenkredit zu ermitteln, sollte man die Verbindlichkeiten aus Lieferungen und Leistungen einschließlich Schuldwechsel mit dem Umsatz anstatt mit dem Materialeinkauf vergleichen. Diese Kennzahl gibt an, in wie vielen Tagen das Unternehmen seinen Verbindlichkeiten aus Lieferungen und Leistungen einschließlich Schuldwechsel nachkommen könnte, wenn es die gesamten Umsatzerlöse dazu verwenden würde. Diese Kennzahl hat den Vorteil, daß sie kaum manipulierbar ist. Außerdem kann sie nicht nur zum Jahresende, sondern auch zum Quartalsende ermittelt werden und somit auch kurzfristige Veränderungen anzeigen.

e) Bedeutung der Umschlagshäufigkeit und der Umschlagsdauer

Die Bedeutung der Umschlagshäufigkeit und der Umschlagsdauer, insbesondere für Vorräte und Forderungen, ist bei einer Bilanzanalyse sehr hoch einzuschätzen, da diese Kennzahlen

- wenig manipulierbar sind und
- oft Schwierigkeiten am Absatzmarkt anzeigen, bevor man sie in der Gewinn- und Verlustrechnung erkennen kann.

Manipulationen sind auch deshalb kaum zu erwarten, weil eine niedrige Bewertung der Bestände die Umschlagshäufigkeit und die Umschlagsdauer zwar verbessern, die Gewinn- und Verlustrechnung aber negativ beeinflußt würde.

Durch den Kunden gewährte günstige Zahlungsbedingungen oder Produktion auf Lager könnten die negativen Auswirkungen von Schwierigkeiten am Absatzmarkt auf die Gewinn- und Verlustrechnung zwar vorübergehend gemildert werden. Solche Maßnahmen wirken sich bei diesen Kennzahlen aber sofort aus. Man könnte sie deshalb als Frühindikatoren bei schlechtem Geschäftsgang bezeichnen. Bei einer Unternehmensanalyse sollte man sich ggf. um weitere Informationen bemühen.

K. Analyse des Kapitals

Ziel der Analyse des Kapitals ist es, Informationen über die Kapitalaufbringung, insbesondere über die Art, Zusammensetzung und Fristigkeit des Kapitals, sowie über die für das Fremdkapital gewährten Sicherheiten zu geben, um daraus Finanzierungsrisiken besser abschätzen zu können.

I. Allgemeines

Das Kapital eines Unternehmens setzt sich aus Eigenkapital und Fremdkapital zusammen. Das Fremdkapital kann unterschiedliche Fälligkeiten (kurz-, mittel- und langfristig) haben. Darüber hinaus darf bei der Beurteilung der Kapitalstruktur nicht außer acht gelassen werden, welche Sicherheiten für Teile des Fremdkapitals gegeben wurden.

Das Eigenkapital, genauer gesagt die Eigenkapitalgeber sind die Träger des Geschäftsrisikos des Unternehmens, da sie keinen Anspruch auf Verzinsung und Rückzahlung haben, sondern ihnen aus dem laufenden Geschäft die Erträge abzüglich der Aufwendungen und bei der Liquidation die Erlöse aus den Vermögenswerten abzüglich der Schulden zustehen. Hierbei kann auch der volle Verlust des Eigenkapitals eintreten.

Fremdkapitalgeber haben dagegen Anspruch auf vereinbarte Zinszahlungen sowie auf Rückzahlung des Kapitals, und zwar in den meisten Fällen zu einem fest vereinbarten Zeitpunkt.

In der Regel ist die Rendite aus dem investierten Gesamtkapital (Gesamtkapitalrentabilität) höher als der Zinssatz, der für das Fremdkapital gezahlt werden muß. Insbesondere aus diesem Grunde (Leverage-Effekt) wird von Unternehmen Fremdkapital aufgenommen. Hinzu kommt noch, daß die Zinsen für Fremdkapital steuerlich abzugsfähig sind, so daß selbst dann, wenn die Gesamtkapitalrentabilität nicht höher als die Fremdkapitalkosten sind, die Eigenkapitalrentabilität durch Aufnahme von Fremdkapital steigen kann. Falls die Anteilseigner in Deutschland steuerpflichtig sind, galt dies für die deutsche Körperschaftsteuer bisher nur bedingt, da die Körperschaftsteuer auf ausgeschüttete Gewinne in diesen Fällen wirtschaftlich gesehen keine Ertragsteuer des Unternehmens, sondern eine Einkommensteuervorauszahlung der Anteilseigner war. Für die deutsche Gewerbeertragsteuer gilt dies wegen der teilweisen Hinzurechnung der Zinsen für langfristige Kredite zum Gewerbeertrag ebenfalls nur bedingt.

Je höher das aus obigen Gründen und Erwartungen aufgenommene Fremdkapital ist, desto höher steigt somit die Rendite des Eigenkapitals, desto höher wird auch das Risiko für das Eigenkapital, da unabhängig von der Ertragslage aus dem Gesamtkapitalergebnis immer zuerst die vertraglich vereinbarten Zinsen für das Fremdkapital zu zahlen sind. Je höher das Fremdkapital eines Unternehmens ist, desto höher ist somit auch das Risiko des Eigenkapitalverlustes.

Je höher das Eigenkapital eines Unternehmens ist, desto höher ist die finanzielle Stabilität des Unternehmens und desto geringer ist bei ertragreichen Unternehmen die Eigenkapitalrendite.

Bei ertragreichen Unternehmen steht somit das Bestreben, die Eigenkapitalrentabilität zu maximieren und das Unternehmen steuerlich optimal zu finanzieren, im Gegensatz zu dem Bestreben, aus Gründen der Stabilität und einer hohen Kreditwürdigkeit ein möglichst hohes Eigenkapital auszuweisen.

Bei der Kapitalausstattung eines Unternehmens ist somit abzuwägen zwischen höherer Eigenkapitalrendite bei höherem Risiko auf ein relativ niedriges Eigenkapital oder einer niedrigeren Eigenkapitalrendite bei einem niedrigeren Risiko auf das entsprechend größere Eigenkapital.

Ein Unternehmen muß jedoch soweit mit Eigenkapital ausgestattet sein, daß

- die jetzigen und zukünftigen Kreditgeber nicht fürchten müssen, durch Verluste geschädigt zu werden und
- das Unternehmen aufgrund vorübergehender Verluste nicht zur Liquidation gezwungen wird.

Eine feste Norm für eine angemessene oder sogar optimale Kapitalstruktur gibt es aus diesem Grunde nicht, mit Ausnahme der in Abschnitt L Liquiditätsanalyse erwähnten Fristenkongruenz mit der Vermögensstruktur.

Grundsätzlich steht das Eigenkapital als Risikoträger dem Unternehmen auf unbegrenzte Zeit zur Verfügung, sofern es nicht durch Verluste aufgezehrt wird oder im Rahmen der rechtlichen Möglichkeiten entnommen werden kann. Bei Personengesellschaften ist zu berücksichtigen, daß Eigenkapital durch Tod oder Ausscheiden von Gesellschaftern evtl. zurückzuzahlen ist. Ebenfalls können andere Engagements oder Ehescheidungen von Einzelunternehmern oder von Gesellschaftern von Personengesellschaften zur Minderung des Eigenkapitals führen.

II. Messung des Leverage-Effekts durch den Leverage-Faktor

Durch den Leverage-Effekt (Hebelwirkung des Fremdkapitals), d.h. durch die Höhe des Verschuldungsgrades und einen unter oder evtl. über der Gesamtkapitalrentabilität liegenden Zinssatz für das Fremdkapital, wird die Eigenkapitalrentabilität beeinflußt.

Liegt z.B. die Gesamtkapitalrentabilität (GKR) bei 10%, die Fremdkapitalzinsen (i) bei 6%, und beträgt das Fremdkapital (FK) 50% des Eigenkapitals (EK), so ergibt sich eine Eigenkapitalrentabilität von 12%.

Die Eigenkapitalrentabilität von 12% wurde wie folgt ermittelt:

$$\text{GKR} + (\text{GKR} - \text{i}) \times \frac{\text{FK}}{\text{EK}} = \text{Eigenkapitalrentabilität}$$

$$10 + (10 - 6) \times \frac{50}{100} = 12$$

Die Eigenkapitalrentabilität wurde im vorliegenden Falle durch den Einsatz von Fremdkapital, dessen Zinssatz unter der Gesamtkapitalrentabilität liegt, gesteigert.

Der Leverage-Faktor, der aussagt, um welchen Faktor die Eigenkapitalrentabilität über oder unter der Gesamtkapitalrentabilität liegt, läßt sich wie folgt errechnen:

$$\frac{\text{Eigenkapitalrentabilität}}{\text{Gesamtkapitalrentabilität}} = \text{Leverage-Faktor}$$

Im vorliegenden Beispiel ergibt sich folgende Rechnung:

$$\frac{12}{10} = 1.20$$

Ein Leverage-Faktor über 1 ist positiv, d. h. die Aufnahme von Fremdkapital hat die Eigenkapitalrentabilität erhöht, während ein Leverage-Faktor unter 1 das Gegenteil aussagt.

Die Messung des Leverage-Effektes durch den Leverage-Faktor hat bei einer Bilanzanalyse aus folgenden Gründen keine große Bedeutung:

- Die Gesamtkapitalrentabilität und somit auch die Eigenkapitalrentabilität sind durch stille Reserven verzerrt.
- Das mit einer höheren Fremdkapitalfinanzierung verbundene höhere Risiko wird nicht berücksichtigt.

Zur korrekten Ermittlung des Leverage-Effektes durch Vergleich der Eigenkapitalrentabilität mit der Gesamtkapitalrentabilität müßten die Vermögenswerte mit den Marktpreisen eingesetzt und die nicht in der Bilanz enthaltenen Geschäftsvorfälle (z. B. Leasing) berücksichtigt werden.

Das mit der Fremdkapitalfinanzierung verbundene höhere Risiko ist besser aus dem in den folgenden Abschnitten besprochenen Leverage-Risiko (Zinsdeckung), der Kapitalstruktur- oder Finanzierungsanalyse, der langfristigen Fristenkongruenz und dem dynamischen Verschuldungsgrad (Tilgungsdauer) zu entnehmen.

III. Leverage-Risiko (Zinsdeckung)

Das mit zunehmender Verschuldung steigende Risiko für das Eigenkapital setzt der Aufnahme von Fremdkapital Grenzen. Das Risiko besteht darin, aufgrund der zu zahlenden Zinsen bei schlechtem Geschäftsgang oder bei Zinserhöhungen für kurzfristiges Fremdkapital eher zahlungsunfähig zu werden.

Dieses Risiko aus dem Leverage-Effekt (Hebelwirkung des Fremdkapitals) läßt sich – zumindest für die Vergangenheit – messen, indem man die Zinsen, d. h. den Nettozinsaufwand, der fixen Charakter hat, zu dem Gewinn vor Zinsen und Steuern gemäß folgender Formel in Relation setzt:

$$\frac{\text{Gewinn vor Steuern und Zinsen}}{\text{Zinsen}} = \text{Leverage-Risiko (Zinsdeckung)}$$

Beim Finanzierungsleasing und unter Umständen auch beim Mietleasing sollte der in den Leasingraten enthaltene Zinsaufwand den Zinsen im Zähler und Nenner hinzugefügt werden.

Falls auf Vorzugsaktien garantierte Dividenden zu zahlen sind, sollten sie in obiger Kennzahl nicht als Gewinn, sondern als Zinsen betrachtet werden, d. h. der Nenner ist um die Vorzugsdividende zu erhöhen, zuzüglich der auf sie entfallenden Ertragsteuern.

Gewinne aus der Equity-Bewertung sollten nur angesetzt werden, soweit sie ausgeschüttet wurden.

Selbstverständlich ist der Gewinn auch um das außerordentliche Ergebnis und das Bewertungsergebnis zu korrigieren.

Der Kennzahl Leverage-Risiko (Zinsdeckung) liegt der Gedanke zugrunde, daß das Risiko einer zu geringen Eigenkapitalrendite oder von Eigenkapitalverlusten um so höher ist, je kleiner das Verhältnis von Kapitalergebnis (d. h. Gewinn vor Steuern und Zinsen) zu Zinsen ist.

Aus ihr ist ersichtlich, um wieviel sich das Ergebnis vor Steuern und Zinsen verschlechtern darf, ohne daß das Unternehmen in Schwierigkeiten käme, die fälligen Zinsen zu bezahlen. Hierbei wird unterstellt, daß die erwirtschafteten Abschreibungen für Reinvestitionen zur Verfügung stehen.

Die Kennzahl gibt somit einen Hinweis auf die weitere Verschuldungsfähigkeit des Unternehmens, wobei diese auch von der Kontinuität der Ertragslage und der Höhe der außerordentlichen Ergebnisse beeinflußt wird.

Bei einem Zeit- und Betriebsvergleich läßt sich somit auf relativ einfache Art und Weise erkennen, welchem Leverage-Risiko die Gewinne der einzelnen Geschäftsjahre durch die Aufnahme von zu verzinsendem Fremdkapital unterlegen haben.

Eine weitere Möglichkeit, das Leverage-Risiko zu messen, besteht in der Berechnung folgender Kennzahl:

$$\frac{\text{Cash-flow und Zinsen}}{\text{Zinsen}}$$

Der Grund für diese Kennzahl liegt darin, daß der Gewinn bilanzpolitisch beeinflußt sein kann, und die Zinsen aus dem Cash-flow und nicht aus dem Gewinn bezahlt werden. Bei ihr ergibt sich allerdings die Schwierigkeit, ob und inwieweit man die Veränderung der Rückstellungen dem Zähler der Kennzahl hinzufügen soll.

Bei der Beurteilung dieser Kennzahl muß man sich bewußt sein, daß zwar kurzfristig der Cash-flow zur Deckung der zu zahlenden Zinsen zur Verfügung steht, langfristig müssen jedoch die in dem Cash-flow enthaltenen Abschreibungen, ausgenommen die Abschreibungen auf den Geschäfts- oder Firmenwert, reinvestiert werden.

Besonderheiten bei der Finanzierung durch Leasing, Miete, Pacht und Pensionsrückstellungen

Die obengenannten Kennzahlen können allerdings – sofern die in den Leasingraten enthaltenen Zinsen nicht im Zähler und Nenner berücksichtigt werden – durch Anlagenleasing verfälscht sein. Der besseren Vergleichbarkeit wegen ist es angebracht, insbesondere bei sale and lease back oder bei wesentlicher Zu- oder Abnahme von Anlagenleasing, den Zähler und Nenner um die Leasingzahlungen und – da Leasingzahlungen sowohl Zins- als auch Tilgungsanteile enthalten – um die Rückzahlungsraten der langfristigen Verbindlichkeiten zu erweitern.

Das gleiche gilt, falls Anlagegegenstände in zu- oder abnehmendem Maße oder entgegen den Branchengewohnheiten gemietet oder gepachtet wurden.

Ähnliches trifft für die in der Zuführung zu den Rückstellungen für Pensionen und ähnliche Verpflichtungen enthaltenen Zinsanteile zu. Auf dieses Fremdkapital sind zwar keine Zinsen zu zahlen, jedoch sind diese Rückstellungen für Pensionen und ähnliche Verpflichtungen jährlich um die Zinsen für die bestehenden Pensionsverpflichtungen zu erhöhen. Im »Beharrungszustand« (= in Zukunft gleichbleibende Rentenanwärter- und Rentnerstruktur) entspräche diese Zuführung zu den Rückstellungen nämlich genau den Pensionszahlungen. Es ist deshalb bei Vorliegen von Pensionsverpflichtungen angebracht, Zähler und Nenner des Bruches um 6% der ausgewiesenen und der nicht ausgewiesenen Pensionsverpflichtungen oder um die Pensionszahlungen zu erhöhen.

Für die Erhöhung des Zählers und Nenners um die Pensionszahlungen anstatt um 6% der Pensionsverpflichtungen spricht, daß es sich bei der Differenz zwischen diesen beiden Zahlen wirtschaftlich um die langfristige Stundung von Zinsen (Pensionszahlungen sind niedriger als 6% der Pensionsverpflichtungen) oder um die Zahlung früher gestundeter Zinszahlungen (Pensionszahlungen sind höher als 6% der Pensionsverpflichtungen) handelt.

IV. Kapitalstruktur- oder Finanzierungsanalyse

Eine Analyse der Kapitalstruktur soll über die Zusammensetzung des Kapitals nach Art, Fristigkeit und Sicherheit und über die Finanzierungsrisiken Aufschluß geben.

Aus der Passivseite der aufbereiteten Bilanzen gehen verschiedene Kennzahlen zur Kapitalstruktur hervor.

Folgende Kennzahlen haben bei der Analyse der Kapitalstruktur eine größere Bedeutung:

$$\frac{\text{Eigenkapital}}{\text{Gesamtkapital}} = \text{Eigenkapitalquote}$$

$$\frac{\text{Fremdkapital}}{\text{Gesamtkapital}} = \text{Fremdkapitalquote}$$

Wegen stiller Reserven im Anlagevermögen, möglicher stiller Reserven bei den Rückstellungen und einer möglichen Bewertung der Vorräte zu Einzelkosten wird das Eigenkapital und somit die Eigenkapitalquote in deutschen Bilanzen oft zu niedrig ausgewiesen. Dadurch werden sämtliche Kennzahlen verfälscht, was ihre Aussagekraft einschränkt.

Ebenfalls kann ein unterschiedlich hoher Bestand an flüssigen Mitteln die Aussagekraft der Eigenkapitalquote beeinträchtigen. Dies läßt sich jedoch durch eine Saldierung der flüssigen Mittel mit dem Fremdkapital vermeiden.

Um einen genaueren Einblick in die Kapitalstruktur zu erhalten, müßte man – analog der bei der Besprechung der Vermögenstruktur in Abschnitt J I 1 gemachten Ausführungen – das Fremdkapital um die Leasingverbindlichkeiten erhöhen. Ebenfalls sollte das Factoring dem Fremdkapital hinzugerechnet werden, da es sich wirtschaftlich (nicht rechtlich) um einen Kredit handelt, der laufend verlängert werden muß.

Bei internationalen Bilanzvergleichen wird die Ermittlung einer vergleichbaren Eigenkapitalquote durch folgende unterschiedliche Rechnungslegungspraxis gestört:

- Aktivierung des Geschäfts- oder Firmenwerts oder Verrechnung mit den Rücklagen,
- Aktivierung oder Nichtaktivierung von Entwicklungskosten und von Aufwendungen für die Ingangsetzung und Erweiterung des Geschäftsbetriebs,
- Passivierung oder Nichtpassivierung von Rückstellungen für Pensionen oder ähnliche Verpflichtungen,
- Passivierung oder Nichtpassivierung von Aufwandsrückstellungen und eine mehr oder weniger großzügige Dotierung der übrigen Rückstellungen,
- Ausweis Anteile anderer Gesellschafter,
- unterschiedliche Berücksichtigung von latenten Steuern,
- Abgrenzung oder Nichtabgrenzung von Zuwendungen der öffentlichen Hand,
- Bewertung der Vorräte zu Vollkosten oder Teilkosten bzw. Lifo,
- offene Absetzung der erhaltenen Anzahlungen auf Bestellungen von den Vorräten oder Ausweis unter den Verbindlichkeiten,
- Ausweis der vorgeschlagenen oder beschlossenen Dividende als Eigen- oder Fremdkapital.

Bei einem Bilanzvergleich müßten entsprechende Bereinigungen vorgenommen werden (siehe auch Abschnitt G III).

Um diesen Einwänden weitestgehend im Rahmen der Informationsmöglichkeiten zu begegnen, wird folgende Kennzahl vorgeschlagen

$$\frac{\text{Eigenkapital ./. immaterielle Vermögensgegenstände ./. Aufwendungen für die Ingangsetzung und Erweiterung des Geschäftsbetriebes + Rückstellungen}}{\text{Bilanzsumme ./. flüssige Mittel + Leasingverbindlichkeiten}}$$

Die Aussagekraft dieser Kennzahl dürfte auf jeden Fall größer als die einer reinen Eigenkapital- oder Fremdkapitalquote sein. Dies gilt insbesondere für Betriebsvergleiche. Deshalb könnte man diese Kennzahl als eine für Vergleichszwecke korrigierte Eigenkapitalquote bezeichnen.

Für eine Bilanzanalyse ist es relativ uninteressant zu wissen, wie sich das in der Bilanz ausgewiesene Eigenkapital zusammensetzt, denn die Höhe des gezeichneten Kapitals, der Kapitalrücklagen und der Gewinnrücklagen beruhen auf Ergebnissen und Entscheidungen, die Jahre oder gar Jahrzehnte zurückliegen. Sie bieten keine Hilfe bei der Beurteilung der Finanz- und Ertragskraft des Unternehmens und bei Entscheidungen. Wesentlich wichtiger zu wissen ist es allerdings, inwieweit Eigenkapital abgezogen werden kann (z.B. bei Personengesellschaften durch private Schulden, wegen Steuerzahlungen für andere Einkünfte, wegen Erbschaft oder Ehescheidung).

Die Fremdkapitalquote hätte neben der Eigenkapitalquote nur dann eine Aussagekraft, wenn man zusätzliche Gliederungskennzahlen für das langfristige, mittelfristige und kurzfristige Fremdkapital ermittelt.

Die aufgeführten Kennzahlen Eigenkapitalquote und Anteil langfristiges, mittelfristiges und kurzfristiges Fremdkapital am Gesamtkapital geben erste Hinweise auf das durch das aufgenommene Fremdkapital eingegangene Risiko, sofern man sich der gezeigten Möglichkeiten, durch die die Aussagefähigkeit beeinflußt werden kann, bewußt ist oder Korrekturen vornimmt.

Mehr Aussagekraft hat die bereits obenerwähnte und im nächsten Abschnitt L Liquiditätsanalyse besprochene Fristenkongruenz zwischen Vermögen und Kapital.

Im Rahmen der Analyse der Kapitalstruktur sollte zusätzlich versucht werden festzustellen, mit welcher Wahrscheinlichkeit Eventualverbindlichkeiten zu echten Verbindlichkeiten werden können und nicht passivierte Risiken zu Ausgaben führen können, um sie ggf. entsprechend zu berücksichtigen.

Von Gläubigern wird oft, und zwar im Hinblick auf einen möglichen Konkurs, der Kennzahl

$$\frac{\text{Fremdkapital}}{\text{Eigenkapital}} = \text{Verschuldungsgrad}$$

eine besondere Bedeutung beigemessen, obwohl sie gegenüber den bereits besprochenen Kennzahlen keine zusätzliche Information vermittelt.

Bei einem angenommenen Verhältnis von 1 : 1 bedeutet das, daß die Forderungen der Gläubiger zu 200 % durch die Aktiva gedeckt sind, wobei vorausgesetzt wird, daß die Aktiva in etwa dem Liquidationswert entsprechen. Dies dürfte in der Regel nicht der Fall sein. Bei einer Liquidation wird z. B. für immaterielle Vermögenswerte meistens kaum etwas erzielt, in Ausnahmefällen allerdings sehr viel; für Grundstücke und Gebäude dagegen, die nicht für eine spezielle Nutzung bestimmt sind, kann oft mehr als der Buchwert erzielt werden, während für Grundstücke und Gebäude, die für eine spezielle Nutzung bestimmt sind, wesentlich weniger als der Buchwert erzielt werden kann; falls hohe Abbruchkosten anfallen und Umweltaltlasten vorhanden sind, ist es sogar möglich, daß der Nettoerlös bis auf Null oder sogar unter Null sinkt.

Wenn einzelne Gläubiger ihre Forderungen gesichert haben (Grundpfandrechte, Sicherungsübereignung, Eigentumsvorbehalt), dann hat diese Kennzahl für die Gläubiger von ungesicherten Forderungen praktisch keine Aussagekraft mehr.

Die Kennzahl Verschuldungsgrad, manchmal auch statischer Verschuldungsgrad oder Verschuldungskoeffizient genannt, wird zum Teil auch umgekehrt benutzt, d. h. das Eigenkapital wird im Zähler und das Fremdkapital im Nenner gezeigt.

Anzumerken ist, daß bei börsennotierten Unternehmen anstatt des Buchwertes des Eigenkapitals auch die Marktkapitalisierung des Eigenkapitals bei der Bildung der Kennzahlen benutzt wird. Dadurch wird dem gemachten Einwand der Verfälschung der Kennzahlen durch stille Reserven Rechnung getragen.

Abschließend sei festgestellt, daß sich das finanzielle Risiko nur ungenügend durch die Eigenkapitalquote bzw. den statischen Verschuldungsgrad messen läßt. Ein wesentlich besserer Maßstab ist in Abschnitt L IV Dynamischer Verschuldungsgrad dargestellt.

Im englischen Sprachraum, insbesondere in Großbritannien, wird die Messung des Verschuldungsgrades oft durch die Kennzahl Gearing ausgedrückt. Üblich ist die Kennzahl

$$\frac{\text{Verzinsliche Verbindlichkeiten ./. flüssige Mittel}}{\text{Eigenkapital}}$$

Ist der Verschuldungsgrad relativ hoch, sollte auch die in Abschnitt J II 2a erwähnte Kennzahl »in Anspruch genommenes Zahlungsziel bei Lieferanten« näher beleuchtet werden. Weitere Einzelheiten zur Bedeutung der Höhe der Verbindlichkeiten gegenüber Lieferanten und somit der Kennzahl »in Anspruch genommenes Zahlungsziel bei Lieferanten« gehen aus dem Abschnitt E II 5 Verbindlichkeiten aus Lieferungen und Leistungen und Verbindlichkeiten aus der Annahme gezogener Wechsel und der Ausstellung eigener Wechsel hervor.

L. Liquiditätsanalyse

Ziel der Liquiditätsanalyse ist es, Informationen über die Beziehungen zwischen Mittelherkunft (Finanzierung) und Mittelverwendung (Investitionen) zu geben.

Bestandteil der Liquiditätsanalyse ist auch die Analyse von Kapitalflußrechnungen (siehe Abschnitt H), die die Ursachen für die Veränderung der Liquidität zeigen.

I. Allgemeines

Liquidität ist die Fähigkeit, jederzeit seinen Zahlungsverpflichtungen fristgemäß nachkommen zu können.

Bilanzanalytisch spricht man von einer statischen Liquidität, d. h. einer langfristigen und kurzfristigen Fristenkongruenz des Vermögens mit den Schulden, und einer dynamischen Liquidität, d. h. einem Vergleich des Cash-flows mit den Finanzschulden.

Es ist zwar problematisch, aus der statischen Liquidität Rückschlüsse auf die Fähigkeit eines Unternehmens zu ziehen, jederzeit seinen Zahlungsverpflichtungen nachkommen zu können. Trotzdem sind diese Kennzahlen für einen Zeit- und Betriebsvergleich mehr oder weniger geeignet und werden von Kreditgebern wegen des Fehlens anderer besserer Informationen für die Beurteilung der Kreditwürdigkeit benutzt.

II. Langfristige Fristenkongruenz

1. Allgemeines

Die Finanzierung eines Unternehmens sollte im wesentlichen durch die Art seiner Vermögensgegenstände bestimmt sein. Das bedeutet, daß das Anlagevermögen durch langfristig zur Verfügung stehendes Kapital finanziert sein sollte. Aus Risikoerwägungen ist dafür Eigenkapital am besten geeignet (»goldene Bilanzregel«). Das Umlaufvermögen kann, vor allem wenn es sich sehr schnell umschlägt oder nur aus saisonalen Gründen vorübergehend besonders hoch ist, weitgehend mit kurzfristigem Fremdkapital finanziert werden.

Stille Reserven im Anlagevermögen verfälschen die im nächsten Abschnitt erläuterten Deckungsgrade relativ wenig, da sie sich absolut in gleicher Höhe sowohl beim Anlagevermögen als auch beim Eigenkapital auswirken. Falls die Deckungsgrade bei 1 liegen, gibt es keine Verfälschung. Je stärker sie von 1 abweichen, desto größer ist die Verfälschung.

Bei der Beurteilung der Liquidität sollten die »goldenen Regeln« nicht als eine unbedingt einzuhaltende Norm, sondern nur als grobe Faustregeln für ein Teilgebiet der Bilanzanalyse angesehen werden, die im Rahmen der Gesamtanalyse des Unternehmens zu relativieren sind.

2. Deckungsgrade

Zur Messung der langfristigen Fristenkongruenz (Anlagendeckung) bieten sich folgende Kennzahlen an:

a) Deckungsgrad I

$$\frac{\text{Eigenkapital}}{\text{Anlagevermögen}} = \text{Anlagendeckung durch Eigenkapital}$$

Inwieweit die Anlagendeckung durch Eigenkapital unter 1 liegen kann, hängt im wesentlichen von folgendem ab:

- Risikobehaftung der Aktiva (z. B. immaterielle Vermögensgegenstände),
- Bindungsdauer des Anlagevermögens,
- individuelle Ausstattung der Sachanlagen und deshalb bei Insolvenz relativ geringer Liquidationswert gegenüber dem Buchwert,
- Zeitpunkt der Ersatzinvestitionen und wesentlicher Instandsetzungsarbeiten bei langlebigen Anlagegütern,
- vermutete stille Reserven im Anlagevermögen und Profil der Bilanzpolitik,
- Cash-flow und Ausschüttungspolitik.

b) Deckungsgrad II

$$\frac{\text{Eigenkapital + langfristiges Fremdkapital}}{\text{Anlagevermögen}} = \text{Anlagendeckung durch langfristiges Kapital}$$

Als grobe Normvorstellung gilt, daß die Anlagendeckung durch langfristiges Kapital immer über 1 liegen, d. h. daß mindestens Fristenkongruenz vorliegen sollte (»goldene Finanzierungsregel« oder »goldene Bankregel« = langfristiges Vermögen sollte durch langfristiges Kapital finanziert sein). Sollte dies nicht der Fall sein, erhält die Anlagendekkung unter Einschluß des mittelfristigen Fremdkapitals besondere Bedeutung.

c) Deckungsgrad III

$$\frac{\text{Eigenkapital + lang- und mittelfristiges Fremdkapital}}{\text{Anlagevermögen}} = \text{Anlagendeckung durch lang- und mittelfristiges Kapital}$$

Gegen eine Anlagendeckung durch mittelfristiges Fremdkapital ist dann wenig einzuwenden, wenn damit relativ kurzlebige Anlagegüter (z. B. Betriebs- und Geschäftsausstattung) finanziert werden.

Sollte diese Kennzahl unter 1 liegen, werden mittel- und langfristig gebundene Vermögensgegenstände durch kurzfristiges Fremdkapital finanziert. In einem solchen Falle liegt auch die im nächsten Abschnitt beschriebene Liquidität 3. Grades unter 1, was als nicht ausreichend zu erachten ist.

Bei der Ermittlung der Deckungsgrade wurde unterstellt, daß kein mittel- oder langfristiges Umlaufvermögen vorliegt. Sollte dies der Fall sein, z. B. spekulative Vorräte oder in den Vorräten enthaltene Ersatzteile für das Sachanlagevermögen, so wäre zumindest bei den Deckungsgraden II und III der Nenner um diese Posten zu erweitern.

Aus Jahresabschlüssen nach dem HGB ist in der Regel die Höhe des Finanzierungsleasings nicht ersichtlich. Aufgrund der vorhandenen Informationen sollte man jedoch versuchen, zumindest annähernd einen Deckungsgrad II einschließlich Finanzierungsleasing zu ermitteln.

Die Kennzahlen für die in diesem Abschnitt behandelte langfristige Fristenkongruenz und im nächsten Abschnitt behandelte kurzfristige Fristenkongruenz hängen somit voneinander ab, wobei der kurzfristigen Fristenkongruenz eine größere Bedeutung beizumessen ist.

III. Kurzfristige Fristenkongruenz

1. Allgemeines

Als kurzfristig wird ein Zeitraum bis zu einem Jahr betrachtet. In der Regel schlägt sich in dieser Zeit das Umlaufvermögen vom Rohstoffeinkauf über die Produktion und den Verlauf bis zum Inkasso der Forderungen mindestens einmal um.

2. Liquiditätsgrade

Bei der Ermittlung der einzelnen Liquiditätsgrade werden Teile des Umlaufvermögens ins Verhältnis zu dem kurzfristigen Fremdkapital gesetzt.

Traditionellerweise wird in Deutschland die Liquidität in Form von Prozentzahlen durch drei verschiedene Liquiditätsgrade, die sich durch unterschiedliche Fristigkeit der darin enthaltenen Vermögensposten unterscheiden, wie folgt gemessen:

$$\frac{\text{flüssige Mittel + leicht veräußerbare Wertpapiere}}{\text{kurzfristiges Fremdkapital}} \times 100 = \text{Liquidität 1. Grades (Barliquidität)}$$

$$\frac{\text{flüssige Mittel + leicht veräußerbare Wertpapiere + Forderungen aus Lieferungen und Leistungen mit Laufzeit bis 1 Jahr}}{\text{kurzfristiges Fremdkapital}} \times 100 = \text{Liquidität 2. Grades (Liquidität auf kurze Sicht)}$$

$$\frac{\text{flüssige Mittel + leicht veräußerbare Wertpapiere + Forderungen aus Lieferungen und Leistungen mit Laufzeit bis 1 Jahr + Vorräte}}{\text{kurzfristiges Fremdkapital}} \times 100 = \text{Liquidität 3. Grades (Liquidität auf mittlere Sicht)}$$

Generell ist die Messung der Liquidität durch die einzelnen Liquiditätsgrade mit folgenden Mängeln behaftet:

- die genaue Fälligkeit der in der Bilanz ausgewiesenen Vermögens- und Schuldenposten ist nicht bekannt,
- kurz nach dem Bilanzstichtag fällig werdende nicht bilanzierungspflichtige Auszahlungsverpflichtungen, wie z. B. Löhne, Honorare, Mieten, Pachten, Leasingraten, Versicherungsprämien, Instandhaltungskosten, gehen in die Berechnung nicht ein,
- Teile des Vermögens können zur Sicherheit übereignet, verpfändet oder abgetreten sein,
- über weitere Kreditmöglichkeiten sagen diese Kennzahlen nichts aus.

Im Einzelfall können noch folgende Punkte hinzukommen:

- Bei Saisonbetrieben kann die Stichtagsliquidität ein falsches Bild ergeben.
- Die Aussagekraft der Liquidität 3. Grades kann durch Bewertungsmaßnahmen bei den Vorräten beeinflußt sein.

a) Liquidität 1. Grades

Wertpapiere, die jederzeit verflüssigt werden können und nur gehalten werden, um flüssige Mittel günstig anzulegen, sind den flüssigen Mitteln gleichzusetzen. Sollten jedoch zwischenzeitlich Kursverluste bekannt geworden sein, wären sie nur mit dem Tageswert und nicht mit dem Buchwert zum Bilanzstichtag anzusetzen.

Falls bekannt sein sollte, daß flüssige Mittel oder Wertpapiere zu einer notwendigen Finanzierung von Anlagezugängen vorgesehen sind, sollten sie nicht berücksichtigt werden.

Das kurzfristige Fremdkapital sollte prinzipiell auch die kurzfristigen Rückstellungen umfassen. Hier könnte es in der Praxis zu Schwierigkeiten bei der exakten Erfassung kommen, da bei der Bewertung der kurzfristigen Rückstellungen ein erheblicher Ermessensspielraum besteht, was gegen eine volle Einbeziehung sprechen würde. Andererseits ist aber zu vermuten, daß die kurzfristigen Rückstellungen kurzfristig zu Zahlungsverpflichtungen werden können, was die unbedingte Einbeziehung der kurzfristigen Rückstellungen in das kurzfristige Fremdkapital erfordert.

Aussagewert

Da für die zukünftigen Zahlungseingänge nur Erwartungen bestehen, müssen Unternehmen Liquiditätsreserven (flüssige Mittel, Wertpapiere) halten, um bei verspätetem Zahlungseingang jederzeit ihren Verpflichtungen nachkommen zu können.

Die angemessene Höhe der flüssigen Mittel und der leicht veräußerbaren Wertpapiere eines Unternehmens hängt von der Geschäftstätigkeit ab. Einzelhandelsunternehmen, die regelmäßig Zahlungseingänge haben, brauchen nur geringe flüssige Mittel. Unternehmen mit unregelmäßigen Zahlungseingängen, wie Bauunternehmen und Anlagenbauer, sollten zur Sicherung ihrer jederzeitigen Liquidität einen höheren Bestand an flüssigen Mitteln vorhalten. Bei Saisonunternehmen spielt bei der Beurteilung der Angemessenheit der Höhe der flüssigen Mittel auch der Zeitpunkt eine Rolle.

Die Liquidität 1. Grades gibt darüber Auskunft, bis zu welchem Maße zu einem bestimmten Stichtag das gesamte kurzfristige Fremdkapital, dessen Fälligkeit innerhalb eines Jahres nicht bekannt ist, mit den vorhandenen flüssigen Mitteln und den leicht veräußerbaren Wertpapieren bezahlt werden kann. Aus Rentabilitätsgründen wäre es jedoch unsinnig, flüssige Mittel und Wertpapiere in Höhe des kurzfristigen Fremdkapitals vorzuhalten.

Die Liquidität 1. Grades ist eine wenig aussagefähige Kennzahl, da das kurzfristige Fremdkapital nicht sofort fällig ist, es aus den Zahlungseingängen der bestehenden Forderungen aus Lieferungen und Leistungen bezahlt werden kann und laufend erneuert wird.

Im übrigen ist diese Kennzahl kurzfristig leicht manipulierbar, indem man zum Bilanzstichtag einen Bankkredit aufnimmt, um die flüssigen Mittel zu erhöhen. Diesem Einwand kann man jedoch dadurch begegnen, daß man die kurzfristigen Bankverbindlichkeiten von den flüssigen Mitteln abzieht und eine Nettoliquidität errechnet. Mittelfristig kann diese Kennzahl durch Verkauf von Forderungen aus Lieferungen und Leistungen beeinflußt werden.

b) Liquidität 2. Grades

Bei der Liquidität 2. Grades werden dem kurzfristigen Fremdkapital Vermögenswerte ähnlicher Fristigkeit gegenübergestellt. Dadurch wird ein wesentlicher Nachteil der Kennzahl »Liquidität 1. Grades« behoben. Vermögenswerte ähnlicher Fristigkeit soll heißen, daß darin keine zweifelhaften Forderungen und kurzfristig nicht fällige Forderungen enthalten sein können.

Aussagewert

Der Vorteil der Kennzahl »Liquidität 2. Grades« gegenüber der im nächsten Abschnitt besprochenen Kennzahl »Liquidität 3. Grades« liegt darin, daß sie nicht durch Bewertungsmaßnahmen bei den Vorräten beeinflußt werden kann und auch nicht von der Zusammensetzung der Vorräte und der Möglichkeit, sie schnell in liquide Mittel umzuwandeln, abhängig ist, was bei Betriebsvergleichen sehr wichtig ist.

Im englischen Sprachraum ist diese Kennzahl unter dem Namen quick, liquid oder acid-test ratio bekannt, was wohl deutlich den Pragmatismus ausdrückt, der in der Liquiditätsmessung mit dieser Kennzahl liegt.

Bei vielen Unternehmen wird auch die Liquidität 2. Grades unter 1 liegen, ohne daß man Zweifel an der Liquidität dieser Unternehmen haben müßte. Somit kann die Norm für diese Kennzahl nicht bei 1 liegen. Deshalb muß man den Aussagewert auch dieser Kennzahl über die Liquidität eines Unternehmens etwas in Frage stellen, wenn man nicht die in der Branche üblichen Zahlungsbedingungen kennt.

c) Liquidität 3. Grades

Aussagewert

Je höher diese Kennzahl über 1 liegt, desto mehr ist davon auszugehen, daß die Liquidität des Unternehmens nicht durch Forderungsverluste, schwer verkäufliche Ware oder außerordentliche Ereignisse (z.B. Streiks) gefährdet werden kann, und daß das Unternehmen somit um so leichter seinen Zahlungsverpflichtungen jederzeit nachkommen kann.

Da diese Kennzahl aus zwei Bestandsgrößen ermittelt wird, ist ihr nicht zu entnehmen, ob das Unternehmen seinen Zahlungsverpflichtungen innerhalb des folgenden Jahres zu jeder Zeit pünktlich nachkommen kann. Die Zusammensetzung der einzelnen Posten des Umlaufvermögens und des kurzfristigen Fremdkapitals sowie der Umsatzrelationen der Forderungen aus Lieferungen und Leistungen und der Vorräte lassen jedoch darüber gewisse Schlüsse zu. Um dies genau feststellen zu können, müßten monatliche Finanzpläne vorliegen. Das ist jedoch nur bei kritischen Fällen wünschenswert.

Je langsamer sich in einem Unternehmen die einzelnen Teile des Umlaufvermögens umschlagen, um so höher sollte diese Kennzahl über 1 liegen.

Die Norm für diese Kennzahl könnte sich am Branchendurchschnitt orientieren.

Je länger bei dem zu analysierenden Unternehmen die einzelnen Teile des Umlaufvermögens benötigen, um zu flüssigen Mitteln zu werden, d.h. je höher der Anteil der Vorräte an dem Umlaufvermögen und je geringer die Umschlagshäufigkeit der Forderungen und Vorräte ist, desto höher sollte zu den einzelnen Stichtagen die Kennzahl »Liquidität 3. Grades« gegenüber dem Branchendurchschnitt nach oben abweichen (siehe nächsten Abschnitt Liquiditätsvergleichsindex).

Je höher bei dem zu analysierenden Unternehmen der Anteil der kurzfristigen Rückstellungen am kurzfristigen Fremdkapital ist, desto mehr darf zu den einzelnen Stichtagen die Liquidität 3. Grades gegenüber dem Branchendurchschnitt nach unten abweichen, da unterstellt werden kann, daß die kurzfristigen Rückstellungen später als das übrige Fremdkapital und teilweise evtl. niemals zahlbar werden.

Liquiditätsvergleichsindex

Hinweise für eine zu berücksichtigende Abweichung von der Branchennorm bei dem zu analysierenden Unternehmen gibt die Relation des Liquiditätsvergleichsindex des Branchendurchschnitts zum Liquiditätsvergleichsindex des zu analysierenden Unternehmens. Mit Hilfe des Liquiditätsvergleichsindex kann man nämlich die unterschiedliche Realisierbarkeit der einzelnen Posten des Umlaufvermögens vergleichbar machen.

Beispiel:

Branchendurchschnitt

	Anteil am Umlaufvermögen ohne sonstige Forderungen usw. in %	×	Zahlungsziel bei Forderungen bzw. Lagerdauer bei Vorräten	=	Anteil × Tage
flüssige Mittel und Wertpapiere	20		–		–
Forderungen aus Lieferungen und Leistungen	50		30		1.500
Vorräte	30		90		2.700
	100				4.200

Liquiditätvergleichsindex: $\frac{4.200}{100} = \underline{\underline{42}}$

Zu analysierendes Unternehmen

	Anteil am Umlaufvermögen ohne sonstige Forderungen usw. in %	×	Zahlungsziel bei Forderungen bzw. Lagerdauer bei Vorräten	=	Anteil × Tage
flüssige Mittel und Wertpapiere	10		–		–
Forderungen aus Lieferungen und Leistungen	40		30		1.200
Vorräte	50		100		5.000
	100				6.200

Liquiditätsvergleichsindex: $\frac{6.200}{100} = \underline{\underline{62}}$

Eine am Branchendurchschnitt orientierte Norm für die Kennzahl Liquidität 3. Grades sollte in diesem Fall um 62/42 – 1, d.h. um 48 %, erhöht werden. Es wurde bei dem Beispiel unterstellt, daß die sonstigen Forderungen usw. in beiden Fällen relativ unbedeutend sind.

Grundsätzlich wäre auch ein entsprechender Korrekturfaktor für einen wesentlich unterschiedlichen Anteil der kurzfristigen Rückstellungen am kurzfristigen Fremdkapital zu ermitteln. Wegen fehlender Informationen bezüglich der Fälligkeit der kurzfristigen Rückstellungen muß darauf verzichtet werden. Bei der abschließenden Beurteilung der Finanzlage sollte jedoch eine eventuelle wesentliche Abweichung des Anteils der kurzfristigen Rückstellungen am kurzfristigen Fremdkapital mit in die Betrachtung einbezogen werden.

3. Working capital und current ratio

Im englischen Sprachraum ist es sehr beliebt, die Liquidität eines Unternehmens mit dem working capital (auch net working capital genannt) und der current ratio (auch working capital ratio genannt) zu messen.

Diese Kennzahlen werden wie folgt ermittelt:

working capital = Umlaufvermögen ./. kurzfristiges Fremdkapital (Netto-Umlaufvermögen)

$$\text{current ratio} = \frac{\text{Umlaufvermögen}}{\text{kurzfristiges Fremdkapital}}$$

Man setzt das gesamte Umlaufvermögen in die Kennzahlen ein, da in dem Umlaufvermögen nur solche Posten enthalten sein sollen, die sich innerhalb eines Jahres umschlagen.

Das working capital ist eine Differenzgröße, aus der aber nicht hervorgeht, in welchem Verhältnis die beiden saldierten Zahlen zueinander stehen. Deshalb ist diese Differenzgröße für die Liquiditätsmessung wenig geeignet.

Bei der current ratio ist dieser Mangel behoben.

Die current ratio entspricht im Grundsatz der Liquidität 3. Grades. Der Zähler enthält in der Regel außer den bei der Liquidität 3. Grades aufgeführten Posten alle übrigen Posten des Umlaufvermögens, d.h. die sonstigen Forderungen, die sonstigen Vermögensgegenstände und Rechnungsabgrenzungsposten. Die current ratio wird jedoch als Quotient und nicht als Prozentzahl ausgedrückt.

Da nach dem Bilanzrichtlinien-Gesetz bei sämtlichen Forderungen und sonstigen Vermögensgegenständen anzugeben ist, ob die Restlaufzeit mehr als ein Jahr beträgt, sollten die aufgrund der Gliederungsvorschriften des HGB bekannten mittelfristigen Forderungen in eine Kennzahl zur Ermittlung der kurzfristigen Liquidität nicht einbezogen werden. Berücksichtigt man diese Posten entsprechend, kommt man zu einer sinnvollen Kennzahl, die man sowohl Liquidität 3. Grades als auch current ratio nennen kann.

Es ist schwierig, diese Kennzahl zu manipulieren. Als Möglichkeiten kämen Gewährung von Sonderkonditionen, Reduzierung der Vorräte unter den betriebsnotwendigen Umfang und Verrechnung von Forderungen mit Verbindlichkeiten bei nicht geprüften Jahresabschlüssen in Betracht.

Soweit wie möglich sollten Liquiditätsgrade bzw. die current ratio auch bei Zwischenabschlüssen ermittelt werden, um so wenig wie möglich auf ein mögliches »Window Dressing« des Bilanzerstellers hereinzufallen und um saisonale Veränderungen der Kennzahlen festzustellen.

4. Verhältnis kurzfristig realisierbares Vermögen zu Aufwendungen

Wie bereits gesagt, haben die drei Liquiditätsgrade und die current ratio den Nachteil, daß sie zwei Bestandsgrößen miteinander vergleichen und somit bei den jeweiligen Kennzahlen nicht die kurzfristigen Zahlungsverpflichtungen (z. B. Löhne, Honorare, Mieten, Pachten, Leasingzahlungen) berücksichtigt werden, die zum Stichtag nicht bilanzierungspflichtig waren.

Dieser Nachteil kann durch die zusätzliche Ermittlung der folgenden Kennzahl behoben werden:

$$\frac{\text{flüssige Mittel + leicht veräußerbare Wertpapiere + Forderungen aus Lieferungen und Leistungen mit Laufzeit bis 1 Jahr}}{\text{durchschnittliche tägliche Aufwendungen vor Abschreibungen}}$$

Diese Kennzahl, die man Verteidigungszeitraum nennen kann, zeigt, für wieviel Tage das kurzfristig realisierbare Vermögen ausreicht, die laufenden Aufwendungen zu bezahlen. Hierbei muß allerdings vorausgesetzt werden, daß die Forderungen aus Lieferungen und Leistungen die in der Bilanz angegebene Laufzeit von bis zu einem Jahr wesentlich unterschreiten. Absolut sagt diese Kennzahl wenig aus. Bei einem Zeitvergleich kann sie jedoch hilfreich sein.

Von dieser Kennzahl gibt es noch andere Versionen. Man kann sie z. B. ohne Einbeziehung der Forderungen aus Lieferungen und Leistungen ermitteln oder die Forderungen aus Lieferungen und Leistungen mit den Verbindlichkeiten aus Lieferungen und Leistungen saldieren.

5. Potentielle Liquidität

Wichtig sowohl für die Beurteilung der Barliquidität als auch für die Liquidität auf kurze und mittlere Sicht ist die Möglichkeit, kurzfristige Kredite von Banken oder anderen Gläubigern zu erhalten. Über diese Kreditmöglichkeit (potentielle Liquidität) sagt die Bilanz direkt nichts aus. Sie dürfte aber gegeben sein, wenn die anderen Kennzahlen, insbesondere die langfristige Fristenkongruenz und der nachfolgend besprochene dynamische Verschuldungsgrad, gut sind und Beleihungsmöglichkeiten bestehen.

Falls man die potentielle Liquidität in Form einer eingeräumten Kontokorrentkreditlinie kennt, kann man eine modifizierte Liquidität 2. Grades ermitteln, indem man die Kontokorrentkreditlinie dem Zähler hinzufügt und vom Nenner einen evtl. bereits in Anspruch genommenen Kontokorrentkredit, sofern er immer wieder erneuert wird und somit als mittelfristig zu betrachten ist, abzieht. Bei der modifizierten Liquidität 2. Grades wird somit den kurzfristig verfügbaren Mitteln das tatsächlich kurzfristig fällige Fremdkapital gegenübergestellt. Die modifizierte Liquidität 2. Grades sollte auf jeden Fall über 1 liegen.

6. Cash-burn rate

In jüngster Zeit ist eine neue Kennzahl entstanden, nämlich die Cash-burn rate. Sie wird bei jungen Unternehmen, insbesondere bei Internetunternehmen, die noch keine oder nur sehr geringe Umsatzerlöse erwirtschaften, angewendet. Bei der Cash-burn rate werden die liquiden Mittel den Ausgaben des Unternehmens gegenübergestellt, wodurch der Zeitpunkt der Illiquidität ermittelt werden soll. Eine solche Berechnung macht aber nur dann Sinn, wenn das analysierte Unternehmen wie in der Vergangenheit weiterhin keine oder nur sehr geringe Einnahmen erzielt und bis zur Erwirtschaftung von wesentlichen Erträgen kein weiteres Eigen- oder Fremdkapital beschaffen kann.

IV. Dynamischer Verschuldungsgrad (Tilgungsdauer)

Von Banken wird gerne der dynamische Verschuldungsgrad benutzt. Er berechnet sich wie folgt:

$$\frac{\text{Finanzschulden}}{\text{Cash-flow}} = \text{dynamischer Verschuldungsgrad (Tilgungsdauer)}$$

Sollte das Unternehmen nicht allgemein übliche sonstige Verbindlichkeiten haben bzw. sollte sich der Anteil der sonstigen Verbindlichkeiten im Verhältnis zum Geschäftsumfang wesentlich verändern, dann ist es angebracht, in die Finanzschulden Teile der nicht allgemein üblichen sonstigen Verbindlichkeiten miteinzubeziehen. Die Finanzschulden sind ggf. um die nicht bilanzierten Leasingverbindlichkeiten zu erhöhen.

Beim Vergleich von deutschen mit amerikanischen Unternehmen sind die Pensionsrückstellungen ebenfalls in den Zähler einzusetzen, da bei amerikanischen Unternehmen die Pensionsverpflichtungen von in der Regel voll dotierten Pensionsfonds zu zahlen sind.

Falls das Unternehmen über nicht betriebsnotwendige uneingeschränkt transferierbare flüssige Mittel und leicht veräußerbare Wertpapiere verfügt, die nicht für Investitionen benötigt werden, sollten diese von den Finanzschulden abgezogen werden, so daß in den Zähler nicht die Finanzschulden, sondern nur die Effektivverschuldung (Nettoverschuldung) einzusetzen ist.

Bei einer Beurteilung der Angemessenheit des dynamischen Verschuldungsgrades sollte man auch berücksichtigen, in welchem Maße demnächst Mittel für Reinvestitionen und für die Erhöhung des Umlaufvermögens bei einer eventuell geplanten Umsatzsteigerung benötigt werden. Des weiteren sollte man die erwarteten Cash-flows aufgrund der Investitionen in der jüngsten Vergangenheit in die Betrachtung einbeziehen.

Bei der Ermittlung des dynamischen Verschuldungsgrades kann es in manchen Fällen angebracht sein, den Durchschnitt des Cash-flows der letzten drei Jahre zu nehmen, um außerordentliche Effekte weitgehend auszuschalten.

Der dynamische Verschuldungsgrad gibt an, in welchem Zeitraum – gleichbleibenden Cash-flow in Zukunft unterstellt – die gesamten Finanzschulden aus dem Cash-flow zurückgezahlt werden könnten, wenn der Cash-flow nur zur Schuldentilgung benutzt würde, d.h. wenn keine Gewinne ausgeschüttet und keine Investitionen getätigt würden. Der Cash-flow wird hier zur Berechnung einer »Kapitaldienstgrenze« benutzt. Ein Unternehmen gilt somit um so kreditwürdiger, je kürzer die Tilgungsdauer ist. Bei einer Erhöhung des dynamischen Verschuldungsgrades sollte untersucht werden, aus welchem Grunde die Finanzschulden gestiegen und/oder der Cash-flow gefallen ist. Die Erhöhung des dynamischen Verschuldungsgrades könnte nämlich ein erster Hinweis auf eine Krise sein.

Der dynamische Verschuldungsgrad gibt keine Auskunft über die Liquidität. Aber er gibt einen Hinweis auf die Verschuldungsfähigkeit eines Unternehmens.

Innenfinanzierung

In einem gewissen Zusammenhang mit dem dynamischen Verschuldungsgrad steht die Kennzahl Innenfinanzierung. Sie wird wie folgt ermittelt:

$$\frac{\text{einbehaltener Gewinn} + \text{Abschreibungen} + \text{Zunahme langfristige Rückstellungen}}{\text{Zugänge Anlagen ./. Abgänge Anlagen}} \times 100 = \text{Innenfinanzierung in \%}$$

Sie zeigt, in welcher prozentualen Höhe das Unternehmen in den einzelnen vergangenen Jahren und im Durchschnitt der letzten Jahre die Investitionen aus dem nach Abzug der Dividendenausschüttungen verbliebenen Cash-flow bestritten hat und hierfür nicht auf Mittel von außen angewiesen war.

Eine Kennzahl von über 100% würde ggf. bedeuten, daß aus dem Cash-flow neben der Dividendenausschüttung und einer 100%igen Finanzierung der Investitionen noch Mittel zur Schuldentilgung zur Verfügung standen.

In der Kennzahl werden sowohl die gebildeten offenen Rücklagen (einbehaltene Gewinne) als auch die still gebildeten Rücklagen (überhöhte Abschreibungen, überhöhte Zuführungen zu langfristigen Rückstellungen) erfaßt, die der Finanzierung von Investitionen dienten.

Im angelsächsischen Raum hat diese Kennzahl keine Bedeutung, was wohl auf die weniger großen Möglichkeiten der Bildung von stillen Rücklagen und von Rückstellungen zurückzuführen sein dürfte.

Eine betriebswirtschaftliche Aussagekraft hat diese Kennzahl nicht. Sie kann jedoch einen Hinweis geben, wie »vernünftig« die Ausschüttungspolitik in der Vergangenheit gewesen war und in welchem Maße die Anteilseigner in Zukunft auf entsprechende Ausschüttungen drängen werden bzw. ob eine kontinuierliche Dividendenpolitik ohne Beeinträchtigung eines möglichen gesunden Wachstums und der Finanzlage beibehalten werden kann.

M. Analyse des Erfolges

Die Erfolgsanalyse hat zwei Ziele.

Erstes Ziel ist es, möglichst die echten Erfolge der letzten Geschäftsjahre zu ermitteln und miteinander zu vergleichen, um Ergebnisglättungen aufzudecken.

Zweites Ziel ist es, möglichst viel über die Zusammensetzung der Aufwendungen und Erträge und somit des Erfolges herauszufinden, um im Zusammenhang mit anderen Informationen Annahmen über die in Zukunft zu erwartenden Erfolge, d.h. die Ertragskraft, machen zu können.

I. Allgemeines

Man könnte auf den ersten Teil der Erfolgsanalyse verzichten und die Gewinn- und Verlustrechnung für sich selbst sprechen lassen, wenn die Gewinn- und Verlustrechnung den »richtigen« Erfolg immer auswiese und die zur Ermittlung des »richtigen« Erfolges notwendigen klaren und eindeutigen Erläuterungen immer vorlägen.

Wie bereits an anderer Stelle (Abschnitt A VI Bilanzpolitik und Notwendigkeit der Bilanzanalyse) erläutert, ist dies aus verschiedenen Gründen (nicht eindeutige Rechnungslegungsvorschriften, Bewertungs- und Bilanzierungswahlrechte, Notwendigkeit von Schätzungen, Ausnutzung von Ermessensspielräumen, Vorsichtsprinzip, steuerrechtliche Vorschriften, Geldentwertung, Abgrenzung zur Privatsphäre bei Einzelunternehmen und Personengesellschaften) nicht so.

Zwar enthält der § 264 Abs. 2 Satz 1 HGB aufgrund des Bilanzrichtlinien-Gesetzes den Text: *»Der Jahresabschluß der Kapitalgesellschaft hat unter Beachtung der Grundsätze ordnungsmäßiger Buchführung ein den tatsächlichen Verhältnissen entsprechendes Bild der Vermögens-, Finanz- und Ertragslage der Kapitalgesellschaft zu vermitteln«,* aufgrund der Entstehungsgeschichte des Bilanzrichtlinien-Gesetzes und der Kommentare hierzu ist dem aber keine große Bedeutung beizumessen (siehe Abschnitt A VI 2 Grundsätze ordnungsmäßiger Buchführung [GoB] sowie Generalnorm).

Das bedeutet, daß Jahresabschlüsse nach dem HGB nicht in erster Linie erstellt werden, um den Bilanzleser möglichst klar und eindeutig über die Vermögens-, Finanz- und Ertragslage zu informieren, sondern nur um gesetzliche Vorschriften zu erfüllen.

Bilanzanalyse sollte in erster Linie Erfolgsanalyse sein, da der Erfolg, und zwar der »richtige« Erfolg, der wesentliche Maßstab für die Beurteilung eines Unternehmens ist.

Es ist deshalb verwunderlich, daß fast alle Bücher über Bilanzanalyse nur wenige Worte über Erfolgsanalyse verlieren, aber eine Unzahl von Kennzahlen beschreiben, die teilweise keinen Nutzwert haben.

Um den »richtigen« Erfolg eines Unternehmens festzustellen, sind deshalb nicht nur einzelne Posten der Gewinn- und Verlustrechnung umzugliedern oder zusammenzufassen, sondern die Gewinn- und Verlustrechnung ist in der Regel auch zu bereinigen. Bereinigung bedeutet in den meisten Fällen Umverteilung eines Teiles von Aufwands- und Ertragsposten auf andere Geschäftsjahre. Deshalb sollte eine Erfolgsanalyse eine möglichst große

Zahl von Geschäftsjahren (mindestens 5, besser 8–10 Jahre) umfassen, um zunächst die notwendige Umverteilung vornehmen und anschließend aus der Entwicklung des »richtigen« Erfolges Schlüsse ziehen zu können.

Die Auswertung eines Zeitraums von bis zu 8–10 Jahren empfiehlt sich besonders bei Unternehmen,

- die Großanlagen herstellen,
- die stärker konjunkturabhängig sind,
- bei denen starke Rohstoffpreisschwankungen vorliegen,
- deren Ergebnisse durch Währungsparitätsschwankungen erheblich beeinflußt werden,
- bei denen der Umfang der Sachanlagen sehr hoch ist,
- bei denen es in letzter Zeit wesentliche Kapazitätsänderungen gegeben hat,
- bei denen die Veränderung der Rückstellungen wesentlich von der Veränderung des Geschäftsumfangs abweicht.

Der Umfang der Bereinigung hängt von den Informationsmöglichkeiten ab. Die Bereinigung kann Posten umfassen, die ohne zusätzliche Erläuterungen aus der Gewinn- und Verlustrechnung oder dem Anhang ersichtlich sind (z. B. a. o. Aufwendungen und Erträge) oder aber auf zusätzlichen Erläuterungen beruhen.

Um allen Möglichkeiten gerecht zu werden, wird in Abschnitt M IV ein ausführliches Modell für die Bereinigung der Gewinn- und Verlustrechnungen mit Erläuterungen dargestellt. Auf eine Darstellung der bereinigten Bilanzen wurde verzichtet, da der Erkenntniswert von vergangenen umgewerteten Bilanzen – mit Ausnahme der letzten Bilanz – im Vergleich zu bereinigten Gewinn- und Verlustrechnungen sehr gering ist.

In der Praxis dürfte es empfehlenswert sein, zunächst, soweit wie möglich, alle Fälle zu untersuchen, bei denen eine Bereinigung erforderlich sein könnte. In der endgültigen Darstellung sollte man sich der besseren Übersicht wegen aber nur auf die wesentlichen Posten beschränken, sofern sich nicht viele kleine Posten einseitig kumulieren.

Die Erfolgsanalyse auf Basis der Gewinn- und Verlustrechnung bezieht sich auf das gesamte Unternehmen. Eine fundierte und qualitativ hochwertige Bilanzanalyse sollte auch eine Erfolgsanalyse nach Geschäftsfeldern und Regionen, die mit der Gewinn- und Verlustrechnung und deren Analyse abgestimmt ist, enthalten (siehe Abschnitt R III 5 und 6).

Wesentlich besser als bereinigte Gewinn- und Verlustrechnungen sind auf IAS bzw. US-GAAP übergeleitete und aufbereitete Jahresabschlüsse. Für eine korrekte vollständige Überleitung auf IAS bzw. US-GAAP dürften meistens die dafür notwendigen Informationen fehlen. Durch die aufgrund des Kapitalaufnahmeerleichterungsgesetzes (KapAEG) starke Zunahme von Jahresabschlüssen nach IAS und US-GAAP in Deutschland, die hohen Verluste der Kreditinstitute im Firmenkundengeschäft und die im Gesetz zur Kontrolle und Transparenz im Unternehmensbereich (KonTraG) enthaltenen Pflichten (siehe Abschnitt A VIII), wird der Druck auf die Unternehmen, die nicht nach IAS bzw. US-GAAP bilanzieren, immer größer, zusätzliche Informationen zur Verfügung zu stellen. Auch wenn nur ein Teil der für eine Jahresabschlußerstellung nach IAS bzw. US-GAAP erforderlichen Informationen vorliegt, sollte man den Versuch machen, eine Überleitung vorzunehmen. Der Erkenntniswert einer Bilanzanalyse von solchen zum Teil auf Schätzungen beruhenden auf IAS bzw. US-GAAP übergeleiteten Jahresabschlüssen dürfte meistens höher als von nach dem HGB erstellten und nur etwas bereinigten Gewinn- und Verlustrechnungen oder sogar nur nach DVFA/SG bereinigten Ergebnissen sein. Die sich bei der Überleitung auf IAS bzw. US-GAAP ergebenden Unsicherheiten bei den Schätzungen weisen auf weitere notwendige Recherchen hin.

Bei einer Analyse von nach IAS und nach US-GAAP erstellten Jahresabschlüssen ist in der Regel eine Bereinigung der Gewinn- und Verlustrechnung nicht notwendig, da die Rechnungslegung nach IAS und US-GAAP betriebswirtschaftlichen Erfordernissen Rechnung trägt und das stille und offene Legen und das stille und offene Auflösen von stillen Reserven nicht zulässig ist. Folglich sind entsprechende Verzerrungen der Ertragslage nicht oder nur in Ausnahmefällen möglich. Dies schließt nicht aus, daß Unternehmen, die nach IAS oder US-GAAP bilanzieren, versuchen, Bilanzpolitik zu betreiben. Die detaillierten strengen Bilanzierungs- und Bewertungsvorschriften und die zusätzlichen Angaben und Informationen bei IAS- und US-GAAP-Abschlüssen sowie ggf. die zusätzlichen SEC-Vorschriften schränken die bilanzpolitischen Möglichkeiten jedoch sehr stark ein.

1. Bedeutung der Gewinn- und Verlustrechnung

In der Gewinn- und Verlustrechnung werden die vielen einzelnen Geschäftsvorfälle eines Jahres, nach wenigen Aufwands- und Ertragsarten sortiert, komprimiert dargestellt. Ihr Saldo entspricht dem Jahresergebnis des Unternehmens.

Die Jahresergebnisse eines Unternehmens sind neben anderen Informationen ein Indikator für die zukünftigen Unternehmenserfolge. Die sich daraus ergebenden Erfolgserwartungen sind meistens ein wesentlicher Grund für den Kauf und das Halten von Anteilen an Unternehmen und der wichtigste Faktor bei der Bestimmung des Unternehmenswertes, und sie sind ein wesentlicher Faktor bei der Beurteilung der Kreditwürdigkeit eines Unternehmens sowie der Bestellung oder Abberufung von Mitgliedern des Vorstandes und der Geschäftsführung.

2. Verzerrte Darstellung der Ertragslage und fehlende Informationen

Die erwähnten Ziele der Erfolgsanalyse einigermaßen zu erreichen, wird dem Bilanzanalytiker, insbesondere in Deutschland, schwer gemacht. Die Gründe dafür wurden ausführlich in dem bereits erwähnten Abschnitt A VI Bilanzpolitik und Notwendigkeit der Bilanzanalyse und weiterhin im Abschnitt C Gesetzliche Vorschriften für die Bilanzierung dargelegt.

Die dort ausgeführten Gründe können zu einer Verzerrung der Vermögens- und Finanzlage führen. Schon relativ kleine ergebniswirksame Veränderungen von Vermögens- und Schuldenposten können relativ große Veränderungen des Ergebnisses bewirken und somit zu einer erheblich verzerrten Darstellung der Ertragslage führen.

Schwierigkeiten bei der Erfolgsanalyse machen nicht die vielen einzelnen Geschäftsvorfälle, die meistens durch einen Zahlungsvorgang abgeschlossen sind bzw. während der Bilanzerstellung durch einen Zahlungsvorgang abgeschlossen werden und aus der Buchhaltung hervorgehen. Die Schwierigkeiten bei der Erfolgsanalyse ergeben sich vielmehr aus

– den notwendigen Schätzungen bei der Bilanzerstellung, die von sehr vorsichtig bis optimistisch reichen können (Ausnutzung von Ermessensspielräumen),
  z. B. Nutzungsdauer der Anlagegegenstände,
  Minderung des Wertes von Anlagegegenständen durch technische und wirtschaftliche Überholung,
  Zeitwert des Finanzanlagevermögens,

langfristige Forderungen an zahlungsschwache Kunden,
Überbestände an Vorräten,
Rückstellungen für Gewährleistungsverpflichtungen, Produkthaftung, Umwelt-Altlasten, angedrohte und laufende Prozesse,
Abgrenzung von langfristigen Geschäften,

- den gesetzlichen Wahlrechten
  Beispiele siehe Abschnitt A VI 3 b,
- den kurzfristig beeinflußbaren Aufwendungen
  z. B. Instandhaltungs- und Reparaturaufwendungen, Werbeaufwendungen,
- Sachverhaltsgestaltungen
  Beispiele siehe unter Abschnitt A VI 5,

die es möglich machen, manche Aufwendungen und auch manche Erträge dem laufenden Geschäftsjahr **oder** späteren Geschäftsjahren zuzuordnen, stille Reserven nicht nur still zu bilden, sondern auch still aufzulösen und somit die Ertragslage bewußt verzerrt darzustellen. Die stille Auflösung von stillen Reserven kann man als den größten Verstoß gegen eine ordnungsmäßige Rechnungslegung bezeichnen. Sie ist in Deutschland nicht verboten und somit auch nicht strafbar.

Die oben erwähnten notwendigen Schätzungen bei einer Bilanzerstellung müssen nicht immer von bilanzpolitischen Erwägungen geprägt sein. Möglicherweise stehen zum Bilanzierungszeitpunkt so wenig Informationen zur Verfügung, daß z. B. eine Wertberichtigung oder Teilwertabschreibung von 30 % genau so angemessen sein kann wie eine von 70 %.

Darüber hinaus wird die Ertragslage durch die Inflation mehr oder weniger verzerrt dargestellt.

Auch die mit einem Bestätigungsvermerk eines Wirtschaftsprüfers versehenen Abschlüsse bieten keine Gewähr dafür, daß das ausgewiesene Ergebnis das »richtige« Ergebnis ist. Das geprüfte Unternehmen erstellt nämlich die Abschlüsse nach seinen bilanzpolitischen Vorstellungen, und der Wirtschaftsprüfer bestätigt nur, daß die Abschlüsse den gesetzlichen Vorschriften entsprechen (siehe Abschnitt A VI 8 Jahresabschluß und Bestätigungsvermerk des Wirtschaftsprüfers). Der ausgewiesene Jahresüberschuß/Jahresfehlbetrag stellt nur ein in Übereinstimmung mit den gesetzlichen Vorschriften ermitteltes Ergebnis eines Geschäftsjahres dar, das über den handelsrechtlich verfügbaren Gewinn, der an die Anteilseigner ausgeschüttet oder den Rücklagen zugeführt werden kann, Auskunft gibt.

In der Regel werden zu dem Ergebnis von notwendigen und den Jahresabschluß erheblich beeinflussenden Schätzungen im Anhang nur unzureichende oder keine Angaben gemacht. Leider sind in diesen Fällen auch die von deutschen Wirtschaftsprüfern in ihren Berichten gegebenen Erläuterungen – sofern sie dem Bilanzanalytiker überhaupt zur Verfügung stehen – meistens so karg, daß sie keine oder nur ungenügende Hinweise enthalten, ob das »richtige« Ergebnis wesentlich anders sein könnte.

3. Auswertung des Anhangs, des Lageberichts und zusätzlicher freiwilliger Angaben

Zusätzliche Informationen zur Erfolgsanalyse können dem Anhang, dem Lagebericht, der nicht Bestandteil des Jahresabschlusses ist, einer zusätzlichen freiwilligen Berichterstattung (z. B. Geschäftsbericht) sowie den oben erwähnten Erläuterungsberichten des Wirtschaftsprüfers entnommen werden.

Die Angabepflichten im Anhang sind im Abschnitt C IV Gesetzliche Vorschriften über den Anhang und für den Konzernabschluß im Abschnitt C VI 3 Gesetzliche Vorschriften über den Anhang angegeben.

Die meisten der aufgrund der Angabepflichten im Anhang enthaltenen Informationen sind sehr allgemeiner Art.

Aufgrund folgender Angabepflichten sind im Anhang betragsmäßige Angaben zu machen:

§ 277 Abs. 3	außerplanmäßige Abschreibungen auf das Anlagevermögen nach § 253 Abs. 2 Satz 3
§ 277 Abs. 3	Abschreibungen im Umlaufvermögen nach § 253 Abs. 3 Satz 3 wegen vorübergehender Wertminderung
§ 280 Abs. 3	aus steuerrechtlichen Gründen unterlassene Zuschreibungen
§ 281 Abs. 2 Satz 1	allein nach steuerrechtlichen Vorschriften vorgenommene Abschreibungen auf das Anlagevermögen
§ 281 Abs. 2 Satz 1	allein nach steuerrechtlichen Vorschriften vorgenommene Abschreibungen auf das Umlaufvermögen
§ 284 Abs. 2 Nr. 4	Veränderung des Unterschiedsbetrages bei Gruppenbewertung (§ 240 Abs. 4) und bei Bewertungsvereinfachungsverfahren (§ 256 Satz 1), sofern Unterschied erheblich
Art. 28 Abs. 2 EGHGB	nicht ausgewiesene Pensionsrückstellungen

Im Lagebericht sind in der Regel keine zahlenmäßigen Angaben enthalten. Bezüglich der Aussagefähigkeit des Lageberichts siehe Abschnitt C V und C VI 4.

II. Analyse der Aufwands- und Ertragsstruktur bei einer Gewinn- und Verlustrechnung nach dem Umsatzkostenverfahren

1. Allgemeines

In Deutschland sind sowohl das Umsatzkostenverfahren als auch das Gesamtkostenverfahren zulässig.

In den angelsächsischen Ländern ist nur das Umsatzkostenverfahren bekannt.

Innerbetriebliche Ergebnisrechnungen werden in der ganzen Welt nur nach dem Umsatzkostenverfahren erstellt.

Dies dürfte deutlich machen, daß das Umsatzkostenverfahren aussagefähiger als das Gesamtkostenverfahren ist, sofern man weiß, wie sich die einzelnen Posten, insbesondere die Herstellungskosten, zusammensetzen. Das letztere trifft aber bei veröffentlichten Gewinn- und Verlustrechnungen in Deutschland in der Regel für die externen Bilanzanalytiker nicht zu.

Eine Analysemöglichkeit der Kosten ist die Messung ihrer Relation zu den Umsatzerlösen. Aus diesem Grunde wurde bei dem Modell einer aufbereiteten Gewinn- und Verlustrechnung nach dem Umsatzkostenverfahren in Abschnitt G V auch der Prozentanteil der Kosten an den Umsatzerlösen angegeben. Darüber hinaus lassen sich durch Indexreihen der wichtigsten Posten der Gewinn- und Verlustrechnung die relativen Veränderungen dieser Posten über einen längeren Zeitraum sehr deutlich darstellen.

Zusätzlich wird auf die Ausführungen im Abschnitt E III 4b (2) Herstellungskosten der zur Erzielung der Umsatzerlöse erbrachten Leistungen und im Abschnitt E III 4g (7) sonstige betriebliche Aufwendungen hingewiesen.

2. Die einzelnen Posten der Gewinn- und Verlustrechnung nach dem Umsatzkostenverfahren

Umsatzerlöse

Zur eingehenden Analyse eines Unternehmens ist es notwendig, die Erfolgsrechnung des Unternehmens aufgeteilt nach Geschäftsfeldern zu kennen. Wenn man diese Daten (vorläufig) nicht erhalten kann, sollte man zumindest die Zusammensetzung der Umsatzerlöse nach Geschäftsfeldern und nach Regionen für die zu vergleichenden Geschäftsjahre zu erfahren versuchen und danach den jeweils prozentualen Anteil am Gesamtumsatz der zu vergleichenden Jahre ermitteln. Darüber hinaus ist es interessant zu wissen, inwieweit Umsätze und Ergebnisse auf inzwischen verkaufte und aufgegebene Geschäftsfelder entfallen. Sofern bei einem Konzern das Mutterunternehmen das bedeutendste Unternehmen ist, sollte man seinen Exportanteil in Erfahrung bringen, um die damit verbundenen Chancen und Risiken besser beurteilen zu können.

Die Umsatzveränderungen im Laufe der Jahre sollten mit der Umsatzentwicklung der Branche verglichen werden. Des weiteren kann es nützlich sein, Informationen über die wert- und mengenmäßige Aufteilung der Umsatzveränderungen zu erhalten. Hierzu sollte man sich den Preisindex der Branche beschaffen.

Nach § 285 Nr. 4 HGB haben große Kapitalgesellschaften seit dem Inkrafttreten des Bilanzrichtlinien-Gesetzes

> die Aufgliederung der Umsatzerlöse nach Tätigkeitsbereichen sowie nach geographisch bestimmten Märkten, soweit sich, unter Berücksichtigung der Organisation des Verkaufs von für die gewöhnliche Geschäftstätigkeit der Kapitalgesellschaft typischen Erzeugnissen und der für die gewöhnliche Geschäftstätigkeit der Kapitalgesellschaft typischen Dienstleistungen, die Tätigkeitsbereiche und geographisch bestimmten Märkte untereinander erheblich unterscheiden,

im Anhang anzugeben.

> Die Aufgliederung der Umsatzerlöse nach § 285 Nr. 4 kann unterbleiben, soweit die Aufgliederung nach vernünftiger kaufmännischer Beurteilung geeignet ist, der Kapitalgesellschaft oder einem Unternehmen, von dem die Kapitalgesellschaft mindestens den fünften Teil der Anteile besitzt, einen erheblichen Nachteil zuzufügen (§ 286 Abs. 2 HGB).

Von einigen großen deutschen börsennotierten Gesellschaften werden freiwillig noch zusätzliche Informationen mit Zahlenangaben nach Bereichen und Regionen über das Ergebnis der betrieblichen Tätigkeit, Investitionen, Forschung und Anzahl der Mitarbeiter gegeben.

In den USA gibt es bereits seit zwanzig Jahren eine sogenannte Segmentberichterstattung, die Daten nach Bereichen und Regionen über Umsatz, Ergebnis, Vermögen, Abschreibungen und Investitionen umfaßt.

Aufgrund des Gesetzes zur Kontrolle und Transparenz im Unternehmensbereich (KonTraG), das am 1. Mai 1998 in Kraft getreten ist, ist in Deutschland von börsennotierten Mutterunternehmen im Konzernanhang eine Segmentberichterstattung zu veröffentlichen. Einzelheiten über die Gestaltung der Segmentberichterstattung enthält das Gesetz nicht.

Die Zusammensetzung der Umsatzerlöse nach Geschäftsfeldern und Regionen, ihre Veränderung in der Vergangenheit, Erläuterungen zur Geschäftsentwicklung, die Angabe der Ergebnisse, des Vermögens und der Investitionen der einzelnen Segmente und die Kenntnis von Branchendaten geben Informationen über die Entwicklung der Marktanteile und der Wachstumsraten und die Rentabilität. Darüber hinaus kann man daraus Hinweise auf die Höhe der wahrscheinlichen zukünftigen Ergebnisse der einzelnen Segmente entnehmen.

Eine ausführliche Segmentberichterstattung ermöglicht es, zusätzlich noch fragmentarische Ansätze einer Kapitalflußrechnung nach Regionen zu erstellen.

Herstellungskosten der zur Erzielung der Umsatzerlöse erbrachten Leistungen

Die Herstellungskosten der zur Erzielung der Umsatzerlöse erbrachten Leistungen sind bei den meisten Unternehmen die bedeutendsten Aufwendungen.

Die bilanzanalytische Auswirkung der Herstellungskosten wird in dem weiter unten folgenden Abschnitt Bruttoergebnis vom Umsatz besprochen.

Analyse von Kostenarten

Beim Umsatzkostenverfahren werden die Kostenarten nach Funktionsbereichen aufgeführt.

Bei einer Analyse einer Gewinn- und Verlustrechnung nach dem Umsatzkostenverfahren ist es von Interesse, auch gewisse Kostenarten einzelner Funktionsbereiche zu analysieren, ihre Entwicklung im Laufe der Jahre darzustellen und durch Vergleiche mit anderen Posten Kennziffern zu bilden.

Bei den Herstellungskosten sollten folgende Kostenarten einer näheren Analyse unterzogen werden:

Abschreibungen

Abschreibungen sind in hohem Maße als Fixkosten anzusehen, weil die Verteilung der Anschaffungskosten von Sachanlagen in der Regel nach der wahrscheinlichen Nutzungsdauer erfolgt. Nur in Ausnahmefällen, z. B. beim Wechsel vom Ein- auf Mehrschichtbetrieb oder umgekehrt, wird gelegentlich die tatsächliche Nutzung der Sachanlagen bei der Bemessung der Abschreibungen zusätzlich berücksichtigt.

Da in der Regel die Höhe der Abschreibungen der Sachanlagen durch die abgelaufene Zeit und nicht durch die in Anspruch genommene Zeit bestimmt wird, sagt das Verhältnis Abschreibungen zu Umsatz nicht viel aus. Aussagekräftig ist dagegen das Verhältnis Abschreibungen zu Anschaffungswert der abschreibungsfähigen Sachanlagen. Hierbei sollten separate Kennzahlen für die verschiedenen Sachanlagegruppen gebildet werden. Besonderes Augenmerk ist ggf. auf die angenommene Nutzungsdauer von Spezialwerkzeugen o. ä. (z. B. in der Metallindustrie) zu legen. Es sollte festgestellt werden, inwieweit die Nutzungsdauer mit der Häufigkeit des Modellwechsels und mit der in der Branche üblichen Nutzungsdauer übereinstimmt.

Instandhaltungs- und Reparaturkosten

Der größte Teil der Instandhaltungs- und Reparaturkosten betrifft meistens die Herstellungskosten.

Instandhaltungs- und Reparaturkosten sind sowohl von der Höhe des Sachanlagevermögens als auch vom Produktionsumfang abhängig. Da sie somit sowohl variable als auch fixe Bestandteile enthalten, sagt ihr Verhältnis zum Umsatz nur bedingt etwas aus. Wesentlich aussagefähiger ist der Vergleich zu den Anschaffungs- oder besser zu den Wiederbeschaffungskosten des abnutzungsfähigen Sachanlagevermögens, und zwar sowohl im Zeitvergleich als auch im Unternehmensvergleich.

Bei der Analyse muß auch berücksichtigt werden, daß die Abgrenzung von Instandhaltungs- und Reparaturkosten zu Investitionen, z. B. bei Großreparaturen, nicht immer ganz eindeutig ist. Insofern kann es manchmal sinnvoll sein, zusätzlich Abschreibungen und Instandhaltungs- und Reparaturkosten kumuliert zu analysieren.

Die Höhe der Instandhaltungs- und Reparaturkosten steht in engem Zusammenhang mit der Bemessung der Nutzungsdauer des abschreibungsfähigen Sachanlagevermögens. So müßte bei einem Rückgang der Instandhaltungs- und Reparaturkosten die Nutzungsdauer des abschreibungsfähigen Sachanlagevermögens in der Planung reduziert werden.

Da die Instandhaltungs- und Reparaturkosten zu den kurzfristig stark beeinflußbaren Kosten gehören, bedürfen sie bei der Analyse der Gewinn- und Verlustrechnung eines besonderen Augenmerks.

Forschungs- und Entwicklungskosten

Sofern sie freiwillig nicht gesondert ausgewiesen werden, können Forschungs- und Entwicklungskosten in einer deutschen Gewinn- und Verlustrechnung nach dem Umsatzkostenverfahren Bestandteil der Herstellungskosten oder der sonstigen betrieblichen Aufwendungen sein.

Für die Analyse einer Gewinn- und Verlustrechnung ist es geradezu unumgänglich, die Höhe der Forschungs- und Entwicklungskosten – sofern sie nicht vollkommen unbedeutend sind – zu kennen, da

- die um die Forschungs- und Entwicklungskosten bereinigten Herstellungskosten besser analysiert werden können,
- die Höhe der Forschungs- und Entwicklungskosten in einem hohen Maße die Planung der zukünftigen Erträge bestimmt und
- es sich um stark beeinflußbare Kosten handelt.

Der Ausweis von Forschungs- und Entwicklungskosten bedeutet noch keine Garantie für zukünftige Erfolge. Bei den Ausgaben für Forschung und Entwicklung handelt es sich nämlich um »spekulative«, aber meistens notwendige »Investitionen«. Der Erfolg dieser »Investitionen« hängt sehr stark sowohl von den im Unternehmen vorhandenen wissenschaftlichen Fähigkeiten als auch von den Managementfähigkeiten ab.

Versucht werden sollte deshalb, Informationen darüber zu erhalten, wann, in welchem Maße und mit welcher Sicherheit in Zukunft Umsatzerlöse oder Kosteneinsparungen aufgrund der jetzigen Forschungs- und Entwicklungskosten erwartet werden.

Wichtig wäre es deshalb zu wissen, inwieweit es sich bei den ausgewiesenen Forschungs- und Entwicklungskosten um echte Forschungs- und Entwicklungskosten handelt und nicht etwa um

- Kosten für Produkt- und Markttests,
- Kosten für wissenschaftliche Gutachten, die nur der Verkaufsförderung dienen, und
- Kosten für anwendungstechnische Beratung und Beseitigung von Reklamationen.

Wegen ihrer langfristigen Auswirkungen sollten die Forschungs- und Entwicklungskosten über einen möglichst langen Zeitraum analysiert werden. Als Kennzahl bietet sich das Verhältnis Forschungs- und Entwicklungskosten zum Umsatz an.

In manchen Ländern und nach den IAS sind Entwicklungskosten zu aktivieren, wenn bestimmte Voraussetzungen erfüllt sind. Hier ist selbstverständlich das Abgrenzungskonto mit in die Analyse einzubeziehen, um festzustellen, in welchem Maße mit dem Abgrenzungskonto Bilanzpolitik gemacht wurde.

Bruttoergebnis vom Umsatz

Da vom Bruttoergebnis vom Umsatz alle Kosten des Unternehmens, sofern sie keine Herstellungskosten sind, zu decken sind und lediglich der dann noch verbleibende Rest als Ergebnis für die Anteilseigner und zur Bezahlung der Ertragsteuern zur Verfügung steht, ist ein entsprechend angemessenes Bruttoergebnis vom Umsatz – das von Branche zu Branche je nach den Wettbewerbsverhältnissen, der Kapitalintensität und der Höhe der vom Bruttoergebnis noch zu tragenden Kosten, insbesondere der Forschungs-, Vertriebs- und Werbekosten, unterschiedlich sein kann – Voraussetzung für die Rentabilität eines Unternehmens.

Falls die Herstellungskosten immer auf die gleiche betriebswirtschaftlich vernünftige Art ermittelt wurden, sind – falls sich das Produkt-Mix nicht verändert hat – bei einem Zeitvergleich Veränderungen des Bruttoergebnisses auf einen oder mehrere der folgenden Gründe zurückzuführen:

- Zunahme des mengenmäßigen Absatzes,
- Abnahme des mengenmäßigen Absatzes,
- Erhöhung der Verkaufspreise,
- Rückgang der Verkaufspreise,
- Zunahme der Herstellungskosten pro Stück,
- Abnahme der Herstellungskosten pro Stück.

Die Verkaufspreise können durch Preisveränderungen im gleichen Markt oder durch Veränderungen im Markt-Mix beeinflußt sein, während die Zu- oder Abnahme der Herstellungskosten sowohl auf eine Veränderung der Kostenstruktur (z. B. größere oder kleinere Fertigungstiefe, Verfahrensumstellungen, Rationalisierung) als auch auf Preisänderungen bei den einzelnen Kostenarten zurückgeführt werden kann.

Im Rahmen der Analyse ist es im Hinblick auf Ergebnisplanungen wichtig zu erfahren, was die wesentlichen Gründe für die Veränderung des Bruttoergebnisses waren. Dabei ist es interessant, Informationen darüber zu erhalten, ob die Gründe mehr branchenbezogen (z. B. Überkapazitäten und Preisverfall oder vorübergehend fehlende Kapazitäten und hohe Verkaufspreise) oder mehr unternehmensbezogen (z. B. Kostenstruktur) sind.

Falls die Ursachen des Verfalls des Bruttoergebnisses mehr branchenbezogen sind (z. B. Überkapazitäten), kann das Management nur langfristige Maßnahmen treffen (z. B. Einführung neuer Produkte, Erschließung neuer Absatzmärkte), bei mehr unternehmensbezogenen Gründen für den Verfall des Bruttoergebnisses (z. B. zu hohe Kosten) sind dagegen kurzfristige Maßnahmen eher möglich.

Das Bruttoergebnis vom Umsatz eignet sich sowohl gut für einen Zeitvergleich als auch für einen Langzeitbetriebsvergleich mit ähnlichen Unternehmen der Branche.

Exkurs: Break-even-Analyse oder Gewinnschwellenanalyse

Während sich die variablen Kosten in der Regel proportional zum Umsatz verhalten, bleiben die fixen Kosten über eine gewisse Umsatzbandbreite konstant. Diese Tatsache kann zu einer weiteren Form der Kostenanalyse, nämlich der Break-even-Analyse oder Gewinnschwellenanalyse, gemacht werden. Hierbei handelt es sich um die Gegenüberstellung von Erlösen und Kosten in Abhängigkeit von der Beschäftigung. Die Break-even-Analyse (Gewinnschwellenanalyse) ermöglicht die Ermittlung des sogenannten Break-even-Punkts (Gewinnschwelle), d.h. desjenigen Beschäftigungsgrades, jenseits dessen das Unternehmen in die Verlust- oder Gewinnzone gerät.

In die Gewinnschwellenanalyse sind grundsätzlich nicht nur die Herstellungskosten, sondern alle Kosten einzubeziehen. Da aber die Gewinnschwellenanalyse in den meisten Fällen durch die Höhe und Zusammensetzung der Herstellungskosten besonders stark beeinflußt wird, wird sie hier im Zusammenhang mit der Analyse des Bruttoergebnisses behandelt.

Beispiel mit folgenden Annahmen:

Verkaufspreis je Stück	1,50 DM
variable Kosten je Stück	1,00 DM
fixe Kosten	200,00 DM

Die Gewinnschwelle liegt bei der Produktion und dem Verkauf von 400 Stück, da der Erlös von 400 × DM 1,50 den Kosten von 400 × DM 1,00 + DM 200,00 entspricht, oder anders ausgedrückt

$$\frac{\text{Fixe Kosten}}{\text{Deckungsbeitrag je Stück}} = \frac{200{,}00\ \text{DM}}{(1{,}50-1{,}00)\ \text{DM je Stück}} = 400\ \text{Stück}$$

Jedes zusätzlich über 400 Stück bis zum Erreichen der Kapazitätsgrenze produzierte und verkaufte Stück bringt einen Deckungsbeitrag und Gewinn vor Steuern von 0,50 DM. Bei einer Produktion und einem Verkauf von weniger als 400 Stück ergibt sich ein entsprechender Verlust.

In der Praxis wird in der Regel mehr als ein Produkt verkauft. Die Gewinnschwelle läßt sich dafür statt in Stück auch in einem Betrag ausdrücken. Sie liegt im vorliegenden Falle bei 600,00 DM Umsatz, sofern der Anteil der variablen Kosten der übrigen Produkte ebenfalls bei 66,67 % des Erlöses liegt.

Das Ergebnis wurde wie folgt ermittelt:

$$\frac{\text{Fixe Kosten}}{\text{Deckungsbeitragsanteil in \%}} = \frac{200{,}00\ \text{DM}}{1-0{,}6667} = 600{,}00\ \text{DM Umsatz}$$

Die Berechnung der Gewinnschwelle ist theoretisch zwar sehr einfach, in der Praxis sind aber erhebliche Schwierigkeiten zu überwinden, was ihre Anwendung einschränkt. Die Schwierigkeiten liegen darin, daß verschiedene Produkte hergestellt werden und viele Kosten nicht eindeutig fix oder variabel sind, sondern fixe und variable Teile enthalten. Dies trifft mehr oder weniger auf fast alle Kostenarten, mit Ausnahme des Materialaufwandes, der – abgesehen von den Abschreibungen auf Vorräte – variabel ist, zu.

Eine Gewinnschwellenanalyse erfordert deshalb die Kenntnis der fixen und variablen Anteile an den einzelnen Kostenarten. Die Aufteilung der einzelnen Kostenarten in ihre fixen und variablen Anteile ist selbst für einen genauen Kenner der innerbetrieblichen Verhältnisse sehr schwierig, für einen externen Bilanzanalytiker aber fast unmöglich. Ohne die Hilfestellung eines Branchenkenners dürfte er diese Aufgabe kaum befriedigend lösen.

Die Anwendung der Gewinnschwellenanalyse erfordert darüber hinaus noch einige Annahmen, nämlich

- keine Veränderung der Verkaufspreise, der Einkaufspreise und der Preise der anderen Kostenfaktoren,
- keine Veränderung des Produkt-Mix,
- keine Veränderung der Produktivität,
- keine wesentliche Veränderung der Bestände zu Beginn und am Ende der Periode.

Die Schwierigkeiten bei der Festsetzung der fixen und variablen Kosten und die notwendigen Annahmen können bei einer Gewinnschwellenanalyse leicht zu großen Fehlern führen.

Gewinnschwelle und Risiko

Die Schwankungsbreite der Ergebnisse eines Unternehmens ist somit u.a. von der Höhe des Anteils der variablen Kosten am Umsatz abhängig.

Je niedriger der Anteil der variablen Kosten am Umsatz ist, desto später wird die Gewinnschwelle erreicht, was eine Erhöhung des unternehmerischen Risikos bedeutet. Das heißt, je niedrigerer der Anteil der variablen Kosten am Umsatz ist, desto stärker steigt das Ergebnis bei einer Zunahme des mengenmäßigen Absatzes bzw. desto stärker fällt das Ergebnis bei einer Abnahme des mengenmäßigen Absatzes.

Diese sehr einfache Schlußfolgerung kann in der Praxis bedeutende Konsequenzen haben. Die Ergebnisse eines Unternehmens mit einem niedrigen Anteil von variablen Kosten und somit einem hohen Fixkostenanteil sind deshalb stark von Konjunkturschwankungen abhängig. Um die Kapazitätsauslastung nicht zu gefährden, sind solche Unternehmen geneigt, eher hohen Lohnforderungen nachzugeben, damit Streiks vermieden werden.

Trotz der vielen Schwierigkeiten bei der Ermittlung der Gewinnschwelle sollte der Bilanzanalytiker nicht nur im Hinblick auf eine Ergebnisplanung, sondern auch zur Beurteilung des unternehmerischen Risikos versuchen, sich zumindest Vorstellungen über die Gewinnschwelle zu verschaffen. Erreichen kann er das nur, wenn er möglichst viel über die Zusammensetzung der Kostenarten erfährt. Am ehesten wird das bei anlageintensiven Unternehmen ohne Produktvielfalt durchführbar sein.

In diesem Zusammenhang wird auch auf das Leverage-Risiko (Zinsdeckung), das in Abschnitt K III behandelt wird, verwiesen.

Break-even-Analyse bei einer Bilanzanalyse

Die Ausführungen zeigen, daß man als Externer im Rahmen einer Bilanzanalyse kaum eine Chance hat, eine Break-even-Analyse durchzuführen.

Will man es trotzdem versuchen, so empfehlen sich folgende Annahmen und Vorgehensweisen:

variable Kosten	=	Materialaufwand + sehr geringer Teil der übrigen betrieblichen Aufwendungen (je nach Kenntnis über die Zusammensetzung der Kostenarten)
fixe Kosten	=	überwiegender Teil der übrigen betrieblichen Aufwendungen ./. sonstige betriebliche Erträge (falls Erträge regelmäßig fließen)
Umsatz, bei der die Gewinnschwelle erreicht wird	=	$\frac{\text{fixe Kosten}}{\text{1 ./. Anteil variable Kosten am Umsatz}}$ (= durchschnittlicher Deckungsbeitrag in % vom Umsatz)

Vertriebskosten

Vertriebskosten können generell durch Vergleich mit den Umsatzerlösen analysiert werden.

Werbekosten und Kosten der Verkaufsförderung

Die Vertriebskosten gemäß Umsatzkostenverfahren enthalten auch Werbekosten und Kosten der Verkaufsförderung. Hierbei handelt es sich um kurzfristig stark beeinflußbare Kosten sowie um Kosten, die – zwar nicht exakt meßbar – Auswirkungen auf die zukünftige Ertragslage haben werden.

Die Höhe der Werbekosten und Kosten der Verkaufsförderung ist von Branche zu Branche sehr unterschiedlich. Bei einem Markenartikelunternehmen kann sie einen bedeutenden zweistelligen Prozentsatz vom Umsatz erreichen, während bei der Grundstoffindustrie im Verhältnis zum Umsatz praktisch keine Werbekosten und Kosten der Verkaufsförderung anfallen. Sofern diese Kosten bedeutend sind, ist es für eine Analyse der Gewinn- und Verlustrechnungen wegen ihres Einflusses auf die zukünftigen Ergebnisse zumindest wichtig, ihre Höhe in den vergangenen Jahren zu erfahren.

Sonstige Vertriebskosten

Wenn es möglich ist, sollte man versuchen, zusätzliche Einzelheiten über die sonstigen Vertriebskosten zu erfahren, da gewisse Vertriebskosten, z. B. Kosten der Verkaufsläger, des Fuhrparks, der Vertriebs- und Marketingabteilungen, in hohem Maße fixen Charakter haben, während die Verpackungs- und Transportkosten weitgehend variabel und die Kosten des Vertreternetzes je nach Art der Vergütung mehr fix oder mehr variabel sein können.

Aufschlußreich können auch Informationen sein, inwieweit bei neuen Absatzgebieten und neuen Produkten der prozentuale Anteil der Vertriebskosten am Umsatz von den durchschnittlichen Vertriebskosten abweicht.

allgemeine Verwaltungskosten

Diese Kosten haben einen stark fixen Charakter, da es sich hier im wesentlichen um Kosten für oft teures und langfristig angestelltes Personal sowie um Miete und ähnliche Kosten handelt. Es besteht nur eine bedingte Relation dieser Kosten zu den Umsatzerlösen. Hier ist neben dem Vergleich mit den Umsatzerlösen der Vergleich der absoluten Kosten in den einzelnen Jahren mindestens ebenso interessant, zumal die Verwaltungskosten oft, besonders in wirtschaftlich günstigen Zeiten, dazu neigen, sprunghaft nach oben zu steigen.

sonstige betriebliche Erträge

Von wesentlichem Interesse sind die in diesem Posten enthaltenen

- Erträge aus dem Abgang von Gegenständen des Anlagevermögens und Zuschreibungen zu Gegenständen des Anlagevermögens,
- Erträge aus der Auflösung von Wertberichtigungen auf Forderungen,
- Erträge aus der Auflösung von Rückstellungen,
- anderen periodenfremden Erträge (siehe Abschnitt E III 3d),

da die Höhe dieser Posten durch bilanzpolitische Maßnahmen früherer Geschäftsjahre oder des laufenden Geschäftsjahres beeinflußt sein kann.

Im übrigen ist dieser Posten, sofern er nicht bedeutend ist und sich die Höhe in den einzelnen Jahren nicht wesentlich verändert, für die Analyse eher von untergeordneter Bedeutung, da er sich meist aus vielen kleinen Beträgen zusammensetzt.

Eine weitere Aufteilung dieses Postens könnte allerdings Informationen allgemeiner Art im Hinblick auf eine weitere Unternehmensanalyse liefern.

sonstige betriebliche Aufwendungen

Da es diesen Posten bei einer Gewinn- und Verlustrechnung nach dem Umsatzkostenverfahren, die die Kosten nach Funktionsbereichen zeigen soll, eigentlich gar nicht geben dürfte, ist die Kenntnis der Einzelheiten dieses Postens – auch bei einem geringen Gesamtbetrag – von grundsätzlicher Bedeutung.

Zur besseren Analyse wird deshalb empfohlen, die sonstigen betrieblichen Aufwendungen in einen nicht außergewöhnlichen Teil und einen außergewöhnlichen Teil, den man als Bestandteil der betriebsfremden und außerordentlichen Aufwendungen betrachten kann, aufzuteilen.

Sollte keine Aufteilung dieses Postens möglich sein, ist seine Existenz zumindest ein Indiz dafür, daß die auf Bestandserhöhungen der Vorräte und auf aktivierte Eigenleistungen entfallenden Herstellungskosten mit Teilkosten bewertet wurden, da dieser Posten für die Aufnahme der nicht aktivierten Wahlbestandteile der Herstellungskosten geschaffen wurde.

Ergebnis der gewöhnlichen Geschäftstätigkeit

Das Ergebnis der gewöhnlichen Geschäftstätigkeit wird bei der Analyse des Erfolges aufgrund der Aufbereitung der Gewinn- und Verlustrechnung durch das Betriebsergebnis ersetzt, da das handelsrechtliche Ergebnis der gewöhnlichen Geschäftstätigkeit das Beteiligungs- und Zinsergebnis enthält, aber noch nicht um die sonstigen Steuern gekürzt ist.

Das Betriebsergebnis ist wie das Bruttoergebnis vom Umsatz ein ähnlich wichtiger Beurteilungsmaßstab, obwohl es sich um einen Saldo von bereits im einzelnen besprochenen Posten handelt.

Dies ist darauf zurückzuführen, daß die einzelnen bisher besprochenen Posten von den Unternehmen unterschiedlich abgegrenzt werden, z. B.

- werden die sonstigen Steuern teilweise als Herstellungskosten betrachtet,
- wird versucht, möglichst keine hohen allgemeinen Verwaltungskosten zu zeigen,
- wird ein Teil der den Funktionsbereichen zuordenbaren sonstigen betrieblichen Aufwendungen unterschiedlich ausgewiesen.

Somit eignet sich das Betriebsergebnis sowohl für Zeitvergleiche als auch für Unternehmensvergleiche.

Von dem Betriebsergebnis sind nur noch Posten abzusetzen oder hinzuzufügen, die wenig mit der eigentlichen Unternehmenstätigkeit zu tun haben oder die vom Management kaum beeinflußt werden können, nämlich die außerordentlichen Aufwendungen und Erträge, die Zinsen und die Steuern vom Einkommen und vom Ertrag.

außerordentliche Aufwendungen und Erträge

Bei der Analyse der Gewinn- und Verlustrechnung darf unterstellt werden, daß das Management auch durch die Darstellung der außerordentlichen Aufwendungen und Erträge und der Kommentare hierzu Bilanzpolitik betreibt, d. h. versucht, daß der Leser des Jahresabschlusses eine von dem Management gewünschte Vorstellung über die Ertragskraft des Unternehmens erhält.

Das geschieht meistens dadurch, daß manche Aufwendungen spitzfindig als betriebsfremd oder außergewöhnlich und vom Management nicht beeinflußbar kommentiert werden, was bei näherem Hinsehen nicht der Fall ist.

Bei der Analyse der außerordentlichen Aufwendungen und Erträge ist deshalb höchste Aufmerksamkeit geboten, und der Bilanzanalytiker sollte den oft unpräzisen, zu knappen oder spitzfindigen Kommentaren mißtrauen. Ziel des Analytikers sollte es sein, möglichst ausführliche Informationen über diese Posten zu erhalten und anschließend aufgrund seiner eigenen Meinung eine entsprechende Darstellung der bisherigen Geschäftstätigkeit vorzunehmen, um damit eine bessere Voraussetzung für die Schätzung der zukünftigen Erfolge zu haben.

Das Problem der Analyse der außerordentlichen Aufwendungen und Erträge liegt im Grunde darin, daß ein einzelnes Geschäftsjahr zu kurz ist, um die Ertragskraft eines Unternehmens messen zu können. Es ist dadurch lösbar, indem man eine Reihe von Jahren analysiert und in einer Bereinigung der Gewinn- und Verlustrechnung die außerordentlichen Aufwendungen und Erträge den entsprechenden Geschäftsjahren zuordnet (siehe Abschnitt M IV).

Zinsen und ähnliche Aufwendungen

Zur Analyse bietet sich – sofern zu den einzelnen Krediten nichts Näheres bekannt ist – der Vergleich des durchschnittlich im Jahr in Anspruch genommenen verzinslichen Fremdkapitals einschließlich diskontierter Wechsel mit den gezahlten Zinsen und ähnlichen Aufwendungen an, um die durchschnittliche Zinsbelastung feststellen zu können.

Sollte im Laufe des Jahres aus saisonalen oder anderen Gründen die Kreditinanspruchnahme unterschiedlich sein, ist der Durchschnitt des an den vier Quartalsenden in Anspruch genommenen verzinslichen Fremdkapitals der Berechnung zugrunde zu legen.

Durch Vergleich des durchschnittlich gezahlten Zinssatzes mit dem durchschnittlich von anderen Unternehmen gezahlten Zinssatz lassen sich gewisse Rückschlüsse auf die Bonität des Unternehmens ziehen.

Bei der Analyse ist darauf zu achten, ob sämtliche Kosten mit Zinscharakter unter diesem Posten ausgewiesen sind. Möglich wäre zum Beispiel, daß ein sofort als Aufwand verrechnetes Disagio oder Kursverluste für Fremdwährungsdarlehen nicht hier, sondern unter den sonstigen betrieblichen Aufwendungen ausgewiesen und Zinszuschüsse der öffentlichen Hand mit den Zinsaufwendungen verrechnet wurden. Außerdem ist zu klären, ob der Zinsaufwand für die »zinslosen« Pensionsrückstellungen in diesem Posten enthalten ist.

Steuern vom Einkommen und vom Ertrag

Für deutsche Jahresabschlüsse wird auf Abschnitt E III 3s Geschätzter Steuerbilanzgewinn hingewiesen.

Bei ausländischen Jahresabschlüssen wird es selten möglich sein, aus der Höhe der gezahlten Ertragsteuern Rückschlüsse auf gelegte oder aufgelöste stille Reserven zu ziehen, da es dazu sehr eingehender Kenntnisse des Handels- und Steuerbilanzrechts bedarf.

Falls jedoch die Höhe der ausgewiesenen Ertragsteuern der letzten Jahre wesentlich von den Beträgen abweicht, die sich ergäben, falls der Steuertarif auf den ausgewiesenen Gewinn vor Steuern angewendet würde, sollte im Rahmen des Möglichen nach den Gründen geforscht bzw. in die Ertragsteuererklärungen oder Ertragsteuerveranlagungen Einsicht genommen werden, um die Auswirkungen auf die zukünftige Steuerbelastung zu erkennen.

Jahresüberschuß/Jahresfehlbetrag

In der Praxis setzt man oft den Gewinn vor Steuern bzw. den Jahresüberschuß/Jahresfehlbetrag ins Verhältnis zu den Umsatzerlösen. Das ist nur eine bedingt aussagefähige Kennzahl, falls der Gewinn vor Steuern und der Jahresüberschuß/Jahresfehlbetrag durch wesentliche außerordentliche Aufwendungen und Erträge, die keine Beziehung zu den Umsatzerlösen des laufenden Jahres haben, und durch die Art der Finanzierung, die ebenfalls keine direkte Beziehung zu den Umsatzerlösen hat, beeinflußt worden sind.

Weitere Ausführungen zur Analyse dieses Postens sind im Abschnitt N Rentabilitätsanalyse und Kennzahlensystem Return on Investment enthalten.

übrige Posten

Zu den übrigen Posten sind keine Bemerkungen, die über die zu diesen Posten bereits in den Abschnitten E III 3 und 4 gemachten Ausführungen hinausgehen, notwendig.

III. Analyse der Aufwands- und Ertragsstruktur bei einer Gewinn- und Verlustrechnung nach dem Gesamtkostenverfahren

Wie in dem unter Abschnitt E III 2 dargestellten Beispiel für eine Überleitung des Gesamtkostenverfahrens auf das Umsatzkostenverfahren gezeigt wurde, unterscheiden sich die beiden Verfahren durch folgende Posten:

Im Gesamtkostenverfahren enthaltene und im Umsatzkostenverfahren nicht enthaltene Posten	Im Umsatzkostenverfahren enthaltene und im Gesamtkostenverfahren nicht enthaltene Posten
Erhöhung oder Verminderung des Bestands an fertigen und unfertigen Erzeugnissen	Herstellungskosten
andere aktivierte Eigenleistungen	Vertriebskosten
Materialaufwand	Verwaltungskosten
Personalaufwand	sonstige betriebliche Aufwendungen (Inhalt nicht identisch mit Posten gleicher Bezeichnung im Umsatzkostenverfahren)
Abschreibungen	
sonstige betriebliche Aufwendungen (Inhalt des Postens nicht identisch mit Posten gleicher Bezeichnung im Gesamtkostenverfahren)	

Evtl. könnte zusätzlich noch der Inhalt des Postens »sonstige betriebliche Erträge« nicht identisch sein (siehe Abschnitt E III 4f).

Abgesehen evtl. von den »sonstigen betrieblichen Erträgen« müßte somit bei einer Überleitung von einem Verfahren auf das andere der Saldo der Posten, die in der obigen Tabelle gegenübergestellt sind, gleich sein, und die übrigen Posten müßten übereinstimmen.

Folglich wären in diesem Abschnitt nur die in der linken Spalte der obigen Tabelle enthaltenen Posten zu besprechen, da die anderen Posten bereits unter Abschnitt M II 2 behandelt wurden.

Da es sich bei der Analyse der Aufwands- und Ertragsstruktur nach dem Umsatzkostenverfahren um eine Analyse der Zusammensetzung von Kostenstellen nach Kostenarten handelt, erübrigt sich eine solche Analyse bei dem Gesamtkostenverfahren, da hierbei die Aufwendungen in der Gewinn- und Verlustrechnung nach Kostenarten und nicht nach Kostenstellen aufgegliedert sind. Interessant wäre es allerdings, bei einer Gewinn- und Verlustrechnung nach dem Gesamtkostenverfahren zusätzliche Informationen über die Aufteilung der Kosten nach Kostenstellen zu erhalten, insbesondere um Betriebsvergleiche vornehmen zu können.

Eine weitere Kommentierung der in der linken Spalte der Tabelle genannten Posten ist somit in diesem Abschnitt nicht erforderlich, zumal diese Posten an folgenden Stellen ausführlich erläutert bzw. dort Hinweise zur Analyse gegeben wurden:

Erhöhung oder Verminderung des Bestands an fertigen und unfertigen Erzeugnissen	E III 3b
andere aktivierte Eigenleistungen	E III 3c
Materialaufwand	E III 3e und M VI
Personalaufwand	E III 3f und M VI
Abschreibungen	E III 3g, M II 2 und M VI
sonstige betriebliche Aufwendungen	E III 3h

IV. Bereinigung der Gewinn- und Verlustrechnungen

In Abschnitt A II hieß es: »*Zwischenziel einer Bilanzanalyse sollte es sein, mit Hilfe der im Laufe einer Bilanzanalyse aufkommenden Fragen zu versuchen, gezielter weitere Informationen zu erhalten.*«

Aufgrund der bisher vorgeschlagenen Schritte bei einer Bilanzanalyse, die in Abschnitt D aufgeführt sind, sollten spätestens jetzt Fragen gestellt und auf Basis der möglichen Antworten und der bisher bei der Bilanzanalyse erworbenen Erkenntnisse eine Bereinigung der Gewinn- und Verlustrechnung vorgenommen werden. Hierzu wird folgendes Modell vorgeschlagen:

Vorschlag für ein Modell zur Bereinigung der Gewinn- und Verlustrechnung

		Verlagerungen in vergangene Geschäftsjahre	(insgesamt 8–10 Jahre) Gewinn- und Verlustrechnungen der Geschäftsjahre .... bis			Verlagerungen in zukünftige Geschäftsjahre
			....	....	....	
1	**Jahresüberschuß/Jahresfehlbetrag laut Gewinn- und Verlustrechnung**	–				–
1.1	Gewinnabführung (+)/Verlustausgleich (./.) aufgrund eines Ergebnisabführungsvertrages mit einer Obergesellschaft	–				–
1.2	Steuern vom Ertrag	–	+	+	+	–
1.3	**Jahresergebnis vor Steuern vom Ertrag**	–				–
2	Bewertungs- und Ermessensspielräume					
2.1	nicht in Anspruch genommene Aktivierungswahlrechte					
2.1.1	Geschäfts- oder Firmenwert im Einzelabschluß	–	+	+	+	–
2.1.2	Geschäfts- oder Firmenwert aus der Konsolidierung	–	+	+	+	–
2.1.3	Disagio	–	+	+	+	–
2.1.4	Ingangsetzungs- und Erweiterungsaufwendungen	–	+	+	+	–
2.2	Abschreibungen (Zuschreibungen) auf Anlagevermögen					
2.2.1	Korrektur Abschreibungen auf immaterielle Vermögensgegenstände, soweit sie nicht der tatsächlichen Nutzung entsprechen, sowie Abschreibungen auf oben hinzugerechnete Posten, für die ein Aktivierungswahlrecht bestand					
2.2.2	Abschreibungen auf Finanzanlagen					
2.2.3	außerplanmäßige Abschreibungen auf Sachanlagen (Teilwertabschreibungen)					
2.2.4	steuerrechtliche Sonder- und erhöhte Abschreibungen auf das Anlagevermögen	–	+	+	+	–
2.2.5	planmäßige über den steuerrechtlichen Ansatz hinausgehende Abschreibungen	–	+	+	+	–
2.2.6	andere Abschreibungen auf Sachanlagen, die über die kalkulatorisch notwendigen hinausgehen	–	+	+	+	–
2.2.7	vorweggenommene Normalabschreibungen auf Sachanlagen durch die in den Zeilen 2.2.4, 2.2.5, 2.2.6 angegebenen Gründe	–	./.	./.	./.	–
	(Saldo Zeile 2.2.4–2.2.7)	(				)
2.2.8	Zuschreibungen zum Anlagevermögen	+	./.	./.	./.	–
2.3	Bewertungsreserven im Umlaufvermögen					
2.3.1	Bildung und Auflösung von Bewertungsreserven bei Vorräten wegen Änderung Bewertungsmethode	– +				./. –

		Verlagerungen in vergangene Geschäftsjahre	(insgesamt 8–10 Jahre) Gewinn- und Verlustrechnungen der Geschäftsjahre .... bis			Verlagerungen in zukünftige Geschäftsjahre
			....	....	....	
2.3.2	Bildung und Auflösung von Bewertungsreserven bei Vorräten durch unterschiedliche oder einseitige Ausnutzung des Ermessensspielraumes	– +				./. –
2.3.3	Bildung und Auflösung steuerrechtlicher Sonderabschreibungen bei Vorräten	– +				./. –
2.3.4	Abschreibungen auf Vermögensgegenstände des Umlaufvermögens, soweit diese die in der Gesellschaft üblichen Abschreibungen überschreiten (außerplanmäßige Abschreibungen, die nicht in obigen Positionen erfaßt sind)					
2.3.5	Bildung und Auflösung von Bewertungsreserven bei nicht mit Vollkosten bewerteten Vorräten durch Bestandsveränderungen	– +				./. –
2.3.6	Bildung und Auflösung von Bewertungsreserven bei den Forderungen	– +				./. –
2.3.7	Zuschreibungen zum Umlaufvermögen	+				–
2.4	Rückstellungen					
2.4.1	außerordentliche oder aperiodische Zuführungen zu den Rückstellungen für Pensionen und ähnliche Verpflichtungen	./.	+	+	+	
2.4.2	außerordentliche oder aperiodische Aufwendungen für Pensionskassen, Unterstützungskassen und Direktversicherungen	./.	+	+	+	
2.4.3	unterlassene Dotierung der betrieblichen Altersversorgung	–	./.	./.	./.	+
2.4.4	außerordentlicher Ertrag aus der Auflösung von Pensionsrückstellungen					
2.4.5	Erhöhung der versteuerten sonstigen Rückstellungen	–	+	+	+	./.
2.4.6	Verminderung der versteuerten sonstigen Rückstellungen	+	./.	./.	./.	–
2.4.7	Erträge aus der Auflösung von Rückstellungen	+				–
2.4.8	Verteilung von Rückstellungen auf die Jahre der Verursachung					
3	außerordentliche/periodenfremde Posten					
3.1	außerordentliche Erträge laut Gewinn- und Verlustrechnung					–
3.2	außergewöhnlicher/periodenfremder Teil der sonstigen betrieblichen Erträge					–
3.3	Erträge aus der Auflösung von Sonderposten mit Rücklageanteil					–
3.4	andere außergewöhnliche/periodenfremde Erträge					–
3.5	außerordentliche Aufwendungen laut Gewinn- und Verlustrechnung					–

Nr.	Position	Verlagerungen in vergangene Geschäftsjahre	(insgesamt 8–10 Jahre) Gewinn- und Verlustrechnungen der Geschäftsjahre .... bis			Verlagerungen in zukünftige Geschäftsjahre
			....	....	....	
3.6	außergewöhnlicher/periodenfremder Teil der sonstigen betrieblichen Aufwendungen					–
3.7	andere außergewöhnliche/periodenfremde Aufwendungen					–
4	Ergebnisse aus Geschäften zu nicht marktgerechten Konditionen mit verbundenen Unternehmen oder Gesellschaftern	–				–
4.1	aus Lieferungen und Dienstleistungen	–				–
4.2	aus Krediten	–				–
5	nicht angemessene Entgelte der Gesellschafter-Geschäftsführer sowie Unternehmerlohn					
5.1	nicht angemessene Entgelte Gesellschafter-Geschäftsführer	–				–
5.2	Unternehmerlohn (evtl. auch Mieten und Darlehenszinsen)	–				–
6	bei Einzelabschlüssen: Bereinigung durch Konsolidierung der Erträge der Beteiligungen bei Konzernabschlüssen: Bereinigung der Konsolidierung					
6.1	Konsolidierung der Erträge von Beteiligungen	–				–
6.2	a. o. Posten bei Equity-Bewertung	–				–
6.3	Währungsumrechnungsdifferenzen	–	___	___	___	–
7	**bereinigtes Jahresergebnis vor Steuern vom Ertrag**					
7.1	Steuern vom Ertrag auf steuerlich nicht abzugsfähige Aufwendungen	–	./.	./.	./.	–
7.2	Steuern vom Ertrag auf bereinigtes Jahresergebnis (Basis Vollausschüttung)	–	./.	./.	./.	–
7.3	**bereinigtes Jahresergebnis nach Steuern vom Ertrag**					
7.4	nicht den Anteilseignern zustehende Gewinne (z. B. Gewinnbeteiligung Arbeitnehmer, Zinsverluste aus Zwangsanleihen)					
7.5	Anteile Dritter am Jahresergebnis nach Steuern vom Ertrag		___	___	___	
7.6	**bereinigtes Jahresergebnis nach Steuern vom Ertrag und nach Abzug der nicht den Anteilseignern zustehenden Gewinne und Anteile Dritter**		===	===	===	

Zusätzliche Korrekturen der bereinigten Jahresergebnisse vor Steuern vom Ertrag der Geschäftsjahre .... bis ....

		Verlagerungen in vergangene Geschäftsjahre	(insgesamt 8–10 Jahre) Gewinn- und Verlustrechnungen der Geschäftsjahre .... bis			Verlagerungen in zukünftige Geschäftsjahre
			....	....	....	
8	bereinigtes Jahresergebnis vor Steuern vom Ertrag laut Posten 7	– –				– –
8.1	kurzfristig stark beeinflußbare Aufwendungen					
8.1.1	Instandhaltungs- und Reparaturaufwendungen					
8.1.2	Forschungs- und Entwicklungsaufwendungen					
8.1.3	Werbeaufwendungen					
8.1.4	sonstige Aufwendungen		—	—	—	
8.6	bereinigtes Jahresergebnis vor Steuern vom Ertrag nach zusätzlichen Korrekturen	–	═	═	═	–

Berechnung des bereinigten Gesamtkapitalergebnisses vor Steuern vom Ertrag, nach zusätzlichen Korrekturen (Betriebsergebnis) und nach Korrektur um Scheingewinne und Steuern vom Ertrag auf Scheingewinne für die Geschäftsjahre .... bis ....

		(insgesamt 8–10 Jahre) Gewinn- und Verlustrechnungen der Geschäftsjahre .... bis		
		....	....	....
8.6	bereinigtes Jahresergebnis vor Steuern vom Ertrag nach zusätzlichen Korrekturen			
8.7	Zinsaufwendungen abzüglich Zinserträge	—	—	—
8.8	bereinigtes Gesamtkapitalergebnis vor Steuern vom Ertrag nach zusätzlichen Korrekturen (Betriebsergebnis)			
9.1	in obigem Jahresergebnis und Gesamtkapitalergebnis enthaltene Scheingewinne aufgrund von Preisänderungen, insbesondere beim abschreibungsfähigen Sachanlagevermögen			
9.2	Steuern vom Ertrag auf obige »nicht ausschüttungsfähige« Scheingewinne	—	—	—
9.3	bereinigtes Gesamtkapitalergebnis vor Steuern vom Ertrag nach zusätzlichen Korrekturen (Betriebsergebnis) und nach Korrektur um Scheingewinne und Steuern vom Ertrag auf Scheingewinne	═	═	═

(insgesamt 8–10 Jahre)
Gewinn- und Verlustrechnungen
der Geschäftsjahre .... bis ....

....	....	....

10 zusätzliche Informationen über nicht betriebsnotwendiges Vermögen, veränderte Kapazitäten, die Kapazitätsauslastung, den Auftragseingang und den Marktanteil

	....	....	....
in obigem Gesamtkapitalergebnis enthaltene Aufwendungen und Erträge von nicht betriebsnotwendigem und wahrscheinlich zu veräußerndem Vermögen:			
von obigem Gesamtkapitalergebnis entfallen auf im letzten Geschäftsjahr neu erstellte Betriebe:			
von obigem Gesamtkapitalergebnis entfallen auf inzwischen stillgelegte oder verkaufte Betriebe:			
darin verrechnete Fixkosten:			
Kapazität:			
Produktion:			
Auslastung:			
Absatz:			
Auftragseingang:			
Marktanteil:			

Erläuterungen zu dem Modell der Bereinigung der Gewinn- und Verlustrechnungen

1 Jahresüberschuß/Jahresfehlbetrag laut Gewinn- und Verlustrechnung
Ausgangspunkt der Bereinigungen sind die handelsrechtlichen Jahresergebnisse.

1.1 Gewinnabführung/Verlustausgleich aufgrund eines Ergebnisabführungsvertrags mit einer Obergesellschaft
Falls ein Ergebnisabführungsvertrag mit einer Obergesellschaft besteht, ist die Gewinnabführung bzw. der Verlustausgleich dem Jahresergebnis hinzuzurechnen bzw. von ihm abzuziehen.

1.2 Steuern vom Ertrag
Auch nach der Einführung des Begriffes der latenten Steuern im Jahresabschluß durch das Bilanzrichtlinien-Gesetz müssen die ausgewiesenen Steuern auf den Ertrag aus verschiedenen Gründen (z.B. Verlustvortrag, Aktivierungswahlrecht für latente Steuern, Wahl des Steuersatzes für die latenten Steuern) nicht dem handelsrechtlichen Ergebnis entsprechen. Darüber hinaus können steuerlich nicht abzugsfähige Aufwendungen und steuerfreie Erträge das handelsrechtliche Ergebnis beeinflußt haben.

Da eine individuelle Korrektur der Ertragsteuerberechnung für die einzelnen Bereinigungsschritte zu unnötigen Komplikationen führt und ein bereinigtes Jahresergebnis vor Ertragsteuern die Ertragskraft des Unternehmens am ehesten zeigt und somit einen eventuellen Vergleich mit nicht körperschaftsteuerpflichtigen Unternehmen (Einzelunternehmen, Personengesellschaften) und ausländischen Unternehmen erleichtert, empfiehlt es sich, vor Beginn der folgenden Bereinigungen sämtliche ausgewiesenen Steuern vom Ertrag dem Jahresergebnis zuzurechnen, um das Jahresergebnis vor Steuern vom Ertrag in der Korrekturrechnung zeigen zu können. Am Schluß der Bereinigung sollten die dem bereinigten Jahresergebnis entsprechenden Steuern vom Ertrag abgesetzt werden.

1.3 Jahresergebnis vor Steuern vom Ertrag

2 Bewertungs- und Ermessensspielräume

2.1 nicht in Anspruch genommene Aktivierungswahlrechte

Aktivierungswahlrechte bestehen beim Geschäfts- oder Firmenwert, dem Disagio, den Ingangsetzungs- und Erweiterungsaufwendungen und den aktiven latenten Steuern.

Der besseren Vergleichbarkeit wegen sollten unter 2.1 die nicht in Anspruch genommenen Aktivierungswahlrechte hinzugefügt und unter 2.2.1 entsprechend der tatsächlichen Nutzung verteilt werden.

2.1.1 Geschäfts- oder Firmenwert im Einzelabschluß

Ein sofort abgeschriebener Geschäfts- oder Firmenwert – handelsrechtlich besteht ein Aktivierungswahlrecht, steuerlich dagegen eine Aktivierungspflicht – sollte hier hinzugefügt werden. Entsprechend den steuerrechtlichen Abschreibungsmöglichkeiten mit Inkrafttreten des Bilanzrichtlinien-Gesetzes ist eine Verteilung der Anschaffungskosten auf 15 Jahre vorzunehmen. Bezüglich der Abschreibungen bei der Bereinigung wird auf Abschnitt 2.2.1 verwiesen.

2.1.2 Geschäfts- oder Firmenwert aus der Konsolidierung

Ein nicht aktivierter Geschäfts- oder Firmenwert sollte hier hinzugerechnet werden.

2.1.3 Disagio

Ein Disagio sollte entsprechend der Laufzeit und Inanspruchnahme des Kredits verteilt werden.

2.1.4 Ingangsetzungs- und Erweiterungsaufwendungen

Die Ingangsetzungs- und Erweiterungsaufwendungen erfordern eine individuelle Betrachtungsweise. Da die Bereinigung der Erfolgsrechnung in erster Linie dem Periodenvergleich und nicht dem Unternehmensvergleich dient, ist gegen eine Verteilung dieser Aufwendungen auf mehrere Jahre grundsätzlich nichts einzuwenden. (Die DVFA/SG empfiehlt dagegen die Ingangsetzungs- und Erweiterungsaufwendungen als ordentlichen Aufwand zu betrachten. Für die DVFA/SG stehen aber die einheitliche Handhabung und der Unternehmensvergleich im Vordergrund, weniger dagegen der Periodenvergleich.)

2.1.5 aktive latente Steuern

Da es sich hier um eine Bereinigung des Ergebnisses vor Ertragsteuern handelt, ist eine Berücksichtigung des Aktivierungswahlrechts für die latenten Steuern an dieser Stelle nicht notwendig.

2.2 *Abschreibungen (Zuschreibungen) auf Anlagevermögen*

2.2.1 *Korrektur Abschreibungen auf immaterielle Vermögensgegenstände, soweit sie nicht der tatsächlichen Nutzung entsprechen, sowie Abschreibungen auf oben hinzugerechnete Posten, für die ein Aktivierungswahlrecht bestand*

Hier ist eine der tatsächlichen Nutzung entsprechende Verteilung der Abschreibungen der aktivierten und der hinzugerechneten Posten, für die ein Aktivierungswahlrecht bestand, vorzunehmen. Sie sollten einzeln in der Bereinigung gezeigt werden.

Abschreibungen auf den Geschäfts- oder Firmenwert im Einzelabschluß sind keine Kosten, sondern es handelt sich um die Verteilung von vorausbezahlten erwarteten kapitalisierten Übergewinnen (Unterschied zwischen dem Kaufpreis bzw. höheren Ertragswert und dem Substanzwert). Aus diesem Grunde sollten diese Abschreibungen bei einer Ertragsanalyse dem Ergebnis hinzugerechnet werden. Eine solche Hinzurechnung sollte ausnahmsweise dann nicht erfolgen, wenn in dem Geschäfts- oder Firmenwert nutzungsfähige immaterielle Werte (z.B. Marken, Patente, Know-how) enthalten sind, für deren Erhalt während ihrer Nutzungsdauer keine entsprechenden Aufwendungen (z.B. Kauf und Nutzung einer Marke, aber keine Werbung mehr für diese Marke, Nutzung von Patenten und Know-how, aber keine Forschungs- und Entwicklungsaufwendungen) anfallen. Die Begründung hierfür ist, daß entweder die anteiligen Anschaffungskosten oder die Kosten für den Erhalt dieser immateriellen Werte in dem Ergebnis verrechnet werden sollten.

Im Ergebnis verrechnete Abschreibungen auf einen aktivierten Geschäfts- oder Firmenwert aus der Konsolidierung sollten an dieser Stelle ergebniserhöhend korrigiert werden.

Ein im Rahmen der Bereinigung hinzugerechneter Geschäfts- oder Firmenwert aus der Konsolidierung sollte in der Regel hier voll abgesetzt, d.h. erfolgsneutral behandelt werden.

2.2.2 *Abschreibungen auf Finanzanlagen*

Abschreibungen auf Finanzanlagen sind sehr individuell zu beurteilen. Sie werden meistens einmalig durchgeführt, der Wertverlust hat jedoch in der Regel über mehrere oder viele Jahre stattgefunden. Die Umverteilung sollte dieser Tatsache Rechnung tragen. Unter Umständen sollten sogar Finanzanlagen, für die ein Abschreibungsbedarf zum Zeitpunkt der Analyse zu erwarten ist, aber die bisher noch nicht abgeschrieben wurden, in die Umverteilung einbezogen werden.

Sollten die Finanzanlagen nicht betriebsnotwendig sein, entfällt eine Umverteilung der Abschreibungen. Solche Abschreibungen sind als außerordentlich im Jahr der Abschreibung dem Ergebnis hinzuzurechnen.

Reine »Vorsorge«-Abschreibungen sind nicht umzuverteilen, sondern nur dem Ergebnis hinzuzurechnen.

2.2.3–
2.2.7 *Abschreibungen auf Sachanlagen*

Aufgrund außerplanmäßiger Abschreibungen (Teilwertabschreibungen), steuerrechtlicher Sonder- und erhöhter Abschreibungen, planmäßiger über den steuerrechtlichen Ansatz hinausgehender Abschreibungen und anderer Abschreibungen, die über die kalkulatorisch notwendigen hinausgehen (zu vorsichtige Schätzung der Nutzungsdauer, degressive Abschreibungsmethode, volle Jahres-/Halbjahresabschreibung bei nur teilweiser Nutzung), erfolgt die Verteilung der Abschreibungen in den meisten Fällen nicht entsprechend der tatsächlichen Inanspruchnahme der einzelnen Sachanlagegegenstände. In den ersten Jahren der Nutzung liegt deshalb meistens (Ausnahme Teilwertabschreibungen) eine zu hohe Belastung durch Abschreibungen und in den späteren Jahren eine zu geringe oder gar keine Belastung mehr vor.

Falls die Abschreibungsmethode und die Abschreibungssätze nicht geändert wurden und die jährlichen Investitionen in annähernd gleicher Höhe bzw. entsprechend dem laufenden Geschäftsumfang liegen, heben sich die Minder- und Mehrbelastungen in den einzelnen Jahren weitgehend auf. Ist dies jedoch nicht der Fall, so muß bei der Bereinigung der Ergebnisse eine betriebswirtschaftlich angemessene Verteilung der Abschreibungen auf die einzelnen Geschäftsjahre entsprechend der Inanspruchnahme und der wirtschaftlichen Restnutzungsdauer der abnutzbaren Sachanlagen erfolgen. In vielen Fällen wird man, sofern man diese Informationen erhält, von den in den Unternehmen vorliegenden kalkulatorischen Abschreibungen ausgehen können. Deshalb ist bei der Bereinigung der Abschreibungen weniger die Höhe der einzelnen Zeilen 2.2.4–2.2.7 als der Saldo dieser Zeilen pro Geschäftsjahr von Bedeutung.

Jahresabschlüsse enthalten in der Regel keine konkreten Hinweise auf die tatsächlich unterstellte Nutzungsdauer einzelner Anlagengruppen. Dies erschwert eine betriebswirtschaftlich angemessene Verteilung der Abschreibungen auf die einzelnen Geschäftsjahre.

Um eine Vorstellung über die Angemessenheit der Abschreibungen zu erhalten und sie ggf. bei einer Bereinigung der Gewinn- und Verlustrechnungen umverteilen zu können, ermittelt man den durchschnittlichen Abschreibungssatz für die Zugänge etwa der letzten 10 Jahre und für den Buchwert zu Beginn des analysierten Zeitraumes durch Iteration so, daß die linearisierten Abschreibungen des analysierten Zeitraumes der Schätzperiode mit der Summe der tatsächlichen Abschreibungen übereinstimmen. Die auf diese Weise ermittelten linearisierten Abschreibungen je Anlagengruppe sind mit den tatsächlichen Abschreibungen in den einzelnen Jahren zu vergleichen. Durch den Vergleich kann man sich ein Urteil über die Angemessenheit der Abschreibungen und somit ein gutes Bild über die Bilanzpolitik machen und ggf. eine Bereinigung der Gewinn- und Verlustrechnungen der Vergangenheit vornehmen.

Weitere Einzelheiten hierzu sind in dem Abschnitt J I 7 Analyse der Angemessenheit der Abschreibungen auf Sachanlagen enthalten.

Diese Umverteilung der Abschreibungen berücksichtigt nicht die betriebswirtschaftlich notwendigen, jedoch handels- und steuerrechtlich nicht möglichen Abschreibungen auf Wiederbeschaffungspreise. Diesem Tatbestand wird weiter unten bei der Ermittlung der Scheingewinne aufgrund von Preisänderungen, insbesondere des abschreibungsfähigen Sachanlagevermögens, Rechnung getragen.

Abschreibungen auf bei der Erstkonsolidierung durch Zuschreibung auf Sachanlagen aufgedeckte stille Reserven sind als normale Abschreibungen zu betrachten, da diese Abschreibungen auf Zeitwerte der bei einer Akquisition erworbenen Sachanlagen vergleichbar sind mit Abschreibungen auf unmittelbar erworbene Sachanlagen.

2.2.8 *Zuschreibungen zum Anlagevermögen*

Zuschreibungen sind in den Jahren zu erfassen, denen sie wirtschaftlich zuzuordnen sind. Sie können mit den bereinigten Abschreibungen saldiert werden.

2.3 *Bewertungsreserven im Umlaufvermögen*

Bei der Bildung und Auflösung von Bewertungsreserven im Umlaufvermögen kann es sich um

- die Änderung von Bewertungsmethoden,
- eine mehr oder weniger große Ausnutzung des Ermessensspielraumes,
- außerplanmäßige und steuerrechtliche Sonderabschreibungen (z. B. Importwarenabschlag) und/oder
- Zuschreibungen zum Umlaufvermögen

handeln. Bildung und Auflösung von Bewertungsreserven sind auch möglich durch Bestandsveränderungen von Vorräten, die nicht mit Vollkosten bewertet oder bei denen Bewertungsabschläge gemacht wurden.

Sollte während des Analysezeitraumes die Bewertungsmethode bei Vorräten gewechselt worden sein, ist es erforderlich, die Auswirkungen dieser Methodenänderung durch Hinzurechnungen oder Absetzungen im Jahre des Wechsels und mit umgekehrten Vorzeichen in den übrigen Geschäftsjahren bei der Ergebnisanalyse zu berücksichtigen. Das gleiche gilt, wenn der Ermessensspielraum bei der Bewertung der Vorräte (z. B. Abschläge für schlecht verkäufliche Waren) unterschiedlich oder einseitig ausgenutzt wurde. Welche Methode für den gesamten Analysezeitraum für die Ergebnisanalyse angewendet wird, muß im Einzelfall entschieden werden. Am geeignetsten dürfte in den meisten Fällen der steuerrechtliche Bewertungsansatz sein.

Die Bildung und Auflösung steuerrechtlicher Sonderabschreibungen bei Vorräten (z. B. Importwarenabschlag) sind bei der Ergebnisbereinigung vollkommen zu eliminieren.

Außerplanmäßige Abschreibungen und Zuschreibungen zum Umlaufvermögen sind auf die Jahre zu verteilen, denen sie wirtschaftlich zuzurechnen sind.

Ergebnisverlagerungen durch wesentliche Bestandsveränderungen von Vorräten, die nicht mit Vollkosten bewertet oder bei denen Bewertungsabschläge gemacht wurden, sollten im Rahmen der vorhandenen Erkenntnisse korrigiert werden.

Ebenfalls sollten Ergebnisverlagerungen, die durch die Bewertung von langfristigen Fertigungsaufträgen nach der Completed Contract-Methode entstehen, hier korrigiert werden.

Durch die Veränderung der Pauschalwertberichtigung zu Forderungen können Bewertungsreserven gebildet oder aufgelöst werden. Die Pauschalwertberichtigung zu Forderungen ist aber nicht isoliert zu betrachten, sondern muß zusammen mit den individuellen Wertberichtigungen zu Forderungen, bei denen Ermessensspielräume bestehen, gesehen werden. Die den einzelnen Perioden der Vergangenheit tatsächlich zuzurechnenden Aufwendungen für Wertberichtigungen (pauschal und individuell) auf Forderungen sollten sich an den tatsächlichen Forderungsverlusten in der Vergangenheit orientieren, so daß nur noch für das letzte Geschäftsjahr eine Schätzung vorzunehmen ist.

Kursverluste bei Forderungen und Wertberichtigungen aufgrund von Länderrisiken sind grundsätzlich keine außerordentlichen Aufwendungen.

Sofern Verluste nicht aus einzelnen besonders risikoreichen und somit wahrscheinlich auch mit höherer Gewinnspanne kalkulierten Geschäften stammen, dürfte es angemessen sein, die Forderungsverluste und Wertberichtigungen in Relation zum Umsatz auf die einzelnen Geschäftsjahre zu verteilen.

Zuschreibungen zum Umlaufvermögen sind in den Jahren zu erfassen, denen sie wirtschaftlich zuzuordnen sind. Sie können mit den bereinigten Abschreibungen saldiert werden.

2.4 *Rückstellungen*

2.4.1– 2.4.4 *Rückstellungen für Pensionen und ähnliche Verpflichtungen*

Aus einer Reihe von Gründen, nämlich durch

- eine Änderung der Pensionsordnung,
- die Verwendung neuer Sterbetafeln,
- die Änderung des Rechnungszinsfußes,
- die Anwendung eines zu niedrigen Rechnungszinsfußes (sofern sich die Verhältnisse nicht außergewöhnlich verändern, sollte der für Deutschland steuerrechtlich zulässige Rechnungszinsfuß als angemessen gelten),
- dynamische Rentenanpassungen, sofern sie nicht auf 3 Jahre verteilt wurden,
- die erstmalige Bildung von Rückstellungen wegen Vorruhestand und Arbeitnehmerjubiläen,
- die Nachholung von Pensionsrückstellungen,
- Umstellung vom Gleichverteilungsverfahren (Teilwertverfahren) auf das Anwartschaftsbarwertverfahren,

kann es zu außerordentlichen oder periodenfremden Zuführungen zu den Pensionsrückstellungen kommen.

Ebenfalls sind außerordentliche oder periodenfremden Aufwendungen für Pensionskassen, Unterstützungskassen und Direktversicherungen möglich.

Eine Verringerung der Anzahl der Pensionsberechtigten führt bei Anwendung eines zu niedrigen Rechnungszinsfußes zu einem außerordentlichen Ertrag aus der Auflösung von Pensionsrückstellungen.

Außerordentliche oder periodenfremde Aufwendungen und Erträge sind grundsätzlich auf die Perioden zu verteilen, denen sie wirtschaftlich zuzurechnen sind. Dies ist aber wegen der sehr großen Zeiträume, auf die die Aufwendungen zu verteilen sind, der vielen Einflußfaktoren auf die Höhe der Rückstellungen und der vielen Unwägbarkeiten nicht eindeutig möglich. In den meisten Fällen dürften diese außerordentlichen oder periodenfremden Aufwendungen wirtschaftlich mehreren oder sogar vielen Geschäftsjahren vor der tatsächlichen Rückstellungsbildung zuzurechnen sein, andererseits müßten dem analysierten Geschäftsjahr wahrscheinliche oder zumindest mögliche Aufwendungen (z. B. zukünftige Rentenanpassungen) zugerechnet werden, die nur vage ermittelt werden können und keinesfalls steuerrechtlich anerkannt werden.

Sofern keine besonderen Gründe (z. B. wesentliche Änderung der Pensionsordnung) vorliegen, dürfte es für eine Analyse am zweckmäßigsten sein, die gesamten Aufwendungen für die betriebliche Altersversorgung des analysierten Zeitraums auf die einzelnen Geschäftsjahre im Verhältnis oder annähernd im Verhältnis zur Lohn- und Gehaltssumme zu verteilen. Dies setzt natürlich voraus, daß die Pensionsordnung für den größten Teil der Mitarbeiter einigermaßen ähnlich lautet.

Eine in der Vergleichsperiode unterlassene Dotierung der betrieblichen Altersversorgung, die im Anhang anzugeben ist, ist unabhängig von obiger Verteilung von dem Ergebnis abzusetzen. Eine unterlassene Dotierung der betrieblichen Altersversorgung hat zur Folge, daß in der Planungsrechnung ein entsprechender höherer Aufwand als in der Vergangenheit zu berücksichtigen ist.

2.4.5–
2.4.8 Sonstige Rückstellungen

Bei den sonstigen Rückstellungen ergaben sich durch das Bilanzrichtlinien-Gesetz einige Änderungen, nämlich

- Pflicht zur Bilanzierung von Rückstellungen,
  wegen Instandhaltung innerhalb von 3 Monaten (bisher Wahlrecht),
  wegen Abraumbeseitigung innerhalb von 12 Monaten (bisher Wahlrecht,
  wegen Gewährleistung ohne rechtliche Verpflichtung (bisher Wahlrecht),
- Wahlrecht der Bilanzierung von Aufwandsrückstellungen (bisher Passivierungsverbot).

Aufgrund des Gesetzes zur Fortsetzung der Unternehmenssteuerreform wurde die Maßgeblichkeit der Handelsbilanz für die Steuerbilanz bei den Drohverlustrückstellungen gemäß § 249 Abs. 1 Satz 1 HGB abgeschafft (siehe Abschnitt E II 4 Sonstige Rückstellungen).

Steuerrechtlich werden Aufwandsrückstellungen nicht anerkannt.

Die übrigen Rückstellungen werden – von wenigen Ausnahmen abgesehen – steuerechtlich anerkannt. Ausnahmen sind z. B. Ausgleichsansprüche der Handelsvertreter, betriebliche Berufsausbildung die nicht, und Patent- und Markenzeichenverletzungen, Prozessrisiko, die nur in eingeschränktem Maße steuerrechtlich anerkannt werden.

Da bei der Bemessung der handelsrechtlichen sonstigen Rückstellungen ein größerer Ermessensspielraum besteht, dürfte es zweckmäßig sein, bei der Bilanzanalyse in der Regel nur die steuerrechtlich zulässigen Rückstellungen als angemessen zu betrachten.

Beim Mehrjahresvergleich ist es teilweise möglich, die Angemessenheit der Rückstellungen in der Vergangenheit anhand der tatsächlichen Aufwendungen zu beurteilen. Die Rückstellungen sollten deshalb im nachhinein korrigiert werden und Erträge aus der Auflösung von Rückstellungen im Ergebnisvergleich eliminiert werden.

Deshalb sollte ein weiterer Grundsatz bei der Analyse und Bereinigung der Rückstellungen die Verteilung der Rückstellungen auf die Jahre der Verursachung sein. Das bedeutet, daß z. B. eine Rückstellung für einen Sozialplan, der aufgrund einer Kapazitätsanpassung notwendig ist, bei der Bereinigung auf mehrere Jahre in der Vergangenheit zu verteilen wäre, dagegen Rückstellungen für Verluste aus der Aufgabe eines Geschäftes nicht zu verteilen, sondern im Jahr der Bildung der Rückstellung als ungewöhnlich zu betrachten sind.

Mögliche Veränderungen von Bewertungsreserven bei den Steuerrückstellungen (z. B. durch latente Steuern) sind hier nicht zu berücksichtigen, da die Steuerbelastung nach Durchführung sämtlicher Korrekturen neu zu berechnen ist.

3 außerordentliche/periodenfremde Posten

Wie die Bewertungs- und Ermessensspielräume betreffen die außerordentlichen/periodenfremden Posten eine Vielzahl von Geschäftsjahren. Solche außerordentlichen/periodenfremden Posten sollten deshalb nicht nur von dem Ergebnis des einzelnen Geschäftsjahres abgesetzt, sondern gleichzeitig kalkulatorisch auf eine Vielzahl von Geschäftsjahren verteilt werden, da auch in Zukunft mit solchen Posten (z. B. Aufwendungen für Sozialpläne und Restrukturierung, Erträge aus dem Abgang von Gegenständen des Anlagevermögens) zu rechnen ist, aber deren Zeitpunkt und Höhe nicht abschätzbar sind.

3.1 *außerordentliche Erträge laut Gewinn- und Verlustrechnung*
Seit dem Inkrafttreten des Bilanzrichtlinien-Gesetzes wird der Begriff »außerordentlich« sehr eng gesehen und ein großer Teil der früher als außerordentlich bezeichneten Posten ist jetzt Bestandteil der »sonstigen betrieblichen Erträge«. Die in diesem Posten enthaltenen Beträge sollten auf jeden Fall bereinigt werden.

3.2 *außergewöhnlicher/periodenfremder Teil der sonstigen betrieblichen Erträge*
Hierunter fallen z. B. die Erträge aus dem Abgang von Gegenständen des Anlagevermögens.

Ferner können hierunter Erträge aus der Veräußerung von Wertpapieren des Umlaufvermögens und Investitionszulagen und -zuschüsse fallen.

Erträge aus der Auflösung von Rückstellungen, die nur im Anhang erläutert werden, falls sie nicht von untergeordneter Bedeutung sind, sollten nicht hier, sondern bei der Bereinigung der Rückstellungen erfaßt werden.

Versicherungsentschädigungen gehören nur hierzu, sofern in der Periode keine entsprechenden Aufwendungen angefallen sind. Gegebenenfalls sind die Versicherungsentschädigungen in das Jahr, in das die Aufwendungen (z. B. Teilwertabschreibungen) gebucht wurden, umzugliedern.

Grundsätzlich sollte eine Bereinigung des außerordentlichen/periodenfremden Teils der sonstigen Erträge nur dann vorgenommen werden, wenn sie in einzelnen Geschäftsjahren eine ungewöhnlich hohe Größenordnung erreichen.

3.3 *Erträge aus der Auflösung von Sonderposten mit Rücklageanteil*
Erträge aus der Auflösung von Sonderposten mit Rücklageanteil sind als außerordentliche Erträge zu erfassen, da die Sonderposten mit Rücklageanteil nur für Zwekke der Steuern vom Einkommen und vom Ertrag gebildet wurden.

3.4 *andere außergewöhnliche/periodenfremde Erträge*
Hierunter könnten z. B. Investitionszulagen und -zuschüsse fallen, die nicht die Anschaffungs- oder Herstellungskosten gemindert haben oder als passiver Sonderposten ausgewiesen und entsprechend der Nutzungsdauer der Sachanlagen aufgelöst werden.

3.5 *außerordentliche Aufwendungen laut Gewinn- und Verlustrechnung*
Wie bei den außerordentlichen Erträgen ist auch bei den außerordentlichen Aufwendungen seit dem Inkrafttreten des Bilanzrichtlinien-Gesetzes der Begriff »außerordentlich« sehr eng zu sehen, und ein großer Teil der früher als außerordentlich bezeichneten Posten ist jetzt Bestandteil der sonstigen betrieblichen Aufwendungen.

3.6 *außergewöhnlicher/periodenfremder Teil der sonstigen betrieblichen Aufwendungen*
Hierunter fallen z. B. die Verluste aus Anlageabgängen. Ferner könnten hierunter Verluste aus der Veräußerung von Wertpapieren des Anlagevermögens sowie Kosten für die Börseneinführung und für Kapitalerhöhungen fallen.

Wie bei dem außergewöhnlichen/periodenfremden Teil der sonstigen Erträge sollte eine Bereinigung dieses Postens nur dann vorgenommen werden, wenn er in einzelnen Geschäftsjahren eine ungewöhnlich hohe Größenordnung erreicht.

3.7 *andere außergewöhnliche/periodenfremde Aufwendungen*

Hierunter könnten z.B. von Beteiligungen übernommene Verluste fallen. Bei betriebsnotwendigen Beteiligungen bzw. Beteiligungen, mit denen ein größerer Geschäftsverkehr besteht, sind solche Verluste im Zusammenhang mit den Vorteilen zu sehen, die das Halten dieser Beteiligungen bietet. Am ehesten dürfte sich ein Verteilen dieser Verluste auf mehrere Geschäftsjahre anbieten. Bei nicht betriebsnotwendigen Beteiligungen sind die Verluste, sofern diese Beteiligungen keine Vorteile irgendwelcher Art bieten, als außerordentlich anzusehen. Das gleiche gilt bei Kosten (Grundsteuer, Zinsen) für nicht als betriebsnotwendig erachtete Grundstücke.

Zahlungen an die Belegschaft aufgrund von Firmenjubiläen sind im Jahr der Zahlung als außerordentlich zu betrachten. Da aber solche Aufwendungen in größeren zeitlichen Abständen regelmäßig vorkommen, dürfte es deshalb zweckmäßig sein, einen Teil dieser Aufwendungen auf die gesamte Vergleichsperiode zu verteilen.

4 *Ergebnisse aus Geschäften zu nicht marktgerechten Konditionen mit verbundenen Unternehmen oder Gesellschaftern*

Ergebnisse aus Geschäften, die nicht zu marktgerechten Konditionen mit verbundenen Unternehmen oder Gesellschaftern erfolgten, haben die Ergebnisse des zu analysierenden Unternehmens in der Vergangenheit beeinflußt und sind entsprechend zu korrigieren. Bei den Geschäften kann es sich um Lieferungen und Dienstleistungen, die zu hoch, zu niedrig oder gar nicht berechnet wurden, oder um Kredite handeln, die nicht angemessen verzinst wurden.

5 *nicht angemessene Entgelte der Gesellschafter-Geschäftsführer sowie Unternehmerlohn (evtl. auch Mieten und Darlehenszinsen)*

Nicht angemessene Entgelte der Gesellschafter-Geschäftsführer, nicht verrechneter Unternehmerlohn (evtl. auch Mieten und Darlehenszinsen) bei Einzelunternehmen oder Personengesellschaften, evtl. als geschäftlicher Aufwand verrechnete Kosten der privaten Lebenshaltung der Eigentümer sowie sonstige geldwerte Vorteile sind zu korrigieren.

6 *bei Einzelabschlüssen: Bereinigung durch Konsolidierung der Erträge der Beteiligungen; bei Konzernabschlüssen: Bereinigung der Konsolidierung*

Falls es sich um einen Einzelabschluß handelt, sind die Tochterunternehmen nur mit ihren eventuellen Dividendenausschüttungen und nicht mit ihren tatsächlichen Ergebnissen in dem Ergebnis des Mutterunternehmens enthalten. Sofern die Tochterunternehmen des zu analysierenden Unternehmens ebenfalls Bestandteil der Unternehmensanalyse sind, sind die Ergebnisse des Mutterunternehmens um die ausgewiesenen Ergebnisse der Tochterunternehmen abzüglich der ausgeschütteten Gewinne an das Mutterunternehmen – wobei der zeitliche Unterschied zu beachten ist – zu korrigieren, d.h. es ist – zumindest überschlägig – eine Ertragskonsolidierung vorzunehmen. Für die in eine solche Ertragskonsolidierung einbezogenen Tochterunternehmen ist ebenfalls eine Bereinigung der Gewinn- und Verlustrechnung anzustreben und in diesem Abschnitt zu berücksichtigen.

Für nicht in einen Konzernabschluß einbezogene wesentliche Tochter- und Gemeinschaftsunternehmen sollte ebenfalls eine Ertragskonsolidierung vorgenommen werden.

Bei nach der Equity-Methode konsolidierten Tochterunternehmen ist zu versuchen, an dieser Stelle ebenfalls eine Bereinigung um die außerordentlichen Posten vorzunehmen.

Die bei einem Konzernabschluß direkt mit dem Eigenkapital verrechneten Währungsumrechnungsdifferenzen sind als außerordentlicher Posten hier aufzunehmen, sofern nicht ein anderer Ausweis möglich ist (siehe Abschnitt F IX 4). Bezüglich der Möglichkeiten der Analyse und Behandlung von Währungsumrechnungsdifferenzen aus Hochinflationswährungen wird auf die Abschnitte C IX 2c und F IX 5 verwiesen.

7 *bereinigtes Jahresergebnis vor Steuern vom Ertrag (Zwischensumme)*

Dieser Posten soll das tatsächlich erwirtschaftete Ergebnis eines Unternehmens und somit die wichtigste Zahl bei der Analyse des Jahresabschlusses zeigen.

Auf diesem bereinigten Jahresergebnis vor Steuern bauen evtl. weitere Ergebnisanalysen (z. B. Ergebnisanalyse nach Geschäftsbereichen) oder zusätzliche Korrekturen dieses Ergebnisses wegen kurzfristig stark beeinflußbarer Kosten wie Instandhaltungs- und Reparaturkosten, Forschungs- und Entwicklungskosten und Werbekosten auf.

7.1 *Steuern vom Ertrag auf steuerlich nicht abzugsfähige Aufwendungen*

Bei diesen Steuern vom Ertrag handelt es sich um Kosten, die betriebswirtschaftlich vor dem bereinigten Jahresergebnis vor Steuern vom Ertrag zu berücksichtigen wären.

In manchen Branchen sind solche nicht abzugsfähigen Aufwendungen (z. B. Geschenke, Bewirtungskosten) nicht unerheblich. Durch Änderung der Gesetzgebung hinsichtlich der Abzugsfähigkeit solcher Aufwendungen (z. B. Bewirtungskosten) kann die Ertragskraft eines Unternehmens verändert werden. In manchen Ländern ist der Katalog der nicht abzugsfähigen Aufwendungen größer als in Deutschland.

Sofern entsprechende Informationen erhältlich sind und die Höhe der nicht abzugsfähigen Aufwendungen wesentlich ist, sollte das Ergebnis vor Steuern vom Ertrag um die Steuern vom Ertrag auf nicht abzugsfähige Aufwendungen vermindert werden.

7.2 *Steuern vom Ertrag auf bereinigtes Jahresergebnis (Basis Vollausschüttung)*

In diesem Posten sollten die Steuern vom Ertrag enthalten sein, die dem bereinigten Jahresergebnis entsprechen.

Da das bereinigte Jahresergebnis nach Steuern vom Ertrag nicht davon abhängig gemacht werden sollte, welche Gewinne zufällig tatsächlich ausgeschüttet oder einbehalten wurden, und Maßstab für die bereinigten Ergebnisse ein Zinssatz für nominell voll verfügbare einkommensteuerpflichtige Erträge ist, sind die Steuern vom Ertrag auf Basis Vollausschüttung – ggf. ein Mischsteuersatz für die anteiligen in- und ausländischen Erträge – vom ermittelten bereinigten nominellen Ergebnis zu errechnen.

Bezüglich der aus Gründen der Substanzerhaltung zu ermittelnden nicht ausschüttungsfähigen Scheingewinne und den evtl. hierauf entfallenden Steuern vom Ertrag wird auf *9.1 Scheingewinne aufgrund von Preisänderungen insbesondere beim abschreibungsfähigen Sachanlagevermögen* und auf *9.2 Steuern vom Ertrag auf obige »nicht ausschüttungsfähige« Scheingewinne* verwiesen.

Sofern es sich um eine deutsche Kapitalgesellschaft handelt, die Handelsbilanz mit der Steuerbilanz übereinstimmt, es keine oder nur unwesentliche nicht abzugsfähige Aufwendungen, steuerfreie Erträge und hinzugerechnete Abschreibungen auf den Geschäfts- oder Firmenwert gibt bzw. diese Posten bei der Steuerberechnung entsprechend korrigiert werden, kein anrechenbarer Verlustvortrag vorliegt und keine oder nur unwesentliche Erträge aus dem Ausland stammen, müßten sich die Steuern vom Ertrag bei einem Hebesatz von 400 % und einer Steuermeßzahl von 5 % für die Gewerbeertragsteuer auf 41,67 % des bereinigten Ertrages vor Steuern vom Ertrag belaufen. Die Steuern vom Ertrag wurden wie folgt ermittelt:

20 % : 1,20 (wegen Abzugsfähigkeit als Betriebsausgaben)	16,67 %	Gewerbeertragsteuer
30 % (bisheriger Körperschaftsteuersatz) × (1 – 0,8333)	25,00 %	Körperschaftsteuer
	41,67 %	Steuern vom Ertrag

Der Solidaritätszuschlag ist hinzuzurechnen.

Zu diesen Steuern vom Ertrag auf das bereinigte Jahresergebnis müßte man auch kommen, wenn man die ausgewiesenen Steuern vom Ertrag korrigierte um

- darin enthaltene Steuernachzahlungen, mit Steuernachzahlungen saldierte Steuererstattungen sowie Steuerminderungen aufgrund eines Verlustvortrages,
- den Unterschied zwischen den Steuern vom Ertrag auf Basis tatsächlicher Steuerberechnung und auf Basis Vollausschüttung,
- die Steuern vom Ertrag auf den Unterschied zwischen dem Jahresergebnis vor Steuern vom Ertrag und dem bereinigten Jahresergebnis vor Steuern vom Ertrag auf Basis Vollausschüttung, soweit dieser Unterschied voll steuerpflichtig ist und nicht schon eine Korrektur durch die latenten Steuern erfolgte.

Bei wesentlichen Abweichungen sollte versucht werden, die Gründe hierfür festzustellen, da sie für eine Unternehmensanalyse und für die Steuerberechnung bei einer Ergebnisplanung sehr wichtig sein können.

Die nachfolgenden Zeilen der Bereinigung betreffen nicht mehr die Analyse des erwirtschafteten Ergebnisses, sondern die Verteilung des Ergebnisses an die Anteilseigner (einschließlich der Anteile Dritter bei Konzernabschlüssen), an den Staat (Steuern vom Ertrag) und evtl. an Arbeitnehmer. Da im allgemeinen nur das den Anteilseignern zur Verfügung stehende einkommensteuerpflichtige Ergebnis interessiert, kommt man nicht umhin, die bisher vorgenommene Bereinigung noch entsprechend zu erweitern.

7.3 *bereinigtes Jahresergebnis nach Steuern vom Ertrag (Zwischensumme)*

7.4 *nicht den Anteilseignern zustehende Gewinne*

In manchen Ländern muß ein Teil des ausgewiesenen Jahresergebnisses an die Arbeitnehmer ausgeschüttet werden.

In einigen Ländern mit hoher Inflation sind für einen Teil des Jahresergebnisses Zwangsanleihen zu zeichnen, wodurch Zinsverluste entstehen, die nicht buchmäßig ausgewiesen werden.

Solche nicht den Anteilseignern zustehenden Gewinne sind bei der Bereinigung abzuziehen.

7.5 Anteile Dritter am Jahresergebnis nach Steuern vom Ertrag

Nicht auf das Mutterunternehmen eines Konzerns, sondern auf andere Anteilseigner von Tochterunternehmen des Konzerns entfallende Gewinne oder Verluste sind bei der Bereinigung ebenfalls abzuziehen bzw. hinzuzufügen. Die auf die Tochterunternehmen entfallenden Bereinigungen sollten dabei anteilsmäßig dem ausgewiesenen Anteil Dritter am Jahresergebnis hinzugefügt werden.

7.6 bereinigtes Jahresergebnis nach Steuern vom Ertrag und nach Abzug der nicht den Anteilseignern zustehenden Gewinne und Anteile Dritter

Diese Position beinhaltet den Betrag, der einem unbeschränkt steuerpflichtigen inländischen Anteilseigner als einkommensteuerpflichtiges Jahresergebnis zugeflossen wäre, wenn das gesamte Ergebnis verteilt worden wäre. Das heißt, diese Position beinhaltet die tatsächlich zugeflossenen Ergebnisse zuzüglich der auf die Anteilseigner entfallenden nominellen Vermögensmehrung der Gesellschaft.

Zusätzliche Korrekturen der bereinigten Jahresergebnisse vor Steuern vom Ertrag

8 bereinigtes Jahresergebnis vor Steuern vom Ertrag laut Posten 7

Bei den bisher vorgenommenen Bereinigungen handelt es sich um eine Korrektur der Verteilung von Aufwendungen und Erträgen auf andere Zeiträume oder andere Gesellschaften bzw. Personen. Es handelt sich somit im weitesten Sinne um Bewertungskorrekturen.

Über diese Bereinigungen hinaus gibt es weitere Sachverhalte, mit denen Bilanzpolitik betrieben werden kann, nämlich die kurzfristig stark beeinflußbaren Aufwendungen. Sie sollten bei einer Ertragsanalyse sehr genau untersucht werden, da sie bei einem Langzeitvergleich und somit für eine Prognose von Bedeutung sein können. Da die evtl. angebrachten Korrekturen aufgrund einer solchen genauen Ertragsanalyse nur sehr vage sein können und eine Änderung der Belastung der Steuern vom Ertrag aufgrund dieser Korrekturen sehr problematisch ist, ist es nicht angebracht, sie in obige Bereinigung der Jahresergebnisse nach Steuern einzubeziehen.

8.1 kurzfristig stark beeinflußbare Aufwendungen

Zu den kurzfristig stark beeinflußbaren Aufwendungen, deren Veränderung die Erträge kurzfristig kaum beeinträchtigt, zählen im wesentlichen

- Instandhaltungs- und Reparaturaufwendungen,
- Forschungs- und Entwicklungsaufwendungen,
- Werbeaufwendungen,
- sonstige Aufwendungen (Aufwendungen für Personalaus- und -weiterbildung, Marktanalysen, Unternehmensberatung, nicht aktivierte Baunebenkosten).

Hierbei handelt es sich um tatsächlich angefallene und steuerrechtlich abzugsfähige Aufwendungen, die aber nur teilweise zur Verbesserung der Erträge des laufenden Jahres beitragen und deren Auswirkungen auf die zukünftigen Erträge nicht annähernd genau feststellbar sind. Diese Aufwendungen haben einen investitionsähnlichen Charakter.

Sollten solche zusätzlichen Korrekturen in nennenswertem Umfang angebracht sein, empfiehlt es sich, in einer separaten Rechnung die bereinigten Jahresergebnisse *vor* Steuern vom Ertrag zu korrigieren, um einen besseren Überblick über die Ertragskraft in der Vergangenheit zu erhalten und qualifiziertere Annahmen über die zukünftige Ertragsentwicklung machen zu können.

8.1.1 Instandhaltungs- und Reparaturaufwendungen

Um die Angemessenheit der Instandhaltungs- und Reparaturaufwendungen beurteilen zu können, sollte man sie jährlich zu den Wiederbeschaffungskosten der abnutzbaren Sachanlagen (d.h. ohne Grundstücke) ins Verhältnis setzen. Sofern sich das Durchschnittsalter der abnutzbaren Sachanlagen nicht wesentlich verändert hat, müßte die gewonnene Kennzahl in den einzelnen Geschäftsjahren einigermaßen gleich sein. Darüber hinaus sollte die ermittelte Kennzahl mit der branchenüblichen Kennzahl verglichen werden. Falls die Sachanlagen des zu analysierenden Unternehmens ein überdurchschnittliches oder unterdurchschnittliches Alter haben, müßte die Kennzahl des Unternehmens nach oben oder unten vom Branchendurchschnitt abweichen.

Die für die einzelnen Geschäftsjahre ermittelten Kennzahlen und ihr Vergleich mit der branchenüblichen Kennzahl können Hinweise auf den Zustand der Sachanlagen, und somit auf evtl. nachzuholende Reparaturen und auf die technische und wirtschaftliche Restlebensdauer der abnutzbaren Sachanlagen geben.

Bei einem solchen Vergleich ist darauf zu achten, ob evtl. Großreparaturen aktiviert wurden, da sie nicht unter der Kostenart Instandhaltungs- und Reparaturkosten, sondern unter den Abschreibungen erscheinen.

Falls annäherungsweise keine Informationen über den Wiederbeschaffungswert der Sachanlagen erhältlich sind, sollten die Instandhaltungs- und Reparaturaufwendungen zu den Anschaffungs- und Herstellungskosten der abnutzbaren Sachanlagen ins Verhältnis gesetzt werden.

Außerdem sollte eine Kennzahl durch Vergleich der Instandhaltungs- und Reparaturaufwendungen mit dem Umsatz oder der Gesamtleistung ermittelt werden. Diese Kennzahl hat insbesondere bei einer wesentlichen Veränderung der Altersstruktur der abnutzbaren Sachanlagen eine zusätzliche Aussagekraft.

Bei einem stärkeren Abweichen der Kennzahlen in den einzelnen Jahren wäre evtl. eine Korrektur angebracht.

8.1.2 Forschungs- und Entwicklungsaufwendungen

Den Forschungs- und Entwicklungsaufwendungen eines Jahres stehen im gleichen Jahr keine entsprechenden Erträge gegenüber. Falls überhaupt, werden sie sich erst in einigen Jahren, und dann über viele Jahre ungleichmäßig verteilt, in einer Ergebnisverbesserung niederschlagen. Im Grunde genommen wäre es angebracht, die Entwicklungsaufwendungen bei einer Bereinigung fiktiv zu aktivieren – wie es IAS 9.16 unter bestimmten Voraussetzungen vorsieht – und während ihrer Nutzungszeit, d.h. wenn die Umsätze und Erträge bei den entwickelten neuen Produkten anfallen, abzuschreiben. Da aber der zukünftige Nutzen der Forschungs- und Entwicklungsaufwendungen fast überhaupt nicht abschätzbar ist, ist eine Bereinigung in dieser Form kaum durchführbar.

Um die Entwicklung der Ertragskraft der Vergangenheit besser einschätzen zu können, sollte man das Verhältnis der Forschungs- und Entwicklungsaufwendungen zum Umsatz in den einzelnen Geschäftsjahren und zum gesamten Umsatz der analysierten Geschäftsjahre ermitteln. Die Abweichungen vom langjährigen Durchschnitt wären evtl. bei den einzelnen Geschäftsjahren zu korrigieren.

Finanzanalytisch spielen im Hinblick auf die zukünftigen Ertragserwartungen das Verhältnis der Forschungs- und Entwicklungsaufwendungen zum Umsatz, ihre absolute Höhe in den letzten Jahren und die Höhe und die Entwicklung der Forschungs- und Entwicklungsaufwendungen im Verhältnis zu denen der Wettbewerber eine Rolle.

Um aus dem Verhältnis Forschungs- und Entwicklungsaufwendungen zum Umsatz brauchbare Schlüsse auf die zukünftige Ertragsentwicklung ziehen zu können, müßte man versuchen festzustellen, ob fiktive individuelle Lizenzgebühren, d. h. Gebühren für die Nutzung der Ergebnisse aus der vergangenen Forschungs- und Entwicklungstätigkeit, für die in den einzelnen Jahren hergestellten oder verkauften Erzeugnisse höher oder niedriger lägen als die jeweils verrechneten Forschungs- und Entwicklungsaufwendungen.

Sollten die Forschungs- und Entwicklungsaufwendungen höher sein als die fiktiv verrechneten Lizenzgebühren, könnte – sofern man die »Erfolgsquote« der Forschungs- und Entwicklungstätigkeit immer gleich ansetzt – in den folgenden Jahren grundsätzlich mit höheren Umsätzen und Erträgen zu rechnen sein.

Die absolute Höhe der in den letzten Jahren angefallenen Forschungs- und Entwicklungsaufwendungen, soweit sie noch nicht in wesentlichem Umfang zu hergestellten und verkauften Produkten und damit zu höheren Erträgen in der Vergangenheit geführt haben, gäben einen Hinweis darauf, welche Erfolgserwartungen man auf den ersten Blick hegen kann.

Die Höhe und die Entwicklung der Forschungs- und Entwicklungsaufwendungen im Verhältnis zu denen der Wettbewerber können bedeuten, daß man die Folgerungen, die man aus den in den beiden vorhergehenden Abschnitten erwähnten Informationen gezogen hat, evtl. relativieren muß.

Bei der Finanzanalyse der Forschungs- und Entwicklungsaufwendungen wurde unterstellt, daß jede ausgegebene Geldeinheit für Forschung und Entwicklung den gleichen Wert hat. Dies ist jedoch keineswegs der Fall. Während für die Ertragsanalyse der einzelnen Jahre der Vergangenheit ein ungleicher Wert je ausgegebene Geldeinheit für Forschungs- und Entwicklungsaufwendungen keine große Rolle spielt, ist für die Schätzung der zukünftigen Erträge nicht die Höhe der vergangenen Forschungs- und Entwicklungsaufwendungen, sondern der wahrscheinliche Erfolg der Forschung entscheidend. Dies erfordert eine Analyse der einzelnen Forschungsprojekte.

8.1.3 Werbeaufwendungen

Werbeaufwendungen beeinflussen nicht nur die Umsätze und Erträge des jeweiligen Geschäftsjahres, sondern auch in wesentlichem Umfang die Umsätze und Erträge der zukünftigen Geschäftsjahre.

Um den Einfluß auf die Erträge in der Vergangenheit und in der Zukunft zu ermitteln, der von einer Veränderung der Werbeaufwendungen in den analysierten Geschäftsjahren ausgeht, sollte man für die einzelnen Geschäftsjahre jeweils die Kennzahl Werbeaufwendungen zu Umsatz ermitteln und diese Kennzahlen miteinander sowie mit denen der Wettbewerber vergleichen und evtl. Korrekturen bei den Werbeaufwendungen vornehmen.

Da den Werbeaufwendungen – ähnlich den Forschungs- und Entwicklungsaufwendungen – zumindest zum Teil erst in der Zukunft entsprechende Erträge gegenüberstehen, gelten für sie auch die übrigen Ausführungen des Abschnitts Forschungs- und Entwicklungsaufwendungen.

Falls man bei der Analyse der Werbeaufwendungen unterschiedliche Kennzahlen erhält, sollte man, bevor man evtl. Korrekturen vornimmt, feststellen, ob nicht auch andere Einflüsse, nämlich geänderter Produkt-Mix, andere Preispolitik oder veränderte Vertriebsaktivitäten (z.B. neue Absatzgebiete), damit im Zusammenhang stehen.

8.1.4 *sonstige Aufwendungen*

Neben den bisher erwähnten kurzfristig stark beeinflußbaren Aufwendungen gibt es noch weitere Aufwendungen dieser Art. Hierzu zählen z.B. Aufwendungen für Personalaus- und -weiterbildung, Marktanalysen, Unternehmensberatung und nicht aktivierte Baunebenkosten. Wegen ihres geringen Umfangs dürfte bei einer Ergebnisanalyse kaum eine Korrektur angebracht sein.

Einfluß auf die Ergebnisse können auch Kosten für Investitionsplanungen einschl. Kosten für Fehlplanungen sowie andere Herstellungs- und Verwaltungskosten für selbsterstellte Anlagen haben, je nachdem ob sie aktiviert oder nicht aktiviert werden.

8.6 *bereinigtes Jahresergebnis vor Steuern vom Ertrag nach zusätzlichen Korrekturen (Zwischensumme)*

Bei dem bereinigten Jahresergebnis vor Steuern vom Ertrag, sowohl vor als auch nach zusätzlichen Korrekturen, handelt es sich um ein Eigenkapitalergebnis. Eigenkapitalergebnisse können in den einzelnen Geschäftsjahren aber wegen

- der unterschiedlichen Art der Finanzierung des Unternehmens mit Eigen- und Fremdkapital (z.B. Veränderung der Höhe des Eigenkapitals aufgrund einer Kapitalerhöhung oder Rücklagenbildung),
- einer über die Veränderung des Geschäftsvolumens hinausgehenden Veränderung der Kapitalbindung (z.B. große Investitionsintervalle, spekulatives Vorratsvermögen),
- der unterschiedlichen Höhe der Zinssätze (z.B. kurz- oder langfristige Fremdfinanzierung, Abweichen der vereinbarten Zinssätze von den jeweils aktuellen Zinssätzen aufgrund langfristiger Kreditverträge) und
- einer nicht vorgenommenen Aktivierung von Zinsen bei selbst erstellten Anlagen

erheblich voneinander abweichen.

Die Analyse der Eigenkapitalergebnisse kann deshalb aus vorgenannten Gründen sehr beeinträchtigt werden. Diese möglichen Abweichungen der Eigenkapitalergebnisse in den einzelnen Jahren lassen sich, insbesondere weil die Kosten des Eigenkapitals naturgemäß das Jahresergebnis nicht verringert haben, nicht bereinigen.

Bei einer Ergebnisanalyse sollten deshalb nicht nur die Eigenkapitalergebnisse, sondern auch die Betriebsergebnisse analysiert werden, da sie die Entwicklung des betrieblichen Erfolges eindeutiger zeigen. Betriebsergebnisse und bereinigte Gesamtkapitalergebnisse sind bei bereinigten Gewinn- und Verlustrechnungen identisch.

Um den Vergleich der bereinigten Gesamtkapitalergebnisse vornehmen zu können, ist deshalb der Saldo der im Jahresergebnis enthaltenen Zinsaufwendungen abzüglich Zinserträge dem Jahresergebnis hinzuzurechnen.

Hierbei muß man sich bewußt bleiben, daß das Gesamtkapitalergebnis um

- die Zinsanteile in den Leasingraten,
- die in den eingekauften Waren enthaltenen Zinsanteile wegen zinsfreier Lieferantenkredite und
- die in den Zuführungen zu den Pensionsrückstellungen enthaltenen kalkulatorischen Zinsanteile wegen zinsfreier Pensionsrückstellungen

zu gering ausgewiesen ist. Korrekturen wären hierfür auf jeden Fall dann notwendig, wenn sich die Zinsanteile in den einzelnen Jahren wesentlich verändert hätten.

Dies wäre z.B. bei Einführung, wesentlicher Erweiterung oder Einstellung der Leasingfinanzierung der Fall. Der Vergleichbarkeit wegen müßten in einem solchen Falle der Korrektur der Zinsaufwendungen und -erträge die entsprechenden Zinsanteile der Leasingraten hinzugefügt werden.

8.7 *Zinsaufwendungen abzüglich Zinserträge*

Um das bereinigte Gesamtkapitalergebnis für das in der Bilanz ausgewiesene Eigen- und Fremdkapital zeigen zu können, sind die Zinsaufwendungen abzüglich Zinserträge dem bereinigten Jahresergebnis vor Steuern vom Ertrag nach zusätzlichen Korrekturen hinzuzurechnen.

In Abschnitt E II 5 *Konsequenzen für die Bilanzanalyse* wurde gesagt, daß bei der Erfolgsanalyse Zuschreibungen oder eine angebrachte aber nicht durchgeführte Zuschreibung für Verbindlichkeiten, bei denen die Verzinsung über dem Marktzins liegt, zu vermerken seien. Auf eine eigene Zeile für unterlassene Zuschreibungen wurde im Modell der Bereinigung der Gewinn- und Verlustrechnung aus Vereinfachungsgründen verzichtet, weil eine eventuelle Korrektur durch diese Zeile wieder neutralisiert worden wäre.

8.8 *bereinigtes Gesamtkapitalergebnis vor Steuern vom Ertrag nach zusätzlichen Korrekturen (Betriebsergebnis)*

In einer Ergebnisplanung gibt es keine Bereinigungen und Korrekturen. Deshalb ist das bereinigte Gesamtkapitalergebnis vor Steuern vom Ertrag nach zusätzlichen Korrekturen mit dem Betriebsergebnis in der Ergebnisplanung vergleichbar.

Eine Weiterführung dieser Rechnung um die in den Positionen 7.1–7.6 genannten Beträge erübrigt sich, da es sich bei den dort genannten Positionen, ähnlich wie bei den Zinsaufwendungen, um nicht an die Anteilseigner zu verteilende Ergebnisse handelt. Zweck der Bereinigung ist aber nicht eine Analyse der zu verteilenden Ergebnisse, sondern der erwirtschafteten Ergebnisse.

9.1 *Scheingewinne aufgrund von Preisänderungen insbesondere beim abschreibungsfähigen Sachanlagevermögen*

Gewinn- und Verlustrechnungen sind mehr oder weniger dadurch verfälscht, daß in ihnen Abschreibungen, nämlich Aufwendungen, die aus der Verteilung von Ausgaben für Investitionen in früheren Geschäftsjahren herrühren, enthalten sind.

Da die Abschreibungen auf Basis Anschaffungswerte und nicht auf Basis Wiederbeschaffungswerte verrechnet werden, bedeutet dies, daß bei steigenden Preisen für das abschreibungsfähige Sachanlagevermögen die laufenden Abschreibungen zu niedrig bemessen sind, weil die kumulierten Abschreibungen am Ende der Nutzungszeit den Wiederbeschaffungswert nicht erreichen.

In der Praxis wird eine Verfälschung des Ergebnisses wegen zu niedrig bemessener Abschreibungen zu einem großen Teil durch vorsichtige, d.h. zu kurze Bemessung der Nutzungsdauer, degressive Abschreibungen, Sonderabschreibungen, Sofortabschreibung geringwertiger Wirtschaftsgüter, volle oder mindestens halbe Jahresabschreibungen im Jahr der Anschaffung und durch Ansatz lediglich des Mindestwertes der selbsterstellten Anlagen kompensiert.

Da aber gerade dieser kompensatorische Effekt bei der Bereinigung der Gewinn- und Verlustrechnung ausgeschaltet wurde, muß diesem Unterschied zwischen Abschreibungen auf Anschaffungswerte und Abschreibungen auf Wiederbeschaffungswerte bei der Analyse der Gewinn- und Verlustrechnung Rechnung getragen werden. Eine solche Analyse ist um so wichtiger, je höher der Anteil der abschreibungsfähigen Sachanlagen an Gesamtvermögen und insbesondere je älter die schon abgeschriebenen, aber noch genutzten Anlagen sind.

Die weiter oben bereinigten Abschreibungen sollten deshalb um die Preissteigerungsrate für die einzelnen Anlagegüter zwischen dem Zeitpunkt des Kaufes und dem Zeitpunkt der Abschreibung erhöht werden. Sofern es in den einzelnen Jahren keine sehr unterschiedlichen Preisveränderungen gegeben hat, wären die Abschreibungen der einzelnen Anlagengruppen um die Veränderung des Preisindexes zwischen Zugangsjahr und jeweiligem Abschreibungsjahr zu erhöhen. Die weiter oben bereinigten Abschreibungen zusammen mit der Korrektur um die Veränderung des Preisindexes ergäben die Abschreibungen auf der Basis der Wiederbeschaffungswerte des jeweiligen Geschäftsjahres.

Hilfreich für die Ermittlung der Abschreibungen auf Wiederbeschaffungswerte kann sich die in Abschnitt J I 7 dargestellte Tabelle »Die Analyse der Angemessenheit der Abschreibungen auf Sachanlagen« erweisen, wenn man die Abschreibungen auf die Zugänge und auf den Anfangsbestand um den Preisindex zwischen Anschaffungsjahr und Abschreibungsjahr erhöht.

Zweck dieser Korrektur, d.h. die Aufwendungen für die Abnutzung der Sachanlagen auf Basis der Wiederbeschaffungskosten des jeweiligen Geschäftsjahres anstatt auf Basis historischer Anschaffungswerte zu berücksichtigen, ist es,

- die Unterschiede in der Höhe der Abschreibungen wegen der in den verschiedenen Jahren unterschiedlichen Preise für die Anschaffung und Herstellung von abschreibungsfähigen Sachanlagen auf möglichst einfache Art und Weise auszuschalten, um dadurch die Aufwendungen und Erträge in den einzelnen Geschäftsjahren miteinander in Beziehung setzen und die Jahresergebnisse der Vergangenheit untereinander und evtl. mit denen anderer Unternehmen vergleichbar machen zu können und
- eine Basis für die Bemessung der Abschreibungen bzw. der ausschüttungsfähigen Ergebnisse für eine Planung zu erhalten. Hierbei ist es unerheblich, ob die Planung in realen Werten zum Planungsstichtag oder in erwarteten nominellen Werten erfolgen wird.

Zweck dieser relativ einfachen Korrektur ist es nicht, sämtliche Auswirkungen der allgemeinen Geldwertschwankungen auf das Ergebnis zu eliminieren und Ergebnisse gleicher Kaufkraft zu erhalten. Für eine solche wesentlich umfangreichere Korrektur müßten noch die Zusammensetzung der Aktiva nach monetären und nichtmonetären Posten und die Höhe und Art der Fremdfinanzierung berücksichtigt werden. Ergebnisse gleicher Kaufkraft sind bei einer Analyse des Unternehmens, zumindest zum jetzigen Zeitpunkt, nicht gefragt, da die Unternehmensergebnisse nicht mit einem Realzins, sondern mit einem Nominalzins, der Kaufkraftverluste durch Geldwertschwankungen beinhaltet, gemessen werden.

Verwechselt werden sollte eine solche Korrektur der Ergebnisse auch nicht mit einer Substanzerhaltungsrechnung, wenn auch eine solche ähnlich aussehen würde, falls Sachanlagen und Eigenkapital eine ähnliche Größenordnung haben. Bei dieser Korrektur von Vergangenheitsergebnissen geht es nicht um die Substanzerhaltung aus der Sicht des Unternehmens. Aus dieser Korrekturrechnung ist nur zu entnehmen, welche nominellen Ergebnisse den Anteilseignern höchstens hätten zufließen können, falls die gesamten genutzten Investitionen jeweils in dem Geschäftsjahr getätigt und die Abschreibungen somit auf dieser Basis, d.h. zu Wiederbeschaffungswerten des jeweiligen Geschäftsjahres, berechnet worden wären.

Mit der Fiktion, daß die gesamten genutzten abschreibungsfähigen Investitionen im jeweiligen Geschäftsjahr getätigt wurden, läßt sich die Korrektur der Abschreibungen in Form eines Zuschlages in Höhe des Unterschieds des Preisindexes zwischen Anschaffungsjahr und Nutzungsjahr am einfachsten vornehmen. Zu dem gleichen Ergebnis käme man auch – sofern der Preisindex für die abschreibungsfähigen Anlagegüter dem allgemeinen Preisindex entspricht –, wenn man die Abschreibungen auf die Anschaffungswerte um die Unterschiede zwischen Nominal- und Realzins sämtlicher Jahre zwischen Anschaffungs- und Nutzungsjahr erhöhen würde.

Die Korrektur einer Ergebnisrechnung wegen Scheingewinnen aufgrund von Preisänderungen des abschreibungsfähigen Sachanlagevermögens ist ein Abweichen von der Nominalrechnung und konnte deshalb nicht innerhalb der bis Posten 8.6 durchgeführten nominellen Bereinigung der Gewinn- und Verlustrechnung vorgenommen werden. Abgesehen davon müßte man logischerweise auch gleichzeitig die nicht realisierten Gewinne aufgrund von Preissteigerungen des Sachanlagevermögens im Rahmen dieser Rechnung berücksichtigen. Das wäre ein weiteres Abweichen von der Nominalrechnung. Die Korrektur von Scheingewinnen muß deshalb außerhalb der nominellen Bereinigung der Gewinn- und Verlustrechnung vorgenommen werden.

Die um die Ausnutzung von Bewertungs- und Ermessensspielräumen sowie Preisänderungen korrigierten Abschreibungen müßten sich – falls sich die Preise für die verkauften Erzeugnisse einigermaßen im gleichen Rahmen verändern wie die der abschreibungsfähigen Sachanlagen, die Auslastung der Sachanlagen in den einzelnen Jahren ungefähr gleich hoch ist und keine wesentlichen Strukturveränderungen erfolgten – in den einzelnen Jahren fast proportional zu den Umsatzerlösen verhalten. Ist dies nicht der Fall, sollte nach den Gründen geforscht werden. Entweder ist die Korrektur der Ergebnisse sehr mangelhaft, oder es müssen sich Hinweise auf bisher unbekannte wirtschaftliche Tatbestände ergeben.

Scheingewinne entstehen auch, wenn Vorräte zu gestiegenen Wiederbeschaffungskosten beschafft werden müssen. Bei dem in der Regel kurzfristigen Lagerumschlag der Vorräte kann – zumindest bei den bisher in Europa üblichen relativ geringen und einigermaßen gleichbleibenden Preissteigerungsraten – auf eine Korrektur der Ergebnisse verzichtet werden.

Zu vermerken ist hier, daß in vielen Ländern Lateinamerikas mit hoher Inflation regelmäßig eine Aufwertung des Anlagevermögens und somit der Abschreibungen in den offiziellen Jahresabschlüssen erfolgte. In den meisten Ländern wurden die aufgewerteten Abschreibungen auch steuerrechtlich anerkannt. Größtenteils waren diese Aufwertungen mit weiteren, jedoch unterschiedlichen Korrekturrechnungen zur Ausschaltung der Inflation verbunden (z. B. Aufwertung der Vorräte, Korrektur des Eigenkapitals). Sporadisch hat es gesetzlich geregelte Aufwertungen auch bereits in den romanischen Ländern Europas gegeben.

9.2 Steuern vom Ertrag auf obige »nicht ausschüttungsfähige« Scheingewinne

Bei der Bereinigung der Gewinn- und Verlustrechnung wird unterstellt, daß dem Anteilseigner sämtliche korrigierten Ergebnisse zur Verfügung stehen, die wirtschaftlich – nicht rechtlich – ausschüttungsfähig sind. Zusätzlich erhält der in Deutschland steuerpflichtige Anteilseigner noch eine Steuerbescheinigung über die anrechenbare Körperschaftsteuer.

Während es sich bei allen vorhergehenden Bereinigungen um eine Verteilung der Ergebnisse vor Steuern auf andere Zeiträume oder andere Gesellschaften bzw. Personen handelte, sind Scheingewinne aufgrund von Preisänderungen des abschreibungsfähigen Sachanlagevermögens nicht nur eine nominelle Bereinigung, sondern eine effektive Korrektur eines betriebswirtschaftlich falsch ermittelten, jedoch zu versteuernden Ergebnisses.

Folglich sind nicht nur die Scheingewinne, sondern auch die darauf zu zahlenden Steuern vom Ertrag auf Basis des Steuersatzes für einbehaltene Gewinne in die Korrektur einzubeziehen. Wirtschaftlich handelt es sich bei den Steuern auf Scheingewinne um Steuern vom Vermögen.

9.3 bereinigtes Gesamtkapitalergebnis vor Steuern vom Ertrag nach zusätzlichen Korrekturen (Betriebsergebnis) und nach Korrektur um Scheingewinne und Steuern vom Ertrag auf Scheingewinne

Dieses bereinigte Gesamtkapitalergebnis vor Steuern vom Ertrag nach zusätzlichen Korrekturen (Betriebsergebnis) und nach Korrektur um Scheingewinne und Steuern vom Ertrag auf Scheingewinne ergäbe ein unter wirtschaftlichen Gesichtspunkten (reale Substanzerhaltung) ausschüttungsfähiges Ergebnis einschließlich der darauf entfallenden Steuern vom Ertrag.

Sofern es sich um ein deutsches Unternehmen handelt und keine Erträge von ausländischen Tochterunternehmen in dieser Position enthalten sind, steht dieses Gesamtkapitalergebnis den Kreditgebern und den Anteilseignern zu.

Das bereinigte Gesamtkapitalergebnis ist bei ausländischen Unternehmen und bei inländischen Unternehmen mit Erträgen von ausländischen Tochterunternehmen vor Aufteilung auf die Kreditgeber (= Zinsen) und die Anteilseigner (= Ergebnis) noch um die entsprechenden Steuern vom Ertrag zu kürzen. Das den Anteilseignern zustehende Ergebnis ist einschließlich Steuergutschrift zu verstehen.

10 Zusätzliche Informationen über nicht betriebsnotwendiges Vermögen, veränderte Kapazitäten, die Kapazitätsauslastung, den Auftragseingang und den Marktanteil

Zur besseren Beurteilung der Ergebnisse der Vergangenheit und zur Plausibilitätskontrolle einer Ergebnisplanung, insbesondere hinsichtlich der Auswirkungen der Höhe der Fixkosten, sollten im Rahmen der Bereinigung der Gewinn- und Verlustrechnung soweit wie möglich die nachstehend angeführten zusätzlichen Informationen in Erfahrung gebracht werden:

Im Gesamtkapitalergebnis enthaltene Aufwendungen und Erträge von nicht betriebsnotwendigem und wahrscheinlich zu veräußerndem Vermögen:

Vom Gesamtkapitalergebnis entfallen auf im letzten Geschäftsjahr neu erstellte Betriebe:

Vom Gesamtkapitalergebnis entfallen auf inzwischen stillgelegte oder verkaufte Betriebe:

darin verrechnete Fixkosten:

Kapazität:

Produktion:

Auslastung:

Absatz:

Auftragseingang:

Marktanteil:

Der Vergleich dieser Informationen mit den Erträgen, Aufwendungen und den Gesamtkapitalergebnissen der einzelnen Jahre kann weitere Aufschlüsse über die Ertragslage in der Vergangenheit geben und zur Plausibilitätskontrolle von Ergebnisplanungen dienen.

Die Informationen über die Auslastung, den Auftragseingang und den Marktanteil sind darüber hinaus Indikatoren für die zukünftige Ergebnisentwicklung.

Umgewertete Bilanzen und Gewinn- und Verlustrechnungen

Nach Vornahme der Bereinigung der Gewinn- und Verlustrechnungen wäre es möglich, umgewertete Bilanzen und Gewinn- und Verlustrechnungen aufzustellen, in die die Bereinigungen eingingen.

Da Bilanzen nur die Vermögens- und Finanzlage zu einem Stichtag darstellen, bieten umgewertete Bilanzen der vergangenen Jahre kaum zusätzliche Erkenntnisse. Falls sich durch die Bereinigung jedoch die Höhe der Vorräte und Forderungen wesentlich verändert hat, so sollte die sich aufgrund der umgewerteten Posten des Umlaufvermögens ergebende veränderte Entwicklung der Umschlagshäufigkeit der Posten des Umlaufvermögens ermittelt werden.

Umgewertete Gewinn- und Verlustrechnungen zu erstellen, ist dann angebracht, wenn sich durch die Umwertung die Struktur der Gewinn- und Verlustrechnungen wesentlich verändert, und die Analyse der veränderten Struktur neue Erkenntnisse bringen kann.

V. Ergebnis je Aktie nach DVFA/SG

Gemeinsame Empfehlung der DVFA und der Schmalenbach-Gesellschaft zur Ermittlung eines von Sondereinflüssen bereinigten Jahresergebnisses je Aktie

Wie bereits mehrfach ausgeführt, muß es sich bei dem in Deutschland veröffentlichten Gewinn (Jahresüberschuß) nicht um den tatsächlich erwirtschafteten Gewinn handeln.

Das hat die 1960 gegründete Deutsche Vereinigung für Finanzanalyse und Anlageberatung e. V. (DVFA) veranlaßt, im Jahre 1968 eine Empfehlung zur Bildung eines einheitlichen Gewinnbegriffes zur Erleichterung der vergleichenden Aktienbeurteilung und im Jahre 1975 ein Arbeitsschema und Erläuterungen zur Ermittlung des Ergebnisses nach DVFA herauszugeben.

Arbeitsschema und Erläuterungen zur Ermittlung des Ergebnisses nach DVFA sind 1988 in fünfter aktualisierter Fassung erschienen (Beiträge zur Wertpapieranalyse, Heft 24/II der DVFA, Darmstadt).

Die Berechnung des Ergebnisses nach DVFA hat sich relativ rasch verbreitet und wird bei Berichten über Unternehmen oft benutzt. Die Ermittlung oder Überprüfung der von den Unternehmen veröffentlichten Ergebnisse je Aktie nach DVFA ist jedoch einem unternehmensexternen Bilanzanalytiker nicht möglich.

Außerdem hat der Arbeitskreis »Externe Unternehmensrechnung« der Schmalenbach-Gesellschaft – Deutsche Gesellschaft für Betriebswirtschaft e. V. eine Empfehlung »Ergebnis je Aktie« veröffentlicht (Zeitschrift für betriebswirtschaftliche Forschung 1988, S. 138–148).

1991 haben die Kommission für Methodik der Finanzanalyse der Deutschen Vereinigung für Finanzanalyse und Anlageberatung e. V. (DVFA) und der Arbeitskreis »Externe Unternehmensrechnung« der Schmalenbach-Gesellschaft – Deutsche Gesellschaft für Betriebswirtschaft (SG) eine gemeinsame Empfehlung veröffentlicht.

1999 wurde diese gemeinsame Empfehlung in einer dritten grundlegend überarbeiteten Auflage herausgegeben. Weitere Einzelheiten sind in Busse von Colbe/Becker/Berndt/Geiger/Haase/Schellmoser/Schmitt/Seeberg/von Wysocki (Hrsg.): Ergebnis je Aktie nach DVFA/SG. Gemeinsame Empfehlung. 3., grundlegend überarbeitete Aufl., Stuttgart 2000, enthalten.

Das in der gemeinsamen Empfehlung in Abschnitt A III veröffentlichte »Allgemeine Arbeitsschema« ist weiter unten abgebildet.

Die Ableitung des Ergebnisses nach DVFA/SG erfolgt in den folgenden Schritten (Einzelheiten siehe auf den folgenden Seiten):

(1) Konzern-Jahresergebnis (Überschuß/Fehlbetrag), wie ausgewiesen
(2) Anpassungen des Konzernergebnisses aufgrund von Änderungen des Konsolidierungskreises
(3) Latente Steueranpassungen
(4) = Angepaßtes Konzernergebnis
(5) Bereinigungspositionen in den Aktiva
(6) Bereinigungspositionen in den Passiva
(7) Bereinigung nicht eindeutig zuordnungsfähiger Sondereinflüsse
(8) Fremdwährungseinflüsse
(9) Zusammenfassung der zu berücksichtigenden Bereinigungen
(10) = DVFA/SG-Konzernergebnis für das Gesamtunternehmen
(11) Ergebnisanteile Dritter
(12) DVFA/SG-Konzernergebnis für Aktionäre der Muttergesellschaft
(13) Anzahl der zugrundezulegenden Aktien
(14) = Ergebnis nach DVFA/SG je Aktie (Basisergebnis)
(15) Adjustiertes Ergebnis nach DVFA/SG je Aktie bei Veränderungen des Gezeichneten Kapitals nach dem Bilanzstichtag
(16) Voll verwässertes Ergebnis nach DVFA/SG je Aktie.

Als Zusatzinformation kann das DVFA/SG-Konzernergebnis für Aktionäre der Muttergesellschaft vor Geschäftswertabschreibungen genannt werden, bei dem die Abschreibungen auf Geschäfts- oder Firmenwerte ohne Anteile Dritter hinzugerechnet und darauf berücksichtigte Ertragsteuerentlastungen abgezogen werden. Die Zusatzinformation kann auch je Aktie angegeben werden.

Lfd. Nr. der Pos.	Bezeichnung der Position	Mio DM/Euro brutto	netto nach Steuern
1.	**Konzern-Jahresergebnis (Überschuß/Fehlbetrag)**	....	....
2.	**Anpassungen des Konzernergebnisses aufgrund von Änderungen des Konsolidierungskreises** (siehe Tz. 43 bis 46)		
	Ergebnisse nicht konsolidierter Tochterunternehmen	....	....
	Ergebnisse erworbener noch nicht konsolidierter Tochterunternehmen	....	....
	Ergebnisse nicht konsolidierter Tochterunternehmen, die seit mehr als einem Jahr zum Verkauf bestimmt sind	....	....
	Ergebnisse von nicht at equity bilanzierten wesentlichen Beteiligungen	....	....
3.	**Latente Steueranpassungen** (siehe Tz. 12 bis 23)		
	Abweichung zwischen bilanziellem Ansatz von Rückstellungen und steuerlicher Berücksichtigung	....	....
	Latente Steuererträge auf Verlustvorträge	....	....
4.	**Angepaßtes Konzernergebnis** (Pos. 1 bis Pos. 3)	....	....
5.	**Bereinigungspositionen in den Aktiva** (siehe Tz. 77 bis 114)		
5.1	**Aufwendungen für die Ingangsetzung und Erweiterung des Geschäftsbetriebs, soweit als Bilanzierungshilfe aktiviert**	....	....
5.2	**Immaterielle Vermögensgegenstände**		
5.2.1	**Konzessionen, gewerbliche Schutzrechte und ähnliches**		
	Außerplanmäßige Abschreibungen aus Vorsorge- oder steuerlichen Gründen	....	....
5.2.2	**Geschäfts- oder Firmenwerte**		
	Planmäßige Abschreibungen, soweit Abschreibungsdauer unter 5 oder über 20 Jahren	....	....
	Fiktive Abschreibungen auf Verrechnung von Geschäftswerten mit Rücklagen	....	....
	Änderung der Abschreibungsdauer [1)]	....	....
	Außerplanmäßige Abschreibungen aus Vorsorge- oder steuerlichen Gründen	....	....
	Außerplanmäßige Abschreibungen im Zusammenhang mit »discontinuing operations« (siehe Tz. 50)	....	....

[1)] Die Bereinigung hat so zu erfolgen, daß das Berichtsjahr mit den Folgejahren vergleichbar ist. Vorjahreszahlen sind entsprechend anzupassen.

Lfd. Nr. der Pos.	Bezeichnung der Position	Mio DM/Euro brutto	netto nach Steuern
5.3	**Sachanlagen**		
5.3.1	**Abschreibungen auf Sachanlagen**		
	Planmäßige Abschreibungen außerhalb der üblichen Bandbreiten	....	....
	Außerplanmäßige Abschreibungen auf Sachanlagen aus Vorsorge- oder steuerlichen Gründen	....	....
	Außerplanmäßige Abschreibungen im Zusammenhang mit »discontinuing operations« (siehe Tz. 50)	....	....
	Zuschreibungen, falls frühere Abschreibungen bereinigt wurden	....	....
	Änderung von Abschreibungsdauern/-methoden [1]	....	....
5.3.2	**Gewinne und Verluste aus dem Abgang von Gegenständen des Sachanlagevermögens** (siehe Tz. 94)		
	Gewinne/Verluste aus Sale- and Leaseback-Transaktionen	....	....
	Gewinne/Verluste im Zusammenhang mit »discontinuing operations«	....	....
	Gewinne/Verluste aus dem Abgang bedeutender Immobilien	....	....
5.3.3	**Selbsterstellte Sachanlagen: Wenn nur mit Einzelkosten bewertet, dann Ansatz angemessener Material- und Fertigungsgemeinkosten** (siehe Tz. 96)	....	....
5.3.4	**Investitionszulagen und -zuschüsse**		
	Wenn im Jahr des Zuflusses voll ergebniswirksam, dann Verteilung auf Nutzungsdauer oder hilfsweise auf 5 Jahre (siehe Tz. 97)	....	....
	Zuschüsse aus Anlaß einer Sanierungsmaßnahme (siehe Tz. 98)	....	....
5.4	**Finanzanlagen** (siehe Tz. 99 bis 102)		
	Abschreibungen bei außergewöhnlichen Schadensfällen oder bei nur vorübergehender Wertminderung	....	....
	Gewinne/Verluste aus dem Abgang von Beteiligungen	....	....
	Zuschreibungen, falls frühere Abschreibungen bereinigt wurden	....	....
	Erträge aus Beteiligungen, die aus der Ausschüttung von Rücklagen stammen	....	....
	Zu bereinigende Sondereinflüsse in übernommenen Beteiligungsergebnissen	....	....
5.5	**Vorräte und noch nicht abgerechnete Leistungen** (siehe Tz. 103 bis 108)		
	Abweichungen vom international üblichen Bewertungsansatz	....	....
	Anteilige nicht aktivierte Gewinne bei langfristiger Auftragsfertigung	....	....
	Änderung von Bewertungsmethoden [1] (siehe Tz. 47)	....	....
	Steuerrechtliche Abschreibungen und deren Auflösung	....	....

[1] Die Bereinigung hat so zu erfolgen, daß das Berichtsjahr mit den Folgejahren vergleichbar ist. Vorjahreszahlen sind entsprechend anzupassen.

Lfd. Nr. der Pos.	Bezeichnung der Position	Mio DM/Euro brutto	netto nach Steuern
5.6	**Forderungen und Disagio** (siehe Tz. 109 bis 113)		
	Bildung und Auflösung von dispositiven Bewertungsreserven	....	....
	Einmaleffekte aus der Änderung des Satzes oder der Bewertungsmethode für die Pauschalwertberichtigungen [1] (siehe Tz. 47)	....	....
	Disagio, soweit nicht über Darlehenslaufzeit abgeschrieben	....	....
5.7	**Wertpapiere des Anlage- und Umlaufvermögens** (siehe Tz. 114)		
	Bereinigung nur, soweit Bewertungsverfahren nicht konsistent angewandt werden[1]	....	....
6.	**Bereinigungspositionen in den Passiva** (siehe Tz. 115 bis 134)		
6.1	**Passivischer Unterschiedsbetrag aus der Kapitalkonsolidierung** (siehe Tz. 115)		
	Erträge aus der Auflösung	....	....
6.2	**Genußrechte** (siehe Tz. 116 bis 119)		
	Laufende Vergütungen, wenn nicht als ergebnismindernder Finanzaufwand bilanziert	....	....
	Erträge aus Verlustbeteiligung des Genußrechtsinhabers	....	....
	Erträge aus der Wiederauffüllung von Genußrechtskapital	....	....
6.3	**Besserungsscheine** (siehe Tz. 120 bis 123)		
	Leistungen auf Besserungsscheine, die keine laufende Verzinsung darstellen	....	....
6.4	**Sonderposten mit Rücklageanteil** (siehe Tz. 124 und 125)		
	Zuführung	....	....
	Auflösung	....	....
6.5	**Rückstellungen** (s. Tz. 126 bis 134)		
6.5.1	**Rückstellungen für Pensionen und ähnliche Verpflichtungen**		
	Unmittelbare Ergebnisauswirkung aus Methodenwechsel [1]	....	....
	Nachholungen nicht oder nicht ausreichend zurückgestellter Verpflichtungen	....	....
	Erhöhung der Deckungslücke aufgrund unterlassener Bilanzierung	....	....
6.5.2	**Sonstige Rückstellungen**		
	Bildung bzw. Auflösung von Rückstellungen, die vom Prinzip der höchsten Wahrscheinlichkeit abweichen	....	....
	Nettoveränderung von Rückstellungen ohne Verpflichtung gegenüber Dritten	....	....

[1] Die Bereinigung hat so zu erfolgen, daß das Berichtsjahr mit den Folgejahren vergleichbar ist. Vorjahreszahlen sind entsprechend anzupassen.

Lfd. Nr. der Pos.	Bezeichnung der Position	Mio DM/Euro brutto	netto nach Steuern
7.	**Bereinigung nicht eindeutig zuordnungsfähiger Sondereinflüsse** (siehe Tz. 48, 50, 53 und 54)		
	Aufwendungen für die erstmalige Börseneinführung und weitere Kapitalerhöhungen	....	....
	Aufwendungen/Erträge im Zusammenhang mit dem Verkauf oder der Stillegung von Geschäftsbereichen und Produktlinien, soweit nicht bereits unter anderen Positionen bereinigt	....	....
	Aufwendungen aus außergewöhnlichen Schadensfällen sowie entsprechende Erträge aus Versicherungsleistungen	....	....
	Erträge aus Sanierungsmaßnahmen	....	....
8.	**Fremdwährungseinflüsse** (siehe Tz. 126 bis 139)		
	Ergebnisauswirkungen aus Abweichungen von der funktionalen Währungsumrechnung	....	....
9.	**Zusammenfassung der zu berücksichtigenden Bereinigungen** (Positionen 5 bis 8)	....	....
10.	**DVFA/SG-Konzernergebnis für das Gesamtunternehmen** (Positionen 4+9)	....	....
11.	**Ergebnisanteile Dritter** (siehe Tz. 10)		
	– am Jahresüberschuß/-fehlbetrag		....
	– an latenten Steueranpassungen		....
	– an Bereinigungspositionen		....
12.	**DVFA/SG-Konzernergebnis für Aktionäre der Muttergesellschaft** (Positionen 10 minus 11)		....
13.	**Anzahl der zugrundezulegenden Aktien** (siehe Tz. 141 bis 157) (Mio Stück)		....
14.	**Ergebnis nach DVFA/SG je Aktie** (DM/Euro) (Basisergebnis) (Positionen 12 : 13)		....
15.	**Adjustiertes Ergebnis nach DVFA/SG je Aktie bei Veränderungen des Gezeichneten Kapitals nach dem Bilanzstichtag** (DM/Euro) (siehe Tz. 141 bis 157)		....
16.	**Voll verwässertes Ergebnis nach DVA/SG je Aktie** (siehe Tz. 158 bis 164 (DM/Euro)		....

Mit dem Arbeitsschema »Ergebnis nach DVFA/SG« erhält man unter den bestehenden Umständen bei börsennotierten Industrie- und Handelsunternehmen durch eine nach einer einheitlichen Methode vorgenommenen Bereinigung des Konzern-Jahresergebnisses so gut wie möglich vergleichbare Ergebnisse. Hierdurch wird insbesondere die internationale Vergleichbarkeit der Ergebnisse und somit der Kurs/Gewinn-Verhältnisse von an der Börse notierten deutschen Aktiengesellschaften verbessert.

Die Ansprüche an eine im Rahmen einer Bilanzanalyse vorzunehmende Ergebnisanalyse sollten jedoch wesentlich höher sein (siehe vorherigen Abschnitt), als sie bei einer vergleichenden Aktienbeurteilung gestellt werden. Durch diese Aussage wird jedoch in keiner Weise das erfolgreiche Bemühen von DVFA und SG zur Ermittlung bereinigter Ergebnisse und bei der Weiterentwicklung der Erfolgsanalyse gemindert.

Mängel des Ergebnisses nach DVFA/SG

Die Ergebnisse nach DVFA/SG sind mit einer Reihe von Mängeln behaftet:

- Sie können nur mit Zusatzangaben der Unternehmen erstellt werden.
- Sie werden weder durch einen Wirtschaftsprüfer geprüft noch können sie von den Finanzanalysten überprüft werden.
- Bei dem Ergebnis nach DVFA/SG handelt es sich um eine einzige Kennzahl. Eine weitere Ergebnis- und Finanzanalyse erfolgt nicht.
- Es steht immer nur das Ergebnis des letzten und des laufenden Jahres zur Diskussion. Ergebniszeitreihen werden bei börsennotierten Unternehmen kaum diskutiert.
- Die Bereinigung nur einzelner Geschäftsjahre um außerordentliche Aufwendungen und Erträge, ohne ihren Einfluß auf andere Geschäftsjahre zu berücksichtigen, kann den Langzeitvergleich verfälschen.
- Es handelt sich um ein Ergebnis nach Steuern. Der gespaltene deutsche Körperschaftsteuersatz und ein Verlustvortrag beeinträchtigen den Aussagewert des Ergebnisses nach DVFA/SG.
- Das Ergebnis nach DVFA/SG ist mit dem Ergebnis je Aktie nach IAS und US-GAAP nur bedingt vergleichbar (z.B. möglicher Unterschied bei latenten Steuern und Aufwendungen für Altersversorgung).
- Es erfolgt keine Korrektur der Scheingewinne.
- Zu Umrechnungsdifferenzen bei Jahresabschlüssen aus Hochinflationsländern gibt es keine klare Aussage.

Die

- fehlende Prüfung oder Nachprüfbarkeit des Ergebnisses nach DVFA/SG,
- fehlende Ergebnisanalyse,
- nicht erstellten Ergebniszeitreihen und
- praktisch immer über dem Jahresergebnis liegenden DVFA- bzw. DVFA/SG-Ergebnisse

lassen zumindest in einigen Fällen Zweifel an der Plausibilität der von den Unternehmen im Zeitverlauf bekannt gegebenen DVFA- bzw. DVFA/SG-Ergebnisse aufkommen.

VI. Wertschöpfung

Allgemeines

Die Wertschöpfung kann ein zusätzliches Analyseinstrument im Rahmen der Analyse des Erfolges eines Unternehmens sein.

Wertschöpfung ist die Produktionsleistung oder der Wertzuwachs, den ein Unternehmen über den Wert der Zulieferungen oder Vorleistungen von anderen Unternehmen erwirtschaftet. Dieser Wertzuwachs ist die volkswirtschaftliche Leistung eines Unternehmens und stellt seinen Beitrag zum Sozialprodukt dar.

(Anmerkung: Wertschöpfung darf nicht mit Begriffen wie Gewinn und Unternehmenswertsteigerung, die nur den auf die Eigenkapitalgeber entfallenden Erfolg und nicht die Wertschöpfung des gesamten Unternehmens betreffen, verwechselt werden)

Man unterscheidet bei einer Wertschöpfungsrechnung die Entstehungsrechnung und die Verwendungs- oder Verteilungsrechnung.

Die Entstehungsrechnung ermittelt den in einem Unternehmen geschaffenen Wertzuwachs und ist somit ein Ausdrucksmittel für die Ertrags- oder Leistungskraft eines Unternehmens.

Die Verwendungsrechnung zeigt, inwieweit verschiedene Gruppen (Arbeitnehmer, Kreditgeber, öffentliche Hand, Anteilseigner, das Unternehmen) an dieser Wertschöpfung teilhaben.

Die Verwendungsrechnung, die im Rahmen einer gesellschaftsbezogenen Berichterstattung auch Sozialbilanz genannt wird, ist der in der Öffentlichkeit bekanntere Teil der Wertschöpfungsrechnung. Sie ist bei einer Bilanzanalyse allerdings nur insoweit interessant, als Teile der verwendeten Wertschöpfung für das Unternehmen Kosten sind.

Während bei der Gewinn- und Verlustrechnung das Eigenkapitalergebnis durch den Überschuß sämtlicher Erträge über die Kosten ermittelt wird, ist bei einer Wertschöpfungsrechnung der Erfolgsbegriff = Wertschöpfung wesentlich weiter gefaßt. Er beinhaltet neben dem den Anteilseignern zufließenden Erfolg und dem im Unternehmen verbleibenden Erfolg die Beträge, die an die Arbeitnehmer, die Kreditgeber und die öffentliche Hand fließen.

Bei der Wertschöpfungsrechnung werden die von der Gesamtleistung der Unternehmen abgesetzten Beträge im Prinzip in zwei Gruppen unterteilt, nämlich in

- Vorleistungskosten (Roh-, Hilfs- und Betriebsstoffe, Waren, Dienstleistungen, Abschreibungen) und
- Nichtvorleistungskosten einschließlich des Ergebnisses (Personal- und Sozialkosten, Zinsen, Steuern, Betriebsergebnis) = Wertschöpfung.

Die erste Gruppe ist in der Entstehungsrechnung und die zweite Gruppe in der Verwendungsrechnung enthalten.

Auf in der Literatur leicht unterschiedliche Definitionen wird hier nicht eingegangen, da sie bei der Bilanzanalyse wegen der nur aus dem Jahresabschluß zur Verfügung stehenden Informationen keine Rolle spielen.

Unmittelbar aus der Gewinn- und Verlustrechnung läßt sich keine Wertschöpfungsrechnung entwickeln.

Wertschöpfungsrechnung beim Gesamtkostenverfahren

Da die Wertschöpfungsrechnung von ihrem Ursprung her eine volkswirtschaftliche Rechnung ist, läßt sie sich nur mit gewissen Einschränkungen aus dem Jahresabschluß erstellen.

Am ehesten hat die Gewinn- und Verlustrechnung nach dem Gesamtkostenverfahren eine gewisse Ähnlichkeit mit der Wertschöpfungsrechnung, wie nachstehend gezeigt wird:

Entstehungsrechnung:

Umsatzerlöse
(+) Erhöhung oder (–) Verminderung des Bestandes an fertigen und unfertigen Erzeugnissen
\+ andere aktivierte Eigenleistungen

= Gesamtleistung (ohne sonstige betriebliche Erträge)

\+ sonstige betriebliche Erträge (./. Erträge aus der Auflösung des Sonderpostens mit Rücklageanteil und aus dem Anhang ersichtliche oder geschätzte Bewertungs- und Liquidationserträge, z. B. Erträge aus der Auflösung von Rückstellungen, Erträge aus dem Abgang von Gegenständen des Anlagevermögens und Zuschreibungen zu Gegenständen des Anlagevermögens, sowie Subventionen)

= Gesamtleistung (einschließlich sonstiger betrieblicher Erträge)

./. Vorleistungen außer Abschreibungen

Aufwendungen für Roh-, Hilfs- und Betriebsstoffe und für bezogene Waren
Aufwendungen für bezogene Leistungen
sonstige betriebliche Aufwendungen (./. Einstellungen in den Sonderposten mit Rücklageanteil, aus dem Anhang ersichtliche oder geschätzte Bewertungs- und Liquidationsverluste und Vergütungen an Mitglieder des Aufsichtsrats u. ä.)

= Wertschöpfung vor Abzug der Abschreibungen = Bruttowertschöpfung

./. Vorleistungen aus Abschreibungen

verbrauchsbedingte Abschreibungen auf immaterielle Vermögensgegenstände des Anlagevermögens und Sachanlagen sowie auf aktivierte Aufwendungen für die Ingangsetzung und Erweiterung des Geschäftsbetriebs (keine Abschreibungen auf den Geschäfts- oder Firmenwert und auf Finanzanlagen und keine handels- und steuerbilanzpolitisch bedingten Abschreibungen)

= Wertschöpfung nach Abzug der Abschreibungen = Nettowertschöpfung

Die Wertschöpfung vor Abzug der Abschreibungen = Bruttowertschöpfung hat gegenüber der Wertschöpfung nach Abzug der Abschreibungen = Nettowertschöpfung den Vorteil, daß sie nicht dem Einfluß von Ermessensentscheidungen, insbesondere nicht bilanzpolitischen Entscheidungen bei der Bewertung der Abschreibungen, unterliegt und sich deshalb für Zeitvergleiche und besonders für Betriebsvergleiche besser eignet.

Verwendungsrechnung/Verteilungsrechnung:

Löhne und Gehälter
soziale Abgaben und Aufwendungen für Altersversorgung und Unterstützung
Vergütungen an Mitglieder des Aufsichtsrats u. ä. (ersichtlich aus dem Anhang gemäß § 285 Nr. 9a und 9b)
eventuelle in den sonstigen betrieblichen Aufwendungen enthaltene Zuführungen zu den Aufwandsrückstellungen, die Personalaufwendungen enthalten, und eventuelle in den außerordentlichen Aufwendungen enthaltene Personalaufwendungen

= an Arbeitnehmer

Zinsen und ähnliche Aufwendungen

= an Kreditgeber

sonstige Steuern
./. Subventionen

= an öffentliche Hand

Gewinnausschüttungen

= an Anteilseigner

einbehaltene Gewinne
übrige Posten *) (einschließlich Finanzbereich und außerordentlicher Bereich)

= an Unternehmen

*) Da die Analyse dieser Posten bei einer Bilanzanalyse an anderer Stelle erfolgt und diese Posten bei der Analyse der Wertschöpfung im Rahmen der Bilanzanalyse nicht interessant sind, erübrigt sich eine Aufteilung.

Die Summe der obigen fünf Posten entspricht der Wertschöpfung nach Abzug der Abschreibungen in der Entstehungsrechnung.

Wertschöpfungsrechnung beim Umsatzkostenverfahren

Die durch die Wertschöpfungsrechnung gegebenen Analysemöglichkeiten beim Gesamtkostenverfahren legen es nahe zu versuchen, sie auch beim Umsatzkostenverfahren zu nutzen.

Der gemäß § 285 Nr. 8 HGB im Anhang anzugebende Material- und Personalaufwand (bei Konzernabschluß nur Personalaufwand) machen dies bei deutschen Kapitalgesellschaften weitgehend möglich. Schwierigkeiten bereiten die aktivierten Eigenleistungen, da darüber keine Angaben und auch keine Hinweise für eine Schätzung im Jahresabschluß enthalten sein müssen, sowie die Bestandsveränderungen, da die fertigen und unfertigen Erzeugnisse mit den Waren in der Bilanz ausgewiesen werden dürfen, und die Bestandsveränderungen der Waren nicht in die Erhöhung oder Verminderung des Bestandes an fertigen und unfertigen Erzeugnissen einzubeziehen sind.

Konsequenzen für die Bilanzanalyse

Für eine Bilanzanalyse liegt der Vorteil der Wertschöpfungsrechnung als Analyseinstrument darin, daß sich

- neben der Materialaufwandsquote, der Personalaufwandsquote und der Abschreibungsquote auf Sachanlagen eine Wertschöpfungsquote an der Gesamtleistung ermitteln läßt,
- Veränderungen der Arbeitsproduktivität feststellen lassen,
- an der Veränderung der absoluten Höhe der Wertschöpfung, insbesondere in Verbindung mit Mengenangaben, noch eindeutiger als am Betriebsergebnis oder am Kapitalergebnis feststellen läßt, inwieweit sich Preiserhöhungen bei den bezogenen Roh-, Hilfs- und Betriebsstoffen sowie Waren mit den Umsatzerlösen effektiv in der Vergangenheit weitergeben ließen,
- bei relativ umfangreichen Bestandsveränderungen und aktivierten Eigenleistungen Hinweise für Fragen zu der Bewertung der Bestände und aktivierten Eigenleistungen ergeben und
- bei Betriebsvergleichen aufgrund der unterschiedlichen Höhe der Vorleistungen Hinweise auf die Fertigungstiefe ergeben.

Nachteile einer lediglich auf Basis des Jahresabschlusses erstellten Wertschöpfungsrechnung liegen darin, daß

- die Wertschöpfung von der Gesamtleistung abgeleitet werden muß, und es sich somit teilweise um eine nicht am Markt realisierte Wertschöpfung handelt,
- die unpräzise Abgrenzung der sonstigen betrieblichen Erträge und der sonstigen betrieblichen Aufwendungen die Aussagefähigkeit der Wertschöpfungsrechnung beeinträchtigen kann und
- durch die Korrektur der aufgrund steuerrechtlicher Vorschriften vorgenommenen Abschreibungen die Abschreibungen in den Folgejahren möglicherweise nicht verbrauchsbedingt angesetzt werden.

Bei Unternehmen mit hoher Wertschöpfung ist die Personalaufwandsquote meistens relativ hoch. Deshalb sind bei einer Bilanzanalyse die Entwicklung und der Vergleich der im nachstehenden Abschnitt erläuterten Kennzahlen von Interesse.

Kennzahlen

Mit Hilfe der Kenntnis der Wertschöpfung und der Anzahl der Arbeitnehmer läßt sich die pro Arbeitnehmer hervorgebrachte Wertschöpfung (Arbeitsproduktivität) wie folgt ermitteln:

$$\frac{\text{Wertschöpfung}}{\text{Anzahl der Arbeitnehmer}^{*)}}$$

*) Um den Einfluß von Überstunden, Kurzarbeit und Teilzeitarbeit auszuschalten, wäre es richtiger, in den Nenner die Anzahl der geleisteten Arbeitsstunden statt der Anzahl der Arbeitnehmer einzusetzen. Dadurch würden auch die Auswirkungen einer veränderten Wochenarbeitszeit und der Urlaubsdauer in die Kennzahl einbezogen. Falls eine Berechnung der Wertschöpfung auf Basis der geleisteten Arbeitsstunden nicht möglich ist, sollte zumindest versucht werden, die Arbeitszeit der Teilzeitarbeitnehmer auf Vollzeitarbeitnehmer umzurechnen. Auszubildende sollten nach Möglichkeit nicht in die Kennzahlen einbezogen werden.

Damit die Ermittlung der pro Arbeitnehmer hervorgebrachten Wertschöpfung (Arbeitsproduktivität) nicht durch bilanzpolitische Maßnahmen verfälscht wird, wäre der Ansatz der Bruttowertschöpfung geeignet; falls in dem Unternehmen jedoch Rationalisierungsinvestitionen vorgenommen wurden bzw. durch leistungsfähigere Ersatzinvestitionen die Produktivität gesteigert wurde, ist der Ansatz der Nettowertschöpfung vorzuziehen. Da den meisten sonstigen betrieblichen Erträgen kein Personalaufwand in der gleichen Periode gegenübersteht, dürfte es zweckmäßig sein, diesen Teil der sonstigen betrieblichen Erträge von der Wertschöpfung abzusetzen.

Da in den meisten Fällen ein Weiterwälzen der Preissteigerungen des Beschaffungsmarktes unterstellt werden kann, ist diese Kennzahl von Preissteigerungen am Absatz- und Beschaffungsmarkt weitgehend unabhängig. Sie ist somit wesentlich aussagefähiger als die Kennzahlen

$$\frac{\text{Gesamtleistung}}{\text{Anzahl der Arbeitnehmer}} \quad \text{oder} \quad \frac{\text{Umsatz}}{\text{Anzahl der Arbeitnehmer}}$$

Die Kennzahl Wertschöpfung pro Arbeitnehmer eignet sich ferner dazu, sie der Kennzahl Personalaufwand pro Arbeitnehmer

$$\frac{\text{Personalaufwand}}{\text{Anzahl der Arbeitnehmer bzw. je geleistete Arbeitsstunde}}$$

im Zeit- und Betriebsvergleich gegenüberzustellen, um dadurch Aussagen über die Lohnquote (bei der der Einfluß von Preisveränderungen am Absatzmarkt nicht ausgeschaltet ist) an der Wertschöpfung und somit der Veränderung der Produktivität machen zu können. Da der Aufwand für Leiharbeitskräfte in der Regel nicht im Personalaufwand enthalten ist, sollten die Leiharbeitskräfte auch nicht in die Anzahl der Arbeitnehmer einbezogen werden.

Die Lohnquote je Arbeitnehmer an der Wertschöpfung läßt sich durch die Kennzahl

$$\frac{\text{Personalaufwand je Arbeitnehmer}}{\text{Wertschöpfung je Arbeitnehmer}}$$

ermitteln.

Die Lohnquote für das Unternehmen insgesamt wird an der Wertschöpfung durch folgende Kennzahl errechnet:

$$\frac{\text{Personalaufwand}}{\text{Wertschöpfung}}$$

Diese Kennzahl ist aber weniger aussagefähig als die Lohnquote je Arbeitnehmer an der Wertschöpfung, da sich mit ihr nicht feststellen läßt, ob die Veränderung der Lohnquote an der Wertschöpfung auf geringerer oder höherer Leistung der Arbeitnehmer oder auf veränderten Lohnkosten je Arbeitnehmer zurückzuführen ist.

Die Fertigungstiefe läßt sich durch die Kennzahl

$$\frac{\text{Wertschöpfung}}{\text{Gesamtleistung}}$$

ermitteln. Sie gibt an, wieviel Prozent der Gesamtleistung (= Produktionswert) im Unternehmen selbst erarbeitet wurden.

N. Rentabilitätsanalyse und Kennzahlensystem Return on Investment

I. Allgemeines

Zweck einer Rentabilitätsanalyse ist es, durch den Vergleich von Ergebnissen (Ergebnis vor Ertragsteuern, Ergebnis nach Ertragsteuern, Ergebnis vor Ertragsteuern und vor Zinsen, Ergebnis nach Ertragsteuern und vor Zinsen, Betriebsergebnis) mit Kapital- oder Vermögenswerten (Eigenkapital, Gesamtkapital, betriebsnotwendiges Vermögen) Kennzahlen in Form von Prozentzahlen zu bilden, die das Verhältnis des eingesetzten Kapitals zum damit erwirtschafteten Ergebnis ausdrücken und als Eigenkapital-, Gesamtkapitalrentabilität oder als Rentabilität des betriebsnotwendigen Vermögens bezeichnet werden.

In der Praxis ist es auch üblich, das Verhältnis des Ergebnisses zum Umsatz als Umsatzrentabilität oder Umsatzrendite zu bezeichnen, obwohl hierbei nicht die Rentabilität des eingesetzten Kapitals gemessen wird.

Ziel einer Rentabilitätsanalyse ist es, Erkenntnisse über die Ursachen der Rentabilität zu gewinnen, indem die Eigen- und Gesamtkapitalrentabilität mit Hilfe des Kennzahlensystems Return on Investment in weitere Kennzahlen zerlegt werden.

Für die Messung der Rentabilität werden – wie oben gesagt – verschiedene Ergebnisse, Bezugsgrößen (Kapital- oder Vermögenswerte) und Kennzahlen verwendet. Die Vor- und Nachteile der einzelnen Ergebnisse und Bezugsgrößen sind in folgender Übersicht dargestellt:

Ergebnisse	Vorteile	Nachteile
Ergebnis vor Ertragsteuern (EBT = earnings before taxes)	Vergleichbarkeit zwischen verschiedenen Rechtsformen und Perioden	nicht verwendbares Ergebnis
Ergebnis nach Ertragsteuern	verwendbares Ergebnis	fehlende Vergleichbarkeit wegen unterschiedlicher Steuerbelastung
Ergebnis vor Ertragsteuern und vor Zinsen (EBIT = earnings before interest and taxes)	Vergleichbarkeit bei unterschiedlicher Kapitalstruktur und zwischen verschiedenen Rechtsformen und Perioden	nicht verwendbares Ergebnis
Ergebnis nach Ertragsteuern und vor Zinsen (wegen steuerlicher Abzugsfähigkeit korrigiert)	Vergleichbarkeit bei unterschiedlicher Kapitalstruktur und zwischen verschiedenen Perioden sowie bei unterschiedlicher Ausschüttungspolitik	nicht verwendbares Ergebnis, fehlende Vergleichbarkeit wegen unterschiedlicher Steuerbelastung

Ergebnisse	Vorteile	Nachteile
Ergebnis vor Zinsen, Ertragsteuern und Abschreibungen (EBITDA = earnings before interest, taxes, depreciation and amortization)	Vergleichbarkeit bei unterschiedlicher Kapitalstruktur und zwischen verschiedenen Rechtsformen und Perioden, wenig bewertungsabhängig	Cash-flow-Zahl, deshalb nur Ertragsindikator, keine Ergebniszahl
Betriebsergebnis	frei von betriebsfremden Einflüssen	unvollständiges Ergebnis
Kapital- oder Vermögenswert (Bezugsgröße)		
Eigenkapital	Eigentümersicht	keine Berücksichtigung des Kapitalstrukturrisikos bzw. des Leverage-Effekts, sehr bewertungsabhängig
Gesamtkapital (= Gesamtvermögen)	Vergleichbarkeit bei unterschiedlicher Kapitalstruktur	bewertungsabhängig
Eigenkapital und verzinsliche Schulden	Vergleichbarkeit bei unterschiedlicher Kapitalstruktur, besser als Gesamtkapital zum Vergleich mit Eigenkapitalrentabilität geeignet	bewertungsabhängig
betriebsnotwendiges Vermögen	frei von betriebsfremdem Vermögen	nur für die Messung der Rentabilität einzelner Betriebe geeignet
Umsatz (Bezugsgröße)	nicht bewertungsabhängig	keine Kapitalrentabilität

Nicht alle genannten Ergebnisse in Relation zu den genannten Bezugsgrößen geben sinnvolle Rentabilitätskennzahlen.

II. Eigenkapitalrentabilität

Die Formeln zur Ermittlung der Eigenkapitalrentabilität (RoE = Return on Equity) lauten wie folgt:

$$\frac{\text{Ergebnis vor Ertragsteuern}}{\text{durchschnittliches Eigenkapital}} = \text{Eigenkapitalrentabilität vor Ertragsteuern}$$

und

$$\frac{\text{Ergebnis nach Ertragsteuern}}{\text{durchschnittliches Eigenkapital}} = \text{Eigenkapitalrentabilität nach Ertragsteuern}$$

Als Eigenkapital ist das in Abschnitt G III ermittelte korrigierte Eigenkapital einzusetzen. Trotz der Korrektur dürfte in den meisten Fällen das Eigenkapital wegen stiller Reserven im Anlagevermögen und in den Rückstellungen zu niedrig angesetzt sein, wodurch eine zu hohe Rentabilität ermittelt wird. Bei kontinuierlicher Investitionstätigkeit und unveränderter Bilanzpolitik bleibt diese Kennzahl für einen Langzeitvergleich trotzdem brauchbar.

An dieser Stelle sei darauf hingewiesen, daß durch die unterschiedliche Behandlung des Geschäfts- oder Firmenwerts in den USA (keine Verrechnung mit den Rücklagen, sondern Abschreibung bis zu 40 Jahren) und in Deutschland (Verrechnung mit den Rücklagen möglich, kürzere Abschreibungsdauer) der Vergleich der Eigenkapitalrentabilität zwischen US-Gesellschaften und deutschen Gesellschaften besonders stark beeinträchtigt wird, falls keine Bereinigung vorgenommen wird, um die Bilanzen vergleichbar zu machen.

Prioritätische und kumulative Vorzugsaktien sollten, da sie bezüglich der Verzinsung festverzinslichen Wertpapieren sehr ähneln, bei der Berechnung der Eigenkapitalrentabilität eher als Fremdkapital anstatt als Eigenkapital betrachtet werden. Somit sind auch die gezahlten oder kumulativen Vorzugsdividenden als nicht steuerlich abzugsfähige Fremdkapitalzinsen zu behandeln.

Andererseits sollten Wandelschuld- und Optionsanleihen, wenn sich das Unternehmen dadurch sehr günstige Kredite beschafft hat und mit einer baldigen Wandlung und Option zu rechnen ist, als Eigenkapital betrachtet werden; bei dem Ergebnis und bei den Zinsen sollte eine entsprechende Korrektur erfolgen.

Um der im Laufe des Jahres eingetretenen Veränderung der Höhe des Eigenkapitals, z. B. durch Kapitaleinzahlungen und Kapitalentnahmen, Rechnung zu tragen, ist das durchschnittliche Eigenkapital, z. B. Eigenkapital am Jahresanfang + Eigenkapital am Jahresende : 2 oder Eigenkapital jeweils zu Quartalsbeginn und am Jahresende : 5, zu berücksichtigen.

Als Ergebnis sollte bei der Rentabilitätsanalyse möglichst ein gemäß Abschnitt M IV bereinigtes Ergebnis angesetzt werden.

Bei Konzernabschlüssen sind die Anteile anderer Gesellschafter und die anderen Gesellschaftern zustehenden Gewinne nicht in der Berechnung der Eigenkapitalrentabilität zu berücksichtigen.

Die Eigenkapitalrentabilität sollte vor und nach Ertragsteuern ermittelt werden, da in Deutschland die Höhe der Körperschaftsteuer bei einbehaltenen und ausgeschütteten Gewinnen bisher unterschiedlich war, unbeschränkt Körperschaftsteuerpflichtige die Körperschaftsteuer auf ausgeschüttete Gewinne bei der Einkommensteuer als Vorauszahlung anrechnen konnten und Zinsen auf Dauerschulden bei der Gewerbeertragsteuer zur Hälfte steuerpflichtig sind. Die bessere Vergleichbarkeit mit Einzelunternehmen, Personengesellschaften und ausländischen Unternehmen, die Möglichkeit des besseren Zeitvergleichs bei Nachzahlungen aufgrund steuerlicher Außenprüfungen und die Auswirkungen des steuerlichen Verlustvortrags bei Kapitalgesellschaften sprechen ebenfalls für eine Berechnung der Eigenkapitalrentabilität vor und nach Ertragsteuern.

Wegen des unterschiedlichen Körperschaftsteuersatzes ist die Rentabilität für die einzelnen Anteilseigner deshalb von der Art und Höhe der Steuerpflicht abhängig und wird durch die Ausschüttungspolitik des Unternehmens beeinflußt.

Da für die in Deutschland unbeschränkt Steuerpflichtigen die Körperschaftsteuer auf ausgeschüttete Gewinne bei der Einkommensteuer bisher voll anrechnungsfähig war, diente das Ergebnis vor Ertragsteuern ./. Gewerbeertragsteuer und ./. Körperschaftsteuer auf steuerlich nicht abzugsfähige Aufwendungen als Basis für die Bemessung der Rentabilität.

Für nicht in Deutschland unbeschränkt Steuerpflichtige wäre der Jahresüberschuß ./. einer evtl. nicht bei der Einkommensteuer anrechenbaren Kapitalertragsteuer als Basis für die Bemessung der Rentabilität zugrunde zu legen.

Eine nachhaltige Verringerung der Eigenkapitalrentabilität kann auf bilanzpolitische Maßnahmen zur Verbesserung des Ergebnisses durch die stille Auflösung von stillen Reserven hinweisen. Die Auflösung von stillen Reserven führt zwar zu einer absoluten Verbesserung des Ergebnisses, hat aber auch eine Erhöhung des ausgewiesenen Eigenkapitals und somit tendenziell eine Verringerung des prozentualen Ergebnisses, d.h. eine Verringerung der ausgewiesenen Eigenkapitalrentabilität, zur Folge.

Voll aussagefähig wird die Eigenkapitalrentabilität erst im Vergleich mit der Gesamtkapitalrentabilität bzw. der Rentabilität des Eigenkapitals und der verzinslichen Schulden sowie des damit verbundenen Leverage-Effekts (siehe Abschnitt K II).

III. Gesamtkapitalrentabilität

Bei der Ermittlung der Gesamtkapitalrentabilität (RoCe = Return on Capital employed) sollten das Gesamtkapital und das Ergebnis vor Ertragsteuern und Zinsen ähnlich wie bei der Ermittlung der Eigenkapitalrentabilität bereinigt werden.

Auch bei der Ermittlung der Gesamtkapitalrentabilität gibt es die im vorigen Abschnitt erwähnten Bewertungsprobleme wegen der stillen Reserven im Anlagevermögen. Ihre Auswirkungen sind allerdings wegen der größeren Werte im Zähler und Nenner geringer. In der Bilanz zu hoch ausgewiesene Rückstellungen führen bei der Gesamtkapitalrentabilität nicht zu Verzerrungen, da sich dadurch das Gesamtkapital nicht ändert.

Sofern das Unternehmen Saisongeschäfte betreibt, ist das durchschnittliche Gesamtkapital aus Quartals- oder Monatsanfangsbeständen zu ermitteln.

Die Gesamtkapitalrentabilität sollte aus gleichen Gründen wie die Eigenkapitalrentabilität vor und nach Ertragsteuern ermittelt werden.

Da die Zinsaufwendungen bei der Körperschaftsteuer voll und die Zinsen für Dauerschulden bei der Gewerbeertragsteuer zur Hälfte abzugsfähig sind, muß bei der Ermittlung der Gesamtkapitalrentabilität nach Ertragsteuern im Zähler eine entsprechende Korrektur vorgenommen werden.

Bei Konzernabschlüssen sind auch die anderen Gesellschaftern zustehenden Ergebnisse in die Ermittlung der Gesamtkapitalrentabilität mit einzubeziehen, da das durchschnittliche Vermögen das gesamte Vermögen des Konzerns umfaßt.

Die Formeln zur Ermittlung der Gesamtkapitalrentabilität lauten wie folgt:

$$\frac{\text{Ergebnis vor Ertragsteuern + Zinsen + anderen Gesellschaftern zustehende Ergebnisse}}{\text{durchschnittliches Vermögen}} = \text{Gesamtkapitalrentabilität vor Ertragsteuern}$$

und

$$\frac{\text{Ergebnis nach Ertragsteuern + Zinsen} \times (1 \text{ ./. durchschnittlicher Steuersatz}) + \text{anderen Gesellschaftern zustehende Ergebnisse}}{\text{durchschnittliches Vermögen}} = \text{Gesamtkapitalrentabilität nach Ertragsteuern}$$

Die Gesamtkapitalrentabilität berücksichtigt unterschiedliche Kapitalstrukturen und eignet sich deshalb besser als die Eigenkapitalrentabilität zum Vergleich sowohl mit der Branchenrendite, der Rendite einzelner Wettbewerber als auch der Kapitalmarktrendite.

IV. Rentabilität des Eigenkapitals und der verzinslichen Schulden

Da im Fremdkapital auch offiziell nicht verzinsliche Schulden (Verbindlichkeiten aus Lieferungen und Leistungen, Rückstellungen) enthalten sind, ist es besser, die Rentabilität des Eigenkapitals mit der Rentabilität des Eigenkapitals und der verzinslichen Schulden als mit der Rentabilität des Gesamtkapitals zu vergleichen.

Verzerrungen durch Leasing und Pensionsrückstellungen
Sowohl bei der Ermittlung der Gesamtkapitalrentabilität als auch bei der Ermittlung der Rentabilität des Eigenkapitals und der verzinslichen Schulden werden im Zähler weder der Finanzierungskostenanteil der geleasten Anlagegegenstände noch der Zinsanteil der Zuführungen zu den Pensionsrückstellungen und im Nenner weder die geleasten Anlagegegenstände noch die Pensionsrückstellungen selbst erfaßt. Ein Betriebsvergleich mit ausländischen Unternehmen, bei denen die geleasten Anlagegegenstände aktiviert wurden und bei denen die Altersversorgung der Mitarbeiter durch Pensionsfonds erfolgt, ist dadurch zumindest gestört.

Durch Sale and lease back-Transaktionen ist zusätzlich auch der Zeitvergleich beeinträchtigt.

V. Rentabilität des betriebsnotwendigen Vermögens

Die Ermittlung der Rentabilität des betriebsnotwendigen Vermögens geschieht wie folgt:

$$\frac{\text{Betriebsergebnis}}{\text{durchschnittliches betriebsnotwendiges Vermögen}} = \text{Rentabilität des betriebsnotwendigen Vermögens}$$

In der betrieblichen Praxis ist es durchaus üblich, bei der Rentabilitätsberechnung das Sachanlagevermögen nicht zu Buchwerten, sondern zu Anschaffungskosten zu berücksichtigen. Obwohl diese Art der Berechnung aus finanzwirtschaftlicher Sicht falsch ist, weil bereits ein Vermögensrückfluß in Höhe der Abschreibungen stattgefunden hat, wird sie in der Praxis bei der Bemessung der Rentabilität einzelner Betriebe oft angewandt, da man auf diese Art und Weise Bewertungsprobleme aufgrund unterschiedlicher Abschreibungen – nicht jedoch aufgrund von Geldwertschwankungen – umgehen kann. Die Rentabilität kann somit durch die unterschiedliche Höhe der Buchwerte des Sachanlagevermögens oder sogar durch voll abgeschriebenes, aber noch genutztes Sachanlagevermögen nicht verfälscht werden; sie ermöglicht auch einen besseren Vergleich der Rentabilität verschiedener Betriebe. Sofern das Sachanlagevermögen durch entsprechende Reparaturen und Instandhaltungen immer in einem Top-Zustand gehalten wird und mit zunehmendem Alter nicht mit einer vermehrten Reparaturanfälligkeit und geringerer Leistungsfähigkeit gegenüber neuen Anlagen gerechnet werden muß, ist dieser Berechnungsweise der Rentabilität einzelner in hohem Maße aus sehr langlebigen Anlagegegenständen bestehender Betriebe der Vorzug zu geben.

Für eine externe Bilanzanalyse gibt es kaum eine Veranlassung, die Rentabilität auf Basis des betriebsnotwendigen Vermögens zu ermitteln, da das Management eines Unternehmens über Art und Höhe der Investitionen in den einzelnen Bereichen entscheiden kann und Maßstab zur Rentabilitätsmessung nur das gesamte Vermögen bzw. Kapital ist.

Sollte Kapital vorübergehend in nicht betriebsnotwendigem Vermögen (z.B. im Bau befindliche Anlagen, überhöhte Kapazitäten, spekulative Vorräte) gebunden sein, so dürfte es langfristig jedoch Erträge abwerfen. Deshalb sollten solche Posten bei der Rentabilitätsanalyse eines Unternehmens nicht gekürzt werden. Im übrigen dürften die zur Ermittlung der Rentabilität des betriebsnotwendigen Vermögens erforderlichen Informationen über das zu analysierende Unternehmen und über vergleichbare Unternehmen kaum vorliegen.

Bei einem wesentlichen außerordentlichen Ergebnis kann es angebracht sein, die Rentabilität auf Basis des Ergebnisses der gewöhnlichen Geschäftstätigkeit zusätzlich zu ermitteln.

VI. Umsatzrentabilität oder Umsatzrendite

Ausführungen zur Umsatzrentabilität oder Umsatzrendite sind bereits in dem Abschnitt M II Analyse der Aufwands- und Ertragsstruktur enthalten.

Im Gegensatz zur Berechnung der Eigen- und Gesamtkapitalrentabilität ergeben sich bei der Ermittlung der Umsatzrendite keine Bewertungsprobleme durch stille Reserven, da der Umsatz bewertungsunabhängig ist. Bei Unternehmensvergleichen ist jedoch darauf zu achten, daß bei Einzelunternehmen und Personengesellschaften der Gewinn um den Unternehmerlohn zu kürzen ist.

Die Formel zur Ermittlung der Umsatzrendite lautet:

$$\frac{\text{Ergebnis vor Ertragsteuern}}{\text{Umsatzerlöse}} \quad \text{oder} \quad \frac{\text{Ergebnis nach Ertragsteuern}}{\text{Umsatzerlöse}}$$

Aus ähnlichen Erwägungen wie bei der Ermittlung der Eigen- und Gesamtkapitalrentabilität wird auch die Umsatzrentabilität vor und nach Ertragsteuern errechnet, wobei die Umsatzrentabilität vor Ertragsteuern aussagefähiger ist.

Betriebswirtschaftlich am aussagefähigsten ist die Kennzahl

$$\frac{\text{Betriebsergebnis}}{\text{Umsatzerlöse}}$$

da bei dieser Kennzahl der Einfluß der Kapitalstruktur und der Steuerbelastung ausgeschaltet wird.

Um bilanzpolitische Maßnahmen, die zur Beeinflussung des Ergebnisses getroffen wurden, besser ausschalten zu können, wird in der Praxis der besseren Vergleichbarkeit wegen nicht selten der Cash-flow ins Verhältnis zum Umsatz gesetzt. Da der Cash-flow keinen Gewinn darstellt und das Verhältnis Abschreibungen zu Umsatz wenig aussagt, ist diese Kennzahl wenig nützlich. Sie kann nur dazu anregen, ggf. weitere Recherchen anzustellen (siehe Abschnitt M IV Bereinigung der Gewinn- und Verlustrechnungen).

VII. Kennzahlensystem Return on Investment

1. Allgemeines

Eine Möglichkeit zur weiteren Analyse der Rentabilität bietet das Kennzahlensystem Return on Investment (RoI).

Es wurde erstmals 1919 von der Firma E. I. Du Pont de Nemours and Company, Wilmington, Delaware als internes Management-Kontrollsystem installiert.

Bei der Berechnung des Return on Investment wird die Gesamtkapitalrentabilität, die die Spitzenkennzahl dieses Kennzahlensystems ist, in

- einen leistungswirtschaftlichen Teilerfolg (Umsatzrendite) und
- einen finanzwirtschaftlichen Teilerfolg (Vermögens- bzw. Kapitalumschlag)

zerlegt, oder umgekehrt ausgedrückt, die Gesamtkapitalrendite ist das Produkt aus Umsatzrendite und Kapitalumschlag.

Beide Faktoren setzen sich ihrerseits wieder aus verschiedenen Faktoren zusammen. Sie werden im folgenden Schema dargestellt:

Return on Investment-Schema

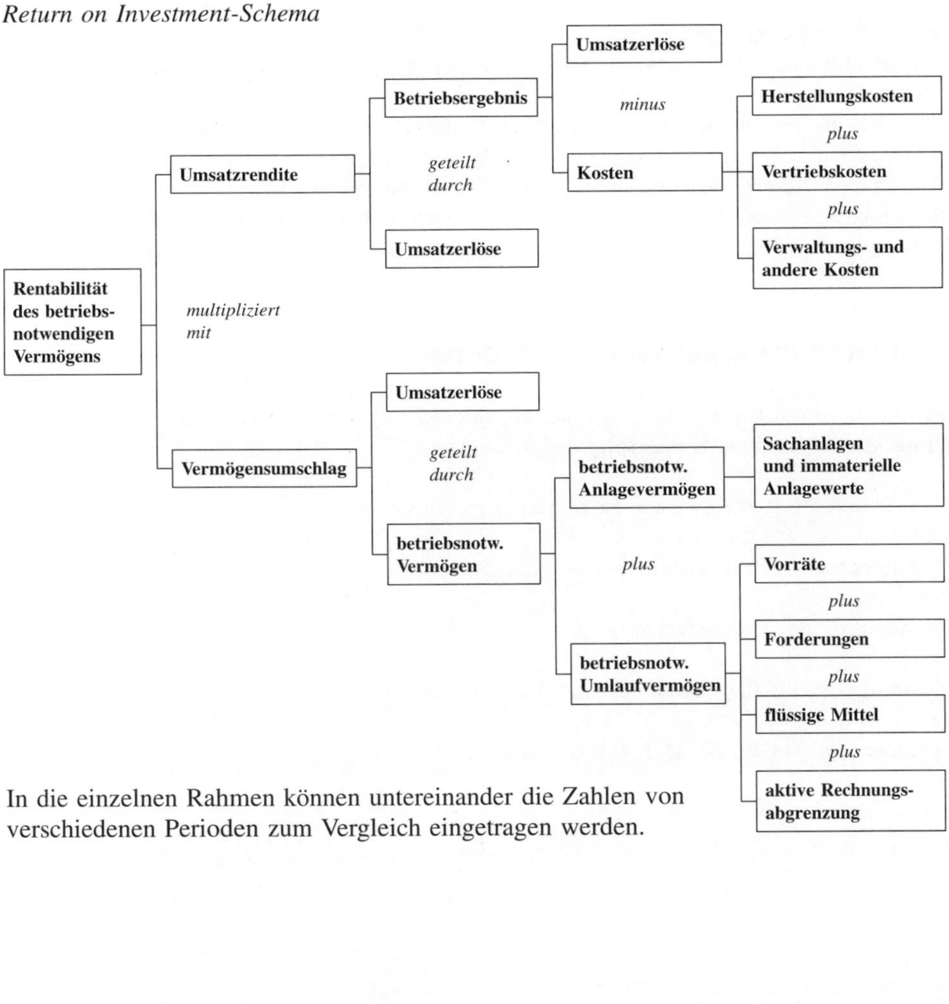

In die einzelnen Rahmen können untereinander die Zahlen von verschiedenen Perioden zum Vergleich eingetragen werden.

Das Return on Investment-Schema zeigt, wie die Veränderung von Ertrags-, Aufwands- und Vermögensposten grundsätzlich die Rentabilität eines Unternehmens beeinflußt.

Der Zusammenhang zwischen Rentabilität, Umsatzrendite und Vermögensumschlag wird an folgendem Beispiel dargestellt, das zeigt, daß sich die Rentabilität aus der Multiplikation der Umsatzrendite mit dem Vermögensumschlag ergibt:

	Unternehmen		
	A	B	C
1. Umsatzerlöse	10	10	10
2. Betriebsergebnis	1	2	0,5
3. betriebsnotwendiges Vermögen	10	5	5
4. Umsatzrendite (2 : 1)	10%	20%	5%
5. Vermögensumschlag (1 : 3)	1	2	2
6. Rentabilität des betriebsnotwendigen Vermögens (4 × 5)	10%	40%	10%

Für die weitere Analyse der beiden Faktoren Umsatzrendite und Vermögensumschlag wird auf die Ausführungen in den Abschnitten M II und M III Analyse der Aufwands- und Ertragsstruktur bei einer Gewinn- und Verlustrechnung nach dem Umsatz- und Gesamtkostenverfahren und J II 2 Umschlagshäufigkeit und Umschlagsdauer hingewiesen.

Der Return on Investment ist ein Mittel, die Leistungen des Managements in der Vergangenheit zu beurteilen. Darüber hinaus kann er bei der Ergebnisplanung dienlich sein.

Durch den Return on Investment kann das investierte Kapital mit anderen Kapitalanlagemöglichkeiten, die dem gleichen Risiko unterliegen, verglichen werden. Aussagefähig ist die Analyse Return on Investment nur, wenn sie eine Reihe von Jahren umfaßt.

2. Analyse der Eigenkapitalrentabilität

Ausgehend von dem Return on Investment (Gesamtkapitalrentabilität) läßt sich die Rentabilität des Eigenkapitals wie folgt aufgliedern:

Umsatzrendite (Gewinn nach Ertragsteuern : Umsatzerlöse)
×
Vermögensumschlag (Umsatzerlöse : durchschnittliches Vermögen)
=
Rentabilität des Gesamtvermögens
×
Leverage-Faktor (Eigenkapitalrentabilität : Gesamtkapitalrentabilität)
=
Eigenkapitalrentabilität nach Ertragsteuern

Eine Veränderung der Eigenkapitalrentabilität kann deshalb auf folgende in obiger Aufgliederung enthaltenen drei Faktoren zurückgeführt werden:

- Veränderung der Umsatzrendite,
- Veränderung des Vermögensumschlages,
- Veränderung der Kapitalstruktur bzw. der Kapitalkosten für das Fremdkapital.

Die Ursachen für die Veränderung der beiden ersten Faktoren lassen sich entsprechend dem Return on Investment-Schema weiter analysieren. Die Analyse der Veränderung der Kapitalstruktur bzw. der Kapitalkosten erfolgt außerhalb des Return on Investment-Schemas.

VIII. Eigenkapitalwachstum durch Selbstfinanzierung

Das Eigenkapitalwachstum durch Selbstfinanzierung in % des Eigenkapitals wird wie folgt ermittelt:

$$\frac{\text{Ergebnis nach Ertragsteuern ./. nicht ausgezahlte kumulative Vorzugsdividende ./. Dividendenausschüttung}}{\text{durchschnittliches Eigenkapital}} = \text{Eigenkapitalwachstum durch Selbstfinanzierung in \% des Eigenkapitals}$$

Der Eigenkapitalzuwachs durch Selbstfinanzierung dient der Erhaltung der Ertragskraft des Unternehmens und soll aus finanzwirtschaftlicher Sicht die Zahlung einer gleichbleibenden Dividende sichern.

Beurteilungsmaßstab für eine angemessene Höhe kann das Wachstum eines Unternehmens sein.

Da aufgrund einer stetigen Inflation die Gewinne der Unternehmen in der Regel Scheingewinne enthalten, sollte sich zur Vermeidung einer Scheingewinnausschüttung – sofern der Scheingewinnanteil am Gewinn des Unternehmens nicht bekannt ist – das Eigenkapitalwachstum durch Selbstfinanzierung in % des Eigenkapitals mindestens an der Inflationsrate orientieren.

O. Rendite und Börsenbewertung

I. Allgemeines

Börsenbewertung hat mit Bilanzanalyse im engeren Sinne nichts zu tun, da die Börsenbewertung von Ertragserwartungen ausgeht, während es sich bei der Bilanzanalyse um eine Analyse der vergangenen und gegenwärtigen Vermögens-, Finanz- und Ertragslage handelt. Da es aber Ziel einer Bilanzanalyse ist, Aussagen über die mögliche oder wahrscheinliche zukünftige Entwicklung des Unternehmens zu machen, ist es angebracht, sowohl die von der Börsenbewertung abhängigen Rendite-Kennzahlen (z. B. Kurs/Gewinn-Verhältnis) als auch die von der Börsenbewertung unabhängigen Rendite-Kennzahlen (z. B. Ergebnis je Aktie) einer Bilanzanalyse hinzuzufügen und zu durchleuchten.

Außerdem sollten – zumindest wenn sich die Rentabilitätskennzahlen bei der Bilanzanalyse und die Rendite-Kennzahlen bei der Börsenbewertung zu widersprechen scheinen – weitere Recherchen vorgenommen werden.

II. Gewinn je Aktie

Unter Gewinn nach Steuern je Aktie (EPS = earnings per share) versteht man das Verhältnis des bereinigten Unternehmensergebnisses zur Anzahl der Aktien. Er wird nach den folgenden Formeln errechnet, die beide zu demselben Ergebnis gelangen:

$$\frac{\text{bereinigtes Unternehmensergebnis}}{\text{gewichteter Durchschnitt der Anzahl der Aktien}} = \text{Gewinn nach Steuern je Aktie}$$

oder

$$\frac{\text{bereinigtes Unternehmensergebnis} \times \text{Aktiennennbetrag}}{\text{gewichteter Durchschnitt des gezeichneten Kapitals}} = \text{Gewinn nach Steuern je Aktie}$$

Sollte eine Gesellschaft Vorzugsaktien ausgegeben haben, bietet es sich an, den Zähler um die Dividende auf die Vorzugsaktien und den Nenner um die Vorzugsaktien zu reduzieren.

Diese Kennzahl ist hauptsächlich zum Zeitvergleich und weniger zum Unternehmensvergleich geeignet, da der Gewinn nach Steuern je Aktie vom gezeichneten Kapital und nicht vom Eigenkapital insgesamt abhängt.

Schwierigkeiten bereitet insbesondere in Deutschland die Ermittlung des »richtigen« Gewinnes. In der Praxis hat sich hierbei immer mehr das Ergebnis nach der DVFA/SG Formel (siehe M V Ergebnis nach DVFA/SG) durchgesetzt, das von vielen großen Aktiengesellschaften angegeben wird.

Da in Deutschland die Höhe des Gewinnes nach Steuern je Aktie wegen des unterschiedlichen Körperschaftsteuersatzes für ausgeschüttete und nicht ausgeschüttete Gewinne bisher von der Ausschüttungsquote abhing, ist der Aussagewert dieser Kennzahl bei deutschen Aktien beeinträchtigt. Als Alternative böte sich an, den Gewinn vor Steuern je Aktie als Vergleichsmaßstab zu verwenden.

Wegen der Problematik bei der Ermittlung des »richtigen« Gewinnes wird in der Praxis teilweise auch der Cash-flow je Aktie ermittelt. Diese Kennzahl ist irreführend, da der Cash-flow keinen Gewinn darstellt. Der Cash-flow ist zwar ein Analyseinstrument bei der Bilanzanalyse, ist aber als Rendite-Kennzahl je Aktie ungeeignet.

Falls ein Unternehmen Wandelanleihen ausgegeben oder Aktienoptionen an Mitglieder des Vorstandes und leitende Mitarbeiter gewährt hat, kann man den »vollverwässerten« (fully diluted) Gewinn je Aktie ermitteln. Er wird unter der Annahme errechnet, daß die ausübbaren Rechte aus Wandelanleihen und Aktienoptionen im Geschäftsjahr voll ausgeübt werden.

III. Kurs/Gewinn-Verhältnis (KGV)

Das Kurs/Gewinn-Verhältnis (KGV), auch price-earnings ratio (PER) genannt, wird wie folgt ermittelt:

$$\frac{\text{Börsenkurs}}{\text{Gewinn je Aktie}} = \text{Kurs/Gewinn-Verhältnis}$$

Diese Kennzahl drückt aus, zum Wievielfachen des Gewinnes des letzten Geschäftsjahres die Aktie an der Börse bewertet wird. Manchmal wird auch der geschätzte Gewinn des laufenden oder nächsten Geschäftsjahres dem Börsenkurs gegenübergestellt.

Bei dem Kurs/Gewinn-Verhältnis handelt es sich um eine reziproke Rentabilitätskennzahl, d. h. der Kehrwert zeigt die Rentabilität auf den Börsenkurs an, wobei die Gewinne in der Regel nur teilweise ausgeschüttet wurden.

Während es sich bei der Eigen- und Gesamtkapitalrentabilität um die Rentabilität des in den Büchern des Unternehmens ausgewiesenen Kapitals handelt, drückt das Kurs/Gewinn-Verhältnis die Rentabilität der Anteile an dem Unternehmen, bewertet zum Börsenkurs, aus.

Ein hohes Kurs/Gewinn-Verhältnis, d. h. eine niedrige Rentabilität in der Vergangenheit, muß keinesfalls eine teure Aktie bedeuten, sondern läßt darauf schließen, daß an der Börse in Zukunft mit höheren Erträgen gerechnet wird.

Durch einen Vergleich der Kurs/Gewinn-Verhältnisse in der Vergangenheit läßt sich erkennen, wie die Gewinnaussichten des Unternehmens an der Börse im Verhältnis zu dem Gewinn des letzten Geschäftsjahres beurteilt worden sind.

Durch einen Vergleich der aktuellen Kurs/Gewinn-Verhältnisse zwischen verschiedenen Unternehmen der Branche lassen sich die an der Börse gehegten unterschiedlichen Gewinnerwartungen für die einzelnen Unternehmen gegenüber deren letztem Gewinn feststellen.

Ein hohes Kurs/Gewinn-Verhältnis bedeutet für das Unternehmen, daß es ggf. Kapitalerhöhungen zu sehr günstigen Bedingungen vornehmen kann.

Die Anzahl der Aktien × Börsenkurs ergibt den Börsenwert eines Unternehmens.

Es ist auch üblich, den Börsenwert eines Unternehmens zuzüglich der Finanzschulden = Unternehmenswert (EV = enterprise value) mit dem EBIT oder EBITDA zu vergleichen.

IV. Dividendenrendite

Während das Kurs/Gewinn-Verhältnis die erwirtschaftete Rentabilität in Verbindung zum Börsenkurs zeigt, wird mit der Dividendenrendite der tatsächliche von dem Unternehmen ausgeschüttete Betrag als Renditemaßstab benutzt.

In Deutschland ist es üblich, die den Anteilseignern bisher bei der Ausschüttung zustehende Steuergutschrift in die Berechnung der Dividendenrendite mit einzubeziehen, obwohl nur in Deutschland unbeschränkt Steuerpflichtige davon einen Nutzen haben.

Die Dividendenrendite errechnet sich wie folgt:

$$\frac{\text{Dividende} + \text{Steuergutschrift}}{\text{Börsenkurs}} = \text{Dividendenrendite}$$

Es ist zwar zur Vervollständigung der Information über eine Gesellschaft im Rahmen einer Bilanzanalyse interessant, die Dividendenrendite zu kennen, sie hat aber keinen großen Aussagewert.

Um den tatsächlichen Nutzen einer Aktienanlage, d.h. den Kapitalanlagenutzen, während eines Jahres zu messen, müßte der Kapitalanleger der Dividendenrendite noch die Wertsteigerung in Form von realisierbaren Kursgewinnen hinzurechnen oder ggf. die Kursverluste abziehen. Für einen Kapitalanleger ist sie die wichtigste Rendite-Kennzahl. Bei einer Bilanzanalyse hat diese Berechnung des Kapitalanlagenutzens keine Bedeutung.

V. Bilanzkurs und Börsenkurs

Der Bilanzkurs ist das Verhältnis des bilanzierten Eigenkapitals zum gezeichneten Kapital und errechnet sich wie folgt:

$$\frac{\text{bilanziertes Eigenkapital}}{\text{gezeichnetes Kapital}} \times 100 = \text{Bilanzkurs}$$

Er ist eine substanzorientierte Größe.

Dem Bilanzkurs kommt eine gewisse Bedeutung allenfalls im Vergleich zum Börsenkurs zu.

Der Börsenkurs errechnet sich wie folgt:

$$\frac{\text{Preis (Kurs) einer Aktie}}{\begin{array}{c}\text{Nominalwert einer Aktie}\\ \text{(gezeichnetes Kapital : Anzahl der Aktien)}\end{array}} \times 100 = \text{Börsenkurs}$$

Der Börsenkurs ist eine ertragsorientierte Größe.

Der Unterschied zwischen Bilanzkurs und Börsenkurs setzt sich aus

den stillen Reserven des Unternehmens und
dem Goodwill (kapitalisierte Überrendite)

zusammen, wobei die Höhe der beiden Teile nicht bekannt ist.

Die Unterschiede zwischen dem Bilanzkurs und dem Börsenkurs im Zeitverlauf zeigen, in welcher Höhe die kapitalisierten Ertragserwartungen der Börse von dem bilanzierten Eigenkapital abweichen.

Interessanter zu wissen wäre der Unterschied zwischen dem um die stillen Reserven bereinigten Bilanzkurs und dem Börsenkurs, da hierbei dem von den Unternehmen investierten Eigenkapital (Nettosubstanzwert) die kapitalisierten Ertragserwartungen der Börse (Ertragswert) gegenübergestellt und der Goodwill (kapitalisierte Überrendite) ermittelt werden könnte.

Aber sowohl das für einen Außenstehenden kaum feststellbare oder nur annähernd schätzbare investierte Eigenkapital (Nettosubstanzwert) als auch die geringe Aussagefähigkeit des Goodwill lassen es angeraten erscheinen, in der Regel keine weiteren Recherchen und Analysen vorzunehmen.

VI. Ausschüttungsquote

Die Ausschüttungsquote zeigt das Verhältnis des ausgeschütteten Gewinnes im Verhältnis zum gesamten Gewinn (./. Anteile Dritter).

Bei deutschen Gesellschaften ist bei der Ermittlung der Ausschüttungsquote zu bedenken, daß der Körperschaftsteuersatz für ausgeschüttete und nicht ausgeschüttete Gewinne bisher unterschiedlich war und die Höhe der Ausschüttung somit den Gewinn beeinflußte, und daß die von der Gesellschaft auf ausgeschüttete Gewinne gezahlte Körperschaftsteuer für in Deutschland unbeschränkt Steuerpflichtige Teil des Gewinnes war, weil sie dafür eine Steuergutschrift erhielten.

Für eine Bilanzanalyse ist die Ausschüttungsquote nicht von Bedeutung. Wichtiger ist die Höhe des einbehaltenen Gewinnes im Verhältnis zum Eigenkapital, die in Abschnitt N VIII Eigenkapitalwachstum durch Selbstfinanzierung besprochen wurde. Wichtig ist es auch zu prüfen, ob der ausgeschüttete Gewinn nicht das nachhaltig erzielbare Ergebnis übersteigt, d.h. es sollte festgestellt werden, ob ein Substanzverzehr vorliegt.

P. Zukünftige Entwicklung des Unternehmens

Ziel einer Bilanzanalyse ist es, Aussagen über die mögliche oder wahrscheinliche zukünftige finanzielle Entwicklung, d.h. die Ertrags- und Finanzkraft eines Unternehmens, zu machen.

Die Ertrags- und Finanzkraft beruht hauptsächlich auf den Betriebsergebnissen eines Unternehmens, und die Betriebsergebnisse eines Unternehmens werden nachhaltig im wesentlichen durch die folgenden Faktoren bestimmt:

- Markt,
- Produkte,
- Kosten,
- Qualität des Managements.

Mit Ausnahme der Kosten ist darüber aus den Jahresabschlüssen unmittelbar nichts zu erfahren. Aus diesem Grunde kann man aus einer isolierten Bilanzanalyse, d.h. einer Bilanzanalyse, die nicht Bestandteil einer Unternehmensanalyse ist oder in die keine zusätzlichen Informationen hineingeflossen sind, nur wenig Aussagen über die zukünftige finanzielle Entwicklung eines Unternehmens ableiten.

Auf die wenigen in den Jahresabschlüssen enthaltenen Indikatoren für die mögliche oder wahrscheinliche zukünftige finanzielle Entwicklung eines Unternehmens sowie auf andere Themen, die die zukünftige finanzielle Entwicklung eines Unternehmens betreffen und in einem engen Zusammenhang mit einer Bilanzanalyse stehen, wird nachstehend eingegangen.

I. Wachstum

1. Verhältnis Sachanlagenzugänge zu Abschreibungen

Ein Indikator für das Wachstum eines Unternehmens ist die Kennzahl

$$\frac{\text{Sachanlagenzugänge (ohne Grundstücke)}}{\text{Abschreibungen auf Sachanlagen}} = \text{Investitionsüberschuß}$$

Diese Kennzahl wird auch Wachstumsquote genannt.

Richtiger wäre es, die Sachanlagenzugänge um die Erlöse aus den Sachanlagenabgängen zu kürzen, d.h. die Netto-Sachanlagenzugänge den Abschreibungen gegenüberzustellen. Diese Erlöse sind oft jedoch nicht genau bekannt. Ersatzweise könnte man anstatt der Erlöse aus den Sachanlagenabgängen die Abgänge der Sachanlagen zu Buchwerten berücksichtigen.

Eine Kennzahl über 1 zeigt grundsätzlich ein Wachstum des Unternehmens und eine Kennzahl unter 1 ein Schrumpfen des Unternehmens an. Bei einem Schrumpfen dürfte man die Kennzahl allerdings nicht mehr als Wachstumsquote bezeichnen, sondern müßte sie Substanzerhaltungsgrad nennen.

Aus folgenden Gründen ist diese Aussage jedoch einzuschränken:

- Es müßten bei der Berechnung der Kennzahl nicht die tatsächlichen, sondern die nutzungsgerechten Abschreibungen angesetzt werden.
- Wegen der Inflation dürften in obiger Kennzahl nur Abschreibungen auf Basis von Wiederbeschaffungspreisen berücksichtigt werden.
- Der technische Fortschritt drückt sich in den meisten Fällen in höheren Preisen für Sachanlagen aus. Eine Kennzahl 1 würde deshalb bereits ein Schrumpfen des Unternehmens bedeuten.
- Die Investitionen müssen in Zukunft nicht unbedingt gewinnbringend sein. Es könnte sich um Fehlinvestitionen im Produktionsbereich oder um – evtl. aus Prestigegründen vorgenommene oder überfällige – Investitionen im Verwaltungs- und Sozialbereich handeln.
- Wegen möglicher Investitionsstöße darf nicht nur ein Jahr, sondern es müssen mehrere Jahre bei der Ermittlung der Kennzahl zugrunde gelegt werden.

Neben den Sachanlagenzugängen (ohne Grundstücke) dürften relativ hohe Zugänge bei den Anzahlungen auf Anlagen, den Anlagen im Bau und den Grundstücken auf Wachstumsabsichten des Unternehmens in der Zukunft hinweisen.

In die Beurteilung des Investitionsüberschusses im Hinblick auf ein erwartetes Wachstum des Unternehmens sollten auf jeden Fall die Investitionsüberschüsse der Wettbewerber mit einbezogen werden.

Der reziproke Wert dieser Kennzahl, jedoch mit Einschluß der Grundstücke, nämlich

$$\frac{\text{Abschreibungen auf Sachanlagen}}{\text{Sachanlagenzugänge}} = \text{Investitionsdeckung}$$

sagt aus, in welchem Maße die Investitionen aus Abschreibungen finanziert werden konnten.

An diesem Beispiel – Investitionsdeckung = reziproker Wert des Investitionsüberschusses – zeigt sich, daß man sich vor übereilten und einseitigen Interpretationen von Kennzahlen hüten muß. Ein hoher Investitionsüberschuß bedeutet nämlich gleichzeitig eine niedrige Investitionsdeckung, was mit einem leichten Hauch von unsolider Finanzierung behaftet sein könnte, und eine hohe Investitionsdeckung, die ein Zeichen für finanzielle Stabilität ist, kann gleichzeitig auch ein Zeichen für die Stagnation eines Unternehmens sein.

2. Forschungs- und Entwicklungskosten und andere Kosten mit Investitionscharakter

Ein weiterer Indikator für das Wachstum ist die Höhe der Forschungs- und Entwicklungskosten, und zwar absolut als auch im Zeit- und Branchenvergleich. Bei den Forschungs- und Entwicklungskosten handelt es sich in Wirklichkeit um Vorleistungen für die Zukunft, d.h. Investitionen, die abgegrenzt werden müßten.

Die Kenntnis der Höhe der Kosten für Forschung und Entwicklung läßt eine bessere Abgrenzung der Vergangenheitsergebnisse und mittels Zeit- und Branchenvergleich pauschale Schlüsse für das Wachstum des Unternehmens in der Zukunft zu.

Gemäß HGB ist ein getrennter Ausweis der Forschungs- und Entwicklungskosten nicht vorgesehen. Sie können beim Umsatzkostenverfahren zusammen mit den Herstellungskosten der zur Erzielung der Umsatzerlöse erbrachten Leistungen, was sie in der Tat nicht sind, oder unter den sonstigen betrieblichen Aufwendungen in einer Summe ausgewiesen werden. Viele Unternehmen zeigen jedoch in einem gesonderten Posten die Forschungs- und Entwicklungskosten in der Gewinn- und Verlustrechnung. Informationen über die Forschung und Entwicklung sollten gemäß § 289 Abs. 2 HGB im Lagebericht enthalten sein.

Nach den IAS (nicht nach US-GAAP) sind Entwicklungskosten (nicht Forschungskosten) zu aktivieren, wenn gewisse Voraussetzungen erfüllt sind.

Um jedoch genauere Annahmen über die langfristige Unternehmensentwicklung machen zu können, bedarf es detaillierterer Informationen, z. B. über Art der Forschungs- und Entwicklungskosten, Stand der Forschung und Entwicklung und erzielte und erwartete verwendungsfähige Ergebnisse der Forschung und Entwicklung. Auch ist es interessant zu wissen, inwieweit Kosten für abgebrochene oder wahrscheinlich demnächst abzubrechende Forschungs- und Entwicklungsprojekte in den Forschungs- und Entwicklungskosten enthalten sind (siehe Abschnitt M IV/8.1.2 Forschungs- und Entwicklungsaufwendungen).

Ähnliches wie für die Forschungs- und Entwicklungskosten gilt für andere Kosten, die Investitionscharakter haben, wie z. B.

- Kosten für die Erschließung neuer Märkte,
- Kosten für die Markteinführung neuer Produkte,
- außergewöhnliche Werbekampagnen,
- Kosten für die Anwerbung hochqualifizierter Mitarbeiter,
- außergewöhnliche Kosten der Informationstechnologie (z. B. E-Commerce).

Auch bei diesen Kosten ist es interessant zu wissen, inwieweit darin »Fehlinvestitionen« enthalten sind. Konkrete nachvollziehbare Angaben darüber sind jedoch in der Regel in Jahresabschlüssen nicht zu finden.

3. Geschäftsentwicklung im Verhältnis zur Branche

Ein wichtiger Erfolgsindikator für die Zukunft ist die Veränderung des Marktanteils eines Unternehmens. Die Höhe des Marktanteils kann man aber nicht aus dem Jahresabschluß entnehmen.

Hinweise auf die Veränderung des oder der Marktanteile des zu analysierenden Unternehmens gibt ein mehrjähriger Vergleich zwischen den Umsatzveränderungen des zu analysierenden Unternehmens und den Umsatzveränderungen der Branche und der wesentlichen Wettbewerber. Schwierigkeiten bei der Analyse dieser Umsatzveränderungen bereitet dabei die Tatsache, daß die meisten Unternehmen einer Branche nicht in gleichem Umfang in einem oder mehreren exakt abgrenzbaren Märkten tätig sind, und daß sich die einzelnen Teilmärkte oft unterschiedlich entwickeln.

Es lohnt sich, Veränderungen der Umsatzentwicklung und der Kostenstruktur des zu analysierenden Unternehmens gegenüber der Branche und den wichtigsten Wettbewerbern als Hebel dafür zu benutzen, um zusätzliche Informationen von dem Unternehmen über Marktanteile, Produkte und Wettbewerber zu erfragen.

Die Begründung für die Veränderung der Marktanteile kann Hinweise auf die zukünftige Ertragslage des Unternehmens geben.

Die wichtigsten Gründe für die Veränderung der Marktanteile wären:

- Einführung neuer oder verbesserter Produkte durch das zu analysierende Unternehmen oder durch Wettbewerber,
- Ausbau der Vertriebsorganisation und/oder Erhöhung des Werbebudgets des zu analysierenden Unternehmens oder der Wettbewerber,
- Ausscheiden von Wettbewerbern,
- Neueintritt von Wettbewerbern,
- Kauf von Unternehmen oder Marken durch das zu analysierende Unternehmen,
- Preiskampf.

Für die Schätzung von zukünftigen Ergebnissen kann als Grundsatz gelten:

Die Erhöhung der Marktanteile von heute sind die Gewinne von morgen.

Den verschiedenen Gründen für die Veränderung der Marktanteile ist dabei ein unterschiedliches Gewicht beizumessen. Insbesondere bei Preiskämpfen ist obiger Grundsatz sehr fragwürdig.

II. Restrukturierungen

Ein Indikator für die zukünftige Entwicklung des Unternehmens können Restrukturierungskosten sein. Ein Unternehmen entschließt sich zu einer Restrukturierung, wenn es glaubt, daß der Unterschied zwischen dem abgezinsten Cash-flow nach einer Restrukturierung und dem abgezinsten Cash-flow vor einer Restrukturierung größer als die Restrukturierungskosten ist.

Obwohl sich Restrukturierungskosten aufgrund von Maßnahmen zur Korrektur der bisherigen Geschäftspolitik ergeben und somit wirtschaftlich von den bisher erzielten Ergebnissen abzuziehen wären, ist ihre finanzielle Wertung teilweise mit einer Investition vergleichbar. Ähnlich ist auch die Restrukturierung der Informationstechnologie eines Unternehmens zu werten.

Ohne Restrukturierung dürften die Ergebnisse bzw. die Cash-flows des Unternehmens in der Zukunft gegenüber der Vergangenheit wahrscheinlich niedriger ausfallen. Für den Analysten gilt es deshalb, sich eine Meinung darüber zu bilden, inwieweit durch die Restrukturierung ein abzusehender Ergebnisverfall gestoppt werden konnte und inwieweit durch die Restrukturierung in Zukunft wahrscheinlich eine Ergebnisverbesserung eintreten wird.

III. Früherkennung negativer Unternehmensentwicklungen mit Hilfe der multivariaten Diskriminanzanalyse

1. Allgemeines

Bilanzanalytiker sind immer bestrebt, Prognosen zu erstellen. Wegen des vergangenheitsbezogenen Informationsmaterials ist das – wie bereits weiter oben ausgeführt – nur sehr beschränkt möglich.

In der Literatur (Altmann, Baetge, Baetge/Beuter/Feidicker, Baetge/Huß/Niehaus, Beaver, Beermann, Bleier, Feidicker, Hauschildt, Huß, Niehaus, Weibel, Weinrich) wurde deshalb versucht herauszufinden, welche Kennzahlen sich am ehesten für Prognosen eignen. Kennzahlen, die die tatsächliche Entwicklung voraussagen, gibt es allerdings nicht, sondern nur solche, die auf ein hohes Risiko hinweisen.

Man hat solche Kennzahlen mit Hilfe der multivariaten Diskrimininanzanalyse gefunden. Es kristallisierte sich dabei heraus, daß sich solvente und insolvenzgefährdete Unternehmen durch folgende Kennzahlen – teilweise in abgewandelter Form – besonders unterschieden:

- Eigenkapitalquote,
- Eigenkapital- und Gesamtkapitalrentabilität bzw. »Cash-flow-Rendite«,
- Umschlag des Umlaufvermögens,
- Verhältnis Umlaufvermögen zu kurzfristigem Fremdkapital,
- dynamischer Verschuldungsgrad.

Praktisch ist durch die in der Literatur beschriebenen Diskriminanzanalysen der wissenschaftliche Beweis für eine alte Kaufmannsweisheit geliefert worden, nämlich daß Unternehmen, die

- ein niedriges Eigenkapital haben,
- nur eine geringe oder sogar eine negative Gewinnspanne erzielen,
- im Verhältnis zum Umsatz zu hohe Vorräte und Außenstände besitzen,
- verhältnismäßig hohe kurzfristige Schulden ausweisen und
- lange Fristen zur Schuldentilgung benötigen,

leicht insolvent werden können.

2. Beschreibung der multivariaten Diskriminanzanalyse

Diskriminanzanalyse (Unterscheidungsanalyse) ist ein statistisches Verfahren zur Analyse von Gruppenunterschieden. Es ermöglicht, Elemente einer Grundgesamtheit (hier Unternehmen) in zwei (hier solvente und insolvenzgefährdete Unternehmen) oder mehrere Gruppen durch ein oder mehrere Merkmale (hier Kennzahlen der Bilanzanalyse) mit einer bestimmten Wahrscheinlichkeit zu unterscheiden. Anders ausgedrückt heißt das, mit Hilfe der Diskriminanzanalyse werden Kennzahlen der Bilanzanalyse auf ihre Tauglichkeit zur Früherkennung negativer Unternehmensentwicklungen getestet.

Benutzt man nur ein Merkmal (Kennzahl), so spricht man von einer univariaten Diskriminanzanalyse. Werden mehrere Merkmale benutzt, dann handelt es sich um eine multivariate Diskriminanzanalyse.

Als Ergebnis einer multivariaten Diskriminanzanalyse erhält man eine Diskriminanzfunktion, d.h. eine verdichtete Kennzahl. Sie besteht bei der Bilanzanalyse aus der Addition und eventuellen Subtraktion der entsprechend ihrer statistischen Bedeutung für eine möglichst maximale Trennung zwischen solventen und insolvenzgefährdeten Unternehmen gewichteten Kennzahlen. Die maximale Trennung ist dann gegeben, wenn die Distanz zwischen den Kennzahlenmittelwerten der beiden Gruppen möglichst groß und die Streuung der Kennzahlenwerte innerhalb einer Gruppe möglichst klein ist.

Die Diskriminanzfunktion, d.h. ein Bonitätsindikator, der aus einer verdichteten Kennzahl besteht, soll helfen, nicht untersuchte Unternehmen in solvente und insolvenzgefährdete Unternehmen mit möglichst wenig Fehlklassifikationen zu unterscheiden. Die Brauchbarkeit einer multivariaten Diskriminanzanalyse für die Früherkennung negativer Unternehmensentwicklungen hängt von der Anzahl der Fehlklassifikationen ab.

Eine multivariate Diskriminanzanalyse für eine Bilanzanalyse erfolgt kurz zusammengefaßt in folgenden Schritten:

Es wird eine möglichst große Gruppe von Unternehmen, die in den letzten Jahren insolvent geworden sind (Testgruppe), und eine gleich große Gruppe ähnlicher Unternehmen, die in den letzten Jahren solvent geblieben sind (Kontrollgruppe), zusammengestellt.

Man ermittelt, durch welche Merkmale, auch Diskriminanzvariablen genannt (hier Kennzahlen der Bilanzanalyse), sich beide Gruppen in mindestens drei aufeinanderfolgenden Jahren voneinander unterscheiden. Hierbei werden möglichst viele Kennzahlen untersucht. Die Diskriminanzanalyse wählt die Kennzahlen aus, die den größten zusätzlichen Beitrag zur Trennung der Gruppen leisten.

Die Diskriminanzvariablen (Kennzahlen der Bilanzanalyse) werden gewichtet und zu einer Diskriminanzfunktion verknüpft. Die Gewichtung hängt von der statistischen Bedeutung der jeweiligen Kennzahl ab. Dabei gehen eine Rentabilitätskennzahl und der Verschuldungsgrad meistens mit einer hohen Gewichtung in die Diskriminanzfunktion ein.

Es wird ein Trennwert (cut-off-point) oder Trennkorridor ermittelt. Er wird so gewählt, daß die Fehlklassifikationen möglichst gering sind, d.h. daß solvente Unternehmen möglichst nicht als insolvenzgefährdet und insolvenzgefährdete Unternehmen möglichst nicht als solvent eingestuft werden. Wird ein Trennkorridor gewählt, bedeutet das, daß ein Teil der Unternehmen weder als solvent noch als insolvent gefährdet eingestuft wird, weil eine klare Klassifizierung nicht möglich ist. In der Vergangenheit hat sich gezeigt, daß die Trennfähigkeit einer Diskriminanzfunktion aufgrund von 3–4 Kennziffern, d.h. wenn die Diskriminanzfunktion mindestens eine Rentabilitätskennzahl, den Verschuldungsgrad und die Umschlagshäufigkeit des Umlaufvermögens erfaßt, der Trennfähigkeit einer Diskriminanzfunktion von bis zu 30 Kennziffern kaum unterlegen ist.

Die ermittelte Diskriminanzfunktion ist abschließend an einer möglichst großen Zahl von Kontrollstichproben zu testen. Dabei ist zu prüfen, ob die Kennzahlen von Unternehmen, die nicht zur Ermittlung der Diskriminanzfunktion benutzt wurden, zu den gleichen Ergebnissen führen, d.h. ob sie solvente von insolvenzgefährdeten Unternehmen trennen. Falls dies nicht der Fall ist, muß der gesamte Vorgang wiederholt werden.

Ebenfalls auf einer einzigen aus mehreren Kennzahlen verdichteten Kennzahl beruht die Bilanzanalyse mit Hilfe künstlicher neuronaler Netze. Die Ermittlung dieser verdichteten Kennzahl ist jedoch wesentlich aufwendiger. Es wird auf die diesbezügliche Literatur verwiesen (Baetge, Krause, Uthoff, Jerschensky).

Wegen der zu verarbeitenden großen Datenmengen wird in der Praxis ein Bilanzanalytiker kaum vor der Aufgabe stehen, eine multivariate Diskriminanzanalyse oder ein künstliches neuronales Netz für eine Bilanzanalyse zu entwickeln (Baetge nahm z. B. je 393 Jahresabschlüsse von gesunden und kranken Unternehmen auf, die von je 131 gesunden und kranken Unternehmen stammten; insgesamt lagen der Entwicklung des BP-14 10 515 Jahresabschlüsse gesunder und 912 Jahresabschlüsse kranker Unternehmen zugrunde). Aus diesem Grunde kann auf eine detaillierte Beschreibung verzichtet werden.

3. Kritische Würdigung der Bilanzanalyse mit Hilfe der multivariaten Diskriminanzanalyse

Mit Hilfe der multivariaten Diskriminanzanalyse wie auch der erwähnten künstlichen neuronalen Netze wird versucht, aufgrund empirischer Analysen die Kreditwürdigkeit von Unternehmen in einem einzigen Wert auszudrücken. Es handelt sich um einen verdichteten Wert, der Symptome andeutet. Will man die Ursachen für eine negative Unternehmensentwicklung wissen, müssen zusätzliche Recherchen angestellt werden. Darüber hinaus wird der Vorteil dieser »modernen« Verfahren der Bilanzanalyse (wie sie von Baetge, Küting/Weber und Rehkugler/Podding genannt werden), nämlich einen komplexen Sachverhalt in einer einzigen Zahl auszudrücken, durch die Anzahl der Fehlklassifizierungen und die Grauzone, d. h. die Fälle, bei denen eine klare Klassifizierung nicht möglich ist, sehr relativiert und ihre Verwendbarkeit begrenzt.

Es gibt folgende Kritikpunkte:

- Jahresabschlüsse sagen etwas über die Vergangenheit und nichts über die Zukunft aus. Aus dem Zahlenwerk von Jahresabschlüssen geht nicht hervor, ob und wenn ja in welcher Intensität sich eine negative Unternehmensentwicklung in Zukunft fortsetzt. Aus einer fundierten und qualitativ hochwertigen Bilanzanalyse, nicht aber aus einer aus Jahresabschlüssen ermittelten verdichteten Kennzahl, lassen sich jedoch aus der Vielzahl der genutzten Informationen Erkenntnisse über die wahrscheinliche zukünftige Entwicklung eines Unternehmens ableiten.
- Ein Wechsel in der Unternehmensleitung und eine Änderung der Unternehmenspolitik, die wesentliche strukturelle Veränderungen zur Folge haben können, werden bei der multivariaten Diskriminanzanalyse oder künstlichen neuronalen Netzen nicht berücksichtigt.
- Die bei einer multivariaten Diskriminanzanalyse und bei künstlichen neuronalen Netzen ermittelte verdichtete Kennzahl ist das Ergebnis der Analyse einer großen Anzahl von Unternehmen. Branchenspezifische oder sogar unternehmensspezifische Besonderheiten, unterschiedliche Finanzierung der Unternehmen (z. B. Leasingverbindlichkeiten, die nicht bilanziert werden, gegebene Sicherheiten), Veränderungen auf dem Kapitalmarkt (Zinsniveau), derivative Finanzinstrumente und der jeweilige Konjunkturzyklus werden in der Regel nicht berücksichtigt. Auch die Größe des Unternehmens, die Rechtsform und eine Konzernzugehörigkeit finden oft keine Beachtung.
- Die unterschiedlichen Rechnungslegungsnormen, wie HGB, IAS und US-GAAP, finden bei der Ermittlung der Diskriminanzfunktion, d. h. der Ermittlung des Unterschiedes zwischen der Gruppe der solventen Unternehmen und der Gruppe der insolventen Unternehmen, keine Berücksichtigung.
- Jahresabschlüsse, insbesondere deutsche Jahresabschlüsse, können bilanzpolitisch erheblich gefärbt sein. Nach dem HGB ist es z. B. möglich, negative Unternehmensentwicklungen durch stille Auflösung stiller Reserven zu vertuschen. (Bei-

spiel: Die Daimler-Benz AG wies im Jahresabschluß 1993 nach dem HGB einen Gewinn von 615 Mio. DM und im Jahresabschluß nach US-GAAP einen Verlust von 1.839 Mio. DM aus.) Bilanzpolitisch gefärbte Jahresabschlüsse – die man eigentlich gefälschte Rechenschaftsberichte nennen sollte – können somit bei einer Bilanzanalyse nur mit Hilfe der multivariaten Diskriminanzanalyse oder künstlicher neuronaler Netze zu groben Fehlklassifikationen führen.

– Bei Unternehmen aus neuen Branchen ist keine Bilanzanalyse mit Hilfe der multivariaten Diskriminanzanalyse oder künstlicher neuronaler Netze möglich, da wegen zu kurzer Geschichte dieser Unternehmen keine Diskriminanzfunktion ermittelt werden kann. Auch bei speziellen Branchen (z. B. Banken) kann man wegen der ungenügenden Anzahl insolventer Unternehmen in dieser Branche keine Diskriminanzfunktion ermitteln. Bei Unternehmen mit hohen immateriellen Vermögenswerten – die Anzahl solcher Unternehmen und der Umfang der immateriellen Vermögenswerte nimmt sehr stark zu –, bei denen oft sehr unterschiedliche Bilanzierungspraktiken angewendet werden, dürften Bilanzanalysen mit Hilfe der multivariaten Diskriminanzanalyse oder künstlicher neuronaler Netze zu einer hohen Anzahl von Fehlklassifikationen führen.
– Zwischenabschlüsse und andere Informationen der jüngsten Vergangenheit, die eine Änderung der wirtschaftlichen Lage in der Zukunft andeuten können, werden nicht berücksichtigt.
– Es gibt Bedenken bei der Anwendung der statistischen Verfahren.
– Die Anzahl der Fehlklassifizierungen und die Grauzone, d. h. die Fälle, bei denen eine klare Klassifizierung nicht möglich ist, sprechen nicht für eine hohe Qualität der multivariaten Diskriminanzanalyse und der künstlichen neuronalen Netze.
– Das Ergebnis der Klassifizierung kann von einem Externen nicht nachvollzogen werden.

Die Bilanzanalyse eines Unternehmens nur auf einer Bilanzanalyse auf Basis einer multivariaten Diskriminanzanalyse oder künstlicher neuronaler Netze, d. h. auf einem aus mehreren Kennzahlen zusammengesetzten Bonitätsindikator, aufzubauen, würde selbst bei einer Bilanzanalyse im Rahmen einer Kreditwürdigkeitsprüfung – ganz zu schweigen von einer Bilanzanalyse, die dem Gesetz zur Kontrolle und Transparenz im Unternehmensbereich (KonTraG) Genüge tun soll oder sogar bei einer Bilanzanalyse aus der Sicht eines Anteilseigners oder potentiellen Erwerbers – der Sache aus folgenden Gründen nicht gerecht:

– Eine solche Analyse berücksichtigt nur die Risiken und läßt Chancen (z. B. Forschungsergebnisse, neue Produkte) außer acht.
– Es findet keine Ursachenforschung statt. Nur eine strategische Analyse der mittel- und langfristigen Chancen und Risiken läßt in Verbindung mit einer Bilanzanalyse eine wirkliche Prognose zu.
– Markt- und Produktanalysen und eine Beurteilung des Managements lassen Krisenfälle oft eher erkennen, zumal solche Krisensituationen durch Bilanzpolitik für einen kleinen Zeitraum verschleiert werden können.

Die Diskriminanzanalyse und die künstlichen neuronalen Netze eignen sich somit nur für eine erste überschlägige Analyse, wie z. B. im Massengeschäft der Banken (z. B. Diskontierung von Wechseln). Eine detaillierte Bilanzanalyse, insbesondere eine Erfolgsanalyse einschließlich einer Analyse der Veränderung der stillen Reserven, und eine Unternehmensanalyse können sie nicht ersetzen.

4. Anwendung in der Praxis

In der Praxis werden multivariate Diskriminanzanalysen von einigen Kreditinstituten genutzt (siehe Meyer, Claus: Kunden-Bilanzanalyse der Kreditinstitute. 2. Aufl., Stuttgart 2000 und Dicken, André Jacques: Kreditwürdigkeitsprüfung. 2., durchgesehene Aufl., Berlin 1999). Die benutzten Kennzahlen und die Gewichtungsfaktoren werden von den Kreditinstituten jedoch nicht bekanntgegeben.

Von der BPA Baetge & Partner GmbH & Co. Auswertungszentrale KG, Münster, kann man sich BP-14 Bilanzbonitäts-Ratings erstellen lassen (Preis 750,– DM zuzüglich MwSt. für die Auswertung eines Unternehmens; ab 5. Unternehmen 500,– DM zuzüglich MwSt.; die Erfassung der Daten hat durch den Kunden zu erfolgen). Das BP-14 wurde 1995 am Institut für Revisionswesen der Westfälischen Wilhelms-Universität Münster (IRW) in Zusammenarbeit mit der BPA Baetge & Partner GmbH & Co. Auswertungszentrale KG entwickelt. Es handelt sich um ein künstliches neuronales Netz. Die in BP-14 verwendeten 14 Kennzahlen sind aus der Literatur bekannt, die Gewichtigungsfaktoren und die zugrundeliegenden Entscheidungen jedoch nicht (Baetge, Jörg: Bilanzanalyse. Düsseldorf 1998).

In diesem Zusammenhang kann folgender Artikel aus der »Blick durch die Wirtschaft« vom 23. 12. 1992 von Interesse sein:

Zweifel am ›Fortbestand‹ ohne Bedeutung
Britische Gesellschaften scheitern mit und ohne Warnung im Testat

Ein eingeschränktes Testat eines britischen Abschlußprüfers wegen Zweifels am Fortbestand des Unternehmens hat wenig zu bedeuten. Das Unternehmen mag durchaus fortbestehen, wie umgekehrt Unternehmen mit uneingeschränktem Testat bereits zum Scheitern verurteilt sind. Diese ernüchternde Erkenntnis hat sich aus einer Untersuchung der City University Business School in London von 107 börsennotierten Aktiengesellschaften ergeben, die in den Jahren 1977 bis 1986 ihre Tätigkeit aufgeben mußten.

Seit 1985 enthält das britische Aktiengesetz Vorschriften, wonach die Posten im Abschluß der Gesellschaft unter dem Gesichtspunkt eingestellt und bewertet werden müssen, daß das Unternehmen über die nächsten zwölf Monate weiterarbeiten wird. In den Bestimmungen über die Prüfung der Unternehmens-Abschlüsse wird das Prinzip des »weiterarbeitenden Unternehmens« als »fundamentales Konzept« bezeichnet. Hat der Prüfer Zweifel, so muß er das den Aktionären zur Kenntnis geben, zum Beispiel mit Hinweisen darauf, daß schwere Verluste entstanden sind, daß die laufenden Verbindlichkeiten die kurzfristigen Aktiva übersteigen, daß die Geschäftsleitung über eine Umschuldung verhandelt. Er muß klarmachen, daß angesichts dieser Gefahren die Aktiva niedriger bewertet, auf der Passivseite zusätzliche Vorsorge für neue Verpflichtungen getroffen werden müßte und daß Posten des Anlagevermögens sowie langfristige Verbindlichkeiten als kurzfristige Posten eingestuft werden sollten.

Von den gescheiterten Gesellschaften hatten nur 26 Prozent einen solchen Hinweis als Teil des Testats. Aber weitere 71 Prozent mit einem solchen schwerwiegenden Hinweis überlebten. Der Anteil derer von ihnen, die nach einer solchen Warnung scheiterten, war nicht höher als der Anteil derer, die ohne eine solche Warnung scheiterten. Diese Ergebnisse bestätigen die Notwendigkeit, daß der Prüfer sich mit der Geschäftsleitung ausführlicher darüber unterhält, was sie zu ihrer Überzeugung vom Fortbestand des Unternehmens veranlaßt. Es gibt Vorschläge, daß ihm auferlegt werden sollte, zum Beispiel die Fälligkeitstermine bedeutender Schuldpositionen, die Chancen laufender gerichtlicher Prozesse, die Gefahr von Arbeitsstreitigkeiten und anderes näher ins Auge zu fassen. In der Untersuchung wird der Verdacht geäußert, daß manche Abschlußprüfer vor solchen Hinweisen im Testat zurückschrecken aus Furcht, die Gesellschaft als Kunden zu verlieren. Es scheint, daß die sehr großen Wirtschaftsprüfer-Gesellschaften sich nicht anders verhalten als die kleinen.

Dieser Artikel dürfte zeigen, daß die Beurteilung des Fortbestandes eines Unternehmens, wie sie auf Grund des KonTraG seit zwei Jahren durch den Abschlußprüfer auch in Deutschland vorzunehmen ist, nicht einfach auf Basis von Bewertungsmaßnahmen, durch Angabe weniger Kennzahlen oder mit Hilfe der multivariaten Diskriminanzanalyse bzw. künstlicher neuronaler Netze ohne Berücksichtigung zukunftsrelevanter Informationen vorgenommen werden sollte, sondern einer fundierten und qualitativ hochwertigen Bilanzanalyse bedarf.

Wer sich mehr für die Früherkennung negativer Unternehmensentwicklungen und die »legalen Bilanzmanipulationen« britischer Aktiengesellschaften, die sowohl dem EG-Bilanzrecht als auch der »true and fair view« verpflichtet sind, interessiert, findet sie in dem Bestseller: Terry Smith: Accounting for Growth – Stripping the Camouflage from Company Accounts, London, 1992. Der Verfasser dieses Bestsellers ist einer der renommiertesten Bilanzanalytiker der Londoner City. Gemäß Presseberichten sollte das Buch auf Druck eines analysierten Unternehmens nicht erscheinen, und der Verfasser wurde auf Druck dieses Unternehmens von einem Investmenthaus entlassen.

IV. Früherkennung negativer Unternehmensentwicklungen durch eine Ratingagentur

1. Allgemeines

Die Kritik an der Früherkennung negativer Unternehmensentwicklungen mit Hilfe der multivariaten Diskriminanzanalyse und künstlicher neuronaler Netze gaben Anlaß, auch die Früherkennung negativer Unternehmensentwicklungen durch eine Ratingagentur darzustellen. Wesentliche Kritikpunkte waren, daß die multivariate Diskriminanzanalyse und künstliche neuronale Netze

- nur die Symptome und keine Ursachen für mögliche negative Unternehmensentwicklungen zeigen,
- keine Erkenntnisse über die zukünftige Entwicklung bieten,
- unternehmenspezifische und branchenspezifische Besonderheiten sowie die konjunkturelle Lage nicht berücksichtigen,
- die unterschiedlichen Rechnungslegungsnormen, insbesondere die bilanzpolitischen Möglichkeiten der nach dem HGB erstellten Jahresabschlüsse, nicht berücksichtigen.

2. Rating durch eine Ratingagentur

Im Prinzip ist die Vorgehensweise bei einem Rating ähnlich der bei einer fundierten und qualitativ hochwertigen Bilanzanalyse. Der Unterschied besteht hauptsächlich darin, daß bei einem Rating die zusätzlichen Informationen, die das Geschäftsrisiko betreffen, ein sehr starkes Gewicht haben. Bei einem Rating wird ein Gesamturteil über die Bonität in Form eines Symbols veröffentlicht, das subjektiv ist und von Dritten nicht in allen Einzelheiten überprüfbar ist.

Die Vorgehensweise einer Ratingagentur ist mit der Früherkennung negativer Unternehmensentwicklungen mit Hilfe der multivariaten Diskriminanzanalyse und künstlicher neuronaler Netze, da hier nur Bilanzkennzahlen verarbeitet werden, absolut nicht vergleichbar.

Nachstehend werden kurz die Ratingagenturen, die Funktion und die Ziele des Rating, der Ablauf eines Ratingverfahrens und das Ergebnis eines Rating geschildert.

a) Die Ratingagenturen

Die ältesten und international führenden Ratingagenturen sind Moody's Investors Service und Standard & Poor's Corporation. Moody's Investors Service und Vorgänger von Standard & Poor's Corporation wurden Anfang dieses Jahrhunderts in den USA gegründet. In den USA existieren noch weitere Ratingagenturen, wie Fitch IBCA, die eine gewisse internationale Bedeutung hat, und Duff & Phelps.

Von nationaler Bedeutung gibt es darüber hinaus noch Ratingagenturen in Japan. In einigen europäischen Ländern gibt es Ratingagenturen von einer gewissen nationalen Bedeutung, sie wurden aber teilweise von Standard & Poor's aufgekauft.

In Deutschland gab es bis vor kurzem keine Ratingagenturen. Die unter Führung der Deutschen Bank versuchte Gründung einer europäischen Ratingagentur schlug fehl. Danach wurden Ende 1998 die URA Unternehmens Ratingagentur AG, München, und Mitte 1999 die EuroRatings AG, Frankfurt, sowie die RS Rating Services AG, München, gegründet. Ihr Geschäftsziel ist es, mittelständische Unternehmen in Deutschland und später im benachbarten Ausland bzw. Anleihen dieser Unternehmen zu raten. Außerdem will die bereits in Abschnitt P III 4 erwähnte Baetge & Partner GmbH & Co. KG in Kooperation mit dem Verband der Vereine Creditreform e. V. in Zukunft Ratings erstellen. (Gemäß Finanzbetrieb Nr. 6/2000, S. 385, gaben Oliver, Wyman & Company am 10.5.2000 die Gründung der Gesellschaft Baetge, Oliver, Wyman Rating Network bekannt. Baetge und Partner werden mit dem Rating Network fusionieren.)

Die Gründung von Ratingagenturen in Deutschland ist nicht zuletzt auf die Diskussion über die Reform des Basler Abkommens zur Eigenkapitalunterlegung von Krediten durch die Kreditinstitute zurückzuführen, die eine ratingbasierte Regulierung vorsieht. Ein weiterer Grund sind die steigenden Kreditausfälle im Firmenkundengeschäft der Banken.

Rating bedeutet die Beurteilung von Kreditrisiken. In der Regel werden Ratings bestimmten Emissionen, z. B. bestimmten lang- oder den kurzfristigen Schuldverschreibungen, erteilt, d. h. einzelne Finanzinstrumente werden geratet. Für Banken gibt es auch ein Depositen-Rating, d. h. ein Rating für alle Spar-, Sicht- und Termineinlagen im Privatkundengeschäft und für das Interbankengeschäft. Rating bedeutet somit nicht die Beurteilung der Aktien eines Unternehmens.

Ratings werden in der Regel von den Emittenten in Auftrag gegeben. Es kommt aber auch vor, daß Ratingagenturen ohne Auftrag des Emittenten handeln. In diesem Falle stehen den Ratingagenturen nur die öffentlich zugänglichen Informationen zur Verfügung.

Ratings werden nicht nur von Ratingagenturen, sondern auch von Kreditinstituten zur Beurteilung des Kreditrisikos bei ihren eigenen Kunden vorgenommen. Die Ratings der einzelnen Kreditinstitute sind unterschiedlich gestaltet und mit den Ratings der Ratingagenturen kaum vergleichbar.

Die nachfolgenden Ausführungen beziehen sich nur auf die seit langer Zeit bestehenden Ratingagenturen.

b) Funktion und Ziele des Rating

Ein Rating ist die Meinung einer unabhängigen Ratingagentur über die Wahrscheinlichkeit der zeitgerechten und vollständigen Bezahlung von Zins- und Tilgungsverpflichtungen eines Schuldners. Die Ratingklassifizierung soll ein Maßstab für die Messung des Ausfallrisikos sein. Ein Rating hilft dem Emittenten, eine Emission leichter zu plazieren, und dem potentiellen Gläubiger, sein Ausfallrisiko besser einzuschätzen und sein Kreditportfolio unter Risiko-/Renditegesichtspunkten besser zu strukturieren.

c) Ablauf eines Ratingverfahrens

Von der Beantragung bis zur Bekanntgabe des Ergebnisses eines Rating können ein bis zu drei Monate vergehen. Die Analyse erfolgt auf Basis der Daten der letzten fünf Geschäftsjahre und der Plandaten des laufenden und der nächsten Geschäftsjahre.

Neben den von börsennotierten Unternehmen veröffentlichten Informationen sind von der Gesellschaft zusätzliche Unterlagen zu liefern.

Die zusätzlichen Unterlagen betreffen die Beschreibung des Unternehmens, insbesondere die Unternehmensstrategie, eine detaillierte Beschreibung der einzelnen Geschäftsbereiche mit quantitativen und qualitativen Informationen und detaillierter Darstellung der Wettbewerbssituation, Informationen zur finanziellen Steuerung und Kontrolle des Unternehmens, zum Planungs- und Berichtswesen und zur Informationstechnologie. Ferner sind Angaben über Maßnahmen der Aufsichtsbehörden, Rechtsstreitigkeiten, wichtige Verträge und mögliche Akquisitionen zu machen. Bei Unternehmen, die nach dem HGB bilanzieren, gehören außerdem eine Vielzahl von Informationen zu dem Jahresabschluß dazu, damit der Informationswert des Jahresabschlusses IAS- bzw. US-GAAP-Niveau erreicht. Die Ratingagenturen geben detaillierte Hinwiese zu ihren Informationswünschen.

Die Ratingagenturen machen zunächst eine Analyse des Länderrisikos des Sitzlandes des Unternehmens, weil die Schuldverschreibungen international gehandelt werden. Anschließend erfolgt eine Analyse der Rahmenbedingungen der Branche, wie Wachstumsaussichten bzw. rückläufige Entwicklungen, Chancen und Risiken des technologischen Wandels, staatliche Regulierung und konjunkturelle Abhängigkeiten. Mit der Analyse der Rahmenbedingungen einer Branche ist eine Analyse der Wettbewerbsintensität, einschließlich der Markteintrittsbarrieren, verbunden.

Die Analyse des Geschäftsrisikos umfaßt eine ausführliche Analyse der Stärken und Schwächen der Marktposition und aller Bereiche des Unternehmens.

Nach Vornahme obiger Analysen (Länderrisiko, Branchenrisiko, Geschäftsrisiko) erfolgt eine Untersuchung des Finanzrisikos, die im wesentlichen aus einer umfassenden Bilanzanalyse besteht.

Abschließend werden das Management und seine Strategie beurteilt. Besonders wichtig ist hierbei, wie das Management bei neuen Entwicklungen am Markt und bei Krisensituationen reagiert. Die Qualität des Managements ist praktisch kaum quantifizierbar, weshalb seine Beurteilung zwangsläufig sehr subjektiv ist.

Auf Basis der vorgenommenen Analysen erstellt die Ratingagentur eine Unternehmenspräsentation. Diese wird der Unternehmensleitung in einem 1–2 Tage dauernden Gespräch vorgestellt. Der Vorstandsvorsitzende hat dabei über die Strategie des Unternehmens, der

Finanzvorstand über die finanzielle Situation und die Leiter der Geschäftsbereiche über die Entwicklung ihrer Geschäftsbereiche zu referieren, damit sich die Analysten ein endgültiges Bild über das Unternehmen verschaffen können.

Die Erstellung der Unternehmensbeurteilung erfolgt durch ein Ratingkomitee. Es besteht aus mehreren Personen, die die Branche und das Umfeld des Emittenten kennen.

Die geplante Vorgehensweise der neuen deutschen Ratingagenturen ist mehr oder weniger anders als die der oben erwähnten Ratingagenturen Moody's und Standard & Poor's. Die Vorgehensweise von EuroRatings AG kommt der von Moody's und Standard & Poor's am nächsten. Bei URA Unternehmens Ratingagentur AG und RS Rating Services AG zeichnet sich eine gewisse, jedoch unterschiedliche Standardisierung ab. Baetge & Partner werden sehr standardisiert vorgehen; es handelt sich um die Zusammenfassung des BP-14 Bilanzbonitäts-Rating mit der Auswertung der Informationen der Creditreform-Wirtschaftsauskünfte. Informationen über die Entwicklung des Rating in Deutschland können dem Internet unter www.everling.de entnommen werden.

d) Ergebnis eines Rating

Als Ergebnis eines Rating vergibt die Ratingagentur ein Ratingsymbol. Das Ergebnis des Rating ist nicht nur eine Auswertung von Kennzahlen, sondern es umfaßt auch die Auswertung aller für eine Bonitätsbeurteilung relevanten Faktoren. Grundsätzlich gilt, je besser die künftigen Cash-flows aufgrund der vorhandenen Informationen vorausgesagt werden können und je größer die Sicherheitsmarge zwischen dem Cash-flow und den Zahlungsverpflichtungen aus dem Schuldendienst ist, desto besser ist das Rating.

Nachstehend werden die Ratingsymbole von Moody's Investors Service und Standard & Poor's mit Angabe ihrer Bedeutung für langfristige und kurzfristige Schuldverschreibungen wiedergegeben (entnommen aus Büschgen/Everling: Handbuch Rating. Wiesbaden 1996):

Moody's Ratings für langfristige Schuldverschreibungen

Aaa: Aaa gerateten langfristigen Schuldverschreibungen wird die höchste Qualität beigemessen. Sie bergen das geringste Anlagerisiko in sich und werden allgemein als »erstklassig« bezeichnet. Die Zinszahlungen sind durch eine große oder ungewöhnlich stabile Sicherheitsmarge gewährleistet und die Rückzahlung des Kapitals wird als sicher angesehen. Obwohl sich die verschiedenen Sicherungselemente durchaus ändern können, wird dies – sofern abschätzbar – aller Wahrscheinlichkeit nach die fundamental starke Stellung solcher Emissionen nicht beeinträchtigen.

Aa: Aa gerateten langfristigen Schuldverschreibungen wird eine hohe Qualität beigemessen. Zusammen mit Aaa gerateten Schuldverschreibungen bilden derartige Emissionen die Gruppe der sogenannten »Güteklasse«. Sie sind jedoch unterhalb der bestbewerteten Schuldverschreibungen anzusiedeln, da Sicherheitsmargen vergleichsweise geringer sein können und die Ausprägungen der Sicherungselemente stärker schwanken. Des weiteren können andere Faktoren das langfristige Risiko größer erscheinen lassen, als dies bei Aaa gerateten Wertpapieren der Fall ist.

A: A geratete langfristige Schuldverschreibungen weisen viele günstige Anlageeigenschaften auf und sollten als Wertpapiere der oberen Mittelklasse angesehen werden. Kriterien, die Zins- und Kapitalrückzahlung sichern sollen, werden als angemessen betrachtet. Gleichwohl können Faktoren vorliegen, die eine Anfälligkeit für Verschlechterungen in der Zukunft erkennen lassen.

Baa: Baa geratete langfristige Schuldverschreibungen werden als Wertpapiere von mittlerer Qualität angesehen (d.h. sie besitzen weder einen hohen noch niedrigen Deckungsgrad). Die Sicherung von Zins- und Kapitalrückzahlungen erscheint gegenwärtig angemessen. Gleichwohl können bestimmte Gütekriterien fehlen oder sich längerfristig als nicht verläßlich herausstellen. Entsprechende Schuldverschreibungen lassen eine hochgradige Investmentqualität vermissen und bergen bereits spekulative Elemente in sich.

Ba: Ba geratete langfristige Schuldverschreibungen werden als Wertpapiere mit spekulativen Elementen angesehen; ihre Bedienung muß als nicht gut gesichert eingestuft werden. Der Spielraum für Kapitaldienst kann häufig sehr moderat ausfallen und ist für die Zukunft weder unter guten noch schlechten Bedingungen eindeutig gewährleistet. Entsprechende Wertpapiere sind durch die Ungewißheit der Verhältnisse charakterisiert.

B: B gerateten langfristigen Schuldverschreibungen fehlen üblicherweise die Eigenschaften einer erstrebenswerten Kapitalanlage. Die Zuverlässigkeit des Kapitaldienstes bzw. die Einhaltung anderer Emissionsbedingungen über einen längeren Zeitraum kann gering sein.

Caa: Caa geratete langfristige Schuldverschreibungen haben ein geringes Standing. Entsprechende Wertpapiere können sich bereits in Zahlungsverzug befinden, oder aber der Kapitaldienst ist akut gefährdet.

Ca: Ca geratete langfristige Schuldverschreibungen stellen hochspekulative Titel dar. Entsprechende Wertpapiere befinden sich oftmals bereits in Zahlungsverzug oder werden durch andere Vertragsverletzungen belastet.

C: C geratete langfristige Schuldverschreibungen sind in die niedrigste Kategorie eingestuft worden. Entsprechende Wertpapiere haben extrem schlechte Voraussetzungen, jemals echte Anlageeigenschaften zu entwickeln.

Moody's Ratings für langfristige Schuldverschreibungen finden – sofern im Einzelfall angegeben – auch Anwendung auf erstrangige Zahlungsverpflichtungen von Banken und auf Verbindlichkeiten von Versicherungsgesellschaften aus erstrangigen Policen und Forderungen mit einer Ursprungslaufzeit von mehr als einem Jahr. Verbindlichkeiten, die auf der Unterstützung durch Dritte basieren – beispielsweise durch Berücksichtigung von Bürgschaften oder Bankgarantien – sind ausgenommen, sofern sie nicht ein eigenes Rating erhalten haben.

Anmerkung:
Moody's verwendet in den Ratingkategorien Aa bis B numerische Unterteilungen. Die Zahl »1« bedeutet, daß entsprechende Schuldverschreibungen in das obere Drittel der Ratingkategorie einzuordnen sind, während »2« und »3« das mittlere bzw. das untere Drittel anzeigen.

Moody's Ratings für kurzfristige Schuldverschreibungen

Moody's Ratings für kurzfristige Schuldverschreibungen sind Meinungen über die Fähigkeit eines Emittenten, seine erstrangigen Schuldverschreibungen vollständig und termingerecht zurückzuzahlen. Entsprechende Schuldverschreibungen haben eine Ursprungslaufzeit von höchstens einem Jahr, sofern nicht ausdrücklich anders gekennzeichnet.

Moody's verwendet die nachfolgenden Ratingkategorien für die Einstufung von Emittenten entsprechend ihrer relativen Fähigkeit zur Erfüllung von Zahlungsverpflichtungen. Die ersten drei Kategorien haben Investmentqualität.

Prime-1: Emittenten (oder unterstützende Dritte), die Prime-1 geratet werden, verfügen in herausragender Weise über die Fähigkeit, ihre erstrangigen kurzfristigen Schuldverschreibungen zu bedienen. Eine als Prime-1 geratete Schuldendienstfähigkeit ist gewöhnlich durch die folgenden Merkmale gekennzeichnet:

- Führende Marktstellung in gut etablierten Wirtschaftszweigen
- Hohe Kapitalrentabilität

- Konservative Kapitalstruktur mit nur moderatem Fremdkapitalanteil und hoher Werthaltigkeit der Aktiven
- Hohe Deckung finanzieller Belastungen durch laufende Erträge und hohes internes Cash Flow-Aufkommen
- Sicherer Zugang zu verschiedenen Finanzmärkten und Quellen alternativer Liquidität.

Prime-2: Emittenten (oder unterstützende Dritte), die Prime-2 geratet werden, verfügen in gutem Maße über die Fähigkeit, ihre erstrangigen kurzfristigen Schuldverschreibungen zurückzuzahlen. Für gewöhnlich wird dies durch die oben genannten Merkmale dokumentiert, wobei einzelne Faktoren in dieser Kategorie weniger stark ausgeprägt sein können. Ertragstrends und Deckungskennzahlen sind zwar solide, jedoch eher Schwankungen unterworfen. Die Kapitalstruktur ist angemessen, aber stärker von externen Faktoren abhängig. Alternative Liquidität ist reichlich vorhanden.

Prime-3: Emittenten (oder unterstützende Dritte), die Prime-3 geratet werden, verfügen in befriedigender Weise über die Fähigkeit, ihre erstrangigen kurzfristigen Schuldverschreibungen zurückzuzahlen. Branchen- und Marktentwicklungen haben üblicherweise einen stärkeren Einfluß auf den Emittenten. Schwankungen von Ertrag und Rentabilität können sich in der Sicherheitsmarge für die Schuldenbedienung niederschlagen und zeitweise einen relativ hohen Verschuldungsgrad erfordern. Alternative Liquidität ist in angemessenem Umfang vorhanden.

Not Prime: Emittenten, die als Not Prime eingestuft werden, fallen in keine der Prime-Ratingkategorien.

Standard & Poor's Ratings für langfristige Schuldverschreibungen

AAA Dies ist das höchste von S&P vergebene Rating. Außergewöhnlich große Fähigkeiten zur Zinszahlung und Kapitalrückzahlung.

AA Sehr große Fähigkeit zur Zinszahlung und Kapitalrückzahlung. Nur geringfügige Unterschiede zur höchsten Bewertungsstufe.

A Starke Fähigkeit zur Zinszahlung und Kapitalrückzahlung, jedoch etwas anfälliger gegenüber nachteiligen Auswirkungen von Veränderungen äußerer Umstände und wirtschaftlicher Bedingungen als die höher eingestuften Schuldtitel.

BBB Ausreichende Fähigkeit zur Zinszahlung und Kapitalrückzahlung. Derartige Schuldtitel verfügen normalerweise über ausreichende Schutzparameter, jedoch können nachteilige wirtschaftliche Bedingungen zu einer verminderten Zahlungsfähigkeit führen.

Es wird davon ausgegangen, daß die mit BB, B, CCC, CC und C bewerteten Schuldtiteln in bezug auf die Fähigkeit zur Zinszahlung und Kapitalrückzahlung vorherrschend spekulative Merkmale aufweisen. BB gibt die niedrigste, C die höchste Spekulationsklasse an. Zwar verfügen auch derartige Schuldtitel in den meisten Fällen über gewisse Qualitäts- und Schutzmerkmale, eine größere Rolle jedoch spielen die hohen Unsicherheitsfaktoren bzw. die erheblichen Risiken gegenüber nachteiligen Bedingungen.

BB Geringere kurzfristige Anfälligkeit gegenüber Zahlungsverzug als bei den anderen als spekulativ eingestuften Schuldtiteln. Unterliegt jedoch aktuellen Unsicherheiten oder Risiken gegenüber nachteiligen Geschäfts-, Finanz- oder Wirtschaftsbedingungen, die zu einer unzulänglichen Fähigkeit zur fristgerechten Leistung von Zins- und Kapitalzahlungen führen können.

B Höhere Anfälligkeit gegenüber Zahlungsverzug, verfügt jedoch gegenwärtig über die Fähigkeit zur Zinszahlung und Kapitalrückzahlung. Es ist wahrscheinlich, daß nachteilige Geschäfts-, Finanz- oder Wirtschaftsbedingungen die Fähigkeit oder Bereitschaft zur Zinszahlung und Kapitalrückzahlung beeinträchtigen.

CCC Aktuell nachweisbare Anfälligkeit gegenüber Zahlungsverzug. Zur fristgerechten Zinszahlung und Kapitalrückzahlung sind günstige Geschäfts-, Finanz- oder Wirtschaftsbedingungen zwingend erforderlich. Im Falle nachteiliger Geschäfts-, Finanz- oder Wirtschaftsbedingungen gilt es als unwahrscheinlich, daß die Fähigkeit zur Zinszahlung und Kapitalrückzahlung aufrechterhalten werden kann.

CC Dieses Rating wird normalerweise an Schuldtitel vergeben, die vorrangigen Schuldtiteln nachgeordnet sind, für die ein tatsächliches oder angenommenes CCC-Rating erteilt wurde.

C Dieses Rating wird normalerweise an Schuldtitel vergeben, die vorrangigen Schuldtiteln nachgeordnet sind, für die ein tatsächliches oder angenommenes CCC-Rating erteilt wurde. Es kann ebenfalls angewandt werden, um unverzüglich bevorstehenden Zahlungsverzug anzuzeigen.

D Schuldtitelemission ist in Zahlungsverzug oder Schuldner hat Konkursverfahren angemeldet. Das D-Rating wird erteilt, wenn die Leistung der Zins- oder Kapitalzahlungen am Fälligkeitsdatum nicht erfolgt ist, selbst wenn die entsprechende Nachfrist noch nicht abgelaufen ist – es sei denn, S&P ist der Überzeugung, daß solche Zahlungen innerhalb dieser Nachfrist tatsächlich geleistet werden.

+/– Die Ratings von AA bis CCC können durch Hinzufügen eines Plus- oder Minuszeichens abgeändert werden, um die relative Stellung innerhalb der Hauptbewertungskategorien zu verdeutlichen.

Wurde das tatsächliche oder angenommene Rating der erstrangigen Schuldtitel eines Emittenten mit AAA beziffert, so werden die hierzu nachgeordneten Schuldtitel mit AAA oder AA+ bewertet. Ist das tatsächliche oder angenommene Rating der erstrangigen Schuldtitel eines Emittenten niedriger als AAA, jedoch höher als BB+, so werden die hierzu nachgeordneten Schuldtitel im Normalfall um eine Stufe niedriger bewertet als die erstrangigen Schuldtitel. Wurde z. B. den erstrangigen Schuldtiteln das Rating A zugeteilt, so würden die nachgeordneten Schuldtitel normalerweise mit A– bewertet. Ist das tatsächliche oder angenommene Rating der erstrangigen Schuldtitel eines Emittenten BB+ oder niedriger, so werden die nachgeordneten Schuldtitel im Normalfall um zwei Stufen niedriger bewertet als die erstrangigen Schuldtitel.

Standard & Poor's Ratings für Commercial Papers

Ein S&P-Rating für Commercial Papers ist eine aktuelle Bewertung der Wahrscheinlichkeit der fristgerechten Zahlung von Schuldverschreibungen mit einer ursprünglichen Laufzeit von bis zu 365 Tagen, wie z. B. bei von Industrieunternehmen emittierten kurzfristigen Schuldtiteln (Commercial Papers). Zusätzlich zum normalen Rating für langfristige Schuldtitel kann dieses Rating auch für langfristige Schuldtitel vergeben werden, wenn diese eine Bestimmung enthalten, die es dem Besitzer ermöglicht, die Schuldverschreibungen in weniger als einem Jahr wieder in das Unternehmen einfließen zu lassen. Mittelfristigen Schuldverschreibungsprogrammen werden langfristige Ratings zugeordnet.

Ratings werden in mehrere Kategorien aufgegliedert, von A-1 für die hochwertigsten Obligationen bis D für die qualitativ niedrigsten.

A-1 Diese höchste Kategorie zeigt an, daß ein hoher Sicherheitsgrad bezüglich fristgerechter Zahlung besteht. Schuldverschreibungen mit besonders ausgeprägten Sicherheitsmerkmalen werden zusätzlich mit einem Pluszeichen (+) gekennzeichnet.

A-2 Fähigkeit zur fristgerechten Zahlung ist zufriedenstellend. Jedoch ist der relative Sicherheitsgrad niedriger als für die mit A-1 gekennzeichneten Emissionen.

A-3 Ausreichende Fähigkeit zur fristgerechten Zahlung. Derartige Schuldtitel sind jedoch anfällig gegenüber nachteiligen Auswirkungen von veränderten Umständen als die höher eingestuften Schuldtitel.

B Nur spekulative Fähigkeit zur fristgerechten Zahlung.

C Kurzfristige Schuldtitel mit zweifelhaft erscheinender Zahlungsfähigkeit.

D Die Obligation ist in Zahlungsverzug.

Definition des Ratingausblicks von S&P

Der S&P Rating-Ausblick ist eine Einschätzung der potentiellen Richtung eines langfristigen Ratings für einen Schuldtitel eines Emittenten über eine mittelfristige oder langfristige Zeitspanne. Bei der Festlegung eines Ratingausblicks werden alle Veränderungen in der Wirtschaft und/oder den grundlegenden geschäftlichen Bedingungen berücksichtigt. Ein Ausblick ist nicht unbedingt ein Hinweis auf eine Veränderung des Ratings oder auf eine künftige Aufnahme in die Credit-Watch-Liste.

Positiv: Gibt an, daß das Rating heraufgestuft werden könnte.
Negativ: Bedeutet, daß das Rating herabgestuft werden könnte.
Stabil: Gibt an, daß die Wahrscheinlichkeit für eine Veränderung der Ratings gering ist.

Darüber hinaus vergeben Ratingagenturen noch Ratingsymbole für

- Vorzugsaktien,
- kurzfristige Finanzgeschäfte, im wesentlichen derivative Finanzinstrumente (Counterparty-Ratings),
- Bankdepositen,
- Financial Strength-Ratings für Banken,
- Financial Strength-Ratings für Versicherungen,
- Investmentfonds.

Das Rating wird laufend überprüft und ggf. geändert. Wenn sich die Wahrscheinlichkeit einer Bonitätsveränderung des Emittenten erhöht, wird das Rating zunächst auf eine Überwachungsliste (»Watch List« oder »Credit Watch«) gesetzt, und der Emittent und die Öffentlichkeit werden davon informiert.

e) Kritik

Das Rating besteht aus einem einzigen Symbol mit der Angabe der dem Symbol zugrundeliegenden Informationen. Es wird nicht gesagt, wie die einzelnen Informationen gewichtet worden sind. Die von Dritten rechnerisch nicht nachvollziehbare Ermittlung des Rating ist der Preis dafür, daß in dem Rating nicht nur quantitative Daten wie Bilanzkennziffern, sondern auch qualitative Informationen, zum Teil sogar vertrauliche Informationen und von dritter Seite erhaltene Informationen, verarbeitet sind.

Die Nutzung von qualitativen Informationen kann auch dazu führen, daß zwei Ratingagenturen unterschiedliche Ratings vergeben. Nicht zuletzt diese Tatsache ist ein Beweis dafür, daß ein Rating nicht immer genau berechnet werden kann.

Da eine Bilanzierung nach dem HGB nicht betriebswirtschaftlichen Erfordernissen entspricht, das Niveau der Leistungen deutscher Wirtschaftsprüfer im Vergleich zu den USA nicht hoch ist und eine strenge Kapitalmarktaufsichtsbehörde wie in den USA, die das Recht, Wirtschaftsprüfern oder Wirtschaftsprüfungsgesellschaften vorübergehend die Lizenz zu entziehen, in Deutschland nicht existiert, kann es ein Schwachpunkt beim Rating durch eine Ratingagentur in Deutschland sein, wenn sich die Ratingagentur voll auf den Bericht und das Testat des Wirtschaftsprüfers verläßt und wesentliche Fakten, die Einfluß auf die Bonität des Unternehmens haben, nicht erkennt. Zum Beispiel wurde die Emission einer gerateten Anleihe der Flowtex im letzten Moment gestoppt, da der Betriebsprüfer des Finanzamtes und nicht der Wirtschaftsprüfer festgestellt hatte, daß wesentliche Teile des Vermögens nicht existierten.

Vergleicht man die Kritik an der Früherkennung negativer Unternehmensentwicklungen mit Hilfe der multivariaten Diskriminanzanalyse oder künstlicher neuronaler Netze mit der Kritik an der Früherkennung negativer Unternehmensentwicklungen mit Hilfe des Rating, so stellt man zwei wesentliche Unterschiede fest. Beim ersten Fall werden nur wenige Bilanzkennzahlen, deren Logik nicht immer erklärbar ist, standardisiert zu einem objektiven Gesamturteil, ausgedrückt in einer einzigen Kennzahl, verarbeitet, wobei die Gewichtung der einzelnen Bilanzkennzahlen meistens nicht bekannt gegeben wird. Die Bilanzkennzahlen können bilanzpolitisch gefärbt sein. Zukunftsrelevante Informationen werden nicht verarbeitet. Im zweiten Fall dagegen, d.h. beim Rating durch eine Ratingagentur, werden sämtliche verfügbaren quantitativen und qualitativen Informationen, die die Zukunft des Unternehmens beeinflussen können, durch ein Ratingkomitee, das die Branche und das Umfeld des Unternehmens kennt, ausgewertet. Die vom Unternehmen erhaltenen Informationen werden auf Vollständigkeit und Plausibilität hinterfragt. Ein auf Basis von qualitativen Informationen vergebenes Rating, das die Wahrscheinlichkeit zukünftiger Zahlungsausfälle ausdrücken soll, kann immer nur subjektiv ermittelt werden. Eine Bekanntgabe der Gewichtung der Informationen, die von den einzelnen Mitgliedern des Ratingkomitees bei der Festsetzung des Rating unterstellt wurde, erfolgt nicht; sie wäre auch wenig sinnvoll.

3. Wesentliche Unterschiede eines Rating durch eine Ratingagentur gegenüber einer Bilanzanalyse im Rahmen einer Kreditwürdigkeitsprüfung durch ein Kreditinstitut

Es bestehen die folgenden wesentlichen Unterschiede:

- Beim Rating durch eine Ratingagentur haben die zusätzlichen Informationen ein wesentlich höheres Gewicht.
- Eine Ratingagentur sollte ein höheres Branchen-Know-how besitzen, ein Kreditinstitut kennt die lokalen Verhältnisse besser.
- Die Kosten eines Rating durch eine Ratingagentur sind wesentlich höher.
- Beim Rating durch eine Ratingagentur werden in der Regel eine einzelne langfristige Schuldverschreibung oder die kurzfristigen Schuldverschreibungen eines Unternehmens unter Berücksichtigung der Sicherheiten geratet, während bei der Kreditwürdigkeitsprüfung die Zahlungsfähigkeit eines Unternehmens analysiert wird.
- Bei einem von einem Unternehmen beantragten Rating ist die »Macht« der Ratingagentur stärker, sensible Informationen (z.B. über das Management) zu erhalten, als bei einem Kreditinstitut, das mit dem Kreditkunden erstmalig oder stärker ins Geschäft kommen möchte. Andererseits ist es möglich, daß der Kreditgeber aufgrund der bisherigen Geschäftsbeziehungen und der räumlichen Nähe bereits nicht allgemein zugängliche Informationen besitzt.
- Das Rating wird veröffentlicht, die Kreditwürdigkeitsprüfung nicht. Das Rating muß deshalb »allumfassend« sein, weil es in der ganzen Welt publiziert wird, während die Kreditwürdigkeitsprüfung nur die speziellen Bedürfnisse des Kreditgebers in Hinblick auf seine individuelle Kreditentscheidung berücksichtigen muß.
- Das Ergebnis eines Rating ist die Vergabe eines Ratingsymbols. Die Vergabe eines Ratingsymbols ist für die Ratingagentur verkaufsfördernder als ein umfassendes ver-

bales Kreditcurteil, da es den Nutzern des Rating, die die Auswahl unter vielen Schuldverschreibungen haben, schnelle Entscheidungen ermöglicht. Bei einer Kreditwürdigkeitsprüfung ist ein Ratingsymbol nicht unbedingt notwendig, da der Analyst jeweils nur einen einzelnen Kredit und dessen Höhe zu beurteilen hat. Bei einer Kreditwürdigkeitsprüfung kann das verbale Kreditcurteil individueller und deutlicher formuliert werden, da es nicht veröffentlicht wird.

V. Beurteilung des Fortbestandes und der Risiken der künftigen Entwicklung des Unternehmens nach dem KonTraG

Nach § 317 Abs. 2 HGB hat der Abschlußprüfer den Lagebericht/Konzernlagebericht darauf zu prüfen, ob er insgesamt eine zutreffende Vorstellung von der Lage des Unternehmens/Konzerns vermittelt. Dabei ist auch zu prüfen, ob die Risiken der künftigen Entwicklung zutreffend dargestellt sind.

Aufgrund des § 321 Abs. 1 HGB hat der Abschlußprüfer *»über Art und Umfang sowie über das Ergebnis der Prüfung schriftlich und mit der gebotenen Klarheit zu berichten. In dem Bericht ist vorweg zu der Beurteilung der Lage des Unternehmens oder Konzerns durch die gesetzlichen Vertreter Stellung zu nehmen, wobei insbesondere auf die Beurteilung des Fortbestandes und der künftigen Entwicklung des Unternehmens unter Berücksichtigung des Lageberichts und bei der Prüfung des Konzernabschlusses von Mutterunternehmen auch des Konzerns unter Berücksichtigung des Konzernlageberichts einzugehen ist,…«.*

Um diese im HGB vorgesehenen neuen Pflichten des Abschlußprüfers erfüllen zu können, wird sich der Abschlußprüfer nicht nur mit dem Jahresabschluß und dem internen Kontrollsystem, sondern auch mit der Unternehmensstrategie, der Entwicklung der einzelnen Geschäftsbereiche, den Produkten des Unternehmens, der Wettbewerbssituation, dem Planungs- und Berichtswesen und den im Unternehmen angewendeten Kennzahlen und Steuerungsgrößen befassen müssen, um sich ein Bild von den Stärken und Schwächen des Unternehmens machen zu können.

Diese neuen Pflichten des Abschlußprüfers besagen aber auch, daß sich der Abschlußprüfer nicht nur mit der ihm vorgelegten Rechnungslegung nach dem HGB, die nicht betriebswirtschaftlichen Erfordernissen entspricht, begnügen darf, sondern sich um weitere Informationen bemühen muß, wie sie bei einer Rechnungslegung nach IAS und US-GAAP vorgesehen sind.

Der Abschlußprüfer kann somit seinen Pflichten nicht mehr mit einer simplen Kennzahlenaufstellung, d.h. nur auf Basis von Vergangenheitszahlen, die zudem noch bilanzpolitisch gefärbt sein können, und nicht mehr mit verbalen Äußerungen, wie z.B. »die Position… hat sich von DM… um DM… auf DM… erhöht, was einer Zunahme von…% entspricht«, nachkommen.

Der Abschlußprüfer kann seine Aufgabe dadurch erfüllen, indem er eine fundierte und qualitativ hochwertige Bilanzanalyse unter Einbeziehung aller verfügbaren zusätzlichen Informationen über das Unternehmen und seine Umwelt vornimmt. Sie bietet den Empfängern des Prüfungsberichtes die Möglichkeit, sich auch selbst ein Urteil über das Risiko zu bilden und darauf aufbauend Entscheidungen zu treffen.

Eine Bilanzanalyse lediglich auf Basis einer multivariaten Diskriminanzanalyse und künstlicher neuronaler Netze, die nur auf dem Vergleich von Jahresabschlußkennzahlen mit anderen solventen und insolventen Unternehmen in der Vergangenheit beruht und die nicht direkt Ursachen-/Wirkungszusammenhänge zeigt, genügt den Anforderungen des KonTraG nicht.

VI. Darstellung der zusätzlichen Angaben und Informationen

Im Rahmen der Bilanzanalyse sind auch alle zusätzlichen Angaben und Informationen im Jahresabschluß, Lagebericht und im Geschäftsbericht sowie die zusätzlichen Informationen, die man sich für eine Bilanzanalyse möglichst beschaffen sollte (siehe Abschnitt A III 2) im Hinblick auf die künftige Entwicklung des Unternehmens auszuwerten.

Über die Risiken der künftigen Entwicklung des Unternehmens hat der Abschlußprüfer aufgrund des KonTraG zu berichten (siehe vorigen Abschnitt).

Dem Bilanzanalytiker obliegt es, alle Chancen und Risiken der künftigen Entwicklung des Unternehmens ausgewogen darzustellen. Dieser Teil der Bilanzanalyse gewinnt zunehmend an Bedeutung, da der Erfolg heutiger Unternehmen immer weniger von den in der Bilanz ausgewiesenen materiellen Vermögensgegenständen, als immer mehr von immateriellen Werten abhängt, die in einer »nackten« Bilanz nicht erscheinen. Außerdem kann man aus den Ergebnissen der Vergangenheit immer weniger als bisher die wahrscheinlichen zukünftigen Ergebnisse eines Unternehmens entnehmen; vielmehr sagen die Informationen über die Unternehmensstrategie, die Reaktionsfähigkeit eines Unternehmens auf die Veränderungen im Markt und die Chancen und Risiken eines Unternehmens, neben den vorhandenen und entstehenden immateriellen Werten im weitesten Sinne des Wortes, immer mehr etwas über den wahrscheinlichen zukünftigen Erfolg eines Unternehmens aus. Bei jungen Unternehmen, über deren Entwicklung in der Vergangenheit fast keine Informationen vorliegen, ist die Analyse der Werthaltigkeit der Produkte und Dienstleistungen, die von dem Unternehmen angeboten werden, von großer Bedeutung.

Für die Darstellung der zusätzlichen Angaben und Informationen der künftigen Entwicklung gibt es kein Schema. Sie ist unternehmensindividuell vorzunehmen, wobei branchenspezifische Kennzahlen und die unternehmenspezifischen Wettbewertsvor- und –nachteile sehr genau zu analysieren sind (siehe auch Abschnitt Q V Balanced Scorecard).

Q. Analyse der Unternehmenswertsteigerung (Shareholder Value)

I. Mängel der Rentabilitätsanalyse auf Basis der herkömmlichen Rentabilitätskennzahlen

Wie in Abschnitt N Rentabilitätsanalyse und Kennzahlensystem Return on Investment gezeigt, haben die dargestellten Kennzahlen viele Nachteile. Der größte Nachteil ist, daß die Bezugsgrößen auf Buchwerten beruhen und deshalb mehr oder weniger bewertungsabhängig sind oder keinen Bezug zum Kapitaleinsatz haben (z.B. Umsatzrendite). Die üblichen Rentabilitätskennzahlen berücksichtigen beim Kapitaleinsatz weder den Faktor Zeit noch den Risikoaspekt. Sie können somit nichts darüber aussagen, ob die Ergebnisse über oder unter den Kapitalkosten liegen, d.h. ob das Unternehmen Werte schafft oder vernichtet. Aus diesen Kennzahlen ist auch nicht zu entnehmen, inwieweit erzielte Gewinne ausgeschüttet werden können. Da diesen Kennzahlen auch keine Plan- oder Sollzahlen gegenübergestellt werden und von den Unternehmen in der Regel keine konkreten Angaben über ihre Kennzahlen gemacht werden, kann man aus den üblichen Rentabilitätskennzahlen kaum Rückschlüsse auf die zukünftige finanzielle Entwicklung des Unternehmens ziehen. Im Gegenteil, diese Kennzahlen fördern die kurzfristige Betrachtungsweise.

Ein weiterer Nachteil ist, daß die immateriellen Werte eines Unternehmens nicht direkt aus dem Jahresabschluß ersichtlich sind. Zu den immateriellen Werten gehören nicht nur die immateriellen Vermögensgegenstände, sondern auch die nicht einzeln bewertbaren immateriellen Werte wie Produktivität der Forschung und Entwicklung, hoher Stand der Informationstechnologie, selbstgeschaffene und gepflegte Marken, Kundenbeziehungen, Mitarbeiter-Know-how. Die immateriellen Vermögenswerte betragen oft ein Vielfaches des in der Bilanz ausgewiesenen Vermögens. Dies trifft hauptsächlich auf Unternehmen zu, deren Sachanlagevermögen im Verhältnis zum Geschäftsumfang relativ gering ist (z.B. Softwarehersteller, Internetunternehmen, Medienunternehmen, Dienstleistungsunternehmen).

Die Mängel der in Abschnitt N dargestellten Kennzahlen versucht man dadurch zu beheben, indem man sich einer Analysemethode und Kennzahlen bedient, die nicht auf einer Aufwands-/Ertragsrechnung und Buchwerten, sondern auf einer Einzahlungs-/Auszahlungsrechnung, d.h. dem Cash-flow, oder auf erheblich korrigierten Buchwerten und Ergebnissen und der Marktkapitalisierung des Unternehmens beruhen. Zusätzlich können nichtfinanzielle Kennzahlen Berücksichtigung finden. Bei der Einzahlungs-/Auszahlungsrechnung wird auch der Zeitpunkt der erwarteten Ein- und Auszahlungen durch Diskontierung berücksichtigt, und es werden die aus Marktdaten abgeleiteten risikoadjustierten Eigenkapitalkosten, d.h. nicht der buchhalterische Gewinn, in das Shareholder Value-Konzept einbezogen. Darüber hinaus können diese Kennzahlen tiefer gegliedert und mit Werttreibern (Value Driver/Performance Driver), z.B. Umsatzrendite, Kapitalumschlag, verbunden werden, so daß sie nicht nur Symptome, sondern auch Ursache-Wirkungs-Verhältnisse anzeigen und dadurch der Unternehmenssteuerung dienen können.

In vielen Geschäftsberichten von Unternehmen kommt das Wort Shareholder Value vor. Man hat aber den Eindruck, daß es sich meistens um ein Lippenbekenntnis handelt, da keine Berichterstattung mit konkreten nachvollziehbaren Zahlen über die langfristige Unternehmensentwicklung in Form einer Unternehmenswertveränderungsrechnung erfolgt. Der Leser des Geschäftsberichtes erfährt auch nichts darüber, in welcher Form im einzelnen ein praktikables entscheidungs-, ziel- und wertorientiertes Konzept der Unternehmenssteuerung angewendet wird. Um dem Bilanzanalytiker zu helfen, leichter Informationen über die Unternehmensentwicklung zu fordern und zu analysieren, d.h. die Wertsteigerung oder Wertvernichtung des Unternehmens beurteilen zu können, werden in den folgenden Abschnitten der Gedanke des Shareholder Value vertieft und in der Praxis angewendete Methoden der Messung des Shareholder Value erläutert.

II. Shareholder Value-Konzept

Das Shareholder Value-Konzept, auch Maximierung bzw. Steigerung des Unternehmenswertes oder Wertmanagement-Konzept genannt, ist im Prinzip alt und einfach, seine Umsetzung dagegen seit einigen Jahren sehr aktuell und oft nicht richtig realisiert.

Nach dem Shareholder Value-Konzept soll ein Unternehmen den Marktwert des Eigenkapitals langfristig steigern. Das bedeutet, die Investitionen sollen mindestens die Kapitalkosten, d.h. die Fremd- und Eigenkapitalkosten, decken und das zur Verfügung stehende Kapital ist in die beste Verwendungsmöglichkeit zu lenken. Das Modewort »Shareholder Value« ist aus betriebswirtschaftlicher Sicht somit nichts Neues und bezeichnet eine Selbstverständlichkeit.

In der Praxis war man allerdings in der Vergangenheit zu stark auf den Gewinn und weniger auf die Kapitalkosten fixiert. Deshalb machte man sich auch nicht viele Gedanken über die Schaffung von geeigneten Unternehmenssteuerungssystemen für die volle Durchführung eines Shareholder Value-Konzeptes. Ein wesentlicher Grund für die unzureichende Berücksichtigung des Gedankens des Shareholder Value ist auch die Tatsache, daß die Interessen der Unternehmensleitung mit den Interessen der Anteilseigner (Shareholder), die die Risikoträger des Unternehmens sind, nicht identisch sind. Infolge des globalisierten und deregulierten Kapitalmarktes und der zunehmenden Macht der institutionellen Kapitalanleger, insbesondere der amerikanischen institutionellen Kapitalanleger, änderten sich die Verhältnisse in den letzten zwei Jahrzehnten zunehmend. Die gestiegene Macht der institutionellen Kapitalanleger hat den Unternehmen deutlich gemacht, daß Eigenkapital nicht umsonst zu haben ist, und es auch nicht genügt, etwas Gewinn zu erzielen, sondern man muß mindestens die Kapitalkosten erwirtschaften.

Eine Unternehmensleitung ist daran zu messen, in welchem Maße sie den Marktwert des Eigenkapitals des Unternehmens (Shareholder Value) erhöht hat. Die anderen Anspruchsgruppen des Unternehmens (Stakeholder) wie Mitarbeiter, Gläubiger, Fiskus, Umwelt sind natürlich vorab zu berücksichtigen, da den Anteilseignern (Shareholder) nur die in Zukunft erwarteten ausschüttungsfähigen Gewinne, die eine Residualgröße sind, zustehen, die den Marktwert des Unternehmens ergeben.

Ein Shareholder Value-Konzept soll nicht nur dazu dienen, den Shareholder Value zu messen, sondern soll auch eine Hilfe bei der operativen und strategischen Unternehmenssteuerung, insbesondere bei der Steuerung des Unternehmens durch eine gezielte Investitions- und Desinvestitionspolitik, sein.

Es gibt in der Praxis drei verschiedene Ansätze, wie man versucht, den Shareholder Value zu messen. Sie werden im folgenden Abschnitt vorgestellt.

III. Messung des Shareholder Value

1. Discounted Cash-flow – DCF

Die erste ausführliche Darstellung der Renditemessung mit Hilfe des Discounted Cash-flows stammt von Rappaport (Rappaport, Alfred: Creating Shareholder Value – The New Standard for Business Performance. New York/London 1986; inzwischen gibt es eine deutsche Übersetzung der 2. Auflage dieses Buches unter dem Titel: Shareholder Value – Ein Handbuch für Manager und Investoren. 2., vollständig überarbeitete und aktualisierte Auflage. Stuttgart 1999). Eine Weiterentwicklung dieser Gedanken findet sich bei Copeland, Tom/Koller, Tim/Murrin, Jack/McKinsey & Company: Valuation Measuring and Managing the Value of Companies. 2. Auflage, New York 1994; deutsche Übersetzung unter dem Titel: Unternehmenswert – Methoden und Strategien für eine wertorientierte Unternehmensführung. Frankfurt/New York 1998). Die Ansätze von Rappaport und Copeland u. a. unterscheiden sich nicht im Prinzip, sondern nur in Details, auf die hier nicht eingegangen wird.

Der Unternehmenswert für die Anteilseigner wird mit Hilfe der abgezinsten Zahlungsüberschüsse (Discounted Cash-flow) berechnet. Den abgezinsten Zahlungsüberschüssen ist das evtl. vorhandene nicht betriebsnotwendige Vermögen zu Marktpreisen hinzuzufügen.

Um den Discounted Cash-flow zu ermitteln, sind folglich langfristige Cash-flow-Planungen, d. h. je nach Branche und Strategie für 5–10 Jahre, zu erstellen, und für das Ende der Planungsperiode ist ein Endwert (Barwert sämtlicher zukünftiger Cash-flows nach der Planungsperiode) zu berechnen, in den die finanziellen Auswirkungen der Strategie des Unternehmens eingehen. Durch den Discounted Cash-flow wird somit eine Verbindung zwischen der strategischen Unternehmensführung und dem quantitativen Wertmanagement geschaffen. Der Discounted Cash-flow zeigt klar, daß sich nur solche Strategien lohnen, die mindestens die Kapitalkosten decken.

Der Cash-flow der Planungsperiode und der Endwert werden mit dem gewichteten Kapitalkostensatz (WACC = weighted average capital costs) abgezinst. Die Eigenkapitalkosten werden dabei nicht auf Basis der Buchwerte, sondern auf Basis des Marktwertes des Eigenkapitals ermittelt. Sie werden mit Hilfe des Capital Asset Pricing Model (CAPM) bestimmt.

Das DCF-Konzept basiert auf der Kapitalwertmethode zur einmaligen Beurteilung von Investitionsprojekten. Im Unterschied zur Kapitalwertmethode erfolgt bei dem DCF-Konzept im Rahmen der wertorientierten Unternehmenssteuerung eine Ermittlung des Wertes der neuen und der existierenden Projekte und Geschäftsfelder nicht einmalig, sondern laufend, d. h. zu bestimmten Periodenenden.

Einzelheiten zu der Discounted Cash-flow-Methode können dem Buch Born, Karl: Unternehmensanalyse und Unternehmensbewertung. Stuttgart 1995, entnommen werden.

2. Cash Flow Return on Investment – CFRoI

Das Cash Flow Return on Investment-Konzept wird von der The Boston Consulting Group (BCG) propagiert und geht auf das Beratungsunternehmen Holt Value Associates zurück, das von BCG erworben wurde. Es ist in dem Buch Lewis, Thomas G.: Steigerung des Unternehmenswertes – Total Value Management. Landsberg 1994, beschrieben.

Der CFRoI ist ein interner Zinsfuß für bestehende Geschäfte.

Die Berechnung des CFRoI beruht auf aktualisierten Anschaffungskosten, Cash-flow-Schätzungen über die Nutzungsdauer und einem Endwert. Bei den Cash-flows wird von gleich hohen Beträgen über die Dauer der Nutzung des Geschäftes ausgegangen. Bei den aktualisierten Anschaffungskosten, der Bruttoinvestitionsbasis, handelt es sich um die ursprünglichen Investitionsausgaben, d.h. vor Abzug der kumulierten Abschreibungen, jedoch zuzüglich eines Inflationsausgleichs, zuzüglich des Nettoumlaufvermögens. Immaterielle Vermögensgegenstände werden, obwohl sie einen Einfluß auf den Cash-flow haben, nicht berücksichtigt.

Der Brutto-Cash-flow wird aus dem bereinigten Jahresergebnis ermittelt und versteht sich vor Investitionen in das Anlage- und das Nettoumlaufvermögen, vor Zinsaufwendungen und nach Ertragsteuern. Die Nutzungsdauer des Anlagevermögens wird aus dem letzten Jahresabschluß entnommen, indem die Anschaffungs- und Herstellungskosten durch den jährlichen linearen Abschreibungsbetrag dividiert werden. Der Endwert besteht aus den nicht abnutzbaren Vermögensgegenständen (nicht abschreibbares Anlagevermögen und Nettoumlaufvermögen), die gedanklich am Ende der Nutzung des Geschäftes veräußert werden und die den letzten Brutto-Cash-flow erhöhen.

Die Kapitalkosten werden aus dem Kapitalmarkt abgeleitet, aber nicht mit Hilfe des Capital Asset Pricing Model (CAPM) ermittelt, da Lewis erhebliche Bedenken gegen deren Ermittlung, insbesondere gegen den darin enthaltenen β-Faktor, hat.

Der CFRoI zeigt die durchschnittliche Rendite auf das in einem Unternehmen oder einem Geschäftsfeld zu einem bestimmten Zeitpunkt in der Vergangenheit investierte Kapital (Bruttoinvestitionsbasis). Er ist somit eine Rentabilitätskennzahl für das laufende Geschäft. Das CFRoI-Konzept zeigt nicht die Rentabilität des aktuell gebundenen Kapitals, da es auf inflationierten Investitionen in der Vergangenheit basiert und immaterielle Werte nicht berücksichtigt. Es ist weniger geeignet zur Bewertung von Investitionsprojekten.

Auf Basis des CFRoI läßt sich eine Unternehmenswertsteigerung, der Cash Value Added (CVA), wie folgt ermitteln:

$$\text{CVA} = (\text{CFRoI} - \text{Kapitalkosten}) \times \text{Bruttoinvestitionsbasis}$$

3. Economic Value Added – EVA

Das Economic Value Added-Konzept wird von der amerikanischen Unternehmensberatungsgesellschaft Stern Stewart & Co. propagiert (Stewart, G. Bennett: The Quest for Value – The EVA™ Management Guide. Harper Collins publishers. USA 1990).

Der Economic Value Added (wirtschaftliche Wertschöpfung) wird nicht aus dem Cashflow, sondern aus modifizierten Jahresabschlußdaten abgeleitet. Das bedeutet, der Economic Value Added geht von Aufwendungen und Erträgen unabhängig vom Zahlungszeitpunkt aus und ist somit eine periodenbezogene Größe. Stewart (S. 2) bezeichnet den Economic Value Added als »operating profits less the costs of all the capital employed to produce these earnings«. Economic Value Added ergibt sich somit aus der realisierten Rendite einer Investition abzüglich der auf das eingesetzte Kapital entfallenden Kapitalkosten. Es handelt sich somit um den Betrag, der über die von den Anteilseignern erwartete Mindestrendite hinausgeht.

EVA = (Kapitalrendite – Kapitalkosten) × eingesetztes Kapital

Economic Value Added kann sowohl für ein ganzes Unternehmen als auch für einzelne Projekte und Geschäftsfelder angewendet werden.

Um das EVA-Konzept anwenden zu können, sind die zugrunde zu legenden Jahresabschlußdaten erheblich zu modifizieren.

Das investierte Kapital wird ermittelt, indem die Bilanzsumme

- um Posten gekürzt wird, die nach Ansicht von Stewart nicht zur Kapitalbasis gehören,
- um Eigenkapital-Äquivalente (d.h. Reserven, die nicht in der Bilanz ersichtlich sind) korrigiert wird,
- um nicht bilanzierte Leasingverpflichtungen erhöht wird,
- um nicht verzinsliches Fremdkapital ermäßigt wird.

Das Kapital ist im Regelfall wie folgt zu korrigieren:

	Bilanzsumme
./.	marktgängige Wertpapiere
./.	Anlagen im Bau
./.	passive latente Steuern
./.	nicht betriebsnotwendiges Vermögen
./.	Wertberichtigung auf Forderungen
+	Lifo-Reserve und andere Unterbewertungen des Vorratsvermögens
+	kumulierte Abschreibungen auf den Geschäfts- oder Firmenwert
+	nicht bilanzierter Geschäfts- oder Firmenwert bei der Interessenzusammenführungsmethode
+	Aufwendungen für Forschung und Entwicklung, Produktentwicklung oder Markteinführung ./. anteilige Abschreibungen
+	Reserven aufgrund außerordentlicher Abschreibungen in den Vorjahren
+/./.	kumulierte sonstige außergewöhnliche Aufwendungen bzw. Erträge nach Steuern
+	sonstige Reserven, wie z.B. Rückstellungen für Garantie- und Gewährleistungsverpflichtungen
+	nicht bilanzierte Leasing- und Mietobjekte
+	nicht verzinsliches Fremdkapital, z.B. Verbindlichkeiten aus Lieferungen und Leistungen, sonstige nicht verzinsliche Verbindlichkeiten, passive Rechnungsabgrenzungsposten, Steuerverbindlichkeiten
=	investiertes Kapital (Eigenkapital und Fremdkapital)

Dem Ergebnis sind die Veränderungen in der Höhe der Eigenkapital-Äquivalente hinzuzufügen bzw. von ihm abzuziehen, die Zinsaufwendungen für nicht bilanzierte Leasingverpflichtungen sind hinzuzufügen und die Ertragsteuern sind von dem Ergebnis abzuziehen.

Das Ergebnis ist im Regelfall wie folgt zu korrigieren:

	Betriebsergebnis (net operating profit)
+	Abschreibungen auf den Geschäfts- oder Firmenwert
+	Erhöhung der Wertberichtigung auf Forderungen

+	Erhöhung der Lifo-Reserve und Korrektur anderer Unterbewertungen des Vorratsvermögens
+	Zinsaufwendungen für nicht bilanzierte Leasing- und Mietobjekte
+	Erhöhung des Barwertes der kapitalisierten Aufwendungen für Forschung und Entwicklung, Produktentwicklung oder Markteinführung
+	sonstige betriebliche Erträge
+	Erhöhung der sonstigen Rückstellungen
./.	zahlungswirksame Ertragsteuern
+/./.	Ertragsteuern auf nicht betriebliche Erträge und Aufwendungen
./.	Steuerschuld (Steuerentlastung durch die Fremdkapitalzinsen)
=	korrigiertes Betriebsergebnis nach Ertragsteuern (net operating profit after taxes – NoPaT)

Weitere Korrekturen beim Kapital und beim Ergebnis sind im Einzelfall denkbar. Al Ehrbar (Ehrbar, Al: Economic value added – EVA, der Schlüssel zur wertsteigernden Unternehmensführung. Wiesbaden 1999, S. 10) spricht von über 120 möglichen Verzerrungen.

Der Economic Value Added – EVA einer Periode ergibt sich aus dem korrigierten Betriebsergebnis nach Ertragsteuern (net operating profit after taxes – NoPaT) abzüglich der Kapitalkosten. Der Kapitalkostensatz entspricht wie bei der DCF-Methode dem WACC.

Der Economic Value Added – EVA ist zur Performance-Messung des Unternehmens und der einzelnen Geschäftsfelder des Unternehmens in der Vergangenheit gedacht.

Um einen für die Anteilseigner geschaffenen Mehrwert zu messen, hat Stewart den Begriff Market Value Added (MVA) gebildet. Es ist der Marktwert des Unternehmens abzüglich des investierten Kapitals, d.h. es handelt sich um den Barwert der zukünftigen Übergewinne. Der Market Value Added (MVA) zuzüglich des investierten Kapitals ergibt den Marktwert des Gesamtkapitals. Während der Economic Value Added (EVA) zur Messung der Performance in der Vergangenheit gedacht ist, soll der Market Value Added (MVA) zur Schätzung des Barwertes der Investitionen in der Zukunft dienen. Dies setzt jedoch die Erstellung von Plan-Jahresabschlüssen für einen sehr langfristigen Zeitraum in der Zukunft voraus.

4. Beurteilung und Vergleich der verschiedenen Methoden der Messung des Shareholder Value

Das DCF-Konzept eignet sich besonders gut zur Beurteilung von Investitionsprojekten.

Das DCF-Konzept ist zukunftsorientiert und stimmt voll mit dem Shareholder Value-Konzept, d.h. der langfristigen Steigerung des Marktwertes des Eigenkapitals, überein. Es ist ein ideales Steuerungsinstrument, da es sowohl die finanziellen Auswirkungen der langfristigen Strategie eines Unternehmens anzeigt als auch bei entsprechender Gestaltung eine Beurteilung der Höhe der Ergebnisse im Vergleich zu den Kapitalkosten ermöglicht.

Bei der Performance-Messung hat die DCF-Methode den Nachteil, daß die bei der Ermittlung des Discounted Cash-flows eines Investitionsprojektes verwendeten Cash-flow-Daten mit den im Rechnungswesen verwendeten Aufwands-/Ertragsdaten nicht direkt vergleichbar sind. Dieser technische Nachteil läßt sich jedoch beheben, indem für die einzelnen Geschäftsfelder und ihre Untereinheiten wertorientierte Ziele ermittelt werden.

In der Berichterstattung sind diese Ziele mit den Ist-Zahlen zu vergleichen. Die Berichterstattung berücksichtigt den Faktor Zeit, erstreckt sich über mehrere Perioden und eignet sich deshalb besonders gut zur Unternehmenssteuerung. Die Messung der Performance der Unternehmensleitung beruht auf Schätzungen zukünftiger ungewisser Größen. Es müssen deshalb Maßnahmen getroffen werden, um diese Manipulationsmöglichkeiten zu minimieren. Dies ist z. B. dadurch möglich, daß Anreizsysteme nicht von der Steigerung des Unternehmenswertes eines Geschäftsjahres, sondern mehrerer Geschäftsjahre abhängig gemacht werden.

Das DCF-Konzept ist zukunftsgerichtet und mit der üblichen Performance-Messung auf Basis von korrigierten oder unkorrigierten Vergangenheitswerten nicht vergleichbar. Es führt wegen seiner guten Durchschaubarkeit kaum zu Akzeptanzproblemen.

Das EVA-Konzept dient der Performance-Messung des Unternehmens und der einzelnen Geschäftsfelder des Unternehmens, indem es anzeigt, wie hoch Unternehmenswert in einer vergangenen Periode geschaffen oder vernichtet wurde. Es eignet sich nicht zur Beurteilung von Investitionsprojekten.

Das EVA-Konzept ist an die Daten des Rechnungswesens angebunden. Die Daten des Rechnungswesens müssen jedoch durch eine Vielzahl von Korrekturen, insbesondere zur Berücksichtigung der stillen Reserven, erheblich bereinigt werden.

Das EVA-Konzept enthält Bewertungsprobleme, wie die Abschreibung des Geschäfts- und Firmenwertes und die Kapitalisierung und Abschreibung der Aufwendungen für Forschung und Entwicklung, Produktentwicklung oder Markteinführung.

Falls das ermittelte investierte Kapital den Marktwert übersteigt, wird der Economic Value Added zu niedrig, und falls das ermittelte investierte Kapital unter dem Marktwert liegt, wird der Economic Value Added zu hoch ausgewiesen. Dies kann negative Folgen für die Unternehmenssteuerung haben.

Das EVA-Konzept ist am meisten mit bisher üblichen Performance-Messungen vergleichbar. Das erleichtert trotz der vielen Bereinigungen die Akzeptanz.

EVA-Konzept und CFRoI-Konzept beheben zwar Mängel der Rentabilitätsanalyse der herkömmlichen Kennzahlen, sie sind aber keineswegs ein ideales Steuerungskonzept, da sie wegen ihrer Orientierung an korrigierten Buchwerten nicht zukunfts-, sondern vergangenheitsorientiert sind. Mit Hilfe des EVA-Konzeptes und des CFRoI-Konzeptes läßt sich lediglich der Unterschied zwischen dem Istergebnis einer Periode und dem Sollergebnis einer Periode in Höhe der Kapitalkosten auf ein fragwürdig ermitteltes investiertes Kapital bzw. Bruttoinvestitionsbasis feststellen. Eine Entscheidungshilfe bei der Unternehmenssteuerung sind das EVA-Konzept und das CFRoI-Konzept nicht. Diese Konzepte üben lediglich Druck aus, sich um jeden Preis von Geschäftsfeldern zu trennen, die nicht die Kapitalkosten auf ein fragwürdig ermitteltes Kapital bzw. Bruttoinvestitionsbasis erwirtschaften. Sie üben keinen Druck aus, einen möglichst günstigen Verkaufspreis für Desinvestitionen zu erzielen, was nicht im Sinne des Shareholder Value-Konzeptes ist. Das CFRoI-Konzept hat außerdem den Nachteil, daß Geschäftsbereiche versucht sind, sich von Geschäftsfeldern zu trennen, die mehr als die Kapitalkosten erwirtschaften, deren CFRoI aber unter dem durchschnittlichen CFRoI des Geschäftsbereiches liegt, um durch eine solche Desinvestition den durchschnittliche CFRoI des Geschäftsbereiches zu erhöhen.

Da der Faktor Zeit beim EVA-Konzept und CFRoI-Konzept nicht angemessen berücksichtigt wird, läßt sich ein Vergleich einer auf Basis des Discounted Cash-flows vor dem Investitionszeitpunkt ermittelten Rentabilität eines Investitionsprojektes mit der später erzielten Rentabilität nicht direkt vornehmen.

Das CFRoI-Konzept dient der Performance-Messung des Unternehmens und der einzelnen Geschäftsfelder des Unternehmens, indem es anzeigt, wie hoch Unternehmenswert in einer Periode geschaffen oder vernichtet wurde. Es kann aber beim Vergleich von auf stagnierenden Märkten tätigen Geschäftsfeldern mit auf expandierenden Märkten tätigen Geschäftsfeldern wegen der fehlenden Berücksichtigung der genutzten und der geschaffenen immateriellen Werte zu Fehlentscheidungen führen. Es eignet sich nicht zur Beurteilung von Investitionsprojekten und Strategien.

Das CFRoI-Konzept ist an die Daten des Rechnungswesens angebunden.

Gegen die Art der Berechnung des Bruttoinvestitionswertes, gegen die Art der Schätzung der Nutzungsdauer, die Festsetzung von konstanten Cash-flows, die Ermittlung eines Endwertes auf Basis der nicht abnutzbaren Vermögensgegenstände und die Nichtberücksichtigung der immateriellen Vermögensgegenstände bestehen jedoch erhebliche Bedenken. Außerdem wird auf die Problematik des internen Zinsfußes hingewiesen.

Das CFRoI-Konzept fördert relativ stark die kurzfristige anstatt die langfristige Gewinnmaximierung, da Aufwendungen für Forschung und Entwicklung, Produktentwicklung oder Markteinführung voll das Ergebnis belasten und nicht das investierte Kapital erhöhen und beim Endwert keine immateriellen Vermögensgegenstände und kein Geschäfts- oder Firmenwert berücksichtigt werden. Das hat zur Folge, daß stagnierende Geschäftsbereiche eher zu gut eingeschätzt und expandierende Geschäftsbereiche eher zu schlecht eingeschätzt werden. Geschäftsfelder, die mit einem hohen Anteil alter Sachanlagen arbeiten, werden wegen des Ansatzes des Wiederbeschaffungsneuwertes in der Regel zu ungünstig dargestellt. Die gemachten Einwände können katastrophale Folgen für die Unternehmenssteuerung haben.

Das CFRoI-Konzept kann von allen drei Konzepten wegen schwerer Verständlichkeit am ehesten zu Akzeptanzproblemen führen.

Kurze Zusammenfassung:

> DCF ist zukunfts- und entscheidungsorientiert und kennt nur das Problem der Unsicherheit der Zukunft. Das ist ein natürliches und in der Unternehmenspraxis nicht wegzudenkendes Problem, dem man sich stellen muß.
>
> EVA und CFRoI sind vergangenheits- und kontrollorientiert und bieten eine relativ einfache Möglichkeit der Performance-Messung. Sie haben Probleme mit der Bewertung der Ist-Zahlen der Vergangenheit. Das kann, insbesondere beim CFRoI, zu Fehlentscheidungen führen.

IV. Balanced Scorecard

Finanzielle Kennzahlen sagen nur etwas über die Erfolge in der Vergangenheit aus. Sie sagen nichts darüber aus, in welchem Umfang immaterielle Vermögenswerte im weitesten Sinne des Wortes selbst geschaffen oder sogar vernichtet wurden. Rückschlüsse auf die zukünftigen Erfolge lassen sich aus finanziellen Kennzahlen nur bedingt ziehen. Hier setzt Balanced Scorecard an (übersetzt etwa: ausgewogenes Berichtswesen, d. h. ausgewogenes Verhältnis finanzieller und nichtfinanzieller Kennzahlen). Balanced Scorecard ist die zielkonforme und nachvollziehbare Umsetzung und Messung unternehmenswertorientierter Strategien und Visionen in den Unternehmensbereichen.

Zur Beurteilung der erwarteten künftigen Erfolge bedarf es zusätzlicher nichtfinanzieller Kennzahlen sowie qualitativer Ziele und Informationen. Wichtig ist, daß diese nichtfinanziellen Kennzahlen und qualitativen Ziele und Informationen in einem kausalen Zusammenhang mit den finanziellen Kennzahlen und Zielen stehen, d. h., daß durch sie eine Ursache-Wirkungs-Beziehung zum Ausdruck gebracht wird und die Umsetzung der Unternehmensstrategie relativ früh gemessen werden kann.

Balanced Scorecard ist ein strategisches System, das den gesamten Planungs-, Steuerungs- und Kontrollprozeß eines Unternehmens umfaßt. Mit Balanced Scorecard werden die treibenden Faktoren des zukünftigen finanziellen Erfolges gemessen. Es ist praktisch eine Vertiefung des Shareholder Value-Konzeptes durch eine bewußt langfristige Betrachtungsweise. Für zukunftsorientierte Unternehmen, bei denen große Investitionen in die Ausbildung der Mitarbeiter, in neue Mitarbeiter, neue Produkte, neue Verfahren und neue Märkte anfallen, und die nicht mit kurzfristigen finanziellen Erfolgen gemessen werden können, ist Balanced Scorecard besonders gut geeignet. Nähere Einzelheiten können aus dem Buch Kaplan, Robert S./Norton, David P.: Balanced Scorecard. Stuttgart 1997, entnommen werden.

In der Praxis in Deutschland ist das Konzept des Balanced Scorecard noch kaum durchgehend verwirklicht, und es wird bisher so gut wie nie in Geschäftsberichten in nachvollziehbarer Form darüber berichtet.

Die Einrichtung eines leistungsfähigen Balanced Scorecard-Konzeptes bedarf einer genauen Analyse des Unternehmens und ist sehr unternehmensindividuell vorzunehmen.

Kaplan/Norton nennen auf Seite 42 zur Ziel- und Kennzahlenbildung vier Scorecard-Perspektiven und dazu einige allgemeine Kennzahlen, wobei sie darauf hinweisen, daß zusätzliche unternehmensindividuelle Kennzahlen von besonderer Bedeutung sind:

Perspektive	*Allgemeine Kennzahlen*
Finanzwirtschaftliche Perspektive	*ROI und »economic value added« (EVA)*
Kundenperspektive	*Zufriedenheit, Treue, Markt- und Kundenanteil*
interne Perspektive	*Qualität, Reaktionszeit, Kosten, Einführung neuer Produkte*
Innovationsperspektive	*Mitarbeiterzufriedenheit und Zugriff auf Informationssysteme*

Zur Analyse der Unternehmenswertsteigerung gehört auch die Analyse der Anreiz- und Vergütungssysteme des Unternehmens. Neben der Beurteilung der angemessenen Höhe der Vergütung in Hinblick auf den gewünschten Erfolg für das Unternehmen ist zu analysieren, inwieweit Mitarbeiter, von denen der zukünftige Erfolg des Unternehmens in entscheidendem Maße abhängt, durch Anreiz- und Vergütungssysteme an das Unternehmen gebunden werden.

Es wird deshalb an dieser Stelle auch auf die Analyse der Wertschöpfung pro Mitarbeiter (siehe Abschnitt M VI), d. h. die Messung der Effizienz des Personaleinsatzes in den einzelnen Geschäftsfeldern, aufmerksam gemacht, da der Anteil der Personalkosten, insbesondere bei innovativen Unternehmen, im Verhältnis zu den Kapitalkosten immer höher wird.

V. Erkenntnisse für die Bilanzanalyse

Eine fundierte Bilanzanalyse setzt umfangreiche Informationen über das Unternehmen und seine Umwelt voraus. Der Bilanzanalytiker sollte deshalb anstreben, daß sein Wissens- und Erkenntnisstand dem der Unternehmensleitung möglichst nahe kommt, und er sollte auch viele Einzelheiten darüber in Erfahrung bringen, wie das Unternehmen gesteuert wird, damit er auf einer ähnlichen Informationsbasis wie die Unternehmensleitung von seinem Standpunkt aus die Zukunft des Unternehmens beurteilen kann. Allgemeine vollmundige Sprüche der Unternehmensleitung über die Anwendung des Shareholder Value-Konzeptes und die bloße Nennung eines Prozentsatzes der Eigenkapitalkosten sind nicht ausreichend, sondern es bedarf hierzu konkreter Angaben über die jetzige Unternehmensplanung und damit verbundener Unsicherheiten und Risiken sowie eines Vergleiches früher bekannt gegebener Pläne mit der Ist-Situation.

Der Bilanzanalytiker sollte deshalb darauf drängen, daß die Unternehmensleitung nicht nur das finanzielle Ergebnis kommentiert, sondern auch mitteilt, welche Ziele sie bei der Umsetzung ihrer Strategie in den einzelnen Unternehmensbereichen bisher konkret erreicht hat, damit der Bilanzanalytiker die langfristige finanzielle Entwicklung des Unternehmens besser beurteilen und somit eine Analyse der Unternehmenswertsteigerung vornehmen kann.

Für die interne Überwachung und die externe Berichterstattung über die Zielerreichung der Strategie des Unternehmens bietet sich idealerweise Balanced Scorecard an.

Die Analyse der Unternehmenswertsteigerung hilft Wirtschaftsprüfern und Aufsichtsräten ihren in den Abschnitten A VIII und P V angegebenen Pflichten gemäß dem Gesetz zur Kontrolle und Transparenz im Unternehmensbereich (KonTraG) nachzukommen.

Nach einer Arbeit von Pellens/Tomaszewski/Weber (Pellens, Bernhard/Tomaszewski, Claude/Weber, Nicolas: Wertorientierte Unternehmensführung in Deutschland – Eine empirische Untersuchung der DAX 100-Unternehmen. In: DB, 53. Jg. [2000], S. 1825–1833) wendeten Anfang 2000 von 59 untersuchten Konzernen (24 DAX- und 35 MDAX-Unternehmen)

6	(10,2 %)	die Umsatzrendite
15	(25,4 %)	traditionelle Erfolgsgrößen (z. B. modifizierter Jahresüberschuß)
9	(15,3 %)	traditionelle Renditeziffern (Eigen- und Gesamtkapitalrendite)
10	(16,9 %)	wertorientierte Erfolgsgrößen (z. B. EVA)
13	(22,0 %)	wertorientierte Renditeziffern (z. B. CFRoI)
6	(10,2 %)	keine zentrale Kennzahl

zur Performance-Messung als zentrale Steuerungskennzahl an. Gegenüber einer Vergleichsstudie von 1997 hat der Einsatz von wertorientierten Kennzahlen erheblich zugenommen.

R. Kennzahlenaufstellungen und elektronische Datenverarbeitung

I. Allgemeines

Die elektronische Datenverarbeitung, insbesondere Personal Computer machen es heute möglich, aus vorliegenden Jahresabschlüssen durch einmalige Eingabe in kürzester Zeit Zahlen in vielfältiger Form gegenüberzustellen und somit einen umfangreichen Zahlenfriedhof mit einer Unzahl von Kennzahlen zu produzieren. Dem Bilanzanalytiker mag so etwas dienlich sein, um sich schnell und rationell Erkenntnisse aus einem umfangreichen Datenmaterial zu verschaffen und evtl. Hinweise für weitere Recherchen zu erhalten. Den Leser einer Bilanzanalyse kann ein solcher Zahlenfriedhof verwirren.

Sinn macht eine solche Kennzahlenaufstellung allenfalls, wenn sie auch ausgewertet wird. Hierbei kann der Personal Computer nicht helfen, sondern hier sind der wirtschaftliche Sachverstand, die Erfahrungen und die Intuition des Bilanzanalytikers gefordert.

Es gilt deshalb, die Möglichkeiten der elektronischen Datenverarbeitung zu nutzen, ohne daß der Leser einer Bilanzanalyse in überflüssigen Kennzahlen ertrinkt.

Anzumerken ist an dieser Stelle, daß Versuche unternommen worden sind, die elektronische Datenverarbeitung mit Hilfe von Expertensystemen (siehe Böttner/Dräger u. a., Huch und Zündorf) für die Bilanzanalyse zu nutzen. Hierbei verarbeitet das System nicht nur Daten, sondern auch von einem oder mehreren Experten, d. h. Bilanzanalytikern, eingegebenes Wissen und Erfahrungen. Das System liefert auf Basis dieses Wissens und dieser Erfahrung sowie eingegebener Schwellenwerte Analyseergebnisse unter Benutzung von Textbausteinen. In der Praxis arbeitet die Deutsche Bundesbank mit einem Expertensystem. Es dient dazu, die Zahl der bei einer vorhergehenden Diskriminanzanalyse nicht klar als solvent oder insolvenzgefährdet eingestuften Unternehmen zu verringern (Deutsche Bundesbank, Monatsbericht Januar 1999).

Expertensysteme sind weniger dazu geeignet, einem Bilanzanalytiker als Hilfe bei der Bilanzanalyse zu dienen, sie könnten aber evtl. bilanzanalytisch unerfahrene Personen bei der Bilanzanalyse unterstützen. Für eine fundierte und qualitativ hochwertige Bilanzanalyse eignen sich solche schematisch erstellten Bilanzanalysen nicht.

II. Kennzahlenanalyse

Bei einer Bilanzanalyse ist daran zu denken, daß jede Veränderung von Kennzahlen die Veränderung des Verhältnisses von zwei Zahlen zueinander zum Ausdruck bringt. Aus einer solchen Veränderung des Verhältnisses von zwei Zahlen lassen sich Hinweise auf mögliche wirtschaftliche Tatbestände entnehmen, die aus der Veränderung einer einzelnen Zahl nicht hervorgehen.

Jeder Veränderung von Kennzahlen kann

- verschiedene Ursachen haben und/oder
- auf einer Veränderung der Bilanzpolitik beruhen.

Die qualifizierte Interpretation der Kennzahlen erfordert somit einen entsprechenden Zeitaufwand des Bilanzanalytikers, insbesondere wenn er versucht, sein Urteil durch weitere Recherchen besser zu fundieren.

Bei der Durchführung einer Bilanzanalyse sollte sich der Bilanzanalytiker bewußt sein, zu welchem Zweck und für welches Ziel die Bilanzanalyse benötigt wird, um Schwerpunkte bilden zu können und um sich im Interesse des Lesers auf die im gegebenen Falle wesentlichen Tabellen und Kennzahlen sowie ihre Auslegung zu beschränken. Durch diese Beschränkung bei gleichzeitiger zusätzlicher Verarbeitung von weiteren Informationen (z. B. über die Bewertung einzelner Posten, über die den einzelnen Posten des Jahresabschlusses zugrundeliegenden Mengen) und andere Kenntnisse über das Unternehmen (z. B. geschichtliche Entwicklung, Produktionsverfahren, Kapazitätsauslastung, Verkaufssortiment, Kunden) und seine Umwelt (z. B. Branchenberichte, Wettbewerber, Markanteile) kann der Bilanzanalytiker dem Leser qualitativ mehr bieten.

Die in dem folgenden Abschnitt gezeigten Tabellen und Kennzahlen sind eine allgemeine Empfehlung, müssen aber nicht immer bei jeder Bilanzanalyse verwendet werden. In einzelnen Fällen können auch zusätzliche Tabellen und Kennzahlen von Nutzen sein.

Eine gute Bilanzanalyse zeichnet sich durch eine sinnvolle Nutzung sämtlicher vorhandener Möglichkeiten und eine individuelle Kommentierung aus.

Die vorstehenden Ausführungen gelten nicht nur bei der Erstellung einer Bilanzanalyse für Dritte, sondern sollten sinngemäß auch berücksichtigt werden, wenn man in irgendeiner Art eine Bilanzanalyse für den »Eigenbedarf«, d. h. für sich persönlich, durchführt.

III. Kennzahlenaufstellungen

Um eine Bilanzanalyse zügig durchführen zu können, ist es angebracht, folgende Informationen und Kennzahlen zusammenzustellen:

1. allgemeine Informationen über das Unternehmen und die Branche
2. aufbereitete und mit Gliederungskennzahlen versehene Bilanzen und Gewinn- und Verlustrechnungen sowie Indexreihen einschließlich eines Profils der Bilanzpolitik und dessen Interpretation
3. mit Gliederungskennzahlen versehene Kapitalflußrechnungen
4. bereinigte Gewinn- und Verlustrechnungen und das Ergebnis nach DVFA/SG bzw. Überleitung auf einen Jahresabschluß nach IAS oder US-GAAP
5. Informationen nach Geschäftsfeldern
6. Informationen nach Regionen
7. zusammengefaßte kurzfristige Liquiditätsanalyse
8. zusammengefaßte langfristige Liquiditätsanalyse sowie Vermögens- und Kapitalanalyse
9. Zusammenfassung von Erfolgskennzahlen
10. Zusammenfassung von Rentabilitäts-(Return on Investment)Kennzahlen
11. Rendite-Kennzahlen und Börsenbewertung

Es ist individuell zu beurteilen, ob Vergleichszahlen nur für den Branchendurchschnitt und den Branchenführer für das letzte Geschäftsjahr oder für mehrere Wettbewerber und für mehrere Geschäftsjahre gegenübergestellt werden. Zumindest für die Erfolgskennzahlen dürfte ein kombinierter Betriebs- und Zeitvergleich angebracht sein.

Nachstehend wird gezeigt, in welchen Abschnitten des Buches Informationen und Kennzahlen zu den einzelnen Berichtspunkten bei einer Bilanzanalyse zusammengefaßt dargestellt wurden, bzw. es werden Vorschläge für Kennzahlenaufstellungen gemacht:

1. Allgemeine Informationen über das Unternehmen und die Branche

Anregungen über die Zusammenstellung von allgemeinen Informationen über das Unternehmen und die Branche können aus dem Abschnitt A III 2 entnommen werden. Weitere Informationen sind evtl. im Lagebericht und Prüfungsbericht enthalten.

2. Aufbereitete und mit Gliederungskennzahlen versehene Bilanzen und Gewinn- und Verlustrechnungen sowie Indexreihen einschließlich eines Profils der Bilanzpolitik und dessen Interpretation

Ein Beispiel für aufbereitete und mit Gliederungskennzahlen versehene Bilanzen und Gewinn- und Verlustrechnungen einschließlich Indexreihen ist in den Abschnitten G I–IX dargestellt. Anregungen für die Erstellung des Profils der Bilanzpolitik und seine Interpretation finden sich in Abschnitt A VII.

3. Mit Gliederungskennzahlen versehene Kapitalflußrechnungen

Ein Modell einer Kapitalflußrechnung zeigt Abschnitt H.

4. Bereinigte Gewinn- und Verlustrechnungen und Ergebnisse nach DVFA/SG

Welche Möglichkeiten ggf. bestehen, Gewinn- und Verlustrechnungen zu bereinigen, sind aus dem Vorschlag für ein Modell zur Bereinigung der Gewinn- und Verlustrechnungen und den hierzu gegebenen Erläuterungen in Abschnitt M IV zu entnehmen. Die Erläuterungen zum Ergebnis nach DVFA/SG sind in Abschnitt M V enthalten. Hinweise für eine Bereinigung des Ergebnisses könnten auch die Ausführungen über den geschätzten Steuerbilanzgewinn in Abschnitt E III 3 s geben.

5. Informationen nach Geschäftsfeldern

Beschreibung der Geschäftsfelder

Aufteilung der Umsätze nach Geschäftsfeldern

	(insgesamt 3–8 Jahre)				Umsatzwachstum	
	....		....		jährlich	ø in .... Jahren
	TDM	%	TDM	%	% % % % % % %	%
Geschäftsfeld A						
Gesamtumsatz						
./. Innenumsatz		–		–		
Außenumsatz						
Geschäftsfeld B						
Gesamtumsatz						
./. Innenumsatz		–		–		
Außenumsatz						
Geschäftsfeld C						
Gesamtumsatz						
./. Innenumsatz		–		–		
Außenumsatz						
Geschäftsfeld D						
Gesamtumsatz						
./. Innenumsatz		–		–		
Außenumsatz						
Geschäftsfeld E						
Gesamtumsatz						
./. Innenumsatz		–		–		
Außenumsatz						
sonstige						
Gesamtumsatz						
./. Innenumsatz		–		–		
Außenumsatz						
Summe						
Gesamtumsatz		100		100		
./. Innenumsatz		–		–		
Außenumsatz		100		100		

Angaben über Abnehmer der Innenumsätze der einzelnen Geschäftsfelder

Angaben zu Umsätzen mit Großkunden

Hinweise auf Umsatzveränderungen, die auf Akquisitionen, Desinvestitionen und Änderung des Konsolidierungskreises zurückzuführen sind

Angaben zum Gesamtmarkt; Entwicklung des Marktanteils der einzelnen Geschäftsfelder sowie Marktanteil des Branchenführers

Umsätze und Ergebnisse nach Steuern der wichtigsten nach der Equity-Methode konsolidierten Unternehmen

(insgesamt 3–8 Jahre)

	....		....	
	TDM	%	TDM	%
Tochterunternehmen A				
(Geschäftsfeld ..)				
(Kapitalanteil .. %)				
Umsatz		–		–
Ergebnis nach Steuern				
Tochterunternehmen B				
(Geschäftsfeld ..)				
(Kapitalanteil .. %)				
Umsatz		–		–
Ergebnis nach Steuern				
Tochterunternehmen C				
(Geschäftsfeld ..)				
(Kapitalanteil .. %)				
Umsatz		–		–
Ergebnis nach Steuern				

Aufteilung einzelner Kostenarten und der Ergebnisse nach Geschäftsfeldern
(soweit Informationen vorliegen)

	(insgesamt 3–8 Jahre)				Wachstum							
	....		....		jährlich							ø in .. Jahren
	TDM	%*	TDM	%*	%	%	%	%	%	%	%	%
Geschäftsfeld A												
Forschungs- und Entwicklungskosten												
Abschreibungen												
andere zahlungsunwirksame Aufwendungen und Erträge												
Betriebsergebnis												
außerordentliche Aufwendungen/Erträge												
ungewöhnliche Aufwendungen/Erträge												
Ergebnis der nach der Equity-Methode konsolidierten Unternehmen												
Ergebnis vor Steuern												
Steuern												
Ergebnis nach Steuern												
Geschäftsfeld B, C, D, E und sonstige wie Geschäftsfeld A												
Summe												
Forschungs- und Entwicklungskosten												
Abschreibungen												
andere zahlungsunwirksame Aufwendungen und Erträge												
Betriebsergebnis												
außerordentliche Aufwendungen/Erträge												
ungewöhnliche Aufwendungen/Erträge												
Ergebnis der nach der Equity-Methode konsolidierten Unternehmen												
Ergebnis vor Steuern												
Steuern												
Ergebnis nach Steuern												

*Die Prozentzahlen beziehen sich auf den Außenumsatz

Zusammensetzung des Betriebsergebnisses nach Geschäftsfeldern

	(insgesamt 3–8 Jahre)				Ergebniswachstum							
	....		....		jährlich							ø in .. Jahren
	TDM	%	TDM	%	%	%	%	%	%	%	%	%
Geschäftsfeld A												
Geschäftsfeld B												
Geschäftsfeld C												
Geschäftsfeld D												
Geschäftsfeld E												
sonstige												
Gesamt		100		100								

Aufteilung des Vermögens, der Schulden und der Investitionen nach Geschäftsfeldern
(soweit Informationen vorliegen)

	(insgesamt 3–8 Jahre)				Wachstum							
	....		....		jährlich							ø in .. Jahren
	TDM	%	TDM	%	%	%	%	%	%	%	%	%
Geschäftsfeld A												
Vermögen (ohne Equity-Beteiligungen)												
Equity-Beteiligungen												
./. Schulden												
Investitionen												
Geschäftsfeld B, C, D, E und sonstige wie Geschäftsfeld A												
Summe												
Vermögen (ohne Equity-Beteiligungen)												
Equity-Beteiligungen												
./. Schulden												
Investitionen												

Informationen, die zum Verständnis der Berichterstattung nach Geschäftsfeldern bzw. der Segmentberichterstattung notwendig sind (z. B. Verrechnungspreise zwischen den Geschäftsfeldern/Regionen, Abweichungen vom Grundsatz der Stetigkeit, Effekte aufgrund der Änderung der Bilanzierungs- und Bewertungsmethoden, Informationen zur Überleitung auf den Konzernabschluß)

Zusätzliche Informationen, wichtige Ereignisse nach Ablauf des Geschäftsjahres und Ausblick (je Geschäftsfeld)

Rentabilität der Geschäftsfelder

	(insgesamt 3–8 Jahre)	
	....	....
Geschäftsfeld A		
Eigenkapitalrentabilität vor Steuern		
Eigenkapitalrentabilität nach Steuern		
Gesamtkapitalrentabilität vor Steuern		
Informationen zur Unternehmenswertsteigerung		
Geschäftsfeld B, C, D, E und sonstige wie Geschäftsfeld A		
Gesamt		
Eigenkapitalrentabilität vor Steuern		
Eigenkapitalrentabilität nach Steuern		
Gesamtkapitalrentabilität vor Steuern		
Informationen zur Unternehmenswertsteigerung		

Zahl der Mitarbeiter

	(insgesamt 3–8 Jahre)		Wachstum	
	....	....	jährlich	ø in .. Jahren
			% % % % % % %	%
Geschäftsfeld A				
Geschäftsfeld B				
Geschäftsfeld C				
Geschäftsfeld D				
Geschäftsfeld E				
sonstige				
Gesamt				

6. Informationen nach Regionen

Aufteilung der Umsätze nach Regionen

	(insgesamt 3–8 Jahre)				Umsatzwachstum							
	....		....		jährlich							ø in .. Jahren
	TDM	%	TDM	%	%	%	%	%	%	%	%	%
Region A												
Umsatz nach Absatzmärkten												
Umsatz nach Sitz der Gesellschaften												
Region B												
Umsatz nach Absatzmärkten												
Umsatz nach Sitz der Gesellschaften												
Region C												
Umsatz nach Absatzmärkten												
Umsatz nach Sitz der Gesellschaften												
Region D												
Umsatz nach Absatzmärkten												
Umsatz nach Sitz der Gesellschaften												
Region E												
Umsatz nach Absatzmärkten												
Umsatz nach Sitz der Gesellschaften												
Summe												
Umsatz nach Absatzmärkten		100		100								
Umsatz nach Sitz der Gesellschaften		100		100								

Angaben über Abnehmer der Innenumsätze der einzelnen Regionen

Angaben zu Umsätzen mit Großkunden

Hinweise auf Umsatzveränderungen, die auf Akquisitionen, Desinvestitionen und Änderung des Konsolidierungskreises zurückzuführen sind

Angaben zum Gesamtmarkt; Entwicklung des Marktanteils in den einzelnen Regionen sowie Marktanteil des Branchenführers.

Exportquote des Mutterunternehmens	%	%

Umsätze und Ergebnisse nach Steuern der wichtigsten nach der Equity-Methode konsolidierten Unternehmen

(insgesamt 3–8 Jahre)

	....		....	
	TDM	%	TDM	%
Tochterunternehmen A				
(Region ..)				
(Kapitalanteil .. %)				
Umsatz		–		–
Ergebnis nach Steuern				
Tochterunternehmen B				
(Region ..)				
(Kapitalanteil .. %)				
Umsatz		–		–
Ergebnis nach Steuern				
Tochterunternehmen C				
(Region ..)				
(Kapitalanteil .. %)				
Umsatz		–		–
Ergebnis nach Steuern				

Aufteilung einzelner Kostenarten und der Ergebnisse nach Regionen
(soweit Informationen vorliegen)

	(insgesamt 3–8 Jahre)				Wachstum							
	....		....		jährlich							ø in .. Jahren
	TDM	%	TDM	%	%	%	%	%	%	%	%	%
Region A												
Forschungs- und Entwicklungskosten												
Abschreibungen												
andere zahlungsunwirksame Aufwendungen und Erträge												
Betriebsergebnis												
außerordentliche Aufwendungen/Erträge												
ungewöhnliche Aufwendungen/Erträge												
Ergebnis der nach der Equity-Methode konsolidierten Unternehmen												
Ergebnis vor Steuern												
Steuern												
Ergebnis nach Steuern												
Region B, C, D und E wie Region A												
Summe												
Forschungs- und Entwicklungskosten												
Abschreibungen												
andere zahlungsunwirksame Aufwendungen und Erträge												
Betriebsergebnis												
außerordentliche Aufwendungen/Erträge												
ungewöhnliche Aufwendungen/Erträge												
Ergebnis der nach der Equity-Methode konsolidierten Unternehmen												
Ergebnis vor Steuern												
Steuern												
Ergebnis nach Steuern												

Zusammensetzung des Betriebsergebnisses nach Regionen

	(insgesamt 3–8 Jahre)				Ergebniswachstum							
	....		....		jährlich							ø in .. Jahren
	TDM	%	TDM	%	%	%	%	%	%	%	%	%
Region A												
Region B												
Region C												
Region D												
Region E												
Gesamt		100		100								

Aufteilung des Vermögens, der Schulden und der Investitionen nach Regionen

(soweit Informationen vorliegen)

	(insgesamt 3–8 Jahre)				Wachstum							
	....		....		jährlich							ø in .. Jahren
	TDM	%	TDM	%	%	%	%	%	%	%	%	%
Region A												
Vermögen (ohne Equity-Beteiligungen)												
Equity-Beteiligungen												
./. Schulden												
Investitionen												
Region B, C, D und E wie Region A												
Summe												
Vermögen (ohne Equity-Beteiligungen)												
Equity-Beteiligungen												
./. Schulden												
Investitionen												

Rentabilität der Regionen

	(insgesamt 3–8 Jahre)	
	....	....
Region A		
Eigenkapitalrentabilität vor Steuern		
Eigenkapitalrentabilität nach Steuern		
Gesamtkapitalrentabilität vor Steuern		
Informationen zur Unternehmenswertsteigerung		
Region B, C, D und E wie Region A		
Gesamt		
Eigenkapitalrentabilität vor Steuern		
Eigenkapitalrentabilität nach Steuern		
Gesamtkapitalrentabilität vor Steuern		
Informationen zur Unternehmenswertsteigerung		

Zahl der Mitarbeiter

	(insgesamt 3–8 Jahre)		Wachstum							
			jährlich							ø in .. Jahren
	....	....	%	%	%	%	%	%	%	%
Region A										
Region B										
Region C										
Region D										
Region E										
Gesamt										

7. Zusammengefaßte kurzfristige Liquiditätsanalyse

	(insgesamt 3–8 Jahre)		Zum Vergleich	
	....	....	Branchen-durchschnitt	Branchen-führer
1. Netto-Umlaufvermögen in TDM				
Liquiditätskennzahlen				
2. Liquidität 1. Grades in % (Barliquidität)				
3. Liquidität 2. Grades in % (Liquidität auf kurze Sicht) (quick, liquid oder acid-test ratio)				
4. Liquidität 3. Grades in % (Liquidität auf mittlere Sicht) (vergleichbar mit current ratio oder working capital ratio)				
*Umschlagshäufigkeit des Umlaufvermögens *)*				
5. Umschlagshäufigkeit der Forderungen aus Lieferungen und Leistungen				
6. Umschlagshäufigkeit der Vorräte insgesamt				
7. Umschlagshäufigkeit des übrigen Umlaufvermögens (ohne flüssige Mittel)				
8. Umschlagshäufigkeit des Umlaufvermögens insgesamt (ohne flüssige Mittel)				
*Umschlagsdauer des Netto-Umlaufvermögens in Tagen *)*				
9. in Anspruch genommenes Zahlungsziel der Kunden in Tagen				
von verbundenen Unternehmen und Beteiligungen				
von übrigen Kunden				
10. Lagerdauer der Vorräte insgesamt in Tagen				
11. Zahlungsziel der Kunden und Lagerdauer der Vorräte (9. + 10. = 11.)				
12. in Anspruch genommenes Lieferantenziel in Tagen				
mittels Verbindlichkeiten aus Lieferungen und Leistungen				
mittels Schuldwechsel				
13. Umschlagsdauer des Nettoumlaufvermögens				
14. Liquiditätsvergleichsindex				

	(insgesamt 3–8 Jahre)		Zum Vergleich	
	....	....	Branchen-durchschnitt	Branchen-führer
15. notwendige Anzahl Tagesumsätze zur Begleichung der Verbindlichkeiten aus Lieferungen und Leistungen einschließlich Schuldwechsel				
davon Schuldwechsel				
16. Angaben zur potentiellen Liquidität (z. B. vereinbarte Kreditlinien, eingeleitete Kapitalerhöhung, Beleihungsmöglichkeiten, nicht betriebsnotwendiges Vermögen)				

*) Die Umschlagsdauer ist ein Kehrwert der Umschlagshäufigkeit und bringt somit keine zusätzlichen Erkenntnisse über den Umschlag des Umlaufvermögens. Zusätzliche Erkenntnisse ließen sich dadurch erreichen, daß man die Umschlagshäufigkeit auf Basis der durchschnittlichen Bestände und die Umschlagsdauer der Posten des Netto-Umlaufvermögens – sofern möglich – auf Basis der Endbestände und der Umsatzerlöse bzw. Herstellungskosten des letzten Quartals oder des letzten Halbjahres errechnen würde.

8. Zusammengefaßte langfristige Liquiditätsanalyse sowie Vermögens- und Kapitalanalyse

	(insgesamt 3–8 Jahre)		Zum Vergleich	
	....	....	Branchen-durchschnitt	Branchen-führer
Verhältnis Eigenkapital zu Anlagevermögen (Deckungsgrad I)				
Verhältnis Eigenkapital und langfristiges Fremdkapital zu Anlagevermögen (Deckungsgrad II)				
Verhältnis Eigenkapital und lang- und mittelfristiges Fremdkapital zu Anlagevermögen (Deckungsgrad III)				
Verhältnis Eigenkapital und langfristiges Fremdkapital zu Anlagevermögen einschl. Finanzierungsleasing				
Dynamischer Verschuldungsgrad (Tilgungsdauer) auf Basis Finanzschulden				
Dynamischer Verschuldungsgrad (Tilgungsdauer) auf Basis Finanzschulden einschl. Leasingverbindlichkeiten				
Abschreibungsgrad				
Leverage-Risiko (Verhältnis Gewinn vor Zinsen und Steuern zu Zinsen)				

	(insgesamt 3–8 Jahre)		Zum Vergleich	
	....	....	Branchen-durchschnitt	Branchen-führer
Leverage-Risiko (Verhältnis Cash-flow und Zinsen zu Zinsen)				
Leverage-Faktor (Eigenkapitalrentabilität: Gesamtkapitalrentabilität)				
Altersstruktur bzw. technischer Stand der Sachanlagen				
Abschreibungsquote				
Analyse der Angemessenheit der Abschreibungen auf Sachanlagen				
Korrigierte Eigenkapitalquote				
Verhältnis Sachanlagen zu Umsatzerlöse				
Innenfinanzierung = Cash-flow (einbehaltene Gewinne + Abschreibungen + Zunahme langfristige Rückstellungen) in Prozent der Zugänge (abzüglich der Abgänge) in Sach- und Finanzanlagen (Durchschnitt der letzten 5 Jahre = %)				

9. Zusammenfassung von Erfolgskennzahlen

	(insgesamt 3–8 Jahre)		Zum Vergleich	
	....	....	Branchen-durchschnitt	Branchen-führer
1. Bruttoergebnis vom Umsatz *)				
2. Betriebsergebnis vom Umsatz				
3. Ergebnis vor Zinsen und Ertragsteuern im Verhältnis zu den Umsatzerlösen				
4. Ergebnis vor Zinsen, Ertragsteuern und Abschreibungen im Verhältnis zu den Umsatzerlösen				
5. Ergebnis vor Zinsen, Ertragsteuern und Abschreibungen und Zuführung zu den Pensionsrückstellungen im Verhältnis zu den Umsatzerlösen				

*) beim Gesamtkostenverfahren aus dem Jahresabschluß nicht zu entnehmen, evtl. schätzen

Indikatoren für eine Auflösung und Bildung stiller Reserven bei Jahresabschlüssen nach dem HGB

	(insgesamt 3–8 Jahre)		Zum Vergleich	
	….	….	Branchen-durchschnitt	Branchen-führer
Verhältnis sonstige betriebliche Erträge zu den Umsatzerlösen				
Verhältnis außerordentliche Erträge zu den Umsatzerlösen				
Verhältnis sonstige Rückstellungen zu den Umsatzerlösen				
Verhältnis Zuführungen zu Pensionsrückstellungen zu den Löhnen und Gehältern				

10. Zusammenfassung von Rentabilitäts (Return on Investment)-Kennzahlen

	(insgesamt 3–8 Jahre)		Zum Vergleich	
	….	….	Branchen-durchschnitt	Branchen-führer
Eigenkapitalrentabilität vor Ertragsteuern				
Eigenkapitalrentabilität nach Ertragsteuern				
Gesamtkapitalrentabilität vor Ertragsteuern				
Gesamtkapitalrentabilität nach Ertragsteuern				
Rentabilität des Eigenkapitals und der verzinslichen Schulden vor Ertragsteuern				
Rentabilität des Eigenkapitals und der verzinslichen Schulden nach Ertragsteuern				

Analyse des Return on Investment

	(insgesamt 3–8 Jahre)		Zum Vergleich	
	....	....	Branchen-durchschnitt	Branchen-führer
Umsatzrendite (Gewinn nach Ertragsteuern + Zinsen (1 – Ertragsteuern) : Umsatzerlöse)				
×				
Vermögensumschlag (Umsatzerlöse : durchschnittliches Vermögen)				
=				
Rentabilität des Gesamtvermögens				
×				
Leverage-Faktor (Eigenkapitalrentabilität : Gesamtkapitalrentabilität)				
=				
Eigenkapitalrentabilität nach Ertragsteuern				

Krisensignalwerte

	(insgesamt 3–8 Jahre)		Zum Vergleich	
	....	....	Branchen-durchschnitt	Branchen-führer
$\frac{\text{Brutto-Cash-flow aus laufender Geschäftstätigkeit}}{\text{Anlagevermögen + Nettoumlaufvermögen}}$				
$\frac{\text{Brutto-Cash-flow aus laufender Geschäftstätigkeit + Erhöhung ./. Verminderung langfristige Rückstellungen}}{\text{Anlagevermögen + Nettoumlaufvermögen}}$				

11. Rendite-Kennzahlen und Börsenbewertung

	(insgesamt 3–8 Jahre)		
	....	....	aktuell
Höchst-/Tiefst-Kurs, aktueller Kurs			
Ergebnis nach Steuern je Aktie laut Gewinn- und Verlustrechnung *)			–
DVFA/SG-Ergebnis oder bereinigtes Ergebnis je Aktie			–
Kurs/Gewinn-Verhältnis			
Dividende je Aktie			–
Steuergutschrift je Aktie			–
Dividendenrendite (einschließlich Steuergutschrift)			
Bilanzkurs			–
Anzahl der ausgegebenen Aktien			
Kurs/Gewinn-Verhältnis des Branchenführers	–	–	

*) bei Kapitalerhöhungen Erläuterungen in Fußnote geben

IV. Bei der Bonitätsanalyse deutscher Kreditinstitute verwendete Kennzahlen

Es mag interessant sein zu wissen, welche Kennzahlen deutsche Kreditinstitute bei der Bonitätsanalyse verwenden.

In dem Buch Meyer, Claus: Kunden-Bilanz-Analyse der Kreditinstitute. 2. Aufl., Stuttgart 2000, wurde die Analyse-Praxis der folgenden deutschen Kreditinstitute durchleuchtet:

Baden-Württembergische Bank AG
Bayerische Hypo- und Vereinsbank AG
BfG Bank AG
Commerzbank AG
Deutsche Bank AG
Deutsche Bundesbank
Dresdner Bank AG
IKB Deutsche Industriebank AG
Sparkassen
Volks- und Raiffeisenbanken

Die von den deutschen Kreditinstituten gemäß obengenanntem Buch verwendeten Kennzahlen werden nachstehend wiedergegeben:

Übersicht: Kennzahlen – Unternehmensprozeß

Kennzahlen	Kreditinstitut									
	BBk	BfG	BWB	CB	DB	DrB	HVB	IKB	SpK	VB
Ertragskraft										
Erweiterter Cash Flow vor EESt.					•			•		
Erweiterter Cash Flow vor EESt. / Umsatz								•		
Cash Flow (absolut)					•			•		
Cash Flow		•	•	•		•		•	•	
/ Gesamtkapital							•			
/ Umsatz bzw. Gesamtleistung		•	•	•	•				•	•
/ Nettoverbindlichkeiten					•					
Umsatzrentabilität (Umsatzrendite I, II)	•		•	•			•	•	•	•
Eigenkapitalrentabilität	•			•	•	•				•
Fremdkapitalverzinsung					•					
Gesamtkapitalrentabilität (-verzinsung)	•	•	•	•	•	•		•	•	•
Return on Investment										•
Betriebsleistungsrentabilität							•			
Betriebsrentabilität									•	
Rohertragsquote / -spanne		•	•						•	
Zinsdeckung / Netto-					•	•				•
Tilgungsdauer / Jahre bzw. % (Entschuldungsdauer, Verschuldungsgrad)		•	•	•	•	•	•	•	•	•

Kennzahlen	Kreditinstitut									
	BBk	BfG	BWB	CB	DB	DrB	HVB	IKB	SpK	VB
Finanzwirtschaft										
Liquiditätsgrade										
(Liquidität I und II, Quick ratio, kurzfr. Verschuldung)		●	●	●	●				●	
Relative Liquidität							●			
Umsatzfinanzierungsquote	●	●	●		●					
Selbstfinanzierungsquote		●	●						●	
Mittelbindungsquote			●							
Nettoverschuldung / -quote					●	●		●		
Nettoverschuldung / kurzfr. Verbindlichkeiten (Liquidität II)						●				
Ausschüttung / Entnahmen (Dividende)			●	●		●	●			
Bereinigtes Haftkapital				●						
Kapitalrückflußquote	●									
Eigenmittel				●						
Eigenmittelquote		●	●	●				●	●	●
Leverage ratio					●					
Kapitaldienstfähigkeit			●							●
Prozeßgeschwindigkeit										
Debitorenziel, -laufzeit (Zielgewährung, Kundenziel / verbundene Unternehmen)		●	●	●	●	●	●	●	●	●
Kreditorenziel, -laufzeit (Zielinanspruchnahme, Lieferantenziel)		●	●	●	●	●	●	●	●	●
Umschlaghäufigkeit / -dauer										
/ Vorräte / Lager		●	●	●	●	●	●	●	●	●
/ Gesamtkapital (Kapitalumschlag)				●		●		●	●	●
Konzernbindung				●						

Kennzahlen	Kreditinstitut									
	BBk	BfG	BWB	CB	DB	DrB	HVB	IKB	SpK	VB
Wachstum, Entwicklung										
Entwicklung										
– Anlagevermögen			●		●		●			●
– Eigenkapital bzw. Rücklagen				●	●	●	●		●	●
Brutto- (Sach-) Investitionen								●		●
Investitionsquote / -intensität		●	●						●	
geplante Investitionen				●						
Umsatz pro Arbeitnehmer			●			●			●	●
Gesamtleistung pro Arbeitnehmer		●	●							
Umsatzveränderung Vorjahr	●					●		●		
Umsatzaufgliederung									●	
Veränderung Betriebsleistung / Gesamtleistung						●		●		
Veränderung Rohertrag						●		●		
Exportquote / -anteil (Umsatzerlöse aus Export)			●		●	●	●	●		●
Import / -quote			●		●		●			●
Wertschöpfungsquote				●				●		
Wertschöpfung pro Beschäftigten				●						
Betriebsergebnis pro Beschäftigten				●						
Rohertrag pro Beschäftigten									●	
Betriebsleistung pro Beschäftigten							●			
Auftragseingang						●				
Auftragsbestand						●				
Umsatz / Verkaufsfläche		●	●							
Verkaufsfläche		●								
Umsatz des Bankkunden										●

Übersicht: Kennzahlen – Unternehmungsstruktur

Kennzahlen	Kreditinstitut									
	BBk	BfG	BWB	CB	DB	DrB	HVB	IKB	SpK	VB
Vertikale Struktur der Bilanz										
Vermögensstruktur									●	●
Kapitalstruktur (Eigenkapital-, Eigenkapital- / Pensionsrückstellungsquote)	●	●	●	●	●			●	●	●
Erhaltene Anzahlungen / Nettoverschuldung						●				
FK/EK-Koeffizient								●		
Kurzfristige Verschuldung									●	
Horizontale Struktur der Bilanz										
Anlagendeckungsgrad (Sachanlagen-, Gesamtanlagendeckungsgrad, Anlagenfinanzierung)			●	●		●	●		●	●
Netto-Umlaufvermögen (Liquidität II, Liquiditätsgrade, working capital)		●	●	●		●				●
Struktur der GuV (zusätzlich zu den Prozentangaben in der aufbereiteten GuV)										
Materialaufwandsquote							●			
Personalaufwandsquote		●	●				●		●	
Abschreibungsquote							●		●	
Finanzaufwandsquote							●			
Mietaufwandsquote / -zahlungen									●	●
Zinsaufwandsquote									●	
Zinskostenintensität / Nettozinsquote	●	●	●							
Herstellungskostenquote							●			
Vertriebskostenquote							●			
Verwaltungskostenquote							●			
Personalaufwand pro Besch.			●	●						
Lohnproduktivität		●	●							
Break-Even-Analyse									●	
Gehälter, Mieten, Pacht, Zinsen an Gesellschafter			●							●
Skontierträge u. ähnliches										●
Einnahmenüberschußquote	●									

Kennzahlen	Kreditinstitut									
	BBk	BfG	BWB	CB	DB	DrB	HVB	IKB	SpK	VB
Sonstige Strukturzahlen										
Zahl der Arbeitnehmer (Beschäftigte)		•	•	•	•	•	•	•	•	•
Anlagenabnutzungsgrad		•	•	•		•	•	•		
Durchschnittlicher Monatsumsatz								•		
Eventualverbindlichkeiten (Haftungsverhältnisse)			•	•	•	•	•	•	•	•
Nicht passivierte Pensions-verpflichtungen			•	•	•	•	•			
Leasingverpflichtungen/Factoring			•	•	•	•	•		•	•
Sonst. finanzielle Verpflichtungen			•	•		•		•	•	•
Durch Pfandrecht gesicherte Verbindlichkeiten					•					
Gesicherte Beträge										•

Die Wiedergabe der Übersicht hat den Zweck zu zeigen,

- welche Kennzahlen von fast allen Kreditinstituten verwendet und
- welche Kennzahlen nur von einzelnen Kreditinstituten benutzt werden.

Um weitere Schlüsse aus obigen Übersichten ziehen zu können, müßte man sich in die in dem Buch erläuterten Analyse-Systeme der einzelnen Kreditinstitute einarbeiten. Sie werden in folgenden Arbeitsschritten dargestellt:

- Grundgedanken
- Aufbereitung der Jahresabschlüsse
- Strukturierung der Daten
- Auswertung und Präsentation.

Obwohl die einzelnen Kreditinstitute in vielen Fällen unterschiedliche Kennzahlen benutzen, zeigt sich sowohl anhand der von fast allen Kreditinstituten verwendeten Kennzahlen als auch an der von den meisten Kreditinstituten kaum analysierten Struktur der Gewinn- und Verlustrechnung deutlich, daß die Bilanzanalyse nur der Sicherheit der gewährten und zu gewährenden Kredite dient. Eine Analyse der Ertragslage, wie sie für potentielle Erwerber von Unternehmen oder Unternehmensanteilen sowie für Finanzanalysten interessant ist, erfolgt kaum.

V. Sonstige weniger nützliche und unnütze Kennzahlen und deren Aussagewert

In der deutschen Literatur über Bilanzanalyse werden außer den in diesem Buch erwähnten noch viele andere Kennzahlen genannt, wobei in den meisten Fällen keine Erläuterungen zu den Kennzahlen gemacht werden. Soweit Erläuterungen dazu gegeben werden, wird in aller Regel nicht gesagt, welchen Aussagewert diese Kennzahlen haben sollen.

Man muß über die Bedeutung einer Kennzahl nicht vollkommen einer Meinung sein, und es ist jedem selbst überlassen, welche Kennzahlen er bildet. Auch mag es bestimmte Branchen und Gelegenheiten geben, bei der bestimmte Kennzahlen üblich oder angebracht sind, die in diesem Buche nicht erwähnt sind. Man muß sich aber bewußt bleiben, daß zu viele Kennzahlen, insbesondere wenn sie nicht zu einem Kennzahlensystem gehören und nur einen unbedeutenden oder sogar keinen Aussagewert haben, von einer eingehenden Bilanzanalyse ablenken. Der Verfasser möchte deshalb vor der Versuchung, die bei den heutigen Datenverarbeitungsmöglichkeiten besonders groß ist, warnen, unnütze Kennzahlenfriedhöfe zu erstellen.

Als Beispiel dafür werden in der folgenden Übersicht Kennzahlen aus drei verschiedenen in mehreren Auflagen in deutscher Sprache erschienenen Büchern (Coenenberg, Adolf G.: Jahresabschluß und Jahresabschlußanalyse. 17., völlig neu bearbeitete und erweiterte Auflage, Landsberg 2000; Gräfer, Horst: Bilanzanalyse. 7., wesentlich überarbeitete Auflage, Herne/Berlin 1997; Hesse, Kurt/Fraling, Rolf/Fraling, Wolfgang: Wie beurteilt man eine Bilanz? 20., überarbeitete Auflage, Wiesbaden 2000) genannt, die der Verfasser für mehr oder weniger überflüssig hält, da sie seines Erachtens kaum einen Beitrag zur Beurteilung der Vermögens-, Finanz- und Ertragslage zu leisten vermögen.

Der Verfasser hat seine Einwände gegen die in der Übersicht aufgeführten Kennzahlen anschließend zusammengefaßt und numeriert und die entsprechenden Nummern in die Übersicht eingetragen.

Kennzahlen	Kennzahl aufgeführt bei			
	Coenenberg	Gräfer	Hesse/Fraling	Einwand
$\frac{\text{Eigenkapital}}{\text{Eigenkapital + Dauerschulden}}$ = Anteil des Eigenkapitals an der langfristigen Finanzierung			x	1
$\frac{\text{Rücklagen}}{\text{Eigenkapital}}$ = Sicherung des Eigenkapitals			x	1
$\frac{\text{langfristiges Fremdkapital}}{\text{gesamtes Fremdkapital}}$ = Anteil der Dauerschulden an der gesamten Fremdfinanzierung			x	1
$\frac{\text{Anlagevermögen}}{\text{Umlaufvermögen}}$ = Anlage-/Umlaufintensität	x			2
$\frac{\text{Gewinnrücklagen}}{\text{bilanzielles Eigenkapital}}$ = Selbstfinanzierungsgrad	x			3

Kennzahlen	Kennzahl aufgeführt bei			
	Coenenberg	Gräfer	Hesse/Fraling	Einwand
$\frac{\text{Gewinnrücklagen}}{\text{Gesamtkapital}}$ = Selbstfinanzierungsgrad		x		3
$\frac{\text{gesamte Rücklagen}}{\text{bilanzanalytisches Eigenkapital}} \times 100$ = Rücklagenanteil		x		3
$\frac{\text{Wechselverbindlichkeiten}}{\text{Warenschulden}}$ = Kreditanpassung	x			1
$\frac{\text{Forderungen aus Lieferungen und Leistungen}}{\text{Verbindlichkeiten aus Lieferungen und Leistungen}}$ = Maßstab für Finanzdispositionen des Unternehmens			x	1
$\frac{\text{Forderungen gegen verbundene Unternehmen}}{\text{Verbindlichkeiten gegenüber verbundenen Unternehmen}}$	x			4
$\frac{\text{Sonstige Vermögensgegenstände}}{\text{sonstige Verbindlichkeiten}}$	x			4
$\frac{\text{Vorräte}}{\text{Umlaufvermögen}}$ = Grad der Lagerhaltung			x	1
$\frac{\text{Forderungen}}{\text{Umlaufvermögen}}$ = Grad der gewährten Lieferkredite			x	1
$\frac{\text{Konzernforderungen}}{\text{Gesamtforderungen}}$ = Grad der Konzernverflechtung			x	1, 4
$\frac{\text{Konzernverbindlichkeiten}}{\text{Gesamtverbindlichkeiten}}$ = Grad der Konzernverflechtung			x	1, 4
$\frac{\text{Liquide Mittel}}{\text{Umlaufvermögen}}$ = Anteil der liquiden Mittel ersten Grades am gesamten Umlaufvermögen			x	1
$\frac{\text{Lohn- und Gehaltsaufwand + soziale Abgaben}}{50}$ = ungefähre wöchentliche Belastung der Liquidität durch Löhne und Gehälter			x	1
$\frac{\text{Lohn- und Gehaltsaufwand + soziale Abgaben}}{12}$ = monatliche Belastung der Liquidität durch Löhne und Gehälter			x	1
$\frac{\text{Gesamtgewinn}}{\text{Nominalkapital}}$ = möglicher Dividendensatz			x	3
$\frac{\text{Neubildung von Rücklagen}}{\text{Gesamtgewinn}}$ = Grad der Selbstfinanzierung			x	3

Kennzahlen	Kennzahl aufgeführt bei			
	Coenenberg	Gräfer	Hesse/ Fraling	Einwand
$\frac{\text{Neubildung von Rücklagen}}{\text{vorhandene offene Rücklagen}}$ = Zuwachsgrad der Rücklagen			x	3
$\frac{\text{Umsatzerlöse}}{\text{Eigenkapital}}$ = Kapitalumschlag			x	2
$\frac{\text{Ordentliches Betriebsergebnis}}{\text{Gesamtergebnis vor Steuern}}$	x			4
$\frac{\text{Ordentliches betriebsfremdes Ergebnis}}{\text{Gesamtergebnis vor Steuern}}$	x			4
$\frac{\text{Außerordentliches Ergebnis}}{\text{Gesamtergebnis vor Steuern}}$	x			4
$\frac{\text{Cash-flow nach Steuern}}{\text{durchschnittliches Eigenkapital}}$	x			1

Einwände

1 Die Kennzahl sagt nichts aus oder kann irreführend sein.
2 Die Komponenten der Kennzahl sind in einer oder mehreren anderen Kennzahlen schon enthalten. Diese Kennzahl gibt keine zusätzlichen Erkenntnisse.
3 Es handelt sich um eine rein formale Aussage, die materiell ohne Bedeutung ist.
4 Nicht die Kennzahl ist wichtig, sondern die absolute Höhe der einzelnen Komponenten, und der Grund dafür.

VI. Sonstige weniger nützliche oder unnütze Verfahren der Bilanzanalyse und deren Aussagewert

Weniger nützliche oder unnütze Verfahren der Bilanzanalyse werden in großen deutschen Wirtschaftsmagazinen (Managermagazin, Capital) veröffentlicht.

1. RSW-Verfahren

Das RSW-Verfahren ist am Institut für Betriebswirtschaftslehre der Universität Kiel zur Beurteilung von börsennotierten Unternehmen entwickelt worden. Mit Hilfe von sechs Kennzahlen werden in Branchen aufgeteilte Unternehmen nach Rendite (R), Sicherheit (S) und Wachstum (W) bewertet (RSW-Verfahren). Die Kennzahlen werden zu einem Gesamtwert verdichtet und vergleichbar gemacht. Daraus ergibt sich eine Rangliste der Unternehmen, die im Managermagazin veröffentlicht wird.

2. Capitalyse-Verfahren

Das Capitalyse-Verfahren wurde von der Wirtschaftsprüfungsgesellschaft Arthur Andersen Hamburg mit dem Wirtschaftsmagazin Capital entwickelt. Dieses Verfahren gewichtet zehn Kennzahlen, die die Solidität, die Finanzierung, die Rentabilität und das Wachstumspotential betreffen, zu einem Gesamturteil über ein Unternehmen. Die Unternehmen werden dann mit anderen Unternehmen derselben Branche verglichen.

3. Kritik

Diese beiden Verfahren der Bilanzanalyse – die man auch als »Masse- statt Klasse-Bilanzanalysen« bezeichnen könnte – bieten keine Entscheidungshilfe zur Beurteilung einzelner Unternehmen. Im Prinzip sind diese Verfahren keine Bilanzanalyse – obwohl sie in der Literatur so genannt werden –, sondern nur Verfahren (Scoringverfahren) zur Erstellung einer Rangliste (Rankings). Diese Rankings können zu unsinnigen Schlußfolgerungen verleiten. Da diese Verfahren nur auf Zahlen von nicht aufbereiteten Jahresabschlüssen beruhen, die besonders in Deutschland durch Bilanzpolitik manipulierbar sind, könnten sie sogar zu Fehlentscheidungen beim Kauf oder Verkauf von Aktien führen.

Im Oktober 1997 wurden im Wirtschaftsmagazin Capital von Karlheinz Küting vom Institut für Wirtschaftsprüfung des Saarlandes Bilanzanalysen veröffentlicht, bei denen vier Kennzahlen benutzt werden, mit denen die Ertragslage beurteilt werden soll. Bei diesem sogenannten Saarbrücker Modell erfolgt nicht nur eine quantitative Bilanzanalyse, sondern auch eine qualitative Bilanzanalyse, indem versucht wird, die angewendete Bilanzpolitik der Unternehmen in die Beurteilung einzubeziehen. Somit wird der oben geäußerten Kritik hinsichtlich der Nichtberücksichtigung der Bilanzpolitik im Rahmen der gegebenen Möglichkeiten Rechnung getragen (siehe Küting, Karlheinz: Die Bilanzanalyse. 5. Aufl., Stuttgart 2000, S. 415).

S. Beurteilung der Vermögens-, Finanz- und Ertragslage

In Abschnitt A II wurde gesagt:

Bilanzanalyse ist die Darstellung und Beurteilung der gegenwärtigen und vergangenen Vermögens-, Finanz- und Ertragslage eines Unternehmens durch

- die Auswertung der in den Jahresabschlüssen enthaltenen und anderer zur Verfügung stehenden Informationen und Daten,
- die Aufbereitung und Bereinigung der Jahresabschlüsse und
- die Bildung von Kennzahlen.

Zweck einer Bilanzanalyse ist es zu erkennen, welche aus den Jahresabschlüssen ersichtlichen Faktoren die wirtschaftliche Entwicklung des Unternehmens beeinflußten.

Ziel einer Bilanzanalyse ist es, Aussagen über die mögliche oder wahrscheinliche zukünftige finanzielle Entwicklung des Unternehmens zu machen, um dadurch Hilfen für Kredit-, Investitions-, Personal- und Rationalisierungsentscheidungen zu geben.

Aussagen über die zukünftige finanzielle Entwicklung eines Unternehmens beinhalten

- die Beurteilung der Finanzkraft, d.h. der statischen und dynamischen Liquidität, und
- die Beurteilung der Ertragskraft, d.h. der Fähigkeit, in Zukunft Erträge erzielen zu können.

Sie ermöglichen die Feststellung, ob das Unternehmen Ertrags- und Wachstumschancen durch Investitionen oder andere Vorleistungen (z.B. Forschung, Einführungsphase von Produkten) tatsächlich nutzen und ggf. kritische Situationen überwinden kann.

...

Zwischenziel einer Bilanzanalyse sollte es sein, mit Hilfe der im Laufe einer Bilanzanalyse aufkommenden Fragen zu versuchen, gezielter weitere Informationen zu erhalten.

...

Endziel einer Bilanzanalyse ist es, aufgrund der Beurteilung der Finanz- und Ertragskraft Konsequenzen zu ziehen, d.h. wirksame Entscheidungen besser treffen zu können, um z.B.

- Kreditурteile für kurz- oder langfristige, gesicherte oder ungesicherte Kredite abzugeben,
- Entscheidungen über den Kauf oder Verkauf von Unternehmen, Unternehmensanteilen oder Aktien vorzubereiten,
- das Management zu beurteilen und über seine Entlastung und Weiteranstellung zu entscheiden oder
- interne Maßnahmen zur Verbesserung der wirtschaftlichen Lage des Unternehmens zu ergreifen.

Die Darstellung der gegenwärtigen und vergangenen Vermögens-, Finanz- und Ertragslage, d.h. die Aufbereitung und Bereinigung der Jahresabschlüsse und die Bildung von Kennzahlen, wurde in den vorhergehenden Abschnitten ausführlich beschrieben.

Die Beurteilung der Vermögens-, Finanz- und Ertragslage bedeutet die Interpretation der Jahresabschlüsse und der Kennzahlen unter Auswertung der zusätzlich vorhandenen Informationen in einer sachverständigen Gesamtschau.

Eine solche Interpretation der Jahresabschlüsse und Kennzahlen muß

- je nach dem individuellen Ziel der Bilanzanalyse,

- entsprechend den unterschiedlichen Informationsmöglichkeiten vor und während einer Bilanzanalyse,
- je nach der dem Bilanzanalytiker oder dem Empfänger der Bilanzanalyse zur Verfügung stehenden Zeit und
- abhängig davon, ob es sich um eine Bilanzanalyse für den Eigenbedarf oder für Dritte handelt,

sehr verschieden ausfallen. Nicht zuletzt spielen auch der unterschiedliche wirtschaftliche Sachverstand und die Erfahrung des Bilanzanalytikers eine Rolle.

Diese Gründe legen es nahe, in dem Buch kein ausführliches Beispiel für eine Beurteilung der Vermögens-, Finanz- und Ertragslage eines Unternehmens in Form eines Kommentars zu Jahresabschlüssen und Kennzahlen zu geben.

Ein einziges Beispiel würde dem Ziel des Buches,

- keine nichtssagenden schablonenhaften Antworten auf die möglichen verschiedenen Ursachen von Kennzahlenänderungen zu geben,
- sondern die entsprechenden Fragen aufzuwerfen und zu versuchen, sie während der Bilanzanalyse zu klären, und
- somit Bilanzanalyse als Teil der Unternehmensanalyse zu verstehen,

entgegenlaufen.

Eine Vielzahl von Beispielen würde jedoch ein ganzes Arbeitsbuch füllen. Eine solche Lösung könnte bei dem Leser Langeweile aufkommen lassen und wäre deshalb wenig zweckdienlich.

Eine Beurteilung der Vermögens-, Finanz- und Ertragslage, d.h. ein Kommentar zu Jahresabschlüssen und Kennzahlen, sollte – neben den aufbereiteten und bereinigten Jahresabschlüssen sowie den Kennzahlenaufstellungen – grundsätzlich folgendes beinhalten:

- zum Verständnis der wirtschaftlichen Lage des Unternehmens notwendige allgemeine Informationen über das Unternehmen und seine Umwelt (Produkte, Absatzgebiete, Wettbewerbsverhältnisse, Marktanteile, Branchenentwicklung),
- weitere bekannte Informationen, die für die Beurteilung der zukünftigen Entwicklung des Unternehmens notwendig sind,
- zusammengefaßte Erläuterung des Bilanzprofils und daraus gezogene Schlüsse,
- Kommentierung der Entwicklung der beeinflußbaren Kosten und ihre Bedeutung für die Zukunft,
- Kommentar zu den (wesentlichen) Veränderungen und Hinweise auf mögliche oder wahrscheinliche Ursachen (den Grund der Wahrscheinlichkeit durch Analyse verschiedener Daten und Kennzahlen mit unterschiedlichem Informationsinhalt festzustellen versuchen),
- Kommentar, ob Kennzahlen in Einklang oder in Widerspruch zu anderen Informationen über das Unternehmen und seine Umwelt stehen,
- Vergleich mit Branche und Haupt-Wettbewerbern und ggf. Aussagen über Ursache für unterschiedliche Entwicklung,
- Vergleich mit Normen (z.B. »goldene Bankregel«),
- offene Fragen,
- zusammengefaßtes Urteil über Liquidität und Rentabilität mit Blick auf die Zukunft.

Den unterschiedlichen Zielen einer Bilanzanalyse und den Wünschen der Empfänger kann hierbei durch entsprechende Schwerpunkte und einem unterschiedlichen Umfang der einzelnen Punkte Rechnung getragen werden.

Anhang

Anhang A

Welche Vorteile gewährt die doppelte Buchhaltung dem Kaufmanne! Es ist eine der schönsten Erfindungen des menschlichen Geistes, und ein jeder gute Haushalter sollte sie in seine Wirtschaft einführen.

Johann Wolfgang von Goethe,
in Wilhelm Meisters Lehrjahre, I, 10

Einführung in die Bilanzierung und die doppelte Buchführung

I. Bilanzierung

Das Wort Bilanz kommt aus dem Italienischen (bilancia) und bedeutet Waage oder Gleichgewicht. Es ist auf die lateinische Wortverbindung »bis« (zweimal, doppelt) und »lanx« (Waagschale, Schüssel) zurückzuführen.

In der Bilanz werden zwei Seiten derselben Sache, nämlich die Mittel einer Unternehmung, in übertragenem Sinne als zwei Waagschalen, die immer gleich hoch sein müssen, dargestellt. Die linke Seite der Bilanz zeigt die Verwendung der Mittel, d.h. in welchen Vermögensgegenständen die Mittel angelegt sind, und die rechte Seite der Bilanz die Herkunft der Mittel, d.h. von wem die Mittel stammen.

Beispiel einer Bilanz:

Bilanz
zum 31. Dezember ....

Aktiva	DM	Passiva	DM
Anlagevermögen		Eigenkapital	2.000.000
Gebäude	800.000		
Maschinen	600.000	Fremdkapital	
Umlaufvermögen		Lieferantenverbindlichkeiten	600.000
Vorräte	1.200.000	Bankverbindlichkeiten	900.000
Forderungen	800.000		
flüssige Mittel	100.000		
	3.500.000		3.500.000

Mittelverwendung = Mittelherkunft

Die Gleichung lautet immer:

Vermögen = Fremdkapital + Eigenkapital

oder

Vermögen ./. Fremdkapital = Eigenkapital

Die Höhe des Eigenkapitals ergibt sich somit aus dem Wert des Vermögens abzüglich Fremdkapital.

Die auf der linken Seite einer Bilanz aufgeführten Posten werden Aktiva und die auf der rechten Seite Passiva genannt.

Bei einer *Bilanz* handelt es sich um die Darstellung der *Vermögens- und Finanzlage* zu einem *Stichtag*.

Vergleicht man die Bilanzen von zwei verschiedenen Stichtagen, d.h. zu zwei verschiedenen Zeitpunkten (z.B. Jahresende und Jahresanfang), so entspricht der Unterschied des Eigenkapitals zwischen dem Jahresende und dem Jahresanfang dem Gewinn oder Verlust des Geschäftsjahres, sofern keine Einlagen oder Entnahmen während des Geschäftsjahres getätigt wurden.

Die Ursachen für den Gewinn oder Verlust des Geschäftsjahres kann man aus einem Bilanzvergleich nicht entnehmen. Hierzu bedarf es einer Gewinn- und Verlustrechnung, in der alle Erträge und Aufwendungen zwischen den zwei Bilanzstichtagen zusammengefaßt gegenübergestellt werden. Als Unterschied zwischen den Aufwendungen und Erträgen ergibt sich der Gewinn oder Verlust einer Periode, z.B. Geschäftsjahr (Zeitraum), der mit dem Unterschied zwischen dem in den Bilanzen am Anfang und Ende einer Periode (zwei verschiedene Zeitpunkte) ausgewiesenen Eigenkapital identisch ist.

Die *Gewinn- und Verlustrechnung* stellt somit die *Ertragslage* eines Unternehmens während eines *Zeitraums* dar.

II. Doppelte Buchführung

Bilanzen und Gewinn- und Verlustrechnungen ergeben sich aus den laufenden Aufzeichnungen in den Konten der Buchhaltung (Ausnahme: die Eröffnungsbilanz, d.h. die Bilanz, in der ein Unternehmen zu Beginn der Geschäftstätigkeit die vorhandenen Vermögensgegenstände und das Kapital einträgt, und Sonderbilanzen, wie z.B. Auseinandersetzungsbilanz, Fusionsbilanz, Insolvenzbilanz), wobei laut Gesetz am Jahresende das tatsächliche Vorhandensein der in der Bilanz aufgeführten Vermögensgegenstände durch eine Inventur nachgewiesen werden muß. Falls das nicht möglich ist, sind die Aufzeichnungen der Buchhaltung zu berichtigen.

In der Buchhaltung werden zu Beginn eines Geschäftsjahres die einzelnen Posten der Eröffnungsbilanz bzw. der Schlußbilanz des letzten Geschäftsjahres auf einzelne Konten übertragen, und während des Geschäftsjahres werden sämtliche Geschäftsvorfälle, d.h. Vermögensänderungen oder -umschichtungen (z.B. der Kauf oder Verkauf von Waren, die Ausgaben für Löhne, Mieten, Gebühren, Steuern), auf den Konten lückenlos festgehalten. Man kann somit die doppelte Buchführung als permanente Aktualisierung der Eröffnungsbilanz bzw. der letzten Bilanz ansehen.

Die Salden der Konten ergeben zum Bilanzstichtag (z.B. Jahresende) nach Vornahme von notwendigen Wertkorrekturen (z.B. Abschreibungen für die Abnutzung des Sachanlagevermögens und Wertberichtigungen für zweifelhafte Forderungen) die Bilanz und Gewinn- und Verlustrechnung.

Während einer Periode lassen sich aus den Konten der Buchhaltung die Entwicklung und der Stand der einzelnen Forderungen und Verbindlichkeiten, der anderen Vermögenswerte und die bis dahin erzielten Erträge und die Aufwendungen entnehmen.

Da die Bilanz zwei Seiten (Mittelverwendung und Mittelherkunft) hat, muß auch in der Buchführung jeder Geschäftsvorfall zweimal = doppelt aufgezeichnet werden. Wegen dieser doppelten Aufzeichnung spricht man heute von der doppelten Buchführung. (Der Begriff »doppelte Buchführung« stammt ursprünglich daher, daß alle Geschäftsvorfälle einmal chronologisch im Grundbuch und einmal systematisch im Hauptbuch = Konten aufgezeichnet wurden.)

Da es sich bei der Bilanz um zusammengefaßte Posten handelt, sind die einzelnen Posten der Bilanz in der Buchhaltung auf eine Vielzahl von Konten aufzuteilen. Während beispielsweise die Bilanz nur einen Posten Forderungen aus Lieferungen und Leistungen enthält, wird in der Buchhaltung dagegen für jeden einzelnen Kunden ein Konto geführt.

Die Konten der Vermögenswerte enthalten auf der linken Seite den aus der linken Seite der Bilanz übernommenen Anfangsbestand und die Zugänge während des Geschäftsjahres und auf der rechten Seite die Abgänge des Geschäftsjahres. Bei dem Konto Forderungen enthält somit die linke Seite neben dem Bestand der Forderungen zum Jahresanfang sämtliche Rechnungen des Jahres an den Kunden und auf der rechten Seite des Kontos sämtliche Zahlungen des Kunden.

Die Kapitalkonten enthalten auf der rechten Seite den aus der rechten Seite der Bilanz übernommenen Anfangsbestand und die Zugänge während des Geschäftsjahres und auf der linken Seite die Abgänge des Geschäftsjahres, sowie den Saldo am Schluß des Geschäftsjahres, der in die Bilanz eingeht. Bei dem Konto Lieferantenverbindlichkeiten – siehe Beispiel – enthält somit die rechte Seite neben dem Bestand der Verbindlichkeiten zum Jahresanfang sämtliche Rechnungen des Jahres von den Lieferanten, und auf der linken Seite des Kontos sind sämtliche Zahlungen an die Lieferanten gebucht.

Beispiel eines Kontos (vergleiche Geschäftsvorfälle weiter unten):

Soll	Lieferantenverbindlichkeiten		Haben
	DM		DM
Bankverbindlichkeiten	100.000	Bilanz 1. 1. 19…	600.000
flüssige Mittel	470.000	Vorräte	460.000
Bilanz 31. 12. 19..	490.000		
	1.060.000		1.060.000

Die linke Seite eines Kontos nennt man Soll-Seite und die rechte Seite Haben-Seite. Die Texte auf den Konten sind die in den Geschäftsvorfällen angesprochenen Gegenkonten. In der Praxis steht die Kontenbezeichnung nicht im Wortlaut, sondern in Form einer Konto-Nummer. Zusätzlich wird auf dem Konto die Nummer des Beleges und evtl. ein kurzer Buchungstext angegeben.

Die Konten, die zur Aufzeichnung der im Laufe des Jahres angefallenen Aufwendungen und Erträge dienen, können naturgemäß keinen Anfangs- und Endbestand enthalten.

Die Summe der einzelnen Aufwands- und Ertragskonten wird am Jahresende auf das Gewinn- und Verlustkonto übertragen. Übersteigen die Erträge die Aufwendungen, so wurde in dem Geschäftsjahr ein Gewinn erzielt, der auf das Konto Eigenkapital übertragen wird und der das Eigenkapital erhöht. Übersteigen die Aufwendungen die Erträge, so wurde in dem Geschäftsjahr ein Verlust erzielt, dessen Übertrag auf das Konto Eigenkapital zu einer Minderung des Eigenkapitals führt.

Gedanklich kann man somit die Aufwands- und Ertragskonten als Unterkonto des Kontos Eigenkapital betrachten. Da die Aufwendungen das Eigenkapital mindern und Erträge das Eigenkapital erhöhen, müssen somit die Aufwendungen auf der linken Seite eines Kontos und die Erträge auf der rechten Seite eines Kontos gebucht werden.

Weil die Summe der Aktiva und Passiva einer Bilanz gleich sein muß, muß auch der aus dem Gewinn- und Verlustkonto auf das Eigenkapital übertragene Gewinn oder Verlust eines Geschäftsjahres exakt mit der Veränderung des Eigenkapitals zwischen Anfang und Ende eines Geschäftsjahres übereinstimmen. Die doppelte Buchhaltung ermittelt somit das Ergebnis einer Periode zweimal = doppelt, nämlich einmal in der Gewinn- und Verlustrechnung und einmal in der Bilanz. Diese Systematik bietet eine hohe Kontrollmöglichkeit.

Beispiele von verschiedenen Geschäftsvorfällen und ihre Buchung:

	DM
1. Kunde bezahlt Forderungen	530.000
flüssige Mittel = Soll	
Forderungen = Haben	
Buchhalter machen daraus einen Buchungssatz,	
der im vorliegenden Fall hieße:	
flüssige Mittel an Forderungen	
2. Zahlung von Lieferantenverbindlichkeiten durch Erhöhung der Bankverbindlichkeiten	100.000
Lieferantenverbindlichkeiten an Bankverbindlichkeiten	
3. Kauf von Waren auf Ziel	460.000
Vorräte an Lieferantenverbindlichkeiten	
4. Barzahlung von Lieferantenverbindlichkeiten	470.000
Lieferantenverbindlichkeiten an flüssige Mittel	
5. Zahlung von Gehältern	90.000
Personalaufwand an flüssige Mittel	
6. Zahlung von Zinsen	18.000
Zinsen an flüssige Mittel	
7. Abschreibungen auf Gebäude	8.000
Abschreibungen auf Maschinen	12.000
Abschreibungen an Gebäude	
Abschreibungen an Maschinen	
8. Zahlung von Steuern	40.000
Steuern an flüssige Mittel	

	DM
9. Mieterträge *flüssige Mittel an sonstige Erträge*	3.000
10. Verkauf von Waren auf Ziel *Forderungen an Umsatzerlöse*	800.000

Die Buchungssätze 1–9 sprechen nur Bestandskonten (1–4), ein Aufwands- und ein Bestandskonto (5–8) oder ein Bestands- und ein Ertragskonto (9) an. Mit dem letzten Geschäftsvorfall (10) werden sowohl Veränderungen auf zwei Bestandskonten als auch ein Aufwands- und ein Ertragskonto angesprochen; er erfordert deshalb zwei Buchungssätze. Diese zweite Buchung erfolgt oft erst am Ende der Periode. Im vorliegenden Fall wird unterstellt, daß der Einkaufspreis 75 % des Verkaufspreises beträgt. Der zweite Buchungssatz lautet somit wie folgt:

Wareneinsatz an Vorräte 600.000

Würde man die weiter oben dargestellte Bilanz als Bilanz zu Beginn des Geschäftsjahres (= Schluß des letzten Geschäftsjahres) betrachten, und hätte es sonst keine Geschäftsvorfälle gegeben, so sähen die Bilanz am Schluß des Geschäftsjahres und die Gewinn- und Verlustrechnung wie folgt aus:

Bilanz
zum 31. Dezember ....

Aktiva	DM	Passiva	DM
Anlagevermögen		Eigenkapital	2.035.000
Gebäude	792.000		
Maschinen	588.000	Fremdkapital	
		Lieferantenverbindlichkeiten	490.000
Umlaufvermögen			
Vorräte	1.060.000	Bankverbindlichkeiten	1.000.000
Forderungen	1.070.000		
flüssige Mittel	15.000		
	3.525.000		3.525.000

Gewinn- und Verlustrechnung
für die Zeit vom 1. Januar bis 31. Dezember ....

	DM		DM
Aufwendungen für bezogene Waren	600.000	Umsatzerlöse	800.000
Gehälter	90.000	sonstige Erträge	3.000
Abschreibungen	20.000		
Zinsen	18.000		
Steuern	40.000		
Gewinn	35.000		
	803.000		803.000

In den Buchungen sind Geschäftsvorfälle enthalten, die

	Beispiele
Einzahlungen (= Zufluß von Liquidität)	Kunde bezahlt Forderungen, Mieterträge
und	
Auszahlungen (= Abfluß von Liquidität)	Barzahlung von Lieferantenverbindlichkeiten, Zahlung von Gehältern, Zinsen, Steuern
Einnahmen (= Anspruch von Geld)	Verkauf von Waren auf Ziel
und	
Ausgaben (= Anspruch auf Geldabgänge)	Kauf von Waren auf Ziel
Aufwendungen (= Verbrauch von Werten)	Wareneinsatz, Zahlung von Gehältern, Zinsen, Steuern, Abschreibungen
und	
Erträge (= Entstehung von Werten)	Verkauf von Waren auf Ziel, Mieterträge

betreffen. Sie sind Bestandteil der externen Rechnungslegung (Bilanz und Gewinn- und Verlustrechnung).

Wie die Beispiele zeigen, können die Geschäftsvorfälle teilweise zwei Begriffen zugeordnet werden, z. B. bei dem Verkauf von Waren auf Ziel handelt es sich um Einnahmen (Anspruch von Geld) und um einen Ertrag (Entstehung von Werten), bei der Zahlung von Gehältern, Zinsen oder Steuern handelt es sich um eine Auszahlung (Abfluß von Liquidität) und gleichzeitig um Aufwendungen (Verbrauch von Werten). Bei den Abschreibungen handelt es sich dagegen nur um Aufwendungen (Verbrauch von Werten). Die Auszahlung ist vorher bei der Investition erfolgt.

Nicht behandelt wurden die Geschäftsvorfälle, die in einem Industriebetrieb die interne Rechnungslegung (Kostenrechnung) betreffen. Hierbei handelt es sich um die Verrechnung von

Kosten (= wertmäßiger betriebszweckbezogener Güterverzehr)

und

Erlösen bzw. Leistungen (= wertmäßige betriebszweckbezogene Güterentstehung).

Bei der externen Rechnungslegung und somit bei der Bilanzanalyse wird das letzte Begriffspaar nicht benötigt. Wenn im HGB und in der kaufmännischen Praxis von Kosten, z. B. Werbekosten, die Rede ist, dann sind das im betriebswirtschaftlichen Sinne keine Kosten, sondern Aufwendungen.

Die kurze Erläuterung der Begriffe wurde gegeben, da bei der Bilanzanalyse auf die ersten drei Begriffspaare zurückgegriffen wird.

III. Geschichte der doppelten Buchführung

Interessant ist, daß die erste geschlossene Darstellung der doppelten Buchführung bereits im Jahre 1494 von dem italienischen Mönch und Mathematiker Luca Pacioli in dem Abschnitt »De Computis et Scriptures« seiner Schrift »Summa de Arithmetica, Geometria, Proportioni e Proportionalità« dargestellt wurde. Hier handelte es sich nicht um eine theoretische Abhandlung, sondern um die Darstellung der Praxis in Venedig.

Das Grundprinzip der doppelten Buchführung ist damals und heute gleich.

Da es sich damals um einzelne wenige Handelsgeschäfte handelte, wurde nach jedem Geschäft der Verlust oder Gewinn ausgerechnet und auf dem Gewinn- und Verlustkonto gebucht.

Pacioli schreibt dazu (zitiert nach Stiegler, J. P.: Fünf Jahrtausende Buchhaltung):

> »Nach jedem anderen Konto folgt ein Anrufen des sich ergebenden Gewinnes und Verlustes oder, wie Du je nach der Gegend sagen willst, Nutzens und Schadens oder Vorteils und Nachteils, in dem sich alle anderen Konten Deines Hauptbuches immer ausgleichen müssen, wie dies in dem Abschnitt über die Bilanz entwickelt werden wird. Wenn Du an einer Ware verloren hast, auf deren Konto in Deinem Hauptbuche mehr im Soll verbleibt als im Haben, dann wirst Du seinem Haben nachhelfen, um es mit dem Soll auszugleichen, und zwar um soviel, wie ihm fehlt. Dann wirst Du auf die Sollseite des Gewinns- und Verlustkontos gehen und sagen: Gewinn und Verlust Soll am Tage usw. für die und die Ware. Wäre von besagter Ware mehr im Haben als im Soll, so wirst Du umgekehrt verfahren. Dieses Konto (das Gewinn- und Verlust-Konto) muß man dann noch mit demjenigen des Kapitals abschließen, welches das letzte in allen Hauptbüchern und folglich der Zufluchtsort aller anderen Konten ist, wie Du vernehmen wirst.«

Während seinerzeit das Gewinn- und Verlustkonto ein laufendes Konto war, auf dem das Ergebnis jedes einzelnen Geschäftsvorfalls festgehalten wurde, handelt es sich heute bei dem Gewinn- und Verlustkonto, wie weiter oben erläutert, um eine Zusammenfassung sämtlicher Aufwendungen und Erträge einer Periode. Auf die damalige Praxis ist deshalb die heute noch übliche, aber irreführende Bezeichnung »Gewinn- und Verlustrechnung« anstatt Aufwands- und Ertragsrechnung zurückzuführen.

Die doppelte Buchführung, die, wie vorstehende Ausführungen zeigen, ebenso einfach wie effizient ist, hat jedoch auch ihre Tücken. Hiervon handelt der folgende Abschnitt.

IV. Bewertung

Bei der bisherigen Beschreibung des Systems der doppelten Buchführung und der Bilanzierung wurde stillschweigend unterstellt, daß die Wertansätze der einzelnen Geschäftsvorfälle und der Bilanzposten eindeutig festgelegt sind. Dies trifft jedoch in vielen Fällen nicht zu. Eindeutig festgelegt sind im Prinzip nur die Wertansätze für die Geschäftsvorfälle des laufenden Geschäfts, nämlich für

- die Aufwendungen, die gleichzeitig mit Geldausgaben verbunden sind,
- die Anschaffungskosten der Sach- und Finanzanlagen, der Rohstoffe und Waren und
- die berechneten Umsatzerlöse für Lieferungen und Leistungen.

Es gibt jedoch viele zu buchende Geschäftsvorfälle, die nicht auf tatsächlichen Ausgaben oder realisierten Kaufverträgen beruhen, sondern bei denen es sich um Bewertungsmaßnahmen handelt. Im wesentlichen gehören dazu:

Abschreibungen auf Sachanlagen und immaterielle Vermögensgegenstände
Der Abnutzung des Sachanlagevermögens und der Wertminderung der immateriellen Vermögensgegenstände ist durch Abschreibungen, d.h. durch eine planmäßige und evtl. auch die außerplanmäßige Verminderung der Buchwerte dieser Vermögensposten, Rechnung zu tragen.

Abschreibungen auf Finanzanlagen
Bei einer voraussichtlich dauernden Wertminderung sind Abschreibungen auf Finanzanlagen vorzunehmen.

Abschreibungen auf das Umlaufvermögen
Für Wertminderungen beim Umlaufvermögen (z.B. bei Vorräten wegen gesunkener Preise oder für zweifelhafte oder uneinbringliche Forderungen) sind Abschreibungen zu berücksichtigen.

Rückstellungen
Für dem Grunde und/oder der Höhe nach ungewisse Verbindlichkeiten (z.B. für Pensionen, Gewährleistungen, Sozialpläne, Prozeßrisiken), für drohende Verluste aus schwebenden Geschäften (z.B. für Einkaufskontrakte wegen gefallenem Marktpreis oder für Verluste aus langfristigen Fertigungsaufträgen mit Festpreisvereinbarung) und bestimmte Aufwendungen (z.B. Aufwendungen für Abraumbeseitigung) sind bei der Erstellung eines Abschlusses durch Bildung einer Rückstellung unter den Passiva die entsprechenden Aufwendungen in der Gewinn- und Verlustrechnung zu berücksichtigen.

Rechnungsabgrenzung
Ausgaben vor der Abschlußerstellung, soweit sie Aufwendungen für eine bestimmte Zeit nach der Abschlußerstellung darstellen (z.B. vorausgezahlte Mieten), und Einnahmen vor der Abschlußerstellung, soweit sie Erträge für eine bestimmte Zeit nach der Abschlußerstellung darstellen (z.B. im voraus erhaltene Mieten), sind in der Gewinn- und Verlustrechnung periodengerecht abzugrenzen, d.h. nicht im Jahr der Zahlung zu berücksichtigen, sondern in dem Jahr, in dem die entsprechende Leistung erbracht wurde.

Herstellungskosten
Selbsterstellte Vermögensgegenstände sind mit den Herstellungskosten zu bewerten. Hier können sich Zurechnungsprobleme ergeben. Sie sind in Deutschland besonders groß, da das HGB in § 255 Abs. 2 die Herstellungskosten in Pflichtbestandteile und Wahlbestandteile aufteilt (siehe Abschnitt E I 5a Vorräte, *Bewertung und Bewertungsspielräume*).

So einfach einerseits das System der doppelten Buchführung und der Bilanzierung ist, so komplex können andererseits Probleme der Bewertung bei der Bilanzierung sein.

Die Literatur über Bilanzen beschäftigt sich deshalb vornehmlich mit Bewertungsfragen und mit den Gestaltungsmöglichkeiten des Jahresabschlusses durch den Bilanzersteller.

Um eine fundierte und qualitativ hochwertige Bilanzanalyse vornehmen zu können, ist eine relativ ausführliche Kenntnis der Bewertungsmöglichkeiten notwendig. Dem wird in dem vorliegenden Buch bei der Besprechung der einzelnen Posten des Jahresabschlusses Rechnung getragen.

Aus dem nächsten Abschnitt ist zu entnehmen, daß es für die Bewertung im Rahmen der Grundsätze ordnungsmäßiger Buchführung Bilanzierungs- und Bewertungsgrundsätze gibt, die jedoch durch im Gesetz vorgesehene Ansatz- und Bewertungswahlrechte durchlöchert werden. Außerdem ist man bei der Bewertung auf Schätzungen angewiesen, die Ermessensspielräume beinhalten.

V. Grundsätze ordnungsmäßiger Buchführung (GoB)

1. Allgemeines und Geschichte der GoB

Die Grundsätze ordnungsmäßiger Buchführung haben eine lange Tradition, nämlich

- *als Gepflogenheiten sorgfältiger Kaufleute* (Entwurf eines HGB nebst Denkschrift in der Fassung der dem Reichstag gemachten Vorlage, Berlin 1897),
- *was man in der Praxis ordentlicher und ehrenwerter Kaufleute für richtig hält* (Schmalenbach, ZfhF 1933, S. 255 ff.),
- *als allgemeines Bewußtsein der anständigen und ordentlichen Kaufmannschaft* (BFH vom 12. 5. 1961).

Lange Zeit galten nur die *»Gepflogenheiten sorgfältiger Kaufleute«* und ähnliche Versionen als Auslegungsgrundsätze für die GoB.

Tatsächlich waren die praktizierten GoB in der Vergangenheit so unbefriedigend, daß der Gesetzgeber sich mehrmals (1931, 1937, 1959, 1965, 1985) gezwungen sah, einzelne Punkte der GoB zu kodifizieren. Diese Kodifikation entsprach teilweise nicht dem bis dahin praktizierten Gewohnheitsrecht.

Im HGB wird an mehreren Stellen (z. B. § 238 Abs. 1, § 243 Abs. 1, § 264 Abs. 2 Satz 1) auf die Grundsätze ordnungsmäßiger Buchführung verwiesen. An keiner Stelle im Gesetz werden sie aber zusammengefaßt definiert.

Sieht man die Literatur im einzelnen durch, so kommt man zu dem Ergebnis, daß weder vollkommene Übereinstimmung über die Grundsätze herrscht noch der Inhalt einzelner Grundsätze einheitlich gedeutet wird.

Besonders unbefriedigend war bisher, daß nicht Sachverständige, sondern die Bilanzersteller als Interessenten die GoB bestimmten und somit die Spielregeln festlegten, und daß die Bilanzleser, z. B. Finanzanalysten, bei der Festlegung der Spielregeln, d. h. der GoB, überhaupt nicht gefragt wurden.

Soweit in der Vergangenheit durch Gerichte entschieden wurde, wie die GoB auszulegen sind, waren es Finanzgerichte, die unter steuerlichen Gesichtspunkten entschieden.

Die GoB sind als eine Art Grundsätze der Rechnungslegung in den Fällen zu betrachten, in denen keine konkreten Vorschriften bestehen oder sich Auslegungsprobleme bei gesetzlichen Vorschriften ergeben. Bedauerlicherweise ist es aber so, daß die GoB in manchen Fällen durch steuerrechtliche Vorschriften, die man aus der Sicht eines Bilanzlesers als ordnungswidrig bezeichnen sollte, durchbrochen werden können.

Inzwischen sind die GoB zu einem großen Teil im HGB durch einzelne gesetzliche Regelungen konkretisiert. Teilweise sind sie aber bis heute weder durch den Gesetzgeber noch durch Erlasse, Verordnungen oder Verlautbarungen anderer Institutionen (z. B. Institut der Wirtschaftsprüfer) geregelt.

2. Systematisierung der GoB

Da die aus dem Verhalten der Bilanzierenden in der Vergangenheit praktizierte Ableitung der GoB nicht befriedigend gelungen ist, wurden Versuche unternommen, die GoB systematisch festzulegen. Am besten ist dies Leffson gelungen (siehe Leffson, Ulrich: Die Grundsätze ordnungsmäßiger Buchführung, 7., revidierte und erweiterte Aufl., Düsseldorf 1987). Die folgenden Ausführungen beruhen darauf.

Leffson unterteilt die GoB in zwei Gruppen, nämlich in

- die Grundsätze der Dokumentation und
- die Grundsätze der Rechenschaft.

Bei der ersten Gruppe, den Grundsätzen der Dokumentation, handelt es sich um Fragen der Buchführung. Hierbei geht es um die Datenerfassung, -aufbereitung und -speicherung. Ein Teil dieser Grundsätze ist in § 238 und § 239 HGB geregelt. Die Behandlung der Grundsätze der Dokumentation braucht aber im Rahmen eines Buches über Bilanzanalyse nicht vertieft zu werden.

Bei der zweiten Gruppe, den Grundsätzen der Rechenschaft, unterscheidet Leffson zwischen oberen und unteren Grundsätzen der Rechenschaft. Von den oberen Grundsätzen der Rechenschaft ist auf die unteren Grundsätze der Rechenschaft zu schließen.

Zu den oberen Grundsätzen der Rechenschaft, d. h. der Erstellung von Jahresabschlüssen, zählen

- die Rahmengrundsätze, d. h. die Grundsätze
  - der Richtigkeit und Willkürfreiheit,
  - der Klarheit und
  - der Vollständigkeit,
- die Abgrenzungsgrundsätze, d. h.
  - die Grundsätze der Abgrenzung der Sache und der Zeit nach,
  - das Realisationsprinzip und
  - das Imparitätsprinzip,
- die ergänzenden Grundsätze, d. h.
  - der Grundsatz der Stetigkeit und
  - das Prinzip der Vorsicht.

Bei den Rahmengrundsätzen sollte es sich um Selbstverständlichkeiten handeln, die in diesem Buch nicht vertieft zu werden brauchen.

Nach dem unter den Abgrenzungsgrundsätzen aufgeführten Realisationsprinzip gelten die Aufwendungen zum Zeitpunkt des Werteverzehrs und die Erträge zum Zeitpunkt der Rechnungserstellung als realisiert. Der Zahlungszeitpunkt ist nicht maßgeblich. Bei langfristigen Fertigungsaufträgen ist diese Festlegung des Realisationszeitpunktes umstritten.

Nach dem Imparitätsprinzip sind wegen des die Grundsätze ordnungsmäßiger Buchführung dominierenden und weiter unten besprochenen Vorsichtsprinzips erkennbare zukünftige negative Erfolge einzelner Geschäfte so früh wie möglich, zukünftige positive

Erfolge der einzelnen Geschäfte jedoch erst bei ihrer Realisierung im Jahresabschluß zu erfassen. Durch das Imparitätsprinzip wird das Realisationsprinzip teilweise eingeschränkt und eine Bilanzanalyse erheblich beeinträchtigt.

Der unter den ergänzenden Grundsätzen aufgeführte Grundsatz der Stetigkeit besagt, daß Unternehmen ihre Erfassungs-, Bewertungs- und Ausweismethoden nicht laufend willkürlich ändern dürfen, weil dadurch die Vergleichbarkeit aufeinanderfolgender Jahresabschlüsse sehr beeinträchtigt wird.

Das Prinzip der Vorsicht geht auf den Gedanken des Gläubigerschutzes zurück. Danach soll der Kaufmann Vermögen und Schulden vorsichtig bewerten, d.h. sich im Zweifelsfalle eher ärmer rechnen als er in Wirklichkeit ist.

Interpretiert man das Vorsichtsprinzip auf diese traditionelle Art und Weise, so kann man es als eine Art Überprinzip auffassen, dem alle anderen Grundsätze unterzuordnen sind, und es nicht nur als einen ergänzenden Grundsatz betrachten.

In der neueren Literatur (siehe Leffson) wird das Vorsichtsprinzip nur eng als Verfahrensregel für Schätzungen gesehen, das im wesentlichen durch das Realisations- und Imparitätsprinzip verwirklicht wird.

Da das Vorsichtsprinzip bisher in Deutschland nirgends genau kodifiziert ist und in der Literatur unterschiedlich weit interpretiert wurde, ist es nicht verwunderlich, daß es auch in der Praxis unterschiedlich weit ausgelegt und oft als Vorwand für bilanzpolitische Maßnahmen zur Schaffung stiller Reserven verwendet wurde.

Die Interpretation des Vorsichtsprinzips auf traditionelle Art und Weise kann genau die gegenteiligen Folge haben, wenn ein Bilanzersteller aus bilanzpolitischen Gründen in schlechten Geschäftsjahren von einer übervorsichtigen zu einer sehr vorsichtigen und weiter zu einer vorsichtigen bis zu einer etwas vorsichtigen Bewertung übergeht. Dann löst er nämlich die in guten Geschäftsjahren gebildeten stillen Reserven stillschweigend auf, täuscht somit den Gläubigern in schlechten Geschäftsjahren eine bessere Ertragslage vor und weist oft noch Gewinne aus, obwohl schon Verluste entstanden sind. Das Vorsichtsprinzip bietet somit nur vermeintlich einen Gläubigerschutz.

Stille Reserven könnte man somit, soweit sie durch Bildung von Ermessensreserven oder sogar von Willkürreserven (bei deutschen Kapitalgesellschaften verboten) entstanden sind, auch als Verlustverschleierungspotential bezeichnen.

Das Vorsichtsprinzip wird durch diese breite Interpretationsmöglichkeit, besonders durch die traditionelle Art der Auslegung, zum Schreck der Bilanzanalytiker.

3. Im HGB kodifizierte GoB

Abschließend seien die durch das Bilanzrichtlinien-Gesetz im HGB kodifizierten und für alle Kaufleute geltenden Bilanzierungs- und Bewertungsgrundsätze, die auch bisher schon als Grundsätze ordnungsmäßiger Buchführung zu betrachten waren, aufgeführt:

- Grundsatz der Klarheit und Übersichtlichkeit
- Fristgerechte Aufstellung

§ 243 Aufstellungsgrundsatz. (1) Der Jahresabschluß ist nach den Grundsätzen ordnungsmäßiger Buchführung aufzustellen.

(2) Er muß klar und übersichtlich sein.

(3) Der Jahresabschluß ist innerhalb der einem ordnungsmäßigen Geschäftsgang entsprechenden Zeit aufzustellen.

- Grundsatz der Vollständigkeit
- Saldierungsverbot

§ 246. Vollständigkeit. Verrechnungsverbot. (1) Der Jahresabschluß hat sämtliche Vermögensgegenstände, Schulden, Rechnungsabgrenzungsposten, Aufwendungen und Erträge zu enthalten, soweit gesetzlich nichts anderes bestimmt ist.
(2) Posten der Aktivseite dürfen nicht mit Posten der Passivseite, Aufwendungen nicht mit Erträgen, Grundstücksrechte nicht mit Grundstückslasten verrechnet werden.

- Bilanzidentität
- Grundsatz der Fortführung der Unternehmenstätigkeit
- Einzelbewertung
- Grundsatz der Vorsicht
- Imparitätisches Realisationsprinzip
- Periodenabgrenzung
- Bewertungsstetigkeit

§ 252. Allgemeine Bewertungsgrundsätze. (1) Bei der Bewertung der im Jahresabschluß ausgewiesenen Vermögensgegenstände und Schulden gilt insbesondere folgendes:
1. Die Wertansätze in der Eröffnungsbilanz des Geschäftsjahrs müssen mit denen der Schlußbilanz des vorhergehenden Geschäftsjahrs übereinstimmen.
2. Bei der Bewertung ist von der Fortführung der Unternehmenstätigkeit auszugehen, sofern dem nicht tatsächliche oder rechtliche Gegebenheiten entgegenstehen.
3. Die Vermögensgegenstände und Schulden sind zum Abschlußstichtag einzeln zu bewerten.
4. Es ist vorsichtig zu bewerten, namentlich sind alle vorhersehbaren Risiken und Verluste, die bis zum Abschlußstichtag entstanden sind, zu berücksichtigen, selbst wenn diese erst zwischen dem Abschlußstichtag und dem Tag der Aufstellung des Jahresabschlusses bekanntgeworden sind; Gewinne sind nur zu berücksichtigen, wenn sie am Abschlußstichtag realisiert sind.
5. Aufwendungen und Erträge des Geschäftsjahrs sind unabhängig von den Zeitpunkten der entsprechenden Zahlungen im Jahresabschluß zu berücksichtigen.
6. Die auf den vorhergehenden Jahresabschluß angewandten Bewertungsmethoden sollen beibehalten werden.
(2) Von den Grundsätzen des Absatzes 1 darf nur in begründeten Ausnahmefällen abgewichen werden.

VI. Zielsetzung und Adressatenkreis der Bilanzen, insbesondere der Handelsbilanz und der Steuerbilanz

Bilanzen – richtiger müßte es heißen Jahresabschlüsse oder Abschlüsse – lassen sich nach ihrer Zielsetzung und dem Adressatenkreis in Handels- und Steuerbilanzen einteilen.

Handelsbilanzen sind nach handelsrechtlichen Vorschriften aufzustellen und dienen zur Information der Unternehmensleitung, der Gesellschafter, der Aktionäre, der Kreditgeber, der Arbeitnehmer und der Öffentlichkeit.

Steuerbilanzen – genauer gesagt Ertragsteuerbilanzen – sind gemäß § 5 Abs. 1 Einkommensteuergesetz (EStG) nach steuerlichen Vorschriften (Vorschriften über die Bewertung gemäß § 6 EStG, Vorschriften über Absetzung für Abnutzung oder Substanzverringerung gemäß § 7 EStG, Vorschriften über Sonderabschreibungen bzw. Bewertungsfreiheit oder steuerbegünstigte Rücklagen gemäß § 51 Abs. 1 Nr. 2 EStG) erstellte Bilanzen und dienen der Finanzverwaltung zur Ermittlung des steuerpflichtigen Gewinns.

Handelsbilanzen (Jahresabschlüsse) ergeben sich aus dem Abschluß der Buchführung zum Ende eines Geschäftsjahres.

Für die Steuerbilanz ist zwar ebenfalls der Abschluß der Buchführung, d.h. die Handelsbilanz, die Ausgangsbasis, was man als die Maßgeblichkeit der Handelsbilanz für die Steuerbilanz bezeichnet (Maßgeblichkeitsprinzip). Zusätzlich sind noch gewisse steuerrechtliche Bewertungsvorschriften zu beachten, so daß das handelsrechtliche Ergebnis von dem steuerrechtlichen Ergebnis abweichen kann. Die Steuerbilanz ist somit eine von der Handelsbilanz abgeleitete Bilanz.

In der Praxis ist es aber so, daß sich die Handelsbilanz nach der Steuerbilanz richtet, weil im Steuerrecht (§ 5 Abs. 1 EStG) vorgeschrieben ist, daß gewisse steuerrechtliche Bilanzierungswahlrechte, d.h. Steuervergünstigungen (z.B. Sonderabschreibungen und steuerbegünstigte Rücklagen), nur in Anspruch genommen werden können, wenn sie auch in der Handelsbilanz berücksichtigt werden, obwohl eine solche Bilanzierung das Ziel der Handelsbilanz verfälscht. Diese Rückwirkung der Steuerbilanz auf die Handelsbilanz bezeichnet man als umgekehrte Maßgeblichkeit. Sie gilt nur für den Einzelabschluß, nicht jedoch für den weiter unten erläuterten Konzernabschluß.

Das Handelsrecht gewährt gewisse Aktivierungs- und Passivierungswahlrechte, Bilanzierungshilfen und bestimmte Bewertungswahlrechte, die das Steuerrecht nicht gewährt. In der Handelsbilanz ist es deshalb eher als in der Steuerbilanz möglich, das Vermögen niedriger und die Schulden höher zu bewerten, d.h. eine vorsichtige Bewertung und eine Ergebnisverschleierung vorzunehmen.

Soweit Unternehmen ihre Handelsbilanz nicht veröffentlichen müssen (nicht unter das Publizitätsgesetz fallende Einzelunternehmen und Personengesellschaften) gibt es für sie kaum einen Grund, zwei Bilanzen zu erstellen. Für sie ist die Steuerbilanz gleichzeitig auch die Handelsbilanz (Einheitsbilanz).

Ähnlich dürfte es sich bei den Gesellschaften mit beschränkter Haftung verhalten, die zwar seit 1987 publizitätspflichtig sind, der Publizitätspflicht jedoch wegen unzureichender Sanktionsmöglichkeiten der Registergerichte nur zu etwa 10% nachkommen.

Sollten nicht veröffentlichungspflichtige Unternehmen oder Gesellschaften mit beschränkter Haftung eine Handels- und eine Steuerbilanz erstellen, ist damit zu rechnen, daß die nicht geschäftsführenden Gesellschafter, die Kreditgeber und der Betriebsrat Einsicht in die Steuerbilanz verlangen.

Aus ausschüttungs- und informationspolitischen Gründen (Dividendenkontinuität und Glättung von Ergebnissen) dürften die Publikumsaktiengesellschaften sowie die Großunternehmen, die unabhängig von der Rechtsform gemäß Publizitätsgesetz ihre Jahresabschlüsse zu veröffentlichen haben, zwei getrennte Bilanzen erstellen.

Zu den Handelsbilanzen zählen neben den handelsrechtlichen Jahresabschlüssen auch die nach handelsrechtlichen Vorschriften aufzustellenden Sonderbilanzen (Eröffnungsbilanz = Gründungsbilanz, Umwandlungsbilanz, Fusionsbilanz, Auseinandersetzungsbilanz, Vergleichsbilanz, Konkursbilanz, D-Markeröffnungsbilanz in den neuen Bundesländern).

Nach dem HGB haben Mutterunternehmen in der Rechtsform der AG, KGaA und der GmbH (Kapitalgesellschaften) seit 1987 zusätzlich einen Konzernabschluß zu erstellen und zu veröffentlichen, in den grundsätzlich alle in- und ausländischen Tochterunternehmen einzubeziehen sind. Der Konzernabschluß beinhaltet die summarische Zusammenfassung aller Vermögens- und Schuldposten in der Konzernbilanz und aller Aufwendungen und Erträge in der Konzern-Gewinn- und Verlustrechnung der in den Konzernabschluß einbezogenen Unternehmen (Konsolidierungskreis), wobei die innerkonzernlichen Beteiligungsverhältnisse und Lieferungs- und Leistungsbeziehungen zu eliminieren sind. Dadurch finden im Konzernabschluß nur die Geschäftsvorfälle mit den außerhalb des Konsolidierungskreises stehenden Unternehmen ihren Niederschlag.

In der Praxis ist es üblich, außer den handelsrechtlich vorgeschriebenen Jahresabschlüssen Zwischenabschlüsse, meistens Zwischenbilanz genannt, nach handelsrechtlichen Grundsätzen aufzustellen, jedoch nicht zu veröffentlichen. Gesellschaften, deren Aktien zur amtlichen Notierung an einer Wertpapierbörse zugelassen sind, haben jedoch einen Halbjahresbericht zu veröffentlichen, in dem mindestens die Umsatzerlöse und das Ergebnis vor oder nach Steuern sowie Erläuterungen hierzu enthalten sein müssen.

VII. Bilanztheorien oder Bilanzauffassungen

1. Vorbemerkungen

Leser, die nur praxisnahes Wissen über Bilanzen erwerben wollen, können diesen Abschnitt überschlagen, da die Kenntnis von Bilanztheorien zur Erstellung von Bilanzanalysen nicht notwendig ist.

Sollte der Leser jedoch glauben, wie es viele Nichtbilanzfachleute oft tun, daß eine ordnungsmäßige Bilanz auch »richtig« sein muß, so kann das Lesen dieses Abschnitts von praktischem Nutzen sein. Denn er wird spätestens bei der Beschäftigung mit Bilanztheorien, die man überspitzt auch als ein Theoriegezänk der wahrheitssuchenden Wissenschaftler bezeichnen kann, belehrt, daß eine ordnungsmäßige Bilanz nicht »richtig« sein muß.

2. Allgemeines

Die Schwierigkeiten einer »richtigen« Bewertung bei der Bilanzierung wurden auch in der Betriebswirtschaftslehre erkannt. Deshalb haben sich deutsche Wissenschaftler mit diesem Thema beschäftigt. Dies führte zur Entwicklung von Bilanztheorien, die im wesentlichen Bewertungstheorien sind.

Bei den Bilanztheorien geht es in erster Linie darum, ob die Vermögensrechnung (= Bilanz) oder die Erfolgsrechnung (= Gewinn- und Verlustrechnung) dominiert oder ob die Bewertungsprobleme beider Rechnungen gleichzeitig lösbar sind.

Für die Praxis haben die Bilanztheorien wenig Auswirkungen. Die Beschäftigung mit den Bilanztheorien kann aber dem Leser selbst im Rahmen dieser kurzen »Einführung in die Bilanzierung und die doppelte Buchführung« helfen, die Problematik der Bewertungsfragen besser zu durchschauen.

Die Vielfalt der bilanztheoretischen Auffassungen, die sich oftmals nur in Teilbereichen unterscheiden, ist kaum mehr zu überschauen.

Die drei wesentlichen, d.h. die klassischen Bilanztheorien, werden nachfolgend kurz vorgestellt:

3. Dynamische Bilanztheorie

Die dynamische Bilanztheorie (siehe Schmalenbach, Eugen: Grundlagen der dynamischen Bilanzlehre, 1. Aufl. 1919 bis Dynamische Bilanz, 13. Aufl. 1962) stellt die Gewinn- und Verlustrechnung in den Mittelpunkt. Gemäß Schmalenbach soll der Jahresabschluß in erster Linie nicht der Vermögensdarstellung dienen, sondern ein Instrument der Erfolgsrechnung sein und somit der Ermittlung vergleichbarer Periodenerfolge und der Überwachung der Wirtschaftlichkeit dienen.

Die exakte Periodenabgrenzung ist somit der wichtigste Grundsatz der dynamischen Bilanztheorie.

Schmalenbach geht von dem Gedanken der Totalerfolgsrechnung für die gesamte Lebensdauer eines Unternehmens aus. In einer solchen fiktiven Rechnung ergibt der Überschuß aller erfolgswirksamen Einnahmen über die erfolgswirksamen Ausgaben den Totalerfolg, wodurch sich eine Bilanz erübrigt. Wegen der Langlebigkeit der Unternehmungen sind jedoch regelmäßige Zwischenrechnungen zur Ermittlung eines möglichst genauen Periodenerfolges notwendig.

Diese Zwischenrechnungen führen zur Bilanz. Die Bilanzen werden dadurch zum Sammelbecken für diejenigen Einnahmen (z. B. Anzahlungen von Kunden) und Ausgaben (z. B. Vorauszahlungen an Lieferanten, Vorräte, noch abnutzbares Anlagevermögen), die nicht in der abzurechnenden Periode, aber später erfolgswirksam zu verrechnen sind. Außerdem müssen in der Bilanz alle Aufwendungen und Erträge, die in der abzurechnenden Periode noch keine Ausgaben (Verbindlichkeiten für schon verbrauchte, jedoch noch nicht bezahlte Aufwandsgüter) oder Einnahmen (fertige Erzeugnisse, Forderungen aus Lieferungen) geworden sind, antizipiert werden. Jedes Aktivum wird somit erklärt als künftige Einnahmen oder künftiger Aufwand (Vorleistungen) und jedes Passivum als künftige Ausgaben oder als künftige Leistung (Nachleistungen). Die Bilanz stellt somit ein umfassendes Abgrenzungskonto dar und dient nicht der Erkenntnis eines Zustandes, sondern von Bewegungen. Daher kommt der Name »Dynamische Bilanz«. Nach Schmalenbach ist die Bilanz die Darstellung des »Kräftespeichers der Unternehmung« und nichts anderes als eine Sammlung transitorischer und antizipativer Posten. Er bezeichnet die Bilanz als »Dienerin der Erfolgsrechnung«.

Schmalenbach betont, daß sich das wirkliche (Fortführungs-)Vermögen bilanziell nicht bestimmen läßt. Da nach Schmalenbach die entscheidende Aufgabe der Bilanz die Bestimmung des Gewinns ist, nimmt er eine verzerrte Vermögensbilanzierung in Kauf.

4. Statische Bilanztheorie

Jahresabschlüsse, deren primärer Zweck die Vermögensdarstellung ist, wurden von Schmalenbach statische Bilanzen genannt. Begründet wurde diese Bilanztheorie von Hermann Veit Simon, einem Juristen, in seinem erstmals 1886 in Berlin erschienenen Buch »Die Bilanzen der Aktiengesellschaften und der Kommanditgesellschaften auf Aktien«. Bei Simon handelt es sich um den ersten bekannten Versuch, die Bilanz theoretisch zu erfassen. Im Laufe der Zeit haben sich viele Autoren (zunächst Hügli, Schär und Leitner, dann Nicklisch und Rieger und später Le Coutre, der sie zur totalen Bilanz weiterentwickelte) mit der statischen Bilanztheorie beschäftigt. Es gibt somit keine einheitliche statische Bilanztheorie.

In der statischen Bilanztheorie dient die Bilanz der Vermögensermittlung. Da der Gewinn als Vermögenszuwachs betrachtet wird, führt nach Auffassung der »Statiker« die richtige Vermögensermittlung über den Reinvermögensvergleich zweier Bilanzen zum richtigen Gewinn des Geschäftsjahres. Die Gewinn- und Verlustrechnung stellt nach der ursprünglich strengen statischen Auffassung eine Sonderrechnung dar, die zwar buchhaltungstechnisch mit der Bilanzrechnung verbunden ist, aber mit Größen eigener Art (Aufwendungen und Erträge) rechnet. Die Gewinn- und Verlustrechnung wird nicht zusammen mit der Bilanz, sondern als neben der Bilanz stehend angesehen.

Nach Auffassung von Schmalenbach ist jedoch die gleichzeitige Ermittlung von Vermögen und Gewinn nicht möglich.

5. Organische Bilanztheorie

Unter dem Eindruck der Inflation nach dem Ersten Weltkrieg wurde die organische Bilanztheorie entwickelt (siehe Schmidt, Fritz: Die organische Tageswertbilanz, 1. Aufl. 1921, 3. Aufl. 1929, Nachdruck 1951). Nach Schmidt hat die Bilanz die Aufgabe, den Erfolg und das Vermögen richtig festzustellen.

Diese Doppelaufgabe ist durch eine beiden Zwecken gerecht werdende Bewertung durchzuführen. Deshalb beschäftigt sich die organische Bilanztheorie schwerpunktmäßig mit Bewertungsfragen.

Die Bezeichnung »organisch« wurde von Schmidt gewählt, weil er das Unternehmen als Zelle »im Organismus der Gesamtwirtschaft« sieht.

Kernpunkt der organischen Bilanztheorie ist die Eliminierung aller Geldwertänderungen. Die Gewinnermittlung und die Bewertung der Wirtschaftsgüter haben so zu erfolgen, daß nicht nur eine nominelle, sondern auch eine substantielle Kapitalerhaltung, d.h. die Erhaltung der betrieblichen Leistungsfähigkeit, erreicht wird. Deshalb ist es notwendig, echte Gewinne und Scheingewinne zu trennen. Als echter Gewinn wird der positive Unterschied zwischen dem Verkaufspreis und dem Wiederbeschaffungspreis zum Verkaufstag aufgefaßt. Scheingewinn ist der Unterschied zwischen dem Wiederbeschaffungspreis am Verkaufstag und dem Anschaffungspreis.

Nach der organischen Bilanztheorie müßten sämtliche Vermögensgegenstände und Schulden zum Tageswert am Bilanzstichtag angesetzt werden. Der Erfolg ist aufzuteilen in Umsatzerfolg und Erfolg von Preisänderungen. Letzterer ist nicht ausschüttungsfähig und auf einem gesonderten Vermögenswertveränderungskonto zu erfassen, das ein Unterkonto des Eigenkapitalkontos ist.

Durch die Bewertung der Vermögensgegenstände zum Tageswert sind Abschreibungen folglich auf Basis von Wiederbeschaffungspreisen zu verrechnen.

6. Bedeutung für die Praxis

Die von Wissenschaftlern entwickelten Bilanztheorien oder Bilanzauffassungen haben für die Jahresabschlüsse in der Praxis unmittelbar keine Bedeutung.

Man kann weder die Handelsbilanz noch die Steuerbilanz einer Bilanztheorie zurechnen.

Aufgrund der Bilanzierungsvorschriften könnte man die Handelsbilanz als statische Bilanz mit vielen Elementen einer dynamischen Bilanz bezeichnen.

Die Steuerbilanz müßte von ihrem Zweck her eine dynamische Bilanz sein, da das Ziel der Steuerbilanz eine periodengerechte Gewinnermittlung ist. Tatsächlich ist sie aber wegen des nach § 4 Abs. 1 EStG durch Bilanzvergleich zu ermittelnden Gewinnes und der Maßgeblichkeit der Handelsbilanz für die Steuerbilanz ähnlich wie die Handelsbilanz eine statische Bilanz mit vielen Elementen einer dynamischen Bilanz.

Die Gedanken der organischen Bilanztheorie haben grundsätzlich keinen Eingang (Ausnahme: Übertragung der durch Veräußerung aufgedeckten stillen Reserven, Rücklage für Preissteigerungen, Lifo-Bewertung) in das deutsche Handels- und Steuerrecht gefunden. In Hochinflationsländern werden sie jedoch in die Tat umgesetzt.

Anhang B

Rechnungslegungsgrundsätze verschiedener Länder

- Die Angaben beziehen sich grundsätzlich auf Kapitalgesellschaften.
- Eventuelle Erleichterungen für kleine Gesellschaften werden nicht erwähnt.

International Accounting Standards (IAS)

Allgemeines

Grundlagen

- Vom Board des International Accounting Standards Committee (IASC) verabschiedete International Accounting Standards (IAS). Das IASC wurde 1973 von sich mit der Rechnungslegung befassenden Berufsverbänden aus neun Ländern gegründet und bestand Anfang 2000 aus 143 Mitgliedern aus 104 Ländern.

Rechnungslegungsgrundsätze

- Grundsätzlich gelten die üblichen allgemeinen Rechnungslegungsgrundsätze. Anschaffungskostenwertprinzip; in gewissen Fällen sind andere Bewertungsansätze möglich (Zeitwert).

Bestandteile des Jahresabschlusses

- Bilanz;
- Gewinn- und Verlustrechnung;
- Eigenkapitalveränderungsrechnung;
- Kapitalflußrechnung;
- Angabe der Bilanzierungs- und Bewertungsmethoden und erläuternde Zusatzinformationen (explanatory notes).

Änderung der Bilanzierungs- und Bewertungsmethoden

- Eine Änderung der Bilanzierungs- und Bewertungsmethoden darf nur vorgenommen werden, wenn sie aufgrund einer Satzung oder von Vorschriften einer normsetzenden Institution erforderlich ist oder sie zu einer aussagefähigeren Darstellung im Abschluß führt;
- Die Änderung ist
  - erfolgsneutral bei dem Anfangsbestand der Gewinnrücklagen des laufenden Jahres und der Vorjahre (Benchmark-Methode) oder
  - erfolgswirksam in der Gewinn- und Verlustrechnung des laufenden Jahres (alternativ zulässige Methode) unter Angabe vergleichbarer Informationen für die Vorjahre

  vorzunehmen.

- Die Gründe für die Änderung sind anzugeben;
- Änderungen von Bewertungsannahmen verändern nicht die vergangenen Ergebnisse.

Korrekturen aus Vorjahren

- Bilanzierungsfehler aus Vorperioden sind
  - erfolgsneutral bei dem Anfangsbestand der Gewinnrücklagen des laufenden Jahres und der Vorjahre (Benchmark-Methode) oder
  - erfolgswirksam in der Gewinn- und Verlustrechnung des laufenden Jahres (alternativ zulässige Methode) unter Angabe vergleichbarer Informationen für die Vorjahre

  zu korrigieren.

Angaben über Beziehungen zu nahestehenden Unternehmen und Personen

- Art und Einzelheiten der Beziehungen sind zu veröffentlichen, soweit es zum Verständnis des Abschlusses notwendig ist.

Angaben nach Geschäftsfeldern und Regionen

- Eine Segmentberichterstattung ist nur für börsennotierte Unternehmen Pflicht;
- Für die primären Segmente (wenn die Risiken und die Eigenkapitalrendite des Unternehmens hauptsächlich auf seine Produkte zurückzuführen sind, dann bilden die Geschäftsfelder die primären Segmente und die Regionen die sekundären Segmente. Andernfalls ist es umgekehrt) sind anzugeben: Umsätze mit fremden Dritten, Umsätze mit anderen Segmenten, Segmentergebnis, Buchwert des Segmentvermögens, Segmentschulden, Gesamtsumme der erworbenen Vermögenswerte, die länger als ein Jahr genutzt werden (Sachanlagen, immaterielle Vermögenswerte), Abschreibungen, Gesamtsumme der wesentlichen nicht zahlungswirksamen Aufwendungen, ausgenommen Abschreibungen, Ergebnisbeitrag von nach der Equity-Methode bewerteten Beteiligungen, Investitionswert von nach der Equity-Methode bilanzierten Beteiligungen, Überleitung von den Segmentinformationen auf Informationen im Konzernabschluß. Für die sekundären Segmente sind anzugeben: Umsätze mit fremden Dritten, Buchwert des Segmentvermögens, Gesamtsumme der erworbenen Vermögenswerte, die länger als ein Jahr genutzt werden (Sachanlagen, immaterielle Vermögenswerte).

Bilanz

Immaterielle Vermögensgegenstände

- Aktivierungsgebot für entgeltlich erworbene immaterielle Vermögensgegenstände;
- Aktivierungsgebot für selbstgeschaffene immaterielle Vermögensgegenstände (z.B. Entwicklungskosten), sofern gewisse Voraussetzungen erfüllt sind;
- Planmäßige Abschreibung über die Nutzungsdauer, in der Regel höchstens über 20 Jahre;
- Der Abschreibungszeitraum und die Abschreibungsmethode sind am Ende eines jeden Geschäftsjahres zu überprüfen. Gegebenenfalls sind der Abschreibungszeitraum oder die Abschreibungsmethode zu ändern;

- Außerplanmäßige Abschreibungen sind vorzunehmen, wenn der erzielbare Betrag (recoverable amount) den Buchwert unterschreitet (Niederstwerttest); Wertaufholungsgebot (gilt nur bedingt für Geschäfts- oder Firmenwert);
- Nach der alternativ zulässigen Methode ist eine Neubewertung möglich.

Sachanlagen

- Anschaffungs- oder Herstellungskosten abzüglich planmäßiger Abschreibungen;
- Die Nutzungsdauer und die Abschreibungsmethode sind regelmäßig zu überprüfen. Gegebenenfalls sind die Nutzungsdauer oder die Abschreibungsmethode zu ändern;
- Außerplanmäßige Abschreibungen sind vorzunehmen, wenn der erzielbare Betrag (recoverable amount) den Buchwert unterschreitet; Wertaufholungsgebot;
- Nach der alternativ zulässigen Methode ist eine Neubewertung möglich;
- Für Fremdkapitalzinsen Aktivierungswahlrecht.

Finanzanlagen

- Anschaffungskosten;
- Abschreibungspflicht bei dauernder Wertminderung; Wertaufholungsgebot;
- Neubewertung ist möglich;
- Anteile an Tochterunternehmen sind im Einzelabschluß entweder zu Anschaffungskosten, nach der Equity-Methode oder mit dem beizulegenden Zeitwert als zur Veräußerung verfügbarer Vermögenswert zu bewerten.

Vorräte

- Anschaffungs- oder Herstellungskosten einschließlich angemessener Fertigungsgemeinkosten; andere Gemeinkosten nur, wenn sie eindeutig zurechenbar sind;
- Nach der alternativ zulässigen Methode ist Lifo zulässig; es sind Angaben zur Lifo-Reserve zu machen;
- Niederstwertprinzip (die Bestimmung des Niederstwertes richtet sich nach dem Absatzmarkt).

Langfristige Fertigungsaufträge

- Periodengerechte Gewinnrealisierung nach Leistungsfortschritt, falls das Ergebnis des Auftrages mit vernünftiger Gewißheit geschätzt werden kann.

Forderungen aus Lieferungen und Leistungen

- Fremdwährungsforderungen zum Bilanzstichtagskurs;
- Angemessene Wertberichtigungen sind vorzunehmen.

Wertpapiere des Umlaufvermögens

- Entweder Marktwert oder alternativ Anschaffungskosten bzw. niedrigerer Marktwert, wobei Sammelbewertung zulässig ist;
- Falls die Marktwertmethode gewählt wurde, sind die Veränderungen des Wertansatzes erfolgswirksam oder erfolgsneutral zu behandeln; die gewählte Bilanzierungsmethode ist stetig anzuwenden;
- Geändert durch IAS 39 für Geschäftsjahre, die nach dem 1.1.2001 beginnen.

Pensionsrückstellungen

- Anwartschaftsbarwertverfahren (projected unit credit method) unter Berücksichtigung künftiger Lohn- und Gehaltssteigerungen und der stichtagsbezogenen Kapitalmarktzinsen;
- Ausführliche Einzelheiten der versicherungsmathematischen Berechnung sind zu veröffentlichen.

Sonstige Rückstellungen

- Die Verpflichtung muß wahrscheinlich sein und verläßlich geschätzt werden können; es ist der Betrag mit der höchsten Eintrittswahrscheinlichkeit anzusetzen;
- Falls die Voraussetzungen für eine Rückstellungsbildung nicht vorliegen, aber eine Verpflichtung möglich ist, sind Angaben darüber zu machen.

Latente Steuern

- Bilanzierungspflicht;
- Der zukünftig geltende Steuersatz ist anzuwenden;
- Aktive latente Steuern für noch nicht genutzte steuerliche Verlustvorträge sind auszuweisen, soweit es wahrscheinlich ist, daß in Zukunft steuerpflichtige Ergebnisse zu erwarten sind, um die aktiven latenten Steuern realisieren zu können; keine Diskontierung von latenten Steuern; erläuterungspflichtig

Leasing

- Finanzierungsleasing entsprechend wirtschaftlicher Betrachtungsweise bilanzierungspflichtig;
- Bilanzierungspflichtig beim Leasingnehmer, wenn eine der folgenden Voraussetzungen erfüllt ist:
  - Eigentumsübertragung auf den Leasingnehmer am Ende der Leasingperiode,
  - Leasingvertrag enthält für den Leasingnehmer günstige Kaufoption,
  - die Vertragslaufzeit umfaßt den größten Teil der gewöhnlichen Nutzungsdauer,
  - der Barwert der Mindestleasingraten entspricht mindestens dem beizulegenden Zeitwert des Leasinggegenstandes,
  - die Leasinggegenstände haben eine spezielle Beschaffenheit, so daß sie nur der Leasingnehmer nutzen kann, ohne daß wesentliche Veränderungen vorgenommen werden;
- Bei einem Sale and lease back-Geschäft ist die Realisierung eines Veräußerungsgewinnes zum Verkaufszeitpunkt nicht möglich. Der Veräußerungsgewinn ist über die Leasingdauer zu verteilen.
- Es sind umfangreiche Erläuterungen zu machen.

Gewinn- und Verlustrechnung

Zuwendungen der öffentlichen Hand

- Investitionszuschüsse sind mit den Anschaffungs- und Herstellungskosten zu saldieren, oder sie sind zu passivieren und über die Nutzungsdauer der Vermögensgegenstände zu verteilen;

- Übrige Zuschüsse sind im Jahr der entsprechenden Ausgaben in der Gewinn- und Verlustrechnung zu erfassen.

Forschungs- und Entwicklungskosten

- Forschungskosten sind als Aufwand zu buchen;
- Entwicklungskosten sind zu aktivieren, wenn gewisse Voraussetzungen erfüllt sind; die Abschreibung hat nach den Vorschriften für immaterielle Vermögensgegenstände zu erfolgen.

Gewinne oder Verluste aus dem Verkauf oder der Aufgabe von Geschäftsbereichen

- Gewinne oder erwartete Verluste aus dem Verkauf oder der Aufgabe von Geschäftsbereichen, die operativ und bei der Finanzberichterstattung eindeutig abgegrenzt werden können, müssen gesondert unter Angabe der darauf entfallenden Ertragsteuern ausgewiesen werden;
- Die Vergleichsinformationen für frühere Perioden sind anzupassen;
- Es bestehen zusätzliche Angabepflichten.

Außerordentliche Aufwendungen und Erträge

- Außerordentliche Aufwendungen und Erträge, d.h. die außerhalb der gewöhnlichen Geschäftstätigkeit anfallen und deshalb selten sind, sind gesondert auszuweisen (Art und Betrag).

Konzernabschluß

Konsolidierungskreis

- Konsolidierungspflicht besteht für alle Tochterunternehmen mit Ausnahme von Tochterunternehmen,
  - bei denen der beherrschende Einfluß vorübergehend ist, weil die Anteile an dem Tochterunternehmen ausschließlich zum Zwecke der Weiterveräußerung erworben und gehalten werden, oder
  - die unter schwerwiegenden langfristigen Beschränkungen arbeiten, die ihre Fähigkeit zu Zahlungen an das Mutterunternehmen erheblich beeinträchtigen.

Konsolidierungsmethode

- Erwerbsmethode;
- Interessenzusammenführungsmethode (Pooling of interests-Methode), wenn drei Anwendungsvoraussetzungen erfüllt sind;
- Einheitliche Bewertung; falls eine einheitliche Bewertung nicht praktikabel ist, ist dies zusammen mit dem Anteil an den einzelnen Posten des Konzernabschlusses, bei denen abweichende Bilanzierungs- und Bewertungsmethoden angewandt wurden, anzugeben.

Geschäfts- oder Firmenwert

- Aktivierungspflicht;
- Abschreibungspflicht über höchstens 20 Jahre;

- Ein negativer Unterschiedsbetrag ist als Abzugsposten von dem positiven Geschäfts- oder Firmenwert auszuweisen;
- Soweit ein negativer Unterschiedsbetrag erwartete zukünftige Verluste und Aufwendungen betrifft, ist der negative Unterschiedsbetrag dann als Ertrag in der Gewinn- und Verlustrechnung anzusetzen, wenn die zukünftigen Verluste und Aufwendungen anfallen. Soweit der negative Unterschiedsbetrag nicht erwartete zukünftige Verluste und Aufwendungen betrifft, ist der negative Unterschiedsbetrag, der nicht die beizulegenden Zeitwerte der erworbenen nicht monetären Vermögenswerte überschreitet, als Ertrag über die durchschnittliche Nutzungsdauer der abschreibungsfähigen nicht monetären Vermögenswerte anzusetzen. Ein die beizulegenden Zeitwerte der erworbenen nicht monetären Vermögenswerte übersteigender negativer Unterschiedsbetrag ist sofort erfolgswirksam zu erfassen.

Equity-Bewertung

- Assoziierte Unternehmen, die einen maßgebenden Einfluß auf die Finanz- und Geschäftspolitik gewähren, sind nach der Equity-Methode zu bewerten. Ein maßgeblicher Einfluß wird bei einem Stimmrecht von mindestens 20% angenommen;
- Gemeinschaftsunternehmen sind quotal in den Konzernabschluß einzubeziehen. Nach der alternativ zulässigen Methode können Gemeinschaftsunternehmen nach der Equity-Methode konsolidiert werden.

Währungsumrechnung

- Funktionsspezifische Umrechnung (Konzept der funktionalen Währung);
- Falls eine Fremdwährung die funktionsspezifische Währung des Tochterunternehmens ist, sind die sich ergebenden bilanziellen Währungsumrechnungsdifferenzen (bei den wirtschaftlich selbständigen ausländischen Tochterunternehmen) erfolgsneutral in einem Sonderposten des Eigenkapitals auszuweisen, dessen Saldo beim Abgang des wirtschaftlich selbständigen ausländischen Tochterunternehmens mit dem Gewinn oder Verlust aus dem Abgang des Tochterunternehmens auszuweisen ist;
- Falls die Landeswährung der Obergesellschaft die funktionsspezifische Währung ist, sind die sich aufgrund der Zeitbezugsmethode ergebenden Umrechnungsdifferenzen in der Gewinn- und Verlustrechnung zu erfassen;
- In Hochinflationsländern (kumulative Preissteigerungsrate innerhalb drei Jahren beträgt etwa 100%) sind die inflationsbereinigten Beträge zu den Stichtagskursen umzurechnen; die Umrechnungsdifferenzen sind in der Gewinn- und Verlustrechnung zu erfassen.

4. und 7. EG-Richtlinie

Allgemeines

Rechtliche Grundlagen

- Vierte gesellschaftsrechtliche Richtlinie des Rates der Europäischen Gemeinschaften vom 25. Juli 1978 (Bilanzrichtlinie) und Siebente gesellschaftsrechtliche Richtlinie des Rates der Europäischen Gemeinschaften vom 3. Juni 1983 (Konzernrechnungslegungsrichtlinie);
- Diese Richtlinien sind nicht direkt anzuwenden, sondern von den Mitgliedern in nationales Recht umzusetzen.

Rechnungslegungsgrundsätze

- »true and fair view«;
- Präambel: »Der Jahresabschluß muß ein den tatsächlichen Verhältnissen entsprechendes Bild der Vermögens-, Finanz- und Ertragslage vermitteln«;
- Art. 2 »(3) Der Jahresabschluß hat ein den tatsächlichen Verhältnissen entsprechendes Bild der Vermögens-, Finanz- und Ertragslage zu vermitteln;
- (4) Reicht die Anwendung dieser Richtlinie nicht aus, um ein den tatsächlichen Verhältnissen entsprechendes Bild im Sinne des Absatzes 3 zu vermitteln, so sind zusätzliche Angaben zu machen;
- (5) Ist in Ausnahmefällen die Anwendung einer Vorschrift dieser Richtlinie mit der in Absatz 3 vorgesehenen Verpflichtung unvereinbar, so muß von der betreffenden Vorschrift abgewichen werden, um sicherzustellen, daß ein den tatsächlichen Verhältnissen entsprechendes Bild im Sinne des Absatzes 3 vermittelt wird. Die Abweichung ist im Anhang anzugeben und hinreichend zu begründen, ihr Einfluß auf die Vermögens-, Finanz- und Ertragslage ist darzulegen. Die Mitgliedstaaten können die Ausnahmefälle bezeichnen und die entsprechende Ausnahmeregelung festlegen«.
- Annahme der Fortführung der Unternehmenstätigkeit;
- Bewertungsstetigkeit;
- Vorsichtsprinzip;
- Periodengerechte Erfolgsermittlung;
- Einzelbewertung.

Bestandteile des Jahresabschlusses

- Bilanz;
- Gewinn- und Verlustrechnung (Gesamtkosten- oder Umsatzkostenverfahren);
- Anhang;
- Zusätzlich Lagebericht.

Änderung der Bilanzierungs- und Bewertungsmethoden

- Keine Angaben vorgeschrieben.

Korrekturen aus Vorjahren

- Keine Angaben vorgeschrieben.

Angaben über Beziehungen zu nahestehenden Unternehmen und Personen

- Gesonderte Posten in der Bilanz und teilweise in der Gewinn- und Verlustrechnung des Einzelabschlusses für Geschäftsbeziehungen mit verbundenen Unternehmen.

Angaben nach Geschäftsfeldern und Regionen

- Aufgliederung der Umsatzerlöse nach Geschäftsfeldern und Regionen.

Bilanz

Immaterielle Vermögensgegenstände

- Aktivierungsgebot für entgeltlich erworbene immaterielle Vermögensgegenstände;
- Planmäßige Abschreibung;
- Keine speziellen Vorschriften für selbstgeschaffene immaterielle Vermögensgegenstände.

Sachanlagen

- Anschaffungs- oder Herstellungskosten;
- Planmäßige Abschreibung;
- Aufwertungsmöglichkeit (Wiederbeschaffungskosten oder Marktpreis) zugunsten Neubewertungsrücklage.

Finanzanlagen

- Anschaffungskosten;
- Abschreibungspflicht bei dauernder Wertminderung und Abschreibungsmöglichkeit bei vorübergehender Wertminderung;
- Aufwertungsmöglichkeit zugunsten Neubewertungsrücklage.

Vorräte

- Anschaffungs- oder Herstellungskosten; keine Angabe über Zusammensetzung der Anschaffungs- und Herstellungskosten;
- Lifo möglich;
- Niederstwertprinzip.

Langfristige Fertigungsaufträge

- Keine speziellen Vorschriften.

Forderungen aus Lieferungen und Leistungen

- Keine speziellen Vorschriften.

Wertpapiere des Umlaufvermögens

- Niederstwertprinzip; keine Angaben über Sammelbewertung.

Pensionsrückstellungen

- Keine speziellen Vorschriften; Angaben über nicht bilanzierte Pensionsverpflichtungen im Anhang.

Sonstige Rückstellungen

– Die Verluste oder Verbindlichkeiten müssen wahrscheinlich oder sicher und deren Höhe oder Zeitpunkt des Eintritts unbestimmt sein.

Latente Steuern

– Keine speziellen Vorschriften.

Leasing

– Keine speziellen Vorschriften.

Gewinn- und Verlustrechnung

Zuwendungen der öffentlichen Hand

– Keine speziellen Vorschriften.

Forschungs- und Entwicklungskosten

– Forschungs- und Entwicklungskosten können aktiviert werden, soweit der Mitgliedstaat es erlaubt; sie sind spätestens nach 5 Jahren abzuschreiben, wobei die Mitgliedstaaten für Ausnahmefälle Abweichungen gestatten können.

Gewinne oder Verluste aus dem Verkauf oder der Aufgabe von Geschäftsbereichen

– Keine speziellen Vorschriften.

Außerordentliche Aufwendungen und Erträge

– Gesonderter Ausweis (ohne die darauf entfallende Ertragsteuerentlastung oder -belastung).

Konzernabschluß

Konsolidierungskreis

– Konsolidierungspflicht besteht für alle Tochterunternehmen, bei denen dem Mutterunternehmen
  – die Mehrheit der Stimmrechte;
  – das Recht auf Bestellung oder Abberufung der Mehrheit der Mitglieder des Verwaltungs-, Leitungs- oder Aufsichtsorgans;
  – das Recht, einen beherrschenden Einfluß vertraglich oder satzungsgemäß auszuüben; oder
  – die Mehrheit der Stimmrechte aufgrund einer Vereinbarung mit anderen Aktionären/Gesellschaftern eines Tochterunternehmens

  zusteht;
– Ein Tochterunternehmen braucht in den Konzernabschluß nicht einbezogen zu werden, wenn

  - ein Tochterunternehmen von untergeordneter Bedeutung ist (falls mehrere Tochterunternehmen von untergeordneter Bedeutung sind, dann sind sie in den Konzernabschluß einzubeziehen, wenn sie zusammen nicht von untergeordneter Bedeutung sind),
  - erhebliche und andauernde Beschränkungen die Ausübung der Rechte des Mutterunternehmens in bezug auf Vermögen oder Geschäftsführung bzw. die Ausübung der einheitlichen Leitung (bei Gleichordnungskonzernen) dieses Unternehmens nachhaltig beeinträchtigen,
  - die für die Aufstellung eines konsolidierten Abschlusses erforderlichen Angaben nicht ohne unverhältnismäßig hohe Kosten oder Verzögerungen zu erhalten sind oder
  - die Anteile oder Aktien dieses Unternehmens ausschließlich zum Zwecke der Weiterveräußerung gehalten werden.
- Ein Tochterunternehmen ist nicht in die Konsolidierung einzubeziehen, wenn sich seine Tätigkeit derart von der Tätigkeit der anderen Konzernunternehmen unterscheidet, daß die Einbeziehung kein den tatsächlichen Verhältnissen entsprechendes Bild der Vermögens-, Finanz- und Ertragslage des Konzerns ergeben würde.

Konsolidierungsmethode

- Erwerbsmethode; der Unterschiedsbetrag ist zum Zeitpunkt des Erwerbs oder der erstmaligen Einbeziehung zu berechnen;
- Interessenzusammenführungsmethode (Pooling of interests-Methode), falls Barzahlung unter 10% und Beteiligung am Tochterunternehmen mindestens 90%;
- Einheitliche Bewertung und in Übereinstimmung mit den Artikeln 31 bis 42 und 60 der 4. EG-Richtlinie; dieselben Bewertungsmethoden, die beim Jahresabschluß des Mutterunternehmens angewandt wurden; von den Mitgliedstaaten gestattete oder vorgeschriebene andere Bewertungsmethoden, sofern sie mit der 4. EG-Richtlinie übereinstimmen, sind im Anhang anzugeben und hinreichend zu begründen.

Geschäfts- oder Firmenwert

- Ein verbleibender oder entstehender Unterschiedsbetrag ist gesondert auszuweisen und über 5 Jahre oder die tatsächliche Nutzungsdauer abzuschreiben;
- Der Unterschiedsbetrag darf auch offen mit den Rücklagen verrechnet werden;
- Ein negativer Unterschiedsbetrag darf nur unter gewissen Bedingungen ergebniswirksam aufgelöst werden.

Equity-Bewertung

- Nicht in den Konzernabschluß einbezogene Beteiligungen, die einen maßgeblichen Einfluß auf die Geschäfts- oder Finanzpolitik gewähren, sind nach der Equity-Methode zu bewerten;
- Ein maßgeblicher Einfluß wird bei einem Stimmrecht von mindestens 20% vermutet;
- Gemeinschaftsunternehmen dürfen quotal in den Konzernabschluß einbezogen werden.

Währungsumrechnung

- Keine speziellen Vorschriften.

Australien

Allgemeines

Rechtliche und tatsächliche Grundlagen

- Corporations Law von 1991;
- Approved Accounting Standards, die vom 1991 entstandenen Australian Accounting Standards Board (AASB) erlassen werden. Die vom AASB und seinem Vorgänger, dem 1984 gegründeten Accounting Standards Review Board (ASRB) verabschiedeten Standards haben Gesetzescharakter. Das AASB wird von der 1966 gegründeten Australian Accounting Research Foundation (AARF) unterstützt, die von der Australian Society of Certified Practising Accountants (ASCPA) und dem Institute of Chartered Accountants in Australia (ICAA) gegründet wurde;
- Abstracts der 1994 gegründeten Urgent Issues Group (UIG), die eng mit der AARF zusammenarbeitet;
- Börsenrechtliche Bestimmungen der Australian Stock Exchange (ASX);
- Australian Accounting Standards (AAS), die von der Australian Accounting Research Foundation (AARF) erlassen werden; sie sind Empfehlungen für Nicht-Kapitalgesellschaften.

Rechnungslegungsgrundsätze

- Grundsätzlich gelten die üblichen allgemeinen Rechnungslegungsgrundsätze;
- Anschaffungskostenwertprinzip (in gewissen Fällen ist Neubewertung möglich).

Bestandteile des Jahresabschlusses

- Bilanz;
- Gewinn- und Verlustrechnung;
- Kapitalflußrechnung;
- Notes (Zusatzinformationen);
- Erklärung der Unternehmensleitung (directors' statement);
- Lagebericht (directors' report).

Änderung der Bilanzierungs- und Bewertungsmethoden

- Eine Änderung der Bewertungsmethoden darf nur vorgenommen werden, wenn sie aufgrund eines neuen Standards erforderlich ist oder zu einer geeigneteren Darstellung führt. Der Grund und die Auswirkungen der Änderung sind anzugeben;
- Die Änderung ist in der Gewinn- und Verlustrechnung in der laufenden Periode vorzunehmen. Es sind erläuternde Angaben zu machen;
- Wenn eine Änderung aufgrund eines neuen Standards vorgenommen wurde, hat die Korrektur beim Anfangsbestand der Gewinnrücklage zu erfolgen, wenn der neue Standard dies vorschreibt.

Korrekturen aus Vorjahren

- Bilanzierungsfehler aus Vorjahren sind gesondert in der Gewinn- und Verlustrechnung des laufenden Jahres darzustellen. Frühere Jahresabschlüsse sind nicht zu ändern.

Angaben über Beziehungen zu nahestehenden Unternehmen und Personen

- Es sind umfangreiche Informationen über die Beziehungen zu nahestehenden Unternehmen und Personen zu geben.

Angaben nach Geschäftsfeldern und Regionen

- Aufgliederung der Umsatzerlöse, des Ergebnisses und des Vermögens nach Geschäftsfeldern und Regionen.

Bilanz

Immaterielle Vermögensgegenstände

- Aktivierungsgebot (Ausnahme selbstgeschaffener Geschäfts- oder Firmenwert), soweit sie mit hoher Wahrscheinlichkeit einen zukünftigen verläßlich bewertbaren wirtschaftlichen Nutzen erwarten lassen;
- Neubewertung ist möglich; erläuterungspflichtig;
- Planmäßige Abschreibung über die voraussichtliche Nutzungsdauer. Bei Markennamen erfolgt teilweise keine Abschreibung;
- Gründungskosten und Aufwendungen für die Ingangsetzung und Erweiterung des Geschäftsbetriebs sind aktivierungsfähig; sie sind über höchstens 5 Jahre abzuschreiben;
- Forschungs- und Entwicklungskosten sind aktivierungspflichtig, sofern sie zukünftigen zuverlässig bewertbaren wirtschaftlichen Nutzen erwarten lassen;
- Niederstwerttest.

Sachanlagen

- Anschaffungs- oder Herstellungskosten;
- Planmäßige Abschreibung über die voraussichtliche Nutzungsdauer;
- Außerplanmäßige Abschreibungen sind vorzunehmen, wenn der beizulegende Wert unter dem Buchwert liegt;
- Neubewertung ist möglich; erläuterungspflichtig.

Finanzanlagen

- Anschaffungskosten;
- Abschreibungspflicht bei nachhaltiger Wertminderung;
- Assoziierte Unternehmen können auch im Einzelabschluß nach der Equity-Methode bewertet werden;
- Neubewertung ist möglich; erläuterungspflichtig.

Vorräte

- Anschaffungs- oder Herstellungskosten;
- Bewertung zu Einzelkosten einschließlich angemessener Teil der Gemeinkosten, Teilkostenbewertung möglich;
- Lifo nicht zulässig;
- Niederstwertprinzip.

Langfristige Fertigungsaufträge

- Periodengerechte Gewinnrealisierung nach Leistungsfortschritt, wenn der wahrscheinliche Ertrag zuverlässig geschätzt werden kann.

Forderungen aus Lieferungen und Leistungen

- Fremdwährungsforderungen zum Bilanzstichtagskurs;
- Keine speziellen Vorschriften bezüglich Wertberichtigung von Forderungen.

Wertpapiere des Umlaufvermögens

- Niederstwertprinzip;
- Bewertung zu Wiederbeschaffungskosten wie in IAS 39 vorgesehen.

Pensionsrückstellungen

- Angaben im Anhang;
- Bisher keine speziellen Vorschriften; grundsätzlich sind die geschätzten zukünftigen Zahlungen an Mitarbeiter mit dem Barwert anzusetzen; in Zukunft ist Bewertung ähnlich IAS 19 vorgesehen.

Sonstige Rückstellungen

- Die Verpflichtung muß wahrscheinlich und zuverlässig einschätzbar sein;
- Nicht bilanzierte mögliche zukünftige Verluste sind im Anhang zu erläutern.

Latente Steuern

- Bilanzierungspflicht;
- Aktive latente Steuern aus Verlustvorträgen sind nur dann anzusetzen, wenn die Erwirtschaftung zukünftiger Gewinne, die mit den Verlustvorträgen verrechnet werden können, sehr wahrscheinlich sind.

Leasing

- Finanzierungsleasing entsprechend wirtschaftlicher Betrachtungsweise beim Leasingnehmer bilanzierungspflichtig;
- Ausführliche Angaben über Finanzierungsleasing und Mietleasing im Anhang.

Gewinn- und Verlustrechnung

Zuwendungen der öffentlichen Hand

- Zuwendungen der öffentlichen Hand, soweit dem Unternehmen damit keine Verpflichtungen für die Zukunft entstehen, sind im Jahr der Gewährung erfolgswirksam zu vereinnahmen;
- Erläuterungspflichtig.

Forschungs- und Entwicklungskosten

- Forschungs- und Entwicklungskosten sind aktivierungspflichtig, sofern sie zukünftig zuverlässig bewertbaren Nutzen erwarten lassen.

Gewinne oder Verluste aus dem Verkauf oder der Aufgabe von Geschäftsbereichen

- Es sind Angaben über Gewinne und Verluste aus dem Verkauf oder der Aufgabe von Geschäftsbereichen zu machen;
- Rückstellungen für zukünftige Verluste aus dem Verkauf oder der Aufgabe von Geschäftsbereichen dürfen nur gemacht werden, wenn das Unternehmen entsprechende Verpflichtungen eingegangen ist.

Außerordentliche Aufwendungen und Erträge

- Außerordentliche Aufwendungen und Erträge sind sehr eng definiert;
- Alle wesentlichen außerordentlichen Posten sind vor und nach Ertragsteuern anzugeben und zu erläutern.

Konzernabschluß

Konsolidierungskreis

- Konsolidierungspflicht besteht für alle Tochterunternehmen, bei denen das Mutterunternehmen einen beherrschenden Einfluß auf das Tochterunternehmen ausübt;
- Ein beherrschender Einfluß wird vermutet, wenn das Mutterunternehmen die Mehrheit der Stimmrechte besitzt oder es auf andere Art und Weise die Möglichkeit hat, die Finanz- und Geschäftspolitik des Tochterunternehmens zu bestimmen (z. B. Zusammensetzung des board of directors, Aktionsvereinbarungen);
- Es gibt keine Einbeziehungswahlrechte oder Einbeziehungsverbote.

Konsolidierungsmethode

- Erwerbsmethode;
- Interessenzusammenführungsmethode (Pooling of interests-Methode) nicht zulässig.

Geschäfts- oder Firmenwert

- Ein nach der Konsolidierung verbleibender aktivischer Unterschiedsbetrag kann sofort als Aufwand verrechnet werden, oder er ist zu aktivieren und über höchstens 20 Jahre abzuschreiben;
- Niederstwerttest;
- Ein negativer Unterschiedsbetrag ist soweit wie möglich mit dem Zeitwert der nichtmonetären Vermögenswerte zu verrechnen. Ein noch verbleibender Restwert ist erfolgswirksam zu verrechnen.

Equity-Bewertung

- Assoziierte Unternehmen können nach der Equity-Methode in den Konzernabschluß einbezogen werden. Voraussetzung für die Einbeziehung nach der Equity-Methode ist ein maßgeblicher Einfluß auf die Geschäftspolitik. Erfolgt die Bewertung der assoziierten Unternehmen zu Anschaffungskosten, so sind in den Notes Angaben zu machen, aus denen die Equity-Bewertung zu entnehmen ist;
- Gemeinschaftsunternehmen sind quotal in den Konzernabschluß einzubeziehen.

Währungsumrechnung

- Funktionsspezifische Umrechnung (Konzept der funktionalen Währung);
- Falls eine Fremdwährung die funktionsspezifische Währung des Tochterunternehmens ist, sind die Umrechnungsdifferenzen in einer Umrechnungsrücklage zu erfassen;
- Falls der australische Dollar die funktionsspezifische Währung ist, sind die sich aufgrund der Zeitbezugsmethode ergebenden Umrechnungsdifferenzen in der Gewinn- und Verlustrechnung zu erfassen.

Belgien

Allgemeines

Rechtliche und tatsächliche Grundlagen

- Gesetz vom 17. 7. 1975 über die Buchhaltung und den Jahresabschluß der Unternehmen sowie Änderungsgesetze und ergänzende Erlasse;
- Königlicher Erlaß vom 8. 10. 1976 und ergänzende Erlasse;
- Stellungnahmen der Commission des Normes Comptables (CNC);
- Steuergesetze.

Rechnungslegungsgrundsätze

- Grundsätzlich gelten die üblichen allgemeinen Rechnungslegungsgrundsätze;
- Anschaffungskostenwertprinzip; Ausnahmen sind erlaubt, wenn sie gerechtfertigt sind;
- Maßgeblichkeit der Handelsbilanz für die Steuerbilanz und umgekehrte Maßgeblichkeit.

Bestandteile des Jahresabschlusses

- Bilanz
- Gewinn- und Verlustrechnung (im Einzelabschluß Gesamtkostenverfahren, im Konzernabschluß Gesamtkosten- oder Umsatzkostenverfahren);
- Kapitalflußrechnung ist nicht Pflicht, aber bei großen Unternehmen üblich, jedoch nicht einheitlich gestaltet;
- Anhang;
- Zusätzlich Lagebericht.

Änderung der Bilanzierungs- und Bewertungsmethoden

- Eine Änderung der Bewertungsmethoden ist im Anhang zu begründen.

Korrekturen aus Vorjahren

- Grundsätzlich keine Berichtigung vorhergehender Jahresabschlüsse; Angaben im Anhang, falls das Ergebnis wesentlich durch periodenfremde Aufwendungen und Erträge beeinflußt wurde.

Angaben über Beziehungen zu nahestehenden Unternehmen und Personen

- Gesonderte Posten der Bilanz und teilweise in der Gewinn- und Verlustrechnung des Einzelabschlusses für Geschäftsbeziehungen zu nahestehenden Personen.

Angaben nach Geschäftsfeldern und Regionen

- Aufgliederung der Umsatzerlöse nach Geschäftsfeldern und Regionen.

Bilanz

Immaterielle Vermögensgegenstände

- Aktivierungsgebot für entgeltlich erworbene immaterielle Vermögensgegenstände;
- Selbstgeschaffene immaterielle Vermögensgegenstände sind, sofern das Vorsichtsprinzip nicht verletzt wird, aktivierungsfähig;
- Planmäßige Abschreibung über die Nutzungsdauer;
- Außerplanmäßige Abschreibungen sind vorzunehmen, wenn der Buchwert den zukünftigen Nutzen übersteigt.

Sachanlagen

- Anschaffungs- oder Herstellungskosten;
- Planmäßige Abschreibung; steuerliche Sonderabschreibungen sind möglich; die über die wirtschaftliche Notwendigkeit hinausgehenden steuerlichen Sonderabschreibungen sind zu veröffentlichen;
- Außerplanmäßige Abschreibung, falls Buchwert den zukünftigen Nutzen übersteigt;
- Nicht steuerpflichtige Aufwertung durch Bildung einer Neubewertungsrücklage möglich, falls die geschätzte Nutzungsdauer eindeutig ist und dauernd den Buchwert übersteigt.

Finanzanlagen

- Anschaffungskosten;
- Abschreibungspflicht bei nachhaltiger Wertminderung;
- Aufwertung durch Bildung einer Neubewertungsrücklage möglich, wenn der Wert eindeutig ist und dauernd den Buchwert übersteigt.

Vorräte

- Anschaffungs- oder Herstellungskosten;
- Bewertung zu Einzelkosten einschließlich angemessener Teil der Gemeinkosten; Teilkostenbewertung möglich;
- Lifo zulässig;
- Niederstwertprinzip.

Langfristige Fertigungsaufträge

- Periodengerechte Gewinnrealisierung ist möglich, jedoch nicht notwendig.

Forderungen aus Lieferungen und Leistungen

- Einzel- und/oder Pauschalwertberichtigungen; es gibt steuerliche Vorschriften für die Wertberichtigung von Forderungen.

Wertpapiere des Umlaufvermögens

- Niederstwertprinzip.

Pensionsrückstellungen

- Seit dem 1. 1. 1986 werden Pensionszusagen über Pensionsfonds und Lebensversicherungen gegeben. Falls die Pensionsansprüche das Vermögen des Pensionsfonds übersteigen, ist eine Pensionsrückstellung zu bilden;
- Verpflichtungen für vor dem 1. 1. 1986 gegebene Pensionszusagen sind im Anhang anzugeben.

Rückstellungen

- Die Ausgaben oder die Verluste müssen entweder wahrscheinlich oder gewiß sein, aber ungewiß bezüglich des Betrages;
- Die Berechnung der Rückstellungen erfolgt in der Regel nach steuerlichen Gesichtspunkten.

Latente Steuern

- Bilanzierungspflicht für einige Sachverhalte im Einzelabschluß und für passive latente Steuern im Konzernabschluß.

Leasing

- Finanzierungsleasing entsprechend wirtschaftlicher Betrachtungsweise beim Leasingnehmer bilanzierungspflichtig;
- Finanzierungsleasing liegt vor, wenn die Summe der vorgesehenen Leasingzahlungen die Anschaffungskosten zuzüglich Zinsen und Nebenkosten deckt;
- Bei beweglichen Anlagegegenständen kann die Summe der Leasingzahlungen durch den Preis einer Kaufoption erhöht werden, wenn dieser 15 % der Anschaffungskosten des Leasinggebers nicht übersteigt;
- Bei einem Sale and lease back-Geschäft sind die Erträge und Verluste abzugrenzen und im Verhältnis zu der Abschreibung der geleasten Anlage jährlich erfolgswirksam zu buchen.

Gewinn- und Verlustrechnung

Zuwendungen der öffentlichen Hand

- Investitionszuschüsse sind nach Abzug der latenten Steuern einer Rücklage zuzuführen, die im Laufe der folgenden Jahre entsprechend der Abschreibung der Investition aufzulösen ist;
- Übrige Zuschüsse sind im Jahr der Zahlung in der Gewinn- und Verlustrechnung zu erfassen.

Forschungs- und Entwicklungskosten

- Entwicklungskosten können aktiviert werden, falls bei vorsichtiger Schätzung die Kosten den zukünftigen Nutzen nicht übersteigen; sie sind über höchstens 5 Jahre gleichmäßig abzuschreiben.

Gewinne oder Verluste aus dem Verkauf oder der Aufgabe von Geschäftsbereichen

- Keine speziellen Vorschriften.

Außerordentliche Aufwendungen und Erträge

- Der Begriff außerordentliche Aufwendungen und Erträge ist in Belgien relativ weit gefaßt;
- Kein gesonderter Ausweis der Ertragsteuern auf die außerordentlichen Aufwendungen und Erträge.

Konzernabschluß

Konsolidierungskreis

- Konsolidierungspflicht besteht für alle Tochterunternehmen, bei denen dem Mutterunternehmen
  - die Mehrheit der Stimmrechte;
  - das Recht auf Bestellung oder Abberufung der Mehrheit der Leitungsorgane; oder
  - das Recht, einen beherrschenden Einfluß vertraglich oder satzungsgemäß auszuüben;

  zusteht.
- Ein Tochterunternehmen braucht nicht in den Konzernabschluß einbezogen zu werden, wenn
  - es von untergeordneter Bedeutung ist (bei mehreren unbedeutenden Unternehmen gilt dies nur, wenn sie insgesamt von untergeordneter Bedeutung sind);
  - die Ausübung der Rechte in bezug auf das Vermögen oder die Geschäftsführung erheblichen andauernden Beschränkungen unterliegt;
  - die Informationsbeschaffung nur mit einem unverhältnismäßig hohen Kosten- oder Zeitaufwand verbunden ist;
  - die Anteile nur zum Zwecke der Weiterveräußerung gehalten werden;
- Wegen abweichender Geschäftstätigkeit siehe unter Equity-Methode.

Konsolidierungsmethode

- Erwerbsmethode;
- Interessenzusammenführungsmethode (Pooling of interests-Methode) wird im Gesetz nicht erwähnt;
- Die Bewertung im Konzernabschluß soll der im Einzelabschluß des Mutterunternehmens entsprechen.

Geschäfts- oder Firmenwert

- Ein nach der Konsolidierung verbleibender Unterschiedsbetrag ist unter dem gesonderten Posten Unterschiedsbetrag aus der Konsolidierung auszuweisen. Ein aktiver Unterschiedsbetrag ist planmäßig abzuschreiben; bei einem Zeitraum von mehr als 5 Jahren ist im Anhang eine Begründung zu geben. Gegebenenfalls sind außerplanmäßige Abschreibungen vorzunehmen;
- Ein passiver Unterschiedsbetrag kann nur aufgelöst werden, wenn die zum Zeitpunkt des Erwerbs erwartete ungünstige Entwicklung eintritt.

Equity-Bewertung

- Tochterunternehmen sind nach der Equity-Methode zu bewerten, wenn
  - sich ihre Tätigkeit derart von der Tätigkeit der anderen Konzernunternehmen unterscheidet, daß durch ihre Einbeziehung die Vermittlung eines den tatsächlichen Verhältnissen entsprechenden Bildes der Vermögens-, Finanz- und Ertragslage verhindert wird;
  - sie sich in Liquidation befinden, ihre Geschäftstätigkeit aufgegeben haben oder deren Fortführung nicht zu erwarten ist;
- Nicht in den Konzernabschluß einbezogene Beteiligungen, die einen maßgeblichen Einfluß auf die Geschäftstätigkeit gewähren, sind nach der Equity-Methode zu bewerten. Ein maßgeblicher Einfluß wird bei einem Stimmrecht von 20% oder mehr vermutet;
- Bei Gemeinschaftsunternehmen erfolgt grundsätzlich eine Quotenkonsolidierung;
- Gemeinschaftsunternehmen können nach der Equity-Methode bewertet werden, wenn ihre Geschäftstätigkeit sehr unterschiedlich ist und deshalb nicht voll zu integrieren ist.

Währungsumrechnung

- Geld-Sachwert-Methode oder Stichtagsmethode;
- Bei der Geld-Sachwert-Methode sind die Währungsumrechnungsdifferenzen in der Gewinn- und Verlustrechnung zu erfassen. Währungsumrechnungsgewinne dürfen als Rechnungsabgrenzungsposten ausgewiesen werden;
- Bei der Stichtagsmethode sind die Währungsumrechnungsdifferenzen in einem besonderen Eigenkapitalposten in der Bilanz auszuweisen.

Dänemark

Allgemeines

Rechtliche und tatsächliche Grundlagen

- Rechnungslegungsgesetz von 1959, überarbeitet 1998;
- Jahresabschlußgesetz (Årsregnskabsloven) von 1981, danach mehrmals ergänzt und überarbeitet;
- Regierungsverordnungen zum Konzernabschluß von 1990;
- Standards der Wirtschaftsprüferorganisation Føreningen af Statsautoriserede Revisorer (FSR);
- Stellungnahmen des 1992 gegründeten Rechnungslegungsgremiums Regnskabspanelet.

Rechnungslegungsgrundsätze

- Grundsätzlich gelten die üblichen allgemeinen Rechnungslegungsgrundsätze;
- Anschaffungskostenwertprinzip;
- Grundsätzlich Maßgeblichkeit der Handelsbilanz für die Steuerbilanz; teilweise Ausnahmen.

Bestandteile des Jahresabschlusses

- Bilanz;
- Gewinn- und Verlustrechnung (Gesamtkosten- oder Umsatzkostenverfahren);
- Kapitalflußrechnung (nur bei großen und börsennotierten Unternehmen);
- Anhang;
- Zusätzlich Lagebericht.

Änderung der Bilanzierungs- und Bewertungsmethoden

- Eine Änderung der Bilanzierungs- und Bewertungsmethoden darf nur vorgenommen werden, wenn sie zu einer aussagefähigeren Darstellung im Abschluß führt oder wenn sie aufgrund eines Gesetzes oder eines neuen Standards erforderlich ist;
- Die Änderung ist beim Anfangsbestand des Eigenkapitals auszuweisen, und vergleichbare Angaben für die Vorjahre sind zu machen.

Korrekturen aus Vorjahren

- Keine Berichtigung vorhergehender Jahresabschlüsse.

Angaben über Beziehungen zu nahestehenden Unternehmen und Personen

- Es sind Angaben über Beziehungen zu nahestehenden Unternehmen und Personen zu machen.

Angaben nach Geschäftsfeldern und Regionen

- Aufgliederung der Umsatzerlöse nach Geschäftsfeldern und Regionen;
- Größere Unternehmen veröffentlichen zusätzliche Informationen.

Bilanz

Immaterielle Vermögensgegenstände

- Aktivierungsgebot für entgeltlich erworbene immaterielle Vermögensgegenstände;
- Planmäßige Abschreibung über höchstens 5 Jahre; eine längere Abschreibungsdauer ist unter besonderen Umständen möglich; die besonderen Umstände sind anzugeben;
- Außerplanmäßige Abschreibungen sind bei nachhaltiger Wertminderung vorzunehmen;
- Für selbstgeschaffene immaterielle Vermögensgegenstände Aktivierungsverbot;
- Aktivierungswahlrecht für Entwicklungskosten.

Sachanlagen

- Anschaffungs- oder Herstellungskosten;
- Planmäßige Abschreibung (normalerweise linear);
- Außerplanmäßige Abschreibungen bei nachhaltigem Wertverlust; Wertaufholungsgebot;
- Bei voraussichtlich dauernder Wertsteigerung ist eine erfolgsneutrale Neubewertung möglich.

Finanzanlagen

- Anschaffungskosten;
- Abschreibungspflicht bei dauernder Wertminderung;
- Bewertung der assoziierten Unternehmen nach der Equity-Methode im Einzelabschluß zugunsten Neubewertungsrücklage möglich;
- Bewertung zum Marktwert zugunsten Neubewertungsrücklage möglich.

Vorräte

- Anschaffungs- oder Herstellungskosten;
- Teilweise wird eine Teilkostenbewertung praktiziert;
- Lifo nicht zulässig;
- Niederstwertprinzip.

Langfristige Fertigungsaufträge

- In der Regel periodengerechte Gewinnrealisierung nach Leistungsfortschritt, falls das Ergebnis des Auftrages mit vernünftiger Gewißheit geschätzt werden kann und die auf die Leistung entfallenden Kosten abschätzbar sind;
- Es sind Angaben zur Gewinnrealisierung zu machen.

Forderungen aus Lieferungen und Leistungen

- In der Regel Einzelwertberichtigung; keine Angabepflichten.

Wertpapiere des Umlaufvermögens

- Niederstwertprinzip;
- Bewertung zum Marktwert zugunsten Neubewertungsrücklage möglich.

Pensionsrückstellungen

– Sofern eine Altersversorgung der Mitarbeiter nicht durch einen Pensionsfonds oder eine Lebensversicherung finanziert wird, ist eine entsprechende Pensionsrückstellung zu bilden oder es sind Angaben im Anhang zu machen.

Sonstige Rückstellungen

– Die Verpflichtung muß wahrscheinlich und einschätzbar sein.

Latente Steuern

– Keine speziellen Vorschriften;
– In der Praxis werden die passiven latenten Steuern meistens nach der Verbindlichkeitsmethode bilanziert. Einige Unternehmen bilanzieren die latenten Steuern nur teilweise. Nicht passivierte latente Steuern sind im Anhang anzugeben. Aktive latente Steuern werden in der Regel nicht ausgewiesen oder mit den passiven latenten Steuern saldiert.

Leasing

– Sämtliche Leasingverbindlichkeiten sind im Anhang anzugeben.

Gewinn- und Verlustrechnung

Zuwendungen der öffentlichen Hand

– Keine speziellen Vorschriften.

Forschungs- und Entwicklungskosten

– Forschungs- und Entwicklungskosten sind als Aufwand zu buchen;
– Entwicklungskosten können aktiviert werden, wenn gewisse Bedingungen erfüllt sind.

Gewinne oder Verluste aus dem Verkauf oder der Aufgabe von Geschäftsbereichen

– Keine speziellen Vorschriften.

Außerordentliche Aufwendungen und Erträge

– Außerordentliche Aufwendungen und Erträge, d. h. die außerhalb der gewöhnlichen Geschäftstätigkeit anfallen und deshalb selten sind, sind gesondert auszuweisen (Art und Betrag).

Konzernabschluß

Konsolidierungskreis

– Konsolidierungspflicht besteht für alle Tochterunternehmen, bei denen dem Mutterunternehmen die Mehrheit der Stimmrechte zusteht oder es auf andere Weise einen beherrschenden Einfluß hat;

- Ein Tochterunternehmen braucht in den Konzernabschluß nicht einbezogen zu werden, wenn
  - es von untergeordneter Bedeutung ist und erhebliche Beschränkungen die Ausübung der Rechte des Mutterunternehmens in bezug auf die Vermögens- oder Geschäftsführung beeinträchtigen,
  - die erforderlichen Angaben nicht in einem vernünftigen Zeitraum oder ohne unverhältnismäßig hohe Kosten zu erhalten sind,
  - die Anteile an dem Tochterunternehmen ausschließlich zum Zwecke der Weiterveräußerung gehalten werden;
- Ein Tochterunternehmen ist nicht in die Konsolidierung einzubeziehen, wenn sich seine Tätigkeit derart von der Tätigkeit der anderen Konzernunternehmen unterscheidet, daß seine Einbeziehung kein den tatsächlichen Verhältnissen entsprechendes Bild der Vermögens-, Finanz- und Ertragslage des Konzerns ergeben würde.

Konsolidierungsmethode

- Erwerbsmethode;
- Interessenzusammenführungsmethode (Pooling of interests-Methode), wenn die Voraussetzungen dafür vorliegen.

Geschäfts- oder Firmenwert

- Ein Geschäfts- oder Firmenwert ist zu aktivieren oder mit der Rücklage zu verrechnen;
- Ein aktivischer Geschäfts- oder Firmenwert ist über 5 Jahre abzuschreiben. In besonderen Fällen kann die Abschreibungsdauer bis auf 20 Jahre verlängert werden;
- Ein negativer Geschäfts- oder Firmenwert ist gesondert unter dem Eigenkapital auszuweisen, mit einem positiven Geschäfts- oder Firmenwert zu verrechnen oder als Gewinn abzugrenzen und in der Regel über 5 Jahre abzuschreiben.

Equity-Methode

- Beteiligungen mit einem Stimmrecht von mindestens 20 % sind im Konzernabschluß nach der Equity-Methode zu bewerten;
- Für Gemeinschaftsunternehmen bestehen keine speziellen Vorschriften. In der Praxis werden sie quotal in den Konzernabschluß einbezogen oder nach der Equity-Methode bewertet.

Währungsumrechnung

- In der Regel wird die funktionsspezifische Umrechnung (Methode der funktionalen Währung) angewandt;
- Die Erläuterungen sind oft unzureichend.

Deutschland

Allgemeines

Rechtliche und tatsächliche Grundlagen

- Kurze gesetzliche Vorschriften; insbesondere des HGB sowie des Aktiengesetzes und des Steuerrechts;
- Urteile des Bundesfinanzhofs und der Finanzgerichte;
- Fachgutachten und Stellungnahmen des Instituts der Wirtschaftsprüfer;
- Kommentare zu obigen Vorschriften und Urteilen;
- Empfehlungen (Standards) des 1998 gegründeten Deutschen RechnungslegungsStandards Committee e. V. (DRSC).

Rechnungslegungsgrundsätze

- Grundsätzlich gelten die üblichen allgemeinen Rechnungslegungsgrundsätze;
- Starke Betonung und willkürliche Anwendung des Vorsichtsprinzips;
- Lasche Handhabung des Stetigkeitsgebotes;
- Wirtschaftliche Betrachtungsweise wird durch formaljuristische Aspekte überschattet;
- Viele Wahlrechte;
- Anschaffungskostenwertprinzip;
- Maßgeblichkeit der Handelsbilanz für die Steuerbilanz und umgekehrte Maßgeblichkeit;
- Steuerliche Wertansätze können im Konzernabschluß beibehalten werden.

Bestandteile des Jahresabschlusses

- Bilanz;
- Gewinn- und Verlustrechnung (Gesamtkosten- oder Umsatzkostenverfahren);
- Kapitalflußrechnung (nur bei börsennotierten Unternehmen);
- Anhang;
- Zusätzlich Lagebericht.

Änderung der Bilanzierungs- und Bewertungsmethoden

- Eine Änderung der Bilanzierungs- und Bewertungsmethoden ist zu begründen; ihr Einfluß auf die Vermögens-, Finanz- und Ertragslage ist darzustellen;
- Bei den Bilanzierungswahlrechten (z. B. Aufwendungen für die Ingangsetzung und Erweiterung des Geschäftsbetriebs) besteht kein Stetigkeitsgebot.

Korrekturen aus Vorjahren

- Grundsätzlich keine Berichtigung vorhergehender Jahresabschlüsse;
- Korrekturen erfolgen im laufenden Geschäftsjahr.

Angaben über Beziehungen zu nahestehenden Unternehmen und Personen

- Gesonderte Posten der Bilanz und teilweise in der Gewinn- und Verlustrechnung des Einzelabschlusses für Geschäftsbeziehungen mit verbundenen Personen.

Angaben nach Geschäftsfeldern und Regionen

- Aufgliederung der Umsatzerlöse nach Geschäftsfeldern und Regionen;
- Ausführliche Segmentberichterstattung nur bei börsennotierten Unternehmen.

Bilanz

Immaterielle Vermögensgegenstände

- Aktivierungsgebot für entgeltlich erworbene immaterielle Vermögensgegenstände;
- Planmäßige Abschreibung über die Nutzungsdauer;
- Außerplanmäßige Abschreibungen bei voraussichtlich dauernder Wertminderung;
- Aktivierungsverbot für selbstgeschaffene immaterielle Vermögensgegenstände.

Sachanlagen

- Anschaffungs- oder Herstellungskosten abzüglich planmäßiger Abschreibungen: In der Regel werden steuerrechtliche Abschreibungstabellen angewandt; zusätzliche steuerrechtliche Abschreibungen sind möglich;
- Außerplanmäßige Abschreibung bei voraussichtlich dauernder Wertminderung; Wertaufholungsgebot;
- Für Fremdkapitalzinsen Aktivierungswahlrecht (steuerrechtliche Voraussetzung: Herstellungsdauer länger als 1 Jahr).

Finanzanlagen

- Anschaffungskosten;
- Abschreibungspflicht bei dauernder Wertminderung und Abschreibungswahlrecht bei vorübergehender Wertminderung.

Vorräte

- Anschaffungs- oder Herstellungskosten einschließlich anteiliger Verwaltungskosten;
- Ansatz zu Einzelkosten möglich;
- Lifo zulässig;
- Niederstwertprinzip (die Bestimmung des Niederstwertprinzips ist nicht eindeutig geregelt); Abschreibungen auf den niedrigeren Zukunftswert sind möglich; Abschreibungen aufgrund steuerrechtlicher Vorschriften sind möglich.

Langfristige Fertigungsaufträge

- Gewinnrealisierung bei Teilabrechnung.

Forderungen aus Lieferungen und Leistungen

- Fremdwährungsforderungen zum Kurs der Buchung, falls Bilanzstichtagskurs nicht niedriger ist;
- Neben Einzelwertberichtigungen sind zusätzlich pauschale Wertberichtigungen üblich.

Wertpapiere des Umlaufvermögens

- Niederstwertprinzip;
- Eine niedrigere Bewertung zur Berücksichtigung künftiger Kursschwankungen ist zulässig.

Pensionsrückstellungen

- Pensionsrückstellungen werden üblicherweise aufgrund steuerrechtlicher Vorschriften ermittelt;
- Keine Rückstellungspflicht für Zusagen vor dem 1. 1. 1987, jedoch Angabe im Anhang.

Sonstige Rückstellungen

- Der Eintritt der Verpflichtung muß möglich sein;
- Aufwandsrückstellungen sind erlaubt und zum Teil Pflicht;
- Der Ermessensspielraum bei den sonstigen Rückstellungen ist groß.

Latente Steuern

- Für aktive latente Steuern Aktivierungswahlrecht (Ausschüttungssperre);
- Für durch Konsolidierungsmaßnahmen entstandene aktive latente Steuern Aktivierungspflicht;
- Kein Ansatz aktiver latenter Steuern für steuerlichen Verlustvortrag (Saldierung mit passiven latenten Steuern möglich);
- Für passive latente Steuern Passivierungspflicht;
- Einzelheiten der Berechnung nicht geregelt.

Leasing

- Beim Leasingnehmer bilanzierungspflichtig, wenn der Eigentumsübergang von vornherein nach Ablauf der Mietzeit automatisch und völlig bedingungsfrei vereinbart ist, oder wenn das Leasingobjekt dem Leasingnehmer steuerlich zugerechnet wird.
- Leasingverträge sind in der Regel so gestaltet, daß handels- und steuerrechtlich keine Aktivierung und Passivierung beim Leasingnehmer zu erfolgen hat.
- Angabe im Anhang in dem Gesamtbetrag der sonstigen finanziellen Verpflichtungen, sofern diese Angabe für die Beurteilung der Finanzlage von Bedeutung ist (Begriff und Berechnungsweise der sonstigen finanziellen Verpflichtungen sind nicht definiert).
- Bei einem Sale and lease back-Geschäft ist die Realisierung eines Veräußerungsgewinns zum Verkaufszeitpunkt möglich.

Gewinn- und Verlustrechnung

Zuwendungen der öffentlichen Hand

- Steuerfreie Investitionszulagen werden in der Regel sofort erfolgswirksam gebucht, steuerpflichtige Investitionszuschüsse werden in der Regel mit den Anschaffungs- und Herstellungskosten saldiert.

Forschungs- und Entwicklungskosten

- Forschungs- und Entwicklungskosten sind als Aufwand zu buchen.

Gewinne oder Verluste aus dem Verkauf oder der Aufgabe von Geschäftsbereichen

- Es gibt keine speziellen Vorschriften.

Außerordentliche Aufwendungen und Erträge

- Außerordentliche Aufwendungen und Erträge werden getrennt ohne die darauf entfallende Ertragsteuerentlastung oder -belastung ausgewiesen.
- Nach § 272 Abs. 4 Satz 1 HGB umfassen sie Aufwendungen und Erträge, die außerhalb der gewöhnlichen Geschäftstätigkeit der Gesellschaft anfallen, wobei offengelassen wird, wann Erträge und Aufwendungen als außerhalb der gewöhnlichen Geschäftstätigkeit angefallen anzusehen sind.
- Außerordentliche Aufwendungen und Erträge sind hinsichtlich ihres Betrages und ihrer Art im Anhang zu erläutern, soweit die ausgewiesenen Beträge für die Beurteilung der Ertragslage nicht von untergeordneter Bedeutung sind; im Anhang ist ferner anzugeben, in welchem Umfang die Steuern vom Einkommen und vom Ertrag das Ergebnis der gewöhnlichen Geschäftstätigkeit und das außerordentliche Ergebnis belastet haben, wobei die Angaben verbal erfolgen können.

Konzernabschluß

Konsolidierungskreis

- Konsolidierungspflicht besteht für alle Tochterunternehmen, bei denen dem Mutterunternehmen
  - die Mehrheit der Stimmrechte,
  - das Recht auf Bestellung oder Abberufung der Mehrheit der Mitglieder des Verwaltungs-, Leitungs- oder Aufsichtsorgans oder
  - das Recht, einen beherrschenden Einfluß vertraglich oder satzungsgemäß auszuüben,

  zusteht.
- Ein Tochterunternehmen braucht in den Konzernabschluß nicht einbezogen zu werden, wenn
  - erhebliche und andauernde Beschränkungen die Ausübung der Rechte des Mutterunternehmens in bezug auf das Vermögen und die Geschäftsführung des Tochterunternehmens nachhaltig beeinträchtigen,
  - die für die Aufstellung des Konzernabschlusses erforderlichen Angaben nicht ohne unverhältnismäßig hohe Kosten oder Verzögerungen zu erhalten sind,
  - die Anteile des Tochterunternehmens ausschließlich zum Zwecke der Weiterveräußerung gehalten werden oder
  - es von untergeordneter Bedeutung ist (falls mehrere Tochterunternehmen von untergeordneter Bedeutung sind, dann sind sie in den Konzernabschluß einzubeziehen, wenn sie zusammen nicht von untergeordneter Bedeutung sind).
- Ein Tochterunternehmen darf in den Konzernabschluß nicht einbezogen werden, wenn sich seine Tätigkeit von der Tätigkeit der anderen Konzernunternehmen derart unterscheidet, daß die Einbeziehung kein den tatsächlichen Verhältnissen entsprechendes Bild der Vermögens-, Finanz- und Ertragslage des Konzerns ergeben würde.

Konsolidierungsmethode

- Erwerbsmethode; der Unterschiedsbetrag ist zum Zeitpunkt des Erwerbs oder der erstmaligen Einbeziehung zu berechnen.
- Wahlrecht für Anwendung der Interessenzusammenführungsmethode (Pooling of interests-Methode), falls drei Anwendungsvoraussetzungen erfüllt sind.
- Einheitliche Bewertung nach den auf den Jahresabschluß des Mutterunternehmens anwendbaren Bewertungsmethoden; Abweichungen von den beim Jahresabschluß des Mutterunternehmens angewandten Bewertungsmethoden sind im Anhang anzugeben und zu begründen; Ausnahmen von der einheitlichen Bewertung, die im Anhang anzugeben und zu begründen sind, sind in gewissen Fällen erlaubt.

Geschäfts- oder Firmenwert

- Ein nach der Konsolidierung verbleibender aktivischer Unterschiedsbetrag ist als Geschäfts- oder Firmenwert auszuweisen und über 4 Jahre oder planmäßig über eine längere Nutzungsdauer abzuschreiben.
- Der Geschäfts- oder Firmenwert darf auch offen mit den Rücklagen verrechnet werden.
- Ein negativer Unterschiedsbetrag ist gesondert auszuweisen und darf nur unter gewissen Bedingungen ergebniswirksam aufgelöst werden.

Equity-Bewertung

- Assoziierte Unternehmen, auf die ein maßgebliche Einfluß ausgeübt werden kann, sind nach der Equity-Methode zu bewerten.
- Ein maßgeblicher Einfluß wird bei einem Stimmrecht von mindestens 20% vermutet.
- Gemeinschaftsunternehmen dürfen quotal in den Konzernabschluß einbezogen werden.

Währungsumrechnung

- Keine Währungsumrechnungsmethode vorgeschrieben; erläuterungspflichtig;
- Währungsumrechnungsdifferenzen in der Gewinn- und Verlustrechnung sind erfolgswirksam zu behandeln, bilanzielle Währungsumrechnungsdifferenzen können erfolgswirksam oder erfolgsneutral verrechnet werden.

Frankreich

Allgemeines

Rechtliche und tatsächliche Grundlagen

- Handelsgesetzbuch (Code de Commerce) und Gesetz über die Handelsgesellschaften (Loi sur les Sociétés Commerciales) vom 24. Juli 1966, die durch das loi comptable vom 30. April 1983 und das Gesetz bezüglich des Konzernabschlusses vom 3. Januar 1985 ergänzt wurden;
- Von der Regierung erlassener Kontenplan (Plan Comptable Général), der Inhalt und Bewertung der einzelnen Posten des Jahresabschlusses genau regelt;
- Dekrete der Regierung;
- Verlautbarungen und Empfehlungen des Conseil National de la Comptabilité (CNC), ein Beratungsorgan des Wirtschaftsministeriums;
- Empfehlungen des Ordre des Experts Comptables (OEC), der Compagnie Nationale des Commissaires aux Comptes (CNCC) und der Commission des Opérations de Bourse (COB);
- Rechnungslegungsvorschriften des Comité de la Réglementation Comptable (CRC), seit 1998;
- Steuergesetze.

Rechnungslegungsgrundsätze

- Grundsätzlich gelten die üblichen allgemeinen Rechnungslegungsgrundsätze.
- Anschaffungskostenwertprinzip; Ausnahmen siehe Sachanlagen;
- Maßgeblichkeit der Handelsbilanz für die Steuerbilanz und umgekehrte Maßgeblichkeit.

Bestandteile des Jahresabschlusses

- Bilanz;
- Gewinn- und Verlustrechnung (im Einzelabschluß Gesamtkostenverfahren, im Konzernabschluß Gesamtkosten- oder Umsatzkostenverfahren);
- Anhang;
- Zusätzlich Lagebericht;
- Eine Kapitalflußrechnung ist nicht vorgeschrieben, jedoch bei großen Unternehmen üblich (Form nicht einheitlich).

Änderung der Bilanzierungs- und Bewertungsmethoden

- Die Änderung ist in der Gewinn- und Verlustrechnung des laufenden Jahres vorzunehmen; wenn sich die Änderung der Bilanzierungs- und Bewertungsmethoden aus einer Änderung von Vorschriften ergibt, erfolgt eine Verrechnung mit dem Eigenkapital.
- Die Änderung der Bilanzierungs- und Bewertungsmethoden ist im Anhang zu erläutern.
- Keine Angaben und Änderungen für vergangene Jahre.

Korrekturen aus Vorjahren

- Keine Berichtigung vorhergehender Jahresabschlüsse;
- Korrekturen erfolgen im laufenden Jahr. Wesentliche Korrekturen sind im Anhang darzustellen.

Angaben über Beziehungen zu nahestehenden Unternehmen und Personen

- Wesentliche Vorgänge mit nahestehenden Unternehmen sollten veröffentlicht werden.

Angaben nach Geschäftsfeldern und Region

- Aufgliederung der Umsatzerlöse nach Geschäftsfeldern und Regionen.

Bilanz

Immaterielle Vermögensgegenstände

- Aktivierungsgebot für entgeltlich erworbene immaterielle Vermögensgegenstände;
- Abschreibungspflicht bei zeitlich begrenzter Nutzungsdauer; Marken werden in der Regel nicht abgeschrieben.
- Niederstwertprinzip;
- Für selbstgeschaffene immaterielle Vermögensgegenstände grundsätzlich Aktivierungsverbot; unter bestimmten Bedingungen aktivierungsfähig;
- Forschungs- und Entwicklungskosten können aktiviert werden, wenn
  - das Projekt genau definiert ist und die ihm zurechenbaren Aufwendungen feststellbar sind und
  - die technische und wirtschaftliche Realisierbarkeit des Produktes oder Verfahrens nachgewiesen ist.
- Abschreibung über einen Zeitraum von höchstens 5 Jahren; in besonderen Fällen, die im Anhang zu begründen sind, Abschreibung über die Nutzungsdauer; bei Scheitern des Projektes sofortige Abschreibung (Ausschüttungssperre);
- Bilanzierungswahlrecht für Aufwendungen für die Ingangsetzung und Erweiterung des Geschäftsbetriebs; planmäßige Abschreibung über höchstens 5 Jahre; (Ausschüttungssperre).

Sachanlagen

- Anschaffungs- oder Herstellungskosten;
- 1945, 1959 und 1976 waren Aufwertungen gesetzlich vorgeschrieben.
- Seit 1984 sind steuerpflichtige Aufwertungen möglich, die einer Aufwertungsrücklage gutzuschreiben sind (Aufwertungen somit nur für mit Verlust arbeitende Unternehmen interessant).
- Planmäßige Abschreibung, wobei die Orientierungswerte der Finanzverwaltung oft als Grundlage dienen; steuerliche Sonderabschreibungen (amortissements dérogatoires) zugunsten der als Eigenkapital ausgewiesenen nicht versteuerten Rücklagen (provisions réglementées = Sonderposten mit Rücklageanteil) und evtl. außerplanmäßige Abschreibungen;
- Aktivierung von Fremdkapitalzinsen ist möglich, jedoch nicht üblich.

Finanzanlagen

- Anschaffungskosten;
- Niederstwertprinzip.

Vorräte

- Vollkostenbewertung ohne Leerkosten;
- Lifo nur in Konzernbilanz zulässig;
- Niederstwertprinzip.

Langfristige Fertigungsaufträge

- Falls
  - das Rechnungswesen den genauen Stand der unfertigen Leistung feststellen kann,
  - der Käufer die fertiggestellte Leistung akzeptiert,
  - zuverlässige Prognosen bezüglich des Auftrages existieren,
  - der Gesamtgewinn mit einer gewissen Sicherheit berechnet werden,

  ist eine periodengerechte Gewinnrealisierung nach Leistungsfortschritt möglich

Forderungen aus Lieferungen und Leistungen

- Einzelwertberichtigung in seltenen Fällen; Pauschalwertberichtigung kaum üblich (Grund: die steuerliche Anerkennung von Wertberichtigungen ist sehr restriktiv).

Wertpapiere des Umlaufvermögens

- Niederstwertprinzip;
- Sammelbewertung möglich, falls Wertpapiere an der Börse notieren und leicht liquidierbar sind oder vorübergehend sehr stark gefallen sind.

Sonderposten mit Rücklageanteil (provisions réglementées)

- Nichtversteuerte Rücklagen; steuerliche Anerkennung nur, falls dieser Posten auch in der Handelsbilanz gebildet wurde.

Pensionsrückstellungen

- Pensionsrückstellungen sind selten, da laufend Zahlungen des Arbeitgebers und Arbeitnehmers an in der Regel staatlich gestützte Pensionskassen.
- Pensionsrückstellungen müssen nur für Rentner gebildet werden; für Anwartschaften besteht keine Rückstellungspflicht; Pensionsrückstellungen sind steuerlich nicht abzugsfähig.
- Nicht bilanzierte Versorgungsanwartschaften sind im Anhang anzugeben.

Sonstige Rückstellungen

- Das Risiko oder der Verlust muß eindeutig erkennbar und wahrscheinlich sein.

Latente Steuern

- Bilanzierung latenter Steuern nur im Konzernabschluß; unterschiedliche Berechnungsmethoden üblich.

Leasing

- Im Einzelabschluß werden alle Leasingverträge als Mietleasing behandelt.
- Im Konzernabschluß wird in der Regel entsprechend wirtschaftlicher Betrachtungsweise bilanziert.

Gewinn- und Verlustrechnung

Zuwendungen der öffentlichen Hand

- Investitionszuschüsse können entweder sofort erfolgswirksam gebucht oder im Einzelabschluß als Eigenkapital bzw. im Konzernabschluß als Fremdkapital ausgewiesen werden und im Laufe der folgenden Jahre entsprechend der Abschreibung der Investition erfolgswirksam gebucht werden.
- Übrige Zuschüsse können mit Ausnahme von Zuschüssen für aktivierte Forschungs- und Entwicklungskosten im Jahr der Zahlung in der Gewinn- und Verlustrechnung erfaßt werden.

Forschungs- und Entwicklungskosten

- Forschungs- und Entwicklungskosten sind als Aufwand zu buchen.
- Sie können aktiviert werden, wenn
  - das Projekt genau definiert ist und die ihm zurechenbaren Aufwendungen feststellbar sind und
  - die technische und wirtschaftliche Realisierbarkeit des Produktes oder Verfahrens nachgewiesen ist.
- Abschreibung über einen Zeitraum von höchstens 5 Jahren; in besonderen Fällen, die im Anhang zu begründen sind, Abschreibung über die Nutzungsdauer; bei Scheitern des Projektes sofortige Abschreibung (Ausschüttungssperre).

Gewinne oder Verluste aus dem Verkauf oder der Aufgabe von Geschäftsbereichen

- Keine speziellen Vorschriften.

Außerordentliche Aufwendungen und Erträge

- Der Begriff außerordentliche Aufwendungen und Erträge ist in Frankreich weit gefaßt (z. B. Strafen, Verluste oder Gewinne aus Anlagenabgängen, steuerliche Sonderabschreibungen, Bildung steuerbegünstigter Rücklagen).
- Kein gesonderter Ausweis der Ertragsteuern auf die außerordentlichen Aufwendungen und Erträge.

Konzernabschluß

Konsolidierungskreis

- Konsolidierungspflicht besteht für alle Tochterunternehmen, bei denen dem Mutterunternehmen
  - die Mehrheit der Stimmrechte,
  - das Recht auf Bestellung des Verwaltungsrats (conseil d'administration) – diese Vermutung besteht, wenn die konsolidierende Gesellschaft über mehr als 40 % der Stimmrechte verfügt und kein anderer Gesellschafter einen höheren Anteil besitzt –,
  - das Recht, einen beherrschenden Einfluß vertraglich oder satzungsmäßig auszuüben,

  zusteht.
- Ein Tochterunternehmen braucht in den Konzernabschluß nicht einbezogen zu werden, wenn
  - die Anteile des Tochterunternehmens lediglich zur späteren Veräußerung gehalten werden,
  - das Tochterunternehmen von untergeordneter Bedeutung ist,
  - die für die Aufstellung eines Konzernabschlusses erforderlichen Angaben nicht ohne unverhältnismäßig hohe Kosten oder Verzögerungen zu erhalten sind.
- Ein Tochterunternehmen ist nicht in die Konsolidierung einzubeziehen, wenn erhebliche und andauernde Beschränkungen die Kontrolle oder den wesentlichen Einfluß oder den Transfer von Geldmitteln seitens des Tochterunternehmens beeinträchtigen.
- Falls sich die Tätigkeit eines Tochterunternehmens derart von der des Mutterunternehmens unterscheidet, daß die Einbeziehung ein falsches Bild des Konzerns ergäbe, ist das Tochterunternehmen nach der Equity-Methode zu konsolidieren.

Konsolidierungsmethode

- Erwerbsmethode;
- Interessenzusammenführungsmethode (Pooling of interests-Methode) wird nicht im Gesetz erwähnt.
- Für die Bewertung gelten grundsätzlich die Vorschriften für den Einzelabschluß. Es können jedoch folgende andere Bewertungsvorschriften angewandt werden:
  - Bewertung aller Aktiva und Passiva auf Basis Kaufkraft des französischen Franc am Bilanzstichtag oder Bewertung des abschreibbaren Anlagevermögens und der Vorräte auf Basis Wiederbeschaffungswert,
  - Lifo-Methode für den Konzern insgesamt oder für bestimmte Geschäftsfelder und Regionen,
  - Kapitalisierung von Fremdkapitalzinsen beim Anlage- und beim Umlaufvermögen,
  - Aktivierung der Anlagegegenstände und Passivierung der Verbindlichkeiten bei Leasingverträgen (contrat de crédit-bail) beim Leasingnehmer und entsprechende Bilanzierung beim Leasinggeber, sofern gewisse Voraussetzungen erfüllt sind,
  - Währungsumrechnungsdifferenzen können sofort erfolgswirksam ausgewiesen werden.

Geschäfts- oder Firmenwert

- Ein aktivischer Unterschiedsbetrag soll möglichst auf die Vermögensgegenstände und Schulden aufgeteilt werden. Der nicht aufteilbare Unterschiedsbetrag ist als Geschäfts- oder Firmenwert auszuweisen und planmäßig abzuschreiben. Gegebenenfalls ist die

Abschreibungsdauer zu verkürzen. Eine Mindestabschreibungsdauer ist im Gesetz nicht vorgesehen.
- Ein Geschäfts- oder Firmenwert kann in Ausnahmefällen auch mit den Rücklagen verrechnet werden.
- Ein negativer Unterschiedsbetrag ist zu passivieren und über die folgenden Geschäftsjahre zu verteilen. In Ausnahmefällen ist auch eine Verrechnung mit dem Eigenkapital möglich.

Equity-Methode

- Nicht in den Konzernabschluß einbezogene Beteiligungen, auf die das Mutterunternehmen einen maßgeblichen Einfluß hat, sind nach der Equity-Methode zu bewerten. Ein maßgeblicher Einfluß wird bei einem Stimmrecht von 20 % vermutet.
- Gemeinschaftsunternehmen sind quotal in den Konzernabschluß einzubeziehen.

Währungsumrechnung

- Funktionsspezifische Umrechnung (Empfehlung);
- Falls eine Fremdwährung die funktionsspezifische Währung des Tochterunternehmens ist, sind die bilanziellen Währungsumrechnungsdifferenzen (bei den wirtschaftlich selbständigen ausländischen Tochterunternehmen) in einem Sonderposten des Eigenkapitals auszuweisen.
- Falls der französische Franc die funktionsspezifische Währung ist, sind die aufgrund der Zeitbezugsmethode zu erfassenden Umrechnungsdifferenzen in der Gewinn- und Verlustrechnung auszuweisen.

Großbritannien

Allgemeines

Rechtliche und tatsächliche Grundlagen

- Grundlegende Vorschriften im Companies Act 1989, der den Companies Act 1985 änderte und ergänzte, besonders wegen des Konzernabschlusses; der Companies Act 1989 umfaßt sowohl Form- als auch Bewertungsvorschriften.
- Für Nordirland gilt Companies Order 1930; auf den Kanalinseln und der Insel Man gilt der Companies Act nicht.
- Statements of Standard Accounting Practice (SSAP) wurden bis 1990 von dem Accounting Standards Committee (ASC), dessen Mitglieder von dem Consultative Committee of Accounting Bodies (CCAB) ernannt wurden, herausgegeben; 1990 wurde das ASC in den Accounting Standards Board (ASB) umstrukturiert, der in eigener Verantwortung Financial Reporting Standards (FRS) herausgibt.
- Für börsennotierte Unternehmen gibt es zusätzlich von den Wertpapierbörsen, besonders der Londoner Börse, erlassene Publizitätsvorschriften.

Rechnungslegungsgrundsätze

- Grundsätzlich gelten die üblichen allgemeinen Rechnungslegungsgrundsätze.
- Anschaffungskostenwertprinzip; für bestimmte Vermögensgegenstände können jedoch alternative Bewertungsregeln angewandt werden.
- Unter gewissen Umständen kann von den Einzelvorschriften des Companies Act abgewichen werden, um eine »true and fair view« zu gewährleisten; Einzelheiten, Gründe und Auswirkung der Abweichung sind im Anhang anzugeben.
- Die Rechnungslegungsvorschriften lassen relativ große bilanzpolitische Gestaltungsmöglichkeiten zu.

Bestandteile des Jahresabschlusses

- Gewinn- und Verlustrechnung (Gesamtkosten- oder Umsatzkostenverfahren; üblich ist Umsatzkostenverfahren), ergänzt um ein statement of total recognized gains and losses, das Währungsumrechnungsdifferenzen und Gewinne und Verluste aus der Neubewertung enthält;
- Bilanz;
- Kapitalflußrechnung (Form nicht vorgeschrieben);
- Anhang;
- Lagebericht (directors' report).

Änderung der Bilanzierungs- und Bewertungsmethoden

- Eine Änderung darf nur vorgenommen werden, wenn eine neue Methode vorzuziehen ist.
- Falls das Ergebnis der Änderung wesentlich ist, ist sie erfolgsneutral bei dem Anfangsbestand der Gewinnrücklagen des laufenden Jahres und der Vorjahre vorzunehmen.
- Die Gründe für die Änderung sind anzugeben.

Korrekturen aus Vorjahren

- Wesentliche Bilanzierungsfehler sind in den vergangenen Jahresabschlüssen zu berichtigen; in den Rücklagen sind die ursprünglichen Rücklagen, die Korrektur der Rücklagen und die berichtigten Rücklagen zu zeigen; die Korrektur ist zu erläutern.

Angaben über Beziehungen zu nahestehenden Unternehmen und Personen

- Art und Einzelheiten der Beziehungen sind zu veröffentlichen.

Angaben nach Geschäftsfeldern und Regionen

- Aufgliederung der Umsatzerlöse, des Betriebsergebnisses und des Vermögens nach Geschäftsfeldern und Regionen.

Bilanz

Immaterielle Vermögensgegenstände

- Aktivierungsgebot; Aufwertungsmöglichkeit zu Wiederbeschaffungskosten (Ausnahme: Geschäfts- oder Firmenwert) zugunsten Neubewertungsrücklage;
- Für selbstgeschaffene immaterielle Vermögensgegenstände besteht Aktivierungspflicht, wenn sie einen verläßlichen Marktwert haben.
- Abschreibung über voraussichtliche Nutzungsdauer, keine Höchstnutzungsdauer vorgeschrieben; außerordentliche Abschreibungen sind vorzunehmen, wenn erzielbarer Betrag (recoverable amount) den Buchwert unterschreitet; in Ausnahmefällen wird eine unbeschränkte Nutzungsdauer angenommen, dann sind jährlich Niederstwertprüfungen vorzunehmen.
- Entwicklungskosten für klar definierbare Projekte können bis zum Produktionsbeginn unter bestimmten Voraussetzungen (siehe unter Forschungs- und Entwicklungskosten) aktiviert werden; Abschreibung über die wirtschaftliche Nutzungsdauer des Produktes; Abschreibungsdauer ist regelmäßig zu überprüfen.
- In der Praxis ist es zum Teil üblich, selbstgeschaffene Markennamen zu aktivieren und nicht planmäßig abzuschreiben; diese Vorgehensweise ist in Großbritannien umstritten.

Sachanlagen

- Anschaffungs- oder Herstellungskosten;
- Planmäßige Abschreibung unter Berücksichtigung eines Restwertes; in der Praxis teilweise keine Abschreibung auf Grundstücke und Gebäude wegen der Annahme, daß Abnutzung durch Wertsteigerung ausgeglichen wird;
- Außerplanmäßige Abschreibungen bei dauernder Wertminderung; Wertaufholungsgebot;
- Aufwertungsmöglichkeit (Marktpreis oder Wiederbeschaffungskosten) zugunsten Neubewertungsrücklage.

Finanzanlagen

- Anschaffungskosten;
- Abschreibungspflicht bei dauernder Wertminderung; Wertaufholungsgebot;

- Aufwertungsmöglichkeit zugunsten Neubewertungsrücklage;
- Ausführliche Publizitätsvorschriften.

Vorräte

- Anschaffungs- oder Herstellungskosten einschließlich anteiliger Gemeinkosten, ohne Leerkosten;
- Lifo nicht üblich;
- Niederstwertprinzip.

Langfristige Fertigungsaufträge

- Periodengerechte Gewinnrealisierung nach Leistungsfortschritt, wenn das Ergebnis des Auftrages mit vernünftiger Gewißheit geschätzt werden kann.

Forderungen aus Lieferungen und Leistungen

- Fremdwährungsforderungen in der Regel zum Bilanzstichtagskurs;
- Angemessene Wertberichtigungen sind vorzunehmen.

Wertpapiere des Umlaufvermögens

- Niederstwertprinzip;
- Bewertung zu Wiederbeschaffungskosten möglich.

Pensionsrückstellungen

- In der Regel Pensionsfonds, teilweise Pensionsrückstellungen;
- Es wird eine möglichst gleichmäßige Belastung der einzelnen Geschäftsjahre angestrebt.
- Ausführliche Einzelheiten der versicherungsmathematischen Berechnung und eine eventuelle Unter- oder Überdeckung sind zu veröffentlichen;
- Einzelheiten sind in SSAP 24 geregelt.

Sonstige Rückstellungen

- Die Verpflichtung muß wahrscheinlich und einschätzbar sein;
- Nicht bilanzierte mögliche zukünftige Verluste sind im Anhang zu erläutern.

Latente Steuern

- Bilanzierungspflicht; erläuterungspflichtig (bisher übliche Berechnung der latenten Steuern wich teilweise erheblich von IAS und US-GAAP ab).

Leasing

- Finanzierungsleasing entsprechend wirtschaftlicher Betrachtungsweise beim Leasingnehmer bilanzierungspflichtig, wenn der Barwert der Mindestleasingzahlungen mindestens 90 % des Marktwertes des Leasingobjektes beträgt;
- Bei einem Sale and lease back-Geschäft ist die Realisierung eines Veräußerungsgewinnes zum Verkaufszeitpunkt nicht möglich.
- Erläuterungen in der Bilanz und im Anhang.

Gewinn- und Verlustrechnung

Zuwendungen der öffentlichen Hand

- Investitionszuschüsse sind über die Nutzungsdauer der Vermögensgegenstände zu verteilen.
- Übrige Zuschüsse sind im Jahr der entsprechenden Ausgaben in der Gewinn- und Verlustrechnung zu erfassen.

Forschungs- und Entwicklungskosten

- Forschungskosten sind als Aufwand zu buchen;
- Entwicklungskosten bis zum Produktionsbeginn können aktiviert werden, wenn
  - das Projekt klar definiert ist,
  - die Ausgaben einzeln zurechenbar sind,
  - das Projekt mit einer angemessenen Gewißheit als technisch durchführbar und wirtschaftlich lebensfähig anzusehen ist,
  - die zukünftigen Erlöse wahrscheinlich die aktivierten und zukünftigen Entwicklungskosten und die Produktions-, Vertriebs- und Verwaltungskosten überschreiten,
  - das Unternehmen genügend Mittel hat oder beschaffen kann, das Projekt zu vollenden.
- Bereits als Aufwand erfaßte Entwicklungskosten können nicht aktiviert werden.
- Planmäßige Abschreibungen über die wirtschaftliche Nutzungsdauer; die Angemessenheit der Abschreibungen ist regelmäßig zu überprüfen.

Gewinne oder Verluste aus dem Verkauf oder der Aufgabe von Geschäftsbereichen

- Gewinne oder erwartete Verluste aus dem Verkauf oder der Aufgabe von Geschäftsbereichen, deren Aktivitäten, Vermögenswerte und Ergebnisse eindeutig abgegrenzt werden können, sind gesondert als außerordentlicher Posten auszuweisen.
- Die Vergleichsinformationen für frühere Perioden sind anzupassen.

Außerordentliche Aufwendungen und Erträge

- Außerordentliche Posten (extraordinary items) sind wesentliche Posten, die aus Ereignissen und Geschäften außerhalb der gewöhnlichen Geschäftstätigkeit herrühren und von denen zu erwarten ist, daß sie sich nicht wiederholen; sie sind einzeln mit den darauf entfallenden Ertragsteuern zu veröffentlichen; wegen der weiten Auslegung des Begriffes gewöhnliche Geschäftstätigkeit, gibt es in der Praxis kaum außerordentliche Posten.
- Exceptional items sind wesentliche Posten aus der gewöhnlichen Geschäftstätigkeit, die wegen ihrer Höhe oder Häufigkeit in der Gewinn- und Verlustrechnung zu veröffentlichen sind, damit der Jahresabschluß eine »true and fair view« gibt.

Konzernabschluß

Konsolidierungskreis

- Konsolidierungspflicht besteht für alle Tochterunternehmen, bei denen dem Mutterunternehmen
  - die Mehrheit der Stimmrechte,
  - das Recht auf Bestellung oder Abberufung der Mehrheit der Mitglieder des Leitungsorgans,
  - das Recht, einen beherrschenden Einfluß vertraglich oder satzungsgemäß auszuüben,
  - die Mehrheit der Stimmrechte aufgrund eines Vertrages mit anderen Anteilseignern

  zusteht.
- Nach dem Companies Act braucht ein Tochterunternehmen in den Konzernabschluß nicht einbezogen zu werden, wenn
  - es nicht wesentlich ist (zwei oder mehr Tochterunternehmen dürfen nur dann nicht einbezogen werden, wenn sie zusammen nicht wesentlich sind),
  - erhebliche langfristige Beschränkungen die Ausübung der Rechte in Bezug auf das Vermögen oder die Geschäftsführung beeinträchtigen (nach FRS 2 Konsolidierungsverbot),
  - die Anteile von dem Mutterunternehmen ausschließlich mit der Absicht einer späteren Weiterveräußerung gehalten werden und das Tochterunternehmen vorher nicht in den konsolidierten Abschluß einbezogen wurde (nach FRS 2 Konsolidierungsverbot).
- Ein Tochterunternehmen ist nicht in die Konsolidierung einzubeziehen, wenn sich seine Tätigkeit derart von der der anderen Konzernunternehmen unterscheidet, daß die Einbeziehung unvereinbar mit der Verpflichtung wäre, eine »true and fair view« zu vermitteln.

Konsolidierungsmethode

- Erwerbsmethode; der Unterschiedsbetrag ist zum Zeitpunkt des Erwerbs zu berechnen.
- Interessenzusammenführungsmethode (Pooling of interests-Methode) unter gewissen im FRS 6 aufgeführten Bedingungen;
- Es sind einheitliche Bilanzierungs- und Bewertungsgrundsätze anzuwenden.
- Unterschiede zwischen den im Einzelabschluß des Mutterunternehmens und den im Konzernabschluß angewandten Rechnungslegungsvorschriften sind im Konzernanhang darzustellen und zu begründen.

Geschäfts- oder Firmenwert

- Die bisher übliche Verrechnung des Geschäfts- oder Firmenwertes ist durch den 1999 verabschiedeten FRS 10 nicht mehr erlaubt.
- Der Geschäfts- oder Firmenwert ist, sofern er über eine begrenzte Nutzungsdauer verfügt, über höchstens 20 Jahre abzuschreiben.
- Bei unbegrenzter Nutzungsdauer besteht ein Abschreibungsverbot, sofern die »true and fair view« nicht beeinträchtigt wird. Es sind Niederstwertprüfungen (impairment review) vorzunehmen.
- Ein negativer Unterschiedsbetrag ist auf der Aktivseite offen vom Geschäfts- oder Firmenwert abzusetzen. Er ist in den folgenden Jahren erfolgswirksam aufzulösen.

Equity-Bewertung

- Beteiligungen, die einen maßgeblichen Einfluß auf die Geschäfts- oder Firmenpolitik gewähren, sind nach der Equity-Methode zu bewerten; ein maßgeblicher Einfluß wird bei einem Stimmrecht von mindestens 20% vermutet.
- Nicht in den Konzernabschluß einbezogene Beteiligungen, auf deren Geschäfts- oder Firmenpolitik ein maßgeblicher Einfluß ausgeübt werden kann, sind nach der Equity-Methode zu bewerten.
- Gemeinschaftsunternehmen in der Rechtsform einer Personengesellschaft dürfen quotal in den Konzernabschluß einbezogen werden.

Währungsumrechnung

- Funktionsspezifische Umrechnung (Konzept der funktionalen Währung);
- Falls eine Fremdwährung die funktionsspezifische Währung des Tochterunternehmens oder einer Betriebsstätte ist, sind die sich ergebenden bilanziellen Währungsumrechnungsdifferenzen erfolgsneutral auszuweisen.
- Bei Anwendung der Stichtagsmethode können auch die Aufwendungen und Erträge zum Bilanzstichtagskurs umgerechnet werden.
- Falls das britische Pfund die funktionsspezifische Währung ist, sind die sich aufgrund der Zeitbezugsmethode ergebenden Umrechnungsdifferenzen in der Gewinn- und Verlustrechnung zu erfassen.
- Bei Jahresabschlüssen in Hochinflationsländern wird vor der Währungsumrechnung eine Aufwertung der nicht monetären Posten empfohlen.

Italien

Allgemeines

Rechtliche und tatsächliche Grundlagen

- Kurze Vorschriften im 5. Buch des Codice Civile (CC);
- Gesetz Nr. 69 vom 26. 3. 1990 und Dekret Nr. 127 vom 9. 4. 1991, veröffentlicht am 17. 4. 1991, zur Anpassung des Codice Civile an die 4. und 7. EG-Richtlinie;
- Steuergesetze;
- Urteile der Handelsgerichte;
- Veröffentlichungen der 1975 gegründeten Commissione per la Statuizione dei Principi Contabili (CSPC) des Consiglio Nazionale dei Dottori Commercialisti (CNDC);
- Regelungen der 1974 gegründeten CONSOB (Commissione Nazionale per le Società e la Borsa).

Rechnungslegungsgrundsätze

- Grundsätzlich gelten die üblichen allgemeinen Rechnungslegungsgrundsätze;
- Anschaffungskostenwertprinzip;
- Maßgeblichkeit der Handelsbilanz für die Steuerbilanz und umgekehrte Maßgeblichkeit.

Bestandteile des Jahresabschlusses

- Bilanz;
- Gewinn- und Verlustrechnung (Gesamtkostenverfahren);
- Anhang;
- Zusätzlich Lagebericht.

Änderung der Bilanzierungs- und Bewertungsmethoden

- Eine Änderung der Bilanzierungs- und Bewertungsmethoden ist im Geschäftsbericht anzugeben und zu begründen.

Korrekturen aus Vorjahren

- Keine Berichtigung vorhergehender Jahresabschlüsse;
- Korrekturen erfolgen im laufenden Jahr.

Angaben über Beziehungen zu nahestehenden Unternehmen und Personen

- Im Anhang und Lagebericht sind Angaben über Geschäftsbeziehungen zu nahestehenden Unternehmen zu machen.

Angaben nach Geschäftsfeldern und Regionen

- Aufgliederung der Umsatzerlöse nach Geschäftsfeldern und Regionen.

Bilanz

Immaterielle Vermögensgegenstände

- Aktivierungsgebot für entgeltlich erworbene immaterielle Vermögensgegenstände;
- Abschreibung entsprechend der Nutzungsdauer und der steuerlichen Vorschriften;
- Selbstgeschaffene immaterielle Vermögensgegenstände, wie Forschungs- und Entwicklungskosten, Kosten für Werbemaßnahmen und Aufwendungen für die Ingangsetzung des Geschäftsbetriebs sind unter gewissen Voraussetzungen aktivierungsfähig; erläuterungspflichtig (teilweise Ausschüttungssperre); planmäßige Abschreibung über höchstens 5 Jahre;
- Außerplanmäßige Abschreibung bei dauernder Wertminderung.

Sachanlagen

- Anschaffungs- oder Herstellungskosten;
- Planmäßige Abschreibung über die Nutzungsdauer;
- Außerplanmäßige Abschreibung bei dauernder Wertminderung; Wertaufholungsgebot;
- 1952, 1975, 1983 und 1990 gab es gesetzlich vorgeschriebene Aufwertungen, die in eine steuerfreie Rücklage eingestellt wurden;
- 1990 ermöglichte ein Gesetz eine freiwillige Aufwertung, und 1991 gab es eine gesetzlich vorgeschriebene Aufwertung, die steuerpflichtig war.
- Großzügige steuerliche Abschreibungsvorschriften, die wegen der umgekehrten Maßgeblichkeit Einfluß auf die Handelsbilanz haben;
- Fremdkapitalzinsen von Darlehen, die für die Anschaffung oder Herstellung von Sachanlagen aufgenommen wurden, sind zu aktivieren.

Finanzanlagen

- Anschaffungskosten;
- Bei nachhaltiger Wertminderung Abschreibungspflicht;
- Equity-Bewertung ist im Einzelabschluß zulässig.

Vorräte

- Anschaffungs- oder Herstellungskosten;
- Lifo zulässig und sehr üblich;
- Wesentliche Abweichungen der in der Bilanz ausgewiesenen Werte von den Zeitwerten sind im Anhang anzugeben.
- Niederstwertprinzip.

Langfristige Fertigungsaufträge

- Periodengerechte Gewinnrealisierung nach Leistungsfortschritt oder Gewinnrealisierung bei Endabrechnung.

Forderungen aus Lieferungen und Leistungen

- Fremdwährungsforderungen zum Bilanzstichtagskurs;
- Pauschalwertberichtigung entsprechend steuerrechtlichen Vorschriften.

Wertpapiere des Umlaufvermögens

- Niederstwertprinzip; Wertaufholungsgebot.

Pensionsrückstellungen

- In der Regel bestehen keine Pensionsverpflichtungen der Unternehmen.
- Es gibt keine speziellen Vorschriften.
- Rückstellungen sind für mögliche Abfindungsansprüche von Mitarbeitern zu bilden.

Rückstellungen

- Das Risiko muß wahrscheinlich und annähernd einschätzbar sein.
- Aufwandsrückstellungen sind erlaubt.
- Für mögliche Verpflichtungen sind Angaben zu machen.

Latente Steuern

- Es gibt keine gesetzlichen Vorschriften.
- Seit 1999 gibt es den Standard Nr. 25 der CSPC, der die Erfassung latenter Steuern im Konzernabschluß fordert.

Leasing

- Im Einzelabschluß werden alle Leasingverträge als Mietleasing behandelt.
- Im Konzernabschluß soll entsprechend wirtschaftlicher Betrachtungsweise bilanziert werden.
- Bei Nichtbilanzierung sollen Leasingverbindlichkeiten angegeben werden.

Gewinn- und Verlustrechnung

Zuwendungen der öffentlichen Hand

- Investitionszuschüsse sind von den Anschaffungs- oder Herstellungskosten abzuziehen oder passivisch auszuweisen.
- Übrige Zuschüsse sind in der Gewinn- und Verlustrechnung zu erfassen.

Forschungs- und Entwicklungskosten

- Forschungs- und Entwicklungskosten können als Aufwand gebucht oder aktiviert und über 5 Jahre abgeschrieben werden; falls zu einem Bilanzstichtag festgestellt wird, daß die noch nicht abgeschriebenen Forschungs- und Entwicklungskosten keinen Nutzen mehr bringen, sind sie sofort abzuschreiben.

Gewinne oder Verluste aus dem Verkauf oder der Aufgabe von Geschäftsbereichen

- Keine speziellen Vorschriften.

Außerordentliche Aufwendungen und Erträge

- Der Begriff außerordentliche Aufwendungen und Erträge ist in Italien nicht definiert.
- Außerordentliche Aufwendungen und Erträge sind getrennt auszuweisen.

Konzernabschluß

Konsolidierungskreis

- Konsolidierungspflicht besteht für alle Tochterunternehmen, bei denen dem Mutterunternehmen
  - die Mehrheit der Stimmrechte,
  - das Recht, einen beherrschenden Einfluß vertraglich oder satzungsgemäß auszuüben, oder
  - die Mehrheit der Stimmrechte aufgrund eines Vertrages mit anderen Anteilseignern

  zusteht.
- Ein Tochterunternehmen braucht nicht in den Konzernabschluß einbezogen zu werden, wenn
  - dessen Einbeziehung für die Aussagefähigkeit des Konzernabschlusses unwesentlich ist,
  - die Beherrschungsmöglichkeit des Mutterunternehmens eingeschränkt ist,
  - dessen Anteile nur vorübergehend gehalten werden,
  - die für die Aufstellung des Konzernabschlusses erforderlichen Angaben nicht ohne unverhältnismäßig hohe Kosten oder Verzögerungen zu erhalten sind.
- Ein Tochterunternehmen darf nicht in den Konzernabschluß einbezogen werden, wenn sich seine Tätigkeit derart von der Tätigkeit der anderen Konzernunternehmen unterscheidet, daß die Einbeziehung kein den tatsächlichen Verhältnissen entsprechendes Bild der Vermögens-, Finanz- und Ertragslage des Konzerns ergeben würde. In diesen Fällen hat die Konsolidierung nach der Equity-Methode zu erfolgen.

Konsolidierungsmethode

- Erwerbsmethode;
- Interessenzusammenführungsmethode (Pooling of interests-Methode) ist nicht erlaubt.
- Es sind die gleichen Bewertungsmethoden wie im Einzelabschluß, d. h. auch die steuerlichen Wertansätze, anzuwenden; Abweichungen sind im Anhang zu begründen.

Geschäfts- oder Firmenwert

- Ein Geschäfts- oder Firmenwert im Konzernabschluß kann aktiviert werden und ist innerhalb von 5 Jahren oder über eine längere Nutzungsdauer abzuschreiben; er kann auch gegen die Gewinnrücklagen verrechnet werden.
- Ein negativer Unterschiedsbetrag ist unter den Rücklagen auszuweisen. Falls der negative Unterschiedsbetrag erwartete zukünftige Verluste betrifft, ist er als Rückstellung für zukünftige Verluste und Aufwendungen auszuweisen.

Equity-Bewertung

- Nicht in den Konzernabschluß einbezogene Beteiligungen, die einen maßgeblichen Einfluß auf die Geschäfts- und Finanzpolitik gewähren, sind nach der Equity-Methode zu bewerten. Ein maßgeblicher Einfluß wird bei einem Stimmrecht von 20 % oder mehr (börsennotierte Unternehmen 10 %) vermutet.
- Gemeinschaftsunternehmen sind quotal in den Konzernabschluß einzubeziehen, oder es ist die Equity-Methode anzuwenden.

Währungsumrechnung

- Keine Währungsumrechnungsmethode vorgeschrieben; erläuterungspflichtig.

Japan

Allgemeines

Rechtliche und tatsächliche Grundlagen

- Handelsgesetzbuch;
- Rechtsverordnungen des Justizministeriums über die Rechnungslegungsvorschriften der AG;
- Körperschaftsteuergesetz;
- Unternehmensrechnungslegungsgrundsätze (dokumentierte Grundsätze ordnungsmäßiger Buchführung) des Unternehmensrechnungsbeirats des Finanzministeriums;
- Verlautbarungen des Instituts der japanischen Wirtschaftsprüfer;
- Börsengesetz und Rechtsverordnungen des Finanzministeriums über die Offenlegung (für börsennotierte Aktiengesellschaften);
- Die Rechnungslegung in Japan wurde in den letzten Jahren immer mehr an IAS angepaßt.

Rechnungslegungsgrundsätze

- Grundsätzlich gelten die üblichen allgemeinen Rechnungslegungsgrundsätze.
- Maßgeblichkeit der Handelsbilanz für die Steuerbilanz; Handelsbilanz orientiert sich stark an Steuervorschriften;
- Großer bilanzpolitischer Spielraum.

Bestandteile des Jahresabschlusses

- Bilanz;
- Gewinn- und Verlustrechnung (Umsatzkostenverfahren);
- Gewinnverwendungsvorschlag (kann steuerlich bedingte Abschreibungen und Leistungen an Manager enthalten);
- Geschäftsbericht;
- Anhang;
- Anlagen;
- Kapitalflußrechnung nur bei börsennotierten Gesellschaften.

Änderung der Bilanzierungs- und Bewertungsmethoden

- Gründe und Auswirkungen von wesentlichen Änderungen der Rechnungslegungsgrundsätze sind anzugeben; Stetigkeitsgebot wird wenig beachtet.

Korrekturen aus Vorjahren

- Keine Berichtigung der Ergebnisse der vergangenen Geschäftsjahre; Ausweis unter außerordentlichen Posten des laufenden Geschäftsjahres; erläuterungspflichtig.

Angaben über Beziehungen zu nahestehenden Unternehmen und Personen

- Börsennotierte Unternehmen haben wesentliche Umsätze mit nahestehenden Unternehmen anzugeben.

Angaben nach Geschäftsfeldern und Regionen

- Angabe der Umsatzerlöse, des Vermögens, der Abschreibungen, der Investitionen und des Betriebsergebnisses nach Tätigkeitsbereichen;
- Angabe der Umsatzerlöse, des Vermögens und des Betriebsergebnisses nach Regionen; Angabe des Auslandsumsatzes.

Bilanz

Immaterielle Vermögensgegenstände

- Aktivierungsgebot für entgeltlich erworbene immaterielle Vermögensgegenstände;
- Abschreibung entsprechend der Nutzungsdauer oder gemäß Körperschaftsteuergesetz;
- Selbstgeschaffene immaterielle Vermögensgegenstände sind aktivierungsfähig;
- Aktivierungswahlrecht für Gründungskosten und Kosten der Eigenkapitalbeschaffung und Aufwendungen für die Ingangsetzung des Geschäftsbetriebs, Abschreibung über höchstens 5 Jahre.

Sachanlagen

- Anschaffungs- oder Herstellungskosten;
- Planmäßige Abschreibungen unter Berücksichtigung eines Restwertes. In der Regel werden die steuerliche Abschreibungssätze angewandt.
- Außerplanmäßige Abschreibungen bei im Ausmaß schwerwiegender und voraussichtlich dauerhafter Wertminderung;
- Für steuerliche Sonderabschreibungen gilt nicht das umgekehrte Maßgeblichkeitsprinzip (Wahlrecht: Einstellung in die Rücklage für Sonderabschreibungen durch Gewinnverwendungsbeschluß).
- Möglichkeit der steuerlichen Anpassung der Grundstücke an den Marktwert.

Finanzanlagen

- Anschaffungskosten abzüglich ggf. außerplanmäßiger Abschreibungen.

Vorräte

- Anschaffungs- oder Herstellungskosten;
- Vollkostenbewertung;
- Lifo zulässig, jedoch nicht sehr üblich;
- Gemildertes Niederstwertprinzip (Wertberichtigung nur bei wesentlicher und dauerhafter Wertminderung).

Langfristige Fertigungsaufträge

- Periodengerechte Gewinnrealisierung nach Leistungsfortschritt oder Gewinnrealisierung bei Endabrechnung.

Forderungen aus Lieferungen und Leistungen

- Fremdwährungsforderungen in der Regel zum Bilanzstichtagskurs;
- In der Regel pauschale Wertberichtigungen entsprechend steuerlichen Vorschriften; sie sind offen abzusetzen; zusätzlich Einzelwertberichtigungen (in der Vergangenheit kaum üblich).

Wertpapiere des Umlaufvermögens

- Niederstwertprinzip;
- Falls Wiederbeschaffungskosten weniger als 50% der Anschaffungskosten betragen, sind Wiederbeschaffungskosten anzusetzen, sofern keine Kurserholung auf die Anschaffungskosten erwartet wird.
- Ab dem Jahr 2000 Anpassung an Marktwerte möglich.

Pensionsrückstellungen

- In der Regel werden – abhängig vom Einkommen und der Dienstzeit – einmalige Abfindungen und keine Pensionen gezahlt;
- Steuerlich sind 40% des Betrages abzugsfähig, berechnet unter der Annahme, daß alle Beschäftigten zum Bilanzstichtag freiwillig ausscheiden; handelsrechtlich wird dieser Betrag meistens nicht überschritten.
- Beiträge zu Pensionskassen sind steuerlich voll abzugsfähig.
- Einzelheiten der Pensionsrückstellungen sind zu erläutern.
- Für Geschäftsjahre, die nach dem 1.4.2000 beginnen, wurde die Bilanzierung weitgehend an IAS 19 angepaßt.

Sonstige Rückstellungen

- Die Verpflichtung muß wahrscheinlich und einschätzbar sein.
- Falls keine Rückstellungen gemacht wurden, weil nur eine der obigen Bedingungen zutrifft, ist dies zu erläutern.
- Aufwandsrückstellungen sind handelsrechtlich möglich.
- Die Bildung von Rückstellungen orientiert sich sehr an steuerlichen Vorschriften.

Latente Steuern

- In der Vergangenheit wurden nur latente Steuern für Konsolidierungsmaßnahmen ausgewiesen; der Ausweis latenter Steuern ist jetzt weitgehend an IAS angepaßt.

Leasing

- Bilanzierungswahlrecht beim Finanzierungsleasing;
- Erläuterungen im Anhang.

Gewinn- und Verlustrechnung

Zuwendungen der öffentlichen Hand

- Investitionszuschüsse sind von den Anschaffungs- und Herstellungskosten abzuziehen oder können unter den Rücklagen ausgewiesen werden.
- Übrige Zuschüsse werden als Erträge gebucht.

Forschungs- und Entwicklungskosten

- Forschungs- und Entwicklungskosten können aktiviert werden, wenn es sich um Kosten für neue Produkte und neue Verfahren handelt und zu erwarten ist, daß der zukünftige Nutzen die abgegrenzten Kosten deckt; bei börsennotierten Unternehmen ist die Aktivierung verboten.
- Sie sind innerhalb von 5 Jahren abzuschreiben.

Gewinne oder Verluste aus dem Verkauf oder der Aufgabe von Geschäftsbereichen

- Keine speziellen Vorschriften; in der Regel Ausweis unter außerordentlichem Ergebnis.

Außerordentliche Aufwendungen und Erträge

- Der Begriff außerordentliche Aufwendungen und Erträge ist in Japan weit gefaßt (z. B. periodenfremde Aufwendungen und Erträge, Gewinne und Verluste aus Anlageabgängen, Erträge aus der Auflösung von Rückstellungen, außerplanmäßige Abschreibungen).
- Kein gesonderter Ausweis der Ertragsteuern auf die außerordentlichen Aufwendungen und Erträge.

Konzernabschluß

Konsolidierungskreis

- Konsolidierungspflicht nur für börsennotierten Gesellschaften;
- Ein nach amerikanischen SEC-Regeln erstellter Konzernabschluß wird in Japan börsengesetzlich anerkannt.
- Konsolidierungspflicht besteht für alle Tochterunternehmen, bei denen das Mutterunternehmen einen beherrschenden Einfluß auf das Tochterunternehmen hat; die Kriterien für einen beherrschenden Einfluß sind im Gesetz konkretisiert.
- Ein Tochterunternehmen darf nicht in den Konzernabschluß einbezogen werden, wenn
  - die Stimmrechte nur vorübergehend dem Mutterunternehmen oder einem anderen Tochterunternehmen gehören,
  - stichhaltige Gründe vorliegen, daß die Einbeziehung in den Konzernabschluß den Aussagewert beeinträchtigen würde.
- Tochterunternehmen von untergeordneter Bedeutung brauchen nicht in den Konzernabschluß einbezogen zu werden; sie sind nach der Equity-Methode zu bewerten;

Konsolidierungsmethode

- Erwerbsmethode;

- Möglichst einheitliche Bewertung entsprechend den Bewertungsmethoden des Mutterunternehmens.

Geschäfts- oder Firmenwert

- Aktivierungspflicht;
- Abschreibungspflicht über höchstens 20 Jahre, in der Regel über 5 Jahre;
- Ein negativer Geschäfts- oder Firmenwert ist unter den langfristigen Verbindlichkeiten auszuweisen.
- erläuterungspflichtig.

Equity-Bewertung

- Assoziierte Unternehmen und nicht in den Konzernabschluß einbezogene Unternehmen sind nach der Equity-Methode zu bewerten.
- Als assoziierte Unternehmen werden Unternehmen angesehen, von denen direkt oder indirekt zwischen 20 bis 50% der Anteile gehalten werden. Falls über die Beteiligung hinaus Bindungen durch Personen oder Verträge bestehen, sind Beteiligungen von mindestens 15% nach der Equity-Methode zu bewerten.
- Gemeinschaftsunternehmen sind nach der Equity-Methode zu bewerten.

Währungsumrechnung

- Modifizierte Stichtagsmethode;
- Bilanzielle Umrechnungsdifferenzen sind erfolgsneutral in einem Fremdwährungskorrekturkonto in der Bilanz auszuweisen.

Kanada

Allgemeines

Rechtliche und tatsächliche Grundlagen

- Accounting standards in Form von »Recommendations« des Canadian Institute of Chartered Accountants (CICA), enthalten im CICA Handbook;
- Weitere Veröffentlichungen des CICA wie Accounting Guidelines und Abstracts issued by the Ermerging Issues Committee.

Rechnungslegungsgrundsätze

- Grundsätzlich gelten die üblichen allgemeinen Rechnungslegungsgrundsätze;
- Anschaffungskostenwertprinzip.

Bestandteile des Jahresabschlusses

- Bilanz;
- Gewinn- und Verlustrechnung (Umsatzkostenverfahren) mit Entwicklung Gewinnrücklagen;
- Kapitalflußrechnung;
- Notes (Zusatzinformationen).

Änderung der Bilanzierungs- und Bewertungsmethoden

- Eine Änderung der Bilanzierungs- und Bewertungsmethoden ist bei dem Anfangsbestand der Gewinnrücklagen des laufenden Jahres und der Vorjahre vorzunehmen;
- Die Art der Änderung ist zu erläutern.

Korrekturen aus Vorjahren

- Bilanzierungsfehler aus Vorjahren sind in den Gewinnrücklagen zu korrigieren; die vorhergehenden Jahresabschlüsse werden geändert.

Angaben über Beziehungen zu nahestehenden Unternehmen und Personen

- Geschäftsbeziehungen zu nahestehenden Unternehmen und Personen sind nach Art und Umfang offenzulegen; wenn die Geschäftstätigkeit zu einem wesentlichen Umfang von anderen Unternehmen abhängt, ist die wirtschaftliche Abhängigkeit zu erläutern.

Angaben nach Geschäftsfeldern und Regionen

- Eine Segmentberichterstattung ist nur für börsennotierte Unternehmen Pflicht.
- Für die wesentlichen Segmente (Geschäftsfelder) sind anzugeben: Umsätze mit fremden Dritten, Umsätze mit anderen Segmenten, Segmentergebnis, Zinserträge, Zinsaufwendungen, Abschreibungen, ungewöhnliche Aufwendungen und Erträge, Ergebnisbeitrag von nach der Equity-Methode bewerteten Beteiligungen, Ertragsteueraufwendungen und -erträge, außerordentliche Posten, wesentliche nicht zahlungswirksame Posten außer Abschreibungen, das Vermögen. Nach Regionen sind anzugeben: Umsätze mit fremden Dritten, aufgegliedert nach Inlands- und Auslandsumsätzen (wesentliche Län-

der getrennt), das Vermögen, getrennt nach Inland und Ausland (wesentliche Länder getrennt). Falls mindestens 10 % der Umsätze mit einem Kunden erzielt werden, ist der auf ihn entfallende Umsatz unter Angabe des/der Segment(e), nicht jedoch der Name des Großkunden anzugeben.

Bilanz

Immaterielle Vermögensgegenstände

- Aktivierungsgebot für entgeltlich erworbene immaterielle Vermögensgegenstände;
- Für selbstgeschaffene immaterielle Vermögensgegenstände Aktivierungsgebot, wenn sie als ein Vermögenswert anzusehen sind;
- Planmäßige Abschreibung; außerplanmäßige Abschreibungen sind möglich.

Sachanlagen

- Anschaffungs- oder Herstellungskosten;
- Planmäßige Abschreibung unter Berücksichtigung des Liquidationswertes; falls in Ausnahmefällen außerplanmäßige Abschreibungen notwendig waren, gilt das Wertaufholungsverbot.

Finanzanlagen

- Anschaffungskosten;
- Abschreibungspflicht bei dauernder Wertminderung; Wertaufholungsverbot.

Vorräte

- Anschaffungs- oder Herstellungskosten; die zu verrechnenden Gemeinkosten sind nicht definiert.
- Lifo ist zulässig, aber nicht üblich, weil steuerlich nicht zulässig.
- Niederstwertprinzip;
- Bewertungsmethode ist zu erläutern.

Langfristige Fertigungsaufträge

- Es ist keine Methode vorgeschrieben;
- Bestehen langfristige Aufträge aus mehreren Teilen, ist eine periodengerechte Gewinnrealisierung vorzunehmen.

Forderungen aus Lieferungen und Leistungen

- Fremdwährungsforderungen zum Bilanzstichtagskurs;
- Einzelwertberichtigungen oder Pauschalwertberichtigungen.

Wertpapiere des Umlaufvermögens

- Niederstwertprinzip (Einzel- oder Sammelbewertung möglich).

Pensionsrückstellungen

- Pensionsrückstellungen werden nach versicherungsmathematischen Grundsätzen ermittelt;
- Einzelheiten sind im CICA geregelt.

Sonstige Rückstellungen

- Die Verpflichtung oder der Verlust muß wahrscheinlich und einschätzbar sein.
- Verlustbringende Ereignisse sind in den Notes zu erläutern, wenn
  - sie wahrscheinlich sind oder der Betrag nicht genau eingeschätzt werden kann,
  - Rückstellungen dafür gebildet worden sind, aber das Risiko größer als die Rückstellungen sein kann,
  - die Wahrscheinlichkeit des Eintreffens des verlustbringenden Ereignisses nicht bestimmt werden kann.

Latente Steuern

- Bilanzierungspflicht;
- Der zukünftig geltende Steuersatz ist anzuwenden.
- Aktive latente Steuern sind auszuweisen, wenn ihre Realisierung wahrscheinlich ist.

Leasing

- Finanzierungsleasing entsprechend wirtschaftlicher Betrachtungsweise beim Leasingnehmer bilanzierungspflichtig;
- Der Leasingnehmer hat die Mindestleasingzahlungen für Finanzierungs- und Mietleasing der nächsten 5 Jahre einzeln zu zeigen.
- Es sind umfangreiche Erläuterungen zu machen.

Gewinn- und Verlustrechnung

Zuwendungen der öffentlichen Hand

- Investitionszuschüsse sind mit den Anschaffungs- und Herstellungskosten zu saldieren, oder sie sind zu passivieren und über die Nutzungsdauer der Vermögensgegenstände zu verteilen.
- Übrige Zuschüsse sollen im Jahr der entsprechenden Ausgaben in der Gewinn- und Verlustrechnung erfaßt werden.
- Erläuterungspflichtig.

Forschungs- und Entwicklungskosten

- Forschungskosten sind als Aufwand zu buchen.
- Entwicklungskosten sind zu aktivieren und abzuschreiben, wenn sämtliche folgenden Kriterien zutreffen:
  - das Projekt ist klar definiert,
  - die technische Machbarkeit des Produktes oder des Verfahrens ist nachgewiesen,
  - das Management hat die Absicht, das Produkt oder das Verfahren herzustellen und zu vermarkten bzw. zu nutzen,

  - der zukünftige Markt ist genau bestimmt bzw. die Nützlichkeit für die interne Nutzung ist nachgewiesen,
  - es stehen genügend Mittel zur Verfügung, das Projekt zu vollenden.
- Bereits als Aufwand erfaßte Entwicklungskosten können nicht aktiviert werden.
- Die Abschreibungsdauer ist nach dem erwarteten Nutzen zu bemessen.
- Falls das Entwicklungsprojekt die Kriterien für eine Aktivierung nicht mehr erfüllt oder nicht mehr mit angemessener Verläßlichkeit erwartet werden kann, daß die Kosten durch künftige Erträge gedeckt sind, ist der Restwert sofort abzuschreiben; Wertaufholungsverbot.

Gewinne oder Verluste aus dem Verkauf oder der Aufgabe von Geschäftsbereichen

- Gewinne oder Verluste aus dem Verkauf oder der Aufgabe von Geschäftsbereichen sind gesondert auszuweisen; die darauf entfallende Ertragsteuern sind getrennt anzugeben; es bestehen zusätzliche Angabepflichten.

Außerordentliche Aufwendungen und Erträge

- Außerordentliche Posten (extraordinary items) sind Posten, die
  - während mehrerer Jahre nicht wiederholt zu erwarten sind,
  - nicht typisch für das laufende Geschäft sind,
  - nicht in erster Linie von Entscheidungen des Managements oder der Eigentümer abhängen.
- Jeder außerordentliche Posten ist zu beschreiben und gesondert mit der darauf entfallenden Ertragsteuerentlastung oder -belastung zu zeigen.
- Posten, die nicht alle vorgenannten Merkmale gleichzeitig erfüllen, dürfen nicht gesondert nach Ertragsteuerentlastung oder -belastung veröffentlicht werden.

Konzernabschluß

Konsolidierungskreis

- Konsolidierungspflicht besteht für alle Tochterunternehmen, bei denen dem Mutterunternehmen ein bestimmender Einfluß zusteht, d.h. wenn es die Strategie und die Investitions- und Finanzierungspolitik ohne Mitwirkung anderer bestimmen kann.

Konsolidierungsmethode

- Erwerbsmethode;
- Interessenzusammenführungsmethode (Pooling of interests-Methode) in Ausnahmefällen möglich.

Geschäfts- oder Firmenwert

- Aktivierungspflicht;
- Abschreibungspflicht über höchstens 40 Jahre;
- Bei nachhaltiger Wertminderung sind außerordentliche Abschreibungen vorzunehmen.
- Ein negativer Geschäfts- oder Firmenwert wird im CICA Handbook nicht erwähnt; ggf. sind die nichtmonetären Vermögensposten zu kürzen.

Equity-Methode

- Beteiligungen, die einen maßgeblichen Einfluß auf die Strategie und die Investitions- und Finanzpolitik gewähren, sind nach der Equity-Methode zu bewerten; ein maßgeblicher Einfluß wird bei einem Stimmrecht von mindestens 20 % angenommen; es gibt noch andere Hinweise für die Bestimmung des maßgeblichen Einflusses.
- Gemeinschaftsunternehmen sind quotal in den Konzernabschluß einzubeziehen.

Währungsumrechnung

- Funktionsspezifische Umrechnung (Konzept der funktionalen Währung);
- Jahresabschlüsse von in den Konzern integrierten Tochterunternehmen sind nach der Zeitbezugsmethode umzurechnen.
- Die Jahresabschlüsse der anderen Tochterunternehmen sind nach der Stichtagsmethode umzurechnen; Umrechnungsdifferenzen sind in einem besonderen Rücklagekonto zu erfassen.

Niederlande

Allgemeines

Rechtliche und tatsächliche Grundlagen

- Bürgerliches Gesetzbuch (Buch 2, Titel 9) sowie Erlasse des Justizministeriums;
- Urteile der Ondenemingskamer beim Gerichtshof in Amsterdam;
- Sofern keine Regelung im Gesetz enthalten ist, gelten die Richtlinien (Richtlijnen voor de Jaarverslaggeving), die vom Raad voor de Jaarverslaggeving, der sich aus Vertretern des Nederlands Instituut van Registeraccountants (NIVRA) und der Arbeitgeber- und Arbeitnehmerverbände zusammensetzt, aufgestellt wurden. In den Richtlinien wurden die IAS berücksichtigt. Die Richtlinien sind für die Unternehmen und Prüfer nicht bindend, sie haben aber eine große Bedeutung und werden in aller Regel angewandt.

Rechnungslegungsgrundsätze

- Grundsätzlich gelten die üblichen allgemeinen Rechnungslegungsgrundsätze.
- Anschaffungskostenwertprinzip; für Sachanlagen, Finanzanlagen und Vorräte können auch Zeitwerte angesetzt werden.

Bestandteile des Jahresabschlusses

- Bilanz;
- Gewinn- und Verlustrechnung (Gesamtkosten- oder Umsatzkostenverfahren);
- Anhang;
- Kapitalflußrechnung nicht Pflicht, aber bei börsennotierten Unternehmen üblich;
- Zusätzlich Lagebericht.

Änderung der Bilanzierungs- und Bewertungsmethoden

- Eine Änderung der Bilanzierungs- und Bewertungsmethoden ist nur in sehr begründeten Fällen zulässig;
- Eine Änderung der Bilanzierungs- und Bewertungsmethoden ist bei dem Anfangsbestand des Eigenkapitals des laufenden Jahres und der Vorjahre vorzunehmen; alternativ kann die Änderung auch im laufenden Jahr als außerordentlicher Posten ausgewiesen werden.

Korrekturen aus Vorjahren

- Art und Betrag sind zu veröffentlichen; es ist anzugeben, wie die Korrektur erfolgte.

Angaben über Beziehungen zu nahestehenden Unternehmen und Personen

- Keine speziellen Vorschriften. Der Grundsatz, »dem Leser genügend Informationen zu geben, damit er die Finanz- und Ertragslage beurteilen kann«, ist zu beachten.

Angaben nach Geschäftsfeldern und Regionen

- Aufgliederung der Umsatzerlöse nach Geschäftsfeldern und Regionen.

Bilanz

Immaterielle Vermögensgegenstände

- Aktivierungsfähig, falls begründete Aussicht auf zukünftigen Nutzen besteht;
- Man unterscheidet folgende 5 Posten:
  1. Aufwendungen für die Gründung und die Ausgabe von Aktien,
  2. Forschungs- und Entwicklungskosten,
  3. Kosten für Konzessionen, Nutzungsrechte und Rechte an geistigem Eigentum,
  4. erworbener Geschäfts- oder Firmenwert,
  5. Vorauszahlungen für immaterielle Vermögensgegenstände.
- Im Falle der Aktivierung von unter 1 und 2 genannten Posten ist eine Rücklage in gleicher Höhe zu bilden und in Höhe der Abschreibung in den folgenden Jahren aufzulösen (Ausschüttungssperre).
- Die Abschreibungsdauer der unter 1, 2 und 4 genannten Posten sollte 5 Jahre nicht überschreiten.
- Die unter 3 und 5 genannten Posten sollten entsprechend der voraussichtlichen Nutzungsdauer abgeschrieben werden. In der Praxis werden die unter 3 genannten Posten oft nicht abgeschrieben.
- Niederstwerttest;
- Aktivierungsverbot für selbstgeschaffene immaterielle Vermögensgegenstände, mit Ausnahme von Forschungs- und Entwicklungskosten unter bestimmten Voraussetzungen (siehe oben und unter Forschungs- und Entwicklungskosten).

Sachanlagen

- Anschaffungs- oder Herstellungskosten;
- Planmäßige Abschreibung unter Berücksichtigung eines Restwertes;
- Außerplanmäßige Abschreibungen bei dauernder Wertminderung;
- Aufwertungsmöglichkeit (Marktpreis) zugunsten Neubewertungsrücklage.

Finanzanlagen

- Anschaffungskosten;
- Beteiligungen mit wesentlichem Einfluß, d.h. in der Regel bei einem Stimmrecht von 20%, sind im Einzelabschluß mit der Equity-Methode zu bewerten.
- Bei nachhaltiger Wertminderung Abschreibungspflicht; bei vorübergehender Wertminderung keine Abschreibungspflicht;
- Aufwertungsmöglichkeit (Marktpreis) zugunsten Neubewertungsrücklage.

Vorräte

- Anschaffungs- oder Herstellungskosten oder Marktpreis;
- Bewertung zu Einzelkosten einschließlich angemessenem Anteil der indirekten Kosten und Fremdkapitalzinsen; im Anhang ist auf die Einbeziehung der Fremdkapitalzinsen hinzuweisen, des weiteren sind allgemeine Angaben über die indirekten Kosten zu machen.
- Bei Lifo-Bewertung ist Marktpreis zusätzlich zu zeigen.
- Niederstwertprinzip.

Langfristige Fertigungsaufträge

- Periodengerechte Gewinnrealisierung nach Leistungsfortschritt, wenn das Ergebnis der Leistung mit vernünftiger Gewißheit geschätzt werden kann; andernfalls Gewinnrealisierung bei Fertigstellung;
- Bewertungsmethode ist eindeutig anzugeben.

Forderungen aus Lieferungen und Leistungen

- Einzel- und Pauschalwertberichtigung üblich.

Wertpapiere des Umlaufvermögens

- Niederstwertprinzip; zukünftige Wertschwankungen können berücksichtigt werden; Wertberichtigungen sind gesondert auszuweisen.

Pensionsrückstellungen

- Pensionszusagen über Pensionsfonds oder Lebensversicherungen;
- Rückstellungspflicht für eine Unterdeckung des Pensionsfonds und für ungedeckte Pensionsrechte;
- Der steuerlich anerkannte Abzinsungssatz wird vom Finanzministerium festgesetzt.
- Ausführliche Angaben im Anhang.

Rückstellungen

- Rückstellungen sind zu bilden für
  - Verpflichtungen und Verluste, deren Höhe zum Bilanzstichtag ungewiß, aber in angemessener Weise schätzbar ist,
  - am Bilanzstichtag bestehende Risiken für erwartete Verpflichtungen und Verluste, deren Höhe in angemessener Weise schätzbar ist,
  - Ausgaben, die in den folgenden Geschäftsjahren anfallen werden, vorausgesetzt, daß ein Teil der Aufwendungen im laufenden oder einem früheren Geschäftsjahr verursacht wurde und die Rückstellung einer gleichmäßigen Verteilung der Aufwendungen über mehrere Geschäftsjahre dient.
- Nicht schätzbare Verpflichtungen sind im Anhang zu erläutern.

Latente Steuern

- Bilanzierungspflicht;
- Aktive latente Steuern sind auszuweisen, wenn ihre Realisierung wahrscheinlich ist.

Leasing

- Finanzierungsleasing entsprechend wirtschaftlicher Betrachtungsweise beim Leasingnehmer bilanzierungspflichtig.

Gewinn- und Verlustrechnung

Zuwendungen der öffentlichen Hand

- Investitionszuschüsse sind mit den Anschaffungs- oder Herstellungskosten zu saldieren, oder sie sind zu passivieren und über die Nutzungsdauer der Vermögensgegenstände zu verteilen.
- Übrige Zuschüsse sind im Jahr der entsprechenden Ausgaben oder Verluste in der Gewinn- und Verlustrechnung zu erfassen.

Forschungs- und Entwicklungskosten

- Forschungs- und Entwicklungskosten können aktiviert werden, wenn eine wohlbegründete Erwartung besteht, daß sie zukünftigen Nutzen bringen. Dieses Erfordernis ist erfüllt, wenn
  - das Projekt klar definiert ist,
  - die Aufwendungen bestimmt werden können,
  - die technische Machbarkeit bewiesen ist,
  - die Geschäftsführung entschieden hat, das Produkt einzuführen und mit dem Marketing zu beginnen,
  - klare Anzeichen für einen zukünftigen Markt vorliegen,
  - genügend Mittel für die Vollendung und das Marketing des Produktes vorhanden sind oder beschafft werden können.

Gewinne oder Verluste aus dem Verkauf oder der Aufgabe von Geschäftsbereichen

- Falls zu erwarten ist, daß ein Geschäftsbereich demnächst verkauft oder aufgegeben werden soll, sind die Vermögensgegenstände mit dem Liquidationswert zu bewerten; evtl. ist zusätzlich eine Rückstellung für in diesem Zusammenhang anfallende Kosten zu bilden; Erläuterungspflicht.

Außerordentliche Aufwendungen und Erträge

- Der Begriff außerordentliche Aufwendungen und Erträge ist in den Niederlanden weit gefaßt. Zu den außerordentlichen Posten können gehören: Gewinne und Verluste aufgrund von Versicherungsleistungen, Gewinne oder Verluste aus dem Verkauf oder der Aufgabe von Geschäftsbereichen, Restrukturierungsaufwendungen, Rückstellungen für Rechtsstreitigkeiten, der kumulierte Effekt einer Änderung der Bilanzierungs- und Bewertungsmethoden.
- Außerordentliche Aufwendungen und Erträge sind vor und nach Ertragsteuern auszuweisen.

Konzernabschluß

Konsolidierungskreis

- Konsolidierungspflicht besteht für alle Konzernunternehmen, d. h. alle Unternehmen, die mit einem anderen in einem Control-Verhältnis stehen.
- Ein Tochterunternehmen braucht in den Konzernabschluß nicht einbezogen zu werden, wenn
  - es von untergeordneter Bedeutung ist,
  - die Finanzdaten nur mit unverhältnismäßig hohen Kosten zu erhalten sind oder
  - die Anteile veräußert werden sollen.

- Tochterunternehmen mit sehr unterschiedlicher Geschäftstätigkeit dürfen nicht konsolidiert werden, falls dadurch der Einblick in die wirtschaftlichen Verhältnisse beeinträchtigt wird. Diese Jahresabschlüsse sind im Anhang gesondert auszuweisen und zu erläutern.
- Mutterunternehmen, die keine gewerbliche Tätigkeit ausüben und gemeinsam mit einem nicht zum Konzern gehörenden anderen Unternehmen Anteile an Tochterunternehmen halten, brauchen nicht in den Konzernabschluß einbezogen zu werden (»Shell-Freistellung«).

Konsolidierungsmethode

- Erwerbsmethode;
- Interessenzusammenführungsmethode (Pooling of interests-Methode) nur bei echter Fusion;
- Einheitliche Bewertung nach den von der Muttergesellschaft benutzten Bewertungsmethoden. Begründete Ausnahmen sind im Anhang darzulegen.

Geschäfts- oder Firmenwert

- Ein aktivischer Unterschiedsbetrag zwischen dem Kaufpreis und dem Eigenkapital kann direkt der Gewinn- und Verlustrechnung belastet, mit dem Eigenkapital verrechnet oder als Geschäfts- oder Firmenwert gezeigt werden.
- Ein aktivischer Geschäfts- oder Firmenwert ist über seine wahrscheinliche Nutzungsdauer abzuschreiben. Falls eine längere Nutzungsdauer als 5 Jahre angenommen wird, sind die Gründe hierfür und die Abschreibungsdauer im Anhang zu veröffentlichen.
- Ein negativer Geschäfts- oder Firmenwert ist unter den Rücklagen oder den Rückstellungen auszuweisen.

Equity-Bewertung

- Nicht in den Konzernabschluß einbezogene Beteiligungen, bei denen ein maßgeblicher Einfluß auf die Geschäfts- oder Firmenpolitik ausgeübt werden kann, sind nach der Equity-Methode zu bewerten. Ein bedeutender Einfluß wird bei einem Stimmrecht von mindestens 20 % vermutet.
- Gemeinschaftsunternehmen dürfen unter gewissen Umständen quotal in den Konzernabschluß einbezogen werden.
- Die Equity-Methode wird im Einzelabschluß für alle Beteiligungen angewandt, so daß normalerweise im Einzelabschluß und im Konzernabschluß dasselbe Eigenkapital und dasselbe Ergebnis ausgewiesen werden.

Währungsumrechnung

- Funktionsspezifische Umrechnung (Konzept der funktionalen Währung);
- Falls eine Fremdwährung die funktionsspezifische Währung des Tochterunternehmens ist, sind die Umrechnungsdifferenzen erfolgsneutral in einem Rücklagekonto zu erfassen.
- Falls die Währung des Mutterunternehmens als die funktionsspezifische Währung betrachtet wird, sind die sich aufgrund der Zeitbezugsmethode ergebenden Umrechnungsdifferenzen in der Gewinn- und Verlustrechnung zu erfassen.
- Die angewandte Währungsumrechnungsmethode und die Behandlung der Umrechnungsdifferenzen sind im Anhang zu erläutern.

Österreich

Allgemeines

Rechtliche und tatsächliche Grundlagen

- Kurze gesetzliche Vorschriften, insbesondere des HGB, geändert durch das Rechnungslegungsgesetz (RLG) 1990 und durch das EU-Gesellschaftsrechtsänderungsgesetz 1996, sowie des Aktienrechts und des Steuerrechts;
- Fachgutachten der Kammer der Wirtschaftstreuhänder;
- Kommentare zu obigen Vorschriften.

Rechnungslegungsgrundsätze

- Grundsätzlich gelten die üblichen allgemeinen Rechnungslegungsgrundsätze;
- Starke Betonung des Vorsichtsprinzips;
- Wirtschaftliche Betrachtungsweise wird durch formaljuristische Aspekte überschattet;
- Anschaffungskostenwertprinzip;
- Maßgeblichkeit der Handelsbilanz für die Steuerbilanz und umgekehrte Maßgeblichkeit;
- Steuerliche Wertansätze können im Konzernabschluß beibehalten werden.

Bestandteile des Jahresabschlusses

- Bilanz;
- Gewinn- und Verlustrechnung (Gesamtkosten- oder Umsatzkostenverfahren);
- Anhang;
- Zusätzlich Lagebericht;
- Eine Kapitalflußrechnung ist nicht vorgeschrieben.

Änderung der Bilanzierungs- und Bewertungsmethoden

- Eine Änderung der Bilanzierungs- und Bewertungsmethoden ist zu begründen; ihr Einfluß auf die Vermögens-, Finanz- und Ertragslage ist darzustellen.

Korrekturen aus Vorjahren

- Grundsätzlich keine Berichtigung vorhergehender Jahresabschlüsse;
- Korrekturen erfolgen im laufenden Jahr.

Angaben über Beziehungen zu nahestehenden Unternehmen und Personen

- Gesonderte Posten in der Bilanz und in der Gewinn- und Verlustrechnung des Einzelabschlusses für Geschäftsbeziehungen zu verbundenen Unternehmen.

Angaben nach Geschäftsfeldern und Regionen

- Aufgliederung der Umsatzerlöse nach Geschäftsfeldern und Regionen.

Bilanz

Immaterielle Vermögensgegenstände

- Aktivierungsgebot für entgeltlich erworbene immaterielle Vermögensgegenstände;
- Planmäßige Abschreibung mit vorsichtiger Schätzung der Nutzungsdauer;
- Außerplanmäßige Abschreibungen bei voraussichtlich dauernder Wertminderung; Wertaufholungsgebot, sofern dem keine steuerlichen Gründe entgegenstehen;
- Aktivierungsverbot für selbstgeschaffene immaterielle Vermögensgegenstände.

Sachanlagen

- Anschaffungs- oder Herstellungskosten abzüglich planmäßiger Abschreibungen;
- Außerplanmäßige Abschreibungen bei voraussichtlich dauernder Wertminderung; Wertaufholungsgebot, sofern keine steuerlichen Gründe entgegenstehen; dieses faktische Wertaufholungswahlrecht aus steuerlichen Gründen gilt auch im Konzernabschluß, wenn es im Einzelabschluß ausgeübt wurde;
- Für Fremdkapitalzinsen Aktivierungswahlrecht;
- Steuerliche Sonderabschreibungen werden auf der Passivseite als »Bewertungsreserven aufgrund von Sonderabschreibungen« unter den »unversteuerten Rücklagen« ausgewiesen.

Finanzanlagen

- Anschaffungskosten;
- Abschreibungspflicht bei dauernder Wertminderung und Abschreibungswahlrecht bei vorübergehender Wertminderung.

Vorräte

- Anschaffungs- oder Herstellungskosten ohne allgemeine Verwaltungskosten;
- Ansatz nur von Einzelkosten nicht ausgeschlossen (steuerrechtlich sind jedoch die Gemeinkosten in die Herstellungskosten einzubeziehen);
- Lifo zulässig;
- Steuerliche Sonderabschreibungen, die passivisch ausgewiesen werden, sind möglich.
- Niederstwertprinzip; Wertaufholungsgebot, sofern keine steuerlichen Gründe entgegenstehen; dieses faktische Wertaufholungswahlrecht gilt auch im Konzernabschluß, wenn es im Einzelabschluß ausgeübt wurde.

Langfristige Fertigungsaufträge

- Es ist eine Art Completed contract-Methode anzuwenden (Gewinne werden erst realisiert, wenn der Vertrag vollständig oder im wesentlichen vollständig erfüllt ist).
- Angemessene Teile der Verwaltungskosten und der Vertriebskosten dürfen bei Fertigungsaufträgen, die sich über mehr als zwölf Monate erstrecken, aktiviert werden, sofern eine verläßliche Kostenrechnung existiert und mit angemessener Sicherheit keine Verluste aus den Fertigungsaufträgen erwartet werden.
- Die Percentage of completion-Methode ist nicht zulässig.

Forderungen aus Lieferungen und Leistungen

- Neben Einzelwertberichtigungen sind zusätzlich Pauschalwertberichtigungen üblich.

Wertpapiere des Umlaufvermögens

- Niederstwertprinzip.

Pensionsrückstellungen

- Pensionsrückstellungen werden üblicherweise aufgrund steuerrechtlicher Vorschriften ermittelt.
- Abfertigungsrückstellungen (Rückstellungen für Verpflichtungen zur Zahlung von Abfertigungen, d.h. Abfindungen an ausscheidende Arbeitnehmer) werden ebenfalls oft aufgrund steuerrechtlicher Vorschriften ermittelt.
- Die Pensions- und Abfertigungsrückstellungen bieten einen großen bilanzpolitischen Spielraum.
- Ein Fehlbetrag ist unter der Bilanz anzugeben oder als aktiver Rechnungsabgrenzungsposten auszuweisen.

Sonstige Rückstellungen

- Der Eintritt der Verpflichtung muß möglich sein.
- Aufwandsrückstellungen sind nicht ausgeschlossen.
- Der Ermessensspielraum bei den sonstigen Rückstellungen ist groß.

Latente Steuern

- Für aktive latente Steuern Aktivierungswahlrecht (Ausschüttungssperre). Bei Nichtaktivierung ist der Betrag im Anhang anzugeben.
- Für durch Konsolidierungsmaßnahmen entstandene aktive latente Steuern Aktivierungspflicht;
- Für passive latente Steuern Passivierungspflicht;
- Einzelheiten der Berechnung nicht geregelt;
- Für die Bewertungsreserven aufgrund von Sonderabschreibungen unter den »Unversteuerten Rücklagen« sind keine latenten Steuern auszuweisen.

Leasing

- Beim Leasingnehmer bilanzierungspflichtig, wenn der Eigentumsübergang von vornherein nach Ablauf der Mietzeit automatisch und völlig bedingungslos vereinbart ist oder wenn das Leasingobjekt dem Leasingnehmer steuerlich zugerechnet wird;
- Leasingverträge sind in der Regel so gestaltet, daß handels- und steuerrechtlich keine Aktivierung und Passivierung beim Leasingnehmer zu erfolgen hat.
- Wenige Angabepflichten;
- Beim Sale and lease back-Geschäft ist die Realisierung eines Veräußerungsgewinnes zum Verkaufszeitpunkt möglich.

Gewinn- und Verlustrechnung

Zuwendungen der öffentlichen Hand

- Investitionszuschüsse werden entweder von den Anschaffungs- und Herstellungskosten gekürzt oder sie werden passiviert und entsprechend der Nutzungsdauer des Anlagegegenstandes abgeschrieben.

Forschungs- und Entwicklungskosten

- Forschungs- und Entwicklungskosten sind als Aufwand zu buchen.

Gewinne oder Verluste aus dem Verkauf oder der Aufgabe von Geschäftsbereichen

- Keine speziellen Vorschriften.

Außerordentliche Aufwendungen und Erträge

- Außerordentliche Aufwendungen und Erträge werden in der Gewinn- und Verlustrechnung getrennt ohne die darauf entfallende Ertragsteuerentlastung oder -belastung ausgewiesen.
- Nach dem österreichischen HGB umfassen sie Aufwendungen und Erträge, die außerhalb der gewöhnlichen Geschäftstätigkeit der Gesellschaft anfallen, wobei offengelassen wird, wann Erträge und Aufwendungen als außerhalb der gewöhnlichen Geschäftstätigkeit angefallen anzusehen sind.
- Wesentliche außerordentliche Posten sind im Anhang zu erläutern. Die auf das außerordentliche Ergebnis entfallenden Ertragsteuern sind im Anhang anzugeben.

Konzernabschluß

Konsolidierungskreis

- Konsolidierungspflicht besteht für Tochterunternehmen, bei denen das Mutterunternehmen mindestens eine Beteiligung von 20% hat und die einheitliche Leitung ausübt.
- Ferner besteht Konsolidierungspflicht für alle Tochterunternehmen, bei denen das Mutterunternehmen
  - die Mehrheit der Stimmrechte hat,
  - das Recht hat, die Mehrheit der Mitglieder des Verwaltungs-, Leitungs- oder Aufsichtsorgans zu bestellen,
  - das Recht hat, einen beherrschenden Einfluß auszuüben, oder
  - das Entscheidungsrecht über die Ausübung von Stimmrechten aufgrund eines Vertrages mit einem oder mehreren Gesellschaftern hat, die zusammen mit den eigenen Stimmrechten eine Mehrheit aller Stimmrechte für die Bestellung oder Abberufung der Mitglieder des Verwaltungs-, Leitungs- oder Aufsichtsorgans ergeben.
- Ein Konzernunternehmen braucht nicht in den Konzernabschluß einbezogen zu werden, wenn
  - die Vermögens- und Leitungsrechte der Muttergesellschaft erheblich und dauernd beeinträchtigt werden,
  - unverhältnismäßig hohe Kosten und Verzögerungen bei der Informationsbeschaffung für den Konzernabschluß entstehen würden,

  - ein Tochterunternehmen für das Gesamtbild der Vermögens-, Finanz- und Ertragslage des Konzerns von untergeordneter Bedeutung ist.
- Ein Konzernunternehmen darf nicht in den Konzernabschluß einbezogen werden, wenn sich seine Tätigkeit derart von der Tätigkeit der anderen Konzernunternehmen unterscheidet, daß die Einbeziehung kein getreues Bild der Lage des Konzerns vermitteln würde.

Konsolidierungsmethode

- Erwerbsmethode;
- Der Unterschiedsbetrag ist zum Zeitpunkt des Erwerbs oder der erstmaligen Einbeziehung zu berechnen.
- Interessenzusammenführungsmethode (Pooling of interests-Methode) ist nicht erlaubt.
- Einheitliche Bewertung nach den auf den Jahresabschluß des Mutterunternehmens anwendbaren Bewertungsmethoden; Abweichungen von den beim Jahresabschluß des Mutterunternehmens angewandten Bewertungsmethoden sind im Anhang anzugeben und zu begründen.

Geschäfts- oder Firmenwert

- Ein nach der Konsolidierung verbleibender aktivischer Unterschiedsbetrag ist als Geschäfts- oder Firmenwert auszuweisen und planmäßig abzuschreiben (steuerlich beträgt die Abschreibungsdauer 15 Jahre).
- Ein Geschäfts- oder Firmenwert darf auch offen mit den Rücklagen verrechnet werden.
- Ein negativer Unterschiedsbetrag ist gesondert auszuweisen und darf nur aufgelöst werden, wenn
  - eine erwartete ungünstige Entwicklung eingetreten ist,
  - die erwarteten Aufwendungen anfallen oder
  - er einem reduzierten Gewinn entspricht.
- Die Auflösung des negativen Unterschiedsbetrages kann auch erfolgsneutral erfolgen.

Equity-Methode

- Nicht in den Konzernabschluß einbezogene Beteiligungen, die einen maßgeblichen Einfluß auf die Geschäfts- oder Firmenpolitik gewähren, sind nach der Equity-Methode zu bewerten.
- Ein maßgeblicher Einfluß wird bei einem Stimmrecht von 20% vermutet.
- Eine einheitliche Bilanzierung und Bewertung ist nicht vorgeschrieben.
- Gemeinschaftsunternehmen dürfen quotal in den Konzernabschluß einbezogen werden.

Währungsumrechnung

- Keine Währungsumrechnungsmethode vorgeschrieben; erläuterungspflichtig;
- Währungsumrechnungsdifferenzen in der Gewinn- und Verlustrechnung sind erfolgswirksam zu behandeln, bilanzielle Währungsumrechnungsdifferenzen können erfolgswirksam oder erfolgsneutral verrechnet werden.

Schweden

Allgemeines

Rechtliche und tatsächliche Grundlagen

- Schwedisches Rechnungslegungsgesetz (Bokföringslagen, BL) von 1976, überarbeitet 1999 (gültig für alle Unternehmen);
- Schwedisches Jahresabschlußgesetz von 1995 (gültig für alle Kapitalgesellschaften);
- Empfehlungen des 1989 gegründeten Schwedischen Rechnungslegungsrates (Redovisningsrädet, RR);
- Bis 1987 herausgegebene Empfehlungen des Rechnungslegungskomitees (Redovisningskommittén) des schwedischen Instituts der Wirtschaftsprüfer (Föreningen Auktoriserade Revisorer, FAR);
- Empfehlungen des 1976 gegründeten schwedischen Accounting Standards Board (Bokföringsnämnden, BFN); es handelt sich um eine staatliche Organisation;
- Empfehlungen des Börsenkomitees (Näringslivets Börskommittén, NBK) für börsennotierte schwedische Gesellschaften; das NBK wurde gegründet durch die Stockholmer Handelskammer und den Verband der schwedischen Industrie (Sveriges Industriförbund, SI).

Rechnungslegungsgrundsätze

- Grundsätzlich gelten die üblichen allgemeinen Rechnungslegungsgrundsätze;
- Anschaffungskostenwertprinzip;
- Grundsätzlich Maßgeblichkeit der Handelsbilanz für die Steuerbilanz; teilweise Ausnahmen.

Bestandteile des Jahresabschlusses

- Bilanz;
- Gewinn- und Verlustrechnung;
- Kapitalflußrechnung;
- Anhang;
- Zusätzlich Lagebericht.

Änderung der Bilanzierungs- und Bewertungsmethoden

- Eine Änderung der Bilanzierungs- und Bewertungsmethoden darf nur vorgenommen werden, wenn sie aufgrund der Vorschriften einer normsetzenden Institution erforderlich ist oder zu einer aussagefähigeren Darstellung im Abschluß führt. Die Gründe für die Änderung sind im Anhang anzugeben. Es sind vergleichbare Informationen für die Vorjahre zu geben.

Korrekturen aus Vorjahren

- Grundsätzlich keine Berichtigung vorhergehender Jahresabschlüsse;
- Wesentliche Korrekturen sind als außerordentliche Posten auszuweisen.

Angaben über Beziehungen zu nahestehenden Unternehmen und Personen

- Alle wesentlichen Transaktionen sind zu veröffentlichen.

Angaben nach Geschäftsfeldern und Regionen

- Aufgliederung der Umsatzerlöse und Betriebsergebnisse nach Geschäftsfeldern und Regionen.

Bilanz

Immaterielle Vermögensgegenstände

- Aktivierungsgebot für entgeltlich erworbene immaterielle Vermögensgegenstände;
- Aktivierungswahlrecht für selbstgeschaffene immaterielle Vermögensgegenstände;
- Planmäßige Abschreibung über höchstens 5 Jahre; in besonderen Fällen ist eine längere Abschreibungsdauer möglich;
- Aktivierungsverbot für Gründungs- und Ingangsetzungskosten.

Sachanlagen

- Anschaffungs- oder Herstellungskosten;
- Planmäßige Abschreibung (normalerweise linear);
- Außerplanmäßige Abschreibungen bei nachhaltigem Wertverlust; Wertaufholungsgebot;
- Bei voraussichtlich dauernder Wertsteigerung ist eine erfolgsneutrale Neubewertung möglich;
- Aktivierung von Fremdkapitalzinsen ist möglich; erläuterungspflichtig.

Finanzanlagen

- Anschaffungskosten;
- Abschreibungspflicht bei dauernder Wertminderung;
- Bewertung der assoziierten Unternehmen nach der Equity-Methode im Einzelabschluß zugunsten Neubewertungsrücklage möglich;
- Bewertung zum Marktwert zugunsten Neubewertungsrücklage möglich.

Vorräte

- Anschaffungs- oder Herstellungskosten, d. h. Vollkosten bei Normalkapazität; Aktivierung von Fremdkapitalzinsen ist möglich, falls wesentlich;
- Bewertung nach der Fifo-Methode oder ersatzweise nach dem gewogenen Durchschnitt;
- Lifo ist nicht zulässig.
- Rohstoffe und halbfertige Erzeugnisse können zu Wiederbeschaffungskosten bewertet werden.
- Niederstwertprinzip.

Langfristige Fertigungsaufträge

- Normalerweise Gewinnrealisierung bei Teilabrechnung; bei langfristigen Großprojekten ist periodengerechte Gewinnrealisierung nach Leistungsfortschritt möglich, sofern die auf die Leistung entfallenden Kosten abschätzbar sind.

Forderungen aus Lieferungen und Leistungen

- Fremdwährungsforderungen zum Bilanzstichtagskurs;

- Einzel- und Pauschalwertberichtigungen möglich; Offenlegung nicht erforderlich; steuerlich werden in der Regel nur Einzelwertberichtigungen anerkennt.

Wertpapiere des Umlaufvermögens

- Niederstwertprinzip (Sammelbewertung); Wertaufholung möglich;
- Bewertung zum Marktwert zugunsten Neubewertungsrücklage möglich.

Pensionsrückstellungen

- Sofern eine Altersversorgung der Mitarbeiter nicht durch einen Pensionsfonds oder eine Lebensversicherung finanziert wird, ist eine entsprechende Pensionsrückstellung zu bilanzieren. Es sind Angaben im Anhang zu machen.

Sonstige Rückstellungen

- Die Verpflichtung muß wahrscheinlich und einschätzbar sind.

Latente Steuern

- Keine speziellen Vorschriften;
- Bilanzierung latenter Steuern im Konzernabschluß üblich.

Leasing

- Finanzierungsleasing entsprechend wirtschaftlicher Betrachtungsweise beim Leasingnehmer bilanzierungspflichtig für ab dem 1. 1. 1997 geschlossene Verträge;
- FAR empfiehlt Offenlegung von bestimmten Einzelheiten, wenn die Vereinbarungen bei einem Sale and lease back-Vertrag nicht marktgerecht sind.

Gewinn- und Verlustrechnung

Zuwendungen der öffentlichen Hand

- Investitionszuschüsse sind mit den Anschaffungs- und Herstellungskosten zu saldieren.
- Übrige Zuschüsse sind in der Gewinn- und Verlustrechnung zu erfassen, wenn keine Verpflichtung besteht, sie zurückzuzahlen.

Forschungs- und Entwicklungskosten

- Forschungs- und Entwicklungskosten sind als Aufwand zu buchen.
- Sie können aktiviert werden, wenn folgende Kriterien zutreffen:
  - das Forschungs- und Entwicklungsprojekt und die auf sie entfallenden Ausgaben sind klar definiert,
  - die technische Machbarkeit des Forschungs- und Entwicklungsprojektes ist nachgewiesen,
  - das Produkt oder das Verfahren des Forschungs- und Entwicklungsprojektes ist für den Verkauf oder eine interne Nutzung bestimmt,
  - der erwartete Ertrag oder Kostenersparnis ist mit einer angemessenen Wahrscheinlichkeit bekannt,
  - es sind genügend Mittel vorhanden, das Projekt zu vollenden.
- Die aktivierten Kosten sind mit mindestens 20% jährlich abzuschreiben.

Gewinne oder Verluste aus dem Verkauf oder der Aufgabe von Geschäftsbereichen

- Wesentliche Änderungen in der Geschäftstätigkeit, z. B. Verkauf oder Aufgabe von Geschäftsbereichen, sind im Lagebericht anzugeben; wesentliche Rückstellungen für die Aufgabe von Geschäftsbereichen sind im Anhang zu erläutern.

Außerordentliche Aufwendungen und Erträge

- Nach einer Empfehlung des FAR müssen die folgenden 3 Kriterien zutreffen, um einen Posten als außerordentlich zu bezeichnen:
  - der Vorgang hat keine Beziehung zu der laufenden Geschäftstätigkeit,
  - es wird nicht erwartet, daß der Vorgang häufig oder regelmäßig vorkommt,
  - der Posten muß wesentlich sein.
- Sie sind getrennt auszuweisen.
- Einzelheiten sind in den Notes zu erläutern.

Konzernabschluß

Konsolidierungskreis

- Konsolidierungspflicht besteht für alle Tochterunternehmen, bei denen das Mutterunternehmen einen beherrschenden Einfluß hat.
- Ein beherrschender Einfluß wird vermutet, wenn dem Mutterunternehmen die Mehrheit der Stimmrechte zusteht.

Konsolidierungsmethode

- Erwerbsmethode;
- Interessenzusammenführungsmethode (Pooling of interests-Methode), wenn die Voraussetzungen dafür vorliegen.

Geschäfts- oder Firmenwert

- Aktivierungspflicht;
- Planmäßige Abschreibung über höchstens 5 Jahre; in besonderen Fällen kann die Abschreibungsdauer bis auf 20 Jahre verlängert werden;
- Ein negativer Unterschiedsbetrag ist mit dem Zeitwert der nicht monetären Vermögenswerte zu verrechnen; ein noch verbleibender Restwert ist als Fremdkapital auszuweisen und entsprechend den Ergebniserwartungen in den folgenden Jahren erfolgswirksam aufzuteilen.

Equity-Methode

- Beteiligungen mit einem Stimmrecht von mindestens 20% sind im Konzernabschluß nach der Equity-Methode zu bewerten.
- Für Gemeinschaftsunternehmen besteht das Wahlrecht zwischen der Quotenkonsolidierung und der Equity-Methode.

Währungsumrechnung

- In der Regel wird die funktionsspezifische Umrechnung (Methode der funktionalen Währung) angewandt.

Schweiz

Allgemeines

Rechtliche und tatsächliche Grundlagen

- Kurze gesetzliche Vorschriften im Obligationenrecht (OR), überarbeitet 1992;
- Empfehlungen der Fachkommission für Empfehlungen zur Rechnungslegung (FER) der Treuhand-Kammer;
- Ein neues Rechnungslegungs- und Revisionsgesetz (RRG) ist in Vorbereitung.

Rechnungslegungsgrundsätze

- Grundsätzlich gelten die üblichen allgemeinen Rechnungslegungsgrundsätze.
- Starke Betonung des Vorsichtsprinzips und geringe Bedeutung der Bewertungsstetigkeit, insbesondere beim Einzelabschluß;
- Maßgeblichkeit der Handelsbilanz für die Steuerbilanz und teilweise umgekehrte Maßgeblichkeit.

Bestandteile des Jahresabschlusses

- Bilanz;
- Gewinn- und Verlustrechnung (Gesamtkosten- oder Umsatzkostenverfahren);
- Anhang;
- Mittelflußrechnung (Kapitalflußrechnung) gemäß FFR Nr. 1;
- Jahresbericht (ungeprüft);
- Im Anhang ist der Gesamtbetrag der aufgelösten stillen Reserven, sofern dadurch das Ergebnis wesentlich günstiger dargestellt wird, anzugeben. Außerdem sind die Veränderungen des Eigenkapitals zu erläutern.

Änderung der Bilanzierungs- und Bewertungsmethoden

- Es sind Angaben im Anhang zu machen. Im Konzernabschluß sind auch betragsmäßige Angaben zu machen.

Korrekturen aus Vorjahren

- Keine Angaben vorgeschrieben.

Angaben über Beziehungen zu nahestehenden Unternehmen und Personen

- Es sind Angaben zu den Beziehungen zu nahestehenden Unternehmen und Personen zu machen.

Angaben nach Geschäftsfeldern und Regionen

- Aufgliederung der Umsatzerlöse nach Geschäftsfeldern und Regionen.

Bilanz

Immaterielle Vermögensgegenstände

- Immaterielle Vermögensgegenstände sind, soweit sie einen zukünftigen Nutzenzufluß verkörpern, aktivierungsfähig.
- Voraussetzung für die Aktivierung von selbstgeschaffenen immateriellen Vermögensgegenständen ist ihre Identifizierbarkeit, ein meßbarer Nutzen, die separate Erfassung der angefallenen Aufwendungen und ihre Finanzierbarkeit.
- Die Abschreibung der immateriellen Vermögensgegenstände hat systematisch über die zukünftige Nutzungsdauer zu erfolgen. Sofern diese nicht eindeutig bestimmt werden kann, hat die Abschreibung über 5 Jahre und in begründeten Fällen über zwanzig Jahre zu erfolgen.
- Niederstwerttest;
- Gründungs-, Kapitalerhöhungs- und Organisationskosten, die aus der Errichtung, Erweiterung oder Umstellung des Geschäftsbetriebs entstehen, sind aktivierungsfähig. Sie sind innerhalb von 5 Jahren abzuschreiben.

Sachanlagen

- Im Einzelabschluß Anschaffungs- und Herstellungskosten abzüglich planmäßiger Abschreibungen; meistens werden die großzügig bemessenen steuerlichen Abschreibungssätze verwendet; im Konzernabschluß ist eine Bewertung zu Zeitwerten erlaubt.
- Ist infolge eines Bilanzverlustes die Hälfte des Aktienkapitals und der gesetzlichen Rücklage nicht mehr gedeckt, dann ist eine erfolgsneutrale Aufwertung von Grundstükken über die Anschaffungskosten zulässig.
- Zusätzliche außerplanmäßige Abschreibungen sind möglich, hierbei können stille Reserven gebildet werden; kein Wertaufholungsgebot;
- Für Fremdkapitalzinsen Aktivierungswahlrecht;
- Die Feuerversicherungswerte für die Gebäude sind anzugeben.

Finanzanlagen

- Anschaffungskosten;
- Abschreibungspflicht bei dauernder Wertminderung;
- Eine Bewertung über die Anschaffungskosten ist bei den Beteiligungen unter den gleichen Voraussetzungen wie bei den Sachanlagen möglich.
- Im Konzernabschluß ist eine Bewertung zu Zeitwerten erlaubt.

Vorräte

- Anschaffungs- oder Herstellungskosten;
- Lifo zulässig;
- Niederstwertprinzip;
- Bewertungsmethode ist im Anhang anzugeben.

Langfristige Fertigungsaufträge

- Keine speziellen Vorschriften.

Forderungen aus Lieferungen und Leistungen

- Wertberichtigungen sind anzugeben.

Wertpapiere des Umlaufvermögens

- Wertpapiere (Wertschriften) dürfen zum Durchschnittskurs des letzten Monats vor dem Bilanzstichtag bewertet werden.

Pensionsrückstellungen

- Im Anhang sind betragsmäßige Angaben über die der Pensionskasse geschuldeten Beiträge zu machen.

Sonstige Rückstellungen

- Rückstellungen sind zu passivieren, soweit sie nach allgemein anerkannten kaufmännischen Grundsätzen notwendig sind.
- Aufwandsrückstellungen sind nicht zulässig.
- Überflüssig gewordene Rückstellungen müssen nicht aufgelöst werden.
- Der Ermessensspielraum bei den sonstigen Rückstellungen ist groß.

Latente Steuern

- Der Ausweis latenter Steuern bzw. von Steuerrückstellungen wird vom Gesetzgeber im Einzelabschluß nicht gefordert.
- Im Konzernabschluß sind aktive und passive latente Steuern (timing differences) nach der Verbindlichkeitsmethode anzusetzen.

Leasing

- Finanzierungsleasing entsprechend wirtschaftlicher Betrachtungsweise beim Leasingnehmer bilanzierungspflichtig;
- Der Gesamtbetrag der nicht bilanzierten Leasingverbindlichkeiten ist im Anhang anzugeben.
- Keine Vorschriften bezüglich Sale and lease back.

Gewinn- und Verlustrechnung

Zuwendungen der öffentlichen Hand

- Keine speziellen Vorschriften.

Forschungs- und Entwicklungskosten

- Entwicklungskosten können aktiviert werden, wenn sie die Voraussetzungen für die Aktivierung selbstgeschaffener immaterieller Vermögensgegenstände erfüllen.

Gewinne oder Verluste aus dem Verkauf oder der Aufgabe von Geschäftsbereichen

- Keine speziellen Vorschriften.

Außerordentliche Aufwendungen und Erträge

- Außerordentliche und betriebsfremde Posten sind gesondert anzugeben.

Konzernabschluß

Konsolidierungskreis

- Konsolidierungspflicht besteht für alle Tochterunternehmen, bei denen das Mutterunternehmen durch die Mehrheit der Stimmrechte oder auf andere Weise (z.B. Recht auf Aufstellung und Abberufung der Mehrheit der Gesellschaftsorgane, Managementverträge) einen beherrschenden Einfluß ausübt.
- Ein Tochterunternehmen braucht nicht in den Konzernabschluß einbezogen zu werden, wenn seine Tätigkeit stark von jener der übrigen Konzernunternehmen abweicht.

Konsolidierungsmethode

- Erwerbsmethode;
- Keine Vorschriften über die Zulässigkeit der Interessenzusammenführungsmethode (Pooling of interests-Methode).

Geschäfts- oder Firmenwert

- Ein nach der Konsolidierung verbleibender aktivischer Unterschiedsbetrag ist als Geschäfts- oder Firmenwert auszuweisen und über die geschätzte Nutzungsdauer abzuschreiben. Die Abschreibung erfolgt in der Regel über 5 Jahre, in begründeten Fällen über höchstens 20 Jahre. Eine direkte Verrechnung des Geschäfts- oder Firmenwertes mit dem Eigenkapital ist ebenfalls zulässig.
- Ein negativer Unterschiedsbetrag ist als gesonderte Eigenkapitalposition auszuweisen und systematisch abzuschreiben.

Equity-Bewertung

- Nicht konsolidierte Beteiligungen zwischen 20 und 50%, bei denen eine gewisse Einflußnahme gegeben oder vermutet wird, sind nach der Equity-Methode zu bewerten.
- Gemeinschaftsunternehmen dürfen quotal in den Konzernabschluß einbezogen oder nach der Equity-Methode bewertet werden.

Währungsumrechnung

- Die Umrechnung soll nach der Stichtagskurs-, der Nominal-Sachwert- oder der Zeitbezugsmethode erfolgen.
- Es sind Angaben im Anhang zu machen.

Spanien

Allgemeines

Rechtliche und tatsächliche Grundlagen

- Handelsgesetzbuch (Código de Comercio) von 1885, das mit dem Gesetz 19/1989, veröffentlicht im Boletin Oficial del Estado (BOE) Nr. 178, geändert wurde. Die Änderungen dienten der Anpassung an die 4. und 7. EG-Richtlinie.
- Gesetz über die Aktiengesellschaften (Ley de Sociedades Anónimas = LSA) von 1951, das 1989 wesentlich reformiert wurde. Das Gesetz enthält Rechnungslegungsgrundsätze, die für alle Gesellschaften gelten.
- Kontenplan (Plan General de Contabilidad = PGC) von 1973, der 1990 in neuer Fassung herausgegeben wurde und am 1. 1. 1991 in Kraft trat; er enthält auch Bewertungsgrundsätze.
- Publikationen im Boletin Oficial (BOICAC) des 1988 gegründeten Instituto de Contabilidad y Auditoría de Cuentas (ICAC); es handelt sich um eine offiziell autorisierte Institution des Finanzministerium, das die Rechnungslegungsgrundsätze fortentwickeln soll;
- Stellungnahmen der Asociación Española de Contabilidad y Administración de Empresas (AECA);
- Bis zur Umsetzung der 4. EG-Richtlinie war die Rechnungslegung in Spanien im wesentlichen durch das Steuerrecht beeinflußt.

Rechnungslegungsgrundsätze

- Grundsätzlich gelten die üblichen allgemeinen Rechnungslegungsgrundsätze;
- Anschaffungskostenwertprinzip;
- Maßgeblichkeit der Handelsbilanz für die Steuerbilanz; keine umgekehrte Maßgeblichkeit.

Bestandteile des Jahresabschlusses

- Bilanz;
- Gewinn- und Verlustrechnung (Gesamtkostenverfahren);
- Anhang (ausführliche Gliederung vorgeschrieben);
- Kapitalflußrechnung (Teil des Anhangs);
- Zusätzlich Lagebericht.

Änderung der Bilanzierungs- und Bewertungsmethoden

- Eine Änderung der Bilanzierungs- und Bewertungsmethoden darf nur in außergewöhnlichen Fällen vorgenommen werden; sie ist im Anhang zu erläutern; der Anteil der Ergebnisänderungen, der frühere Geschäftsjahre betrifft, ist anzugeben.

Korrekturen aus Vorjahren

- Keine Berichtigung vorhergehender Jahresabschlüsse;
- Wesentliche Korrekturen werden im laufenden Geschäftsjahr im außerordentlichen Ergebnis gezeigt.

Angaben über Beziehungen zu nahestehenden Unternehmen und Personen

- Art und Einzelheiten der Beziehungen sind zu veröffentlichen.

Angaben nach Geschäftsfeldern und Regionen

- Aufgliederung der Umsatzerlöse nach Geschäftsfeldern und Regionen.

Bilanz

Immaterielle Vermögensgegenstände

- Aktivierungsgebot für entgeltlich erworbene immaterielle Vermögensgegenstände;
- Für selbstgeschaffene immaterielle Vermögensgegenstände Aktivierungsgebot, wenn bestimmte Voraussetzungen erfüllt sind;
- Planmäßige Abschreibung über die Nutzungsdauer;
- Geleaste Vermögensgegenstände sind als immaterielle Vermögensgegenstände zu aktivieren.
- Zu den immateriellen Vermögensgegenständen zählen auch Gründungskosten, Kosten der Eigenkapitalbeschaffung und Kosten für die Ingangsetzung und Erweiterung des Geschäftsbetriebs.
- Aktivierungswahlrecht für Kosten der Forschung und Entwicklung; sie sind in 5 Jahren abzuschreiben; Ausschüttungssperre, wenn gewisse Voraussetzungen erfüllt sind;
- Niederstwerttest.

Sachanlagen

- Anschaffungs- oder Herstellungskosten;
- Planmäßige Abschreibung über die voraussichtliche Nutzungsdauer;
- Außerplanmäßige Abschreibungen sind vorzunehmen, wenn der beizulegende Wert unter den Buchwert sinkt; sie sind getrennt auszuweisen; Wertaufholungsgebot.
- In der Vergangenheit, letztmals 1983 und 1996, waren Aufwertungen möglich; sie erhöhten die steuerliche Abschreibungsbasis.
- Für Fremdkapitalzinsen Aktivierungswahlrecht; erläuterungspflichtig.

Finanzanlagen

- Anschaffungskosten;
- Abschreibungspflicht bei Wertminderung; Wertaufholungsgebot.

Vorräte

- Anschaffungs- oder Herstellungskosten;
- Bewertung zu Einzelkosten einschließlich Teil der Gemeinkosten (ohne Verwaltungsgemeinkosten);
- Lifo zulässig;
- Niederstwertprinzip.

Langfristige Fertigungsaufträge

- Periodengerechte Gewinnrealisierung nach Leistungsfortschritt; falls dies aus technischen oder administrativen Gründen nicht möglich ist, Gewinnrealisierung bei Fertigstellung.

Forderungen aus Lieferungen und Leistungen

- Einzel- oder Pauschalwertberichtigungen sind getrennt auszuweisen.

Wertpapiere des Umlaufvermögens

- Niederstwertprinzip.

Pensionsrückstellungen

- Bis zum Inkrafttreten der neuen Fassung des Kontenplanes im Jahre 1991 war die Bildung von Pensionsrückstellungen unüblich, da sie steuerlich nicht abzugsfähig sind. Es gibt eine Übergangsregelung, die Bildung von Pensionsrückstellungen nachzuholen, wobei es möglich ist, die Pensionsrückstellungen erfolgsneutral zu Lasten der Gewinnrücklagen zu bilden.

Rückstellungen

- Verluste oder Verbindlichkeiten müssen wahrscheinlich sein und vernünftig einschätzbar sein. Falls ein Verlust möglich ist, sind Angaben im Anhang zu machen.

Latente Steuern

- Bilanzierungspflicht; umfangreiche Angabepflichten.

Leasing

- Finanzierungsleasing entsprechend wirtschaftlicher Betrachtungsweise beim Leasingnehmer bilanzierungspflichtig; erläuterungspflichtig;
- Die geleasten Vermögenswerte sind unter dem immateriellen Vermögen zu bilanzieren, die Leasingraten sind voll zu passivieren; die in den Leasingraten enthaltenen Zinsen sind als Rechnungsabgrenzungsposten zu aktivieren.

Gewinn- und Verlustrechnung

Zuwendungen der öffentlichen Hand

- Investitionszuschüsse werden in der Regel passivisch abgegrenzt und im Laufe der folgenden Jahre wie die Investition abgeschrieben.

Forschungs- und Entwicklungskosten

- Forschungs- und Entwicklungskosten können aktiviert werden, wenn
  - die Projekte genau definiert und die ihnen zurechenbaren Aufwendungen festzustellen sind,
  - eine hohe Wahrscheinlichkeit besteht, daß das Projekt technisch realisierbar ist, die Produkte profitabel sind und die Finanzierung gesichert ist.
- Abschreibungsdauer höchstens 5 Jahre; Ausschüttungssperre;
- Falls Zweifel an der wirtschaftlichen Realisierbarkeit des Projektes entstehen, müssen die Kosten sofort abgeschrieben werden.

Gewinne oder Verluste aus dem Verkauf oder der Aufgabe von Geschäftsbereichen

- Keine speziellen Vorschriften.

Außerordentliche Aufwendungen und Erträge

- Der Begriff außerordentliche Aufwendungen und Erträge ist in Spanien sehr weit gefaßt (z. B. Strafen, Verluste oder Gewinne aus Anlagenabgängen, Inkasso abgeschriebener Forderungen, Subventionen);
- Kein gesonderter Ausweis der Ertragsteuern auf die außerordentlichen Aufwendungen und Erträge.

Konzernabschluß

Konsolidierungskreis

- Konsolidierungspflicht besteht für alle Tochterunternehmen, bei denen dem Mutterunternehmen
  - die Mehrheit der Stimmrechte,
  - das Recht auf Bestellung oder Abberufung der Mehrheit der Mitglieder des Leitungsorgans oder
  - die Mehrheit der Stimmrechte aufgrund einer Vereinbarung mit anderen Aktionären/Gesellschaftern eines Tochterunternehmens

  zusteht oder das Mutterunternehmen ausschließlich mit seinen Stimmen die Mehrheit der Mitglieder des Leitungsorgans während der vorangegangenen 2 Geschäftsjahre ernannt hat
- Ein Tochterunternehmen braucht nicht in den Konzernabschluß einbezogen zu werden, wenn
  - es von untergeordneter Bedeutung ist,
  - es aufgrund rechtlicher Interventionen unmöglich ist, einen Konzernabschluß zu erstellen, oder die Rechte des Mutterunternehmens in bezug auf Vermögen oder Geschäftsführung beeinträchtigt sind,
  - die für die Aufstellung des Konzernabschlusses erforderlichen Angaben nicht ohne unverhältnismäßig hohe Kosten oder Verzögerungen zu erhalten sind,
  - die Anteile des Tochterunternehmens ausschließlich zum Zwecke der Weiterveräußerung gehalten werden oder
  - sich seine Tätigkeit derart von der Tätigkeit der anderen Konzernunternehmen unterscheidet, daß die Einbeziehung das Verstehen der Finanz- und Ertragslage des Konzerns nicht erleichtern würde.

Konsolidierungsmethode

- Erwerbsmethode;
- Interessenzusammenführungsmethode (Pooling of interests-Methode) wird im Gesetz nicht erwähnt.
- Einheitliche Bewertung nach der auf den Einzelabschluß der Muttergesellschaft angewandten Bewertungsmethoden.

Geschäfts- oder Firmenwert

- Ein nach der Konsolidierung verbleibender aktivischer Unterschiedsbetrag ist als Geschäfts- oder Firmenwert auszuweisen und über höchstens 5 Jahre abzuschreiben; bei besonderen Umständen, die im Anhang darzulegen sind, kann die Abschreibungsdauer bis zu 20 Jahren dauern.
- Eine Verrechnung mit den Rücklagen ist nicht erlaubt.
- Ein negativer Unterschiedsbetrag ist zu passivieren. Er ist nur dann erfolgswirksam aufzulösen, wenn erwartete Verluste eingetreten sind oder der Vermögenszuwachs tatsächlich realisiert worden ist.

Equity-Bewertung

- Nicht in den Konzernabschluß einbezogene Unternehmen, auf die ein maßgeblicher Einfluß ausgeübt wird, sind nach der Equity-Methode zu bewerten.
- Ein maßgeblicher Einfluß wird bei einem Stimmrecht von mindestens 20% (börsennotierte Unternehmen 3%) vermutet.
- Gemeinschaftsunternehmen dürfen quotal in den Konzernabschluß einbezogen werden.

Währungsumrechnung

- Funktionsspezifische Umrechnung;
- Bei allen angewandten Umrechnungsmethoden sind die sich ergebenden Umrechnungsgewinne in der Bilanz auf einem Rücklagekonto und Umrechnungsverluste in der Gewinn- und Verlustrechnung zu erfassen.
- Abschlüsse aus Hochinflationsländern sind nach der Zeitbezugsmethode umzurechnen; evtl. ist vorher eine Berichtigung wegen Kaufkraftänderung vorzunehmen.

USA

Allgemeines

Rechtliche und tatsächliche Grundlagen

- Keine gesetzlich kodifizierten Bilanzierungs- und Bewertungsvorschriften;
- Aus der Praxis abgeleitete ausführliche Statements of Financial Accounting Standards (SFAS) sowie Interpretations (verbindliche Erläuterungen zu Einzelproblemen) der im Jahre 1973 gegründeten unabhängigen Stiftung Financial Accounting Standards Board (FASB);
- Von dem American Institute of Certified Public Accountants (AICPA) und zwar durch das Committee on Accounting Procedures (CAP) bis 1958 erlassene Accounting Research Bulletins (ARB) und durch den Accounting Principles Board (APB) bis 1973 erlassene ausführliche Opinions, soweit diese Bulletins und Opinions noch gültig sind;
- Weitere Empfehlungen, Stellungnahmen, Protokolle, Richtlinien u. ä. des FASB und des AICPA;
- Für Gesellschaften, deren Aktien oder Anleihen an der Börse gehandelt werden, zusätzlich SEC-Regulation S-X, die Form und Inhalt des Jahresabschlusses vorschreibt und andere Rules und Regulations, sowie die Erlasse »Accounting Series Releases« (ASR) und die administrativen Richtlinien »Staff Accounting Bulletins« (SAB);
- Ausländische Gesellschaften, die an einer US-Börse notieren, haben – sofern sie nicht nach den Generally Accepted Accounting Principles (GAAP) bilanzieren – eine Überleitung des Eigenkapitals und des Ergebnisses gemäß den GAAP der Securities and Exchange Commission (SEC) einzureichen und zu veröffentlichen.

Rechnungslegungsgrundsätze

- Grundsätzlich gelten die üblichen allgemeinen Rechnungslegungsgrundsätze.
- Oberster Grundsatz ist die »fair presentation« (die angemessene Darstellung der wirtschaftlichen Verhältnisse eines Unternehmens).
- Starke Betonung der periodengerechten Erfolgsermittlung;
- Anschaffungskostenwertprinzip.

Bestandteile des Jahresabschlusses

- Bilanz;
- Gewinn- und Verlustrechnung (Umsatzkostenverfahren) mit Eigenkapitalveränderungsrechnung;
- Kapitalflußrechnung;
- Aufgliederung des comprehensive income in net income und other components of comprehensive income (z. B. Währungsumrechnungsdifferenzen, Gewinne und Verluste aus der Neubewertung von Finanzinstrumenten);
- Notes (Zusatzinformationen);
- Genaue Gliederungsvorschriften nur bei börsennotierten Gesellschaften; von den anderen Gesellschaften werden diese Gliederungsvorschriften weitgehend befolgt.
- Zusätzliche Informationen bei börsennotierten Gesellschaften.

Änderung der Bilanzierungs- und Bewertungsmethoden

- Die kumulierten Auswirkungen einer Änderung der Bilanzierungs- und Bewertungsmethoden sind im laufenden Jahr in der Gewinn- und Verlustrechnung als cumulative effect of a change in an accounting principle (nach Ertragsteuern) auszuweisen; es ist anzugeben, wie sich die Ergebnisse in den vergangenen Jahren durch Anwendung der geänderten Rechnungslegungsgrundsätze geändert hätten; die Jahresabschlüsse der vergangenen Jahre sind nicht zu ändern; in den Notes ist eine Begründung für die Änderung der Methode anzugeben.
- Bei gewissen Änderungen der Bilanzierungs- und Bewertungsmethoden (z. B. Wechsel von Lifo zu einem anderen Verbrauchsfolgeverfahren, Änderung des Zeitpunkts der Gewinnrealisierung bei langfristigen Fertigungsaufträgen) müssen die früheren Jahresabschlüsse geändert werden.
- Änderungen von Bewertungsannahmen, die sich durch neue Erkenntnisse und Erfahrungen ergeben (z. B. Änderung der Nutzungsdauer eines Anlagegutes) verändern nur die künftigen Ergebnisse und nicht die vergangenen Ergebnisse.

Korrekturen aus Vorperioden

- Bilanzierungsfehler aus Vorperioden sind erfolgsneutral bei dem Anfangsbestand der Gewinnrücklagen (nach Ertragsteuern) zu korrigieren; die früheren Jahresabschlüsse werden geändert; die Auswirkungen auf das Ergebnis je Aktie in der Vergangenheit sind zu veröffentlichen.

Angaben über Beziehungen zu nahestehenden Unternehmen und Personen

- Alle wesentlichen Geschäftsbeziehungen sind nach Art und Betrag offenzulegen.

Angaben nach Geschäftsfeldern und Regionen

- Eine Segmentberichterstattung ist nur für börsennotierte Unternehmen Pflicht.
- Für die wesentlichen Segmente (Geschäftsfelder) sind anzugeben: Umsätze mit fremden Dritten, Umsätze mit anderen Segmenten, Segmentergebnis; Zinserträge, Zinsaufwendungen, Abschreibungen, ungewöhnliche Aufwendungen und Erträge, Ergebnisbeitrag von nach der Equity-Methode bewerteten Beteiligungen, Ertragsteueraufwendungen und -erträge, außerordentliche Posten, wesentliche nicht zahlungswirksame Posten außer Abschreibungen, das Vermögen. Nach Regionen sind anzugeben: Umsätze mit fremden Dritten, aufgegliedert nach Inlands- und Auslandsumsätzen (wesentliche Länder getrennt), das Vermögen, getrennt nach Inland und Ausland (wesentliche Länder getrennt). Falls mindestens 10 % der Umsätze mit einem Kunden erzielt werden, ist der auf ihn entfallende Umsatz unter Angabe des/der Segment(e), nicht jedoch der Name des Großkunden anzugeben.

Bilanz

Immaterielle Vermögensgegenstände

- Aktivierungsgebot für entgeltlich erworbene immaterielle Vermögensgegenstände;

- Selbstgeschaffene immaterielle Vermögensgegenstände sind unter gewissen Bedingungen (erwarteter künftiger Vorteil verläßlich bestimmbar, Rückfluß der Mittel ziemlich sicher, eine Aktivierung ist nicht ausdrücklich unmöglich) aktivierungsfähig, z.B. Kosten zur Erlangung und Sicherung der selbstgeschaffenen immateriellen Vermögensgegenstände.
- Planmäßige Abschreibung über die Nutzungsdauer, über höchstens 40 Jahre. Die geschätzte Nutzungsdauer ist laufend zu überprüfen. Gegebenenfalls ist die Restnutzungsdauer kürzer anzusetzen.

Sachanlagen

- Anschaffungs- oder Herstellungskosten abzüglich planmäßiger und ggf. außerplanmäßiger Abschreibungen;
- Außerplanmäßige Abschreibungen sind vorzunehmen, wenn der Netto Cash-flow eines Vermögensgegenstandes seinen Buchwert unterschreitet; sie sind in den Notes anzugeben (Niederstwerttest); Wertaufholungsverbot;
- Fremdkapitalzinsen sind aktivierungspflichtig.
- Nicht betriebsnotwendiges Vermögen ist separat auszuweisen.

Finanzanlagen

- Anschaffungskosten abzüglich ggf. außerplanmäßiger Abschreibungen; Wertaufholungsverbot;
- In den USA kennt man die Trennung zwischen Einzelabschluß und Konzernabschluß nicht, man erstellt nur einen konsolidierten Abschluß.

Vorräte

- Anschaffungs- oder Herstellungskosten, d.h. Vollkosten einschließlich aller Produktionsgemeinkosten ohne Verwaltungsgemeinkosten und Leerkosten;
- Lifo zulässig, falls Lifo-Reserve gezeigt wird;
- Niederstwertprinzip (die Bestimmung des Niederstwertes richtet sich nach den Wiederbeschaffungskosten und orientiert sich zusätzlich an einem modifizierten Verkaufspreis). In besonderen Fällen dürfen Vorräte über die Anschaffungskosten bewertet werden (z.B. Edelmetalle).

Langfristige Fertigungsaufträge

- Periodengerechte Gewinnrealisierung nach Leistungsfortschritt, wenn Kosten den anteiligen Leistungen zurechenbar sind; sonst Gewinnrealisierung bei Fertigstellung.

Forderungen aus Lieferungen und Leistungen

- Fremdwährungsforderungen zum Bilanzstichtagskurs;
- Üblich sind Pauschalwertberichtigungen nach der percentage-of-credit-sale method.

Wertpapiere des Umlaufvermögens

- Trading securities and available for sale securities sind mit dem beizulegenden Zeitwert zu bewerten.

Pensionsrückstellungen

- In der Regel keine Pensionsrückstellungen, da laufend Zahlungen an rechtlich selbständige Pensionsfonds;
- Unterdeckung des Pensionsfonds und unerfüllte Beitragsverpflichtungen werden als sonstige Verbindlichkeiten ausgewiesen.
- In SFAS 87 (Employers' Accounting for Pensions) ist die versicherungsmathematische Berechnung des periodengerechten Nettoversorgungsaufwandes (net periodic pension cost) von leistungsorientierten Versorgungsplänen (defined benefit pension plan), die nach dem Anwartschaftsbarwertverfahren (projected unit credit method) erfolgen, geregelt. Der Nettoversorgungsaufwand ist der jährliche Sollaufwand eines Unternehmens für seine Pensionsverpflichtungen entweder durch Zuweisung an einen ausgegliederten Pensionsfonds oder durch Zuführungen zu einer Pensionsrückstellung.
- Künftige Lohn- und Gehaltssteigerungen sind zu berücksichtigen, und es sind die stichtagsbezogenen Zinsen für Industrieanleihen anzuwenden.
- Der periodengerechte Nettoversorgungsaufwand setzt sich aus folgenden Komponenten zusammen:
  - service cost (Unterschied des Barwertes der voraussichtlich erdienten Pensionsansprüche bei Eintritt des Versorgungsfalles = projected benefit obligation = PBO am Anfang und Ende des Geschäftsjahres, d.h. die Erhöhung des Barwertes der Ansprüche aufgrund der im Geschäftsjahr geleisteten Arbeit),
  - interest cost (Zinsen auf die projected benefit obligation zum Beginn des Geschäftsjahres),
  - actual return on plan assets (erwartete Erträge des ausgesonderten Vermögens zur Deckung der Versorgungsverpflichtungen),
  - amortization of unrecognized prior service cost (evtl. planmäßig zu verteilende Aufwendungen für Zusageerhöhungen, die nicht im Jahr der Zusage voll berücksichtigt werden müssen und somit auf die zukünftige Dienstzeit verteilt werden dürfen),
  - gain or loss (planmäßiger Verteilungsbetrag von versicherungsmathematischen Gewinnen oder Verlusten),
  - amortization of the unrecognized net obligation or unrecognized net asset (planmäßiger Verteilungsbetrag, des sich bei der erstmaligen Anwendung von SFAS 87 ergebenden Unterschiedsbetrages zwischen der projected benefit obligation und den plan assets); der Betrag ist auf die zukünftige Dienstzeit zu verteilen.
- Bei beitragsorientierten Versorgungsplänen entspricht der Nettoversorgungsaufwand dem Beitrag.
- Bei leistungsorientierten Versorgungsplänen sind im Geschäftsbericht folgende Angaben zu machen:
  - der Versorgungsplan einschließlich des davon erfaßten Personenkreises, der Form der Aussonderung des Vermögens für Versorgungszwecke, der Art des angesammelten Vermögens sowie weitere Informationen, wenn sie für die Vergleichbarkeit der Ergebnisse der einzelnen Geschäftsjahre erforderlich sind,
  - der periodengerechte Nettoversorgungsaufwand, getrennt nach den Komponenten service cost, interest cost, actual return on plan assets und die Summe der restlichen Komponenten,
  - eine detaillierte Übersicht über die finanzielle Lage des Versorgungswerkes mit einer Überleitung zum Jahresabschluß des Versorgungspflichtigen,

  - der angenommene gewichtete Mittelwert des Zinsfußes für die Bewertung der Pensionsverpflichtungen und der Steigerungsrate des Arbeitsverdienstes sowie der Zinsfuß zur Bestimmung des Kapitalertrages des ausgesonderten Vermögens.

Rückstellungen für Krankheitskosten der Rentner

- Nach SFAS 106 (Employers' Accounting for Postretirement Benefits Other than Pensions) ist für die nach dem 15. 12. 1992 beginnenden Geschäftsjahre eine Rückstellung für postretirement benefits other than pensions, das sind im wesentlichen die Krankheitskosten der Rentner, zu bilden. Für Unternehmen außerhalb der USA begann die Frist 2 Jahre später. Die Rückstellung konnte sofort gebildet werden oder ihre Bildung über die nächsten 20 Jahre verteilt werden. Vor 1993 wurden diese Verpflichtungen erst bei Anfall erfaßt (pay-as-you-go). Die Rückstellung wird ähnlich wie die Pensionsverpflichtungen ermittelt und beinhaltet auch die vermutete Steigerung der Kosten im Gesundheitswesen. Es bestehen ähnliche Angabepflichten im Geschäftsbericht wie bei den Pensionsverpflichtungen.

Sonstige Rückstellungen

- Die Verpflichtung muß wahrscheinlich sein und vernünftig geschätzt werden können; falls es eine Bewertungsbandbreite gibt und alle Schätzungen als gleichwertig zu erachten sind, ist der Mindestbetrag zu passivieren und zu erläutern.
- Falls die Voraussetzungen für eine Rückstellungsbildung nicht vorliegen, aber eine Verpflichtung möglich ist, dann sind die Art der Verpflichtung und der mögliche Verlust in den Notes anzugeben.

Latente Steuern

- Bilanzierungspflicht;
- Der zukünftig geltende Steuersatz ist anzuwenden;
- Aktivierung von erwarteten Steuererstattungen aus der Geltendmachung von steuerlichen Verlustvorträgen ist Pflicht, wobei ggf. eine Wertberichtigung darauf vorzunehmen ist; keine Diskontierung von latenten Steuern; erläuterungspflichtig.

Leasing

- Finanzierungsleasing entsprechend wirtschaftlicher Betrachtungsweise bilanzierungspflichtig;
- Bilanzierungspflichtig beim Leasingnehmer, wenn eine der folgenden Voraussetzungen erfüllt ist:
  - Eigentumsübertragung auf den Leasingnehmer am Ende der Leasingperiode,
  - Leasingvertrag enthält für den Leasingnehmer günstige Kaufoption,
  - Leasingvertrag erstreckt sich über mindestens 75% der Lebensdauer des Leasingobjektes,
  - bei Vertragsabschluß beträgt der Barwert der Leasingzahlungen mindestens 90% des Leasingobjektes.
- Bei einem Sale and lease back-Geschäft ist die Realisierung eines Veräußerungsgewinnes zum Verkaufszeitpunkt nicht möglich. Der Veräußerungsgewinn ist über die Nutzungsdauer oder über die Leasingdauer zu verteilen.
- Es sind umfangreiche Erläuterungen zu machen.

Gewinn- und Verlustrechnung

Zuwendungen der öffentlichen Hand

- Investitionszuschüsse sind über die Nutzungsdauer der Vermögensgegenstände zu verteilen.
- Übrige Zuschüsse sollen im Jahr der entsprechenden Ausgaben in der Gewinn- und Verlustrechnung erfaßt werden.

Forschungs- und Entwicklungskosten

- Forschungs- und Entwicklungskosten sind als Aufwand zu buchen.

Gewinne oder Verluste aus dem Verkauf oder der Aufgabe von Geschäftsbereichen

- Gewinne oder erwartete Verluste aus dem Verkauf oder der Aufgabe von Geschäftsbereichen, deren Aktivitäten, Vermögenswerte und Ergebnisse eindeutig abgegrenzt werden können, müssen gesondert nach Abzug der Ertragsteuern ausgewiesen werden.
- Die Vergleichsinformationen für frühere Perioden sind anzupassen.
- Es bestehen umfangreiche Angabepflichten.

Außerordentliche Aufwendungen und Erträge

- Außerordentliche Aufwendungen und Erträge (extraordinary items) werden saldiert mit der darauf entfallenden Ertragsteuerentlastung oder -belastung in einem Posten ausgewiesen und in den Notes erläutert.
- Als außerordentlich werden Ereignisse bezeichnet, die gleichzeitig ungewöhnlich sind und die selten vorkommen, d.h. die keine Beziehung zu der normalen Geschäftstätigkeit haben und in absehbarer Zeit nicht mehr zu erwarten sind (Beispiele: Folgen von Erdbeben, Enteignungen, neue Gesetze, die die Tätigkeit des Unternehmens betreffen und mit deren Einführung nicht zu rechnen war).
- Aufwendungen und Erträge, die entweder ungewöhnlich (unusual) oder selten (infrequent) sind, sind ohne die darauf entfallenden Ertragsteuern getrennt auszuweisen oder in den Notes anzugeben.

Konzernabschluß

Konsolidierungskreis

- Konsolidierungspflicht besteht für alle Tochterunternehmen, bei denen dem Mutterunternehmen direkt oder indirekt ein beherrschender Einfluß, d.h. in der Regel die Mehrheit der Stimmrechte, zusteht.
- Ein Tochterunternehmen ist nicht in den Konzernabschluß einzubeziehen, wenn
  - der beherrschende Einfluß nur vorübergehend ist (z.B. beabsichtigte Weiterveräußerung eines Tochterunternehmens) oder
  - wesentliche Zweifel an der Fähigkeit des Mutterunternehmens, auf das Tochterunternehmen einen beherrschenden Einfluß auszuüben, bestehen (z.B. Konkurs des Tochterunternehmens oder Tochterunternehmen, die ausländischen Devisenbewirtschaftungs- und/oder Zahlungsbeschränkungen unterliegen).

- Die Möglichkeit, Tochterunternehmen wegen stark abweichender Geschäftstätigkeit nicht einbeziehen zu müssen, wurde 1988 aufgehoben.

Konsolidierungsmethode

- Erwerbsmethode;
- Interessenzusammenführungsmethode (Pooling of interests-Methode), wenn 12 Anwendungsvoraussetzungen erfüllt sind;
- Eine einheitliche Bewertung ist nicht ausdrücklich vorgesehen; eine Anpassung käme nur in Frage, wenn die von einem Tochterunternehmen angewandten Bilanzierungsmethoden keine »fair presentation« wären und nicht den GAAP entsprechen würden.

Geschäfts- oder Firmenwert

- Aktivierungspflicht;
- Abschreibungspflicht über höchstens 40 Jahre;
- Bei einem Unternehmenskauf werden einzeln bewertbare immaterielle Vermögensgegenstände gesondert bewertet.
- Proportionale Reduzierung des Anlagevermögens mit Ausnahme der marktgängigen Wertpapiere; ein evtl. verbleibender negativer Unterschiedsbetrag ist über höchstens 40 Jahre abzuschreiben.

Equity-Bewertung

- Beteiligungen, die einen maßgeblichen Einfluß auf die Geschäfts- und Firmenpolitik gewähren, und Gemeinschaftsunternehmen sind nach der Equity-Methode zu bewerten.
- Ein maßgeblicher Einfluß wird bei einem Stimmrecht von mindestens 20% angenommen.
- Die Equity-Bewertung wird im Einzelabschluß für alle Beteiligungen angewandt, so daß normalerweise im Einzelabschluß und im Konzernabschluß dasselbe Eigenkapital und dasselbe Ergebnis ausgewiesen werden.

Währungsumrechnung

- Funktionsspezifische Umrechnung (Konzept der funktionalen Währung);
- Falls eine Fremdwährung die funktionsspezifische Währung des Tochterunternehmens ist, sind die sich ergebenden bilanziellen Währungsumrechnungsdifferenzen (bei den wirtschaftlich selbständigen ausländischen Tochterunternehmen) erfolgsneutral in einem Sonderposten des Eigenkapitals auszuweisen, dessen Saldo bei Liquidation oder Verkauf des ausländischen Tochterunternehmens mit dem Gewinn oder Verlust aus dem Abgang des Tochterunternehmens auszuweisen ist.
- Falls der US$ die funktionsspezifische Währung ist, sind die sich aufgrund der Zeitbezugsmethode ergebenden Umrechnungsdifferenzen in der Gewinn- und Verlustrechnung zu erfassen.
- In Hochinflationsländern (kumulative Preissteigerungsrate innerhalb drei Jahren beträgt mindestens 100%) ist nicht die lokale Währung, sondern die Währung des Mutterunternehmens als funktionsspezifische Währung anzusehen; die Umrechnungsdifferenzen sind in der Gewinn- und Verlustrechnung des Mutterunternehmens zu erfassen.

Abkürzungsverzeichnis

ADS	Adler/Düring/Schmaltz
AG	Die Aktiengesellschaft
AICPA	American Institute of Certified Public Accountants
AktG	Aktiengesetz
APB	Accounting Principles Board des AICPA
ARB	Accounting Research Bulletins
Aufl.	Auflage
BB	Betriebs-Berater
BBK	Betrieb und Rechnungswesen
BeBiKo	Beck'scher Bilanzkommentar
BetrAVG	Gesetz zur Verbesserung der betrieblichen Altersversorgung vom 18. 12. 1974
BFH	Bundesfinanzhof
BFuP	Betriebswirtschaftliche Forschung und Praxis
BiRiLiG	Bilanzrichtlinien-Gesetz vom 19. 12. 1985
BMF	Bundesminister der Finanzen
BStBl.	Bundessteuerblatt
CAP	Committee on Accounting Procedure des AICPA
DB	Der Betrieb
DBW	Die Betriebswirtschaft
Diss.	Dissertation
DMBilG	D-Markbilanzgesetz
DRSC	Deutsches Rechnungslegungs Standards Committee e. V.
DStR	Deutsches Steuerrecht
EGHGB	Einführungsgesetz zum Handelsgesetzbuch
EStDV	Einkommensteuer-Durchführungsverordnung
EStG	Einkommensteuergesetz
EStR	Einkommensteuer-Richtlinien
FASB	Financial Accounting Standards Board
FAZ	Frankfurter Allgemeine
GAAP	Generally Accepted Accounting Principles
GmbH	Gesellschaft mit beschränkter Haftung
GmbHG	Gesetz betreffend die Gesellschaften mit beschränkter Haftung
GoB	Grundsätze ordnungsmäßiger Buchführung
HFA	Hauptfachausschuß des Instituts der Wirtschaftsprüfer
HGB	Handelsgesetzbuch
hrsg.	herausgegeben
Hrsg.	Herausgeber
HWR	Handwörterbuch des Rechnungswesens
IAS	International Accounting Standard
IASC	International Accounting Standards Committee

IDW	Institut der Wirtschaftsprüfer
INF	Die Information über Steuer und Wirtschaft
i. V. m.	In Verbindung mit
IWB	Internationale Wirtschafts-Briefe
KapCoRiLiG	Kapitalaufnahmeerleichterungsgesetz
KonTraG	Gesetz zur Kontrolle und Transparenz im Unternehmensbereich
krp	Kostenrechnungspraxis
KSt	Körperschaftsteuer
KStG	Körperschaftsteuergesetz
NWB	Neue Wirtschafts-Briefe
PdR	Praxis des Rechnungswesens
PublG	Gesetz über die Rechnungslegung von bestimmten Unternehmen und Konzernen (Publizitätsgesetz) vom 15. 8. 1969
RIW	Recht der Internationalen Wirtschaft
S.	Seite
SEC	Securities and Exchange Commission
SFAS	Statement of Financial Accounting Standards
Sp.	Spalte
StB	Der Steuerberater
StuW	Steuer und Wirtschaft
TDM	Tausend Deutsche Mark
WiSt	Wirtschaftswissenschaftliches Studium
WiSu	Das Wirtschaftsstudium
WPg	Die Wirtschaftsprüfung
WPK	Wirtschaftsprüferkammer
ZfB	Zeitschrift für Betriebswirtschaft
ZfbF	Zeitschrift für betriebswirtschaftliche Forschung
ZfhF	Zeitschrift für handelswissenschaftliche Forschung
ZGR	Zeitschrift für Unternehmens- und Gesellschaftsrecht

Literaturverzeichnis

Adler/Düring/Schmaltz: Rechnungslegung und Prüfung der Unternehmen, Kommentar. 6. Aufl., 10 Teillieferungen, Stuttgart 1995–2000

Ahlert, Dieter/Franz, Klaus-Peter/Göppl, Hermann (Hrsg.): Finanz- und Rechnungswesen als Führungsinstrument, Herbert Vormbaum zum 65. Geburtstag. Wiesbaden 1990

Albach, Horst: »Finanzierungsregeln« und Kapitalstruktur der Unternehmung. In: Finanzierungshandbuch, hrsg. von F. Wilhelm Christians. 2., völlig überarb. und erw. Aufl., Wiesbaden 1988, S. 599–626

Albach, Horst/Klein, Günter: Harmonisierung der Rechnungslegung in Europa. Die Umsetzung der 4. EG-Richtlinie in das nationale Recht der Mitgliedstaaten der EG. Ein Überblick. Wiesbaden 1988

Albach, Horst/Klein, Günter (Hrsg.): Harmonisierung der Konzernrechnungslegung in Europa. Wiesbaden 1990

Alewell, Karl: Die Bilanzierung von Werbeinvestitionen. In: ZfB, 34. Jg. (1964), S. 516–530

Alexander, David/Archer, Simon: European Accounting Guide. Third edition, San Diego u. a. 1998

Alsheimer, Herbert: Das den tatsächlichen Verhältnissen entsprechende Bild der Vermögens, Finanz- und Ertragslage. In: RIW, Heft 8/1992, S. 645–647

Arbeitskreis »Externe Unternehmensrechnung« der Schmalenbach-Gesellschaft – Deutsche Gesellschaft für Betriebswirtschaft e. V.: Ergebnis je Aktie. In: ZfbF, 40. Jg. (1988), S. 138–148

Arbeitskreis »Externe Unternehmensrechnung« der Schmalenbach-Gesellschaft – Deutsche Gesellschaft für Betriebswirtschaft e. V.: Empfehlungen zur Vereinheitlichung von Kennzahlen in Geschäftsberichten. In: DB, 49. Jg. (1996), S. 1989 – 1994

Arbeitskreis »Rechnungslegungsvorschriften der EG-Kommission« der Gesellschaft für Finanzwirtschaft in der Unternehmensführung e. V. (GEFIU): Thesen zu ausgewählten Problemen bei der Anwendung des Bilanzrichtlinien-Gesetzes. In: DB, 39. Jg. (1986), S. 1985–1988, 2553–2556

Arbeitskreis »Rechnungslegungsvorschriften der EG-Kommission« der Gesellschaft für Finanzwirtschaft in der Unternehmensführung e. V. (GEFIU) zum Arbeitspapier des Accounting Advisory Forums der EG-Kommission vom Juli 1992: Währungsumrechnung im Einzel- und Konzernabschluß. In: DB, 46. Jg. (1993), S. 745–748

Arbeitskreis Weltabschlüsse der Schmalenbach-Gesellschaft – Deutsche Gesellschaft für Betriebswirtschaft e. V.: Aufstellung internationaler Konzernabschlüsse. Wiesbaden 1979

Aron, Paul H.: Japanese P/E Ratios in an Environment of Increasing Uncertainty. In: Handbook of International Accounting, hrsg. von Frederick D. S. Choi, New York u. a. 1991, Chapter 8

Arpan, Jeffrey S./Radebaugh, Lee H.: International Accounting and Multinational Enterprises. 2nd edition, New York u. a. 1985

Arthur Andersen's International Professional Standards Group: GAAP Analysis, 1997 Edition. 1997

Aschfalk, Bernd/Hellfors, Sven/Marettek, Alexander (Hrsg.): Unternehmensprüfung und -beratung. Festschrift zum 60. Geburtstag von Bernd Hartmann. Freiburg i. Br. 1976

Auer, Kurt V. (Hg.): Die Umstellung der Rechnungslegung auf IAS/US-GAAP. Erfahrungsberichte. Wien, Frankfurt 1998

Baden, Kay: Wie es euch gefällt. In: manager magazin, Juni 1992, S. 130–141

Baetge, Jörg (Hrsg.): Der Jahresabschluß im Widerstreit der Interessen. Düsseldorf 1983

Baetge, Jörg (Hrsg.): Das neue Bilanzrecht – Ein Kompromiß divergierender Interessen? Düsseldorf 1985

Baetge, Jörg (Hrsg.): Rechnungslegung und Prüfung nach neuem Recht. Düsseldorf 1987

Baetge, Jörg: Bilanzanalyse und Bilanzpolitik – Vorträge und Diskussionen zum neuen Recht. Düsseldorf 1989

Baetge, Jörg: Möglichkeiten der Früherkennung negativer Unternehmensentwicklungen mit Hilfe statistischer Jahresabschlußanalysen. In: ZfbF, 41. Jg. (1989), S. 792–811

Baetge, Jörg (Hrsg.): Konzernrechnungslegung und -prüfung. Düsseldorf 1990

Baetge, Jörg (Hrsg.): Rechnungslegung, Finanzen, Steuern und Prüfung in den neunziger Jahren – eine Vortragsreihe. Düsseldorf 1990

Baetge, Jörg (Hrsg.): Probleme der Umstellung der Rechnungslegung in der DDR – Vorträge und Diskussionen zum neuen Recht. Düsseldorf 1991

Baetge, Jörg (Hrsg.): Rechnungslegung und Prüfung. Düsseldorf 1992

Baetge, Jörg: Harmonisierung der Rechnungslegung – haben die deutschen Rechnungslegungsvorschriften noch eine Chance? In: Internationalisierung der Wirtschaft, hrsg. von der Schmalenbach-Gesellschaft – Deutsche Gesellschaft für Betriebswirtschaft e. V., Stuttgart 1993

Baetge, Jörg (Hrsg.): Rechnungslegung und Prüfung – Perspektiven für die neunziger Jahre. Düsseldorf 1993

Baetge, Jörg (Hrsg.): Die deutsche Rechnungslegung vor dem Hintergrund internationaler Entwicklungen. Düsseldorf 1994

Baetge, Jörg: Bilanzen. 4., überarb. Aufl., Düsseldorf 1996

Baetge, Jörg: Konzernbilanzen. 3., erw. und überarb. Aufl., Düsseldorf 1997

Baetge, Jörg: Bilanzanalyse. Düsseldorf 1998

Baetge, Jörg (Hrsg.): Auswirkungen des KonTraG auf Rechnungslegung und Prüfung. Düsseldorf 1999

Baetge, Jörg/Apelt, Bernd: Publizität kleiner und mittelständischer Kapitalgesellschaften und Harmonisierung der Rechnungslegung. In: BFuP, 44. Jg. (1992), S. 393–411

Baetge, Jörg/Beermann, Thomas: Vergleichende Bilanzanalyse von Abschlüssen nach IAS/US-GAAP und HGB. In: BB, 55. Jg. (2000), S. 2088–2094

Baetge, Jörg/Beuter, Hubert B./Feidicker, Markus: Kreditwürdigkeitsprüfung mit Diskriminanzanalyse. In: WPg, 45. Jg. (1992), S. 749–761

Baetge, Jörg/Fischer, Thomas R.: Externe Erfolgsanalyse auf der Grundlage des Umsatzkostenverfahrens. In: BFuP, 40. Jg. (1988), S. 1–21

Baetge, Jörg/Grünewald, Andreas: Überblick über das D-Markbilanzgesetz. In: NWB, Nr. 44 vom 29. 10. 1990, S. 3409–3420

Baetge, Jörg/Huß, Michael/Niehaus, Hans-Jürgen: Die statistische Auswertung von Jahresabschlüssen zur Informationsgewinnung bei der Abschlußprüfung. In: WPg, 39. Jg. (1986), S. 605–613

Baetge, Jörg/Huß, Michael/Niehaus, Hans-Jürgen: Neue Methoden der Jahresabschlußanalyse für die Abschlußprüfung. Anmerkungen zu den Beiträgen von Neubert und Weinreich. In: WPg, 40. Jg. (1987), S. 351–353

Baetge, Jörg/Jerschensky, Andreas: Beurteilung der wirtschaftlichen Lage von Unternehmen mit Hilfe von modernen Verfahren der Jahresabschlußanalyse – Bilanzbonitäts-Rating von Unternehmen mit Künstlichen Neuronalen Netzen. In: DB, 49. Jg. (1996), S. 1581–1591

Baetge, Jörg/Paskert, Dierk/Stibi, Bernd: Bilanzpolitik in den Jahresabschlüssen nach der DM-Eröffnungsbilanz. In: DB, 44. Jg. (1991), S. 397–400

Ballwieser, Wolfgang: Die Analyse von Jahresabschlüssen nach neuem Recht. In: WPg, 40. Jg. (1987), S. 57–68

Bartram, Werner: Einblick in die Finanzlage eines Unternehmens aufgrund seiner Jahresabschlüsse. In: DB, 42. Jg. (1989), S. 2389–2395

Baumann, Karl Hermann: Die Segment-Berichterstattung im Rahmen der externen Finanzpublizität. In: In Bilanz- und Konzernrecht, Reinhard Goerdeler zum 65. Geburtstag, hrsg. von Hans Havermann, Düsseldorf 1987

Bayerlein, Klaus Peter/Kunert, Manfred: Zukunftsorientierte kennzahlenunterstützte Unternehmensanalyse. In: Betriebswirtschaftliche Blätter, 39. Jg. (1990), S. 388–393

Beaver, William H.: Financial Ratios as Predictors of Failure. In: Empirical Research in Accounting: Selected Studies 1966, Supplement to Volume 4 of the Journal of Accounting Research, Baltimore 1967

Beaver, William H.: Zur Effizienz des Kapitalmarkts: Gegenwärtiger Stand der Forschung. In: BFuP, 35. Jg. (1983), S. 344–358

Becker, Raimund J.: Beurteilung der Sanierungsfähigkeit. In: DB, 41. Jg. (1988), S. 561–566

Becker, Wolfgang: Konzernrechnungslegung. Handelsrechtliche Grundlagen. Wiesbaden 1989

Becker, Wolfgang: Abgrenzung latenter Steuern im Rahmen der Konzernrechnungslegung. In: DB, 44. Jg. (1991), S. 1737–1742

Beermann, Klaus: Prognosemöglichkeiten von Kapitalverlusten mit Hilfe von Jahresabschlüssen. Diss., Düsseldorf 1975

Beine, Frank/Porstmann, Mark: Überleitung vom HGB-Abschluß zu US-GAAP Statements. In: BB, 53. Jg. (1998), S. 995–1001

Beisse, Heinrich: Die Generalnorm des neuen Bilanzrechts und ihre steuerrechtliche Bedeutung. In: Handelsbilanz und Steuerbilanz. Band 2, Wiesbaden 1989, S. 15–31

Beisse, Heinrich: Grundsatzfragen der Auslegung des neuen Bilanzrechts. In. BB, 44. Jg. (1990), S. 2007–2012

Bender, Jürgen: Wertschöpfungsrechnungen als Instrument der erfolgswirtschaftlichen Bilanzanalyse. In: DStR, 29. Jg. (1991), S. 1601–1609

Benes, Daniel M.: Quantitative Analyse österreichischer Konzernabschlüsse 1994. Wien 1997

Benzel, Wolfgang/Wolz, Eduard: Jahresabschluß und Bilanzen verstehen. Risiken erkennen – Potentiale ausschöpfen. Mit kommentierten Beispielen. Regensburg, Düsseldorf 1998

Berger, Karl-Heinz: Leasing-Bilanzierung und Bilanzanalyse. In: Unternehmensprüfung und -beratung. Festschrift zum 60. Geburtstag von Bernhard Hartmann, hrsg. von Bernd Aschfalk, Sven Hellfors, Alexander Marettek, Freiburg i. Br. 1976, S. 193–204

Bernstein, Leopold A./Wild, John J.: Financial Statement Analysis – Theory, Application, and Interpretation. Sixth Edition, Boston/Mass. u. a. 1997

Berschin, Herbert H.: Bilanzen lesen und richtig interpretieren. Was der Jahresabschluß über die Lage eines Unternehmens verrät. Heidelberg 1981

Berschin, Herbert H.: Kennzahlen für die betriebliche Praxis. Wiesbaden 1980

Bertschinger, Peter: Das neue schweizerische Aktienrecht – Auswirkungen auf Rechnungslegung und Prüfung im Einzel- und Konzernabschluß. In: WPg, 45. Jg. (1992), S. 65–73

Bertschläger, Peter: Praxis der Schweizer Konzernrechnungslegung. In: DBW, 50. Jg. (1990), S. 199–203

Bethmann, Andreas: Zeitliche Reichweite der nach dem DMBilG gebildeten Sonderposten – Anwendung des DMBilG auf Jahresabschlüsse im Jahr 2000? In: DB, 44. Jg. (1991), S. 2297–2300

Bethmann, Andreas: Aufstellung der auf die D-Markeröffnungsbilanz folgenden Jahresabschlüsse – Anmerkungen zu den Verpflichtungen, die die Treuhandanstalt ihren Unternehmen auferlegt. In: DB, 45. Jg. (1992) S. 2305–2308

Bieg, Hartmut/Regnery, Peter: Bemerkungen zur Grundkonzeption einer aussagefähigen Konzern-Kapitalflußrechnung. In: BB, Beilage 6 zu Heft 11/1993

Biener, Herbert: Die Möglichkeiten und Grenzen berufsständischer Empfehlungen zur Rechnungslegung. In: Bilanz- und Konzernrecht, Reinhard Goerdeler zum 65. Geburtstag, hrsg. von Hans Havermann, Düsseldorf 1987

Biener, Herbert: Die negativen Aspekte der Harmonisierung. In. Rechnungslegung und Prüfung – Perspektiven für die neunziger Jahre, hrsg. von Jörg Baetge, Düsseldorf 1993, S. 171–189

Bitz, Horst: Risikomanagement nach KonTraG. Stuttgart 2000

Bitz, Michael/Schneeloch, Dieter/Wittstock, Wilfried: Der Jahresabschluß. 3. Aufl., München 2000

Black, Andrew/Wright, Philip/Bachman, John E./Price Waterhouse: Shareholder Value für Manager. Konzepte und Methoden zur Steigerung des Unternehmenswertes. Frankfurt/M., New York 1998

Blättchen, Wolfgang/Kienast, Philippe: Der Einfluß des Nouveau Plan Comptable revisé 1982 auf die Bilanzanalyse. In: WPg, 37. Jg. (1984), S. 97–105

Bleier, Ernst: Unternehmensanalyse aus dem Jahresabschluß. Risikoklassifikation mit Hilfe von Diskriminanzfunktionen. Wien 1989

Blochwitz, Stefan/Eigermann, Judith: Unternehmensbeurteilung durch Diskriminanzanalyse mit qualitativen Merkmalen. In: ZfbF, 52. Jg. (2000), S. 58–73

Blüthmann, Heinz: Reiz der Reserven. Konzerne verstecken gern einen Teil ihrer Gewinne. In: Die Zeit, 17. August 1990

Bötzel, Stefan: Diagnose von Konzernkrisen. Köln 1993

Born, Karl: Arbeitsmappe Unternehmensanalyse und Unternehmensbewertung. Stuttgart 1991

Born, Karl: Unternehmensanalyse und Unternehmensbewertung. Stuttgart 1995

Born, Karl: Rechnungslegung international. Konzernabschlüsse nach IAS, US-GAAP HGB und EG-Richtlinien. 2., aktualisierte, überarbeitete und erweiterte Aufl., Stuttgart 1999

Braatz, Frank: Besonderheiten der künftigen Rechnungslegung im Beitrittsgebiet aufgrund des DMBilG. In: DB, 45. Jg. (1992), S. 1149–1155

Braun, Alfred: Weisen wir in den Bilanzen den richtigen Gewinn aus? In: STuW 1987, S. 214–216

Braune/Streck: Praktische Methoden der Bilanzanalyse und Bilanzkritik. Landsberg am Lech 1981

Briese, Ulrich: Rückstellungen für drohende Verluste aus Lieferverpflichtungen. In: DB, 27. Jg. (1974), S. 2361–2365

Bringmann, Ernst-Rainer/Sandbaumhüter, Norbert: Bilanzanalyse nach den neuen EG-Richtlinien mit MULTIPLAN. Wiesbaden 1989

Brooks, Jermyn Paul/Mertin, Dietz: Neues deutsches Bilanzrecht. Deutsch-englische Textausgabe mit Erläuterungen. 3. Aufl., Düsseldorf 1996

Bucher, Jürgen H.: Zu den inflationsbedingten Fehlern der Anschaffungswertbilanz. In: ZfB, 55. Jg. (1985), S. 495–514

Buchmann, Peter: Das Testat des Wirtschaftsprüfers – Was ist es wirklich wert? Was läßt sich verbessern? In: Der Langfristige Kredit, 22/96, S. 9–16

Buchner, Robert: Bilanzanalyse und Bilanzkritik. In: HWR, Sp. 218–228, Stuttgart 1970

Buchner, Robert: Grundzüge der Finanzanalyse. München 1981

Budde, Wolfgang Dieter: Das Verhältnis des »True and Fair View« zu den Grundsätzen ordnungsmäßiger Buchführung und zu den Einzelrechnungslegungsvorschriften. In: Einzelabschluß und Konzernabschluß, Band 1, hrsg. von Winfried Mellwig, Adolf Moxter, Dieter Ordelheide. Wiesbaden 1988, S. 27–45

Budde, Wolfgang Dieter/Clemm, Hermann/Ellroth, Helmut/Förschle, Gerhart/Hoyos, Martin (Hrsg.): Beck'scher Bilanz-Kommentar. Der Jahresabschluß nach Handels- und Steuerrecht. 4., völlig neu bearbeitete Aufl., München 1999

Bühner, Rolf: Das Management-Wert-Konzept. Strategien zur Schaffung von mehr Wert im Unternehmen. Stuttgart 1990

Bühner, Rolf (Hrsg.): Der Shareholder-Value-Report. Erfahrungen, Ergebnisse, Entwicklungen. Landsberg/Lech 1994

Bühner, Rolf/Sulzbach, Klaus (Hrsg.): Wertorientierte Steuerungs- und Führungssysteme. Shareholder Value in der Praxis. Stuttgart 1999

Büschgen, Hans E.: Wertpapieranalyse. Stuttgart 1966

Büschgen, Hans E.: Die Bedeutung des Verschuldungsgrades einer Unternehmung für die Aktienbewertung und seine Berücksichtigung im Aktienbewertungsmaßstab. In: Beiträge zur Aktienanalyse 4/1966 der DVFA

Büschgen, Hans E.: Problematik externer Gewinnschätzungen bei Aktienanalysen. In: Handelsblatt, 12. Oktober 1971

Büschgen, Hans E.: Liegt der optimale Verschuldungsgrad bei 100%? In. ZfB, 48. Jg. (1978), S. 999–1006

Büschgen, Hans E./Everling, Oliver (Hrsg.): Handbuch Rating. Wiesbaden 1996

Büttner, Ulrich/Dräger, Uwe u. a.: Expertensysteme zur Jahresabschlußanalyse für mittlere und kleine Unternehmen. In: ZfB, 58. Jg. (1988), S. 229–251

Bundesanzeiger (Hrsg.): Die Publizitätspflicht multinationaler Unternehmen. Erläuterungen zu den Leitsätzen der OECD. Köln 1991

Burgard, Horst: Empirische Bilanzforschung in der Praxis. In: BFuP, 35. Jg. (1983), S. 303–320

Burgard, Horst: Bilanzanalyse aus Sicht der Kreditinstitute. In: DStR, 29. Jg. (1991), S. 291–294, 324–327

Burger, Anton: Jahresabschlußanalyse. München, Wien 1995

Busse von Colbe, Walther: Aufbau und Informationsgehalt von Kapitalflußrechnungen. In: ZfB, 1. Ergänzungsheft, 36. Jg. (1966), S. 82–114

Busse von Colbe, Walther: Kapitalflußrechnungen als Berichts- und Planungsinstrument. In: »Schriften zur Unternehmensführung«, Band 6/7, Wiesbaden 1986, S. 9–28

Busse von Colbe, Walther: Entsprechen die neueren Regelungen für die Umrechnung ausländischer Abschlüsse zur Aufstellung von Weltbilanzen den Grundsätzen ordnungsmäßiger Buchführung? In: Der Wirtschaftsprüfer im Schnittpunkt nationaler und internationaler Entwicklungen. Festschrift zum 60. Geburtstag von Klaus v. Wysocki, hrsg. von Gerhard Gross, Düsseldorf 1985

Busse von Colbe, Walther: Der Konzernabschluß als Bemessungsgrundlage für die Gewinnverwendung. In: Bilanz- und Konzernrecht, Reinhard Goerdeler zum 65. Geburtstag, hrsg. von Hans Havermann, Düsseldorf 1987

Busse von Colbe, Walther: Die neuen Rechnungslegungsvorschriften aus betriebswirtschaftlicher Sicht. In: WPg, 40. Jg. (1987), S. 117–126 und in: ZfbF, 39. Jg. (1987), S. 191–205

Busse von Colbe, Walther/Becker, Winfried/Berndt, Helmut/Geiger, Klaus M./Haase, Heidrun/Schellmoser, Friedrich/Schmitt, Günter/Seeberg, Thomas/Wysocki, Klaus v. (Hrsg.): Ergebnis je Aktie nach DVFA/SG. Gemeinsame Empfehlung der DVFA und der Schmalenbach-Gesellschaft zur Ermittlung eines von Sondereinflüssen bereinigten Jahresergebnisses je Aktie. 3., grundlegend überarbeite Aufl., Stuttgart 2000

Busse von Colbe, Walther/Chmielewicz, Klaus: Das neue Bilanzrichtlinien-Gesetz. In: DBW, 46. Jg. (1986), S. 289–347

Busse von Colbe, Walther/Chmielewicz, Klaus/Gaugler, Eduard/Laßmann, Gert (Hrsg.): Betriebswirtschaftslehre in Japan und Deutschland: Unternehmensführung, Rechnungswesen und Finanzierung. Stuttgart 1988

Busse von Colbe, Walther/Lutter, Marcus (Hrsg.): Die Rechnungslegung in den Ländern der Europäischen Gemeinschaft und in den USA. Arbeitsbericht Nr. 7 des Instituts für Unternehmensführung und Unternehmensforschung der Ruhr-Universität Bochum. 2. Aufl., Bochum 1978

Busse von Colbe, Walther/Müller, Eberhard (Hrsg.): Planungs- und Kontrollrechnung im internationalen Konzern. Düsseldorf, Frankfurt 1984

Busse von Colbe, Walther/Ordelheide, Dieter: Konzernabschlüsse. Rechnungslegung für Konzerne nach betriebswirtschaftlichen Grundsätzen und gesetzlichen Vorschriften. Mit Text und Erläuterung der 7. EG-Richtlinie. 6., vollständig neu bearbeitete Aufl., Wiesbaden 1993

C&L Deutsche Revision (Hrsg.): Konzernabschlüsse '95: Ausweis – Gestaltung – Berichterstattung. Ergebnisse einer Untersuchung von 100 großen Konzernen. Düsseldorf 1997

Chmielewicz, Klaus: Anmerkungen zum Umsatzkostenverfahren. In: DBW, 47. Jg. (1987), S. 165–176

Chmielewicz, Klaus: Gesamt- und Umsatzkostenverfahren der Gewinn- und Verlustrechnung im Vergleich. In: DBW, 50. Jg. (1990), S. 27–45

Chmielweicz, Klaus/Schweitzer, Marcell (Hrsg.): Handwörterbuch des Rechnungswesens. 3., völlig neu gestaltete und ergänzte Aufl., Stuttgart 1993

Choi, Frederick D. S. (Hrsg.): International Accounting and Finance Handbook. Second Edition, New York u. a. 1997

Choi, Frederick D. S./Levich, Richard M.: International Accounting Diversity and Capital Market Decisions. In: Handbook of International Accounting, hrsg. von Frederick D. S. Choi, New York u. a. Chapter 7

Choi, Frederick D. S./Mueller, Gerhard G.: International Accounting. 2nd edition, Englewood Cliffs/New Jersey 1992

Christians, F. Wilhelm (Hrsg.): Finanzierungshandbuch. 2., völlig überarb. und erw. Aufl., Wiesbaden 1988

Cisch, Theodor B.: Neue Bundesländer: Pensionsrückstellungen für Zusatzrenten aufgrund der Anordnung vom 9. 3. 1954. In: DB, 44. Jg. (1991), S. 2301–2302

Clemm, Hermann: Bilanzpolitik und Ehrlichkeits-(»true and fair view«-)Gebot. In: WPg, 42. Jg. (1989), S. 375–366

Clemm, Hermann: Jahresbilanzen – ein Gemisch von Wahrheit und Dichtung? In: DStR, 28. Jg. (1990), S. 780–783

Coenenberg, Adolf G.: Inflationsbereinigte Rechnungslegung – Diskussionsstand in Deutschland. In: AG, 20. Jg. (1975) Nr. 5, S. 113–120

Coenenberg, Adolf G.: Der Jahresabschluß deutscher und japanischer Kapitalgesellschaften – Grundlagen für einen Vergleich deutscher und japanischer Rechnungslegungskonventionen nach Verabschiedung des Bilanzrichtlinien-Gesetzes. In: Betriebswirtschaftslehre in Japan und Deutschland, hrsg. von Walther Busse von Colbe, Klaus Chmielewicz, Eduard Gaugler, Gert Laßmann, Stuttgart 1988, S. 57–90

Coenenberg, Adolf G.: Externe Ergebnisquellenanalyse für große Kapitalgesellschaften nach dem HGB 1985. In: Unternehmungserfolg, Planung – Ermittlung – Kontrolle, Walther Busse von Colbe zum 60. Geburtstag, hrsg. von Michel Domsch, Franz Eisenführ, Dieter Ordelheide, Manfred Perlitz. Wiesbaden 1988, S. 89–106

Coenenberg, Adolf G. (Hrsg.): Bilanzanalyse nach neuem Recht. Landsberg am Lech 1989

Coenenberg, Adolf G. Unter Mitarb. von Manuel Alvarez...: Jahresabschluß und Jahresabschlußanalyse. Betriebswirtschaftliche, handelsrechtliche, steuerrechtliche und internationale Grundlagen – HGB, IAS, US-GAAP. 17., völlig neu bearbeitete und erweiterte Aufl., Landsberg/Lech 2000

Coenenberg, Adolf/Schmidt, Franz: Umsatzüberschuß und Kapitalflußrechnung als Instrumente der finanzwirtschaftlichen Bilanzanalyse. In: BFuP, 28. Jg. (1976), S. 416–439

Coenenberg, Adolf G./Schmidt, F./Werhand, M.: Bilanzpolitische Entscheidungen und Entscheidungswirkungen in manager- und eigentümerkontrollierten Unternehmen. In: BFuP, 35. Jg. (1983), S. 321–343

Coopers & Lybrand: International Accounting Summaries – A Guide for Interpretation and Comparison. Second edition, New York u. a. 1993

Copeland, Tom/Koller, Tim/Murrin, Jack: Unternehmenswert. Methoden und Strategien für eine wertorientierte Unternehmensführung. Frankfurt/M., New York 1993

Csik, Andreas/Schneck, Albin: Fremdwährungsumrechnung in einem Weltabschluß. In: WPg, 36. Jg. (1983), S. 293–299, 329–338, 361–368

Daimler-Benz AG: Das Geschäftsjahr 1989. Stuttgart 1990

Daimler-Benz AG: Das Geschäftsjahr 1992. Stuttgart 1993

Damant, David: Accounting Standards: Europe and the World. In: European Accounting Focus, may 1989, S. 14–15

Dellmann, Klaus: Kapitalflußrechnungen – eine Bestandsaufnahme. In: DBW, 47. Jg. (1987), S. 471–489

Dellmann, Klaus: Renaissance des Cash Flow. Anmerkungen zum Statement of Financial Accounting Standards No. 95 – Statement of Cash Flows. In: BB, 43. Jg. (1988), S. 1630–1634

Deutsche Bundesbank: Monatsbericht Januar 1999

Deutsche Treuhand-Gesellschaft (Hrsg.): Betriebliche Altersversorgung und Jahresabschluß. Grundlagen – Gestaltungsmöglichkeiten – Belastungsvergleiche. Düsseldorf 1987

Deutsche Vereinigung für Finanzanalyse und Anlageberatung (DVFA), Kommission zur Bildung eines einheitlichen Gewinnbegriffes: Empfehlung zur Bildung eines einheitlichen Gewinnbegriffes zur Erleichterung der vergleichenden Aktienbeurteilung. In: Beiträge zur Aktienanalyse, Heft 7/1968 der DVFA

Deutsche Vereinigung für Finanzanalyse und Anlageberatung (DVFA), Publizitätskommission: Arbeitsschema und Erläuterungen zur Ermittlung des Ergebnisses nach DVFA. In: Beiträge zur Aktienanalyse, Heft 13/1975 der DVFA

Deutsche Vereinigung für Finanzanalyse und Anlageberatung (DVFA), Publizitätskommission: Arbeitsschema und Erläuterungen zur Ermittlung des Ergebnisses nach DVFA. 3. aktualisierte Fassung unter Berücksichtigung der Körperschaftsteuerreform 1977. In: Beiträge zur Aktienanalyse, Heft 18/1979 der DVFA

Deutsche Vereinigung für Finanzanalyse und Anlageberatung (DVFA), Kommission für Methodik der Finanzanalyse. Arbeitsschema und Erläuterungen zur Ermittlung des Ergebnisses nach DVFA. In: Beiträge zur Wertpapieranalyse, Heft 24/1987 und 24/II/1988 der DVFA

Dicken, André Jacques: Kreditwürdigkeitsprüfung. 2., durchgesehene Aufl., Berlin 1999

Dinter, Hans: Die Bewertung von Pensionsverpflichtungen nach dem Bilanzrichtlinien-Gesetz. In: AG, 31. Jg. (1986) S. 218–223

Döllerer, Georg: Grundsätze ordnungswidriger Bilanzierung – Systematische Fehler in Bilanzen. In: BB, 37. Jg. (1982), S. 777–781

Dörner, Dietrich: Wann und für wen empfiehlt sich das Umsatzkostenverfahren. In: WPg, 40. Jg. (1987), S. 154–159

Dörner, Dietrich/Menold, Dieter/Pfitzer, Norbert (Hrsg.): Reform des Aktienrechts, der Rechnungslegung und Prüfung. KonTraG – KapAEG – EuroEG – StückAG. Stuttgart 1999

Domsch, Michel/Eisenführ, Franz/Ordelheide, Dieter/Perlitz, Manfred (Hrsg.): Unternehmenserfolg, Planung – Ermittlung – Kontrolle, Walther Busse von Colbe zum 60. Geburtstag, Wiesbaden 1988

Drukarczyk, Jochen: Zur Brauchbarkeit der Konzeption des »ökonomischen Gewinns«. In: WPg, 26. Jg. (1973), S. 183–188

Dusemond, Michael: Quotenkonsolidierung versus Equity-Methode – Kritische Analyse der Vorteilhaftigkeit anhand praxisrelevanter Kennzahlen. In: DB, 50. Jg. (1997), S. 1781 – 1785

Ehleben, Hansjochen: Ein Gütesiegel auf Abwegen? Betrachtungen zur Wirtschaftsprüfung. In: Der Langfristige Kredit, 22/96, S. 17 – 20

Ehrbar, Al: Economic Value Added – EVA. Der Schlüssel zur wertsteigernden Unternehmensführung. Wiesbaden 1999

Eidel, Ulrike: Moderne Verfahren der Unternehmensbewertung und Performance-Messung. Kombinierte Analysemethoden auf der Basis von US-GAAP-, IAS- und HGB-Abschlüssen. Herne, Berlin 1999

Eisolt, Dirk: Unterschiede in der Bilanzierung und Bewertung von Kapitalgesellschaften in Deutschland und Großbritannien. In: DB, 39. Jg. (1986), S. 1237–1241

Eisolt, Dirk: Die rechtlichen Grundlagen der amerikanischen Konzernrechnungslegung. In: AG 5/1993, S. 209–232

Eisolt, Dirk: Der Konzernabschluß in Deutschland und den USA. Vergleichende Darstellung der Vorschriften über Inhalt, Form, Ansatz und Bewertung. In: RIW, Heft 4/1993, S. 309–319

Elkart, Wolfgang/Pfitzer, Norbert (Hrsg.: Schitag Ernst & Young Gruppe): D-Markeröffnungsbilanz und Folgeabschlüsse. Heidelberg 1991

Engel-Bock, Jürgen: Bilanzanalyse leicht gemacht. Eine Arbeitshilfe für Betriebsräte, Wirtschaftsausschußmitglieder und Arbeitnehmervertreter in Aufsichtsräten. Köln 1990

Engels, Wolfram: Bilanzwert. In: Wirtschaftswoche, Nr. 19, 6. 5. 1988, S. 174

Ernst, Christoph/Seibert, Ulrich/Stuckert, Fritz: KonTraG, KapAEG, StückAG, EuroEG (Gesellschafts- und Bilanzrecht). Textausgabe mit Begründungen der Regierungsentwürfe, Stellungnahmen des Bundesrates mit Gegenäußerungen der Bundesregierung, Berichten des Rechtsausschusses des Deutschen Bundestages. Düsseldorf 1998

Ernst, Gernot: Internationale Entwicklungstendenzen in der Rechnungslegung und ihre Einwirkungen auf Börsen und die Börsenaufsichtsbehörden. In: Das vereinigte Deutschland im europäischen Markt. Bericht über die IDW Fachtagung 1991, Düsseldorf 1992

Everling, Wolfgang: Gegenüberstellung altes – neues Recht. In: bilanz & buchhaltung, 34. Jg. (1988), S. 135–137

Eymüller, Theo: Bilanzanalyse als Informationsinstrument für Entscheidungen. In: BFuP, 28. Jg. (1976), S. 399–407

Fédération des Experts Comptables Européens: Comparison of the European Community Fourth Directive with International Accounting Standards. Brussels 1990

Fédération des Experts Comptables Européens: 1992 FEE analysis of European accounting and disclosure practices. London und New York 1992

Federmann, Rudolf: Bilanzierung nach Handelsrecht und Steuerrecht. Ein Grundriß der Gemeinsamkeiten, Unterschiede und Abhängigkeiten der Einzelabschlüsse mit systematischen Übersichten und unter besonderer Berücksichtigung der Rechnungslegung von Kapitalgesellschaften. 8., aktualisierte Aufl., Berlin 1990

Feldt, Martin/Olbrich, Thomas/Wiemeler, Manfred: Die Wahl des Ausweisverfahrens für die Gewinn- und Verlustrechnung nach § 275 HGB. In: DB, 40. Jg. (1987) S. 2320–2324

Ferk, Hans: Jahresabschluß und Prüfung von ausländischen Tochtergesellschaften nach neuem Konzernrecht – Tochterunternehmen in Österreich, der Schweiz und den USA. Stuttgart 1991

Fischer, Andrea/Haller, Axel: Bilanzpolitik zum Zwecke der Gewinnglättung. Empirische Erkenntnisse. In: ZfB, 63. Jg. (1993), S. 35–59

Fischer, Joachim/Ringling, Wilfried: Grundsätze des Umsatzkostenverfahrens. Eine Analyse aus kostenrechnerischer und bilanzpolitischer Sicht. In: BB, 43. Jg. (1988), S. 442–449

Förschle, Gerhart/Klein, Hans-Georg: Zur handelsrechtlichen Bilanzierung und Bewertung der betrieblichen Altersversorgungspflichten. In: DB, 40. Jg. (1987), S. 341–348

Forster, Karl-Heinz: Zur Aufstellung der DM-Eröffnungsbilanz in den neuen Bundesländern. In: WPg, 43. Jg. (1990), S. 665–674

Foster, George: Financial Statement Analysis. Englewood Cliffs/N. J. 1978

Foulke, Roy A.: Practical financial statement analysis. Sixth edition, New York u. a. 1968

Franz, Klaus-Peter: Rechnungslegung in der Europäischen Gemeinschaft. In: technologie & management, 38. Jg. (1989), S. 20–27

Franz, Klaus-Peter: Probleme der kurzfristigen Ergebnisrechnung von Unternehmungen in Hochinflationsländern. In: BFuP, 43. Jg. (1991), S. 263–274

Freidank, Carl-Christian: Zielsetzungen und Instrumente der Bilanzpolitik bei Aktiengesellschaften. In: DB, 37. Jg. (1982), S. 337–343

Freidank, Carl-Christian: Auswirkungen des Umsatzkostenverfahrens auf die Rechnungslegung von Kapitalgesellschaften. In: DB, 41. Jg. (1988), S. 1609–1617

Fridson, Martin S.: Financial Statement Analysis. A Practitioner's Guide. Second Edition, New York u. a. 1995

Fuchs, Hermann/Gerloff, Otto: Die konsolidierte Bilanz. Köln 1954

Funk, Joachim: Der Goodwill aus der Sicht des Konzernabschlusses und der Unternehmensbewertung. In. Unternehmungserfolg, Planung – Ermittlung – Kontrolle, Walther Busse von Colbe zum 60. Geburtstag, hrsg. von Michel Domsch, Franz Eisenführ, Dieter Ordelheide, Manfred Perlitz, Wiesbaden 1988, S. 157–167

Gail, Winfried/Greth, Michael/Schumann, Roland: Die Maßgeblichkeit der Handelsbilanz für die Steuerbilanz in den Mitgliedstaaten der Europäischen Gemeinschaft. In: DB, 44. Jg. (1991), S. 1389–1400

Gatzen, Manfred: Die Gewinn- und Verlustrechnung nach dem Umsatzkostenverfahren – eine beliebig gestaltbare Rechnung? In: WPg, 40. Jg. (1987), S. 461–470

Gburek, Manfred/Krüger, Ursula: Reigen der Rechner. In: Wirtschaftswoche, Nr. 30, 22. 7. 1988, S. 30–38

Gebhardt, Günther: Zur Aussagefähigkeit von Währungserfolgen in Einzel- und Konzernabschlüssen. In: Unternehmenserfolg, Planung – Ermittlung – Kontrolle, Walther Busse von Colbe zum 60. Geburtstag, hrsg. von Michel Domsch, Franz Eisenführ, Dieter Odelheide, Manfred Perlitz, Wiesbaden 1988, S. 169–185

Gebhardt, Günther/Langenbucher, Günther/Lederle, Herbert: Meinungen zum Thema »Unternehmenssteuerung und Rechnungslegung von Unternehmen in Hochinflationsländern«. In: BFuP, 43. Jg. (1991), S. 336–348

Gebhardt, Günther/Pellens, Bernhard (Hrsg.): Rechnungswesen und Kapitalmarkt. ZfbF Sonderheft 41. Düsseldorf, Frankfurt/M. 1999

Gerhart, S.: Theorie und Praxis inflationsbereinigter Jahresabschlüsse im angelsächsischen Bereich. Dargestellt am Statement of standard accounting practice No. 16. Frankfurt/Main 1985

Gieske, Friedhelm: Erfolgs- und Finanzanalyse. In: Finanzierungshandbuch, hrsg. von F. Wilhelm Christians, 2., völlig überarbeitete und erweiterte Aufl., Wiesbaden 1988, S. 715–744

Gimmy, Heinz: Rechnungslegung und Prüfung der portugiesischen Kapitalgesellschaften. In: RIW, 11/1992, S. 908–916

Gimmy, K. Heinz/Scholtissek, Wolfgang: Der Einzelabschluß der Kapitalgesellschaften in Spanien. In: RIW, 32. Jg. (1986), S. 357–371

Gimpel-Kloos, Brigitte: Die Ausübung nationaler Wahlrechte im Hinblick auf die Zielsetzung der 4. EG-Richtlinie, dargestellt am Beispiel Großbritanniens und der Bundesrepublik Deutschland. Heidelberg 1990

Glade, Anton: Die Gewinn- und Verlustrechnung nach dem Umsatzkostenverfahren – Grundsatzfragen und Probleme. In: BFuP, 39. Jg. (1987), S. 16–32

Glunz, Theodor/Peters, Hubert: Bilanzierung von betrieblichen Versorgungsleistungen in den USA nach SFAS No. 106. In: DB, 44. Jg. (1991), S. 1289–1292

Gmelin, Hans Jörg: Währungsumrechnung im Einzel- und Konzernabschluß. In. WPg, 40. Jg. (1987), S. 597–605

Goebel, Andrea: Möglichkeiten der Entschlüsselung von Konzernkrisen mit der Methodik der integrativen Konzernabschlußanalyse. Bergisch Gladbach, Köln 1995

Goebel, Andrea: Die Aussagefähigkeit der Rechnungslegung von Konzernen. Eine kritische Analyse unter Berücksichtigung aktueller Erscheinungsformen von Konzernen. In: DStR, 34. Jg. (1996), S. 637–643

Göllert, Kurt: Auswirkungen des Bilanzrichtlinien-Gesetzes auf die Bilanzanalyse. In: BB, 39. Jg. (1984), S. 1845–1853

Göllert, Kurt/Ringling, Wilfried: Bilanzanalyse nach dem Bilanzrichtlinien-Gesetz: Fallbezogener Kennzahlenvergleich. In: Die Bank, Heft 3/1986, S. 124–133

Göllert, Kurt/Ringling, Wilfried: Erste Abschlüsse nach neuem Recht: Testmaterial für die Analysepraxis. In: Die Bank, Heft 10/1986, S. 527–531

Göllert, Kurt/Ringling, Wilfried: Bilanzrecht. Einführung in Jahresabschluß und Konzernabschluß. Heidelberg 1991

Goerdeler, Reinhard: Bilanzierung und Publizität im internationalen Vergleich. In: ZfbF, 34. Jg. (1982), S. 235–248

Gräfer, Horst: Bilanzanalyse. Eine Einführung mit Aufgaben und Lösungen. 7., wesentlich überarbeitete Aufl., Herne, Berlin 1990

Gräfer, Horst: Anlayse des Jahresabschlusses. In: BBK, Nr. 11, Nr. 15, Nr. 19, Nr. 22 und Nr. 2, 1991 und 1992, S. 77–94, 525–543, 757–774, 979–990, 1121–1136

Gräfer, Horst: Annual Report – der US-amerikanische Jahresabschluß. Ein praktischer Leitfaden zum Verständnis und zur Analyse US-amerikanischer Geschäftsberichte. Stuttgart 1992

Gräfer, Horst/Demming, Claudia (Hrsg.): Internationale Rechnungslegung. Stuttgart 1994

Gräfer, Horst/Sorgenfrei, Christiane: Rechnungslegung. Bilanzierung, Bewertung, Gestaltung. Herne, Berlin 1997

Graham, Benjamin: Analyse und Strategie langfristiger Aktienanlage (Übersetzung von »The Intelligent Investor«, New York). Zürich 1975

Graham, Benjamin/Dodd, David L./Cottle, Sidney: Security Analysis – Principles and Technique. New York 1962

Grimm, Horst: Bilanzanalyse und Bilanzkennzahlen. In: Steuerberater-Handbuch. Bonn 1988. S. 1689–1717

Groll, Karl-Heinz: Erfolgssicherung durch Kennzahlensysteme. 4. erw. Aufl., Freiburg i. Br. 1991

Grosjean, René Klaus: Wie lese ich eine Bilanz? Ein Crashkurs für Nicht-Fachleute. 7., erw. und aktualisierte Aufl., Düsseldorf 1997

Gross, Gerhard (Hrsg.): Der Wirtschaftsprüfer im Schnittpunkt nationaler und internationaler Entwicklungen. Festschrift zum 60. Geburtstag von Klaus v. Wysocki. Düsseldorf 1985

Grunwald, Egon/Grunwald, Stephan: Bonitätsanalyse im Firmenkundengeschäft. Stuttgart 1999

Günther, Thomas/Hübl, Gudrun/Niepel, Mirko: Insolvenzprognose anhand unterjähriger Unternehmensdaten. In: DStR, 38. Jg. (2000), S. 346–352

Haase, K. D.: Gewinne nur fürs Auge? In: Wirtschaftswoche, Heft 32 vom 3. 8. 1973, S. 32–34

Haeger, Bernd/Zündorf, Horst: Altes und neues Bilanzrecht im Vergleich. Stuttgart 1986

Härle, Dietrich: Finanzierungsregeln und Liquiditätsberuteilung. In: Finanzierungshandbuch, hrsg. von Hans Janberg, Wiesbaden 1970, S. 89–110

Häusler, Harald/Holzer, Peter: Entwicklung und Status der Kapitalflußrechnung in der modernen Praxis. In: DB, 41. Jg. (1988), S. 1405–1411

Hahn, Dietger: Zum Inhalt und Umfang der Unternehmungsanalyse als bisheriges und zukünftiges Aufgabengebiet des Wirtschaftsprüfers. In: Unternehmensprüfung und -Beratung. Festschrift zum 60. Geburtstag von Bernhard Hartmann, hrsg. von Bernd Aschfalk, Sven Hellfors, Alexander Marettek, Freiburg i. Br. 1976, S. 31–53

Hahn, Klaus: Beteiligungscontrolling auf Basis von US-GAAP und IAS. In: krp Sonderheft 3/99, S. 79–86

Haindl, Georg: Zur Vergleichbarmachung der Datenbasis zur finanzwirtschaftlichen Analyse der Bilanzen nach AktG 1965 und dem Bilanzrichtlinien-Gesetz. In: DB, 39. Jg. (1986), S. 1686–1691

Hakelmacher, Sebastian: Vom simplen Jahresabschluß zur anspruchsvollen Kapitalflußrechnung. In: WPg, 35. Jg. (1982), S. 79–82

Haller, Axel: Das Verhältnis von steuerrechtlicher und »handelsrechtlicher« Rechnungslegung in den USA. In: DBW, 48. Jg. (1988), S. 723–733

Haller, Axel: Die »Generally Accepted Accounting Principles«. Die Normen der externen Rechnungslegung in den USA. In: ZfbF, 42. Jg. (1990), S. 751–777

Haller, Axel: Die Jahresabschlußerstellung der Europäischen Aktiengesellschaft nach dem Statut-Entwurf der EG-Kommission. In: DB, 43. Jg. (1990), S. 1573–1579

Haller, Axel: Die Rolle des International Accounting Standards Committee bei der weltweiten Harmonisierung der externen Rechnungslegung. In: DB, 46. Jg. (1993), S. 1297–1305

Haller, Axel: Die Grundlagen der externen Rechnungslegung in den USA. Unter besonderer Berücksichtigung der rechtlichen, institutionellen und theoretischen Rahmenbedingungen. 4., unveränderte Aufl., Stuttgart 1994

Haller, Axel: Wertschöpfungsrechnung. Stuttgart 1997

Haller, Axel/Raffournier, Bernard/Walton, Peter (Hrsg.) unter Mitarbeit von Brigitte Eierle: Unternehmenspublizität im internationalen Wettbewerb. Ins Deutsche übertragen und wesentlich bearbeitet von Axel Haller und Brigitte Eierle. Stuttgart 2000

Hammerschmidt, Jost: Inflationsrechnung im Unternehmen. Ergebnisrechnung, Kalkulation, Planung. Freiburg i. Br. 1984

Hardes, Wolfgang: Modellgestützte Erfolgsausweisplanung mit betrieblichen Versorgungsverpflichtungen. Diss., Witten 1983

Hardes, Wolfgang: Zur Bewertung von Pensionsrückstellungen. In: DB, 38. Jg. (1985), S. 1801–1806

Harms, Jens E.: Ausweisfragen bei der Bewertung »at equity«. In: BB, 42. Jg. (1987), S. 935–940

Harms, Jens E.: Das Aussetzen der Equity-Methode. In: BB, 42. Jg. (1987), S. 1426–1429

Harms, Jens E./Küting, Karlheinz: Das Dilemma der Eigenkapitalbeurteilung im Rahmen der externen Bilanzanalyse. In: BB, 38. Jg. (1983), S. 1067–1072

Harrmann, A.: Bilanzanalyse für die Praxis unter Berücksichtigung moderner Kennzahlen. 2., überarbeitete und erweiterte Aufl., Herne, Berlin 1986

Harrmann, Alfred: Gesamt- und Umsatzkostenverfahren nach neuem Recht. In: BB, 41. Jg. (1986), S. 1813–1817

Harrmann, Alfred: Das DVFA-Ergebnis nach neuem Recht. In: BB, 43. Jg. (1988), S. 723–733

Hauptfachausschuß des IDW: Geänderter Entwurf einer Verlautbarung zur Währungsumrechnung im Jahres- und Konzernabschluß. In: WPg, 39. Jg. (1986), S. 664–667

Hauschildt, Jürgen: Erfolgs-, Finanz- und Bilanzanalyse: Analyse der Vermögens-, Finanz- und Ertragslage von Kapital- und Personengesellschaften. 3. völlig überarb. Aufl., Köln 1996

Hauschildt, Jürgen/Kortmann, Hans-W.: »Sonstige finanzielle Verpflichtungen« (§ 285 Nr. 3 HGB) als Gegenstand der Berichterstattung – eine empirische Analyse. In: WPg, 43. Jg. (1990), S. 420–425

Hauschildt, Jürgen/Leker, Jens (Hrsg.): Krisendiagnose durch Bilanzanalyse. 2. neu bearb. und erw. Aufl., Köln 2000

Havermann, Hans: Zur Berücksichtigung von Preissteigerungen in der Rechnungslegung der Unternehmen (Teil I). In: WPg, 27. Jg. (1974), S. 423–433

Havermann, Hans: Die Equity-Bewertung von Beteiligungen. In: WPg, 40. Jg. (1987), S. 315–320

Havermann, Hans: Das neue Bilanzrecht. In: Wertpapier Nr. 21 vom 9. Okt. 1987, S. 1013–1014

Havermann, Hans (Hrsg.): Bilanz- und Konzernrecht. Festschrift zum 65. Geburtstag von Reinhard Goerdeler. Düsseldorf 1987
Havermann, Hans: Der Aussagewert des Jahresabschlusses. In: WPg, 41. Jg. (1988), S. 612–617
Hax, Karl: Geldwertänderungen und Rechnungswesen. In: HWR, Stuttgart 1970, Sp. 553–558
Hecker, Rainer: Ein Kennzahlensystem zur externen Analyse der Ertrags- und Finanzkraft von Industrieaktiengesellschaften. In: Beiträge zur Aktienanalyse, Heft 17/1978 der DVFA
Heidemann, O.: Auswirkungen des Bilanzrichtlinien-Gesetzes auf das bilanzpolitische Instrumentarium. In: INF 1987, Nr. 5, S. 97–99
Heigl, Anton: Die Pflichtprüfung des Jahresabschlusses der AG im Vergleich der Bundesrepublik Deutschland mit den USA und Japan. In: WiSt, Heft 7/1986, S. 333–339
Heinen, Edmund: Handelsbilanzen. 12., neubearbeitete Aufl., Wiesbaden 1986
Heintges, Sebastian: Bilanzkultur und Bilanzpolitik in den USA und in Deutschland. Einflüsse auf die Bilanzpolitik börsennotierter Unternehmen. Sternenfels, Berlin 1996
Helbling, Carl: Bilanz- und Erfolgsanalyse. 8., überarbeitete Aufl., Bern, Stuttgart, Wien 1992
Helfert, Erich A.: Techniques of financial analysis. 8th edition, Burr Ridge, Boston, Sydney 1994
Hellmer, Jörg: Externe Jahresabschlußanalyse. In: BBK, Nr. 6/1990, S. 229–238
Helpensteller, Rudolf: Bilanzielle Behandlung von Ausgleichsansprüchen aus Verträgen mit Handelsvertretern gemäß § 89 b HGB n. F. In: DB, 30. Jg. (1977), S. 2386–2389
Henning, Bettina: Bilanzierung latenter Steuern. Bochum 1982
Henscheid, Matthias: Ökonomische Wirkungen der umgekehrten Maßgeblichkeit. In: BB, 47. Jg. (1992), S. 1243–1248
Henseler, Edmund: Unternehmensanalyse, Grundlagen der Beurteilung von Unternehmen. Stuttgart u. a. 1979
Herter, Ronald N.: Unternehmenswertorientiertes Management (UwM). Strategische Erfolgsbeurteilung von dezentralen Organisationseinheiten auf der Basis der Wertsteigerungsanalyse. München 1994
Herz, Robert H./Dittmar, Nelson W., Jr./Lis, Stephen J./Decker, William E., Jr./Murray, Ronald J.: The Coopers & Lybrand SEC Manual. Seventh Edition, New York u. a. 1997
Hesse, Kurt/Fraling, Rolf: Wie beurteilt man eine Bilanz? 19., überarbeitete Aufl., Wiesbaden 1995
Hesse, Kurt/Fraling, Rolf/Fraling, Wolfgang: Wie beurteilt man eine Bilanz? 20., überarbeitete Aufl., Wiesbaden 2000
Heubeck, Klaus/Engbroks, Hartmut: Die Bewertung mittelbarer Pensionsverpflichtungen im Falle von Unterstützungskassen. In: DB, 40. Jg. (1987), S. 285–288
Hieber, Otto L.: Ökonomische Analyse der Passivierungspflicht für Pensionsverpflichtungen nach neuem Bilanzrecht. Zugleich ein Beitrag zur Unternehmensbewertung. In: WPg, 40. Jg. (1987), S. 531–539
Hilke, Wolfgang: Bilanzpolitik – Jahresabschluß nach Handels- und Steuerrecht. Mit Aufgaben und Lösungen. 5., völlig überarbeitete und erweiterte Aufl., Wiesbaden 2000
Hirsch, Hermann: Bilanzanalyse und Bilanzkritik. Wiesbaden 1997
Hirte, Erich: Die Bewertung langfristiger Rückstellungen. DB, 24. Jg. (1971), S. 1313–1318
Hoch, Gero: Bilanzpolitik und neues Rechnungslegungsrecht. In: bilanz & buchhaltung, 33. Jg. (1987), Heft 4, S. 129–139
Hoch, Gero: Zur Entwicklung der Jahresabschlußanalyse. In: bilanz und buchhaltung, 33. Jg. (1987), Heft 12, S. 477–484
Höfer, Reinhold: Grundlagen der Bilanzierung bei Unterstützungskassenzusagen und die Bewertung des Kassenvermögens. In: BB, 42. Jg. (1987), S. 1143–1146
Höfer/Leblond/Oppermann/Pisters/Weber: Die neue Rechnungslegung für Versorgungsverpflichtungen von deutschen US-Töchtern. Stuttgart 1988
Höffken, Ernst: Die Bedeutung der Bilanzanalyse im Rahmen von Informationsrechnungen als Grundlage für unternehmerische Entscheidungen. In. BFuP, 28. Jg. (1976), S. 408–415
Hofer, Rudolf: Bilanzanalyse. Arbeitsbuch zu Bilanzen, Erfolgsrechnungen, Kapitalflußrechnungen, Cashflow, Kennzahlen mit durchgerechneten Beispielen und 158 Aufgaben. 3., durchgesehene Aufl., Bern 1985

Hofmann, Rainer: Internationaler Vergleich der materiellen bilanzpolitischen Möglichkeiten großer Kapitalgesellschaften im Einzel- und Konzernabschluß. Wien 1997

Hofmann, Rolf: Aussagewert und Grenzen der Unternehmensanalyse auf der Grundlage publizierter Quellen. In: DB, 27. Jg. (1974), S. 1993–1999, 1441–1445

Hofmann, Rolf: Bilanzkennzahlen. Industrielle Bilanzanalyse und Bilanzkritik. 4., neu bearbeitete Aufl., Wiesbaden 1977

Holdhof, Glenny: Das Bilanzierungsverhalten mittelständischer Unternehmen – Eine empirische Untersuchung. Stuttgart 1988

Holzer, H. Peter: International Accounting. New York u. a. 1984

Holzer, Peter/Häusler, Harald: Die moderne Kapitalflußrechnung und die internationale Konzernrechnungslegung. In: WPg, 42. Jg. (1989), S. 221–231

Holzer, Peter/Jung, Udo: Der Beitrag von zahlungsstromorientierten Kapitalflußrechnungen (Statement of Cash Flows) zur Beurteilung der Qualität des Jahresergebnisses. In: WPg, 43. Jg. (1990), S. 281–288

Honda, Jun-ichi: Die Handelsbilanzen der japanischen Aktiengesellschaft aufgrund des Börsengesetzes und des HGB. In: Betriebswirtschaftslehre in Japan und Deutschland, hrsg. von Walther Busse von Colbe, Klaus Chmielewicz, Eduard Gaugler, Gert Laßmann, Stuttgart 1988, S. 91–100

Hopcroft, Terry: Rechnungslegung und Grundsätze der Abschlußprüfung in Großbritannien und Deutschland – Ein Vergleich. Accounting and Auditing Standards and Principles in the United Kingdom and Germany – A Comparison. Düsseldorf 1995

Hosterbach, Ernst: Abschlußprüfung und Buchführung – Erfüllt unser Rechnungswesen die Ansprüche des Abschlußprüfers? In: DB, 43. Jg. (1990), S. 1929–1934

Hostettler, Stephan: Economic Value Added (EVA). Darstellung und Anwendung auf Schweizer Aktiengesellschaften. Bern, Stuttgart, Wien 1997

Hub, Hanns/Strebel, Heinz: Neuere Methoden der Erfolgsanalyse anhand veröffentlichter Jahresabschlüsse. In: WPg, 29. Jg. (1976), S. 264–271, 299–307

Huch, Burkhard: EDV und Bilanzanalyse. In: Handwörterbuch des Rechnungswesens, hrsg. von Klaus Chmielewicz und Marcell Schweitzer, Stuttgart 1993, Sp. 429–436

Hulle van, Karel: Harmonization of Accounting Standards trhoughout the EC. In: European Accouting Focus, 1989, S. 11–13

Hulle van, Karel: Angleichung und/oder gegenseitige Anerkennung. In: Rechnungslegung und Prüfung – Perspektiven für die neunziger Jahre, hrsg. von Jörg Baetge, Düsseldorf 1993, S. 191–205

Hummel, Wolfgang: Probleme der Umrechnung von Jahresabschlüssen aus Hochinflationsländern. Frankfurt a. M. u. a. 1987

Husemann, Walter/Jungen, Dirk: Der handelsrechtliche Jahresabschluß in Italien. In: WPg, 42. Jg. (1989), S. 264–275

Husmann, Rainer: Defizite der handelsrechtlichen Konzernrechnungslegung aus der Sicht des Bilanzanalysten. In: DStR, 35. Jg. (1997), S. 1659–1964

Iino, Toshio/Inouye Ryoji: Financial Accounting and Reporting in Japan. In. International Accounting, hrsg. von H. Peter Holzer, New York u. a. 1984, S. 369–380

Institut der Wirtschaftsprüfer (Hrsg.): Wirtschaftsprüfer-Handbuch 1985/86. 9. Aufl., Band II, Düsseldorf 1986

Institut der Wirtschaftsprüfer (Hrsg.): Wirtschaftsprüfer-Handbuch 1996. 11. Aufl., Band I, Düsseldorf 1996

Institut der Wirtschaftsprüfer: Das vereinigte Deutschland im europäischen Markt: 16.–18. Oktober 1991 in Berlin (Bericht über die Fachtagung 1991 des Instituts der Wirtschaftsprüfer in Deutschland e. V.). Düsseldorf 1992

International Accounting Standards Committee (Hrsg.): International Accounting Standards 1999 (Deutsche Ausgabe). Stuttgart 1999

Invernizzi, Giorgio/Molteni, Mario: Analisi di bilancio e diagnosi strategica. Strumenti per valutare posizione competitiva, vulnerabilità, patrimonio intangibile. Mailand 1990

Jacobs, Otto H.: EDV-gestützte Jahresabschlußanalyse als Planungs- und Entscheidungsrechnung. München 1989

Jenks, Jeremy C./Jenks, Robert W.: Wertpapieranalyse mit dem IBM-Personalcomputer. Landsberg 1984

Jerschensky, Andreas: Messung des Bonitätsrisikos von Unternehmen. Krisendiagnose mit Künstlichen Neuronalen Netzen. Düsseldorf 1998

Jonas, Heinrich H.: Zur Ermittlung des Jahresergebnisses nach DVFA. Brauchbarkeit für die Aktienanalyse. In: DB, 28. Jg. (1975), S. 2285–2289

Jonas, Heinrich H.: Währungsumrechnung und Aussagewert des Weltabschlusses. In: DB, 30. Jg. (1977), S. 2337–2344

Jung, Udo: Währungsumrechnung im Konzernabschluß. Zur Ableitung von Grundsätzen ordnungsmäßiger Währungsumrechnung. Marburg 1991

Jung, Willi: US-amerikanische und deutsche Rechnungslegung. Düsseldorf, Frankfurt 1979

Jung, Willi A. R./Isele, Horst/Groß, Christoph: Rechnungslegung in den USA im Vergleich zu den deutschen Rechnungslegungsvorschriften. In: Rechnungslegung, Prüfung, Wirtschaftsrecht und Steuern in den USA, hrsg. von Erik Sonnemann, Wiesbaden 1989, S. 53–94

Kaderli, Rudolph J.: Das Geheimnis der Börse: Die Anlagestrategie. Thur 1977

Käfer, Karl: Kapitalflußrechnungen. 2., unveränderte Aufl., mit einer ergänzenden Einführung von Paul Weilenmann, Stuttgart 1984

Kaplan, Robert S./Norton, David P.: Balanced Scorecard. Strategien erfolgreich umsetzen. Stuttgart 1997

Katz, Thomas E.: Die Aussagefähigkeit konsolidierter Konzern-Abschlüsse für externe Berichtsempfänger. In: AG, 20. Jg. (1975), S. 57–62

Kempe, Hans H. (Hrsg.): Der konsolidierte Abschluß. Unter Berücksichtigung der 4. und der 7. EG-Richtlinie. Würzburg, Wien 1983

Kerth, Albin: Moderne Kennzahlen zur Beurteilung der Kreditwürdigkeit einer Unternehmung. In: BBK, Nr. 16/1990, S. 629–632

Kerth, Albin/Wolf, Jakob: Bilanzanalyse und Bilanzpolitik. München, Wien 1986

Kerviler, Isabelle de: Zur Transformation der 4. EG-Richtlinie in Frankreich. In: WPg, 37. Jg. (1984), S. 261–267

Keun, Friedrich/Laumann, Elke/Tenhumberg, Ewald: Rechnungslegungsvorschriften in den Niederlanden. In: IWB, Nr. 12/1992, S. 487–502

Keun, Friedrich/Scherler, Astrid/Strothotte, Hans-Wilhelm: Rechnungslegungsvorschriften für den Einzelabschluß in Frankreich. In: IWB, Nr. 3/1993, S. 127–142

Kieso, Donald E./Weygandt, Jerry L.: Intermediate Accounting. 9th edition, New York 1998

Kirchner, Christian/Schwartze, Andreas: Umsetzung der EG-Rechnungslegungsrichtlinien in nationales Recht – Die Ausübung der Wahlrechte durch die Mitgliedstaaten. In: WPg, 38. Jg. (1985), S. 397–404

Klatte, Volkmar: Zur Transformation der GmbH & Co.-Richtlinie in deutsches Recht. In: DB, 45. Jg. (1992), S. 1637–1643

Klein, Georg A.: Unternehmenssteuerung auf Basis der International Accounting Standards. München 1999

Klein, Hans-Dieter: Konzernbilanzpolitik. Heidelberg 1989

Klingebiel, Norbert: Balanced Scorecard als Verbindungsglied externes – internes Rechnungswesen. In: DStR, 38. Jg. (2000), S. 651–655

Kloos, Gerhard: Die Transformation der 4. EG-Richtlinie (Bilanzrichtlinie) in den Mitgliedstaaten der Europäischen Gemeinschaft. Eine Analyse der verbliebenen Rechnungslegungsunterschiede aufgrund von nationalen Wahlrechtsausnutzungen. Berlin 1993

Knorr, Elisabeth: Transformation der 7. EG-Richtlinie in Belgien. In: WPg, 42. Jg. (1989), S. 295–301

Koberg, Ann-Kristin: Bilanzkennzahlen – was ändert sich durch das EG-Recht? In: io Management Zeitschrift, Nr. 9/1992, S. 96–98

Koch, Helmut: Zur Frage der Jahreserfolgsrechnung bei inflationären bzw. deflationären Preisänderungen – die Konzeption der synchronen Erfolgsrechnung. In: ZfB, 54. Jg. (1984), S. 824–841

Köhler, Roland: Bilanzpolitische Gestaltungsmöglichkeiten der Einzelbilanz nach neuem Handelsrecht. In: Die steuerliche Betriebsprüfung, 29. Jg. (1989), S. 49–58

Köllhofer, Dietrich: Moderne Verfahren der Bilanz- und Bonitätsanalyse im Firmenkundengeschäft der Bayerischen Vereinsbank AG. In: ZfbF, 41. Jg. (1989), S. 974–981

König, Ulrich-Karl: Bilanzrichtlinien-Gesetz: Neue Probleme für die Bilanzanalyse. In: Betriebswirtschaftliche Blätter, 35. Jg. (1986), S. 210–218

König, Ulrich-Karl: Neues EBIL: Maschinelle Auswertung von Jahresabschlüssen nach dem Bilanzrichtlinien-Gesetz. In: Betriebswirtschaftliche Blätter, 36. Jg. (1987), S. 50–59

König, Ulrich-Karl: Das Bilanzrichtlinien-Gesetz aus dem Blickwinkel der Bilanzanalyse bei Kreditinstituten. In: DStR, 26. Jg. (1988), S. 123–127

Kommission der Europäischen Gemeinschaften: Die Angleichung des Bilanzrechts in der Europäischen Gemeinschaft. Probleme bei der Anwendung der vierten Richtlinie über den Jahresabschluß von Kapitalgesellschaften. Brüssel, Luxemburg 1990

Kommission Rechnungswesen im Verband der Hochschullehrer für Betriebswirtschaft e. V.: Stellungnahme zur Umsetzung der 7. EG-Richtlinie (Konzernabschluß-Richtlinie). In: DBW, 44. Jg. (1984), S. 267–277

Kottke, Klaus: Bilanzstrategie und Steuertaktik. 3. völlig neu bearbeitete Aufl., Herne, Berlin 1978

Kottke, Klaus: Wenn Steuerberater Investitionsrechnung und Bilanzanalyse trainieren. In: Blick durch die Wirtschaft, 17. Oktober 1991, S. 7

KPMG Deutsche Treuhand Gruppe (Hrsg.): Investitionen in den neuen Bundesländern – Fördermaßnahmen, Restrukturierungen, Unternehmenskauf. Düsseldorf 1992

Krebs, Mathias: UNEX – Ein Expertensystem für quantitative und qualitative Unternehmensanalysen. Frankfurt a. M. u. a. 1991

Krehl, Harald: Der Informationsbedarf der Bilanzanalyse, Ableitung und empirische Validierung eines Fragenkatalogs zur Analyse von Jahresabschlüssen. Diss., Kiel 1985

Krehl, Harald: Konzernbilanzanalyse: Viele Vorschriften – Viel Arbeit – Viel Nutzen? In: BFuP, 41. Jg. (1989), S. 355–372

Kresse, Werner/Kotsch-Faßhauer, Lieselotte/Leuz, Norbert: Buchen, Bilanzieren, Prüfen. Ratgeber zum Bilanzrichtlinien-Gesetz. Stuttgart 1986

Krumnow, Jürgen: Bilanzanalyse auf der Basis der neuen Rechnungslegungsvorschriften. In: ZfbF, 37. Jg. (1985), S. 783–807

Kubin, Konrad W.: Die Konzernrechnungslegung in den USA. In: Rechnungslegung, Prüfung, Wirtschaftsrecht und Steuern in den USA, hrsg. von Erik Sonnemann, Wiesbaden 1989, S. 95–120

Kubin, Konrad W./Lück, Wolfgang: Zur funktionalen Währungsumrechnungsmethode in internationalen Konzernabschlüssen. Anmerkungen zum Grundsatz Nr. 52 der FASB. In: BFuP, 36. Jg. (1984), S. 357–383

Kühnberger, Manfred/Stachuletz, Rainer: Kritische Anmerkungen zu einigen neueren Entwicklungen in der Bilanzpolitik. In: DWB, 46. Jg. (1986), S. 356–372

Küppers, Christoph: Der Firmenwert in Handels- und Steuerbilanz nach Inkrafttreten des Bilanzrichtlinien-Gesetzes – Rechtsnatur und bilanzpolitische Spielräume. In: DB, 41. Jg. (1986), S. 1633–1639

Küting, Karlheinz: Betriebswirtschaftliche Steuerberatung: Jahresabschlußanalyse mit Hilfe betriebswirtschaftlicher Kennzahlen. In: DStR, 24. Jg. (1986), Beihefter zu Heft 15

Küting, Karlheinz: Jahresabschlußanalyse als Kennzahlenrechnung. In: DStR, 29. Jg. (1991), S. 1324–1329, S. 1358–1362

Küting, Karlheinz: Abschied von der bloßen Kennzahlen-Arithmetik. In: Blick durch die Wirtschaft, 24. April 1991

Küting, Karlheinz: Die Angleichung der Bilanzen in der EG ist nicht gelungen. Höherer Stellenwert des Konzernabschlusses / Die Anlayse wird schwieriger. In: FAZ, 23. Januar 1992

Küting, Karlheinz: Analyse der Rentabilität. In: DStR, 30 Jg. (1992), S. 265–270

Küting, Karlheinz: Möglichkeiten und Grenzen einer betragsmäßigen Ergebnisanalyse (Teil I). In: DStR, 30. Jg. (1992), S. 369–374

Küting, Karlheinz: Grundlagen der qualitativen Bilanzanalyse. In: DStR, 30. Jg. (1992), S. 691–695 und S. 728–733

Küting, Karlheinz: Besonderheiten der Konzernabschlußanalyse. In: DStR, 30. Jg. (1992), S. 1334–1338 und 1374–1378

Küting, Karlheinz: Europäisches Bilanzrecht und Internationalisierung der Rechnungslegung. In: BB, 48. Jg. (1993), S. 30–38

Küting, Karlheinz: Der Wahrheitsgehalt deutscher Bilanzen. In: Das Rechnungswesen auf dem Prüfstand. Antworten auf die Konzernierung der deutschen Wirtschaft im Spannungsfeld der Globalisierung, hrsg. von Karlheinz Küting und Claus-Peter Weber, Frankfurt/M. 1997, S. 103–126

Küting, Karlheinz: Neuere Ansätze der Bilanzanalyse – Externe unternehmenswertorientierte Performancemessung. In: BBK, Beilage zu Nr. 1/2000

Küting, Karlheinz: Streitgespräch »Auf Messers Schneide«. In: manager magazin, 30. Jg. (2000), S. 151–161

Küting, Karlheinz/Bender, Jürgen: Das Ergebnis je Aktie nach DVFA/SG. In: BB, Beilage 16 zu Heft 30/1992

Küting, Karlheinz/Kaiser, Thomas: Externe Liquiditätsanalyse auf der Grundlage veröffentlichter Jahresabschlüsse. In: DStR, 30. Jg. (1992), S. 1142–1146 und 1180–1184

Küting, Karlheinz/Kessler, Harald: Finanzwirtschaftliche Bilanzanalyse: Grundlagen und Investitionsanalyse. In: DStR, 30. Jg. (1992), S. 994–999

Küting, Karlheinz/Kessler, Harald: Finanzwirtschaftliche Bilanzanalyse: Finanzierungs- und Horizontalanalyse. In: DStR, 30. Jg. (1992), S. 1029–1034

Küting, Karlheinz/Kuhn, Ulrich: Möglichkeiten und Grenzen der bilanziellen Erfolgsspaltung. In: DStR, 30. Jg. (1992), S. 122–127 und 154–159

Küting, Karlheinz/Langenbucher, Günther (Hrsg.): Internationale Rechnungslegung. Festschrift für Claus-Peter Weber zum 60. Geburtstag. Stuttgart 1999

Küting, Karlheinz/Mohren, Stephan: Jahresabschlußpublizität und Datenbanken. In: BB, Beilage 2 zu Heft 3/1992

Küting, Karlheinz/Pfuhl, Joerg: Bilanzanalytische Auswertung der D-Markeröffnungsbilanzen. In: BB, Beilage 12 zu Heft 19/1992

Küting, Karlheinz/Siener, Friedrich: Die finanzwirtschaftliche Aussagekraft des Cash-Flow im Rahmen der externen Konzernabschlußanalyse. In: BB, Beilage 6 zu Heft 6/1990

Küting, Karlheinz/Weber, Claus-Peter: Der Übergang auf die neue Rechnungslegung. Fallstudie zur Umstellung des Einzelabschlusses auf das neue Bilanzrecht. 4., durchgesehene Aufl., Stuttgart 1986

Küting, Karlheinz/Weber, Claus-Peter: Bilanzanalyse und Bilanzpolitik nach neuem Bilanzrecht. Stuttgart 1989

Küting, Karlheinz/Weber, Claus-Peter/Zündorf, Horst: Die Equity-Methode im Übergang auf die neue Konzernrechnungslegung. In: BB, 42. Jg. (1987), S. 1496–1502

Küting, Karlheinz/Weber, Claus-Peter/Zündorf, Horst: Praxis der Konzernbilanzanalyse – Grundsatzfragen zur Erstellung einer Konzernstrukturbilanz. Stuttgart 1990

Küting, Karlheinz/Weber, Claus-Peter unter Mitarbeit von Sven Hayn und Joerg Pfuhl: Internationale Bilanzierung. Rechnungslegung in den USA, Japan und Europa. Herne, Berlin 1994

Küting, Karlheinz/Weber, Claus-Peter (Hrsg.): Handbuch der Rechnungslegung. Kommentar zur Bilanzierung und Prüfung. 4., grundlegend überarbeitete und wesentlich erweiterte Aufl., Stuttgart 1995

Küting, Karlheinz/Weber, Claus-Peter: Handbuch der Konzernrechnungslegung. Kommentar zur Bilanzierung und Prüfung. 2., grundlegend überarbeitete Aufl., Stuttgart 1998

Küting, Karlheinz/Weber, Claus-Peter: Die Bilanzanalyse. Lehrbuch zur Beurteilung von Einzel- und Konzernabschlüssen. 5., erweiterte und aktualisierte Aufl., Stuttgart 2000

Küting, Karlheinz/Weber, Claus-Peter (Hrsg.): Wertorientierte Konzernführung. Das Rechnungswesen im Konzern. Stuttgart 2000

Küting, Karlheinz/Zündorf, Horst: Die Praxis des Equity-Accounting. In: BB, 43. Jg. (1988), S. 872–881

Kuhn, Ulrich: Bilanzanalyse mit Hilfe des statistischen Verfahrens der Diskriminanzanalyse. In: DStR, 29. Jg. (1991), S. 1504–1511

Kungl, Willi: Bewegungsbilanzen und Kapitalflußrechnungen. In: Steuerberater-Handbuch. Bonn 1988, S. 1718–1745

Kupsch, Peter: Zur Bewertung der Rückstellungen für drohende Verluste aus schwebenden Liefergeschäften. In: DB, 28. Jg. (1975), S. 942–946

Kuroda, Masatoshi: Externe Rechnungslegung der Großunternehmen Japans. In: DBW, 41. Jg. (1981), S. 433–446

Kuroda, Masatoshi: Der konsolidierte Abschluß in Japan – ein Vergleich mit dem Konzernabschluß in Deutschland sowie dem konsolidierten Abschluß nach der 7. EG-Richtlinie. In: ZfbF, 37. Jg. (1985), S. 924–935

Kuroda, Masatoshi: Externe Rechnungslegung der Aktiengesellschaften Japans. In: Forumsbeiträge zum Rechnungswesen in Japan, hrsg. von Walther Busse von Colbe und Gert Laßmann, Bochum 1989

Kußmaul, Heinz: Darstellung der Shareholder Value-Ansätze. In: StB, 50. Jg. (1999), S. 382–390

Lachnit, Laurenz: Systemorientierte Jahresabschlußanalyse. Weiterentwicklung der externen Jahresabschlußanalyse mit Kennzahlensystemen, EDV und mathematisch-statistischen Methoden. Wiesbaden 1979

Lachnit, Laurenz: Multivariate Analyse- und Prognosemöglichkeiten auf Jahresabschlußbasis zur Unternehmensbeurteilung und Aktienkursprognose. In: ZfB, 51. Jg. (1981), S. 589–603

Lachnit, Laurenz: Externe Erfolgsanalyse auf der Grundlage der GuV nach dem Gesamtkostenverfahren. In: BFuP, 39. Jg. (1987), S. 33–53

Lachnit, Laurenz: Erfolgsspaltung auf der Grundlage der GuV nach Gesamt- und Umsatzkostenverfahren. In: WPg, 44. Jg. (1991), S. 773–783

Lachnit, Laurenz: Deutsche Bundespost Telekom im Spiegel der externen Jahresabschlußanalyse. In: DB, 46. Jg. (1993), S. 545–552

Lachnit, Laurenz: Der Daimler-Benz-Konzern in der externen Jahresabschlußanalyse. In: DB, 49. Jg. (1996), S. 2137–2145

Lachnit, Laurenz/Ammann, Helmut/Müller, Stefan: Wesen und Besonderheiten der Konzernabschlußanalyse. In: DStR, 35. Jg. (1997), S. 383–388

Lachnit, Laurenz/Ammann, Helmut/Müller, Stefan: Teilkonzernabschlußanalyse als Instrument der Konzernabschlußanalyse – Theoretische Grundlagen und praktische Umsetzbarkeit. In: DStR, 35. Jg. (1997), S. 550–556

Lachnit, Laurenz/Ammann, Helmut/Müller, Stefan/Wulf, Inge: Probleme einer international ausgerichteten Jahresabschlußanalyse – Exemplarische Darstellung anhand einer vergleichenden Betrachtung des dual nach HGB und US-GAAP erstellten Daimler-Benz-Konzernabschlusses. In: DB, 51. Jg. (1998), S. 2177–2184

Lachnit, L./Ammann, H./Müller, St./Wulf, I.: Geschäfts- oder Firmenwert als Problem der Konzernabschlußanalyse. In: WPg, 52. Jg. (1999), S. 677–688

Lachnit, Laurenz/Freidank, Carl-Christian (Hrsg.): Investororientierte Unternehmenspublizität – Neue Entwicklungen von Rechnungslegung, Prüfung und Jahresabschlußanalyse. Wiesbaden 2000

Lätsch, Roland: Die Rechnungslegung nach dem neuen Bilanzrichtlinien-Gesetz (Ohne Konzernrechnungslegung). Das Handbuch für die Praxis. 2., überarbeitete Aufl., Freiburg i. Br. 1987

Lanfermann, Josef/Niehus, Rudolf/Streim, Hannes/Zimmerer, Carl: Meinungen zum Thema »Neue Entwicklungen in der Harmonisierung der Rechnungslegung«. In: BFuP, 44. Jg. (1992), S. 441–455

Lange, Christoph: Jahresabschlußinformationen und Unternehmensbeurteilung. Stuttgart 1989

Leffson, Ulrich: Cash Flow – weder Erfolgs- noch Finanzierungsindikator! In: Aktuelle Fragen der Unternehmensfinanzierung und Unternehmensbewertung. Festschrift für Kurt Schmaltz, hrsg. von Karl-Heinz Forster und Peter Schumacher, Stuttgart 1970, S. 108–127

Leffson, Ulrich: Bilanzanalyse. 3., verbesserte Aufl., Stuttgart 1984

Leffson, Ulrich: Transnationale Einflüsse auf das deutsche Bilanzrecht. In: Der Wirtschaftsprüfer im Schnittpunkt nationaler und internationaler Entwicklungen. Festschrift zum 60. Geburtstag von Klaus v. Wysocki, hrsg. von Gerhard Gross, Düsseldorf 1985

Leffson, Ulrich: Die Grundsätze ordnungsmäßiger Buchführung. 7. revidierte und erweiterte Aufl., Düsseldorf 1987

Leffson, Ulrich: Die beiden Generalnormen. In: Bilanz- und Konzernrecht. Festschrift zum 65. Geburtstag von Reinhard Goerdeler, hrsg. von Hans Havermann, Düsseldorf 1987, S. 315–326

Leffson, Ulrich/Rückle, Dieter/Großfeld, Bernhard: Handwörterbuch unbestimmter Rechtsbegriffe im Bilanzrecht des HGB. Köln 1986

Lehner, Susanna Walpurga: Unternehmensanalyse. Vorschlag für ein umfassendes Informationssystem zur Beurteilung und laufenden Beobachtung des Bonitätsrisikos, hrsg. von Wilhelm Bühler, Wien 1984

Lehwald, Klaus-Jürgen: Reform der Rechnungslegung im europäischen Gesellschaftsrecht. In: Gesellschaftsrecht in der Europäischen Gemeinschaft, hrsg. von der Bundesstelle für Außenhandelsinformation (BfAI), Köln 1991, S. 247–295

Leitner, Friedrich: Bilanztechnik und Bilanzkritik. 8. und 9., neu bearbeitete Aufl., Berlin, Leipzig 1929

Leker, Jens/Wieben, Hans-Jürgen: Unternehmensbeurteilung unter Anwendung traditioneller und neuer Verfahren der Bilanzanalyse. In: DB, 51. Jg. (1998), S. 585–590

Leker, Jens/Cratzius, Michael: Erfolgsanalyse von Holdingkonzernen. In: BB, 53. Jg. (1998), S. 362–365

Leonardi, Hildegard: Externe Erfolgsanalysen auf der Grundlage handelsrechtlicher Jahresabschlüsse. Möglichkeiten und Grenzen des Analyseinstrumentariums im Lichte der Rechnungslegungsvorschriften des Bilanzrichtlinien-Gesetzes von 1985. Bergisch Gladbach, Köln 1990

Lev, Baruch: Financial statement analysis, a new approach. Englewood Cliffs/N. J. 1974

Lewis, Thomas G. unter Mitarbeit von Stelter, Daniel M./Casata, Thomas/Reiter, Monika: Steigerung des Unternehmenswertes. Total Value Management. Landsberg/Lech 1994

Liener, Gerhard: Internationale Unternehmen brauchen eine globalisierte Rechnungslegung. In. ZfB, 62. Jg. (1992), S. 269–292

Loehr, Helmut: Finanzierungsaspekte und Aktienanalyse. In: Beiträge zur Aktienanalyse, 11/1972 der DVFA

Lohse, Günter: Aufstellung und Analyse von Weltabschlüssen in der Bundesrepublik Deutschland. Kiel 1977

Lohse, Günter: Jahresabschlußanalyse. 1. Teil: Grundlagen, Struktur- und Erfolgsanalyse. 2. Teil: Finanzanalyse und Umsatzanalyse. Obertshausen 1979

Lohse, Günter: Möglichkeiten und Grenzen der Bilanzpolitik im Rahmen der neuen Rechnungslegungsvorschriften. In: PdR, Nr. 3/1986, S. 9–39

Lorson, Peter: Möglichkeiten und Grenzen der Break-Even-Analyse als Instrument der Betriebsanalyse. In: DStR, 30. Jg. (1992), S. 300–307

Luckey, Günter: Bilanzen und Steuern. 4., vollständig überarbeitete Aufl., Stuttgart 1992

Ludewig, Rainer: Bildung von Rückstellungen für drohende Verluste aus dem Auftragsbestand. In: DB, 27. Jg. (1974), S. 101–104

Ludewig, Rainer: Möglichkeiten der verdeckten Bilanzpolitik für Kapitalgesellschaften auf der Grundlage des neuen Rechts. In: ZfB, 57. Jg. (1987), S. 426–433

Ludewig, Rainer: Aktuelle Fragen aus der Arbeit des IDW. In: WPg, 45. Jg. (1992), S. 761–766

Lück, Wolfgang/Jung, Udo: Währungsumrechnung im Konzernabschluß. In: WiSu, Nr. 2/1988, S. 91–97

Lück, Wolfgang/Jung, Udo: Internationale Konzernrechnungslegung und Inflation. In: BFuP, 43. Jg. (1991), S. 275–293

Lurkin, Paul/Descendre, Nadine/Lievens, Danielle: Etats financiers. Analyse et interprétation. Brüssel 1990

Lutter, Marcus: Rechnungslegung als Rechenschaftslegung. In: Das vereinigte Deutschland im europäischen Markt. Bericht über die IDW-Fachtagung 1991, Düsseldorf 1992

Lutz, Joachim: Steuerliche Behandlung betrieblicher Pensionspläne deutscher US-Tochterunternehmen. In: DB, 39. Jg. (1986), S. 1995–1996

Macharzina, Klaus/Scholl, Rolf F.: Internationale Vereinheitlichung der Rechnungslegung. In: DBW, 44. Jg. (1984), S. 229–252

Mandl, Dieter/Bertl, Romuald: Betriebs- und Bilanzanalyse-Handbuch. Wien 1981

Martens, Hans Jürgen: Transformation der 4. EG-Richtlinie in Frankreich. In: WPg, 36. Jg. (1983), S. 1–9, 44–55

Mascheretti, Sergio/Merusi, Sergio: Guida all'analisi di bilancio. Mailand 1991

Matschke, Manfred Jürgen: Externe Schätzung von Scheinerfolgen aus aktienrechtlichen Jahresabschlüssen – dargestellt am Beispiel der BASF AG für das Jahr 1972. In: BFuP, 27. Jg. (1975), S. 276–306

Matt, J.-M./Mikol, A.: L'image fidèle, la doctrine et la loi. In: Revue Française de Comptabilité, No. 174 (1986), S. 39–50

Mayer, Andreas: Auswirkungen des Bilanzrichtlinien-Gesetzes auf die externe Analyse der Einzelabschlüsse von Kapitalgesellschaften: eine theoretische Untersuchung. In: Beiträge zum Rechnungs-, Finanz- und Revisionswesen, Band 25, hrsg. von Adolf Gerhard Coenenberg und Klaus v. Wysocki, Frankfurt am Main 1989

McKenzie, Wendy: Financial Times Guide to Using and Interpreting Company Accounts. Second Edition, London 1998

Meilicke, Wienand: Eine unheilige Allianz zwischen Bilanzfriseuren und dem deutschen Fiskus. In: BB, 41. Jg. (1986), S. 1369–1376

Mellwig, Winfried/Moxter, Adolf/Ordelheide, Dieter (Hrsg.): Einzelabschluß und Konzernabschluß. Beiträge zum neuen Bilanzrecht, Band 1, Wiesbaden 1988

Mellwig, Winfried/Moxter, Adolf/Ordelheide, Dieter (Hrsg.): Handelsbilanz und Steuerbilanz. Beiträge zum neuen Bilanzrecht, Band 2, Wiesbaden 1989

Mengele, Andreas: Shareholder-Return and Shareholder-Risk als unternehmensinterne Steuerungsgrößen. Stuttgart 1999

Meyer, Claus: Geschäftsbericht und Jahresabschluß der Kapitalgesellschaft. Eine Analyse der ersten veröffentlichten Abschlüsse nach dem Bilanzrichtlinien-Gesetz als Leitfaden für Aufstellung, Gestaltung und Offenlegung. Stuttgart 1987

Meyer, Claus: Betriebswirtschaftliche Kennzahlen und Kennzahlen-Systeme. 2., erw. und überarb. Aufl., Stuttgart 1994

Meyer, Claus: Kunden-Bilanz-Analyse der Kreditinstitute. Eine Einführung in die Jahresabschlußanalyse und in die Analyse-Praxis der Kreditinstitute. 2. Aufl., Stuttgart 2000

Meyer, Peter: Ausgewählte Fragen zur Vereinheitlichung der Rechnungslegung in der EG. In: Das vereinigte Deutschland im europäischen Markt. Bericht über die IDW-Fachtagung 1991, Düsseldorf 1992

Michel, Rudolf/Althaus, Burkhard: Probleme und Erfahrungen beim Aufbau einer PC-gestützten Jahresabschlußanalyse unter Anwendung von Multiplan. In: BKK, Nr. 17/1990, S. 667–682

Möller, Hans Peter: Probleme und Ergebnisse kapitalmarktorientierter empirischer Bilanzforschung in Deutschland. In: BFuP, 35. Jg. (1983), S. 285–302

Möller, Hans Peter: Bilanzkennzahlen und Ertragsrisiken des Kapitalmarktes. Eine empirische Untersuchung des Ertragsrisiko-Informationsgehaltes von Bilanzkennzahlen deutscher Aktiengesellschaften. Stuttgart 1986

Möller, Hans Peter/Schmidt, Franz (Hrsg.): Rechnungswesen als Instrument für Führungsentscheidungen. Festschrift für Adolf G. Coenenberg zum 60. Geburtstag. Stuttgart 1998

Mohren, Stephan W.: Bilanzanalyse auf der Grundlage von Datenbanken. In: DStR, 30. Jg. (1992), S. 658–663

Mohren, Stephan W.: Der Jahresabschluß – Was leisten Datenbanken? Stuttgart 1992

Morris, Richard: Predicting Failure: A Failure in Prediction? In: Accountancy, December 1997, S. 104–105

Moxter, Adolf: Betriebswirtschaftliche Gewinnermittlung. Tübingen 1982

Moxter, Adolf: Bilanzlehre, Bd. I: Einführung in die Bilanztheorie. 3., vollständig umgearbeitete Aufl., Wiesbaden 1984

Moxter, Adolf: Bilanzlehre, Bd. II: Einführung in das neue Bilanzrecht. 3., vollständig umgearbeitete Aufl., Wiesbaden 1986

Müller, Eberhard: Praktische Bilanzierungsprobleme im Vergleich USA/Deutschland. In: ZfbF, 34. Jg. (1982), S. 249–257

Müller, Eberhard: Rechnungslegung in Spanien nach Übernahme der EG-Richtlinien. In: DB, 43. Jg. (1990), S. 1625–1631

Müller, Herbert: Die Umrechnung der Jahresabschlüsse ausländischer Konzernunternehmen und die Verrechnung der daraus resultierenden Umrechnungsdifferenzen. Der Versuch einer Weiterentwicklung durch das Prinzip der Wertäquivalenz. Bochum 1986

Müller, Horst: Konzernabschluß nach neuem Bilanzrecht aus Sicht des Analysten. In: Die Bank, 1/1988, S. 35–40

Müller, Klaus: Die Währungsumrechnung im Rahmen der internationalen Konzernrechnungslegung. Zur Entwicklung von Grundsätzen ordnungsmäßiger Währungsumrechnung und eines darauf aufbauenden Umrechnungsvorschlages unter Berücksichtigung der derzeitigen internationalen Diskussion. Frankfurt a. M., Bern, New York 1985

Müller, Michael/Leven, Franz-Josef (Hg.): Shareholder Value Reporting. Veränderte Anforderungen an die Berichterstattung börsennotierter Unternehmen. Wien, Frankfurt 1998

Nahlik, Wolfgang: Praxis der Jahresabschlußanalyse. Recht – Risiko – Rentabilität. Wiesbaden 1989

Neubert, Helmut: Über den Aussagewert von Jahresabschlüssen. Kritik und methodische Anregungen zu dem Beitrag von Baetge/Huß/Niehaus. In: WPg, 40. Jg. (1987), S. 349–351

Neubert, Helmut: Einnahmen und Ausgaben als dritte Dimension der Unternehmenssteuerung. In: Blick durch die Wirtschaft, 2. Juli 1991

Neuhauser, Lenz: Neue Vorschriften über den Jahresabschluß öffentlich notierter US-Gesellschaften. In: DB, 34. Jg. (1981), S. 753–755

Neumann, Horst: Bilanzpolitik in den Unternehmen der neuen Bundesländer nach der DM-Eröffnungsbilanz. In: Betrieb und Wirtschaft, 4/1992, S. 105–107

Neumann, Horst: Erfolgswirtschaftliche Analyse der Unternehmen. In: Betrieb und Wirtschaft, 6/1992, S. 181–184

Niehaus, Manfred: Rechnungslegungs-, Prüfungs- und Publizitätsvorschriften in den USA. In: Deutsche Unternehmen auf dem amerikanischen Markt, hrsg. von Henning von Boehmer, Stuttgart 1988, S. 77–93

Niehus, Rudolf J.: Companies Act 1981: Transformation der 4. EG-Bilanzrichtlinie in Großbritannien. In: AG, 28. Jg. (1983), Nr. 9, S. 233–241

Niehus, Rudolf J.: Zur Transformation der 4. EG-(Bilanz-)Richtlinie in den Mitgliedstaaten der Europäischen Gemeinschaft. Überblick und erste Würdigung. In. ZGR, 4/1985, S. 536–566

Niehus, Rudolf J.: Entwicklungstendenzen in der Rechnungslegung. In: WPg, 39. Jg. (1986), S. 117–123

Niehus, Rudolf J.: Wertaufholung und umgekehrte Maßgeblichkeit. In: BB, 42. Jg. (1987), S. 1353–1359

Niehus, Rudolf J.: Zur Harmonisierung der Rechnungslegung in der EG. In: ZfbF, 39. Jg. (1987), S. 266–273 und WPg, 40. Jg. (1987), S. 248–252

Niehus, Rudolf J.: Der Anhang in nationaler und internationaler Betrachtung. In: Handelsbilanz und Steuerbilanz, Band 2, Wiesbaden 1989, S. 181–216

Niehus, Rudolf J.: 7. EG-Richtlinie = »US GAAP«? – »Duale« Konzernrechnungslegung in Frankreich – Anmerkungen und Überlegungen aus deutscher Sicht. In: WPg, 44. Jg. (1991), S. 1–8 und 34–39

Niehus, Rudolf J.: Der Wirtschaftsprüfer des vereinten Deutschlands – ein freier Beruf in dem Einen Markt. In: Das vereinigte Deutschland im europäischen Markt. Bericht über die IDW-Fachtagung 1991, Düsseldorf 1992

Niessen, Hermann: Der Grundsatz der Maßgeblichkeit der Handels- für die Steuerbilanz und das europäische Bilanzrecht. In: RIW, 38. Jg. (1992), S. 292–293

Nobes, Christopher/Parker, Robert: Comparative International Accounting. Fifth edition, London u. a. 1991

Ohne Verfasserangabe: Fragwürdige Bilanzen. In: DB, 1. Jg. (1948), S. 1–2

Opitz, Marcus: Rechnungslegung in Deutschland und Frankreich – Vergleich des Schutzes von Gesellschaftern und Dritten aus EG-rechtlicher Sicht. In: RIW, 38. Jg. (1992), S. 570–573

Ordelheide, Dieter: Konzern und Konzernerfolg. In: WiSt, Heft 10, Oktober 1986, S. 495–502

Ordelheide, Dieter: Kapitalkonsolidierung und Konzernerfolg. In. ZfbF, 39. Jg. (1987), S. 292–301

Ordelheide, Dieter: Kaufmännischer Periodengewinn als ökonomischer Gewinn. Zur Unsicherheitsrepräsentation bei der Konzeption von Erfolgsgrößen. In: Unternehmungserfolg, Planung – Ermittlung – Kontrolle, Walther Busse von Colbe zum 60. Geburtstag, hrsg. von Michel Domsch, Frank Eisenführ, Dieter Ordelheide, Manfred Perlitz, Wiesbaden 1988, S. 275–302

Ordelheide, Dieter/KPMG (Hrsg.): TRANSACC – Transnational Accounting. London 1995

Ossadnik, Wolfgang: Die Darstellung der Finanzlage im Jahresabschluß der Kapitalgesellschaft. In: BB, 45. Jg. (1990), S. 813–818

Ossadnik, Wolfgang: Auswirkungen der Umrechnung von Fremdwährungsabschlüssen auf die Lagedarstellung des Konzerns – Eine Untersuchung zu Spielräumen bei der Wahl von Umrechnungsmethoden und deren Konsequenzen für den Informationsgehalt der Rechnungslegung. In: WPg, 44. Jg. (1991), S. 285–294, 327–332

Otte, Hans-Heinrich: Harmonisierte Europäische Rechnungslegung. In: ZfbF, 42. Jg. (1990), S. 505–525

Otto, Jens Peter: Neue Rechnungslegungsvorschriften in Japan. In: WPg, 53. Jg. (2000), S. 178–191

Packmohr, Arthur: Bilanzpolitik und Bilanzmanagement. Leitlinien für die optimale Gestaltung des Jahresabschlusses mit Checkliste der bilanzpolitischen Aktivitäten. Köln 1984

Pape, Ulrich: Theoretische Grundlagen und praktische Umsetzung wertorientierter Unternehmensführung. In: BB, 55. Jg. (2000), S. 711–717

Parker, R. H.: Understanding Company Financial Statements. Hardmondsworth/Middlesex 1972

Paschen, Iris: Zur Publizitätspraxis der GmbH. In: DB, 45. Jg. (1992), S. 49–53

Paul, Walter: Finanzmanagement mit Hilfe von Kennzahlen – dargestellt am Beispiel der BASF. In: ZfbF, 50. Jg. (1990), S. 1076–1107

Peemöller, Volker H./Hüttche, Tobias: Zum Informationsgehalt von D-Markeröffnungsbilanz und Folgeabschlüssen. In: WPg, 45. Jg. (1992), S. 209–221

Peemöller, Volker H./Hüttche, Tobias: Auswirkungen des D-Markbilanzgesetzes auf die Bilanzanalyse. Düsseldorf 1992

Pelka, Jürgen/Niemann, Walter (Hrsg.): Beck'sches Steuerberater-Handbuch 1998/99. München 1998

Peller, Philip R./Schwitter, Frank J.: A Summary of Accounting Principle Differences Around the World. In: Handbook of International Accounting, hrsg. von Frederick D. S. Choi, New York u. a. 1991, Chapter 4

Pereira, Vivian/Paterson, Ron/Wilson, Allister: UK/US GAAP Comparison – A comparison between UK and US accounting principles. Third edition, London 1994

Perlitz, Manfred: Empirische Bilanzanalyse. In: ZfB, 49. Jg. (1979), S. 835–849

Perridon, Louis/Steiner, Manfred: Finanzwirtschaft der Unternehmung. 10. überarb. Aufl., München 1999

Pfaff, Dieter/Bärtl, Oliver: Wertorientierte Unternehmenssteuerung – Ein kritischer Vergleich ausgewählter Konzepte. In: ZfbF, Sonderheft 41/1999, S. 85–115

Pfleger, Günter: Die neue Praxis der Bilanzpolitik. Strategien und Gestaltungsmöglichkeiten im handels- und steuerrechtlichen Jahresabschluß. 4., völlig überarbeitete und erweiterte Aufl., Freiburg i. Br. 1991

Pfleger, Günter: Bilanz-Lifting. Legale und illegale Praktiken zur Schönung von Bilanzen. Freiburg i. Br. 1999

Piltz, Dieter: Wechselkursverluste in der Inflationsbilanzierung. In: Die steuerliche Betriebsprüfung, 30. Jg. (1990), S. 193–196

Plattner, Friedrich/Weber, Michael: Betriebsergebnisermittlung in Hochinflationsländern. In: BFuP, 43. Jg. (1991), S. 294–309

Potthoff, Erich: Entwicklung der Wirtschaftsprüfung seit Schmalenbach. In: WPg, 41. Jg. (1988), S. 601–605

Pougin, Erwin: Bilanzpolitik. In: Schriften zur Unternehmensführung. Bd. 10, Bilanzpolitik und Bilanztaktik (Hrsg. H. Jacob), Wiesbaden 1969

Price Waterhouse: European Companies Handbook 1991. London 1991

Price Waterhouse: Financial Reporting – An International Survey. 1995

PriceWaterhouseCoopers: International Accounting Standards – Similarities and Differences – IAS, US GAAP and UK GAAP. 1998

Probst, Herbert: Mehr angloamerikanische Rechnungslegung in der EG durch geänderte Verfahren? In: BFuP, 44. Jg. (1992), S. 426–440

Rappaport, Alfred: Shareholder Value. Ein Handbuch für Manager und Investoren. 2., vollst. überarb. und aktualisierte Aufl., Stuttgart 1999

Rehkugler, Heinz/Poddig, Thorsten: Bilanzanalyse. 4., völlig überarbeitete und erweiterte Aufl., München, Wien 1998

Reige, Jürgen: Der Herstellungskostenbegriff im Umsatzkostenverfahren. In: WPg, 40. Jg. (1987), S. 498–506

Reinhart, Alexander: Die Auswirkungen der Rechnungslegung nach »International Accounting Standards« auf die betragsmäßige Ergebnisanalyse deutscher Jahresabschlüsse. In: BB, 53. Jg. (1998), S. 1355-1361

Reuter, Edzard: Bilanzierung in Ländern mit hohen Inflationsraten aus der Sicht einer multinationalen Großunternehmung. In: Das neue Bilanzrecht – Ein Kompromiß divergierender Interessen? hrsg. von Jörg Baetge, Düsseldorf 1985, S. 178–208

Reuter, Edzard: Analyse von Weltabschlüssen nach Bilanzrichtlinien-Gesetz. In: Finanzierungshandbuch, hrsg. von F. Wilhelm Christians, 2., völlig überarbeitete und erweiterte Aufl., Wiesbaden 1988, S. 745–768 und in: ZfB, 58. Jg. (1988), S. 285–303

Richter, Frank/Honold, Dirk: Das Schöne, das Unattraktive und das Häßliche an EVA & Co. In: Finanz Betrieb, 2. Jg. (2000), S. 265-274

Richter, Gerd: Bewertung von Versorgungsverpflichtungen aus Unterstützungskassenzusagen. In: BB, 42. Jg. (1987), S. 1432–1435

Richter, Heiner: Die Generalklausel des § 264 Abs. 2 HGB und die Forderung des true and fair view. In: BB, 43. Jg. (1988), S. 2212-2219

Riebell, Claus: Das neue Bilanzrecht. Auswirkungen auf die künftige Bilanzanalyse. 2., überarbeitete Aufl., Stuttgart 1987

Riebell, Claus: Die Konzernbilanzanalyse nach neuem Recht. In: Betriebswirtschaftliche Blätter, 39. Jg. (1990), S. 231–237, 265–273

Riebell, Claus: Die Praxis der Bilanzauswertung. 6., aktualisierte und ergänzte Aufl., Stuttgart 1995

Riebell, Claus: Die Konzernbilanzanalyse – Das Auswerten nationaler und internationaler Konzernabschlüsse im Spiegel von Bilanzrecht und Bilanzpolitik. 2., überarbeitete und erweiterte Aufl., Stuttgart 1999

Riebell, Claus/Grün, Dietrich-Jürgen: Cash-Flow und Bewegungsbilanz. Instrumente zur Analyse des Jahresabschlusses. 3., neu bearb. Aufl., Stuttgart 1999

Riemer, Rudy: Bilanz- und Betriebsanalyse unter Berücksichtigung des Bilanzrichtlinien-Gesetzes. 3. Aufl., Bonn 1987

Rietmann, Peter: Die Bilanzanalyse, aus der Sicht des Abschlußprüfers. Diss., Winterthur 1970

Roberts, Clare/Weetman, Pauline/Gordon, Paul: International Financial Accounting – A Comparative Approach. London u. a. 1998

Rösler, Joachim: Bilanzanalyse durch Vergleich von projizierten mit realisierten Jahresabschlüssen. Eine empirische Untersuchung über Projektionstechniken in der Bilanzauswertung und ihre Einsatzmöglichkeiten. Kiel 1986

Rost, Peter: Der internationale Harmonisierungsprozeß der Rechnungslegung. Theorie, Praxis, Perspektiven. Frankfurt/M. u. a. 1991

Rutteman, Paul: Future harmonisation of accounting in Europe – is it in sight? In: European Accounting Focus, october 1989, S. 14–15

Sahner, Friedhelm: Die Befreiungen von der Verpflichtung zur Konzernrechnungslegung in den einzelnen Mitgliedstaaten. Zum Stand der Transformation von Artikel 6 bis 11 der Siebenten EG-Richtlinie. In: BFuP, 41. Jg. (1989), S. 338–354

Sahner, Friedhelm/Häger, Michael: Konzernbilanzpolitik im Rahmen der Kapitalkonsolidierung gem. § 301 HGB. In: DB, 41. Jg. (1988), S. 405–412

Sahner, Friedhelm/Kammers, Heinz: Bilanzpolitik im Einzelabschluß und der Grundsatz der Bewertungsstetigkeit gem. § 252 Abs. 1 Nr. 6 HGB. In: BB, 43. Jg. (1988), S. 1077–1081

Saudagaran, Shahrokh M./Solomon, Morton B.: Worldwide Regulatory Disclosure Requirements. In: Handbook of International Accounting, hrsg. von Frederick D. S. Choi, New York u. a. 1991, Chapter 5

Sauter, Douglas: Remodeling the house of GAAP. Proposed changes in the GAAP hierarchy may be the most extensive ever. In: Journal of Accountancy, July 1991, S. 30–37

Schedlbauer, Hans: Bilanzanalyse in der Praxis. In: DB, 31. Jg. (1978), S. 2425–2430

Scheffler, Eberhard: Bilanzen richtig lesen. München 1992

Schellein, Horst: Rechenschaftslegung mittelständischer Unternehmen an der Schwelle zum EG-Binnenmarkt – Eine Aufgabe auch für den Wirtschaftsprüfer. In: WPg, 42. Jg. (1989), S. 601–607

Schleis, Konrad: Börsengewinne dank besserer Aktienkurs-Prognose. Niederglatt/ZH 1984

Schlembach, Helmut: Die Gewinnschätzung aus den Steuern. In: Beiträge zur Aktienanalyse 3/1965 der DVFA

Schlembach, Helmut: Die Bewertung von Aktien. 3. Aufl., München 1973

Schmidt, Fritz: Die organische Tageswertbilanz. Wiesbaden 1951

Schmidt, Peter J.: Wird die Handelsbilanz zur Steuerbilanz? In: WPg, 44. Jg. (1991), S. 605–610

Schneeloch, Dieter: Bewertungsstetigkeit in Handels- und Steuerbilanz. In: WPg, 40. Jg. (1987), S. 405–417

Schneeloch, Dieter: Bilanzpolitik und Grundsätze der Maßgeblichkeit. In: DStR, 28. Jg. (1990), S. 96–104

Schneeloch, Dieter: Bilanzpolitische Überlegungen zur Erstellung der DM-Eröffnungsbilanz. In: BB, 46. Jg. (1991), S. 25–34

Schneider, Dieter: Wozu Reform des Jahresabschlusses? In. Der Jahresabschluß im Widerstreit der Interessen, hrsg. von Jörg Baetge, Düsseldorf 1983, S. 131–156

Schneider, Dieter: Eine Warnung vor Frühwarnsystemen – Statistische Jahresabschlußanalysen als Prognosen zur finanziellen Gefährdung einer Unternehmung? In: DB, 38. Jg. (1985), S. 1489–1494

Schneider, Dieter: Erste Schritte zu einer Theorie der Bilanzanalyse. In: WPg, 42. Jg. (1989), S. 633–642

Schneider, Dieter: Betriebswirtschaftslehre. Band 2: Rechnungswesen. München, Wien 1994

Schneider, Dieter: Marktwertorientierte Unternehmensrechnung: Pegasus mit Klumpfuß. In: DB, 51. Jg. (1998), S. 1473–1478

Schneider, Manfred/Menn, Bernd-Joachim: Dynamische Informationspolitik im Spannungsfeld nationaler und internationaler Rechnungslegungsnormen – Dargestellt am Beispiel der Segmentpublizität des Bayer-Konzerns. In: Finanz- und Rechnungswesen als Führungsinstrument, Herbert Vormbaum zum 65. Geburtstag, hrsg. von Dieter Ahlert, Klaus-Peter Franz, Hermann Göppl, Wiesbaden 1990

Schnettler, Albert: Betriebsanalyse. 2., neu bearbeitete Aufl., Stuttgart 1960

Schoenfeld, Hanns-Martin W.: Grundsätze der Rechnungslegung in den USA. In: ZfB, 51. Jg. (1981), S. 290–311

Scholtissek, Wolfgang: Der Jahresabschluß in Frankreich nach dem Plan comptable révisé 1979. In: WPg, 34. Jg. (1981), S. 711–721

Scholtissek, Wolfgang: Der Jahresabschluß in Großbritannien – Ein Überblick über die Vorschriften des Companies Act 1981. In: DB, 37. Jg. (1984), S. 1533–1537

Scholtissek, Wolfgang: Der Jahresabschluß von Kapitalgesellschaften in Belgien. In: DB, 38. Jg. (1985), S. 501–505, S. 560–564

Scholtissek, Wolfgang: Der Jahresabschluß von Kapitalgesellschaften in Luxemburg. In: DB, 38. Jg. (1985), S. 1409–1415

Scholtissek, Wolfgang: Der konsolidierte Abschluß in Frankreich. Überblick über das Gesetz. No. 85-11 vom 3. 1. 1985. In: RIW, 31. Jg. (1985), S. 467–472

Scholtissek, Wolfgang: Die Rechnungslegung der Aktiengesellschaft in der Schweiz nach geltendem und künftigem Recht. In: DB, 39. Jg. (1986), S. 761–767

Scholtissek, Wolfgang: Überblick über den Jahresabschluß im Vereinigten Königreich. In: RIW, 32. Jg. (1986), S. 697–704

Scholtissek, Wolfgang: Überblick über die Rechnungslegung der Aktiengesellschaft und der Gesellschaft mbH in den Niederlanden. In. DB, 40. Jg. (1987), S. 1372–1378

Scholtissek, Wolfgang: Ergänzung der Vorschriften über den Konzernabschluß in Frankreich. In: RIW, 33. Jg. (1987), S. 283–289

Scholtissek, Wolfgang: Überblick über die Rechnungslegung der Companies in der Republik Irland nach dem Companies (Amendment) Act 1986. In: RIW, 33. Jg. (1987), S. 437–444

Scholtissek, Wolfgang: Überblick zur neuen Rechnungslegung der Kapitalgesellschaften in Griechenland. In: DB, 41. Jg. (1988), S. 1557–1560

Scholtissek, Wolfgang: Prüfung des Konzernabschlusses in Frankreich. Überblick über den Guide der Compagnie Nationale des Commissaires aux Comptes 1987. In: RIW, 34. Jg. (1988), S. 194–201

Scholtissek, Wolfgang: Reform der Rechnungslegung in Österreich. In: RIW, 34. Jg. (1988), S. 715–723

Scholtissek, Wolfgang: Grundzüge der Konzernrechnungslegung in Griechenland – Zur Umsetzung der 7. EG-Richtlinie. In: WPg, 42. Jg. (1989), S. 99–103

Scholtissek, Wolfgang: Überblick über die Konzernrechnungslegung in Großbritannien. In: RIW, 36. Jg. (1990), S. 32–41

Scholtissek, Wolfgang: Konzernrechnungslegung in der Schweiz. In. RIW, 36. Jg. (1990), S. 375–382

Scholtissek, Wolfgang: Konzernrechnungslegung in Belgien. In. RIW, 36. Jg. (1990), S. 646–654

Scholtissek, Wolfgang: Die künftige Konzernrechnungslegung in Österreich. In: RIW, 37. Jg. (1991), S. 228–234

Schredelseker, Klaus: Der Nutzen von Bilanzinformationen für Kapitalanlageentscheidungen. In: Der Wirtschaftspruefer im Schnittpunkt nationaler und internationaler Entwicklungen. Festschrift zum 60. Geburtstag von Klaus v. Wysocki, hrsg. von Gerhard Gross, Duesseldorf 1985

Schruff, Wienand: Streitgespräch »Auf Messers Schneide«. In: manager magazin, 30. Jg. (2000), S. 151–161

Schult, Eberhard: Bilanzanalyse – Möglichkeiten und Grenzen externer Unternehmensbeurteilung; mit Fragen, Aufgaben und Lösungen. 10., erweiterte Aufl., Berlin 1999

Schulte, Karl-Werner (Hrsg.): Aktienanalyse und neues Bilanzrecht. 2. Aufl., Bergisch Gladbach, Köln 1989

Schultz, Ursula: Der Stetigkeitsgrundsatz im Konzernabschluß. In: WPg, 43. Jg. (1990), S. 357–369

Selchert, Friedrich W.: Möglichkeiten einer Schätzung des Steuerbilanzgewinns anhand des handelsrechtlichen Jahresabschlusses einer Aktiengesellschaft nach der Körperschaftsteuerreform. In. BB, 33. Jg. (1978), S. 509–516

Selchert, Friedrich W.: Der Bilanzansatz von Aufwendungen für die Erweiterung des Geschäftsbetriebs. In: DB, 39. Jg. (1986), S. 977–983

Selchert, Friedrich W.: Das Sonderverlustkonto gem. § 17 Abs. 4 DMBilG im Konzernabschluß nach HGB. In: DB, 45. Jg. (1992), S. 537–541

Selchert, Friedrich W.: Windowdressing – Grenzbereich der Jahresabschlußgestaltung. In: DB, 49. Jg. (1996), S. 1933–1940

Selling, Heinz-Jürgen: Die Umsetzung der EG-Bilanz- und Konzernabschlußrichtlinie in Spanien. In. RIW, 39. Jg. (1989), S. 965–983

Serfling, Klaus/Marx, Marita: Die Bedeutung der Richtlinie SFAS No. 95 für die Praxis der Kapitalflußrechnung – Eine Analyse vor dem Hintergrund der Verlautbarung HFA 1/1978. In: WPg, 44. Jg. (1991), S. 345–350

Sieben, Günter/Gatzen, Manfred/Husemann, Walter: Die Abschlußprüfung als Beitrag zu einer betriebswirtschaftlichen Unternehmensanalyse. In: WPg, 41. Jg. (1988), S. 606–612

Siegwart, Hans: Der Cash-flow als finanz- und ertragswirtschaftliche Lenkungsgröße. Stuttgart 1989

Siegwart, Hans/Mahari, Julian I./Caytas, Ivo G./Sander, Stefan: Management Controlling. Stuttgart 1990

Siener, Friedrich: Der Cash-Flow als Instrument der Bilanzanalyse. Praktische Bedeutung für die Beurteilung von Einzel- und Konzernabschluß. In: Schriften zur Bilanz- und Steuerlehre, Band 6, hrsg. von Karlheinz Küting und Günter Wöhe, Stuttgart 1991

Smith, Terry: Accounting for Growth. Stripping the Camouflage from Company Accounts. London 1992

Sonnemann, Erik (Hrsg.): Rechnungslegung, Prüfung, Wirtschaftsrecht und Steuern in den USA. Wiesbaden 1989

Sonnemann, Erik: Institutionelle und konzeptionelle Grundlagen der externen Rechnungslegung in den USA. In: Rechnungslegung, Prüfung, Wirtschaftsrecht und Steuern in den USA. Wiesbaden 1989, S. 17–52

Sonnemann, Erik/Lohse, Dieter: Änderungen am D-Markbilanzgesetz. In: Betriebs-Berater 1991, Supplement Deutsche Einigung – Rechtsentwicklungen, Folge 20, S. 14–22

Spicer & Oppenheim: The Spicer & Oppenheim Guide to Financial Statements Around the World. New York u. a. 1989

Staehle, Wolfgang H.: Kennzahlen und Kennzahlensysteme als Mittel der Organisation und Führung von Unternehmen. Wiesbaden 1969

Staks, Hansjoachim: Konzernbilanzpolitik im Übergang zum neuen Bilanzrecht. In: BFuP, 41. Jg. (1989), S. 325–337

Steiner, Manfred/Jaschke, Thomas: Finanzwirtschaftliche Analyse des Jahresabschlusses nach neuem Recht. In: BFuP, 40. Jg. (1988), S. 22–36

Steiner, Manfred/Rössler, Martin: Zukunftsorientierte Bilanzanalyse und ihre Prognosequalität. In: BFuP, 28. Jg. (1976), S. 440–453

Steiniger, Wolfgang: Das neue dänische Gesetz über die Rechnungslegungsvorschriften für Aktiengesellschaften und Gesellschaften mit beschränkter Haftung. In: AG, 28. Jg. (1983), S. 243–248

Steinle, Kurt: Weltabschluß. Die Konsolidierung des Abschlusses einer inländischen Obergesellschaft und der Abschlüsse ihrer in- und ausländischen Beteiligungsgesellschaften zu einem sogenannten Weltabschluß. In: BB, Beilage 3 zu Heft 17/1971

Stewart, G. Bennett, III: The Quest for Value –The EVA™ Management Guide. New York 1990

Stiegler, J. P.: Fünf Jahrtausende Buchhaltung. Von der Urkartei auf Tontafeln bis zur Elektronik in der Buchhaltung. 3. erweiterte Aufl., Stuttgart 1958

Strobel, Wilhelm: Änderung des D-Markbilanzgesetzes im Regierungsentwurf zur Privatisierungsrechtsreform. In: BB 1991, Supplement Deutsche Einigung – Rechtsentwicklungen, Folge 19, S. 18–27

Tacke, Helmut R.: Jahresabschlußanalyse in der Praxis. Herne, Berlin 1997

Todd, Rebecca/Sherman, Ron: International Financial Statement Analysis. In: Handbook of International Accounting, hrsg. von Frederick D. S. Choi, New York u. a. 1991, Chapter 9

Tonkin, David: World Survey of Published Accounts. An Analysis of 200 Annual Reports from the World's Leading Companies. London 1989

Treuhandanstalt: DM-Eröffnungsbilanz – Wahlrechte und Prüfungsbericht. In: BB, 46. Jg. (1991), S. 107–108

Uhlir, H./Steiner, P.: Wertpapieranalyse. Heidelberg, Wien 1986

Unzeitig, Eduard/Köthner, Dietmar: Shareholder Value Analyse. Entscheidungen zur unternehmerischen Nachhaltigkeit – Wie Sie die Schlagkraft Ihres Unternehmens steigern. Stuttgart 1995

Uthoff, Carsten: Erfolgsoptimale Kreditwürdigkeitsprüfung auf der Basis von Jahresabschlüssen und Wirtschaftsauskünften mit Künstlichen Neuronalen Netzen. Stuttgart 1997

Vause, Bob: Unternehmensanalyse für Anleger. Geschäftsberichte, Bilanzen und Finanzkennzahlen richtig beurteilen. Frankfurt/M., New York 1999

Vellmann, K. H.: Das Bilanzrichtliniengesetz und die GuV-Rechnung nach dem Umsatzkostenverfahren. Eine praxisorientierte Darstellung aus der Sicht des Controllers. In: Controller-Magazin, 3 /1987, S. 105–114

Verrando, Jean-Marie: Le diagnostic d'entreprise. In: Economie et comptabilité, juin 1983, S. 3–10

Viel, Jakob: Betriebs- und Unternehmungsanalyse. 3. Aufl., Zürich 1969

Vogler, Gerhard/Mattes, Helmut: Theorie und Praxis der Bilanzanalyse. Interne und externe Bilanzanalyse als Informationsmittel und Instrument modernen Managements. 2., ergänzte Aufl., Berlin 1976

Vollmuth, Hilmar J.: Bilanzen richtig lesen, besser verstehen, optimal gestalten. Bilanzanalyse und Bilanzpolitik für die Praxis. Planegg/München 1995

Wagenhofer, Alfred: Bilanzierung und Bilanzanalyse. Theoretische Grundlagen und praktische Anwendung. 2. vollständig neu bearbeitete Aufl., Wien 1988

Wagenhofer, Alfred: Informationspolitik im Jahresabschluß. Freiwillige Informationen und strategische Bilanzanalyse. Heidelberg 1990

Wagner, Franz W.: Zum Informationsgehalt einer inflationsbereinigten Rechnungslegung. In: ZfB, 56. Jg. (1986), S. 219–243

Waldmann, Ludwig/Waldmann, Dieter: Das Rechnungslegungsgesetz. Ein Kurzkommentar für den Praktiker. Wien 1992

Weber, Claus-Peter: Das Bilanzrichtlinien-Gesetz in der praktischen Anwendung. In: DB, 41. Jg. (1988), S. 1–10

Weber, Claus-Peter: Praxis der Kapitalkonsolidierung im internationalen Vergleich. In: Schriften zur Bilanz- und Steuerlehre, Band 8, hrsg. von Karlheinz Küting und Günter Wöhe, Diss., Stuttgart 1991

Weber, Claus-Peter/Damm, Uwe/Haeger, Bernd/Zündorf, Horst: Die Übergangsvorschriften des Bilanzrichtlinien-Gesetzes. In: DB, Beilage Nr. 17/86 zu Heft Nr. 31 v. 1. 8. 1986

Weber, Helmut Kurt: Wertschöpfungsrechnung. Stuttgart 1980

Weber, Jürgen: Einführung in das Rechnungswesen – I. Bilanzierung. 5., aktualisierte und neu gestaltete Aufl., Wiesbaden 1996

Weber, Jürgen/Schäffer, Utz: Balanced Scorecard & Controlling. Implementierung – Nutzen für Manager und Controller – Erfahrungen in deutschen Unternehmen. Wiesbaden 1999

Wehrheim, Michael: Die Diskriminanzanalyse als Mittel der Bonitätsprüfung. In: BBK, Nr. 21/1998, S. 1077–1084

Weibel, Peter F.: Die Aussagefähigkeit von Kriterien zur Bonitätsbeurteilung im Kreditgeschäft der Banken. Eine empirische Untersuchung. Bern und Stuttgart 1973

Weilbach, Erich A.: Zum Unfug der »Grundsätze ordnungswidriger Bilanzierung«. In: BB, 41. Jg. (1986), S. 160–163

Weinreich, Günter: Bilanzanalyse aus Finanzsicht – ein zukunftsorientiertes Instrumentarium zur Unternehmensdiagnose. In: WPg, 46. Jg. (1993), S. 225–235

Weinrich, Günter: Kreditwürdigkeitsprognosen. Steuerung des Kreditgeschäfts durch Risikoklassen. Wiesbaden 1978

Weinrich, Günter: Ein Verfahrensvorschlag zur Erkennung bilanzieller Risiken. In: WPg, 40. Jg. (1987), S. 341–349

Welcker, Johannes/Thomas, Eckhardt: Finanzanalyse. München 1981

Wengel, Torsten: Genußrechte im Rahmen der Bilanzanalyse. In: DStR, 38. Jg. (2000), S. 395–400

Werner, Ute: Die Berücksichtigung nichtnumerischer Daten im Rahmen der Bilanzanalyse. In: WPg, 43. Jg. (1990), S. 369–376

Wesner, Peter: Bilanzierungsgrundsätze im Wertpapierrecht der U. S. A. Wiesbaden 1984

Westermann, Bernhard: Gesetzliche Bestimmungen zum Inhalt, zur Gliederung und zur Veröffentlichung des Jahresabschlusses in Belgien. In: WPg, 38. Jg. (1985), S. 404–414

Westermann, Bernhard: Amerikanische latente Steuern in deutschen Wertabschlüssen – Zugleich ein Beitrag zu FAS 96. In: WPg, 42. Jg. (1989), S. 257–264

White, Gerald I./Sondhi, Ashwinpaul C./Fried, Dov: The Analysis and Use of Financial Statements. Second Edition, New York u. a. 1997

Wiedmann, Harald: Die Stetigkeit nach neuem Recht und ihr Einfluß auf Bilanzanalyse und Bilanzpolitik. In: BFuP, 40. Jg. (1988), S. 37–49

Wiedmann, Harald/Euler, Gerd: Internationale Entwicklungen im Inflation Accounting: Eine vergleichende Darstellung. In: BFuP, 43. Jg. (1991), S. 310–335

Winnefeld, Robert: Bilanz-Handbuch. München 1997

Wlecke, Ulrich: Währungsumrechnung und Gewinnbesteuerung bei international tätigen Unternehmen. Düsseldorf 1989

Wöhe, Günter: Möglichkeiten und Grenzen der Bilanzpolitik im geltenden und im neuen Bilanzrecht. In: DStR, 23. Jg. (1985), S. 715–721, 754–761

Wöhe, Günter: Bilanzpolitische Spielräume nach neuem Handelsrecht. In. BFuP, 40. Jg. (1988), S. 50–64 und in: Der Schweizer Treuhänder, 61. Jg. (1987), Heft 10, S. 371–377

Wöhe, Günter: Bilanzierung und Bilanzpolitik. 8., völlig neubearbeitete und erweiterte Aufl., München 1992

Wuermli, Richard J./Oberle, Andreas: Das neue schweizerische Aktienrecht. In: IWB, Nr. 21/1991, S. 853–856

Wysocki, Klaus v. (Hrsg.): Kapitalflußrechnung. Stuttgart 1998

Wysocki, Klaus v./Dietl, Roland/Glaubig, Jürgen/Heinrich, Thomas/Rammert, Stefan/Wenzler, Christian: Die D-Markeröffnungsbilanz 1990. 2. Auflage unter Berücksichtigung der Änderung des D-Markbilanzgesetzes von 1991, Stuttgart 1991

Wysocki, Klaus v./Wohlgemuth, Michael: Konzernrechnungslegung. 4., völlig neu bearbeitete Aufl., Düsseldorf 1996

Zentralverband Elektrotechnik- und Elektronikindustrie e. V.: ZVEI-Kennzahlensystem. 4. veränderte Auflage, Frankfurt/M. 1989

Zimmerer, Carl: Industriebilanzen lesen und beurteilen. 7., neu bearbeitete und erweiterte Aufl., München 1991

Zimmerer, Carl: Die Bilanzwahrheit und die Bilanzlüge. Wiesbaden 1979

Zimmerer, Carl: Bilanzmanipulationen. In: DBW, 39. Jg. (1979), S. 459–465

Zimmerer, Carl: Die von der Unternehmensbewertung abgeleitete Bilanz. In: DBW, 49. Jg. (1989), S. 796–799

Zimmerer, Carl: Bei Durchsicht der Bilanzen. Was deutsche Spitzenunternehmen in ihren Geschäftsberichten verschweigen. Düsseldorf 1992

Zündorf, Horst: Bilanzanalyse mit Expertensystemen. In: DStR, 30. Jg. (1992), S. 553–556 und 593–596

Namensverzeichnis

AIA 269
Altmann 431
Arthur Andersen 486

Baden-Württembergische Bank AG 447–482
Baetge, Jörg 21, 431, 432, 433, 435
Baetge/Apelt 97
Baetge/Beuter/Feidicker 431
Baetge/Huß/Niehaus 431
Balsam/Procedo 25
Bayer AG 150
Bayerische Hypo- und Vereinsbank AG 477–482
Beaver 431
Beermann 431
BfG Bank 477–482
Biener, Herbert 22, 97
Bleier 431
Blüthmann, Heinz VIII, IX
BPA Baetge & Partner GmbH & Co. KG 435, 437, 439
Bremer Vulkan 25
Bruns, Hans Georg IX
Büschgen/Everling 439
Busse von Colbe/Pellens 205

C&L Deutsche Revision 274
Coenenberg, Adolf G. 483–485
Commerzbank AG 477–482
Copeland, Tom/Koller, Tim/Murrin, Jack/ McKinsey & Company 449

Daimler-Benz AG V, VII–IX, 15, 147, 434
Deutsche Bank AG 477–482
Deutsche Bundesbank 457
Dicken, André Jacques 435
Dresdner Bank AG 477–482
Du Pont de Nemours and Company 13, 419
Duff & Phelps 437
DVFA 27, 401
DVFA/SG 12, 27, 401–407
Dyckerhoff AG 150

Ehrbar, Al 452
ESSO IX
EU-Kommission 123, 125
Europäische Gemeinschaft 151
EuroRatings AG 437, 439
Everling 439

Feidicker 431
Fitch IBCA 437
Flowtex 25

Gburek, Manfred VIII
General Motors Co. X
Goethe von, Johann Wolfgang 491
Gräfer, Horst 483–485
Grand Metropolitan X

Hauschildt 431
Heidelberger Zement AG 150
Hesse/Fraling/Fraling 483–485
Heubeck, Klaus 197
Hoechst AG 148, 150
Holzmann VI, 25
Hügli 505
Huß 431

IDW 16, 17, 122, 268, 313
IKG Deutsche Industriebank AG 477–482

Jerschensky 432

Kaplan/Norton 455
Krause 432
Kupsch, Peter 205
Küting, Karlheinz VIII, 486
Küting/Mohren 97

Le Coutre 505
Leffson, Ulrich 500
Leitner, Friedrich VII, X, 505
Liener, Gerhard VIII
Lufthansa 336

Mercedes-Benz AG VIII
Merck AG 151
Meyer, Claus 435
Moody's Investors Service 39, 437, 439–441

NAA 269
Nicklisch 505
Niehaus 431

Oliver, Wyman & Company 437

Pacioli, Luca 497
Paschen, Iris 97
Pellens/Tomaszewski/Weber 456

Rappaport, Alfred 449
Reichmann/Lachnit 13
Reuter, Edzard VIII, IX
Rieger 505
RS Rating Services AG 437, 439

SAP AG 147
Schär 505
Schmalenbach, Eugen 499, 505, 506
Schmalenbach-Gesellschaft 27, 401
Schmidt, Fritz 506
Schneider 25
Schneider, Dieter 21
Shell IX
Simon, Hermann Veit 505
Smith, Terry 436
Sparkassen 477–482
Standard & Poor's 39, 437, 439, 441–443
Stern Stewart & Co. 450
Stewart, G. Bennett 450
Stiegler, J. P. 497

The Boston Consulting Group (BCG) 450
Treuhandanstalt 105

Universität Kiel 485
URA Unternehmens Ratingagentur AG 437, 439
Uthoff 432

VEBA AG 146
Verband der Vereine Creditreform e. V. 437
Volks- und Raiffeisenbanken 477–482

Weibel 431
Weinrich 431
WPK 17, 122

Zimmerer, Carl X
ZVEI 13

Stichwortverzeichnis

abgeführte Gewinne 242
Abgrenzung
sachliche 114
zeitliche 114
Abschlußanalyse 3
Abschreibungen 50–51, 71, 181–182, 222–225, 383–384
angemessene 333–335
auf Finanzanlagen und Wertpapiere des Umlaufvermögens 231–232
Abschreibungsgrad 332–333, 335–336
Abschreibungsmethode 20
Abschreibungspolitik 330
Abschreibungsquote 333, 338
Abschreibungswahlrechte 50–51
Accounting Principles Board (APB) 108, 112
accrual principle 109
acid-test ratio 355
AICPA 108, 109, 112, 113, 269
Aktienanalyse 3
Aktienoptionen 14, 15, 187, 188, 424
Aktionäre 39
Aktivierungswahlrechte 19, 28
Altersstruktur bzw. technischer Stand der Sachanlagen 333
Analyse
der Angemessenheit der Abschreibungen auf Sachanlagen 333–336
der Aufwands- und Ertragsstruktur 365–376
der Bilanz 161–212
der einzelnen Posten 11
der finanziellen Berichterstattung 3
der Gewinn- und Verlustrechnung 213–249
der Liquidität 327, 351–360, 472–474
der Rentabilität 413–421, 475–476
des Anhangs 249
des Erfolges 361–400, 474–475
des Kapitals 343–349, 473–474
des Vermögens 329–342, 473–474
von Kapitalflußrechnungen 5, 12, 311–319
von Konzernabschlüssen 251–279
Analyseinstrumente 11–14
andere aktivierte Eigenleistungen 218–219
Anhang 5, 23, 53–78, 83–84, 249, 364
Anlagendeckung 352
Anlagenspiegel 166, 312
Anlagevermögen 163–171
Ansatzvorschriften 49
Ansatzwahlrechte 19, 21
Anschaffungs- und Herstellungskosten 163, 172–175
Anteilseigner 22
Arbeitnehmer 39
assoziiertes Unternehmen 261
Aufbereitung und Bereinigung des Jahresabschlusses 4, 283–310
Aufsichtsrat V, VI, 4, 5, 22, 37, 39–40, 456
Aufwands- und Ertragskonsolidierung 260–261
Aufwandsrückstellungen 20, 205
Aufwendungen
außerordentliche 19, 71, 233, 373–374, 388–389
für die Ingangsetzung und Erweiterung des Geschäftsbetriebs 19, 51, 162–263
kurzfristig stark beeinflußbare 364, 368, 372, 392–395
sonstige betriebliche 19, 70, 226–229, 248, 373, 429
Ausgleichsforderungen 99–100
Ausgleichsverbindlichkeiten 99–100
ausländischer Jahresabschluß 107–155
Auslegungsmöglichkeiten 19
Ausleihungen
an Unternehmen, mit denen ein Beteiligungsverhältnis besteht 170
an verbundene Unternehmen 170
sonstige 59, 171
Ausschüttungsbegrenzung 22
Ausschüttungspolitik 360
Ausschüttungsquote 423, 426
ausstehende Einlagen auf das gezeichnete Kapital 161–162
Australien 519–523
Auswertung von Informationen und Daten 3

Badwill 258
Balanced Scorecard 454–455
Banken und Versicherungen 4
Bankrotterklärung der Generalnorm und des uneingeschränkten Bestätigungsvermerks des Wirtschaftsprüfers 27
Basler Abkommen 9, 437
Beibehaltungswahlrecht 21
Beirat 39–40
Beleihungsmöglichkeiten 358
Belgien 524–528

Bereinigung der Gewinn- und Verlustrechnungen 28, 376–400
Berichterstattung
verbale 28
Bestätigungsvermerk des Wirtschaftsprüfers 25–26, 27, 35–36, 95, 109, 364, 443
Beteiligungen 171
Beteiligungsentwertungskonto 102
Beteiligungsergebnis 294
Beteiligungsliste 262–263
Betriebsbesichtigung 9
Betriebsergebnis 294, 410
betriebsnotwendiges Vermögen 417–418, 419
Betriebsräte 39
Betriebsvergleich 11, 12, 13, 327, 346, 348, 351, 355, 369, 373, 376, 408, 411, 412, 417, 459
Beurteilung der Vermögens-, Finanz- und Ertragslage 487–488
Bewegungsbilanz 317
Bewertungs- und Ermessensspielräume 43, 382, 387
Bewertungsergebnis 294
Bewertungsgrundsätze 49
Bewertungsprinzipien 23
Bewertungsstetigkeit 110
Bewertungsvorschriften 49–53
Bewertungswahlrechte 19, 20, 21, 22, 23, 43
Beziehungskennzahlen 12
Bilanz 5, 287–294
Bilanzanalyse 3, 18
Aussagewert 4
Begriff 4
Endziel 5
fundierte und qualitativ hochwertige 3, 6, 40, 41, 43, 362, 433, 445
interessierte Gruppen 39–41
Notwendigkeit 14–27
Schritte und Methoden 157–158
Ziel 4
Zweck 4
Zwischenziel 5
Bilanzauffassungen 504–507
Bilanzbonitäts-Rating 435
Bilanzdelikt X
Bilanzersteller 14, 15, 18, 22, 54, 358
Bilanzfälschung 23, 24
Bilanzfrisur V
Bilanzgespräch 7
Bilanzierungs- und Bewertungsmethoden 10, 55–57, 86–87
Bilanzierungshilfe 19, 20, 237
Bilanzierungspraktiken 434
dubiose 25
Bilanzierungsvorschriften 47–160
Bilanzierungswahlrechte 19, 21, 22, 23, 43
Bilanzierungswillkür 23
Bilanzkosmetik 15
Bilanzkurs 425–426
Bilanzleser 14, 16, 18, 23, 54, 80, 361
Bilanzlifting 14
Bilanzmanipulationen 436
Bilanzpolitik 6, 10, 13, 14, 15, 18, 23, 24, 27, 41, 81, 105, 213, 214, 222, 227, 230, 232, 234, 235, 237, 238, 311, 317, 321, 322, 323, 326, 332, 346, 364, 372, 373, 409, 411, 415, 416, 418, 434, 444, 445, 457, 486
Begriff 14
legale 24
Profil 27–34, 81, 352
Ziel 14
Bilanzrichtlinien-Gesetz 17–18, 25, 43, 79, 109
Bilanzsstruktur 4
Bilanztheorien 504–507
Bilanzvergleich international 347–348
Bilanzverschleierung 23
Bonitätsanalyse 477–482
Bonitätsbeurteilung 39, 439
Börsenbewertung 14, 423–426, 477
Börsenkurs 425–426
börsennotiertes Unternehmen 5, 6
Branchenvergleich 6, 7, 11, 97, 367, 428, 429–430
Break-even-Analyse 12, 370–371
Bruttoergebnis vom Umsatz 247
Buchführung 491ff
Buchwertmethode 258
Bundesanzeiger 96

Capitalyse-Verfahren 486
CAPM (Capital Asset Pricing Model) 449, 450
Cash Flow Return on Investment (CFRoI) 450, 452–454
Cash-burn rate 359
Cash-flow 12, 321–327
Committee on Accounting Procedure (CAP) 108, 109, 112
completed contract-method 171
comprehensive income 6
consistency 110
Controller 39–40
current rate method 268
current ratio 357–358
current-non current method 269

Dänemark 529–532

Datenbanken 97
Deckungsgrad 352–353
Deutscher Rechnungslegungsstandard (DRS) 312–313
Deutsches Rechnungslegungs Standards Committee (DRSC) 312
Deutschland 533–537
Disagio 19, 51, 183, 382
Discounted Cash-flow (DCF) 449, 452–454
Diskriminanzanalyse 11, 431–437
Dividendenpolitik 360
Dividendenrendite 425
D-Markeröffnungsbilanz (DMBilG) 105
doppelte Buchführung 492–496
Geschichte der 497
Drohverlustrückstellungen 204
Durchschnittsmethode 20, 173
DVFA/SG 12, 27, 401–407, 423

EBIT (earnings before interest and taxes) 413, 424
EBITDA (earnings before interest, taxes, depreciation and amortization) 324, 414, 424
EBT (earnings before taxes) 413
E-Commerce 8, 429
Economic Value Added (EVA) 450–452, 453–454
EDV XI, 457–477
EG-Richtlinie 17–18, 43, 79, 151–152
4. und 7. EG-Richtlinie 515–518
eigene Anteile 181, 188
Eigenkapital 62, 185–191, 343
steuerliche Gliederung 189–191
Eigenkapitalergebnis 395
Eigenkapitalquote 347
Eigenkapitalrendite 343
Eigenkapitalrentabilität 414–416, 420–421
Eigenkapitalwachstum 421
einheitliche Bewertung 80–82
Einkommensteuergesetz 53
Einzelunternehmen 5, 23, 309–310, 344, 361
Entscheidungen/Entscheidungshilfen V, 3, 4, 5, 16, 36, 446, 453, 454, 486
EPS (earnings per share) 423
Equity-Bewertung 346
Equity-Methode 252, 261–264, 278
Erfolgsanalyse
siehe Analyse des Erfolges
Erfolgsspaltung 294
Ergebnis
außerordentliches 234–235
bereinigtes 12
der gewöhnlichen Geschäftstätigkeit 233, 373
je Aktie 423–424
nach DVFA bzw. DVFA/SG 12, 27, 401–407
Ergebnisbeeinflussung 14, 49, 324
Ergebnisglättung 14, 15
Ergebnisverlagerung 15
Ergebnisverschleierung 15
erhaltene Anzahlungen auf Bestellungen 171, 207
Erhöhung oder Verminderung des Bestandes an fertigen und unfertigen Erzeugnissen 217–218
Erläuterungen
unzureichende 10
zur Bilanz 58–69
zur Gewinn- und Verlustrechnung 70–75
zur Konzernbilanz 91–92
zur Konzern-Gewinn- und Verlustrechnung 92–93
Erläuterungsbericht des Wirtschaftsprüfers 6, 27–28, 81, 364
Ermessensspielräume 8, 23, 25, 43, 110, 363, 409
Erträge
aus anderen Wertpapieren und Ausleihungen des Finanzanlagevermögens 230–231
aus Beteiligungen 229–230
aus Gewinngemeinschaften, Gewinnabführungs- und Teilgewinnabführungsverträgen 230
außerordentliche 19, 71, 233, 373–374, 388
aus Verlustübernahme 242
sonstige betriebliche 19, 70, 219–220, 247, 372, 411
Ertragsanalyse 326
Ertragschancen 5
Ertragskraft 3, 4, 5, 40, 321, 348, 361, 408, 421, 427
Ertragslage 4, 21, 28, 39, 321, 363–364, 372, 429, 487
Erwerb von Unternehmen 4
Euro 19, 163
EV (enterprise value) 424
Eventualverbindlichkeiten 210, 349
Expertensysteme 457

fair presentation 26, 36–37, 109, 113
FASB X, 109, 112, 113, 123, 268, 270, 271
Festwert 20
Fifo 173
Finanzanalysten XI, 4, 39–40, 321, 407
Finanzanlageintensität 331

Finanzanlagen 50, 169–171
Finanzbewegungsrechnung 312
Finanzergebnis 234
Finanzflußrechnung 312
finanzielle Entwicklung 4, 427
finanzielle Stabilität 40, 329, 343
Finanzierungsanalyse 347–349
Finanzierungsrechnung 312
Finanzkraft 4, 5, 6, 348, 427
Finanzlage 4, 18, 28, 39, 360, 487–488
Finanzmittelfonds 316
Finanzplan 311
Fonds 311–316
Forderungen
  aus Lieferungen und Leistungen 178–179, 341
  gegen Unternehmen, mit denen ein Beteiligungsverhältnis besteht 180
  gegen verbundene Unternehmen 179
Forderungen und sonstige Vermögensgegenstände 60, 177–180
Form 10-K 6, 110, 145
Form 10-Q 6, 111
Form 20-F 6, 110
Forschungs- und Entwicklungskosten 368–369, 393, 428–429
Frankreich 538–543
Fremdkapital 343
Fremdkapitalquote 347
Fremdkapitalrendite 343
Fristenkongruenz 348, 351–359
Fristigkeitsmethode 269
Früherkennung negativer Unternehmensentwicklungen 342, 431–446
functional currency approach 270
funktionsspezifische Umrechnung 270

Gearing 349
Geldentwertung 23
Gemeinschaftsunternehmen 251, 261
Generally Accepted Accounting Principles siehe US-GAAP
Generalnorm 16–18, 19, 109
Genußrechte 185
geringwertige Wirtschaftsgüter 166–167
Gesamtkapitalrentabilität 416
Gesamtkostenverfahren 213–215, 216–243, 375–376
Geschäfts- oder Firmenwert 19, 20, 165–166, 426
Geschäftsbericht 5, 6, 110
Geschäftsentwicklung 429–430
Geschäftsfelder 362, 366, 367, 452, 454, 460–465
Gesellschafter 4, 39–40
  stille 185, 188
Gesetzgeber 22
gesetzliche Vorschriften 43–155, 361, 364
Gewerkschaften 39
Gewinn je Aktie 423–424
Gewinn- und Verlustrechnung 294–306
Gewinngemeinschaft, Gewinnabführungs- oder Teilgewinnabführungsvertrag 230
Gewinnschwelle 370–371
gewogener Durchschnitt 173
Gläubigerschutz 22, 112
Gliederungskennzahlen 11, 12, 307, 348
Gliederungsvorschriften 45–48, 110
GmbH & Co. KG 44
goldene Regeln 11, 351, 352
Goodwill
  siehe Geschäfts- oder Firmenwert
Großbritannien X, 544–549
größenabhängige Befreiungen 256–257
größenabhängige Erleichterungen 48, 54
Grundsätze ordnungsmäßiger Buchführung (GoB) 16–18, 22, 26, 36, 108, 109, 111, 499–502

Haftungsverhältnisse 68, 210
Handelsbilanz 21, 28, 43, 237, 502–504
Handelsregister 96
Harmonisierung der Rechnungslegung in der EG 151–152
Hartwährungsabschluß 153–154
Hebelwirkung des Fremdkapitals 344
Herstellungskosten 19, 20
  Fremdkapitalzinsen 172, 243
  Pflichtbestandteile 172, 243
  Wahlbestandteile 172, 243
Herstellungskosten der zur Erzielung der Umsatzerlöse erbrachten Leistungen 243–247
Hochinflationsländer 152–154, 273–274
house of GAAP 109

IAS V, 6, 8, 18, 26, 36, 37, 107–151, 285, 362–363, 369, 429, 433
IASC 16, 122–125, 271
immaterielle Vermögensgegenstände 3, 164–166
Imparitätsprinzip 22, 114
Indexreihen 12, 307–308
Indexzahl 12
Inflation 152, 273–274, 364, 421, 428
Informationen 455
  zusätzliche 6–9, 427
Informationstechnologie 429, 430

Ingangsetzungs- und Erweiterungsaufwendungen 19, 382
Innenfinanzierung 58–59, 360
Insolvenzrisiko 22
Instandhaltungs- und Reparaturkosten 368, 393
Intensität des Umlaufvermögens 331–332
Interessenzusammenführungsmethode 252, 264
International Accounting Standards (IAS) 509–514
Internationale Rechnungslegung V
Investitionsdeckung 428
Investitionsquote 333
Investitionsüberschuß 427–428
IOSCO (International Organization of Securities Commissions) 123–125
Italien 550–553

Jahresabschluß 3
  Aufstellung 95
  Aussagefähigkeit 10
  Aussagegrenzen 10, 11
  Offenlegung 95
  Prüfung 95
  Verfälschung der Informationen 22
Japan 554–558
Joint Ventures
  siehe Gemeinschaftsunternehmen

Kanada 559–563
KapAEG 9, 18, 43, 362
KapCoRiLiG 44
Kapitalanalyse
  siehe Analyse des Kapitals
Kapitalanlagenutzen 425
Kapitalanteilsmethode 262
Kapitaldienstgrenze 360
Kapitalentwertungskonto 102–103
Kapitalergebnis 295, 346, 410
Kapitalerhaltung 152,153
Kapitalflußrechnung
  siehe Analyse von Kapitalflußrechnungen
Kapitalisierungszinsfuß 20
Kapitalkonsolidierung 257–259
Kapitalstrukturanalyse 347–349
Kassenbestand, Bundesbankguthaben, Guthaben bei Kreditinstituten und Schecks 182
Kennzahlen XI, 13, 14, 37, 447–448, 457–486, 477–482, 483–485
Kennzahlensysteme 13, 413–421
Kennzahlenvergleich V
Konsolidierung 257–266
  anteilmäßige 251, 261
Konsolidierungs- und Assoziierungskreis 83–85, 255–256, 308
Konsolidierungsgrundsätze 87–91
KonTraG V, VI, 4, 9, 26, 34–37, 40, 41, 79, 95, 312, 362, 367, 434, 445–446, 456
Konzernabschluß 79–82, 251–279
Konzernanhang 82–94
Konzernbilanzpolitik 254–255
Konzernergebnis
  Vergleich mit dem Ergebnis des Mutterunternehmens und der Summe der Einzelergebnisse 266–267
Konzernlagebericht 94
Konzernleitung 39–40
Konzessionen, gewerbliche Schutzrechte und ähnliche Rechte und Werte sowie Lizenzen an solchen Rechten und Werten 165
Kreditgeber 39, 351, 477–482
Kreditmöglichkeiten 10, 354, 358
Kreditorteil 5
Kreditwürdigkeit 4, 23, 363, 433
Kreditwürdigkeitsprüfung 3, 4, 39, 188, 434
Kunden 39
künstliche neuronale Netze 432
Kurs/Gewinn-Verhältnis (KGV) 12, 424

Lagebericht 5, 78–79, 364
Lagerdauer 338
Lagerumschlag 174
langfristige Fertigungsaufträge 151, 171
latente Steuern 20, 91, 151, 183–184, 199–201, 264–266, 382
Leasing 24, 151, 211–212, 330, 346
Leverage-Effekt 343, 344–345
Leverage-Faktor 344–345
Leverage-Risiko 345–347
Lieferanten 39
Lieferantenziel 207, 349
Lifo 170
liquid ratio 355
Liquidität 14
  dynamische 3, 4, 351, 358, 359–360
  Gliederung der Bilanz 110
  potentielle 358
  statische 3, 4, 351
Liquiditätsanalyse
  siehe Analyse der Liquidität
Liquiditätsgrade 353–357
Liquiditätslage 182
Liquiditätsvergleichsindex 356–357

Management 3, 5, 15

Management Letter 8
Managerschutz 22
Marktanteil 367, 429, 430,
Marktforscher 39
Maßgeblichkeitsprinzip VII, 43, 81, 110, 191, 204
umgekehrtes 21, 51, 110, 191
matching principle 114
Materialaufwand 220
materiality 109
Mergers & Akquisitions-Berater 39–40
Mittelherkunft 351
Mittelverwendung 351
monetary-non monetary method 269

Nachholverbot 198
nachrangiges Kapital 103
Nettoliquidität 355
Neubewertung 81
Neubewertungsmethode 258
neue Bundesländer 97–107
Neuer Markt 226
Niederlande 564–568
Niederstwertprinzip 22, 245
Nominal-Sachwert-Methode 269
NoPaT (net operating profit after taxes) 452
Normenvergleich 11
notes 6, 8, 110, 115, 120
NYSE V

Offenlegung, Offenlegungspflicht 95
Öffentlichkeit 39
Ordnungsgeld 96
Österreich 569–573

Passivierungswahlrechte 20
PER (price earnings ratio) 12, 424
percentage of completion-method 171
Performance-Messung 452, 453, 454, 456
periodengerechte Erfolgsermittlung 109, 134
Personalaufwand 221
Personengesellschaft 5, 23, 309–310, 344, 348, 361
Pflichtprüfung VII, 95
Plausibilitätsprüfung 4
Pooling of interests-Methode
siehe Interessenzusammenführungsmethode
potentieller Erwerber eines Unternehmens 39–40
Privatsphäre 23
Privatvermögen 23
Prüfung, Prüfungspflicht 95
Prüfungsbericht 4, 95
Prüfungshinweise 41
Publizitätsgesetz (PublG) 96, 257
Publizitätspflicht 95
Purchase-Methode 264
quick ratio 355

Quotenkonsolidierung 251, 261

Rating 436–445
Realisationsprinzip 22, 114
Rechnungsabgrenzungsposten 61, 182–184, 209
Rechnungslegung
betriebswirtschaftliche Erfordernisse 36
transparente 36
Rechnungslegungsgrundsätze 113–114, 128–130
Rechnungslegungsgrundsätze verschiedener Länder 155, 509–594
Rechnungslegungstricks X
Rechnungslegungsvorschriften 15, 19
Rechnungszinsfuß 20, 196
Regionen 362, 367, 466–471
relevance 109
reliability 109
Rendite 14, 423–426, 477
Rentabilität 14
Rentabilitätsanalyse 447–448
Restrukturierung 22, 430
Return on Investment (RoI) 14, 419–421
Risiken der künftigen Entwicklung 34–36, 445–446
Risikoträger Eigenkapital 39, 188, 343–344, 448
RoCe (Return on Capital employed) 416
RoE (Return on Equity) 414
Rohertrag 174–176
RSW-Verfahren 485
Rückstellungen 193–206, 386–387
für Pensionen und ähnliche Verpflichtungen 20, 66, 194–199
sonstige 20, 67, 201–206

Saarbrücker Modell 486
Sachanlagen 166–168
Sachanlagenintensität 329–331
Sachverhaltsgestaltung 24, 364
sale and lease back 119, 417
Sanktionsmöglichkeiten der Registergerichte 96–97
Schätzungen
notwendige 22, 23, 363
Scheingewinne XI, 152–154, 396–399, 421
Schuldenkonsolidierung 260

Schweden 574–577
Schweiz 578–581
Schwindel
sanktionierter 21
SEC 26, 109, 110, 111, 113, 121, 125
Segmentberichterstattung 6, 312, 367
Selbstfinanzierung 421
Shareholder Value 9, 447–456
Sonderabschreibungen 21
Sonderposten mit Rücklageanteil 20, 65, 191–193
Sonderrücklagen 105
Sonderverlustkonto aus Rückstellungsbildung 104
sonstige finanzielle Verpflichtungen 211–212
sonstige Vermögensgegenstände 180
sonstige Zinsen und andere Erträge 231
Spanien 582–586
Stammaktien 188
Steueraufwandminimierung 14
Steuerbehörden 39, 41
Steuerbelastung 43
Steuerberater X, 39–41, 177
Steuerbilanz 21, 28, 43, 237, 502–504
Steuerbilanzgewinn
geschätzter 12, 27, 236–241
Steuerentlastungsgesetz 1999/2000/2002 203, 209
Steuergesetze 22
Steuergutschrift 425
steuerliche Gliederung des Eigenkapitals 189–191
Steuern
sonstige 241–242
vom Einkommen und vom Ertrag 235–236, 374, 381–382, 390
steuerrechtliche Vorschriften 10, 21
Steuerrückstellungen 67, 199–236
Stichtagskursmethode 268
stille Reserven VIII, 15, 20, 21, 25, 110, 167, 186–188, 237, 329, 333, 347, 349, 351, 352, 360, 364, 374, 385, 415, 416, 418, 425, 426, 434, 453
Stock options
siehe Aktienoptionen
Straf- und Bußgeldvorschriften 96
Strukturbilanz 283
Strukturerfolgsrechnung 283
Struktur-Gewinn- und Verlustrechnung 283
substance over form 110, 114
Substanzerhaltung 152, 427

Tätigkeitsbereiche
siehe Geschäftsfelder
Teilkosten 245
temporal principle method 269
Testat
siehe Bestätigungsvermerk
Tilgungsdauer 359–360
Treuhandanstalt 105
true and fair view 18, 26

Überwachungsliste 443
Umlaufvermögen 59, 171–182, 331–332
Umrechnungsdifferenzen 268–273
Umsatzerlöse 70, 216–217, 243, 366–367
Umsatzkostenverfahren 213–215, 243–249, 365–375
Umsatzrelationen 336–337
Umsatzrendite 418, 419
Umsatzrentabilität 418
Umsatzüberschuß 321–327
Umschlagsdauer 338–342
Umschlagshäufigkeit 338–342
Umschlagskoeffizienten 14, 338–342
Unternehmensanalyse V, 11, 40, 342, 373, 427, 434, 488
Unternehmensberater 39–41
Unternehmensbeurteilung 3
Unternehmensbewertung 4, 40, 180, 188, 363
Unternehmensleitung 22, 39
Unternehmenssteuerung 447, 448, 449, 453, 454
Unternehmensvergleich
siehe Betriebsvergleich
Unternehmenswert 3, 4
Unternehmenswertsteigerung 447–456
Unternehmerlohn 23
Ursachen-/Wirkungszusammenhänge 14, 447, 455
USA X, 107–122, 367, 587–594
US-GAAP V, 6, 8, 18, 26, 36, 37, 107–151, 285, 362–363, 429, 433

verbale Berichterstattung 28, 32
Verbindlichkeiten 67, 206–209
aus der Annahme gezogener Wechsel und der Ausstellung eigener Wechsel 208
aus Lieferungen und Leistungen 207, 341–342
gegenüber Kreditinstituten 207
gegenüber Unternehmen, mit denen ein Beteiligungsverhältnis besteht 208
gegenüber verbundenen Unternehmen 208
sonstige 208
Verbrauchsfolgeverfahren 20, 173–175
verbundene Unternehmen 389
vereidigte Buchprüfer 39–41, 95
Vergleichbarkeit 110
Verhältniskennzahlen 11

Vermögensanalyse
siehe Analyse des Vermögens
Vermögenslage 4, 18, 21, 28, 39, 487–488
Vermögensstruktur 14, 329–336
Vermögensumschlag 14, 336–342, 419
Verschleierungspolitik IX
Verschuldungsfähigkeit 346, 360
Verschuldungsgrad
dynamischer 358, 359–360
statischer 349
Verteidigungszeitraum 358
Vertriebskosten 247, 372
Verwaltungskosten
allgemeine 247, 372
Vollkonsolidierung 251
Vollkosten 245
vorläufige Gewinnrücklage 100–102
Vorräte 59, 171–177, 339–341
Vorsichtsprinzip 21, 109, 114
Vorstand
Bericht des 5
Vorzugsaktien 188, 346, 415, 423

WACC (weighted average capital costs) 449
Wachstum 6, 421, 427–430
Wachstumschancen 5
Wahlrechte 19–21, 110, 237, 364
nationale 43, 151
Unternehmenswahlrechte 43, 151
Währungsumrechnung 151, 268–279
Wandelschuldverschreibungen 68, 188
Weichwährungsabschluß 153–154
Wertaufholung 50–51
Wertberichtigungen 178
Werte
immaterielle 3, 10
Wertpapiere 60, 181
des Anlagevermögens171
Wertschöpfung 12, 408–412, 455
Wertsteigerung 447–456
Werttreiber 447
Wesentlichkeit 109, 114
Wettbewerber 39, 429, 430
Wiederbeschaffungskosten 153
Window Dressing 358
wirtschaftliche Betrachtungsweise 110, 114
wirtschaftliche Einheit 251
wirtschaftliche Entwicklung 4
wirtschaftliche Lage 14, 16, 21
Wirtschaftsjournalisten 39
Wirtschaftsprüfer VII, VIII, IX, X, 4, 6, 37, 39–41, 95, 364, 443, 456
siehe auch Bestätigungsvermerk und Erläuterungsbericht
working capital 357–358

Zahlenfriedhof XI, 457
Zahlungsziel 339, 341, 349
Zeitbezugsmethode 269
Zeitvergleich 11, 39, 327, 346, 351, 358, 369, 373, 408, 412, 415, 417, 428, 459,
Zielinanspruchnahme 233
Zinsdeckung 345–346
Zinsen und ähnliche Aufwendungen 232–233, 374
Zinsergebnis 294
zukünftige Entwicklung des Unternehmens 427–446
Zuschreibungen 21, 50–51, 383–384
Zwangsgeld 96
Zwischenabschluß 3, 7, 256
Zwischenergebniseliminierung 260–261